Écosse

Cofondateurs : Philippe GLOAGUEN et Michel DUVAL

Directeur de collection et auteur
Philippe GLOAGUEN

Rédacteurs en chef adjoints
Amanda KERAVEL
et Benoît LUCCHINI

Directrice de la coordination
Florence CHARMETANT

Directrice administrative
Bénédicte GLOAGUEN

Directeur du développement
Gavin's CLEMENTE-RUIZ

Conseiller à la rédaction
Pierre JOSSE

Responsable voyages
Carole BORDES

Direction éditoriale
Élise ERNEST

Rédaction
Isabelle AL SUBAIHI
Emmanuelle BAUQUIS
Mathilde de BOISGROLLIER
Thierry BROUARD
Marie BURIN des ROZIERS
Diane CAPRON
Véronique de CHARDON
Laura CHARLIER
Fiona DEBRABANDER
Anne-Caroline DUMAS
Éléonore FRIESS
Géraldine LEMAUF-BEAUVOIS
Olivier PAGE
Alain PALLIER
Anne POINSOT
André PONCELET
Alizée TROTIN

2019/20

hachette

TABLE DES MATIÈRES

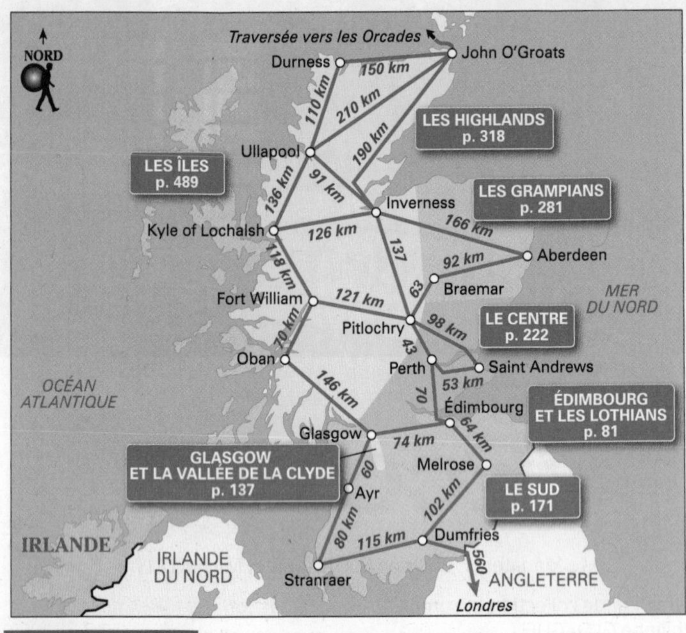

PRÉAMBULE

COMMENT Y ALLER ? 36

ÉCOSSE UTILE 50

LA RÉDACTION DU ROUTARD

(sans oublier nos 50 enquêteurs, aussi sur le terrain)

© R. Delalande et E. Dessons

Olivier, Mathilde, Alain, Gavin's, Éléonore
Anne-Caroline, André, Laura, Florence, Véronique, Isabelle, Géraldine, Fiona
Amanda, Benoît, Emmanuelle, Bénédicte, Philippe, Carole, Diane, Anne, Marie

La saga du *Routard* : en 1971, deux étudiants, Philippe et Michel, avaient une furieuse envie de découvrir le monde. De retour du Népal germe l'idée d'un guide différent qui regrouperait tuyaux malins et itinéraires sympas, destiné aux jeunes fauchés en quête de liberté. 1973. Après 19 refus d'éditeurs et la faillite de leur première maison d'édition, l'aventure commence vraiment avec Hachette. Aujourd'hui, le *Routard,* c'est plus d'une cinquantaine d'enquêteurs impliqués et sincères. Ils parcourent le monde toute l'année dans l'anonymat et s'acharnent à restituer leurs coups de cœur avec passion.

Merci à tous les Routards qui partagent nos convictions : liberté et indépendance d'esprit ; découverte et partage ; sincérité, tolérance et respect des autres.

NOS SPÉCIALISTES ÉCOSSE

Isabelle Al Subaihi : une émigration outre-Manche à l'âge de 4 mois, forcément, ça laisse des traces : un goût prononcé pour l'exotisme ! Depuis, elle cherche à transmettre sa passion du voyage. Ce qu'elle aime partager : un bon plat, des éclats de rire, l'émotion d'un paysage qui bouleverse. Et surtout une vision décalée grâce à des rencontres surprenantes.

Benoît Lucchini : corse, élevé au grain du 9-3, il a commencé avec une carte Interrail à 17 ans. Il arpente les terres chaudes avec passion 2 ans plus tard puis les mers froides comme pêcheur (illégal) de saumon sur un chalutier américain, avant un grand tour du monde. Son credo depuis 30 ans au *Routard* : multiplier les rencontres, s'émerveiller et écrire pour partager ses émotions.

Cédric Fischer : grandir entouré de voyageurs, ça donne la bougeotte ! Mais peu importe la destination. Pour lui, le voyage, c'est d'abord les rencontres… surtout hors piste autour d'une spécialité locale (capital !) et d'un bon cru (tout aussi vital !). L'appel de la route, ce fut en stop dès le lycée et à la fac d'histoire, puis avec le *Routard* depuis 2000.

UN GRAND MERCI À NOS AMI(E)S SUR PLACE ET EN FRANCE

Pour cette nouvelle édition, nous remercions particulièrement :
- **Bernard-Pierre Molin,** pour son œil de lynx ;
- **Françoise « Mamachintosh »** (mais rien à voir avec le designer de Glasgow !) ;
- et bien sûr **VisitScotland,** et notamment **Marie Coulon** et **Julien Manuguerra,** pour leur soutien sans faille au fil des années.

Pictogrammes du Routard

Établissements
- Hôtel, auberge, chambre d'hôtes
- Camping
- Restaurant
- Terrasse
- Pizzeria
- Boulangerie, sandwicherie
- Pâtisserie
- Glacier
- Café, salon de thé
- Café, bar
- Bar musical
- Club, boîte de nuit
- Salle de spectacle
- Boutique, magasin, marché

Infos pratiques
- Office de tourisme
- Poste
- Accès Internet
- Hôpital, urgences
- Adapté aux personnes handicapées

Sites
- Présente un intérêt touristique
- Point de vue
- Plage
- Spot de surf
- Site de plongée
- Recommandé pour les enfants
- Inscrit au Patrimoine mondial de l'Unesco

Transports
- Aéroport
- Gare ferroviaire
- Gare routière, arrêt de bus
- Station de métro
- Station de tramway
- Parking
- Taxi
- Taxi collectif
- Bateau
- Bateau fluvial
- Piste cyclable, parcours à vélo

Important : dernière minute

Sauf exception, le *Routard* bénéficie d'une parution annuelle à date fixe. Entre ces 2 dates, des événements fortuits (formalités, taux de change, catastrophes naturelles, conditions d'accès aux sites, fermetures inopinées, etc.) peuvent intervenir et modifier vos projets en voyage. Pour éviter les déconvenues, nous vous recommandons de consulter la rubrique « Guide » par pays de notre site • *routard.com* • et plus particulièrement les dernières ***Actus voyageurs***.

Tout au long de ce guide, découvrez toutes les photos de la destination sur • *routard.com* • Attention au coût de connexion à l'étranger, assurez-vous d'être en wifi !

Le *Routard* est imprimé sur un papier issu de forêts gérées.

I.S.B.N. 978-2-01-706726-9

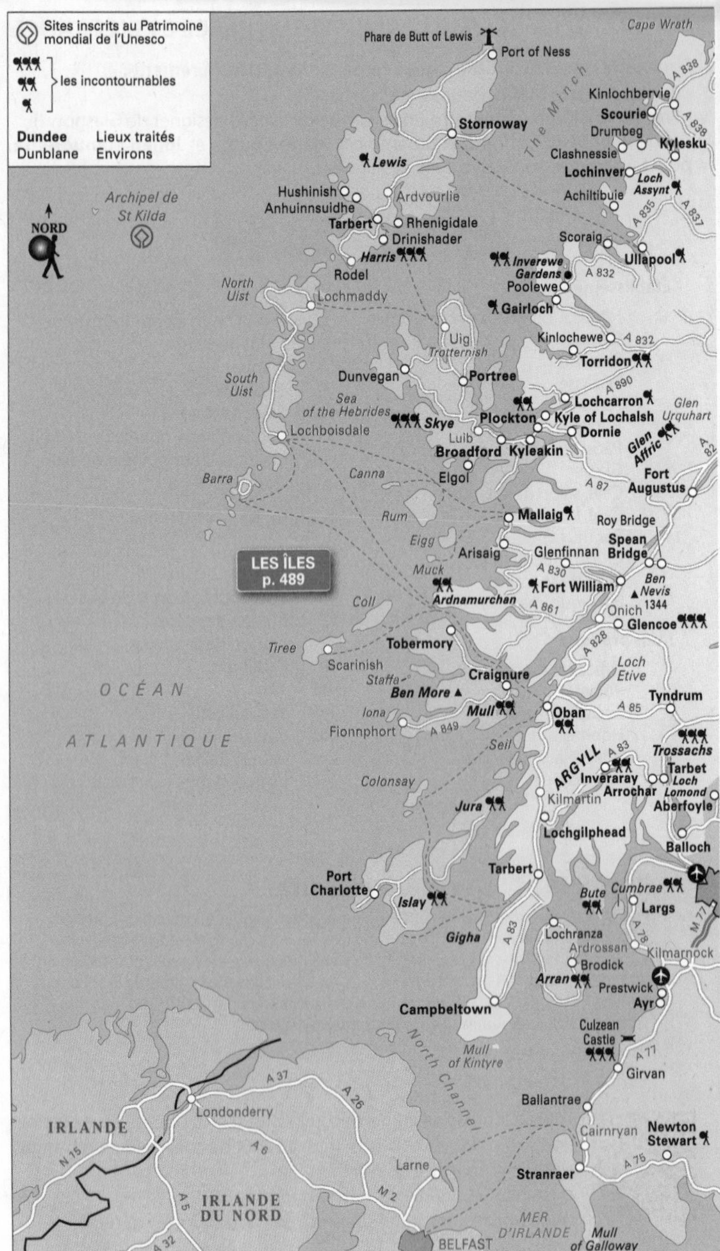

Sites inscrits au Patrimoine mondial de l'Unesco
les incontournables
Dundee Lieux traités
Dunblane Environs
NORD
Archipel de St Kilda
Phare de Butt of Lewis
Port of Ness
Cape Wrath
The Minch
Kinlochbervie
Scourie
Drumbeg
Kylesku
Clashnessie
Lochinver
Loch Assynt
Achiltibuie
Stornoway
Lewis
Hushinish
Anhuinnsuidhe
Ardvourlie
Tarbert
Rhenigidale
Drinishader
Harris
Rodel
Scoraig
Ullapool
Inverewe Gardens
Poolewe
Gairloch
North Uist
Lochmaddy
Uig
Trotternish
Kinlochewe
Torridon
South Uist
Dunvegan
Portree
Sea of the Hebrides
Skye
Lochcarron
Glen Urquhart
Plockton
Kyle of Lochalsh
Dornie
Lochboisdale
Luib
Broadford
Kyleakin
Glen Affric
Barra
Canna
Elgol
Fort Augustus
Rum
Mallaig
Roy Bridge
Eigg
Arisaig
Glenfinnan
Spean Bridge
LES ÎLES p. 489
Muck
Fort William
Ben Nevis 1344
Ardnamurchan
Coll
Onich
Glencoe
Tobermory
Tiree
Scarinish
Loch Etive
Staffa
Craignure
Ben More
OCÉAN
Tyndrum
Iona
Mull
Oban
Fionnphort
ATLANTIQUE
Seil
Trossachs
ARGYLL
Tarbet
Inveraray
Loch Lomond
Colonsay
Arrochar
Kilmartin
Aberfoyle
Jura
Lochgilphead
Balloch
Tarbert
Port Charlotte
Bute
Cumbrae
Islay
Largs
Gigha
Lochranza
Ardrossan
Kilmarnock
Brodick
Arran
Prestwick
Ayr
Campbeltown
Culzean Castle
North Channel
Mull of Kintyre
Girvan
Londonderry
Ballantrae
IRLANDE
Newton Stewart
Cairnryan
Larne
Stranraer
IRLANDE DU NORD
MER D'IRLANDE
Mull of Galloway
BELFAST
A 838
A 835
A 837
A 832
A 890
A 87
A 830
A 861
A 828
A 85
A 849
A 83
A 78
M 77
A 77
A 75
A 37
A 26
A 6
N 15
A 5
M 2
A 32
A 82

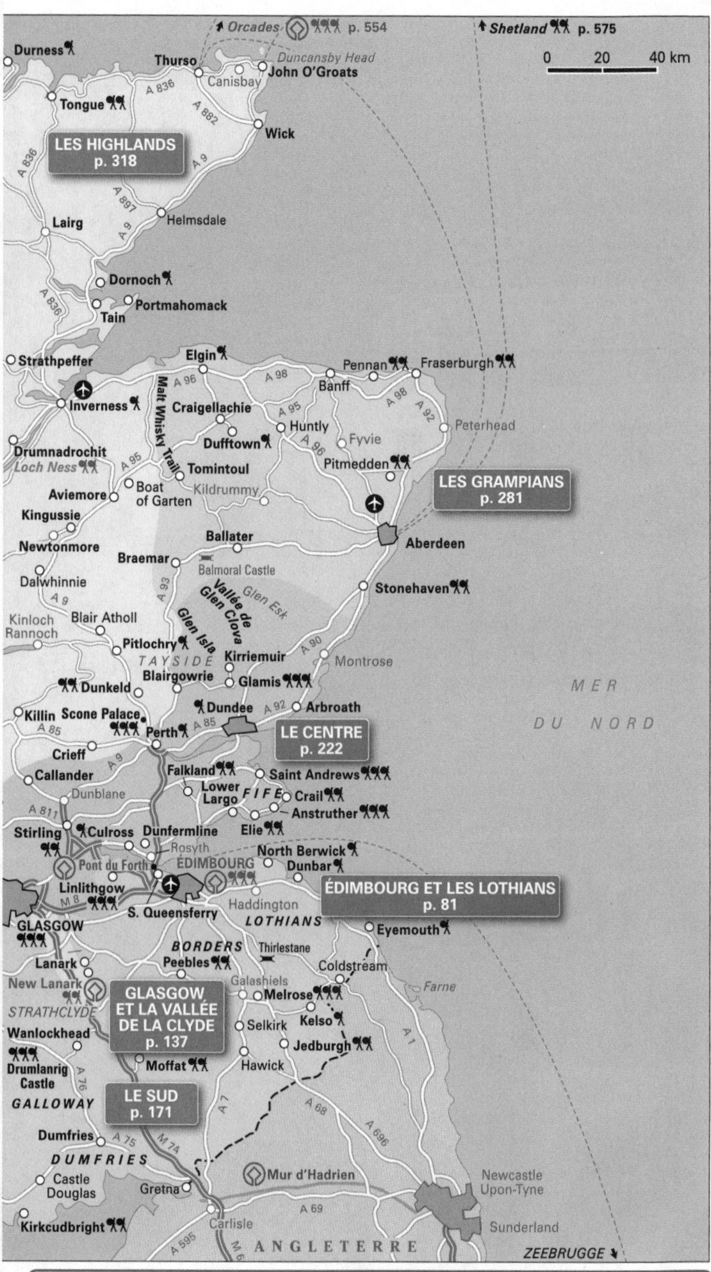

Orcades p. 554
Shetland p. 575
0 20 40 km
Durness
Thurso
Duncansby Head
John O'Groats
Canisbay
Tongue
Wick
LES HIGHLANDS p. 318
Lairg
Helmsdale
Dornoch
Portmahomack
Tain
Strathpeffer
Elgin
Pennan
Fraserburgh
Banff
Inverness
Malt Whisky Trail
Craigellachie
Huntly
Peterhead
Fyvie
Dufftown
Drumnadrochit
Loch Ness
Tomintoul
Pitmedden
Boat of Garten
Kildrummy
Aviemore
LES GRAMPIANS p. 281
Kingussie
Ballater
Aberdeen
Newtonmore
Braemar
Balmoral Castle
Dalwhinnie
Vallée de Glen Clova
Glen Esk
Stonehaven
Kinloch Rannoch
Blair Atholl
Glen Isla
Pitlochry
TAYSIDE
Kirriemuir
Montrose
Blairgowrie
Glamis
Dunkeld
MER DU NORD
Dundee
Arbroath
Killin
Scone Palace
Perth
LE CENTRE p. 222
Crieff
Falkland
Saint Andrews
Callander
Lower Largo
FIFE
Crail
Dunblane
Anstruther
Elie
Stirling
Culross
Dunfermline
Rosyth
North Berwick
Pont du Forth
ÉDIMBOURG
Dunbar
Linlithgow
ÉDIMBOURG ET LES LOTHIANS p. 81
Haddington
S. Queensferry
LOTHIANS
GLASGOW
Eyemouth
BORDERS
Thirlestane
Lanark
Peebles
Coldstream
New Lanark
Galashiels
Farne
GLASGOW ET LA VALLÉE DE LA CLYDE p. 137
Melrose
STRATHCLYDE
Kelso
Wanlockhead
Selkirk
Jedburgh
Moffat
Hawick
Drumlanrig Castle
GALLOWAY
LE SUD p. 171
Dumfries
DUMFRIES
Mur d'Hadrien
Castle Douglas
Gretna
Newcastle Upon-Tyne
Carlisle
Sunderland
Kirkcudbright
ANGLETERRE
ZEEBRUGGE
A 836
A 882
A 9
A 897
A 96
A 98
A 95
A 92
A 93
A 90
A 85
A 811
M 8
A 1
A 7
A 68
A 696
A 75
M 74
A 69
A 595
M 6
A 76

L'ÉCOSSE

L'île de Mull, dans les Hébrides intérieures

« May the wind not blow your kilt. »
Proverbe écossais

Écosse, pays de légendes… Si les fantômes et le monstre du loch Ness attirent encore quelques curieux, la plupart des voyageurs recherchent le subtil mélange entre une nature brute et sauvage, une histoire riche et une culture singulière. Écosse, terre de brume… Les amoureux de landes couvertes de bruyères et de lochs romantiques, de falaises et de cascades rentreront comblés, surtout s'ils s'aventurent dans le nord-ouest du pays, à la découverte des Highlands. **Cette région figure parmi les mieux préservées d'Europe :** moins de 10 habitants au kilomètre carré ! Bien plus de moutons, d'ailleurs… et quelques vaches atypiques aux poils longs et à la frange rebelle *(Highland cattle),* ainsi que d'innombrables phoques et oiseaux qui peuplent la multitude d'îles. **Quant aux Écossais, on les découvre chaleureux,** à l'image de l'atmosphère qui règne souvent dans les pubs. Leur cuisine révèle aussi quelques bonnes surprises, comme le *haggis,* la fameuse panse de brebis farcie, redoutée chez nous et pourtant plébiscitée « meilleur plat d'Écosse ». Au final, le seul ennemi potentiel du routard reste la pluie. À tel point que l'Écossais prétend avoir inventé le kilt pour ne plus avoir à mouiller le bas de ses pantalons ! Qu'on se rassure : **le temps change vite,** et les paysages rivalisent tellement de beauté entre chaque grain…

Danse traditionnelle des Highlands

NOS COUPS DE CŒUR

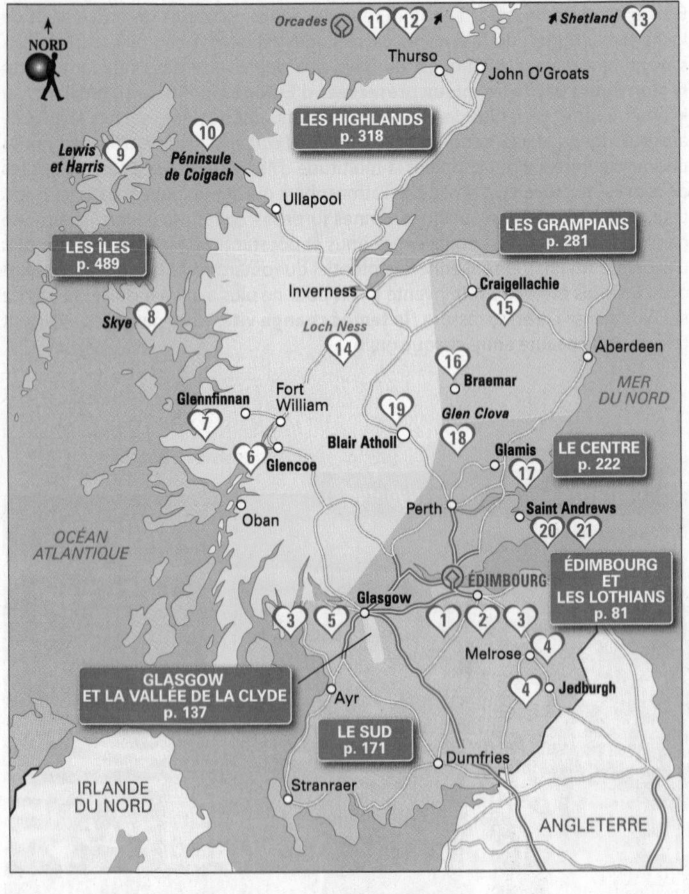

NORD
Orcades
11
12
Shetland
13
Thurso
John O'Groats
LES HIGHLANDS
p. 318
10
Lewis et Harris
9
Péninsule de Coigach
Ullapool
LES GRAMPIANS
p. 281
LES ÎLES
p. 489
Inverness
Craigellachie
15
Skye
8
Loch Ness
14
Aberdeen
16
Braemar
MER DU NORD
Glennfinnan
7
Fort William
19
Glen Clova
Blair Atholl
18
6
Glencoe
Glamis
17
LE CENTRE
p. 222
Oban
Perth
Saint Andrews
20
21
OCÉAN ATLANTIQUE
ÉDIMBOURG
ÉDIMBOURG ET LES LOTHIANS
p. 81
Glasgow
3
5
1
2
3
4
Melrose
4
Jedburgh
GLASGOW ET LA VALLÉE DE LA CLYDE
p. 137
Ayr
LE SUD
p. 171
Dumfries
Stranraer
IRLANDE DU NORD
ANGLETERRE

1 Sentir battre le cœur médiéval d'Édimbourg en partant à la découverte de ses passages, venelles et ruelles pittoresques.

Capitale de l'Écosse depuis le XVe s, Édimbourg est une ville imprégnée d'histoire, au patrimoine architectural exceptionnel, d'ailleurs classé à l'Unesco. Le long du Royal Mile, où se trouvent les plus anciennes demeures, ne manquez pas de fureter dans les *closes* et les *courts* nichés derrière les bâtisses ; on y découvre souvent des détails architecturaux insolites. Enfin, après l'avoir arpentée au milieu des vieilles pierres, contempler la ville d'en haut, depuis Calton Hill. Un panorama exceptionnel au crépuscule. *p. 113*

Bon à savoir : des agences proposent des visites guidées à pied et en anglais, de jour comme de nuit, sur les traces des écrivains, à la recherche des fantômes, etc. Certaines sont gratuites (pourboire attendu à la fin).

2 « Socialiser » dans un pub, un des sports favoris des Écossais, avec le rugby.

En Écosse, on est inévitablement séduit par la convivialité et la chaleur humaine qui règnent dans les pubs. Pour rencontrer du monde et prendre le pouls de la société, rien ne vaut une immersion dans ce fantastique melting-pot social, que l'on fréquente même en famille pendant la journée. Le soir, de nombreux pubs programment des concerts et diverses animations (soirées à thème, quiz, etc.) ; bref, on ne s'y ennuie jamais ! D'autant qu'au fil des bières et des whiskies les langues se délient facilement… *p. 627*

3 Faire une overdose de musées gratuits à Édimbourg et à Glasgow, tous d'une très grande richesse culturelle.

À Édimbourg, ne pas manquer les chefs-d'œuvre de la Scottish National Gallery, célèbre pour ses exceptionnelles collections de peinture européenne, ainsi que les riches collections permanentes des Scottish National Gallery of Modern Art. Glasgow offre également des visites d'une diversité et d'une qualité qui rassasieront les assoiffés de découvertes en tout genre : l'immense Kelvingrove Art Gallery & Museum, le stupéfiant Riverside Museum ou la fantastique Burrell Collection sont là pour le prouver. *p. 121, 163, 164, 166*

National Museum of Scotland © LatitudeStock/Alamy/Hemis

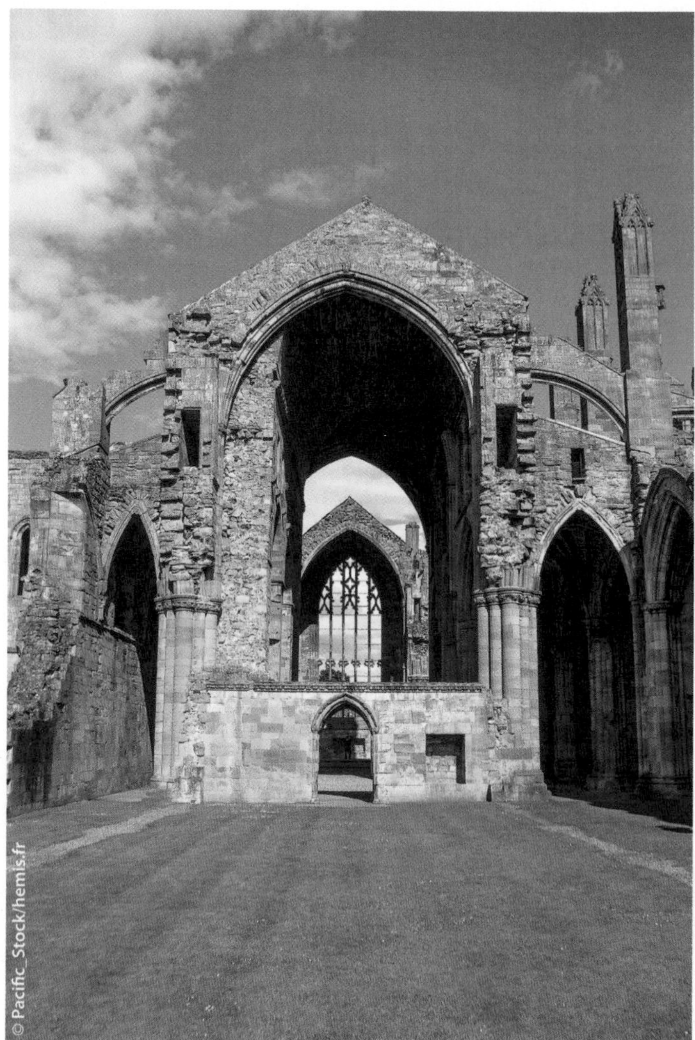

4 **Se pâmer devant une des abbayes du Sud comme à Jedburgh, un des sites les plus remarquables par la qualité de ses vestiges, ou à Melrose, dont les majestueuses ruines ocre rose combleront les fans d'architecture.**

Ces derniers détailleront avec un plaisir infini la finesse des sculptures et l'humour des gargouilles ; un peu plus loin, Sweetheart Abbey retiendra, quant à elle, les romantiques. *p. 178, 184, 203*

Bon à savoir : le Historic Environnement Scotland propose plusieurs passes, *comme le* Regional Explorer Pass *qui permet de visiter l'ensemble des sites gérés par l'organisme au sein d'une région (ici, les Borders ou Dumfries et Galloway), sans limite de temps.*

5 **Découvrir l'Art nouveau écossais à travers l'œuvre du Glaswegian Charles Rennie Mackintosh.**

D'un point de vue architectural, Glasgow est étroitement associée au nom de Charles Rennie Mackintosh, un architecte-décorateur d'avant-garde. En l'espace d'une dizaine d'années à peine, il a laissé durablement son empreinte sur la ville en inventant le *Glasgow Style*, un style d'Art nouveau version écossaise, inspiré par la simplicité des formes japonaises. *p. 142, 162, 163*

Bon à savoir : la Glasgow School of Art organise des visites guidées à la découverte des principaux édifices légués par Mackintosh. Se renseigner sur place ou consulter
• crmsociety.com •

6 **Succomber devant les paysages époustouflants de Glencoe, berceau de l'alpinisme écossais, ou mieux, les arpenter le long de sentiers de randonnée (plutôt ardus, qu'on se le dise).**

L'équipe de rangers basés au Glencoe Visitor Centre détaille les balades et avertit d'éventuelles contre-indications climatiques. Bien équipé et ainsi paré, on hume alors l'Écosse dans toute sa majesté. *p. 464*

Bon à savoir : le Glencoe Visitor Centre organise des balades thématiques en saison, parfois de nuit pour observer la faune locale. Programme sur • nts.org.uk •

7 **Attendre l'arrivée du train à vapeur qui passe sur le célèbre viaduc de Glenfinnan et imaginer Harry Potter en route pour de nouvelles aventures.**

Photogénique en diable ! On peut aussi, moyennant un budget certain, monter dans la vieille locomotive entre Fort William et Mallaig. *p. 451, 455*

Bon à savoir : il faut réserver longtemps à l'avance en été pour emprunter le train à vapeur. On peut aussi tenter sa chance directement à la gare très tôt le jour même, le guard *conserve une trentaine de places. Plus d'infos sur • westcoastrailways.co.uk •*

Marcher au cœur du massif montagneux de Cuillins Hills sur l'île de Skye.

Un lieu exceptionnel où cohabitent la mer, la montagne aux cimes hérissées et dentelées, et la lande arpentée par les moutons. Les randonnées dans le secteur ne manquent pas et les célèbres Fairy Pools, succession de chutes dévalant au pied des montagnes, apportent un brin de magie supplémentaire à ce paysage à la fois beau et austère qui inspira nombre d'artistes. *p. 516*

Bon à savoir : les moins sportifs peuvent admirer les monts depuis les petites routes qui mènent à Elgol ou à Glenbrittle. Autre possibilité : le bateau au départ d'Elgol jusqu'au loch Coruisk.

© Martin M303/shutterstock

9 Parcourir les plages de sable blanc de l'île de Lewis et Harris et regarder les nuages défiler sur les dunes et le tapis verdoyant du *machair* (bord de mer fertile).

Lewis et Harris, 2 noms différents pour désigner les 2 parties de la même île, qui forment ensemble la plus grande île britannique en dehors de la Grande-Bretagne et de l'Irlande. Il s'agit d'un véritable concentré d'Écosse, comme en témoignent ses vastes paysages marins, balayés par les vents d'ouest, ses tourbières, ses ruines romantiques et sa culture gaélique encore extrêmement vivace. Pour preuve : les 2 tiers des habitants emploient le gaélique écossais dans leur vie quotidienne. *p. 537*

© Jon Arnold Images/hemis.fr

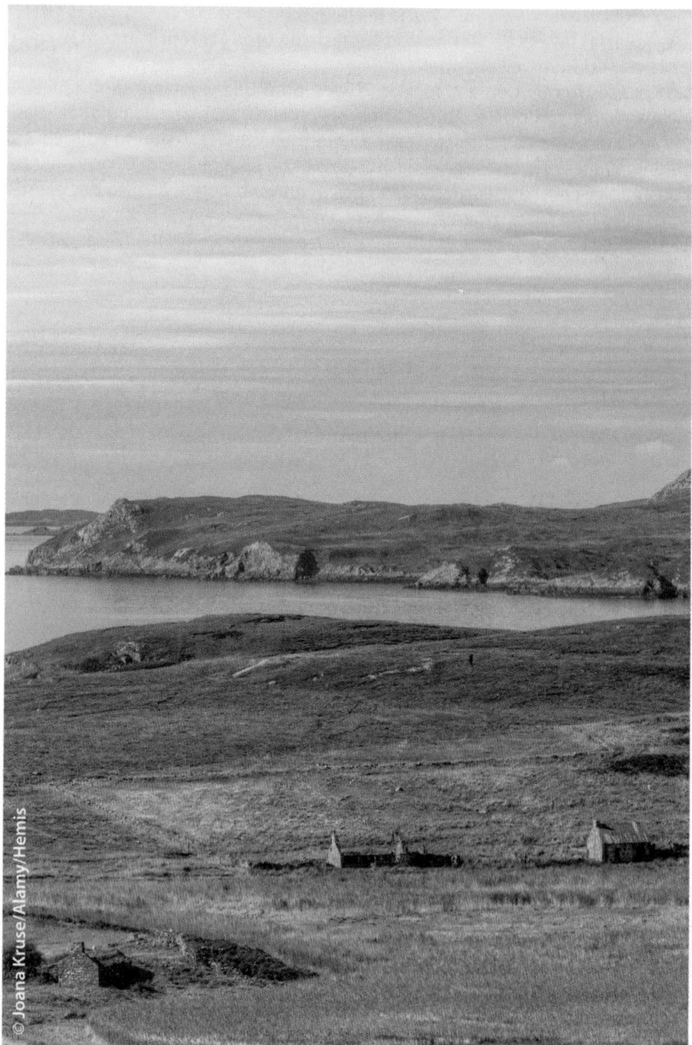
© Joana Kruse/Alamy/Hemis

10 **Se retrouver au bout du monde dans la péninsule de Coigach et plonger depuis Achnahaird vers les îles Summer, îlots rocheux jetés à la mer.**

Achiltibuie est le principal village de la belle et sauvage péninsule de Coigach. Des monts aux versants verts en été (couleur rouille en automne) descendent là vers une plage de sable blanc (à Achnahaird), plongent ici vers une côte dont une multitude de rochers se sont détachés pour saupoudrer la mer (Summer Isles). Sans oublier les petits ports de pêche, les plages, les colonies de phoques… Un paysage grandiose et d'une belle sérénité. *p. 416*

Bon à savoir : plein d'infos sur • coigach.com •

11 **Prendre rendez-vous avec la préhistoire dans les Orcades, où les pierres levées de Stenness et le cercle de Brodgar représentent le cœur néolithique de l'archipel.**

Les Orcades forment un archipel de 70 îles, dont une vingtaine sont habitées. Mainland, l'île principale, abrite d'impressionnants sites archéologiques, classés au Patrimoine de l'Unesco. Partir à la découverte des vestiges néolithiques, notamment les pierres dressées de Stenness et du Ring of Brodgar. Forte impression au soleil couchant, surtout quand des moutons broutent au pied des pierres millénaires ! *p. 558*

Bon à savoir : avant de partir, on trouvera plein d'infos sur le site internet des Orcades • visitorkney.com •

© Krinitz Hartmut/hemis.fr

12 **Découvrir l'incroyable Italian Chapel tout en trompe l'œil, construite dans un hangar des îles Orcades par des prisonniers italiens.**

Au cours de la dernière guerre, les Orcades accueillirent un camp de prisonniers italiens. Complètement isolés, ceux-ci tentèrent de retrouver un peu de leur pays et construisirent une chapelle avec des matériaux de récupération. Vu de l'extérieur, cela ressemble à une église toute simple. Une fois la porte franchie, c'est le miracle ! Toutes les décorations, l'autel, les bat-flanc et même les pierres sont en trompe l'œil. En 1945, lorsque les prisonniers furent libérés, le prêtre à l'initiative du projet préféra rester pour achever l'édifice ! *p. 573*

© Michael Roper/Alamy/Hemis

(13) Faire le tour de l'archipel des Shetland en allant de *böd* en *böd,* ces anciens refuges de pêcheurs.

À l'extrême nord de l'Écosse, les Shetland forment un archipel d'une centaine d'îles dont à peine une quinzaine sont habitées. Un voyage grandeur nature, où les *böds* servent aujourd'hui d'auberges pour les randonneurs. Un bon plan pas cher et convivial. Pour les amateurs de vieilles pierres, différents vestiges archéologiques (Jarlshof, Broch de Mousa…), parsemés ici et là, compléteront la visite. *p. 579*

Bon à savoir : pour préparer son voyage, consulter • *shetland.org* • *; pour réserver un* böd, • *camping-bods.co.uk* •

(14) Scruter le loch Ness, au cas où Nessie déciderait de montrer le bout de son nez.

Avec ses 35 km de long et ses eaux noires, profondes de plus 200 m par endroits, le loch Ness offre une multitude de cachettes pour son monstre légendaire, qui attire les foules de curieux depuis les années 1930. Dernier plésiosaure réchappé de l'ère secondaire ou simple canular ? En tout cas, si on est las de chercher Nessie en vain, le coin est idéal pour faire de longues balades dans un cadre grandiose, autour du plus grand lac d'Écosse en termes de volume (et le 2e en superficie). *p. 362*

Bon à savoir : Inverness est un bon camp de base pour faire dans la journée le tour du loch Ness.

15 **Tenter l'étape dégustation dans une des distilleries du Speyside.** Les amateurs de whisky en pèlerinage en Écosse se doivent de passer dans le Speyside, qui recense pas moins de 50 distilleries. Quelques-unes sont ouvertes au public, un bon moyen pour découvrir le whisky écossais, au goût légèrement fumé. Après la dégustation, on peut se remettre les idées en place en parcourant (sans tituber !) le Speyside Way, un chemin de randonnée qui longe la rivière. *p. 306*
Bon à savoir : le Speyside est la patrie du célèbre Malt Whisky Trail ; • maltwhiskytrail.com •

© Jon Arnold Images/hemis.fr

16 **Assister aux *Highland Games* et s'extasier devant un lancer de tronc d'arbre assurément viril ou un jet de panse de brebis farcie. Et tout ça en kilt !**

Ces manifestations estivales très pittoresques sont un peu la version écossaise des douze travaux d'Hercule. C'est un spectacle extraordinaire que de voir ces hommes en kilt rivaliser de puissance et de technique, dans une ambiance joyeuse rythmée par le son des cornemuses. Lancer d'énormes pierres et de marteaux, tir à la corde, lutte écossaise… L'identité scottish dans toute sa splendeur ! *p. 303, 613*

Bon à savoir : la fête la plus prestigieuse se déroule le 1er samedi de septembre à Braemar, en présence de la reine !

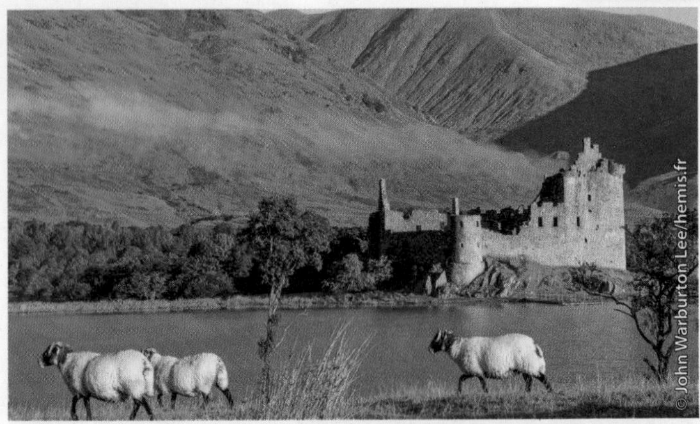
© John Warburton Lee/hemis.fr

17 Se laisser envoûter par les châteaux, **qu'ils s'appellent Scone, Glamis, Ballindaloch, Dunnottar, Stirling ou Dunrobin… Certains abritent encore leur propre fantôme.**

Le château en ruine au bord d'un loch embrumé a toujours stimulé l'imagination des âmes romantiques. D'autres ont été restaurés et ouverts à un public plein de respect et d'admiration pour les chères vieilles reliques de l'aristocratie et leurs occupants, fussent-ils fantomatiques. Plusieurs de ces châteaux ont même été reconvertis en hôtels, offrant la perspective inquiétante de dormir dans une chambre hantée. De quoi passer une nuit potentiellement agitée… *p. 601*

© Scottish Viewpoint/Alamy/Hemis

18 Cheminer dans la vallée de Glen Clova **aux montagnes érodées par les millénaires.**

L'Angus est une région couverte de magnifiques *glens* (mot gaélique désignant de longues et profondes vallées d'origine glaciaire). Glen Clova, lovée au pied de montagnes rondouillardes grattées par les éboulis, en est l'un des plus délicieux exemples. Sur une trentaine de kilomètres, une étroite route sillonne les pâturages dans un cadre bucolique et harmonieux. Tout au bout, on débouche sur les paysages sauvages de Glen Doll et du Cairngorms National Park, propices à des randonnées inoubliables. *p. 276*

Bon à savoir : Kirriemuir est la porte d'entrée de la vallée.

19 **Pénétrer dans le Blair Castle, fief des ducs d'Atholl depuis le XIIIe s.** Un beau château d'un blanc immaculé, sublimé par la nature qui l'entoure. Il servit tout au long de son histoire de verrou stratégique sur la route des Grampians et d'Inverness. À travers la trentaine de salles ouvertes au public, on s'en met plein les mirettes. Blair Castle est la propriété des ducs d'Atholl depuis près de 8 siècles, et le dernier propriétaire jouit toujours d'un privilège unique en Europe : il dispose de sa propre armée, les Atholl Highlanders, qui défile avec panache chaque année au mois de mai ! *p. 342*
Bon à savoir : à env 7 km au nord de Pitlochry, au cœur des Highlands. • *blair-castle.co.uk* •

© Rieger Bertrand/hemis.fr

(20) Taper dans la petite balle sur l'un des 500 et quelques parcours de golf que compte le pays.

Si Saint Andrews possède le gazon le plus mythique, la plupart des villages ouvrent leurs greens municipaux aux non-membres pour une somme modique. Une belle occasion de s'initier dans un cadre pas du tout élitiste. Et si on vous invite au 19e trou (au club-house), il serait dommage de refuser ! *p. 631*

Bon à savoir : pour les amateurs de golf d'un bon niveau qui rêvent de pratiquer sur l'Old Course de Saint Andrews, vous pouvez vous inscrire à un tirage au sort qui se déroule 48h avant et peut-être gagner le droit de fouler le célèbre terrain.

© Pistolesi Andrea/hemis.fr

(21) Dévorer un *fish & chips* le nez dans les embruns, sur le quai d'un port de pêche.

Avec près de 10 000 km de littoral, l'Écosse ne pouvait être qu'un pays de pêcheurs. Égrenant la côte, ses ports semblent taillés pour lutter contre la fureur des éléments, comme dans le quartier de Fittie, à Aberdeen, où les maisons de pêcheurs préfèrent tourner le dos à la mer, ou dans les minuscules villages de Pennan et Crovie, dans le nord des Grampians, que chaque nouvelle vague manque de submerger. Le long de la péninsule de Fife, c'est tout un chapelet de ports pittoresques qui enserrent autant d'étroites rades, jusqu'à celui d'Anstruther où siège un passionnant musée de la Pêche.

© StockFood/hemis.fr

Le château d'Eilean Donan, à Dornie

ITINÉRAIRES CONSEILLÉS

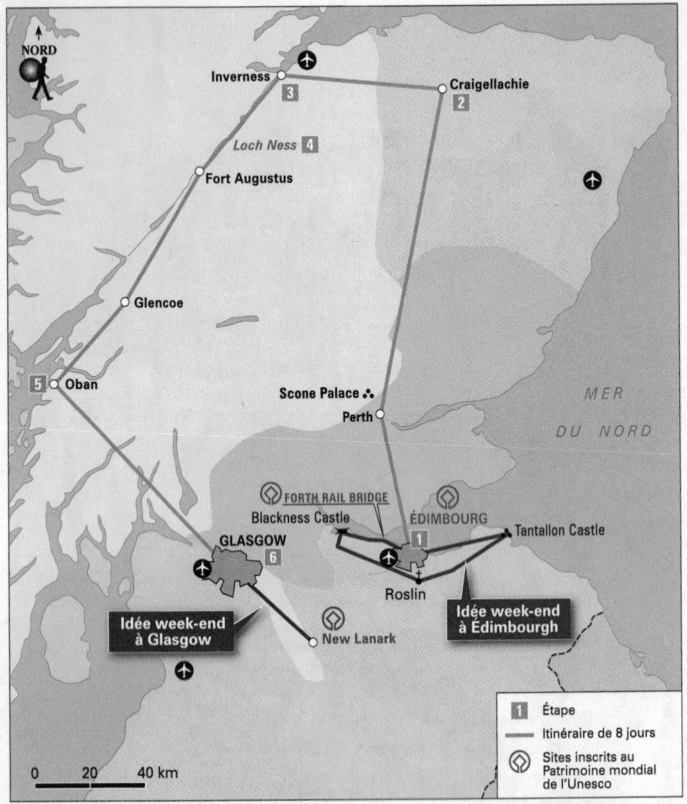

En Écosse, c'est la géographie qui impose le rythme du voyage. Percée de fjords et trouée de lochs, déchiquetée sur ses flancs par les assauts de la mer, l'île aime les tours et les détours, rarement les lignes droites. On se familiarise rapidement avec les *single track roads* (à une seule voie) dont les encoches *(passing places)* permettent de se croiser. Ou comment rouler zen ! Sans compter toutes les îles et les traversées en ferry. De plus, même s'il fait nuit plus tard que chez nous, les musées et monuments ferment tôt, difficile donc de tout explorer en une seule fois. Il faudra revenir, forcément…

Week-ends prolongés

Édimbourg ou Glasgow ? Distantes de seulement 74 km, les 2 villes peuvent se targuer d'une identité et d'une ambiance très différentes. Choisir Édimbourg pour son noyau médiéval dominé par un château perché, ses musées parfois gratuits et ses pubs. Ou Glasgow pour son dynamisme, ses musées novateurs, très souvent gratuits, sa vie nocturne et artistique d'une grande richesse. *Damned !* Et pourquoi pas les 2 ?

Édimbourg

Pour sentir battre le cœur médiéval de la ville, on arpente le Royal Mile depuis le château jusqu'au **Palace of Holyroodhouse,** résidence officielle de la reine et autrefois celle de Marie Stuart. On ne manque pas le fascinant **National Museum of Scotland,** l'impressionnante collection de peintres européens de la **Scottish National Gallery** et les **Scottish National Gallery of Modern Art One** et **Two.** On se balade dans **Old Town** et **New Town,** dans **Dean Village** également. Avant, le soir venu, de contempler le tout d'en haut, depuis **Calton Hill.** Les plus courageux visiteront un cimetière au cours d'un *night tour* en écoutant les pires histoires qui y sont liées. Frissons garantis !

Les environs : ceux qui ont encore du temps (et des jambes) peuvent poursuivre leurs explorations jusqu'à Tantallon Castle, Rosslyn Chapel, Blackness Castle, Linlithgow Palace et le pont du Forth, récemment classé au Patrimoine mondial de l'Unesco.

Glasgow

Dans cette ville foisonnante, ne pas manquer les réalisations d'hier et d'aujourd'hui, les œuvres géniales du designer avant-gardiste **Charles Rennie Mackintosh,** la collection de peintures et d'objets d'art de la **famille Burrell** présentée dans un bâtiment conçu en aluminium, la **cathédrale Saint Mungo,** à l'étonnante architecture. Le nouveau quartier de **Clydeside** avec le **Riverside Museum** (consacré meilleur musée européen en 2013 !) et le **Glasgow Science Centre** passionneront petits et grands.

Les environs : rejoindre New Lanark en train et bus pour découvrir un village, une utopie concrétisée à l'ère industrielle. Classé au Patrimoine mondial de l'Unesco, le site est devenu un musée reconstituant les activités de l'époque.

Un aperçu en 8 jours

Édimbourg (1) : picorer quelques idées du week-end prolongé, puis remonter vers le nord jusqu'à Craigellachie pour arpenter la **route du Whisky (2),** en visitant **Scone Palace** en chemin avant de s'attarder dans une (ou plusieurs ?) distilleries de la région. Celles de Strathisla, Cardhu, Glen Grant, Glenfarclas et Macallan, par exemple. Les **Highlands** ne sont ensuite pas loin : **Inverness (3)** offre un bon point de départ pour partir explorer le fameux **loch Ness (4).** Prévoir une journée pour le longer à son rythme et poursuivre plus au sud en direction de **Glencoe,** nichée au cœur d'une région montagneuse à la beauté sauvage, et d'**Oban (5),** au charme balnéaire. Rejoindre ensuite **Glasgow (6)** : lire plus haut.

Le palais de Holyroodhouse

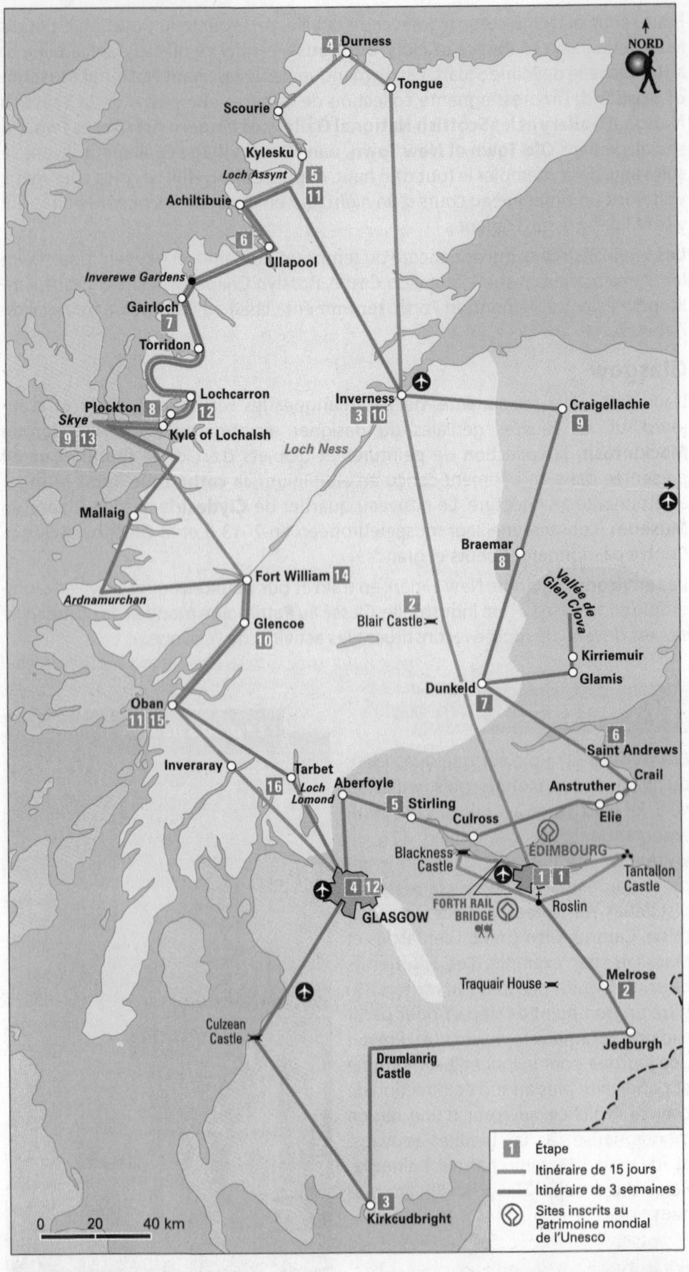
NORD
Durness
Tongue
Scourie
Kylesku
Loch Assynt
Achiltibuie
Ullapool
Inverewe Gardens
Gairloch
Torridon
Lochcarron
Plockton
Skye
Kyle of Lochalsh
Inverness
Craigellachie
Loch Ness
Mallaig
Braemar
Fort William
Ardnamurchan
Vallée de Glen Clova
Blair Castle
Glencoe
Kirriemuir
Glamis
Dunkeld
Oban
Saint Andrews
Crail
Inveraray
Tarbet
Loch Lomond
Aberfoyle
Anstruther
Stirling
Elie
Culross
ÉDIMBOURG
Blackness Castle
Tantallon Castle
GLASGOW
FORTH RAIL BRIDGE
Roslin
Melrose
Traquair House
Culzean Castle
Jedburgh
Drumlanrig Castle
Kirkcudbright
0 20 40 km
Étape
Itinéraire de 15 jours
Itinéraire de 3 semaines
Sites inscrits au Patrimoine mondial de l'Unesco

15 jours

Édimbourg (1) : même programme que ci-dessus, puis remonter jusqu'à Inverness en faisant halte, au choix, au **château de Stirling,** au **Scone Palace** et/ou au **Blair Castle (2). Inverness (3)** ouvre la porte des **Highlands** du nord, sauvages, aux côtes échancrées par des plages de sable blanc, comme à Tongue et à **Durness (4).** On redescend ensuite le long du littoral vers Scourie avec, pour les fans d'ornithologie, une excursion sur l'île de Handa ; poursuivre jusqu'à Kylesku et se poser vers le **loch Assynt (5),** aux paysages incroyablement romantiques ; parcourir la péninsule de Coigach, avant de s'arrêter à **Ullapool (6),** sur les rives du loch Broom (départs possibles pour l'île de Lewis et Harris). Sinon opter plus au sud pour les élégants jardins d'Inverewe aux portes de **Gairloch (7).** Ne pas manquer ensuite la fabuleuse petite route entre Torridon et Applecross et reprendre son souffle à **Plockton (8),** un mignon petit port. Avant de rejoindre l'île de Skye, visiter l'Eilean Donan Castle, très photogénique. On peut facilement passer 2 jours sur **Skye (9),** le temps de quelques marches ou ascensions pour les plus sportifs. Retourner sur Mainland et prolonger l'aventure jusqu'aux montagnes de **Glencoe (10)** et partir à l'assaut du Ben Nevis, le plus haut sommet britannique, près de Fort William. **Oban (11),** plus au sud, est une halte agréable en bord de mer. De là, de petites routes rejoignent Inveraray, ancien bourg royal au bord du loch Fyne (encore de l'eau), et enfin **Glasgow (12),** pour 1 ou 2 jours encore bien remplis… selon l'appétit (lire les suggestions plus haut).

3 semaines

Édimbourg et environs (1) : même programme que le week-end prolongé. S'immerger dans les terres du Sud, une région qui comblera les amoureux de belles demeures et de ruines romantiques. Ne pas manquer les **abbayes de Jedburgh et de Melrose (2),** mais aussi Abbotsford House (la maison de Walter Scott) et Traquair House, puis Drumlanrig Castle dans la région de Dumfries et Galloway, **Kirkcudbright (3),** ses vieilles maisons fleuries et ses bateaux colorés, Culzean Castle et son environnement de rêve. Remonter ensuite sur **Glasgow (4)** et s'y poser 2 jours (lire les suggestions plus haut). Puis sillonner le centre, en commençant par les Trossachs, avec Aberfoyle et Callander, balades en forêt et bateau sur le loch Katrine, le **château** et la **vieille ville de Stirling (5)** ; la péninsule de Fife et son chapelet de petits ports : Culross, Elie, Anstruther, Crail, jusqu'à **Saint Andrews (6),** sa cathédrale, son château et la plage des West Sands ; Scone Palace, **Dunkeld (7)** ; le château de Glamis et la vallée de Glen Clova ; **Braemar (8)** ; **la route du Whisky (9)** : Glenfiddich à Dufftown, Strathisla à Keith et Macallan près de Craigellachie ; les Highlands : **Inverness** et le **loch Ness (10)** ;

Le port d'Oban

de Kylesku à Lochinver par la côte, les environs du **loch Assynt (11)** ; longer la côte en direction d'Ullapool, de Gairloch, Torridon et **Lochcarron (12)** ; l'**île de Skye (13)** ; la péninsule d'Ardnamurchan, **Fort William (14)** ; Glencoe, **Oban (15)** ; le **loch Lomond (16).**

• À noter : le site de l'office de tourisme d'Écosse • *visitscotland.com/fr* • propose également des itinéraires à télécharger.

SI VOUS ÊTES...

Nature : le ***parc national du Cairngorm,*** les vallées cachées de l'***Angus,*** l'***observation des oiseaux*** vers Stonehaven, Forvie, sur Handa Island, à Bass Rock avec sa colonie géante de fous de Bassan. Pour les amoureux de grands espaces : la ***route côtière de Kylesku à Lochinver,*** la ***péninsule de Coigach,*** l'***île de Jura*** ; les fjords *(voes)* des ***îles Shetland,*** l'***île de Skye*** ou l'***île de Lewis et Harris,*** aux eaux turquoise.

Plutôt culture : les chefs-d'œuvre de la ***Scottish National Gallery*** d'Édimbourg, les collections d'art contemporain et expos temporaires des ***Scottish National Gallery of Modern Art One*** et ***Two.*** Les œuvres du génial architecte ***Charles Rennie Mackintosh*** et le ***Riverside Museum,*** à Glasgow. Plus tous les châteaux pour passionnés d'histoire, d'art et d'architecture.

En famille : le ***Dynamic Earth*** et la ***camera obscura*** d'Édimbourg. À Glasgow, le ***Riverside Museum*** et la ***Scotland Street School Museum*** ; le ***Highland Folk Museum,*** à Newtonmore ; sur les traces de Harry Potter, à ***Glenfinnan*** ; les parcours accrobranches au ***Bowhill House and Countrypark,*** dans le Sud, au ***Crathes Castle,*** dans les Grampians, ou le ***Go Ape,*** dans les Trossachs ; la ***Falkirk Wheel,*** un ascenseur à bateaux, unique ; escalade et alpinisme à l'***Ice Factor,*** à Kinlochleven.

Le **Old Man of Storr** *sur l'île de Skye*

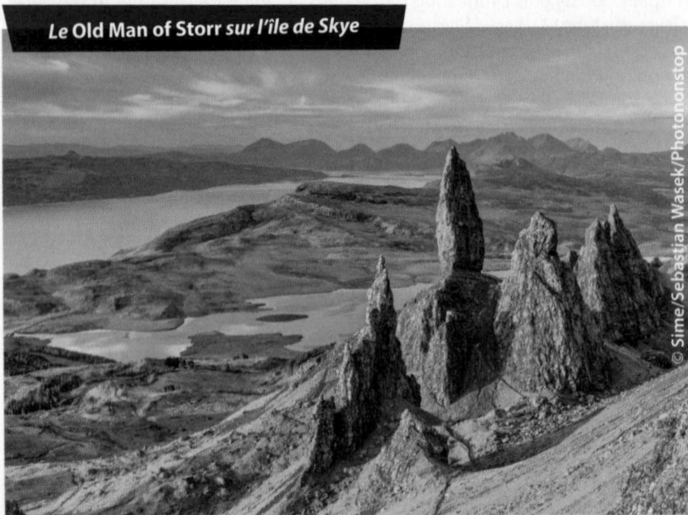

LU SUR routard.com – #experienceroutard

Calamity Jane, routarnaute ambassadrice du forum routard.com

Tu as posté plus de 1 000 messages sur le forum Écosse, d'où vient une telle affinité pour cette destination ?

C'est une longue histoire. À cause du journal de Mickey, d'abord. J'ai découvert ainsi Les enfants du capitaine Grant (Le Duncan part de l'estuaire de la Clyde), la Flèche Noire, et Rob Roy. Mickey m'a incitée à passer assez vite de La Vache orange et des Albums du Père Castor à Jules Verne, Stevenson et Walter Scott (Ivanhoé d'abord).
C'est aussi à cause des Schottische Lieder de Beethoven et du cycle de Lieder consacrés par Schumann à Marie Stuart, trop peu connu et magnifique.
Je voulais aussi voir si, comme je le pressentais, le Cantal ressemblait à l'Écosse.

As-tu un endroit/activité insolite à recommander ?

Carnmore Bothy, dans la Fisherfield forest. L'endroit est magnifique, face au Dubh loch et à l'A'Mhaighdean, un des munros (montagnes) les plus isolés d'Écosse.

Quelle est ta découverte culinaire préférée ?

Le haggis (panse de brebis farcie), à toute heure, même au breakfast !

As-tu un souvenir de voyage mémorable que tu souhaites partager ?

L'étape Inchnadamph Kylesku qui a mis fin le 2 mai 2013 à notre marche vers le Cap Wrath. Nous avions renoncé à cause du niveau des eaux à passer par le bas des chutes Eas Chual Aluinn. Nous avons progressé beaucoup plus lentement que prévu, nous avons eu du grésil puis de la neige, avant de finir lamentablement sur la route Ullapool Scourie, avec un problème de tendon d'Achille pour le meilleur d'entre nous. Recueillis sur la route par de jeunes compatriotes, nous sommes arrivés ruisselants fort tard au B&B Scourie Lodge, un ancien manoir de la duchesse de Sutherland.

Quel est le conseil que tu donnerais à un voyageur en partance pour l'Écosse ?

Ne pas lésiner sur l'achat de cartes. Abandonner l'idée qu'il y a des incontournables et construire son propre voyage. Et pour ceux qui veulent randonner, savoir que le terrain et la météo définissent des conditions vraiment spéciales.

LES QUESTIONS QU'ON SE POSE AVANT LE DÉPART

➢ Quels sont les documents nécessaires ?

Passeport ou ***carte nationale d'identité*** en cours de validité pour les ressortissants de l'Union européenne et les Suisses.

➢ Quelle est la meilleure saison ?

D'après les Écossais, l'été dure un week-end, quelque part en juillet-août. L'« optimum » climatique serait en fait en mai et en juin, période la moins mouillée ! Juillet et août sont aussi agréables, avec bien plus d'animation (nombreux festivals). Attention toutefois aux nuages de mi-mai à fin septembre. L'automne se révèle le plus photogénique avec la lande qui s'embrase du roux au brun.

➢ Quel est le taux de change ?

Fin 2018, la livre sterling valait environ 1,20 €.

➢ Quel budget prévoir ?

Le coût de la vie en Écosse est globalement plus élevé que chez nous. Les budgets serrés se concentreront sur le camping (éventuellement sauvage), les AJ à environ £ 20 par personne et les *B & B* à £ 35-45 par personne en moyenne. La nourriture n'est pas donnée non plus (£ 10-18 le plat en moyenne), mais les *tearooms* et les *lunch menus,* proposés même dans certains restos chic, permettent de s'en sortir à bon compte. Le soir, pour manger sans se ruiner, optez pour les *early bird menus* (servis en général entre 17h30 et 18h45). Sinon, attention ; de plus en plus de restaurants appliquent un *minimum spend* (« dépense minimale ») de £ 10-15 par personne ! Les visites représentent un sacré budget ; prévoir dans la majorité des sites £ 5-10, et jusqu'à £ 16-17 pour les plus grosses attractions ! Mais quelques musées nationaux et municipaux (comme à Glasgow) sont gratuits, et il existe des *passes,* valables seulement si l'on fait beaucoup de visites.

➢ Quel est le temps de vol ?

Il existe des vols directs pour Édimbourg, Glasgow et Aberdeen depuis Paris et la province (parfois en saison seulement). Compter 1h45 entre Paris et Édimbourg. Cela étant, on est souvent amené à faire escale en Angleterre.

➢ Quel est le décalage horaire ?

Été comme hiver, il faut soustraire une heure par rapport à la France.

➢ Comment se déplacer ?

L'Écosse est relativement bien desservie par les bus, même si les liaisons vers les petites localités isolées se réduisent de plus en plus. Le train relie les grandes villes. Pour ces 2 modes de déplacement, il existe des *passes.* Si on souhaite musarder à sa guise, la voiture demeure de loin le moyen le plus pratique (attention, conduite à gauche). Quant aux petites îles, elles sont accessibles en ferry, mais si on embarque un véhicule les tarifs grimpent sacrément.

➢ Côté santé, quelles précautions ?

2 problèmes guettent les voyageurs : les *midges* et les tiques. Les premiers sont des petits moucherons qui piquent et démangent à la période estivale (juin-septembre), mais qui n'apprécient pas le vent. Une seule solution : porter des vêtements longs (les randonneurs ajoutent parfois une moustiquaire de tête, mais ce n'est guère pratique). Pour les tiques présentes en milieu forestier, n'oubliez pas votre tire-tique et éventuellement des sprays répulsifs.

➢ Peut-on y aller avec des enfants ?

L'Écosse ne peut que susciter et développer l'imagination des plus curieux. Entre châteaux hantés, monstre du loch Ness, train de Harry Potter, accrobranches et musées extraordinaires, il y en a pour tous les goûts. À table, le *fish & chips,* le *burger* ou le *macaroni & cheese,* certes ni variés ni équilibrés, ne devraient pas soulever trop de réprobation.

➢ Et la conduite à gauche, on s'y fait facilement ?

Passé le stress du premier rond-point, ça roule (presque) tout seul, surtout si on a un copilote vigilant. Des panneaux sont là, aux abords des sites touristiques, pour rappeler de rouler à gauche ! Les Écossais, adorables au pub, n'ont pas toujours la conduite très cool et conduisent assez vite. Sur les petites routes des Highlands, la circulation est plutôt réduite, quand la voie n'est pas tout simplement unique. Là, il faut rouler doucement et s'en remettre aux *passing places* pour se croiser, en s'habituant à céder le passage dès que celui-ci se présente de son côté. Le maître-mot ? Prudence.

➢ Le whisky écossais est-il le meilleur du monde ?

Ça dépend des points de vue... et de la nationalité des interlocuteurs. Contrairement au whiskey (irlandais, avec un « e »), le whisky écossais a souvent un goût fumé et parfois tourbé. On aime ou pas ces saveurs puissantes. En revanche, personne ne conteste que l'Écosse en possède le plus grand nombre (plus de 300 !). Petit conseil : hormis les whiskies rares, introuvables chez nous, évitez de les acheter sur place, ils sont bien plus chers. Goûtez-les en Écosse, achetez-les à votre retour !

COMMENT Y ALLER ?

EN AVION

Les compagnies régulières

▲ AIR FRANCE

Rens et résas au ☎ 36-54 (service 0,35 €/mn – tlj 6h30-22h), sur • air france.fr •, dans les agences Air France et dans ttes les agences de voyages. Fermées dim.

➢ Au départ de Paris-Roissy-Charles-de-Gaulle, Air France propose jusqu'à 3 vols/j. à la fois vers ***Édimbourg*** et vers ***Aberdeen*** et jusqu'à 1 vol/j. vers ***Glasgow.***

Air France propose à tous des tarifs attractifs toute l'année. Pour consulter les meilleures offres du moment, allez directement sur la page « Nos meilleurs tarifs » sur • *airfrance.fr* • *Flying Blue,* le programme de fidélité gratuit d'Air France-KLM, permet de gagner des miles en voyageant sur les vols Air France, KLM, Hop, Joon et les compagnies membres de *Skyteam,* mais aussi auprès des nombreux partenaires non aériens *Flying Blue...* Les *Miles* peuvent ensuite être échangés contre des billets d'avion ou des services (surclassement, bagage supplémentaire, accès salon...) ainsi qu'auprès des partenaires. Pour en savoir plus, rendez-vous sur • *flyingblue.com* •

▲ BRITISH AIRWAYS

Infos et résas : ☎ 0825-825-400 (service 0,18 €/mn + prix appel) et sur • ba.com •

➢ Vols quotidiens vers ***Édimbourg, Glasgow*** et ***Aberdeen*** via Londres, au départ de Paris-Roissy-Charles-de-Gaulle et Orly, ainsi que de Lyon, Marseille, Nice et Toulouse. Bagage de 23 kg en soute inclus.

▲ KLM

Rens et résas : ☎ 0892-70-26-08 (service 0,35 €/mn + prix appel). • klm.fr • Résas par tél, Internet, dans les agences Air France ou les agences de voyages.

➢ KLM dessert plusieurs fois/j. ***Aberdeen, Édimbourg, Glasgow*** et ***Inverness*** via Amsterdam-Schiphol, au départ de Paris, Bordeaux, Clermont-Ferrand, Lyon, Marseille, Montpellier, Nantes, Nice, Rennes, Strasbourg et Toulouse.

▲ BRUSSELS AIRLINES

Rens et résas en France : ☎ 0892-640-030 (service 0,34 €/mn + prix appel). En Belgique : ☎ 0902-51-600 (0,75 €/mn). • brusselsairlines.com •

➢ La compagnie belge propose des vols directs quasi tlj à destination d'Édimbourg au départ de Bruxelles.

Les compagnies *low-cost*

Plus vous réservez vos billets à l'avance, plus vous aurez des tarifs avantageux. Attention, les pénalités en cas de changement de vols peuvent être importantes. Certaines compagnies facturent les bagages en soute (vérifier le poids autorisé) et la réservation des sièges. En cabine, le nombre de bagages est strictement limité (attention, même le plus petit sac à main est compté comme un bagage à part entière). À bord, tous les services sont payants (boissons, journaux). Attention également au moment de la résa par Internet à décocher certaines options qui sont automatiquement cochées (assurances, etc.). Au final, même si les prix de base restent très attractifs, il convient de prendre en compte les frais annexes pour calculer le plus justement son budget.

▲ EASYJET

Rens et résas : ☎ 0820-420-315 (service 0,12 €/mn + prix appel). • easyjet.com •

➢ Easyjet assure des liaisons depuis Paris-Roissy-Charles-de-Gaulle vers ***Glasgow*** et ***Édimbourg.*** Au départ de

Bâle-Mulhouse, Lyon et Genève (tte l'année), Grenoble (hiver), Nice (avr-oct) vers ***Édimbourg*** ; depuis Marseille et Bordeaux (tous 2 en été), ainsi que Genève (tte l'année) à destination de ***Glasgow***. Également des liaisons Genève-***Aberdeen*** (déc-mars).

▲ FLYBE

Résas (en Grande-Bretagne) : ☎ 00-44-207-308-08-12. Ou en ligne sur • flybe.com •

➢ Au départ de Paris-Roissy-Charles-de-Gaulle, Flybe dessert ***Édimbourg*** tlj en vol direct ; via Birmingham, Southampton, Manchester ou Cardiff pour ***Glasgow***. De nombreuses villes de province sont également reliées plusieurs fois par semaine à ***Glasgow*** et ***Édimbourg*** via Southampton, Birmingham ou Manchester.

▲ RYANAIR

Rens : ☎ 0892-562-150 (service 0,34 €/mn + prix appel). • ryanair.com •

➢ Ryanair propose des liaisons hebdomadaires pour ***Édimbourg*** au départ de Marseille, Nantes, Toulouse et Charleroi ; saisonnières depuis Bordeaux, Béziers (avr-oct), Carcassonne. Également à destination de ***Glasgow***, des vols saisonniers de Carcassonne et Charleroi (avr-oct). Attention au surplus...

LES ORGANISMES DE VOYAGES

En France

▲ ALAINN TOURS

☎ 09-70-71-80-00 ou 00-353-71-91-50-345. • alainntours.com •

Spécialiste des pays celtes depuis 1991 (Écosse, pays de Galles et Irlande), Alainn Tours, basé en Irlande, est à votre disposition 7 j./7 pour faire de vos vacances, individuelles ou en groupe, un moment inoubliable en toute sécurité. Son équipe est à votre disposition pour composer des séjours « sur mesure » et selon vos souhaits. Grâce à un grand choix d'hébergements (du château aux *B & B* en passant par des demeures de charme ou de petits hôtels familiaux), en maîtrisant toutes les activités (randonnée, pêche, golf, équitation, etc.) avec tous les thèmes possibles (culture, nature, gastronomie, ornithologie, archéologie, etc.), en utilisant tous les modes de locomotion (à pied, à vélo, à cheval, en voiture standard ou de collection, en bateau, en autocar, etc.). Alainn Tours a les moyens de répondre à tous vos désirs.

▲ COMPTOIR DES VOYAGES

• comptoir.fr •

– Paris : 2-18, rue Saint-Victor, 75005. ☎ 01-53-10-30-15. Ⓜ Maubert-Mutualité. Lun-sam 9h30 (10h sam)-18h30.

– Bordeaux : 26, cours du Chapeau-Rouge, 33800. ☎ 05-35-54-31-40. Lun-sam 9h30-18h30.

– Lille : 76, rue Nationale, 59160. ☎ 03-28-04-68-20. Ⓜ Rihour. Lun-sam 9h30-18h30.

– Lyon : 10, quai Tilsitt, 69002. ☎ 04-72-44-13-40. Ⓜ Bellecour. Lun-sam 9h30-18h30.

– Marseille : 12, rue Breteuil, 13001. ☎ 04-84-25-21-80. Ⓜ Estrangin. Lun-sam 9h30-18h30.

– Toulouse : 43, rue Peyrolières, 31000. ☎ 05-62-30-15-00. Ⓜ Esquirol. Lun-sam 9h30-18h30.

Comptoir des Voyages s'impose comme une référence incontournable dans le voyage sur mesure, avec 80 destinations couvrant les 5 continents. Ses voyages s'adressent à tous ceux qui souhaitent vivre un pays de façon simple en s'y sentant accueillis. Les conseillers privilégient des hébergements typiques, des moyens de transport locaux et des expériences authentiques pour favoriser l'immersion dans la vie locale. Comptoir vous offre aussi la possibilité de rencontrer des francophones habitant dans le monde entier, des *greeters*, qui vous donneront, le temps d'un café, les clés de leur ville ou de leur pays. Comptoir des Voyages propose aussi une large gamme de services : échanges par visioconférence, devis web et carnet

de voyage personnalisés, assistance téléphonique tous les jours 24h/24 pendant votre voyage.

▲ ROUTE DES VOYAGES

Agences ouv lun-ven 9h-19h (18h ven). Rdv conseillé. • laroutedesvoyages.com •
– Paris : 10, rue Choron, 75009. ☎ 01-55-31-98-80. Ⓜ Notre-Dame-de-Lorette.
– Angers : 6, rue Corneille, 49000. ☎ 02-41-43-26-65.
– Annecy : 4 bis, av. d'Aléry, 74000. ☎ 04-50-45-60-20.
– Bordeaux : 19, rue des Frères-Bonie, 33000. ☎ 05-56-90-11-20.
– Lyon : 59, rue Franklin, 69002. ☎ 04-78-42-53-58.
– Toulouse : 9, rue Saint-Antoine-du-T, 31000. ☎ 05-62-27-00-68.
23 ans d'expérience de voyage sur mesure sur les 5 continents ! 15 pays en Europe, dont l'Écosse, complètent à présent leur offre de voyages sur mesure. Cette équipe de voyageurs passionnée a développé un vrai savoir-faire du voyage personnalisé : écoute, conseils, voyages de repérage réguliers et des correspondants sur place soigneusement sélectionnés avec qui elle travaille en direct. Son engagement à promouvoir un tourisme responsable se traduit par des possibilités de séjours solidaires à insérer dans les itinéraires de découverte individuelle. Elle a aussi créé un programme de compensation solidaire qui permet de financer des projets de développement locaux.

▲ VOYAGEURS DU MONDE

Voyageurs en Irlande et dans les îles Britanniques

• voyageursdumonde.fr •
– Paris : La Cité des Voyageurs, 55, rue Sainte-Anne, 75002. ☎ 01-42-86-17-60. Ⓜ Opéra ou Pyramides. Lun-sam 9h30-19h. Avec une librairie spécialisée sur les voyages.
– Également des agences à Bordeaux, Grenoble, Lille, Lyon, Marseille, Montpellier, Nantes, Nice, Rennes, Rouen, Strasbourg et Toulouse. Ainsi qu'à Bruxelles et Genève.
Parce que chaque voyageur est différent, que chacun a ses rêves et ses idées pour les réaliser, Voyageurs du Monde conçoit, depuis plus de 30 ans, des projets sur mesure. Les séjours proposés sur 120 destinations sont élaborés par leurs 180 conseillers voyageurs. Spécialistes par pays, et même par région, ils vous aideront à personnaliser les voyages présentés à travers une trentaine de brochures d'un nouveau type et sur le site internet où vous pourrez également découvrir les hébergements exclusifs et consulter votre espace particulier. Au cours de votre séjour, vous bénéficiez des services personnalisés Voyageurs du Monde, dont la possibilité de modifier à tout moment votre voyage, l'assistance d'un concierge local, la mise en place de rencontres et de visites privées et l'accès à votre carnet de voyage via une application iPhone et Android. Voyageurs du Monde est membre de l'association ATR (Agir pour un Tourisme Responsable) et a obtenu sa certification Tourisme Responsable AFAQ AFNOR.

> Voir aussi au sein de chaque grande ville les agences locales que nous avons sélectionnées.

Comment aller à Roissy et à Orly ?

Toutes les infos sur le site *• routard.com •* à l'adresse suivante : *• bit.ly/aeroports-routard •*

> Conservez dans votre bagage cabine vos médicaments, vos divers chargeurs et appareils, ainsi que vos objets de valeur (clés et bijoux). Et, on ne sait jamais, ajoutez-y de quoi vous changer si vos bagages n'arrivaient pas à bon port avec vous.

En Belgique

▲ CONNECTIONS

Rens et résas : ☎ 070-233-313. • connections.be • Fort d'une expérience de plus de 20 ans dans le domaine du voyage, Connections dispose d'un réseau de 32 *travel shops* dont une à l'aéroport de Bruxelles. Connections propose des vols dans le monde entier

COLOMBIE

Pays d'une étonnante diversité : de l'océan Pacifique à la côte caraïbe, des lacs d'altitude et sommets enneigés en passant par les vastes prairies qui mènent à l'Amazonie, sans oublier, autour de Medellín, cette région fertile qui produit le meilleur café du monde et, cerise(s) sur le gâteau, les îles de San Andrés et Providencia… Une nature qui se prête à l'aventure : rafting et parapente à San Gil, escalade et treks dans le majestueux parc El Cocuy, randonnées en Amazonie et, sur la côte caribéenne, à la découverte de la *Ciudad Perdida*. De quoi en prendre plein les yeux à Villa de Leyva, Barichara et la capitale Bogotá, avec son fameux museo de Oro et le quartier de La Candeleria, aux murs couverts de superbes *murals*. Faire battre son cœur au rythme de la salsa à Calí et à Medellín, s'émerveiller devant les vestiges précolombiens de San Agustín, laisser filer le temps à Salento, adorable bourgade colorée au cœur de la *zona cafetera,* ou encore à Mompox, petite ville coloniale au bord du río Magdalena, qui s'anime pour son festival de jazz. Enfin, parcourir à pied les remparts et ruelles de la mythique Cartagena de Indias… Ce qui unit les Colombiens aujourd'hui ? Un incroyable sens de la fête, qui prouve que la population a su courageusement tourner la page des années noires.

à des tarifs avantageux et des voyages destinés à des voyageurs désireux de découvrir la planète de façon autonome. Connections propose une gamme complète de produits : vols, hébergements, location de voitures, autotours, vacances sportives, excursions...

▲ **TAXISTOP**

Pour ttes les adresses Taxistop : ☎ 070-222-292. • taxistop.be •
– Bruxelles : rue Théresienne, 7a, 1000.
– Gent : Maria Hendrikaplein, 65, 9000.
– Ottignies : bd Martin, 27, 1340.

Taxistop propose un système de covoiturage, ainsi que d'autres services comme l'échange de maisons ou le gardiennage.

▲ **VOYAGEURS DU MONDE**

– Bruxelles : chaussée de Charleroi, 23, 1060. ☎ 02-543-95-50. • voyageursdumonde.com •

Le spécialiste du voyage en individuel sur mesure.
Voir texte « En France ».

En Suisse

▲ **ROUTE DES VOYAGES**

Rens et résas : ☎ 022-552-34-46. • ch.route-voyages.com • geneve@route-voyages.com •

Voir texte « En France ».

▲ **STA TRAVEL**

Rens : ☎ 058-450-49-49. • statravel.ch •
– Fribourg : rue de Lausanne, 24, 1700. ☎ 058-450-49-80.
– Genève : Pierre Fatio, 19, 1204. ☎ 058-450-48-00.
– Genève : rue Vignier, 3, 1205. ☎ 058-450-48-30.
– Lausanne : bd de Grancy, 20, 1006. ☎ 058-450-48-50.
– Lausanne : à l'université, Anthropole, 1015. ☎ 058-450-49-20.

Agences spécialisées notamment dans les voyages pour jeunes et étudiants. 150 bureaux STA et plus de 700 agents du même groupe répartis dans le monde entier sont là pour donner un coup de main *(Travel Help).*
STA propose des tarifs avantageux : vols secs *(Blue Ticket),* hôtels, écoles de langues, *work & travel,* circuits d'aventure, voitures de location, etc. Délivre la carte internationale d'étudiant ISIC et la carte Jeune.

Au Québec

▲ **TOURS CHANTECLERC**

• tourschanteclerc.com •

Tours Chanteclerc est un tour-opérateur qui publie différentes brochures de voyages, dont une consacrée à l'Europe en circuits ou en séjours. Il s'adresse aux voyageurs indépendants qui réservent un billet d'avion, un hébergement (dans toute l'Europe), des excursions ou une location de voiture.

EN TRAIN

De la France à l'Angleterre

En TGV Eurostar

Liaisons entre Paris (gare du Nord) et Londres (St Pancras International), compter min 2h15 par le tunnel sous la Manche ; Paris et Ashford (1h40 de voyage) ; Lille et Londres (min 1h20 de voyage) ; Lille et Ashford (durée : 1h) ; Calais-Frethun-Londres (en 1h). Également des lignes directes à destination de Londres depuis Lyon, Marseille et Avignon, ainsi que de Bruxelles à certaines dates.
Sinon, au départ des principales villes de province, Eurostar propose toute l'année des prix comprenant le trajet en train jusqu'à Lille-Europe ou Paris, puis le voyage en Eurostar.

– ***Précautions particulières :*** se présenter à l'enregistrement au moins 30 mn avant le départ, muni d'une carte nationale d'identité ou d'un passeport en cours de validité.
De plus, comme en avion, certains objets sont interdits à bord, un couteau d'une certaine taille ou des « articles contenant du gaz », par exemple.
Pour plus de détails, consulter le site internet • *eurostar.com* •, rubrique « Préparer son voyage ».

NORD
STROMNESS
John O'Groats
Thurso
Stornoway
The Minch
Lewis et Harris
Helmsdale
Ullapool
Hébrides
Moray
Elgin
Kyle of Lochalsh
Inverness
Skye
Mallaig
ÉCOSSE
Fort William
Pitlochr
OCÉAN ATLANTIQUE
Dundee
Mull
Oban
Perth
Jura
GLASGOW
ÉDIMBOUR
Islay
Arran
Ayr
Dumfries
Cairnryan
Larne
Stranraer
Carlis
IRLANDE DU NORD
Belfast
Man
MER D'IRLANDE
Anglesey
LIVERPOOL
Holyhead
IRLANDE
Cheste
Saint George's Channel
Cardigan Bay
Shrewsbur
Aberystwyth
PAYS DE GALLES
Fishguard
Pembroke
Newport
Cardiff
Bristol Channel
Exeter
Weym
Plymouth
0 50 km
0 50 miles
Penzance
I. Scilly
ROSCOFF
ST-MALO

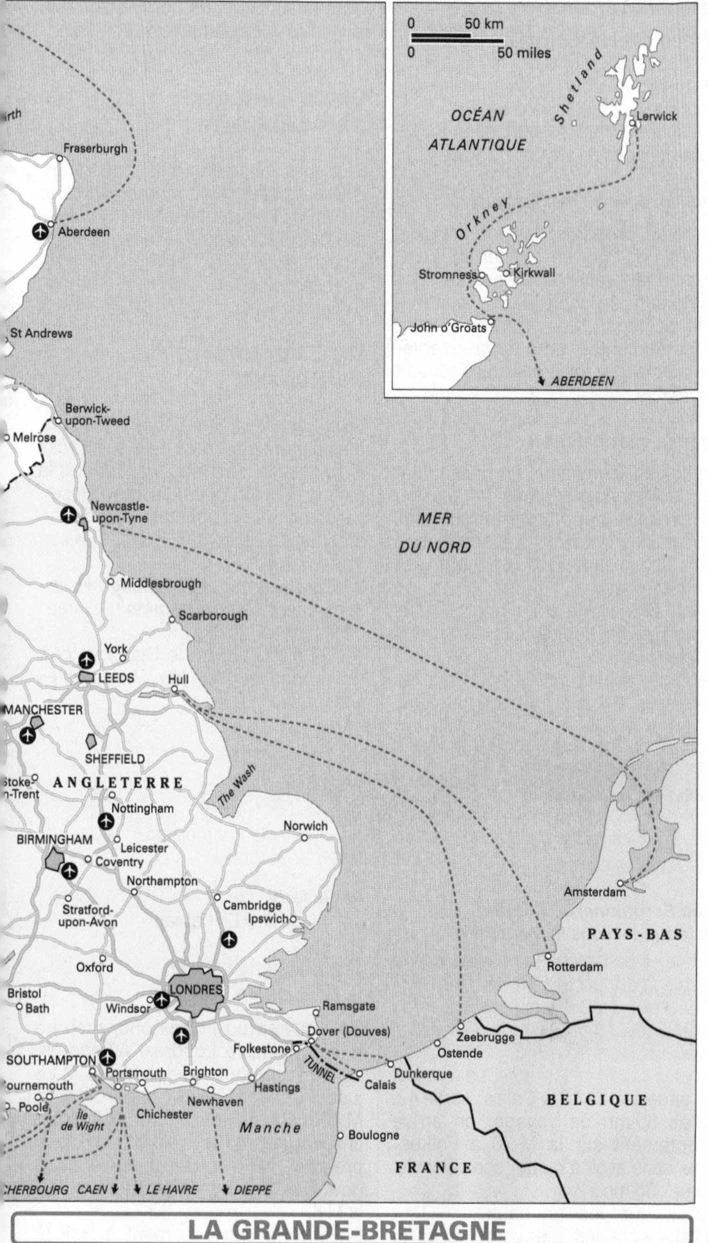

LA GRANDE-BRETAGNE

Réservation et achat des billets

– **Ligne directe Eurostar :** *☎ 01-70-70-60-88 (frais si résa par tél).*
– **Internet :** ● *oui.sncf* ● ou directement sur ● *eurostar.com* ●
– Dans les gares, les boutiques SNCF et les agences de voyages agréées.

Pour voyager au meilleur prix

Eurostar propose de nombreuses réductions. Pour en profiter au maximum, il faut réserver à l'avance. Les billets sont en vente 3 mois avant la date de départ. Les promotions sont aussi fréquentes. Lors de la réservation, demandez toujours le meilleur tarif disponible.

En train, puis bateau

Les lignes ferroviaires ne desservent pas les gares maritimes françaises. On conseille donc cette formule aux habitants du Nord, aux claustrophobes (sous le tunnel) et à ceux qui ont vraiment le temps.
Il faut prendre le train pour Calais, Boulogne ou Dieppe. À l'arrivée, des navettes sont assurées avec les gares maritimes d'embarquement. Pour les traversées, voir plus loin « En bateau ».
Côté britannique, de nombreux trains relient les villes portuaires à Londres.

De la Belgique à l'Angleterre

Plusieurs liaisons quotidiennes entre Bruxelles-Midi et Londres (gare de St Pancras International), par l'Eurostar (2h de voyage). *Rens en Belgique : ☎ 070-79-79-79 (0,30 €/mn).* ● *b-europe.com* ●

De l'Angleterre à l'Écosse

La plupart des trains au départ de Londres partent de la gare de King's Cross à destination d'Édimbourg et depuis la gare de Euston pour Glasgow. Réservation de train-couchettes *(Caledonian Sleepers)* auprès de *Scotrail* : ● *sco trail.co.uk* ●
➢ ***Pour Édimbourg et Glasgow :*** liaisons directes, 1 à 3 départs/h. Durée : min 4h20.
➢ D'Édimbourg et de Glasgow, correspondance pour les autres villes écossaises.

EN VOITURE

De la France à l'Angleterre

Avec Eurotunnel Le Shuttle, via le tunnel sous la Manche

Résas : ● *eurotunnel.com* ● *ou par le centre d'appels au ☎ 0810-63-03-04 (service 0,32 € + prix appel). Infos au ☎ 0809-10-08-11 (prix d'un appel local, lun-sam 9h-17h30). Nombreux départs quotidiens 24h/24.* Le terminal est situé sur l'A 16 à Calais, sortie 42. Après 35 mn de voyage, on arrive directement sur la M 20 à Folkestone, sans avoir à quitter son véhicule. Durée : 35 mn.
Notez que les animaux et « leur puce » sont les bienvenus à bord. *Pour avoir accès à la réglementation, consulter* ● *eurotunnel.com* ● *ou le site de l'ambassade :* ● *gov.uk/take-pet-abroad* ●

Par le ferry
Voir plus loin « En bateau ».

De l'Angleterre à l'Écosse

De Douvres ou Folkestone, prendre la M 20 jusqu'à Londres. À Londres, suivre l'autoroute périphérique M 25 jusqu'à Oxford. De là, emprunter la M 40 jusqu'à Birmingham. Remonter ensuite jusqu'à Carlisle par la M 6, puis prendre l'A 74 en direction de Glasgow. De Glasgow à Édimbourg, suivre la M 8.
En cas de débarquement à Hull (à 400 km au sud d'Édimbourg), prendre la M 62 jusqu'à Leeds, puis l'A 1

(*motorway* jusqu'à Newcastle), et longer la côte jusqu'à Édimbourg. Cette variante permet de remonter la vallée de la Tweed pour visiter les Borders. Mais attention, l'A 1 est souvent encombrée : des lecteurs recommandent de prendre l'A 68 (au niveau de Darlington), qui permet de traverser un beau parc naturel.

EN BATEAU

Les compagnies maritimes

▲ **BRITTANY FERRIES**
Central de résas à Roscoff : ☎ 02-98-244-701. • brittanyferries.fr •
Brittany Ferries propose aussi des séjours en Écosse en *B & B*, hôtels, cottages, ainsi que des circuits en autotours.

▲ **CONDOR FERRIES**
– Terminal ferry du Naye : BP 30651, 35406 Saint-Malo Cedex. ☎ 0825-135-135 (service 0,15 €/mn + prix appel). • condorferries.fr • Résa en ligne possible.

▲ **DFDS SEAWAYS**
Infos et résas : • dfdsseaways.co.uk •
Compagnie scandinave. Info et résa directement sur leur site.

▲ **EUROMER & CIEL VOYAGES**
Central de résas France : ☎ 04-67-65-95-12 ou 67-30. • euromer.com •
Réserver le plus tôt possible pour bénéficier des meilleurs prix. Les changements sur l'Écosse peuvent intervenir en cours d'année, renseignez-vous ! Devis gratuit.
Spécialiste des traversées maritimes, EuroMer propose plus de 350 lignes avec des tarifs attractifs sur l'ensemble des îles britanniques, ainsi que des séjours en *B & B* ou en cottages.
Représentant toutes les compagnies maritimes (Brittany Ferries, Condor Ferries, LD Lines, DFDS, P & O), EuroMer propose également la traversée Zeebrugge-Hull.

▲ **P & O FERRIES**
Rens et résas : ☎ 03-66-74-03-25. • poferries.fr • poferries.be • Et dans les agences de voyages.
➢ Pour se rendre à ***Zeebrugge*** : les Français peuvent emprunter les autoroutes A 1 Paris-Lille, puis E 17 jusqu'à Bruges. Également en train jusqu'à Bruges où il existe un service de navettes pour la gare maritime, située à 19 km. Plus d'infos sur le site de P & O Ferries.

EN BUS

De la France à l'Angleterre

En bus puis bateau, ou via Eurotunnel

▲ **EUROLINES**
Rens : ☎ 0892-89-90-91 (service 0,35 €/mn + prix appel). Lun-sam 8h-21h, dim 10h-18h. • eurolines.fr • N° d'urgence : ☎ 01-49-72-51-57. Agences à Paris et dans tte la France.
– Vous trouverez également les services d'Eurolines sur • routard.com • Eurolines propose 10 % de réduc pour les jeunes (12-25 ans) et les seniors. 2 bagages/pers gratuits en Europe.
Première *low-cost* par bus en Europe, Eurolines permet de voyager vers plus de 600 destinations en Europe, avec des départs quotidiens depuis 90 villes françaises. Eurolines propose également des hébergements à petits prix sur les destinations desservies.
– *Pass Europe :* pour un prix fixe valable 15 ou 30 j., vous voyagez autant que vous le désirez sur le réseau entre 51 villes européennes. Également un mini-*pass* pour visiter 2 capitales européennes (7 combinés possibles).

De l'Angleterre à l'Écosse

Il existe des compagnies privées qui organisent des circuits et excursions.

Départ	Arrivée	Durée	Compagnies	Fréquence
De la France au sud de l'Angleterre				
Roscoff	**Plymouth**	*6h (de jour)* *9h-10h (de nuit)*	Brittany Ferries	*1-2 départs/j.*
Saint-Malo	**Portsmouth**	*9h*	Brittany Ferries	*1 départ/j.*
Saint-Malo	**Poole**	*4h30*	Condor Ferries	*liaisons régulières tte l'année*
Caen-Ouistreham	**Portsmouth**	*6h (de jour)* *7h (de nuit)*	Brittany Ferries	*2-3 départs/j.*
Cherbourg	**Poole**	*3-5h (de jour)* *9h (de nuit)*	Brittany Ferries	*1 départ/j.*
Dieppe	**Newhaven**	*4h*	DFDS Seaways	*2-3 départs/j.*
Le Havre	**Portsmouth**	*4h30 (de jour)* *8-10h (de nuit)*	Brittany Ferries	*1-2 départs/j.*
Dunkerque	**Douvres**	*2h*	DFDS Seaways	*ttes les 1 à 2h, tte l'année*
Calais	**Douvres**	*1h30 (en moyenne)*	P & O Ferries DFDS Seaways	*très nombreux départs quotidiens, 24h/24*
De la Belgique ou des Pays-Bas au nord de l'Angleterre				
Zeebrugge	**Hull** (325 km de Jedburgh, dans les Borders)	*12h*	P & O Ferries Euromer	*1 départ/j. (traversée de nuit)*
Rotterdam	**Hull**	*10h*	P & O Ferries	*1 départ/j. (traversée de nuit)*
Amsterdam	**Newcastle** (90 km de Jedburgh)	*15h30*	DFDS Seaways	*1 départ/j.*

Les autocars en Grande-Bretagne parcourent tout le pays et offrent des tarifs généralement plus avantageux que le train. D'autant plus si on voyage avec la compagnie *low-cost Megabus*, qui relie notamment Londres à Édimbourg ou Glasgow à prix imbattables (minimum 8-10h de

route), mais aussi à Perth, Dundee, Aberdeen, (env 13h de trajet). *Depuis la Grande-Bretagne : ☎ (0141) 352-44-44 (infos) ; ☎ 0900-160-09-00 (résas). ● megabus.com ●*
Pour relier la capitale britannique à l'Écosse, la compagnie *National Express* (*☎ 0871-781-81-81 depuis la Grande-Bretagne ; ● nationalexpress.com ●*) assure, quant à elle, des liaisons de Londres (Victoria Coach Station) vers Édimbourg, Glasgow, Aberdeen et Inverness. Si vous n'avez pas réservé votre place, arrivez à l'avance car le bus part une fois plein, et ce même avant l'horaire prévu.

ÉCOSSE UTILE

ABC de l'Écosse

- *Superficie :* 78 772 km².
- *Population :* 5 404 700 hab. (soit 8 % de la population du Royaume-Uni).
- *Capitale :* Édimbourg.
- *Monnaie :* la livre sterling (£).
- *Régime :* démocratie parlementaire. Parlement autonome écossais depuis 1999.
- *Chef de l'État :* la reine Élisabeth II depuis 1952.
- ***Premier ministre britannique :*** Theresa May.
- *Premier ministre écossais :* Nicola Sturgeon depuis 2014.

AVERTISSEMENT : à l'heure où nous publions ce guide, toutes les conséquences de la sortie du Royaume-Uni de l'Union européenne ne sont pas connues. Certaines des informations pratiques décrites ici pourraient donc changer... ou pas. Avant votre départ, consultez le site de l'ambassade du Royaume-Uni.

AVANT LE DÉPART

Adresses utiles

Office de tourisme d'Écosse

Il n'y a pas d'accueil public, que ce soit en France ou dans les pays francophones, mais un site très complet : • *visitscotland.com/fr-fr* • Liste et réservation d'hébergements, d'événements, infos culturelles et pratiques, etc. Commandes et téléchargement de brochures, itinéraires et fiches thématiques en français. N'hésitez pas non plus à contacter directement les ***I Centres*** *(Visitor Information)* en Écosse. Ils fournissent des brochures gratuites, généralement en anglais, mais les plans, guides et cartes détaillés sont payants. Les cartes de randos qu'ils proposent ne sont pas chères (£ 1).
Intéressant : VisitScotland a lancé un forum afin de permettre aux locaux et aux visiteurs d'échanger leurs bons plans : • *community.visitscotland.com/* •

■ ***La boutique en ligne de l'office de tourisme de Grande-Bretagne :*** • *visitbritainshop.com/france/* • Achat en ligne de cartes routières, *passes* de train, excursions et spectacles, ainsi que plusieurs *passes* couvrant châteaux, jardins et manoirs.

Consulats de Grande-Bretagne

– ***À Paris :*** *16, rue d'Anjou, 75008.* ☎ *01-44-51-31-00.* • *gov.uk/government/world/france.fr* • *Lun-ven 9h30-12h30.* Les demandes de visas, si nécessaire, ne s'effectuent que sur leur site internet.
– ***À Marseille :*** *Les Docks de Marseille-La Joliette, 10, pl. de la Joliette, Atrium 10.3, 13002. Au 1er étage.* ☎ *01-44-51-31-00 (à Paris).*
– ***À Bordeaux :*** *353, bd Wilson, 33073. Au 2e étage.* ☎ *05-57-22-21-10.*

– **À Bruxelles :** *av. d'Auderghem, 10, Bruxelles 1040.* ☎ *(02) 287-62-11.* • *gov.uk/government/world/belgium* • *Lun-mar, jeu-ven 9h-12h30. Accueil sur rdv seulement.* Les demandes de visas, si nécessaire, ne se font que par leur site internet.

– **À Berne :** *Thunstrasse, 50, 3005 Berne.* ☎ *031-359-77-00.* • *gov.uk/government/world/switzerland* • *Lun-ven 9h-12h (consulat).* Les demandes de visas, pour les ressortissants étrangers qui en auraient besoin, se font sur leur site internet uniquement.

– **À Ottawa :** *Haut-commissariat de la Grande-Bretagne, 80 Elgin St, Ottawa (Ontario) K1P 5K7.* ☎ *613-237-15-30.* • *gov.uk/world/organisations/british-high-commission-ottawa.fr* • *Par tél, lun-ven 8h30-17h. Accueil sur rdv seulement.* Demande de visas en ligne si nécessaire.

Formalités

– ***Passeport*** ou ***carte nationale d'identité en cours de validité*** (un permis de séjour en France ne suffit pas) pour les ressortissants de l'Union européenne et les Suisses.

À partir du 29 mars 2019, date de sortie du Royaume-Uni de l'UE, les formalités pourraient changer. Renseignez-vous, notamment sur le site du consulat de Grande-Bretagne de votre pays d'origine.

– Les ***mineurs*** doivent être munis de leur propre pièce d'identité (carte d'identité ou passeport). Pour l'autorisation de sortie de territoire lorsque les enfants ne sont pas accompagnés par un de leurs parents, chaque pays a mis en place sa propre régulation. Ainsi, pour ***les mineurs français, l'autorisation de sortie du territoire*** a été rétablie en 2017. Pour voyager à l'étranger, ils doivent être munis d'une pièce d'identité (carte d'identité ou passeport), d'un formulaire signé par l'un des parents titulaires de l'autorité parentale et de la photocopie de la pièce d'identité du parent signataire. Renseignements auprès des services de votre commune et sur • *service-public.fr* • Si vous voyagez avec un enfant ne portant pas votre nom de famille, mieux vaut vous renseigner avant !

– D'autres infos sur : • *visitbritain.com* • Onglet « Infos pratiques », puis « Getting to Britain ».

Les ressortissants hors de l'Union européenne (hormis les Suisses) et du Canada doivent consulter les sites • *gov.uk/check-uk-visa* • *gov.uk/government/organisations/uk-visas-and-immigration* •

– ***Pour la voiture :*** permis de conduire national, carte grise, carte verte (assurance). Se procurer des adaptateurs pour phares pour la conduite de nuit ou par temps de pluie, au risque d'éblouir les voitures en face ! On en trouve notamment sur les bateaux.

Pensez à scanner passeport, carte de paiement, *vouchers* d'hôtel. Ensuite, adressez-les-vous par e-mail, en pièces jointes, en même temps que votre billet d'avion électronique. En cas de perte ou de vol, rien de plus facile pour les récupérer. Les démarches administratives en seront bien plus rapides.

Carte européenne d'assurance maladie

À l'heure où nous imprimons, les négociations sur le Brexit en matière de santé étaient en cours. Après la rupture (prévue le 29 mars 2019), pour savoir s'il sera toujours possible d'utiliser la carte européenne d'assurance maladie en Grande-Bretagne, au moins pendant la période transitoire (jusqu'au 31 décembre 2020), renseignez-vous auprès de votre centre de Sécurité sociale ou du Cleiss (Centre des liaisons européennes et internationales de sécurité sociale ; • *cleiss.fr* •).

Assurances voyage

■ ***Assurance Routard par AVI International :*** *40, rue Washington, 75008 Paris.* ☎ *01-44-63-51-00.* • *avi-international.com* • Ⓜ *George-V.* Enrichie année après année par les retours des lecteurs, *Routard Assurance* est devenue une assurance voyage incontournable. Tout est compris : frais médicaux, assistance rapatriement, bagages, responsabilité civile... Vous avez besoin d'un médecin, d'un conseil médical ou d'une prise en charge dans un hôpital ? Appelez simplement le plateau *AVI Assistance* disponible 24h/24, leur réseau est l'un des plus complets actuellement. Vous avez eu des frais de santé en voyage ? Envoyez les factures à votre retour, *AVI* vous rembourse sous une semaine. Avant votre départ, n'hésitez pas à les appeler pour des conseils personnalisés. Et téléchargez l'appli mobile pour garder le contact avec l'assistance 24h/24 et disposer de l'un des meilleurs réseaux médicaux à travers le monde.

■ ***AVA Assurance Voyages et Assistance :*** *25, rue de Maubeuge, 75009 Paris.* ☎ *01-53-20-44-20.* • *ava.fr* • Ⓜ *Cadet.* Un autre courtier fiable pour ceux qui souhaitent s'assurer en cas de décès-invalidité-accident lors d'un voyage à l'étranger, mais surtout pour bénéficier d'une assistance rapatriement, perte de bagages et annulation. Attention : franchise pour leurs contrats d'assurance voyage.

■ ***Pixel Assur :*** *18, rue des Plantes, BP 35, 78601 Maisons-Laffitte.* ☎ *01-39-62-28-63.* • *pixel-assur.com* • *RER A : Maisons-Laffitte.* Assurance de matériel photo et vidéo tous risques (casse, vol, immersion) dans le monde entier. Devis en ligne basé sur le prix d'achat de votre matériel. Avantage : garantie à l'année.

Carte internationale d'étudiant (carte ISIC)

Elle prouve le statut d'étudiant dans le monde entier et permet de bénéficier de tous les avantages, services et réductions dans les domaines du transport, de l'hébergement, de la culture, des loisirs, du shopping...
La carte ISIC permet aussi d'accéder à des avantages exclusifs (billets d'avion spécial étudiants, hôtels et auberges de jeunesse, assurances, cartes SIM internationales, location de voiture...).

Renseignements et inscriptions

- ***En France :*** • *isic.fr* • *13 € pour 1 année scolaire.*
- ***En Belgique :*** • *isic.be* •
- ***En Suisse :*** • *isic.ch* •
- ***Au Canada :*** • *isiccanada.com* •

Carte d'adhésion internationale aux auberges de jeunesse (carte FUAJ)

Cette carte vous ouvre les portes des 4 000 auberges de jeunesse du réseau *HI-Hostelling International* en France et dans le monde. Vous pouvez ainsi parcourir 90 pays à des prix avantageux et bénéficier de tarifs préférentiels avec les partenaires des Auberges de Jeunesse *HI*. Enfin, vous intégrez une communauté mondiale de voyageurs partageant les mêmes valeurs : plaisir de la rencontre, respect des différences et échange dans un esprit convivial. Il n'y a pas de limite d'âge pour séjourner en auberge de jeunesse. Il faut simplement être adhérent.

Renseignements et inscriptions

- ***En France :*** ● *hifrance.org* ●
- ***En Belgique :*** ● *lesaubergesdejeunesse.be* ●
- ***En Suisse :*** ● *youthhostel.ch* ●
- ***Au Canada :*** ● *hihostels.ca* ●

Si vous prévoyez un séjour itinérant, vous pouvez réserver plusieurs auberges en une seule fois en France et dans le monde : ● *hihostels.com* ●

ARGENT, BANQUES, CHANGE

Depuis l'annonce du Brexit, la livre a chuté et ***le taux de change reste volatile.*** Pour donner une idée moyenne de conversion, nous appliquons dans le guide un taux à 1,20 € pour £ 1.
En Écosse, on utilise la ***livre écossaise,*** même si la ***livre anglaise,*** de valeur identique, est acceptée. Chaque billet existe en 3 modèles, car 3 banques ont le droit d'en émettre ! Les livres écossaises sont acceptées en Angleterre, même s'il arrive que certains (petits) commerces les refusent ; de même, de rares commerces écossais (nationalistes ?) refusent les livres anglaises.
On peut ***changer*** ses euros, francs suisses ou dollars canadiens sans commission dans les bureaux de change en ville (ouverts généralement du lundi au samedi, parfois le dimanche), mais les taux ne sont généralement pas extraordinaires (et encore pire dans les postes et banques...). Le plus rentable, en fait, est de payer directement vos achats avec votre carte de paiement ou de retirer du liquide dans les ***distributeurs automatiques*** *(ATM).* Quelques secteurs (comme la péninsule d'Ardnamurchan, sur la côte ouest) et de tout petits villages n'ont pas d'*ATM.* Faites provision de cash dans les plus grosses bourgades. Pour dépanner, certains magasins pratiquent parfois encore le ***cashback*** : vous réglez un achat par carte en faisant débiter un montant supérieur (enfin, pas trop !), et le commerçant vous rend la différence en liquide.

Cartes de paiement

Avertissement

Si vous comptez effectuer des retraits d'argent aux distributeurs, il est très **vivement conseillé d'avertir votre banque** avant votre départ (pays visités et dates). En effet, **votre carte peut être bloquée dès le premier retrait** pour suspicion de fraude. C'est de plus en plus fréquent. Bonjour les tracasseries pour faire rentrer les choses dans l'ordre, et on se retrouve vite dans l'embarras !

La plupart des hôtels, restos et magasins (et bien sûr les stations-service) les acceptent ; c'est moins certain en ce qui concerne les auberges de jeunesse et, surtout, les *B & B.* Ou alors ce sera possible avec un léger surcoût (de l'ordre de 2 à 2,5 %).
Avant de partir, demandez à votre banque de relever votre plafond de carte de paiement pendant votre séjour : ce sera notamment utile pour la caution demandée par les loueurs de voitures.
De même, notez bien le numéro d'opposition propre à votre banque (il figure souvent au dos des tickets de retrait, sur votre contrat, ou à côté des distributeurs de billets), ainsi que le numéro à 16 chiffres de votre carte. Bien entendu, conservez ces informations en lieu sûr et séparément de votre carte. N'oubliez pas non plus de VÉRIFIER LA DATE D'EXPIRATION DE VOTRE CARTE BANCAIRE avant votre départ !

– En cas de perte, de vol ou de fraude de votre carte de paiement, voir les contacts à la rubrique « Urgences » à la fin du chapitre « Ecosse Utile ».

Petite mesure de précaution : si vous retirez de l'argent dans un distributeur, utilisez de préférence les distributeurs attenants à une agence bancaire. En cas de pépin avec votre carte (carte avalée, erreurs de code secret...), vous aurez un interlocuteur dans l'agence pendant les heures ouvrables.

Besoin urgent d'argent liquide

– Envoyer de l'argent par ***la Poste*** : le bénéficiaire, muni de sa pièce d'identité, peut retirer les fonds dans n'importe quel bureau du réseau local. Le transfert s'effectue avec un mandat ordinaire international (jusqu'à 3 500 €) et la transaction prend 8-10 jours vers l'international. Plus cher, mais plus rapide, le mandat express international permet d'envoyer de l'argent (montant variable selon la destination) sous 2 jours maximum, 24h lorsque la démarche est faite en ligne. *Infos :* • *labanquepostale.fr* •

Vous pouvez également être dépanné en quelques minutes grâce au système ***Western Union Money Transfer.*** L'argent vous est transféré en moins de 1h. La commission, assez élevée, est payée par l'expéditeur. Possibilité d'effectuer un transfert auprès d'un des bureaux *Western Union* ou, ***plus rapide, en ligne,*** 24h/24 par carte de paiement *(Visa* ou *MasterCard)* : on trouve des bureaux affiliés un peu partout, y compris dans des villes de moyenne importance.

Même principe avec d'autres organismes de transfert d'argent liquide comme ***MoneyGram, Paytop*** ou ***Azimo.***

Dans tous les cas, se munir d'une pièce d'identité. Toutefois, en cas de perte/vol de papiers, certains organismes permettent de convenir d'une question/réponse type pour pouvoir récupérer votre argent. Chacun de ces organismes possède aussi des applications disponibles sur téléphone portable. Consulter les sites internet pour connaître les pays concernés, les conditions tarifaires (frais, commissions) et trouver le correspondant local le plus proche :

• *westernunion.com* • *moneygram.fr* • *paytop.com* • *azimo.com/fr* •

ACHATS

Horaires des boutiques

Horaires habituels : lundi-samedi 9h-17h ou 18h. Dans les grandes villes, ouverture plus tardive, notamment le jeudi pour le *late night shopping.* Côté grandes surfaces, beaucoup restent ouvertes très tard le soir et même le dimanche (voire 24h/24).

À rapporter

– La ***joaillerie celtique,*** dont certains « bijoux-émaux » fabriqués avec des tiges de bruyère *(heathergems).* Si la fabrique se trouve à Pitlochry, les bijoux sont revendus dans la plupart des grands offices de tourisme *(I Centres).*

– Les ***vêtements*** (shetlands, costumes, chaussettes), pas donnés mais de qualité. Si vous êtes très en fonds, une veste *Harris Tweed,* le fameux tissu fabriqué sur l'île de Lewis et Harris. Pour les budgets plus serrés, il reste les casquettes (dont celles à la Sherlock Holmes), cravates, plaids, sacs ou porte-monnaie en tartan, sans oublier les amusants collants aux motifs écossais. Pour les tailles de vêtements et de chaussures, se reporter plus loin à la rubrique « Mesures ».

- La chaîne de boutiques *Edinburgh Woollen Mill* propose toutes sortes de ***lainages,*** aux prix justifiés compte tenu de la qualité.
- Si vous achetez un ***kilt,*** n'oubliez pas les accessoires, comme la bourse *(sporran)* et les chaussettes hautes qui mettront en valeur vos mollets d'acier.
- La ***marmelade*** (goûtez celle au whisky, un régal !), les sauces, les biscuits ***shortbread,*** ainsi que les ***oatcakes*** (ils sont moins chers chez nous !) qui accompagnent le fromage.
- Du ***whisky,*** en comparant bien les prix, car il est souvent moins cher en France, où l'on trouve de nombreuses marques, notamment du fait du rachat de plusieurs distilleries par le groupe Pernod-Ricard ! En Écosse, les taxes sur le whisky atteignent 74 %. Ce qui n'empêche pas de regarder les promos dans les supermarchés type *Tesco ou Sainsbury's* ; on peut parfois tomber sur une bonne affaire. Et si vous cherchez des raretés, vous aurez plus de chance de les dénicher ici.
- Du ***saumon*** : en l'emballant dans un sac isotherme, il attendra volontiers votre retour à la maison.
- Toutes sortes d'objets originaux ou classiques dans les ***boutiques du National Trust.*** Vous accomplirez du même coup une B.A. pour la préservation du patrimoine culturel et naturel britannique dont s'occupe cet organisme public.
- Les ***charity shops*** : une tasse à thé à l'effigie de la Reine Mère, un ravissant kilt, une veste *Harris Tweed* à peine portée... les *charity shops* regorgent d'objets vintage absolument uniques et de vêtements incroyables. On en compte plusieurs dans chaque ville, dont les bénéfices vont au profit d'une cause bien précise : cancer, aide à la fin de vie, protection des animaux... Prix bas et accueil adorable des mamies qui tiennent les lieux, toujours bénévoles et souriantes.

BUDGET

Voici certainement la rubrique la moins agréable à aborder ! Le coût de la vie en Écosse est plus élevé que chez nous, même si, depuis l'annonce du Brexit, le cours de la livre sterling a baissé (lire plus haut la rubrique « Argent, banques, change »). Les conversions sont arrondies.

Hébergement

Les campings et AJ sont grosso modo aux mêmes prix qu'en France. En revanche, les *B & B* sont assez chers et les hôtels quasi prohibitifs, pour ne pas dire d'un mauvais rapport qualité-prix (raison pour laquelle on vous en indique peu dans ce guide). Attention, certains *B & B* communiquent leurs tarifs par personne, sur la base d'une chambre double. Nous vous les donnons pour 2. Sauf indication contraire, le petit déjeuner est toujours compris.
- ***Campings :*** env £ 12-25 (14-30 €) pour 2 personnes, avec une tente et la voiture.
- ***Bon marché :*** £ 10-25 (12-30 €) par personne. Il s'agit surtout des auberges de jeunesse. En général, ça tourne autour de £ 20/pers.
- ***Prix moyens :*** £ 50-85 (60-102 €) pour 2 personnes. Là, il s'agit principalement des *B & B* (la plupart dans le créneau £ 70-80).
- ***Chic :*** £ 85-125 (102-150 €) la double (*B & B* chic, petits hôtels).
- ***Plus chic :*** plus de £ 125 (150 €).

Restaurants

Le midi, les Écossais déjeunent léger, souvent de la soupe accompagnée de sandwichs, parfois un petit plat cuisiné. La plupart des restos, même chic, affichent des formules économiques au *lunch time.* C'est l'occasion d'en profiter sans se ruiner. Le soir, la note est souvent multipliée par 2 ! Mais il reste possible de faire des économies en profitant des fameux *early birds* proposés en tout début de soirée, entre 17h30 et 18h30 (ou 18h45). On les appelle aussi parfois *pre-theater diner,* « dîner d'avant théâtre », même s'il n'y a pas de théâtre dans le coin.

À noter également que certaines adresses ne possèdent pas de licence d'alcool mais autorisent les clients à apporter leur propre bouteille. Dans le guide, on mentionne la formule « ***BYOB*** » *(Bring your own bottle)* pour les adresses qui la propose.

– ***Bon marché :*** plats £ 5-10 (6-12 €). Dans cette catégorie, entrent surtout les *coffee shops* et les échoppes à *fish & chips,* au mieux certains plats de base dans un pub.
– ***Prix moyens :*** plats £ 8-18 (10-22 €).
– ***Chic :*** plats £ 15-25 (18-30 €).

Pourboire *(tip)*

Rien n'est obligatoire, mais l'usage est de laisser **10 %** dans les restos. Contrairement à d'autres pays anglo-saxons, on ne laisse pas de pourboires dans les bars. En taxi, on arrondit a minima le montant de la course à la livre supérieure.

Visites

Compter £ 6-12 pour visiter un musée, un château, des jardins, une distillerie ou une abbaye. Le château d'Édimbourg et d'autres sites majeurs peuvent réclamer jusqu'à £ 16-19. De plus, la plupart des sites privés n'hésitent pas à augmenter leurs tarifs chaque année de près de 10 %. Ça finit par faire (très) cher. Cette pratique est partiellement contrebalancée par la gratuité d'autres sites, notamment les musées nationaux ou municipaux, comme à Glasgow. Penser tout de même à faire une ***donation dans les lieux gratuits*** qui le suggèrent, les Britanniques sont assez à cheval sur ce principe.

– ***Quelques tuyaux :*** l'achat de ***billets en ligne*** pour les principaux sites permet généralement de bénéficier d'une petite ***ristourne.*** Les ***offices de tourisme*** vendent parfois les billets moins chers qu'au guichet des musées. ***Seniors, étudiants (n'oubliez pas votre carte !) et enfants bénéficient de réductions*** (parfois bien modestes), et il existe souvent des ***billets familles*** pour 2 adultes et au moins 2 enfants (parfois plus), ainsi que des *combinés,* intéressants quand on visite plusieurs monuments dans le même secteur.

Pensez aussi aux ***passes*** qui permettent d'accéder à plusieurs sites à moindre prix (voir la rubrique « Musées et monuments »).

Spécial fumeurs

Les cigarettes sont hors de prix ! Fumer des billets de banque revient presque moins cher. Sachez aussi qu'il est interdit de fumer dans tous les lieux publics quels qu'ils soient, pubs inclus.

CLIMAT

« La vie, ce n'est pas d'attendre que l'orage passe, c'est d'apprendre à danser sous la pluie. »

Sénèque.

Il est clair qu'on ne vient pas en Écosse pour se dorer la pilule. La météo est ici un sujet de conversation et de blagues inépuisable ! Certains prétendent par exemple qu'il n'y a que 2 saisons : celle du parapluie et celle de

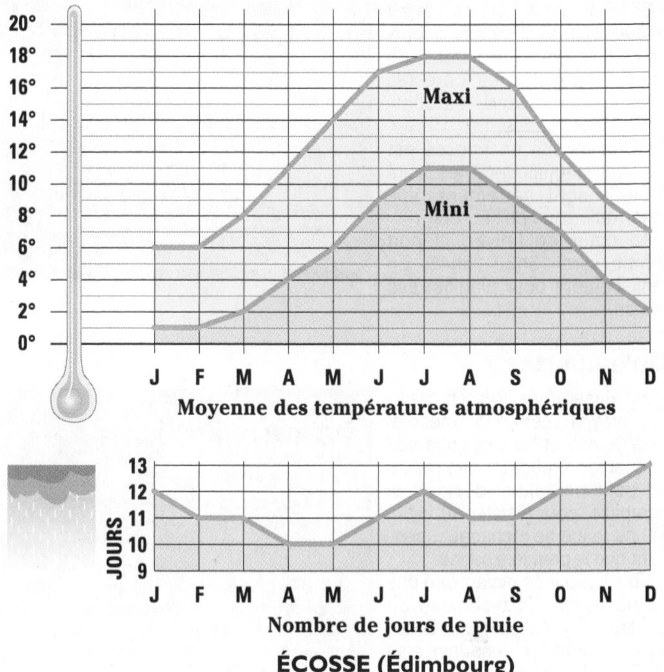

ÉCOSSE (Édimbourg)

l'imperméable ! En fait, le temps est extrêmement changeant, il peut pleuvoir ou faire beau plusieurs fois par jour, et comme dit le dicton : « Si tu n'aimes pas le temps qu'il fait, attends 5 mn. » Les pluies atteignent toutefois rarement le stade du déluge. Il s'agit plutôt de bruines, régulières sur l'ensemble de l'année (avec une légère pointe en décembre, janvier et juillet).

LES ROUX : CHAUD DEVANT !

Si certains chercheurs pensent que le gène de la rousseur pourrait disparaître en raison du réchauffement climatique, d'autres estiment le contraire. En attendant qu'ils se mettent d'accord, l'Écosse se place toujours en seconde position après l'Irlande pour ce qui est du nombre de rouquins : près de 6 % de sa population arborent une chevelure flamboyante, contre 1 à 2 % dans le reste du monde !

Quelle est la meilleure période ?

– Selon les Écossais, la fin du printemps serait la meilleure saison pour visiter leur pays. Bon compromis entre température, ensoleillement, durée du jour, observation de la faune (sauf celle des *midges*... voir plus loin pour les non-initiés).
– L'été, souvent moins ensoleillé que le printemps, enregistre des températures grimpant jusqu'à 18-20 °C à Édimbourg. La canicule, quoi !
– En automne (dès la fin août), les couleurs des bruyères embrasent les paysages et le temps est plus changeant.

– En hiver, on peut skier dans les hautes terres d'Écosse à partir de 1 000 m et assister à de magnifiques aurores boréales dans l'extrême Nord, les Shetland et les Orcades.
– La luminosité en Écosse est souvent magnifique et les jours d'été y sont nettement plus longs qu'au sud de l'Europe.
– Au cœur de l'hiver, la nuit tombe vers 15h30-15h45. En tenir compte pour planifier ses visites.

DOUCHE ÉCOSSAISE

Dicton écossais : « Si tu peux voir la colline là-bas, c'est qu'il va pleuvoir. Si tu ne la vois pas, c'est qu'il pleut ! » Un autre, philosophe, proclame : « Today's rain is tomorrow's whisky », *littéralement : « L'eau d'aujourd'hui produit le whisky de demain », une version locale de notre optimiste « Après la pluie, le beau temps ».*

Qu'emporter ?

Sans verser dans la sinistrose, il faut prévoir veste imperméable, polaire, pull et bonnet dans son paquetage. Pourquoi pas même un petit parapluie (costaud le parapluie, pour résister au vent). Et une tenue de rechange... pendant que la première sèche.
Un tuyau pour ne jamais être pris au dépourvu : la technique du « vêtement en plus ». Les Écossais, endurcis, ont tendance à se vêtir très légèrement. Donc, s'ils sont en T-shirt, ajoutez un pull ; s'ils sont en pull, prévoyez un blouson ; s'ils portent un blouson léger, enfilez votre doudoune ; s'ils sont très couverts, restez à l'intérieur ! On exagère à peine. Hormis les précipitations, le vent peut s'avérer fort désagréable, surtout quand il vient du nord, même en été.

ET L'ÉCOSSE INVENTA L'IMPERMÉABLE

Les mauvaises langues affirment que l'imperméable ne pouvait être inventé qu'en Écosse. C'est un fait : Charles Macintosh, un chimiste de Glasgow, mit le procédé au point en 1823, du coton caoutchouté et des coutures collées, non cousues. Aujourd'hui encore, en Grande-Bretagne, on ne se protège pas avec un raincoat, *mais avec un* mac. *Et inutile de le brancher !*

DANGERS ET ENQUIQUINEMENTS

L'Écosse n'est pas une destination à problème. Quasi pas de délinquance envers les touristes. Toutefois, en cas de vol ou d'agression, faites une déclaration au poste de police le plus proche afin d'être couvert par votre assurance.
Attention, posséder une ***bombe lacrymogène*** est un délit, qui peut vous coûter la prison et une amende pour port d'arme dangereuse. De même, interdit de porter un couteau, *Opinel* inclus...
Attention aux ***tiques,*** surtout présentes dans les milieux forestiers au printemps et en été. Procurez-vous un tire-tique en pharmacie avant le départ. Une fois la bestiole enlevée et la peau désinfectée, restez vigilant : si apparaissent de la fièvre ou une auréole rose autour de la morsure dans les jours suivant, consultez un médecin. La tique est responsable de la grave maladie de Lyme.

Les *midges*

« Un *midge* tué, cent qui viennent aux funérailles... » dit le dicton. Indissociables de l'Écosse à la « belle » saison, ces moucherons (2 mm de long, 1,4 mm d'envergure !) particulièrement voraces se déplacent en formations serrées, avant de fondre

sauvagement sur leurs proies... vous, en l'occurrence ! Leur nom français est « simulies », car, par leur aspect et leur comportement, ils « simulent » les moustiques. Les Québécois, eux, les appellent « brûlots » (pas très rassurant !). On les trouve le plus souvent près des lochs, uniquement de mi-mai à fin septembre, donc pile pendant la haute saison touristique... Les *midges* sont le plus agressifs à l'aube et au crépuscule ; ils n'aiment ni le froid, ni le soleil, ni le vent (en dessous de 15 km/h, méfiance !), ni la fumée (voilà entre autres pourquoi on trouve tant de traces de feux de bois ou de tourbe le long des lochs ; certains lecteurs suggèrent d'emporter un encensoir, à tester).
Les lotions préventives vendues en France contre nos gentils moustiques aoûtiens n'y feront rien... et, à vrai dire, celles vendues sur place ne sont pas toujours efficaces. L'un des rares remèdes éprouvés (utilisé par l'armée, c'est dire !) est une huile sèche pour le corps, *Skin so Soft* d'*Avon.* Ça les décourage de piquer. Bon, pas toujours efficace. Reste le *Smidge* ou, solution la plus sûre (et écolo !), la moustiquaire de tête, façon voile de veuve. En randonnée ou au camping, c'est une vraie bénédiction !
Pourquoi se protéger ? Parce que les piqûres de *midges* démangent furieusement. Et comme dirait l'autre : plus ça gratte, plus tu grattes et plus tu grattes, plus ça gratte. Une bonne douche vous apaisera un peu. Une lotion calmante peut également aider, comme le *Tégarome du Dr Valnet* (à base d'huiles essentielles) dont une seule goutte sur une piqûre soulage instantanément.
Pour connaître ***les zones d'infestation en temps réel,*** consultez le *Midge Forecast :* • *smidgeup.com/midge-forecast* •

DÉCALAGE HORAIRE

Été comme hiver, ***il faut soustraire une heure*** par rapport à la France. À noter que l'Union européenne envisage de mettre un terme au passage à l'heure d'été ou d'hiver. Le décalage avec le Royaume-Uni s'en trouverait alors modifié.
À consulter : • *horlogeparlante.com* •

ZÉRO POINTÉ

C'est en 1884 que le méridien de Greenwich fut retenu comme longitude zéro. Le Greenwich Mean Time *(GMT) devint la base du système de temps international. Ce méridien traverse peu de pays au final : Grande-Bretagne, France, Espagne, Algérie, Mali, Burkina Faso, Togo, Ghana et... l'Antarctique. La France devrait donc se trouver sur le même fuseau que sa voisine britannique. Mais l'occupation allemande est passée par là, imposant à Paris l'heure de Berlin. Et depuis, rien n'a bougé !*

ÉLECTRICITÉ

Voltage : 240 V (aucun risque pour les équipements). Les prises, munies de 3 broches carrées, nécessitent un adaptateur, pas toujours facile à trouver sur place. Mieux vaut l'acheter avant de partir ou à l'aéroport. Sinon on trouve presque toujours une prise à 2 broches (prévue pour les rasoirs) sur les réglettes de salle de bains, pratique pour recharger son portable !
Ne pas oublier d'allumer l'interrupteur des prises.

FÊTES, FESTIVALS ET JOURS FÉRIÉS

Le programme est chargé ! Pour les fêtes locales, se reporter aux chapitres concernés. Bonnes infos sur le site • *whatsonscotland.com* • Sinon, programme complet de toutes les manifestations sur • *visitscotland.com/fr-fr* •

Chaque année, parmi les festivités les plus importantes

– ***Up-Helly-Aa :*** *le dernier mar de janv, à Lerwick, dans les îles Shetland.* ● *uphellyaa.org* ● C'est la fête du Feu, dont l'origine remonte au temps des Vikings. Procession aux flambeaux en costumes d'époque.
– ***Burns Night :*** *le 25 janv.* Célébration du poète national Robert Burns. Dégustation de *haggis* avec une goutte de whisky.
– ***Fort William Mountain Festival :*** *fin fév.* ● *mountainfestival.co.uk* ● Conférences, films d'escalade et d'aventure, activités, etc. Un second « minifestival » est organisé début octobre.
– ***Dumfries-Galloway Wild Spring Festival :*** *fin mars-début avr.* ● *wildspringfestival.com* ● Riche programme de randonnées, de promenades guidées et d'activités pour toute la famille.
– ***Spirit of Speyside Whisky Festival :*** *1er w-e de mai.* ● *spiritofspeyside.com/events* ● Pendant le festival, visite possible de la plupart des 50 distilleries de la région. Dégustations, danses et musique folkloriques, ventes aux enchères...
– ***Les Highland Games*** ou ***Highland Gatherings :*** *mai-sept.* Organisés par de nombreuses villes. Voir « *Highland Games* » dans le chapitre « Hommes, culture, environnement » en fin de guide.
– ***Festival international d'Édimbourg, Fringe Festival et Military Tattoo :*** *en août.* Voir le chapitre consacré à la ville.
– ***Belladrum Festival*** (près d'Inverness) **:** *début août pdt 3 j.* ● *tartanheartfestival.co.uk* ● Il a été élu en 2017 « festival de musique estival le plus populaire de Grande-Bretagne ». Concerts pop, rock et folk en plein air, dans une ambiance à la « Woodstock ».
– ***Blas Festival :*** *début sept, dans les Highlands.* ● *blas-festival.com* ● Célébration de la culture gaélique et de la musique traditionnelle. Petits concerts d'artistes renommés organisés dans villes et villages, suivis de *ceilidhs* (fêtes folkloriques).
– ***Saint Andrew's Day :*** *le 30 nov.* Andrew est l'équivalent écossais du saint Patrick irlandais. Sa fête marque le début de l'Avent.
– ***Jours fériés*** *(bank holidays)* **:** les 1er et 2 janvier ; le Vendredi saint *(Good Friday)* ; le 1er lundi de mai *(Early May Bank Holiday)* ; le dernier lundi de mai *(Spring Bank Holiday)* ; le 1er lundi d'août *(Summer Bank Holiday)* ; le 30 novembre *(Saint Andrew's Day)* ; les 25 et 26 décembre (Noël et *Boxing Day).* Tout est fermé ces jours-là.
– Notez que la saison touristique se termine au plus tard le 31 octobre (parfois dès fin septembre). Pas de rab pour la Toussaint, que les Écossais ne fêtent pas. Certains sites, monuments et adresses sont fermés après cette date.

HÉBERGEMENT

Le site internet de l'office de tourisme d'Écosse *(● visitscotland.com/fr-fr ●)* recense tous les types d'hébergement, de l'hôtel au camping en passant par les lieux insolites et les alternatives écolos. Dispo et résas en ligne. Pratique ! Sur place, les ***I Centres*** (offices de tourisme) fournissent la liste des hébergements. Si les *guesthouses* et *B & B* incluent toujours le ***petit déj,*** c'est rarement le cas des AJ et pas toujours celui des hôtels (vérifier lors de votre résa).

Les campings

Assez nombreux, certains sont un peu décevants pour les amateurs de grand air. Beaucoup de camping-cars et caravanes. Certains réservent un espace aux tentes, sur du gazon bien épais, mais pas tous. Sanitaires en général très corrects et propres. La plupart des campings ferment d'octobre à mars.

Degré de confort variable : du *basecamp* pour se réfugier en cas de pluie, au camping 5 étoiles avec magasin, sanitaires chauffés, piscine, pub, etc. Pratiquement tous possèdent machine à laver, séchoir, une aire de jeux pour enfants et une connexion wifi (fréquemment payante à travers un prestataire extérieur, cher). Il n'y a pas toujours de cuisine. Si, en arrivant, la réception est fermée, plantez votre tente, vous paierez le soir ou le lendemain. Certains campings louent aussi des caravanes ou des mobile homes à la semaine, voire à partir de 2-3 nuits en été.

Pour faire une recherche localisée sur les campings écossais : • *scottishcamping.com* •

Ceux qui adhèrent au *Camping & Caravanning Club* (• *campingandcaravanningclub.co.uk* •) ou au *Caravan and Motorhome Club* (• *caravanclub.co.uk* •) sont souvent les mieux équipés, mais aussi les plus chers. Si vous comptez privilégier ces campings, une adhésion à l'année peut être intéressante. Sinon, supplément à chaque visite parfois salé. L'adhésion revient à minimum £ 39 pour 2 adultes et 4 enfants au *Camping Caravaning Club*, et à £ 51 pour *The Caravan Club*.

Le camping sauvage dans les coins isolés est très bien toléré, à condition de demander l'autorisation au propriétaire du terrain. Lire également les infos sur • *outdooraccess-scotland.com* •

Les ***mini-huttes en bois*** proposées dans certains campings sont parfois appelées ***pods*** ou ***wigwams*** (il s'agit d'une marque • *wigwamholidays.com* •), mais les modèles se sont aujourd'hui développés. Elles offrent pas mal d'avantages : on y dort au sec, au chaud (chauffage électrique) et sur des matelas. Elles peuvent loger 2, 4 ou même 6 personnes et sont souvent équipées d'une kitchenette, ou au moins d'un frigo (pas de sanitaires). Leurs prix raisonnables en font un bon compromis.

Les refuges *(bothies)*

Indispensables pour les randonneurs qui arpentent la montagne et les îles écossaises, il s'agit pour la plupart de simples abris basiques mais gratuits. Prévoir donc au minimum des provisions (isolement oblige), un tapis de sol, un bon sac de couchage et du matériel de cuisine. Rares sont les *bothies* qui disposent de toilettes. Infos sur • *mountainbothies.org.uk* •

Les auberges de jeunesse officielles *(Hostelling Scotland, Scottish Youth Hostels Association)*

La Grande-Bretagne fait partie des pays qui possèdent le plus d'AJ officielles au kilomètre carré. Rien qu'en Écosse, on en compte une soixantaine dans le réseau *Hostelling Scotland* (• *hostellingscotland.org.uk* •).

- Il n'y a pas de limite d'âge pour séjourner en AJ. En revanche, certaines AJ, généralement les plus urbaines et fêtardes, n'acceptent pas les mineurs, mêmes accompagnés.
- Les auberges sont souvent assez confortables. L'hébergement se fait généralement en dortoirs de 4 à 8 lits (non mixtes !) avec aussi en chambres doubles et familiales. Elles disposent toutes d'une cuisine bien équipée, d'une salle à manger, d'espaces communs (genre salon TV), du wifi, d'une laverie, salle de séchage et parfois d'une mini-épicerie pour dépanner. Des casiers sont souvent disponibles dans les dortoirs (avoir son cadenas). Si certaines AJ sont aménagées pour l'accueil des personnes handicapées, sachez que toutes n'acceptent pas les enfants... Mieux vaut se renseigner avant.
- Il est toujours plus sage de réserver, surtout en été (longtemps à l'avance sur l'île de Skye ou au mois d'août à Édimbourg) et pendant les vacances scolaires.

On peut notamment réserver par tél au ☎ (01786) 891-400 (lun-ven 9h-17h), par mail (• reservations@hostellingscotland.org.uk •), ou directement auprès de l'AJ.

– Un numéro de carte de paiement est nécessaire pour toute résa à distance. Sachez aussi que les AJ peuvent vous réserver une nuit dans n'importe quelle autre AJ.

– Les plus prévoyants peuvent réserver en ligne avant le départ sur le site ● *hihostels.com* ●, jusqu'à 6 mois à l'avance. L'intérêt, c'est que tout cela se passe avant le départ, en français et en euros ! En revanche, il faut verser 8 % d'acompte, non remboursables. Vous recevrez un reçu de réservation à présenter à votre arrivée à l'AJ. Modalités d'annulation et de remboursement variables selon les AJ.

– Si vous n'avez pas acheté la carte ISIC avant de partir, il est toujours possible de vous la procurer sur place, dans la 1re auberge. Elle coûte £ 15 par adulte ; £ 6 pour les moins de 26 ans. Sinon, pour les non-membres, supplément de £ 3 à payer par nuit.

– Beaucoup d'AJ sont fermées en hiver. Hors des grandes villes, la réception n'est généralement pas accessible en milieu de journée (heures de nettoyage), vérifiez bien !

Les AJ indépendantes

Dénommées *Independent Hostels, Bunkhouses* ou encore *Backpackers Houses,* elles sont encore plus répandues que les AJ officielles – sauf dans le sud de l'Écosse (plus rares). Moins strictes, elles se démarquent souvent par une atmosphère plus chaleureuse (déco fantaisiste, soirées à thème...), et sont généralement bien tenues. Tarifs équivalents à ceux des AJ officielles et prix unique pour tous (pas de carte de membre). Autre différence : une partie des dortoirs y est mixte, et les capacités des plus grands peuvent atteindre 20 lits. Sinon, l'équipement de base (cuisine, salon, laverie, wifi...) est grosso modo le même. Les *bunkhouses* sont, en principe, plus rudimentaires, plus petites et plus rurales. Pour réserver, le plus simple est de téléphoner directement à l'auberge. Il peut arriver aussi qu'il n'y ait pas d'accueil, on vous communiquera lors de la réservation par téléphone ou par mail le code d'accès de l'entrée, et le règlement se fera soit par carte de paiement soit en laissant du cash dans une *honesty box*.

Parmi les réseaux les plus pratiques :

■ ***SIH** (Scottish Independent Hostels) :* ● *hostel-scotland.co.uk* ● Association regroupant plus de 120 auberges à travers toute l'Écosse. Liste complète et détaillée sur le site.

■ ***IH** (Independent Hostels) :* ● *independenthostels.co.uk* ● Même style d'association que la *SIH,* dont elle partage de nombreuses adresses.

■ ***Scotland TopHostels :*** ● *scotlandstophostels.com* ● Propose quelques adresses urbaines (pas plus « top » que d'autres) à Édimbourg, Oban, Fort William, Inverness, Pitlochry, Loch Ness et sur l'île de Skye, mais c'est avant tout une agence organisant des excursions de 3 à 7 jours, les *MacBackpackers Tours* (voir plus loin « Transports intérieurs. Le bus »).

– Autres bases de données d'adresses bon marché : ● *hostels.com* ● *hostelworld.com* ● et ● *hostelbookers.com* ● (pas de frais de résa pour cette dernière).

Les résidences universitaires

En été, les universités louent, à la nuit ou à la semaine, les chambres des étudiants partis en vacances. Elles sont souvent assez confortables, bien équipées et desservies par les transports en commun. Tarif préférentiel pour les étudiants.

Les *Bed & Breakfast*

On y loge en principe chez l'habitant. Toutefois, certains *B & B* louent jusqu'à 10 chambres, parfois dans une maison distincte de celle des propriétaires. Dans ce cas, on parle plutôt de *guesthouse,* à mi-chemin entre le *B & B* et le petit hôtel. Quoi qu'il en soit, le *B & B* reste bien moins cher que l'hôtel (sans que ce soit donné), offre un hébergement de confort équivalent et, souvent, un supplément de charme et de convivialité. C'est aussi une excellente occasion de rencontrer des Écossais, de pratiquer son anglais et d'en apprendre plus sur la culture du pays !

Le prix est parfois annoncé par personne, sur la base d'une chambre double, et inclut évidemment le petit déj, souvent cuisiné et copieux. Nous indiquons toujours les prix pour 2. Les personnes seules paieront (presque) toujours plus cher que si elles partageaient une chambre avec quelqu'un d'autre. Attention, peu de *B & B* acceptent les cartes de paiement.

La plupart proposent des chambres *en-suite,* c'est-à-dire avec salle de bains privée, à l'intérieur. Les moins chers, souvent les plus anciens, ont des sanitaires communs. La douche est parfois électrique : pensez alors à allumer l'interrupteur pour avoir de l'eau chaude ! Tous les *B & B* ont le wifi gratuit, même dans les endroits les plus reculés.

> **« *WONDERFULL STAY, THANK YOU SO MUCH !* »**
>
> *Sur la cheminée du salon des B & B, vous verrez souvent trôner des dizaines de cartes postales assez kitsch, autant de remerciements adressés par les clients à leurs hôtes après leur séjour. L'envoi d'une carte postale est quasi culturel en Grande-Bretagne, et on aime les exposer. Ça fait partie du savoir-vivre. Et pas question d'envoyer un mail ! Une vraie carte postale, choisie avec amour et écrite à la main, sinon rien.*

Enfin, le *B & B* n'étant pas un hôtel, le *check-in* se fait dans des créneaux horaires souvent réduits (genre : 16h-18h). Pensez à prévenir si vous comptez débarquer après 18h, surtout si vous êtes en possession de *vouchers* ! Les propriétaires n'étant pas toujours payés d'avance par les agences, ils peuvent envisager de louer la chambre à quelqu'un d'autre s'ils ne voient personne à l'heure prévue !

– Le site de l'office de tourisme d'Écosse ● *visitscotland.com/fr-fr* ● permet la recherche et la résa de *B & B.* Il attribue à ses membres (la cotisation étant assez élevée, certains *B & B* n'y adhèrent pas) un nombre d'étoiles (de 1 à 5) censé refléter la qualité globale du lieu selon des critères objectifs. La qualité de l'accueil n'est pas prise en compte. Le site ● *scotlandsbestbandbs.co.uk* ● propose uniquement des hébergements ayant reçu un label qualité de 4 ou 5 étoiles.

Les *self-caterings*

Il s'agit de gîtes tout équipés. Une formule sympa en famille ou entre amis, plus économique aussi puisqu'on peut y faire sa popote ! La liste de ces hébergements se trouve dans tous les offices de tourisme et sur le site ● *visitscotland.com/fr-fr* ● Voir également les sites ● *unique-cottages.co.uk* ● et ● *embracescotland.co.uk* ● qui proposent aussi bien des appartements que des cottages de caractère.

Hébergements de caractère

■ ***Sawday's :*** ● *sawdays.co.uk* ● Un large choix de *B & B,* sélectionnés en fonction de critères spécifiques : jardins remarquables, lieux adaptés aux familles ou aux groupes, hébergements respectueux de l'environnement, etc.

■ ***Wolsey Lodges Ltd :*** ☎ *(01473) 822-058.* ● *wolseylodges.com* ● Propose des *B & B* dans de vieux manoirs, d'anciens presbytères et autres maisons de caractère. Fantômes non garantis !

■ ***Farm Stay :*** ☎ *02476-696-909.* ● *farmstay.co.uk* ● *B & B, glamping* (camping chic) et *self-caterings* dans des fermes.

L'échange d'habitations

On échange son logement contre celui d'un adhérent du même organisme. Cette formule offre l'avantage de pouvoir passer des vacances à moindres frais, en particulier pour les familles.

■ ***Intervac :*** *230, bd Voltaire, 75011 Paris.* ☎ *05-46-66-52-76.* ● *intervac.fr* ● L'inscription *(140 €, valable 1 an)* donne droit à la publication d'une annonce sur Internet pour un échange international.

■ ***Homelink :*** *19, cours des Arts-et-Métiers, 13100 Aix-en-Provence.* ☎ *04-42-27-14-14.* ● *homelink.fr* ● Adhésion annuelle : 125 € avec une parution sur Internet.

Les hôtels

Ce mode d'hébergement est nettement plus cher que les *B & B* (20-30 %), pour un confort au mieux comparable. Seules les chaînes de type *Premier Inn, Travelodge* ou *Ibis* tirent leur épingle du jeu et proposent des tarifs concurrentiels... le cachet en moins. Les hôtels anciens, souvent d'époque victorienne, peuvent dégager un certain charme dans les parties communes, mais leurs chambres sont parfois décevantes, fréquemment exiguës et parfois même vétustes... Les *lodges* les plus chic font globalement exception. Tout comme les chambres de pub, qui, en outre, permettent de faire la fermeture sans avoir à reprendre sa voiture. Certains possèdent des chambres refaites et charmantes.

Personnes handicapées

Les Britanniques ont pensé à elles bien avant nous et sont exemplairement équipés... Liste des hébergements aménagés sur ● *visitscotland.com/fr-fr/accommodation/accessible* ● Sinon, pour tous renseignements (en anglais uniquement) et conseils, consulter :

■ ***Tourism for All :*** ☎ *0845-124-99-71 (depuis l'Écosse) ou 0044-1539-726-111 (depuis l'étranger).* ● *openbritain.net* ●

Petit vocabulaire hôtelier

Le voyageur solitaire demandera une ***single room*** – mais on y rentre au chausse-pied. Les couples opteront pour la ***double room*** (un grand lit) ou une ***twin*** (2 petits lits). La ***family room*** dispose de 1 ou de 2 lits supplémentaires pour les enfants.

Quant aux sanitaires, ils peuvent être ***en-suite*** (dans la chambre), ***detached*** (privés mais dans le couloir, on parle aussi de ***private bathroom...***), ou partagés avec d'autres chambres ***(shared).***

LANGUE

Un peu de vocabulaire en anglais

je, moi	*I* (aïe !), *me*
tu, toi	*you*
il ; le, lui	*he ; him*
elle ; la, lui	*she ; her*
nous	*we, us*
ils, elles ; les, leur, eux	*they ; them*
hier	*yesterday*
aujourd'hui	*today*
demain	*tomorrow*
maintenant	*now*
plus tard	*later*
salut	*hello, hi*
bonjour (le matin)	*good morning*
bonjour (l'après-midi)	*good afternoon*

bonsoir	*good evening*
bonne nuit	*good night*
au revoir	*goodbye* ou *cheers*
s'il vous plaît	*please*
merci	*thank you* ou *thanks*
pardon	*sorry*
je ne comprends pas	*I don't understand*
pouvez-vous répéter ?	*can you repeat ?*
pouvez-vous expliquer ?	*can you explain ?*
où ?	*where ?*
combien ?	*how much ? how many ?*
quand ?	*when ?*
à quelle heure ?	*what time ?*
qui ?	*who ?*
quelle heure est-il ?	*what time is it ?*
qu'est-ce qui se passe ?	*what's the matter ? what's going on ?*
pourquoi ?	*why ?*
pouvez-vous me dire comment aller à... ?	*could you tell me the way to... ?*
à gauche	*on the left*
à droite	*on the right*
tout droit	*straight*
arrêtez	*stop*
gardien, gérant (d'une AJ)	*warden*

Et pour être totalement *aware*, ne pas oublier le ***Guide de conversation du routard en anglais*** avec tous les mots qui sauvent !

Quelques petites particularités écossaises

Les Écossais parlent pour la plupart l'anglais avec un accent bien distinctif, aux consonances parfois presque germaniques – qu'ils tentent d'atténuer ou tout du moins de rendre compréhensible aux étrangers. Sympa ! Certains s'expriment aussi en écossais (le *scots*) et d'autres, peu nombreux, en gaélique.

– L'anglais parlé par nos amis écossais se distingue par des « r » roulés et des sons très gutturaux, comme le « ch » de *loch,* qui ressemble à la jota espagnole ! Au début, ça surprend.

– La langue écossaise, le *scots,* ressemble à l'anglais mais a hérité de nombreuses influences gaéliques, flamandes et norvégiennes. Reconnue comme langue régionale par le Royaume-Uni et par l'Union européenne, elle serait employée par 1,5 million de locuteurs (souvent sous forme d'ajout de termes à l'anglais), notamment dans les Lowlands.

OYEZ, OYEZ, *PROOCHEZ MOO*

Héritage de l'Auld Alliance oblige, quelques expressions écossaises font référence à notre bon vieux français. Comme Gardy loo *(gare à l'eau !), que l'on criait aux passants avant de vider son pot de chambre par la fenêtre. Ou encore* Proochez moo *(approchez-vous), une manière pour les commerçants de héler les clients. D'ailleurs, on mange toujours du* porage *(potage) et du* haggis *(dérivé de hachis), et on aime bien un peu de* syboe *(ciboulette) dans l'*ashet *(l'assiette).*

– Ça se corse un brin lorsqu'on entame la conversation avec des insulaires ! En effet, le gaélique (environ 57 000 locuteurs réguliers) est encore utilisé dans les îles de l'Ouest, tandis que les habitants des Orcades et des Shetland s'expriment souvent en *scots* très teinté de *norn,* l'ancienne langue scandinave de ces îles. Voici, avant de vous lâcher en Écosse, quelques mots que vous risquez d'entendre :

Toponymie

– *ben :* montagne (du gaélique *beann,* montagne) ;
– *brae :* pente, colline (du gaélique *braigh*) ;
– *cairn :* monticule de pierres (gaélique *càrn*) ;
– *croft :* petite ferme ;
– *dùn :* un fort ;
– *eilean :* île ;
– *firth :* estuaire ;
– *glen :* vallée (en gaélique *gleann*) ;
– *inver :* embouchure ;
– *kirk :* église ;
– *loch :* lac (mot gaélique), s'applique aussi aux « fjords » ;
– *wynd :* rue étroite.

Autres termes souvent rencontrés

– *laird :* propriétaire ;
– *mizzle :* brouillard et crachin (contraction de *mist* et *drizzle*) ;
– *auld :* vieux ;
– *aye :* oui ;
– *bonnie :* jolie ;
– *ceilidh :* veillée traditionnelle (avec musique, chansons, danse, contes et histoires... – mot gaélique) ;
– *dram :* une dose de whisky.

Enfin, un terme indispensable, compris dans toute l'Écosse (et l'Irlande) : *Slàinte !* (prononcer « Slaantche ») : À la vôtre !

TO WEE OR NOT TO WEE ?

Les Écossais utilisent à toutes les sauces l'adjectif wee, *qualificatif affectueux désignant quelque chose d'à la fois mignon et petit. Le chien de la voisine peut être* wee, *son cottage aussi. Dans le reste du Royaume-Uni,* to wee *signifie familièrement « faire pipi » ! Gaffe à qui vous parlez.*

Gaélique et renaissance celtique

Fàilte ! (Bienvenue !), voilà le slogan des Écossais de l'Ouest et des îles qui vous accueillent en *Alba* (« Écosse » en gaélique). Le gaélique d'Écosse, langue officielle depuis 2005, est pratiqué dans certaines crèches, des sections primaires l'enseignent en immersion et des émissions d'*ITV* ou de *Radio-Scotland* diffusent des programmes en gaélique. Une station dédiée de la *BBC,* baptisée *Alba,* émet presque à 100 % en gaélique. Reste que, contrairement à l'Irlande et au pays de Galles, son étude n'est pas obligatoire mais optionnelle. En Argyll, sur Skye et dans les Hébrides, toutes les indications de lieu sont toutefois dans les 2 langues. Mais c'est sur l'île de Lewis et Harris (Hébrides) que la pratique du gaélique et sa défense mobilisent le plus.
Beaucoup de jeunes Écossais sont sensibles à leur héritage celtique, à travers la musique notamment, avec des groupes comme *Capercaille, Runrig,* ou encore *Julie Fowlis.* Toute la poésie des ballades, des légendes du pays des brumes s'exprime grâce aux instruments traditionnels – violon, flûteau, harpe – et aux voix cristallines des chanteuses. En janvier-février, à Glasgow, se tient le festival *Celtic Connections* qui rassemble des artistes venus des 4 coins du monde celte.
D'innombrables festivals folks fleurissent tout au long de la saison et attirent de plus en plus de monde autour de *ceilidhs* (concerts de musique traditionnelle ou soirées de danses folkloriques, parfois les 2 ; à ne pas manquer pendant votre séjour). Les artisans ne sont pas en reste et remettent au goût du jour la joaillerie celtique et l'illustration proche de l'enluminure médiévale.

LIVRES DE ROUTE

2 stars dominent le monde de la littérature écossaise : ***Robert Burns*** et ***Walter Scott.*** Chacun à sa manière contribua à restaurer la conscience nationale et à rendre leurs lettres de noblesse à la langue et aux traditions des Highlands. Autre plume écossaise incontournable, ***Robert Louis Stevenson.*** Cependant, la plupart de ses récits et romans *(L'Étrange Cas du Docteur Jekyll et de Mister Hyde, L'Île au trésor, Voyage avec un âne dans les Cévennes...)* ne se déroulent pas en Écosse. De nos jours, un grand nombre d'auteurs excellent notamment dans le polar.

– ***Le Fond de l'enfer*** (1991), de Ian Rankin (Le Livre de Poche, 2004). Pendant que les touristes mitraillent les monuments de la capitale, l'inspecteur Rébus, scrute sans illusion la face cachée d'Édimbourg et traque le crime dans les bas-fonds de Pilmuir. Et c'est sans doute ce qui fait l'originalité de l'auteur, la description méticuleuse de l'Édimbourg contemporain. Style précis et rythme haletant de ses romans ont fait de Ian Rankin l'écrivain de polars le plus lu de Grande-Bretagne. Lire également *Le Jardin des pendus* (Gallimard, coll. « Folio »), *L'Étrangleur d'Édimbourg, La Colline des chagrins* et *L'Appel des morts* (Le Livre de Poche) ou *La Mort dans l'âme* (Gallimard, coll. « Folio »).

– ***Trainspotting*** (1993), d'Irvine Welsh (Le Seuil, coll. « Points », 2013). Né dans un quartier populaire d'Édimbourg, Irvine Welsh a tâté de tous les métiers avant de devenir écrivain. C'est probablement ce qui fait la force de *Trainspotting,* l'histoire sans concession d'un groupe d'amis miné par la drogue, l'histoire du mal-être d'une partie de la jeunesse anglo-saxonne. Véritable séisme dans le milieu littéraire anglais des années 1990.

– ***L'Île des chasseurs d'oiseaux*** (2009), de Peter May (Babel Noir, 2011). Appelé pour enquêter sur un meurtre, l'inspecteur Fin Macleod est contraint de revenir sur son île natale, Lewis, qu'il a fuie il y a près de 20 ans, enfouissant un passé douloureux. Plus qu'un polar, un roman noir, brillant et tourmenté, dont l'île, grandiose et étriquée, est peut-être le personnage principal. De quoi nourrir 2 autres tomes, *L'Homme de Lewis* (2011) et *Le Braconnier du lac perdu* (2012). Après un détour par le « continent » avec *Les Fugueurs de Glasgow* (2015 ; Babel Noir, 2017), Peter May revient sur l'île de Lewis dans *Les Disparus du phare* et *Je te protégerai* (2016 et 2018, Rouergue).

– ***Là où vont les morts*** (2015), de Liam McIlvanney (Points, 2017). Tout comme son père William, une référence parmi les auteurs de polars, Liam prend Glasgow pour terrain de jeu. Y sévit Gerry Conway, un journaliste politique, qui, à la veille du référendum sur l'indépendance, enquête sur le meurtre de son collègue et ami. Liens sulfureux entre presse, politique et mafia. Lire également *Couleurs de la ville* (2010), où se mêlent politique et religions (Points, 2016).

– ***Le Fanatique*** (2000), de James Robertson (Métailié, 2003). Un chômeur dépressif, ex-étudiant en histoire à la thèse inachevée, se trouve embauché malgré lui pour jouer le rôle d'un fantôme pendant des visites guidées d'Édimbourg. Intrigué, il fait des recherches sur son personnage, un extrémiste religieux du XVIIe s, qui va finir par l'obséder. Une plongée étonnante dans l'Édimbourg d'aujourd'hui et dans l'Écosse du XVIIe s, où fanatisme religieux et conspirations dirigent le pays.

– ***Le Poinçonneur Hines*** (1984), de James Kelman (Métailié, 1999). Poinçonneur de bus à Glasgow, Robert Hines s'ennuie à mourir. Copains, foot, femme et enfant et, surtout, une imagination sans limite sont ses remèdes pour échapper à la morne routine de son métier. « Des trous, des petits trous, encore des petits trous... »

– ***Lanark*** (1981), d'Alasdair Gray (Métailié, 2013). Première œuvre très novatrice de ce poète, dramaturge et peintre (rien que ça !), *Lanark* raconte l'histoire d'un jeune peintre frappé d'amnésie qui voit son univers se décomposer et frôler la science-fiction, entre le Glasgow des années 1960 et un monde surréaliste.

– ***Sunset Song*** (1932), de Lewis Grassic Gibbon (Métailié, 2016). L'Écosse du Nord pendant et après la Première Guerre mondiale vue par Chris Gutherie, déchirée entre son attachement à sa terre natale, si belle, si dure, si sauvage, et une autre vie, plus spirituelle, loin de cette culture paysanne.

- ***Le Cœur de l'hiver*** (1975), de Dominic Cooper (Métailié, 2006). Une rencontre entre Alasdair Mór, un pêcheur de homard solitaire sur la côte ouest, et un couple récemment installé près de chez lui. D'un conflit de voisinage à une course tragique vers la violence.
- Citons également l'œuvre d'A. L. Kennedy, une des plumes les plus brillantes et les plus originales du monde littéraire anglo-saxon contemporain. Son écriture forte, noire, piquée d'un humour grinçant, marque le lecteur à défaut de le transporter dans un monde léger et optimiste ! Parus aux Éditions de l'Olivier : ***Un besoin absolu*** (2003), ***Paradis*** (2006), ***Tauromachie*** (2010), ***Le Livre bleu*** (2012, 2014 pour la version française).
- Pour les amateurs de polars encore, quelques auteurs à succès : Denise Mina avec ***De sel et de sang*** (2018 ; éd. Le Livre de Poche), et avant : *La nuit où Diana est morte* (Le Livre de Poche, 2016), *Le Silence de minuit* (2013) et *Le Champ du sang* (2009) ; James Oswald, au parcours atypique, puisqu'il est éleveur le jour, écrivain la nuit. Il s'est autopublié avant de connaître un immense succès avec son premier polar situé au cœur d'Édimbourg, ***De mort naturelle*** (2013, éd. Milady, 2016) ; Val McDermid, une ancienne journaliste, aux romans policiers noirs et féministes. Elle a publié, entre autres, ***Les Suicidées*** (2017, éd. J'ai Lu, 2018), *Au lieu d'exécution*, *Quatre garçons dans la nuit*... Et Karen Campbell avec ***Trottoirs du crépuscule*** (2013, Points 2015), en l'occurrence ceux de Glasgow.
- ***Écosse, le pays derrière les noms*** (2001), de Kenneth White (Terre de Brume, 2010). Célèbre écrivain et poète écossais installé en Bretagne, son texte et les photos de Jean Hervoche, Kenneth White dessine les contradictions de ce pays brut et sauvage.
- ***Marie Stuart*** (1935), de Stefan Zweig (Le Livre de Poche, 2001). Cette biographie fouillée de Marie Stuart se lit presque comme un roman et offre une belle approche de l'histoire sombre et violente de l'Écosse au XVIe s.
- ***L'Histoire de l'Écosse*** (1998), de Michel Duchein (Tallandier-Texto, 2013). Dans un style fluide et plaisant, ce livre retrace l'histoire longue et complexe de ce pays, depuis ses origines.
- N'oublions pas non plus l'album d'Hergé, ***L'Île noire*** (Casterman), où Tintin est aux prises avec un monstre qui tient plus de King Kong que de Nessie. Et, pour ne pas faire de jaloux, ***Astérix chez les Pictes*** (2013), réalisé par le nouveau duo Jean-Yves Ferri et Didier Conrad, où nos Gaulois découvrent cornemuses, tatouages, lancers de troncs, kilts... et l'eau de malt !

INCREDIBLE TINE-TINE

L'album L'Île noire *est censé se dérouler en Écosse, du moins en partie. Or Hergé n'y a jamais mis les pieds : l'île dont il s'est inspiré se trouve dans la baie de Morlaix (!). Si bien qu'avant la parution de l'album en anglais l'éditeur britannique répertoria 131 incohérences. Du coup, Hergé chargea un collaborateur de parcourir l'Écosse tel Tintin, appareil photo en bandoulière. Il existe donc une version remaniée datant de 1965.*

MESURES

On ne fait pas que rouler à gauche, les mesures aussi jouent les originales.

Longueur

- 1 *pouce* = 1 *inch* = 2,54 cm.
- 1 *pied* = 1 *foot* = 12 *inches* = 30,48 cm.
- 1 *yard* = 3 *feet* = 91,44 cm.
- 1 mile = 1,6 km environ (pour convertir les kilomètres en miles, multiplier par 0,62).

Poids

– 1 *ounce* = 1 *oz* = 28,35 g.
– 1 *pound* (livre) = 1 *lb* (libra) = 0,454 kg.
– 1 *stone* = 1 *st* = 6,348 kg.

Température

0 °C = 32 °F ; température du corps = 98.4 °F (et le thermomètre se met sous le bras ou dans la bouche) ; 100 °C = 212 °F. Les plus matheux peuvent convertir selon la formule suivante : °C = 5 ÷ 9 x (F - 32).

ET COMBIEN MESURE UNE VERGE ?

La verge (yard, en anglais) servait d'unité de longueur dans tout l'Empire britannique. Elle était énorme puisqu'elle correspondait, dit-on, à la distance entre le nez du roi Henry Ier et le bout de sa main, quand elle était bien raide (0,91 m, quand même !).

Volume

– 1 *pint* = 0,57 l.
– 1 *gallon* = 4,54 l.

Tailles

Vêtements pour femmes

France	38	40	42	44	46
GB (robes)	10	12	14	16	18
GB (pulls)	32	34	36	38	40

Vêtements pour hommes (pulls et chemises)

France	39	40	41	42	43
GB	15,5	16	16,5	17	17,5

Pour les pantalons, les tailles sont celles que vous connaissez sur les jeans.

Chaussures

France	37	38	39	40	41	42	43
GB	4	5	6	7	8	9	10

Pour les enfants

Stature en centimètres	100	125	155
Âge	3-4	7-8	12
Stature en *inches*	40	50	60

MUSÉES ET MONUMENTS

2 organismes assurent la gestion de la plupart des sites les plus intéressants d'Écosse : ***Historic Environment Scotland (HES)*** et le ***National Trust for Scotland (NTS).*** Malgré la qualité de leur implication, les réductions budgétaires auxquelles ils sont soumis impliquent des réductions d'horaires d'ouverture et même parfois la fermeture de sites secondaires... Les musées locaux ont connu les mêmes soucis et sont devenus payants, tandis que certaines églises n'hésitent plus à faire un appel pressant aux dons !
Le prix des entrées pouvant être assez élevé, il peut être intéressant de se procurer un *pass*. Chaque organisme a le sien. *HES* est plus présent au sud *(Lothian, Borders, Dumfries & Galloway)* et *NTS* au nord *(Grampians, Highlands)*, le centre étant également partagé entre les 2. Nous nous efforçons de préciser pour chacun

des sites de nos rubriques « À voir » par quel organisme il est géré (mention, entre parenthèses, *HES* ou *NTS*). Notez qu'il est possible d'acheter ces *passes* à l'office de tourisme de l'aéroport d'Édimbourg. Sinon, ***les enfants, étudiants et seniors bénéficient de réductions : ne pas oublier de demander.***
– ***Historic Environment Scotland*** *(HES)* **:** *☎ (0131) 6688-600. • historicenvironment.scot •* ***Summer Explorer Pass*** *(fin mars-fin oct) : 3 j. (valable 5 j.), £ 31 ; pour 7 j. (valable 14 j.), £ 42 ; réduc.* ***Regional Explorer Pass*** *(avr-sept) : £ 16-22. Les tarifs réduits s'appliquent aux plus de 60 ans, aux chômeurs (pour les passes régionaux), étudiants et aux enfants de 5 à 15 ans. L'entrée est gratuite pour les moins de 5 ans. Sans oublier les passes « famille » valables pour 2 adultes et jusqu'à 6 enfants.* L'*Explorer Pass* donne accès à plus de 70 monuments dans toute l'Écosse, dont les châteaux d'Édimbourg, de Stirling, de Linlithgow et de Dirleton. Les *Regional Explorer Passes* permettent, eux, de visiter entre 5 et 9 sites au sein d'une région spécifique, sur une période de 30 jours. Les *passes* s'achètent soit directement à la caisse des lieux répertoriés, soit avant le départ, via Internet.

– ***National Trust for Scotland*** *(NTS)* **:** *(0131) 4580-200. • nts.org.uk •* ***Membership*** *à £ 57 par adulte pour l'année (£ 45 plus de 60 ans et £ 26 moins de 24 ans) ; forfait couple à £ 96 (£ 72 seniors) et familles à £ 102 (jusqu'à 2 adultes et 6 enfants). La carte de membre donne aussi la gratuité pour les parkings (£ 3 en moyenne).* Cet organisme gère une soixantaine de propriétés et sites naturels dans toute l'Écosse. Parmi les plus prestigieux : le château et les jardins de Fraser, Crathes, Drum, Culzean...

POSTE

Dans les petites villes et les villages, la poste est de plus en plus souvent gérée par des épiceries ou marchands de journaux. La plupart ont leurs propres horaires d'ouverture. En ville, les postes font le change, mais taux médiocre.
Les timbres *(stamps)* s'achètent aussi dans les offices de tourisme, les supermarchés et les stations-service. Pour l'Europe et le monde, demandez *a European stamp* ou *a worldwide stamp*. Comptez 3-4 jours pour la France.

SANTÉ

Les consultations de généralistes sont gratuites dans les *Medical Centres* ainsi que dans les services d'urgence des hôpitaux. Il faut souvent prendre rendez-vous à l'avance à la *surgery* (consultation) : insistez sur l'urgence pour que l'on ne soigne pas la semaine suivante votre rhume d'aujourd'hui.
Avant votre départ, renseignez-vous pour savoir si la carte européenne d'assurance maladie sera encore admise en Grande-Bretagne après la sortie de l'UE (voir plus haut). Même si elle l'était, il est conseillé de prendre une assurance complémentaire (pour les consultations chez les spécialistes).
Pour l'achat de médicaments, la chaîne *Boots* est présente dans de nombreuses villes. Lire aussi plus haut nos informations sur les tiques et les *midges,* dans « Dangers et enquiquinements ».

SITES INTERNET

Infos pratiques

• ***routard.com*** • Le site de voyage nº 1, avec plus de 800 000 membres et plusieurs millions d'internautes chaque mois. Pour s'inspirer et s'organiser, près de 300 guides destinations actualisés, avec les infos pratiques, les incontournables et les dernières actus, ainsi que les reportages terrain et idées week-end de la rédaction. Partagez vos expériences avec la communauté de voyageurs : forums de discussion avec avis et bons plans, carnets de route et photos de voyage. Enfin, vous trouverez tout pour vos vols, hébergements, voitures et activités, sans oublier notre sélection de bons plans, pour réserver votre voyage au meilleur prix.

• ***visitscotland.com/fr-fr*** • Le site officiel de l'office national de tourisme en Écosse, en français. Site aéré, bien fait, et une mine d'infos.

• ***undiscoveredscotland.co.uk*** • Des infos sur tous les lieux, avec jolies photos et nombreux liens intéressants, ainsi que sur les options d'hébergement. En anglais.

• ***bienvenueenecosse.com*** • Une vraie banque de données touristiques en ligne et en français.

• ***news.bbc.co.uk/weather*** • La météo... ça peut toujours servir !

Actualités

• ***gov.scot*** • L'information officielle délivrée par le gouvernement écossais. En anglais.

• ***scotsman.com*** • Site du quotidien *The Scotsman* (en anglais), pro-unioniste.

• ***scotsindependent.scot*** • Un mensuel au point de vue plus nationaliste sur l'actualité écossaise. Des papiers bien troussés.

UN POINT C'EST TOUT

Depuis 2014, l'année du référendum sur l'indépendance, les adresses internet peuvent finir par «.scot » au lieu de « .co.uk », connoté trop british aux yeux de certains. L'adresse permet aujourd'hui d'afficher son nationalisme. D'ailleurs, le gouvernement écossais a été l'un des premiers à transformer son « scotland.gov.uk » en « gov.scot ». Tout est dit !

Culture et loisirs

• ***franco-ecossaise.asso.fr*** • L'Association franco-écossaise entretient le lien d'amitié vieux de 7 siècles entre la France et l'Écosse en souvenir de la « Vieille Alliance ». Présentation historique et culturelle, vie politique, liens vers la presse écossaise, infos sur les études en Écosse, le tout en français. Organise une fois par mois hors vacances scolaires des conférences dans son bureau de Paris.

• ***tartans.scotland.net*** • Tout sur les origines, la fabrication, les formes et l'histoire du célèbre tissu écossais. En anglais.

• ***scotch-whisky.org.uk*** • Pour enfin connaître la différence entre le *single* et le *pure malt* whisky et l'orthographe exacte : whisky ou whiskey ? Telle est la question. En anglais.

• ***walkhighlands.co.uk*** • Un site très complet sur toutes les randos à faire en Écosse, avec même des adresses de restos, d'hébergements, un forum et un *GPS planner*. En anglais.

TÉLÉPHONE ET TÉLÉCOMMUNICATIONS

– Les vieilles cabines rouges emblématiques laissent progressivement la place à des cabines grises modernes. Tout fout le camp... Celles-ci fonctionnent avec des cartes téléphoniques et des pièces, mais même elles appartiennent de plus en plus au passé.

– ***Grande-Bretagne → Grande-Bretagne :*** composer l'*area code* précédé du « 0 ». Nous l'indiquons dans le bandeau de la ville traitée. À noter que les numéros sont toujours épelés chiffre par chiffre, et que le zéro se prononce « ziro », ou « O » comme la lettre. Ainsi 20 se dira « two zero » ou « two o » et non « twenty ».

– ***Grande-Bretagne → France :*** 00 + 33 + n° du correspondant (sans le « 0 » initial).

– ***France → Grande-Bretagne :*** 00 + 44 + indicatif « ville » (sans le « 0 » initial) mentionné dans le bandeau de chaque ville traitée + nº du correspondant.

Internet

Wifi disponible quasiment partout, même dans les campings. Du coup, on ne le reprécise pas pour chaque adresse.

Le téléphone portable en voyage

Avec le Brexit sera-t-il toujours possible pour tout voyageur européen titulaire d'un forfait dans son pays d'origine d'utiliser son téléphone mobile en Grande-Bretagne au tarif national (y compris la 3G et 4G) ? Cet accord avantageux signé en 2017 entre l'UE et ses opérateurs télécoms sera peut-être remis en question. Renseignez-vous avant le départ auprès de votre opérateur.
Si l'accord devient caduque, il pourra être intéressant d'acheter une carte SIM locale pour diminuer ses frais.

La connexion internet en voyage

En Écosse, de plus en plus d'hôtels, de restos, de bars, et même certains espaces publics disposent du wifi gratuit. Mieux que la connexion 3G et 4G qui peut entraîner des frais en usage intensif, le wifi permet aussi de profiter d'un débit parfois supérieur. Une fois connecté au wifi, vous avez accès à tous les services de la ***téléphonie par internet. WhatsApp, Messenger*** (la messagerie de *Facebook*), ***Viber, Skype*** permettent d'appeler, d'envoyer des messages, des photos et des vidéos aux 4 coins de la planète, sans frais. Il suffit de télécharger – gratuitement – l'une de ces applis sur son smartphone. Elle détecte automatiquement dans votre liste de contacts ceux qui utilisent la même appli.

TRANSPORTS INTÉRIEURS

Pour tout renseignement sur les transports publics en Écosse, qu'il s'agisse des bus, trains ou ferries, appelez *Traveline Scotland* au ☎ *0871-200-22-33* ou rendez-vous sur • *travelinescotland.com* •

La voiture

La route

L'état des routes est, dans l'ensemble, excellent, avec toutefois la particularité des *single track roads* (voir plus bas). N'oubliez pas votre *Michelin* nº 501 au 1/400 000, l'une des meilleures cartes d'Écosse. Vous y découvrirez qu'une bonne partie des routes est bordée de vert, c'est-à-dire « pittoresque » ! Sinon, pour un bon rendu du relief, on peut opter pour la carte *Scotland OS Tour map* nº 12 *(Ordnance Survey ; 2016)*, au 1/500 000. En hiver, certains axes sont fermés en cas d'enneigement ; pensez aux chaînes.
L'essence et le diesel sont grosso modo au même prix que chez nous (environ £ 1,10 à £ 1,30). Plus on s'éloigne des grandes villes, plus les prix augmentent. On trouve des pompes même dans les coins isolés, mais elles ne sont pour certaines ouvertes qu'en journée. Des pompes automatiques accessibles 24h/24 prennent peu à peu le relais. Essayez de repérer les stations des supermarchés *Morrison's* ; moins chères, elles sont présentes dans la plupart des grandes villes, beaucoup moins dans le Nord, au-delà d'Inverness. « Essence sans plomb » se dit *unleaded (petrol)*.
– Attention, pour les véhicules français ou belges, il est impossible de faire le plein en GPL (LGP en anglais) en raison de la différence de taille des embouts ! Et personne ne propose d'adaptateurs...

Distances entre les principales villes

Distances entre les villes (en km)	ABERDEEN	AVIEMORE	BRAEMAR	DURNESS	EDINBURGH	GLASGOW	GLENCOE	INVERNESS	JOHN O'GROATS	KYLEAKIN (SKYE)	MELROSE	OBAN	PITLOCHRY	STIRLING	ULLAPOOL
ABERDEEN		136	94	446	202	256	264	166	370	302	261	288	152	192	267
AVIEMORE	136		91	243	214	226	126	232	331	224	274	181	102	180	165
BRAEMAR	94	91		306	150	178	208	134	331	294	208	216	66	138	260
DURNESS	446	243	306		456	445	302	174	152	283	515	355	346	421	110
EDINBURGH	202	214	150	456		74	192	285	480	355	64	200	112	58	376
GLASGOW	256	226	178	445	74		142	275	470	275	117	150	136	42	355
GLENCOE	264	126	208	302	192	142		136	326	165	148	64	142	136	211
INVERNESS	166	232	134	174	285	275	136		198	162	342	186	137	250	94
JOHN O'GROATS	370	331	331	152	480	470	326	198		323	540	380	370	446	210
KYLEAKIN (SKYE)	302	224	294	283	355	275	165	162	323		413	218	256	300	173
MELROSE	261	274	208	515	64	117	148	342	540	413		256	171	114	435
OBAN	288	181	216	355	200	150	64	186	380	218	256		150	144	266
PITLOCHRY	152	102	66	346	112	136	142	137	370	256	171	150		94	266
STIRLING	192	180	138	421	58	42	136	250	446	300	114	144	94		342
ULLAPOOL	267	165	260	110	376	355	211	94	210	173	435	266	266	342	

Table de conversion

Miles	Km	Miles	Km
1	1,609	6	9,656
2	3,219	7	11,265
3	4,828	8	12,875
4	6,437	9	14,484
5	8,047	10	16,093

Le code de la route

Avoir votre permis de conduire national. Si vous circulez avec votre propre voiture, il faut, comme en France, la carte grise et la carte verte d'assurance.

Attention, la priorité à droite n'existe pas : donc, à chaque carrefour, des feux, un stop ou des lignes peintes sur la chaussée indiquent qui a la priorité.

Aux RONDS-POINTS *(roundabouts)*, À PRENDRE DANS LE SENS DES AIGUILLES D'UNE MONTRE, les automobilistes déjà engagés sont prioritaires.

Les ***piétons sont toujours prioritaires.*** S'ils sont engagés, bien évidemment, mais aussi s'ils attendent sagement à un passage piéton. Faites-y particulièrement attention, ainsi qu'aux *pelican-crossings* (passages pour piétons entre

2 lignes parallèles) et aux *zebra-crossings* (passages cloutés), signalés par des boules jaunes lumineuses.

Les véhicules prioritaires (police, pompiers, ambulances) le sont vraiment ! Là aussi, il vous faudra marquer un arrêt sur le bas-côté de la route et les laisser passer. Ralentir mollement ne suffit pas !

On ne badine pas avec les ***limitations de vitesse*** :

– en ville : 30 miles (48 km/h) ou, uniquement quand indiqué, 40 miles (64 km/h) ; 20 miles (32 km/h) près des écoles.

– sur la route : 60 miles (96 km/h) ;

– sur les autoroutes *(motorways)* et les quatre-voies *(dual carriageways)* : 70 miles (112 km/h).

Vous constaterez vite que les nombreux *roundabouts* ralentissent sérieusement la cadence ! Un détour pour prendre une autoroute fait souvent gagner du temps. Les ***autoroutes*** sont gratuites et de qualité, ça mérite d'être salué !

En cas d'accrochage, il n'existe pas de constat. On s'échange juste les numéros de plaques minéralogiques et les polices d'assurance. Dans les voitures de location, vous aurez sans doute un formulaire dans la boîte à gants. Écrire : *It's not my fault. I am not to blame.* C'est aux assurances de juger !

Le taux d'alcool est officiellement de 0,5 g/l, mais la police comme les politiques militent en faveur du « zéro alcool ». Attention donc aux contrôles.

Enfin, ATTENTION ! Surtout pas de téléphone au volant. L'automobiliste qui écrase un piéton en téléphonant se trouve accusé de « crime volontaire » et risque 20 ans de prison !

La conduite à gauche

Pas d'inquiétude, on s'y habitue très vite, même au passage de vitesses de la main gauche (qui ne sont pas inversées). Veillez simplement, lorsque vous sortez du bateau ou de l'aéroport, à prendre le premier rond-point dans le sens contraire à celui auquel vous êtes habitué ! Pour ne pas faire de bêtise, demandez à vos passagers de vous surveiller, c'est souvent utile, notamment pour contrer la tendance à trop serrer à gauche... En tant que piéton, quand vous traversez une route ou une rue, attention, car les voitures n'arrivent pas du côté habituel. Il faut donc ***d'abord regarder à droite,*** puis à gauche. Les Écossais sont très courtois, mais peuvent faire preuve d'impatience au volant. Sur les routes étroites de campagne, la plus grande prudence est de rigueur pour se croiser. Roulez doucement.

PLUS ADROIT À GAUCHE

Dès le Moyen Âge, les cavaliers avaient compris l'avantage de se tenir à gauche de la chaussée. En effet, en cas d'attaque, il était bien plus aisé pour les droitiers de faire face à l'adversaire. Napoléon, toutefois, imposa la conduite à droite dans tous les pays qu'il conquit. Il n'en fallut pas plus pour que les Britanniques, invaincus, conservent leur conduite à gauche...

Single track roads, *mode d'emploi*

Les routes étroites de campagne n'autorisent le passage que d'un seul véhicule *(single track roads)*. Du coup, des ***passing places*** (espaces de croisement) ont été aménagés tous les 100 à 200 m environ pour permettre aux voitures de se croiser. Quelques règles à connaître :

– si la place se trouve sur la gauche, on s'y arrête le temps de laisser passer la voiture d'en face. Il faut essayer d'anticiper en restant toujours vigilant.

– Si on a loupé un premier *passing place* et que le suivant est situé sur la droite, on laisse la voiture circulant dans le sens contraire s'y glisser, en l'attendant si nécessaire.

– Si les 2 conducteurs ont manqué les *passing places,* celui qui est le plus proche de l'un d'eux recule. Et traditionnellement, on se salue !

– Enfin, si vous souhaitez admirer le paysage, profitez donc des *passing places* pour laisser passer les gens derrière vous. C'est d'ailleurs ce que rappellent parfois les panneaux sur les routes à une voie : *« Allow trafic behind you to overtake »* !

Le stationnement

Peu problématique dans les coins paumés, il est souvent payant et honteusement cher (£ 2-3) à proximité de sites ou centres d'intérêt isolés dont l'entrée est déjà fort élevée... En ville, ça devient difficile et cher, voire très cher. Beaucoup de rues, notamment dans les quartiers périphériques, sont réservées au parking résidentiel : bien vérifiez avant de vous garer. Et gardez toujours une bonne réserve de monnaie pour l'horodateur quand, enfin, vous aurez réussi à vous garer. Pour un stationnement un peu prolongé, préférez le *Long Stay Parking* au *Short Stay Parking,* situé souvent un peu à l'extérieur des centres-villes, beaucoup moins cher. Bon plan : les *Park & Ride* de certaines grandes villes, des parkings gratuits postés à l'entrée de l'agglomération et reliés au centre par un bus.
– ***Les lignes jaunes*** sur le bord des trottoirs indiquent des restrictions : une ligne unique interdit le stationnement aux heures indiquées sur les panneaux, une double l'interdit totalement.
– Ne comptez pas sur l'indulgence des contractuels ni sur votre ignorance des subtilités de l'anglais en cas de prune. La loi, c'est la loi, et l'addition est salée (£ 60 !).

La location de voitures

Pour louer une voiture, il faut avoir 23 ans minimum chez la plupart des loueurs (parfois 25 ans) et au moins 2 ans de permis et maximum 75 ans. Des suppléments peuvent être appliqués en fonction de l'âge. On vous demandera votre permis de conduire national et une carte de paiement internationale. Attention, si vous louez sur place et non par un loueur international en réservant avant le départ, l'assurance « tous risques » (souvent obligatoire pour les jeunes conducteurs) n'est généralement pas incluse – et elle coûte cher ! Certains loueurs exigent une caution équivalant au montant de la location, assurez-vous à l'avance auprès de votre banque donc que le plafond de votre carte est suffisant.

■ ***BSP Auto :*** ☎ *01-43-46-20-74 (tlj 9h-21h30, w-e 20h).* • *bsp-auto.com* • *Réduc de 5 % aux lecteurs de ce guide avec le code « ROUTARD19 ».* Les prix proposés sont attractifs et comprennent le kilométrage illimité et les assurances. *BSP Auto* propose exclusivement les grandes compagnies de location sur place, assurant un très bon niveau de service. Le plus : vous ne payez votre location que 5 jours avant le départ.

■ ***Hertz :*** ☎ *0825-861-861 (service 0,18 €/mn + prix appel) ;* • *hertz.com* • *Lun-sam 8h-23h.*

■ ***Avis :*** ☎ *0821-230-760 (service 0,15 €/mn + prix appel) ;* • *avis.fr* •

■ ***Europcar :*** ☎ *0825-358-358 (service 0,15 €/mn + prix appel) ;* • *europcar.fr* • *Tlj 7h-22h.*

Les applis de cartes embarquées

Sans connexion mais à télécharger avec du wifi :
– *CityMapper :* idéal pour les villes, avec temps de trajet, numéro de bus, tram et autres, et temps d'attente en temps réel.
– *Maps.me :* itinéraire sur plan (silencieux).
Avec connexion et à télécharger avant le départ :
– *Google Maps/Waze :* indique en temps réel la qualité du réseau, les points radar, limitations de vitesse, et autres incidents sur le réseau routier.

Le stop

En général, les Écossais prennent assez facilement en stop, du moins à la campagne. Si vous leur montrez que vous aimez l'Écosse, ils n'hésiteront pas à vous déposer au pied de votre AJ, quitte à faire quelques kilomètres de plus.

Le vélo

Dans les endroits touristiques, il est souvent possible de louer un vélo *(hire a bike)* ou un VTT à la journée, à un prix... un peu élevé. On compte peu de pistes cyclables, mais le trafic sur les routes de campagne est généralement limité. Cela dit, entre le terrain accidenté, la pluie, le vent et les *midges* qui attaquent en fin de journée, il faut être un sportif acharné pour faire le tour de l'Écosse à vélo ! Si vous craquez, sachez que bon nombre de trains disposent de wagons qui permettent d'embarquer les vélos, mais en nombre réduit ; mieux vaut réserver en demandant le système *bike it by train (gratuit).*

Le bus

C'est le mode de transport public le plus répandu en Écosse, et pour cause : le réseau ferroviaire est relativement limité. La compagnie nationale *Citylink* relie, par les grands axes, les différentes régions du pays. À l'intérieur de celles-ci, c'est une ou plusieurs compagnie(s) locale(s) qui assure(nt) le relais. Les changements ne sont pas rares et les fréquences limitées. Dans les coins paumés, il n'y a parfois qu'un minibus par semaine sur certaines lignes ! À noter que si les villes possèdent leur gare routière, dans les bourgades et les villages, les bus s'arrêtent généralement sur la place principale, ou devant la poste.

Pour les bus urbains, toujours prévoir l'appoint car on paie à l'aide d'un petit *automate* qui ne rend pas la monnaie.

– *Bon à savoir : Citylink* propose l'***Explorer Pass,*** une carte permettant de circuler librement pendant 3 j. sur 5 (£ 49), 5 j. sur 10 (£ 74) ou 8 j. sur 16 (£ 99). Il donne droit à 20 % de réduc sur certains ferries à destination des îles, sur des attractions et même à la gratuité de la carte des AJ.

■ ***Scottish Citylink :*** ☎ *0871-266-33-33 (£ 0,13/mn).* • *citylink.co.uk* • Réseau dense couvrant quasi tout le pays à bon prix.

■ ***Megabus :*** ☎ *(0141) 352-4444.* • *megabus.com* • La compagnie *low-cost* des bus. Plusieurs liaisons entre les villes écossaises et anglaises. Plus vous réservez tôt, moins c'est cher !

■ ***National Express :*** ☎ *0871-781-8181 (£ 0,13/mn).* • *nationalexpress.com* • Compagnie desservant les principales villes d'Écosse et d'Angleterre.

■ ***Stagecoach :*** • *stagecoachbus.com* • L'une des principales compagnies présentes en Écosse sur les lignes reliant entre elles les villes moyennes.

Enfin, plusieurs compagnies organisent des tours en minibus avec guide à travers l'Écosse, d'une durée de 1 à 10 jours. En voici quelques-unes :

■ ***MacBackpackers :*** *105, High St, à Édimbourg.* ☎ *(0131) 558-99-00.* • *macbackpackers.com* • Tours spécialement conçus pour les routards, accompagnés par des guides écossais qui n'ont pas leur pareil pour vous proposer les meilleurs plans randos ou visites.

■ ***Haggis Adventures :*** *60, High St, à Édimbourg.* ☎ *(0131) 557-93-93.* • *haggisadventures.com* • Là encore, parfait pour les routards.

■ ***Rabbies :*** *207, High St, à Édimbourg.* ☎ *(0131) 226-31-33.* • *rabbies.com* • Agence réputée pour son sérieux, proposant des voyages bien ficelés à travers l'Écosse.

Le train

Il relie surtout entre elles les villes les plus importantes d'Écosse. ☎ *0344-811-0141.* • *scotrail.co.uk* • *nationalrail.co.uk* • Achat des billets et *passes* en ligne. Voici quelques infos utiles :

– les billets grandes lignes achetés à l'avance peuvent revenir de 30 à 70 % moins cher. Ça s'appelle les *advance purchase tickets.* Les tarifs varient au jour le jour en fonction des taux de remplissage.

PORTO

Établie sur des rives escarpées à l'embouchure du Douro, cette jolie ville était la « belle endormie » du nord du pays. Elle donna son nom à l'antique Lusitanie. Portugal ! Tout a commencé ici. Les épopées maritimes l'ont ouverte sur le monde. L'or du Brésil l'a enrichie et les fameux vins de Porto de la vallée du Douro assurent encore sa renommée. Le quartier historique de la Ribeira, autrefois délabré, a été classé par l'Unesco. Sous l'effet d'un nouveau souffle urbain, Porto se métamorphose. La 2e ville du Portugal retrouve l'éclat de sa splendeur passée. Vieilles demeures blasonnées sortant de leur décrépitude, façades splendides ornées d'azulejos, églises baroques gardiennes de l'esprit des lieux, tramways jaunes et échoppes anciennes, restaurants et bars branchés, hôtels design ! Déambuler dans ces ruelles tortueuses et populaires est un enchantement. Une virée à Porto passe toujours par Vila Nova de Gaia, le faubourg de la rive gauche du Douro où s'alignent les chais et magasins des grands domaines viticoles (Graham's, Taylor's, Sandeman, Ferreira...). Ici, les grandes épopées se dégustent dans un verre.

– les *off-peak tickets* sont des billets à prix réduits sur les trajets courts effectués en dehors des heures de pointe, à savoir le week-end et après 9h15 en semaine.
– Différentes cartes (env £ 30) donnent droit à des réductions de 30 % : pour les plus de 60 ans (-30 %), pour les étudiants de 16 à 25 ans, pour 2 adultes voyageant ensemble, pour les familles, pour les personnes à mobilité réduite etc. Voir : • *scotrail.co.uk/tickets/railcards* •
– Ceux qui voyagent avec *Scotrail* ont droit à 10 % de réduction sur leur nuitée en AJ avec *SYHA*.

Forfaits intéressants avec BritRail

ATTENTION, les forfaits suivants ne sont pas vendus en Grande-Bretagne et doivent être achetés sur le continent.
Rens en ligne : • shop.britrail.net • visitbritainshop.com/france/ •
– ***BritRail GB Pass :*** il permet de voyager librement sur tout le réseau ferroviaire britannique (Angleterre, pays de Galles, Écosse), soit en mode « consécutif », pendant une période donnée de 2, 4, 8, 15, 22 j. ou 1 mois (env 119-583 €), soit en mode « flexible » pendant les 2, 4, 8 ou 15 j. de votre choix sur une période de 1 ou 2 mois (env 143-502 €). Ce *pass* est aussi disponible en version 1re classe, environ 50 % plus chère. Tarifs réduits pour les moins de 26 ans, les enfants (gratuit moins de 5 ans et gratuit pour 1 enfant 6-15 ans pour l'achat de 1 *pass* adulte) et les plus de 60 ans. D'autres types de forfaits (de 3 à 8 j.) sont aussi proposés sur • *b-europe.com* •
– ***BritRail Central Scotland Pass :*** valable 3 j. sur une période d'une semaine, il peut être utilisé entre les principales villes d'Écosse centrale (surtout Glasgow, Édimbourg, Stirling...). Tarif : env 50 €.

Forfaits intéressants avec Scotrail

Il existe également des forfaits *Scotrail* disponibles sur • *scotrail.co.uk* • ou sur place :
– ***Highland Rover :*** valable dans les Highlands et jusqu'à Glasgow. Forfait de 4 j. sur 8 j., hors heures de pointe le matin : env £ 85.
– ***Central Scotland Rover :*** forfait de 3 j. à £ 39 pour la ligne Édimbourg-Glasgow (et son métro). Idéal pour faire les festivals !
– Il existe également des billets-itinéraires, des *passes* combinés bus et trains (• *plusbus.info* •) et bus et ferries.

Les ferries

L'Écosse dispose d'un excellent réseau de ferries, permettant de passer aisément d'une île à l'autre. À de rares exceptions près, voitures, caravanes et camping-cars y sont acceptés, mais les tarifs sont très élevés. Certaines liaisons ne sont pas assurées le dimanche ni en basse saison. En général, vous devez vous présenter 30 à 45 mn avant l'embarquement. Il est également préférable de réserver son billet, jusqu'à plusieurs semaines à l'avance sur les lignes très touristiques en été, comme celles de Lewis et Harris, si vous avez un véhicule.

Pour l'Ouest

■ ***Caledonian MacBrayne :*** ☎ *(01475) 650-397. Résas :* ☎ *0800-066-5000.* • *calmac.co.uk* • Propose les forfaits *Island Hopscotch* : une trentaine d'itinéraires prédéfinis d'île en île, valables 31 jours à partir de la première traversée. La formule est économique pour les voitures ; gratuité pour les vélos. Pour autant, vous devez toujours réserver à l'avance.

Pour le Nord

■ ***John O'Groats Ferries :*** *à John O'Groats.* ☎ *(01955) 611-353.* • *jogferry.co.uk* • Liaisons saisonnières (piétons seulement) entre John

O'Groats et Burwick, sur les îles Orcades, avec continuation en bus de/vers Inverness et Kirkwall.

■ ***Pentland Ferries :*** *à Saint Margaret's Hope. ☎ (01856) 831-226. Résas : ☎ 0800-688-8998.* ● *pentlandferries.co.uk* ● 3 ferries quotidiens entre Gill's Bay (près de John O'Groats) et Saint Margaret's Hope aux îles Orcades.

■ ***Orkney Ferries :*** *à Kirkwall. ☎ (01856) 872-044.* ● *orkneyferries.co.uk* ● Liaisons inter-îles dans les Orcades.

■ ***NorthLink Ferries :*** *à Aberdeen. ☎ 0845-6000-449. De l'étranger : (01856) 885-500.* ● *northlinkferries.co.uk* ● La compagnie relie les Orcades et les Shetland depuis Aberdeen et Scrabster.

Des *passes* combinant plusieurs moyens de transport

– ***BritRail Spirit of Scotland Pass :*** il permet des trajets illimités sur certaines lignes de train, ferry et bus pendant 4 j. sur un total de 8 j. consécutifs (env 174 €), ou 8 j. sur 15 j. (env 225 €). Le ***BritRail Scottish Highlands Pass*** est assez similaire (environ 100 €), mais couvre surtout les lignes de/vers Inverness. Achat possible en ligne sur ● *scotrail.co.uk* ● ou en euros sur : ● *britrail.net* ● ou ● *scotlandrailways.com* ●

– D'autres formules comme le ***Bail and Sail Ticket*** combinent le train et le ferry ; infos sur ● *calmac.co.uk* ●

URGENCES

Médicales

■ ***Services de secours britanniques, tous services confondus :*** *☎ 999 (appel gratuit).*

■ ***NHS :*** *☎ 111 ou 0845-46-47 (appel gratuit).* Pour obtenir 24h/24 des infos médicales urgentes, comme connaître l'adresse de l'hôpital ou du service de santé le plus proche de chez soi et le plus adapté au problème.

☎ **112 :** c'est le numéro d'urgence commun à la France et à tous les pays de l'UE, à composer en cas d'accident, d'agression ou de détresse. Il permet de se faire localiser et aider en français, tout en améliorant les délais d'intervention des services de secours. Mais cela pourrait changer avec le Brexit. Se renseigner.

Pour les cartes de paiement

En cas de perte, de vol ou de fraude, quelle que soit la carte que vous possédez, chaque banque gère elle-même le processus d'opposition et le numéro de téléphone correspondant.

Par ailleurs, l'assistance médicale se limite aux 90 premiers jours du voyage et l'assistance véhicule aux cartes haut de gamme (renseignez-vous auprès de votre banque).

– ***Carte Bleue Visa :*** *numéro d'urgence (Europ Assistance) : ☎ (00-33) 1-41-85-85-85 (24h/24).* ● *visa.fr* ●

– ***Carte MasterCard :*** *numéro d'urgence ☎ (00-33) 1-45-16-65-65.* ● *mastercardfrance.com* ●

– ***Carte American Express :*** *☎ (00-33) 1-47-77-72-00.* ● *americanexpress.com* ●

Il existe aussi un serveur interbancaire d'opposition qui, en cas de perte ou de vol, vous met en contact avec le centre d'opposition de votre banque. *En France : ☎ 0892-705-705 (prix d'un appel + 0,35/mn) ; depuis l'étranger : ☎ + 33-442-605-303.*

Besoin urgent d'argent liquide

Voir plus haut la rubrique « Argent, banques, change ».

Pour les téléphones portables

En cas de perte ou de vol, suspendre aussitôt sa ligne permet d'éviter de douloureuses surprises au retour du voyage ! Voici les numéros des 4 opérateurs français, accessibles depuis la France et l'étranger :

– ***Orange :*** *depuis la France, ☎ 0800-100-740 ; depuis l'étranger + 33-969-39-39-00.*
– ***Free :*** *depuis la France, ☎ 3244 ; depuis l'étranger, ☎ + 33-1-78-56-95-60.*
– ***SFR :*** *depuis la France, ☎ 1023 ; depuis l'étranger 📱 + 33-6-1000-1023.*
– ***Bouygues Télécom :*** *depuis la France comme depuis l'étranger, ☎ + 33-800-29-1000 (service et appel gratuits).*

ÉDIMBOURG ET LES LOTHIANS

• Carte *p. 82-83*

ÉDIMBOURG

496 000 hab. IND. TÉL. : 0131

• Plan d'ensemble *p. 86-87* • Centre (zoom I) *p. 90-91* • Old Town (zoom II) *p. 92-93* • Leith (zoom III) *p. 95*

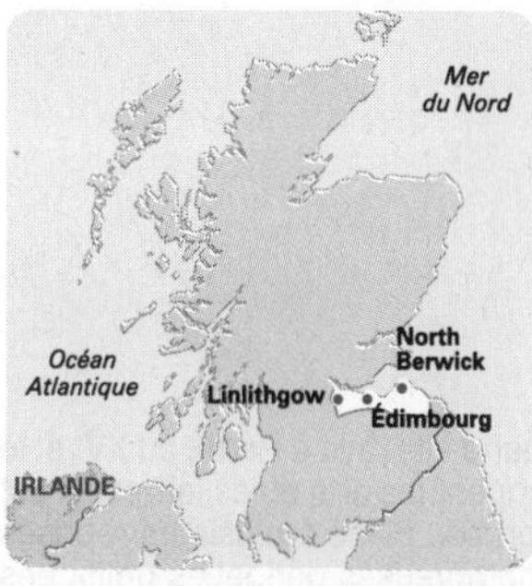

La ville tiendrait son nom du roi Edwin, qui, au VIIe s, avait édifié ici son château *(burgh)*. Mais les Écossais l'appellent entre eux Embra (raccourci de la version originale *Edinburgh* qui se prononce « Edinbora »).

Dressée sur sa colline telle une forteresse, sa vieille ville hérissée de monuments d'envergure se drape d'un caractère presque fantasmagorique, dont on ne sait plus s'il évoque un conte de fées ou de sorcellerie. Un patrimoine historique exceptionnel auquel viennent s'ajouter des musées aux riches collections. Pourtant, portée par son atmosphère tout à la fois énergique et tranquille, Édimbourg est loin d'être une ville musée ; en témoignent les festivals qui enfièvrent la cité aux beaux jours. De quoi faire de la ville une destination culturelle de premier ordre en Europe. Nous, Édimbourg, on adore ! Capitale à l'image du pays, à la fois conviviale et spectaculaire, c'est une ville qui ne laisse personne insensible, une étape incontournable lors d'un périple en Écosse ou pour un week-end prolongé. D'ailleurs, comme sir Walter Scott *himself*, le grand écrivain natif de la ville, on lui attribuerait bien aussi le titre d'« Impératrice du Nord ».

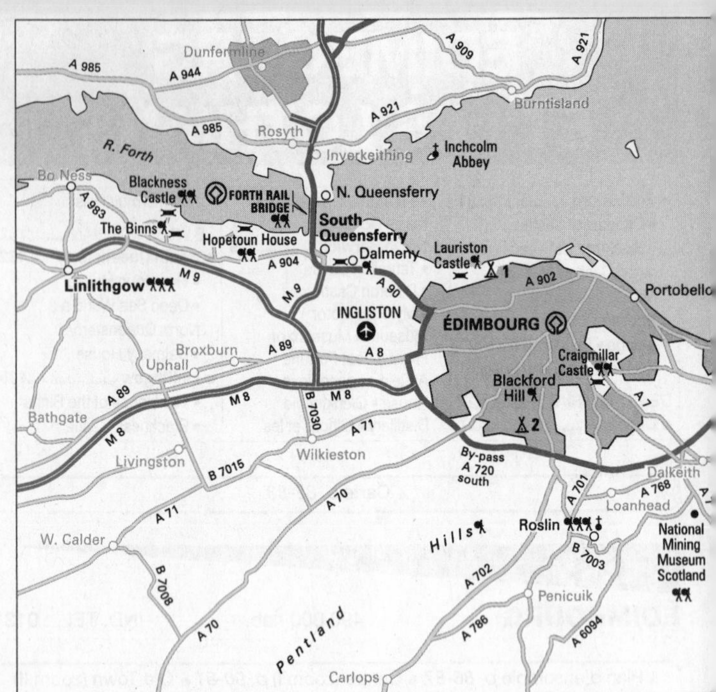

UN PEU D'HISTOIRE

Édimbourg prend vraiment de l'importance quand elle ravit à Perth, au XVe s, le titre de capitale de l'Écosse et que s'y développent les arts et les lettres. C'est ici d'ailleurs que se monte la 1re presse à imprimer. Pillée à plusieurs reprises par les Anglais, la ville devient le théâtre de nombreuses péripéties politiques sous le règne de Marie Stuart. En 1707, elle perd son Parlement, et la mainmise de l'Angleterre se fait plus pressante, malgré un court intermède en 1745, lorsque Charles Edward, dit Bonnie Prince Charlie, en fait sa capitale provisoire. Une fois la domination britannique achevée, Édimbourg ne sombre pas pour autant dans la morosité. Les XVIIIe et XIXe s témoignent d'une grande richesse littéraire et artistique (voir plus loin « Le berceau de personnages célèbres »). Mais il faut attendre 1999 pour que la ville connaisse un souffle politique nouveau, lorsque Tony Blair met en place la *devolution,* la décentralisation britannique. 5 ans plus tard, le Parlement écossais est inauguré en plein cœur du vieil Édimbourg.

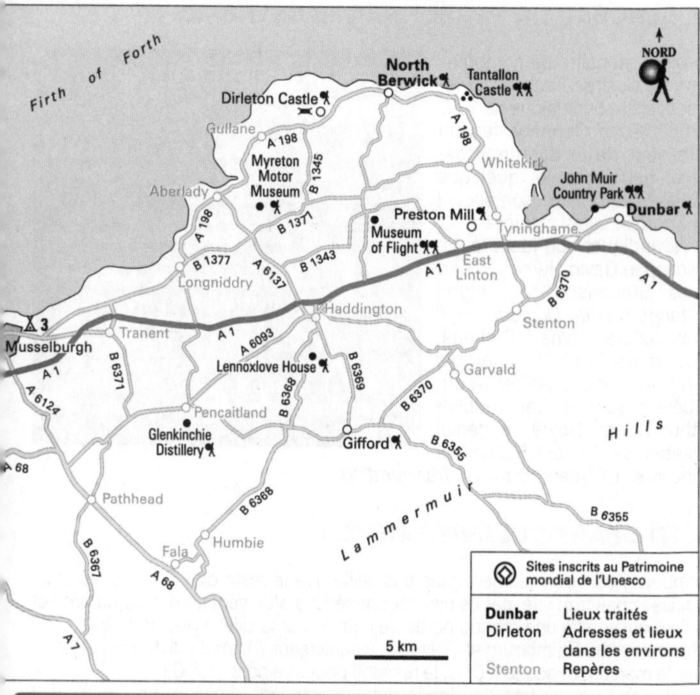

ÉDIMBOURG ET LES LOTHIANS

Où dormir ?	
1 Edinburgh Caravan Club Site	**2** Mortonhall Caravan Park
	3 Drum Mohr Caravan and Camping Park

UN VOLCAN DANS LA VILLE

Édimbourg est construite sur d'anciennes collines volcaniques, dont la plus importante est Arthur's Seat. Aucune construction sur ce *crag* (« rocher » en gaélique), qui offre un point de vue idéal sur l'ensemble de la cité.
Le centre-ville ***(Old Town)*** est édifié sur les contreforts du volcan, sorte de minicrête constituant une fortification naturelle. Il s'articule autour du Royal Mile, artère principale qui relie la demeure officielle du monarque (palace of Holyroodhouse) au château. De chaque côté de cette noble rue partent les *closes*, des ruelles pentues et autres venelles obscures parfois couvertes. L'ambiance est ici résolument médiévale. Rien à voir avec ***New Town,*** au nord, séparée du centre-ville par le parc de Princes Street, qui occupe le lit d'un ancien loch. New Town est construite sur un plateau. Aérée et spacieuse, c'est l'antithèse d'Old Town. Son élégant plan tiré au cordeau colle parfaitement aux idéaux de rationalité de l'époque des Lumières à laquelle elle fut conçue.

LE BERCEAU DE PERSONNAGES CÉLÈBRES

La ville a vu naître de nombreux hommes illustres. Tony Blair, Premier ministre britannique de 1997 à 2007. Sean Connery, fervent défenseur de la culture écossaise, qui conserve, quel que soit le rôle qu'il tient, son accent *so Scottish,* une manière à lui de revendiquer son identité. Le philosophe David Hume ; Robert Louis Stevenson, qui signa *L'Étrange Cas du Docteur Jekyll et de Mister Hyde* ; Dickens, l'auteur de *David Copperfield* et d'*Oliver Twist* ; Walter Scott, le père d'*Ivanhoé.* Sans oublier Arthur Conan Doyle, le génial inventeur de *Sherlock Holmes,* et Irvine Welsh, l'auteur du roman *Trainspotting.*

LA POUPONNIÈRE DE HARRY POTTER

Au milieu des années 1990, J. K. Rowling, l'auteure de Harry Potter, *devait terminer d'écrire les aventures de son jeune sorcier au plus vite, avant de prendre un poste de professeur de français à Édimbourg. Tous les jours, maniant sa plume comme une baguette magique, elle inventait son personnage et l'univers qui l'entoure dans un café de la ville (voir plus bas* The Elephant House *dans « Où boire un verre ? Où sortir ? »). Édimbourg est décidément une source d'inspiration inépuisable.*

PETITE PARTICULARITÉ MÉTÉO

Édimbourg est généralement plus ensoleillé que le reste de l'Écosse. Ne vous réjouissez pas trop vite, car ce ciel dégagé résulte d'un vent froid venu du nord et de l'est qui souffle une grande partie de l'année sur la ville. Il peut y avoir 8° C de différence entre Édimbourg et Glasgow, à seulement 74 km de distance ; et, si en hiver le mercure descend à 0° C, le ressenti peut atteindre -15° C !
Conclusion : prévoir une doudoune dès les premiers frimas, et un coupe-vent même en été.

Arriver – Quitter

En avion

✈ ***Aéroport d'Édimbourg*** *(carte Édimbourg et les Lothians)* **:** *situé à env 11 km à l'ouest du centre. ☎ 0844-448-88-33. • edinburghairport.com •*

■ ***Air France :*** *☎ 0207-660-03-37. • airfrance.fr •*

■ ***British Airways :*** *☎ 0844-493-07-87 ou 0344-493-07-87. • britishairways.com •*

■ ***Easy Jet :*** *☎ 0330-365-50-00. • easyjet.com •*

■ ***Flybe :*** *☎ 0371-700-2000. • flybe.com •*

ℹ ***Change :*** distributeurs de billets et bureaux de change dans le hall des arrivées, tous au même taux désavantageux. Ne changer que le strict minimum.

➢ Location de voitures à gauche en sortant du terminal (après la station de tram).

Pour rejoindre le centre-ville ou l'aéroport

➢ ***Airlink Bus 100 :*** *à la sortie du terminal. ☎ 555-63-63. • lothianbuses.com •* Départs ttes les 10 mn, 4h30-0h30, ttes les 15-30 mn la nuit. Achat du billet au guichet devant l'arrêt de bus, à l'extérieur. Coût : £ 4,50 (£ 7,50 A/R). Billet aller + trajets illimités de 1 journée sur le réseau urbain : £ 9. Dessert Haymarket et West End, terminus à Waverley Bridge, en plein centre-ville *(zoom I, F7).* ***Retour du même endroit*** (achat du billet à bord, si on n'a pas déjà l'A/R). Durée : env 30 mn.

➢ ***Skylink Bus 200 et 300 :*** *à la sortie gauche du terminal, près du tram.*

☎ *555-63-63.* ● *lothianbuses.com* ● Ils relient tous les 2 l'aéroport à Leith et Ocean Terminal, le 200 par le nord de la ville (env ttes les 30 mn 4h55-minuit) ; le 300 par le sud, via le centre (Chambres Street, Holyrood), passage ttes les 12-40 mn 05h56-23h05 (6h28 sam ; 6h33 dim). Tarif : £ 4,50 l'aller. La nuit, le bus *N 22* prend le relais (£ 3 ; fréquences moindres, passe par Princes Street).

➢ ***En tram :*** *vers la gauche en sortant du terminal.* ● *edinburghtrams.com* ● Très récent, il file jusqu'à York Place en passant notamment par Haymarket, Princes Street et Saint Andrew Square (devant la gare routière). Coût : £ 6 (£ 8,50 A/R). Mais en rejoignant la station suivante *(Park & Ride)* à env 15 mn à pied, on passe en tarif « ville » normal, soit seulement £ 1,70 ! (Sortir de l'aéroport via les voitures de location et suivre « *All directions* » au rond-point.) *Dayticket* £ 9 (trajet aéroport inclus ; £ 4 depuis le *Park & Ride*). Départs ttes les 3-10 mn (7-15 mn le w-e) 6h18-22h48. Durée : env 30 mn jusqu'à Princes Street.

➢ ***En taxi :*** prévoir env £ 20-30, en fonction du nombre de passagers et de la destination. Les *black cabs* patientent à l'extérieur des arrivées nationales.

Autres destinations

➢ ***Glasgow :*** bus directs de l'aéroport d'Édimbourg avec *Scottish Citylink* (☎ *0871-266-33-33 ;* ● *citylink.co.uk* ●). Départ devant le terminal 24h/24 (ttes les 30 mn 6h55-19h25, ttes les heures sinon). Trajet : 1h. Billet : £ 12 aller.

➢ ***Fife :*** *bus Jet747 avec Stagecoach* (● *stagecoachbus.com* ●). Relie l'aéroport à Halbeath, à 3 km de Dunfermline. Départs ttes les 20-30 mn, 3h50-0h50. Trajet : 1h. Billet : £ 6,50 aller.

En train

🚂 ***Waverley Station*** *(zoom I, G6) : rens au* Scotrail, ☎ *0344-811-0141.* ● *scotrail.co.uk* ● Relie Édimbourg à Londres et quasi toute l'Écosse. Consignes payantes.

🚂 ***Haymarket Station*** *(plan d'ensemble D8) : à West End.* La plupart des trains en direction (et provenance) de Glasgow, Aberdeen, Stirling, Perth et Inverness s'y arrêtent.

En bus

🚌 ***Edinburgh Bus Station*** *(zoom I, F6) : entrée à l'angle nord-ouest de Saint Andrew Sq, en sous-sol. Autre accès par Elder St.* ☎ *0871-200-22-33.* ● *travelinescotland.com* ● Bus de et vers toutes les villes du pays. C'est le moyen de transport le moins cher ; réduc pour les moins de 26 ans et les étudiants sur certaines compagnies (préciser à la résa). Consignes payantes.

Principales compagnies et destinations

■ ***Scottish Citylink :*** ☎ *0871-266-33-33.* ● *citylink.co.uk* ● Liaisons régulières avec Glasgow (durée : env 1h30), Aberdeen via Dundee (3h), Perth (1h40), Stirling (1h10) et Inverness (4h-4h30).

■ ***Stagecoach :*** ● *stagecoachbus.com* ● Bus pour la péninsule de Fife (Saint Andrews par la côte, Perth, Glenrothes) et Dundee.

■ ***First :*** ● *firstgroup.com* ● Liaisons régulières avec Glasgow et les Borders.

■ ***National Express :*** ☎ *0871-781-81-81.* ● *nationalexpress.com* ● Liaisons régulières avec les principales villes d'Écosse et d'Angleterre.

■ ***Megabus :*** *depuis la Grande-Bretagne :* ☎ *0900-160-09-00 (résas) ;* ☎ *0141-352-44-44 (infos).* ● *megabus.com* ● Liaisons régulières avec les principales villes d'Écosse et Londres (durée : 8h35).

Comment circuler dans Édimbourg et sa région ?

En bus et tramway

■ ***Lothian Buses :*** ☎ *555-63-63.* ● *lothianbuses.com* ● Bon réseau. Trajet simple de jour, £ 1,70 (quelle que soit la distance). Ticket de nuit (minuit-4h30), valable pour un nombre de trajets illimités : £ 3

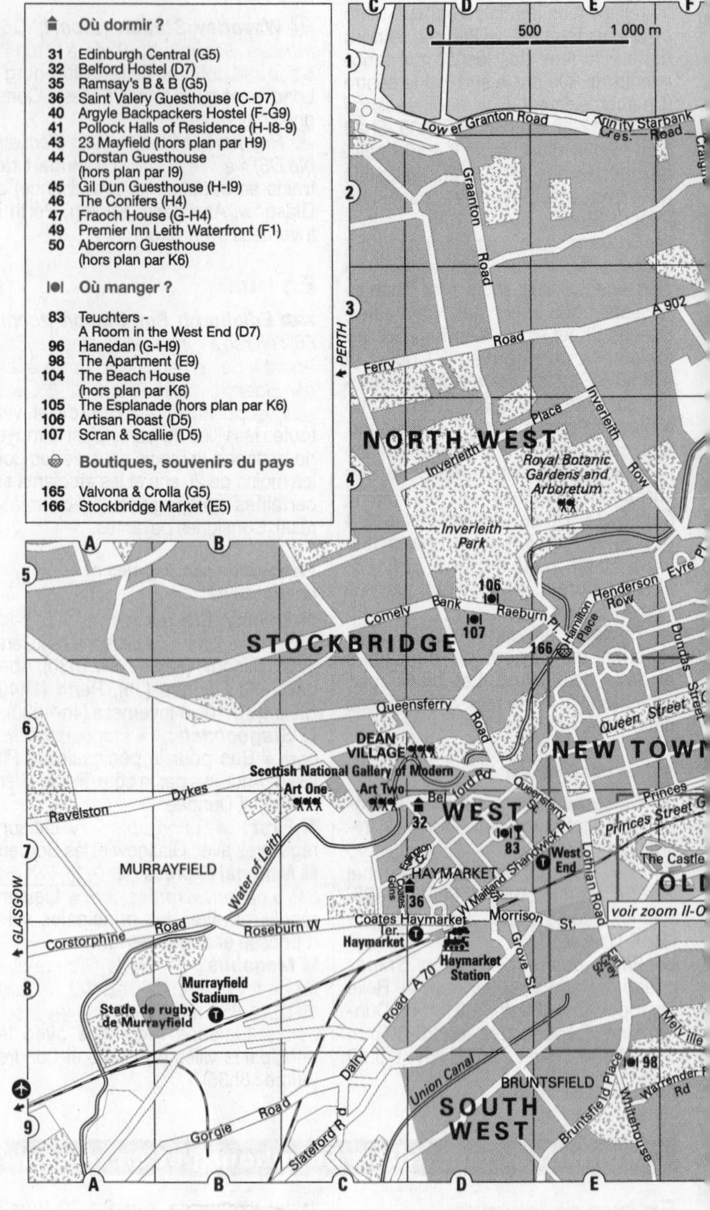
Où dormir ?
31 Edinburgh Central (G5)
32 Belford Hostel (D7)
35 Ramsay's B & B (G5)
36 Saint Valery Guesthouse (C-D7)
40 Argyle Backpackers Hostel (F-G9)
41 Pollock Halls of Residence (H-I8-9)
43 23 Mayfield (hors plan par H9)
44 Dorstan Guesthouse (hors plan par I9)
45 Gil Dun Guesthouse (H-I9)
46 The Conifers (H4)
47 Fraoch House (G-H4)
49 Premier Inn Leith Waterfront (F1)
50 Abercorn Guesthouse (hors plan par K6)
Où manger ?
83 Teuchters - A Room in the West End (D7)
96 Hanedan (G-H9)
98 The Apartment (E9)
104 The Beach House (hors plan par K6)
105 The Esplanade (hors plan par K6)
106 Artisan Roast (D5)
107 Scran & Scallie (D5)
Boutiques, souvenirs du pays
165 Valvona & Crolla (G5)
166 Stockbridge Market (E5)
0 500 1 000 m
Lower Granton Road
Trinity Starbank Cres. Road
Granton Road
A 902
Ferry Road
PERTH
NORTH WEST
Inverleith Place
Inverleith Row
Royal Botanic Gardens and Arboretum
Inverleith Park
Comely Bank
Raeburn Pl.
Hamilton Place
Henderson Row
Eyre Pl.
Dundas Street
STOCKBRIDGE
Queensferry Road
Queen Street
NEW TOWN
DEAN VILLAGE
Scottish National Gallery of Modern Art One Art Two
Belford Rd
Queensferry St.
WEST
Princes Street
Princes Street G
Ravelston Dykes
Water of Leith
MURRAYFIELD
Eglinton Cr.
Coates Gdns
HAYMARKET
Shandwick Pl.
West End
Lothian Road
The Castle
W. Maitland St.
Morrison St.
voir zoom II-O
GLASGOW
Corstorphine Road
Roseburn W
Coates Ter.
Haymarket
Haymarket Station
Grove St.
Earl Grey St.
Murrayfield Stadium
Stade de rugby de Murrayfield
A 70
Dalry Road
Union Canal
Melville
BRUNTSFIELD
Bruntsfield Place
Whitehouse
Warrender Pk Rd
SOUTH WEST
Gorgie Road
Slateford Rd

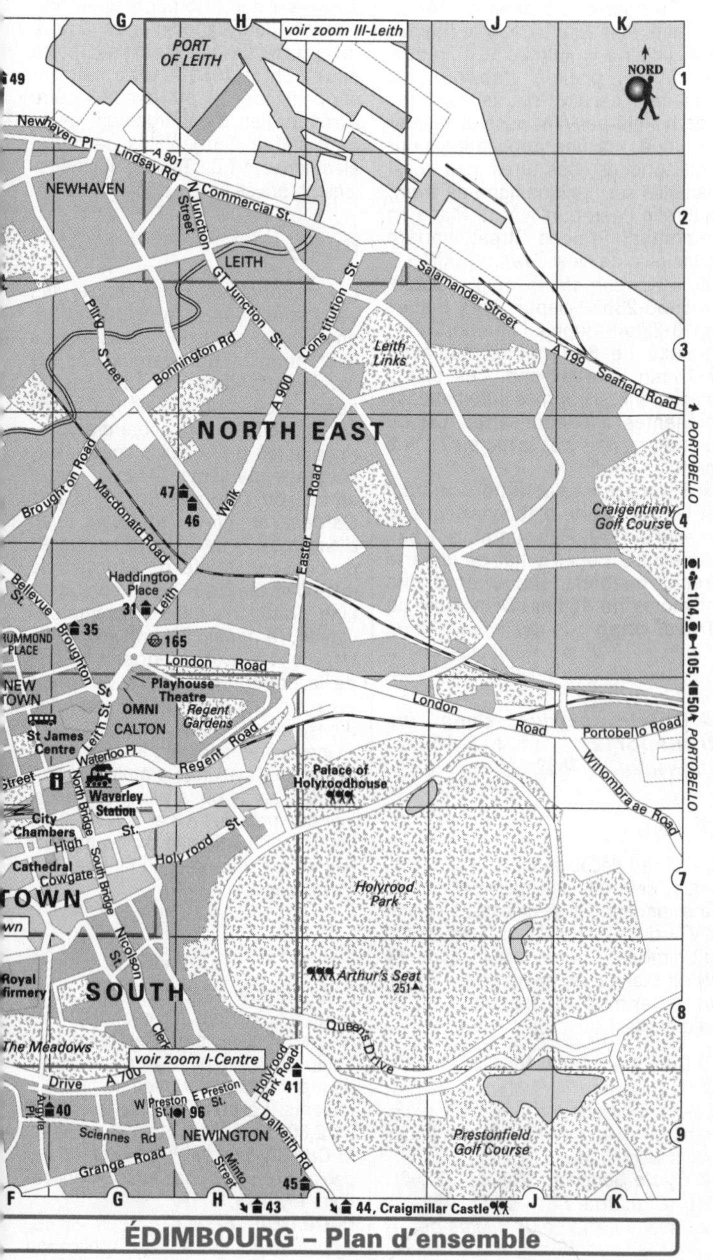
voir zoom III-Leith
PORT OF LEITH
NORD
Newhaven Pl.
Lindsay Rd
A 901
NEWHAVEN
N Junction Street
Commercial St.
LEITH
GT Junction St.
Constitution St.
Salamander Street
Pirrie Street
Bonnington Rd
A 900
Leith Links
A 199
Seafield Road
NORTH EAST
PORTOBELLO
Broughton Road
Macdonald Road
Easter Road
Walk
Craigentinny Golf Course
Haddington Place
Leith
Bellevue St.
Broughton St.
DRUMMOND PLACE
London Road
NEW TOWN
Playhouse Theatre
OMNI
CALTON
Regent Gardens
Regent Road
London Road
Portobello Road
St James Centre
Leith St.
Waterloo Pl.
Palace of Holyroodhouse
Willowbrae Road
Street
Waverley Station
North Bridge
City Chambers
High St.
Holyrood St.
Cathedral
Cowgate
South Bridge
Holyrood Park
TOWN
Nicolson St.
Royal Infirmery
SOUTH
Arthur's Seat
251
Clerk
Queens Drive
The Meadows
voir zoom I-Centre
Holyrood Park Road
Drive
A 700
W Preston St.
E Preston St.
Argyle Pl.
Sciennes Rd
NEWINGTON
Dalkeith Rd
Prestonfield Golf Course
Grange Road
Minto Street
44, Craigmillar Castle

ÉDIMBOURG – Plan d'ensemble

(£ 3,50 pour bus à partir de 18h et de nuit). Plus avantageux, le ***Dayticket,*** ticket à la journée : £ 4 ; réduc. Attention : ***prévoir l'appoint,*** le chauffeur ne rend pas la monnaie. Les tickets peuvent aussi s'acheter en ligne, via une application pour smartphones. Ces titres sont aussi valables sur l'unique ligne de ***tram,*** qui relie l'aéroport à York Place en remontant Princes Street, l'artère principale de *New Town.* ☎ *338-57-80.* • *edinburghtrams.com* • Circule tlj 5h30-23h30 depuis York Place ; 6h18-22h48 depuis l'aéroport. Fréquence de 3-10 mn en semaine, 7-15 mn le week-end. Les billets s'achètent aux bornes automatiques présentes à chaque arrêt (CB ou pièces, ne rend pas la monnaie). Wifi gratuit à bord.

■ ***Ridacard :*** valable pour le tram et les bus. Carte d'abonnement à la semaine, £ 19. Pour un mois, £ 53 ; prévoir £ 3 pour l'achat de la carte (rechargeable) ; réduc étudiants et moins de 16 ans. Disponible au ***Travel Shop*** : *31, Waverley Bridge (zoom I, F7,* ***4****).* • *lothianbuses.com* • *Lun-ven 8h-20h (18h sam), dim 9h-17h30.*

■ ***Objets perdus dans les transports :*** ☎ *475-06-52. Lun-ven 9h30-17h30.*

À vélo

La ville se découvre facilement à pied, mais, cela dit, des pistes cyclables la sillonnent. On peut aussi s'éclater à VTT dans les Pentlands, juste au sud d'Édimbourg. Pour une location de vélos standards, compter env £ 20/j. avec antivol et casque ; tarifs dégressifs.

■ ***Bike Trax Cycle Hire*** *(zoom I, E8,* ***2****)* ***:*** *11, Lochrin Pl. (Tollcross).* ☎ *228-66-33.* • *biketrax.co.uk* • *Tlj 9h (9h30 sam)-18h, dim 10h-17h. Loue aussi des vélos électriques (env £ 60/j.).*

■ ***Cycle Scotland*** *(zoom II, G7,* ***3****)* ***:*** *29, Blackfriars St.* ☎ *556-55-60.* • *cyclescotland.co.uk* • *Mars-oct, tlj 10h-18h ; sur rdv le reste de l'année.* Pas toujours ouvert, car proprios souvent de sortie. Le mieux consiste à réserver son vélo par mail en précisant la date de location et la taille du cycliste. Les vélos sont récupérés entre 10h et 10h30 (autre moment sur demande). Ils peuvent aussi être livrés au lieu d'hébergement (avec petit supplément). Vélos de route, électriques, VTT... Tours guidés également, privés ou en groupe.

En voiture

Le stationnement en centre-ville est payant lun-sam 8h30-18h30, cher *(env £ 2,20-5/h !).* Et mieux vaut nourrir l'horodateur, car les *parking attendants* ne sont pas du genre à chômer ! Quelques zones périphériques sont encore gratuites, mais faites gaffe aux places réservées aux résidents. Essayez, entre autres, du côté des *Royal Botanic Gardens* et d'*Inverleith Park (plan d'ensemble D-E4-5),* dans les ruelles proches du stade de Murrayfield *(plan d'ensemble A-B8-9)* ou au parking gratuit du centre commercial *Ocean Terminal,* à Leith *(zoom III, H1) ;* le w-e, parking gratuit le long de la London Road, grande artère au nord de Holyrood Park *(plan d'ensemble H-J5-6).*

– Une bonne solution : les ***Park and Rides,*** des parkings gratuits aménagés à la sortie de la ville (notamment Ingliston près de l'A 8 et Sheriffhall sur l'A 7). On ne paie que la navette pour gagner le centre-ville, au tarif des bus classiques.

En taxi

♿ Comme à Londres, ils prennent jusqu'à 5, parfois 7 personnes, profitez-en ! La majorité des taxis sont équipés d'une plate-forme d'accès pour permettre la montée de fauteuils roulants. La prise en charge s'élève à £ 2,60.

■ ***City Cabs :*** ☎ *228-12-11.* • *citycabs.co.uk* • Propose aussi l'application « Mytaxi ».

■ ***Central Taxis :*** ☎ *229-24-68.* • *taxis-edinburgh.co.uk* • Application à télécharger sur leur site.

Adresses et infos utiles

Infos touristiques

I Centre *(zoom I, G6)* **:** *3, Princes St.* ☎ *473-38-68.* • *visitscotland.com* • *edinburgh.org* • *Sur une esplanade entre la gare et Princes St. Tlj, tte l'année : 9h (10h dim hors juil-août)-17h (18h juin, 19h juil-août).* Vente de cartes routières et de livres. Réservation de chambres, tours guidés, etc. Bureau de change.

– Beaucoup d'infos à glaner aussi sur • *edinburghguide.com* •

Représentations diplomatiques

■ ***Consulat de France*** *(zoom II, F7,* ***5****)* **:** *West Parliament Sq, à l'angle du Royal Mile et de George IV Bridge. Pas d'accueil tél. Reçoit sur rdv seulement. Communication par mail :* • *contact.edimbourg-fseulement@diplomatie.gouv.fr* • *uk.ambafrance.org* • *Tél uniquement en cas d'urgence relevant de la compétence consulaire,* 📱 *07702-252-555.*

■ ***Consulat de Suisse*** **:** *58/2, Manor Pl.* ☎ *225-93-13. Sur rdv seulement.* • *edinburgh@honrep.ch* •

■ ***Consulat honoraire de Belgique*** **:** *chez Experience Scotland Travel Services, 2, West St, Penicuik (à 10 miles d'Édimbourg).* ☎ *(01968) 679-969.* • *consulbelgiumscotland@gmail.com* •

Culture et agences de voyages

■ ***Institut français d'Écosse*** *(zoom II, F7,* ***5****)* **:** *West Parliament Square.* ☎ *285-60-30.* • *ifecosse.org.uk* • *À côté du consulat. Tlj sauf dim 9h30-19h15 (17h ven, 13h30 sam). Bibliothèque également fermée lun.* Expos, livres, vidéos, musique, etc.

■ **Adresses utiles**

- I Centre (G6)
- **2** Bike Trax Cycle Hire (E8)
- **4** Travel Shop Waverley Bridge (F7)
- **8** Pharmacie Boots (F6-7)
- **10** Tickets Scotland (E6)

Où dormir ?

- **25** Hub Edinburgh Royal Mile (G6-7)
- **29** Travelodge Queen Street (F6)
- **30** The Baxter Hostel, Haystack Hostels et Princes St Backpackers (G6)
- **34** Terrace Hotel (H6)
- **39** Adria House (H6)
- **42** Adam Drysdale House (E8)
- **53** Edinburgh Central Rooms (E6)
- **54** Motel One (G6)

Où manger ?

- **68** Oink (Royal Mile) (H6)
- **72** Ting Thai Caravan (G8)
- **75** Tuk-Tuk (E8)
- **78** Henderson's (F6)
- **79** Tani Modi (F6)
- **80** The Cambridge Bar (E6)
- **82** The Dogs (F6)
- **85** Urbanangel (F6)
- **86** Contini (E6)
- **87** Mussel Inn (F6)
- **88** Jamie's Italian (F6)
- **90** The Tiles (F6)
- **91** Basement (G6)
- **92** Fishers in the City (F6)
- **93** The Dome (F6)
- **94** The Mosque Kitchen (G8)
- **95** 10 to 10 in Delhi (G8)
- **97** Kalpna (G8)

Où prendre le thé ? Où goûter ?

- **85** Urbanangel (F6)
- **93** The Dome (F6)
- **141** Clarinda's Tearoom (H6)

Où boire un verre ? Où sortir ?

- **93** The Dome (F6)
- **110** The Forest (E8)
- **117** Sandy Bells (F8)
- **122** The Standing Order (F6)
- **124** The Oxford Bar (E6)
- **125** Abbotsford (F6)
- **126** Tiger Lily (E6)
- **127** Fingers (F6)
- **128** Dirty Dick's (E6-7)
- **130** Café Royal et Voodoo Rooms (G6)
- **131** Le Monde (F6)
- **132** Pear Tree House (G8)
- **150** Henry's Cellar Bar (E7)

Achats

- **160** Jenners (F6)
- **162** The Fudge House (H7)

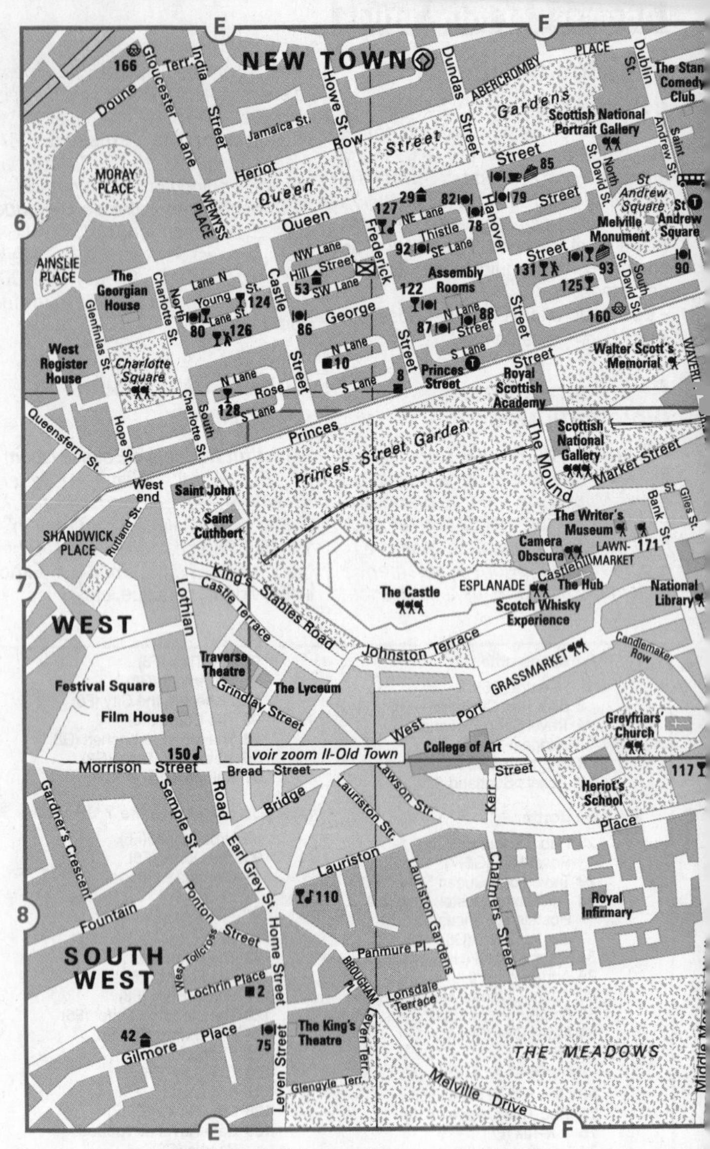
E
F
6
7
8
NEW TOWN
WEST
SOUTH WEST
166
Gloucester Lane
Terr.
India Street
Doune
Jamaica St.
Howe St.
Dundas Street
ABERCROMBY PLACE
Dublin St.
The Stand Comedy Club
Gardens
Scottish National Portrait Gallery
Heriot Row
Street
Queen Street
MORAY PLACE
WEMYSS PLACE
Queen
127
29
82
NE Lane
Thistle
Hanover Street
78
85
79
St Andrew Square
St Andrew Square
Melville Monument
North St. David St.
Andrew St.
Saint
AINSLIE PLACE
The Georgian House
North Charlotte St.
Lane N
Young St.
Lane St.
124
80
126
Castle Street
NW Lane
Hill Street
53
SW Lane
Frederick Street
92
SE Lane
Assembly Rooms
131
93
125
90
South St. David St.
George
86
122
87
N Lane
88
Street
160
West Register House
Glenfinlas St.
Charlotte Square
N Lane
10
S Lane
8
S Lane
Princes Street
Walter Scott's Memorial
Royal Scottish Academy
Rose
128
S Lane
South Charlotte St.
N Lane
Princes
Queensferry St.
Hope St.
Princes Street Garden
The Mound
Scottish National Gallery
Marker Street
West end
Saint John
Saint Cuthbert
SHANDWICK PLACE
Rutland St.
St Giles St.
Bank St.
The Writer's Museum
Camera Obscura
LAWN-MARKET
171
Castlehill
ESPLANADE
The Hub
The Castle
Scotch Whisky Experience
National Library
King's Stables Road
Castle Terrace
Lothian
Johnston Terrace
Candlemaker Row
GRASSMARKET
Traverse Theatre
The Lyceum
Grindlay Street
Festival Square
Film House
West Port
Greyfriars' Church
150
voir zoom II-Old Town
College of Art
117
Morrison Street
Bread Street
Street
Lawson Str.
Kerr
Heriot's School
Gardner's Crescent
Semple St.
Road
Bridge
Lauriston Str.
Place
Earl Grey St.
Lauriston
Lauriston Gardens
Chalmers Street
Royal Infirmary
110
Fountain
Ponton Street
Home Street
Panmure Pl.
West Tollcross
Lochrin Place
2
BROUGHAM PL.
Lonsdale Terrace
42
Gilmore Place
75
Leven Street
The King's Theatre
Leven Terr.
THE MEADOWS
Glengyle Terr.
Melville Drive

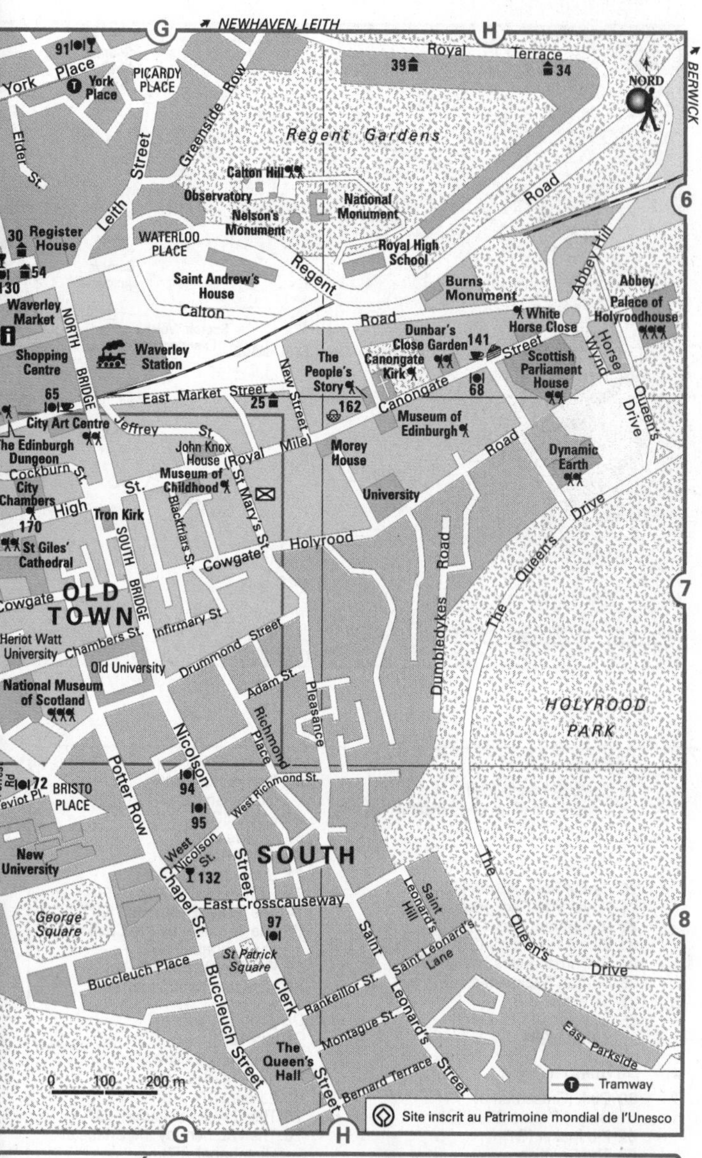

ÉDIMBOURG – Centre (zoom I)

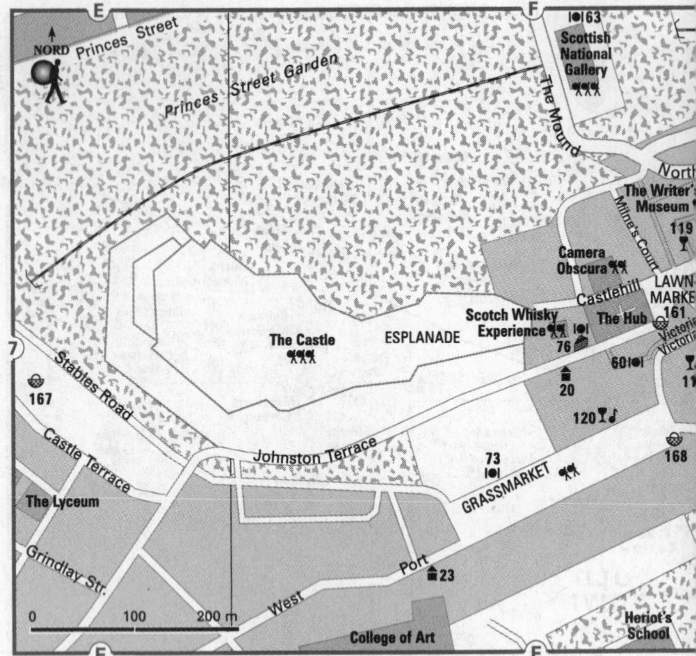

Adresses utiles

- **3** Cycle Scotland (G7)
- **5** Consulat de France et Institut français d'Écosse (F7)

Où dormir ?

- **20** Castle Rock Hostel (F7)
- **21** Royal Mile Backpackers (G7)
- **22** High Street Hostel (G7)
- **23** Kick Ass Hostels (F7)
- **24** St Christopher's Inn (G7)
- **26** Budget Backpackers (F7)
- **27** Safestay (G7)
- **28** Travelodge Edinburgh Central (G7)

Où manger ?

- **60** Oink (Grassmarket ; F7)
- **61** Baked Potato Shop (G7)
- **62** Pie Maker (G7)
- **63** The Scottish Café & Restaurant (F7)
- **64** Mums (G7)
- **65** Fruitmarket Gallery (hors plan par G7)
- **66** Larder (G7)
- **69** Arcade Bar (G7)
- **70** David Bann (G7)
- **71** Under the Stairs (F7)
- **73** Petit Paris (F7)
- **74** The Tower Restaurant (G7)
- **76** The Witchery by the Castle et Cannonball (F7)
- **77** Fig Tree Bistro (G7)
- **89** Namaste Kathmandu (G7)

Où prendre le thé ? Où goûter ?

- **65** Fruitmarket Gallery (hors plan par G7)
- **66** Larder (G7)
- **74** The Tower Restaurant (G7)
- **76** The Witchery by the Castle et Cannonball (F7)
- **142** Pinnies (G7)

■ ***Walkabout Scotland :*** *☎ 243-26-64.* • *walkaboutscotland.com* • *Résas sur Internet seulement ou par tél.* Excursions d'une journée, d'un week-end jusqu'à 2 semaines, principalement dans les montagnes des Highlands et dans les îles.

■ ***Haggis Adventures :*** *60, High St.*

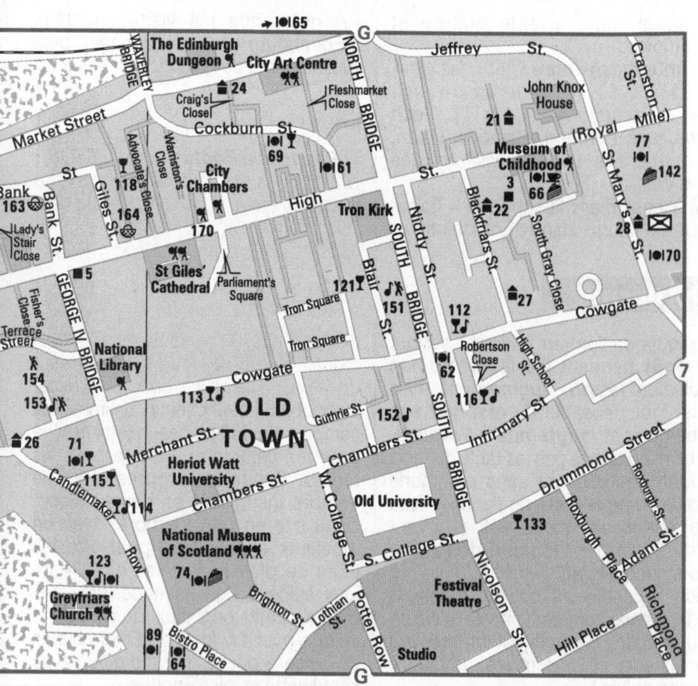

ÉDIMBOURG – Old Town (zoom II)

Où boire un verre ?
Où sortir ?

- **71** Under the Stairs (F7)
- **111** Finnegan's Wake (F7)
- **112** Bannermans (G7)
- **113** The Three Sisters (G7)
- **114** Frankenstein Pub (F7)
- **115** The Elephant House (F7)
- **116** The Royal Oak (G7)
- **118** The Devil's Advocate (F7)
- **119** Jolly Judge (F7)
- **120** Biddy Mulligans et The Last Drop (F7)
- **121** The City Café (G7)
- **123** Greyfriars Bobby's Bar (F7)
- **133** The Brass Monkey (G7)

Où écouter de la musique ?
Où danser ?

- **111** Liquid Room et Finnegan's Wake (F7)
- **112** Bannermans (G7)
- **116** The Royal Oak (G7)
- **120** Biddy Mulligans (F7)
- **151** Le Cabaret Voltaire (G7)
- **152** The Jazz Bar (G7)
- **153** The Bongo Club (F7)
- **154** Espionage (F7)

Achats

- **161** Iain Mellis Cheesemonger (F7)
- **163** Coda Music (F7)
- **164** Royal Mile Whiskies (F7)
- **167** Farmers' Market (E7)
- **168** W. Armstrong & Son (F7)

À voir

- **170** The Real Mary King's Close (G7)

☎ *557-93-93.* ● *haggisadventures.com* ● *Tlj 7h30-17h45 (16h45 sam, 13h dim).* Excursions classiques d'une journée ou sur plusieurs jours.

■ ***Rabbies :*** *207, High St.* ☎ *226-31-33.* ● *rabbies.com* ● Excursions : Saint Andrews et Fife, loch Lomond, loch Ness... Également un programme orienté culture et patrimoine.

■ ***Timberbush Tours :*** *555, Castlehill.* ☎ *226-60-66.* ● *timberbush-tours.com* ● Excursions de 1 à 4 j. : loch Ness, loch Lomond, Glencoe, Oban, Saint Andrews. Et aussi, visite guidée de la ville.

– Voir également la rubrique « Transports intérieurs » dans « Écosse utile ».

– À noter que les visites guidées d'Édimbourg sont mentionnées plus loin, au début de la rubrique « À voir ».

Divers

■ ***Pharmacie Boots*** *(zoom I, F6-7,* ***8****) :* *103, Princes St. La partie pharmacie se trouve à l'étage. Lun-sam 8h-19h (20h jeu), dim 10h-18h.*

Où dormir ?

En haute saison (***en juillet*** et surtout ***en août*** pendant les festivals), non seulement ***les prix augmentent,*** mais il est indispensable de ***réserver*** son hébergement ***longtemps à l'avance.*** Nous n'indiquons pas les tarifs du mois d'août, car souvent sans commune mesure avec le reste de l'année. Tous proposent un accès wifi (souvent gratuit) ; on ne l'indique donc plus systématiquement.

Sachez, par ailleurs, que ***les auberges de jeunesse*** sont plus chères le week-end et qu'ici, elles acceptent rarement les mineurs et les familles, ambiance fêtarde oblige !

Campings

⛺ ***Edinburgh Caravan Club Site*** *(carte Édimbourg et les Lothians,* ***1****) :* *35-37, Marine Dr, à 5 km au nord-ouest du centre.* ☎ *312-68-74.* ● *caravanclub.co.uk* ● *Bus n° 16 depuis le centre (de l'arrêt Marine Dr, compter 10 mn de marche). Tte l'année. Forfait pour 2 en tente selon saison £ 20-31.* Situation exceptionnelle pour un camping de ville, coincé entre un golf, la colline où veille le Lauriston Castle et les belles rives du Firth of Forth. Terrain bien équipé, aux emplacements tirés au cordeau pour les caravanes et camping-cars. On plante sa tente sur une belle pelouse entourée d'arbres... Pas de resto. Dommage que l'aéroport soit si proche, mais les avions ne volent que pendant la journée. Le gros plus : la mer à 2 pas.

⛺ ***Mortonhall Caravan Park*** *(carte Édimbourg et les Lothians,* ***2****) :* *38, Mortonhall Gate, Frogstone Rd East.* ☎ *664-15-33.* ● *meadowhead.co.uk* ● *Bus n° 11 de Princes St (arrêt : Mortonhall Gate ; durée : 30 mn). Forfait tente pour 2 selon saison £ 16-34.* Isolé au bout d'un petit chemin, un immense camping de 450 places, mieux équipé pour les camping-cars que pour les tentes. Sanitaires propres mais en nombre insuffisant en haute saison. Beau site en partie arboré, avec un moelleux gazon (trop peut-être les jours de pluie !). Pub-resto, salle de jeux, épicerie. Également des hébergements locatifs originaux, de type hutte en bois pour 4 *(wigwam)* et des « huttes de berger » pour 2 *(shepherd hut)* avec kitchenette et micro-ondes.

⛺ ***Drum Mohr Caravan and Camping Park*** *(carte Édimbourg et les Lothians,* ***3****) :* *Levenhall,* ***Musselburgh*** *EH21 8JS.* ☎ *665-68-67.* ● *drummohr.org* ● *À l'est d'Édimbourg, en suivant la route côtière (A 199) après Musselburgh. Bus n° 26 ttes les 10-15 mn. Résa très conseillée en juil-août. Réception tlj 9h-12h, 13h-17h. Forfait pour 2 selon saison et taille de la tente £ 22-36 (électricité comprise).* À la fois simple et convivial, ce *caravan park* bien entretenu n'a pas oublié les campeurs avec son beau gazon (sans ombre). Blocs sanitaires corrects. En plus des chalets classiques, loue des cabanes en bois octogonales marrantes, avec cuisinette et chauffage *(compter £ 40-55 pour 2)* et des *bothies,* des refuges pour 4 *(£ 60-105 ; min 3 nuits).*

Dans Old Town

C'est le coin routard par excellence : ambiance lits superposés et vie en collectivité. Notez que la plupart des

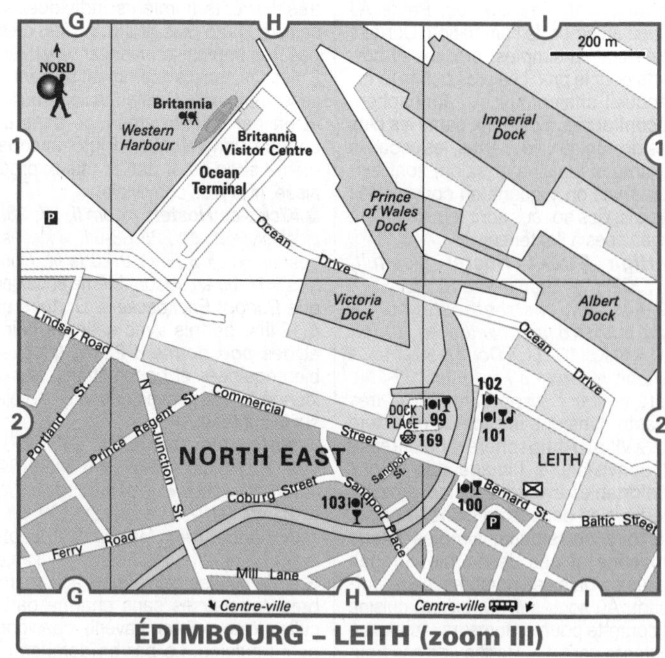

ÉDIMBOURG – LEITH (zoom III)

Où manger ?
- **99** Teuchters Landing et A Room in Leith (I2)
- **100** The King's Wark (I2)
- **101** The Shore (I2)
- **102** Fishers (I2)
- **103** Roseleaf (H2)

Où boire un verre ?
- **99** Teuchters Landing et A Room in Leith (I2)
- **100** The King's Wark (I2)
- **101** The Shore (I2)

Achats
- **169** Leith Market (H2)

auberges n'acceptent pas les mineurs. Ambiance fêtarde oblige ! Attention, en août, même les dortoirs peuvent coûter 50 % de plus !

De bon marché à prix moyens (moins de £ 85 ; 102 €)

■ ***Castle Rock Hostel*** *(zoom II, F7,* ***20****) : 15, Johnston Terrace, au pied du château.* ☎ *225-96-66.* • *castlerockedinburgh.com* • *Nuitée en dortoir 4-16 lits £ 11-25 selon taille et saison (jusqu'à £ 32 en août). Doubles avec lavabo £ 50-70 (mais £ 110 en août !). Petit déj en sus.* Le mouvement hippie trouve ses racines au Moyen Âge ! Eh oui, cette adresse le prouve ! Dans les salons grandiloquents, l'un avec billard, mezzanine et belle vue sur la ville, l'autre, plus intime, avec piano, on partage du bon temps dans un environnement médiévalo-kitsch orné de fresques maison. Les dortoirs sont bien sûr plus simples, mais bien tenus, tout comme les sanitaires. Également une vaste cuisine, des bouquins à échanger, guitares à dispo et, en contrebas, une terrasse, avec possibilité de barbecue. Des soirées sont aussi organisées. Ah, la vie de château, on y prend goût !

■ ***Royal Mile Backpackers*** *(zoom II, G7,* ***21****) : 105, High St.* ☎ *557-61-20.* • *royalmilebackpackers.com* • *Nuitée en dortoir 4-10 lits £ 12-18, plus cher* *en août). Petit déj en sus.* Petite AJ située au cœur de l'animation. Dortoirs et sanitaires simples, propres et corrects pour le prix. Les gros points forts : l'accueil chaleureux et l'atmosphère décontractée, à des prix parmi les plus bas du centre-ville. Certes, les espaces communs (cuisine et salon) sont exigus, mais on y gagne en convivialité ! Et puis, des soirées sont régulièrement organisées à l'extérieur.

🏠 ***High Street Hostel*** *(zoom II, G7,* ***22****) : 8, Blackfriars St. ☎ 557-39-84. • highstreethostel.com • Âge min : 16 ans. Nuitée en dortoir 4-18 lits £ 10-21. Doubles (3 seulement, réserver à l'avance) £ 55-100. Café et thé à dispo.* Grosse AJ très vivante dans une maison de caractère du XVIe s. Atmosphère chaleureuse et conviviale, à l'image des salons confortables avec gros sofas, armures médiévales dans les recoins et piano. Dortoirs classiques, simples (literie moyenne et pas de double vitrage). Salles de bains en nombre à peine suffisant. Au sous-sol, TV, billard, cuisine et courette pour les fumeurs. Ambiance routarde garantie. Bonne adresse pour le petit déj juste en face, *Larder* (lire plus bas « Où manger ? »).

🏠 ***St Christopher's Inn*** *(zoom II, G7,* ***24****) : 9-13, Market St. ☎ 226-14-46. • st-christophers.co.uk • Nuitée en dortoir 4-14 lits £ 10-30 (jusqu'à £ 45 en août !). Doubles £ 50-100. Petit déj inclus.* Les *St Christopher's Inn,* bien connus à Londres, ont bâti leur réputation sur leur ambiance festive. Ici, les dortoirs disposent pour la plupart de salles d'eau privées, et, au rez-de-chaussée, le *Jack's Bar,* où se trouve la réception, facilite les rencontres. Bref, une adresse très fréquentable, même s'il vaut mieux avoir le sommeil lourd ! Pas de cuisine, en revanche.

🏠 ***Budget Backpackers*** *(zoom II, F7,* ***26****) : 37-39, Cowgate. ☎ 226-63-51. • budgetbackpackers.com • Nuitée en dortoir 4-30 lits £ 10-25.* Twin *£ 60-90 (plus cher le w-e).* Cette AJ bien située à 2 pas de Grassmarket se repère facilement à son âne à lunettes ! Le rez-de-chaussée est graffité, les couloirs pétaradent de couleurs vives, et les sanitaires comme les dortoirs sont très corrects (lumières individuelles, casiers...). Le plus grand, 30 lits, n'est pas trop impressionnant car réparti sur 2 niveaux, mais évidemment bruyant et assez mal aéré. Cuisine, salon douillet et un bar insolite aménagé dans un antique van relooké ! Plutôt sympa, même si ce n'est pas la mieux organisée, ni la plus conviviale.

🏠 ***Kick Ass Hostels*** *(zoom II, F7,* ***23****) : 2, West Port. ☎ 226-63-51. • kickass hostels.co.uk • Env £ 9-20 le lit. Doubles £ 76-90 en saison.* Même enseigne que *Budget Backpackers.* Dortoirs de 4-12 lits, parfois avec salle de bains et des *pod dorms* 8-22 lits (alcôves bien équipées et bonne literie). Bar et *lounge* à l'étage avec une vue partielle sur le château.

🏠 ***Safestay*** *(zoom II, G7,* ***27****) : 560 Blackfriars St. ☎ 524-19-89. • safestay.com • Dortoirs 4-12 lits avec sdb £ 12-30,* twin *£ 60-130 (plus cher pendant les festivals). Accepte les familles (enfants à partir de 3 ans).* Grande bâtisse bien située, aux chambres spacieuses sans charme particulier, avec *lockers*. Laverie, consigne, petite cuisine. Le bar en demi-sous-sol, immense, donnant sur la cour intérieure, retiendra ceux qui trouvent les tavernes du coin encore trop éloignées. Un peu bruyant du coup pour les chambres situées au-dessus.

De prix moyens à chic (£ 50-125 ; 60-150 €)

🏠 ***Travelodge Edinburgh Central*** *(zoom II, G7,* ***28****) : 33, Saint Mary's St. ☎ 0203-195-47-77. • travelodge.co.uk • Chambres 1-4 pers (même prix) £ 80-200 selon saison et j. de la sem (plus cher le sam), petit déj en sus ; + £ 15-20 pour une chambre supérieure. Réduc de 10 % si résa en ligne. Parking (payant).* Il est clair qu'on ne choisit jamais un *Travelodge* pour son charme. Cela dit, le rapport prix-situation vaut le coup pour qui aspire à plus d'intimité qu'en auberge de jeunesse tout en préservant autant que possible sa tirelire. Autres avantages : très intéressant à 4 et pour les routards motorisés grâce au parking à l'arrière. Parmi les autres adresses de la chaîne en centre-ville, citons le ***Travelodge Queen Street*** *(zoom I, F6,* ***29*** *; 30-31, Queen St, dans New Town).*

Hub Edinburgh Royal Mile *(zoom I, G6-7,* ***25****) : 37, East Market St. ☎ 202-66-71. Résa par Internet seulement sur • hubhotels.co.uk • Doubles £ 50-125 (plus cher en août). Petit déj en sus.* En contrebas du Royal Mile, cette déclinaison *low-cost* de la chaîne *Premier Inn* empile des chambrettes aux allures de cabine de navette spatiale, dans lesquelles on a fait entrer au chausse-pied un bon gros matelas et une salle d'eau vitrée. Juste la place de glisser sa valise sous le lit (on peut prétendre à quelques m² de plus en ajoutant £ 20). Cet espace optimisé reste très fonctionnel et la tenue impeccable, à des tarifs, qui plus est, vraiment corrects pour Édimbourg. 2 autres *Hub* en ville : *sur Rose St South (zoom I, F6) et Torpichen St (plan d'ensemble, D7), à Haymarket.*

Dans New Town

De bon marché à prix moyens (moins de £ 85 ; 102 €)

The Baxter Hostel *(zoom I, G6,* ***30****) : 5, West Register St. ☎ 555-86-09. • thebaxter.eu • Au 1er étage. Nuitée en dortoir 6-12 lits £ 20-36, petit déj inclus. Quadruple privée avec sdb £ 100-115.* Dans cet immeuble qui empile 3 AJ, celle-là se la joue « Boutique Hostel » avec son élégant et petit *lounge* organisé autour d'une cuisine ouverte et sa déco style vintage industriel, alliant murs de pierre et tapisserie en imitation tartan. Chambres toutefois un peu étriquées avec des lits superposés sur 3 niveaux, mais qui misent sur le confort : matelas de bonne qualité, casier, lumière et prise de courant individuels. Le tout super bien tenu. Vraiment pas le genre d'endroit où l'on laisse ses chaussures crottées traîner au milieu du couloir ! Le bémol, seulement 3 douches à se partager.

Haystack Hostels *(zoom I, G6,* ***30****) : 5, West Register St. ☎ 557-00-36. • haystackhostels.co.uk • Au 2e étage. Nuitée en dortoir 3-12 lits £ 18-32, avec petit déj léger.* Une AJ de poche, aménagée dans un ancien appartement modernisé sur le même concept que le *Baxter Hostel* voisin, mais dans un style plus « boisé ». Ensemble impeccable et bien équipé.

Princes St Backpackers *(zoom I, G6,* ***30****) : 5, West Register St. ☎ 556-68-94. • edinburghbackpackers.com • Au dernier étage. Nuitée en dortoir 4-12 lits £ 11-35. Doubles sommaires et sans sdb £ 65-70.* L'AJ la plus *roots* de l'immeuble, autant être prévenu : une centaine de lits dans ce repaire aux peintures tendance *punk-arty*, des dortoirs acceptables pour qui n'est pas trop regardant, et des sanitaires corrects. Cuisine, salle TV... Fréquenté par des hordes de routards qui se lèvent et se couchent tard.

Edinburgh Central *(plan d'ensemble G5,* ***31****) : 9, Haddington Pl. ☎ 524-20-90. • syha.org.uk • Nuitée en dortoir 4-6 lits £ 13-30 (plus cher en août). Doubles avec sdb £ 45-80. Petit déj en sus.* Affilié à la fédération internationale, un vaste établissement moderne et fonctionnel totalisant plus de 250 lits. Les chambres et les dortoirs manquent un peu d'âme mais sont parfaitement tenus et tout confort (casiers, lampe individuelle, salle de bains privée avec w-c séparé, et même la TV pour les doubles les plus chères). Resto, cuisine, *lounge* et buanderie. Pas l'AJ la plus conviviale, mais prestations impeccables.

De prix moyens à chic (£ 50-125 ; 60-150 €)

La plupart des adresses suivantes se situent non loin du centre historique.

Terrace Hotel *(zoom I, H6,* ***34****) : 37, Royal Terrace. ☎ 556-34-23. • terracehotel.co.uk • Sur les hauteurs de Regent's Garden, à 15 mn à pied du centre. Ne pas confondre avec son voisin le* Royal Terrace

Hotel. *Doubles £ 50-110 avec ou sans sdb ; également des familiales.* Dans une noble maison de style georgien (XVIIIe s), avec un beau salon. Chambres spacieuses, classiques, certaines plus charmantes que d'autres ; salles de bains parfois minuscules. Le propriétaire est un gentleman un peu excentrique, toujours prêt pour un bon mot. On se sent bien accueilli.

Edinburgh Central Rooms *(zoom I, E6,* ***53****) : 8, Hill St. 07930-205-982. • edinburghcentralrooms@outlook.com • Doubles £ 65-150 avec ou sans sdb (plus cher en août) ; pas de petit déj. Et pas de réception : la loc fonctionne sur le principe du* self check-in. Dans une rue tranquille de New Town, des chambres réparties sur 3 étages, toutes différentes, certaines immenses, d'autres, plus étroites, logées sous les toits. Tenue impeccable et bon confort partout, dans une atmosphère à la fois sobre et cosy.

Ramsay's B & B *(plan d'ensemble G5,* ***35****) : 25, East London St. ☎ 557-59-17. • ramsaysbedandbreakfastedinburgh.com • Doubles £ 90-140.* Carton plein pour ce *B & B* tenu par une famille chaleureuse et disponible, bien situé dans un quartier à la fois résidentiel, à 2 pas des commerces. Les 5 chambres pimpantes arborent une déco fraîche et très contemporaine, et profitent d'un excellent niveau de confort (salle de bains privée pour tout le monde, à l'extérieur pour l'une !). La plupart donnent sur le ravissant petit jardin à l'arrière. Et on n'a encore rien dit du bon petit déj... Impeccable de bout en bout.

Motel One *(zoom I, G6,* ***54****) : 10-15 Princes St (entrée par West Register, réception au 1er étage). ☎ 550-92-20. • motel-one.com • Doubles standard £ 70-120 (plus cher en août). Petit déj en sus.* Son nom pourrait laisser penser à une adresse petit budget, mais l'immense hall de réception *arty* bouscule vite les préjugés, annonçant un établissement design bien d'aujourd'hui, alignant 140 chambres à la sobriété toute contemporaine, toutes de marron et turquoise vêtues. Pour £ 10 de plus, on bénéficie de la vue sur Old Town ou Calton Hill, qui se fait panoramique depuis les chambres du 1er étage, percées d'immenses fenêtres. Celles sur l'arrière sont plus banales, certaines donnent sur l'intérieur et, pour toutes, les salles d'eau se révèlent plutôt étroites. Autre adresse sur Market St, de l'autre côté du pont. Mêmes prix et prestations, la vue en moins...

Adria House *(zoom I, H6,* ***39****) : 11-12, Royal Terrace. ☎ 556-78-75. • adriahouse.co.uk • Doubles £ 80-130, plus des familiales.* Au calme dans un quartier résidentiel verdoyant, un petit hôtel de charme avec la convivialité d'un *B & B*. Les parties communes sont élégantes, et les chambres classiques, agréables, spacieuses et de bon confort. Certaines ont leur salle de bains hors de la chambre, mais elle est toujours privative. Accueil pro.

À Haymarket

En bordure ouest du centre (15 mn à pied), un quartier pas trop cher, facilement accessible en tramway (et bus) depuis la station Haymarket.

Bon marché (£ 10-25/pers ; 12-30 €)

Belford Hostel *(plan d'ensemble D7,* ***32****) : 6-8, Douglas Gardens. ☎ 220-22-00 ou 225-62-09. • hoppo.com • À l'angle de Belford Rd (15-20 mn à pied depuis Princes St). Nuitée en dortoir 4-10 lits £ 10-15 selon taille (jusqu'à £ 25 en août). Doubles £ 40-45 (près du double en août). Petit déj en sus.* Difficile de la rater, cette AJ occupe une ancienne église ! Dortoirs dans de curieux box en préfabriqué peinturlurés, aménagés dans la vaste nef. L'intimité ici n'a rien d'un confessionnal ! L'immense salle commune du sous-sol est très sympa, divisée entre la cuisine, le bar, le salon et l'espace détente avec *snooker.* Petit patio. L'ensemble fait un peu *cheap,* mais compte parmi les AJ les moins chères de la ville.

De prix moyens à chic (£ 50-125 ; 60-150 €)

■ ***Saint Valery Guesthouse*** *(plan d'ensemble C-D7,* ***36****) : 36, Coates Gardens. ☎ 337-18-93. • stvalery.co.uk • Doubles £ 80-120 selon période (moins cher l'hiver), avec petit déj. Quelques triples.* À distance raisonnable du centre, une maison de ville cossue dans une rue résidentielle dupliquant à l'infini les mêmes demeures victoriennes qui abritent d'ailleurs plusieurs hôtels et *B & B*. Chambres bien tenues avec salles de bains un peu exiguës (w-c sur le palier pour 2 d'entre elles), moquette, fausses cheminées et papier peint fleuri. Celles de l'entresol sont de bonne taille, modernes mais plus sombres. On prend le petit déj derrière un large bow-window. Un bon point de chute pour qui recherche calme et classicisme.

À South Side et South West

Au sud-est de la ville, dans un quartier résidentiel. Bus (n°s 2, 14, 30, 33, 49, 86...). Arrêts Minto Street ou Mayfield Gardens, entre autres. Pour South West, prendre le bus n° 11.

De bon marché à prix moyens (moins de £ 85 ; 102 €)

■ ***Argyle Backpackers Hostel*** *(plan d'ensemble F-G9,* ***40****) : 14, Argyle Pl. ☎ 667-99-91. • argylebackpackers.com • À côté du parc du Meadow, dans un quartier résidentiel. Bus (le plus facile) n° 41 depuis The Mound (angle Princes St), arrêt Wanderpark Rd. Nuitée en dortoir 4-6 lits £ 11-18 ; doubles £ 45-70. Plus des triples.* Dans une rue résidentielle tranquille, ces 2 maisons de ville accolées ont été métamorphosées en une AJ plaisante : dortoirs mixtes ou pour filles, simples et convenables, chambres mansardées au 2e, sanitaires communs propres et récents (lavabos et TV dans les doubles et triples), salon douillet, 2 belles cuisines à dispo, ainsi qu'une superbe véranda. Cerise sur le pudding, un jardinet pour profiter du temps qui passe et de l'atmosphère décontractée.

De prix moyens à chic (£ 50-125 ; 60-150 €)

■ ***Adam Drysdale House*** *(zoom I, E8,* ***42****) : 42, Gilmore Pl. ☎ 228-89-52. • adamdrysdalehouse.com • Doubles £ 80-110, une deluxe £ 130 (plus cher en août), petit déj inclus. Également 2 triples. Parking. CB acceptées (+ 3 %).* Petit *B & B* situé à faible distance de marche du centre. Toutes les chambres ont une salle de bains privée (à l'extérieur pour l'une d'entre elles) ; celles sous les combles sont plus spacieuses. Salle à manger riquiqui en bas. Si c'est complet, la patronne vous envoie à la *Cruachan Guesthouse*, de l'autre côté de la rue.

■ ***Dorstan Guesthouse*** *(hors plan d'ensemble par I9,* ***44****) : 7, Priestfield Rd. 0780-923-2278. • dorstanguesthouse.com • Dans une rue perpendiculaire à Dalkeith Rd. Doubles avec sdb £ 95-110. Parking.* Grosse maison cossue dans un quartier vraiment calme. Chambres sobres et agréables de bon confort, même si la déco est un peu datée. Salon commun avec piano. Accueil très sympathique d'un couple anglo-japonais, membres des clubs de tennis et de golf du quartier dont ils peuvent faire profiter les hôtes. Sympa, non ?

■ ***Gil Dun Guesthouse*** *(plan d'ensemble H-I9,* ***45****) : 9, Spence St. ☎ 667-13-68. • gildun.co.uk • Doubles £ 70-110, avec petit déj. Plus des familiales pour 3-4 pers.* Situé dans une petite impasse, cet établissement très confortable propose des chambres élégantes et bien tenues, certaines mansardées. On se sent vite à l'aise dans cette déco contemporaine, presque luxueuse. Accueil très gentil.

■ ***Pollock Halls of Residence*** *(plan d'ensemble H-I8-9,* ***41****) : 18, Holyrood Park Rd. ☎ 651-20-07. • edinburghfirst.com • Au sud-est de la ville. Bus n°s 14, 30 ou 33. Ouv aux touristes seulement fin mai-début sept. Chambres* *individuelles avec ou sans sdb £ 35-85, doubles £ 100-130 selon l'affluence, petit déj inclus. Loue aussi des studios et apparts. Bonne réduc si résa en ligne.* Chambres en cité universitaire, sobres, impeccables, fonctionnelles et bien équipées. Pas donné et assez à l'écart, mais les prestations sont de bon niveau. Resto, bar à 100 m et le superbe parc de Holyrood au bout de la rue.

Plus chic (plus de £ 125 ; 150 €)

🏠 ***23 Mayfield*** *(hors plan d'ensemble par H9,* ***43****)* **:** *23, Mayfield Gardens.* ☎ *667-58-06.* • *23mayfield.co.uk* • *Dans le prolongement de Minto St. Arrêt de bus juste devant. Doubles £ 120-180 (très bon petit déj compris). Fermé à Noël. Parking.* Cette belle maison cossue (la plus vieille du quartier) entretient le charme de l'époque victorienne avec ses vitraux, peintures et livres anciens, rehaussée de touches contemporaines. Résultat : un *B & B* de luxe à l'atmosphère à la fois élégante et décontractée offrant des chambres pleines de cachet, meublées avec beaucoup de soin et parfaitement équipées. Et pour compléter le tableau, les propriétaires débordent d'attentions et apportent un soin spécial au petit déjeuner. Également un bar à whiskies et à bières *(payant).* Une adresse qui a une âme.

À Leith et à Portobello

Quartier résidentiel au nord-est du centre-ville, ***Leith*** (prononcer « lisse ») compte de nombreux *B & B,* en particulier sur Pilrig Street. Accès par le bus nº 11 en 15-20 mn. Quant à ***Portobello,*** il s'agit d'un agréable quartier en bord de mer, à environ 4 miles (6 km) à l'est du centre-ville ; accessible en bus.

De prix moyens à plus chic (plus de £ 50 ; 60 €)

🏠 ***The Conifers*** *(plan d'ensemble H4,* ***46****)* **:** *56, Pilrig St.* ☎ *554-51-62.* • *conifersguesthouse.com* • *Doubles sans ou avec sdb £ 55-120.* Dans une rue résidentielle, une maison de ville classique, calme et agréable. Les chambres, efficacement rénovées, sont confortables et très bien tenues. À noter une très belle et grande chambre avec cheminée et de larges fenêtres s'ouvrant sur la rue. Accueil cordial.

🏠 ***Fraoch House*** *(plan d'ensemble G-H4,* ***47****)* **:** *66, Pilrig St.* ☎ *554-13-53.* • *fraochhouse.com* • ♿ *Doubles £ 60-145.* Bien conçu, ce *B & B* de 9 chambres assure un bon niveau de confort, dans une ambiance contemporaine agréable privilégiant le bois brut. Mention spéciale pour la suite cosy de l'entresol, impeccable pour les amoureux.

🏠 ***Premier Inn Leith Waterfront*** *(plan d'ensemble F1,* ***49****)* **:** *51-53, Newhaven Pl.* ☎ *0871-527-83-60.* • *premierinn.com* • *Même prix pour les doubles et les familiales (2 enfants dormant avec leurs parents), £ 45-120 (plus cher en août). Petit déj en sus mais gratuit pour les enfants. Parking gratuit.* Sur le plan, c'est excentré, mais comme le bus nº 10 vous dépose devant la porte en 20 mn à peine depuis le centre, le rapport qualité-prix est indiscutable compte tenu de la situation (adossé à la mer : vue géniale depuis certaines chambres), du confort (bonne literie, accessoires modernes...), de l'accueil très sympa et du petit déj très correct à volonté. Un bon plan, surtout en famille.

🏠 ***Abercorn Guesthouse*** *(hors plan d'ensemble par K6,* ***50****)* **:** *1, Abercorn Terrace.* ☎ *669-61-39.* • *abercornguesthouse.com* • *Du centre-ville, bus nº 26 vers Abercorn Terrace ; arrêt à Joppa (env 20 mn de trajet depuis le centre-ville). Doubles £ 50-100, avec petit déj.* Dans une belle et imposante maison victorienne flanquée d'un jardin à l'anglaise impeccable (pléonasme !), la dynamique propriétaire propose une poignée de chambres élégantes, toutes différentes et fort confortables, dotées d'une petite salle de bains. Tout est décoré avec beaucoup de goût et parfaitement entretenu. Petit déj servi dans une salle lumineuse prolongée par une véranda. Accueil familial.

Où manger ?

Le soir, mieux vaut réserver.

Dans Old Town

Sur le pouce

I●I ***Oink*** *(zoom II, F7,* ***60****) : 34, Victoria St. Tlj 11h-18h (17h dim). Compter £ 4-5.* Pas banal ! La devanture est occupée par un cochon rôti qu'on débite au gré de la commande ! Et pas d'angoisse sur la qualité : il provient directement de la ferme des proprios. Il ne reste plus qu'à garnir les petits pains, dont la taille dépend de votre appétit, et à choisir l'accompagnement (*haggis*, oignons...). Délicieux ! En revanche, c'est plutôt à emporter, car il n'y a qu'une poignée de tables et tabourets. Autre adresse au 82, Canongate Street *(zoom I, H6,* ***68****)*, avec plus de tables pour dévorer son sandwich assis *(mêmes horaires)*.

I●I ***Baked Potato Shop*** *(zoom II, G7,* ***61****) : 56, Cockburn St ; presque à l'angle de High St. Tlj 10h30-22h. Compter £ 6-8.* Exclusivement à emporter (sauf si vous arrivez à investir la seule et unique table !). Grosse et rustique, cette patate-ci est maousse, s'éventre par le milieu, se charge jusqu'à la gueule de farce délicieuse (végétarienne ou végétalienne) et se savoure avec les doigts.

I●I ***Pie Maker*** *(zoom II, G7,* ***62****) : 38, South Bridge. ☎ 558-17-28. Lun-sam 9h (9h30 sam)-19h45 (jeu-sam jusqu'à 22h45 l'été) ; dim 10h-19h30. Ferme plus tard (minuit-3h) en août, pendant le festival. Env £ 3.* Un plan en or pour manger bon et copieux sans se ruiner ! Dans cette institution très fréquentée à l'heure du lunch, les délicieux *pasties* (feuilletés), *pies* (tourtes) et autres *rolls* (roulés) sont préparés en continu et servis tout chauds sortis du four. On peut commander à emporter ou grignoter sa pitance sur place, le long des baies vitrées.

Bon marché (plats £ 5-10 ; 6-12 €)

I●I ***Mums*** *(zoom II, G7,* ***64****) : 4 a, Forrest Rd. Tlj 9h (10h dim)-22h.* Bistrot rétro spécialisé dans LE plat british par excellence : les *sausages and mash* ! Passez votre chemin si vous avez du poids à perdre, sinon, installez-vous dans un box et régalez-vous des saucisses du jour, accompagnées de la purée de votre choix (classique, au bacon et à la fondue de poireaux, à l'ail et aux champignons...) et de la sauce idoine. Également toutes sortes de burgers, *steak & kidney pies* et autres *fish & chips* tout aussi diététiques, ainsi qu'une panoplie de petits déj. Bonne ambiance, pas cher et bien rasséréнant.

I●I ***Larder*** *(zoom II, G7,* ***66****) : 15, Blackfriars St. Tlj 8h (8h30 sam-dim)-16h. Limite « prix moyens ».* Un bistrot-salon de thé qui propose des spécialités écossaises, végétariennes, vegan et sans gluten à base de produits locaux, parfois bio. Bonnes soupes, gâteaux maison, petits déj... Simple, mais convivial et économique.

I●I ***Fruitmarket Gallery*** *(hors zoom II par G7,* ***65****) : 45, Market St, face au City Arts Centre. Tlj 10h-18h (17h dim).* Galerie-café-librairie parfaite pour un *teatime* culturel ou une pause-déjeuner light (sandwichs, salades, soupes) derrière les grandes baies vitrées donnant sur la rue.

I●I ***Ting Thai Caravan*** *(zoom I, G8,* ***72****) : 8-9, Teviot Pl. Tlj 11h30-22h (23h ven-sam). Menu jusqu'à 18h un peu moins cher. CB refusées.* Une cantine à la clientèle jeune venue s'échauffer le palais sur des plats thaïs très parfumés, servis en bol ou en boîte, copieux et à prix plus doux que les épices utilisées. Service rapide, mais pas particulièrement chaleureux. Reste une très bonne cuisine qu'on apprécie sans se ruiner, et c'est déjà pas mal.

I●I ***Tuk-Tuk*** *(zoom I, E8,* ***75****) : 1, Leven St., à l'angle de Gilmore Place. ☎ 228-33-22. Tlj 12h-22h (dernière commande).* Grand resto de cuisine de rue indienne, version stylisée. La déco est aussi réussie et colorée que le sont les plats, à condition d'aimer les piments (ceux indiqués d'une étoile sont encore plus chauds que les autres !). L'originalité, ici, est de les servir en version tapas, ce qui permet d'en goûter plusieurs. Bon accueil.

Prix moyens (plats £ 8-18 ; 10-22 €)

|●| 🍸 *Arcade Bar* *(zoom II, G7, **69**) : 48, Cockburn St. ☎ 220-12-97. Tlj 11h30 (9h w-e)-22h (cuisine).* Cette *haggis & whisky house* a beau jouer la carte de la tradition, cela ne l'empêche pas d'y ajouter un zeste de créativité et de finesse. Dans la petite salle intime aux murs de pierre, éclairages doux et fauteuils d'antiquaires, on savoure un *haggis* de compétition (avis aux amateurs !) et quelques autres plats élaborés, joliment présentés et à prix vraiment sages. Sert aussi de simples *wraps* le midi, des plateaux de fromage et une large gamme de whiskies. Changement d'ambiance – et de breuvage – dans les étages, où l'*Arcade* devient un *vodka bar*.

|●| ⛱ *The Scottish Café & Restaurant* *(zoom II, F7, **63**) :* Scottish National Gallery, *The Mound. ☎ 225-15-50. Accès par le musée ou la galerie extérieure. Tlj 9h (10h dim)-17h (19h jeu).* L'une des plus belles terrasses de la ville, en surplomb du parc ! Niché sous la *National Gallery*, le resto est apprécié pour sa cuisine écossaise de saison. Sert aussi le petit déj. Pour les budgets serrés, le ***comptoir*** installé juste en face, dans le hall, propose sandwichs, soupes du jour et gâteaux.

|●| ⛱ *Fig Tree Bistro* *(zoom II, G7, **77**) : 8, St Mary's St. ☎ 556-69-63. Tlj 9h-22h.* Si le chef est écossais, le patron est turc, d'où quelques spécialités ottomanes à la carte, pour changer un peu. Belles salades également. Tout est bon, plutôt bien servi et à prix très raisonnables pour la ville. Mais on a aussi aimé la grande terrasse à l'arrière, idéale quand on veut se poser au calme, à l'écart de l'agitation urbaine.

|●| *David Bann* *(zoom II, G7, **70**) : 56-58, Saint Mary's St. ☎ 556-58-88. Tlj 12h (11h sam-dim)-22h (22h30 ven-sam). Brunch le w-e.* Ambiance zen et décontractée pour ce resto végétarien réputé à la déco contemporaine élégante. Cuisine soignée et parfumée (voire épicée) oscillant entre saveurs asiatiques et méditerranéennes, et qui, malgré son inventivité, applique des tarifs raisonnables.

|●| *Cannonball* *(zoom II, F7, **76**) : 356, Castlehill, Royal Mile. ☎ 225-15-50. Tlj sauf dim-lun (mais ouv tlj en août) 12h30-15h, 17h30-21h45. Très abordable à midi, flirte avec le chic le soir. Menu env £ 17 servi 12h-15h, 17h30-19h.* Nichée aux portes du château, cette création du couple Contini applique la recette qui a fait leur succès à New Town et à la *National Gallery* (lire par ailleurs) : la primeur donnée aux produits, de saison et locaux, quand ils ne sont pas directement cultivés dans la ferme des proprios. Bons légumes (rare), gibiers, saumon, fromages sélectionnés nourrissent une jolie cuisine d'aujourd'hui, entre tradition et création. Le tout est servi à l'étage dans une superbe et lumineuse salle réminiscence Art déco, doublée au rez-de-chaussée d'un bar cosy dans le même esprit.

|●| 🍸 *Under the Stairs* *(zoom II, F7, **71**) : 3 a, Merchant St. À gauche du* Divino. *☎ 466-85-50. Lun-ven 15h (12h le w-e)-22h (minuit ou 1h pour le bar).* Dissimulé à l'entresol, ce resto-bar très tendance attire, avec sa cuisine fusion, une clientèle urbaine et décontractée. Plats à prix accessibles, bons et savamment présentés, mais pas toujours copieux, autant le savoir. On peut prolonger le plaisir avec un cocktail ou un verre de vin.

|●| *Petit Paris* *(zoom II, F7, **73**) : 38-40, Grassmarket. ☎ 226-24-42. Tlj 12h-15h, 17h30-22h (non stop en juil-août + le sam). Menus intéressants jusqu'à 19h.* Ambiance, musique et cuisine 100 % tricolore pour ce bistrot augmenté d'une très agréable terrasse ! Qu'il s'agisse de moules marinière ou de saucisses de Toulouse, c'est un peu caricatural mais honnête et bien présenté. Pour les nostalgiques.

|●| *Namaste Kathmandu* *(zoom II, G7, **89**) : 17-19, Forrest Rd. ☎ 220-22-73. Tlj 12h-14h30, 17h-23h (22h30 dim). Résa conseillée le soir.* Une adresse népalo-indienne où l'on est immédiatement accueilli par une bonne odeur d'épices. Déco moderne dans les tons rouges, rehaussée de miroirs. Portions peut-être un peu moins copieuses que d'ordinaire, mais la cuisine est subtile et savoureuse. Équipe fort sympathique.

Chic (plats £ 15-25 ; 18-30 €)

|●| ***The Tower Restaurant*** *(zoom II, G7,* ***74****) : Chambers St, au 5e étage du* National Museum of Scotland. *En dehors des heures d'ouverture du musée, accès par l'extérieur.* ☎ *225-30-03. Tlj 10h-23h. Menu env £ 20 servi 12h-18h30, le soir (21h30-22h30) £ 38.* Teatime *14h-18h £ 26 (ou £ 35 au champagne !).* Cadre contemporain chic, derrière de vastes baies vitrées offrant une vue magnifique sur le château. Cuisine écossaise soignée, élaborée avec les meilleurs produits locaux, viandes comme poissons. En choisissant bien son heure, cette expérience culinaire peut s'avérer une bonne affaire. Dans le monde des restos de musées, on tient là une jolie pièce de collection. Service impeccable.

|●| ***The Witchery by the Castle*** *(zoom II, F7,* ***76****) : 352, Castlehill, Royal Mile.* ☎ *225-56-13. Tlj 12h-23h30. Résa conseillée. Lun-ven 12h-16h45, formules £ 22-27 ; le soir, menu 3 plats £ 40. Pour un* afternoon tea *lun-ven 15h-16h30, compter £ 30 (£ 40 au champagne).* Un lieu couru par les célébrités et réputé pour la magie de son cadre. Atmosphère gothique pour la salle (et son donjon !) aux boiseries éclairées à la bougie, romantique pour le *Secret Garden,* un adorable jardin d'hiver aéré et verdoyant. Service impeccable et raffiné, pour une bonne cuisine écossaise de tradition, mais qui connaît à l'occasion quelques petits ratés. Carte des vins du monde entier (au verre ou en demi-bouteille), qui doit bien faire l'épaisseur d'une thèse.

Dans New Town et West End

Quartiers situés au nord et à l'ouest de Princes Street.

Bon marché (plats £ 5-10 ; 6-12 €)

|●| ***Henderson's*** *(zoom I, F6,* ***78****) : 94, Hanover St.* ☎ *225-21-31. Resto tlj 8h-21h (dim 10h30-16h) ;* deli *tlj 8h30 (9h w-e)-17h30 (18h sam, 16h dim). Sur place ou à emporter.* Ce pionnier de la vague végétarienne est devenu une institution prospère. Désormais, en fonction de ses envies, on a le choix entre le *deli* au rez-de-chaussée, le resto et *salad bar* rustique à l'entresol et le resto vegan, juste à côté, dans Thistle Street *(tlj 11h30-20h30, 21h30 ven-sam)* où soupes, salades et créations asiatico-méditerranéennes sont servies dans une atmosphère cosy. Concerts sympas (musique accoustique) programmés chaque soir (sauf le dimanche) à 19h.

|●| ***Tani Modi*** *(zoom I, F6,* ***79****) : 103, Hanover St, à l'entresol.* ☎ *261-54-74. Tlj 7h30 (8h30 le w-e)-16h.* Fréquentée dès le petit déj pour ses pancakes et omelettes, cette sandwicherie se remplit surtout à l'heure du *lunch,* quand les costards-cravates du quartier viennent se sustenter d'une salade ou d'un juteux panini. Le « Meatbal Hero », délicieux et fondant, rassasiera à moindres frais les estomacs les plus avides (ou à vide ?). Salle plaisante animée par une équipe jeune et souriante.

|●| ***Urbanangel*** *(zoom I, F6,* ***85****) : 121, Hanover St.* ☎ *225-62-15. Tlj 8h (9h le w-e)-17h. Sur place ou à emporter.* Une petite échoppe pimpante en entresol où l'on se précipite sur les plats bio type *mezze,* salades, *smørrebrøds* danois..., préparés avec des produits des environs. Courette en arrière-boutique pour se repaître de pâtisseries, à moins de profiter des brunchs si appréciés des habitués.

|●| 🍸 ***The Cambridge Bar*** *(zoom I, E6,* ***80****) : 20, Young St.* ☎ *226-21-20. Tlj 12h-21h45 (dernière commande ; 22h45 ven-sam). Entre bon marché et prix moyens.* Ce chaleureux pub retiré à l'écart des foules s'est spécialisé dans les burgers, et force est de constater qu'il les prépare à merveille. Copieux, peu chers et à composer selon vos souhaits : cajun, au *haggis,* au camembert-cranberry (!) ou encore

végétarien... le tout garni de frites maison. Formidable sélection d'*ales* et de *lagers* (on parle de bière, pour les cancres qui n'ont rien suivi !) à siroter dans de douillets fauteuils en cuir, dans une ambiance très amicale.

Basement *(zoom I, G6, **91**) : 10-12 A, Broughton St. ☎ 557-00-97. Tlj 11h-22h (23h ven-sam) pour le resto, 1h pour le bar. Entre bon marché et prix moyens.* En sous-sol, ses 2 salles un peu sombres envahies de décibels font la joie d'étudiants assoiffés et de routards en quête de convivialité. Nombreuses bières et cidre à la pression. Apprécié pour ses plats solides et corrects, à tendance mexicaine, à moins de se laisser tenter par son fameux *steak pie. Caramba !*

Prix moyens (plats £ 8-18 ; 10-22 €)

The Dogs *(zoom I, F6, **82**) : 110, Hanover St. ☎ 220-12-08. À l'étage. Tlj 12h-14h (15h30 le w-e), 18h-22h.* Il y a bien quelques clins d'œil faisant référence aux chiens du propriétaire (un chef reconnu), mais le talent du *Dogs* est ailleurs ! Dans le mélange des genres : une bâtisse du XVIIIe s dont on a conservé l'architecture, le resto façon bistrot décontracté avec son mobilier hétéroclite dans les salles accueillantes et dans la cuisine de saison qui réinvente le terroir et régale les gourmands. Goûteux et soigné : un bon rapport qualité-prix, même le soir.

Teuchters – A Room in the West End *(plan d'ensemble D7, **83**) : 26, William St. ☎ 226-10-36. Tlj 12h-22h (jusqu'à 1h pour le bar). Résa conseillée.* On sait vivre dans ce lieu hybride, pub d'un côté, *Scottish bistro* de l'autre, qui s'est choisi pour nom le sobriquet utilisé par les gens du Sud pour désigner les Highlanders. Atmosphère bourdonnante et conviviale, au service d'une cuisine du cru dont la réputation n'est plus à faire, préparée avec de bons produits locaux qui sortent un peu de l'ordinaire (gibier, truite...). Et plein d'excellentes bières pour faire couler le tout ! Autre adresse à Leith (lire plus loin).

Mussel Inn *(zoom I, F6, **87**) : 61-65, Rose St. ☎ 225-59-79. Tlj 12h-15h, 17h30-22h ; ven-dim sans interruption (tlj en juil-août).* Vous l'avez compris, ici, le thème, ce sont les moules. À déguster au kilo ou demi-kilo. Également des pâtes et fruits de mer. Côté cuisine, ça dépote, et les serveurs ne bullent pas, c'est le moins qu'on puisse dire. Salle d'humeur marine ou terrasse sur la rue piétonne.

Jamie's Italian *(zoom I, F6, **88**) : 54, George St. Autre entrée sur Rose St. ☎ 202-54-52. Tlj 12h-22h ou 23h le w-e (dernière commande). Menu £ 13, servi lun-ven 12h-19h.* Brasserie relax et branchée de l'enfant terrible de la gastronomie anglaise, Jamie Oliver, squattant l'impressionnante salle de l'*Assembly Room*, désormais organisée autour d'un comptoir où sont suspendues les charcuteries (en revanche, ça résonne !). Bien sûr, vous ne verrez pas le maître dans la cuisine ouverte, mais son équipe travaille à sa manière les meilleurs produits et livre une carte alléchante de spécialités principalement italiennes. Si le burger ne mérite pas qu'on s'y attarde, les *antipasti* valent le coup, de même que la *pasta* maison et les desserts.

The Tiles *(zoom I, F6, **90**) : 1, Saint Andrew Sq. ☎ 557-32-28. Tlj 12h-21h (plus tard pour le bar).* Ce vaste pub-resto vaut avant tout pour son décor de faïence et son élégance Art déco. On retrouve ce lustre dans la présentation des plats, particulièrement soignée, et à des tarifs mesurés. *Haggis*, sandwichs, *fish & chips*... rien d'original, mais tout est dans l'ambiance.

Chic (plats £ 15-25 ; 18-30 €)

Contini *(zoom I, E6, **86**) : 103, George St. ☎ 225-15-50. Tlj 7h30 (9h le w-e)-minuit.* L'adresse historique du couple Contini, ceux aux manettes de *Cannonball* et de la *National Gallery*, logés ici dans une ancienne banque de style florentin. Un superbe cadre, alliant colonnes néoclassiques et design contemporain, pour un excellent resto italien s'appuyant sur des produits de saison, cultivés pour certains dans la ferme des proprios. En y ajoutant un zeste de créativité, raviolis, gnocchis et pâtes atteignent leur sommet ! Bonnes pizzas également. Petite terrasse sur l'avenue. Très bon accueil, en italien, même de la part des serveurs écossais...

I●I ***Fishers in the City*** *(zoom I, F6, **92**) : 58, Thistle St. ☎ 225-51-09. Tlj 12h-21h30 (dernière commande). Résa obligatoire. Formules £ 15-18 servies 12h-18h en sem.* Le cadre, façon brasserie chic, est nettement plus élégant que chez son homologue de Leith (voir plus loin), mais la carte est tout aussi appétissante. Il faut dire que la fraîcheur des poissons est irréprochable. Grillés, ils sont parfaits ! On peut aussi se contenter d'un copieux plat de moules dont la maison s'est fait une spécialité (avec les *fishcakes*, bien croustillants). Bien entendu, la carte change à chaque marée.

I●I ***The Dome*** *(zoom I, F6, **93**) : 14, George St. ☎ 624-86-24. ♿ Tlj 12h-22h (23h le w-e). Prix moyens le midi, chic le soir.* Afternoon tea *12h-17h env £ 20.* Une brasserie de luxe dans un cadre exceptionnel : une ancienne banque du XIXᵉ s dont le salon principal est coiffé d'une magnifique coupole de plus de 15 m de haut ! Cuisine classique sans défaut et service très soigné. On peut aussi se contenter d'y boire un verre. Également un agréable *Garden Café (ouv l'été seulement, 12h-19h max)*, dont l'immense terrasse à l'écart de la circulation donne sur Rose Street. Idéal pour une petite collation à l'ombre des parasols, dès que le soleil pointe le bout de son nez.

À South Side et à Tollcross

Des quartiers cosmopolites qui fourmillent de restos du monde entier, notamment indiens et moyen-orientaux.

Bon marché (plats £ 5-10 ; 6-12 €)

I●I ***The Mosque Kitchen*** *(zoom I, G8, **94**) : 33, Nicolson Sq. ☎ 667-40-35. Tlj 11h30-22h (interruption le ven 13h-14h pour la prière).* Fréquentée par l'Édimbourg alternatif, les étudiants et les touristes fauchés pour son rapport qualité-prix imbattable, cette vaste cafétéria au cadre neutre et fonctionnel propose des plats de curry simples à base de riz, lentilles, agneau et poulet, servis sur place ou à emporter. Honnête, copieux et bon marché.

I●I ***10 to 10 in Delhi*** *(zoom I, G8, **95**) : 67, Nicolson St. ☎ 510-47-46. Tlj 10h-22h (dernier service à 21h).* Dans une salle minuscule à la déco surchargée, on s'installe sur des banquettes garnies de coussins pour manger une cuisine indienne familiale, pendant qu'un écran diffuse en continu les rengaines sucrées de Bollywood.

I●I ***Hanedan*** *(plan d'ensemble G-H9, **96**) : 41, West Preston St. ☎ 667-42-42. Bus nos 14 et 31 notamment. Tlj sauf lun 12h-15h, 17h30-22h. Résa conseillée le soir.* Petit resto turc joliment aménagé, où tout est très bon et fait maison. Délicieuse moussaka, houmous et autres *mezze*, viandes grillées... Une sympathique adresse familiale plébiscitée par de nombreux habitués.

Prix moyens (plats £ 8-18 ; 10-22 €)

I●I ***Kalpna*** *(zoom I, G8, **97**) : 2-3, Saint Patrick Sq. ☎ 667-98-90. Tlj sauf dim midi, 12h-14h30, 17h30-23h. Buffet à volonté £ 9 servi 12h-14h30.* Resto indien aux spécialités vegan et végétariennes soignées. Maintes fois récompensé pour la créativité de ses recettes, il est même populaire chez les « mangeurs de viande », c'est dire ! Cadre et atmosphère agréables. Service aimable.

Chic (plats £ 15-25 ; 18-30 €)

I●I ***The Apartment*** *(plan d'ensemble E9, **98**) : 7-13, Barclay Pl. (entrée sur Bruntsfield Pl.). ☎ 228-64-56. Lun-mar 17h-21h30, mer-dim 12h-jusque tard.* Early supper *12h-19h, £14-19.* À *The Apartment*, ce n'est décidément pas comme à la maison ! Déco *arty* pour goûter aux fines spécialités inspirées de toutes les cuisines du monde.

Pas de jaloux et résultat original fort convaincant ! Service souriant et aimable.

À Leith (le port) et Portobello (la plage)

Au nord-est du centre, le vieux port d'Édimbourg *(zoom III)* s'est refait une santé et attire curieux et noctambules dans ses anciens entrepôts réhabilités et ses nombreuses terrasses donnant sur les docks. Coin le plus sympa : *The Shore,* avec ses vieux canaux (bus n° 22 depuis Princes Street). Moins glamour, *Ocean terminal* est un immense centre commercial *(mall)* à côté duquel est amarré le *Britannia* (lire plus loin « À voir »). *Portobello (hors plan d'ensemble par K6)* est très prisé dès les premiers rayons de soleil pour sa plage et ses nombreuses terrasses.

De prix moyens à chic (plats £ 8-25 ; 10-30 €)

Teuchters Landing et A Room in Leith (zoom III, I2, **99**) **:** *1 A et 1 C, Dock Pl.* ☎ *554-74-27.* Teuchters *ouv tlj 10h30-22h30 (1h pour le bar) ;* A Room in Leith *lun-jeu 16h-21h, ven-dim 12h-21h (résa conseillée le soir). Brunch le w-e. Carte à prix chic.* Même maison, mais ambiance radicalement différente. D'un côté, *Teuchters Landing,* logé dans une ancienne et pittoresque maison d'éclusier doublée d'une véranda donnant sur le canal. L'été, c'est carrément sur les pontons flottants que l'on vient s'envoyer une cuisine de pub solide et pas chère, à arroser d'une chopine. En face, cadre plus intimiste et tables bien mises à *A Room in Leith,* au service de spécialités écossaises bien ficelées, notamment à base de gibier et fruits de mer. Là aussi, on peut se contenter de boire un verre en terrasse. Autre adresse en ville (voir plus haut).

The King's Wark *(zoom III, I2,* **100***)* **:** *36, The Shore.* ☎ *554-92-60. À l'angle du pont. Tlj 11h-21h (23h30 le w-e pour le bar). Brunch w-e 10h-15h. Prix moyens.* Les tables en bois, la cheminée, les murs en grosses pierres apparentes ou la petite terrasse sur le quai sont les attributs d'un pub classique et chaleureux, mais ce qui distingue le *Kings Wark,* c'est sa cuisine soignée. Fraîche et savoureuse, elle ravit les papilles des amateurs de bons poissons joliment apprêtés, de viandes bien accompagnées ou de *haggis* végétarien... le tout à prix hyper raisonnables. Un vrai *gastropub,* tenu par une équipe très sympa.

The Shore *(zoom III, I2,* **101***)* **:** *3, The Shore.* ☎ *553-50-80. Tlj 12h-22h (minuit pour le bar). Prix moyens. Menus £ 15-18 (12h-18h) en sem.* Très fréquenté le soir, à l'apéro ou après dîner, ses spécialités écossaises, ses huîtres et ses poissons de qualité en font une halte de choix, dans une belle ambiance où tout le monde socialise, entre miroirs, piano et chaudes boiseries. *Live music* certains soirs. Terrasse sur le trottoir, l'œil sur le canal.

Fishers *(zoom III, I2,* **102***)* **:** *1, The Shore.* ☎ *554-56-66. À l'angle de Tower St (d'ailleurs, c'est sous la tour !). Service continu tlj 12h-22h30. Résa conseillée. De prix moyens à chic à la carte. Formules en sem (12h-18h) £ 15-18.* On se dispute âprement les tabourets du comptoir et les quelques tables recouvertes de toile cirée de ce restaurant de poissons connu de longue date pour ses produits de la mer d'une fraîcheur irréprochable. Excellents *fishcakes* et *sticky toffee pudding* mémorable. Malheureusement, c'est le genre d'adresse où la salière peut vite tomber dans l'addition... Autre adresse en ville, ***Fishers in the City*** (voir plus haut).

Roseleaf *(zoom III, H2,* **103***)* **:** *23-24, Sandport Pl.* ☎ *476-52-68. Tlj 10h-21h30 (minuit pour le pub). Résa conseillée, surtout le w-e. Prix moyens.* Plus confidentiel que les adresses face au canal, ce resto familial est apprécié des locaux pour son ambiance chaleureuse et ses bons plats traditionnels qui respectent la saisonnalité des produits. Même le pain est maison. Une bonne adresse du secteur.

The Beach House *(hors plan d'ensemble par K6,* **104***)* **:** *57, Bath St. À Portobello.* ☎ *657-26-36. Sur la promenade, face à la plage. Tlj*

8h45-21h30 en saison, ou 9h-17h (18h le w-e) le reste du temps. Déco marine de rigueur avec bois clair et couleur bleu pastel, mais une carte plutôt tournée vers la terre, proposant surtout des produits bio et locaux, salades et herbes du potager. Le midi, on avale – en salle ou en terrasse – des sandwichs, soupes, paninis, et le soir (en été) des assiettes de fromages, de charcuteries ou des *mezze*. Sans oublier les glaces maison à léchouiller sur la plage.

***The Esplanade** (Espy ; hors plan d'ensemble par K6, **105**) : 62-64 Bath St. Tlj 10h-21h (22h le w-e), bar jusqu'à minuit ou 1h.* Chaleureux pub de bord de mer, placardé d'affiches de vieux films. Les pompes à bières, quant à elles, ne font pas de la figuration, surtout le soir venu. En journée, on sert plutôt une clientèle familiale venue profiter d'une cuisine classique à prix doux. Quelques tables en terrasse aux beaux jours.

À Stockbridge

On parle de ce quartier, situé au nord-ouest de New Town, plus loin dans « Balades pittoresques et bucoliques ».

***Artisan Roast** (plan d'ensemble, D5, **106**) : 100a, Raeburn Pl. Lun-ven 8h30-18h, w-e 9h30-17h. Bon marché.* Pour des toasts, bruschetta, salades et gâteaux dans une ambiance jeune et branchée ou simplement pour un café torréfié sur place, en matant les expos aux murs.

***Scran & Scallie** (plan d'ensemble, D5, **107**) : 1, Comely Bank Rd. ☎ 332-62-81. Menu déj £ 18 ; le soir, plats à prix chic.* Un classicisme de bon aloi aussi bien dans la déco, rassurante, que dans la cuisine : *steak pie*, épaule d'agneau braisée, *burger* végétarien. Service pro. Un lieu réconfortant après un trek mi-urbain mi-bucolique à travers New Town et Dean Village.

Où prendre le thé ? Où goûter ?

***Clarinda's Tearoom** (zoom I, H6, **141**) : 69, Canongate St. ☎ 557-18-88. En bas du Royal Mile. Tlj 9h (10h le dim et tlj en hiver)-16h30. CB refusées.* L'indémodable salon de thé britannique, avec dentelles, faïences et petites fleurs de rigueur, tenu par des dames bien mises au savoir-vivre héréditaire. Idéal pour un *full breakfast*, un authentique *cream tea* ou de bons gâteaux.

Pour la pause goûter, de nombreux restos proposent un *afternoon tea*, à prix plus ou moins doux : ***Larder** (zoom II, G7, **66**), **Fruitmarket Gallery** (hors zoom II par G7, **65**), **The Tower Restaurant** (zoom II, G7, **74**), **The Witchery by the Castle** (zoom II, F7, **76**), **Urbanangel** (zoom I, F6, **85**)* et ***The Dome** (zoom I, F6, **93**)*, cités plus haut dans « Où manger ? ».

***Pinnies** (zoom II, G7, **142**) : 26, St Mary's St. ☎ 261-70-12. Tlj sauf dim 10h-17h30.* On est d'emblée happé par la bonne odeur de *shortbreads* chauds, tout juste sortis du four. Ce spécialiste du sablé écossais les confectionne sur place en les aromatisant de chocolat, lavande, pistache, orange... Un délice ! Et comme les parfums changent régulièrement, y'a plus qu'à revenir le lendemain !

Où boire un verre ? Où sortir ?

De nombreux pubs refusent les moins de 18 ans, voire 21 ou 25 ans (c'est à la discrétion du patron !). Toutefois, la présence de mineurs accompagnés de leurs parents est souvent autorisée jusqu'à 20h, à condition qu'ils ne s'approchent pas du comptoir ! Si vous êtes (ou faites) jeune, il faudra montrer patte blanche et présenter une carte d'identité.

Dans Old Town

***The Forest** (zoom I, E8, **110**) : 141, Lauriston Pl., quartier de Tollcross. ☎ 229-49-22. Tlj 10h-23h. Programmation sur • blog.theforest.org.uk •* L'un des hauts lieux alternatifs d'Édimbourg, animé par des bénévoles. Café-bar, spectacles, expos, *music live* et *open mike,* il se passe toujours quelque chose au *Forest.* On aime vraiment beaucoup ce lieu, pour sa déco délirante comme pour son ambiance fraternelle où il est facile de lier conversation. Un coup de cœur.

Finnegan's Wake *(zoom II, F7,* **111***) : 9 B, Victoria St. Tlj 18h (12h ven-sam, 13h dim)-1h.* Ce pub irlandais coincé dans une ancienne église s'est choisi une nouvelle de James Joyce comme patronyme. Concerts folk ou *new Irish* qui mettent le feu au plancher presque tous les soirs à partir de 21h30. Autre ambiance quand ils retransmettent les matchs.

Bannermans *(zoom II, G7,* **112***) : 212, Cowgate St. Tlj 12h-1h. Concerts la plupart des soirs.* Le décor sombre avec piliers massifs et canapés en cuir ménage une atmosphère de taverne plébiscitée par les fidèles. Ses entrailles dissimulent même une bonne salle de concert (payant certains soirs) pour découvrir de talentueux groupes de rock.

The Three Sisters *(zoom II, G7,* **113***) : 139, Cowgate St. Tlj 7h-1h.* Dans ce vaste *beer garden,* ce sont des hectolitres de bière qui se déversent quotidiennement dans les gosiers assoiffés. Plein à craquer le week-end. Écran géant pour suivre les événements sportifs, bière en main (ah, les sportifs !). Piste de danse à l'étage (jeu-dim 1h-3h)...

The Royal Oak *(zoom II, G7,* **116***) : 1, Infirmary St. Tlj 11h30 (12h30 dim)-2h. Live ts les soirs à 21h.* Afternoon sessions *le sam 14h30-18h.* Un pub de poche, où vibre depuis les années 1960 l'âme de la *folk music.* Les grattes s'entassent sur la mezzanine ; chaque soir, coincé sur une banquette au milieu des habitués, un guitariste entonne des rengaines populaires que chacun reprend à pleine voix, couvrant le brouhaha des conversations. Parfois, le dimanche, la soirée se double d'un concert payant, dans le *lounge* du sous-sol.

Jolly Judge *(zoom II, F7,* **119***) : 7, James Court, Lawnmarket. Tlj 12h-23h (minuit ven-sam).* Quizz night *lun soir à 20h30.* Dans un petit passage, au sous-sol, un petit pub bas de plafond. Pas mal d'habitués qui profitent de l'atmosphère tranquille et de la microterrasse, à 2 pas du château. Impeccable pour une pause à l'écart de l'effervescence de High Street.

Frankenstein Pub *(zoom II, F7,* **114***) : 26, George IV Bridge. Tlj 12h-1h (2h ven-dim).* Dès l'entrée, le gros monstre en bronze ne laisse aucune équivoque : ce bar étalé sur 3 niveaux voue un culte au monstre né sous la plume de Mary Shelley. Sous la haute coupole décorée de statues et d'affiches d'époque, des écrans diffusent même en continu le film de 1931 avec Boris Karloff, concurrencé toutefois par les grandes rencontres sportives. Et lorsque, en début de soirée, un Frankenstein mécanique surplombe la piste de danse, ça devient de la folie ! Soirées à thème régulières.

The Devil's Advocate *(zoom II, F7,* **118***) : 9, Advocate's Close (venelle reliant le Royal Mile à Market St). Tlj 12h-1h.* Dissimulé au pied d'une volée de marches, dans un *close* ignoré des touristes, un pub tendance, tout en métal et pierre brute, QG des cadres du coin venus dénouer la cravate à la sortie du bureau, profitant de la terrasse et de la sélection de 320 whiskies d'Écosse et du monde. On peut y manger.

The Elephant House *(zoom II, F7,* **115***) : 21, George IV Bridge. Tlj 8h (9h le w-e)-22h.* Derrière la 1re salle se cache une belle pièce en arrondi, profitant d'une vue dégagée sur les jardins en contrebas et le château. C'est ici que l'auteure de *Harry Potter* a fini d'écrire le 1er tome de sa saga (voir l'encadré dans l'introduction de la ville). Un filon que la maison ne se prive pas d'exploiter... En cas de forte affluence, on vous fait vite comprendre qu'il est temps de céder votre place !

Sandy Bells *(zoom I, F8,* **117***) : 25, Forrest Rd. Tlj 12h-1h (minuit dim).* Afternoon sessions *14h sam, 16h dim, 18h lun, 15h jeu, plus des concerts folk ts les soirs à partir de 21h30.* Un petit pub tout en longueur ; certains soirs, il est difficile de s'approcher du comptoir. En revanche, il y a toujours moyen de s'enivrer de musique traditionnelle (*sessions* 1 à 2 fois par jour). Atmosphère fraternelle, chaleureuse et sans façons.

Biddy Mulligans *(zoom II, F7,* ***120****)* **:** *94-96, Grassmarket. Tlj 7h-1h. Petit concert folk tlj en soirée.* L'un des plus jeunes et des plus bruyants pubs irlandais du coin. Plein à craquer le soir, quand le bar du fond se transforme en *dance floor.* En journée, c'est bien plus calme.

The Last Drop (zoom II, F7, **120**) **:** *76, Grassmarket. Tlj 12h-23h (minuit ven-sam).* Ce pub tire son nom des anciennes potences d'où les condamnés s'élançaient pour un ultime saut... ce qui explique sans doute pourquoi ce bar est un si bon point de chute ! Terrasse sympa et bonne ambiance.

The City Café (zoom II, G7, **121**) **:** *19, Blair St. Tlj 9h-1h.* Les années passent, mais ce bar reste l'un des plus fréquentés du centre le soir venu. Déco rétro des années 1950, façon *diner* à l'américaine : juke-box, banquettes de moleskine, billard... Petite terrasse sur rue et staff très cool.

Greyfriars Bobby's Bar *(zoom II, F7,* ***123****)* **:** *34, Candlemaker Row. Lun-sam 12h-minuit (1h ven-sam), dim 12h-23h.* L'un des pubs les plus anciens de la ville, dans une maison de caractère datant de 1722. Aux murs, quelques photos du film inspiré par Bobby le chien.

Under the Stairs *(zoom II, F7,* ***71****)* **:** *voir plus haut « Où manger ? Dans Old Town. Prix moyens ».* Pour un cocktail branché ou un verre de vin.

– Encore soif ? Il reste tous les pubs qui s'alignent sur *High Street* et *Grassmarket,* proposant, souvent, un petit concert le soir.

Dans New Town

Rose Street *(zoom I, E-F6)* est le cœur effervescent de New Town. En soirée, les fêtards remontent la rue en quête d'un nouveau bar où étancher leur soif.

The Oxford Bar (zoom I, E6, **124**) **:** *à l'angle de Young St et South Lane. Lun-jeu 12h-minuit ; ven-sam 11h-1h ; dim 12h30-23h.* Un tout petit pub populaire rempli d'habitués. Ici, rien à voir avec les grosses cylindrées *hype* des grands boulevards. D'ailleurs, il n'y a même pas de musique ! Tout est dans l'ambiance tranquille. Coin de comptoir où chacun se parle debout collé serré, et petite salle attenante conviviale comme tout.

Abbotsford *(zoom I, F6,* ***125****)* **:** *3, Rose St. Tlj 9h-23h (minuit ven-sam).* Cette institution vieille école a conservé sa déco victorienne avec un beau comptoir sculpté en acajou et des moulures au kilomètre. Pas mal d'habitués, accoudés sur de longues tablées en bois (selon une belle légende, on risque d'y assommer 2 poètes en levant trop le coude !). Petite terrasse sur la rue piétonne.

The Standing Order (zoom I, F6, **122**) **:** *62-66, George St. Tlj 8h-1h.* La façade est si pompeuse qu'on voudrait réajuster son nœud de cravate avant d'entrer. Passé les portes, l'immense hall de cette ancienne banque est au diapason, avec sa haute verrière baroque où s'entrelacent les stucs. Le cadre en jette, pas l'ambiance. Vous v'là dans un pub populaire, où se mélangent les classes sociales, où les machines à sous clignotent au pied des colonnes à chapiteaux corinthiens, où même le vin est servi à la pression ! Une sorte d'institution, piliers de comptoir inclus. On peut aussi y manger, basique et pas bien cher.

Tiger Lily (zoom I, E6, **126**) **:** *125, George St. Tlj 7h-1h.* Lieu branché-chic incontournable pour voir et être vu, tendance *beautiful people* et design contemporain. Plein de recoins aux ambiances glam et raffinées, banquettes moelleuses, luminaires de toutes les formes... Grand choix de cocktails, vins, champagne... On prolonge la soirée au sous-sol, au night-club *Lulu (tlj sauf mar 22h30-3h).*

Dirty Dick's (zoom I, E6-7, **128**) **:** *159, Rose St. Tlj 11h-1h (minuit en sem).* Pub sombre à souhait, encombré d'objets hétéroclites, en référence à l'histoire terrible de Nathaniel Bentley. Ce riche quincaillier, dont la promise décéda la veille de leurs noces, s'enferma dans le désespoir, s'enlisant un peu plus chaque jour dans une saleté repoussante, jusqu'à écoper du sobriquet de *Dirty Dick.* Mais que ce bric-à-brac ne vous rebute pas, on y écluse des pintes aussi bien qu'ailleurs !

Café Royal *(zoom I, G6,* ***130****)* **:** *19, West Register St. ☎ 556-18-84. Plats £ 13-35.* Au rez-de-chaussée, ce restaurant *(12h-14h, 17h-21h30 ; non stop le w-e),* également appelé l'*Oyster Bar,* est une vénérable institution chic : crustacés, fruits de mer et vin blanc au verre. Sa déco formidable, tout en boiseries, plafonds à caissons et vitraux gravés, mérite à elle seule de pousser la porte. Côté bar *(tlj 11h-23h, minuit ou 1h selon le j.),* le décor est le même, mais les tarifs sont plus raisonnables et la carte plus diversifiée. Pour terminer la trilogie, le ***Voodoo Rooms*** *(lun-jeu 16h-1h, ven-dim 12h-1h),* à l'étage, rassemble une clientèle assez sélecte sous des plafonds dorés de style georgien. Dans l'ancienne salle de bal attenante, spectacles musicaux de toutes sortes. Le tout, glamour et baroque, mérite, là encore, le coup d'œil.

Le Monde *(zoom I, F6,* ***131****) : 16, George St. Tlj 8h-1h. DJ sam-dim. Night-club au sous-sol ven-sam en été 22h30-3h et* student nights *lun, mer.* Pas moins de 3 bars, avec chacun sa déco et son univers, entre bling-bling et chic rétro. Beaucoup d'esbroufe et de sophistication dans le cadre, mais c'est là que se lâche le beau monde d'Édimbourg, bien mis dans ses souliers vernis.

Fingers *(zoom I, F6,* ***127****) : 61, Frederick St. Ts les soirs, jusqu'à 3h env.* Coincé en entresol, ce piano-bar ne paie pas de mine. C'est pourtant une institution de 3ᵉ partie de soirée, le rade où échouent à une heure très avancée ceux qui ne veulent pas rentrer dormir alors que, sûrement, ils devraient, préférant s'entasser autour du pianiste qui joue à la demande des standards de la variété *British*.

The Dome *(zoom I, F6,* ***93****) : 14, George St. Voir « Où manger ? Dans New Town et West End. Chic ».* Pour un verre chic dans un cadre époustouflant.

À South Side, Tollcross et dans le sud de la ville

Voici quelques adresses qui méritent de quitter un peu le centre touristique.

Pear Tree House *(zoom I, G8,* ***132****) : 38, West Nicolson St. Au sud-est du centre-ville. Tlj 11h-1h (plus tard pdt le festival).* Cette bâtisse du XVIIIᵉ s abrite l'un des rares *beer gardens* de la ville, dans une immense cour pavée. Ne pas se laisser impressionner par la première salle, très chicos avec ses boiseries patinées et ses fauteuils club. L'ambiance est en réalité plutôt relax et festive. Sport projeté sur grand écran. À fréquenter en particulier pendant le *Fringe Festival,* quand on monte une scène pour des représentations et concerts de jazz. Fait aussi resto.

The Brass Monkey *(zoom II, G7,* ***133****) : 14, Drummond St. Tlj 12h (12h30 dim)-1h.* La particularité de ce pub, c'est sa salle de ciné où les étudiants s'affalent sur des tapis, à la marocaine, après avoir choisi le film en votant ! Séance quotidienne vers 15h, et on ne paie que les consos. Manque quand même un soupirail pour aérer, mais on peut préférer s'accouder au bar ou se réfugier dans la petite pièce attenante pour disputer une partie d'échecs ou de backgammon. Changement de registre le soir, surtout en fin de semaine, lorsque l'ambiance devient carrément festive. Une adresse qui marque sa différence.

À Leith et Portobello

L'ancien port compte une poignée de pubs relax et conviviaux, où tremper sa moustache dans une mousse en bord de canal. Dans ce registre, le tiercé gagnant c'est ***The Shore*** *(zoom III, I2,* ***101****),* ***The King's Wark*** *(zoom III, I2,* ***100****)* et ***Teuchters Landing*** *(zoom III, I2,* ***99****),* cités plus haut dans « Où manger ? À Leith ».

Face à la mer pour ***The Espy*** (voir plus haut « Où manger ?) ou dans la rue principale pour ***Guild of Foresters*** *(40, Portobello High St.),* voilà 2 bars-restos chaleureux qui font le plein d'habitués. Ambiance plus décontractée dans le 1ᵉʳ que dans le 2ⁿᵈ.

Où écouter de la musique ? Où danser ?

Henry's Cellar Bar *(zoom I, E7,* ***150****) : 8, Morrison St (au sous-sol), près du bar* Lebowskis. *☎ 629-29-92. Tlj 17h-1h (3h ven-sam). Concerts* *plusieurs fois/sem (entrée gratuite ou payante).* Ce petit club promeut tous les styles de musique, avec une nette préférence pour le rock alternatif. Dans la moiteur d'un *basement,* une salle sombre où des chanteurs rock se vident les poumons pendant que les guitares s'électrisent. Une scène underground comme on les aime !

♩ 🕺 ***Le Cabaret Voltaire*** *(zoom II, G7,* ***151****) : 36-38, Blair St. ☎ 247-47-04. Tlj sauf lun 17h-3h. Gratuit certains soirs.* Ce club demeure, année après année, l'un des *hotspots* de la ville, avec sa petite boîte en sous-sol qui fait le plein de fêtards de tous âges. Concerts live et chaudes sessions de DJs : house, techno, disco...

♩ ***Liquid Room*** *(zoom II, F7,* ***111****) : 9 C, Victoria St. ☎ 225-25-64. • liquidroom.com • Ouv selon les événements, en principe tlj sauf mer 22h30 (parfois 19h)-3h. Entrée autour de £ 7-8 ; parfois gratuit.* Une ancienne crypte devenue le sanctuaire des oiseaux de nuit. Grosse ambiance pour ses concerts rock ou indie et ses *DJ set* du jeudi.

♩ ***The Jazz Bar*** *(zoom II, G7,* ***152****) : 1, Chambers St. ☎ 220-42-98. • thejazz bar.co.uk • Tlj 17h (14h30 le w-e)-3h. Ferme à 5h en août et pendant le festival de jazz. Concerts tlj, gratuits avt 20h et payants ensuite (env £ 3-5).* Programmation de qualité dans cette boîte à jazz réputée à travers tout le pays. Décor classouille sans être glaçant.

♩ 🕺 ***The Bongo Club*** *(zoom II, F7,* ***153****) : 66, Cowgate. ☎ 558-88-44. • thebongoclub.co.uk • Concerts et soirées env 5 soirs/sem. Programmation réduite l'été. Souvent un droit d'entrée (£ 4-15).* Connu de longue date et toujours au top, ce lieu de concert accueille les adeptes de reggae, hip-hop ou encore électro. Plusieurs autres clubs dans la même rue.

🕺 ***Espionage*** *(zoom II, F7,* ***154****) : Victoria St. ☎ 477-70-07.* Student night *le mer 22h-3h, soirées ven-sam 19h-3h. Généralement gratuit.* Ce night-club se décline sur plusieurs niveaux. Au choix, le *Kasbar* et son style oriental, le *Pravda,* le *Mata Hari...* C'est comme l'enfer : plus on descend, plus l'ambiance monte.

♩ Voir également plus haut dans « Où boire un verre ? Dans Old Town », les pubs ***Finnegan's Wake*** *(zoom II, F7,* ***111****),* ***The Royal Oak*** *(zoom II, G7,* ***116****),* ***Sandy Bells*** *(zoom I, F8,* ***117****)* et ***Biddy Mulligans*** *(zoom II, F7,* ***120****),* pour leurs soirées folk quotidiennes, et le ***Bannermans*** *(zoom II, G7,* ***112****),* pour ses concerts de rock.

Où assister à un spectacle ?

🎭 ***Traverse Theatre*** *(zoom I, E7) : 10, Cambridge St. ☎ 228-14-04. • traverse.co.uk •* L'une des meilleures troupes théâtrales d'Écosse, plutôt d'avant-garde. Ne présente que des pièces contemporaines.

🎭 ***The Stand Comedy Club*** *(zoom I, F6) : 5, York Pl. ☎ 558-72-72. • thes tand.co.uk • Spectacles comiques tlj 20h30 (plus 13h30 dim).* Idéal pour découvrir l'humour écossais, à condition bien sûr d'avoir un niveau d'anglais suffisant. La séance d'impro du dimanche *(à 13h30)* est gratuite et vraiment tordante !

🎭 ***The Lyceum*** *(zoom II, E7) : 30 B, Grindlay St. ☎ 248-48-48. • lyceum. org.uk •* Théâtre à l'ancienne qui ne propose que des productions du répertoire classique.

🎭 ***The King's Theatre*** *(zoom I, E8) : 2, Leven St. ☎ 529-60-00 (box-office lun-sam 10h-18h). • capital theatres.com •* Répertoire dramatique et comique. Le même groupe gère le ***Festival Theatre*** *(13/29, Nicolson St ; zoom II, G7),* plus grand, qui accueille ballets, pièces classiques, opéras et comédies musicales ; et le ***Studio*** *(22, Potter Row ; quasi en face du Festival ; zoom II ; G7)* dédié aux spectacles amateurs (pas de billetterie dans ce dernier, les tickets s'achètent aux 2 autres).

🎭 ***Playhouse Theatre*** *(plan d'ensemble G5-6) : 18-22, Greenside Pl. ☎ 0844-871-30-14. • playhousetheatre.com •* Comédies musicales, one-man-show et pièces contemporaines.

The Queen's Hall *(zoom I, G8)* **:** *85-89, Clerk St. ☎ 668-20-19. • thequeenshall.net •* Théâtre georgien avec balcons en galerie pour des concerts de musique classique, jazz, etc.

Pour acheter vos billets de concerts :

■ ***Tickets Scotland*** *(zoom I, E6,* ***10****)* **:** *127, Rose St. ☎ 220-32-34. • tickets-scotland.com • Lun-sam 9h-18h (19h jeu), dim 11h30-17h30.*

Achats

Autant résister à la tentation en se promenant sur le Royal Mile : tartans, kilts et autres babioles touristiques sont de faible qualité et hors de prix (sauf peut-être en période de soldes).

Jenners *(zoom I, F6,* ***160****)* **:** *48, Princes St. Lun-ven 9h30-18h30 (20h jeu, 19h ven), sam 9h-19h, dim 10h-18h.* Le *Harrod's* d'Édimbourg, fondé en 1838. Chic et branché mais sans extravagance.

Iain Mellis Cheesemonger *(zoom II, F7,* ***161****)* **:** *30 A, Victoria St. ☎ 226-62-15. Lun-sam 9h30-19h, dim 11h-18h.* Des merveilles de fromages écossais, irlandais et français, parfaitement affinés, qu'on vous fait souvent tester. De quoi se convaincre définitivement que le Royaume-Uni est aussi une terre de fromages !

The Fudge House *(zoom I, H7,* ***162****)* **:** *197, Canongate. Tlj sauf dim 10h-18h.* Un demi-siècle que la même famille confectionne ce caramel mou qui reste si agréablement coincé dans le dentier ! Incontournable !

Coda Music *(zoom II, F7,* ***163****)* **:** *12, Bank St ; dans Old Town. ☎ 622-72-46. • codamusic.co.uk • Lun-sam 9h30-17h30, dim 11h-17h.* Une bonne boutique pour se procurer des vinyles et CD, notamment de musique écossaise.

W. Armstrong & Son *(zoom II, F7,* ***168****)* **:** *83, Grassmarket. Tlj 10h (12h dim)-17h30 (18h ven-sam).* Un magasin de fringues d'occasion, complètement vintage. L'occasion de s'offrir à moindres frais un kilt, un chapeau improbable, une robe à frou-frou, un pull en laine... et autres curiosités.

Royal Mile Whiskies *(zoom II, F7,* ***164****)* **:** *379, High St. ☎ 225-33-83. • royalmilewhiskies.com • Tlj 10h-20h (21h jeu-sam ; 18h en hiver ; 22h en août).* Certes, le whisky est cher en Écosse, mais certaines marques rares s'avèrent pratiquement introuvables sur le continent. À l'inverse de cette boutique célèbre qui aligne plusieurs centaines de références !

Valvona & Crolla *(plan d'ensemble G5,* ***165****)* **:** *19, Elm Row. ☎ 556-60-66. • valvonacrolla.com • Lun-jeu 8h30-19h (18h lun), ven-sam 8h-20h30, dim 10h-17h.* Drôle d'épicerie fine à l'ancienne, débordant de fromages, charcut', vins, etc. Elle a l'air petite en entrant, mais plus on avance, plus de nouveaux espaces apparaissent, pour aboutir à un café confidentiel, très bien pour un petit déj ou un *lunch* de *pizze* ou *pasta* *(plats £ 7-14).* Tenu par une famille italienne depuis sa création avant la Seconde Guerre mondiale, cet endroit plein d'anecdotes fait presque partie de l'histoire d'Édimbourg. Annexe au magasin *Jenners,* sur Princes Street, dans New Town.

Stockbridge Market *(plan d'ensemble, E5,* ***166****)* **:** *1, Saunders St. • stockbridgemarket.com • Dim 10h-17h.* Sans doute le marché le plus populaire d'Édimbourg : nourriture mais aussi artisanat (souvent original !) et toujours une merveilleuse animation dans ce quartier sympa.

Farmers' Market *(zoom II, E7,* ***167****)* **:** *Castle Terrace, en contrebas du château. • edinburghfarmersmarket.co.uk • Sam 9h-14h.* Un concentré de ce que l'Écosse produit de meilleur : charcuterie, fromage, pâtisseries, confitures de baies, miel de bruyère, liqueurs artisanales...

Leith Market *(zoom III, H2,* ***169****)* **:** *Dock Pl. • stockbridgemarket.com • Sam 10h-17h.* Artisanat et nourriture avec en plus, le 1er samedi du mois, un coin vegan.

À voir

– ***Royal Edinburgh Ticket :*** ☎ *220-07-70. ● royaledinburghticket.co.uk ● Env £ 55 ; réduc. Achat possible en ligne.* **Valable 48h,** accès aux *Edinburgh Bus Tours* (bus touristiques avec commentaires en français compris, sauf sur le circuit d'*Edinburgh Tour* en anglais seulement). Ce ticket permet l'accès au château d'Édimbourg, au *Palace of Holyroodhouse,* ainsi que la visite du *Royal Britannia* à Leith. Il donne aussi droit à 1 ticket gratuit pour 1 acheté au *Royal Botanic Garden*. Infos à l'office de tourisme ou au guichet des bus touristiques sur Waverley Bridge. Pour le ***bus*** seul, compter £ 15/personne et par jour (réductions), avec système ***hop on-hop off*** (on monte et descend autant de fois qu'on veut). 3 circuits possibles.

MAUVAIS ESPRITS

Visite nocturne la plus populaire d'Édimbourg, celle du cimetière de Greyfriars est aussi la plus effrayante. En passant près du fcaveau du bourreau George Mackenzie, enterré là depuis le XVIIe s, certains visiteurs témoignent d'étranges sensations : froid soudain, nausées, évanouissements...

– À noter aussi, ***Historic Environment Scotland*** (*● historicenvironment.scot ●*) et ***National Trust for Scotland*** (*● nts.org.uk ●*) qui proposent des *passes* valables sur l'ensemble de l'Écosse (voir la rubrique « Musées et monuments » dans « Écosse utile » en début de guide).

– *Pratique :* les sites les plus visités ont un système d'***achat en ligne,*** évitant ainsi de faire la queue.

➢ ***Visites guidées :*** de nombreuses agences proposent des visites guidées à pied *(walking tours)* de la vieille ville (en anglais), de jour comme de nuit, sur les traces des écrivains, de Harry Potter, à la recherche des fantômes, ou tout simplement culturelles. Les agences démarchent directement le chaland sur High Street, dans Old Town. Certaines de ces visites sont même gratuites ! Il n'y a pas de piège mais, comme de juste, un pourboire est attendu à la fin. Les jeunes guides le méritent bien, d'autant que ces tours s'avèrent souvent intéressants !

Pour des tours professionnels, plus approfondis et en français, voici quelques guides passionnants :

– ***Visites Guidées Édimbourg :*** *● visitesguideesedimbourg.com ● Résa obligatoire. Compter £ 20/pers pour 3h (visite publique, max 15 pers), £ 45-60/pers en visite privée (réduc). Également des balades de 4h.* David, ex-comédien, guide-conférencier français, embarque son monde au choix dans la vieille ville ou la nouvelle ville plus méconnue mais tout aussi passionnante avec ses passages, courettes et jardins privés, pour un combiné (Duo), ou pour des tours thématiques (*Ghost Tour* notamment). Une bonne façon de percer un peu le mystère de la capitale.

– ***Tours et Détours d'Édimbourg :*** *📱 07910-315-824. ● tours-et-detours.wixsite.com ● Prix : £ 12-50 selon tour (1h30-3h).* Ces guides francophones proposent de partir sur les traces d'*Harry Potter,* ou d'*Outlander,* à la recherche de fantômes, mais organisent aussi des visites de la vieille et la nouvelle ville, d'autres axées sur la gastronomie ou adaptées aux jeunes enfants (jusqu'à 11 ans).

Le long du Royal Mile

Les demeures les plus anciennes du cœur historique d'Édimbourg, classé au Patrimoine mondial de l'Unesco, se situent sur l'axe Canongate-High Street, baptisé *Royal Mile,* puisqu'il relie le château à Holyrood Palace. De part et d'autre de cette longue avenue s'échappent une multitude de venelles (les *closes*) et de *courts* : n'hésitez pas à aller y fureter. Voici, du château vers le palais de Holyrood, les sites les plus intéressants :

The Castle *(le château d'Édimbourg ; HES ; zooms I et II, E-F7)* **:** *entrée par Castlehill.* ☎ *225-98-46.* • *edinburghcastle.scot* •
Horaires : tlj 9h30-18h (17h oct-mars). Dernière admission 1h avt. Fermé les 25-26 déc. Arriver soit tôt, soit en fin de journée pour éviter la foule (surtout l'été) ou, mieux, réserver en ligne, imprimer le billet et venir tout de même aux moments conseillés. ***En venant tôt, mieux vaut commencer par les « joyaux de la couronne » (sinon longue attente assurée).***
– Entrée : env £ 19 ; réduc (gratuit moins de 5 ans) ; un peu moins cher en ligne. Compris dans le Royal Edinburgh Ticket. *Audioguide £ 3,50 ou livret explicatif £ 5. Sinon, des panneaux délivrent le minimum syndical d'infos historiques.*

Un vrai livre d'histoire
Voici une citadelle de carte postale posée sur un volcan éteint, telle une couronne sur une tête royale. Sa silhouette altière s'impose aux 4 points cardinaux de la ville. Plus qu'un symbole, cette ancienne résidence royale, tour à tour bastion, caserne ou prison, a donné son nom à la cité, la « forteresse d'Edwin ». Véritable baromètre historique, le château est l'héritier d'une chronologie mouvementée qui se confond avec celle de l'Écosse. Érigé à partir du XIe s sous la houlette de souverains comme Malcolm ou David Ier, il devint ensuite l'un des principaux enjeux lors des conflits anglo-écossais. En 1314, Robert the Bruce préféra même démanteler les fortifications plutôt que de les voir tomber entre les mains des Anglais ! La suite est une succession de batailles rangées et de coups de main romanesques, comme l'attaque surprise des hommes de Douglas en 1341. Déguisés en marchands, ils s'introduisirent dans la place et réduisirent au silence la garnison anglaise (de retour depuis 1335, vous suivez ?). Le dernier épisode mémorable fut le refus de la garnison anglaise d'ouvrir à Bonnie Prince Charlie en 1745. Tous ces conflits n'ont guère laissé d'espoir aux premières fortifications ; la plupart des ouvrages visibles datent du XVIe s, maintes fois remaniés par la suite.

EAU TROUBLE

Avant d'être asséché en 1821 s'étalait au pied du château un lac, le Nor' Loch, dans ce qui est aujourd'hui le Princes Street Garden. Un réservoir qui servait aussi bien pour l'approvisionnement de la ville en eau que de tout-à-l'égout ! Pas étonnant qu'alors adultes comme enfants buvaient plus de bière que d'eau...

Par ici la visite...
Les bâtiments les plus significatifs sont :
– ***La chapelle Sainte-Marguerite :*** le dernier vestige du château du XIIe s. Construit dans le style normand, cet édifice de poche figure parmi les plus anciennes églises d'Écosse. On y célèbre toujours certains mariages. Sur la terrasse précédant le sanctuaire sommeille Mons Meg, une bombarde colossale (ancien canon) offerte par le duc de Bourgogne à Jacques II en 1457. L'un des boulets fut retrouvé à 2 miles du château ! En contrebas, remarquez le cimetière pour... les toutous des soldats.
– ***The Great Hall :*** construit au début du XVIe s. Charpente chevillée assez impressionnante et cheminée monumentale. Siège de plusieurs parlements écossais.
– ***Les appartements royaux*** *(file d'attente en saison)* **:** portraits de famille et cheminées ouvragées jalonnent quelques belles salles en enfilade. Petite pièce au fond, avec plafond peint, où naquit le fils de Marie Stuart. On enchaîne avec ***The Honors of the Kingdom,*** une présentation ludique de l'histoire romanesque des joyaux de la Couronne, avec mannequins, montages audio et tout le tralala, avant d'accéder à la salle aux allures de coffre-fort (noter l'épaisseur des portes !) où reposent la couronne, l'épée et le sceptre, ainsi que la célèbre « Stone of Destiny » (lire plus loin le paragraphe qui lui est consacré dans le texte présentant le Scone Palace à Perth). Photos interdites.

– ***Le Mémorial national d'Écosse :*** bâtiment imposant du XVIIIe s, désormais consacré aux soldats écossais morts pendant les 2 guerres mondiales.

– ***Les prisons de guerre*** *(prisons of war)* **:** reconstitution fidèle de l'univers carcéral au XIXe s, avec ses sombres dortoirs où s'enchevêtrent les hamacs. Les grognards de Napoléon et bien d'autres laissèrent sur les portes quelques graffitis en souvenir. En face, les *prisons militaires* regroupent une douzaine de cellules plus récentes, utilisées jusqu'en 1923 par la garnison pour les soldats punis.

UNE ÉCONOMIE CANON

Tradition remontant au XIXe s, à 13h, on tire un coup de canon du haut des remparts. Il s'agissait autrefois de donner un repère-temps aux navires qui croisaient au large. On prétend que le choix de l'heure était justifié par l'économie sur le nombre de tirs, « un » étant bien moins coûteux que les traditionnels 12 coups de midi ! Les gens sont méchants !

– ***The National War Museum of Scotland :*** matériel, armes et étendards illustrent les exploits guerriers de l'armée écossaise depuis 4 siècles. Zieutez au passage les perverses affiches de propagande, promettant une vie de voyages, de vacances et de parties de foot pour recruter du troufion ! Dans le même genre, le ***Royal Scots Dragoon Guards Museum,*** consacré à ce régiment d'élite.

Camera obscura *(zoom II, F7)* **:** *Castlehill. ☎ 226-37-09. • camera-obscura.co.uk • Avr-oct : tlj 9h30-19h (20h ou 21h en fin de sem, juil-août) ; nov-mars : tlj 10h-18h. Entrée : £ 15,50 ; réduc (billet valable tte la journée). Démonstration ttes les 15-20 mn selon affluence, la dernière ayant lieu 1h avt fermeture. Prévoir env 2h de visite.*

L'une des plus vieilles attractions de la ville, qui fera le bonheur des amateurs d'illusion d'optique et des enfants. À visiter ***de préférence les jours de beau temps,*** car plus la météo est bonne, plus l'effet sera remarquable.

C'est en 1853 que Maria Theresa Short eut l'idée géniale de concevoir et d'installer cette *camera obscura* à Édimbourg. Son procédé est fort simple, puisqu'il s'agit juste d'un trou au travers duquel la lumière passe et vient former par réflexion une image sur une surface blanche à l'intérieur de la chambre noire. La particularité de la *camera obscura* d'Édimbourg est d'être montée sur une sorte de périscope mobile qui observe la ville. Du coup, on reste comme des gamins, fascinés par ce panorama animé d'Édimbourg qui bouge sous nos yeux.

La *camera obscura* n'est pas la seule attraction de cet insolite musée de l'illusion d'optique, installé sur plusieurs niveaux (superbe vue sur la ville depuis la terrasse au dernier étage, équipée de lunettes d'observation). On y trouve également un labyrinthe de miroirs, une riche collection d'hologrammes, de vues stéréoscopiques, d'anamorphoses et un tas d'expériences optiques des plus folles, jusqu'au « vortex tunnel », une expérience délirante où l'on perd ses repères et surtout l'équilibre. Hilarant !

Scotch Whisky Experience *(zoom II, F7)* **:** *354, Castlehill ; à côté du château. ☎ 220-04-41. • scotchwhiskyexperience.co.uk • Tlj 10h-18h (17h août-mars, 19h30 en juin, 20h20 en juil). Dernière admission env 1h avt. Entrée : £ 16-40 en fonction du tour (de 50 mn à 1h50). Dégustation offerte à la fin. Hips ! Réduc. Audioguide en français compris. Également une visite tlj à 18h15 pour £ 75 incluant 3 plats*

MEILLEUR QUE LE VIN DE MESSE

*La première mention écrite du whisky apparaîtrait sur l'*Exchequer Rolls*, un registre de 1494 qui indique la quantité de 8 mesures de malt livrée aux moines... pour leur permettre de fabriquer de l'aqua vitae, qui est à l'origine du whisky !*

et une dégustation, accord mets et whiskies, au resto Amber *(résa indispensable).* Bien sûr, ce musée ne prétend pas rivaliser avec le charme d'une balade dans une distillerie, mais sa présentation est audacieuse et ludique. On embarque dans des tonneaux à la façon d'un train fantôme (claustrophobes, s'abstenir), pour suivre de façon interactive (et olfactive !) la fabrication du whisky, sa maturation lente dans des fûts américains qui imprègnent le breuvage de notes épicées (grâce au sherry) ou vanillées (avec le bourbon), son évaporation rapide puisqu'au bout de 25 ans, 40 % du whisky s'est évaporé (d'où le prix). Petit film ensuite sur les différentes régions productrices, avant de rejoindre une salle de test où un expert distille son savoir. On y apprend (en anglais, ou grâce à l'audioguide) à décrypter les odeurs et saveurs du breuvage et à lire les couleurs de sa robe. Un verre à la main, bien sûr, puisque chacun déguste le nectar le plus approprié à son goût ! Pour finir, visite d'une prestigieuse collection de bouteilles anciennes commencée au début des années 1980 et qui compte désormais pas moins de 3 384 flacons ; et ça continue...

★ ***Milne's Court*** *(zoom II, F7)* **:** pittoresque passage menant vers Princes Street, suivi d'une volée de marches, *Playfair steps.* Accès au début de Lawnmarket, l'ancienne place médiévale où se tenait le marché aux légumes et produits laitiers. Là se dresse le néogothique *Victoria Hall* du XIXe s, qui, sous ses faux airs de cathédrale, abrite aujourd'hui le *Hub,* siège du Festival d'Édimbourg.

★ ***The Writer's Museum*** *(zoom II, F7)* **:** *accès par Lady Stair's close, qui donne sur Lawnmarket. Autre accès par North Bank. ☎ 529-49-01. Tlj 10h-17h. GRATUIT.* Belle maison du XVIIe s tout en recoins et escaliers en colimaçon, abritant souvenirs et manuscrits de 3 illustres écrivains écossais : Robert Burns (sa canne-épée...), sir Walter Scott (sa pipe, des lettres manuscrites, son échiquier...) et Robert Louis Stevenson (son journal illustré de croquis...). Petite reconstitution d'une imprimerie et de la salle à manger de sir Walter Scott. En sortant, remarquez dans la cour les citations gravées dans les dalles, commémorant les célèbres écrivains écossais.

★★ ***Saint Giles' Cathedral*** *(zoom II, G7)* **:** *High St. ☎ 226-06-74. • stgilescathedral.org.uk • Avr-oct : tlj 9h (13h dim)-19h (17h le w-e) ; nov-mars : tlj 9h (13h dim)-17h. Donation de £ 5 demandée. Visite guidée de la cathédrale mar à 14h (£ 5,50) et des tours le w-e 10h30 (13h30 dim)-16h. Prix : £ 6/pers (max 4 pers). Droit photo : £ 2.* Très ancienne (ses 4 massifs piliers centraux datent de 1120), l'église brûla au XIIIe s. L'essentiel de la construction actuelle remonte plutôt au XVe s, notamment son élégante tour. À l'intérieur, splendide alignement de voûtes gothiques en pierre de taille. Au fond à droite, confidentielle chapelle de l'ordre du Chardon *(Thistle chapel)* où se réunissent chaque année les chevaliers, nommés par la reine, de cet ordre créé au IXe s. Chacun a son siège, surmonté de l'emblème de son choix. Repérer les adorables angelots jouant de la cornemuse et admirer l'amusant plafond orné de choux-fleurs ! *Tearoom* dans la crypte. 200 m plus bas, la ***Tronkirk,*** érigée au XVIIe s et désormais désacralisée, abrite derrière ses élégants vitraux colorés quelques boutiques d'artisanat. Étonnant.

★ ***The Real Mary King's Close*** *(zooms I et II, G7,* ***170****)* **:** *2, Warriston's Close. Sur High St, par un passage à gauche de la City Chambers. ☎ 225-06-72. • realmarykingsclose.com • Avr-oct : tlj 10h-21h (dernier tour) ; nov-mars : 10h-17h (21h ven-sam). Départ ttes les 15 mn. Durée : 1h. Résa conseillée en saison. Prix : £ 16 ; réduc. Audioguide en français inclus. Interdit aux enfants de moins de 5 ans.* Dans les soubassements de la *City Chambers* (*Royal Exchange* au XVIIIe s) ont été découverts des passages étroits *(closes),* restés enfouis pendant plus de 2 siècles. Visite guidée théâtralisée ponctuée d'anecdotes à moitié inquiétantes et de superstitions. Assez touristique et pas donnée. Mais si c'est pour voir un fantôme... Une photo prise par le patron en 2008 prouve « clairement » qu'un esprit se balade quelque part là-dessous...

Museum of Childhood (zoom II, G7) : *42, High St.* ☎ *529-41-42.* ● *edinburghmuseums.org.uk* ● *Tlj 10h (12h dim)-17h. GRATUIT.* Sur 4 niveaux, collections de jouets anciens : poupées à têtes de porcelaine (la plus ancienne poupée, en os et en bois, date du XVIIIe s), automates, trains, voitures à pédales, dînettes... Mais aussi comment l'éducation a évolué au fil du temps. Un musée qui plaira sans doute plus aux parents, voire aux grands-parents nostalgiques qu'à la nouvelle génération.

The People's Story (zoom I, H6-7) : *Canongate Tolbooth, 163, Canongate.* ☎ *529-40-57.* ● *edinburghmuseums.org.uk* ● *Tlj 10h-17h. GRATUIT.* Musée un brin fourre-tout mais conçu de manière ludique, qui raconte l'histoire des habitants d'Édimbourg de la fin du XVIIIe s au XXe s. Il occupe une remarquable demeure, l'ancienne mairie-tribunal-prison datant de 1591, surmontée d'une horloge en balcon. La visite, jalonnée de vitrines et de reconstitutions très visuelles (un pub, un *tearoom*... et même une prison !), s'intéresse entre autres aux corporations de métiers, aux mouvements sociaux du XIXe s, aux suffragettes et aux débuts des syndicats. Bien fait et vivant, mais uniquement en version anglaise.

Museum of Edinburgh (Huntly House ; zoom I, H7) : *142, Canongate.* ☎ *529-41-43.* ● *edinburghmuseums.org.uk* ● *Tlj 10h-17h. GRATUIT.* Ces 3 hôtels particuliers des XVIe et XVIIe s, admirablement restaurés, abritent le musée d'Histoire de la région, dont les petites collections couvrent différentes périodes, de la préhistoire à nos jours. Sacré programme ! Les parquets qui craquent participent à ce voyage dans le temps, de même que la muséographie un peu datée (beaucoup de vitrines). En vrac : porcelaines, armes, costumes, argenterie, maquettes, reconstitutions d'intérieurs, une cloche de la cathédrale Saint Giles, de belles horloges ouvragées du XVIIIe s, etc. Parmi les pièces remarquables, le *National Covenant,* pétition de 1638 (illisible !) qui réclamait le respect des droits des Scots, menacés par les changements imposés par Charles Ier. Également un film de 17 mn sur l'histoire de la ville. Sur le côté, agréable courette où se poser.
– Alentour, de pittoresques *closes : Sugarhouse, Bakehouse* et surtout *Achesonhouse.*

Canongate Kirk (zoom I, H6-7) : *Canongate St. Tlj sauf dim mat, en fonction de la présence des bénévoles – souvent 10h30-16h30. GRATUIT.* On raconte que, lors d'une chasse, le roi David Ier aperçut un cerf dont les bois enserraient une croix. Signe du ciel ? Il fit aussitôt ériger une abbaye à l'endroit même de sa vision. D'où le nom de *Holyrood,* la « Sainte Croix ». Nous étions alors au XIIe s. Mais l'édifice ayant subi les affres du temps, on fit construire au XVIIe s la présente église. La légende est évoquée un peu partout, à commencer par le sommet de la façade où trône une tête de cerf. C'est l'église de l'armée d'Édimbourg avec son touchant cimetière. Remarquer au 1er rang le banc de la famille royale. Mobilier et boiseries d'un étrange bleu ciel.

Dunbar's Close Garden (zoom I, H6) : *137, Canongate St.* Jardin confidentiel datant du XVIIe s, caché du Royal Mile, idéal pour une pause pique-nique. Arbres et jardinets encadrés de haies dégringolent sur plusieurs niveaux.

White Horse Close (zoom I, H6) : *27, Canongate.* Ancienne auberge et relais de poste du XVIIe s habilement restaurée. On y prenait la diligence pour Londres.

Scottish Parliament House (zoom I, H6-7) : *devant le* Palace of Holyrood house. ☎ *348-52-00.* ● *parliament.scot* ● *Bus n°s 6 et 35. Lun, ven-sam et j. fériés 10h-17h ; mar-jeu 9h-18h30 (j. des débats parlementaires). Dernière admission 30 mn avt. Pas de session juil-août et plusieurs semaines dans l'année (dates sur leur site), lorsque les députés sont en vacances. Visites guidées possibles sur résa (durée : 1h). Fermé au public en fév, ainsi que les 25, 26 déc et 1er janv. GRATUIT.* Revanche sur l'Histoire, lors du référendum de 1997, presque 3 siècles après l'Acte d'union de 1707 qui arrima l'Écosse à l'Angleterre, 74 % des votants s'exprimèrent en faveur d'un Parlement écossais. Et, suite au référendum de 2014, celui-ci s'est vu confier encore plus de responsabilités. Conçue par l'architecte catalan Enric Miralles, la bâtisse inaugurée en 2004, d'abord très controversée, s'est finalement imposée comme une référence architecturale. Les matériaux s'entrecroisent, avec une prédominance de verre et de bois de sycomore. D'où une silhouette légère, presque aérienne, inspirée en partie de l'architecture traditionnelle écossaise. À l'extérieur, notez par exemple les arcs-boutants, réminiscences des abbayes médiévales. Observez bien, on ne voit pas tout au premier coup d'œil ! À l'intérieur, voir surtout la salle de délibération, accessible à l'occasion des visites guidées (gratuites) ou pendant les débats (sur résa), sorte de cathédrale à l'ambiance feutrée. Un édifice esthétiquement époustouflant et un vrai monument symbolique ! Visite intéressante et dépliant en français pour mieux comprendre les subtilités du transfert de pouvoirs, la *devolution*.

Palace of Holyroodhouse *(zoom I, H6) :* *en bas du Royal Mile. ☎ 556-51-00. • royalcollection.org.uk • Avr-oct : tlj 9h30-18h (dernière entrée 16h30) ; nov-mars : tlj 9h30-16h30 (dernière entrée à 15h15). Attention, peut être fermé en juil quand la reine est présente. Entrée : £ 14, audioguide en français compris.* ***Queen's Gallery :*** *env £ 7,50. Billet combiné : £ 19,50 (£ 23 avec tour guidé des jardins mai-sept). Réduc ; compris dans le* Royal Edinburgh Ticket.

Résidence officielle de la reine lorsqu'elle séjourne à Édimbourg, généralement début juillet (le palais est alors fermé au public), *Holyroodhouse* continue d'accueillir toutes sortes de cérémonies. La construction du palais s'est effectuée en plusieurs étapes, à partir de la fin du XVe s, sous le règne de Jacques IV. Après maintes vicissitudes, le palais évolua au XVIIe s vers une architecture de style palladien sous la houlette de William Bruce. Les façades de la cour intérieure s'orientent vers un style Renaissance, somme toute très classique mais non dénué d'élégance.

Visite rapide et vivante. Une fois passé le cloître, parmi les salons, pièces d'apparat et autres appartements d'État décorés d'une profusion de tapisseries et de boiseries, on notera les remarquables stucs des plafonds, comme ceux du grand escalier et de la salle du trône (il fallut 10 ans aux artistes pour les réaliser). Dans la grande galerie sont accrochés les 110 portraits, assez sombres, des rois d'Écosse. Puis, à l'étage, visite de l'appartement tragique où Rizzio, le beau secrétaire et amant supposé de Marie Stuart, fut assassiné, probablement sur l'instigation de Darnley, le jaloux de mari. À droite des escaliers se trouve un passage secret datant du XVIe s, qui ne fut découvert que dans les années 1970. Il communique avec la chambre de Lord Darnley et avec l'abbaye. On suppose que les assassins de Rizzio sont passés par là pour perpétrer leur crime. Quelques vitrines renferment des objets remarquables, dont un beau portrait de Marie Stuart réalisé par François Clouet.

La visite se termine par les ruines majestueuses de l'abbaye, romantiques à souhait, et une balade dans les jardins avec de belles collines escarpées en toile de fond. En sortant, noter les superbes portes en fer forgé de la cour.

– ***Queen's Gallery :*** *mêmes horaires.* Expositions temporaires d'œuvres d'art moderne sélectionnées parmi les collections royales.

Cafétéria sur place, agréable et lumineuse, dans la cour qui jouxte l'entrée. Bonnes pâtisseries à déguster en extérieur ou dans une véranda. Accessible sans payer l'entrée au palais.

Dynamic Earth *(zoom I, H7) : Holyrood Rd (derrière le Parlement). ☎ 550-78-00. • dynamicearth.co.uk • Avr-oct : tlj 10h-17h30 (18h en juil-août), dernière entrée 1h30 avt fermeture ; le reste de l'année, fermé lun-mar. Entrée : £ 15,50 ; réduc. Achat en ligne possible (réduc). Audioguide en français (payant).* Sous un grand chapiteau blanc qui contraste avec la montagne toute verte derrière, un parcours jalonné d'attractions principalement destinées aux familles détaille les origines de la Terre. D'abord une suite de salles interactives bien conçues, comme celle expliquant la formation des planètes après le big bang et celle sur la tectonique des plaques, qui secoue jusque sous nos pieds... On en vient ensuite à la « soupe originelle » (formation des toutes premières molécules, marquant le début de la vie), l'apparition de la faune et de la flore, illustrée par des animaux préhistoriques grandeur nature. Suit un vaste tour d'horizon des différents milieux naturels : du monde arctique et antarctique à la forêt tropicale, avec simulateur de vol, pluie factice et iceberg plus vrai que nature... Également des films, projetés sur un écran à 360°. Une approche pédagogique et écologique.

Dans Old Town

Le quartier de Grassmarket *(zoom II, F7)* **:** vaste et animée, cette place piétonne a accueilli le marché hebdomadaire de la ville de 1477 à 1911. Aujourd'hui, un marché s'y tient de nouveau (10h-17h) chaque samedi, ainsi que le dimanche en août. Moins poétique, la place vit de nombreuses exécutions, dont celle de 100 *covenanters* morts pour leur foi au XVIIe s. Nombreuses terrasses de restaurants et pubs. De Grassmarket partent plusieurs rues très anciennes. Le soir, dans la faible lueur des réverbères, elles prennent des teintes expressionnistes, notamment sur Candlemaker Row.

Greyfriars' Church and Graveyard *(l'église et le cimetière de Greyfriars ; zoom II, F7)* **:** *Candlemaker Row. • greyfriarskirk.com • Eglise ouv avr-oct : lun-ven 10h30-16h30, sam 12h-16h ; en hiver, jeu seulement 11h-15h. Cimetière accessible à tout moment. GRATUIT. Visites guidées sur résa (en ligne), en principe le jeu vers 14h. Prix : £ 8 ; réduc.* Première église construite en 1620 après la Réforme, on y signa le célèbre *National Covenant,* pour lequel moururent tant de fidèles. Et il s'agit probablement de la dernière église d'Édimbourg où certains services sont encore officiés en gaélique. Autour, dégringolant une colline, coincé entre les inquiétantes maisons à pignon du vieux quartier médiéval, s'étend un cimetière pittoresque, aux tombes sculptées très anciennes, véritable empilement d'ossements depuis son ouverture au Moyen Âge. Pas étonnant que l'endroit soit l'un des plus hantés d'Écosse...

BOBBY MONTE LA GARDE

À son décès en 1858, John Grey, un policier, fut enterré au cimetière de Greyfriars. Son fidèle terrier, Bobby, monta la garde 14 ans près de la tombe, tout en continuant à mordre les mollets des poivrots comme on le lui avait appris. Placée tout près de son maître, la sépulture de ce chien célèbre fait aujourd'hui l'objet d'une véritable dévotion. Les habitants du quartier lui ont même érigé une statue en haut de Candlemaker Row, qui est devenue la statue la plus photographiée d'Écosse !

National Museum of Scotland *(zoom I, G7)* **:** *Chambers St. Infos : ☎ 0300-123-67-89. • nms.ac.uk • Tlj 10h-17h. GRATUIT (donation bienvenue ; expos temporaires payantes).* Un musée fascinant, dont les riches collections ont atteint une stature internationale. Aménagée dans d'anciennes caves victoriennes, sa belle entrée ouvre sur la grande galerie, espace colossal aux allures de cabinet de curiosités. De là, on se balade en fonction de ses goûts et de l'humeur dans les sections d'histoire naturelle (de l'infiniment petit au plus musclé *Tyrannosaurus rex* !), dans celles consacrées aux Arts décoratifs, à la mode et au design, aux céramiques ou encore dans les belles expos sur les cultures du monde (Égypte ancienne ou encore l'Extrême-Orient). Quant aux sections dédiées aux sciences et technologies, elles mêlent activités interactives et retour sur les grandes découvertes des chercheurs écossais, de l'invention de la pénicilline par Alexander Fleming à celle du petit écran par John Logie Baird, en passant par celle des logarithmes par le baron John Napier, sans oublier Dolly, la première brebis clonée – et désormais empaillée. Immanquable à l'entrée de la partie consacrée aux découvertes, l'horloge *Millenium* qui toise le visiteur du haut de ses 10 m et lui fait mesurer ce que le XXe s a engendré de pire et de meilleur. Juste à côté, un espace pour les enfants.

Ludiques et pleines de surprises, ces galeries ne volent pas pour autant la vedette à la star du musée : l'aile entière dédiée à l'Écosse, de sa formation géologique et de l'apparition des premiers hommes à l'évocation de la société contemporaine. Ses collections remarquables s'intéressent à tous les peuples ayant habité la région, détaillant leur art, leur mode de vie et leurs croyances. On verra notamment les troublantes pièces d'échiquier du XIIe s de l'île de Lewis, la copie du gisant de Marie Stuart, ou encore les étonnantes machines à vapeur et les avions remontés intégralement pour évoquer la modernisation et l'industrialisation du pays. Incontournable !

– Au sommet de l'édifice, grande terrasse paysagée qui offre un panorama imprenable sur la ville.

I●I 🍸 Sur place, *The Tower Restaurant* (voir « Où manger ? »).

★ *National Library* (zoom II, F7) : *George IV Bridge. ☎ 623-37-00. ● nls.uk ● Lun-sam 9h30 (10h mer)-19h (17h ven-sam). GRATUIT.* Possède l'une des plus vastes collections de cartes (plus de 2 millions !). Petites expos à l'entrée et café agréable.

★★ *City Art Centre* (zoom II, G7) : *2, Market St. ☎ 529-39-93. ● edinburghmuseums.org.uk ● Tlj 10h-17h. GRATUIT (expos parfois payantes).* Un élégant musée moderne présentant les collections de la ville, ainsi que des expositions temporaires de peintures, photographies, sculptures... de stature internationale.

★ *The Edinburgh Dungeon* (zoom II, G7) : *31, Market St. ☎ 240-10-00. ● thedungeons.com ● Avr-oct : tlj 10h-17h (18h sam et tlj de fin juil à fin août) ; le reste de l'année, tlj 11h-16h (18h sam, 17h dim). Les horaires de fermeture correspondent à la dernière admission. Durée de la visite : 1h20 env, par petits groupes qui partent ttes les 10-15 mn. Prix : env £ 18 ; réduc sur Internet.* Descente aux enfers guidée par des comédiens grimaçants, et ponctuée de macchabées de cire atrocement torturés. Les jeunes vampires assoiffés de sang seront peut-être satisfaits, du moins s'ils maîtrisent l'anglais, mais les lecteurs aux pensées moins morbides risquent de ne décrocher qu'un rictus sceptique devant une artillerie si lourdingue.

Dans New Town

Symbole de l'architecture géorgienne. Comme pour la ville de Richelieu en France et celle de Noto en Sicile, on confia au même architecte en 1767 la réalisation d'un ample programme de construction visant à désengorger la vieille ville. À la surprise générale, l'élu fut un jeune inconnu de 23 ans, James Craig. Il assuma la 1re tranche, correspondant au quadrilatère formé par Princes Street et Queen Street, avec, sur l'arête de la colline, George Street, 3 avenues monumentales formant le squelette de New Town. Les places Charlotte Square et Saint Andrew Square furent l'œuvre d'autres architectes, mais tous respectèrent les plans et l'esprit de James Craig, à savoir unité architecturale et volonté de géométrie.

Résultat : un ensemble original harmonieux avec de grandes places élégantes auxquelles succèdent des rues en demi-lune, joliment proportionnées et agrémentées de belles ferronneries et autres enluminures. Noter les vastes jardins au milieu des places à la gestion plutôt originale : contrairement aux apparences, ils sont privés. Les riverains, contre un droit annuel, en possèdent les clés et peuvent

UN TRAIN D'AVANCE

Dominant Princes Street, l'horloge de l'imposant Balmoral Hotel *avance volontairement de 3 mn. De quoi permettre aux habitants de ne pas manquer leur train, la gare étant située juste à côté ! L'horloge n'est remise à l'heure que le 31 décembre au soir, pour que les fêtards puissent dérouler le compte à rebours.*

en disposer à leur guise. Marquant la frontière entre New et Old Town, le ***Princes Street Garden*** offre une délicieuse pause aux flâneurs, avec ses grasses pelouses et ses bancs tournés vers la démesure médiévale de la vieille ville. Beau panorama également depuis le square perché sur le toit de l'office de tourisme.

Charlotte Square *(zoom I, E6-7)* est considéré comme la partie la plus réussie de New Town. On y trouve, au nº 6, la *Bute House,* résidence officielle du Premier ministre écossais (pas fou !), ainsi qu'au nº 7 une maison meublée dans le style de l'époque, ***The Georgian House*** *(NTS),* intéressant témoignage sur le mode de vie de la bourgeoisie au XVIIIe s. Textes en français ou commentaires *live.* *☎ 225-21-60. ● nts.org.uk ● Avr-oct : tlj 10h-17h ; nov : tlj 11h-16h et seulement jeu-dim la 1re quinzaine de déc. Fermé de mi-déc à fin mars. Dernière admission 30 mn avt fermeture. Entrée : £ 8 ; réduc.* Voir aussi ***Moray Place*** *(zoom I, E6),* ***Ainslie Place*** *(zoom I, E6)* et ***Drummond Place*** *(plan d'ensemble F5).* Parallèlement aux rues, un réseau dense de *lanes* apporte un surcroît de poésie à la balade, surtout la nuit, dans l'aura des réverbères.

Scottish National Portrait Gallery *(zoom I, F6)* **:** *1, Queen St ; à l'angle de North Saint Andrew St. ☎ 624-62-00. ● nationalgalleries.org ● Tlj 10h-17h. GRATUIT (sauf certaines expos temporaires).* Dans un superbe édifice gothico-victorien qui vaut à lui seul le coup d'œil, gigantesque trombinoscope de tous ceux qui ont compté dans l'histoire de l'Écosse, rassemblés sur une fresque couvrant les arcades de l'atrium central. Une interminable photo de famille, façon « Où est Bonnie Prince Charlie ? » (légende affichée sur un mur). Suivent, dans les étages, de grandes sections thématiques (les scientifiques, les sportifs, les militaires...), recélant des chefs-d'œuvre réalisés par Gainsborough, Allan Ramsay, Raeburn, Kokoschka... Quant aux belles collections de photographies, elles dévoilent le nouveau visage de l'Écosse moderne, soulignant l'apport déterminant des récentes vagues d'immigration. Très intéressant.
Agréable café-resto sur place.

Scottish National Gallery *(zoom I, F7)* **:** *Princes St et The Mound (le bâtiment de Princes St étant dédié aux expos temporaires). ☎ 624-62-00. ● national galleries.org ● Tlj 10h-17h (19h jeu). GRATUIT pour les collections permanentes.* L'un des grands musées européens de peinture. Ses nombreux chefs-d'œuvre sont présentés géographiquement et chronologiquement à la faveur d'une belle muséographie.
– On attaque la visite avec la peinture européenne du XVIe au XIXe s, regroupant au fil des salles les compositions de maîtres italiens (Lotto, Bassano, Véronèse), flamands et hollandais (Steen, Van Ruysdael, Van Dyck, Hals), ou espagnols (Velázquez, Zurbarán). Parmi celles de Titien, *Les Trois Âges de l'homme,* intéressante œuvre de jeunesse. On s'intéressera également à une *Déposition du Christ* du Tintoret, à la grâce des tableaux de Murillo (*Jeune Homme avec un panier de fruits* et une *Vierge à l'Enfant*), au vivant *Festin d'Hérode* de Rubens ou encore aux toiles du Greco. Également un *Autoportrait* de Rembrandt où se devine la maîtrise de la technique du clair-obscur, et une *Jeune Femme aux fleurs,* réalisé par son atelier.
– Parmi les artistes britanniques, Constable se distingue avec ses magnifiques paysages comme celui de *Vale of Dedham* ; Gainsborough reste fidèle à ses portraits aristocratiques avec *Mrs Graham.*
– Poussin est à l'honneur dans la galerie 6, dont la salle entière est dévolue à ses *Sept Sacrements.*
– Le sous-sol est en revanche exclusivement consacré aux peintres écossais. *Le Patineur* de Henry Raeburn constitue la pièce maîtresse, presque un symbole de l'art écossais. Mais certains affirment que ce serait en fait un tableau du peintre français Henri-Pierre Danloux...
– Enfin, à l'étage, la section nord réunit des peintures formidables des XIVe et XVe s (dont les chefs-d'œuvre de Raphaël et Botticelli), tandis que la section sud

permet de finir en apothéose : Greuze, Delacroix, Van Gogh et tous les impressionnistes. En vrac, Gauguin *(Trois Tahitiens)*, Monet, Seurat, Pissarro, Sisley, Cézanne, Renoir, Degas... Que du beau linge !

Walter Scott's Memorial *(zoom I, F6)* **:** *Princes St. ☎ 529-40-68. ● edinburghmuseums.org.uk ● Juin-août : tlj 10h-21h ; mai, sept : 10h-19h ; oct-avr : tlj 10h-16h. Dernière admission 30 mn avt. Entrée : £ 8 pour le sommet (chère la vue !) ou £ 6 pour le 1er niveau et le musée.* Impossible d'échapper à ce monument d'un gothique pompeux, élevé en 1846. Une fois gravies les 287 marches, les courageux grimpeurs seront récompensés par une belle vue sur la ville et ses environs. Avant ça, petit musée sur la vie de Walter Scott et celle de l'architecte du mémorial, mort avant l'achèvement de son œuvre. Il faut aussi passer l'épreuve des escaliers, car, compte tenu de leur étroitesse, il est parfois impossible de se croiser. Et attention à la tête ! Bref, une vue qui se mérite (et se paie !)...

Calton Hill *(zoom I, G6)* **:** la colline, dans les Regent Gardens, qui se prend pour l'Acropole. Panorama sublime au coucher du soleil, d'un côté sur la vieille ville, de l'autre sur le Firth of Forth et la mer. Et d'immenses pelouses pour en profiter.

Dans Dean Village

L'occasion d'une superbe balade le long de la rivière, depuis le centre-ville (environ 15-20 mn pour s'y rendre). Les berges se parcourent aisément à pied, à vélo, et même avec une poussette. Voir plus loin « Balades pittoresques ou bucoliques ».
– Les 2 musées ci-dessous sont desservis par une navette au départ de la **Scottish National Gallery** sur Princes Street *(pas de service en hiver : donation de £ 1 demandée).* Attention, en revanche, le bus urbain qui passe devant les musées (le nº 13) n'appartient pas à la même compagnie que les autres bus circulant en ville. Le *Dayticket* n'y est donc pas accepté.

Scottish National Gallery of Modern Art One and Two *(plan d'ensemble C6-7)* **:** *75, Belford Rd ; à l'ouest de la ville. ☎ 624-62-00. ● nationalgalleries.org ● Tlj 10h-17h. GRATUIT pour les collections permanentes (payant pour les expos temporaires).* Musées d'art contemporain de la ville, les *Galleries One* et *Two* sont situées face à face, dans 2 imposants bâtiments néoclassiques séparés par une rue, et entourés chacun de grands parcs paysagers.
Édifice principal, la ***Gallery One*** s'efforce de présenter un panorama complet de l'art à partir de la fin du XIXe s : Nabis, fauvisme, cubisme, primitivisme, expressionnisme ou encore art naïf russe. Très riche, le musée aligne une belle brochette d'artistes : Picasso, Braque, Bacon, Mondrian, Kirchner, Kokoschka, Léger, Delaunay, Matisse... et, bien entendu, la palette complète des Écossais contemporains ! Remarquez la liste impressionnante des personnes rencontrées par un certain Douglas Gordon. Une œuvre comme une autre ! Continuant d'acquérir des œuvres à un bon rythme, le musée fait régulièrement tourner ses collections (sauf les écossaises, pardi !).
La ***Gallery Two*** accueille principalement des expos temporaires, ainsi que la collection Eduardo Paolozzi, un sculpteur écossais, dont l'incontournable (difficile de faire autrement !) *Vulcain* de plusieurs mètres de haut se dresse dans le grand hall. Allez aussi faire un tour aux toilettes ; dans le genre psychédélique, on n'a pas trouvé mieux ! Ne pas manquer, enfin, les sculptures et le Land-Art dans les parcs des 2 musées.

À Leith

The Royal Britannia *(zoom III, H1)* **:** *amarré dans le port de Leith, accès par le centre commercial Ocean Terminal. Guichet au 2e étage. ☎ 555-55-66.*

• royalyachtbritannia.co.uk • En voiture, suivre « Leith », puis « Britannia ». Bus n°s 11 et 22 du centre-ville, ainsi que les Skylink Bus 200 *et* 300. ♿ *Avr-oct : tlj 9h30-16h30 (16h oct ; dernière admission) ; nov-mars : tlj 10h-15h30 (dernière admission). Prévoir min 1h30 de visite, avec audioguide (inclus) en français. Entrée : env £ 16 ; réduc. Compris dans le* Royal Edinburgh Ticket. *Achat en ligne possible.* Pour les inconditionnels de la famille royale, un des yachts les plus connus au monde, le « palais flottant de la reine », mis à la mer en 1953 et désarmé en 1997. Manœuvré par plus de 220 marins, il parcourut plus de 1 million de miles au cours des nombreux voyages à travers le monde de la reine Élisabeth, recevant la visite d'hôtes prestigieux tels que Mandela, Eltsine, Clinton...
À voir à bord, après la petite expo historique en guise d'introduction : le poste de pilotage, les appartements royaux, mais aussi la salle des machines, les quartiers de l'équipage (avec pubs de rigueur !), la blanchisserie, l'infirmerie, avec son bloc opératoire datant des années 1950, la chambre de l'amiral (car le capitaine était toujours choisi parmi les amiraux de la *Royal Navy*)... le tout agrémenté de commentaires et anecdotes historiques. Allez, une petite pour le plaisir : la reine ne se déplaçait jamais sans ses 5 t de bagages !
Avant de partir, possibilité de s'offrir un thé sur le pont supérieur, en profitant de la vue sur le port.

Balades pittoresques ou bucoliques

★★★ Dean Village *(plan d'ensemble C6)* **:** pépite déposée comme par mégarde au creux d'une luxuriante coulée verte, cet ancien village de meuniers déroule ses belles demeures le long d'une rivière bruissante. À pied, descendre *Queensferry St* vers la gauche jusqu'à la Leith River ; juste avant le pont, emprunter *Bell's Brae.* En longeant la berge en aval *(Miller Row),* on parvient à un joli point de vue sur de petits rapides noyés sous les frondaisons. Au XVIIe s, pas moins de 11 moulins à eau y puisaient leur énergie. Le sentier glisse sous *Dean Bridge,* considéré en 1832 comme l'un des plus hauts ponts du monde, et file vers Stockbridge puis le quartier de Leith.
En amont, en revenant sur ses pas, la ruelle pavée de *Hawthornbank Lane* conduit à une passerelle d'où l'on aperçoit sur l'autre rive l'architecture originale d'une cité ouvrière de la fin du XIXe s. Grès rouge et façade à la flamande, hérissée de pignons crantés. En surplomb de la rivière, les maisons jaune canari ont été construites dans le syle Tudor. Elles se caractérisent par de faux colombages, des toits pentus, de larges cheminées et des fenêtres à petits carreaux. Après avoir traversé la passerelle, le chemin bucolique poursuit sa route à fleur d'eau. En suivant la berge 5 mn encore en amont, un escalier au niveau d'un pont conduit aux *Scottish Galleries of Modern Art One* et *Two.* Une promenade irréelle d'une rare quiétude, à 15-20 mn à peine de la très affairée Princes Street.

★★ Stockbridge *(plan d'ensemble D5)* **:** cet ancien village, aujourd'hui partie intégrante de la capitale, peut faire l'objet d'une agréable balade, en passant soit par Dean Village (voir ci-dessus), soit par New Town. L'idéal étant de former une boucle. Depuis New Town et Queens Street, on conseille de descendre par Wemyss Place *(zoom I, E6),* puis Gloucester Lane. La rue pavée est bordée de maisons de cochers, toutes petites, que l'on reconnaît à leur garage pour calèches, avec un appartement aménagé au-dessus. On appelle ce type de ruelles « mews ». Il en existe plusieurs dans New Town. Un peu plus bas, pénétrer dans Gloucester Square, une cour qui abritait autrefois les écuries. Elle a conservé son architecture d'origine.
Après une dernière descente, on parvient au pont de Stockbridge, construit en 1801, qui enjambe le Water of Leith. Le village s'est développé de part et d'autre de la rivière avec, pour artère principale, la commerçante Raeburn Place. Maisons typiques du XIXe s, atmosphère tranquille. Le dimanche, ne pas manquer le populaire marché, à 2 pas du pont *(plan d'ensemble E5,* ***166****).*

👁👁👁 ***Arthur's Seat*** *(plan d'ensemble I8)* **:** à Holyrood Park culmine un ancien volcan éteint de 251 m de haut. À côté du palais, l'occasion d'effectuer une super balade vivifiante, sortie populaire des familles. Un petit coin des Highlands avec sa lande, sa bruyère, ses lapins et ses roches abruptes, étonnant ! D'agréables sentiers permettent une ascension facile au départ de l'unique route, *Queen's Drive,* qui serpente à travers le parc. Balade de 1h30-2h. Magnifique panorama sur la région.

👁👁 ***Royal Botanic Gardens*** *(plan d'ensemble D-E4)* **:** *Inverleith Row. ☎ 248-29-09. • rbge.org.uk • Bus n° 8 de North Bridge. De Hanover St, bus n°s 23 et 27. Tlj 10h-18h (17h en fév et oct, 16h nov-janv). GRATUIT (sauf pour les serres : £ 6,50 ; réduc ; gratuit pour les moins de 16 ans). Dernière admission pour les serres 1h avt.* Un royaume végétal de 28 ha qui date du XVIIe s et abrite, entre autres, une très belle exposition de rhododendrons. C'est très beau ! Magnifiques serres, un jardin chinois, un arboretum, etc. Plein d'écureuils gris adorables.

Comment assister à un match de rugby ?

– ***BT Murrayfield Stadium*** *(plan d'ensemble A-B8)* **:** *Roseburn St. ☎ 346-51-60. Calendrier des matchs et résa des billets sur • scottishrugby.org • Desservi par le tram.* Enceinte du XV du chardon depuis 1925, le mythique stade de Murrayfield s'est vu, mode du *naming* oblige, affubler d'un vilain *BT* (un opérateur télécom). Les fans peuvent suivre une visite guidée des entrailles du stade *(lun-sam à 11h, plus jeu-ven 14h30 ; résa en ligne ou par tél : ☎ 346-51-06 ; prix : £ 10 ; réduc).*

Manifestations

– ***Tradfest Edinburgh :*** *fin avr-début mai. • tracscotland.org •* Festival de culture écossaise. Au programme des réjouissances, danse au son des cornemuses, de la harpe et du violon, mais aussi du *storytelling.*

– ***Beltane Festival :*** *Calton Hill, la nuit du 30 avr au 1er mai. • beltane.org •* Fête celtique « monstrueuse » (déguisements, feu et musique) pour célébrer l'arrivée de l'été. Au petit matin, la foule se retrouve au sommet de Holyrood pour se laver le visage dans la rosée.

– ***Festival international d'Édimbourg*** *(Edinburgh International Festival)* **:** *pendant plus de 3 sem en août. The Hub (zoom I, F7), Castlehill, Edinburgh, EH1 2NE. ☎ 473-20-00. • eif.co.uk • Résa conseillée à l'avance (à partir de fin mars).* C'est l'un des événements culturels les plus importants du monde, et il a lieu chaque année depuis 1947 ! Créé pour fêter la fin de la guerre, le festival rassemble chaque été toutes sortes de manifestations musicales, théâtrales, chorégraphiques ou lyriques. Des spectacles de qualité et une folle animation pendant 3 semaines (d'ailleurs, pubs et magasins ferment bien plus tard pour l'occasion)...

– Parallèlement et tout aussi important se déroule l'***Edinburgh Festival Fringe*** : *pendant plus de 3 sem en août. 180, High St, Edinburgh, EH1 1QS. ☎ 226-00-26. • edfringe.com •* Troupes de théâtre d'avant-garde ou amateurs, arts de la rue... Le programme de ce festival off est indispensable pour s'y retrouver.

– ***Edinburgh Military Tattoo :*** *3 sem en août. Tattoo Office, 1-3 Cockburn St., Edinburgh, EH1 1QB. ☎ 225-47-83 (infos) et 225-11-88 (résas). • edintattoo.co.uk •* Grande parade militaire sur l'esplanade du château. Kilts, cornemuses et tambours celtes des 4 coins du globe, jusqu'à 1 000 figurants devant 9 000 spectateurs ! Le show s'achève par le chant plaintif d'un cornemuseur illuminé, debout sur le donjon, alors que les projecteurs plongent lentement la forteresse dans la pénombre. Pour la petite histoire, le terme *tattoo* signifie « fermer les robinets »... des tonneaux. Incontournable mais à réserver très longtemps à l'avance (à partir de début janvier !).

– Durant l'été, plusieurs autres événements tels que le ***Festival international du film*** (*● edfilmfest.org.uk ●*) en juin, le ***Edinburgh Jazz & Blues Festival*** (*● edinburghjazzfestival.co.uk ●*) en juillet, ***Edinburgh International Book Festival*** (*● edbookfest.co.uk ●*) en août ou encore un ***Festival politique*** (*● festivalofpolitics.scot ●*) en octobre, avec débats mêlant politique, médias et art...
– ***Hogmanay :*** *autour du Jour de l'an. Résas : ☎ 510-03-95. ● edinburghshogmanay.com ● Attention, résa à l'avance fortement conseillée.* Festival de fin d'année, dont l'apogée est bien sûr la Saint-Sylvestre, la nuit du 31 décembre au 1er janvier. Celui d'Édimbourg est considéré comme le plus grand Hogmanay Festival du monde. Plusieurs centaines de milliers de personnes participent aux concerts de rue et festivités en tout genre. Ambiance indescriptible, toute la ville est cernée !
– ***Musselburgh Racecourse :*** *☎ 665-28-59. ● musselburgh-racecourse.co.uk ●* Ce célèbre hippodrome à près de 10 km à l'est d'Édimbourg propose tout un programme de courses au long de l'année, dont le *Ladies Day* début juin, au cours duquel est remis le prix de la plus belle tenue vestimentaire.
– Enfin, n'hésitez pas à fureter dans les journaux : on y trouve des entrées gratuites pour certains spectacles !

DANS LES ENVIRONS D'ÉDIMBOURG

Craigmillar Castle *(HES ; hors plan d'ensemble par I9, et carte Édimbourg et les Lothians)* ***:*** *à 3 miles (5 km) au sud-est du centre. ☎ 661-44-45. Prendre Dalkeith Rd, puis, au très discret panneau indiquant « Craigmillar Castle », tourner à gauche ; c'est plus loin sur la gauche. En bus : nos 2, 14, 30 et 33 de North Bridge. Arrêt à l'hôpital (demander « Little France »), puis 10 mn de marche par un sentier. Avr-oct : tlj 9h30-17h30 (16h en oct) ; nov-mars : tlj sauf jeu-ven 10h-16h. Entrée : £ 6 ; réduc.* Aux portes de la ville, ce petit coin de campagne est dominé par les imposants vestiges du *Craigmillar Castle,* l'un des châteaux médiévaux (début XVe s) les mieux conservés d'Écosse. Il est inhabité depuis le milieu du XVIIIe s. Si les charpentes et toitures ont aujourd'hui en grande partie disparu, les remparts, la courtine intérieure crénelée et les tours d'angle sont pratiquement intacts. Le donjon massif ne dépare pas, à l'image de ses chambres au confort luxueux pour l'époque (elles avaient leur propre cheminée et des latrines privées), ou de la grande cuisine, avec son large âtre et son four à bois. Celliers, caves, prisons ou poterne livrent les derniers secrets de ce vaste château historique, où Marie Stuart vint séjourner après l'assassinat de son secrétaire Rizzio et la naissance de son fils Jacques (James, en anglais). C'est également ici que fut ourdi le meurtre de lord Darnley, son tendre époux... La fiction s'en mêle aujourd'hui, puisque la série *Outlander* (saison 3), ainsi que le film (Netflix) *Outlaw King* sur Robert The Bruce, ont posé leurs caméras dans le château.
Belle petite vue sur les collines de Holyrood et Édimbourg depuis les chemins de ronde.

Blackford Hill *(carte Édimbourg et les Lothians)* ***:*** *au sud du centre-ville. Bus no 41 depuis The Mound, arrêt Blackford Ave, puis 10 mn de grimpette. Parking.* Une balade vivifiante sur les hauteurs d'Édimbourg. Plusieurs sentiers partent du parking et s'égarent à travers la colline. Beaux points de vue sur Édimbourg.

Lauriston Castle *(carte Édimbourg et les Lothians)* ***:*** *Cramond Rd South ; à 5 km au nord-ouest d'Édimbourg. ☎ 336-20-60. Bus no 42 de Princes St jusqu'à Davidson's Mains High St. Avr-oct : visites guidées tlj, sauf ven, à 14h (plus 14h30, 15h30 le w-e). Entrée : £ 8 ; réduc. Jardins en libre accès tlj 7h30-20h.* Avec ses échauguettes et ses faisceaux de cheminées, cette ancienne maison forte modestement appelée « villa » a fière allure. Les parties les plus anciennes datent du XVIe s, mais la plupart des bâtiments ont été copieusement remaniés au XIXe s.

Léguée à l'État en 1926 par son dernier propriétaire, la demeure a traversé les décennies sans avoir connu la moindre modification. Les appartements figés offrent par conséquent un bon aperçu de la vie bourgeoise à l'époque édouardienne. Coquet ! Du jardin à l'arrière, belle vue sur la mer.

National Mining Museum Scotland (carte Édimbourg et les Lothians) **:** *Lady Victoria Colliery, à* **Newtongrange.** *☎ 663-75-19. ● nationalminingmuseum.com ● Au sud-est d'Édimbourg, sur l'A 7, au-delà du by-pass. Bus n°s 29 et 33 depuis North Bridge (env 45 mn de trajet). Tlj 10h-17h (16h nov-mars). Attention, dernière admission à 15h l'été, 14h l'hiver. Fermé pendant les fêtes de fin d'année. Entrée : £ 9 (audioguide en français inclus). Prévoir env 2h de visite, de bonnes chaussures et un pull. Cafétéria.* Réhabilitation réussie pour cette ancienne mine de charbon fermée en 1981 et rouverte au public sous la forme d'un musée à la fois vivant et didactique. Le 1er étage aborde de manière assez visuelle les dimensions géologiques, techniques et économiques des mines. On réalise à quel point toute l'énergie et, donc, l'essor industriel du pays reposaient au XIXe s sur le charbon. Le 2e étage est encore plus intéressant, car consacré aux aspects sociaux et sanitaires, ainsi qu'aux dangers de la mine. Évocation du travail des enfants, des grèves historiques comme celle des années 1980, écrasée par la Dame de Fer... Maintenant que vous êtes incollable sur la théorie, on passe à la pratique, avec le tour guidé par d'anciens mineurs du site, casque arrimé sur la tête dans la mine recréée pour l'occasion. Une visite passionnante, y compris pour les enfants, même s'il y a beaucoup à lire et à écouter.

Pentland Hills (carte Édimbourg et les Lothians) **:** *accès par le Midlothian Ski Centre, à Hill End, à 8 km au sud du centre-ville. ☎ 529-24-01. ● pentlandhills.org ● En bordure de l'A 702, peu après la sortie du by-pass direction Penicuik et Biggar. Bus n°s 4 et 15, arrêt Hill End.* Dans cette ministation de ski à 450 m d'altitude, on trouve l'une des plus longues pistes artificielles d'Europe. C'est le point de départ de nombreuses balades à pied, à cheval ou à vélo dans le parc régional des collines de Pentland. Un vrai paradis pour ceux qui veulent s'évader un instant de la ville. Dès que l'on monte un peu, belle vue sur Édimbourg. Possibilité d'y pratiquer le parapente et de louer tout le matos pour skier.

Rosslyn Chapel : à **Roslin** *(carte Édimbourg et les Lothians). ☎ 440-21-59. ● rosslynchapel.com ● À 11 km au sud d'Édimbourg par l'A 701 direction Penicuik. Bus n° 37 de North Bridge (vérifier qu'il indique « via Roslin »). Lun-sam 9h30-18h (17h sept-mai), dim 12h-16h45. Dernière admission 30 mn avt ; en raison de l'affluence estivale, parfois vraiment pesante, on conseille de venir 2h avt la fermeture (moins de monde, en principe). Entrée : £ 9 ; réduc. Photos et vidéos interdites dans la chapelle (du moins en théorie, car beaucoup en font !).* Un petit bijou du XVe s déposé dans un bel écrin de verdure et toujours en service (messe et *evensong* le dimanche). Construit à la demande du seigneur de Rosslyn William Saint Clair qui, pour laisser à la postérité une œuvre unique, fit venir des maîtres artisans de l'Europe entière. De leurs talents conjugués naîtra un chef-d'œuvre architectural, une église à la décoration d'une rare complexité, digne d'un travail d'orfèvre. Les scènes bibliques sculptées et les voûtes à clefs pendantes, nervurées et ornées de rosaces, d'étoiles et de patères habillent l'édifice d'une aérienne dentelle de pierre, courant le long des piliers et de la voûte comme autant de vigne vierge. La plus belle pièce, le « pilier de l'apprenti »

CODE... GÉNÉTIQUE

Le village de Roslin est famous *à 2 titres. C'est ici, en 1996, qu'a vu le jour Dolly, la brebis clonée. Le chercheur écossais était fan de la chanteuse... Dolly Parton ! La génétique aurait-elle aussi inspiré Dan Brown ? Non seulement c'est l'un des sujets abordés dans son célèbre Da Vinci Code, mais l'histoire de son roman prend fin dans la chapelle de... Rosslyn.* So strange, I'm afraid !

(derrière l'autel, à droite), provoqua une telle scène de jalousie du maître maçon qu'il trucida le jeune artisan qui l'avait réalisée. Derrière, un escalier descend à la crypte (celle que l'on aperçoit dans le film *Da Vinci Code*), la plus ancienne partie de la chapelle, où reposeraient les dépouilles des barons de Rosslyn.
En découvrant ce site déjà exceptionnel mais de taille modeste, on ne peut qu'imaginer quelle aurait été sa destinée si les travaux n'avaient pas été abandonnés à la mort de William, car le projet prévoyait bien plus grand... Expo interactive dans le bâtiment d'accueil (écrans tactiles, casques, panneaux en français...) et conférences gratuites données dans la nef par un spécialiste *(ttes les heures, hormis pendant la pause déj, 10h-17h l'été, 10h-16h l'hiver ; le dim, à 13h, 14h, 15h seulement)*. En saison, des ateliers organisés autour de la chapelle évoquent des aspects de la vie quotidienne d'autrefois.
I●I 🍸 Caféteria sur place, avec vue sur la campagne grâce aux larges baies vitrées ou depuis la terrasse. Très agréable.

L'EAST LOTHIAN

De la banlieue est d'Édimbourg aux plages de la mer du Nord et jusqu'aux contreforts nord des Lammermuir Hills s'étend une contrée plutôt agréable, faite de petites stations balnéaires populaires au charme rétro, d'une profusion de terrains de golf et d'une campagne plane et riante, où trônent encore les ruines de quelques fiers châteaux.

DUNBAR

9 400 hab. IND. TÉL. : 01368

On dit d'elle que c'est la ville la plus ensoleillée d'Écosse (en fait, la moins pluvieuse !). C'est aussi un mignon petit port, bien abrité au creux d'une côte déchiquetée, et dont l'entrée est dominée par les maigres ruines d'une forteresse démantelée en 1567. Dunbar est connue pour ses sorcières qui y ont sévi il y a quelques siècles et qui ont terminé, le plus souvent, sur le bûcher. La ville abrite également l'une des grandes brasseries d'Écosse, *Belhaven Brewery*.

Arriver – Quitter

En bus

➢ ***Édimbourg*** et ***Haddington :*** bus nº X7 ttes les 30 mn avec *East Coast Buses* (● *eastcoastbuses.co.uk* ●). Durée : 1h pour Édimbourg.

➢ ***Édimbourg-Berwick-upon-Tweed via Dunbar et Haddington :*** ligne nº 253 avec *Borders Buses* (☎ *(01289) 308-719.* ● *bordersbuses.co.uk* ●), ttes les 1h-1h10, 6h10-17h. Trajet : env 1h10 pour Édimbourg.

En train

➢ Liaisons quasi ttes les heures avec ***Édimbourg.*** *Scotrail :* ☎ *0344-811-0141.* ● *scotrail.co.uk* ● Trajet : 20-25 mn.

Adresses utiles

ℹ ***Infos touristiques :*** *126, High St, au* musée John-Muir. ☎ *865-899. Tlj 10h (13h dim)-17h. Fermé lun-mar en hiver.* En l'absence d'office de tourisme, c'est le personnel du musée qui renseigne gentiment les visiteurs.

🅿 ***Parking gratuit :*** *à côté de la piscine* (Leisure Pool), *au-dessus du port.*

Où dormir ? Où manger ?

⛺ ***Belhaven Bay Camping :*** *Edinburgh Rd.* ☎ *865-956.* ● *meadowhead.co.uk* ● *À l'entrée de Dunbar en venant de l'ouest. À 1,6 km de marche du centre par le chemin côtier (compter env 20 mn). Ouv mars-oct. Env £ 18-30 pour 2 avec tente et voiture selon saison et emplacement.* Wigwams *(huttes en bois) £ 28-50/pers (2 nuits min ; reduc enfants).* On y plante sa tente dans de vastes clairières disséminées dans de frais bocages, entre le lac et la mer. Les *wigwams* se trouvent devant le lac. Ensemble familial et propret.

🏠 |●| ***The Rocks :*** *Marine Rd.* ☎ *862-287.* ● *therocksdunbar.co.uk* ● *Dans une petite rue sur le haut des falaises. Doubles £ 95-135. Resto tlj 12h-21h. Prix moyens.* Spécialités locales réputées, servies dans de petits salons au charme suranné, avec vue lointaine sur la mer et les ruines du château (demander une table près de la fenêtre). À l'étage, chambres cossues avec vue sur la mer (côté château ou plage). Balcon et jacuzzi pour les plus chères.

|●| ***The Food Hamper :*** *124, High St.* ☎ *865-152. Lun-ven 8h-16h, sam 9h-16h30, dim 10h-16h. Bon marché.* Épicerie fine où l'on peut déguster salades, soupes, sandwichs, petit déj... et quelques fromages du coin. Simple et très correct.

|●| 🍷 ***The Volunteer Arms :*** *17, Victoria St.* ☎ *862-278. Tlj 12h-23h (minuit jeu et dim, 1h ven-sam). Cuisine 12h-15h, 17h30-21h. Prix moyens.* Ce gros pub impose sa façade rouge au-dessus du port, en plein quartier des pêcheurs. Dans la salle au cadre chaleureux ou en terrasse, on y mange de bons classiques (*seafood pie,* haddock fumé...) et quelques plats du jour inscrits sur ardoise. Goûter la bière locale, la *Belhaven Best.*

|●| ***Creel :*** *25, Lamer St.* ☎ *863-279. Tlj sauf lun-mar 12h-14h, 18h-21h. Prix chic.* Ambiance marine dans cette petite salle où le poisson est à l'honneur, notamment le *Fish & chips,* fameux avec sa friture à la bière locale *Belhaven,* mais le menu change tous les jours. Le pain aussi est fabriqué sur place. Accueil charmant.

À voir. À faire

★ ***John Muir Birthplace :*** *126, High St.* ☎ *865-899.* ● *jmbt.org.uk* ● ♿ *Tlj 10h (13h dim)-17h. Fermé lun-mar en hiver et pdt les vac de Noël. GRATUIT (donation bienvenue). Fiches explicatives en français.* Maison natale d'un Écossais peu connu dans son pays : émigré aux États-Unis en 1849, alors qu'il avait 11 ans, il a ensuite beaucoup œuvré à la création des grands parcs nationaux américains. On lui doit le Yosemite notamment. Présentation de ses réalisations, aventures, mais aussi de ses dessins et extraits d'écrits. La maison a été vidée de son contenu pour laisser place à une expo moderne qui s'intègre parfaitement entre les murs chaulés. L'ensemble est une belle réussite architecturale.

★★ Pas étonnant, donc, de trouver au nord de Dunbar et au bord de Belhaven Bay le ***John Muir Country Park,*** une réserve naturelle incluant l'estuaire de la Tyne. Plusieurs parkings. Accessible à pied depuis les ruines du château de Dunbar (2 km) par le *Cliff top trail,* une promenade des plus agréable, qui mène à travers des bois d'essences rares jusqu'aux falaises et aux plages fréquentées par de nombreuses espèces d'oiseaux marins.

★★ Et, tant que nous y sommes, évoquons le ***John Muir Way,*** un itinéraire bucolique de 134 miles (215 km) traversant l'Écosse d'est en ouest (ou l'inverse !). Entre Dunbar et Helensburgh, le chemin est divisé en 10 sections parcourables chacune en 4 à 7h de marche et 2h30 à 3h de vélo. En route, on longe la mer, on traverse des parcs naturels et on peut même visiter quelques châteaux. Prévoir 7 à 10 jours pour boucler le parcours à pied, 4 à 5 jours pour les cyclistes. ● *johnmuirway.org* ●

Dunbar Town House : sous l'horloge de High St. Avr-sept, tlj 13h-17h ; oct-mars, w-e seulement. GRATUIT ; visite guidée sur demande ☎ (01620) 820-699. Cette ancienne chambre de conseil du XVIe s présente désormais une petite expo sur l'histoire locale.

Dunbar Leisure Pool : *au-dessus du port (accès par Victoria St). ☎ (01620) 820-655. • enjoyleisure.com • Horaires variables, en gros tlj 9h-12h, 14h-21h (16h lun, jeu, 17h ven-dim).* Perchée sur les falaises, une grande piscine couverte d'une verrière, avec toboggans, plage, machine à vague, etc. De quoi se baigner, même en Écosse...

DANS LES ENVIRONS DE DUNBAR

Preston Mill** (NTS) : près d'East Linton, à env 6 miles (9,5 km) de Dunbar vers Haddington, sur l'A 1. ☎ (01620) 860-426. • nts.org.uk • Mai-sept : tlj sauf mar-mer, 12h30-16h15 (dernier tour). Visites guidées seulement, env ttes les 45 mn. Entrée : £ 6,50 ; réduc.* Pittoresque moulin à eau du XVIe s, en parfait état de marche, dans un environnement bucolique. Toit conique et tuiles rouges. À 700 m au-delà d'un petit pont blanc, le ***Phantassie Doocot, pigeonnier circulaire du XVIe s. Fréquents à cette époque, les colombiers servaient à pourvoir aux besoins en viande fraîche et en œufs en hiver, où l'on ne disposait que de viande salée et séchée. Capacité : 500 volatiles !

NORTH BERWICK

6 600 hab. IND. TÉL. : 01620

Prononcer « Berick ». La « Biarritz du Nord » a connu un boom à la fin du XIXe s, grâce à l'arrivée du chemin de fer amenant les habitants d'Édimbourg goûter aux nouveaux plaisirs balnéaires. La station en a gardé un petit parfum victorien. 2 belles plages de chaque côté d'un port tout mignon à la pointe du village. Au large, de gros rochers émergent de l'eau.

Arriver – Quitter

En bus

➢ ***Édimbourg :*** bus nos 124 ttes les 30 mn (durée : 1h30) ou X5 (moins fréquent, durée : 1h) avec *East Coast Buses (• eastcoastbuses.co.uk •).*
➢ ***Dunbar :*** bus no 120 ttes les 2h env via Tantallon Castle, avec *Eve. ☎ (01368) 865-500. • eveinfo.co.uk •*

En train

➢ Liaisons fréquentes avec ***Édimbourg.*** Env 1 train/h et 30 mn de trajet. Moins long que le bus.

Où dormir ? Où manger ? Où déguster une glace ?

Tantallon Caravan and Camping Park : *à env 1,5 mile du centre (2,5 km), sur l'A 198 direction Dunbar. ☎ 893-348. • meadowhead.co.uk • Mars-oct. Env £ 18-32 pour 2 avec tente.* Wigwams *(min 2 nuits) £ 45-60 la nuit pour 2.* Splendide étendue de gazon en surplomb de la mer. Le coin des tentes ne profite pas de la vue, mais les équipements compensent : sanitaires impeccables, aire de jeux avec tyrolienne, *putting green*... Également des *wigwams* (genre de huttes).

The Wing : *13, Marine Parade. ☎ 893-162. • thewing.co.uk • À l'extrémité est de la plage. Double avec sdb £ 90, petit déj inclus. L'été, réserver bien à l'avance.* Dans une maison qui fait face à la mer, 3 chambres (dont une un peu étroite) confortables, lumineuses et tenues avec soin. Les charmants proprios mettent à disposition une lunette pour observer les oiseaux depuis l'agréable salon du 1er étage. L'une des bonnes adresses de la côte.

The Grange : *35, High St. ☎ 893-344. Tlj sauf lun 17h-21h (20h dim), et le midi 11h-14h sam-dim. Prix moyens.* Parmi les meilleures options en ville, pour sa cuisine bien travaillée. Spécialités de burgers et steaks (chers), parmi d'autres classiques écossais. Service amical dans une plaisante salle tout en bois. Bonne carte des vins.

Alandas : *1, Quality St. Tlj 10h-22h en juil-août, 11h-18h hors saison.* Pas moins de 60 parfums au compteur de cet artisan, élu meilleur glacier en 2017 et 2018.

ÉDIMBOURG ET LES LOTHIANS

À voir. À faire

➢ ***North Berwick Law :*** *au sud de la ville, promenade d'env 40 mn.* Elle mène jusqu'au sommet d'un cône volcanique (187 m). Magnifique panorama, table d'orientation et curieux monument en forme d'arche constitué de 2 os de baleine.

The Scottish Seabird Centre : *sur le port. ☎ 890-202. • seabird.org • Avr-août : tlj 10h-18h ; nov-janv : tlj 10h-16h (17h le w-e) ; fév-mars et sept-oct : tlj 10h-17h (17h30 le w-e). Entrée : env £ 9 ; réduc. Seafaris (promenade en mer, Pâques-sept ou oct selon météo) £ 25-27, plus cher avec débarquement sur les îles.* Les îles du Firth of Forth et leur faune vues sous tous les angles, et même en direct, grâce à des caméras et des télescopes. Modèle réduit de Bass Rock, projection sur grand écran de films sur les phoques et la colonie de fous de Bassan qui passe l'été dans l'estuaire. Sensibilisation à la fragilité des macareux, dont le nombre avait quasi été divisé par 10 au début des années 2000 en raison d'une herbe invasive empêchant les oiseaux de nicher.
Aquarium et jeux pour les enfants. Autant pour les familles que pour les amateurs d'ornithologie. On peut ensuite se délasser au très agréable café, dont la terrasse domine la mer.

➢ ***Excursion autour de Bass Rock :*** le spectaculaire rocher en face de North Berwick est d'origine volcanique. Outre un phare, il abrite une population de phoques, au pied de grottes marines, et surtout une colonie géante de fous de Bassan. Pour aller les observer, s'adresser à : *☎ (0131) 331-48-57. • sulaboattrips.co.uk • Compter près de £ 20 pour la traversée et le tour de l'île en bateau ; réduc. Durée : 1h15.* On ne débarque pas sur l'île. Les sorties dépendent évidemment de l'état de la mer (en théorie, 1 ou 2 fois par jour en saison). D'autres excursions sont organisées par le *Seabird Centre* (voir plus haut) par petits groupes avec un spécialiste, dont une avec débarquement sur l'île à £ 130 !

UNE HISTOIRE DE FOUS

Bass Rock constitue l'une des 2 plus grandes colonies de fous de Bassan de la planète. Les 250 000 fous massés sur l'île rejettent des dizaines de tonnes de fiente qui donnent une coloration blanc-gris au rocher. Abandonné par ses parents à l'âge de 2 mois, le petit fou apprend tout seul à se débrouiller sans savoir encore voler. S'il survit, il devient alors un grand fou capable de plonger à 15 m de profondeur et de vivre plus de 30 ans.

Manifestations

– ***Highland Games :*** *1er sam d'août.*
– ***Festival Fringe by the sea :*** *2e sem d'août. Programmation sur ● fringebythesea.co.uk* ● Une extension du Fringe Festival.

DANS LES ENVIRONS DE NORTH BERWICK

***Tantallon Castle** (HES) : à 3 miles (5 km) à l'est de North Berwick, sur la route de Dunbar. ☎ 892-727. Tlj 9h30-17h30 (10h-16h oct-mars). Dernière admission 30 mn avt. Entrée : £ 6 ; réduc.* Pittoresque forteresse de grès rouge dominant un éperon rocheux et le déferlement de la houle mugissante. Un vrai château de roman d'aventures. Construit par les Douglas dès la fin du XIVe s et modifié au XVIe s pour en faire un solide ouvrage défensif aux murailles de plus de 25 m de haut et 4 m d'épaisseur, il fut pourtant investi en 1651 par les troupes du général Monck, après 12 jours de bombardements. Les excellents panneaux explicatifs permettent de se faire une bonne idée de l'usage des différentes salles et systèmes défensifs. Au large, *Bass Rock* semble se trouver là comme un avant-poste de Tantallon Castle dans l'océan.

***Dirleton Castle** (HES) : à 3 miles (5 km) à l'ouest de North Berwick. ☎ 850-330. Tlj 9h30-17h30 (10h-16h oct-mars). Entrée : £ 6 ; réduc.* Au milieu de la délicieuse bourgade du même nom, parsemée de coquets cottages et de jardins fleuris, les ruines de Dirleton méritent une brève halte. En partie du XIIIe s, elles évoquent encore sans trop de difficultés la vie des habitants de Dirleton. De plus, grâce aux explications des panneaux illustrés, on peut identifier la fonction des différentes pièces. Au fond du jardin, un mignon pigeonnier en forme de ruche.

***Myreton Motor Museum :** à 7,5 miles (12 km) de North Bernick. Du centre d'Aberlady, prendre la route côtière vers l'est ; c'est indiqué à droite. 07585-356-931. ● myretonmotormuseum.co.uk ● Tlj 10h30-16h30 (15h nov-fév). Entrée : £ 7 ; réduc.* Collection privée un peu hétéroclite de tout ce qui roule en faisant de la fumée depuis 1897.

***Museum of Flight :** à **East Fortune Airfield.** ☎ 0300-123-67-89. ● nms.ac.uk/flight ● À proximité de la B 1347, au sud de North Berwick. Avr-oct : tlj 10h-17h ; nov-mars : seulement le w-e 10h-16h. Entrée : £ 12 ; réduc.* Sur une base désaffectée de la RAF, un rassemblement impressionnant de machines volantes de toutes tailles. Du bombardier atomique géant *Vulcan* au supersonique *Concorde* (dans lequel on peut monter), en passant par le redoutable *Spitfire,* 3 hangars se partagent des machines amoureusement entretenues. Sur le tarmac, un de Havilland Comet, premier jet de passagers lancé dans les années 1950. Ça n'a pas tellement évolué depuis, en tout cas pour ce qui est de l'aménagement intérieur... Dans une baraque, petits et grands enfants s'essaieront aux simulateurs de vol et autres jeux interactifs. À défaut de prendre les commandes d'un jet, on peut y plier des avions en papier...

SAGESSE BRÉSILIENNE

Durant la guerre des Malouines, qui opposa en 1982 le Royaume-Uni à l'Argentine, un bombardier nucléaire Vulcan, *qui participait aux opérations, dut se poser d'urgence au Brésil, victime d'une avarie. Il y fut retenu 7 jours, jusqu'à ce que le gouvernement Thatcher s'engage à ne plus l'utiliser dans le conflit.*

À voir encore dans l'East Lothian

Lennoxlove House : *à env 8 miles (13 km) au sud de North Berwick et à 1 mile au sud de Haddington, sur la B 6369. ☎ (01620) 823-720. • lennoxlove.com • Tours guidés seulement, Pâques-oct : mer-jeu et dim, ttes les heures 12h30-15h30. Entrée : £ 10 ; réduc. Durée : 1h15.* Résidence du duc de Hamilton (la famille habite toujours sur la propriété), entourée d'un superbe parc et dont la partie la plus ancienne date du XIVe s. Collection artistique rassemblant les portraits des propriétaires successifs et de leur prolifique parentèle. Porcelaines, mobilier et, dans la tour, un masque mortuaire de Marie Stuart (encore un !), accompagné d'un coffret d'argent dans lequel furent trouvées les lettres qui l'accusèrent de complot contre la couronne d'Angleterre et conduisirent à son exécution.

Glenkinchie Distillery : *à 2 miles de Pencaitland par l'A 6093 (indiqué), au sud-ouest de Haddington. ☎ (01875) 342-012. • malts.com • Tlj 10h (11h dim)-17h (16h nov-mars). Dernière entrée 1h avt. Sur résa, transport possible par navette depuis Édimbourg. Entrée : £ 4-10 selon visite, avec dégustation, £ 14 avec plus de dégustations ; réduc. Compter 1h15-1h30 de visite.* Le *Glenkinchie* fait partie des plus grands *single malt* écossais, et c'est l'un des rares à être distillé dans le Sud. Lors de la visite guidée des installations, toutes les étapes de fabrication sont abordées : du maltage à la maturation en passant par les alambics de cuivre et la mise en fûts *(casks)*. On finit, bien sûr, par une dégustation. Un coupon de réduction est offert pour les achats à la sortie. N'oubliez pas ensuite de faire un tour dans Pencaitland, un village à l'architecture vraiment ravissante !

Gifford : *à 4 miles (env 6 km) au sud de Haddington par la B 6369.* À partir de ce mignon village, on part explorer les ***Lammermuir Hills,*** recouvertes d'un manteau de bruyères et parsemées de lacs étincelants et de rivières. De nombreux sentiers de randonnée les sillonnent.

LE WEST LOTHIAN

La région à l'ouest d'Édimbourg, sur les bords du Firth of Forth jusqu'aux abords de Stirling, joua un rôle essentiel dans l'histoire de l'Écosse. Il en reste de nombreuses traces.

SOUTH QUEENSFERRY 9 400 hab. IND. TÉL. : 0131

Située sur un emplacement stratégique, puisque c'est à cet endroit que 3 ponts spectaculaires franchissent le Firth of Forth. Auparavant bourg royal, vivant du droit de péage dont s'acquittaient les voyageurs, la ville vit la mise en service du premier ferry-boat au monde. La construction du Forth Rail Bridge en 1890 et surtout du Forth Road Bridge mirent l'activité des ferries en veilleuse dans les années 1960. Aujourd'hui, la rue principale (High Street) garde tout son charme, tapissée de pavés et bordée de jolies maisons anciennes façon cottage de pêcheurs avec vue sur le fleuve.

Arriver – Quitter

En bus

➢ ***De et vers Édimbourg :*** bus n° 40 de la compagnie *Stagecoach.* ☎ *(01592) 645-680.* ● *stagecoachbus.com* ● Trajet ttes les 10-30 mn.

En train

🚂 ***Gare de Dalmeny :*** *à 2 km du village.* Sur la ligne **Édimbourg-Fife.** *Scotrail :* ☎ *0330-303-0111.* ● *scotrail.co.uk* ● Durée : 15 mn.

Où dormir ? Où manger ? Où boire un verre ?

🏠 🍽 ***Hawes Inn/Innkeepers Lodge :*** *7, Newhalls Rd ; au pied du Forth Rail Bridge. Central de résas :* ☎ *08451-551-551.* ● *innkeeperslodge.com* ● *Doubles £ 50-100 selon confort, petit déj inclus. Resto à prix moyens. Parking.* Mythique auberge du XVIIe s dont s'inspira Robert Louis Stevenson pour *Kidnapped* lors d'un séjour en 1886. Walter Scott y fait également référence dans *Antiquary.* Mais ces honneurs ne lui sont pas montés à la tête, car l'établissement, désormais avalé par une chaîne hôtelière, assure toujours un service efficace. Une adresse chic et décontractée, nichée dans un ensemble de maisonnettes face à la berge, au pied du pont. Demandez une chambre avec vue sur Firth of Forth. Cuisine de pub soignée, servie dans une enfilade de salons cossus.

🍽 🍸 ***Orocco Pier :*** *17, High St.* ☎ *0870-118-16-64. Tlj 7h-1h (cuisine jusqu'à 22h). Prix moyens le midi, chic le soir.* Cette bâtisse de 1664 a troqué sa vieille patine pour une tenue chic et sobre résolument branchée. Mais son vrai atout est sa baie vitrée offrant une vue fabuleuse. Du coup, on s'y installe volontiers pour l'apéro, voire pour goûter un plat de la mer (moules, huîtres, langoustines...) tout en contemplant l'ossature du géant étiré entre 2 rives.

ÉDIMBOURG ET LES LOTHIANS

À voir. À faire

◎ ✱✱ ***Forth Rail Bridge :*** il fait partie des cartes postales de l'Écosse. Inauguré en 1890 par Édouard VII, la petite histoire raconte que Sa Gracieuse Majesté posa un dernier rivet... en or. Longue de 2 413 m, cette puissante structure métallique s'appuyant sur 3 piles est construite en porte-à-faux sur les parties centrales, une technique architecturale particulière. Cet ouvrage d'art constitue un sublime témoignage du savoir-faire de l'ère industrielle. Il faut plus de 30 t de peinture pour lui refaire en permanence une beauté. Quand vous serez au pied du pont, écoutez-le chanter sa complainte à chaque passage d'un train. C'est un grognement qui monte du temps de la révolution industrielle et qui vient du plus profond de ses rivets. On ne peut s'empêcher d'avoir une pensée pour les nombreux ouvriers qui périrent durant les 7 années de sa construction.

✱✱ ***Forth Road Bridge :*** pont suspendu achevé en 1964. Élégance de la travée principale qui mesure plus de 1 km entre les 2 piliers. Depuis la construction, en 2017, du ***Queensferry Crossing,*** pont à haubans connectant les autoroutes M 90 et M 9, le Forth Road Bridge n'est plus accessible aux voitures, seulement aux bus, taxis, (moto)cyclistes et piétons.

✱ ***South Queensferry Museum :*** *53, High St (la rue principale) ; dans une maison blanche au bord de l'eau.* ☎ *331-55-45. Lun et jeu-sam 10h-13h, 14h15-17h ; dim 12h-17h. Fermé mar-mer. GRATUIT.* Histoire de la ville et de la construction des ponts. On peut y voir les 2 derniers tickets du ferry qui faisait la traversée du fleuve, en date du 4 septembre 1964. Également une amusante vitrine sur le *Ferry*

Fair, une fête de village qui a lieu le 1er vendredi d'août. On promène alors dans les rues un homme couvert de fleurs de bardane séchées *(burs)* qui sont hérissées d'épines.

➢ ***Croisières sur le Firth of Forth :*** *départs et rens sur le Hawes Pier, sous le Forth Rail Bridge, à l'agence* ***Maid of the Forth.*** *☎ 331-50-00. • maidofthe forth.co.uk • Bureau tlj 9h30-17h30. Compter env £ 20 pour 3h de balade avec escale, £ 14 pour l'option sans arrêt, durée : 1h30. Env 4 départs/j. mai-sept ; seulement le w-e avr et oct ; aucun départ nov-mars.* Escapades jusqu'à Inchcolm Island à bord du *Maid of the Forth.* Visite de la charmante ***abbaye d'Inchcolm*** *(HES ; ouv tlj avr-sept 9h30-17h ; entrée : £ 6),* souvent appelée l'« Iona de l'Est », incluse ou non dans le ticket. Sa situation exceptionnelle en fait un endroit très convoité pour les mariages. Nombreux oiseaux de mer et vue sans égale sur les ponts du Firth of Forth. L'agence ***Forth Tours*** propose une excursion (3h) pour £ 15, avec arrêt possible sur Inchcolm Island (compter 1h30 de plus).
– Noter qu'il existe une formule combinée A/R bus avec Édimbourg + bateau sur le Firth of Forth pour £ 22 avec le Forth Belle. ☎ 331-30-30. • forthtours.com •
– Pour les sorties ornithologiques en bateau, plus intimes que les précédentes, s'adresser à la ***RSPB*** *(Royal Society for the Protection of Birds) : ☎ 317-41-00. • rspb.org.uk • Sur résa seulement.*

DANS LES ENVIRONS DE SOUTH QUEENSFERRY

Hopetoun House : *à env 1,5 mile (2,5 km) à l'ouest par l'A 904 direction Linlithgow. ☎ 331-24-51. • hopetoun.co.uk • Pas de bus pour s'y rendre. De mi-avr à fin sept : tlj 10h30-16h (dernière admission). Entrée : £ 11 ; £ 5 pour les jardins seulement ; réduc.* Considéré comme le Versailles écossais, cet impressionnant château georgien du XVIIIe s est toujours habité par le 4e marquis de Linlithgow. Du moins, une aile lui suffit amplement... Les visiteurs s'approprient les autres, profitant de la superbe décoration intérieure (les pièces sont encore meublées), rythmée de tapisseries d'Aubusson et de peintures de maîtres classiques (atelier de Rubens, école de Bologne, Gainsborough, etc.). La rumeur prétend que le tableau de Rembrandt serait une copie... Amusant : la salle du coffre-fort, où sont gardées les archives du château. Vue assez chouette du haut des toits. Profitez-en pour noter les différences de style entre les architectes qui se succédèrent lors de la construction du colosse. Le premier, William Bruce, se distingua sur le chantier du *Palace of Holyroodhouse* d'Édimbourg, tandis que les Adam père et fils qui reprirent le flambeau sont admirés pour le fantastique Charlotte Square dans la New Town d'Édimbourg, signé Robert Adam. Du beau monde ! À l'extérieur, 3 sentiers sillonnent le parc et les agréables jardins d'où l'on peut admirer le célèbre pont suspendu.
Un *tearoom* est installé dans les anciennes écuries *(prix moyens).*

Deep Sea World : *à* ***North Queensferry.*** *☎ (01383) 411-880. • deepsea world.com • À env 5 miles (8 km) de South Queensferry. Par le train, arrêt à North Queensferry. Sous le Forth Rail Bridge. Tlj 10h-17h (18h le w-e). Ferme 1h plus tôt en hiver. Dernière admission 1h avt. Entrée : env £ 16; réduc. Moins cher sur Internet.* À la découverte du monde sous-marin. En guise de mise en bouche, différents aquariums répartis en fonction de leurs origines géographiques présentent plusieurs espèces attachantes, comme les poissons-clowns, ou peu sympathiques, comme les poissons-pierres et les piranhas. Un long couloir débouche sur un gigantesque aquarium. On traverse alors les 4 millions de litres d'eau sur un tapis roulant, dans un tube de verre, taquinant raies, pieuvres et autres requins qui dansent au-dessus de nos têtes. D'adorables phoques sont accueillis à l'extérieur, mais leur pataugeoire fait un peu peine à voir. Pourvu que ça ne soit qu'un « long chemin vers la liberté » ! Visite sympathique, surtout pour les enfants, mais on a déjà vu des aquariums bien plus spectaculaires. Possibilité de plonger (y compris avec les requins) et de nourrir les poissons après les heures d'ouverture. Aucune compétence particulière n'est requise, mais mieux vaut passer à la banque avant !

Dalmeny House : *à 2 km à l'est, signalé depuis l'A 90. ☎ 331-18-88. • dalmeny.co.uk • Juin-juil : dim-mer, visites guidées à 14h15 et 15h30. Entrée : £ 10 ; réduc.* Demeure familiale des comtes de Rosebery depuis plus de 3 siècles. Collections de meubles, tapisseries, porcelaine et souvenirs napoléoniens. Beau parc. Promenade sur le rivage du Firth of Forth.

LINLITHGOW

13 400 hab. IND. TÉL. : 01506

Ancien bourg royal aux belles demeures des XVIe et XVIIe s alignées le long de High Street, Linlithgow entretient soigneusement ce qui reste du palais où naquirent Jacques V et sa fille Marie Stuart. Mérite le détour pour ce château impressionnant et la charmante place du marché dominée par un hôtel de ville du XVIIe s. Balades possibles sur un canal, à bord de pénichettes. Également un musée sur l'histoire de la ville et de la région, ainsi qu'un intéressant festival de danses écossaises en juillet-août *(Scotch Hop)*, autour du château.

Arriver – Quitter

En bus

➢ ***De et vers Édimbourg :*** bus n° 38 de la compagnie *First. ☎ 0871-200-22-33. • firstgroup.com •* Durée : 1h.

En train

Gare : *sur High St.* Depuis ***Édimbourg*** (Waverley ou Haymarket). *Scotrail : ☎ 0330-303-0111. • scotrail.co.uk •* Départs ttes les 15-30 mn. Durée : 20 mn.

Où dormir ? Où manger ?

Beecraigs Caravan Park : *à env 2 miles (3 km) au sud de Linlithgow. ☎ 844-516. • beecraigs.com • Prendre à gauche sur Preston Rd (fléché). Visitor Centre 100 m plus bas que le resto, sur la gauche. Avr-oct seulement pour les tentes. Compter £ 16-24 pour 2 avec tente.* Perdu en pleine campagne, en bordure d'une pinède, ce *caravan park* est un havre de tranquillité. Au fond, un petit enclos est prévu pour les tentes. Emplacements camping-cars moins bucoliques, sur des places de parking en gravier. Nombreuses activités : randonnée, pêche à la mouche, escalade... Restaurant à la vue superbement dégagée.

Taste : *47, High St. ☎ 844-445. Tlj 8h30 (9h sam, 10h dim)-17h30 (16h30 dim-mer). Bon marché.* Un café-*deli* très recommandé pour le petit déj et pour ses savoureux sandwichs, salades et *rolls* à base de produits typiques (*haggis*, fromage...). Quelques tables pour grignoter sur place.

Four Mary's : *65-67, High St. ☎ 842-171. Tlj 12h-23h (0h30 ven-sam). Cuisine jusqu'à 21h. Prix moyens.* Un vieux pub écossais cosy en diable, truffé de recoins douillets où les habitués enfournent des plats classiques, solides et bien préparés. Sachez que dans cette honorable maison naquit l'inventeur du chloroforme. Mais, on vous rassure, ambiance pas soporifique pour un sou, vu le beau choix de whiskies et *real ales*.

À voir

Linlithgow Palace (HES) : *en plein centre. ☎ 842-896. Tlj 9h30-17h30 (10h-16h oct-mars). Dernière admission 45 mn avt. Entrée : £ 6 ; réduc. Panneaux en français.*

Dominant le charmant loch où s'ébattent des cygnes, le palais royal occupe le site d'un ancien manoir édifié vers 1302 par Édouard Ier. Marie Stuart y vint au monde en 1542 et y résida fréquemment. Dans l'allée qui y mène, noter les plaques portant les noms de tous les souverains britanniques depuis Marie Stuart. C'est l'occasion de réviser ! Il reste un petit bout de mur après Élisabeth II...

Une visite hors du commun que ce palais à l'ossature quasi intacte vue de l'extérieur, mais dont il ne reste ni plancher ni charpente ni huisseries. Pourtant, on peut s'y promener librement, arpenter les escaliers de pierre et parcourir les galeries des étages nobles. Le grand salon à ciel ouvert prend des proportions remarquables. L'escalier à côté des appartements royaux mène à un point d'observation au sommet de l'édifice, duquel on peut jouir d'une belle vue sur la cour du château et les environs. Il faut se laisser envahir doucement par la magie des lieux.

Dans la cour intérieure du palais, aux façades nettement inspirées de la Renaissance, une splendide fontaine octogonale du XVIe s attire le regard. Remarquer le *portail* monumental où l'on observe différents blasons.

– En ressortant du château, jeter un œil à l'*église Saint-Michel,* de style gothique flamboyant, qui fut la plus grande église bâtie en Écosse avant la Réforme. Elle est surmontée d'une flèche moderne plus ou moins controversée. Quant au toit d'origine, il a été ravagé par un incendie en 1746.

DANS LES ENVIRONS DE LINLITHGOW

The House of the Binns (NTS) : *à env 7 km à l'est de Linlithgow, par l'A 904. ☎ 0844-493-21-27. • nts.org.uk • Bus no 180 de Linlithgow. Juin-sept, visites guidées seulement : tlj sauf jeu-ven, 14h-17h (dernière visite à 16h15). Entrée : env £ 11 ; réduc.* Demeure historique du XVIIe s, mélange de manoir féodal et de résidence de prestige, posée sur une colline au cœur d'un vaste parc. La visite présente les appartements à l'aménagement confortable des Dalyell, dont l'ancêtre fit fortune comme négociant à Édimbourg. Portraits de famille et plafonds en stuc. On dit que le fantôme du général Tam, rival de Cromwell, y ferait de temps à autre une apparition.

Blackness Castle (HES) : *non loin de House of the Binns, par la B 903. ☎ 834-807. Bus no F49 (4 liaisons/j. sauf dim) depuis Linlithgow. Avr-sept : tlj 9h30-17h30 ; oct : tlj 10h-16h ; nov-mars : tlj sauf jeu-ven 10h-16h. Fermeture des caisses 30 mn avt. Entrée : £ 6.* Une forteresse de roman de cape et d'épée, dont l'enceinte a la forme d'une coque de bateau. Fermement agrippée à la roche, elle semble défier les éléments en enfonçant un angle de ses remparts dans les flots du Firth of Forth. Le donjon massif du XIVe s et les courtines construites en gros appareillage présentent un aspect austère, dont l'allure sévère est renforcée par les rochers bruts affleurant dans la cour intérieure. Consolidée au XVIe s, elle fut tour à tour résidence royale, prison et dépôt d'armes. Sa conversion fut cinématographique, puisqu'elle accueillit, entre autres, le tournage du *Hamlet* (1996) de Franco Zeffirelli avec Mel Gibson ou celui de *Macbeth* (1997) avec Jason Connery (oui, le fils de l'autre !). Un classeur, disponible à l'accueil, montre d'ailleurs quelques photos de ces tournages. Tables de pique-nique avec une vue magnifique sur le Firth of Forth.

GLASGOW ET LA VALLÉE DE LA CLYDE

GLASGOW

606 000 hab. IND. TÉL. : 0141

• Plan d'ensemble *p. 138-139* • Centre (zoom I) *p. 140-141* • West End (zoom II) *p. 143*

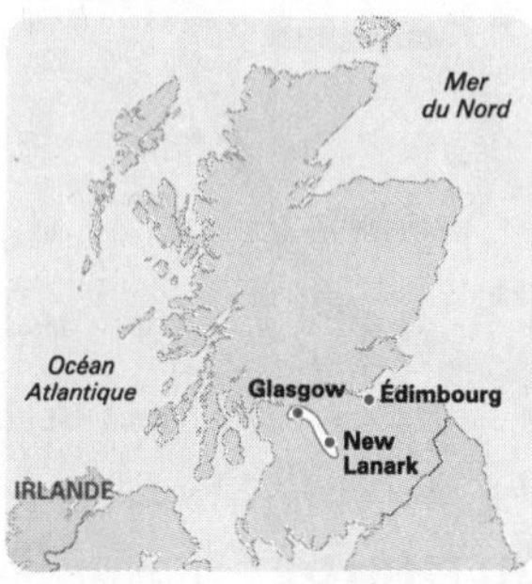

Misant sur sa formidable énergie créatrice, Glasgow a tourné avec brio la page de son passé industriel pour se muer en une métropole moderne et dynamique. Architectes, designers et artistes réhabilitent, construisent et habillent quartiers et rues de cette cité autrefois prospère. Tour à tour Capitale européenne de la culture, Capitale britannique de l'architecture et du design, elle reçut le titre de Cité de la musique en 2008 par l'Unesco et accueillit en 2014 les Jeux du Commonwealth.

Malgré cette mutation, c'est toujours à Glasgow que vous rencontrerez l'Écosse, la vraie. À l'université d'Édimbourg, 50 % des étudiants sont anglais. Ici, on les compte sur les doigts d'une main, l'université de Glasgow étant 100 % écossaise. Vous serez aussi frappé par la gentillesse des habitants ; le poids de la classe ouvrière, majoritaire dans la région, solidaire dans les luttes passées, y est sûrement pour quelque chose. Et puis – est-ce un hasard ? – la communauté celtique est importante à Glasgow. Bien rares sont les Glaswegians qui ne trimbalent pas aussi un peu de sang irlandais dans leurs veines... Alors, venez vous laisser entraîner par une bande d'étudiants en goguette, goûter à la convivialité des pubs, assister à des concerts enfiévrés ou à des spectacles de théâtre d'avant-garde... Vous l'avez deviné, Glasgow nous a touchés droit au cœur !

UN PEU D'HISTOIRE

Longtemps dans l'ombre des ports anglais, Glasgow ne connut un véritable développement qu'au XVIIIe s, lorsque l'Écosse passa sous domination britannique. La ville s'enrichit grâce au commerce avec les colonies, en particulier celui du tabac.

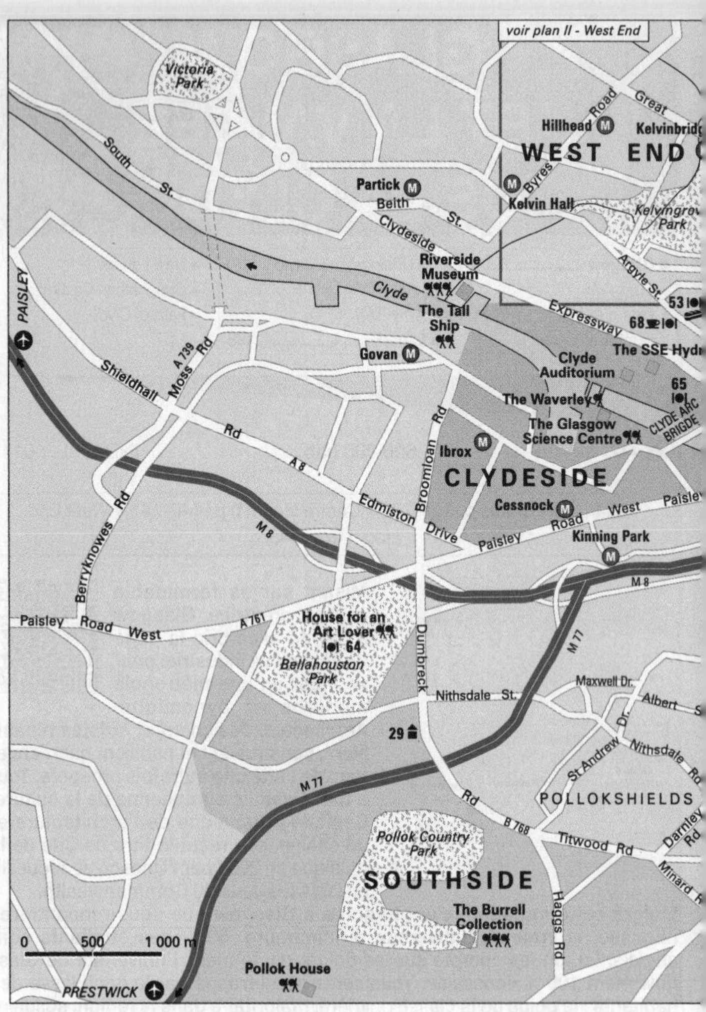

Puis on découvrit du charbon et du fer dans la région. Cette double conjonction de grand port et de producteur de minerais fut à l'origine du considérable essor de la ville et de la vallée de la Clyde au XIXe s, lors de la révolution industrielle. James Watt, qui sut adapter la machine à vapeur à l'industrie, est natif du coin. La ville se couvrit alors de grands édifices publics, de belles demeures et d'agréables jardins, avec leur contrepoint inévitable, les quartiers ouvriers misérables où s'entassaient immigrés irlandais et petits paysans des Highlands chassés par les *clearances*. L'industrialisation forcenée, la course aux profits juteux ignorèrent, bien sûr, les problèmes d'équilibre écologique. C'est à cette époque que Glasgow se forgea une réputation (difficile à effacer !) de ville

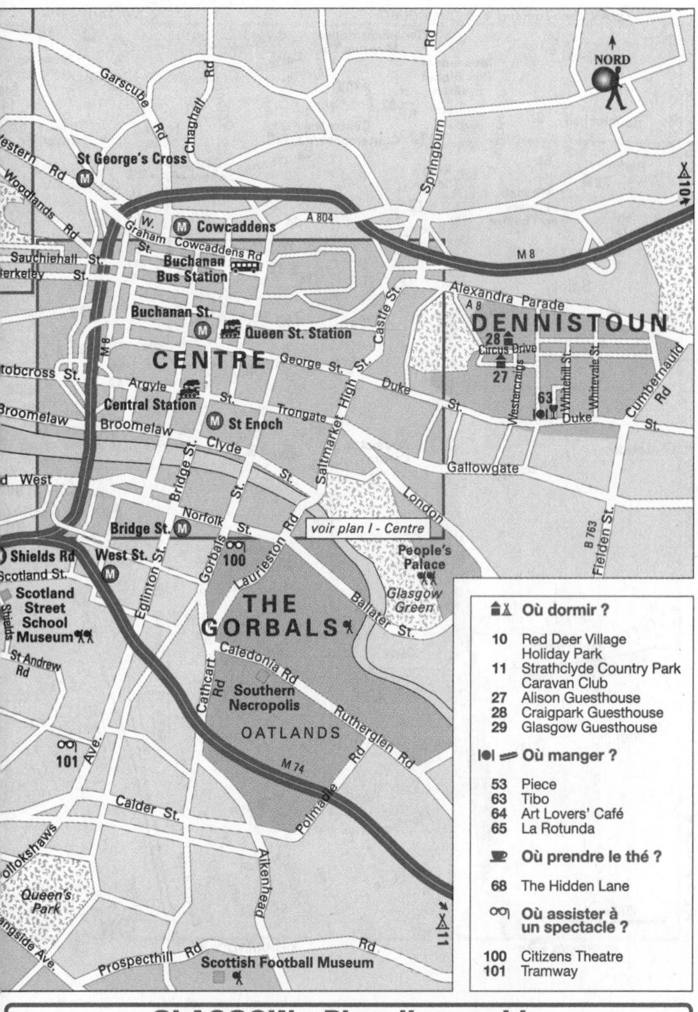

GLASGOW – Plan d'ensemble

sale, asphyxiée par les fumées d'usines. La tuberculose et l'alcoolisme, qui ravageaient les ghettos ouvriers, contribuèrent à alimenter les lugubres descriptions à la Dickens. Ce qui fut vrai ne l'est plus. *The Gorbals,* le quartier de l'autre côté de la Clyde, symbole de la misère ouvrière, a été pour l'essentiel rasé dans les années 1960. Avec la crise économique, beaucoup d'usines – dont les fameux chantiers navals de la Clyde d'où sortirent le *Queen Mary* et le *Queen Elizabeth* – ont fermé, laissant place à des monuments innovants (pour ne pas dire futuristes !), signés par les plus grands architectes. La ville s'efforce aujourd'hui de conserver sa position de capitale économique en diversifiant ses activités : industries de transformation, services et tourisme.

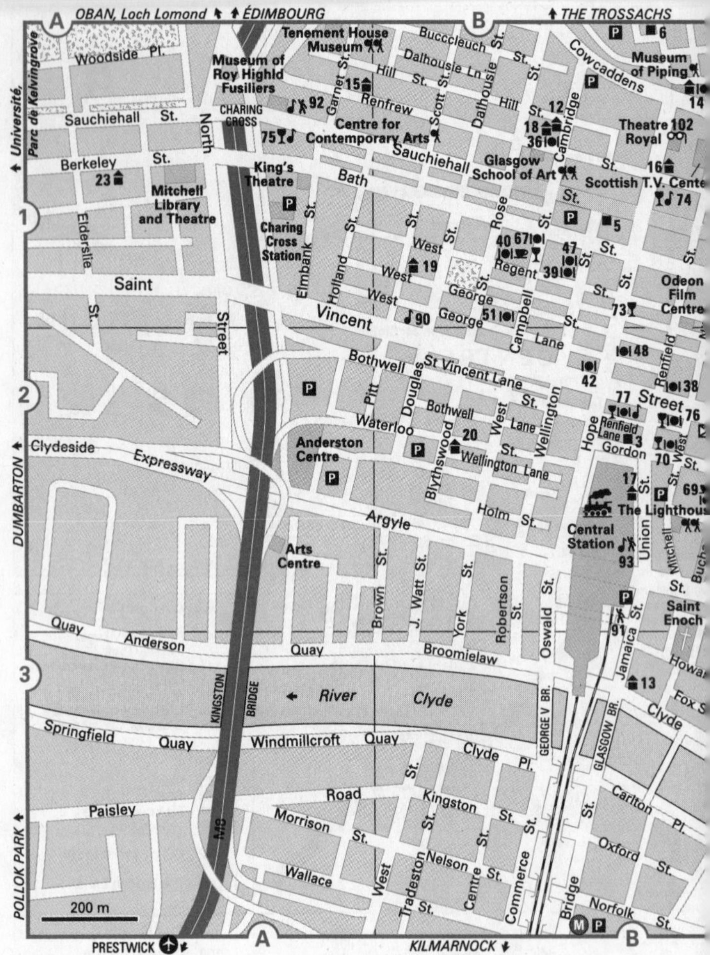

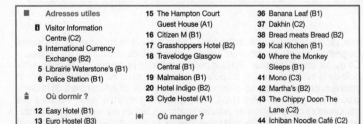

■ **Adresses utiles**

- i Visitor Information Centre (C2)
- **3** International Currency Exchange (B2)
- **5** Librairie Waterstone's (B1)
- **6** Police Station (B1)

Où dormir ?

- **12** Easy Hotel (B1)
- **13** Euro Hostel (B3)
- **14** The Piper's Tryst (B1)
- **15** The Hampton Court Guest House (A1)
- **16** Citizen M (B1)
- **17** Grasshoppers Hotel (B2)
- **18** Travelodge Glasgow Central (B1)
- **19** Malmaison (B1)
- **20** Hotel Indigo (B2)
- **23** Clyde Hostel (A1)

Où manger ?

- **14** The Piper's Tryst (B1)
- **36** Banana Leaf (B1)
- **37** Dakhin (C2)
- **38** Bread meats Bread (B2)
- **39** Kcal Kitchen (B1)
- **40** Where the Monkey Sleeps (B1)
- **41** Mono (C3)
- **42** Martha's (B2)
- **43** The Chippy Doon The Lane (C2)
- **44** Ichiban Noodle Café (C2)
- **45** Café Gandolfi (C2)

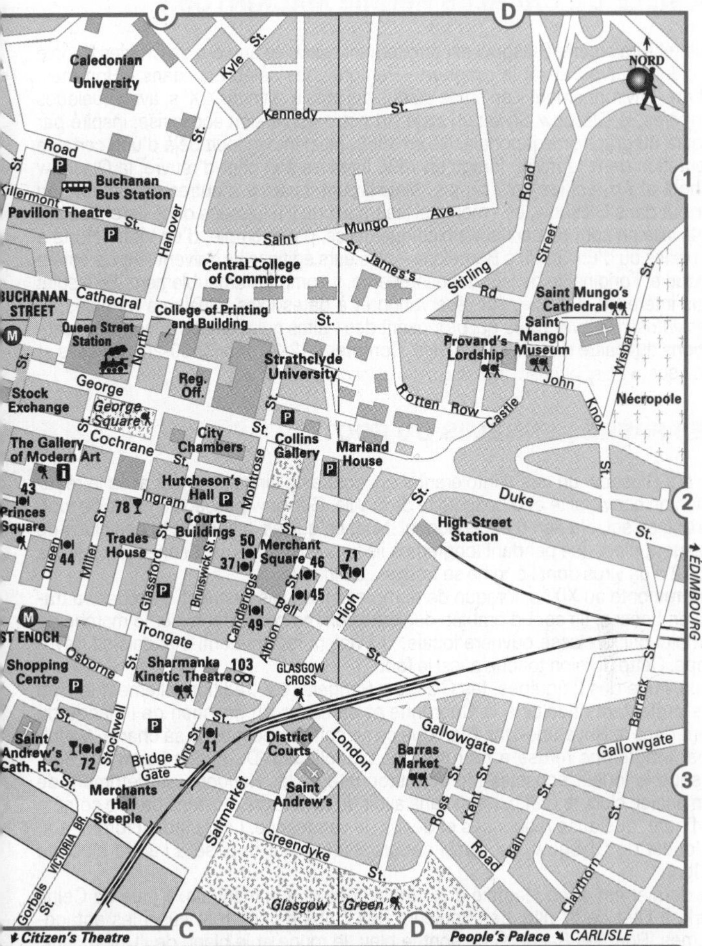

GLASGOW – Centre (zoom I)

46 The Italian Caffè (C2)
47 Fratelli Sarti (B1)
48 Mussel Inn (B2)
49 Guy's (C2)
50 City Merchant (C2)
51 Gamba (B1)

Où prendre le thé ?

67 The Tea Rooms & The Butterfly and The Pig (B1)
69 The Willow Tea Rooms (B2)

Où boire un verre ? Où écouter de la bonne musique ?

70 Horse Shoe Bar (B2)
71 Babbity Bowster (D2)
72 The Scotia (C3)
73 Pot Still (B1)
74 Molly Malone's (B1)
75 Nice'n'Sleazy (A1)
76 Drum & Monkey (B2)
77 Stereo (B2)
78 The Corinthian Club (C2)

Où écouter un bon concert ? Où danser ?

90 King Tut's Wah Wah Hut (B1)
91 Sub Club (B2)
92 The Garage (A1)
93 The Cathouse Rock Club (B2)

Où assister à un spectacle ?

102 Theatre Royal (B1)
103 Tron Theatre (C3)

LA VILLE DE CHARLES RENNIE MACKINTOSH

Architecturalement, Glasgow est étroitement associée au nom de Charles Rennie Mackintosh (voir aussi la rubrique « Personnages célèbres » dans « Hommes, culture, environnement » en fin de guide), qui créa à la fin du XIXe s, avec quelques confrères, le *Glasgow Style* : un style Art nouveau version écossaise, inspiré par l'épure du graphisme japonais. Né en 1868, Mackintosh jouit déjà d'une certaine réputation dans le milieu lorsqu'en 1896 il réalise son chef-d'œuvre, la Glasgow School of Art, édifiée en 2 temps. Mais il contribuera à d'autres projets un peu partout dans Glasgow, et – même si les traces qu'il a laissées dans l'architecture de la ville ne sont pas aussi visibles que celles, par exemple, d'un Victor Horta à Bruxelles ou d'un Gaudí à Barcelone – plusieurs édifices lui doivent leur caractère unique et l'originalité de leur déco intérieure, y compris l'ameublement. Si le sujet vous intéresse, il existe, sur réservation et à dates fixes, plusieurs formules de *Mackintosh Walking Tours* qui proposent des visites guidées des principales réalisations du maître dans le centre-ville. Compter £ 12-20 pour 1h30-2h15. Résas et infos sur ● *glasgowmackintosh.com* ● *crmsociety.com* ●

LES FRÈRES ENNEMIS DU FOOT !

Il y a à Glasgow un cas d'intolérance qui contraste singulièrement avec la réputation de convivialité et d'hospitalité de la ville. Glasgow possède 2 clubs de foot. Ce qui, en soi, n'a rien d'exceptionnel. Non, ce qui fait la spécificité des clubs de Glasgow, c'est que pendant longtemps ils furent véritablement ennemis, victimes tous 2 d'un virus dont l'origine se trouve... en Irlande.

Tout remonte au XIXe s, lorsque de nombreux Irlandais viennent chercher du travail en Écosse. Ils sont d'emblée dénigrés comme concurrents sur le marché de l'emploi par la classe ouvrière locale. Un violent racisme anti-Irlandais se développe. Cette division touche aussi le foot.

Ainsi, l'une des 2 équipes, les *Glasgow Rangers,* est traditionnellement le club des protestants fidèles à la Couronne et partisans du maintien de l'Irlande du Nord dans le Royaume-Uni. Bien que ce ne soit pas écrit dans sa charte, le club s'est longtemps refusé à recruter des catholiques. Du moins jusqu'en 1989, lorsque le joueur écossais Mo Johnston intégra les *Rangers,* au détriment de son ancien club, le *Celtic*... non sans avoir dû combattre, au sens propre comme au figuré, quelques réticences et désirs de vengeance. Leur stade, l'Ibrox Park, à l'ouest de Glasgow, est aussi géographiquement opposé à l'autre club : le Celtic.

Ce dernier est donc identifié aux catholiques et aux Irlandais. Il joue au Celtic Park, à l'est de la ville. Les couleurs des clubs démontrent aussi les antagonismes. Pour les *Rangers,* ce sont le bleu, le rouge et le blanc de l'Union Jack, copieusement agité pour la circonstance ; pour le *Celtic,* il s'agit du vert et du blanc, et nombre de ses supporters brandissent le drapeau irlandais lors des matchs. De fermes mesures ont été prises pour combattre ce sectarisme, mais des incidents surviennent encore parfois. À tel point que beaucoup de pubs de Glasgow interdisent à leurs clients d'arborer les couleurs de leur club fétiche, histoire d'éviter les séances de bourre-pifs d'après match ! Difficile en tout cas de contourner l'*Old Firm,* ainsi que l'on désigne conjointement le match entre les 2 clubs : depuis la Seconde Guerre mondiale, à eux 2, ils ont remporté plus des deux tiers des titres de champion d'Écosse ! À parité quasi égale. Mais les temps sont durs pour les *Rangers,* rétrogradés en 4e division en 2012 en raison d'une dette colossale. Vite ressuscité, le club a déjà rejoint la *Scottish Premier League* et tente de combler l'écart avec le *Celtic.*

Et puis il existe 2 autres clubs de foot, tous 2 en *Scottish Premier League,* les *Queens Park* (plus vieux club écossais) et *Partick Thistle,* qui ne font, eux, aucun cas de la religion.

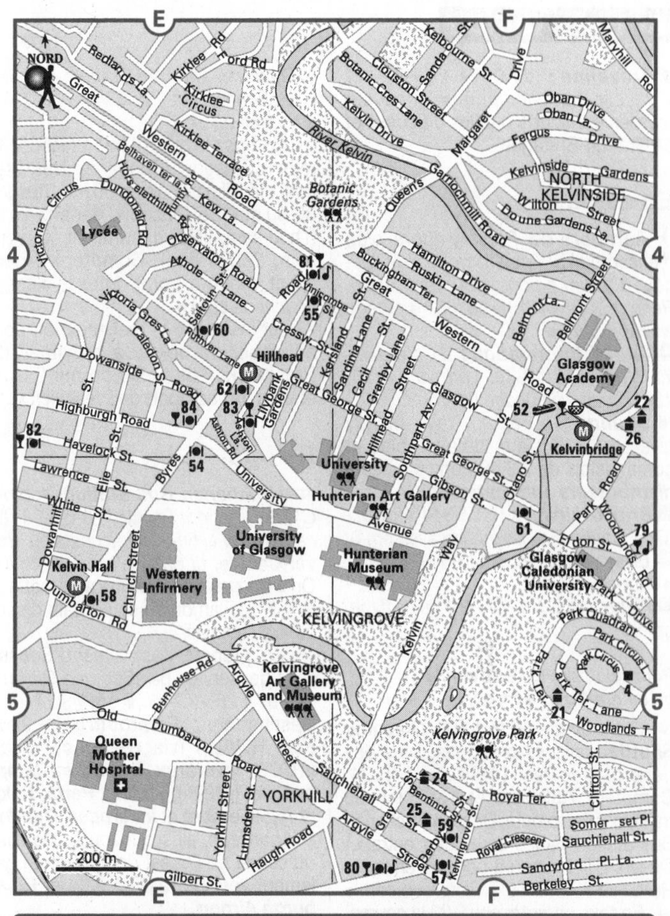

GLASGOW – WEST END (ZOOM II)

■ **Adresse utile**

4 Alliance française (F5)

Où dormir ?

21 Glasgow Youth Hostel (F5)
22 Albion Hotel (F4)
24 Alamo Guesthouse (F5)
25 Kelvingrove Hotel (F5)
26 Amadeus Guest House (F4)

Où manger ?

52 Roots Fruits and Flowers (F4)
54 Kember & Jones (E4-5)
55 Pub Hillhead Book Club (E4)
57 The Crabshakk (F5)
58 Number 16 (E5)
59 Ox and Finch (F5)
60 The Bothy (E4)
61 Stravaigin (F5)
62 Ubiquitous Chip (E4)

Où boire un verre ? Où écouter de la bonne musique ?

52 Inn Deep (F4)
79 Dram ! (F5)
80 The 78 (F5)
81 Oran Mor (E4)
82 Cottiers (E4)
83 Brel (E4)
84 Tennents Bar (E4)

Achats

52 The Glasgow Vintage Co (F4)

Arriver – Quitter

■ ***Traveline :*** ☎ *0871-200-22-33.* • *travelinescotland.com* • Infos sur tous les transports publics d'Écosse et de Grande-Bretagne.

En avion

✈ ***Aéroport de Paisley*** *(hors plan d'ensemble)* **:** *le plus proche de Glasgow, à 13 km à l'ouest du centre-ville. Rens :* ☎ *0844-481-55-55.* • *glasgowairport.com* •

🛈 ***Tourist Information :*** *au niveau 1.* ☎ *(0141) 566-40-89. Lun-sam 7h30-18h (17h en hiver), dim 8h-15h30.*

■ ***Change :*** *bureaux* Travelex *aux niveaux 1 et 2.* Taux défavorables et commission de £ 3. Sinon, plusieurs **distributeurs automatiques.**

■ ***British Airways :*** ☎ *0844-493-07-87 (n° national).* • *britishairways.com* •

■ ***Easy Jet :*** ☎ *0843-104-50-00.* • *easyjet.com* •

■ ***Flybe :*** ☎ *0871-700-20-00.* • *flybe.com* •

Pour rejoindre le centre-ville ou se rendre à l'aéroport

➢ Les navettes ***First 500 Glasgow Shuttle*** sont très pratiques, avec des départs ttes les 10-30 mn 24h/24. Compter £ 7,50/pers et 15-25 mn de trajet, par l'autoroute. Dessert Buchanan Bus Station via les gares de Central et Queen. Billet vendu à bord ou en ligne. *Rens :* ☎ *420-76-00.* • *firstgroup.com* •

➢ ***En taxi,*** compter env £ 23 la course.

✈ ***Aéroport de Prestwick*** *(hors plan d'ensemble)* **:** *à 32 miles (51 km) au sud-ouest de Glasgow, en bordure de la ville d'Ayr. Rens :* ☎ *0871-223-07-00.* • *glasgowprestwick.com* • Glasgow Prestwick Airport accueille surtout les compagnies *low-cost* (comme *Ryanair* assurant une liaison avec Carcassonne). Sur place : **loueurs de voitures, bureaux de change** et **distributeurs.**

■ ***Ryanair :*** ☎ *0871-246-00-03.* • *ryanair.com* •

Pour rejoindre le centre-ville

➢ ***En train :*** ttes les 20 mn (30 mn dim), 5h20 (8h50 dim)-23h05 ; arrivée à Glasgow Central Station. Durée : env 50 mn. *Infos :* ☎ *0344-811-0141.* • *scotrail.co.uk* •

➢ ***En bus :*** le bus X77 de *Stagecoach* rejoint Glasgow (Buchanan Bus Station) via Kilmarnock en 50 mn, ttes les 30-60 mn. De Glasgow, départs 7h15 (7h50 sam, 8h55 dim)-minuit (4h ven-sam, 22h05 dim). Compter £ 6/pers (billet vendu à bord). Infos : • *stagecoachbus.com* •

– Pour les vols très matinaux, on peut envisager de dormir à proximité de Prestwick (voir « Où dormir ? Aux abords de l'aéroport de Prestwick »).

En bus

🚌 ***Buchanan Bus Station*** *(zoom I, C1)* **:** *Killermont St.* ☎ *333-37-08. Le hall est ouv tlj 6h-23h (guichets du* ***Travel Centre,*** *tlj 6h30 [7h dim]-22h30).* On y trouve une consigne automatique *(£ 5-7/j.).* Plan du réseau urbain disponible à l'accueil.

➢ La plupart des villes d'Écosse sont desservies par *Scottish Citylink.* ☎ *0871-266-33-33.* • *citylink.co.uk* • Destinations : ***Édimbourg*** (n° 900), ***Fort William*** (via ***Glencoe***), ***Oban*** (n° 976), ***Inveraray, Tarbert*** et ***Campbeltown*** (n° 926), ***Stirling, Perth, Pitlochry, Aviemore*** et ***Inverness, Dundee*** et ***Aberdeen,*** ainsi que toutes les villes du sud et de l'ouest de l'Écosse. Également vers ***Belfast*** (n° 923) et ***Edinburgh Airport.***

➢ Pour les autres villes de ***Grande-Bretagne,*** utiliser *National Express.* ☎ *0871-781-81-81.* • *nationalexpress.com* • Ou encore *Megabus :* ☎ *0900-160-09-00.* • *megabus.com* •

En train

■ ***Scotrail :*** ☎ *0344-811-01-41.* • *scotrail.co.uk* •

Il existe 2 grandes gares ferroviaires, à 10 mn à pied l'une de l'autre. Le bus n° 398, gratuit pour les voyageurs munis d'un titre de transport, assure la navette entre la gare routière Buchanan et Queen Street Station ou Central Station.

Queen Street Station *(zoom I, C2) : juste au nord de George Sq.* Dessert les régions des Highlands, du Centre et du Nord-Est.

■ ***Consigne à bagages (Left Luggage) :*** *à côté de* Costa Cafe. *Tlj 7h-22h. Prévoir £ 5-7 par bagage selon taille, par tranche de 24h.* Les bagages sont fouillés manuellement avant admission.

➢ Pour ***Édimbourg,*** départs ttes les 15-30 mn, 6h (7h30 dim)-23h30. Trajet : 50 mn-1h20.

➢ C'est aussi le point de départ de la pittoresque ligne des West Highlands pour ***Oban, Fort William*** et ***Mallaig.*** Également des trains pour ***Inverness, Stirling, Perth*** et ***Aberdeen.***

Central Station *(zoom I, B2) :* pour les destinations en Angleterre (Londres et les villes de la côte ouest), l'ouest et le sud de l'Écosse (***Ayr, Dumfries, Stranraer, aéroport de Prestwick, Lanark,*** etc.).

■ ***Consigne à bagages :*** *à côté du* Burger King. *Tlj 6h (7h dim)-minuit. Prévoir £ 6-8 pour 3h-24h.* Les bagages sont scannés.

■ ***Douches :*** *dans les toilettes de la gare (à côté du* Burger King*). Accès 4h (7h dim)-minuit. Compter £ 5, shampoing et serviette inclus.* Très propres.

Comment circuler dans Glasgow et sa région ?

Une formule intéressante

La *SPT (Strathclyde Partnership for Transport)* propose une formule hebdomadaire (du dimanche au samedi), la *Zone Card,* qui permet d'utiliser le train, le métro, la plupart des bus et 2 ferries dans la région de *Strathclyde* (comprenant Glasgow, Ayr, Lanark, l'aéroport de Prestwick...). Ce *pass* fonctionne par zone géographique, à définir lors de l'achat. À partir de £ 19 la semaine dans le centre. Très pratique pour ceux qui veulent sortir de Glasgow et se balader dans les environs. En vente dans les gares ferroviaires et les *SPT Travel Centres.* Prévoir une photo d'identité. Autre option : le *Roundabout Ticket,* un forfait à la journée pour le métro et les trains dans un rayon de 50 km. *Valable lun-ven à partir de 9h, w-e et j. fériés pendant 24h. Prix : env £ 7 ; réduc.*

■ ***SPT Travel Centres :*** *ce sont les bureaux d'infos du* ***Strathclyde Partnership for Transport.*** • *spt.co.uk* • *On en trouve un dans la gare routière de Buchanan (tlj 6h30 (7h dim)-22h30).* Renseignements sur les bus, trains, bateaux et métro ; achat des billets et *pass.*

Le bus

Le réseau de bus est dense, complexe et, pour ne rien simplifier, assuré par un paquet de compagnies différentes. De plus, difficile de mettre la main sur une carte synthétisant le tout. Le mieux pour organiser vos déplacements et connaître les différentes lignes : ☎ *0871-200-22-33.* • *travelinescotland.com* • Pensez à vous munir de monnaie, le chauffeur en manque souvent. Sinon, le *FirstDay Ticket (£ 4,50)* permet de circuler librement en bus pendant une journée, ou le *FirstWeek (£ 17)* pour une semaine.

Le métro

Le métro est surnommé *Clockwork Orange* (orange mécanique), en référence à sa couleur, *of course,* et à sa ligne unique en forme de cercle autour du centre-ville, restée inchangée depuis sa création en 1896 (ce qui fait de lui, soit dit en passant, le 3e plus vieux métro au monde, après Londres et Budapest). Intéressant : le *All Day Ticket (£ 4)* permet la circulation illimitée toute la journée sur le réseau du métro. Également un forfait à la semaine *(£ 13).* Sinon, un trajet simple coûte £ 1,65. *Circule lun-sam 6h30-23h30, dim 10h-18h. Infos :* • *spt.co.uk* •

Circulation et parkings

Très peu d'embouteillages et trafic assez peinard. Cela dit, la complexité des sens uniques et des voies de bus mais surtout le coût ruineux du stationnement en centre-ville peuvent vite

vous faire regretter de ne pas avoir pris les transports en commun ! Alors, à moins d'avoir l'intention de renflouer les caisses du royaume, évitez d'entrer la fleur au fusil dans Glasgow sans avoir étudié la question du parking.
Les emplacements sont payants (horodateurs) de 8h à 18h, sauf le dimanche ; compter £ 3/h (mazette !) pour 2h max au même endroit. Attention, les contrôles sont très fréquents et l'amende s'élève à £ 60 ! Pour les parkings fermés, prévoir £ 14-22 pour 24h, comme aux parkings de Jamaica Street *(zoom I, B2-3)* ou Street Enoch *(zoom I, C3)*, très centraux. Quand vous ne voyez pas d'horodateurs, prudence, vous êtes peut-être dans une zone résidentielle où s'applique la règle des *vouchers* (des tickets à gratter s'achetant chez le buraliste du coin ou auprès de votre hébergement, pour £ 4-6/j. selon que le stationnement est payant la nuit ou non). Sinon, dans le centre, demandez à votre hôtel s'il a un accord avec un parking voisin à tarifs plus intéressants.

■ ***Fourrière*** *(Vehicle Pound)* **:** *Avenue St, Bridgeton ; à l'est du centre-ville (env 20 mn à pied).* ☎ *276-08-61. Lun-sam 7h30-20h, dim 9h-16h30.*

Taxis

On trouve, jour et nuit, une file de taxis devant Central Station et Queen Street Station. On peut aussi en héler un n'importe où, si sa lumière jaune est allumée. Autrement, appeler :

■ ***Glasgow Taxis :*** ☎ *429-70-70.*

Adresses et infos utiles

Infos touristiques

ℹ ***I Centre*** *(zoom I, C2)* **:** *au sous-sol de la* Gallery of Modern Art, *Queen St.* ☎ *0845-22-55-121.* ● *peoplemake glasgow.fr* ● *visitscotland.com* ● *Tlj 10h-16h45 (19h45 jeu). Également un guichet dans le hall du* Kelvingrove Art Gallery and Museum *et à l'aéroport de Paisley.* Résa d'hébergements (avec commission de £ 4), vente de billets de spectacle et d'excursions.

Services

■ ***Police Station*** *(zoom I, B1,* ***6****)* **:** *50, Stewart St.* ☎ *532-20-00. Lun-ven 9h-17h.*

Argent, change

■ ***International Currency Exchange*** *(zoom I, B2,* ***3****)* **:** *66, Gordon St. Juste en face de Central Station. Lun-sam 8h-19h, dim 10h-18h.* Change le cash sans commission.

Culture

■ ***Alliance française de Glasgow*** *(zoom II, F5,* ***4****)* **:** *3, Park Circus.* ☎ *331-40-80.* ● *afglasgow.org.uk* ● *Lun-jeu 9h30-13h30, 15h30-18h30 ; ven 9h30-13h, 13h30-16h ; sam 9h30-13h30. Fermé dim et juil-août.* Partage les locaux avec le *Goethe Institut* allemand. Médiathèque *(lun 16h-20h, mar-jeu 11h-20h, ven 9h30-16h, sam 9h30-13h30)*, expos (à l'occasion), manifs culturelles, journaux et revues en français.

■ ***Librairie Waterstone's*** *(zoom I, B1,* ***5****)* **:** *153-157, Sauchiehall St. Lun-ven 8h30-18h (20h jeu), sam 9h-17h, dim 10h-18h.* L'une des plus grandes librairies de Glasgow. On y trouve tout, dont un grand choix de cartes détaillées pour les randonneurs, ainsi que le magazine ***The List*** qui répertorie les meilleurs restos et bars de la ville (voir aussi les infos culturelles sur ● *list.co.uk* ●). Café sympa au sous-sol.

Où dormir ?

Campings

⛺ ***Red Deer Village Holiday Park*** *(hors plan d'ensemble,* ***10****)* **:** *Clayhouse Rd, à* ***Stepps.*** ● *reddeervil lageholidaypark.co.uk* ● ☎ *779-41-59. À 6 miles (10 km) à l'est de Glasgow (par l'A 80) et 20 mn en train au départ* *de Queen Street Station, puis 10 mn à pied. Tte l'année. Selon saison, £ 18-21 pour 2 avec tente.* Vraiment pas joyeux mais c'est le camping le plus proche de Glasgow. On atteint l'espace riquiqui réservé aux tentes et camping-car, en haut d'une butte, après avoir traversé un champ de maisonnettes et bungalows. Laverie et sanitaires assez éloignés. En dépannage.

⛺ ***Strathclyde Country Park Caravan Club*** *(hors plan d'ensemble,* ***11****) : Bothwellhaugh Rd, à* ***Bothwell.*** *☎ (01698) 853-300. ● caravanclub.co.uk ● À env 13 miles (21 km) au sud-est de Glasgow (par la M 74). Tte l'année. Compter £ 17-19 pour 2 avec tente.* L'atout majeur de ce vaste camping est d'être situé à 10 mn de marche d'un parc de 1 000 ha agrémenté d'un joli lac. L'essentiel du terrain est occupé par les caravanes, alignées comme à la parade. La partie camping compte une cinquantaine d'emplacements, avec sanitaires impeccables et bien équipés. Laverie et aire de jeux pour enfants.

Dans le centre

De bon marché à prix moyens (moins de £ 85 ; 102 €)

🏠 ***Easy Hotel*** *(zoom I, B1,* ***12****) : 1, Hill St. ☎ 0843-902-70-01. ● easyhotel.com ● En moyenne, doubles £ 20-75 (selon confort et moment de la résa).* Le principe est simple : plus vous réservez tôt, moins c'est cher. Prix plancher, mais tout se paie, y compris la TV et le wifi. Et, compte tenu de la taille des chambres, mieux vaut voyager léger ! La salle de bains entière mesure l'équivalent de la cabine de douche. Attention, certaines chambres n'ont pas de fenêtre ! À part ça, c'est aseptisé mais nickel et très bien situé.

🏠 ***Euro Hostel*** *(zoom I, B3,* ***13****) : 318, Clyde St. ☎ 222-28-28. ● eurohostels.co.uk ● Accueil 24h/24. Nuitée en dortoir 4-20 lits £ 10-25/pers ; doubles avec sdb £ 36-100, petit déj-buffet £ 5/pers.* On vous l'indique parce que c'est l'auberge la plus centrale, mais pour la convivialité, vous repasserez : 140 chambres (rénovées et très propres) empilées sur 9 niveaux, avec espaces communs sans ambiance. L'ensemble fait franchement usine, néanmoins équipé d'une laverie, d'une salle de jeux, d'un café-bar et d'un billard.

De prix moyens à chic (£ 50-125 ; 60-150 €)

🏠 ***The Piper's Tryst*** *(zoom I, B1,* ***14****) : 30-24, McPhater St. ☎ 353-55-51. ● thepipingcentre.co.uk ● Double env £ 120 avec petit déj.* Agréable petite structure hôtelière rattachée au *Museum of Piping*. Qu'on se rassure, les clients ne sont pas réveillés au son de la cornemuse ! Les chambres, tenues avec soin, sont habillées de couvre-lits et de rideaux en tartan. Une tradition qui semble avoir disparu de la plupart des hôtels de Glasgow ! On appréciera aussi la situation pratique et l'accueil charmant. Le petit déj est servi en bas, au bon café-resto géré par la maison (voir la rubrique « Où manger ? »).

🏠 ***Citizen M*** *(zoom I, B1,* ***16****) : 60, Renfrew St. ● citizenm.com ● Doubles £ 90-180 selon saison, mais en général autour de £ 100 ; petit déj en sus. Accord avec le parking voisin.* Un concept hollandais : quelques employés pour gérer 200 chambres où presque tout est automatisé, de la réservation (uniquement par Internet) à l'enregistrement, que l'on effectue soi-même sur des bornes tactiles. Les chambres, préconstruites, au look futuriste, ont été acheminées et posées les unes sur les autres comme des *Lego* ! Malgré leur exiguïté, elles sont agencées intelligemment : le lit occupe toute la largeur de la pièce, les coffres en dessous permettent de ranger les bagages, TV avec films gratuits à la demande et le tout télécommandé : on peut même choisir la couleur des parois de la salle de bains ! On pourrait penser l'endroit déshumanisé, mais les vastes espaces communs design et vitrés sont conçus pour favoriser la convivialité et, étonnamment, ça fonctionne plutôt bien ! Au final, un très bon rapport qualité-prix.

■ ***Grasshoppers Hotel*** *(zoom I, B2, **17**) : 87, Union St. ☎ 222-26-66. • grasshoppersglasgow.com • Au 6e étage (ascenseur). Doubles £ 90-120, petit déj inclus.* Cet hôtel élégant et hyper central offre un petit luxe de bon aloi, entre ses murs d'une blancheur immaculée et ses hauts plafonds garnis de ventilateurs. Les chambres diffèrent par la taille et la déco, mais toutes sont bien équipées et misent sur un style tendance et sobre bien apaisant. Au dîner, on peut s'orienter vers le café *(ouv 18h30-20h30)* qui sert de bons menus sains à prix moyens.

■ ***The Hampton Court Guest House*** *(zoom I, A1, **15**) : 230, Renfrew St. ☎ 332-66-23. • hamptonglasgow.com • Selon saison, doubles £ 40-100 sans ou avec sdb, des familiales également. Petit déj inclus. Vend des vouchers pour stationner dans la rue. Réduc de 5 % sur présentation de ce guide (à demander lors de la résa).* À 2 pas du centre-ville et pas bien loin de West End, 2 *guesthouses* mitoyennes réunies en une. En tout, 35 chambres de bon confort, la plupart refaites récemment, d'autres attendant patiemment leur heure. Personnel sympa. Bon petit déj servi au sous-sol.

■ ***Travelodge Glasgow Central*** *(zoom I, B1, **18**) : 5-11, Hill St. ☎ 08719-84-84-84. • travelodge.co.uk • Doubles £ 45-115, petit déj £ 6. Accord avec le parking voisin.* À la différence de l'austère façade, les chambres sont confortables et plutôt agréables, dans les tons bleu et blanc, avec lit *king size.* Rien à redire pour le prix (notamment certaines familiales au même prix que l'on soit 2 ou 4), et le centre-ville est à 2 pas.

De chic à plus chic (£ 85-125 et plus ; 102-150 €)

■ ***Malmaison*** *(zoom I, B1, **19**) : 278, West George St. ☎ 572-10-00. • malmaison.com • Doubles £ 85-245 (voire bien plus en* peak season*), sans petit déj.* La *Malmaison* est une chaîne de luxe qui compte une douzaine d'hôtels à travers tout le Royaume-Uni. On est bien loin ici des établissements standardisés. Cette *Malmaison* revisitée, installée dans une ancienne église orthodoxe grecque, s'inspire, pour sa déco, de la demeure de Joséphine près de Paris ! Grand hall avec un superbe escalier en fer forgé et tableau du sacre de Napoléon... Une vraie réussite, servie par des chambres grand confort au design moderne, avec les plus chères en duplex. Au sous-sol, salon à champagne et salle de petit déj de style Art nouveau. Resto gastronomique *(Chez Mal)* sur place.

■ ***Hotel Indigo*** *(zoom I, B2, **20**) : 75, Waterloo St. ☎ 226-77-00. • hinglasgow.co.uk • Doubles £ 125-200 (voire le double selon affluence) ; promos intéressantes sur Internet. Accord avec parking voisin.* Boutique-hôtel installé dans un beau bâtiment victorien. Décor très tendance mêlant styles et époques, couleurs denses ou plus neutres, avec ici et là une touche originale. Grand confort, fidèle à ce qu'on peut attendre dans cette gamme de prix.

Dans West End, le quartier de l'université

Notre quartier préféré pour dormir : architecturalement plus beau et homogène, plus résidentiel, plus tranquille, plus vert, il y souffle un vent bohème (bobo, diront certains). C'est aussi le quartier d'un certain nombre de musées. Et, pour couronner le tout, les cafés et restos sympas y sont légion.

Ceux que la marche n'effraie pas rejoindront sans peine le centre-ville à pied (20-30 mn). Les autres prendront les bus nos 6 et 6A (Great Western Road), 4 et 4A (Woodlands Road) ou 3, 19, 19A, 77 ou 747 (Sauchiehall Street) depuis Union Street et Hope Street autour de Central Station.

De bon marché à prix moyens (moins de £ 85 ; 102 €)

■ ***Résidences universitaires :*** *☎ 330-47-43. • gla.ac.uk/services/conferencesandevents/accommodation • Compter £ 27-48/pers selon l'édifice.*

Pendant les vacances scolaires d'été, l'université de Glasgow loue des chambres dans 5 de ses résidences pour étudiants. Salles de bains privées ou communes, serviettes fournies et cuisines à disposition.

Glasgow Youth Hostel *(zoom II, F5, **21**) : 8, Park Terrace. ☎ 0845-293-73-73. • hostellingscotland.org.uk • Bus nos 4 ou 4A de Hope St. Nuitée en dortoir £ 17-30/pers,* twins *£ 40-65 ; petit déj en sus. Également 1 appart avec cuisine (jusqu'à 6 pers) £ 120-185.* Dortoirs spacieux, de 4 à 8 lits, non mixtes, tous équipés d'une salle de bains, et chambres *twins*. Cette auberge a pris ses quartiers dans 2 vieilles et imposantes maisons accolées l'une à l'autre, d'où l'aspect un peu labyrinthique des lieux. L'ensemble offre quelques vestiges superbes : la magnifique cheminée et la verrière de la salle TV, le lustre du salon et l'escalier sculpté s'accordent bien au quartier, cossu et résidentiel. Laverie, cuisine équipée, salle de jeux et billard, ainsi qu'une cafétéria en sous-sol pour le petit déj. Notre AJ préférée à Glasgow.

Clyde Hostel *(zoom I, A1, **23**) : 65, Berkeley St. ☎ 221-17-10. • clydehostel.co.uk • Compter £ 14-17/pers selon dortoirs (4-16 lits) ; double sans sdb £ 36.* *Hostel* brouillon, pour ne pas dire souillon, mais si convivial qu'on s'y fait vite des amis ! Encore faut-il aimer les couloirs recouverts de graffitis et la promiscuité inhérente à ces lieux : l'espace commun regroupe, pêle-mêle, la réception, le modeste coin cuisine et le salon-détente. Bref, de quoi faire un remake de *L'Auberge espagnole* ! Possède aussi l'annexe *Hot Tub* du même acabit, juste en face.

De prix moyens à chic (£ 50-125 ; 60-150 €)

Les hébergements suivants sont situés dans des zones résidentielles. Pour le stationnement, tous vendent des *vouchers* à gratter *(compter £ 4/j. en sem, gratuit la nuit et le w-e).*

Albion Hotel *(zoom II, F4, **22**) : 405, North Woodside Rd ; à 2 pas du métro Kelvinbridge. ☎ 339-86-20. • albion-hotel.net • Doubles £ 65-85, petit déj compris. Un appart familial également.* Dans un quartier résidentiel très calme, en surplomb de la rivière Kelvin, un adorable petit hôtel familial à la façade victorienne. Les chambres sont de bons volumes et impeccables, classiques mais très soignées. Le petit déj se prend dans une salle lumineuse avec *bow-window*. Accueil dévoué et charmant. Un rapport qualité-prix imbattable !

Amadeus Guest House *(zoom II, F4, **26**) : 411, North Woodside Rd ; à côté de l'*Albion Hotel *et à 2 pas du métro Kelvinbridge. ☎ 339-82-57. • amadeusguesthouse.co.uk • Doubles £ 90-100, petit déj compris, plus des familiales.* Dans une belle maison de style victorien, idéalement située, des chambres confortables, à la déco sobre et contemporaine, avec salle de bains moderne. Une belle adresse de caractère. Très bon petit déj avec des produits frais.

Alamo Guesthouse *(zoom II, F5, **24**) : 46, Gray St ; à l'angle de Bentinck St. ☎ 339-23-95. • alamoguesthouse.com • Doubles £ 70-130, avec sdb partagée ou privée, petit déj compris. Et des suites. Alamo* n'a rien d'un fort inexpugnable : c'est une jolie maison dans un quartier calme, avec pour seul vis-à-vis les courts de tennis du Kelvingrove Park. Commencez par tirer la sonnette victorienne (à droite de la porte). À l'intérieur, une douzaine de belles chambres cossues, avec meubles et miroirs anciens, très bien tenues et confortables. Salle de petit déj chic et cosy, avec plafond mouluré. Bel accueil.

Kelvingrove Hotel *(zoom II, F5, **25**) : 944, Sauchiehall St. ☎ 339-50-11. • kelvingrove-hotel.co.uk • Doubles £ 50-100, petit déj compris.* Hôtel à taille humaine, abritant des chambres douillettes et lumineuses, dans les tons crème, marron et blanc. Les salles de bains sont refaites petit à petit pour assurer plus de confort encore. Accueil et ambiance agréables.

À l'est du centre-ville, dans le quartier de Dennistoun

Plusieurs *B & B* et *guesthouses* dans ce joli petit quartier tranquille, situé à 15 mn à pied du centre (et le stationnement y est gratuit !). La cathédrale Saint Mungo est à 5 mn à pied. Bus nos 38, 41 et 60.

Prix moyens (£ 50-85 ; 60-102 €)

Alison Guesthouse *(plan d'ensemble,* ***27****) : 26, Circus Dr.* ☎ *556-14-31.* • *thealison.co.uk* • *Doubles £ 60-70, sans ou avec sdb, petit déj inclus.* Une maison classique aux chambres soignées, aux plafonds hauts, lourds rideaux et moquette épaisse, dont certaines familiales. Jardinet derrière la maison. Accueil doux et gentil.

Craigpark Guesthouse *(plan d'ensemble,* ***28****) : 33, Circus Dr.* ☎ *554-41-60.* • *craigparkguesthouse.com* • *Presque en face d'*Alison Guesthouse. *Doubles £ 56-62, sans ou avec sdb, petit déj inclus.* Dans une maison victorienne précédée d'un jardin taillé de près, chambres claires, calmes, hautes de plafond et très propres, dont une seulement avec sanitaires privés (les autres, à l'étage, partagent 2 salles de bains). Accueil pro.

Au sud de la ville

Prix moyens (£ 50-85 ; 60-102 €)

Glasgow Guesthouse *(plan d'ensemble,* ***29****) : 56, Dumbreck Rd (panneau discret).* ☎ *427-01-29.* • *glasgow-guest-house.co.uk* • ♿ *Entre* le Pollock Country Park *et la* House for an Art Lover. *Station de train Dumbreck, puis 5 mn à pied par Fleurs Ave. Sur la M 77, sortie n° 1. Double £ 70, appart (4 pers) £ 120, petit déj compris. Parking gratuit.* Jolie maison en grès rouge de style victorien, précédée d'un jardinet fleuri. Intérieur luxueux mais pas pompeux, abritant des chambres à la déco très soignée. À l'arrière, un bel appartement comprenant 2 chambres et cuisine. Dans la maison, une autre cuisine à disposition, collective celle-ci, et une véranda pour déguster l'excellent petit déj. Bon accueil, à la fois décontracté et attentif. Seul bémol, la route qui passe devant est assez bruyante. Notre *guesthouse* préférée à Glasgow malgré tout, c'est dit !

Aux abords de l'aéroport de Prestwick

Pour dépanner, voici une adresse à Monkton, proche de l'aéroport. Mieux vaut toutefois pousser jusqu'à Ayr, un peu plus loin mais nettement plus sympa.

Prix moyens (£ 50-85 ; 60-102 €)

The Barrels B & B : *52, Main St, à* **Monkton.** *À 2,2 miles (3,6 km) de l'aéroport.* ☎ *(01292) 67-13-91.* 📱 *07749-21-55-93.* • *thebarrels52@yahoo.co.uk* • *Double £ 80.* Au cœur du village, dans une petite maison au style traditionnel modernisé, Rosie Carr bichonne ses 3 chambres confortables et mignonnes (dont 2 familiales très spacieuses). Si vous repartez très tôt le lendemain, elle vous préparera votre petit déj la veille au soir et vous réservera un taxi.

Où manger ?

Les meilleurs quartiers pour se restaurer sont l'agréable West End *(zoom II, E4-5)* au cœur de la ville universitaire, autour de Byres Road et Asthon Lane, où pullulent les restos à la mode ; ainsi que Merchant City *(zoom I, C2)* dans le centre des affaires, avec ses bars design et ses adresses chic.

Sachez que nombre de pubs cités dans votre rubrique favorite (« Où boire un verre ? Où écouter de la bonne musique ? ») servent de copieux plats du jour, souvent bon marché. Comme ça, on fait d'une bière 2 coups ! Sinon, pour un repas à tarif abordable, les restos italiens, indiens et asiatiques sont de bonnes alternatives...

Dans le centre

Bon marché (plats £ 5-10 ; 6-12 €)

l●l **Mono** *(zoom I, C3,* ***41****) : 12, King's Court.* ☎ *553-24-00. Au fond d'une place donnant sur le parking de King St. Cuisine tlj 12h-21h (bar ouv plus tard).* Le « mono » version duo réunit dans un même espace un bon disquaire (sélection réduite mais choisie) et un café-resto *vegan* (aucun produit d'origine animale). Le menu propose des plats piochés dans toutes les cuisines du monde, réinterprétés par la maison. Délicieux *wraps* et soupes, notamment. Concerts de temps à autre.

l●l **Martha's** *(zoom I, B2,* ***42****) : 142, Saint Vincent St.* ☎ *248-97-71. Lun-ven 7h30-18h. Fermé le w-e.* Un *lunch* sain, savoureux et équilibré à déguster dans un cadre propret : voilà une formule qui fait recette auprès des employés du centre-ville. *Wraps*, soupes, salades, porridge et *smoothies* sont à petits prix et servis avec le sourire.

l●l **Kcal Kitchen** *(zoom I, B1,* ***39****) : 130, West Regent St ; en soubassement.* ☎ *230-10-33. Tlj 9h-21h (18h le w-e).* Une petite adresse bien dans l'air du temps proposant des petits plats originaux, économiques et sains, genre poulet himalayen ou au satay, *Buddha bowls* de légumes et quinoa, bons pancakes... Pour chaque plat est mentionné la valeur calorique, énergétique et le taux de gras. De quoi manger son burger sans culpabiliser !

l●l **Where the Monkey Sleeps** *(zoom I, B1,* ***40****) : 182, West Regent St ; en soubassement.* ☎ *226-34-06. Lun-ven 7h-15h.* Endroit bohème proposant un large choix de sandwichs aux drôles de noms, type bagels ou paninis, mais aussi des salades, petits déj et gâteaux, à emporter ou à consommer sur place, avachi sur un des canapés devant des tables basses. Peut-être victimes de son succès, la cuisine et l'accueil ont perdu en générosité.

l●l **Bread meats Bread** *(zoom I, B2,* ***38****) : 104, Saint Vincent St.* ☎ *249-98-98. Tlj 11h-22h.* Un resto de burgers bien connu et maintes fois primé pour son vaste choix et ses énooormes portions. Le petit pain se présente sur plusieurs étages, avec du porc cuit au barbecue, de l'agneau, de la saucisse et du salami... Rien de bien diététique ici, on y trouve même de la poutine canadienne (fromage fondu sur des frites) !

l●l **The Chippy Doon The Lane** *(zoom I, C2,* ***43****) : McCormick Lane.* ☎ *225-66-50. Tlj 12h-21h (21h30 le w-e).* Quelle surprise de trouver là, dans un immeuble décati exilé au fond d'une impasse peu engageante, ce joli resto au décor postindustriel (brique nue, tuyauterie apparente) complété d'une terrasse chauffée ! On s'y régale, à prix très modiques, de *fish & chips* frais et croustillants réalisés dans la tradition. Un grand classique populaire.

Prix moyens (plats £ 8-18 ; 10-22 €)

l●l **The Piper's Tryst** *(zoom I, B1,* ***14****) : 30-24, McPhater St.* ☎ *353-02-20. Tlj sauf dim 10h-14h45, 17h-20h45.* Endroit tout indiqué pour un repas en fanfare (au sens propre !), entre des murs ornés de photos de joueurs de cornemuse et sur fond musical *ad hoc.* Du haddock, on en trouve d'ailleurs à la carte, ainsi que du saumon ou du *scotch beef,* pour une cuisine fièrement écossaise et bien tournée. Le tout dans un cadre de bois, moderne et apaisant, où l'on est adorablement accueilli.

l●l **Ichiban Noodle Café** *(zoom I, C2,* ***44****) : 52, Queen St.* ☎ *204-42-00. Tlj 12h (13h dim)-22h (23h ven-sam).* Ce *noodle bar* japonais a élu domicile au 1er étage, dans une salle sobre aux très longues tables. *Soba, ramen, udon,* toutes les nouilles japonaises sont là, succulentes et en portions copieuses. Vous pourrez aussi opter pour les *bento boxes,* ou encore les sushis préparés à la commande, comme il se doit.

l●l **The Italian Caffè** *(zoom I, C2,* ***46****) : 92, Albion St.* ☎ *552-31-86. Tlj 12h-22h30 (23h30 le w-e). Menus tlj sauf sam 12h-18h30.* L'œnothèque à l'italienne, offrant un grand choix de vins au verre, y rencontre le bar à tapas à l'espagnole, en version citadine et épurée. On s'installe sur des banquettes en cuir vert olive ou au comptoir pour apprécier les bons crus maison devant une assiette de charcuterie ou une *pizzette* de fruits de mer, des pâtes ou un risotto. Glaces maison et autres bons desserts.

|●| ***Fratelli Sarti*** *(zoom I, B1,* ***47****)* **:** *133, Wellington St. ☎ 248-22-28. Également 121, Bath St, et 42, Renfield St. Tlj 8h-22h (22h30 le w-e). Menus tlj 12h-18h30 (17h30 le w-e).* Quel Glaswegian n'a pas encore dîné au *Fratelli Sarti,* mélange bien dosé d'épicerie fine et de trattoria ? Entre les crus toscans et les salamis, le cœur balance, mais la concurrence est rude avec les pâtes merveilleusement *al dente.*

|●| ***Dakhin*** *(zoom I, C2,* ***37****)* **:** *89, Candleriggs, à l'étage. ☎ 553-25-85. Tlj 12h (13h le w-e)-23h. Formule déj £ 10 (thali) en sem jusqu'à 14h, menu pretheatre £ 16 jusqu'à 18h30 (18h le w-e).* Un resto indien de haut vol, spécialisé dans la cuisine du sud du pays (Kerala et Tamil Nadu), servie dans une vaste salle à la déco de bois chaleureuse, avec cuisine ouverte (ça sent bon !). Les palais sensibles repéreront le nombre de pictogrammes de piment sur la carte ! Autre resto *The Dhabba,* au n° 44 de la même rue, spécialisé dans la cuisine du Nord, lui, plus classique mais tout aussi délicieuse. On adore !

|●| ***Banana Leaf*** *(zoom I, B1,* ***36****)* **:** *67, Cambridge St. 📱 0300-124-50-99. Également au 5-9, Byres Rd, à West End. Tlj sauf lun 12h-22h30 (23h ven-sam, 22h dim). Menu déj avec boisson £ 11.* Cet excellent resto malaisien propose une formule du midi à prix d'amis. Le soir, on se régale de plusieurs petits plats délicieux et savoureux en petites portions, confectionnés à la commande. Bon et copieux *nasi goreng* également. Pour un beau voyage culinaire qui change des plats de pub.

Chic (plats £ 15-25 ; 18-30 €)

|●| ***Café Gandolfi*** *(zoom I, C2,* ***45****)* **:** *64, Albion St. ☎ 552-68-13. Tlj 9h (10h30 dim)-minuit.* Loin des néobars design, son décor en bois au parquet brut et tables épaisses fait toujours mouche et ne lasse pas les habitués. Bon petit déj, salades, soupes, pâtes et quelques grands classiques écossais, parmi lesquels un superbe *haggis,* peut-être le meilleur de Glasgow ! Le ***Gandolfi Fish,*** dans la même rue, affiche des tarifs plus élevés. Au programme : poisson et fruits de mer écossais de première qualité.

|●| ***Mussel Inn*** *(zoom I, B2,* ***48****)* **:** *157, Hope St. ☎ 572-14-05. Lun-ven 12h-14h30, 17h-22h ; sam-dim en continu. Formule le midi.* Envie de fruits de mer ? Le *Mussel Inn,* propriété d'une coopérative de la côte ouest, est spécialisé dans les huîtres, coquilles Saint-Jacques et poissons du jour hyper frais. Pour les budgets serrés, moules à des tarifs plus abordables. La grande salle lumineuse, avec mezzanine et cuisine bien en vue, change agréablement des restos de fruits de mer aux cadres empesés.

|●| ***Guy's*** *(zoom I, C2,* ***49****)* **:** *24, Candleriggs. ☎ 552-11-14. Tlj 12h-22h30 (23h30 sam). Résa conseillée le soir. Menus tlj (sauf sam) jusqu'à 18h30 (20h dim) £ 15-18.* L'une des tables les plus en vue de la ville. Cadre romantique, où les chandelles se reflètent dans de grands miroirs, mais dont l'ambiance reste détendue. La passion du patron pour la cuisine méditerranéenne se retrouve tout au long de la carte avec des produits de choix superbement travaillés. Mention spéciale pour le service et les musiciens (piano, contrebasse) qui agrémentent certains soirs le repas.

|●| ***Gamba*** *(zoom I, B1,* ***51****)* **:** *225, West George St ; en soubassement. ☎ 572-08-99. Tlj sauf dim midi 12h-22h30 (21h30 sam). Menus déj et* pre-theatre *jusqu'à 18h15, £ 20-26.* Une grande table, aux menus à prix encore abordables ! Derek Marshall, chef talentueux et inspiré, primé et auteur d'ouvrages culinaires, concocte des plats de poisson et fruits de mer raffinés et élaborés, au dressage bien pensé. Une cuisine contemporaine pleine de saveurs, servie dans un cadre élégant, à l'éclairage feutré. Atmosphère détendue et personnel discret mais efficace.

|●| ***City Merchant*** *(zoom I, C2,* ***50****)* **:** *97-99, Candleriggs. ☎ 553-15-77. Tlj sauf dim 12h-22h30. Résa conseillée.*

Formules déj plus pre-theatre *jusqu'à 19h ven-sam.* À l'image de la déco étudiée, hésitant entre le rendez-vous de chasse et le bistrot marin, la carte fait la part belle au gibier en saison, steaks épais et poissons régionaux. Bonne sélection de fromages locaux.

Dans West End, le quartier de l'université

Mettez le cap sur Byres Road, une rue animée, pleine de restos et de bars.

Bon marché (plats £ 5-10 ; 6-12 €)

***Roots Fruits and Flowers** (zoom II, F4, **52**) : 451-457, Great Western Rd. Lun-sam 7h30-19h, dim 9h-18h30.* Il s'agit d'un primeur-épicerie bio (et fleuriste !), qui propose des soupes, de bons sandwichs, quelques petits plats et des gâteaux maison. Parfait pour combler un creux en journée.

***Piece** (plan d'ensemble, **53**) : 1056, Argyle St. ☎ 221-79-75. Tlj 8h (10h sam, 12h dim)-17h.* Seulement 2 tables et 1 comptoir dans cette sandwicherie gourmet dont le succès ne se dément pas avec les années. À raison, car tout est délicieux, sain et frais, à base d'ingrédients choisis : sandwich au *pastrami*, au maquereau fumé... On peut aussi venir déguster un café et une pâtisserie, ou commander à emporter. Extra et pas cher.

***Kember & Jones** (zoom II, E4-5, **54**) : 134, Byres Rd. ☎ 337-38-51. Tlj 8h-22h (18h dim).* Ce petit *deli* accueillant, au cadre contemporain, s'appuie sur des produits de qualité pour proposer salades bien fraîches, quiches et feuilletés, excellents sandwichs, pâtisseries et assiettes de charcuterie. Miam !

***Pub Hillhead Book Club** (zoom II, E4, **55**) : 17, Vinicombe St. ☎ 576-17-00. Tlj 11h (10h le w-e)-minuit.* Superbe décor d'ancienne bibliothèque, avec boiseries et plafonds moulurés. Service toute la journée et souvent très fréquenté le soir. Excellents brunchs et sandwichs en tout genre, mais aussi des plats végétariens.

Prix moyens (plats £ 8-18 ; 10-22 €)

***The Crabshakk** (zoom II, F5, **57**) : 1114, Argyle St. ☎ 334-61-27. Tlj sauf lun 11h (12h dim)-minuit. Résa indispensable le soir.* On s'installe au bar, en mezzanine ou aux tables près du comptoir dans ce miniresto spécialisé dans les produits de la mer, toujours plein ! À la carte, crabe sous toutes ses formes, pâtes aux coquillages, ou (pour les plus fortunés) homard et plateau de fruits de mer. Succulent, prix honnêtes, et tout est extra-frais, préparé à la commande derrière le bar.

***Number 16** (zoom II, E5, **58**) : 16, Byres Rd. ☎ 339-25-44. Tlj 12h (13h dim)-14h30, 17h30-22h (dernière commande à 20h30). Menus déj et* pre-theatre *(sauf ven-sam) £ 16-21.* Même en semaine, peu de chance de trouver ici un coin de table sans avoir réservé. Normal, le lieu est minuscule... Mais surtout on y déguste une cuisine sacrément réussie ! Les produits sont travaillés avec délicatesse dans un style cuisine contemporaine, généreuse et joliment mise en scène, à savourer dans un petit écrin intime.

***Ox and Finch** (zoom II, F5, **59**) : 920, Sauchiehall St. ☎ 339-86-27. Lun-ven 12h-23h, le w-e jusqu'à 1h (cuisine 22h).* Un resto dont on parle à Glasgow ! Déco tendance, assurée par un mur couvert de bonnes bouteilles, un bar joliment carrelé et une cuisine ouverte où s'affaire une ribambelle de marmitons. Cuisine tout en finesse elle aussi, inventive et raffinée, servie en portions réduites (mais pas très chères non plus) dans un esprit tapas améliorées. Service efficace et adorable.

***The Bothy** (zoom II, E4, **60**) : 11, Ruthven Lane. ☎ 334-40-40. Tlj 12h-22h. Résa conseillée le w-e.* Une excellente adresse pour s'initier à la cuisine écossaise. Un *bothy* désigne une cabane des Highlands. Déco rustico-chic, avec tables et chaises en bois, parquet, vieilles loupiotes, fauteuils cuir... Toutes les recettes traditionnelles (modernisées) sont à l'honneur et les plats, apportés par des serveuses en kilt, remarquables. Aux beaux jours, on profite d'une adorable courette.

Chic (plats £ 15-25 ; 18-30 €)

|●| ***Stravaigin*** *(zoom II, F5,* ***61****) : 28, Gibson St. ☎ 334-26-65. Tlj 9h (11h le w-e)-1h.* Il doit sa réputation à sa cuisine écossaise bien vue : *haggis,* moules, *Aberdeen Angus steaks,* agneau... enrichie de suggestions asiatiques et indonésiennes. Atmosphère conviviale de bistrot marin cossu dans un décor évoquant l'Écosse éternelle : coque de bateau, bois de cerfs, et même une luge ! Également une salle au sous-sol.

|●| ***Ubiquitous Chip*** *(zoom II, E4,* ***62****) : 12, Ashton Lane. ☎ 334-50-07. Ruelle partant de Byres Rd. Tlj jusqu'à 22h (ven-sam 23h). Concert jazz le 1er sam du mois 13h-16h.* Pas donné, certes, mais on mange dans un exquis jardin d'hiver tapissé de plantes, au cadre clair, frais et élégant. *Aberdeen Angus beef* et poisson des Shetland joliment tournés. Pour les moins fortunés, il y a aussi une carte moins chère *(plats £ 8-17)* disponible uniquement à la brasserie, sous une verrière au-dessus du jardin. Également 2 pubs au rez-de-chaussée, et même un espace sur le toit, pour boire un coup !

À l'est du centre-ville, dans le quartier de Dennistoun

Prix moyens (plats £ 8-18 ; 10-22 €)

|●| 🍸 ***Tibo*** *(plan d'ensemble,* ***63****) : 443, Duke St. ☎ 550-20-50. Tlj 10h-22h (23h jeu-sam).* Une de ces adresses qui donnent des couleurs à ce quartier en pleine mutation, où poussent les boutiques et restos sympas. Déco moderne avec banquettes accueillantes et ambiance bohème pour une cuisine dans l'air du temps : plats simples et frais, hamburgers, sandwichs, salades, gnocchis aux crevettes... Une pause agréable pour contenter toutes les faims de la journée ou simplement pour boire un verre en passant.

Au sud de la ville, dans le Southside

Prix moyens (plats £ 8-18 ; 10-22 €)

|●| ***Art Lovers' Café*** *(plan d'ensemble,* ***64****) : 10, Dumbreck Rd, Bellahouston Park. ☎ 353-47-79. Tlj 10h-17h.* Que vous veniez visiter la *House for an Art Lover* dessinée par Rennie Mackintosh ou les musées voisins, vous ne serez pas déçu par cette cuisine de saison légère aux produits locaux relevés de touches méditerranéennes. Excellentes pâtisseries pour le *tea-time.* Salle élégante, prolongée d'une terrasse.

|●| ***La Rotunda*** *(plan d'ensemble,* ***65****) : 28, Tunnel St. ☎ 375-11-11. Tlj 12h-22h (22h30 le w-e).* À la fin du XIXe s, cette rotonde était reliée à sa jumelle, sur l'autre rive de la Clyde, par un tunnel permettant le passage des piétons et des calèches. Un énorme ascenseur hydraulique desservait les étages. Aujourd'hui, cet héritage unique trône dans le quartier des docks réhabilité où explosent les édifices contemporains. La rotonde nord abrite 4 restos de cuisine du monde (un par niveau), dont un qui navigue sous pavillon italien avec un certain talent (à l'exception des pizzas !). On regrettera juste le manque de vue, voire de lumière... Alors on regarde les vieilles photos aux murs pour mieux comprendre ce que fut ce lieu étonnant.

Où prendre le thé ?

☕ |●| 🍸 ***The Tea Rooms & The Butterfly and The Pig*** *(zoom I, B1,* ***67****) : 151-153, Bath St. ☎ 243-24-59. Tlj 8h30 (10h dim)-20h.* High tea/afternoon tea *£ 13.* Selon l'heure de la journée, on fréquente le pub (*The Butterfly and The Pig,* en contrebas de la rue) ou le vaste salon de thé avec plusieurs salles par étage, décoré à l'ancienne (napperons, porcelaine à fleurs...). Mais on a aussi (surtout) craqué pour ses gros gâteaux aussi beaux que bons. Également des soupes, sandwichs et plats du jour bien troussés le midi.

The Willow Tea Rooms *(zoom I, B2, **69**) : 97, Buchanan St. ☎ 332-05-21. Lun-sam 9h-18h30, dim 10h30-17h.* Il s'agit d'une copie du salon de thé conçu par Mackintosh dont l'original est situé au 217, Sauchiehall Street *(zoom I, B1)*, en attente de fonds pour boucler sa restauration et rouvrir en musée. Un lieu très prisé par les dames chic tant pour son cadre que pour ses (onéreux) gâteaux.

The Hidden Lane *(plan d'ensemble, **68**) : 1103, Argyle St. ☎ 237-43-91. Tlj 10h (12h dim)-17h30 (18h le w-e). Formules £ 7-15.* Dans une jolie petite maison de poupée dissimulée au fond d'une impasse. Impossible de tomber dessus par hasard, mais l'adresse est connue pour ses gâteaux et sandwichs à s'en lécher les doigts, ainsi que sa sélection géniale de thés. Service jeune et gentil.

Où boire un verre ?
Où écouter de la bonne musique ?

Comme Édimbourg, Glasgow garantit une vie nocturne et artistique vraiment riche. Un peu partout, gens ouverts engageant facilement la conversation et étudiants chaleureux, ça vous promet de bonnes soirées. À la fermeture des pubs (en général vers minuit), vous avez le choix entre boîtes et salles de concerts survoltées, où l'ambiance frise parfois l'hystérie !
Pour savoir ce qui se passe, soir par soir et genre par genre, consultez le *Gig Guide*, un dépliant mensuel gratuit qu'on trouve dans les pubs, et disponible sur Internet : • *gigguide.co.uk* • Voir aussi *The List* • *list.co.uk* •, également en version papier hebdomadaire gratuit (ou payant pour son hors-série annuel référençant seulement les restos et les bars).

Dans le centre

Horse Shoe Bar *(zoom I, B2, **70**) : 17-19, Drury St. Tlj 10h (9h sam)-minuit.* Un pub fondé en 1884 qui n'a pas pris une ride. Il détient même le record du plus long comptoir d'Écosse, en forme de fer à cheval (comme son nom l'indique) – ou de trèfle à 3 feuilles, si l'on préfère. Débit des boissons torrentiel le week-end ! Ambiance animée garantie. Également, à l'étage, un karaoké très populaire. Dernière qualité digne d'éloges : ses prix serrés pour le *lunch* (bons burgers à £ 5) !

Babbity Bowster *(zoom I, D2, **71**) : 16-18, Blackfriars St. Tlj 11h (12h30 dim)-minuit.* Glasgow n'étant pas bien riche en terrasses, le *Babbity Bowster* fait l'unanimité pour son *beer garden* paisible donnant sur une rue piétonne. Mais c'est aussi un charmant pub à la déco lumineuse où, exceptés les *live* du mercredi après-midi et du samedi soir, on n'entend jamais une note de musique : le patron (francophone) préfère privilégier les échanges verbaux ! Le lieu est réputé aussi pour sa bonne cuisine.

The Scotia *(zoom I, C3, **72**) : 112, Stockwell St. Tlj 11h (12h30 dim)-minuit. Jeu-dim, musique live (rock, folk, blues).* Ce pub vieille école prétend être le plus ancien de Glasgow encore debout, fondé en 1792. Ses plafonds bas et ses recoins sombres plaident en sa faveur. Fréquenté d'abord par les ouvriers, lorsque Bridge of Stockwell était le terminus des bateaux circulant sur la Clyde, devenu ensuite un refuge pour écrivains, poètes et musiciens, il est aujourd'hui renommé pour ses bons concerts 4 fois par semaine.

Pot Still *(zoom I, B1, **73**) : 154, Hope St. Tlj 11h (12h30 dim)-minuit.* Les amateurs de whisky viennent du monde entier tester les *single malt* de la maison, fondée au début du siècle dernier. Plus de 300 bouteilles s'alignent le long des murs ! Le patron a même besoin d'une échelle pour aller chercher les plus haut perchées...

Molly Malone's *(zoom I, B1, **74**) : 244, Hope St. Tlj 11h-minuit. Concert* *ven-sam à 21h30.* Vaste pub irlandais qui ne déroge pas aux règles du genre : TV calées sur le sport, maillots de rugby encadrés aux murs et vibrante atmosphère transgénérationnelle. Le lieu est réputé pour sa musique live (souvent du folk irlandais, ben tiens !) et tire, à ce qu'il paraît, la meilleure *Guinness* de la ville... À croire que certains énergumènes les ont toutes goûtées !

Nice'n'Sleazy *(zoom I, A1,* ***75****) : 421, Sauchiehall St. • nicensleazy.com • Tlj 12h-3h. Club night jeu-sam dès 23h (parfois 20h selon événement).* Le *Nice'n'Sleazy* est désormais un peu plus « gentil » que « louche », fréquenté par des étudiants qui viennent y écluser des bières sur des rythmes à dominante punk et *trash metal.* Murs graffités ou tapissés seventies, banquettes en skaï et, pour une fois, ni télé ni match de foot ! Bonne scène alternative au sous-sol, connue pour ses vigoureux concerts de rock indé.

Drum & Monkey *(zoom I, B2,* ***76****) : 93, Saint Vincent St. Tlj 11h-23h (minuit ven-sam).* Une ancienne banque reconvertie en débit... de boissons. Magnifiques boiseries, moulures, lustres ou colonnes de marbre encadrant une cheminée de château. Le tout fait assez classe mais pas guindé. Pour dîner, s'esquiver vers la salle du fond – où se trouvait jadis le bureau du directeur... Cuisine bien tournée, continentale et écossaise.

Stereo *(zoom I, B2,* ***77****) : 22-28, Renfield Lane. • stereocafebar.com • Tlj 11h-1h (3h pour les concerts).* Les fans de Mackintosh viendront d'abord pour admirer le bâtiment dessiné en 1900 pour le journal *Daily Record.* Celui-ci accueille désormais un café-bar au cadre brut et industriel, populaire auprès des étudiants. La cuisine *vegan* réserve quelques surprises. Avis aux sensibles de la feuille : l'endroit est sonore ! Concerts réguliers au sous-sol.

The Corinthian Club *(zoom I, C2,* ***78****) : 191, Ingram St. • thecorinthianclub.co.uk • Tlj 10h-2h (3h le w-e).* Ancienne banque, puis tribunal jusque dans les années 1930, avant de devenir un resto et un club, ce lieu s'est offert une nouvelle jeunesse. Le résultat est époustouflant : sur 5 niveaux, plusieurs salles (réservées aux réceptions privées pour la plupart), bars et un casino. Notre préférence va à l'immense et grandiose bar-resto au rez-de-chaussée : superbe coupole, luminaires à la mesure du lieu (énormes, donc), plafond aux moulures en stuc sculpté. On peut venir ici pour un café ou un verre, d'autant que, malgré les apparences, ce n'est pas si sélect et les prix restent raisonnables.

Dans West End, le quartier de l'université

Sur Argyle Street, des pubs et encore des pubs, tous plus sympas les uns que les autres. Parmi nos préférés, citons **The Islay, The Park Bar, Kelvingrove Café** et **The Finnieston.**

Dram ! *(zoom II, F5,* ***79****) : 232, Woodlands Rd. Au niveau de Woodlands Dr. Tlj 12h (11h le w-e)-minuit. Musique dim à 20h.* Parquet, tableaux et vieilles banquettes de cuir donnent aux différentes salles de ce bar une ambiance indéniablement chaleureuse. Ambiance qui monte encore d'un cran quand l'écran géant éclabousse la salle de matchs de foot ou de rugby !

The 78 *(zoom II, F5,* ***80****) : 10-14, Kelvinhaugh St. Tlj 12h-minuit (1h w-e). Concert jazz gratuit dim soir.* Lieu paisible et fraternel, un peu *roots/bobo* sur les bords, fréquenté par les étudiants du quartier et par des végétaliens attirés par une bonne cuisine *vegan* et *gluten-free* à prix modiques. Une fois vautré dans un des profonds canapés, un jus ou une bière artisanale en main, on ne voit plus le temps passer ! Djs jeudi et vendredi.

Oran Mor *(zoom II, E4,* ***81****) : à l'angle de Byres Rd et de Great Western Rd. • oran-mor.co.uk • Tlj 9h (12h30 dim)-2h (3h jeu-dim). Night club à partir de 23h jeu-sam.* Au rez-de-chaussée de cette ancienne église, le pub est plutôt orienté cocktails et whiskies (280 références, rien de moins !). En dessous, le club propose de nombreux concerts et spectacles (théâtre, comédie...). Bonne ambiance, cadre sensationnel. Résolument branché !

Cottiers *(zoom II, E4,* ***82****) : 93-95, Hyndland Rd. ☎ 357-58-25. Entrée* *sur le côté. Tlj 12h-minuit.* Encore une ancienne église, cette fois transformée en théâtre et en resto-bar, où l'on s'installe autour de tables éclairées le soir à la bougie, assis sur d'anciens bancs de prière. On y fait même du feu en hiver. En été, direction l'agréable *beer garden* entouré de verdure, où les barbecues fument le week-end (brochettes, sardines, cochon de lait...).

🍸 ***Inn Deep*** *(zoom II, F4,* ***52****) : 445, Great Western Rd. Tlj 12h-minuit (23h dim).* Niché dans une salle voûtée ouvrant sur la Kelvin River, l'endroit est réputé pour sa remarquable sélection de bières artisanales. Certaines sont des raretés. Le bonus, ce sont ces tables posées en surplomb de la rivière... prises d'assaut dès que le soleil ose pointer son nez !

🍸 |●| ***Brel*** *(zoom II, E4,* ***83****) : Ashton Lane. Tlj 11h (12h dim)-minuit.* Si, si, le nom fait bien allusion au grand Jacques, ce qui surprend un peu. L'explication est simple, l'ancien patron en était fan... Et, pour rester dans la note, la carte propose des bières belges, des moules-frites, des gaufres, un *Brel's Mac'n cheese* et même une fondue au fromage ou au chocolat ! Intérieur fort chaleureux, prolongé d'un grand jardin à l'arrière.

🍸 |●| ***Tennents Bar*** *(zoom II, E4,* ***84****) : 191, Byres Rd. Tlj 10h-23h (minuit jeu-sam). Certains sam, jam-session au sous-sol.* Décoré de vieilles gravures et de boiseries, ce vrai pub populaire, fondé en 1884, est si blindé en fin de semaine que la plupart des clients en sont réduits à siroter leur *real ale* debout. Et, les jours de match, difficile de ne pas être happé par les écrans envahisseurs ! Cuisine de pub honnête à prix sages.

Où écouter un bon concert ? Où danser ?

♩ ***King Tut's Wah Wah Hut*** *(zoom I, B1,* ***90****) : 272 A, Saint Vincent St. • kingtuts.co.uk • Concerts jeu-sam à 20h30. Entrée : £ 8-15.* Cette incontournable salle de concerts tient la dragée haute à ses concurrents avec l'une des meilleures programmations musicales de Glasgow. Pub sympa à l'entresol pour se mettre en jambes... ou se remettre de ses émotions.

🕺 ***Sub Club*** *(zoom I, B2,* ***91****) : 22, Jamaica St. • subclub.co.uk • Tlj sauf lun 23h-3h. Entrée : £ 8-15 (voire plus pour certains Djs).* Les années passent (30 ans, déjà !), et les DJs drainent toujours autant de monde dans ce club, l'un des plus réputés d'Écosse. Le *Sub Club* a son propre *Sound System.* House, techno, électro... le groupe Franz Ferdinand y a fait ses débuts. Pas de *dress code* mais... les maillots de foot sont interdits !

♩ 🕺 ***The Garage*** *(zoom I, A1,* ***92****) : 490, Sauchiehall St. • garageglasgow.co.uk • Tlj à partir de 23h (22h30 sam). Entrée : £ 4-7 (hors concerts) ; gratuit avt 23h30 lun-mer.* Facile à repérer avec son faux camion jaune qui défonce la façade ! Boîte sur 3 niveaux, très populaire parmi les étudiants, peut-être pour les tarifs avantageux dont ils bénéficient. Le week-end, c'est carrément l'hystérie ! Accueille aussi pas mal de concerts.

♩ 🕺 ***The Cathouse Rock Club*** *(zoom I, B2,* ***93****) : 15, Union St. • cathouse.co.uk • Mer-dim dès 22h30. Entrée : £ 2-6 (entrée gratuite tlj avt 23h avec le bracelet du club vendu £ 1,50 !).* Une excellente boîte rock, *hardcore,* métal et punk. Des groupes locaux y font régulièrement leurs débuts. Boissons bon marché et atmosphère cool.

Où assister à un spectacle ?

🎭 ***Citizens Theatre*** *(plan d'ensemble,* ***100****) : 119, Gorbals St ; après Victoria Bridge. ☎ 429-00-22. • citz.co.uk • Ⓜ Bridge St. Bus n°s 5, 6, 7, 75 et 267, arrêt sur Gorbals St. Billetterie lun-sam 10h-18h (21h les jours de spectacle) ou résa en ligne.* L'un des meilleurs théâtres de Grande-Bretagne. Datant du XIXe s, il s'appelait alors *Princess' Theatre.* Toujours d'excellents programmes, et prix permettant à tous d'accéder à la culture (certains coûtent 50 p !).

Tramway *(plan d'ensemble,* ***101****) : 25, Albert Dr, Pollockshields.* ☎ *0845-330-35-01.* • *tramway.org* • *Station de train (juste à côté) : Pollockshields East Station. Billetterie mar-sam 10h-20h, dim 12h-17h ou résa en ligne.* Dépôt de tramways entre 1820 et 1945, puis 1er musée des Transports de la ville quand cette dernière abandonna le tram pour le bus. Une équipe d'enragés transforma alors le lieu en une salle de spectacle. Depuis, la qualité est toujours au programme de cet endroit qui héberge aussi le *Scottish Ballet,* des expos temporaires d'art visuel et un café *(tlj jusqu'à 16h30).*

Theatre Royal *(zoom I, B1,* ***102****) : Hope St et Cowcaddens Rd. Résas :* ☎ *0844-871-76-27.* • *atgtickets.com* • *Accueil lun-sam 10h-18h, ou résa en ligne.* Le temple victorien du grand opéra écossais et lieu de passage obligé des troupes de danse prestigieuses. On peut aussi y voir des comédies musicales, des pièces de théâtre et des spectacles pour enfants.

Tron Theatre *(zoom I, C3,* ***103****) : 63, Trongate.* ☎ *552-42-67.* • *tron.co.uk* • *Entrée dans la ruelle derrière. Accueil lun-sam 10h-18h (19h45 les soirs de spectacle), ou résa en ligne.* Il occupe une ancienne église du XVIIe s mais produit des spectacles parmi les plus expérimentaux et innovants d'Écosse. Sur le côté, un café avec terrasse permet de grignoter avant les représentations.

Achats

Glasgow est une destination de choix pour le shopping. Dans le centre, les artères commerçantes autour Buchanan Street *(zoom I, B2-C1)* sont jalonnées de centres commerciaux clinquants, marques de luxe et chaînes internationales. Pour les boutiques indépendantes, notamment les fringues et objets *vintage,* mieux vaut aller dans le West End, sur Byres Road *(zoom II, E4-5)* et Great Western Road *(zoom II, F4),* ou encore dans Merchant City, autour de Trongate et King Street *(zoom I, C3).*

The Glasgow Vintage Co *(zoom II, F4,* ***52****) : 453, Great Western Rd. Tlj 11h (12h dim)-17h.* C'est là que courront les amateurs de fringues vintage où ils trouveront un très beau choix de chemises, robes, vestes de l'armée, pantalons, pulls shetland, chapeaux, chaussures et on en passe !

À voir

Pour qui aime marcher, la ville n'est pas si étendue qu'on ne l'imagine, et la plupart des sites peuvent se rejoindre à pied. Les poètes urbains y découvriront plein de détails pittoresques et une belle palette d'immeubles de la fin des XVIIIe et XIXe s. Les autres profiteront de l'animation de ses artères piétonnes, avant de se plonger avec délectation dans les trésors de ses merveilleux musées... Pour les découvrir, ainsi que les expos temporaires qui se tiennent en ville, consultez : • *glasgowlife.org.uk* • *peoplemakeglasgow.fr* •

Petite précision et coup de chapeau : non seulement tous les musées municipaux de Glasgow sont gratuits, mais tous, à l'exception du *Provand's Lordship,* sont accessibles aux personnes à mobilité réduite.

À l'est de George Square

George Square *(zoom I, C2) :* gardée par une statue de Walter Scott (qui sert de perchoir et de latrines aux goélands !), la place est bordée d'imposants immeubles du XIXe s. Parmi eux, la *City Chambers* de style Renaissance italienne *(GRATUIT* *pour les visites guidées lun-ven à 10h30 et 14h30),* dont on peut découvrir librement le rez-de-chaussée (caryatides, mosaïques, etc.).

Provand's Lordship *(zoom I, D2) : 3, Castle St. ☎ 552-88-19. Tlj sauf lun 10h (11h ven et dim)-17h. GRATUIT. Fiche en français disponible à l'accueil.*
Construit en 1471, c'est l'unique bâtiment rescapé du Glasgow médiéval et, par conséquent, la plus ancienne maison de la ville. D'abord résidence du directeur de l'hôpital Saint-Nicolas, elle fut vendue au XVIIe s à des familles bourgeoises avant de devenir un logement pour marchands puis un pub. Elle renferme une série de pièces recréant l'ameublement et l'atmosphère d'antan. À l'étage, chambre à coucher et superbe salle à manger.
Voir le jardin Saint-Nicolas attenant, de conception médiévale, avec sa fontaine entourée de haies et ses plantes médicinales.

Saint Mungo's Cathedral *(zoom I, D1-2) : Castle St. Avr-sept : lun-sam 9h30-17h30, dim 13h-17h ; oct-mars : tlj 10h (13h dim)-16h ; fermeture des portes 30 mn avt. GRATUIT.*
Reconstruite au XIIIe s sur le site de la première église élevée 700 ans plus tôt par saint Kentigern, alias Mungo, patron de la ville. C'est la seule cathédrale ayant survécu à la Réforme en Écosse (avec celle d'Orkney), protégée par les habitants dès les premières heures des émeutes. À l'intérieur, où l'impression d'unité architecturale domine malgré les différentes phases de construction, l'œil est attiré par le très beau jubé en pierre et le chœur de style gothique paré d'une voûte en chêne. L'étonnant découpage de l'espace donne l'impression de visiter plusieurs cathédrales en une. Tout au fond de la nef, belle sacristie du XVe s. Dans l'église basse (crypte), la tombe de saint Mungo est noyée dans une forêt de piliers et d'arcs brisés.
À côté, la ***nécropole*** *(en accès libre, tlj 8h-16h30)* mérite vraiment de s'y attarder (pas trop longtemps quand même !). Ses monuments funéraires imposants, juchés sur une colline herbeuse, dominent la ville.

Saint Mungo Museum of Religious Life and Art *(zoom I, D2) : 2, Castle St. ☎ 276-16-25. Tlj sauf lun 10h (11h ven et dim)-17h. GRATUIT. Fiche en français disponible à l'accueil.* Ce musée, en sensibilisant le public aux religions majeures du globe (chrétienne, juive, musulmane, hindoue, sikh et bouddhiste) et aux croyances animistes, est formidablement bien conçu. Une petite galerie expose quelques trésors d'art religieux, dont un masque de momie égyptienne datant de 500 av. J.-C., un autel des ancêtres nigérians, une imposante statue en bronze de Shiva Nataraja du XIXe s, et de superbes vitraux. La seconde salle s'intéresse aux différentes formes d'expression de la foi et aux approches propres à chaque religion, des grandes étapes de la vie, de la mort ou encore la persécution. Une dernière salle, à l'étage, destinée aux enfants, propose une série de petits jeux aussi intelligents que rigolos sur les différentes religions en Écosse. Dans la cour, le 1er jardin zen permanent de Grande-Bretagne, dessiné par un expert japonais.
Cafétéria-salon de thé au rez-de-chaussée.

Glasgow Cross *(zoom I, C3) : à l'intersection de High St et Trongate.* Ancien centre du Glasgow médiéval. Tour carrée, vestige du *Tolbooth* (mairie-prison) datant de 1626. La petite *Mercat Cross,* en face, est une réplique récente de celle du XVIIe s.

Trongate 103 *(zoom I, C3) : 103, Trongate. ☎ 276-83-80. Tlj sauf lun 9h30 (11h30 dim)-17h. GRATUIT.* Dans un ancien entrepôt (tellement restauré qu'on a du mal à imaginer l'ancienne bâtisse), plusieurs galeries d'art visuel, de photos notamment, proposant des expos temporaires.

Sharmanka Kinetic Theatre *(zoom I, C3) : à l'étage du Trongate 103. ☎ 552-70-80. • sharmanka.com • Représentations de 40 mn (interdit aux moins de 4 ans) mer-jeu à 17h, ven à 13h, sam-dim à 15h, plus jeu à 19h et dim à 17h* *pour un show de 1h (interdit aux moins de 12 ans). Entrée : £ 8-10 selon durée ; réduc. CB refusées. Résa conseillée ou venir 30 mn avt.* Un ballet robotique d'incroyables sculptures mécaniques façonnées avec de vieux morceaux de bois et de métal par Eduard Bersudsky. Les animations en musique et en lumière sont aussi étranges que fascinantes.

Barras Market (zoom I, D3) : *entre Gallowgate et London Rd. Chaque w-e 10h-17h, mais mieux vaut ne pas venir trop tard, car les commerçants remballent dès 14h30 s'il y a peu de monde.* Il s'agit de l'un des plus pittoresques marchés aux puces d'Europe. De vieux bâtiments victoriens regorgent de trésors et des centaines de boutiques vendent vraiment de tout : de la collection de *Dinky Toys* aux bibelots les plus divers en passant par les frusques les plus folles. Nombreux bars, petits restos et salons de thé pour récupérer.

Glasgow Green (zoom I, C-D3) : *le long de la Clyde, au sud de Barras.* Plus qu'un simple parc, c'est tout un symbole. Cher au cœur des Glaswegians, il concentre toute l'histoire de la ville et fourmille d'anecdotes. Pour tous, il est *property of the people.* Beaucoup d'historiens le considèrent comme l'un des sites historiques les plus importants d'Écosse. Jugez-en ! Il existe depuis 800 ans, des vaches puis des moutons y pâturèrent jusqu'en 1870. En 1746, Bonnie Prince Charlie y passa ses troupes en revue avant la célèbre bataille de Culloden. Il vit naître la révolution industrielle : James Watt, y méditant un dimanche de 1765, découvrit ici les applications possibles de la compressibilité de la vapeur. À l'ouest du parc, devant le palais de justice, il y eut 71 exécutions publiques de 1814 à 1865. Toutes les grandes batailles sociales et manifestations ouvrières s'y déroulèrent : le *one man, one vote,* puis le droit de vote pour les femmes, la grande grève des mineurs en 1984... Nombre de leaders syndicalistes, politiciens et membres du Parlement y firent leur éducation politique. On disait d'eux qu'ils étaient diplômés de la « Glasgow Green University ». Bref, l'histoire de ce jardin est bien plus intéressante que sa visite ne le laisse supposer !

People's Palace (plan d'ensemble) : *Glasgow Green.* ☎ *276-07-88. Bus n°s 18, 64 et 263. Tlj sauf lun 10h (11h ven et dim)-17h. GRATUIT.* Le palais du Peuple, bâtiment de style Renaissance française qui n'a de palais que le nom, fut construit en 1898 pour offrir aux habitants des quartiers défavorisés de l'East End un centre culturel ainsi qu'un lieu de mémoire. Il est devenu naturellement le musée de l'Histoire de Glasgow et de ses habitants. Rares sont les musées reflétant autant l'attachement d'une population pour son histoire. Les petites sections, bien documentées, passent en revue la vie sociale, les relations commerciales, les conditions de logement, les métiers et corporations à travers les siècles. Toutes sortes de souvenirs rappellent les bons et les mauvais moments : maillots de bain des premières vacances *doon the watter* (en aval de la Clyde), collection de matraques des années 1900, abri antiaérien de 1940, charrette pour raccompagner les poivrots chez eux, affiches de suffragettes, bannières des syndicats... Le syndicalisme écossais fut d'ailleurs l'un des plus combatifs d'Europe. On voit aussi le bureau de John MacLean, le plus grand leader socialiste du début du XXe s, abonné aux maisons d'arrêt et mort à 44 ans à cause des mauvaises conditions d'emprisonnement. Pour finir, témoignages divers sur la vie artistique, sportive et religieuse de Glasgow.

AMENDES AMÈRES

Vers 1900, pour empêcher les problèmes de surpopulation chronique, les propriétaires apposèrent des plaques en fer (tickets) *sur les appartements, indiquant le volume en mètres cubes et le nombre de personnes autorisées à y vivre ! Des inspecteurs passaient, la nuit, pour vérifier (au-delà de 30 % de surpeuplement, le locataire récoltait une amende). En 1914, 22 000 immeubles étaient hors norme.*

☕ Salon de thé installé dans un élégant jardin d'hiver.

Parmi les autres curiosités du Green figure l'***usine de tapis Templeton,*** cet extraordinaire édifice en brique polychrome qui ressemble à un palais vénitien à côté du *People's Palace,* fut construit en 1892. La production de tapis cessa en 1979. Aujourd'hui, le bâtiment est reconverti en centre d'affaires.

Autour de Central Station

Le Glasgow victorien et commerçant : quelques bâtiments et lieux significatifs, comme le *Royal Exchange Square (zoom I, C2),* de style néoclassique, entre Queen Street et Buchanan Street, l'une des principales artères commerçantes de Glasgow.
Voir aussi, sur Buchanan Street, le *Stock Exchange (zoom I, B-C2),* à l'architecture néogothico-vénitienne, construit en 1875, témoin de la florissante époque du commerce colonial.

The Gallery of Modern Art *(zoom I, C2) : Queen St.* ☎ *287-30-62.* ♿ *Dans le* Royal Exchange. *Tlj 10h (11h ven et dim)-17h (20h jeu). GRATUIT.* La GoMA s'étend sur 4 niveaux consacrés à des artistes contemporains du monde entier. Expos temporaires exclusivement : peinture, photo, sculpture, vidéo... Les œuvres sont exposées autour d'un élégant atrium surmonté d'une verrière et dans le grand hall du rez-de-chaussée.

Princes Square *(zoom I, C2) : 48, Buchanan St.* Là, on a hésité entre les rubriques « À voir » et « Achats ». En fait, c'est selon l'état de vos finances ! Jugez plutôt : une magnifique bâtisse du XIXe s, superbement transformée en centre commercial de luxe, style Art déco avec boiserie et ferronnerie sous une vaste verrière. Boutiques très chic, très mode et très chères.

The Lighthouse *(zoom I, B2) : 11, Mitchell Lane.* ☎ *276-53-65.* • *thelighthouse.co.uk* • ♿ *Tlj 10h30 (12h dim)-17h. GRATUIT.* Ce n'est que justice, le centre de design et d'architecture de Glasgow occupe les 7 niveaux d'un bâtiment dessiné par Charles Rennie Mackintosh. L'ajout d'une belle façade de verre, loin d'avoir défiguré l'ancien siège du journal *The Herald,* constitue un heureux mariage d'ancien et de moderne. La petite rétrospective Mackintosh (3e étage), seule expo permanente des lieux, laisse un peu sur sa faim, avec sa présentation peu lisible et, finalement, très peu d'œuvres. On y voit cependant une intéressante série de projets (sous forme de maquettes) imaginés par l'artiste... qui ont tous, hélas, été refusés ! Les autres étages abritent des expos temporaires. Tout en haut de la tour (ascenseur), superbe vue sur la ville.
☕ Agréable café, le **Doocot,** au 5e étage.

Museum of Piping *(zoom I, B1) : 30-34, McPhater St.* ☎ *353-02-20.* • *thepipingcentre.co.uk* • ***Attention, fermé pour travaux,*** *date de réouverture indéterminée. À titre indicatif, voici les anciens horaires et tarifs : lun-sam 9h-19h (17h ven et 15h sam). Entrée : £ 4,50 ; réduc.* Il en fallait un ! Ce petit centre culturel niché dans une église a pour vocation de promouvoir la cornemuse. Exposition évoquant l'histoire de l'instrument national écossais depuis 300 ans, avec une collection empruntée au *National Museum of Scotland,* parmi laquelle on remarque quelques cousins bretons, berrichons et même un italien. On peut aussi voir le drôle de pipeau du poète Robert Burns taillé dans un os ! Propose également des cours gratuits en saison *(à 11h et, sauf sam, à 14h)* et accueille des *piping Recitals* pendant le festival d'été (1 semaine à la mi-août), parfois même des *ceilidhs* (danses écossaises) dans le resto-bar attenant. Boutique avec cornemuses, CD...

Autour de Charing Cross Station

Rejoindre ensuite ***Sauchiehall Street*** *(zoom I, B1)*, l'une des rues les plus animées de Glasgow. Elle est piétonne jusqu'à Rose Street vers l'ouest. Quantité de magasins et cafés, plus quelques beaux exemples d'Art nouveau.

Centre for Contemporary Arts *(zoom I, B1)* **:** *350, Sauchiehall St. ☎ 352-49-00. • cca-glasgow.com • Expos ouv tlj sauf lun 10h (11h dim)-18h ; café tlj 10h (12h dim)-minuit (1h ven-sam). GRATUIT pour les expos.* Un vaste complexe très réussi offrant à la fois des espaces pour des expos éclectiques d'artistes internationaux, des projections, des concerts, des spectacles de danse, des opéras, mais aussi un café-resto très sympa dans le vaste hall central.

Glasgow School of Art *(zoom I, B1)* **:** *11, Dalhousie St (entrée pour les visites). ☎ 353-45-26. • gsa.ac.uk • Ⓜ Cowcaddens. Avr-sept, sur résa, 2 circuits, soit de 45 mn tlj 10h30-15h, soit de 2h15 ven-lun à 13h30 ; compter respectivement £ 7 et £ 20/pers. Rens et billets au* Visitor Centre *de l'école (tlj 10h-16h30).* À la suite de l'incendie qui a dévasté la bibliothèque en 2014, ***les visites du bâtiment historique sont interrompues.*** En attendant la réouverture prévue pour 2019 de cette fameuse école d'art qui fêtera à cette occasion ses 175 ans d'existence, on peut se rabattre sur l'aile moderne, juste en face, qui abrite une petite expo permanente consacrée à Mackintosh. Et/ou sur les visites guidées, qui permettent pour l'une de découvrir les œuvres du maître et des artistes contemporains qu'il a influencés ; l'autre, à pied dans le centre-ville, entreprend la tournée des plus beaux édifices d'architecture Art nouveau.

Tenement House Museum *(NTS ; zoom I, A1)* **:** *145, Buccleuch St, Garnethill. ☎ 0844-493-21-97. Ⓜ Cowcaddens. Juil-août : tlj 11h (13h dim)-17h ; avr-juin, sept-oct tlj 13h-17h ; nov : ven 17h-21h, w-e 10h-14h. Dernière admission 30 mn avt. Entrée : £ 7,50 ; réduc.* Pour faire face à la terrible crise du logement qui frappait Glasgow à la fin du XIXe s, corollaire du formidable essor industriel de la région, les autorités encouragèrent la construction d'appartements souvent modestes, les *Tenement Houses*. Avec ses 2 pièces et sa cuisine séparée, celui de Buccleuch St fait figure de privilégié en comparaison des *single-ends* (pièce unique) où certaines familles s'entassaient. Le *National Trust* a choisi de conserver en l'état cet appartement « témoin » habité, de 1911 à 1965, par Miss Toward, une sténodactylo, vieille fille et un peu maniaque, qui gardait tout... Ça tombe bien ! Rien n'a bougé, des ustensiles de cuisine aux boîtes de médicaments, en passant par le lit remisé dans une armoire et les pots de confiture. Le plus ancien date de 1929 ! L'éclairage fonctionne au gaz, d'où l'odeur dans l'appartement.

Dans West End, le quartier de l'université

Accessible en 20-30 mn à pied depuis le centre-ville en continuant sur Sauchiehall Street, après Charing Cross. Au passage, noter le bel alignement en courbe des demeures victoriennes sur Royal Crescent *(zoom II, F5)*.

Kelvingrove Park *(zoom II, E-F5)* **:** *bus nos 2, 3, 7, 19 et 747.* Parc très agréable, avec des arbres et des fontaines partout. Lieu de pique-nique favori des familles le week-end.

L'université *(zoom II, F5)* **:** *University Ave, Gilmorehill. ☎ 330-53-60. • gla.ac.uk • Ⓜ Hillhead. Bus nos 4 et 4A. Visitor Centre ouv lun-sam 9h30-17h, dim 11h-14h. Visites guidées tlj à 14h (plus 11h avr-oct) sauf lun. Tarif : £ 10 ; réduc.* Le grandiose édifice, de style gothique écossais, date de 1870, mais l'université fut fondée en 1451 par l'évêque William Turnbull. Elle compta parmi ses éminents professeurs l'économiste Adam Smith et James Watt, le père de la révolution industrielle. Ne manquez pas les cours intérieures avec leurs forêts d'arcades. Ça donnerait presque envie d'étudier !

Hunterian Museum *(zoom II, F5) : dans le bâtiment principal de l'université.* ☎ *330-42-21.* • *gla.ac.uk/hunterian* • Ⓜ *Hillhead.* ♿ *Mar-sam 10h-17h, dim 11h-16h. GRATUIT.* Le plus vieux musée de Glasgow a constitué au fil des générations un fonds de plus de 1 million d'objets ! Beaucoup de ses anciens étudiants devenus riches et/ou célèbres lui ont fait don de leurs collections, à commencer par l'anatomiste William Hunter, qui ouvrit le meilleur musée privé de Londres au XVIIIe s. Le résultat ? Une exposition aux thèmes assez disparates, façon cabinet de curiosités : animaux difformes et bicéphales, fragments archéologiques romains, armes et outils primitifs du monde entier, précieux fossiles, squelette de plésiosaure (cousin de Nessie...), œufs de dinosaures, momie égyptienne... Ne manquez pas la splendide carte du monde de Ferdinand Verbiest, de 1674, réalisée pour l'empereur chinois (en chinois, donc !). À l'étage de la principale galerie, instruments de mesure ou de chirurgie, appareils scientifiques et autres innovations technologiques réalisées à Glasgow au XIXe s, notamment celles de Lord Kelvin.

Hunterian Art Gallery *(zoom II, F5) : entrée au 82, Hillhead St, rue qui part de University Ave.* ☎ *330-42-21.* • *gla.ac.uk/hunterian* • ♿ *Mar-sam 10h-17h, dim 11h-16h. GRATUIT.*
Le musée présente une riche collection de peintures écossaises du XVIIIe s à nos jours, enrichie de tableaux de peintres français, italiens ou américains qui inspirèrent ses principaux courants. On pourra ainsi admirer *La Mise au tombeau* de Rembrandt, un superbe autoportrait de Rubens, des Corot, Boudin, Chardin et une importante sélection d'œuvres de James McNeill Whistler, un peintre américain du XIXe s, parisien d'adoption, lié aux impressionnistes. La section consacrée aux *Glasgow Boys* est particulièrement intéressante.
– Les amateurs d'Art nouveau et d'Art déco iront aussi faire un tour à la ***Mackintosh House,*** dans le même édifice : superbe reconstitution de l'appartement du célèbre architecte-designer glaswegian. Sur 3 niveaux, on y retrouve ses meubles originaux, d'inspiration japonaise. *Visites guidées ttes les 30 mn, mar-ven 10h-12h30, puis visites libres l'ap-m en sem et tte la journée le w-e jusqu'à 16h15 (15h15 le dim). Entrée : £ 6.*

Botanic Gardens *(zoom II, E-F4) : Great Western Rd.* ☎ *334-24-22.* Ⓜ *Hillhead. Bus n°s 6 et 6A au coin de Hope et George St. Jardins ouv tlj de 7h au coucher du soleil. Serres accessibles 10h-18h (16h30 en hiver). GRATUIT.* Fondés en 1817, les jardins s'étendent sur près de 20 ha, de part et d'autre de la rivière Kelvin. N'y manquez pas le *Kibble Palace* (1872), une splendide serre victorienne arrondie. Belle *Palm House* également, collection d'orchidées, carnivores, cactées, etc. Une halte rafraîchissante que l'on peut prolonger à la terrasse d'un joli *tearoom (mêmes horaires).*

Kelvingrove Art Gallery and Museum *(zoom II, E5) : dans le parc de Kelvingrove, sur Argyle St.* ☎ *276-95-99.* Ⓜ *Kelvin Hall. Bus n°s 4 et 4A au coin de Hope et Gordon St.* ♿ *Tlj 10h (11h ven et dim)-17h. Fermé à Noël et* Boxing Day, *1er et 2 janv. GRATUIT (donation bienvenue).*
La première attraction d'Écosse et, sans conteste, l'édifice préféré des Glaswegians ! Et pour cause, c'est tout sauf un musée classique ou élitiste, et la diversité des œuvres présentées est vraiment étonnante. Dans un premier temps, l'ensemble déroute un peu, donnant l'impression de feuilleter une encyclopédie au hasard. Puis on comprend que dans chaque section, la ville reste le fil conducteur et que les légendes offrent un regard différent et permettent de faire le lien avec le reste de l'exposition. Ce drôle de musée, donc, présente ses collections par thème, sans unité de temps ni de valeur. Au rez-de-chaussée, par exemple, la section égyptienne se cache au milieu d'une vaste expo sur le milieu naturel et la faune (empaillée), tandis que, dans l'aile est, les masques africains voisinent avec les marbres néoclassiques, la peinture écossaise et le design du XVIIIe s à nos jours. Entre autres choses,

superbe section consacrée à Mackintosh et l'Art nouveau, avec de très belles pièces de mobilier et d'ornementation.

À l'étage, on retiendra la fantastique section consacrée aux « conflits » en tout genre, où voisinent armes et armures incroyables (dont de très belles du Japon), de rares objets du Bénin et du détroit de Torres, ainsi que la partie dédiée aux *First People* d'Écosse. Voir aussi l'épée du Kiribati (archipel de l'océan Pacifique), plutôt inhabituel. Très intéressantes également, les sections de peinture écossaise, flamande et surtout française. On retrouve de grands impressionnistes, pointillistes et fauvistes et pas des moindres : Renoir, Cézanne, Pissaro, Picasso, Van Gogh, Matisse, Seurat, Braque... – même s'il y a peu d'œuvres majeures. C'est tout de même l'occasion d'admirer, entre autres, le célèbre *Christ de saint Jean de la Croix* de Dalí, chef-d'œuvre de perspective, ou encore un paysage de *Vétheuil* de Monet ou *L'Homme en armure* de Rembrandt. Bref, un musée riche et foisonnant, où les enfants prennent autant de plaisir que les adultes !

LE CHRIST DE DALÍ

Cette œuvre est unique. Le Christ est vu de haut, Dalí ayant voulu saisir le regard de Dieu qui observe son fils Jésus mourant pour le salut des hommes. On ne voit pas le visage du Christ (mais qui connaît son vrai visage ?). Pour ce tableau, il utilisa un cascadeur de Hollywood qu'il suspendit des heures à un portique... D'où un Christ tout en muscles et non pas malingre.

– Tous les jours à 13h (15h le dimanche), ***récital d'orgue*** dans le hall central, avec parfois des organistes de renom.

Cafétéria au sous-sol.

Au sud de la ville – Southside

Scotland Street School Museum *(plan d'ensemble)* **:** *225, Scotland St. ☎ 287-05-00. Ⓜ Shields Rd. Tlj sauf lun 10h (11h ven et dim)-17h. GRATUIT.* La réalisation de cette école fut confiée à l'architecte Charles Rennie Mackintosh qui, à l'époque déjà, n'était plus un inconnu. Ouverte en 1906, l'école ferma ses portes en 1979, suite à la transformation du quartier. Conçue pour accueillir 1 250 élèves, elle n'en comptait plus que 89 à la fin. Le hall à lui seul pose l'endroit, et le plaisir se poursuit aux étages. Le 1er étage retrace l'histoire de la construction de l'édifice, en resituant celui-ci dans l'œuvre de Mackintosh. Au 2e étage, salle de classe d'époque et petite expo sur ce qu'était l'école en Écosse au début du XXe s. Junior pourra jouer à la marelle, revêtir l'une des tenues d'écolier de l'époque, ou encore jouer à la dînette dans la superbe *cookery room*. Ce n'est peut-être pas le travail le plus impressionnant de Mackintosh, mais c'est celui où l'on sent le mieux son souci de marier design et fonctionnalité.

The Burrell Collection *(plan d'ensemble)* **:** *2060, Pollokshaws Rd. ☎ 287-25-50. • glasgowlife.org.uk/museums • Dans le plus grand parc de Glasgow, Pollock Country Park. En train depuis Central Station, arrêt à Pollokshaws West, continuer à pied (station et arrêts de bus à 800 m du musée). Bus nos 34 et 57.* ***Attention, le musée est fermé pour rénovation jusqu'en 2020. Dans l'attente de sa réouverture, quelques pièces sont exposées au*** Kelvingrove Art Gallery and Museum.

Pollok House *(NTS ; plan d'ensemble)* **:** *au centre du Pollock Country Park. ☎ 616-64-10. Tlj 10h-17h. Dernière entrée 30 mn avt. Entrée : £ 7,50 ; réduc.* Ce très beau manoir du XVIIIe s, de style palladien, fut légué à la Ville, avec son immense et superbe parc de 146 ha, par Mrs Maxwell en 1966. La collection ne contient cependant plus que la moitié des trésors jadis accumulés par sir William Stirling Maxwell. En effet, à sa mort en 1878, ils furent répartis entre ses 2 fils... et le cadet flamba tout au jeu ! Sur 2 étages, la Pollok House regroupe un bel ameublement des XVIIIe et XIXe s, de superbes collections de porcelaines, ainsi qu'une remarquable sélection d'œuvres majeures de grands maîtres espagnols : Murillo, El Cano et surtout le Greco pour sa *Femme à la fourrure*.

Salon de thé et restaurant dans la cuisine de style édouardien, aux superbes vieux fourneaux.

– Également de beaux jardins où coule une rivière enjambée par un superbe pont.

House for an Art Lover *(plan d'ensemble)* **:** *10, Dumbreck Rd, Bellahouston Park. ☎ 353-47-70. • houseforanartlover.co.uk • Ⓜ Ibrox ; train jusqu'à Dumbreck ; bus n° 9 depuis Buchanan Station. Ouv en principe tlj 10h-16h (12h30 sam-dim). Entrée : £ 6,50 ; réduc. Audioguide en français inclus.* ***Attention ! Le lieu est souvent fermé pour des événements privés*** *(vérifier les dates d'ouvertures sur le site).*

À la fin des années 1980, un architecte de Glasgow se lance dans un projet fou : bâtir la « maison pour un amoureux des arts » conçue par Mackintosh en 1901 – toujours restée au stade des plans. Malgré bien des difficultés, elle est finalement inaugurée en 1996 dans le joli cadre du parc de Bellahouston. On découvre donc cette demeure comme Mackintosh l'a conçue, dans le cadre d'un grand concours lancé par un magazine allemand. Son projet étant parvenu hors délai, il ne fut pas sélectionné, mais reçut néanmoins un prix spécial pour son audace. Il est vrai que les lignes de la maison, d'apparence encore très moderne aujourd'hui, tranchent radicalement avec les années 1900.

On visite le hall principal, la salle à manger, la superbe salle ovale et le salon de musique, où les lignes droites et allongées propres à Mackintosh rencontrent les courbes et les ornements typiques de l'Art nouveau. Expo consacrée à Mackintosh et à sa compagne Margaret Macdonald, décoratrice de son état, qui participa largement à l'élaboration du projet... et à bien d'autres d'ailleurs !

Si la faim vous titille, poussez la porte de l'excellent ***Art Lovers' Café,*** au rez-de-jardin (voir « Où manger ? Au sud de la ville... »).

Scottish Football Museum *(plan d'ensemble)* **:** *Hampden Park. ☎ 616-61-39. • scottishfootballmuseum.org.uk • Du centre, bus n°s 5, 7, et 75. Tlj 10h (11h dim)-17h (dernière admission à 16h15). Fermé les jours de match. Visites guidées du stade 4 fois/j. 11h-15h. Entrée : £ 8 ; réduc. Visite guidée du stade £ 8 ou billet combiné £ 13.*

Le célèbre stade de Hampden Park abrite un vaste musée très bien conçu, rappelant, si besoin est, la passion des Écossais pour le football, l'histoire du jeu depuis ses origines et la grande épopée des clubs du royaume. Reconstitution des anciens vestiaires et des tribunes de presse, vitrines d'objets ayant appartenu à de célèbres joueurs écossais (soulier d'or d'Ally MacCoist...) et de trophées (notamment la plus vieille coupe encore existante dans le monde).

Pour ceux qui ont choisi le tour guidé, visite des vestiaires, de la salle d'échauffement (où l'on peut tirer au but et... mesurer la vitesse du ballon !), avant d'accéder au stade sous des bruits pré-enregistrés de supporters. On est alors face aux tribunes (52 000 places officielles, mais en 1937, lors du match Angleterre-Écosse, il y eut pas moins de 149 000 spectateurs debout !), où l'on vous proposera de soulever une coupe... en carton-pâte.

The Gorbals *(plan d'ensemble)* **:** *juste de l'autre côté du Glasgow Green.*

Il y a encore quelques décennies, c'était le quartier populaire et ouvrier par excellence, symbole de la dure condition de prolétaire à Glasgow. Il tient son nom de Gorbals Street, qui le traverse. Logements insalubres,

AU DOIGT ET À L'ŒIL

Dès l'origine, le quartier des Gorbals a mal débuté. Son nom découle de gory bells, *ces cloches que les lépreux devaient jadis secouer pour annoncer leur passage. On les avait parqués ici, de l'autre côté de la rivière, loin des regards des bonnes gens de la ville.*

surpopulation, délinquance... au seul mot de « Gorbals », les bourgeois tremblaient. Dans les années 1960, les autorités rayèrent le quartier de la carte, pressées de débarrasser la ville de l'une de ses verrues les plus voyantes, sans chercher à sauver ce qui aurait pu l'être. Dans la foulée, on liquida des églises bien saines, comme Saint John's, qui avait été dessinée par Pugin, l'architecte du Parlement de Londres. Comme témoins de cette époque, il ne reste que le *Citizens Theatre* sur Gorbals Street et un *tenement* en sursis, au n° 162-168, presque en face, au carrefour avec Bedford Lane. Ironie de l'histoire, certaines HLM récentes sont déjà en ruine et abandonnées.

Nos lecteurs poètes nécrophiles pourront faire une promenade jusqu'au vieux cimetière *(**Southern Necropolis** ; plan d'ensemble),* en bordure de Caledonia Road, à 1,3 km au sud-est. Beaucoup de tombes sculptées pittoresques dans un romantique désordre. On y trouve celle de sir Thomas Lipton, l'inventeur du *teabag,* mort en 1931 (c'est une colonne carrée surmontée d'une urne, dans le 2e enclos, au fond à gauche, côté Braehead Street).

À l'ouest de la ville – Clydeside

Les bords de la Clyde, réhabilités après la fermeture des chantiers navals, symbolisent l'incroyable audace du renouveau architectural de Glasgow. On y trouve désormais des monuments aussi contemporains qu'ambitieux, tels que le ***Riverside Museum,*** le ***Clyde Auditorium*** (signé de Norman Foster, une salle de 3 000 places surnommée « le tatou »), ***The SSE Hydro*** (un palais des sports de 12 000 places également conçu par Foster) et le ***Glasgow Science Centre.*** Un ensemble futuriste assez extravagant dont les parois, généralement recouvertes de titane, jouent avec les reflets du fleuve et du ciel. D'autres bâtiments complètent le site, comme celui de la ***BBC Scotland,*** tout en verre. Les rives sont reliées par le ***Clyde Arc,*** inauguré en 2006, l'un des premiers ouvrages de Glasgow que l'on aperçoit en arrivant du sud par la M 8.

***Riverside Museum** (plan d'ensemble) : 100, Pointhouse Pl, au point de rencontre de la Clyde River et de la Kelvin River. ☎ 287-27-20. Ⓜ Partick, puis 10 mn à pied par un sentier piéton. Bus n° 100. Tlj 10h (11h ven et dim)-17h. Fermé à Noël et Boxing Day, 1er et 2 janv. GRATUIT (donation bienvenue). Parking payant (£ 1).*

En 2011, l'architecte Zaha Hadid livre à Glasgow un magnifique ouvrage ultra-contemporain pour accueillir le musée des Transports, mélangeant lignes anguleuses comme un pliage et courbes douces comme un ruban. La façade, en bord de Clyde, évoque un électrocardiogramme. Une structure et un contenu tellement réussis et surprenants que ce lieu reçut en 2013 le prix du Meilleur musée européen. Rien que ça !

À l'intérieur, c'est toute l'histoire du glorieux passé de Glasgow et de ses transports qui est mise en scène dans de vastes espaces d'une créativité réjouissante ! Tels ce spectaculaire vélodrome aérien ou encore la reconstitution d'une rue du centre-ville telle qu'elle était au début du XXe s, avec toutes ses échoppes et sa station de métro. Puis un festival de machines toutes plus épatantes les unes que les autres : locomotives à vapeur rutilantes, wagon de luxe du roi George VI, tramways à impériale ou hippomobiles, rame de métro de 1896, voitures de rêve, mur de motos, corbillards, anciens camions de pompiers et même des landaus ou des fauteuils roulants... Sans oublier un étonnant appartement mobile dans lequel vécut une famille pendant 30 ans en sillonnant l'Écosse ou, à l'étage, des maquettes de navires qui défilent dans une vitrine.

Mais le musée ne se résume pas à une histoire de moteurs, ce sont aussi des bouts de vie, des témoignages et anecdotes qui sont racontés ici, de façon vivante et ludique, intelligemment replacés dans leur contexte (vêtements d'époque et mobilier à l'appui). De quoi y passer des heures sans s'ennuyer une seconde !

|●| Cafétéria sur place.

The Tall Ship (plan d'ensemble) : *Glasgow Harbour, derrière le Riverside Museum. ☎ 357-36-99. • thetallship.com • Tlj 10h-17h (16h nov-janv). Dernière admission 30 mn avt. GRATUIT. Brochure en français dispo à l'accueil.* Pour les nostalgiques des grands voiliers, le *Glenlee* est l'un des seuls trois-mâts construits par les chantiers de la Clyde à avoir survécu. Aujourd'hui restauré, le navire se visite du pont à la cale, en passant par les cambuses (cuisines) et les quartiers de l'équipage et du capitaine. Ne pas rater le film d'archives projeté dans la cale, qui montre le quotidien à bord : sympa par gros temps ! Très intéressant, et, là encore, les enfants adorent.

Glasgow Science Centre (plan d'ensemble) : *50, Pacific Quay. ☎ 420-50-00. • glasgowsciencecentre.org • Ⓜ Cessnock, puis 10 mn à pied. ♿ En été, tlj 10h-17h. Le reste de l'année, mer-ven 10h-15h, le w-e 10h-17h. Entrée : £ 12 ; réduc. Planétarium et projection Imax £ 3 et £ 2,50 en sus. Glasgow Tower (seulement l'été, tlj 11h-16h30) : £ 3,50 en sus ou £ 6,50 seule.* Encore un monument qui nous en met plein les mirettes, avec sa robe en titane ! Sur 3 vastes étages, des expos, installations, ateliers et spectacles racontent les sciences et le fonctionnement du corps humain. On y trouve aussi l'un des plus grands planétariums et la plus haute tour rotative au monde (127 m), rien de moins ! Un musée très bien pensé, interactif et ludique, plutôt à l'intention des enfants. Seul bémol : ceux qui ne parlent pas la langue de Shakespeare se retrouvent vite exclus, puisque tout est en anglais...

The Waverley (plan d'ensemble) : *départs du quai face au Glasgow Science Centre. ☎ 0845-130-46-47. • waverleyexcursions.co.uk • Fin mai-fin août et 1 sem mi-oct seulement, jours de croisières et itinéraires détaillés sur le site. Prix selon parcours, £ 19-43 ; réduc.* Il s'agit d'un bateau à aubes, le dernier (dans le monde) à voguer en mer. Propose différentes croisières sur la Clyde, ainsi que jusqu'à Campbeltown, Oban et l'île d'Arran.

GLASGOW ET LA VALLÉE DE LA CLYDE

Manifestations

- ***Celtic Connections Festival*** : *fin janv-début fév. ☎ 353-80-00. • celticconnections.com •* Pendant 2 semaines, des musiciens célèbrent la culture celte au Glasgow Royal Concert Hall et dans différents théâtres, pubs, salles de spectacles et espaces publics.
- ***West End Festival*** : *en juin. ☎ 341-08-44. • westendfestival.co.uk •* 3 semaines de concerts en plein air, du théâtre et d'autres animations, telle la parade de l'été. Ambiance garantie.
- ***Glasgow International Jazz Festival*** : *5 j. fin juin. ☎ 552-35-52. • jazzfest.co.uk • Billets : quelques concerts gratuits, la majorité £ 12-25.* Étape obligée du circuit des grands festivals européens de jazz.
- ***Merchant City Festival*** : *10 j. fin juil. • merchantcityfestival.com •* Un peu partout dans Glasgow, spectacles de danse, musique, théâtre, et nombreuses manifestations autour de l'art contemporain, la mode, la littérature, le cinéma...
- ***Piping Live !*** : *1 sem pendant la 1re quinzaine d'août. ☎ 353-02-20. • pipinglive.co.uk •* Toutes sortes de manifestations à la gloire de la cornemuse : concerts payants en salle ou gratuits en ville, expos, lectures... Le festival a lieu la semaine précédant le *World Pipe Band Championships*, qui, lui, se déroule le 2e ou 3e samedi du mois d'août. Cette compétition rassemble sur une journée plus de 200 *pipe bands* venus du monde entier au Glasgow Green...

LA VALLÉE DE LA CLYDE

Au sud-est, en amont de Glasgow, la vallée de la Clyde par l'A 724 (qui devient ensuite l'A 72) vous fera découvrir les berges riantes d'un fleuve qui joua son rôle dans le développement économique de la région.

Bothwell Castle *(HES)* ***:*** *à* ***Uddingston.*** *☎ (01698) 816-894. Quitter Glasgow par l'A 74, prolongée par l'A 724, puis entrer dans Uddingston. Fléché depuis Main St. Bus n° 255 direction Motherwell : descendre à Uddingston Cross, puis 10-15 mn à pied le long de Castle Ave. Avr-sept : tlj 9h30-17h30 ; oct-mars : tlj sauf jeu-ven 10h-16h. Fermeture des caisses 30 mn avt. Entrée : £ 4,50 (£ 2,50 pdt les travaux dans le grand hall et le donjon) ; réduc.* Construite à partir de 1242 avec l'aide de maçons français, la forteresse de Bothwell a intégré certaines techniques propres au continent. Ce puissant ouvrage défensif dominant la vallée fut par la suite plusieurs fois pris et repris, démantelé et reconstruit au cours des guerres d'indépendance. Les bâtiments ont souffert, mais les imposants vestiges des remparts et du donjon circulaire en grès rouge ne manquent pas de prestance. Dans les celliers, une brève expo rappelle quelques faits marquants (comme le siège de 1301 conduit par plus de 6 800 Anglais !), tandis qu'une escapade dans les niveaux supérieurs du donjon (quand celui-ci aura rouvert) permet de profiter d'une belle vue sur les environs. Autour, de jolies prairies où pique-niquer en famille.

➢ Possibilité de rejoindre le *David Livingstone Centre* à pied en 30-35 mn en longeant la Clyde (itinéraire fléché).

David Livingstone Centre : *165, Station Rd, à* ***Blantyre*** *; accessible par l'A 724. ☎ (01698) 821-424. • david-livingstone-trust.org • Fermé pour renovation jusqu'à nouvel ordre. Quelques infos au cas où il rouvrirait lors de votre passage : le bus n° 205 depuis East Kilbride Station s'arrête devant. Avr-sept, ven-lun 11h-16h (dernière entrée 45 mn avt). Entrée : £ 6,50 ; réduc.* Un musée vieillot mais très intéressant, à la gloire du fameux explorateur David Livingstone, installé dans le bâtiment où il naquit en 1813. Jadis, ces lotissements modestes étaient divisés en appartements d'une pièce, réservés aux familles des ouvriers de la filature de coton voisine. C'est d'ailleurs dans cette manufacture que le jeune David travailla en tant que fileur, comme tous ses camarades, avant de suivre les cours du soir et d'obtenir son sésame pour la faculté de médecine. La ténacité du jeune homme annonce déjà celle de l'explorateur. L'expo relate, objets personnels à l'appui, l'enfance ouvrière et la vie passionnante du médecin-missionnaire-explorateur qui réalisa la première traversée de l'Afrique équatoriale d'ouest en est, et les nombreux combats qu'il mena (contre l'esclavage notamment). Sa rencontre avec le journaliste Stanley en 1871 reste une référence en matière de savoir-vivre british. À sa mort en 1873, cet infatigable marcheur aurait parcouru en 30 ans plus de 29 000 miles à travers l'Afrique. Il est enterré à l'abbaye de Westminster.

➢ Possibilité de rejoindre *Bothwell Castle* à pied en 30-35 mn en longeant la Clyde (itinéraire fléché).

LANARK

8 250 hab. IND. TÉL. : 01555

Ville de marché, spécialisée dans les bovins, reconnue bourg royal depuis 1140. C'est en s'emparant de la place fortifiée anglaise de Lanark, en 1297, tuant au passage le shérif en charge du secteur, que William Wallace déclencha la première guerre d'indépendance écossaise. Ne présente d'intérêt que pour sa proximité avec l'étonnante aventure de New Lanark.

Arriver – Quitter

De Glasgow Central, trains env ttes les 30 mn (1h dim) 6h-23h. Trajet : 50 mn. *Scotrail :* ☎ *0330-303-0111.* • *scotrail.co.uk* • Pour ensuite rejoindre ***New Lanark,*** bus nº 135 ttes les heures depuis la gare routière.

Avec *Stuarts Coaches,* bus nº 240X depuis ou vers ***Glasgow*** ; départ ttes les 30 mn à 1h, 8h-18h depuis Glasgow, 6h30-19h depuis Lanark. Durée : 1h10.

Où dormir ?

Camping

Clyde Valley Caravan & Camping Park : *à 1 km de Lanark sur l'A 72 direction Glasgow.* ☎ *663-951.* • *sandramcwhinnie@gmail.com* • *Avr-oct. Env £ 15 pour 2.* Un camping classique, avec de nombreux mobile homes et leurs jardinets entretenus à la perfection. Non loin de la rivière, l'endroit est reposant et propice à la pêche, mais parfois envahi de *midges* en saison.

De bon marché à prix moyens (moins de £ 85 ; 102 €)

Wee Row Youth Hostel : *Wee Row, Rosedale St.* ☎ *666-710.* • *newlanarkhostel.co.uk* • *Mars-fin nov. Nuitée env £ 30/pers, £ 40 pour 2 ; petit déj en sus. Dîner sur résa (menus £ 7-12).* AJ très bien tenue installée dans l'ensemble restauré de New Lanark. On a connu plus festif, mais le niveau de confort est bon : grande cuisine bien équipée, laverie, salon TV/lecture, et surtout des chambres privées pour 2 à 4 personnes (pas de dortoir) dotées de douches et de toilettes. Le luxe !

Bankhead B & B : *Braxfield Rd.* ☎ *666-560.* 📱 *07598-229-800.* • *new-lanark.co.uk* • *Peu avt le site de New Lanark, après le virage serré (ne pas tourner). Doubles env £ 44-60, sans ou avec petit déj.* À voir le mur d'enceinte surplombant la vallée, le site devait jadis abriter une ferme fortifiée. Dorénavant, la cour intérieure dessert plusieurs petites maisons simples et très bien tenues. Celle réservée aux hôtes, à côté de celle des proprios, renferme une salle de petit déj pimpante (servi en option sous forme de buffet mais sans rien de cuisiné) et une poignée de chambres tout confort. Accueil très sympathique.

DANS LES ENVIRONS DE LANARK

New Lanark : *à 2,5 km de Lanark. À pied ou bus nº 135 ttes les heures depuis la gare.*

New Lanark Visitor Centre : ☎ *661-345.* • *newlanark.org* • *Tlj 10h-17h (16h nov-mars). Fermé à Noël et 1er janv. Entrée : £ 14 pour tt le site ; réduc.*

C'est l'ensemble du village qui est classé par l'Unesco au Patrimoine mondial de l'humanité, autant pour sa valeur symbolique que pour son harmonie architecturale. Lovés au creux d'une vallée encaissée, les différents bâtiments (encore en partie habités !) et le complexe des manufactures s'intègrent parfaitement au paysage. Il faut dire que New Lanark fut fondé au Siècle des lumières sur un concept de vie sociale idéale. Une utopie, quoi, mais qui, dans ce cas, connut une réalisation concrète et durable.

En 1785, à la suite de l'effondrement de l'industrie du tabac (guerre de l'Indépendance américaine), l'industriel David Dale profita de l'énergie hydroélectrique produite par les chutes de la Clyde pour implanter dans la vallée des filatures qui, dès 1799, faisaient vivre plus de 2 000 personnes. Son gendre, Robert Owen, reprit l'affaire en 1800 et mit en application des théories de réformes sociales novatrices. Le succès commercial lui permit de développer ses idées, en créant un atelier d'apprentissage, une crèche, une cantine publique, une coopérative d'achat, une école obligatoire pour tous les enfants jusqu'à 10 ans, ainsi que des cours du soir et une caisse d'assurance maladie. Sa doctrine sociale, l'« owenisme », lui valut un engouement populaire, mais aussi l'aversion de ses pairs patrons et la réticence très nette des gouvernants. Ces théories inspireront par la suite le parti travailliste et le chartisme, un mouvement britannique d'émancipation ouvrière actif entre 1837 et 1848. Les filatures fonctionnèrent jusqu'en 1968. Un programme de restauration ambitieux a permis de sauver le site.

Dans les bâtiments principaux, ***The Annie McLeod Experience*** est une attraction un peu superficielle qui restitue au moyen d'un parcours de 10 mn en nacelle l'univers d'une petite fille au temps de la révolution industrielle. Plus captivante, la seconde partie de l'expo s'intéresse au fonctionnement d'une filature de coton (machine à filer en activité) et à l'organisation propre à New Lanark. Depuis la ***terrasse*** aménagée sur le toit, on jouit d'une belle vue sur le site.

La visite se poursuit dans le village, avec ses fidèles reconstitutions d'un logement ouvrier des années 1820 et 1930, du magasin général, de la ***Robert Owen's House,*** meublée et décorée comme du temps de l'industriel, et de l'école (c'est la plus ancienne école pour petits au monde !). En conclusion, film d'environ 10 mn sur le projet de société imaginé par cet entrepreneur éclairé, le bien-vivre ensemble, qui prend les traits d'une petite fille appelée Harmony. Un message universel.

I●I *Mill café :* *lun-sam 9h-17h30, dim 10h-17h. Compter £ 5-8.* Une cafétéria au choix limité, mais qui fait le travail. Peu d'alternatives dans le coin : les restos-pubs du centre de Lanark sont un peu loin et pas folichons non plus. Autant apporter son sandwich et le manger dans le parc !

Craignethan Castle *(HES) : à 9 km de Lanark (par l'A 72), indiqué à gauche. ☎ 860-364. Avr-sept : tlj 9h30-17h30. Dernière admission 30 mn avt. Entrée : £ 5 ; réduc.* Achevée vers 1530, la dernière forteresse médiévale privée construite en Écosse aligne la panoplie complète des techniques de défense. Mais parmi toutes les finesses dernier cri, c'est la caponnière qui suscite l'intérêt des spécialistes d'architecture militaire. Cette casemate tapie au fond des douves, d'où les artilleurs bien à l'abri pouvaient tirer sur les assaillants comme à la foire, est un exemplaire unique en Grande-Bretagne ! Sinon, la maison forte a encore fière allure, déroulant ses fortifications en partie ruinées dans un très bel environnement, complètement isolé en pleine campagne. Une curiosité : pour accéder à la cuisine, pourtant située au rez-de-chaussée, il faut passer par les caves.

➢ ***Falls of Clyde :*** sentier fléché au départ de New Lanark (suivez le blaireau !). Un des paysages les plus peints par les artistes du passé. À l'entrée, mini-expo sur la faune et la flore *(donation de £ 3 demandée).*

LE SUD

Visiter le Sud, c'est avoir l'assurance de déambuler presque seul dans les vestiges romanesques de superbes abbayes, d'arpenter les remparts de forteresses ruinées par les incessantes guerres frontalières des Borders, de se baguenauder de collines en falaises au gré des *single tracks,* avant, peut-être, de s'offrir un (modeste) bain de foule dans les stations balnéaires familiales de l'une ou l'autre côte, qu'il s'agisse de la petite Eyemouth ou de la plus conséquente Ayr. Visiter le Sud, c'est aller à la source de l'inspiration du poète Burns, et comprendre la magie qui enflamma l'imagination de Walter Scott.

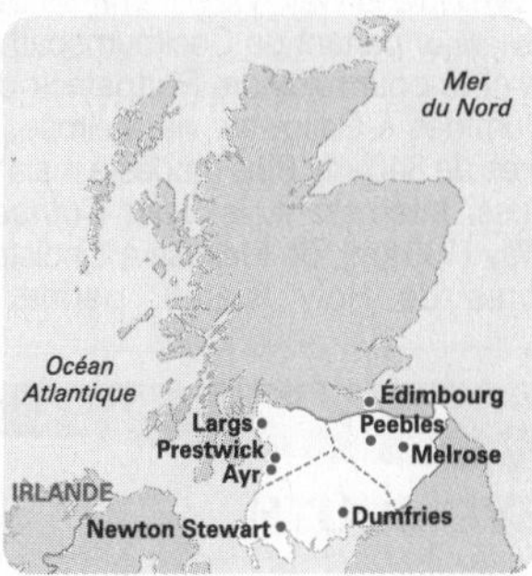

LES BORDERS

• Carte *p. 173*

Doux vallonnements et campagne verdoyante (très verdoyante !), rivières sinueuses où frétillent saumons et truites, falaises et plages de sable face au soleil levant, abbayes pluriséculaires à la silhouette romantique, bourgs chargés d'une histoire souvent tourmentée, richesse des petites cités que le boom du textile rendit prospères, les Borders, chantées par Walter Scott, sont sans doute ce que l'Écosse a de plus bucolique à offrir. Tous les ans, au début de l'été, les *Common Ridings* rassemblent des milliers de cavaliers qui commémorent à leur manière l'époque troublée des pillages et des razzias, où un bon cheval était une garantie de sécurité.
Notre itinéraire descend le long de la côte est pour ensuite remonter la vallée de la Tweed jusqu'à Peebles.

Comment se déplacer dans les Borders ?

En bus

– ***Traveline :*** ☎ *0871-200-22-33.* ● *travelinescotland.com* ● Pour s'informer sur les horaires. Applications à télécharger sur le site. Plusieurs compagnies se partagent le réseau et garantissent de bonnes liaisons et des fréquences fiables.

■ ***First Group :*** *● firstgroup.com ●*
■ ***Borders Buses :*** *☎ (01289) 308-719. ● bordersbuses.co.uk ●*

À pied

L'itinéraire le plus connu reste le *Southern Upland Way (● southernuplandway.gov.uk ●)* partant de Cockburnspath sur la côte pour rejoindre Portpatrick dans Dumfries & Galloway, via Melrose, soit près de 340 km. Plus modeste mais tout aussi intéressant, le *Saint Cuthbert's Way* (100 km), de Melrose à Lindisfarne (près de Holy Island), permet de découvrir les Cheviot Hills, barrière naturelle entre l'Angleterre et l'Écosse (*● stcuthbertsway.info ●*).

À vélo

Chaque localité propose des boucles locales comme Eyemouth, Kelso, Melrose ou Peebles. Renseignez-vous sur des itinéraires comme la *Tweed Cycle Route* (152 km) parcourant la rivière Tweed, ou encore la *4 Abbeys Cycleway* (88 km) ou la *Borderloop* (environ 400 km). D'autres pistes sur : *● cyclescottishborders.com ●*

EYEMOUTH

3 400 hab. IND. TÉL. : 018907

Petit port encore en activité, qui a toujours vécu de la mer. La ville paya un lourd tribut à celle-ci en perdant, au cours d'une nuit d'octobre 1881, 129 de ses marins dans une effroyable tempête. Si Eyemouth peut laisser sur sa faim, *Coldingham Bay* et le port minuscule de Saint Abbs, repaire de tous les plongeurs britanniques, ne manquent en revanche pas de charme.

Arriver – Quitter

En bus

À Eyemouth, les bus s'arrêtent sur Albert Street ou High Street.
➢ Le bus n° 253, ttes les 1h-2h (moins le w-e), de *Borders Buses,* dessert la côte est en passant par ***Coldingham, Dunbar, Haddington*** et ***Édimbourg.***

Le n° 235 fait la navette entre ***Berwick*** (à la « frontière » anglaise) et ***Coldingham,*** via ***Eyemouth.***
➢ Pour ***Galashiels*** et ***Melrose*** avec le bus n° 60 depuis Berwick.
➢ Pour ***Kelso*** ou ***Jedburgh,*** il faut passer par ***Berwick.***

Où dormir ?

De prix moyens à chic (£ 50-125 ; 60-150 €)

🏠 ***The Home Arms Guesthouse :*** *High St. ☎ 513-16. ● thehomearms.com ● Double avec sdb env £ 70 avec petit déj.* Très bon rapport qualité-prix pour cette grosse maison située en plein centre, qui abritait auparavant un pub. Chambres sobres, modernes et pimpantes, très confortables, et plus qu'agréables lorsqu'elles donnent sur la mer. Une excellente option, notamment pour les plongeurs, car les proprios sont des pros du sujet.

🏠 ***Merchant's House et Nisbet's Tower :*** *de l'autre côté du port. Mêmes coordonnées que la* Gunsgreen House *(lire plus loin « à voir »). Une partie de la maison* (Merchant's House) *peut héberger 1 à 11 pers, la tour* (Nisbet's Tower) *jusqu'à 4 pers. Ouv tte l'année. Pour 2, dans la* Nisbet's Tower, *compter £ 120-160 selon saison (+ £ 50 pour 4), réduc à partir de 2 nuits ; dans la* Merchant's House, *£ 165-240 pour 2 ; plus cher pendant les fêtes de fin d'année ; pas de petit déj, mais thé et café à dispo.* Insolite dans les 2 cas : une maison de contrebandier d'une part, un ancien

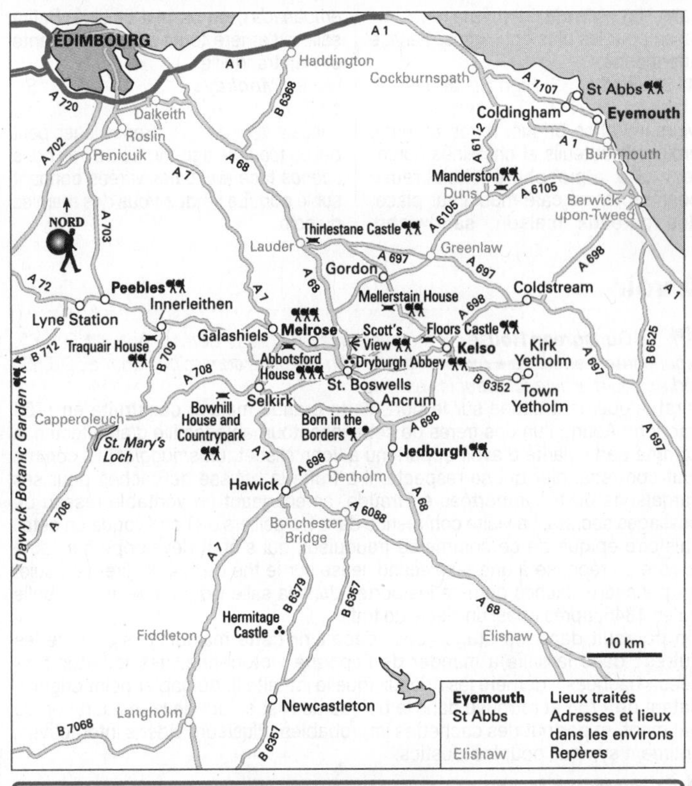

LES BORDERS

pigeonnier d'autre part, 2 logements du XVIIIe s, originaux et *cosy* ; parfaits pour roucouler en famille (une chambre double et un canapé convertible dans le salon à l'étage de la *Nisbet's Tower*), ou pour accueillir famille et amis dans la *Merchant's House* (pas donné tout de même).

Où manger ? Où déguster une glace ?

|●| ***The Contended Sole :*** *Old Quay, Harbour Rd.* ☎ *502-68. Lun-ven 12h-15h, 17h-21h, le w-e 12h-21h. Plats £ 8-13.* Au bout du port où se balancent les petits bateaux de pêche multicolores. La salle de resto à l'étage propose une cuisine de pub rustique et copieuse qui ne porte pas atteinte au porte-monnaie. Accueil chaleureux.

|●| 🍦 ***Giacopazzis :*** *18, Harbour Rd.* ☎ *503-17. Tlj 9h-21h (20h30 dim-mar) ; horaires réduits en hiver. Snacks et plats £ 7-12.* Boutique à la devanture verte. C'est l'adresse idéale pour déguster une glace maison. L'établissement propose aussi un *fish & chips* de bonne réputation.

|●| 🍸 ***Oblo :*** *Old Quay, Harbour Rd.* ☎ *525-27. Tlj 10h-minuit ou 1h ven-sam (20h30 ou 21h pour la cuisine). Plats £ 10-15. Derrière la bibliothèque, à l'étage de* Giacopazzis. Plats classiques et roboratifs sans surprise, mais corrects. On a le choix entre une vaste

LE SUD

salle, la véranda et même une terrasse pour les plus optimistes. Service attentionné.

|●| ☕ ***Rialto :*** *33, High St.* ☎ *520-48. Mar-sam 9h-16h. Sandwichs £ 5-7.* Murs imitation brique, miroir argenté, profonds fauteuils et cheminée confèrent une atmosphère chaleureuse pour siroter un café moulu sur place, des gâteaux maison, sandwichs, *empanadas,* ou un plat cuisiné. Petite salle à l'arrière toute aussi charmante et bien tranquille.

|●| ☕ ***Mackays :*** *20-24 High St.* ☎ *511-42. Tlj 9h-19h. Sélection de* fish cakes *autour de £ 10.* Repas léger, petit déj ou *tea time* agrémenté de très bons *scones* face aux baies vitrées donnant sur le port. Le rendez-vous des mamies du coin.

À voir

🚶🚶 👪 ***Gunsgreen House :*** *Gunsgreen Quay, de l'autre côté du port.* ☎ *520-62. • gunsgreenhouse.org • Avr-oct : tlj 11h-16h (dernière admission). Entrée : £ 6,50 ; réduc. Jeu malin conçu pour les enfants.*

Stratégiquement située sur le port, cette grande maison construite en 1753 par John Adam, l'un des frères de cette incontournable famille d'architectes, a comme particularité d'avoir appartenu à John Nisbet, un *smuggler* ! Et comme tout contrebandier qui se respecte, il a truffé la bâtisse de caches pour ses cargaisons de thé importées en fraude, aménageant un véritable réseau de passages secrets. La visite commence dans les celliers où l'on évoque en détail l'histoire épique de ce commerce frauduleux qui s'était développé sur toute la côte en réponse à une taxe scandaleuse sur le thé de 120 % (lire à ce sujet les panneaux cachés derrière les portes dans la salle vidéo). Elle ne fut abolie qu'en 1845, après quasi un siècle de trafic.

On poursuit dans les étages pour découvrir cette maison pas comme les autres : dans la salle à manger de l'époque victorienne, des toilettes percées « cachées » derrière les rideaux (quelle intimité !), du papier peint original, datant de 1754 et retrouvé dans le bureau de Nisbet lors de la restauration du bâtiment, et partout des cachettes improbables. Plusieurs vidéos interactives, vraiment sympas pour les loustics.

🚶 👪 ***Eyemouth Museum :*** *au Visitor Information Centre. • eyemouthmuseum.co.uk • Avr-oct : lun-sam 11h-16h. Fermé dim. Entrée : £ 3,50 ; gratuit moins de 16 ans.* Petit musée d'art et traditions populaires consacré au monde de la pêche et à la vie quotidienne d'autrefois à Eyemouth. On y trouve une tapisserie commémorant la tragédie de 1881. Elle nécessita le travail de 24 brodeuses pendant 2 ans.

Manifestation

– ***Eyemouth Herring Queen Festival :*** *une sem en juil.* La foire de village par excellence, avec au programme : cornemuses, danses écossaises, concerts, artisanat et stands de produits de la mer...

DANS LES ENVIRONS D'EYEMOUTH

🚶 ***Saint Abbs Visitor Centre :*** *Coldingham Rd, à* ***Saint Abbs,*** *à 4,5 miles (7 km) au nord d'Eyemouth.* ☎ *716-72. • stabbsvisitorcentre.co.uk • De fin mars à mi-oct : tlj 10h-17h. GRATUIT.* Propose une petite introduction sur l'histoire du village, de ses habitants, le sauvetage en mer et bien entendu la pêche, illustrée par quelques vitrines. Du *Visitor Centre,* vue plongeante sur le port. Possibilité de balades le long de 2 sentiers, l'un menant à la plage, l'autre aux falaises.

Saint Abb's Head Nature Reserve *(NTS)* **:** *un peu au nord de Saint Abbs, emprunter la route signalée sur la gauche, sur la B 6438, juste avt le village. Parking (payant en saison) près du phare. ☎ 714-43. • nts.org.uk • Accueil fin mars-fin oct : tlj 10h-17h ; mais accès libre à la réserve tlj tte l'année.* Sanctuaire des oiseaux migrateurs du printemps à l'automne, la réserve comporte à la fois des falaises vertigineuses, des plages de sable et de galets et des prairies côtières très vertes, constellées de moutons. Balades fléchées. Par beau temps, la vue porte jusqu'à *Bass Rock* (lire plus haut, dans le chapitre « L'East Lothian », « North Berwick ») et l'estuaire du *Firth of Forth.*

The Old Smiddy Coffee-shop : *avt* **Saint Abbs,** *sur la gauche, entrée par la* Nature Reserve. *☎ 717-07. Avr-oct, en principe tlj 10h30-16h. Snacks £ 4-5.* C'est le long bâtiment bas (jadis une remise à charrues). Cuisine maison pour un déjeuner léger (sandwichs, soupes et petits plats) à savourer à l'intérieur ou sur la belle pelouse.

Manderston House : *à env 15 miles (24 km) à l'ouest d'Eyemouth et à env 2 miles (3 km) de Duns par l'A 6105. ☎ (01361) 883-450. • manderston.co.uk • Mai-sept : seulement jeu et dim 13h30-16h15 (dernière admission). Jardins accessibles de 11h30 à la tombée de la nuit. Entrée : £ 10 ; £ 6 pour les jardins seuls ; gratuit moins de 12 ans.* Splendide manoir de style édouardien avec juste ce qu'il faut d'extravagant dans la déco pour rendre la visite attrayante. Lorsqu'il fut commandé par un nouveau riche, sir James Miller, l'architecte eut pour consigne de ne pas regarder à la dépense. Cela se voit... D'ailleurs, c'est le seul endroit au monde avec un escalier en argent ! Les pièces sont spacieuses et, un peu partout, les matériaux luxueux : soies, velours, damas, marbres et boiseries précieuses. Le domaine des domestiques est à l'avenant : immense cuisine et garde-manger. Les étables sont décorées de teck et de cuivre, la laiterie est en marbre et jouxte un *tearoom* lambrissé de chêne. L'heureux proprio actuel s'appelle Lord Palmer.

Coldstream : *à 22 miles (35 km) de Eyemouth, sur la route de Kelso.* Il s'agit de la 1re ville écossaise lorsqu'on vient du sud par l'A 697. Un pont sur la Tweed qui vit défiler un gros paquet d'armées : les *Coldstream Guards,* le plus vieux régiment britannique encore existant. Il fut formé en 1650 par le général Monck qui, 10 ans plus tard, marcha avec eux sur Londres pour rétablir la monarchie après l'intermède de Cromwell. Un petit musée leur est consacré *(12, Market Sq ; ☎ 882-630 ; fin mars-fin sept, lun-sam, 9h30-12h30, 13h-16h, dim 14h-16h ; oct, lun-sam 13h-16h, fermé dim ; GRATUIT).* Sinon, une promenade le long de la rivière, agréable par beau temps, peut être choisie pour un pique-nique. Sinon, une adresse :

The Besom Inn : *75-77, High St. ☎ 882-391. Tlj midi et soir (dernière commande à 20h). Plats £ 9-13.* Derrière la belle façade fleurie, on trouve un sympathique pub de village. L'endroit est chaleureux comme tout pour déguster une bonne cuisine traditionnelle ou descendre une pinte au coude à coude avec les locaux. La cheminée réchauffe l'atmosphère. *Beer garden* à l'arrière. Une excellente adresse pour le visiteur de passage.

KELSO

5 100 hab. IND. TÉL. : 01573

Ville de marché au centre d'une riche région agricole, Kelso se présente comme un gros bourg tout pimpant au confluent de la Tweed et de la Teviot. Ses maisons georgiennes forment un ensemble plaisant, notamment sur l'imposante place centrale.

Arriver – Quitter

En bus

➢ Avec la compagnie *Borders Buses*, le bus nº 67 assure la liaison avec ***Melrose, Coldstream*** et ***Berwick*** en Angleterre. Pour ***Jedburgh*** et ***Hawick,*** prendre le nº 20 ; service fréquent. Enfin, le nº 52 fait le trajet vers ***Édimbourg,*** env 6 bus/j.

Adresse utile

■ ***Réparation de vélos : Simon Porteous,*** *30, Bridge St.* ☎ *223-692. Mar-sam 9h-17h.* Pour ceux qui sillonnent la région réputée pour ses itinéraires à vélo (lire plus haut « Comment se déplacer dans les Borders »).

Où dormir à Kelso et dans les environs ?

Camping

⛺ ***Kirkfield Caravan Park :*** *à* ***Town Yetholm,*** *village à 7,5 miles (12 km) au sud-est de Kelso, par la B 6352.* ☎ *420-346.* 📱 *07791-291-956. • kirkfieldcaravanpark.co.uk • Avr-oct. Forfait pour 2 env £ 18.* Au pied des collines, dans un cadre bucolique avec une chapelle abandonnée près de la réception. Grande pelouse bien grasse où il fait bon planter sa tente. Le terrain est, par endroits, en légère pente. Bloc sanitaire correct.

Bon marché (£ 10-25/pers ; 12-30 €)

🏠 ***Youth Hostel de Kirk Yetholm :*** ☎ *420-639. • thefriendsofnature.org.uk • À 8 miles (13 km) au sud-est de Kelso, par la B 6352. En contrebas du village (panneau). Ouv 2 sem avt Pâques jusqu'à début nov. Réception 7h-10h, 17h-23h. Env £ 18 la nuitée (plus £ 3 pour les non-membres).* Cette adorable AJ de poche a investi l'ancienne école du village. Avec une vingtaine de couchages, répartis entre des chambres de 2 à 4 lits superposés et 2 dortoirs pour 5 et 7 personnes, l'atmosphère est forcément conviviale, d'autant que la jolie cuisine et le petit salon facilitent les rencontres ! Située dans un environnement champêtre à souhait, elle se trouve par ailleurs au point de départ (ou d'arrivée) du *Pennine Way* (le sentier de grande randonnée qui parcourt le nord de l'Angleterre) et juste sur le *Saint Cuthbert's Way* (autre sentier).

De prix moyens à plus chic (£ 50-125 et plus ; 60-150 €)

🏠 🍽 ***Queens Head :*** *24, Bridge St.* ☎ *228-899. • queensheadhotelkelso.com • Doubles £ 80-90, plus des triples.* Si ce pub historique a préservé sa belle façade, il a en revanche entièrement repensé ses 13 chambres. Celles-ci offrent un confort irréprochable avec des salles de bains modernes et nickel. Un excellent compromis, en somme ! Très bon accueil et ambiance familiale. Pub et resto dans le même esprit. Cuisine traditionnelle de bonne tenue, à prix raisonnables. Autre avantage, la cuisine ferme à 21h30.

🏠 ***The Black Swan Hotel :*** *7, Horse Market.* ☎ *224-563. • theblackswanhotel.co.uk • Double avec sdb env £ 65 avec le petit déj.* Petit pub à l'atmosphère amicale, stratégiquement situé au cœur de la ville. Quelques chambres classiques, dotées de tout le confort et convenablement tenues à l'étage. Rien d'extraordinaire, mais c'est l'une des adresses les moins chères du coin.

🏠 ***Ednam House Hotel :*** *Bridge St.* ☎ *224-168. • ednamhouse.com • Doubles £ 80-180. Possibilité de ½ pens.* Austère manoir du XVIIIe s, agrémenté d'un beau jardin qui descend jusqu'au bord de la rivière Tweed. Intérieur d'époque bien plus

LE SUD

chaleureux, évidemment assez classe et dédié à la pêche au saumon. Confort cossu et chambres de charme, le tout dans une débauche de bibelots, de dorures et de stucs. Atmosphère délicieusement désuète. Les prix sont sans doute un peu élevés à certaines périodes.

Où manger ? Où boire un verre ?

The Hoot'n Cat Coffee Shop : *5A, The Knowes, derrière l'abbaye. ☎ 228-288. Lun-sam 9h30-16h ; fermé dim.* Vaste salle moderne, où dominent le rouge et le bois. Bien pour un déjeuner *light* ou une part de gâteau. Bon accueil.

Cobbles Inn Restaurant : *7, Bowmont St. ☎ 223-548. Tlj. Au bar, menus £ 7-13 ; au resto, plats £ 11-16 ;* early supper *(17h45-18h30, 1h plus tôt le w-e... très* early*) £ 14-17. Résa conseillée.* Ce pub est régulièrement récompensé pour la qualité de sa cuisine. Les produits locaux sont simplement et habilement travaillés. Plats de terroir et de saison, qui s'autorisent des échappées exotiques. L'adresse la plus sympa en ville, assurément, d'autant que l'atmosphère est conviviale et chaleureuse ! En revanche, c'est souvent pris d'assaut, surtout le week-end.

Ednam House Hotel : *Bridge St. ☎ 224-168. Sandwichs et petites préparations le midi, plats £ 10-15 le soir, menu env £ 35.* Le resto se révélant plus abordable que l'hôtel (voir « Où dormir... ? »), vous avez là l'occasion de goûter dans une atmosphère surannée, une cuisine écossaise soignée. De la grande salle à manger, belle vue sur la rivière et les jardins, abondamment fleuris.

Rutherfords Micropub : *38, The Square. Tlj 12h-21h (22h sam).* Le micropub est un concept qui se développe. Il promet la proximité, la convivialité (ni musique, ni télé pour ne pas supplanter les conversations), les bons breuvages (seulement des *ales*), des snacks à base de produits locaux et *last but not least* un accueil à la hauteur de cette ambition, dans ce cas : jovial. Originalité : le gin servi grâce à un ancien microscope, reconverti... en pompe. Petite salle toute rouge et quelques tables dehors.

LE SUD

À voir

Un circuit permet de suivre les pas de Walter Scott, qui passa une bonne part de son enfance à Kelso et dans ses environs proches. Brochure disponible au *Visitor Information Centre*.

Kelso Abbey (HES) **:** *de l'élégante place centrale (The Square), prendre direction Bridge St vers les ruines de l'abbaye. Avr-sept, tlj 9h30-17h30 ; oct-mars, sam-mer 10h-16h ; fermé jeu-ven. GRATUIT.* Une des plus puissantes des Borders après sa fondation en 1128 par des moines picards. Prospère, influente, convoitée, détruite et pillée, il ne reste plus de l'église que le transept ouest flanqué d'une tour en partie ruinée, qui sert de résidence aux corneilles croassantes, le tout à l'ombre d'un immense châtaignier. Autour, cimetière aux tombes émouvantes où, pour l'éternité, se côtoient officiers et maîtres d'école, magistrats et artisans.

Derrière le cimetière de l'abbaye, voir l'***église octogonale*** pour son genre unique en Écosse.

Un peu plus loin, le ***Kelso Bridge,*** dont les 5 arches enjambent gracieusement la Tweed. Jolie perspective en amont dans la direction de Floors Castle.

DANS LES ENVIRONS DE KELSO

Floors Castle : *à 1,5 mile (2,5 km) du centre, accès par Roxburgh St (bien indiqué). ☎ 223-333. • floorscastle.com • Mai-sept, tlj 10h30-17h ; oct, le w-e*

seulement. Dernière admission 30 mn avt fermeture. Entrée : £ 11,50 (incluant les jardins et le parc) ; £ 6,50 jardins et parc seulement ; réduc.
Résidence des ducs de Roxburgh, construite en 1721 selon des plans de William Adam, puis largement agrandie au XIXe s par William Playfair qui ne s'est pas privé d'y ajouter quantité de fantaisies pittoresques. Immense (c'est le plus grand château habité d'Écosse !) et auréolée de tourelles, de dômes, de créneaux et de cheminées, sa silhouette a quelque chose de la folie romanesque digne d'un conte de fées. La visite des appartements permet d'admirer de somptueuses tapisseries de Bruxelles et des Gobelins, du mobilier Boulle, Louis XV et Louis XVI, et une solide collection de peintures rassemblée par la duchesse May, née Goelet, une riche Américaine mariée en 1903 au 8e duc. Une petite aquarelle de Turner, des toiles de Bonnard, Redon, Gainsborough et Reynolds, ainsi qu'une *Corbeille de fleurs* de Matisse font partie des pièces maîtresses incontournables.
Plus insolite, une galerie dédiée à l'histoire naturelle présente d'innombrables animaux empaillés, tandis qu'une autre renferme de belles porcelaines chinoises. Des fenêtres du salon, on vous montrera un massif de houx planté à l'endroit où Jacques II fut tué par l'explosion d'un canon en 1460, alors qu'il assiégeait le château de Roxburgh sur la colline en face. Les fans de Christophe Lambert reconnaîtront à Floors les décors du film *Greystoke*.
Garden Centre avec serres et jardins *(ouv tte l'année)*.
Restaurant-salon de thé sur place.

LE SUD

Mellerstain House *: à* ***Gordon*** *(8 miles, soit 13 km, au nord-ouest de Kelso), par l'A 6089 (suivre le fléchage). ☎ 410-225. • mellerstain.com • Pâques puis mai-sept : ven-lun 12h30-16h15 (dernière entrée). Fermé mar-jeu. Entrée : £ 10 ; £ 6 pour le parc seul ; réduc. Plaquettes en français dans chaque salle.* Encore une réalisation de la famille Adam : William se chargea du début en 1725 et son fils Robert, dit le roi des stucs, paracheva le boulot en 1778. Résultat : une vaste demeure classique qui a fière allure, avec une enfilade de pièces à la décoration très soignée, voire sophistiquée, surtout concernant les plafonds et les cheminées. On n'en visite pas moins de 17, dont la superbe bibliothèque aux frises hellénisantes et une galerie où sont exposés de vieux documents et des costumes anciens. Enfin, comme toujours dans ce genre d'endroit, on découvre des toiles d'exception, comme celles de Van Dyck, Gainsborough et Véronèse. Terrasses à l'italienne surplombant un parc à la française, et *tearoom* pour jouer aux *ladies* et *gentlemen*.

JEDBURGH

4 100 hab. IND. TÉL. : 01835

Sur l'A 68, au sud de Kelso, Jedburgh (prononcer « Jedbora ») est un ancien bourg royal un peu assoupi. On vient à Jedburgh pour les ruines de sa superbe abbaye et la maison où logea Marie Stuart. Passages voûtés *(closes)* aux noms pittoresques.

Arriver – Quitter

➢ Arrêt de bus sur le parking devant le *Visitor Information Centre*.
Liaisons avec ***Kelso*** et ***Hawick*** : le *Borders Buses* nº 20, ttes les 2h. Le nº 68 fait la liaison avec ***Melrose*** ttes les heures.
Enfin, prendre le nº 51 pour ***Édimbourg*** (près de 2h de trajet), env 6 bus/j. Pour Édimbourg, possibilité de prendre le bus pour Galashiels, puis le train (ttes les 30 mn, ttes les heures le dim).

Adresse utile

ℹ ***I Centre :*** *Murray's Green ; entre le parking et l'abbaye.* ☎ *863-170. Juil-sept, lun-sam 9h-17h30, dim 10h-17h ; avr-juin, 9h-17h, dim 10h-16h ; oct-mars, 10h-16h, fermé dim.* Le plus important de la région. Doc très abondante et quelques brochures en français. Peut aussi aider à trouver un hébergement.

Où dormir à Jedburgh et dans les environs ?

Camping

⛺ ***Jedwater Caravan Park :*** *à env 4 miles (6 km) au sud de Jedburgh par l'A 68.* ☎ *863-393. • jedwater.co.uk • Début avr-début nov. Forfait pour 2 en petite tente £ 15-20.* Petit camping dans un joli vallon au bord d'une rivière (ce qui rend le lieu assez humide, bien se couvrir la nuit). Sanitaires basiques. Billard, ping-pong et une super aire de jeux pour les enfants (avec une tyrolienne !). Possibilité de pêcher.

Prix moyens (£ 50-85 ; 60-102 €)

🏠 ***Meadhon House :*** *48, Castlegate.* ☎ *862-504. • meadhon.co.uk • Doubles avec sdb £ 72 ; également une chambre pour 4.* Situation on ne peut plus centrale pour ce *B & B* posté à mi-chemin de la vieille prison et de l'abbaye. Les proprios, un couple de Danois, offrent des chambres tout confort, impeccables. Certaines profitent d'une vue sur le beau jardin à l'arrière... et surtout sur les tours de l'abbaye !

🏠 ***Hundalee House :*** *à 1,3 mile (2 km) au sud de Jedburgh, par l'A 68 (accès fléché sur la droite).* ☎ *863-011. • accommodation-scotland.org • Mars-oct. Doubles avec sdb £ 65-75 ; familiales également (3-4 pers).* En pleine nature, une vaste et belle demeure vieille de 3 siècles. Déco ancienne, bien sûr, avec scènes de chasse aux murs, 2 chiens sympas et des paons qui braillent. Les chambres sont à l'image du reste, avec meubles de style et papier peint, bibelots et, pour certaines, un lit à baldaquin. Bon accueil ; bref, un très bon *B & B*.

Où manger ? Où boire un verre à Jedburgh et dans les environs ?

🍽 ***Simply Scottish :*** *6-8, High St.* ☎ *864-696. En plein centre, à côté de Market Sq. Tlj 10h-16h. Snacks et plats £ 5-10.* Vaste salle claire avec grande baie vitrée garnie de plantes vertes. Cuisine sans prétention mais soignée, du genre salades, burgers et panini, avec parfois une touche d'originalité dans les associations.

🍽 🍸 ***The Carters Rest :*** *Abbey Pl, juste en face de l'abbaye.* ☎ *864-745. Tlj (dernière commande à 20h30). Restauration à tte heure, carte réduite dans l'ap-m. Plats £ 10-12.* Le pub traditionnel avec sa devanture noire et ses quelques tables en terrasse. Les repas sont servis dans un vaste *lounge* chaleureux aux boiseries foncées affichant quelques vieilles photos noir et blanc. L'ambiance est plaisante et la cuisine plutôt réussie. Le soir, l'endroit est animé pour boire un pot.

🍽 ***The Capon Tree Town House :*** *61, High St.* ☎ *869-596. Lun-ven 18h-21h, sam midi et soir. Dim, fait bar seulement. Plats £ 17-25.* Un resto conçu par des passionnés, qui se fournissent en produits de qualité et puisent leur inspiration dans une zone géographique suffisamment large pour créer des associations tantôt très locales (ah ! l'agneau avec la purée de petits pois à la menthe...), tantôt plus fusion, toujours surprenantes. Les plats, à la présentation étudiée, changent très régulièrement. Une des tables reconnues du coin. Fait aussi hôtel.

|●| 🍸 ***The Ancrum Cross Keys :*** *à **Ancrum,** à moins de 5 miles (8 km) au nord de Jedburgh. ☎ 830-242. Resto ouv mer-dim 17h30-21h (20h dim), plus sam-dim 12h-15h. Bar jusqu'à 23h, 1h les ven-sam. Fermé lun-mar. Plats £ 12-18.* C'est surtout le soir qu'il faut venir profiter de l'ambiance du pub où tous les locaux se serrent les coudes devant le comptoir. On déborde vite sur le *side-bar* (où guitares et piano attendent les musiciens), sur la terrasse ou dans le *beer garden* à l'arrière. Côté resto, des plats de pub revisités et généreusement servis. Le midi, en revanche, c'est parfois un peu cher pour la quantité. Mais c'est le seul bémol, on ne va pas démentir son statut d'institution locale.

À voir

★★★ ***L'abbaye** (HES) : ☎ 863-925. Tlj 9h30-17h30 (10h-16h oct-mars). Dernière admission 30 mn avt. Entrée : £ 6 ; réduc. Audioguide en français compris.* Après une petite exposition présentée dans le bâtiment d'accueil (vitrines renfermant différents objets découverts lors des fouilles), on pénètre sur l'un des sites les plus remarquables des Borders. En 1138, David Ier fit venir des chanoines augustiniens de Beauvais pour fonder ici un monastère. L'église abbatiale servit de cadre à plusieurs événements royaux et l'abbaye connut 4 siècles de prospérité malgré les razzias et les coups de main endurés à l'occasion des conflits anglo-écossais. Point final en 1545, après un saccage terrible et le déclin du monastère, suite aux conflits entre Rome et l'Église d'Écosse. Toutefois, l'église ayant nettement moins souffert que les autres bâtiments, elle servit encore au culte paroissial jusqu'en 1875, ce qui permit de la préserver.

Ses vestiges sont spectaculaires ! Question architecture, on ne peut s'empêcher d'être sensible aux belles proportions de la nef et à la rythmique très maîtrisée des travées, reliées par des arcs romans que surplombe un triforium couronné d'arcs brisés et de colonnes à claire-voie délicates. Des escaliers permettent d'ailleurs d'accéder à la galerie supérieure, pour profiter d'une vue plongeante sur l'ensemble. Bon, en clair : c'est pas mal !

★★ 👪 ***Castle Jail & Museum :*** *☎ 864-750. Fin mars-fin oct : lun-sam 10h-16h30, dim 13h-16h. Dernière admission 30 mn avt fermeture. GRATUIT. Audioguide en anglais et brochure en français payants.* Prison construite en 1823 à l'endroit où s'élevait le château médiéval de Jedburgh. Petit musée d'histoire locale sur 2 étages (dans la maison du geôlier), avant de passer aux blocs carcéraux, la partie la plus intéressante. Grâce à de petites reconstitutions et des panneaux explicatifs bien faits disposés dans les cellules, on découvre à quoi ressemblait la vie « privilégiée » de ces détenus qui bénéficiaient des réformes d'un certain John Howard. Un modèle d'humanité... pour l'époque. Malheureusement, la prison, devenue trop petite, dut fermer ses portes en 1886, peut-être au grand regret de ses pensionnaires qui, du coup, durent aller purger leur peine ailleurs.

DE « BA » EN HAUT

Chaque année, à la mi-février, Jedburgh s'anime le jour du Hand Ba. Ceux qui sont nés en haut de la Market Place, les Uppies, affrontent les Doonies (ceux du bas) dans une espèce de rugby géant. À l'origine, c'étaient des têtes de prisonniers anglais fraîchement coupées qui faisaient office de balle. Les têtes ne sont plus disponibles, mais ce sont toujours les pelouses de la prison qui accueillent les buts.

★ ***Mary, Queen of Scots House :*** *Queen St. ☎ 863-331. Mars-nov : lun-sam 9h30-16h30, dim 10h30-16h. GRATUIT. Audioguide en anglais et brochure en français payants.* Évocation de la vie tragique de Marie Stuart, reine légendaire qui échoua dans cette belle maison forte du XVIe s un beau jour de 1566, après une folle chevauchée de 80 km pour rejoindre Bothwell, son futur mari blessé à Hermitage Castle (voir plus loin « À voir. À faire à Hawick et dans les environs »). Tombée gravement malade (on la crut morte), elle y passa plusieurs semaines de convalescence. Au gré de différentes pièces joliment restaurées, certaines renfermant quelques surprises (comme ces toilettes habilement dissimulées derrière une cloison !), vous verrez des objets qui lui ont appartenu (et notamment une mèche de cheveux), ainsi qu'un masque mortuaire.

DANS LES ENVIRONS DE JEDBURGH

Born in the Borders : *fléché à droite depuis l'A 698, à env 3 miles de Jedburgh et 4 miles avt Denholm. ☎ 830-495. • bornintheborders.com • Tlj 10h-17h.* Sur les bords de la rivière Teviot, le lieu accueille à la fois une brasserie, une distillerie de gin et un café-resto, chacun utilisant la richesse naturelle de la région pour apporter une saveur unique à ses produits.

– **Lilliard Ginnery :** *• lilliardgin.co.uk • Ouv seulement le w-e 11h-15h.* Voilà une distillerie à taille humaine qu'on aime particulièrement pour l'esprit qui anime Kate, la « distilleuse ». La note très champêtre de son gin provient des fleurs de la campagne environnante cueillies au fil des saisons : le genévrier (*juniper,* la base), le cynorhodon (fruit de l'églantier), le sureau *(elderflower)* et le sorbier *(rowan),* plus quelques autres gardées secrètes. Au total, 13 plantes. Le tout passe à travers... Donald, le petit alambic qui fait le boulot. Sa production reste modeste ; on vous expliquera le processus avec dégustation à la clé. Achat de quelques beaux flacons possibles, *of course.*

– **Brewery :** *tlj 10h-17h.* Visite libre de la petite brasserie avec une vidéo de 10 mn sur les 5 types de bières, plus 8 spéciales ou saisonnières (comme celle à l'ortie, *nettle*) brassées à partir des ressources locales (l'eau, l'orge et les plantes).

Resto sur place correct : sandwichs, *fish & chips...*

HAWICK (IND. TEL. : 01450)

Prononcez « Hoyk » ! À 20 km de Jedburgh, sur la rivière Teviot, ce gros bourg sans grand charme, à la fois agricole et industriel, est réputé pour sa fabrication de tricots. Un *Common Riding* (cavalcade) est organisé chaque année début juin en souvenir de tous les soldats de la ville, morts à la bataille de Flodden Fields.

➢ Le bus nº X95 de *Borders Buses* relie ***Selkirk*** et ***Édimbourg*** (2h de trajet) env ttes les heures. Le bus nº 20 de *Peter Hogg* fait la liaison avec les villages de ***Kelso*** et ***Jedburgh*** (env 7 bus/j., moins le dim).

Adresse et info utiles

@ Visitor Information Centre : *Tower Mill, Kirkstile. ☎ 373-993. Tte l'année, lun et mer 10h-17h30, mar et jeu 10h-18h, ven-sam 10h-19h, dim 12h-14h45.* La *Tower Mill* est un espace culturel aménagé dans un ancien moulin. On peut encore voir le mécanisme de la roue en action au travers d'une vitre.

Où dormir ? Où manger à Hawick et dans les environs ?

Ruberslaw : *à env 7 miles (11 km) au nord-est de Hawick. Depuis l'A 698, fléché sur la droite après Denholm. ☎ 870-092. • ruberslaw.co.uk • Fin mars-fin oct. Petite tente £ 18-20 pour 2, jusqu'à £ 60 pour les tentes* *de 6 pers ; £ 120-130 pour les tentes-safari (min 2 nuits, 1 nuit selon dispo).* Un camping inhabituel par sa superficie (200 ha), intéressant pour sa philosophie (respect de l'environnement et une empreinte carbone la plus basse possible avec tri des déchets, compost, voiture laissée à l'entrée...) et sa diversité de terrains, du plus modelé par l'homme au plus sauvage. Ainsi, les familles plantent plutôt leur toile près de la réception, dans le beau jardin fermé *(walled garden)* qui date de 1900. Mais on peut aussi s'installer dans la forêt, soit avec sa propre tente, soit dans une tente-safari avec cuisine ouverte et toilettes sèches à l'extérieur. Les plus éloignées se trouvent à 1 km de l'accueil. Petite épicerie sur place.

Bridgehouse : *au bord de la rivière. ☎ 370-701. • hawickhotel.co.uk • ♿ Fermé fin juin-début juil. Doubles £ 65-75 avec petit déj.* En plein centre-ville (un peu bruyant en journée), cette *guesthouse* moderne et fonctionnelle propose une dizaine de chambres simples et sans charme, mais impeccables et de bon confort, qui ont l'avantage de donner pour la plupart sur la rivière (certaines disposent même d'un balcon). Café-snack au rez-de-chaussée, bien pratique pour dépanner. Accueil sympathique.

Damascus Drum Cafe : *2, Silver St. 07707-856-123. Juste derrière la* Tower Mill. *Tlj sauf dim 10h-17h.* Un petit café-librairie à la déco hétéroclite et intemporelle, où tout Hawick aime à se retrouver à l'heure du *lunch.* Soupes, bagels, paninis, *mezze,* etc., sont tout simples mais préparés à base de produits locaux... Le patron, un parfait routard, a su créer une atmosphère conviviale, chaleureuse, un rien bohème.

À voir. À faire à Hawick et dans les environs

The Borders Textile Towerhouse : *1, Tower Knowe. ☎ 377-615. Tt au bout de la rue principale, en face de la* Tower Mill. *Avr-oct, lun-sam 10h-16h30, dim 12h-15h ; nov-mars, tlj sauf mar et dim 10h-16h. GRATUIT.* Ce joli musée retrace l'histoire locale du textile et du tissage de la laine, de l'artisanat familial à la haute couture en passant par l'industrialisation. Au rez-de-chaussée, historique du bâtiment (c'est la plus ancienne bâtisse de la ville). Au 1er étage, évocation de la fabrication du tissu en général et de l'apparition des premières manufactures, tandis que le 2e étage est dédié à la création contemporaine. Également une section de peinture, et une belle boutique avec articles de jeunes créateurs.

Wilton Lodge Park : *Wilton Park Rd. Ouv du lever au coucher du soleil. GRATUIT.* Grand parc faisant office à la fois de jardin botanique et d'espace de loisirs. On y trouve également le *Hawick Museum* (galerie d'art proposant aussi une expo permanente sur Jimmie Guthrie et Steve Hislop, coureurs moto originaires de la ville).

Hawick Cashmere Visitor Centre : *Arthur St. ☎ 371-221. • hawickcashmere.com • Tlj sauf dim 9h30-17h. GRATUIT.* Fabrique (et bien sûr... boutique) de tricots, où l'on peut assister, à travers une vitre, au processus de fabrication des vêtements *Hawick Cashmere.* Prix d'usine, mais c'est tout de même très cher.

Hermitage Castle** (HES) **: *à 12 miles (20 km) au sud de Hawick, par la B 6399. ☎ (01387) 376-222. Avr-sept : tlj 9h30-17h (dernière entrée). Entrée : £ 5 ; réduc.* Austère place forte médiévale isolée dans un décor de landes, Hermitage Castle est un lieu à la mémoire chargée de tragédies. C'est entre ses murs puissants que Marie Stuart vint rendre visite à son futur mari blessé. Il n'y a plus grand-chose à voir à l'intérieur, mais, avec un peu de chance et de persévérance, vous croiserez peut-être le fantôme de la maison, le familier d'un seigneur que les gens du coin ont trucidé pour sorcellerie.

Au sud du joli village de ***Newcastleton,*** on peut infléchir sa route vers l'ouest et Langholm, et aborder la région de Dumfries et Galloway.

SELKIRK (IND. TEL. : 01750)

Au nord de Hawick, par l'A 7, le bourg royal de Selkirk est connu pour ses cordonniers qui confectionnèrent les godillots de l'armée de Bonnie Prince Charlie. Dans ses murs est né l'explorateur du fleuve Niger, Mungo Park. Walter Scott, qui fut shérif du comté pendant une trentaine d'années, a sa statue face au tribunal. *Common Riding* très couru (c'est le cas de le dire) le 2e vendredi de juin, pour commémorer un certain Fletcher, seul rescapé de la bataille de Flodden Fields (1513) et qui, de désespoir, jeta sur la place du Marché l'étendard pris aux Anglais.
➢ Le bus nº X95 relie ***Hawick*** et ***Édimbourg*** (2h de trajet) quasi ttes les heures. Même fréquence pour ***Melrose,*** avec le nº 72.

Adresse utile

ℹ *Visitor Information Centre :* *Halliwell's House. ☎ 720-054. Avr-oct : lun-sam 11h-16h, dim 12h-15h.*

Où dormir ? Où manger ?

⌂ *B & B Hillholm, Mrs Hannah :* *36, Hillside Terrace. ☎ 721-293. À l'entrée du village en venant de Hawick. Double avec sdb env £ 80.* Petite maison typiquement britannique, toute fleurie et parfaitement alignée sur ses jumelles. 2 chambres coquettes, aux couleurs douces, confortables et impeccablement tenues. Presque un cliché ! La rue n'est guère fréquentée la nuit, mais si l'on est sensible au bruit, choisir la chambre donnant sur l'arrière.

Où manger ?

|●| *The Selkirk Deli :* *High St. Tlj sauf dim 9h-16h. Bon marché.* Un petit *deli* proposant toutes sortes de sandwichs, de soupes, de milk-shakes. Voir les suggestions du jour au tableau. Très simple, mais ça dépanne bien. Quelques tables sur place.

|●| *Taste of Spice :* *3, Market Pl. ☎ 720-210. Tlj 17h-21h30 (22h30 ven-sam). Repas £ 10-15.* Le resto indien classique avec son lot d'habitués. Les assiettes sont toujours copieuses, la cuisine de qualité et le service convenable.

|●| *Philipburn House Hotel - Best Western :* *de l'autre côté de la rivière en venant de Hawick, à env 800 m du centre, sur la route de Peebles (fléché). ☎ 720-747. Plats £ 13-20.* Déco intérieure moderne ou jardin pour déguster une cuisine traditionnelle dans l'ensemble, piquée de quelques surprises. En outre, le chef a pensé à tout le monde : aux végétariens, aux intolérants au gluten et aux enfants, un menu pour chacun. Ambiance décontractée sous des faux airs guindés.

Achats

Pour ceux qui auraient manqué celles de Hawick, on trouve aussi, à Selkirk, quelques boutiques de lainages et de tweed.

Lochcarron of Scotland : *Waverley Mill, Rogers Rd. ☎ 726-025. • lochcarron.co.uk • À la sortie de la ville, dans un ancien quartier industriel réhabilité en zone commerciale, en direction de Galashiels (A 7). En principe, lun-jeu 8h-17h (16h ven). Visites guidées possibles.* Si vous deviez ne visiter qu'un seul magasin d'usine, que ce soit celui-là ! Tweeds et tartans (plus de 700 !) y sont déclinés à l'infini, du modèle le plus traditionnel à la création la plus moderne, la plus décalée ; preuve que la tradition est bien vivante ! Les prix sont intéressants même si ça reste très « haut de gamme. On y trouve de tout : des coupons bradés pour patchworks, du tissu au mètre, des sacs à main, des écharpes, des kilts, des fins de série, etc., et même la possibilité de se faire faire un modèle sur mesure.

À voir

Halliwell's House Museum : *dans le même bâtiment que l'office de tourisme. ☎ 726-456. Avr-oct : lun-sam 10h-16h, dim 12h-15h. GRATUIT.* Jolie reconstitution d'une ancienne quincaillerie avec sa collection d'objets usuels, évocation des activités de cordonnerie dans le secteur, et expo retraçant l'histoire du bourg, dont la célèbre bataille de Flodden.

Sir Walter Scott's Courtroom : *Market Pl. ☎ 726-456. Tt près de l'office de tourisme. Mars-sept, lun-ven 10h-16h, sam 11h-15h (plus dim 11h-15h mai-août) ; oct, tlj sauf dim 12h-15h. Fermé nov-avr. GRATUIT.* Reconstitution grandeur nature de la *Town House,* à l'endroit même où elle fut construite en 1803, et où sir Walter Scott a rendu justice pendant une trentaine d'années. Quelques mannequins en tenue dans le tribunal illustrent sa vie de « shérif » (c'est-à-dire de juge), tandis qu'une poignée de vitrines évoquent sa carrière d'écrivain.

DANS LES ENVIRONS DE SELKIRK

Bowhill House and Countrypark : *à 3 miles (env 5 km) à l'ouest de Selkirk. ☎ 222-04. • bowhill.org • Jours et horaires des visites guidées de la résidence très irréguliers. Vérifier impérativement sur leur site. Demeure ouv en août (tlj) ; visite ttes les 30 mn, 11h30-15h (dernière visite). Parc ouv avr-sept : tlj en juil-août, seulement ven-dim le reste de la période. Horaires : 10h-17h. Visite guidée : £ 11 ; £ 5,50 pour le parc seul ; réduc.* Résidence des Borders de la famille Montagu-Douglas-Scott, ducs de Buccleuch et de Queensberry. Aménagée au début du XIXe s par le 4e duc, dit « Old Q ». De silhouette un peu sévère, la propriété est magnifiquement située sur une hauteur au confluent de la Yarrow et de l'Ettrick. Elle comblera d'aise les amateurs de beaux meubles et de décoration raffinée. Marqueterie hollandaise, porcelaine de Sèvres, brocarts, meubles recouverts d'Aubusson, cabinet Boulle. À remarquer, des tapisseries de Mortlake et des toiles de très grande valeur : Léonard de Vinci *(La Dame au dévidoir),* Holbein, Canaletto, Guardi, Claude Lorrain, Gainsborough et Reynolds. Les portraits proviennent de l'atelier de Van Dyck, très en vogue à la cour des Stuart.
Une pièce est consacrée à sir Walter Scott, un pote du 4e duc. C'est grâce à Walter Scott, qui avait convaincu le roi George IV de porter la tenue des Highlands lors de sa visite en Écosse, que la mode du kilt fut lancée. Dans le parc, jeux pour enfants.
Salon de thé sur place, pour le *lunch* ou le *teatime.*

➢ Le long de la rivière Yarrow, la route A 708, qui conduit vers Saint Mary's Loch, prend déjà des airs de Highlands en moins haut. Par la B 709, on rejoint la vallée de la Tweed au milieu des landes et des moutons.

MELROSE

1 600 hab. IND. TÉL. : 01896

S'étalant au pied de la triple couronne des Eildon Hills, Melrose est l'une des bourgades les plus mignonnes des Borders grâce, notamment, aux ruines de

son abbaye en pierre... quasi rose. Elle a aussi l'avantage de se trouver sur 2 sentiers de grande randonnée : le *Southern Upland Way* (long de 340 km) et le *Saint Cuthberts Way*, qui commence ici et s'achève 100 km plus loin, à Lindisfarne. Très touristique en été.

Arriver – Quitter

En bus

➢ Le bus nº 67 de la compagnie *Borders Buses* assure la liaison avec les villages de ***Kelso, Coldstream*** et jusqu'à ***Berwick*** en Angleterre. Pour ***Berwick,*** on peut également prendre le nº 60, via ***Duns.*** Le nº 68 dessert ***Jedburgh*** (ttes les 2h).
Prendre le nº X62 pour ***Peebles*** et ***Édimbourg,*** ttes les 30 mn à 1h. Le nº 72 fait la liaison avec ***Selkirk*** quasi ttes les heures.

Adresse utile

■ ***Hardies Bikes :*** *Abbey St, en haut de la rue, près de Market Sq.* ☎ *823-332.* • *hardiesbikes.co* • *Tlj sauf dim 9h-17h (16h sam). Loue des VTT seulement, env £ 25/j.*

Où dormir ?

Camping

⛺ ***Gibson Park :*** *High St.* ☎ *822-969.* • *caravanclub.co.uk* • *À Melrose même, non loin du centre. Ouv seulement de mi-mai à mi-sept pour les tentes. Résa conseillée. Forfait 2 pers £ 21-23.* Pratique mais pas très champêtre. Peu d'emplacements pour les tentes, isolés au fond du site, loin du bloc sanitaires. Tarifs excessifs, mais c'est le seul camping de la ville.

De prix moyens à plus chic (£ 50-125 et plus ; 60-150 €)

🏠 ***B & B Braidwood :*** *Buccleuch St.* ☎ *822-488.* • *braidwoodmelrose.co.uk* • *Double env £ 70.* À 2 pas de l'abbaye, un *B & B* nickel et très accueillant. 4 chambres doubles, dont une mansardée, mignonnes comme tout et possédant chacune sa propre salle de bains (attenante ou non).

🏠 ***Fiorlin B & B :*** *Abbey St.* ☎ *822-984.* • *melrosebedandbreakfast.co.uk* • *Double env £ 80.* L'ancienne école abrite désormais 2 chambres d'hôtes (pour 2-3 personnes) aux tons clairs, impeccables, avec matelas à mémoire de forme pour accueillir les routards fatigués. Bon accueil.

🏠 ***The Townhouse :*** *Market Square.* ☎ *822-645.* • *thetownhousemelrose.co.uk* • *Doubles £ 140-155.* Cette belle maison de caractère à la façade blanche renferme une dizaine de chambres spacieuses, à la déco contemporaine. Très bon confort et équipement. Accueil pro.

Où dormir dans les environs ?

Camping

⛺ ***Thirlestane Caravan Park :*** *derrière le château de Thirlestane, à env 12 miles (20 km) au nord de Melrose et à moins de 1 km au sud de Lauder, par l'A 68.* ☎ *(01578) 718-884.* • *thirlestanecastlepark.co.uk* • *Avr-oct. Forfait pour 2 env £ 15 (£ 12 pour les cyclistes).* Vaste terrain, légèrement en pente, basique et sans arbre, mais prix correct pour une étape.

De prix moyens à chic (£ 50-125 ; 60-150 €)

Binniemyre Guesthouse : *à l'entrée de* **Galashiels.** *Depuis la route principale, Abbotsford Rd, bifurquer à gauche dans Hayward Drive. ☎ 757-137. • binniemyreguesthouse.co.uk • Juste un peu avt Galashiels (côté gauche de la route) en venant de Melrose. Doubles sans ou avec sanitaires privés £ 80-90.* Avec ses tourelles photogéniques, cette grande demeure victorienne ne manque pas de prestance. Les chambres de bon confort sont toutefois très classiques, sauf si l'on envisage de loger dans l'ancienne chapelle, prévue pour accueillir jusqu'à 7 personnes. Mais il faudra alors partager les lieux avec le fantôme de la maison ! Très jolie salle à manger et agréable salon. Accueil sympathique.

Clint Lodge : *Abbey St, à* **Saint Boswells.** *☎ 822-027. • clintlodge.co.uk • À env 4 miles (6 km) au sud-est de Melrose ; de Saint Boswells, prendre la B 6404 puis, au bout de 2,5 km env, la B 6356 sur la gauche ; le* Clint Lodge *se situe 1,5 km plus loin. Doubles £ 120-140, dont une avec sdb à l'extérieur. Table d'hôtes le soir sur résa £ 30-35.* Élégante demeure du XIXe s située au bord d'une petite route paisible qui domine toute la région. Parfait pour les routards plutôt à l'aise dans leur budget et qui cherchent un lieu de charme. Les chambres, vastes, sont toutes personnalisées, un brin rétro et dotées de superbes salles de bains. Vraiment classe ! Presque toutes profitent d'une vue géniale sur la campagne environnante. Jardin et salon-véranda pour se relaxer.

LE SUD

Où manger à Melrose et dans les environs ?

De prix moyens à chic (plats £ 8-25 ; 10-30 €)

Marmions Brasserie : *5, Buccleuch St. ☎ 822-245. Tlj sauf dim 9h-20h45 (dernière commande), quasi non stop avec* teatime *dans l'ap-m. Prix moyens.* Fort bonne cuisine, imaginative et variée, dans le cadre plaisant d'un bistrot chaleureux (boiseries claires, miroirs et rayonnages pour les bouteilles au-dessus du comptoir). Carte réduite le midi. Très bon accueil. Bref, une adresse qu'on recommande chaudement.

Burts Hotel : *Market Sq. ☎ 822-645. Tlj jusqu'à 21h (dernière commande)-21h30 le w-e. Plats £ 13-20.* Cette table assez chic est connue pour sa cuisine de terroir élaborée avec les meilleurs produits d'Écosse. *Lunch* à prix doux, à déguster au choix côté pub, à l'atmosphère cosy et feutrée, ou à l'arrière, dans le jardin. Délicieux *fish & chips.* Une valeur sûre.

Buccleuch Arms : *The Green, à* **Saint Boswells.** *☎ (01835) 822-243. À env 3 miles (5 km) au sud par l'A 68, au carrefour de la B 6404. Tlj jusqu'à 21h. Prix moyens.* Dans une grande bâtisse de caractère, c'est la belle auberge de campagne... mais dans un registre totalement dépoussiéré ! Cuisine de terroir soignée et préparée avec d'excellents produits locaux, déco type bistrot néovintage, sur fond sonore jazzy. Très chaleureux, comme l'accueil ! Côté pub, c'est plus classique et très cosy : impeccable pour un burger ou un *pie* à prix doux.

Seasons : *Main St, à* **Gattonside,** *à env 1,5 km du centre de Melrose, de l'autre côté de la rivière. ☎ 823-217. Mar-dim 18h-21h, plus le midi ven-dim 12h-14h30. Fermé lun. Prix « chic ». Menus £ 19-24 (jusqu'à 21h ou 19h ven-sam).* Le chef officie dans sa cuisine ouverte devant une salle moderne et chaleureuse tout à la fois. Une de ses spécialités, le chevreuil *(roe deer),* mais tout se tente ; les produits viennent du coin et les accompagnements sont soignés. Bonne atmosphère.

Où boire un verre ?

Ship Inn : *East Port.* Le pub le plus animé de la ville, surtout le samedi soir, lorsque l'équipe de rugby locale a joué *at home.* Ambiance garantie !

À voir

Melrose Abbey (HES) : ☎ 822-562. *Tlj 9h30-17h30 (10h-16h oct-mars). Dernière entrée 30 mn avt. Entrée : £ 6 ; réduc. Audioguide en français compris.* En 1136, à l'instigation de David Ier, les moines cisterciens de Rievaulx y bâtirent une première église. Ravagée par les Anglais en 1385, elle fut reconstruite au XVe s et devint la plus riche abbaye d'Écosse. On dit que le cœur de Robert the Bruce y est enterré... Quoi qu'il en soit, les fanas d'architecture se régaleront à détailler les sculptures décoratives et admireront le transept sud et sa remarquable fenêtre finement ciselée en gothique perpendiculaire. Les autres tomberont tout simplement sous le charme de ces majestueuses ruines à la curieuse couleur ocre rose, et s'amuseront à repérer les gargouilles humoristiques et le petit cochon joueur de cornemuse sur le toit du côté sud de la nef. Ne pas manquer de grimper en haut de la tour pour une vue d'ensemble : près de 80 marches par un escalier raide et étroit qui s'enroule... à n'en plus finir. Pour terminer, le site comprend également un petit musée renfermant quelques collections lapidaires, ainsi qu'une série d'objets d'époque romaine découverts lors des fouilles dans le secteur.

Priorwood Garden (NTS) : *à côté de l'abbaye. ☎ 0844-493-22-57. Avr-oct : tlj 10h (13h dim)-17h. GRATUIT ; donation bienvenue.* Beau jardin qui privilégie les fleurs à sécher et les différentes variétés de pommes. Également un petit coin pique-nique.

À faire

➢ Du centre, il ne faut marcher que 5 km pour atteindre l'un des sommets des **Eildon Hills.** Solide grimpette, parcours fléché et panorama sur la région à 400 m d'altitude. De nombreuses anecdotes se rattachent à ces « pics » d'origine volcanique, liés à la légende du roi Arthur et au mystérieux alchimiste Michael Scott (le Scotto de *L'Enfer* de Dante).

Manifestation

– **Melrose Rugby Sevens :** *le 2e sam d'avr.* Le rugby à 7, au contraire de sa version classique à 15, fut inventé à Melrose en 1883. Au programme, tournois de rugby, évidemment. C'est l'événement de l'année...

DANS LES ENVIRONS DE MELROSE

Abbotsford House : *sur la B 6360, à 3,5 miles (5,6 km) de Melrose vers Galashiels. ☎ 752-043. • scottsabbotsford.com • Visitor Centre ouv tte l'année, tlj 10h-17h (16h nov-mars et fermé lun-mar en janv-fév). Dernier accès 1h avt. Maison et jardins ouv mars-nov tlj 10h-16h (dernière entrée). Entrée : gratuite pour le Visitor Centre, env £ 11 pour le site ; jardins seuls £ 5,50 ; réduc. Audioguide en anglais, sinon livret en français gratuit à l'entrée de l'expo et de la maison.*

C'est à quelque distance de la ferme de ses grands-parents que sir Walter Scott, l'un des plus fameux hérauts de la littérature écossaise, acquit un petit domaine qu'il métamorphosa en quelques années en une extraordinaire résidence de fantaisie de style « baronial », idéalement située au bord de la Tweed.

Avant d'aller découvrir ce site surprenant (audioguidé avec beaucoup d'humour par l'écrivain lui-même !), arrêt obligatoire au *Visitor Centre,* une vaste bâtisse contemporaine bien intégrée dans le paysage. Une exposition à la muséographie moderne et soignée y retrace avec brio l'enfance, puis toute la carrière de Walter Scott, illustrée par différentes vitrines renfermant des effets personnels, des premières éditions et des documents d'époque. Très complet.

Walter Scott vécut ici de 1812 à 1832 et y écrivit la majorité de ses 40 romans. Depuis, rien n'a bougé : le hall délirant décoré de blasons, d'armures et de trophées de chasse, le cabinet de travail, la bibliothèque avec ses 7 000 livres, la collection d'objets insolites, l'armurerie...
En sortant, on profite du superbe parc qui comprend 3 jardins clos de toute beauté.

Dryburgh Abbey *(HES) : à env 5 miles (8 km) à l'est de Melrose (près de Saint Boswells), par la B 6404. ☎ (01835) 822-381. Tlj 9h30-17h (dernière entrée) ; 15h30 oct-mars (et parfois fermé pendant l'heure du déj). Entrée : £ 6 ; réduc.* Superbe cadre bucolique aux arbres centenaires pour ces majestueuses ruines au creux d'un méandre de la Tweed. Fondée par les prémontrés au XIIe s, l'abbaye fut tour à tour la proie des flammes et des guerres, dont la dernière, en 1544, la laissa en piteux état. En dehors de la salle du chapitre restaurée et du bâtiment conventuel qui renferme une collection lapidaire, on se balade essentiellement dans les imposants vestiges de l'église et du cloître. Sir Walter Scott est inhumé dans ce bel endroit, qui appartenait à sa famille. On le comprend : une pelouse où broutent des moutons, égayée par les gazouillis des oiseaux, c'est le repos éternel garanti. Il y est d'ailleurs en compagnie de la dépouille du maréchal Haig, commandant des troupes britanniques en France de 1915 à 1918.

Scott's View *: à env 4 miles (6 km) à l'est de Melrose, sur la B 6356.* Un petit détour pour aller se repaître du paysage préféré du romancier. Le panorama des méandres de la Tweed embrasse aussi les Eildon Hills et les paysages typiques des Borders. Superbe le soir, quand la lumière commence à décliner. Un vrai tableau !

Thirlestane Castle *: dans les environs de Lauder, sur l'A 68, vers Édimbourg. ☎ (01578) 722-430. • thirlestanecastle.co.uk • Mai-sept : dim-jeu 10h-16h (17h pour les jardins). Château : £ 9,50 ; jardins : £ 4 ; réduc.* Vaut surtout pour son aspect extérieur : un agglomérat de tours rondes et carrées autour d'un donjon central, le tout surmonté de toits pointus. On se croirait presque devant un château de conte de fées. Malheureusement, on déchante à l'intérieur, le mobilier étant banalement victorien. Promenez-vous donc le nez en l'air pour regarder les plafonds tarabiscotés. On peut se contenter de rester dehors. Aire de jeux et de pique-nique.

LE SUD

PEEBLES

8 000 hab. IND. TÉL. : 01721

Autrefois cité ecclésiastique, puis centre de l'industrie textile, Peebles est désormais la dernière ville d'importance en remontant la vallée de la Tweed. C'est aussi le point de départ de nombreuses balades à faire dans la magnifique nature qui l'environne, notamment dans les forêts de Cardrona et Glentress. Une bonne étape pour se restaurer, se ravitailler, louer des vélos ou tout simplement se renseigner.

Arriver – Quitter

En bus

➢ Le bus nº X62 assure la liaison avec ***Melrose*** et ***Édimbourg*** (ttes les 30 mn à 1h).

Adresse utile

■ ***Location de vélos : The Hub,*** *au parking du* Mountain Biking Centre *de Glentres Forest (à 3 km de Peebles en direction de Melrose).* C'est un des spots les plus réputés du pays pour le VTT, totalisant plus de 60 km de pistes aménagées.

Où dormir ?

Campings

⛺ ***Rosetta Holiday Park :*** *Rosetta Rd.* ☎ *720-770.* • *rosettaholidaypark.com* • *À env 1 km au nord du centre. Mars-oct. Compter £ 15-25 la tente pour 2.* Calme et bien situé, dans un joli cadre face aux collines, avec des lapins et des écureuils qui s'ébattent sur la pelouse. Attention, pas d'ombre dans les espaces réservés aux tentes. Bien organisé et équipé : épicerie, salle de jeux, salon TV, billards, bar et resto dans les anciennes écuries du XIXe s.

⛺ ***Crossburn Caravan Park :*** *sur la route d'Édimbourg, là encore au nord de la ville.* ☎ *720-501.* • *crossburn-caravans.com* • *Avr-oct. Réception 9h-17h30. Forfait pour 2 env £ 20.* Lodge *(huttes en bois) £ 45 pour 4.* Au bord d'un bras de la Tweed, pas mal de caravanes, mais belle pelouse pour les tentes. Boutique avec nécessaire de camping, ping-pong, jeux d'arcades, aire de jeux pour enfants et *putting* (version élémentaire du golf).

Prix moyens (£ 50-85 ; 60-102 €)

🏠 ***Rowanbrae B & B, Mrs O'Hara :*** *103, Northgate.* ☎ *721-630.* • *aboutscotland.com* • *Dans une petite rue en cul-de-sac à 5 mn à pied au nord de la rue principale. Mars-nov. Double env £ 70.* Dans une maison en pierre toute mignonne, avec une rivière juste derrière. Jolies petites chambres très bien tenues, chacune avec salle de bains privée (attenante ou sur le palier). Bon petit déj. Bref, un bon choix, d'autant que l'accueil est très sympathique.

Où dormir dans les environs ?

🏠 ***Drochil Castle Farmhouse :*** *à 7 miles (11 km) à l'ouest de Peebles.* ☎ *752-249.* • *drochilcastle.co.uk* • *Prendre l'A 72 direction Glasgow, puis, au bout de 7 miles (11 km), la petite route à droite vers West Linton ; la ferme est un peu plus loin sur la gauche. Doubles £ 70-76.* Une grande maison blanche perchée sur une butte à côté d'un château en ruine. Petites rivières en contrebas et, tout autour, des collines pleines de moutons. Tranquillité assurée ! À l'intérieur, 4 jolies chambres, impeccablement tenues, dont 3 qui se partagent 2 salles de bains (un bon ratio, donc). Excellent accueil des propriétaires, attentifs et généreux. Petit déj varié servi dans une véranda lumineuse ouvrant sur le superbe paysage. Une très bonne adresse.

🏠 ***Torview House B & B : Lyne Station.*** ☎ *740-255.* • *torviewhouse.co.uk* • *À 3 miles (5 km) de Peebles par l'A 72 en direction de Glasgow, tourner à gauche dans Lyne Station, puis traverser le pont étroit : la maison est juste après. Doubles avec sdb privée ou attenante env £ 70.* Arran n'en est pas à son premier *B & B* et n'a donc rien laissé au hasard en aménageant cette vaste maison moderne, plantée dans un beau jardin : salon cosy pour les hôtes, chambres contemporaines soignées et spacieuses, salles de bains pimpantes. Très bon accueil.

Où manger ?

De prix moyens à chic (plats £ 8-25 ; 10-30 €)

🍴 ***Coltman's :*** *71, High St, au bout de la rue, côté rivière.* ☎ *720-405. Tlj 10h-17h (21h30 jeu-sam). Plats £ 12-14, menus £ 24-29 le soir (résa conseillée en saison).* Séduisante épicerie fine aux effluves gourmands ! Soupes, salades, quiches et sandwichs du jour ne manquent pas d'originalité et se dégustent à l'une des quelques tables côté boutique, ou dans une salle coquette à l'arrière. Délicieux ! Si vous êtes en fonds, revenez le soir pour découvrir une cuisine à prix « chic » mais fraîche, soignée et savoureuse. Également un bar à l'étage pour boire un verre dans un sofa, près de la cheminée.

|●| ***The Prince of India :*** *86, High St. ☎ 724-455. Tlj 12h-14h, 16h-21h. De bon marché à prix moyens.* La cuisine est bonne, la carte variée, et, comme tous les restos indiens, ça ferme tard. Cadre un peu chargé mais agréable, ce qui ne gâche rien.

|●| ***Tontine :*** *High St. ☎ 720-892. Tlj 12h-14h, 16h-21h. Prix moyens.* Les locaux apprécient à juste titre la cuisine traditionnelle de cet hôtel-restaurant. Simple, très correcte et copieuse, elle se déguste de préférence côté bar, où l'atmosphère est conviviale, plutôt que dans la grande salle à manger un peu formelle. Service efficace et sympathique.

|●| ***Osso :*** *Innerleithen Rd, dans le prolongement de High St en direction de Galashiels. ☎ 724-477. Tlj 10h-16h30, plus mar-sam 18h-21h. Fermé dim soir et lun soir. Prix chic le soir.* On se sent bien dans ce bistrot à la déco à la fois moderne et sobre, où le chef ne cuisine qu'avec de bons produits. Le matin, on avale sur le pouce un café bio et une viennoiserie ; le midi, on se régale d'un sandwich ou d'une salade ; et le soir, dans une atmosphère plus chic, on découvre une très bonne cuisine locale revisitée au goût du jour et joliment mise en scène.

Où boire un verre ?

🍸 ***Crown Hotel :*** *High St.* Pub indémodable dont le parquet, la boiserie et la bonne humeur en font un lieu incontournable. Les amateurs de bonnes bières se trouveront vite des copains.

🍸 ***The Bridge Inn :*** *Port Brae, au bout de High St, accolé à l'église.* Vieux pub ouvert en 1896. À l'arrière, terrasse perchée avec vue sur la rivière.

🍸 ***Cross Keys :*** *au début de Northgate, sur la droite.* Aux beaux jours, la terrasse ensoleillée est prise d'assaut, sinon, il reste souvent de la place dans le *beer garden* à l'arrière ou à l'intérieur, vaste. Fait aussi resto, basique et pas trop cher.

DANS LES ENVIRONS DE PEEBLES

👁👁 ***Dawyck Botanic Garden :*** *à 8 miles (13 km) au sud-ouest de Peebles, sur la B 712. ☎ 760-254. • rbge.org.uk • Ouv fév-nov. Tlj 10h-18h avr-sept, 17h mars et oct, 16h fév et nov. Dernière entrée 1h avt fermeture. Entrée : £ 6,50 ; réduc, gratuit moins de 16 ans.* L'un des 4 jardins botaniques royaux d'Écosse. Et on ne s'en lasse pas. Superbe variété d'arbres et d'arbustes, notamment des conifères vieux de plus de 300 ans, très belles azalées au printemps (mai-juin) et magnifiques pavots bleus *(blue poppy).*

👁 ***Robert Smail's Printing Works*** *(NTS) : 7-9, High St, à* ***Innerleithen.*** *Accès par la boutique. ☎ (01896) 830-206. À 6 miles (env 10 km) à l'est de Peebles sur la Tweed. Avr-sept : ven-lun 11h (13h dim)-17h. Entrée : £ 7 ; réduc. Visite guidée seulement et en anglais. Durée : env 1h30.* Pour les passionnés d'histoire des techniques, intéressant atelier d'imprimerie du XIXe s. Après la visite des anciens bureaux restés dans leur jus et de la salle des typographes, démonstration de fabrication d'un journal avec des machines en parfait état de marche. Les imprimeurs actuels travaillent toujours dans les mêmes conditions.

👁👁 ***Traquair House :*** *à proximité d'Innerleithen, en bordure de la B 709, à env 7 miles (11 km) de Peebles. ☎ (01896) 830-323. • traquair.co.uk • Avr-oct, tlj 11h (10h juil-août)-17h (16h en oct) ; nov, seulement le w-e 11h-15h. Dernière admission 30 mn avt. Fermé déc-mars. Entrée : £ 9 ; £ 4,50 pour les jardins seulement ; réduc. Demander le livret de visite en français.*

La plus ancienne demeure seigneuriale d'Écosse encore habitée est une adresse prisée : pas moins de 27 monarques anglais et écossais y sont venus ! Le dernier en date fut Bonnie Prince Charlie ; après quoi, le proprio de l'époque fit sceller les grilles de l'entrée d'honneur (la porte aux Ours). On ne les rouvrira

que lorsqu'un Stuart remontera sur le trône de Grande-Bretagne ! Comme ça ne risque pas d'arriver de sitôt, on passe par la porte de service.
Le manoir a un look vraiment féodal avec ses bâtiments un peu sévères flanqués de tours d'angle, édifiés autour du donjon d'origine. Résidence du baron Darnley qui y accueillit Marie Stuart, et bastion du catholicisme et du parti jacobite, on peut y voir des correspondances et des documents historiques de première importance. Parmi les curiosités, un lit à baldaquin où dormit Marie et le berceau de son fils, le futur roi Jacques VI. Passages et placards secrets (dont celui qui permettait au prêtre de fuir), bibliothèques, chambres, salle à manger, chapelle privée, dépendances et une brasserie traditionnelle jalonnent aussi la visite, agrémentée de collections de costumes anciens, de meubles et de porcelaines. Un superbe parc pour finir... On raconte que l'on y croise parfois le fantôme de Lady Louisa Stuart, la sœur du dernier comte de Traquair, morte vierge dans sa centième année...

DUMFRIES ET GALLOWAY

• Carte *p. 194-195*

Moins fréquentée que les Borders, car moins dans l'axe d'Édimbourg, cette région du sud-ouest de l'Écosse a pourtant, elle aussi, quelques bonnes raisons de détourner le voyageur de sa course effrénée vers les Highlands. Vous y trouverez autant de châteaux et de richesses historiques que chez sa voisine « orientale », avec en plus un rivage très découpé de multiples baies aux fortes marées et un arrière-pays encore sauvage, composé de landes et de bruyères. La forêt de Galloway ravira les marcheurs, et certains coins feront irrésistiblement penser au bocage normand et aux côtes bretonnes. N'hésitez pas à consacrer un peu de temps à cette contrée qui le mérite. Elle vous le rendra.

Comment se déplacer dans Dumfries et Galloway ?

En bus

– ***Traveline :*** ☎ *0871-200-22-33.* • *travelinescotland.com* • *Infos sur les horaires de bus.*
■ ***Stagecoach :*** ☎ *(01387) 253-496 (bureaux de Dumfries).* • *stagecoachbus.com* •

En train

Le sud-ouest de l'Écosse possède un réseau ferroviaire plutôt performant, notamment grâce à l'agglomération de Glasgow, jamais très loin. La région est traversée par 2 lignes principales : une vers Ayr et Stranraer avec correspondance en ferry pour l'Irlande ; une autre vers Dumfries et l'Angleterre. Les trains partent de la gare de Glasgow Central.

– ***Scotrail :*** ☎ *0344-811-01-41.* • *scotrail.co.uk* • *Pour les rens sur les horaires.*

WANLOCKHEAD

140 hab. IND. TÉL. : 01659

À 500 m d'altitude, le village le plus haut perché d'Écosse s'est développé grâce à l'exploitation du minerai de plomb, principalement entre le début du XVIIIe s et le milieu du XXe s. Il en reste de nombreux vestiges, que la commune a entrepris de faire visiter au gré d'un parcours adaptable en fonction de ses envies. C'est aussi un étonnant petit bout du monde, où ne poussent que bruyères et fougères et où le calme est rompu par les seuls bêlements des moutons. La nature alentour est superbe et propice à de belles balades.

EN VENIR À BOUE

Qui pourrait croire que dans cet environnement si bucolique et paisible se déroulent des épreuves si extrêmes ? À la mi-juin, une course dans la boue (tough mudder) *avec 9 000 participants est organisée au château de Drumlanrig, non loin de Wanlockhead. Il s'inspire de l'entraînement des commandos britanniques. Au total, 10 miles de souffrance et de dépassement de soi. Réjouissez-vous, le concept s'est aussi développé en France et en Suisse ! Infos sur :* • *themudday.com* •

LE SUD

Arriver – Quitter

➢ ***Wanlockhead-Sanquhar :*** le n° 221 de *Stagecoach* (env 4 bus directs/j., moins dim). Compter 25 mn de trajet. La route est magnifique et traverse une nature véritablement sauvage.

Où dormir dans les environs ?

Camping

⩓ ***Lettershaws Farm :*** *à 2 miles d'****Abington****, en direction de Wanlockhead.* ☎ *(01864) 502-369.* • *lettershaws.com* • *Forfait pour 2 env £ 8.* Isolée en pleine campagne, une aire naturelle de camping au confort rudimentaire (un champ, un bloc sanitaire et basta !). Pour les amateurs de grands espaces ! Prévoyez une petite laine, les nuits sont fraîches à cette altitude.

⩓ Sinon, ***camping sauvage*** toléré un peu partout dans le défilé.

Prix moyens (£ 50-85 ; 60-102 €)

🏠 ***B & B chez Mrs Clark :*** *4, Baron's Court, à* ***Sanquhar.*** ☎ *503-61. Sur l'A 76, à 9 miles env (14,5 km) au sud-ouest de Wanlockhead. Dans une impasse piétonne donnant sur la rue principale, sur la gauche en venant de Dumfries, avt l'épicerie* Nisa local. *Mars-oct. Double avec sdb env £ 60.* Josephine Clark propose 2 chambres modestes (1 double et 1 *twin,* cette dernière étant accessible par un escalier un peu raide), se partageant un petit salon. Rien d'extraordinaire, mais la simplicité et la chaleur de l'accueil changent des autres *B & B* souvent très professionnalisés. Bien pour une étape. Et si vous vous attardez un peu dans le village, Josephine vous indiquera les lieux à découvrir, comme le plus vieux bureau de poste du monde, datant de 1712, ainsi que les randos à faire aux alentours.

À voir. À faire

The Museum of Lead Mining : ☎ *743-87.* • *leadminingmuseum.co.uk* • *Avr-sept : tlj 11h-16h (dernière entrée) ; en saison, départ des visites ttes les heures. Entrée pour l'ensemble des sites (le musée, les mines, le cottage et la bibliothèque) : env £ 12 ; sinon £ 4,50-5,50 par site (mine et cottage ou musée et bibliothèque) ; 10 % de réduc en présentant le billet du Drumlanrig Castle (voir plus loin) ; réduc. Attention, l'entrée de la mine est interdite aux enfants de moins de 5 ans.*
Il s'agit en réalité d'un ensemble de petits sites que l'on peut découvrir séparément. La durée des visites étant assez courte (environ 30 mn à chaque fois), mieux vaut prendre le billet permettant de tout voir, au rapport qualité-prix nettement plus intéressant.
En introduction, un petit musée propose une exposition instructive sur l'histoire minière de Wanlockhead : ses origines, les techniques d'exploitation, la construction d'un chemin de fer pour acheminer le minerai... Mais ce sont surtout les visites guidées qui valent la peine, organisées aux 4 coins du village : tour dans les anciennes mines (le plus sympa... à condition d'éviter les sandales et de prévoir la petite laine !), découverte d'engins miniers exposés en plein air, d'un cottage où l'on retrace rapidement l'évolution du quotidien des familles entre 1750 et 1910 et, enfin, de la *Miner's Library.* Avec un supplément, les amateurs peuvent même s'essayer à la recherche de pépites d'or à la manière des prospecteurs, mais c'est un peu cher pour ce que c'est.
|●| *Tearoom* où l'on peut manger, juste à côté du musée.

The Leadhills & Wanlockhead Railway : • *leadhillsrailway.co.uk* • *Ouv le w-e Pâques-fin sept, 10h45-16h (dernier départ), ttes les 45 mn. Tarif : £ 5 ; réduc.* À 500 m au-dessus du niveau de la mer, il s'agit du petit train le plus haut de Grande-Bretagne. Il ressemble presqu'à un jouet. 25 mn de promenade dans un paysage minier quasi lunaire. Il est également possible de s'arrêter à Wanlockhead, le temps d'une visite au musée à 800 m de la gare, puis de revenir par un autre train.

LE SUD

DANS LES ENVIRONS DE WANLOCKHEAD

Drumlanrig Castle : *à* **Thornhill.** ☎ *(01848) 331-555.* • *drumlanrig.com* • *À 10 miles (16 km) de Sanquhar par l'A 76 et à 14 miles (22,4 km) de Wanlockhead. Visite guidée du château Pâques, puis juil-août tlj 11h-16h (dernière admission) ; parc ouv avr-sept tlj 10h-17h. Entrée : £ 12 ; £ 6 pour le parc seul ; 10 % de réduc en présentant le billet de* The Museum of Lead Mining de Wanlockhead ; *réduc. Livret de visite en français. Nombreux événements et manifestations.*
C'est au centre d'un immense domaine de bois et de prairies que trône ce château, ou plutôt cette petite folie de palais en pierre rose, édifiée vers 1679 par

HAUT LES CŒURS !

Si Mel Gibson a décidé d'accoler le surnom de Braveheart à son héros William Wallace, la réalité historique est tout autre. Il s'agit en fait de sir James Douglas, fervent partisan du roi d'Écosse Robert the Bruce. À la mort de celui-ci, Douglas enferma le cœur de son ami dans un coffret d'argent et partit en guerre en Espagne, accomplissant ainsi le vœu de Robert. Or Douglas fut tué pendant la bataille. Juste avant de mourir, il lança le cœur de Robert en criant : « Forward Braveheart ! » (Littéralement : « En avant, cœur brave ! ») Braveheart est, depuis, la devise de la famille, d'où ces cœurs ailés que l'on peut observer un peu partout dans le château de Drumlanrig...

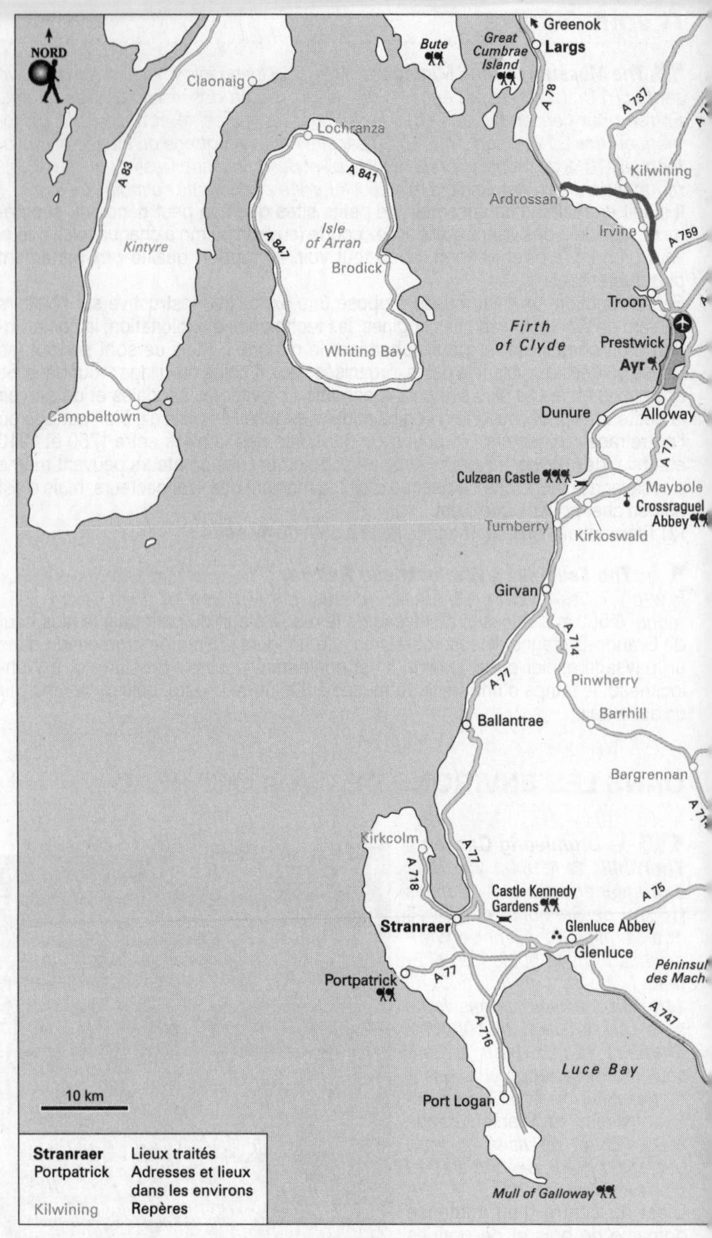
NORD
Greenok
Largs
Bute
Great Cumbrae Island
Claonaig
A 78
A 737
Lochranza
A 841
A 83
Kilwining
Ardrossan
Isle of Arran
A 847
Irvine
A 759
Kintyre
Brodick
Troon
Firth of Clyde
Prestwick
Whiting Bay
Ayr
Campbeltown
Dunure
Alloway
A 77
Culzean Castle
Maybole
Crossraguel Abbey
Turnberry
Kirkoswald
Girvan
A 714
A 77
Pinwherry
Barrhill
Ballantrae
Bargrennan
Kirkcolm
A 718
A 77
Castle Kennedy Gardens
A 75
Stranraer
Glenluce Abbey
Glenluce
Portpatrick
A 77
A 716
A 747
Luce Bay
10 km
Port Logan
Mull of Galloway
Stranraer
Lieux traités
Portpatrick
Adresses et lieux dans les environs
Kilwining
Repères

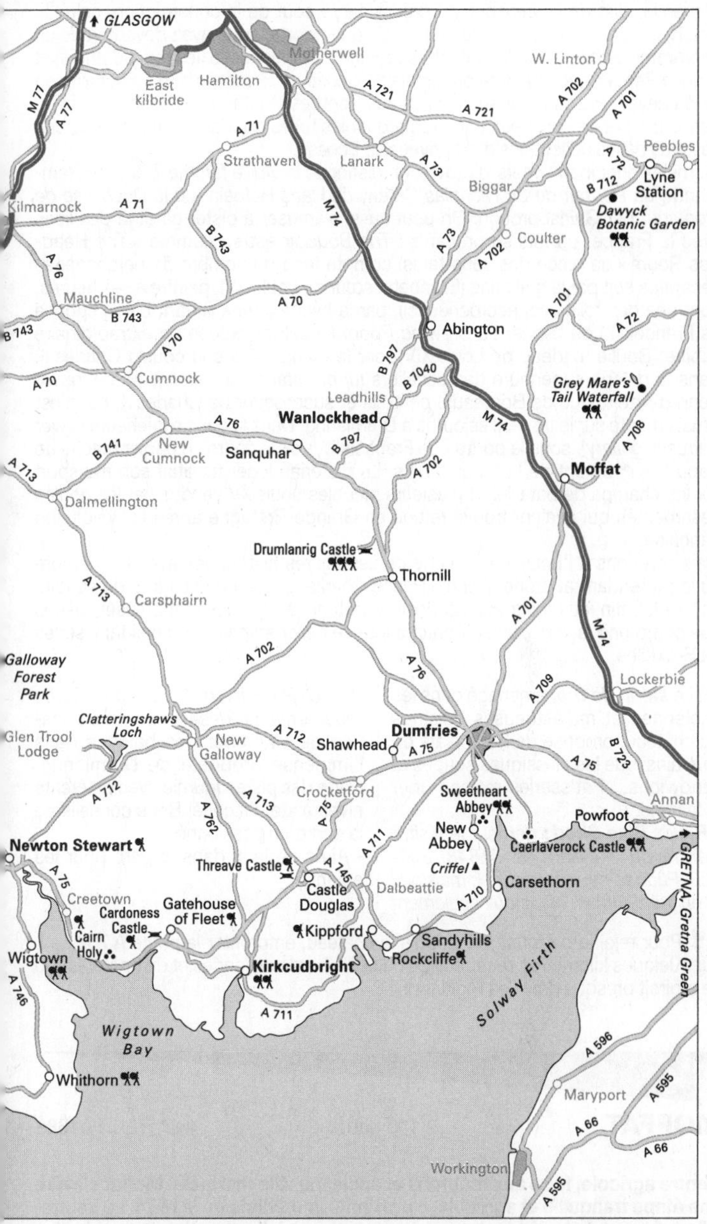

LA RÉGION DE DUMFRIES ET GALLOWAY

le premier duc de Queensberry. Écœuré par le coût de la construction, celui-ci, dit-on, n'y passa qu'une seule nuit ! Mais qu'importe, vous avez devant vous un compromis habile entre l'architecture régionale traditionnelle (les tours d'angle) et le style Renaissance (façade principale précédée de terrasses et d'un escalier en fer à cheval). Passant par succession aux Scott et Montagu, il s'enrichit au fil du temps de mobilier précieux et de remarquables toiles pour accueillir, au final, une des plus belles collections d'art privées en Écosse.
Parmi les principaux chefs-d'œuvre, on distingue la *Vieille femme lisant,* de Rembrandt, un *Portrait de Sir Nicholas Carew,* de Hans Holbein, ou la *Duchesse de Montagu,* par Gainsborough. On peut aussi s'amuser à pister çà et là des liens avec la France, parfois surprenants : *The Boudoir* est surnommé « The Headless Room » (la pièce des sans-têtes) compte tenu du nombre de personnages décapités soit par la guillotine (Élisabeth, sœur de Louis XVI, peintre à ses heures, dont une des toiles est accrochée ici), par la hache (Marie Stuart, brève épouse de François II) ou l'épée. La *Drawing Room* (le salon) expose un extraordinaire cabinet Boulle, cadeau de Louis XIV pour le mariage de son cousin Charles II. Dans la galerie supérieure des escaliers *(upper staircase gallery),* on découvre Henri d'Artois, duc de Bordeaux, petit-fils et successeur de Charles X, qui n'est jamais monté sur le trône. Il séjourna à Drumlanrig. Dans la galerie inférieure *(lower staircase gallery),* sous le portrait de François Ier, voir le coffre en papier mâché de Napoléon Ier datant de la fin du XVIIe s. Le matériau léger facilitait son transport sur les champs de bataille. Et plusieurs meubles Louis XV vendus par les nobles désargentés qui avaient trouvé refuge en Grande-Bretagne après la Révolution française.
Mais revenons à l'Écosse et à l'une de ses figures historiques avec la chambre où le prétendant au trône, Bonnie Prince Charlie, passa une nuit lors de sa fuite en 1746. Enfin, au registre des curiosités, notons, au gré des nombreuses pièces que comprend la visite, une étonnante tête de bélier empaillée ou des tapisseries de Bruxelles...

Le ***salon de thé,*** aménagé dans les anciennes et majestueuses cuisines du château, propose de bons plats du jour, ainsi que les classiques soupes et sandwichs... Pâtisseries maison pour le *teatime.*
- ***Rick's Bike Shed :*** *derrière le Visitor Centre du château.* ☎ *(01848) 330-080. Pâques-sept, fermé mer, mais ouv tlj en juil-août ; en hiver, ouv seulement le w-e. Prévoir env £ 10/h ou £ 30/j. ; réduc enfants. Résa à l'avance.* Location de VTT pour des balades dans l'immense propriété de Drumlanrig. Carte des pistes fournie avec différents niveaux de difficulté. Bons conseils de la part d'un passionné.
- Aires de jeux dans le parc pour les enfants.

Pour rejoindre *Moffat Mill* depuis le château, emprunter la petite A 702, qui, sur quelques kilomètres se rétrécit en un défilé bordé de landes et de bruyères. On se croirait presque dans les Highlands !

MOFFAT

2 100 hab. IND. TÉL. : 01683

Centre agricole, foire aux moutons et ancienne ville thermale, Moffat s'avère une étape tranquille et agréable, à proximité immédiate de la M 74. Le centre-ville est coquet et animé, et on y trouve quelques jolies boutiques dont la plus ancienne pharmacie d'Écosse. Les paysages environnants sont magnifiques. Possibilité de bifurquer vers les Borders. Au cimetière est enterré l'ingénieur John Loudon Mac Adam, l'inventeur du revêtement routier qui porte son nom.

Arriver – Quitter

Seul le bus permet de se rendre à Moffat car, malgré la ligne de train toute proche, la première gare se trouve à Lockerbie !

➢ Depuis ***Lockerbie,*** prendre le bus n° 380 ; service assuré par *Stagecoach.* Env 10 fois/j. (1 seulement le dim).

➢ Le bus *Stagecoach* n° 74 assure 6 trajets/j. avec ***Dumfries.*** Le n° X74 assure 12 fois/j. la ligne ***Dumfries-Glasgow*** via Moffat (4 le dim).

➢ Prendre le bus n° 101 avec *Stagecoach* pour ***Édimbourg.*** 5 bus/j.

Adresse utile

🛈 ***Tourist Information Centre :*** *9, High St. ☎ 221-210. • visitmoffat.co.uk • Lun-sam 9h30-16h30 (16h en hiver).*

Où dormir ?

Camping

⛺ ***Moffat Camping & Caravan Site :*** *à 5 mn du centre à pied, derrière le Moffat Mill. ☎ 220-436. • campingandcaravanningclub.co.uk/moffat • Forfait pour 2 £ 17-23.* Parfait pour faire étape à Moffat. Le terrain est bien ouvert sur les collines environnantes et offre toutes les commodités de base. Prix un peu exagérés, mais c'est le seul camping du village. Très bon accueil.

Prix moyens (£ 50-85 ; 60-102 €)

🏠 ***Summerlea House :*** *Eastgate. ☎ 221-471. • moffatbedandbreakfast.co.uk • Mars-oct. Double avec sdb env £ 55 ; petit déj en sus (£ 4-6/pers continental ou cooked).* Située derrière High Street, dans l'angle d'une rue très calme, mignonne maison tenue par Donald et Darren, sans oublier leur adorable chien Haggis. Ils proposent 2 chambres coquettes donnant sur un jardinet à l'arrière où on bulle à loisir aux beaux jours. N'hésitez pas à demander conseil aux proprios, non seulement ils connaissent tous les bons coins, mais ils ont aussi publié un guide touristique extrêmement bien documenté sur la région. Atmosphère conviviale. Un excellent rapport qualité-prix-accueil.

🏠 ***Queensberry House :*** *12, Beechgrove ; à 200 m du centre. ☎ 478-341. • queensberryhouse.com • Double env £ 75.* Vous trouverez dans cette coquette maison de jolies chambres confortables (salle de bains nickel et literie de qualité), une ravissante petite salle pour le petit déj et un salon pour les hôtes avec la carafe de sherry en bonne place pour les amateurs de digestif. Randonneurs et cyclistes bienvenus avec une pièce pour sécher et entreposer leurs affaires. Accueil souriant et attentif.

🏠 ***Hartfell House :*** *Hartfell Crescent. ☎ 220-153. • hartfellhouse.co.uk • Légèrement à l'écart du centre. Doubles avec sdb £ 75-80, également 2 familiales pour 3-4 pers.* Dans une rue calme et résidentielle, une belle maison de caractère datant de 1850, lumineuse avec ses grandes baies vitrées et ses bow-windows. 7 chambres cossues, tout à fait confortables, dotées d'une bonne literie. Les proprios, un jeune couple anglo-écossais, ont également ouvert un excellent resto, voir « Où manger ? ».

Où manger ? Où boire un verre ?

Où écouter de la musique ?

🍴 ***Cafe Ariete :*** *10, High St. ☎ 220-313. Tlj 9h-17h. Bon marché.* Tables en marbre blanc et vieilles affiches publicitaires placardées aux murs... en français ! Avec cette agitation à l'heure du repas, on se croirait dans une petite brasserie parisienne. Délicieux et sympathiques en-cas genre

LE SUD

salades, sandwichs, *baked potatoes,* le tout servi dans une ambiance familiale. Propose aussi de bons gâteaux, des glaces et du vrai café.

Brodies : *Holm St, en bas de High St. ☎ 222-870. Tlj dès 10h30 pour un café, puis déj,* afternoon cake-stand *à l'heure du goûter, dernière commande à 19h30 (20h ven-sam) au dîner, jusqu'à 23h (23h45 ven-sam) pour la partie bar. Prix moyens.* 2 salles, une claire et aérée où les tables bien mises accueillent des hôtes attirés par une cuisine créative, joliment mise en valeur ; l'autre, un bar aux canapés et fauteuils moelleux, ouvert au moment du *teatime* ou pour patienter le soir le temps d'obtenir une table. Original, leur bar à gins, l'occasion de tester ce breuvage de plus en plus distillé en Écosse. Service pro et attentionné, un endroit qu'on aime bien, moins guindé qu'il n'en a l'air.

***The Limetree Restaurant** (table de* Hartfell House*) : Hartfell Crescent. ☎ 220-153. Ouv le soir seulement (dernière commande à 20h30). Fermé dim-lun. Résa très conseillée. Menus £ 24-29.* L'adresse gastronomique du secteur, un rien bourgeoise. Recettes créatives utilisant des produits locaux de première qualité.

Annandale Arms Hotel : *High St, au milieu de la rue.* Pub à l'ancienne, habillé de boiseries. Outre sa sélection de bières et de whiskies, le lieu est connu pour ses sessions acoustiques du jeudi soir, à partir de 21h. Concerts de musique traditionnelle, blues ou variétés.

À voir

Moffat Museum : *The Neuk. ☎ 220-868. • moffatmuseum.co.uk • Au fond d'une venelle donnant dans la rue principale, face à l'église. Avr-sept, tlj sauf mer 10h30 (13h30 dim)-16h30. GRATUIT.* Dans l'ancienne boulangerie du village et dans une maison voisine, modeste musée historique avec évocation de la vie religieuse, à la ferme, des thermes, du bowling, du curling (2 sports locaux)...

DANS LES ENVIRONS DE MOFFAT

***The Grey Mare's Tail Waterfall** (NTS) : à 15 miles (24 km) de Moffat par l'A 708 direction Selkirk. Accès libre, parking £ 3.* Spectaculaire chute d'eau de plus de 60 m. À l'origine, une vallée glaciaire. Les plus courageux suivront le chemin qui permet de découvrir l'amont et d'autres chutes jusqu'au superbe petit loch Skeen (compter 1h). Vous pouvez aussi apporter votre canne à pêche, c'est libre et gratuit. Merci au lecteur qui nous a filé le tuyau !

DUMFRIES

31 000 hab. IND. TÉL. : 01387

• Plan *p. 199*

Ville la plus importante du Sud-Ouest, arrosée par la Nith et ses cascades. Centre piéton commerçant animé en journée jusqu'à 17h. Le soir, pas un chat dans les rues, un peu tristoune ! On y trouve l'un des rares *Marks & Spencer* du sud de l'Écosse, ouvert le dimanche (comme la plupart des commerces), ainsi qu'un grand supermarché *Morrisons.* Ce qui fait de Dumfries une halte stratégique pour ceux qui veulent faire le plein de produits britanniques. Le souvenir de Robert Burns, le barde écossais qui y passa ses dernières années, y est fiévreusement entretenu.

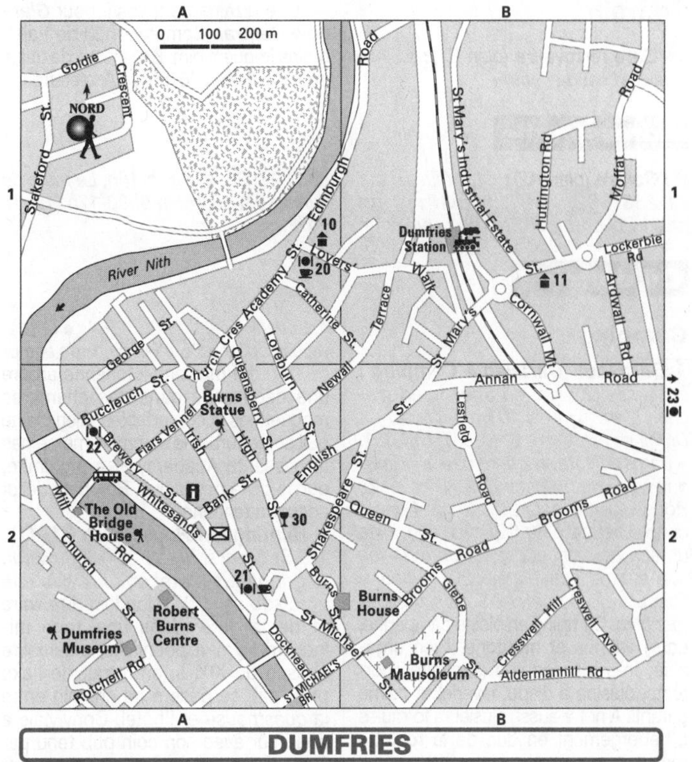

DUMFRIES

■ **Adresse utile** Visitor Information Centre (A2) **Où dormir ?** **10** Burnett House B & B (A1) **11** Huntingdon House (B1)	**Où manger ?** **Où prendre un petit déj ?** **Où boire un verre ?** **20** The Usual Place (A1) **21** Scrumptious Bistro (A2) **22** Cavens Arms (A2) **23** Bruno's (hors plan par B2) **30** Globe Inn (A2)

Arriver – Quitter

En bus

Gare routière *(plan A2)* ***:*** *Whitesands.* Certains bus partent également de la gare ferroviaire.

➢ Avec *Stagecoach,* le bus nº 74 assure 6 liaisons/j. avec ***Moffat.*** Pour ***Newton Stewart*** et ***Stranraer,*** prendre le nº 500. Une dizaine de bus/j. ; moins fréquents dim. Le nº X74 assure la liaison avec ***Glasgow*** (2h de trajet) plusieurs fois/j. avec un arrêt à ***Moffat.*** Pour ***Carlisle*** (1h30 de route) en Angleterre, prendre le bus nº 79 ; ttes les heures.

➢ Enfin, *Stagecoach* opère 7 fois/j. un service, bus nº 101 pour ***Édimbourg*** (2h45 de voyage).

En train

Gare ferroviaire *(plan B1)* **:** *à 5 mn à pied à l'est du centre.*

➢ Une dizaine de trains/j. pour ***Glasgow Central.*** Compter 1h30 de trajet. Moins fréquent dim. Davantage de trains pour ***Carlisle*** (à 40 mn) en Angleterre.

Adresse utile

I Centre *(plan A2)* **:** *64, Whitesands. ☎ 253-862. • visitdumfriesandgalloway.co.uk • En été : lun-sam 9h30-17h30, dim 11h-16h. Le reste de l'année, tlj sauf dim 9h30-17h (16h30 en basse saison).*

Où dormir ?

Camping

Barnsoul Caravan & Camping : *à 1,5 mile (2,5 km) de* ***Shawhead*** *(fléché), à env 6 miles (10 km) à l'ouest de Dumfries par l'A 75. ☎ (01557) 814-351. • barnsoulcaravanpark.co.uk • Mars-nov. Forfait pour 2 env £ 12-16 en tente.* Pods *£ 40-50 pour 2 (jusqu'à 4 pers),* couples retreat *£ 60-65,* crash pad, *juste un abri de campeurs pour dormir avec son sac de couchage, £ 20-25 pour 2 (jusqu'à 4). Compter £ 5/pers supplémentaire.* Camping en pleine campagne, entre vaches et moutons. Bien organisé, très bien équipé (sanitaires corrects, cuisine à dispo, laverie) et calme garanti. À noter aussi, plusieurs formules d'hébergement en dur, de la roulotte romantique à l'abri rustique. Idéal pour pêcheurs et randonneurs, avec des plans d'eau sur le site et une belle nature tout autour. Accueil aux petits soins des proprios qui sont aussi de bon conseil.

Prix moyens (£ 50-85 ; 60-102 €)

Burnett House B & B *(plan A1,* ***10****)* **:** *4, Lovers Walk. ☎ 263-164. • burnetthouse.co.uk • Doubles avec sdb autour de £ 70.* La maison victorienne arbore une déco sage dans des chambres moquettées et confortables. Rien qui ne puisse perturber le sommeil, même pas la passante Academy St à proximité, qui ne gêne pas la nuit. Bon petit déj et accueil attentionné.

Huntingdon House *(plan B1,* ***11****)* **:** *18, St Mary's St. ☎ 254-893. • huntingdonhousehotel.co.uk • Double avec sdb env £ 85.* Non loin du centre et de la gare, dans une zone mi-industrielle mi-résidentielle, la demeure cossue du XIXe s, en retrait de l'axe principal, se pose à mi-chemin entre la *guesthouse* et l'hôtel. Conviviale à coup sûr avec son coin pub tenu par Terry. Car c'est surtout la bonhomie et la gouaille du proprio, s'exprimant dans un anglais très ar-ti-cu-lé, qui apporte un supplément d'âme à l'adresse. Branchez-le sur la situation politique écossaise... ou sur les bonnes adresses du coin, il papotera volontiers. Sinon, chambres à la déco très classique, limite kitsch, équipées comme il faut, mais un peu cher.

Où manger ? Où prendre un petit déj ? Où boire un verre ?

De bon marché à prix moyens (plats £ 5-18 ; 6-22 €)

The Usual Place *(plan A1,* ***20****)* **:** *Academy St. ☎ 253-485. Lun-ven 9h-16h. De très bon marché à bon marché.* Cette adresse n'a rien d'habituel (« *usual* »), puisque c'est dans une ancienne église qu'une association a ouvert ce café dans le but d'aider à la réinsertion de jeunes en difficulté. Petit déj, sandwichs, soupes et gâteaux vendus par les apprentis sous l'œil attentif des éducateurs. Un bel endroit pour une bonne cause.

|●| *Scrumptious Bistro* *(plan A2, **21**)* **:** *92, Whitesands. ☎ 263-839. Tlj sauf dim 10h-16h30. Bon marché.* Là encore, un lieu atypique, dans l'antre d'une demeure cossue en brique rouge, protégé par un haut portail. Une déco éclectique s'est emparée de ce vaste volume ; on se love au fond d'un canapé près du poêle à bois en jetant un œil aux guirlandes en papier qui pendouillent au plafond et aux enfants qui jouent à la dînette dans un coin, et on opte pour un *breakfast* gourmand ou un *lunch scrumptious* (délicieux) à base de produits locaux, qui changent de l'ordinaire. Quand il ne pleut pas, quelques tables dans la cour.

|●| ***Cavens Arms*** *(plan A2, **22**)* **:** *20, Buccleuch St. ☎ 252-896. Cuisine tlj sauf lun 11h30-21h, dim 12h-20h30 (sans interruption) ; pub ouv tlj.* Bonne cuisine de pub, copieuse et sans surprise, servie dans un cadre chaleureux mêlant papier peint à motifs, boiseries et banquettes confortables. Un classique. Bien pratique aussi pour ses horaires plus étendus que la moyenne.

|●| ***Bruno's*** *(hors plan par B2, **23**)* **:** *3, Balmoral Rd. ☎ 255-757. Tlj sauf mar à partir de 17h30 jusque tard. Menu env £ 15, plats £ 11-21.* Dans un quartier résidentiel, le resto italien plébiscité par les locaux. Tous les budgets y trouvent leur compte grâce aux pâtes et pizzas d'un côté, aux plats de viande et poisson impeccablement cuisinés de l'autre. Service efficace.

Globe Inn *(plan A2, **30**)* **:** *56, High St (accès par un passage).* C'est ici que le poète-paysan Burns avait ses aises. Quelques gravures commémorent le passage de cet hôte prestigieux, mais pour le reste, c'est un pub traditionnel classique avec son lot d'habitués.

Où dormir ? Où manger dans les environs ?

Queensberry Bay Holiday Park & Spa **:** *à* ***Powfoot.*** *☎ (01461) 700-205. ● queensberrybay.co.uk ● À 29 miles (47 km) au sud de Moffat, par la M 74, en allant vers Gretna Green. Pas de tente, mais des pods env £ 65/nuit pour 2 (min 2-3 nuits selon saison et dispo), et un wigwam pour 4 pers £ 45/ nuit (min 2 nuits en hte saison, fermé en déc). Résa du spa possible pour les non-résidents au moins la veille (2-4 pers). Forfait 2h £ 15/pers.* Un peu venteux, mais quel site superbe ! Passé les mobile homes privés, les proprios ont installé face à la mer quelques *pods,* sortes de bungalows avec le maximum d'équipement dans un minimum d'espace, vraiment bien conçus, voire coquets. Le *wigwam* est un peu plus basique. Épicerie, aire de jeux, miniferme pour les enfants et spa pour les plus grands avec sauna, jacuzzi, piscine à courant contraire et massages sur demande. Idéal pour déconnecter.

|●| ***The Powfoot Hotel – Del Amitri Restaurant*** **:** *Links Ave, à* ***Powfoot,*** *juste avt le Queensberry Bay Holiday Park. ☎ (01461) 700-300. ● thepowfoothotel.com ● Resto tlj 12h-20h45 (dernière commande). Sur résa le soir. Doubles £ 90-100. ½ pens proposée. Snacks et plats £ 7-20.* Bel hôtel de bord de mer où il fait bon vivre. Dans la maison principale, les chambres modernes et spacieuses offrent un très bon niveau de confort avec une vue sur le golf et partiellement sur la mer (certaines disposent d'un balcon). À l'arrière, quelques chambres de plain-pied, cossues, mais donnant sur une cour intérieure, donc plus sombres. Au resto, bonne cuisine réputée dans la région, légère le midi, plus élaborée le soir. On s'installe derrière une grande baie vitrée ou, dehors, face à l'Angleterre.

À voir

Tous les ***lieux liés à Robert Burns,*** si le cœur vous en dit. Au programme (circuit disponible au *Visitor Information Centre*) : le *Burns Mausoleum (plan B2)* où lui, sa femme et 5 de ses proches sont enterrés ; la ***Burns Statue*** *(plan A2),* le *Robert Burns Centre (plan A2),* dans un moulin à eau restauré de l'autre côté de la rivière...

The Old Bridge House (plan A2) **:** *avr-sept, tlj 10h (14h dim)-17h. GRATUIT.* La plus vieille maison de la ville (1660). Auberge au XVIIe s, on y voyait traîner... devinez qui ? Robert Burns ! À présent, on peut y voir du matériel de chirurgien dentaire du XIXe s (brrr...), ainsi que les reconstitutions d'une cuisine et d'une chambre, et toutes sortes d'objets de la vie quotidienne.

Dumfries Museum (plan A2) **:** *derrière le* Robert Burns Centre, *sur une colline. ☎ 253-374. Avr-sept : tlj 10h (14h dim)-17h ; oct-mars : mar-sam 10h-13h, 14h-17h ; dim 14h-19h. Entrée gratuite, mais accès payant pour la* camera obscura *(avr-sept seulement) : £ 3.* Moulin à vent et ses dépendances aménagés pour abriter des collections relatives à l'histoire (et préhistoire) de la région. Musée éclectique, agencé à l'ancienne mode, où l'on verra aussi bien des vestiges archéologiques que des instruments de mesure, ou encore des costumes et des animaux empaillés. Au dernier étage, la *camera obscura :* un jeu de miroirs qui permet, surtout par beau temps, de produire des vues panoramiques spectaculaires des environs. Toutes les pièces sont d'origine. Totalement magique bien qu'absolument scientifique...

DANS LES ENVIRONS DE DUMFRIES

Caerlaverock Castle (HES) **:** *à 7 miles (11 km) au sud de Dumfries par la B 725. ☎ 770-244. Tlj 9h30-17h (dernière entrée) ; 10h-15h30 oct-mars. Entrée : £ 6 ; réduc.* Construite vers 1270, Caerlaverock est le prototype de la forteresse médiévale : larges douves, porte au corps de garde flanqué de 2 grosses tours, meurtrières, créneaux et mâchicoulis se reflétant dans l'eau. Une vraie carte postale ! À l'intérieur, changement de registre, puisqu'on découvre les vestiges conséquents d'un corps de logis Renaissance décoré de motifs héraldiques, plus adapté aux goûts et aux besoins de la noblesse aux XVIe et XVIIe s. Dans les dépendances, à côté du salon de thé, petite expo sur l'époque médiévale (les blasons, la féodalité...), et film sur le siège (très équitable) de 1300 conduit par plus de 3 000 Anglais contre une garnison de quelques dizaines d'Écossais.
N.B. : *Caerlaverock* signifie « nid d'alouette ».

Caerlaverock Nature Reserve : *à 8 miles (13 km) au sud de Dumfries par la B 725.* Marécages et prés-salés recouverts par la marée. L'habitat de milliers de canards et d'une espèce d'oie bernache. Circuit fléché à suivre à pied. Tout au long de l'estuaire, passerelles et points d'observation. Pittoresque village de *Glencaple.*

Gretna Green : *à 25 miles (40 km) à l'est de Dumfries par l'A 75. Bus n° 79.* Un lieu bien connu de tous les romantiques... La légende débute en 1754, lorsqu'une nouvelle loi fut votée par le Parlement anglais, interdisant le mariage en dehors de l'Église et fixant l'âge légal à 21 ans. La législation écossaise, plus favorable, se contentait de 2 témoins pour conclure le mariage pour un âge légal à 16 ans. Une aubaine ! Les jeunes couples ne tardèrent pas à fuir l'Angleterre pour se marier dans le premier village au-delà de la frontière, en l'occurrence Gretna. Par hasard, l'une des premières habitations après la frontière était une forge... Le forgeron a rapidement endossé le rôle du pasteur, et l'enclume est devenue l'emblème de la célébration. Un coup de marteau concluait la cérémonie ! Cette pratique a pris fin en 1940 avec l'introduction des officiers d'État pour rendre le mariage légitime. Toutefois, la loi, assouplie en 1977 puis en 2002, a rendu les mariages à nouveau possibles, et l'on vient aujourd'hui de loin pour bénéficier des facilités administratives accordées aux futurs candidats. Pas moins de 5 000 mariages sont célébrés chaque année à Gretna, dont 1 500 dans la forge historique ! Le film *Les Grandes Vacances,* avec Louis de Funès, évoque cette tradition de Gretna Green.

– L'histoire est bien évidemment évoquée en détail dans cette fameuse forge, le ***Famous Blacksmith's Shop*** : • *gretnagreen.com* • *Tlj 9h-18h (17h oct-mars). Entrée : env £ 4.* L'exposition, en partie traduite en français, se révèle plutôt ludique car pleine d'anecdotes rocambolesques. Quelques petites reconstitutions permettent d'évoquer le contexte de l'époque, et, clou de la visite, on peut même contempler l'enclume mythique ! Mais le plus étonnant, c'est tout de même de croiser tous ces couples qui font la queue pour se marier. Surréaliste ! En revanche, on peut regretter que des malins aient exploité le filon à outrance en ouvrant des boutiques attrape-touristes en pagaille...

LA ROUTE CÔTIÈRE DE DUMFRIES À KIRKCUDBRIGHT

La route côtière A 710 / A 711 de Dumfries à Kirkcudbright offre de magnifiques perspectives sur le *Solway Firth* et ses immenses étendues de sable découvertes à marée basse (un peu comme au Mont-Saint-Michel). De petits ports adorables, des criques rocheuses et une campagne pleine de charme donnent envie de s'y attarder.

➢ Le bus nº 372 de *Stagecoach* assure la desserte le long de la côte par l'A 710 jusqu'à Dalbeattie. Ensuite, c'est le nº 505 qui continue jusqu'à Kirkcudbright par l'A 711.

LE SUD

DE BATTRE MON CŒUR...

Lady Devorgilla, femme de John Balliol (et mère du prétendant au trône d'Écosse), fonda l'abbaye en 1273, avec l'aide des cisterciens. Le monument a pris le nom de Sweetheart Abbey (« cœur-chéri »), car elle y est enterrée avec le cœur embaumé de son cher époux, qu'elle trimbala avec elle tout au long de ses 20 années de veuvage.

Sweetheart Abbey *(HES)* **: à New Abbey.** *☎ (01387) 850-397. Avr-sept : tlj 9h30-17h30 ; oct-mars : tlj sauf jeu-ven 10h-16h. Dernière admission 30 mn avt. Entrée : £ 4 ; réduc.* La beauté du site provient, entre autres, du contraste entre la pierre rose des importantes ruines de l'église abbatiale et le vert tendre des pelouses qui l'entourent. Pour info, nul besoin de payer pour profiter de ce site grandiose : on le voit parfaitement de l'extérieur !

Salon de thé juste en face (voir plus loin « Où manger ? Où boire un verre dans le coin ? »).

New Abbey Corn Mill *(HES)* **:** *☎ (01387) 850-260. Mêmes horaires et prix que la Sweetheart Abbey.* Ce splendide moulin à eau fut construit en 1790 en utilisant les dernières technologies pour remplacer une structure datant de l'époque médiévale. Depuis, il a été entièrement restauré, le mécanisme d'origine scrupuleusement reconstitué. En fonction de la disponibilité du personnel et du niveau des eaux (car il n'y a pas d'apport d'énergie en dehors de la roue à aubes !), on peut assister en saison à la mouture du grain d'avoine. Le reste du temps, on se console avec une petite vidéo de présentation, avant de découvrir librement les pièces où les céréales étaient séchées puis moulues avant d'être entreposées au dernier étage.

Passé la masse granitique du Criffel (569 m) et la grande plage de Sandyhills, ***Rockcliffe*** est un coquet petit village de vacances au bord d'une crique rocheuse et en face d'une île où les oiseaux sont protégés par le *National Trust of Scotland.* Petit look breton. Ça souffle !

Kippford, que l'on peut rejoindre par un sentier au départ de Rockcliffe, est un joli port de plaisance très fréquenté, dans l'estuaire de l'Urr. Très séduisant :

rochers, petites criques et collines verdoyantes dominant l'estuaire. Comme le coin nous a paru vraiment sympa et le cadre idéal, on vous a dégoté quelques adresses (voir plus loin « Où dormir ? Où manger dans le coin ? »).

Threave Garden and Estate (NTS) **:** *à la sortie de* **Castle Douglas** *par la B 736, au sud-ouest de la ville. ☎ 0844-493-22-45. Parc ouv avr-oct : tlj 10h-17h (16h nov-déc) ; visite guidée de la maison avr-oct seulement sur résa : mer-ven et dim à 11h30 et 13h30. Fermé janv-fév. Entrée : £ 13,50 ; réduc ; jardins seuls £ 8,50.* Très paysager, un superbe domaine de 26 ha de forêts où s'entremêlent jardins thématiques, plans d'eau et serres pour les espèces les plus fragiles. La meilleure époque pour les visiter est le début du printemps, au moment de la floraison des narcisses et des jonquilles, mais juin et juillet ne sont pas mal non plus. On peut, en saison, visiter l'intérieur du manoir, de style « baronial » et entièrement meublé.

Salon de thé dans les anciennes écuries. Cafétéria et aire de jeux pour les enfants dans un jardin.

Threave Castle (HES) **:** *à 3 miles (5 km) à l'ouest de* **Castle Douglas** *(indiqué depuis l'A 75), sur une île de la rivière Dee. ☎ 07711-223-101. Le château est accessible par un bac. Avr-oct : tlj 10h-16h (dernier achat pour la traversée ; 15h15 en oct). Fermé nov-mars. Entrée : £ 5 ; réduc.* Une petite visite insolite au parfum d'aventure, puisque, pour parvenir au château, il faut d'abord suivre un sentier à travers champs pendant près de 1 km, puis sonner la cloche sur la berge pour attirer l'attention du passeur qui viendra vous chercher ! Car cette grosse tour somme toute modeste, construite fin XIVe s par Archibald le Sinistre, a pour principal intérêt d'occuper un îlot inondable perdu en pleine nature, où les cygnes, loutres et autres rapaces abondent. La zone sert aussi de refuge à 7 espèces de chauves-souris *(bats),* friandes de vieux bâtiments pour nicher. D'ailleurs, l'été, il est possible de louer des *bat detectors* au *Threave Garden* pour observer 1h avant ou après le coucher de soleil ces drôles de mammifères. Des visites guidées par des spécialistes sont également organisées. *Résa : ☎ (01556) 502-575.*

Orchardton Tower (HES) **:** *à 5 miles (8 km) au sud de Dalbeattie par l'A 711, en direction d'Auchencairn ; c'est fléché sur la gauche. GRATUIT.* Une bien curieuse tour en pierre, isolée en pleine campagne. Datant du milieu du XIVe s, il s'agit d'un habitat fortifié unique en son genre. Son plan est circulaire et non en forme de Z, L ou T habituellement observée en Écosse. L'un de ses occupants fut un certain Sir Robert Maxwell, un jacobite militant capturé à la bataille de Culloden. Plus tard, ce personnage aurait inspiré le romancier Walter Scott dans *Guy Mannering.* Aujourd'hui, l'ensemble est bien restauré, et on peut accéder au chemin de ronde par un escalier étroit aux marches bien raides.

Dundrennan Abbey (HES) **:** *env 7 miles (11 km) avt Kirkcudbright, sur l'A 711. ☎ (01557) 500-262. Avr-sept, tlj 9h30-17h (dernière entrée). Fermé oct-mars. Entrée : £ 5 ; réduc.* Merveilleuse simplicité empreinte de paix et de majesté pour ces ruines cisterciennes qui virent Marie Stuart y faire halte lors de sa fuite vers l'Angleterre. Là encore, parfaitement visible de l'extérieur, d'autant qu'il ne reste pas grand-chose en dehors des imposants vestiges de la nef.

Où dormir dans le coin ?

Camping

Sandyhills Bay Leisure Park : *en bord de mer, juste à côté de la plage de* **Sandyhills.** *☎ (01557) 870-267. • gillespie-leisure.co.uk • Pâques-fin oct. Forfait pour 2 en tente £ 16-21, pods pour 4 env £ 45 (apporter son* *sac de couchage).* Petit et très agréable, dans un site splendide ouvert sur des falaises enserrant une belle plage. Équipements de base, mais vous y trouverez néanmoins une laverie, un magasin de dépannage et un snack.

Prix moyens (£ 50-85 ; 60-102 €)

Rosemount Guest House : *à* **Kippford,** *sur le front de mer. ☎ (01556) 620-214. • rosemountguesthouse.com • Fév-nov. Double £ 75, plus une suite.* Dans une maison dotée d'une agréable véranda face à la mer, 3 chambres classiques décorées dans un style sobre et moderne. 2, dont 1 suite, profitent d'une vue géniale depuis son salon indépendant. Également 1 familiale (pour 3) dans une annexe à l'arrière de la maison. Accueil sympathique.

The Old Shop B & B : *à* **Carsethorn,** *à 13,5 miles (env 22 km) au sud de Dumfries. ☎ (01387) 880-799. • theoldshop-scotland.com • Doubles £ 65-70.* Une coquette maison mitoyenne borde l'unique rue de ce hameau en front de mer. Elle abrite 3 chambres mignonnes comme tout, l'une mansardée avec vue, l'autre, plus exiguë (et moins onéreuse) donne sur l'arrière et une 3e au rez-de-chaussée. Autre atout : la véranda (ou salon d'été) devant l'eau, précédée par un parterre de fleurs. Pour déconnecter, au calme.

Où manger ? Où boire un verre dans le coin ?

Abbey Cottage : *26, Main St, à* **New Abbey.** *☎ (01387) 850-377. Tlj 10h-17h (seulement mer-dim 11h-16h en basse saison). Congés : de mi-déc à fin fév. Snacks £ 5-8.* Salon de thé stratégiquement situé juste en face de l'abbaye, avec une terrasse braquée sur les superbes vestiges de la nef. À la carte, *baked potatoes,* sandwichs, soupes, salades et, bien entendu, des pâtisseries à l'heure du *teatime* avec une large sélection de thés. Produits bio et fermiers ; cuisine maison.

The Steamboat Inn : *à* **Carsethorn.** *☎ (01387) 880-631. Tlj cuisine 12h-14h30, 17h-20h30 (plus tard pour le pub). Plats £ 10-17.* Resto-pub improbable au bout du village, récent malgré les apparences : tabouret fait de selles de cheval, fauteuils club patinés, tableaux de chasse, le tout dans un joyeux bric-à-brac. On commande au bar en réglant à l'avance et on s'installe si c'est possible dehors sur les tables en bois face à la mer, sinon dans une salle aux larges baies vitrées qui s'ouvrent sur l'Angleterre voisine ou à l'arrière, dans une pièce chaleureuse. Cheminées partout. Plats classiques, type risotto, *chicken cajun* et *fish & chips*, servis par un personnel jeune et aimable.

The Anchor Hotel : *à* **Kippford,** *sur le port.* Terrasse très agréable sur le port, idéal après une balade vivifiante. Très populaire auprès des locaux. Fait aussi resto, mais la cuisine se cherche un peu.

LE SUD

KIRKCUDBRIGHT

3 500 hab. IND. TÉL. : 01557

Niché au fond d'un estuaire, cet ancien bourg royal plein de bonnes surprises est une séduisante petite ville (prononcer « cœur-cul-brie »), où il fait bon séjourner et d'où l'on peut facilement rayonner. Elle vit de la pêche, des revenus de l'agriculture et du tourisme. À la fin du XIXe s, elle attira un groupe d'artistes prolifiques ; elle essaie aujourd'hui de renouer avec cette tradition.

Arriver – Quitter

➢ Pour **Dumfries,** prendre le n° 501 ou 502 de la compagnie *Stagecoach* et changer à Castle Douglas ; env 12 bus/j. Pour **Newton Stewart,** 1 bus direct/j. (n° 862) en soirée avec *Stagecoach,* sinon, prendre le n° 431 de *Houstons Minicoaches* et changer à Gatehouse of Fleet ou le n° 502 de *Stagecoach* avec correspondance à Castle Douglas.

Adresses et info utiles

– Infos sur ● *kirkcudbright.town* ●

■ ***Location de vélos : William Law,*** *19, Saint Cuthbert St. Tlj sauf dim 9h-17h.*

Où dormir ?

Campings

⛺ ***Silvercraigs Caravan & Camping Site :*** *juste au-dessus du village.* ☎ *332-050.* 📱 *07824-528-482.* ● *silvercraigscaravanpark.co.uk* ● *Tte l'année (nov-mars, personnel à mi-temps). Forfait pour 2 £ 9-16 selon saison et taille de la tente.* Simple mais très agréable, car il occupe une situation géniale à 2 pas du centre, au calme, avec une superbe vue sur la ville et la campagne vallonnée.

⛺ ***Brighouse Bay Holiday Park :*** *à env 7 miles (11 km) au sud de Kirkcudbright (prendre la direction de Borgue).* ☎ *870-267.* ● *gillespie-leisure.co.uk* ● *Tte l'année. Forfait pour 2 £ 16-22.* Un véritable centre de vacances à 2 pas de la plage, avec un large terrain réservé aux campeurs de passage. La nature alentour est superbe, propice aux balades. Équipement et palette d'activités sur place archi-complets : bar, resto, magasin, salle de muscu, piscine, golf, équitation, pêche, bowling et animation musicale durant l'été.

⛺ ***Solway View :*** *même direction que pour le* Brighouse Bay, *en bifurquant avt sur la gauche (fléché).* ☎ *870-206.* ● *solwayviewholidays.com* ● *Prévoir £ 14 pour 2 en tente ; £ 40-50 avec ou sans sanitaires pour les huttes.* En pleine campagne, après la ferme des proprios, le terrain pour tentes, caravanes et *wigwams* surplombe la mer. Venteux, mais superbe et très calme. Machine à laver et *drying room*.

De prix moyens à chic (£ 50-125 ; 60-150 €)

🏠 ***Rivergarth B & B :*** *Tongland Rd.* ☎ *332-054.* ● *rivergarth.net* ● *À l'entrée de la ville en arrivant du nord par l'A 711 et à env 20 mn à pied du centre en longeant la rivière. Fermé en nov. Double avec sdb £ 85.* Largement en surplomb de la route, cette grande villa contemporaine profite d'une vue géniale sur la rivière Dee. Les adorables propriétaires mettent d'ailleurs des jumelles à disposition pour qui voudrait observer les tribulations des canards ! Quant aux chambres, modernes et élégantes, elles sont cosy à souhait (la familiale comprend 2 chambres voisines formant une suite). Une halte de choix.

🏠 ***Jings B & B :*** *11, Silvercraigs Rd, au-dessus du village, face au* Silvercraigs Camping. *Pas toujours d'enseigne.* ☎ *332-314.* ● *jingsbandb.com* ● *Double £ 75.* L'adorable Marion met une double et une *single* à disposition des hôtes dans une partie séparée du reste de sa maison avec entrée indépendante. Bien pour une famille. On peut aussi louer uniquement la double (charmante) avec la salle de bains privée, à l'extérieur de la chambre. Ensemble coquet qui bénéficie d'une belle vue sur la campagne et la ville.

Baytree : 110 High St. ☎ *330-824.* ● *baytreekirkcudbright.co.uk* ● *Double avec sdb £ 90.* Bien situé, dans le centre, près des galeries d'artistes. Chambres spacieuses, grand lounge confortable et salle de petit déj extra donnant sur le jardin. De quoi mettre de bonne humeur, avec en prime l'excellent accueil de la famille.

Où manger ? Où prendre un petit déj ?

Bon marché (plats £ 5-10 ; 6-12 €)

Solway Tide Café : *Harbour Sq.* ☎ *330-735. Sur la place principale, face au parking de l'office de tourisme. Lun-sam 10h30-17h.* Café bio, thé issu du commerce équitable, légumes frais : pas de doute, ce café-salon de thé choisit bien ses produits. Mais la vraie cerise sur le *cake*, c'est l'adorable terrasse aménagée dans un jardinet à l'arrière ! Impeccable pour savourer au calme la soupe du jour, un panini et un *smoothie*.

Stationhouse : *St Mary St, au nord de la place principale, quasi à l'angle de Bridge St.* ☎ *339-349. Tlj sauf mar 7h30-19h30 (19h dernière commande).* Une ancienne gare reconvertie en café où on engloutit sur des tables hautes un petit déj disponible toute la journée, des *pies*, salades et de bons gâteaux. Carte courte établie en fonction du marché. Intéressant aussi pour ses horaires, permettant un dîner léger en début de soirée. *Take-away* possible.

De prix moyens à chic (plats £ 8-25 ; 10-30 €)

Polarbites : *Harbour Sq.* ☎ *339-050. Tlj sauf lun 12h-21h (dernière commande à 20h sur place, 20h30 à emporter). Prix moyens. BYOB (Co-op à proximité).* Ne pas se fier à ses faux airs de fast-food : on commande au comptoir et on s'installe à l'intérieur ou en *take-away*, autour des quelques tables à l'extérieur pour déguster des fruits de mer et poissons extra-frais à prix vraiment raisonnables pour la qualité. Service efficace. Très bonne réputation justifiée.

Selkirk Arms Hotel : *High St.* ☎ *330-402. Tlj midi et soir. Snacks et* pub food *ou plats plus élaborés côté resto.* Déco traditionnelle pour se régaler de spécialités classiques de très bonne tenue, notamment le célèbre *fish & chips*, servi (petit clin d'œil) dans son papier journal. Une institution locale !

Castle Bistro : *5, Castle St.* ☎ *330-569. Tlj sauf dim 18h-20h30. Résa conseillée. Plats £ 10-17.* Un tout petit resto, mais une grande table ! Car le chef ne sélectionne que les meilleurs produits locaux pour élaborer une cuisine de terroir personnalisée et joliment présentée. Une adresse intimiste et chaleureuse.

Où boire un verre ?

Masonic Arms : *19, Castle St.* Avec son *beer garden* et sa salle de billard, c'est LE pub sympa de Kirkcudbright. Pas de charme particulier, mais assurément une bonne ambiance.

À voir

MacLellan's Castle *(HES) :* ☎ *331-856. En face de Harbour Sq. Avr-sept : tlj 9h30-17h (dernière entrée). Entrée : £ 4 ; réduc ; gratuit moins de 16 ans.* Ruines d'un petit château du XVIe s qui a comme particularité de ne pas avoir été conçu comme une forteresse. Il y a bien quelques éléments de défense, histoire de dissuader les éventuels importuns, mais il s'agit en réalité d'un *open castle* où l'on a privilégié le confort, le seul de ce type en Écosse, témoin

LE SUD

de l'évolution de l'habitat seigneurial. La courte visite permet de découvrir les cuisines reconstituées, les celliers, la salle d'apparat et quelques chambres à ciel ouvert puisque les autres niveaux ont aujourd'hui disparu ! À partir de mi-juillet, concert de cornemuses tous les jeudis soir devant le château, jusqu'au grand *Tattoo* organisé le dernier samedi d'août et qui s'achève par un feu d'artifice.

🚶 ***High Street*** et ses maisons à l'architecture pleine de charme. Elle est construite à l'emplacement des anciens remparts, d'où ce tracé en courbe et cette belle homogénéité. Jetez un coup d'œil aux passages *(closes)* pittoresques et, au bout, à la *Market Cross* et au *Tolbooth* (mairie-prison), preuve que la ville avait droit à sa propre juridiction. Celle-ci abrite à présent un *Art Centre* proposant régulièrement des expos temporaires.

🚶🚶 ***Broughton House and Garden*** *(NTS) : 12, High St.* ☎ *330-437. Avr-oct : tlj 12h-16h30 (dernière admission) ; fév-mars (jardins seulement) : lun-ven 11h-16h (GRATUIT, mais donation bienvenue). Fermé nov-janv. Entrée : £ 7,50 ; réduc.* Musée de peinture dans une maison de style georgien. Elle a appartenu au peintre Edward Hornel, membre de l'école de Glasgow, qui y habita de 1901 à 1933. On visite l'intérieur demeuré intact, riche en mobilier, et on admire au passage son œuvre, son atelier. Influences impressionnistes très marquées dans certaines toiles. Tapis lumineux et frises antiques dans la galerie. Également de superbes jardins japonisants à l'arrière, aménagés par l'artiste lui-même.

LE SUD

🚶 ***The Stewartry Museum :*** *Saint Mary St.* ☎ *331-643. De mi-avr à fin sept, tlj 11h (14h dim)-17h ; le reste de l'année : lun-sam 11h-16h. GRATUIT.* Petit musée attachant, dont la présentation franchement vieille école a tout du cabinet de curiosités : dans une vaste salle surplombée par une galerie courant le long des murs, plein d'objets divers et d'animaux empaillés retraçant l'histoire naturelle et humaine de la région. Également quelques œuvres d'artistes locaux.

Manifestation

– ***Kirkcudbright Jazz Festival :*** *en juin.* ● *kirkcudbrightjazzfestival.co.uk* ● C'est sans doute l'époque la plus animée.

DANS LES ENVIRONS DE KIRKCUDBRIGHT

🚶 👨‍👧 ***Gatehouse of Fleet :*** *à 8 miles (13 km) à l'ouest de Kirkcudbright par l'A 755.* ● *gatehouse-of-fleet.co.uk* ● Bourg autrefois prospère, vivant de constructions navales, de tanneries et de filatures. Tout son intérêt vient de sa cohérence architecturale, fruit du souci de planification urbaine dans lequel elle fut conçue à la fin du XVIIIe s.

– ***The Mill on the Fleet :*** ☎ *814-099.* ● *millonthefleet.co.uk* ● *Pâques-oct : tlj 10h-17h. GRATUIT.* Cette ancienne filature de coton soigneusement restaurée a fière allure, avec sa roue toujours en bonne place dans le bief et sa jolie terrasse. Impeccable pour une pause (café au rez-de-chaussée), avant d'aller découvrir les petites expos dans les étages traitant de l'historique de la ville et des paysages caractéristiques du secteur.

🚶 ***Cardoness Castle*** *(HES) : à côté de Gatehouse of Fleet, sur la B 796, quasi à la jonction avec l'A 75.* ☎ *814-427. Avr-sept : tlj 9h30-17h (dernière entrée). Entrée : £ 5; réduc.* Maison forte caractéristique du XVe s, située sur un rocher à l'embouchure de la Fleet. La tour puissante, qui renfermait le logis seigneurial des McCulloch, repose sur un socle élargi où l'on avait aménagé les caves et celliers. Belle vue de la baie depuis le sommet, où l'on peut observer le mouvement des marées.

Cairn Holy : *à env 7 miles (11 km) de Kirkcudbright ; très bien fléché depuis l'A 75.* Après 1 km d'une étroite route criblée de nids-de-poule, on débouche sur un modeste site mégalithique aménagé sur une colline, avec la mer à l'horizon. On trouve tout d'abord une poignée de menhirs fièrement dressés et les vestiges d'une petite chambre funéraire, puis un sentier mène un peu plus haut à une autre série de mégalithes. Très photogénique, tout ça !

Marrbury Smokehouse : Carsluith Castle, *à 15 miles (24 km) à l'ouest de Kirkcudbright sur l'A 75 vers Newton Stewart.* ☎ *(01671) 820-476. Tlj 10h-17h (dernière commande à 16h). En-cas £ 6-11.* Non loin des mégalithes, une fumerie de poissons (mais pas seulement) installée au pied d'une petite maison forte datant du XVIe s, qui se visite. En bord de route mais face à la mer, là encore, le site ne manque pas de charme. On trouve sur place de quoi casser merveilleusement la croûte, en salle ou en terrasse.

– Plusieurs autres fumeries dans le secteur, ainsi que des pêcheries dans la baie et des prés-salés où paissent les moutons de Galloway.

LE SUD

NEWTON STEWART

3 600 hab. IND. TÉL. : 01671

Sur la poissonneuse rivière Cree, petite cité bucolique qui commande l'entrée de la péninsule des Machars et constitue la porte d'accès à l'immense forêt de Galloway, sillonnée de nombreux sentiers pédestres et cyclistes. Rien à voir de particulier en ville. En revanche, vous y trouverez de nombreuses possibilités d'hébergement pour explorer le Galloway Forest Park.

Arriver – Quitter

➢ Avec *Stagecoach,* prendre le bus nº 500 ou X75 pour ***Dumfries*** et ***Stranraer*** (env 9/j.). Pour ***Ayr,*** nº 359 pour Girvan, puis le nº 58 ou le train.

Adresse utile

■ ***Location de vélos : Break Pad,*** *à* ***Kirroughtree.*** ☎ *401-303.* • *thebreakpad.com* • *Résa conseillée.* Newton Stewart offre de belles perspectives de balades comme Kirroughtree Forest à 3 miles (5 km) du village. Pour découvrir la péninsule des Machars à 2-roues.

Où dormir ?

Camping

Creebridge Caravan Park : *à* ***Minnigaff,*** *de l'autre côté de la rivière, à 300 m du centre.* ☎ *402-324.* • *creebridgecaravanpark.com* • *Forfait pour 2 env £ 15.* En contrebas de la rue, un grand carré de gazon pas très bucolique mais qui fait l'affaire pour une étape.

Prix moyens (£ 50-85 ; 60-102 €)

Flowerbank Guesthouse : *Millcroft Rd, à* ***Minnigaff.*** *☎ 402-629. • flowerbankgh.com • De Newton, traverser le pont, puis prendre à gauche. Doubles £ 70-75 selon taille et vue.* Avec son superbe jardin parsemé de bancs donnant directement sur la rivière Cree et son feu de cheminée dans le *lounge*, cette grande maison de caractère a du charme à revendre. Les 5 chambres, avec salle de bains privée attenante ou sur le palier (pour l'une d'elles), sont coquettes et de bon confort. Excellents petits déj avec les fruits du jardin...

Crown Hotel : *102, Queen St. ☎ 402-727. • the-crown-hotel.com • Double avec sdb £ 80, familiales (3-4 pers) £ 105 ; petit déj inclus. Resto à prix moyens.* Chambres modernes et confortables au bon rapport qualité-prix. Fait aussi resto : plats écossais ou plus exotiques, dans un cadre tartan assumé.

Stables Guesthouse : *Corsbie Rd, en bas de la route, près de la junction avec Church St, côté droit en montant. ☎ 402-157. • stablesguesthouse.com • Doubles avec sdb attenante ou à l'extérieur £ 80 ; réduc à partir de 2 nuits. Parking.* Tout près du centre, maison pavillonnaire proposant une demi-douzaine de chambres classiques. Petit salon pour les hôtes, avec jeux et livres, et une agréable salle à manger où est servi le petit déj.

LE SUD

Où manger ? Où boire un verre ?

Prix moyens (plats £ 8-18 ; 10-22 €)

Aroma : *73, Victoria St (Main St). ☎ 403-918. Tlj 9h-20h (17h lun, 21h ven-sam).* Petite salle tout en longueur avec une poignée de tables où l'on sert, en plus des traditionnelles pâtes et pizzas, du plus anglo-saxon agneau, sauce à la menthe et du classique poulet aux champignons. Bref, il y en a pour tous les palais. En dessert, les glaces à l'italienne réconcilient tout le monde. Pas de la grande gastronomie, mais dans le coin, ça dépanne.

Creebridge House Hotel : *de l'autre côté de la rivière ; entrée à côté de la station-service. ☎ 402-121.* Cet hôtel chic s'avère tout à fait abordable à l'heure du déjeuner, surtout côté bar (convivial) et reste encore très abordable le soir. Très belle terrasse au jardin. Sympa aussi pour venir y boire un verre.

DANS LES ENVIRONS DE NEWTON STEWART

GALLOWAY FOREST PARK

L'attraction naturelle n° 1 du sud-ouest de l'Écosse, à découvrir à pied, à cheval, en voiture ou à vélo... par n'importe quel temps. Au programme : quelque 750 km² de landes, bruyères, lochs et conifères jalonnés de curiosités... naturelles mais aussi, par endroits, historiques. Infos auprès de la *Forestry Commission Scotland* : *☎ 0300-0676-800 ; • gallowayforestpark.com •*

Visitor Centres : *aux abords du parc, ts ouverts, en principe, Pâques-oct tlj 10h-16h.* Il y en a 3 :

- **Kirroughtree :** *à 3 miles (5 km) à l'est de Newton Stewart par l'A 75.*
- **Clatteringshaws :** *sur l'A 712, à env 13 miles (20 km) au nord-est de Newton Stewart.*
- **Glentrool :** *à env 13 miles (20 km) au nord de Newton Stewart par l'A 714. Ouv aussi le w-e en hiver.*

➢ Chacun d'entre eux constitue le point de départ de diverses randonnées fléchées, de couleur, longueur et difficulté variables.

LA PÉNINSULE DES MACHARS

🚶🚶 **Wigtown :** *à 6 miles (env 10 km) au sud de Newton Stewart par l'A 714.* Ce village littéraire s'est proclamé « National Book Town ». On ne trouve pas moins d'une vingtaine de boutiques vendant plus de 250 000 livres, neufs et d'occasion. Le village organise même ses festivals du Livre, le *Wigtown Book Town Spring Festival* en mai et le *Scottish Book Festival* en septembre.

🚶🚶 **Whithorn :** *à 22 miles (35 km) de Newton Stewart par l'A 714.* C'est ici que la christianisation de l'Écosse a commencé, sous la direction de saint Ninian, venu d'Irlande aux alentours de l'an 400. Dans le village, près du prieuré, un musée *(HES)* abrite une incomparable collection de croix paléochrétiennes. À proximité, à l'ouest, une grotte naturelle aurait servi de refuge à saint Ninian.

STRANRAER

11 000 hab. IND. TÉL. : 01776

Station balnéaire peu intéressante, mais c'est le port de départ pour l'Ulster (Irlande du Nord). C'est aussi la ville principale de la presqu'île du Rhins qui, elle, ne manque pas de centres d'intérêt. En bref, on ne s'y attardera pas.

Arriver – Quitter

En bus

🚌 **Arrêt de bus :** *les bus partent de Port Rodie, devant le terminal de la* Stena Line.

➢ Avec *Stagecoach,* pour ***Ayr,*** il faut changer à Girvan, mieux vaut prendre le train, direct.

➢ Avec *Stagecoach,* prendre le n° 367 pour ***Portpatrick*** ; env 10 bus/j. Autrement, les bus n° 430, 500 et X75 assurent la liaison avec ***Newton Stewart,*** le n° 500 poursuit jusqu'à ***Dumfries.***

En train

🚂 **Gare :** *Ross Pier, à côté du terminal de la* Stena Line. À destination d'***Ayr, Kilmarnock*** et ***Glasgow Central.***

Liaisons en ferry avec l'Irlande du Nord

■ ***Stena Line :*** *rens au ☎ 08445-762-762.* ● *stenaline.co.uk* ● 3 liaisons/j. entre ***Cairnryan*** (à 9 km au nord de Stranraer) et ***Belfast.*** Durée : 2h15. Organise aussi des visites de Belfast et des environs à la journée.

■ ***P & O Ferries :*** *☎ 03-66-74-03-25 (en France).* ● *poferries.fr* ● Jusqu'à 7 traversées/j. tte l'année, au départ de Cairnryan (à 9 km au nord de Stranraer) et à destination de Larne (à 30 km au nord de Belfast). Durée : 2h.

Où dormir ? Où manger ?

N'oubliez pas que d'autres villes plus riantes vous tendent les bras !

⛺ ***Aird Donald Caravan Park :*** *à l'entrée de la ville, sur la gauche en* *venant de Newton Stewart par l'A 75.* ☎ *702-025.* • *aird-donald.co.uk* • *Ouv avr-sept pour les tentes. Forfait pour 2 £ 14-16 (£ 9 pour les randonneurs).* Sur une vaste pelouse où s'ébattent des lapins. L'environnement est sans charme particulier, mais le coin est tranquille car largement à l'écart de la route. Sanitaires basiques mais propres. Bon accueil d'une mamie et de son fils.

Harbour Guesthouse : *11, Market St.* ☎ *704-626.* • *harbourguesthousestranraer.co.uk* • *Doubles avec sdb attenante ou sur le palier, env £ 65.* À 2 pas de l'office de tourisme, face au port. Si la déco n'est pas de toute première jeunesse, les chambres, impeccables, offrent un bon rapport qualité-prix.

Henrys Bayhouse Restaurant : *Cairnryan Rd.* ☎ *707-388. Dans la longue rangée de maisons sur le front de mer, peu avt la sortie de la ville par l'A 77 vers Ayr. Mar-sam 11h-14h30, 17h-21h, dim 11h-19h45 non-stop. Fermé lun. Plats £ 12-20.* Situation exceptionnelle pour cette villa moderne plantée face au loch : depuis la petite terrasse, la vue est superbe ! La jolie salle contemporaine n'est pas désagréable non plus. Dans tous les cas, on apprécie une cuisine locale bien exécutée et de qualité, réputée aussi bien pour les fruits de mer que pour la viande. Une des meilleures adresses de la ville.

Où dormir ? Où manger dans les environs ?

Castle Bay Holiday Park : *à env 1,5 km au sud de* ***Portpatrick*** *par la route côtière.* ☎ *810-462.* • *castlebayholidaypark.co.uk* • *Mars-oct. Forfait pour 2 £ 14-17.* Une vraie carte postale ! Car le terrain réservé aux tentes est un large champ bien vert flanqué de ruines romantiques, le tout dégringolant vers les falaises et la mer d'Irlande. Si le temps se gâte, c'est évidemment venteux, mais ça fait partie du charme ! Petite épicerie. Belles balades à faire dans le coin et pour les jours moins cléments : salle de jeux avec billard.

Gannochy B & B : *21, Main St,* ***Portpatrick,*** *dans la rue principale qui descend vers le port, côté droit en venant de Stranraer.* ☎ *810-945.* • *gannochybnb.com* • *Doubles avec sdb £ 70-80 selon chambre.* À deux pas de la mer, Julie et Mick proposent 2 chambres dans leur maison de ville, l'une plus petite en bas, l'autre, spacieuse, à l'étage. Dans les 2 cas, une immense télé : il faut dire que Mick est fan de ciné (et de musique), ceci explique peut-être cela ? Les affiches de films côtoient donc les œuvres des petits-enfants fièrement accrochées au mur. Autre particularité et non des moindres : on n'est pas obligé de se lever à l'aube pour prendre son petit déj, on le prend quand on veut (quel luxe !) et on peut même rester dans la chambre après le *check-out* habituel si elle n'est pas occupée la nuit suivante. Vraiment cool !

The Crown : *9, North Crescent,* ***Portpatrick.*** ☎ *810-261. Sur le port. Tlj jusqu'à 21h. Snacks et salades £ 5-15, plats £ 12-30.* Pub réputé pour servir les meilleurs *bar meals* du monde... euh, du coin. Cadre très chaleureux où l'on se réfugie au coin de la cheminée, autour des tables fabriquées à partir d'anciennes machines à coudre. En saison et en fonction de l'arrivage, ne ratez pas les bonnes spécialités à base de crabe et de poisson. Super terrasse sur le port.

À voir

Stranraer Museum : *George St (dans Old Town Hall). Lun-ven 10h-17h, sam 10h-13h, 13h30-16h30. GRATUIT.* Pour se remettre les idées en place sur l'histoire de la région, avant de partir à sa découverte.

DANS LES ENVIRONS DE STRANRAER

🙋 ***Glenluce Abbey** (HES) : près du village de **Glenluce,** à env 9 miles (15 km) à l'est de Stranraer par l'A 75. ☎ (01581) 300-541. Avr-sept : 9h30-17h (dernière entrée) ; dim-mar. Entrée : £ 5 ; réduc.* Ruines poétiques de l'abbaye cistercienne fondée au XIIe s, dont il ne subsiste que les fondations de l'église abbatiale, la salle du chapitre et quelques vestiges de colonnades dans le cloître. L'alchimiste Michael Scott aurait réussi à y enfermer, sous une voûte, la peste qui ravageait la région. Le site est beau, mais un coup d'œil depuis le mur d'enceinte suffit.

🙋🙋 ***Castle Kennedy Gardens :** à 4 miles (6,5 km) de Stranraer, sur l'A 75. ☎ 702-024. ● castlekennedygardens.co.uk ● Avr-oct : tlj 10h-17h ; fév-mars : le w-e seulement. Entrée : £ 5,50 ; réduc.* Un site superbe : coincé entre les rivages rieurs de 2 adorables petits lochs, on découvre un château en ruine du XVIe s entouré de magnifiques massifs de rhododendrons, d'azalées et de magnolias, dans un parc de plus de 30 ha. L'ensemble fut complété en 1864 par *Lochinch Castle,* somptueuse résidence du comte de Stair.

I●I 🍸 Bonne cafétéria dans le jardin.

🙋🙋 ***Mull of Galloway :*** les rivages sud de la presqu'île du Rhins of Galloway présentent des paysages de toute beauté, alternant entre plages de sable et falaises déchiquetées par les vagues de la mer d'Irlande. À la pointe sud, les falaises du Mull of Galloway sont gérées par la *Royal Society for the Protection of Birds,* qui veille à la préservation des nombreuses espèces d'oiseaux qui y nichent. Du cap le plus au sud de l'Écosse, vue sur l'île de Man et l'Irlande du Nord. Infos sur le site *● mull-of-galloway.co.uk ●*

En route, allez donc jeter un œil à ***Kirkmadrine Stones,*** un ravissant site avec de belles pierres tombales, toutes bancales et plantées dans la lande. Romantiquissime ! Certaines de ces pierres remontent au Ve s, ce sont les plus anciennes pierres chrétiennes de Grande-Bretagne. Grâce au Gulf Stream, le climat est d'une douceur permanente, ce qui permet aux plantes exotiques et subtropicales de pousser dans le fameux **Logan Botanic Garden,** près de **Port Logan** *(● rbge.org.uk ●). De début mars à mi-nov : tlj 10h-17h (16h en nov), dim seulement en fév ; entrée : £ 6,50 ; réduc.*

🙋🙋 ***Portpatrick :** à env 8 miles (13 km) à l'ouest par l'A 716 puis l'A 77. Bus no 367 depuis Stranraer.* Petit port de pêche aux maisons colorées qui surplombent un sympathique front de mer. Churchill et Eisenhower avaient pris pour habitude de s'y retrouver pour des entrevues discrètes pendant la guerre. On y a dégoté quelques bonnes adresses (voir plus haut « Où dormir ? Où manger dans les environs ? »).

L'AYRSHIRE

LE SUD

Si l'on ne vient pas dans la patrie de Robert Burns pour les paysages, moins spectaculaires que dans les autres régions d'Écosse, on y séjourne volontiers pour ses habitants, particulièrement accueillants. Et puis rien ne vous empêche de faire comme les Glaswegians qui descendent ici le week-end, dans l'une des nombreuses stations balnéaires victoriennes de la côte. D'ailleurs, des lignes de bus régulières relient les principales villes.

LA TENTATIVE ÉCOSSAISE DE RUDOLPH HESS

Rudolph Hess était l'ami intime d'Hitler. Il participa à la rédaction de Mein Kampf *et fut présent en 1940 lors de l'armistice avec les Français. Stupeur : en 1941, il atterrit seul en Écosse, dans l'Ayrshire, pour signer, dit-on, la paix avec les Britanniques. Sans succès. Il fut emprisonné à la Tour de Londres et resta en Grande-Bretagne jusqu'à la fin de la guerre. Jugé à Nuremberg, il fut condamné à la prison à perpétuité. On le retrouva pendu dans sa cellule en 1987, à l'âge de 93 ans.*

– Notre itinéraire remonte par l'A 77, le long de la mer d'Irlande et du Firth of Clyde.

Comment se déplacer dans l'Ayrshire ?

LE SUD

En bus

– ***Traveline :*** ☎ *0871-200-22-33.* ● *travelinescotland.com* ● *Infos sur ts les horaires.*

Se renseigner auprès des compagnies suivantes :

■ ***Stagecoach West Scotland :*** ☎ *(01292) 613-500 (bureaux à Ayr).* ● *stagecoachbus.co.uk/western* ●

■ ***Citylink :*** ☎ *0871-266-33-33.* ● *city link.co.uk* ● Opère aussi sur quelques lignes dans la région.

En train

Trains réguliers sur la ligne ***Glasgow-Stranraer,*** longeant la côte.

– ***Scotrail :*** ☎ *0344-811-01-41.* ● *sco trail.co.uk* ●

LA ROUTE CÔTIÈRE DE STRANRAER À AYR

Ballantrae : petite station balnéaire tristoune où l'on débouche sur la mer après avoir franchi le *Glen App,* étonnante préfiguration en miniature des paysages des Highlands.

Girvan : port autrefois animé d'où il est possible de rejoindre le sanctuaire des oiseaux qu'est *Ailsa Craig,* l'île en forme de meule de foin flottant sur l'eau que l'on aperçoit en permanence tout au long du voyage. Les fous de Bassan y pullulent. On peut y aller de mars à octobre, mais la meilleure période s'étend d'avril à juillet à la fois pour les macareux *(puffins,* qui partent dès le mois d'août), que pour les fous de Bassan *(gannets),* période au cours de laquelle les petits fous essaient d'apprendre à voler. Eux restent dans le coin jusqu'en octobre. Achat des billets auprès de :

C'EST FOU !

Le fou de Bassan, l'un des plus grands oiseaux marins, doit son nom au fait qu'il pénètre dans l'eau à la vitesse vertigineuse de 100 km/h. Les poissons sont d'ailleurs assommés par l'onde de choc et sont avalés aussitôt. Ça facilite le boulot.

■ ***Mark MacCrindle :*** *sur le port.* ☎ *(01465) 713-219.* 📱 *0777-379-43-58.* ● *ailsacraig.org.uk* ● *Résa conseillée. A/R 3h : £ 25.* 2 départs/j. vers l'île. Possibilité également de partir à la pêche.

➢ Girvan est aussi le point de départ pour l'exploration de la ***Carrick Forest,*** la partie nord du *Galloway Forest Park* (voir plus haut « Dans les environs de Newton Stewart », dans la partie « Dumfries et Galloway »). Randos à pied et à vélo.

Culzean Castle *(NTS) : prononcer « Couléine ». Dans la baie de Culzean, à env 13 miles (21 km) au sud d'Ayr par l'A 719. ☎ 0844-493-21-49. • nts.org.uk • Bus nos 60 et 360 depuis Ayr ou Girvan. Avr-oct : tlj 10h30-17h (dernière admission à 16h30). Jardins accessibles 9h30-17h30* (walled garden) *ou jusqu'au coucher du soleil pour le reste des jardins. Entrée : £ 16,50 ; £ 11,50 pour les jardins seuls ; réduc ; forfaits famille. Audioguide : £ 2,50 ; sinon, dans chaque pièce du château, fiches descriptives en français très bien faites.*
Une des plus belles réalisations de la famille Adam, dans un environnement de rêve, perché sur une falaise. Propriété traditionnelle du clan Kennedy et des comtes de Cassilis, le manoir, d'origine féodale, fut profondément remanié par Robert Adam, qui pimenta la sauce médiévale de condiments néoclassiques. Le résultat de cette mixture, à priori indigeste, est une réussite géniale. L'aspect extérieur de forteresse un peu moyenâgeuse est contrebalancé par un intérieur raffiné où le credo classique des *Adam brothers* (Robert et James) éclate en particulier dans l'*escalier ovale,* chef-d'œuvre d'élégance et de sobriété.
La visite débute par un hall d'entrée, où s'entassent de délirantes panoplies de pistolets, sabres, baïonnettes, couleuvrines et bombardes. Il n'y aurait que la reine pour posséder à Windsor une collection plus importante ! Puis, dans la très *smart* salle à manger, on découvre les portraits d'une poignée de Kennedy (qui s'appelaient tous Archibald). Un escalier ovale et majestueux permet d'accéder aux étages et au salon en rotonde, qui contraste par ses tons pastel et ses stucs délicats avec la nature sauvage que l'on aperçoit par les fenêtres. Les pièces suivantes, décorées, entre autres, de peintures marines, rivalisent d'élégance et d'harmonie par leurs tons subtils et leur mobilier choisi.
Parmi les curiosités, noter dans le salon bleu l'indulgence plénière accordée par Benoît XIV à sir Thomas en 1740, qui couvrait les péchés de 50 membres de la famille ! Enfin (mais non sans avoir traversé une boutique !), on arrive dans la grande cuisine, où l'on voit une broche tourner grâce au système (recréé) de l'époque (le *smoke jack*). Après 1945, une partie des appartements fut réservée à vie au général Eisenhower, en hommage aux services rendus à la cause alliée. Il n'y vint que 4 fois. Le *National Trust* porte un soin maniaque à la restitution des lieux en recherchant ou en restaurant le mobilier d'origine, en retrouvant les coloris d'époque. Pour les amateurs de jardins et de potagers, débauche de fleurs et de couleurs au *Walled Garden.*
Nombreuses manifestations dans le château et son parc, notamment des concerts classiques.

Camping du château de Culzean : *☎ (01655) 760-627. De mi-mars à fin oct. Forfait pour 2 £ 11-24 (moins cher pour les randonneurs).* À proximité de la mer, avec une vue superbe. Petite épicerie et laverie.
Au *Swan Pound,* splendide ***aire de pique-nique*** tout autour du bassin des cygnes. Sur place, vente de sandwichs, de soupes et de boissons fraîches. Et sinon, plus près du château, ***cafétéria*** aménagée dans l'ancien corps de ferme *(sandwichs et plat du jour bon marché),* pratique et rapide.

Crossraguel Abbey *(HES) : entre Maybole et Kirkoswald sur l'A 77. ☎ (01655) 883-113. Avr-sept : tlj 9h30-17h (dernière entrée). Entrée : £ 5 ; réduc.*
Fondée par les moines de l'abbaye clunisienne de Paisley, cette abbaye bénédictine a largement prospéré jusqu'au XVIe s sous la houlette d'abbés influents... et riches. En témoignent les vestiges du donjon qui abritait les appartements privés des derniers abbés, et le puissant châtelet parfaitement restauré, dont on explore les différents niveaux avant d'apprécier la vue depuis la terrasse du guet. Les autres bâtiments conventuels sont en ruine, à l'exception de la salle du chapitre, ainsi que de la sacristie qui flanque la jolie ossature de l'église. Un bel endroit.

Electric Brae : curiosité naturelle entre Croy et Dunure (un panneau explique le phénomène, repérer la place de parking). On croyait auparavant qu'il s'agissait d'un phénomène électrique, ce n'est en fait qu'une illusion d'optique qui vous fait croire que la déclivité de la route est dans un sens, alors qu'en fait elle est dans l'autre ! Stoppez, mettez au point mort et vous verrez, c'est surprenant !

Dunure : petite localité qui a aussi ses ruines au bord de la mer. Très sympa et tranquille. Port croquignolet. On y trouve une sympathique auberge.

Dunure Inn : *sur le minuscule port de* ***Dunure.*** *☎ (01292) 500-549.* *• dunureinn@outlook.com • Double £ 90.* Bar menu £ 5-7, *plats £ 11-20 (dernière commande à 20h30 en saison). Venir tôt ou réserver. En hiver, fermé lun-mar. Musique en principe le dim ap-m (15h-18h), et parfois un groupe le sam soir.* Agréable auberge où il fait bon se poser après une promenade vivifiante sur la plage aux environs du sinistre château. Entièrement rénovée, elle offre 3 chambres confortables au-dessus du pub. Côté resto, on a le choix entre pub classique ou salle de resto. Dans tous les cas, bonne cuisine à base de produits locaux, spécialisée dans les fruits de mer (le homard est livré par un pêcheur du village). Bondé le week-end.

AYR

46 000 hab. IND. TÉL. : 01292

• Plan *p. 217*

Ancien port de commerce avec la France et les Antilles, Ayr est devenu une opulente station balnéaire en vogue à l'époque victorienne. Des wagons entiers de citadins tout étonnés de découvrir la mer débarquaient. On y retrouve tous les attributs des villégiatures du genre : longue plage de sable, hippodrome, parc d'attractions, golf, esplanade en front de mer et faubourgs cossus. Robert Burns y a sa statue en plein centre, et son souvenir est évoqué à tous les coins de rue.

Arriver – Quitter

En bus

Gare routière *(plan A-B2) : sur Sandgate, en plein centre.*
Avec *Stagecoach :*
➢ Pour ***Glasgow*** (1h de trajet) et l'***aéroport de Prestwick*** (à 15 mn), bus express n° X77. Ttes les 30 mn en sem ; ttes les heures le dim.
➢ Pour ***Stranraer,*** préférer le train.
➢ Le bus n° 585 permet de remonter la côte ouest jusqu'à ***Greenock*** en passant par ***Largs.*** Service assez fréquent : ttes les 30-60 mn, sauf dim.
➢ Pour ***Newton Stewart,*** prendre le bus n° 60 (ou le train) pour Girvan, puis le n° 359 ou 1 fois/j. (ap-m), le bus de *National Express* pour Londres passe par Ayr et Newton Stewart.

En train

Gare ferroviaire *(plan B2) : à moins de 10 mn à pied au sud-est du centre.*
➢ Liaisons régulières avec ***Glasgow Central*** (à 1h env). Également quelques liaisons pour ***Stranraer*** (1h20 de trajet) avec un arrêt à ***Girvan.***

En avion

Aéroport de Prestwick : *à env 4 miles (6 km) au nord d'Ayr. Rens au ☎ 0871-223-07-00. • glasgowprestwick.com •* Il accueille surtout les compagnies *low-cost*. Les bus n^os^ X77, X99 et X100 assurent la navette avec Glasgow et Édimbourg.

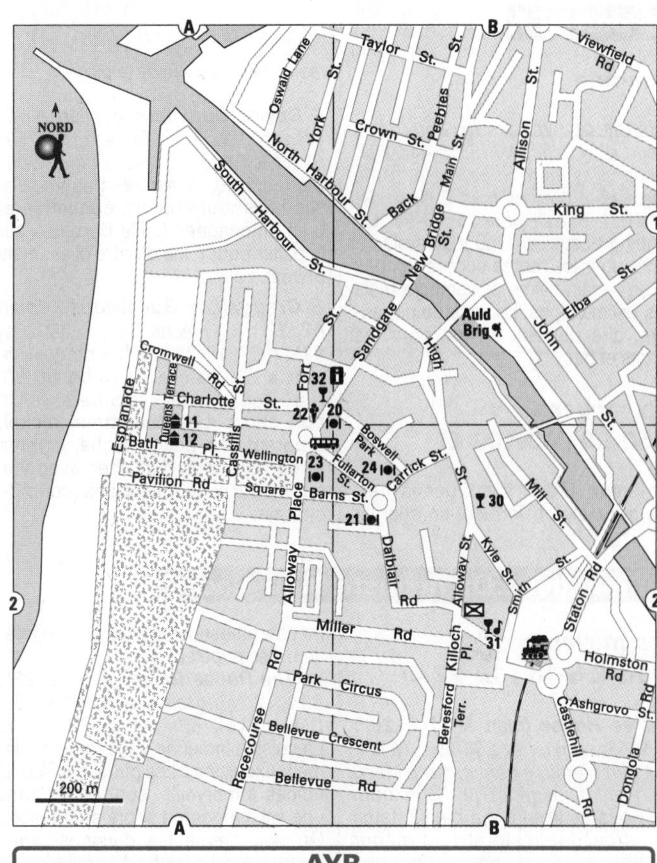

AYR

■ **Adresse utile**	**21** Saffy's (B2)
Visitor Information Centre (A-B1)	**22** Renaldo's (A1)
Où dormir ?	**23** The Rupee Room (A2)
11 Daviot Guesthouse (A1-2)	**24** Stage Door Café (B2)
12 Craggallan Guesthouse (A2)	**Où boire un verre ?**
Où manger ? Où déguster une glace ?	**30** Tam O'Shanter Inn (B2)
20 Tree House (A-B1-2)	**31** Drouthy Neebors (B2)
	32 The West Kirk (A1)

Adresses utiles

Visitor Information Centre *(plan A-B1) : 22, Sandgate. ☎ 290-300. Lun-sam 9h-17h, plus dim avr-sept 10h-17h.* Compétent pour toute la région d'Ayrshire et l'île d'Arran.

Taxis : *file d'attente sur Smith St (plan B2), en face de la gare. Également les taxis* Gribbens *: ☎ 26-00-00.*

Où dormir ?

Camping

⛺ ***Heads of Ayr** : à 4 miles (6,5 km) au sud d'Ayr, sur l'A 719. ☎ 442-269. • headsofayr.com • Entre la route côtière et le bord de mer. Bus nº 361. Mars-oct. Forfait pour 2 £ 18-25.* Un camping accueillant, où les emplacements pour les tentes sont regroupés sur un terrain calme et agréable mais sans délimitations. Épicerie de dépannage, aire de jeux sympa pour les enfants et bar.

Prix moyens (£ 50-85 ; 60-102 €)

Nombreux *B & B* sur Queens Terrace et Eglington Terrace, un quartier résidentiel, non loin de la plage.

🏠 ***Daviot Guesthouse** (plan A1-2, **11**) : 12, Queens Terrace. ☎ 269-678. • daviothouse.co.uk • Doubles £ 60-80.* Chambres pas immenses mais tout confort, coquettes et bien aménagées (salle de bains sur le palier pour l'une d'entre elles, mais privée).

🏠 ***Craggallan Guesthouse** (plan A2, **12**) : 8, Queens Terrace. ☎ 264-998. 📱 07515-286-171. • craggallan.com • Doubles avec sdb £ 60-80, plus chambres familiales.* Un bon choix. Les chambres, nickel, arborent une déco fraîche, colorée et de bon goût, certaines avec vue sur mer. L'ensemble a beaucoup de charme.

LE SUD

Où manger ? Où déguster une glace ?

Prix moyens (plats £ 8-18 ; 10-22 €)

|●| ***Tree House** (plan A-B1-2, **20**) : 67-69, Sandgate. ☎ 288-500. Tlj jusqu'à 22h (dernière commande). Menu intéressant jusqu'à 18h.* Son nom n'est pas usurpé, il y a bien 2 (faux) arbres dans le resto et tout autour une déco moderne, rythmée par une bande-son efficace. On s'installe dans l'une des 2 salles pour choisir entre des crêpes au poulet, des burgers ou un gratin de haddock fumé, mais la carte qui change régulièrement peut aussi voler vers des contrées plus lointaines. Ambiance et service jeunes, et soirées animées parfois par des *quizz night*.

|●| ***Saffy's** (plan B2, **21**) : 2, Dalblair Rd. ☎ 288-598. Tlj sauf lun, jusqu'à 21h (20h dim).* Parquet, bouquins à dispo sur les étagères, toiles contemporaines aux murs : on se sent bien dans ce bistrot convivial. Mais on se sent encore mieux après avoir goûté la très bonne cuisine à prix raisonnables, qu'il s'agisse du poulet, d'un burger original, à moins d'opter pour des saveurs plus méditerranéennes ou un plat végétarien. Très populaire.

|●| ***The Rupee Room** (plan A2, **23**) : 26A, Wellington Sq. ☎ 283-002. Dim-jeu 16h-23h, ven-sam 12h-23h.* La cuisine indienne y est tout simplement excellente. Les plats, copieux et épicés à merveille, sont servis dans une salle moderne sobre et agréable. On voit même les cuisines, vous pourrez ainsi assister à la cuisson du *naan* ; un spectacle en soi ! Accueil adorable.

|●| ***Stage Door Café** (plan B2, **24**) : 12, Carrick St. ☎ 280-444. Tlj 10h-21h (20h30 dim). Menus intéressants.* Au *Gaiety Theatre,* la vraie vedette, c'est le café ! Car cette brasserie contemporaine au cadre sobre et chaleureux ne fait pas de la figuration : le spectacle est dans l'assiette, avec des spécialités écossaises plus ou moins modernisées, bien réalisées dans l'ensemble et joliment apprêtées. Un bon rapport qualité-prix. Bien aussi pour un petit déj.

🍦 ***Renaldo's** (plan A1, **22**) : 98, Sandgate. Tlj 10h (11h dim)-20h45.* Le glacier offrant le meilleur choix de la ville. Une institution locale.

Où boire un verre ?

🍸 ***Tam O'Shanter Inn*** *(plan B2,* ***30****)* **:** *230, High St.* En plein centre. Encore Burns, puisque c'est de ce tout petit pub *old school* que Tam, le personnage du poème épique le plus connu du barde écossais, partit pour vivre sa nuit de folie.

🍸 ♩ ***Drouthy Neebors*** *(plan B2,* ***31****)* **:** *à l'angle de Smith St (près de la gare), en face de la statue de... Robert Burns. Live music le sam soir, vers 21h.* Le plancher a dû éponger des hectolitres de bière. Clientèle nombreuse et éclectique pour ce pub chaleureux, en particulier les soirs de concert.

🍸 ***The West Kirk*** *(plan A1,* ***32****)* **:** *Sandgate St.* Pour ceux qui ne connaissent pas la chaîne *J. D. Wetherspoon,* on signale qu'il s'agit d'établissements servant de l'alcool à des prix imbattables, toujours dans de vastes endroits réaménagés. Celui-ci s'est installé dans une ancienne église : hauteur sous plafond hors norme, chaire en bonne place pour qui voudrait prêcher la bonne parole, et terrasse sur le parvis. Original.

Achats

Dobbies **:** *Old Toll, Holmstom. ☎ 294-750. À la sortie d'Ayr par l'A 70. Tlj 9h-18h.* Dans ce grand magasin spécialisé, on trouve tout pour recréer chez soi son jardin « anglais » : des bottes en caoutchouc à fleurs jusqu'aux graines rares et aux bulbes improbables, en passant par les gants de travail *Laura Ashley.* À vous petits pois verts, brocolis violets, courges *pumpkin* et autres panais parfumés ! Sans oublier une belle collection de chardons écossais. Un grand rayon épicerie permet de faire le plein de produits fins mais aussi de produits frais fermiers (attention tout de même, on trouve quelques-uns des produits les plus courants moins chers au *Morrisons* voisin).

LE SUD

À voir

Auld Brig *(plan B1)* **:** pont du XIIIe s encore pavé et chanté par l'ineffable Burns.

Manifestation

– ***Burns an' a' that Festival*** **:** *en mai.* • *burnsfestival.com* • Un festival mettant en scène des interprétations de Robert Burns par des artistes contemporains.

DANS LES ENVIRONS D'AYR

Robert Burns' Birthplace Museum *(NTS)* **:** *à* ***Alloway,*** *une banlieue chic à 3 miles (5 km) au sud d'Ayr. ☎ 0844-493-26-01.* • *burnsmuseum.org.uk* • *Compter 10 mn avec les bus nos 57 et 361. Tlj 10h-17h30 (17h oct-mars). Fermé fêtes de fin d'année. Entrée payante pour le musée et le cottage : ticket combiné £ 10,50 ; réduc.* Les fans de Burns seront aux anges ! Car il s'agit en réalité d'un circuit, qui comprend plusieurs sites échelonnés dans le village. Début du parcours là où tout a commencé, dans une petite chaumière ravissante où naquit Robert Burns, le 25 janvier 1759... Les quelques pièces modestes du cottage ne laissent pas deviner la formidable destinée du futur poète ! Ensuite, le *Poet's Path* est jalonné de girouettes faisant référence à l'œuvre de Burns, qui conduit au musée. Bien intégré dans le paysage, ce bâtiment contemporain renferme une exposition interactive moderne, dont les différentes sections s'intéressent autant à l'homme (nombreux objets personnels dans les vitrines) qu'à son œuvre (extraits, mises en scène de ses textes les plus marquants). Mais mieux vaut bien maîtriser l'anglais, sous peine de passer totalement à côté. En sortant, reprise du parcours jusqu'au *Burns Monument* (hommage posthume de la ville à son poète), en passant par l'*Auld Kirk* (église où son père est enterré, qui a également inspiré son poème le plus connu, *Tam O'Shanter*) et *Brig O'Doon,* le pont où Tam échappa aux sorcières. Si vous voulez à tout prix épuiser le sujet, on vous signale charitablement qu'il vous faudra encore passer par le *Bachelors Club* à Talborton, le *Burns Club and Museum* à Irvine *(ouv seulement mer, ven et sam ap-m en saison),* le *Burns House Museum* à Mauchline, etc.

Troon : *sur la côte au nord d'Ayr.* Il s'agit d'un centre de villégiature attirant golfeurs et estivants. Il rappellera certaines stations balnéaires normandes.

D'Ardrossan, après Irvine, partent les ferries pour l'***île d'Arran.*** *Rens : ● calmac.co.uk ●*

LARGS

11 000 hab. IND. TÉL. : 01475

Largs, où l'on vient pratiquer la voile. Les Vikings quittèrent définitivement les côtes d'Écosse en 1263. Un monument commémore la bataille au cours de laquelle les Écossais les chassèrent, mais un festival viking se tient toujours, tous les ans en août et septembre, pour se souvenir, sans doute, des frayeurs que leurs raids provoquaient. À part ça, ville touristique sans grand intérêt où flottent, l'été, quelques odeurs de barbe à papa. Juste bien comme point de chute d'une nuit sur la côte, ou comme point de départ pour l'île de Cumbrae. En revanche, belle balade en voiture jusqu'à Glasgow par la côte, avec l'île de Bute en toile de fond.

Arriver – Quitter

En bus

➢ Pour ***Glasgow,*** prendre les bus n°s 901 et 906 avec *Mc Gill's* ; ttes les 30 mn en sem ; ttes les 2h le dim.

➢ Avec *Stagecoach,* le bus n° 585 longe la côte ouest jusqu'à ***Ayr*** et jusqu'à ***Greenock*** dans l'autre direction. Service assez fréquent : ttes les 1h30-2h (1 seul le dim, préférer le train).

En train

Largs est le terminus de la ligne depuis Glasgow. Liaisons régulières (ttes les heures) avec ***Glasgow.*** Prévoir 1h de trajet.

Où manger ? Où sortir ?

Nardini : *2, Greenock Rd. ☎ 675-000. Tlj 9h-21h. Plats £ 7-10 côté café (plus chers côté resto).* Avec sa belle architecture Art déco, voici un endroit populaire en diable. La terrasse, face au port, est littéralement prise d'assaut aux beaux jours, tandis que l'intérieur (bruyant comme une ruche) ne désemplit pas. Si les plats ne laissent pas un souvenir impérissable, les glaces artisanales font fureur. Le choix est plus large à emporter... il suffit ensuite d'aller déguster son cornet sur le front de mer en observant le ballet des ferries.

The Lounge : *33-43, Main St (à l'étage). ☎ 689-968. Au-dessus de la* Royal Bank of Scotland, *non loin du terminal de ferries. Formule déj env £ 13, plats £ 9-15.* Déco tout en bois dans une vaste salle plutôt classieuse, avec lustres et cheminée. Le soir, dîner aux chandelles, parfois sur fond de jazz. En été, possibilité de manger sur la terrasse du toit. Enfin, le vendredi et le samedi côté bar, l'établissement accueille des DJs et se transforme en boîte de nuit. Une ambiance résolument différente ! Concerts le dimanche après-midi.

À voir

Vikingar ! : *Greenock Rd. ☎ 689-777. Tlj 10h30 (11h30 le w-e l'été)-14h30 (15h30 l'été). Fermé déc-janv. Entrée : £ 5 ; réduc.* La réplique d'un petit drakkar devant la bâtisse annonce la couleur : *Vikingar,* c'est une plongée dans l'univers viking, qui retrace leur saga depuis leurs premières reconnaissances sur les côtes écossaises jusqu'à la bataille de Largs en 1263. La visite comprend la présentation (en anglais) par des guides costumés d'une maison longue reconstituée, un film de 20 mn diffusé sur 5 écrans en simultané, et une exposition interactive plus généraliste. Pas indispensable mais sympa.

DANS LES ENVIRONS DE LARGS

L'île de Cumbrae : *on l'atteint en 10 mn env par ferry avec la compagnie* Calmac. *Rens : • calmac.co.uk/destinations/cumbrae.htm • Départ ttes les 30 mn (15 mn en été).* Pas loin de Glasgow et pourtant sauvage. Il faut s'y promener à vélo pour profiter de ses charmes aux dimensions modestes (possibilité de louer un vélo – et de camper – à Millport). Cumbrae s'enorgueillit de posséder la plus petite cathédrale d'Europe. Et puis encore au programme : voile, pêche, plongée et observation d'oiseaux. Il n'est pas rare non plus de croiser des phoques, voire un dauphin, dans le Firth of Clyde.

Greenok : *à env 13 miles (21 km) au nord de Largs. En venant de Gourock, monter jusqu'à Lyle Hill.* Là, petit monument érigé en l'honneur des marins français postés à Greenok et morts pendant la Seconde Guerre mondiale. Somptueux couchers de soleil sur la péninsule de Bute.

L'île de Bute : *au large de Largs. Au départ de Wemyss Bay (à 20 mn au nord de Largs), compter 35 mn de traversée (ttes les 45 mn-1h env en saison). Rens : • calmac.co.uk/destinations/bute.htm •* On y vient avant tout pour le joyau de l'île, à savoir le superbe château néogothique ***Mount Stuart.*** *☎ (01700) 503-877. • mountstuart.com • En principe, de début avr à mi-sept : 11h-17h (dernière visite à 16h, 15h30 en oct) ; jardins tlj 10h-18h (dernier accès à 17h). Mais il est conseillé de vérifier les horaires de visite pour éviter tte déconvenue. Entrée : £ 13 ; jardins seulement £ 6,50.* L'île offre quantité de trésors au promeneur et d'activités au vacancier : balade autour du loch Fad, jardins, châteaux, musées, pêche, etc.

LE CENTRE

Entre Édimbourg, Glasgow et les Highlands, le centre de l'Écosse présente 3 visages : mi-industriel dans le triangle Édimbourg-Glasgow-Stirling, agricole vers la péninsule de Fife et l'Angus, et sauvage dans les Trossachs. Sans avoir la notoriété des Highlands, cette région offre un éventail de villes, villages, sites historiques et paysages uniques. L'idéal, grâce à sa proximité avec Édimbourg et Glasgow, serait de se balader dans les collines des Trossachs, de visiter la capitale historique de Stirling, puis de terminer dans un bon resto de poisson dans l'un des charmants villages de Fife. Le tout en 3 journées bien remplies !

STIRLING ET LES TROSSACHS

• Carte *p. 223*

STIRLING

36 000 hab. IND. TÉL. : 01786

• Plan *p. 225*

Stirling est un bon exemple de cité populaire, historique et semi-industrielle, qui mérite un détour pour son beau château et son pittoresque quartier médiéval qui domine la campagne alentour. Sa visite permet de plonger dans l'histoire particulièrement riche de la cité. Mis à part son petit centre et ses quelques rues piétonnes, le reste de la ville ne présente qu'un intérêt limité.

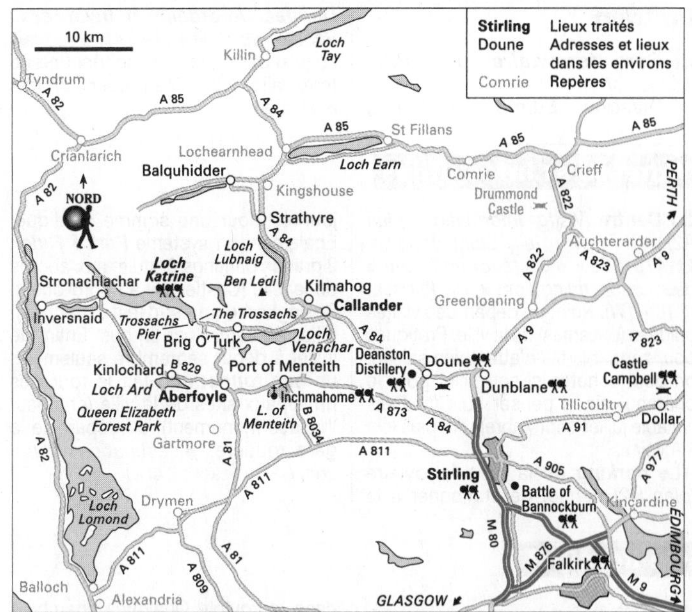

STIRLING ET LES TROSSACHS

UN PEU D'HISTOIRE

Véritable verrou entre les Lowlands et les Highlands, Stirling occupa de tout temps une position stratégique majeure, âprement disputée par les troupes écossaises et anglaises. Parmi les plus fameuses batailles, celle du pont de Stirling, livrée en 1297 par William Wallace, symbolise dans toute l'Écosse la lutte pour la liberté (revoir le film *Braveheart* avec Mel Gibson ; 1995). C'est également à Bannockburn, au sud de la ville, que Robert the Bruce infligea, en 1314, une sévère défaite aux Anglais. Jacques VI, le fils de Marie Stuart, fut couronné alors qu'il était enfant dans l'église paroissiale. En 1746, lors de la dernière guerre pour l'indépendance de l'Écosse, Bonnie Prince Charlie échoua dans sa tentative de s'emparer de la citadelle.

Arriver – Quitter

En bus

🚌 ***Gare routière*** *(plan B2)* **:** *Goosecroft Rd.* ● *travelinescotland.com* ● Sauf mention contraire, tous les trajets ci-dessous s'effectuent en moins de 1h.

➢ Avec *Scottish Citylink* : ☎ *0871-266-33-33.* ● *citylink.co.uk* ● bus pour ***Glasgow, Édimbourg*** (1h30), ***Perth*** et ***Dundee.*** Départs fréquents tlj, tte la journée.

➢ Avec *First Edinburgh* : ☎ *0871-200-22-33 (Traveline).* ● *firstgroup.com* ● Bus pour ***Édimbourg, Perth, Callander*** et ***Aberfoyle.***

➢ Avec *National Express* : ● *nationalexpress.com* ● Bus pour ***Glasgow, Perth*** et ***Inverness*** (3h30).

➢ Avec *Stagecoach Fife* : ☎ *0871-200-22-33.* ● *stagecoachbus.com* ● Bus pour ***Saint Andrews*** 4 fois/j. (2h).

En train

🚂 ***Gare ferroviaire*** *(plan B2) : Goosecroft Rd.*
➢ ***Glasgow, Édimbourg, Perth, Dundee, Aberdeen*** et ***Inverness :*** *Scotrail,* ☎ *0344-811-0141.* • *scotrail.co.uk* • Stirling est un important nœud ferroviaire. 2 liaisons/j. pour Londres également.

Adresse et infos utiles

i ***I Centre*** *(Visitor Information ; plan A2) : Old Town Jail, Saint John St.* ☎ *475-019.* • *visitscotland.com* • *destinationstirling.com* • *Tte l'année, tlj 10h-17h.* Point de départ des visites guidées (payantes) de la ville. Pratique : pour zapper la file d'attente en saison, on peut acheter ici son billet pour le château, sinon penser au *City Pass* (valable juillet-septembre) ; lire plus loin « À voir ».
– Le ***parking*** de la gare ferroviaire *(plan B2)* permet de stationner à la journée pour une somme modique. Également un système ***Park & Ride*** : 2 grands parkings gratuits aux abords de la ville (Castleview au nord-ouest, Springkerse au sud-est ; fléchés), reliés au centre par un bus. Enfin, de juillet à début septembre seulement, un ***bus touristique*** fait le tour des principaux sites de la ville (château, Wallace Monument), au départ de la gare routière. • *destinationstirling.com* • Day ticket : *£ 4.*

Où dormir ?

LE CENTRE

Camping

⛺ ***Witches Craig Caravan & Camping Park*** *(hors plan par B1,* ***9****) : sur l'A 91, à env 3 miles (5 km) de la ville vers Saint Andrews.* ☎ *474-947.* • *witchescraig.co.uk* • *Bus n° 23 ou 62 depuis le centre-ville. Avr-oct. Compter £ 18-20 pour 2.* Un large terrain plat, sans ombre et un peu monotone, mais bien entretenu et situé au pied des replètes Ochils Hills, propices à de belles balades. Planter vos sardines vers le fond, la route est assez passante. Sanitaires propres, aire de jeux. Laverie.

Bon marché (£ 10-25/pers ; 12-30 €)

🏠 ***The Willy Wallace Backpackers Hostel*** *(plan B2,* ***11****) : 77, Murray Pl.* ☎ *446-773.* • *willywallacehostel.com* • *Nuitée en dortoir 6-18 lits £ 14-22. Doubles £ 36-52.* Un bazar joyeux et coloré. Salle commune aux grandes baies vitrées, chaleureuse et ornée de toiles rigolotes. Côté confort, c'est basique : dortoirs simples se partageant des sanitaires impec', situés dans le couloir. Quelques chambres doubles ou *twins*. Cuisine agréable et bien équipée. Bonne atmosphère.

🏠 ***Youth Hostel*** *(plan A2,* ***10****) : Saint John St.* ☎ *473-442.* • *hostellingscotland.org.uk* • *Tte l'année. Compter £ 18-27/pers en dortoir ; doubles £ 50-58 ; réduc pour les membres (- £ 3). Parking.* En plein centre historique, cette ancienne église du XVIIe s reconvertie en AJ a troqué son âme contre des équipements fonctionnels : vaste cuisine, salon TV, laverie. Dortoirs non mixtes de 6 lits et chambres privées monacales de 2 à 4 lits avec douche, lavabo et lampe de chevet. Confort global correct, mais lieu un peu triste et accueil morose !

Prix moyens (£ 50-85 ; 60-102 €)

🏠 ***Castlecroft*** *(hors plan par A1,* ***13****) : Ballengeich Rd.* ☎ *474-933.* • *castlecroft-uk.co.uk* • ♿ *Fermé janv-fév. Doubles £ 75-90. À 10 mn à pied du château et de la vieille ville par un petit chemin. Parking privé.* Grande maison moderne et lumineuse construite à l'emplacement des anciennes écuries

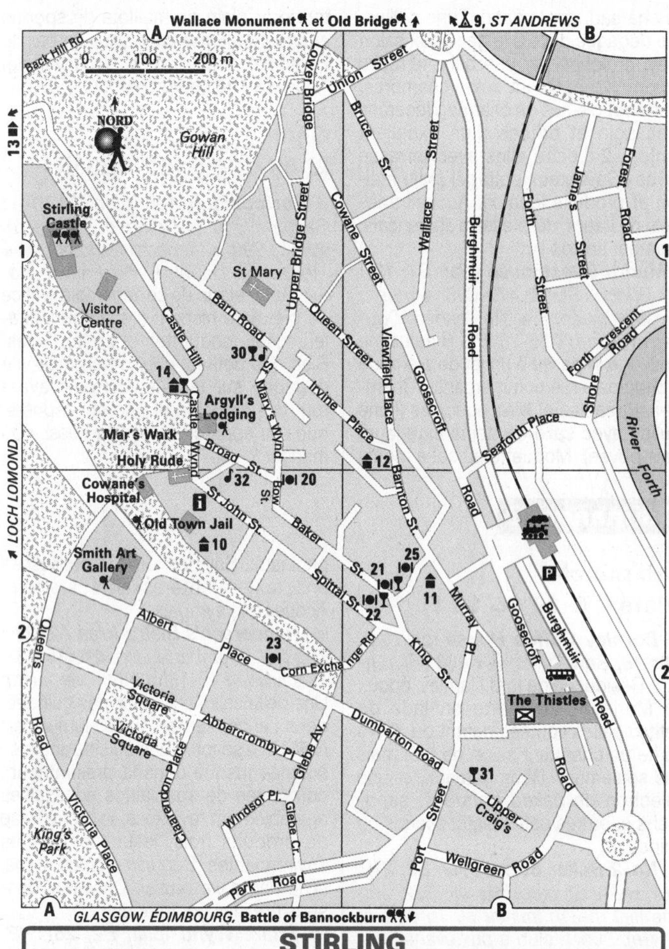

■ **Adresse utile**

- I Centre – Visitor Information (A2)

Où dormir ?

- **9** Witches Craig Caravan & Camping Park (hors plan par B1)
- **10** Youth Hostel (A2)
- **11** The Willy Wallace Backpackers Hostel (B2)
- **12** Munro Guesthouse (B1)
- **13** Castlecroft (hors plan par A1)
- **14** Portcullis Hotel (A1)

Où manger ?

- **14** Portcullis Hotel (A1)
- **20** Darnley Coffee House (A2)
- **21** No. 2 Baker Street (B2)
- **22** Brea (B2)
- **23** Henderson's Bistro (A2)
- **25** Friars Wynd (B2)

Où boire un verre ? Où écouter de la musique ?

- **14** Portcullis Hotel (A1)
- **21** No. 2 Baker Street (B2)
- **22** Brewdog (B2)
- **30** Settle Inn (A1)
- **31** Kilted Kangaroo (B2)
- **32** The Tolbooth (A1-2)

du château, sur le flanc d'une colline. Vue dégagée depuis le généreux salon cosy, prolongé par une belle terrasse panoramique. Quant aux 5 chambres, elles sont pleines de charme, décorées avec soin et dotées d'un excellent confort. 2 d'entre elles avec terrasse privée ! Savoureux petit déj (pain maison et produits locaux). Accueil adorable de Laura, qui s'essaie au français. Vraiment tip-top !

Munro Guesthouse (plan B1, **12**) : *14, Princes St. ☎ 472-685. • munro guesthouse.co.uk • Tte l'année. Doubles avec sdb £ 65-75.* B & B au calme dans une impasse à un jet de pierre de la principale rue commerçante. Chambres agréables et bien équipées (l'une d'elles avec salle de bains extérieure mais privée). Moquette au sol à motifs tartan et plein de maillots de sportifs aux murs (même un maillot de bain !). Familiale pour 4 (lits superposés). Accueil sympa de Richard.

Chic (£ 85-125 ; 102-150 €)

Portcullis Hotel (plan A1, **14**) : *Castle Wynd (au pied du château). ☎ 472-290. • theportcullishotel.com • Tte l'année. Double £ 110. Parking gratuit.* Au 3e étage de ce vénérable édifice de pierre se nichent 4 chambres chaleureuses, coquettes et confortables. Bien que petites, elles offrent une vue dégagée sur la ville. On paie avant tout une situation et une atmosphère, que l'on apprécie bien. Voir aussi « Où manger ? ».

Où manger ?

Bon marché (plats £ 5-10 ; 6-12 €)

Darnley Coffee House (plan A2, **20**) : *18, Bow St. ☎ 474-468. Tlj 10h-16h.* Résidence de lord Darnley, époux de Marie Stuart, cette enfilade de petites salles voûtées datant du XVIe s abrite un charmant salon de thé, mais pas seulement. Bons gâteaux, et une sélection de *baked potatoes*, sandwichs et autres petits plats, chauds ou froids.

No. 2 Baker Street (plan B2, **21**) : *au 2, Baker St, pardi ! ☎ 448-722. Cuisine tlj 11h-21h (minuit ou 1h du mat le w-e).* Lunch club *à prix avantageux jusqu'à 16h. Musique live presque ts les soirs.* Ne cherchez pas Sherlock Holmes (sa *Baker Street* est à Londres) dans ce pub sans prétention, fréquenté autant par les touristes que les locaux pour ses concerts et soirées animées. Cuisine de pub, simple, pas chère.

Prix moyens (plats £ 8-18 ; 10-22 €)

Brea (plan B2, **22**) : *5, Baker St. ☎ 446-277. Tlj 11h-21h (21h30 le w-e).* Bistrot jeune et convivial, qui se distingue par sa bonne cuisine écossaise modernisée et quelques burgers originaux. Salades le midi, proposées en 2 tailles. Intéressants *starters*. Accueil très sympa.

Henderson's Bistro (plan A2, **23**) : *Albert Pl. Dumbarton Rd. ☎ 469-727. Tlj sauf dim 9h-16h (20h30 ven-sam).* Une belle salle, chic mais pas guindée, dans l'enceinte de l'auditorium *Albert Hall.* On y savoure une cuisine anglaise soignée jusque dans la présentation, complétée de spécialités écossaises agréablement revisitées, le tout à base de produits frais, issus des fermes environnantes. Bon *fish & chips* et *thaï style fish cake* réussi. Délicieux desserts pour les gourmands !

Friars Wynd (plan B2, **25**) : *17, Friars St. ☎ 473-390. Tlj 8h-22h30. Plats de lunch jusqu'à 16h.* Bistrot intime, fréquenté autant pour sa bonne cuisine traditionnelle écossaise préparée maison (*cullen skink*, burger au *haggis*), que pour sa belle sélection de whiskies et bières artisanales. Une étape simple et gourmande.

Portcullis Hotel (plan A1, **14**) : *Castle Wynd (au pied du château). ☎ 472-290. Tlj 11h30-23h (cuisine jusqu'à 21h). Résa conseillée.* Établissement de caractère, bardé de boiseries et de banquettes où l'on s'enfonce avec délectation, autour d'une honnête cuisine de pub. Atmosphère conviviale, parfois joyeusement animée en soirée. Quelques tables en terrasse dans la jolie cour fermée de hauts murs. C'est aussi un hôtel, voir « Où dormir ? ».

Où boire un verre ? Où écouter de la musique ?

Settle Inn *(plan A1, **30**) : 91, Saint Mary's Wynd, à l'angle de Barne Rd. Lun-mer 15h-minuit. Le reste de la sem, 12h-1h du mat. Concerts lun, mer, ven-sam vers 20h.* Le plus vieux pub de la ville (1733), fréquenté par des habitués du quartier, accoudés sans façon au bar ou profitant de la salle voûtée et sombre, tout au fond. *Real ale* en version *cask* (au tonneau). Bonne animation en fin de semaine.

Brewdog *(plan B2, **22**) : 7, Baker St. Tlj 12h-minuit (1h ven-sam).* Déco industrielle nappage rock dans ce pub prisé de la jeunesse du coin pour sa quinzaine de bières artisanales brassées maison, dont les spécificités sont détaillées sur la carte. Bonne mousse, bonne atmosphère et service vraiment cool. Pizzas à grignoter pour les petits creux (tout petits, car elles sont peu garnies).

Kilted Kangaroo *(plan B2, **31**) : 9, Upper Craigs. Tlj jusqu'à minuit en sem, 1h le w-e.* Immense pub repeint aux couleurs de l'Australie, bondé en fin de semaine, tous âges mélangés. Animation différente chaque soir avec, en principe, scène ouverte *(open mic)* le mardi et DJ le week-end. Grand *beer garden* à l'arrière. Bien pour un verre et pour rencontrer du monde, pas pour la bouffe !

Voir également plus haut ***No. 2 Baker Street*** *(plan B2, **21**)* et ***Portcullis Hotel*** *(plan A1, **14**)*.

The Tolbooth *(plan A1-2, **32**) : Jail Wynd. ☎ 274-000. • culturestirling.org • 2-3 concerts/sem.* Autrefois lugubre, cette ancienne prison vibre aujourd'hui au rythme d'une programmation musicale aussi dense que variée.

À voir

Le *City Pass (valable juil-sept ; env £ 25, réduc)* donne accès au château (et à son musée) et à l'*Argyll's Lodging* (quand il sera rouvert), à l'*Old Town Jail*, au *National Wallace Monument*. Achat en ligne possible sur : *• destinationstirling.com •*

Stirling Castle (HES ; plan A1) : *☎ 450-000. • stirlingcastle.gov.uk • Tlj 9h30-18h (17h oct-mars). Dernière admission 45 mn avt. Entrée : £ 15 (*Argyll's Lodging *inclus, quand il sera rouvert) ; réduc. Parking : £ 4 (espèces seulement). Pour éviter de faire la queue en saison, accès avec le* pass*, sinon, possibilité d'acheter son billet en ligne ou au* Visitor Centre. *Audioguide en français : £ 3. En été, visites guidées gratuites en anglais, env ttes les 30 mn, 10h-16h (env 1h).*
Perché depuis le XIIe s sur l'éperon rocheux dominant Stirling, voici l'un des châteaux d'Écosse les plus imposants. Site majeur dans l'histoire du pays, le panorama, qui porte loin sur les plaines alentour, permet de mesurer son importance stratégique. Rien qu'entre 1296 et 1342 il dut soutenir 8 sièges ! Ce que l'on voit aujourd'hui, datant principalement des XVe et XVIe s, a été superbement restauré, d'où une visite d'une grande richesse.
– Dans la cour principale, le ***Great Hall*** a retrouvé sa splendeur après... 35 ans de travaux. L'ocre jaune dont on a recouvert la façade était déjà utilisé à l'époque. Il servait à imperméabiliser l'édifice. Plus grand *Hall* jamais construit en Écosse, de style gothique tardif, il accueillit le premier Parlement écossais sous Jacques IV. Après le départ de la Cour pour Londres en 1603, il servit successivement d'étable, de parking à charrettes puis de baraquement de soldats. La partie la plus remarquable est sans doute l'incroyable charpente de bois, refaite exactement selon l'original. Impressionnant !
– Sous les voûtes du palais, quelques ateliers pour les enfants (déguisements...).

– Dans ***la cour supérieure,*** noter les 3 côtés rehaussés de gargouilles et de sculptures qui rappellent le style manuélin, faisant à l'époque fureur au Portugal. Jacques V commanda ces travaux pour marquer son entrée dans la cour des grands. Sur le flanc faisant face à l'Angleterre, on voit des personnages monstrueux, histoire d'effrayer l'ennemi héréditaire. Dans cette cour, le ***palais Renaissance,*** édifié en 1538 et restauré en 2011. Appartements royaux, dont les plafonds aux couleurs un peu criardes (on nous a affirmé que c'était ainsi à l'époque !), avec médaillons figurant des personnages réels ou mythologiques, ont été entièrement reconstitués (certains en relief, d'autres simplement peints). Les originaux, sculptés en bois, d'une grande finesse de détails et d'expressions, sont exposés dans une galerie voisine, la ***Stirling Heads Gallery.*** Il y en avait 60, il en subsiste 34. Quant aux époustouflantes copies de la mythique série de tapisseries la *Chasse à la Licorne* (les originaux se trouvent au MET de New York), elles ornent à nouveau la ***Queen's Inner Hall.*** Il fallut 13 ans de travail pour les tisser, dans un ***atelier*** ouvert à la visite situé dans les anciennes poudrières du château.
– À voir encore dans la cour supérieure, la ***chapelle royale*** et le ***musée des Argyll and Sutherland Highlanders*** *(ouv seulement 10h-17h),* aménagé dans la résidence de Jacques IV (on y retrace l'histoire du régiment qui vécut ici entre 1789 et 1964).
– Dans les ***anciennes casemates,*** aussitôt à gauche après la porte intérieure, une expo efficace retrace l'histoire de l'Écosse sur laquelle se greffe celle du château, le tout agrémenté de digressions sur la féodalité ou le quotidien des nobles.
– Depuis de nombreuses terrasses, ***points de vue*** extras sur la ville et la vallée.
– Une curiosité : le ***King's Knott,*** que l'on aperçoit depuis une terrasse du haut des remparts, près des anciennes casemates. Ce talus octogonal couvert de gazon est le seul vestige des anciens jardins qui entouraient le château. Enfin, avant de repartir, détour par les vastes ***cuisines*** reconstituées, où une brigade de marmitons sont mis en scène avec une ribambelle de poulardes et toutes sortes de gibier. Très visuel !

LE CENTRE

🏴 ***Argyll's Lodging*** *(HES ; plan A1)* **:** *Castle Wynd, peu avt l'esplanade du château (même billet). Tlj 12h45-17h15 (dernière entrée). Plaquette en français.* ***Actuellement fermé pour travaux*** *(ouverture à vérifier auprès de l'office de tourisme).* Largement remaniée au XVIIe s par Archibald Campbell, 9e duc d'Argyll, cette belle demeure ornée de portes et de fenêtres Renaissance est précédée par une majestueuse cour. On visite quelques pièces, dont l'ameublement a été reconstitué d'après un inventaire de 1680 : chambre, pièces à vivre et cuisines. Vous noterez, au passage, la passion d'Archibald pour le mauve.

🏴🏴 ***La vieille ville*** *(plan A1-2)* **:** en l'absence d'architecture victorienne, Stirling est l'une des rares villes d'Écosse à avoir conservé son apparence médiévale, ponctuée de belles et nobles demeures. En sortant du château, on découvre successivement au-delà d'*Argyll's Lodging* :
– ***Mar's Wark,*** ruines de l'hôtel particulier bâti au XVIe s pour John, comte de Mar, tuteur de Jacques VI peu avant l'abdication de sa mère. Il subsiste une seule et belle façade, d'où l'on peut noter armoiries, niches, masques, gargouilles, ainsi que 2 tourelles tronquées encadrant une jolie porte voûtée. Derrière, le charmant cimetière. Certaines tombes très anciennes portent les symboles de la profession des défunts.
– À côté, l'***église du Holy Rude,*** du début XVe s, et sa tour-clocher *(mai-sept, tlj 11h-16h).* Belle charpente d'origine sous laquelle John Knox prêcha et Jacques VI fut couronné en 1567.

QUERELLE DE CLOCHER

En 1656, une querelle entre paroissiens entraîna la division de l'église du Holy Rude en 2. Séparé par une cloison, chaque groupe priait de son côté, autour de son pasteur. Un schisme qui dura 3 siècles. La cloison ne fut retirée qu'en 1936 !

– En face, l'***hôpital Cowane*** (1634). On raconte que, à la nouvelle année, le personnage figé au-dessus de l'entrée descend danser dans la cour...
– Sur ***Broad, Saint John et Bow Streets,*** vieilles demeures du XVIIe s. Broad Street est l'ancienne place du marché, avec sa *Mercat Cross* et le *Tolbooth,* la mairie-prison qui fonctionna de 1472 jusqu'à l'ouverture de la nouvelle prison au XIXe s.

Old Town Jail *(plan A2) : Saint John St, derrière l'office de tourisme. ☎ 464-640. • destinationstirling.com • Juil-sept seulement, départ des tours ttes les 30 mn 10h15-17h15 (sauf à 13h15). Entrée £ 6,50 ; réduc. Comprise dans le* pass. Visite guidée dans l'ancienne prison de la ville, une *reform jail* qui prit, en 1847, le relais des cachots collectifs du Tolbooth. Son objectif, favoriser la réhabilitation des prisonniers en réformant les conditions de détention. Mais l'expérience tourna court, et les lieux furent convertis dès 1888 en prison militaire. La visite prend la forme d'une véritable performance théâtrale, le guide sautant sans cesse d'un personnage à l'autre : gardien, prisonnier, directeur... Avoir un bon niveau d'anglais.

Smith Art Gallery *(plan A2) : Dumbarton Rd. ☎ 471-917. Tlj sauf lun, 10h30 (14h dim)-17h. GRATUIT.* Un petit musée fourre-tout à la muséographie franchement datée qui passe en revue l'histoire de la ville. Seule la salle du fond est vraiment intéressante. On y verra le plus vieux ballon de foot au monde, retrouvé dans la chambre de la reine au château de Stirling (elle s'entraînait à tirer des pénos ?). Voir encore, dans la modeste section sur la Première Guerre mondiale, le curieux masque à gaz pour bébé.

The National Wallace Monument *(hors plan par B1) : Hillfoot Rd. ☎ 472-140. • nationalwallacemonument.com • Bus n°s 62 et 63 depuis le centre-ville (ils vous déposent au parking). Navette gratuite du parking qui grimpe au sommet de la colline (et au pied de la tour). Sinon, compter 10 mn à pied. Tlj : avr-oct, 9h30-17h (18h juil-août) ; nov-mars, 10h-16h. Entrée comprise dans le* pass, *sinon : £ 10,50 ! Réduc. Audioguide en français : £ 1.* Plantée depuis 1869 au faîte d'une colline dominant la région, cette tour néogothique de 67 m de haut glorifie William Wallace, héros du nationalisme écossais. Elle est impériale de loin, jolie depuis sa base, mais l'intérieur manque franchement d'intérêt, excepté la vue depuis son sommet. En résumé, bien si vous disposez d'un *pass*, ***sinon c'est trop cher.*** À chaque étage, de petites expos (salle d'armes, salle des héros avec statues des grandes figures écossaises...). Évocation audiovisuelle de la victoire de William Wallace contre les Anglais en 1297, puis son procès en 1304. Une vitrine renferme même l'épée longue du héros. En haut des 246 marches, large panorama sur la vallée.

Old Bridge *(hors plan par B1) : sur la route du Wallace Monument.* Pendant plus de 4 siècles, tout le trafic entre le nord et le sud de l'Écosse emprunta cet ouvrage aux lignes harmonieuses. Si on peut toujours le traverser à pied, il coule une retraite méritée, à 2 pas du *New Bridge*.

Stirling Bagpipes *(hors plan par B1) : 8, Broad St. ☎ 448-886. Tlj sauf mer 10h-18h.* Ceux qui s'intéressent à la cornemuse feront un tour dans cette boutique où le proprio-artisan fabrique et répare de remarquables cornemuses. On peut également en acheter, évidemment.

Manifestation

– ***Highland Games :*** *3e sam d'août. • stirlinghighlandgames.com •*

DANS LES ENVIRONS DE STIRLING

Battle of Bannockburn : *à 2 miles au sud de la ville, direction M 9. ☎ 812-664. • battleofbannockburn.com • Bus nos F1, B1, W1, X39 depuis le centre. Tlj 10h-17h30 (17h nov-fév). Résa conseillée par Internet. Entrée : £ 11,50 ; réduc ; audioguide en français inclus.* Cet espace high-tech interactif recrée la victoire emblématique de Robert the Bruce sur les Anglais d'Edward II en 1314. 2 courts films en 3D plantent le contexte historique et donnent le point de vue des différents belligérants, avant de tailler une bavette avec des personnages en hologrammes. Puis vient le moment de ferrailler dur ! Une salle obscure dotée d'une table interactive permet aux visiteurs de se mettre dans la peau d'un chef de guerre, à la manière d'un jeu vidéo de stratégie. Écossais ou Anglais, le *battle master* choisira pour vous votre camp. Puis place à la stratégie ! Un maître du jeu est chargé de guider les participants (en anglais seulement). En définitive, une activité fun, mais surtout dédiée à ceux qui sont familiers des jeux vidéos. Pour info, il ne reste vraiment rien à voir sur le site réel de la bataille...

Castle Campbell *(HES) :* *juste à l'extérieur du village de* ***Dollar,*** *sur l'A 91, à 11 miles (17,5 km) au nord-est de Stirling. ☎ (01259) 742-408. Avr-sept : tlj 9h30-17h30 ; oct-mars, sam-mer 10h-16h. Dernière admission 30 mn avt. Entrée : £ 6 ; réduc.* C'est d'abord un site ravissant. Du parking, il faut marcher quelques minutes à flanc de colline pour descendre vers la silhouette altière du château. Perché entre les monts Ochils et la verdoyante vallée de Dollar, il fut construit du XVe au XVIe s par le puissant clan Campbell, autour d'un donjon du XIVe. Sa partie la plus ancienne, la maison forte, dépourvue de tout mobilier, est la seule à être encore intacte (celliers, pièces à vivre, etc.). Les salles du donjon sont vides, autant le savoir. Dans la 1re salle, maquette du château autrefois. Une des pièces du 1er étage abrite un cachot creusé dans le sol (l'horreur !). Sur le plafond voûté du 3e étage apparaissent 2 étranges visages coiffés de feuillages auxquels étaient autrefois suspendus des lustres. Depuis le chemin de ronde, au sommet de l'édifice, superbe vue panoramique. L'aile sud et le bâtiment est furent, quant à eux, en grande partie détruits par les royalistes, furieux du soutien des Campbell à Cromwell. À l'entrée, un érable sycomore vieux de 250 ans s'élève presque aussi haut que le donjon. Joli jardin en terrasses en contrebas.

➢ **Balade entre le château et Dollar :** *compter env 40 mn de balade pour tte la boucle. Se garer alors dans le village de Dollar.* Pour profiter pleinement de ce superbe site, emprunter le chemin qui démarre au village, entre le pont de pierre et le musée (panneau). Après avoir longé le golf sur environ 500 m, le sentier suit une rivière à travers bois pour monter jusqu'au château.

Dunblane Cathedral : *au nord de Stirling, dans le village de* ***Dunblane.*** *Bus nos 47, 48 et 58 depuis la gare routière. Également sur la ligne de train Stirling-Perth. ☎ (01786) 823-388. Tlj sauf dim mat 9h30 (10h oct-mars)-12h30, 13h30 (14h dim)-17h30 (16h oct-mars) ; dernière entrée 30 mn avt. Commentaires en français disponibles à l'entrée.* Cette imposante cathédrale gothique du XIIIe s, réformée au XVIe s, se dresse dans un quartier paisible aux allures de village. Si l'architecture extérieure est sobre, hormis le portail de la façade ouest, l'entrée révèle une nef surprenante : élancée (en forme de coque de navire renversé) et marquée par l'ancienne existence de 2 chœurs opposés. Remarquables voûtes gothiques, superbes vitraux et intéressantes stalles délicatement sculptées, dont ces étonnants motifs de chauve-souris, chardon et *green man* (homme à tête de feuillage). Et encore une jolie chaire. Au plafond de la nef, blasons des protecteurs féodaux. En contrebas de la cathédrale, dans une maisonnette blanche, siège la vénérable ***Leighton library*** *(horaires variables, en théorie lun-sam 11h-13h),*

LE CENTRE

bibliothèque fondée en 1687 par l'évêque local. Elle compte près de 4 500 ouvrages en 89 langues, parus entre 1504 et le début du XIXe s.

I●I 🍸 ***The Riverside :*** *Stirling Rd (au niveau du pont), à **Dunblane**. ☎ (01786) 823-318. Tlj 10h-14h30, 17h-21h (bar 23h-minuit). Sam-dim, service en continu. Prix moyens.* Pub-resto élégant et décontracté, avec terrasse dominant la rivière. Parfait pour un verre, mais aussi pour sa cuisine de pub soignée, écossaise sur le fond, avec quelques écarts culinaires plus mondialistes.

***Doune Castle** (HES) : entre Dunblane et Callander, à env 10 miles (16 km) de Stirling. ☎ (01786) 841-742. Bus n° 59 depuis Stirling (ttes les heures), arrêt à Doune puis 10 mn de marche. Avr-sept : tlj 9h30-17h ; 10h-15h30 oct-mars (dernière admission). Entrée : £ 6 ; réduc. Audioguide inclus (en anglais seulement).* Construite à la fin du XIVe s par Robert Stewart (duc d'Albany et régent d'Écosse), cette forteresse, l'une des mieux préservées d'Écosse, a gardé tout son cachet médiéval. C'est aussi un lieu de pèlerinage pour les fans des Monthy Python : plusieurs scènes cultes de *Sacré Graal* furent tournées ici, comme le rappellent les commentaires audio contés avec humour par Terry Jones, l'un des membres de la troupe. Plus récemment, le château servit de décor pour l'épisode pilote de *Game of Thrones,* pour la série *Outlander* (2014), et le film *Outlaw King* (Netflix, 2018).
En tout, la visite comporte 6 espaces (vides de tout mobilier), plus la partie en ruine, vraiment charmante. L'imposant corps de garde de 30 m de haut renfermait les appartements privés, notamment le salon où se distrayait la duchesse, et la chambre de son époux, munie d'une trappe pour fuir en cas de danger. Dans le bâtiment contigu, le grand hall (restauré au XIXe s) servait tour à tour de salle de justice ou de festin. Il communique avec la tour des cuisines où l'on voit encore l'immense cheminée et les traces d'affûtage des couteaux sur les murs ! À l'extérieur, des pierres en saillie, appelées *dragon's teeth* (dents de dragon) et un mur percé de fenêtres sont les seuls indices de projets d'agrandissement jamais réalisés. Pour les fans, la boutique vend des noix de coco avec lesquelles les bruiteurs-acteurs simulaient le son des sabots des chevaux dans *Sacré Graal*.

***Deanston Distillery :** à **Deanston,** à 8 miles (13 km) au nord-ouest de Stirling par l'A 84 (fléché). ☎ 843-010. ● deanstonmalt.com ● Bus n° 59 depuis Stirling (env 1/h). Visites (1h, en anglais) ttes les heures 10h-16h. Tarif : £ 9-20 selon nombre de whiskies dégustés à l'issue du tour (1 à 3). Agréable cafétéria* Coffee Bothy *(tlj 10h-16h).* C'est d'abord le lieu qui intrigue, une ancienne filature de coton bâtie en bord de rivière à l'orée du XIXe s, dans laquelle trimèrent jusqu'à 1 500 ouvriers, jusqu'à la fermeture du site en 1965. 2 ans plus tard, il était converti en distillerie fonctionnant, aujourd'hui comme à l'époque du coton, grâce à l'énergie de l'eau. La visite, intéressante, suit pas à pas le processus, passant des moulins à orge *(barley),* à la *mashtun room* où l'on mélange la céréale à l'eau, puis à la chaleur des superbes alambics de cuivre où tous les réglages entre les différents niveaux de distillation (*head, heart* et *tail*) se font à la main. On débouche ensuite dans le vaste et intrigant entrepôt où vieillissent les

LA TÊTE, LE CŒUR ET LA QUEUE

Pas d'ambiguïté, ce n'est ni le titre d'un film porno, ni une recette de cuisine. Il s'agit des noms donnés aux différents niveaux de distillation du whisky : l'alambic délivre les 3. La tête est un liquide trop fort en alcool, mais faible en qualité. La queue se révèle pauvre en alcool, mais aussi en qualité. Reste le cœur, bon équilibre entre les saveurs et l'alcoolémie, que l'on conservera précieusement avant d'être mis en bouteille. La tête et la queue retourneront faire un tour d'alambic pour être distillées... à cœur.

whiskies. Une sorte d'improbable bunker, qui fut jadis l'atelier principal de la filature et dans lequel furent tournées des scènes du film *La Part des Anges,* de Ken Loach, qui a laissé son autographe sur une barrique. On termine, bien sûr, par une dégustation de ces *single malt* non tourbés, dans lesquels les fins palais décèleront des notes de miel.

Falkirk Wheel : *à* **Falkirk,** *17 miles (27 km) au sud-est de Stirling ; 23 miles (37 km) à l'ouest d'Édimbourg. ☎ 0870-050-02-08. • thefalkirkwheel.co.uk • Compliqué en transports en commun. Autoroute M 9 direction Édimbourg (panneaux). Mars-oct : tlj 10h-17h30 ; l'hiver : mer-dim 11h-16h. Bateau (tour de 50 mn) : 11h10-16h10 (dernier départ). Tarif : env £ 13,50 avec le bateau ; réduc ; expo et vue extérieure de la roue gratuites. Parking £ 3 (obligatoire).*
Inauguré en 2002, ce chef-d'œuvre d'ingénierie et d'esthétique mécanique raccorde les canaux de *Forth & Clyde* et *Union,* séparés par une déclivité de 35 m. Il est situé dans un vaste parc joliment aménagé. Sorte d'ascenseur à bateaux rotatif pourvu d'une nacelle à chaque extrémité, il fonctionne en s'appuyant notamment sur le bon vieux principe d'Archimède, d'où une consommation d'énergie ridicule : £ 13 par jour seulement pour faire grimper les bateaux de 25 m (les 10 m restants étant gravis par 2 écluses).
Prévue dès l'origine pour le tourisme fluvial, cette incroyable roue de Falkirk est devenue une attraction en tant que telle, vu la majesté du phénomène. Embarquement dans une péniche qui entre dans l'écluse-nacelle, puis montée en 5 mn ; belle vue jusqu'au Ben Lomond, balade de 40 mn sur le canal avec commentaires et, enfin, redescente vers le point de départ. Dans le parc autour, locations de vélos, canoës etc.

The Kelpies : *près de* **Falkirk,** *en bordure de la M 9. ☎ (01324) 590-600. • thehelix.co.uk • Parc ouv tlj 24h/24. GRATUIT. Visite guidée des statues tlj 10h-17h, £ 7,50 ; réduc. Parking : £ 3 (pour les voitures).* Sur l'autoroute M 9, impossible de rater ces 2 colossales têtes de chevaux en métal, élégantes et puissantes, trônant au milieu d'un parc. Les *kelpies* sont des créatures imaginaires issues du folklore celtique, sortes de chevaux aquatiques qui hantent les lacs et rivières... La visite payante n'a que peu d'intérêt et est bien trop chère : on voit mieux les statues de l'extérieur !

LES TROSSACHS

« Si merveilleusement sauvage, l'ensemble paraîtrait un paysage de rêve » (Walter Scott). On allait le dire ! Les Trossachs, pays des poètes et de Rob Roy MacGregor (voir la rubrique « Personnages célèbres » dans « Hommes, culture, environnement » en fin de guide), sont depuis le XIXe s l'une des régions les plus visitées d'Écosse. Parcouru de chemins forestiers et baigné de lochs, ce sanctuaire écologico-touristique, refuge des randonneurs et des pêcheurs, abrite notamment le *Queen Elizabeth Forest Park,* un parc naturel de 25 000 ha. Il est bordé par les charmantes bourgades d'Aberfoyle et de Callander.

Comment se déplacer ?

➢ ***Demand Responsive Transport :*** *☎ (01786) 40-40-40. • stirling.gov.uk/drt. • Service dispo tlj 7h-22h ; résa si possible 24h avt.* Un système de transport à la demande, en voiture particulière ou minibus. Ce système fonctionne dans toute la région d'Aberfoyle et de Callander, partout où les bus ne vont pas : Inversnaid (rive droite du loch Lomond), Stronachlachar (loch Katrine) et la route du loch Venachar (vers Callander). Malin et pas très cher.

ABERFOYLE

660 hab. IND. TÉL. : 01877

Porte méridionale des Trossachs, ce petit village, sympathique comme tout, est très prisé en période estivale. C'est un excellent point de départ pour les randonnées.

Arriver – Quitter

En bus

➢ ***Aberfoyle-Stirling :*** avec *First Edinburgh.* ☎ *0871-200-22-33.* • *firstgroup.com* • Ligne nº C11 : 5 bus/j. (sauf dim).

Adresses utiles

ℹ @ *I Centre* *(Visitor Information) : Main St.* ☎ *381-221.* • *visitscotland.com* • *Avr-oct : tlj 10h-17h (16h le reste de l'année).* Founit cartes de la région et plein de conseils de randonnées. Petite expo présentant l'histoire, la géologie, la faune et la flore régionales.

ℹ *The Lodge :* *à 1,5 mile (env 2 km) d'Aberfoyle, en direction du loch Katrine.* ☎ *0300-067-66-15.* • *forestry.gov.uk* • *Tlj 10h-18h (juil-août), puis jusqu'à 15h, 16h ou 17h selon période. Parking payant.* Renseignements sur les randos à pied ou à vélo dans le *Queen Elizabeth Forest Park*. Fourniture de cartes très bien faites. 4 balades partent d'ici même. Expo sur la faune et la flore, et images de balbuzards (*osprey* en anglais) et *golden eagle*, filmés en direct. Maquette de la forêt. Café, terrasse (voir « Où manger ? Où boire un verre ? »).

■ ***Aberfoyle Bike Hire :*** *Main St.* ☎ *382-023.* • *aberfoylebikehire.co.uk* • *Tlj sauf mar 9h-17h.* Location de bons vélos avec tout l'équipement.

Où dormir ?

Campings

⛺ ***Cobleland Campsite :*** *à 1,5 mile (2,5 km) au sud d'Aberfoyle, en direction de Glasgow puis Gartmore sur la droite.* ☎ *382-392.* • *campinginthe forest.co.uk* • *De mi-mars à fin oct. Selon saison, £ 15-28 pour 2 avec tente ; réduc.* Pas d'équipement superflu dans ce charmant camping à sensibilité écolo, situé au bord de la rivière Forth. Emplacements bien verts, certains ombragés par de beaux chênes et au bord de l'eau (gare aux *midges* !). Le *Rob Roy Way* et la piste cyclable nº 7 passent juste à côté : vous voilà à pied d'œuvre ! Pour info, un loueur de vélos est juste à côté (infos à la réception).

⛺ ***Trossachs Holiday Park :*** *à 3 miles (5 km) au sud d'Aberfoyle, sur l'A 81.* ☎ *382-614.* • *trossachsholidays.co.uk* • *Mars-oct. Selon saison, £ 18-22 pour 2 avec tente. Min 2 nuits en juil-août.* Un camping réputé pour son calme et la qualité de ses installations, dans un fantastique site vallonné. Beaucoup de mobile homes et de caravanes, mais la partie réservée aux tentes est la mieux placée, sans vis-à-vis, face à la nature. Salle de séchage pour les vêtements mouillés, salon commun... Jolis *lodges* (2-6 personnes) à louer à la nuit pour certains. Super équipement.

Prix moyens (£ 50-85 ; 60-102 €)

🏠 ***The Bield :*** *Trossachs Rd (perpendiculaire à Main St, puis 300 m et c'est sur la droite). À 10 mn à pied du*

Waterfall Trail. ☎ *382-351.* ● *thebield.net* ● *Double £ 70 ; réduc dès la 2ᵉ nuit.* Belle maison centenaire en grès rose, sur les hauteurs du village. Chambres claires et spacieuses, dotées d'une petite salle de bains nickel. Salon avec cheminée, canapé profond et jolie vue sur le jardin depuis les chambres nᵒˢ 2 et 3. Accueil attentif et souriant.

🏠 ***Corrie Glen B & B :*** *Manse Rd, à 0,5 mile (0,8 km) au sud d'Aberfoyle.* ☎ *382-427.* ● *corrieglen.co.uk* ● *Avr-oct. Double £ 70 (£ 60/nuit si vous restez 3 nuits).* Cette maison moderne plantée au milieu des champs propose 3 chambres simples mais agréables, d'un bon confort (2 avec salle de bains et 1 avec sanitaires privés dans le couloir). Depuis la véranda et la salle de petit déj lumineuse grâce à sa grande baie vitrée, on observe les chevaux. Accueil chaleureux et spontané.

🏠 ***Glendarcel B & B :*** *Lochard Rd, à 500 m du centre, sur la route d'Inversnaid.* ☎ *382-266.* ● *glendarcel.net* ● *Avr-oct. Double £ 75.* Cet ancien poste de police en retrait de la petite route est devenu bien accueillant entre les mains de Christine et Jimmy, un couple charmant. 2 chambres agréables et aménagées avec soin, dotées de grandes salles de bains. Également un cottage pour 4 à l'arrière, à louer à la semaine.

🏠 ***The Forth Inn :*** *Main St.* ☎ *382-372. Double £ 85.* Ce pub traditionnel qu'on aime bien abrite à l'étage une poignée de chambres – pratique pour ceux qui veulent être au cœur de l'animation locale. Bien tenues, modernes et plutôt spacieuses, certaines avec baignoire.

Chic (plus de £ 125 ; 150 €)

🏠 ***Mc Donald Forest Hill Hotel and Resort :*** *à 4 miles (6,4 km) d'Aberfoyle, sur la B 829, au bord du Loch Ard.* ☎ *389-500.* ● *macdonaldhotels.co.uk* ● *Tte l'année. Doubles £ 90-150. Parking gratuit.* Une cinquantaine de chambres vastes et au confort total, dans un bel édifice au charme indéniable, planté au cœur d'un immense parc dévalant vers le lac, que l'on admire depuis les généreuses terrasses. Superbes salons cossus, avec canapés *Chesterfield* beige, très classe. Petit déj pantagruélique. Et pour garder la forme, jolie piscine intérieure et salle de gym super équipée.

Où manger ? Où boire un verre ?

🍽 ***Aberfoyle Delicatessen :*** *Main St, dans le centre.* ☎ *382-242. Tlj 8h30-17h (dim 9h30). Bon marché.* Une épicerie-delicatessen-boucherie qui prépare d'excellents sandwichs, *sausage rolls, chicken pies, cornish pastries* et autres *homemade pies*. Super pour préparer le pique-nique dès que le soleil se montre.

🍽 🍸 ***The Forth Inn :*** *Main St.* ☎ *382-372. Tlj 9h-minuit (1h ven-sam). Prix moyens.* Cuisine solide, poutres apparentes, moquette tartan, cheminée et service chaleureux... tous les ingrédients pour satisfaire les passants et retenir les habitués. Tables en terrasse aux beaux jours. Voir aussi « Où dormir ? ».

🍽 🍸 ***The Lodge Café du Queen Elizabeth Forest Park :*** *voir* The Lodge *dans « Adresses utiles ».* ☎ *382-977. Tlj 10h-17h. Bon marché.* Grande cafétéria dont la terrasse offre une vue imprenable sur la forêt et le Ben Lomond. Sélection de *scones*, quelques gâteaux, sandwichs et petits plats sans prétention. Vaut surtout pour sa situation exceptionnelle.

DANS LES ENVIRONS D'ABERFOYLE

👁👁 ***Inchmahome Priory*** (HES) : *sur une île du* **lake of Menteith.** ☎ *385-294. Accès depuis* **Port of Menteith,** *à quelques miles d'Aberfoyle, sur la route de Callander sur la B 8034. Avr-oct : tlj 10h-16h15 ou 15h15 en oct (dernier départ du bateau). Entrée et traversée (7 mn) : £ 7,50 ; réduc. Au bout du quai, retourner le* *panneau côté blanc vers l'île pour appeler le bateau.* Les ruines encore vaillantes de ce prieuré augustinien fondé en 1238 se dressent sur une île minuscule. Menacées par l'envahisseur anglais, Marie de Guise et sa fille Marie Stuart, alors âgée de 4 ans, s'y réfugièrent pendant 3 semaines avant de fuir vers la France. L'église a conservé son clocher et de belles arches. À côté, quelques vestiges du cloître. Dans la salle capitulaire, un émouvant couple de gisants enlacés (XIIIe s). La promenade sur un sentier ponctué de vénérables châtaigniers, complète l'impression de sérénité.

Three Lochs Forest Drive : *bifurcation sur la droite (panneau) à 3 miles (env 5 km) d'Aberfoyle, en direction de Trossachs Pier. Avr-oct : tlj 10h-16h (dernier accès). Parking pour ceux qui vont randonner, £ 2.* Seule route forestière ouverte aux véhicules motorisés (compter alors 45 mn), elle serpente majestueusement sur une douzaine de kilomètres dans le ***Queen Elizabeth Forest Park,*** en longeant d'abord le *loch Drunkie* et le *loch Venachar,* puis le *loch Achray* avec, en toile de fond, les *Ben Venue* et *Ben A'an.* Tout le long de la route, nombreux départs indiqués de circuits à vélo ou pédestres.

Go Ape : *à côté de* The Lodge *(voir « Adresses utiles »).* ☎ *0845-519-31-57.* • *goape.co.uk* • *Fév-nov : tlj, horaires d'ouverture selon la lumière du jour, l'affluence et la météo. Fermé de début déc à mi-fév (en mars et nov, ouv le w-e seulement). Résa conseillée. Âge min : 10 ans (et 1,40 m). Entrée : £ 25-33 selon l'âge, pour 2h30-3h de parcours ; réduc. Parking payant.* Beau parc d'aventure doté d'une tyrolienne d'environ 430 m, d'un passage à plus de 22 m de haut, de ponts de corde, etc. Impressionnant !

Waterfall Trail : *départ depuis* The Lodge *(voir « Adresses utiles »).* Jolie et facile balade de 30 mn en tout menant à une cascade. Splendide panorama sur les Trossachs. Une autre rando, la *Oak Coppice Trail,* se réalise en 1h (3 km). Sympa aussi.

LE CENTRE

LOCH KATRINE

IND. TÉL. : 01877

La séduisante beauté du loch Katrine inspira à Walter Scott sa célèbre *Lady of the Lake.* Lorsque les dernières heures du jour habillent le loch d'un drapé cardinalice, il faut contempler les nuances de couleurs de ses eaux pourpres pour saisir pleinement les vers du poète. La route reliant Aberfoyle à Inversnaid, superbe, est à elle seule une invitation lyrique... *Ah ! Lovely !* Le lac, à la pureté très contrôlée, alimente Glasgow en eau potable depuis 1859. Ça donne presque envie d'abandonner le whisky !

Comment y aller ? Où embarquer ?

➢ La route suivant la rive nord (22 km) se parcourt uniquement ***à pied ou à vélo.*** Certaines côtes sont ardues, avis aux sportifs !

➢ En bateau, soit pour traverser le lac du nord au sud (et inversement), soit pour y faire une petite balade, on a le choix entre ***Trossachs Pier*** (au sud) ou ***Stronachlachar Pier*** (au nord). Lire la rubrique « À voir » pour les détails des traversées et des mini-croisières.

Adresse utile

■ ***Location de vélos « Katrinewheelz » :*** *Trossachs Pier.* ☎ *376-366.* • *katrinewheelz.co.uk* • *Tlj 9h-17h. Env £ 10 pour 2h et £ 20/j.* Vélos en tout genre. Pour une balade le long du loch, éviter les vélos de ville, non adaptés.

Où dormir ? Où manger ? Où boire un thé ?

Inversnaid Bunkhouse : *à* ***Inversnaid,*** *à 4 miles (6 km) de Stronachlachar. ☎ 386-249. • inversnaid.com • Pâques-fin sept. Résa conseillée. Camping £ 10/pers. Nuitée en dortoir 2-5 pers £ 20-23/pers. Double £ 57. Log cabin £ 57 pour 2. Petit déj en sus. Resto tlj (petit déj et dîner). Plats £ 8-13 et poste.* Une église convertie en refuge ! La grande salle commune fait office de resto, bar et salon, avec guitare à dispo si l'envie vous prend de faire un bœuf. Hébergement varié : dortoirs vraiment minuscules et chambres un peu cellulaires (lits couchettes, parfois superposés). Très propre. Parfait pour les randonneurs du *West Highland Way.* Quant aux 2 chambres en *log cabin,* elles sont bien agréables et se partagent une salle de bains. Cuisine, laverie. Pas de casiers. Un jacuzzi sur la terrasse permet de se délasser les pattes après la rando ! Un lieu original et tranquille. Pas loin, les chutes d'Inversnaid (lire « À voir. À faire »).

The Pier Tea Room : *à* ***Stronachlachar.*** *☎ 386-374. Mars-nov, tlj 9h-17h (21h en fin de sem). Plats £ 6-8.* Halte bienvenue pour les promeneurs et cyclistes, pile sur le quai où accoste le *SS Walter Scott.* Terrasse devant le lac. Gâteaux, *scones, fish & chips,* plats légers et sélection de thés et cafés, à déguster au bord de l'eau.

The Wee Blether Tea Room : *au bord du loch Ard, sur la B 829, à* ***Kinlochard,*** *à 4,5 miles (env 7 km) d'Aberfoyle. ☎ 387-777. Mars-oct, tlj 9h-17h (16h pour la cuisine). Plats £ 6-12.* Encore un adorable salon de thé au bord de l'eau ! On est accueilli par une rangée de théières pour gagner la petite terrasse ou la jolie salle bien décorée. Idéal pour savourer un copieux *toastie,* une *soup of the day* ou un *pie & beans.* À l'heure du goûter, excellents gâteaux, *scones* et meringues maison. Si vous êtes 2, demandez donc une *blether size,* une part énorme à partager pour à peine plus cher. Accueil adorable.

À voir. À faire

Croisières sur le lac : *☎ 376-315 ou 316. • lochkatrine.com • Attention : horaires sous réserve des conditions météo et du nombre de résas.*

– ***De Trossachs Pier :*** *à 6 miles (env 8 km) d'Aberfoyle, par un embranchement sur l'A 821. Parking payant.* À la pointe sud-est du loch, c'est le principal lieu d'embarquement.

– ***Stronachlachar Pier :*** *à 11 miles (18 km) d'Aberfoyle par la B 829. Parking payant.* Certains bateaux y font escale (voir ci-dessous). La pittoresque route *Single track* mène également aux chutes d'Inversnaid.

– Avec le bateau **Walter Scott :** *départ de* Trossachs Pier *à 10h30, arrêt (10 mn) à* Stronachlachar *env 1h plus tard, puis retour à* Trossachs Pier *à 12h30. Aller : £ 14 ; A/R : £ 17. L'ap-m,* cruise *de 1h sur le lac à 13h, 14h30 et 16h (mai-oct seulement pour ce dernier départ).* Prend les vélos à bord (£ 2 ; gratuit si vous l'avez loué sur le quai). Au-dessus du quai, petit café.

– Avec le bateau ***Lady of the Lake :*** *mars-oct ; balade de 45 mn sur le lac (durée 45 mn), départs de* Trossachs Pier *à 10h, 11h30, 13h30 et 16h15. L'ap-m, traversée jusqu'à* Stronachlachar et Glengyle *(durée 2h avec arrêt de 10 mn à chaque étape), départs à 13h30 et 16h15. Tarifs : £ 11-15 selon formule ; réduc.*

Balade combinée vélo-bateau : *en hte saison seulement (juin-sept), résa conseillée (vélo et croisière).* Le matin, embarquez avec votre vélo à Trossachs Pier sur le célèbre et magnifique vapeur *SS Walter Scott* (construit en 1900), pour une croisière avec stop à Stronachlachar Pier. Retour par la route de la berge, à la force des mollets... Attention, ça grimpe sec par moments. On peut faire l'inverse en récupérant le *Lady of the Lake* vers 14h15 à *Stronachlachar Pier* pour revenir à *Trossachs Pier*.

***Inversnaid Falls** (les chutes d'Inversnaid) – **Rob Roy View Point :** à **Inversnaid,** au nord-ouest d'Aberfoyle (30 mn de route) par la route B 829, une magnifique route* single track. *Bateau jusqu'à* Stronachlachar Pier, *puis vélo ou marche (6 km).* Derrière *Inversnaid Hotel,* un sentier file parmi les arbres jusqu'aux chutes, puis escalade la montagne jusqu'au *Rob Roy View Point.* Panorama superbe sur le loch Lomond et les Arrochar Alps. Compter 1h aller-retour.

CALLANDER

2 930 hab. IND. TÉL. : 01877

Trait d'union entre les Highlands et les Lowlands, Callander gagna ses lettres de noblesse grâce à Walter Scott et au séjour de la reine Victoria. Depuis, la patrie du clan MacGregor et de son illustre représentant, Rob Roy, c'est la ville la plus touristique des Trossachs. C'est aussi une bourgade souriante et agréable, et une bonne halte pour explorer les environs.

Arriver – Quitter

En bus

➢ ***Stirling-Callander*** *(ligne n° 59) :* avec *First Edinburgh* (☎ *0871-200-22-33.* • *firstgroup.com* •). 13 bus/j. dans les 2 directions (moins le dim), 7h-19h.

Adresse utile

■ ***Location de vélos : Wheelology,*** *4, Ancaster Sq, à côté de l'église.* ☎ *331-052.* • *cyclehirecallander.co.uk* • *Mars-oct, tlj 9h-17h. Compter £ 20/j.*

Où dormir ?

Camping

⛺ ***Keltie Bridge Caravan Park :*** *à 1,5 mile (2,4 km) en direction de Stirling puis à gauche.* ☎ *330-606.* • *keltiebridge.co.uk* • *De mi-mars à fin nov. Selon saison, £ 18-21 pour 2 avec tente et voiture. Également des pods (huttes en bois) pour 2-4 pers £ 39-50.* À l'écart de la route, un terrain calme et arboré, avec les collines en toile de fond et pas mal de caravanes. Les tentes s'installent devant, sur une grande pelouse. 2 blocs sanitaires impeccables. Sentier pédestre sur l'arrière.

De bon marché à prix moyens (moins de £ 85 ; 102 €)

🏠 ***Callander Hostel :*** *6, Bridgend.* ☎ *330-141.* • *callanderhostel.co.uk* • *À 2 mn de marche de Main St. En dortoir (6-8 lits) £ 19-21/pers. Double £ 60. Également des quadruples. Parking.* AJ aménagée dans une ancienne auberge, avec grand jardin à l'arrière. Bon confort général : chambres privées lumineuses dignes d'un hôtel, dortoirs avec salle de bains. Chaque lit dispose d'une lampe, d'une prise de courant et même de prises USB ! Équipements communs au diapason : cuisine, café-bar, laverie et un barbecue dans le jardin. Un bon point de chute.

🏠 ***Highland Guesthouse :*** *8, South Church St.* ☎ *330-269.* ♿ *Tte l'année. Double avec sdb £ 70.* Une jolie maison dans le centre, tenue par un musicien passionné. Si vous aimez la cornemuse, l'accordéon ou le saxo, Dennis pourra accompagner votre petit déj en musique ! Chambres assez banales mais agréables et bien tenues. Jardinet à l'arrière. Super petit déj.

Annfield B & B : *18, North Church St. ☎ 330-204. • annfield guesthouse.co.uk • Tlj mars-oct ; ven-dim nov-fév. Double avec sdb £ 85-90.* Grande et élégante maison bourgeoise en pierre de taille et en plein centre-ville mais au calme. Les chambres, immaculées et confortables, offrent une déco pomponnée. Celles du 1er étage sont plus grandes que les mansardées du 2nd. Belles gravures dans l'escalier. Seules 2 chambres possèdent une salle de bains privée, à l'extérieur. Agréable salle de petit déj.

Invernente B & B : *14, South Church St. ☎ 339-924. • inver nente.com • Doubles sans ou avec sdb £ 50-75 selon saison.* Un gentil *B & B* situé dans une ruelle calme (à côté du poste de police !) et à un jet de pierre du centre. Petites chambres agréables et bien tenues, dont les moins chères se partagent une salle de bains. Petit déj digne d'éloges.

Abbotsford Lodge : *Stirling Rd, à moins de 1 mile (1,6 km) du centre. ☎ 330-066. • abbotsfordlodge.com • Doubles avec ou sans sdb £ 65-85.* Le grand nombre de chambres de ce *B & B* sis dans une vaste demeure permettra sans doute à ceux qui n'ont rien réservé de trouver un lit. Le lieu est impeccable, la maison jolie et le petit déj superbe. Évidemment, ça ressemble plus à un hôtel qu'à une douillette maison d'hôtes. Beau salon dans les tons clairs et véranda pour le petit déj.

Beaucoup plus chic (plus de £ 150 ; 180 €)

Roman Camp Hotel : *Off Main St (à l'écart de la rue principale). ☎ 330-003. • romancamphotel.co.uk • Doubles £ 155-185 selon confort (et plus pour les suites).* Aménagé dans une ancienne maison de chasse de 1625, cet hôtel déborde de charme. Les chambres dégagent une certaine classe, toutes superbes et différentes, mais sans ostentation inutile. Salons feutrés avec vrai feu qui crépite dans la cheminée, meubles anciens au détour des couloirs tarabiscotés. Immense parc, somptueux, et une promenade bucolique le long de la rivière. Un lieu d'exception, pour quelques instants magiques.

Où manger ? Où boire un verre ? Où écouter de la musique à Callander et dans les environs ?

Mhor Bread : *8, Main St. ☎ 339-518. Tlj 7h-17h (8h le dim). Bon marché.* Une boulangerie-pâtisserie avec une salle attenante si l'on veut déguster sur place. Superbes sandwichs, frais et copieux, utilisant au maximum des produits locaux. Plein de *pies* en vitrine : *steak pie, vegetable pie, steak and black pudding*... Côté gâteaux, goûtez donc le *rocky road,* très local.

Callander Meadows : *24, Main St. ☎ 330-181. Tlj sauf mar-mer 12h-14h30, 18h-20h30. Résa conseillée. Prix moyens.* Coquet resto proposant une fine cuisine. Les menus sont l'occasion rêvée de goûter aux excellents desserts : si vous êtes plusieurs, craquez pour l'assiette de dégustation « Wave », à partager. Le midi, également des omelettes et soupes copieuses. Au dîner, c'est plus cher, normal. Superbe *slow braised venison*. Entre les repas, thés, gâteaux et *scones* à prendre dans le jardin s'il fait beau.

Poppies Hotel : *Leny Rd (continuation de Main St). ☎ 330-329. Tlj 15h-21h (sam-dim à partir de 12h). Résa conseillée. Plats et menus (servis 18h-19h) à prix moyens.* Une des bonnes tables de la ville : agneau, saumon, gibier se retrouvent sublimés par des cuissons parfaites et des sauces parfumées. Salle épurée, mais le bar est plus chaleureux. Accueil prévenant.

Crown Hotel : *13, Main St. ☎ 330-040. Tlj 12h-15h, 17h30-20h30. Bar jusqu'à minuit (1h ven-sam). Prix moyens. Concerts le sam.* Locaux et touristes de passage apprécient la qualité constante de la cuisine prodiguée par ce pub par ailleurs plutôt banal. Bons plats du cru tels la *venison* ou *lamb casserole,* le

Scottish haddock... En fin de semaine, c'est la musique folk qui prend le dessus !

The Lade Inn : *à* **Kilmahog,** *0,5 mile (env 1 km) de Callander. Au carrefour de l'A 84 et de l'A 821. ☎ 330-152. Tlj 12h-23h (1h ven-sam, 22h30 dim). Cuisine ouv jusqu'à 21h.* Lighter bites *bon marché (jusqu'à 17h), carte à prix moyens. Bœuf ven-sam à partir de 20h30.* Un resto-pub souvent bondé rassemblant une salle rustique, une véranda et un bucolique *beer garden.* Au-delà du service aux petits oignons et de la cuisine typique et soignée (beaucoup de produits locaux), le plus de l'endroit, c'est la bière brassée maison en 3 déclinaisons de couleur et degrés.

The Byre Inn : *à la sortie de* **Brig O'Turk,** *hameau situé à 2,5 miles (4 km) à l'ouest de Callander, sur l'A 821, puis fléché à gauche. ☎ 376-292. Avr-oct, tlj 12h-23h (20h pour la cuisine). Résa conseillée le soir. Prix moyens.* Petite auberge romantique, un peu improbable, nichée au milieu des bois. Cuisine écossaise de bonne facture à prix doux. Terrasse tranquille. Original et convivial !

The Dalgair : *115, Main St. ☎ 330-283.* Au fond de ce petit pub de quartier, la salle parfaitement banale accueille les soirs de fin de semaine des groupes de musique écossaise. Et tout le monde de reprendre en chœur les standards du pays, entre 2 pintes de bière !

DANS LES ENVIRONS DE CALLANDER

Bracklinn Falls : *à 1,2 mile (env 2 km) à l'est de Callander.* Belles cascades.

Falls of Leny : *au nord par l'A 84, 1 mile env après Kilmahog.* Courte balade jusqu'aux petites chutes.

Rob Roy's Grave *(la tombe de Rob Roy)* **:** *à* **Balquhidder,** *à 12 miles (env 20 km) au nord de Callander par l'A 84 (direction Lochearnhead, puis bifurquer à gauche au niveau du* Motel Mhor 84*).* C'est dans ce hameau perdu dans la campagne que le célèbre brigand des Highlands s'éteignit en 1734. Il y repose avec sa femme et 2 de leurs 4 fils, sous une pierre tombale où l'on distingue ses emblèmes, l'épée et la croix, couverts de la menue monnaie de ses admirateurs et ornée de rubans de tartan. En guise d'épitaphe, cette ultime bravade : « *MacGregor despite them* » (comprendre : « Fier d'être un MacGregor, et tant pis si ça ne leur plaît pas ! »). Derrière l'église, un chemin longe la rivière jusqu'à de petites cascades. Également un départ de sentier pour *Kirkton Glen* (3 km).

Mhor 84 Motel : *84, Kinghouse, à* **Balquhidder.** *☎ (01877) 384-646. • mhor84.net • Double 90 £ ; familiale 120 £. Dîner 30 £.* Le *Mhor 84* revisite le concept du motel avec des chambres lumineuses et confortables et, côté resto, une déco chaleureuse mêlant murs en bois peint en blanc, vaisselle dépareillée et vieux panneaux... Côté cuisine, les produits frais de la région sont parfaitement mis en valeur, comme les huîtres accompagnées d'une sauce au whisky, les coquilles Saint-Jacques de l'île de Mull et purée de céleri, ou encore un burger au *haggis.* Un lieu très agréable l'après-midi aussi pour se réchauffer près du feu avec une part de gâteau et un thé fumant. Une très bonne adresse dans la région du Loch Lomond.

➢ **La piste cyclable Callander-Strathyre :** longe la rive ouest du *loch Lubnaig* sur environ 6 miles (10 km environ), selon l'ancien tracé de la voie ferrée menant à Oban.

➢ **Ben Ledi :** *départ depuis la piste cyclable Callander-Strathyre.* Une belle randonnée qui permet de grimper au sommet du Ben Ledi, montagne locale (879 m). Pour ceux qui ont un minimum d'expérience. Compter 4h de marche aller-retour. Du sommet, vue imprenable sur les lochs de la région.

DE LA PÉNINSULE DE FIFE À PERTH

• Carte *p. 242-243*

Séparé d'Édimbourg par le Firth of Forth, l'ancien royaume de Fife épouse la forme d'une langue dans cette grande bouche de terre ouverte sur la mer du Nord qu'est la côte est. On recommande de prendre la route côtière égrenant d'adorables ports de pêche jusqu'à la ravissante ville de Saint Andrews, puis de passer par l'intérieur des terres pour remonter jusqu'à Perth.

CULROSS

400 hab. IND. TÉL. : 01383

Le temps semble s'être arrêté dans le petit village de Culross. Lieu de naissance supposé au VIe s de saint Mungo, fondateur et patron de Glasgow, ce fut un grand centre religieux, doté d'une abbaye en 1217. Mais comment deviner que Culross fut l'une des cités les plus prospères du pays, consacrée bourg royal par Jacques VI ? À cette époque (XVIe s), le commerce florissant du sel et l'extraction du charbon, dont regorge son sous-sol, le transforment en un port très actif tourné vers la Scandinavie et les Pays-Bas. Au XVIIIe s, le déclin s'installe. Dans les années 1930, le *National Trust* entreprend un programme de restauration des habitations des XVIe et XVIIe s. Aujourd'hui, les visiteurs musardent avec plaisir dans de charmantes ruelles qui ont retrouvé leur patine d'antan.

Arriver – Quitter

➢ ***En bus :*** liaison ttes les heures env avec le bus n° 78 ***Dunfermline-Stirling*** de *Stagecoach Fife.* ☎ *0871-200-22-33* (Traveline). ● *stagecoachbus.com* ●

Où manger ? Où boire un verre ?

🍽 ***Biscuit Café :*** *Little Sandhaven.* ☎ *88-21-76. À 2 pas du* Royal Burgh, *à l'étage d'une boutique de poterie. Tlj 10h-17h. Bon marché.* Courte carte de soupes du jour, sandwichs toastés (excellent pain !) et pâtisseries maison, confectionnés avec des produits frais, voire bio. À déguster sans hâte dans les jolies petites salles ou, mieux, dans l'adorable jardin bien touffu caché à l'arrière. Parfait pour une pause gourmande.

🍽 🍷 ***Red Lion Inn :*** *Low Causeway.* ☎ *88-02-25. Côté estuaire, avt d'arriver au* Palace. *Tlj 12h-21h, service continu. De bon marché à prix moyens.* Dans une vieille maison blanche, une mignonne auberge, au plafond tapissé de blasons de marques de bières et whiskies. Plats classiques de pub, simples, bons et copieux. En outre, gage de sérieux, de la *real ale* au tonneau.

À voir. À faire

Royal Burgh (NTS) **:** *au cœur du village.* ☎ *880-359. Avr-oct, tlj 11h-17h (16h avr-juin et sept-oct). Dernière entrée 45 mn avt. Fermé nov-mars. Entrée (également valable pour la* Town House *et le* Study*) : £ 10,50 ; réduc. Augioguide en français et visite guidée inclus (départ ttes les heures). Jardins : £ 3,50.*
Rien de royal, mais une vaste demeure de riche négociant de la fin du XVIe s. Après une intéressante vidéo de présentation, on visite les appartements de 2 maisons et les cuisines entièrement reconstituées. Les petites pièces sont très cossues, à l'image des magnifiques plafonds peints d'époque et du beau mobilier de style. Noter aussi la curieuse chambre forte où le propriétaire, George Bruce, conservait les taxes perçues sur les bateaux de commerce au mouillage. Un joli magot, le port de Culross en accueillant jusqu'à 200 à son apogée ! Terminer par un tour au jardin dont la composition médiévale, plus utilitaire (verger, potager, herbes aromatiques et médicinales) que décorative, a été méticuleusement recréée.
On peut compléter la visite par celles, obligatoirement guidées, de la ville *(town tours),* comprenant le conseil de la *Town House,* bâtiment du XVIIe s dominant Mercat Cross, et le *Study* (plafond de style norvégien). *En principe, elles ont lieu tlj en juil-août, seulement le w-e en avr-juin et sept-oct. Rens au guichet.*

Promenade dans le village : la voie pavée de gros galets qui monte vers l'abbaye passe par une pittoresque petite place où trône la *Mercat Cross,* la traditionnelle croix du marché, ici curieusement surmontée d'une licorne. Tout autour et dans les allées avoisinantes, bel alignement d'élégantes maisons blanches avec pignons à redents et tuiles rouges, typiques de l'architecture écossaise de l'époque. Au sommet du village trône ***l'abbaye*** *(tlj 9h30-17h30 – 16h30 oct-mars ; GRATUIT).* Datant du XIIIe s, elle est en ruine à l'exception du chœur, transformé en église paroissiale et doté d'une grande tour crénelée au XVIIe s. Dans le vénérable cimetière adjacent, des pierres tombales couvertes de symboles rappellent les professions des défunts.

DUNFERMLINE

49 700 hab. IND. TÉL. : 01383

Aujourd'hui assoupie, cette ancienne capitale de l'Écosse servit de résidence royale jusqu'à l'union des 2 couronnes en 1603. Andrew Carnegie, grand industriel et philanthrope américain, naquit ici en 1835. Il légua le parc qui aère l'atmosphère d'une ville un peu falote, surtout visitée pour son abbaye médiévale.

Arriver – Quitter

En bus

➢ ***Édimbourg, Glasgow, Saint Andrews, Perth*** et ***Stirling,*** avec *Stagecoach Fife.* ☎ *0871-200-22-33.* • *stagecoachbus.com* • Pour les villages de la côte, passer par Kirkcaldy.

En train

➢ Liaisons directes avec ***Édimbourg.*** ☎ *0344-811-0141.* • *scotrail.co.uk* •

Adresse et info utiles

– Nombreux ***pubs et cafés*** dans les ruelles du centre, à proximité de l'abbaye.

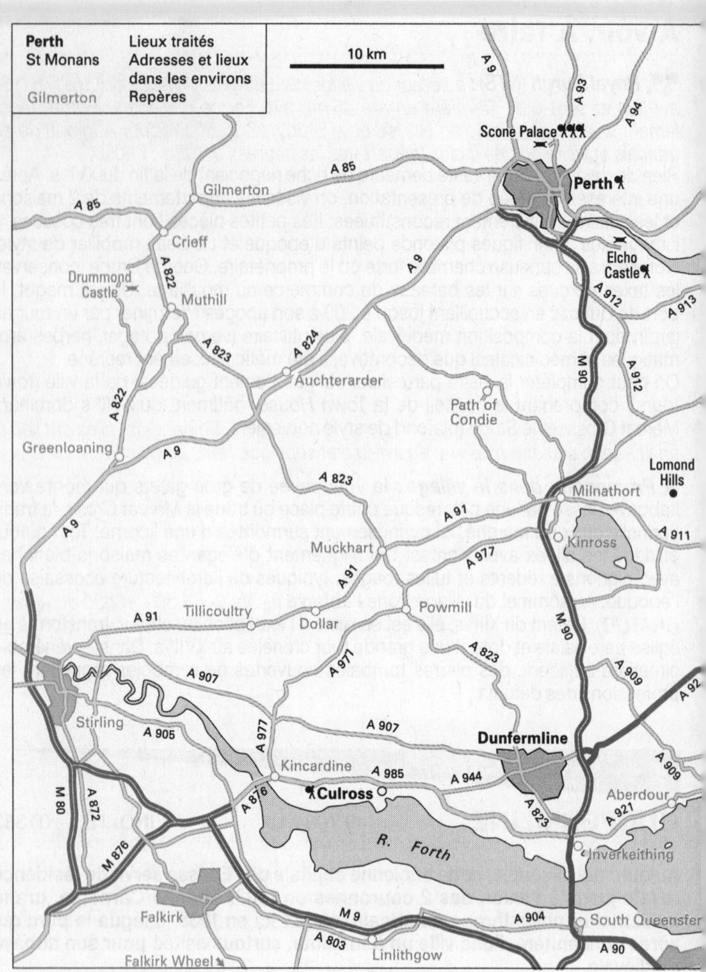

À voir

Dunfermline Abbey and Palace (HES) : *Kirgate St. ☎ 739-026. Avr-sept : tlj 9h30-12h30, 13h30-17h (dernière entrée) ; oct-mars : tlj sauf jeu-ven 10h-15h30 (dernière entrée). Entrée : £ 5 ; réduc.* Environnée par un cimetière romantique aux pierres tombales des XVIIe et XVIIIe s (l'ancien terrain de pétanque de Charles Ier !), l'abbaye fut d'abord un prieuré, fondé au XIe s par la jeune reine Margaret, canonisée pour sa grande piété et sa lutte contre des rites celtes. Son fils David Ier le transforme en abbaye, puis en mausolée royal (22 tombeaux !). Au XIIIe s, des bâtiments domestiques sont ajoutés, puis, en 1600, Anne de Danemark y installe son palais, où elle donne naissance au roi Charles Ier.

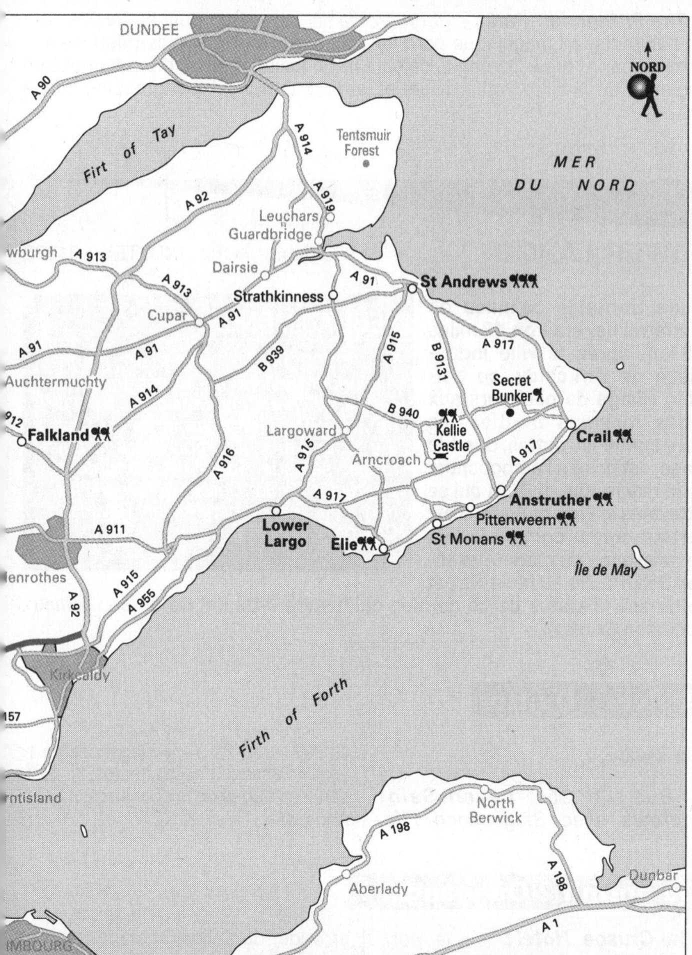

DE LA PÉNINSULE DE FIFE À PERTH

Du ***palais*** ne subsiste qu'une longue façade dressée en surplomb d'une ravine, vestige de ce qui fut à l'origine une des maisons d'hôtes de l'abbaye. On y circule dans les ruines du réfectoire et de la cuisine. Quelques belles sculptures sont exposées dans de petites salles adjacentes au magasin de souvenirs. ***L'abbaye,*** quant à elle, est surtout célèbre pour sa nef de style roman (XIIe s), présentant de nombreuses similitudes avec la célèbre cathédrale de Durham en Angleterre, construite à la même époque. Les 4 piliers monumentaux et étonnamment ciselés étaient à l'origine colorés. Des portes conduisent au chœur, construit sur les ruines du couvent au début du XIXe s pour servir d'église paroissiale, toujours utilisée aujourd'hui (accès libre). Sous la chaire, la pierre tombale en bronze et porphyre du roi Robert the Bruce (1274-1329), posée en 1889 à la suite de la redécouverte de sa dépouille, enveloppée dans un linceul d'or.

The Pittencrieff Park : *en bordure de l'abbaye.* Surnommé *The Glen* par les habitants, ce magnifique parc fut acheté à des lords, puis offert à Dunfermline par Andrew Carnegie, célèbre millionnaire et philanthrope américain originaire de la ville. Petite rivière et jardin à la française. Agréable comme tout.

LOWER LARGO

1 900 hab. IND. TÉL. : 01333

À une trentaine de miles de Dunfermline, environ 12 miles (20 km) après la ville industrielle de Kirkcaldy, ce paisible village de pêcheurs aux rudes maisons blotties les unes contre les autres, dos à la plage, est posé à l'embouchure de la rivière Kiel of Burn qui se jette dans le Firth of Forth. Il est surtout connu comme le lieu de naissance du marin Alexander Selkirk. Au 99 Main Street se dresse la statue de ce dernier, qui inspira à Daniel Defoe son fameux *Robinson Crusoé.*

SEUL AU MONDE

Vers 1700, le lieutenant de marine Alexander Selkirk fut abandonné par ses chefs, pour insoumission, sur l'île de Juan Fernandez, au large du Chili. Il y resta 4 ans et 4 mois dans la plus totale solitude (pas de Vendredi !). L'écrivain Daniel Defoe, ému par l'histoire, en tira le best-seller Robinson Crusoé.

Arriver – Quitter

En bus

➢ Bus n° 95 ***Leven-Saint Andrews*** avec *Stagecoach Fife.* ☎ *0871-200-22-33.* • *stagecoachbus.com* • Passage ttes les heures, tlj. Dessert les villages de la côte jusqu'à Saint Andrews.

Où dormir ? Où manger ?

Crusoe Hotel : *sur le port.* ☎ *320-759.* • *crusoehotel.co.uk* • *Doubles £ 90-110 selon vue, petit déj inclus. Resto bon marché le midi, prix moyens le soir.* Dominant le minuscule port, cette charmante auberge loge ses chambres modernes et tout confort dans une aile chatouillée par les vagues à marée haute. Les plus chères ont vue sur la mer, les autres sur l'étroite rade. Également une suite avec terrasse, regardant des 2 côtés. Salles communes rustiques et chaleureuses ou terrasse géniale sur la jetée, impeccables pour apprécier une bonne cuisine classique : haddock, saumon, *haggis,* salades et, si arrivage, du délicieux crabe frais. Et puis de la *real ale...*

Seascape Largo B & B : *21, Temple.* ☎ *320-008.* • *seascapelargo.co.uk* • *Tt au bout du village, à 800 m à l'est du port, dans le petit quartier balnéaire qui finit en cul-de-sac. Doubles avec sdb £ 70-85.* Dans un modeste cottage aux couleurs marines posté face à la plage, 2 chambres simples, claires et confortables, avec salon à partager. La plus chère donne sur la mer, l'autre est un peu étroite. Accueil bonhomme et vraiment sympa de Matt, qui cuisine son petit déj avec des produits du coin.

ELIE

677 hab. IND. TÉL. : 01333

À 5 miles (8 km) de Largo, cette petite station balnéaire coquette et un tantinet bourgeoise déroule un front de mer très photogénique, formé par son port de plaisance suivi d'une belle anse abritant une plage de sable.

Arriver – Quitter

En bus

➢ Bus X60 et X62 ***Édimbourg-Saint Andrews*** *(via Kirkcaldy)* avec *Stagecoach Fife.* Ttes les heures. Desservi également par le ***bus 95*** Leven-Saint Andrews (par la côte ; ttes les heures).

Où dormir ? Où manger ?

⛺ ***Elie Holiday Park :*** *à 2 miles à l'ouest d'Elie. Bien indiqué depuis l'A 917. ☎ 330-283. • abbeyford.com • Ouv fin mars-fin oct. Selon saison, forfait pour 2 £ 15-22.* Le chemin d'accès file dans la campagne avant de déboucher sur un site au charme sauvage, isolé entre collines et plage. Le terrain se résume à un vaste espace sans ombre ni délimitations, mais les infrastructures sont bonnes : bar, resto, épicerie, et une super aire de jeux pour les enfants, façon *Pirates des Caraïbes* !

|●| ***Ship Inn :*** *sur la digue du port. ☎ 330-246. Tlj 12h-15h, 17h-21h. Résa conseillée. Prix moyens.* Emplacement idéal pour cette auberge blanc et bleu ciel, dont la terrasse en surplomb des vagues profite d'une vue formidable. S'il pleut, on se réfugie dans les petites salles claires et chaleureuses, autour d'une cuisine classique fraîche et soignée faisant la part belle au poisson.

DANS LES ENVIRONS D'ELIE

👁👁 ***Saint Monans :*** *env 3 miles (5 km) plus loin. Mêmes bus que pour Elie.* Plus petit village de la péninsule, Saint Monans mérite une halte pour ses ruelles frangées de maisonnettes de pêcheurs typiques, avec leurs toitures rouges, leurs pignons à redents et leurs escaliers extérieurs. Elles enserrent un rustique port de pêche, où loge un *musée* minuscule rappelant son passé marin *(mai-sept : mar, jeu et sam-dim 11h-13h, 14h-16h ; GRATUIT).*

À l'autre extrémité, sur un petit cap au bout du village, l'église construite en 2 temps du XIIIe s au XIVe s semble se pelotonner au creux d'un cimetière, giflé par les embruns les jours de forte tempête.

⛺ ***Camping :*** *dans le haut du village. ☎ 01333-730-778. • abbeyford.com • De mi-mars à fin oct. Compter dans les £ 15-20.* Camping aussi paisible que basique, étendu sur une large pelouse.

|●| ***East Pier :*** *au bout de la rade. ☎ 01333-405-030. Juin-août, tlj 11h-17h, et pour le dîner ven-sam ; mai et sept, mer-dim ; avr et oct, le w-e seulement. Bon marché.* Poisson fumé maison servi dans une modeste *smokehouse*. Terrasse.

👁👁 ***Pittenweem :*** *env 2 miles (3 km) plus loin. Mêmes bus que pour Elie.* Encore un petit port de pêche typique, qui s'anime le matin pendant la criée. De pittoresques maisons du XVIe s, restaurées par le *National Trust,* expliquent sa popularité auprès d'artistes devenus résidents, rejoints par de nombreux invités durant une semaine début août pour l'*Arts Festival.* À cette occasion, jardins, garages et maisons se transforment en autant de galeries d'art (*● pittenweemartsfestival.co.uk ●).* Autre curiosité, la ***grotte de Saint Fillan,*** dissimulée dans un passage qui grimpe du port vers High St. Selon la légende, ce vieux rocher aux profonds méandres souterrains servit de refuge au premier missionnaire chrétien. Lieu saint depuis des siècles, on y célèbre encore des messes. *Entrée : £ 1. Clé disponible au* Cocoa Tree Café *sur High St (tlj 10h-18h).*

🏰🏰 ***Kellie Castle and Garden*** *(NTS)* **:** *à env 6 miles (10 km) au nord-est d'Elie, sur la B 9171. ☎ 720-271. ● nts.org.uk ● Avr-oct, tlj sauf ven (tlj juin-août) 11h-17h (16h oct). Fermeture des caisses 45 mn avt. Visites guidées possibles à 11h et 12h15. Entrée : £ 10,50 ; réduc.* C'est dans ce château édifié du XIIIe au XVIe s que Robert Lorimer, célèbre architecte associé à la restauration de nombreux monuments écossais, a passé une partie de sa jeunesse. Son père avait découvert cette bâtisse à l'abandon à la fin du XIXe s. L'élégant aménagement intérieur datant de cette époque révèle quelques éléments anciens comme les panneaux en trompe-l'œil de la salle à manger et le spectaculaire plafond stuqué de la *Vine Room,* copie de la chambre du roi à Holyrood. À voir encore, la pièce devenue une bibliothèque où dormit Jacques VI lors de son passage, une chambre d'enfant pleine de jouets d'époque, un jardin clos exceptionnel regorgeant de parfums et de couleurs, et l'atelier du sculpteur Hew Lorimer qui vécut ici jusqu'en 1970.

ANSTRUTHER

3 450 hab. IND. TÉL. : 01333

Tout près de Pittenweem, un autre port, plus grand. Autrefois prospère grâce à la pêche du hareng qui se fait désormais rare, le village se reconvertit peu à peu dans le tourisme, via notamment son remarquable musée de la pêche.

➢ Même ***bus*** que pour Elie.

Où dormir ? Où manger ?

🏠 ***Murray Library Hostel :*** *7, Shore St (sur le port, face à la plage). ☎ 311-123. ● murraylibraryhostel.com ● Lit en dortoir £ 20-22, doubles £ 46-56. Pas de petit déj.* Adorable *hostel,* installé dans une ancienne bibliothèque qui a conservé son superbe escalier verni et ses parquets craquants, distribuant dans les étages 3 dortoirs basiques de 4-6 lits avec lavabo, et autant de chambres privées, toutes simples mais joliment aménagées. Beaucoup de lumière, et pour cause, toutes les piaules donnent sur la mer. Sanitaires communs étincelants, grande cuisine et salon convivial, lové dans l'ancienne salle de billard. Bref, une excellente adresse. En plus, le bus s'arrête juste devant !

🏠 ***The Spindrift :*** *Pittenweem Rd. ☎ 310-573. ● thespindrift.co.uk ● À la sortie du village, direction Pittenweem. Doubles £ 66-92 selon saison. Dîner sur résa £ 25.* Belle maison alignant 8 chambres très confortables sur 2 étages, le dernier mansardé. L'une, dessinée par le premier propriétaire de la maison, un capitaine de clipper, ressemble à une cabine de bateau. Impeccable et douillet (salles de bains modernes, frigo, micro-ondes). Accueil pro.

|●| ***Anstruther Fish Bar & Restaurant :*** *44, Shore St (sur le port). ☎ 310-518. Tlj 11h30-21h30 (jusqu'à 22h à emporter). Bon marché.* Une star, et pas une nouvelle, parmi les *fish & chips* écossais. En témoignent les nombreux prix obtenus et les longues files d'attente. Haddock, mais aussi sole, crabe, crevettes, saumon. Copieux et super frais, voire du jour pour le *catch of the day.* Si on déguste sur place (30 % plus cher), le prix inclut pain-beurre et boisson chaude. Glaces maison.

À voir. À faire

*Scottish Fisheries Museum :** *sur le port.* ☎ *310-628.* ● *scotfish museum.org* ● *Avr-sept : lun-sam 10h-17h30, dim 11h-17h ; oct-mars : tlj 10h (12h dim)-16h30 ; dernière admission 1h avt. Entrée : £ 9 ; réduc ; gratuit moins de 16 ans. En anglais seulement.* Un immense musée, incontournable dans son genre, tant par l'intérêt des innombrables pièces exposées dans plusieurs bâtiments d'époque, que par son analyse sociologique et historique, nostalgie comprise. Cabine d'un bateau de pêche grandeur nature, moteurs de toutes sortes, appareils de navigation et de détection du poisson, cordages, lampes-tempête en cuivre, bouées décorées, belles maquettes... La collection est aussi riche que passionnante, avec, cerise sur le gâteau, plusieurs vrais bateaux alignés dans un vaste hangar. Sur le côté, on peut même observer l'atelier où des artisans restaurent des antiquités qui viendront enrichir le musée. La visite se termine dans une maison de marins du début du XXe s, dont l'intérieur a été reconstitué.

La vieille église : *au bout, à droite de la plage en regardant la mer.* Tour carrée, bordée d'un cimetière. En face, une maison au mur recouvert de coquillages.

➢ ***Excursion vers l'île de May :*** *kiosque et résas sur le port.* 📱 *07957-585-200.* ● *isleofmayferry.com* ● *Avr-sept, tlj (selon conditions climatiques). Résa très conseillée. Tarifs : env £ 26/pers ; réduc. Durée : 5h pour une croisière classique, avec accostage.* L'île de May est une réserve d'oiseaux, connue notamment pour son importante colonie de macareux moines, idéalement observée de mai à juillet. Également beaucoup de phoques. Au choix, selon la formule : navigation le long de ravines et criques en contrebas des falaises ou/et accostage et balade sur un sentier qui traverse l'île de long en large (env 2h30 à terre).

CRAIL

1 639 hab. IND. TÉL. : 01333

Élevée au rang de cité royale par Robert the Bruce en 1310, ville commerçante jusqu'au XVIIIe s, Crail s'enorgueillit aujourd'hui de son croquignolet port miniature, vieux de 400 ans et l'un des plus photographiés d'Écosse. Depuis la ville haute, les ruelles descendent vers la mer en se faufilant entre les maisons de pêcheurs blotties les unes contre les autres. À gauche du port, des jardins en surplomb ornent le rivage d'une guirlande colorée. De là démarre une belle balade le long de la côte et des remparts de la Castle Walk, avec vue imprenable sur le Firth of Forth. Beaucoup de charme.

➢ Desservi par le bus 95 ***Leven-Saint Andrews*** (par la côte) de *Stagecoach.* Ttes les heures.

Où dormir ? Où manger ?

The Honeypot Guesthouse and Tearoom : *6, High St.* ☎ *450-935.* ● *honeypotcrail.co.uk* ● *Salon de thé ouv tlj sauf mar 10h30-16h (fermé mar-mer hors saison). Double env £ 70, petit déj inclus. En-cas bon marché.* C'est d'abord l'accueil sincère et généreux qui fait la différence : on se sent tout de suite reçu comme des amis ! Et dès qu'on a vu les jolies chambres modernes et tout confort lovées sous les toits, on n'a plus envie de repartir. Vue sur la mer depuis l'une d'entre elles. Côté salon de thé, la cuisine, servie dans une petite salle pimpante et lumineuse, est à l'image de la maison, simple, fraîche et savoureuse (bons gâteaux, paninis originaux, soupe).

Grand jardin à l'arrière. Sait-on jamais, peut-être y aura-t-il du soleil... Une excellente adresse.

Selcraig House : *47, Nethergate. ☎ 450-697. • selcraighouse.co.uk • De l'office de tourisme, descendre Toolbooth Wynd, puis à droite. Tte l'année. Doubles £ 70-80.* Atmosphère surannée dans cette maison du XVIIe s, flanquée d'un *conservatory* (véranda) converti en salle de lecture où trône un authentique Gramophone en état de lire ses 78-tours ! Dans les étages, chambres confortables au mobilier d'antiquaire, dont 2 avec lit à baldaquin. Accueil souriant de Margaret, qui parle le français.

Marine Hotel : *54, Nethergate South. ☎ 450-207. • marinecrail.co.uk • Double env £ 70.* Plutôt attachant, le côté désuet et un rien négligé du salon s'efface devant l'honnête qualité des chambres et la bonhomie du patron. Bon, il ne faut pas être trop regardant non plus, l'entretien général est à l'image de l'atmosphère bohème de la maison. Si on adhère, on passe un bon moment, d'autant que la situation est idéale, avec la mer qui s'agite en contrebas du jardin.

Crail Harbour Gallery : *en descendant vers le port, sur la gauche. ☎ 451-896. Tlj de 10h30 jusqu'à 18-20h selon l'humeur. En-cas bon marché.* Ah, cette petite terrasse gravillonnée qui surplombe la mer dans laquelle se noie le ciel ! Si le temps se gâte, cadre mignon d'ancien cellier, garni d'objets et d'œuvres à vendre, bien dans le ton maritime. Un lieu agréable, pour grignoter *cakes, scones* chauds à la crème et confiture ou, côté salé, des paninis servis avec de bonnes frites et une petite salade. Service attentionné.

LE CENTRE

À voir

L'église Saint Mary : *au bout de la rue principale, sur la gauche. Juil-sept : mar-jeu 14h-16h.* Construite au XIIIe s, et entourée du bucolique cimetière de rigueur. John Knox y prononça l'un de ses célèbres sermons. Notez la pierre sur la gauche du portail, contre le pignon d'une jolie demeure de Market Gate. On raconte que le diable, entré dans une rage folle (diable sait pourquoi !), la lança depuis l'île de May pour détruire l'église (raté !). Légende, direz-vous ? Mais, fait troublant, cette *blue stone* (plutôt verdâtre, d'ailleurs, mais elle changerait de couleur avec le temps) ne se rencontre que sur l'île de May. Alors...

DANS LES ENVIRONS DE CRAIL

The Secret Bunker : *à 3,5 miles au nord de Crail sur la B 940. Bien indiqué. ☎ 310-301. • secretbunker.co.uk • Mars-oct : tlj 10h-17h (dernière admission). Entrée : £ 13 ; réduc. Audioguide en français £ 2.* Sous cette petite maison autour de laquelle veillent quelques blindés légers se cache un immense bunker construit de 1951 à 1953. D'abord l'un des postes radars établis par la RAF le long des côtes britanniques, il fut réaménagé pour servir de refuge au gouvernement local et à l'état-major en cas de conflit nucléaire. Démilitarisé après l'effondrement du bloc soviétique, il est ouvert au public depuis 1994. Au bout d'un long tunnel, centre des opérations, salles de contrôle, armurerie, dortoirs,

AFFAIRE DE DISCRÉTION

Comment le bunker destiné à abriter les plus hautes autorités écossaises en cas de conflit a-t-il pu rester top secret malgré les barbelés, les antennes-radars et autres véhicules militaires qui s'y rendaient régulièrement ? Même le voisin de l'époque, un fermier, l'avait pris pour un simple réservoir d'eau... Imaginez alors sa surprise lorsqu'il visita les installations quelques années plus tard !

réfectoire, infirmerie et chapelle répartis sur 2 niveaux donnent une idée de la vie des 300 hommes de l'ombre qui se relayaient ici. Également un cinéma, projetant d'anciens films « pédagogiques », genre « comment fabriquer chez soi son abri antiatomique ? »... Une plongée plutôt glauque, voire oppressante, dans les années de guerre froide, intéressante pour ce qu'elle révèle de la paranoïa de l'époque.

SAINT ANDREWS

16 900 hab. IND. TÉL. : 01334

• Plan *p. 251*

Aussi vieille qu'Édimbourg, la ville fut longtemps le centre religieux de l'Écosse, gardienne des reliques de saint André (Andrews) rapportées de Grèce au IVe s par saint Rule. C'est également ici que fut créée la première université du pays et que se développa ce qui allait devenir un sport national : le golf. Les greens s'étirant jusqu'au centre-ville sont devenus depuis indissociables de l'image de la cité. Regarder les play-boys à casquette *putter* sur des moquettes d'un vert éblouissant n'est cependant pas le seul attrait de Saint Andrews, qui demeure toujours une ville étudiante, s'assoupissant l'été quand ceux-ci cèdent la place aux touristes. Surtout, il y a cette pierre omniprésente qui, baignée par une lumière marine transcendant son austérité, unit des ruines impressionnantes aux immeubles et villas d'aujourd'hui.

DES TROUS PARTOUT

Véritable sport national depuis des temps immémoriaux, le golf fut banni au XVe s par Jacques II car la population finissait par délaisser le maniement des armes. Férue de petites balles blanches, la reine Marie Stuart brava l'interdit juste après la mort de son époux, ce qui ne manqua pas de contrarier la bonne société de l'époque.

Les passionnés peinent à s'accorder sur le nom du plus vieux green du monde : Saint Andrews ou Édimbourg ? Même si le second semble devoir emporter le titre (1744), l'*Old Course* de Saint Andrews reste le plus couru, le must. Précisons tout de même qu'ici comme dans toute l'Écosse le golf n'est pas le privilège d'une élite fortunée mais un sport démocratique. Rares sont les cercles aux tarifs inabordables. Il faut dire que l'arrosage naturel facilite beaucoup l'entretien des greens...

POURQUOI LES PANTALONS DE GOLF SONT-ILS FERMÉS EN BAS ?

En général, un élastique serre le pantalon contre le mollet, comme celui de Tintin. Il s'agit d'éviter la triche. Il serait sinon facile de glisser discrètement une balle le long de la jambe et de la faire tomber, au bon endroit, sur le green.

Arriver – Quitter

En bus

🚌 ***Gare routière*** *(plan A1)* **:** *City Rd.*
➢ ***Édimbourg, Dundee, Stirling*** et ***villages côtiers du Fife*** avec *Stagecoach Fife.* ☎ *0871-200-22-33.* • *stagecoachbus.com* • Liaisons régulières. Pour Perth ou Glasgow, changement à Glenrothes.

En train

➢ ***Édimbourg*** ou ***Dundee*** avec *Scotrail.* ☎ *0330-303-0111.* ● *scotrail.co.uk* ● Le *Saint Andrews Railbus Ticket* combine le train jusqu'à la gare de *Leuchars* (la plus proche de Saint Andrews) et la correspondance en bus vers le centre-ville.

Adresses utiles

ℹ @ ***I Centre*** *(plan B2)* **:** *70, Market St.* ☎ *472-021.* ● *visitscotland.com* ● *Lun-sam 9h15-17h (18h juil-août), plus dim 10h-17h avr-sept.* Doc abondante. Vente de timbres.

■ ***Location de vélos*** *(plan B2,* ***1****)* **:** ***Spokes,*** *37, South St.* ☎ *477-835.* ● *spokescycles.com* ● *Tlj sauf dim 8h45-17h30 (retour à 17h). £ 20/j.*

Où dormir ?

Les hébergements sont chers, et tous pris d'assaut début septembre pour la rentrée universitaire.

Campings

⛺ ***Cairnsmill Caravan Park*** *(hors plan par A2,* ***15****)* **:** *Largo Rd.* ☎ *473-604.* ● *cairnsmill.co.uk* ● *À 0,5 mile de la sortie sud de la ville, en suivant l'A 915. Avr-oct. Forfait tente pour 2 £ 16-18. Huttes avec kitchenette pour 2-4 pers £ 40-50.* Le long d'une route assez passante, proche d'un petit étang (pêche possible), un vaste camping sans arbres mais bien tenu et équipé. Sanitaires fonctionnels impeccables. Piscine couverte chauffée, épicerie, bar. Beaucoup de camping-cars et de mobile homes, c'est la tendance.

⛺ ***Saint Andrews Holiday Park*** *(hors plan par B2,* ***16****)* **:** *Kinkell Braes.* ☎ *474-250.* ● *abbeyford.com* ● *À env 0,5 mile à la sortie sud de la ville par l'A 917 direction Crail. De mi-mars à fin oct. Forfait tente pour 2 £ 15-20.* Étalé sur un vaste promontoire dominant au loin la ville et la mer, ce camping bien équipé n'accorde qu'une dizaine de places aux tentes, le reste étant dévolu aux mobile-homes. Aire de jeux, resto-bar. Là aussi, un peu proche de la route.

Bon marché (£ 10-25/pers ; 12-30 €)

🏠 ***St Andrews Tourist Hostel*** *(plan A2,* ***10****)* **:** *Inchcape House, Saint Mary's Pl.* ☎ *479-911.* ● *standrewshostel.com* ● *Réception 8h-14h, 17h-22h. En dortoir (5-8 lits) £ 12-16/pers.* Petite AJ idéalement située en centre-ville, dans les étages d'une vieille demeure bourgeoise aux beaux volumes. Pour le reste, du très classique : dortoirs basiques corrects, cuisine et salon TV sympa avec baby-foot. Bonne atmosphère.

Prix moyens (£ 50-85 ; 60-102 €)

🏠 ***Abbey Cottage*** *(plan B2,* ***11****)* **:** *Abbey Walk.* ☎ *473-727.* ● *coull@lineone.net* ● *Résa conseillée. Double avec sdb £ 70. Parking privé gratuit.* Derrière une enceinte, un jardinet au désordre exubérant précède cette maison adossée aux remparts depuis la fin du XVIIIe s. À l'intérieur, 2 chambres confortables et meublées d'ancien, ainsi qu'une étonnante salle de petit déj toute ronde. Accueil adorable et plein de personnalité de Margaret Coull, photographe de renom et grande voyageuse (du coup, la maison est parfois fermée !).

🏠 ***Anderson House B & B*** *(hors plan par B2,* ***14****)* **:** *122, Lamond Dr.* ☎ *477-286.* ● *andersonhousestandrews.com* ● *Double avec sdb £ 60.* Situé dans un quartier résidentiel à 10-15 mn à pied du centre, ce pavillon moderne tenu par un couple dynamique abrite 3 chambres aussi modestes qu'impeccables et bien équipées (douche, TV), à un prix ras du plancher pour la ville. Un bon plan.

🏠 ***Burness House*** *(plan A1,* ***13****)* **:** *1, Murray Park.* ☎ *474-314.*

LE CENTRE

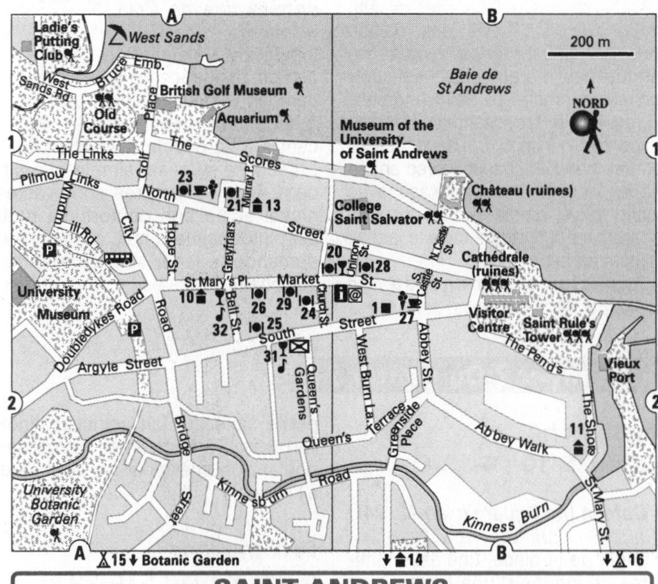

■ **Adresses utiles**

- @ I Centre (B2)
- 1 Location de vélos (B2)

Où dormir ?

- 10 St Andrews Tourist Hostel (A2)
- 11 Abbey Cottage (B2)
- 13 Burness House (A1)
- 14 Anderson House B & B (hors plan par B2)
- 15 Cairnsmill Caravan Park (hors plan par A2)
- 16 Saint Andrews Holiday Park (hors plan par B2)

Où manger ? Où goûter ?

- 20 Central (A-B1)
- 21 Ziggy's (A1)
- 23 Bibi's (A1)
- 24 The Doll's House et Café in the Square (A2)
- 25 The Vine Leaf (A2)
- 26 Tailend (A2)
- 28 Cromars (B1)
- 29 Forgan's (A2)

Où manger une glace ?

- 23 Bibi's (A1)
- 27 B Jannetta (B2)

Où boire un verre ? Où écouter de la musique ?

- 20 Central (A-B1)
- 31 The Rule (A2)
- 32 Vic (A2)

• *burnesshouse.com* • *Doubles £ 70-90.* Dans une maison victorienne coquette, 2 chambres modernes, sobres et confortables. Petit déj copieux. Nombreux ***autres B & B*** dans la même rue, un à chaque pas-de-porte, pratiquant tous des tarifs élevés.

Où dormir dans les environs ?

Mansedale House : *35, Main St, à* ***Strathkinness.*** *☎ 850-850.* • *mansedalehouse.co.uk* • *À 3 miles (5 km) à l'ouest de Saint Andrews par* *la B 939. Le bus n° 64 s'arrêt devant. Double env £ 80.* Cette jolie maison tenue par des proprios sympas ne manque pas d'arguments : au cœur d'un village proche de Saint Andrews, elle rassemble 3 ravissantes chambres tout confort (minifrigo) à la déco rustico-chic très aboutie, chacune avec entrée indépendante (la 1re est à l'étage, avec escalier privé, tandis que les 2 autres se partagent un cottage dans le jardin). Vraiment parfait.

Spinkstown Farmhouse : *à 2 miles de Saint Andrews, sur l'A 917 en direction de Crail. ☎ 473-475. • spinkstown.com • Double env £ 80.* Il suffit de s'éloigner un peu jusqu'à cette maison récente isolée en pleine campagne pour dénicher un rapport qualité-prix incomparable avec le centre-ville, doublé d'une hospitalité à l'écossaise aussi simple que sincère. Les 4 chambres sont vastes, nickel et de bon confort. La route est plutôt calme la nuit, mais on peut demander à loger sur l'arrière, face aux champs.

Où manger ? Où goûter ?

Bon marché (plats £ 5-10 ; 6-12 €)

Café in the Square *(plan A2,* ***24****) : Church Sq. Lun-sam 10h30-16h30.* À l'angle de la place, une salle lumineuse prolongée d'une terrasse en courette, où l'on se pose avec plaisir pour caler une petite faim avec un sandwich, une soupe ou une salade. Tout simple, frais, bon et à petits prix.

Bibi's *(plan A1,* ***23****) : 5, Ellice Pl. (North St). Tlj 9h30 (10h dim)-17h.* Agréable café tout de bois tapissé, mignon et convivial, fréquenté à toute heure par les étudiants pour ses petits déj, grandes salades, sandwichs toastés, gâteaux maison et glaces artisanales. Petit patio.

Tailend *(plan A2,* ***26****) : 130, Market St. ☎ 474-070. Tlj jusqu'à 22h.* C'est l'histoire du *fish & chips* de quartier qui, fort de son succès, a aménagé une grande salle pimpante pour le service à table, allongeant sa carte d'une sélection de soupe, poissons du jour, etc. On peut toujours emporter sa portion au comptoir (environ 30 % moins cher). Si vous voulez comparer la qualité de la friture, son rival, **Cromars** *(plan B1,* ***28****)*, lauréat d'un prix national, est installé à peine 200 m plus loin *(1, Union St, angle Market St ; ☎ 475-555 ; tlj 12h-22h30).* Même principe, on commande au comptoir ou on s'attable dans une petite salle qui fait scintiller l'inox. Terrasse. Sert également saucisses, poulet et burger pour les allergiques à l'iode.

Prix moyens (plats £ 8-18 ; 10-22 €)

Central *(plan A-B1,* ***20****) : Market St (angle College St). Service jusqu'à 21h30.* Une copieuse cuisine de pub et un large choix d'excellentes bières (dont plusieurs *real ales*) attirent toute la société locale, sans nuance de classe. Convivialité assurée, que l'on s'accoude au comptoir central ou que l'on investisse les banquettes. Une valeur sûre dans son genre.

Forgan's *(plan A2,* ***29****) : 110, Market St. ☎ 466-973. Tlj 12h-22h. Résa conseillée.* Il y a d'abord le décor, formidable, comme une immense grange en pleine ville, aménagée version chic, avec du bois brut, du cuir, des recoins intimes façon salle à manger de campagne. S'appuyant sur de bons produits, la carte, à la fois courte et plurielle, offre autant de viandes que d'options végétariennes, en témoignent les caisses de légumes formant une haie d'honneur à l'entrée. De quoi proposer une fourchette de prix extensible (qui grimpe vite côté grill), et faire de l'adresse une des plus courues de la ville. Belle sélection de vins et alcools.

LE CENTRE

|●| ***The Doll's House*** *(plan A2,* ***24****) : 3, Church Sq.* ☎ *477-422. Résa conseillée. Tlj 12h-22h. Formule déj intéressante et* early bird menu. Bistrot sobre et élégant, agrémenté de bougeoirs, de tables en bois massif et de quelques objets insolites. À la belle saison, on s'attable en terrasse, sur la placette au pied de Holy Trinity Church. Présentée sur une courte carte, la cuisine, soignée, évolue au gré des saisons et du marché mais aligne toujours quelques classiques écossais comme le saumon national ou l'*Angus steak*. Service agréable. Jazz et violons de temps à autre.

|●| ***Ziggy's*** *(plan A1,* ***21****) : 6, Murray Pl.* ☎ *473-686. Service jusqu'à 22h (23h le w-e). Résa conseillée en hte saison.* Le choix du nom d'un personnage créé par David Bowie annonce la couleur : ennemis du rock, s'abstenir ! Les autres s'attableront sous les photos d'artistes, instruments de musique et albums dédicacés pour jouer leur partition de viandard : steaks, burgers et spécialités tex-mex. Excellente ambiance avec évidemment de la bonne musique !

Chic (plats £ 15-25 ; 18-30 €)

|●| ***The Vine Leaf*** *(plan A2,* ***25****) : 131, South St.* ☎ *477-497. Le soir seulement, mar-sam, à partir de 18h. Formules et menus £ 28-30.* De la rue, on remarque à peine la modeste porte verte qui donne accès, au bout d'un long passage, à ce resto réputé. Poisson, viande, gibier et plats végétariens à savourer dans une salle coquette, combinant couleurs vives et peintures marines. Service diligent.

Où manger une glace ?

B Jannetta *(plan B2,* ***27****) : 31, South St.* ☎ *473-285. Tlj 9h-22h.* Un des grands glaciers de la région, couvert de récompenses. Même par temps de pluie, le cœur des gourmands balance entre 52 parfums, tous excellents. Possède également un café juste à côté, bien pratique pour une pause salée (sandwichs et soupes).

Lire également plus haut ***Bibi's,*** pour ses glaces artisanales.

Où boire un verre ? Où écouter de la musique ?

Vic *(plan A2,* ***32****) : 1, St Mary's Pl.* ☎ *476-964.* À l'étage, un pub étudiant à la déco étudiée, mêlant pierres apparentes et éléments modernes, banquettes moelleuses et tables hautes, bar en mosaïques et lustres en armatures métalliques. Plutôt réussi. Fréquenté pour sa cuisine pas chère et ses soirées DJ.

The Rule *(plan A2,* ***31****) : 116, South St.* Immense bar avec mezzanine où se presse la jeunesse locale. Déco mêlant bois, cuir et acier, comptoir interminable et *beer garden* à l'arrière. Soirées DJ en fin de semaine.

Central *(plan A-B1,* ***20****) : voir « Où manger ? ».*

À voir. À faire

La cathédrale *(HES ; plan B1-2) : à la rencontre de South et North St.* ☎ *472-563. Tlj 9h30-17h30 (10h-16h oct-mars). Visite nocturne en juil, les mar et jeu jusqu'à 20h. Dernière admission 30 mn avt fermeture. Entrée (*Saint Rule's Tower *et musée) : £ 5 ; billet combiné avec le château £ 9 ; réduc ;* ***accès gratuit aux ruines.***

LE CENTRE

Dominant la baie de Saint Andrews, le site, délimité par les ruines de ce qui fut jadis l'enceinte la plus impressionnante du pays, comprend aujourd'hui ***Saint Rule's Tower,*** seule rescapée d'une église du XIIe s (l'ascension, 157 marches quand même, est récompensée par une vue imprenable sur la région !), ainsi que les vestiges du prieuré et de la plus grande cathédrale jamais construite en Écosse.
Consacrée en 1318, la cathédrale reflétait l'importance de la cité, à la fois capitale religieuse, haut lieu de pèlerinage et grand centre monastique. Condamnée par la Réforme, elle servira de carrière de pierres... Témoin de sa splendeur passée, l'une des tours d'entrée se dresse contre un haut mur percé de baies ouvertes sur le ciel. Les magnifiques pierres tombales scellées dans le sol de la nef affleurent aujourd'hui sur un gazon verdoyant, comme les bases des colonnades qui conduisent à une haute façade du XIIe s, flanquée de 2 tourelles.
Le ***musée*** aménagé dans 2 salles de l'ancien prieuré recèle une belle collection de stèles, sceaux, croix et sarcophages, ainsi que quelques fragments de chapiteaux et de gargouilles. En contrebas du site niche le ***vieux port*** *(old harbour),* pittoresque canal où dodelinent quelques barques, séparé d'une longue plage de sable par une langue de terre.

Le château *(HES ; plan B1) : en suivant le bord de mer vers l'ouest depuis la cathédrale. ☎ 477-196. Mêmes horaires que la cathédrale (mais parfois fermé à l'heure du déj). Entrée : £ 6 ; £ 9 avec la cathédrale ; réduc.* Posées sur une falaise surplombant la baie, voilà encore de romantiques ruines bercées par le bruit des vagues... Mais l'histoire de ce château, bien illustrée au fil de la très visuelle petite expo qui précède la visite (en anglais), n'a rien d'un roman à l'eau de rose ! Il fut construit à l'aube du XIIIe s pour les évêques de la ville. Le cardinal Beaton y réprima sévèrement la Réforme au XVIe s et brûla l'un des meneurs, George Wishart, au pied des remparts. En représailles, les réformateurs se déguisèrent en maçons pour s'introduire dans la place (en 1546), étripèrent Beaton et soutinrent pendant plus de 1 an le siège lancé par le comte d'Arran (il faut dire que, son fils faisant partie des otages, les choses traînèrent en longueur...). Mais ce qui a marqué les esprits, c'est la prouesse des assiégés qui réussirent à percer un « contre-tunnel » pour intercepter celui des assaillants. Les 2 se visitent, claustrophobes s'abstenir et talons aiguilles au vestiaire... Autre lieu célèbre, le *bottle dungeon,* un cachot en forme de bouteille creusé à même la roche. Le corps de Beaton y aurait été conservé dans du sel pendant tout le siège.

College Saint Salvator *(plan B1) : North St.* Créé en 1450 pour enseigner l'art et la théologie, c'est le plus vieux collège de Saint Andrews. Seules la tour et la belle chapelle gothique sont d'origine, les ailes donnant sur la cour datent du XVIIe s.

Museum of the University of Saint Andrews (MUSA *; plan B1) : 7 a, The Scores. ☎ 461-660. • st-andrews.ac.uk/musa •* ***Attention, fermé pour travaux jusqu'à l'automne 2019.*** *Pour info, voici les anciens horaires : avr-oct : lun-sam 10h-17h, dim 12h-16h ; nov-mars : jeu-dim 12h-16h. GRATUIT. Brochure en français.* Ce petit musée illustre l'histoire de l'université de Saint Andrews, la plus ancienne (début du XVe s) et l'une des plus prestigieuses du pays, qui compte aujourd'hui 7 000 étudiants. On y apprend pêle-mêle qu'il fallut une pétition pour que les étudiants obtiennent l'ajout de manches à leurs toges, et que Saint Andrews fut le berceau de nombreuses inventions, comme celle du kaléidoscope par le recteur David Brewster au XIXe s. Pas mal de beau monde, d'ailleurs, parmi les recteurs successifs : Rudyard Kipling, J.M. Barrie et même le Monty Python John Cleese ! Collection assez hétéroclite sinon (ouvrez aussi les tiroirs sous les vitrines), comptant notamment de magnifiques masses du XVe s (objet d'apparat entre le sceptre et la crosse), ornées des symboles de chaque collège. Pour clore la visite, admirez la baie de Saint Andrews depuis la terrasse du 1er étage, grâce à une longue-vue parlante (anglophone).

Old Course *(plan A1)* **:** club house *réservé aux membres. • standrews.com • Tirage au sort quotidien pour jouer le surlendemain (sauf pour le dim et j. de tournoi). Rens : ☎ 466-666. Tarifs faramineux.* Entre une rangée de nobles demeures et la mer, ce green de rêve fait la fierté de la ville depuis 1754 et attire amateurs et professionnels du monde entier. Les non-membres aux poches pleines peuvent tenter leur chance au tirage au sort *(ballot)* qui permet aux gagnants de fouler ce mythique gazon. Les autres se contenteront de comparer le swing des golfeurs en flânant le long du green.

Ladie's Putting Club « Himalayas » *(plan A1)* **:** *après l'*Old Course, *à gauche de la route de West Sand. ☎ 475-196. • standrewsputtingclub.com • Ouv aux non-membres : avr-sept, tlj 10h30 (12h dim)-18h30 (18h sam) ; en mars, oct selon la météo 11h-15h. Certains créneaux sont réservés aux membres (en principe 1h les lun, mar, ven ap-m et le jeu mat, plus le mer ap-m ; horaires sur leur site).* Beaucoup plus abordable que l'*Old Course (seulement £ 3 au lieu de £ 180 en saison !). Enfants bienvenus (dès 3 ans !).*

British Golf Museum *(plan A1)* **:** *en face de l'*Old Course. *☎ 460-046. • britishgolfmuseum.co.uk • Avr-oct : tlj 9h30 (10h dim)-17h ; nov-mars : tlj 10h-16h. Dernière admission 45 mn avt fermeture. Entrée : £ 8,50 ; réduc.* Toute l'histoire du golf détaillée au moyen d'une muséographie claire et moderne (en anglais), abordant l'évolution de l'équipement (quelques curiosités dans les vitrines), des compétitions (le premier tournoi recensé s'est tenu à Édimbourg en 1744), l'apparition du professionnalisme dès 1819 à Saint Andrews, ou l'ouverture des clubs aux femmes. Nombreux souvenirs et trophées de joueurs célèbres et mini-*practice* pour tester son swing. À réserver aux enthousiastes.

Saint Andrews Aquarium *(plan A1)* **:** *à 2 pas du* Golf Museum, *en bord de mer. ☎ 474-786. • standrewsaquarium.co.uk • Tlj 10h-18h. Fermeture des caisses 1h avt. Entrée : £ 11 ; réduc.* Succession d'aquariums présentés de façon thématique, où évoluent des créatures des mers du Sud et du littoral écossais. Malgré quelques beaux moments, comme les circonvolutions des phoques dans les bassins extérieurs, les cabrioles des pingouins et les galipettes des suricates, l'ensemble manque un peu de matière pour le tarif, et la magie opère surtout sur les enfants.

La plage des West Sands *(plan A1)* **:** l'une des plus belles d'Écosse. C'est là que furent tournées des scènes du film *Les Chariots de feu,* immortalisé par la musique de Vangelis. Lieu de promenade et d'activités sportives liées au vent : windsurf, kitesurf, skatesurf.

Botanic Garden *(plan A2)* **:** *à* **Canongate,** *au sud-ouest du centre-ville. ☎ 476-452. • st-andrews-botanic.org • Avr-sept : tlj 10h-18h ; oct-mars : tlj 10h-16h. Entrée : £ 6, + £ 3 pour la serre aux papillons ; réduc. Gratuit moins de 18 ans.* Fondé à la fin du XIXe s, le jardin s'étend sur une dizaine d'hectares de prairies, mare et forêts, peuplées de plantes et d'arbres du monde entier. Certains spécimens datent de 1906. Également des serres tropicales. L'été, concerts et projections de films dans le parc.

LE CENTRE

Manifestation

– ***Saint Andrews Highland Games*** **:** *le dernier dim de juil. • standrewshighlandgames.co.uk •*

FALKLAND

1 100 hab. IND. TÉL. : 01337

Isolé au milieu de la péninsule, ce village paisible et fleuri au charmant cachet médiéval fut le fief des comtes de Fife, les Macduff's, avant d'être proclamé bourg royal en 1458 par Jacques II et de devenir l'un des lieux de chasse favoris des Stuart. Le château témoigne majestueusement de ce passé. Pendant la révolution industrielle, le filage du lin devint une activité florissante, entraînant l'édification de nombreux cottages de tisserands. Remarquer leurs linteaux gravés d'une date de construction ou de mariage. Des 3 usines d'alors, l'une est encore visible au-dessus de Back Wynd.

Arriver – Quitter

En bus

➢ Lignes 36 ***Glenrothes-Perth*** et 64 ***Glenrothes-Saint Andrews*** avec *Stagecoach Fife.* ☎ *0871-200-22-33.* ● *stagecoachbus.com* ●

Où manger ? Où faire ses provisions ?

I●I ***The Bruce :*** *23, High St.* ☎ *857-226. Tlj 12h-23h. Bon marché.* Depuis 1607, on a choyé ici, face au château, des générations d'habitués venus boire leurs pintes quotidiennes. De nos jours, voisins et touristes s'y repaissent de plats de pub de bonne tenue et, si le soleil pointe le bout de son nez, profitent du super *beer garden* fleuri et ombragé à l'arrière.

I●I ***Pillars of Hercules :*** *sur l'A 912, à 1 mile au nord-ouest du bourg (panneaux).* ☎ *857-749. Tlj 9h-17h (épicerie jusqu'à 18h). Bon marché.* Ferme, épicerie, café et resto bio, installé dans une salle rustique, style chalet, avec terrasse. Plus bucolique encore, des tables semées en bordure du potager, de l'autre côté du chemin... Ambiance sereine, presque recueillie devant la simplicité et la qualité des goûts retrouvés. Boissons et gâteaux à l'avenant.

À voir. À faire

♦♦♦ ***Falkland Palace*** *(NTS) :* ☎ *857-397. Mars-oct : tlj 11h (12h dim)-16h30 (dernière admission). Entrée palais et jardins : £ 13 ; réduc. Jardins seuls : £ 7. Plaquette en français dans chaque pièce.*

Postée au cœur du village médiéval, cette ancienne résidence de chasse fut édifiée au début du XVIe s par Jacques IV, sur le site d'une maison forte des comtes de Fife, dont les ruines sont visibles dans les jardins. Ses successeurs n'eurent de cesse d'agrandir et d'embellir la demeure, comme en témoigne la façade Renaissance de l'aile sud due à Jacques V, mort ici en 1542.

UN REDOUTABLE ANTIMITE

Jacques V avait la surprenante habitude de ranger ses vêtements dans les toilettes, pensant que la puanteur des lieux ferait fuir les mites, fléau d'une époque riche en fourrures, lainages et soieries. En fait, c'est toute la Cour qui fuyait le roi, l'excès d'odeur fétide rendant le monarque nauséabond !

Dans le bâtiment principal, notez le magnifique lit en chêne sculpté du XVIIe s de la chambre du gardien ; la splendide chapelle royale (XVIe-XVIIe s) tout en chêne, où l'on célèbre toujours l'office dominical ; la galerie tendue d'impressionnantes tapisseries flamandes et l'étonnante bibliothèque édouardienne aux murs et plafonds entièrement peints. Après un détour par la boulangerie, remarquable reconstitution des chambres de Marie Stuart et de son fils, Jacques VI – les véritables appartements royaux furent détruits en 1654.
Au fond du parc, planté d'arbres d'une rare majesté, ne pas manquer le *Royal Tennis Court.* Datant de 1539, il revendique le titre du plus vieux court de *Royal Tennis* du monde encore en activité (un ancêtre du jeu actuel, inspiré par le jeu de paume). Marie Stuart y fit scandale en y jouant en simple pantalon...

Lomond Hills : *dénivelée d'env 400 m et beaucoup de marches. Compter 2h30 A/R.* Démarrant du village, la balade permet d'embrasser l'un des plus beaux paysages de la région, saisissant au crépuscule.

PERTH

45 100 hab. IND. TÉL. : 01738

• Plan *p. 259*

Capitale de l'Écosse pendant 3 siècles, Perth n'a pas gardé grand-chose de son prestigieux passé. Il faut dire que la ville souffrit beaucoup des guerres jacobites dont elle fut un enjeu permanent. Toutefois, on se balade avec plaisir dans ses modestes quartiers piétons où l'on trouve l'essentiel de l'animation. C'est à Perth, au XVIe s, que John Knox prononça son premier et fameux sermon antipapiste.

Arriver – Quitter

En bus

Gare routière *(plan A2)* **:** *Leonard St.* ***Attention, de moins en moins de bus partent de là.*** Les bus de certaines compagnies partent du *Broxden Park and Ride*, situé à l'ouest de la ville, en retrait de la Glasgow Rd, à 2 miles (env 3 km) du centre. En général, une liaison par bus est organisée depuis la gare routière de Leonard Street jusqu'à l'autre. Compliqué, hein ?!

➢ ***Aberdeen, Édimbourg, Glasgow, Dundee*** avec *Scottish Citylink.* ☎ *0871-266-33-33.* • *citylink.co.uk* • Liaisons env ttes les heures pour ttes les destinations. Env 8 bus directs/j. pour ***Inverness.*** Bus aussi pour ***Newtonmore*** et ***Aviemore.***

➢ ***Pour Édimbourg,*** également avec *Megabus.* • *uk.megabus.com* • Liaisons très fréquentes. Bus aussi pour ***Glasgow, Aberdeen, Dundee*** et même pour ***Inverness.***

➢ ***Crieff*** avec *Stagecoach : Scott St, entre High St and South St.* ☎ *(01592) 645-680.* • *stagecoachbus.com* • Bus n° 15 ttes les 30 mn, 10h-23h (moins fréquents dim).

En train

Gare ferroviaire *(plan A2)* **:** *Leonard St. Rens :* ☎ *0344-811-0141.* • *scotrail.co.uk* •

➢ ***Dundee, Abroath, Montrose, Aberdeen, Stirling, Glasgow et Édimbourg :*** liaisons pratiquement ttes les heures.

➢ ***Dunkeld et Birnam, Pitlochry, Blair Atholl, Aviemore et Inverness :*** env 10 trains/j.

Adresses utiles

I Centre *(Visitor Information ; plan B2) : 45, High St. ☎ 450-600. • visitscotland.com • Avr-oct : lun-sam 9h30-17h (17h30 juil-août), dim 10h30-15h30 (16h30 juil-août) ; nov-mars : lun-sam 9h30-17h, dim 11h-16h.* Bonne doc et plein d'infos. Efficace et sympa.

■ **Laverie** *(plan A2, **1**) :* ***Fair City Laundry,*** *44, North Methven St. Lun-ven 8h30-17h30, sam 9h-17h.*

■ **Toilettes publiques** *(plan A2, **2**) : dans un passage reliant South St à Canal St. Avr-sept, tlj 9h-18h. Payant.*

Où dormir ?

Camping

Perth Race Course Camping & Caravanning Club *(hors plan par B1, **10**) : à* ***Scone,*** *2 miles (3 km) au nord de Perth par l'A 93. Proche du palace et à côté de l'hippodrome* Perth Racecourse. *☎ 552-323. • campingandcaravanningclub.co.uk/scone • Fermé janv-fév. Compter £ 22-25 pour 2 avec tente.* Aménagé sur les superbes pelouses du domaine du palace qui n'est qu'à 1,5 km à pied. Terrain bien plat dans un cadre arboré et tranquille. Sanitaires impeccables.

LE CENTRE

Prix moyens (£ 50-85 ; 60-102 €)

La grande majorité des *B & B* est concentrée sur Pitcullen Crescent et Dunkeld Road, offrant tous un confort assez similaire. Toutefois, rien de bien ébouriffant...

Westview *(hors plan par A1, **11**) : 49, Dunkeld Rd. ☎ 627-787. • westviewguesthouse.co.uk • Doubles £ 55-70. CB acceptées.* Intérieur agréable, dans les tons beige, avec une peluche sur chaque lit, quelques bibelots. Les 6 chambres possèdent une salle de bains, sauf 2 *single* qui en partagent une.

Dunallan Guesthouse *(plan B1, **12**) : 49, Pitcullen Crescent. ☎ 622-551. • dunallan.co.uk • Tte l'année. Doubles avec petite sdb £ 60-90. Parking.* Chambres au calme, hormis pour les 3 donnant sur la rue. Moquette en tartan un peu partout et tenue irréprochable.

De chic à plus chic (plus de £ 85 ; 102 €)

Rosebank Guesthouse *(hors plan par A1, **13**) : 53, Dunkeld Rd. ☎ 621-737. • rosebankguesthouseperth.co.uk • Doubles £ 78-120 selon chambre. Également 2 familiales pour 3 pers.* Dans la partie d'origine de la maison, les chambres, à la déco moderne, soignée et agréable, offrent un confort douillet. La plupart sont mansardées. Préférez celles donnant sur le jardin, plus calmes. Dans la partie la plus récente, 4 autres chambres très spacieuses. Accueil vraiment adorable de Caroline, qui vous préparera un superbe petit déj selon votre goût, végétarien ou pas. On s'y sent vraiment chez soi.

The Town House *(plan A2, **14**) : 17, Marshall Pl. ☎ 446-179. • thetownhouseperth.co.uk • Doubles £ 90-150 selon taille de la chambre.* David, qui a vécu à Saint-Barthélemy, parle bien le français, et ça aide ! Aujourd'hui, dans sa maison cossue de style georgien, il propose des chambres allant de « grande » (qu'il appelle la « petite ») à « immenses » pour les 2 avec vue sur le parc. Meubles anciens, excellent confort *(king size beds),* souci du détail et du charme à revendre. Très bon accueil.

The Parklands Hotel *(plan A2, **15**) : 2, Saint Leonard's Bank (entrée depuis King's Pl). ☎ 622-451. • theparklandshotel.com • Doubles standard £ 110-140. Parking gratuit.* Un petit 4-étoiles de 15 chambres, proche de la gare et doté d'un beau jardin qui descend vers le parc South Inch. Chambres plus ou

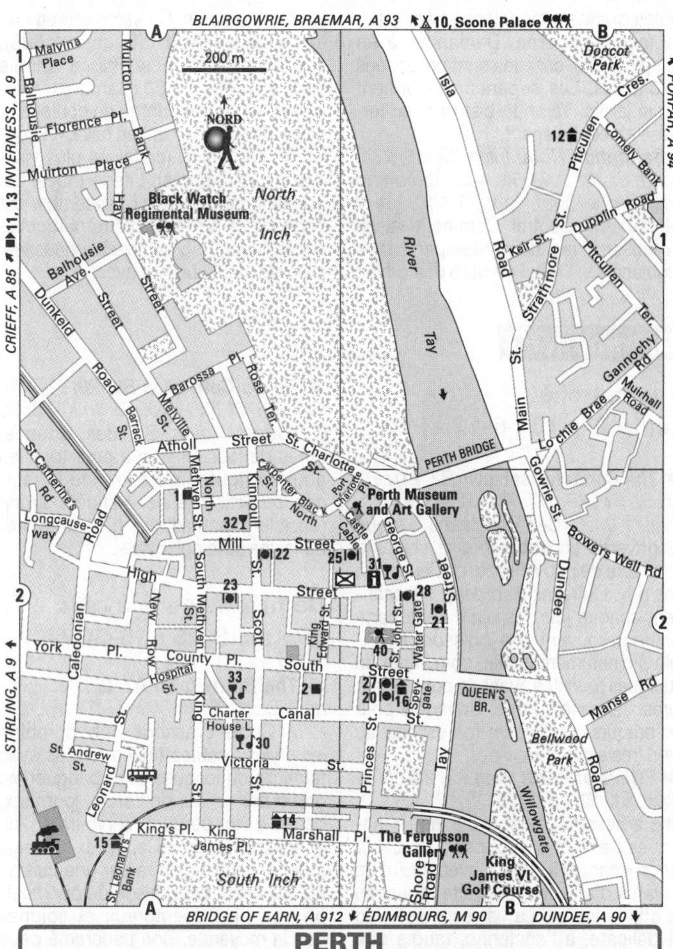

PERTH

Adresses utiles

- I Centre - Visitor Information (B2)
- 1 Laverie (A2)
- 2 Toilettes publiques (A2)

Où dormir ?

- 10 Perth Race Course Camping & Caravanning Club (hors plan par B1)
- 11 Westview (hors plan par A1)
- 12 Dunallan Guesthouse (B1)
- 13 Rosebank Guesthouse (hors plan par A1)
- 14 The Town House (A2)
- 15 The Parklands Hotel (A2)
- 16 Salutation Hotel (B2)

Où manger ?

- 20 Duo (B2)
- 21 The Capitol Asset (B2)
- 22 The Bothy (A2)
- 23 Effie's of Perth (A2)
- 25 Paco's Restaurant (B2)
- 27 Pig'Halle (B2)
- 28 Reid's Café (B2)

Où sortir ?

- 30 Twa Tams (A2)
- 31 Old Ship Inn (B2)
- 32 Foundry (A2)
- 33 The Green Room (A2)

À voir

- 40 Saint John's Kirk (B2)

moins grandes, meublées et équipées de façon moderne. Demander à en voir plusieurs, car elles sont proposées en 3 tailles. Les supérieures donnent sur le jardin. Véranda-bistrot avec terrasse et resto élégant.

🏠 ***Salutation Hotel*** *(plan B2,* ***16****) : 34, South St.* ☎ *630-066.* • *strathmorehotels.com* • *Doubles £ 70-140, petit déj compris.* Central. Comme le laisse supposer la façade gardée par 2 fiers Highlanders, l'hôtel ne date pas d'hier, la déco non plus. Ce serait même l'un des plus anciens d'Écosse (1699), et il accueillit Bonnie Prince Charlie en 1745 ! Plus de 80 chambres, desservies par un labyrinthe de couloirs et d'escaliers, qui varient en taille, en couleur et en confort (certaines plus vieillottes que d'autres). Literie moyenne. Ambiance datée, mais l'ensemble est impeccable à défaut d'être particulièrement riant. Pub au rez-de-chaussée, avec les plats qui vont avec.

Où manger ?

Bon marché (plats £ 5-10 ; 6-12 €)

🍽 ***The Capitol Asset*** *(plan B2,* ***21****) : 26, Tay St.* ☎ *580-457. Tlj 9h-23h, jeu-sam jusqu'à 0h30.* Cette ancienne banque reconvertie en *public house* sert une nourriture de pub efficace, copieuse et à bas prix. Outre les *club deals* qui changent chaque jour, les plats de la carte incluent souvent une boisson. Clientèle éminemment locale, complétée de quelques touristes ayant de bonnes lectures. Terrasse sur rue. Un indice pour les braqueurs : le coffre-fort est tout au fond (mais peut-être vide !).

🍽 ***Effie's of Perth*** *(plan A2,* ***23****) : 202, High St.* ☎ *634-770. Tlj 9h30-17h.* Une adresse comme seuls les Britanniques peuvent en proposer ! Un décor façon « chez ma tante », avec des murs envahis d'affiches, portraits, gravures et objets variés. La vaisselle est chic et délicate, à l'ancienne, tandis que la cuisine va piocher dans la tradition écossaise : *cullen skink*, *oxtail soup (à la queue de bœuf !)*, *haggis,* sans oublier l'*afternoon tea,* hyper copieux, qui mélange le salé et le sucré. Mais la patronne ne serait pas contente si vous ne goûtez pas son *carrot cake* ! Clientèle de têtes chenues, souriantes et espiègles.

🍽 ***Duo*** *(plan B2,* ***20****) : 2, Princes St.* ☎ *628-152. Tlj sauf lun, 9h-21h (22h ven-sam).* Derrière le resto *Pig'Halle* (mêmes proprios), on pénètre dans ce *deli* comme dans un moulin pour avaler pâtes, pizzas (au feu de bois !), burgers... ou tartiflettes. Pain maison.

🍽 ***Reid's Café*** *(plan B2,* ***28****) : 32-34, High St.* ☎ *636-310. Tlj 8h30-16h30 (17h30 sam-dim).* Salades, soupes, tartes du jour... il y en a pour tous les goûts et toutes les faims de la journée, du petit déjeuner à l'heure du thé (excellent par ailleurs !). À déguster dans une salle conviviale.

De prix moyens à chic (plats £ 8-25 ; 10-30 €)

🍽 ***The Bothy*** *(plan A2,* ***22****) : 33, Kinnoull St.* ☎ *0845-659-59-07. Tlj 10h-22h.* Cette brasserie-pub combine les styles : petites tables rondes avec fauteuils ou longues avec banquettes, grand bar en arc de cercle, journaux, casier à vin, parquet, serveurs en kilt et citations au mur. Ce joyeux mélange fonctionne bien, porté par une cuisine au diapason, déclinaison de *bar meals* un peu plus aventureux et soignés que la moyenne. Bon panorama de la cuisine écossaise. Bien pour un verre aussi.

🍽 ***Paco's Restaurant*** *(plan B2,* ***25****) : 3-5, Mill St.* ☎ *622-290. Tlj 12h-23h (cuisine 22h).* Cette adresse régale avec le sourire une clientèle familiale et locale, grâce à sa carte à tendance italienne, mais qui sait vagabonder vers d'autres horizons. Les murs couverts d'objets anciens classés par thème font beaucoup pour la chaleur de l'endroit, tout comme le long comptoir de bois. Service pro.

🍽 ***Pig'Halle*** *(plan B2,* ***27****) : 38, South St, à l'angle de Princes St.* ☎ *248-784. Tlj sauf lun, 12h-15h,*

17h30-21h (22h ven-sam). Résa conseillée le soir. Menu intéressant midi et soir (jusqu'à 18h45 ven-sam). Ambiance urbaine (plan du métro parisien sur un grand miroir) et feutrée, dans les tons rouges pour rappeler Pigalle. Les prix restent sages devant le défilé de plats français. Une adresse à fréquenter plutôt en fin de voyage, quand le mal du pays vous taraude.

Où sortir ?

De nombreux établissements entourent Saint John's Kirk *(plan B2, **40**)*. Musique live parfois, grandes tablées ou ambiance plus cosy, il y en a pour tout le monde !

🍸 ♪ ***The Green Room*** *(plan A2, **33**)* **:** *Canal Crescent. Tlj 12h-minuit (1h30 en fin de sem).* Live music *ts les soirs (seul pub du genre en ville !).* Au rez-de-chaussée comme à l'étage, une super ambiance dans ce rade de jeunes mais pas seulement, tout en bois, où l'on trouvera de bonnes bières à se mettre dans le gosier et plein de musique dans les oreilles. Et un billard pour occuper le temps entre 2 sets.

🍸 ♪ ***Twa Tams*** *(plan A2, **30**)* **:** *79-81, Scott St. Tlj 11h-23h (minuit jeu-sam). Concerts ven-sam soir.* Un lieu agréable pour écouter de la musique live. Programmation plutôt éclectique : jazz, rock, folk... *Beer garden* aux beaux jours. Bonne ambiance. Petite restauration (jusqu'à 20h).

🍸 ♪ ***Old Ship Inn*** *(plan B2, **31**)* **:** *Skinnergate. Dans une petite ruelle perpendiculaire à High St, au niveau de l'office de tourisme.* Pub traditionnel tranquille, fréquenté par les anciens attirés par le choix de *real ales* à la pression. L'établissement date de 1665... Bon accueil et petite terrasse aux beaux jours.

🍸 ***Foundry*** *(plan A2, **32**)* **:** *3, Murray St. Tlj 11h-23h (0h30 en fin de sem).* Situé dans une ancienne fonderie. Plus d'une vingtaine de bières à la pression et quelques autres en bouteille, au cas où... Pub traditionnel avec ses écrans TV pour les matchs. Terrasse couverte sur le devant.

À voir

🔍 ***Saint John's Kirk*** *(plan B2, **40**)* **:** *Saint John's St. Mai-sept : tlj sauf dim 10h-16h.* La majeure partie de l'église date des XVe-XVIe s. Il s'agit du dernier monument historique de la ville. Imposante et assez lourde.

LA PLUS ANCIENNE ÉGLISE... ET POUR CAUSE !

En 1559, le célèbre réformateur John Knox prononça le premier de ses discours antipapistes incendiaires à Saint John's Kirk. Les fidèles se répandirent sur-le-champ en ville et détruisirent toutes les églises et monastères catholiques à l'exception de Saint John's Kirk, où ils entendirent le sermon, et que, du coup, ils épargnèrent !

🔍🔍 ***The Black Watch Regimental Museum*** *(plan A1)* **:** *Balhousie Castle, Hay St. ☎ 638-152. • theblackwatch.co.uk • Tlj 9h30-16h30 (10h-16h nov-mars). Entrée : env £ 8 ; réduc. Tour guidé en été, tlj 11h et 14h (£ 12,50), durée 1h. Livret explicatif en français à prendre à l'accueil pour suivre la visite. Agréable* Castle Café *(9h30-16h).*
Quelque 2 siècles et demi d'histoire sur les 42e et 73e régiments écossais créés en 1725 par les Anglais pour maintenir l'ordre dans les Highlands suite au soulèvement de 1715. Le régiment participa à de très nombreuses batailles, notamment contre les Français, mais fut aussi l'un des premiers à mettre les pieds dans l'Hexagone au début de la Première Guerre mondiale.

Contrairement aux *Coldstream Guards,* leurs gros bonnets noirs sont en plumes d'autruche. Quand on pense qu'ils combattirent en kilt jusqu'en 1940 ! Une douzaine de salles, intimes et bien aménagées, présentent avec intelligence l'épopée de ce régiment pas comme les autres : uniformes, photos, peintures, objets, armes et souvenirs donnent vie à leur épopée. Voir l'amusante maquette d'une bataille les opposant en même temps aux Français et aux Indiens dans l'État de New York, en 1756. Cornemuses, armes, bannières... Et puis ce portrait du général Lachlan Macquarie, véritable sosie de Rod Steward !

☆ ***Perth Museum and Art Gallery*** *(plan B2) : 78, George St. ☎ 632-488. • cultu repk.org.uk • Mar-dim 10h-17h (dim seulement avr-oct). GRATUIT.* Petites expositions permanentes sur l'histoire géologique et humaine du Perthshire, la diversité de sa faune et de sa flore. Modeste section de peinture du XIXe s. Mais une bonne partie du musée présente des expos temporaires aux thèmes très variés, et souvent dirigées vers les enfants.

☆☆ ***The Fergusson Gallery*** *(plan B2) : Marshall Pl. ☎ 783-425. Mar-sam 10h-17h (dim 12h-16h30, avr-oct seulement). GRATUIT.* Reconversion réussie d'un beau château d'eau du XIXe s en écrin des œuvres de John Duncan Fergusson (1874-1961). Figure majeure de l'école coloriste écossaise, Fergusson exprima avec force et talent son attachement aux plaisirs de la vie. La plupart de ses toiles furent peintes en France. L'exposition par roulement révèle un effacement progressif de l'influence impressionniste, puis cubiste, au profit d'une palette plus vive en larges aplats rappelant les fauvistes. Également de nombreuses toiles et quelques photos représentant Margaret Morris, sa compagne, notamment à l'étage. Précurseur de la danse moderne, elle était persuadée que la pratique de l'exercice était bonne pour la santé. Plutôt novateur pour l'époque (on était en 1917). À l'image de ces artistes, la galerie expose une œuvre vivante et colorée.

☆ ***Branklyn Garden*** *(NTS) : en bordure de la ville, sur la route de Dundee. ☎ 625-535. • nts.org.uk • Accès bien fléché. Avr-oct : tlj 10h-17h. Entrée : £ 6,50 ; réduc. Parking gratuit au-dessus des jardins.* Pour les amateurs de plantes chinoises, argentines et himalayennes, une visite très plaisante, accompagnée par d'agréables senteurs, sur 1ha. En tout, plus de 3 500 plantes. À l'entrée, la maison des créateurs du jardin, Dorothy et John Renton, qui l'aménagèrent en 1922, grâce à leurs liens avec des « chasseurs de plantes rares ».

Manifestations

– ***Perth Festival of the Arts :*** *la 2de quinzaine de mai. • perthfestival.co.uk •* Jazz, folk, théâtre, opéra, classique...
– ***Rewind Festival :*** *un w-e mi-juil.* Dans un champ près de *Scone Palace.* Musique des années 1970 et 1980. Le succès de ce festival s'amplifie d'année en année.
– ***Highland Games :*** *mi-août sur le South Inch (plan A2). • perthhighlandgames. co.uk •* Toutes les régions d'Ecosse viennent ici pour participer à ces jeux traditionnels.

DANS LES ENVIRONS DE PERTH

☆☆☆ ***Scone Palace*** *(hors plan par B1) : prononcer « Scoun ». À 2 miles (3 km) de Perth, par l'A 93 en direction de Braemar. ☎ 552-300. • scone-palace.co.uk •*

Avr-oct : tlj 9h30h-17h (dernière admission). Nov-mars : jusqu'à 16h. Jardins jusqu'à 17h45 en été. Entrée : env £ 12 (env £ 7,50 pour les jardins seulement) ; réduc. Accès gratuit aux jardins en hiver (nov-mars, mais fermé en janv), ven-dim 10h-16h. Livret-jeu fourni aux enfants à l'entrée.

CURLING ROYAL

C'est dans la grande galerie royale du Scone Palace, la plus longue du pays, qu'on initia la reine Victoria et le prince Albert au curling. Inventé en Écosse en 1510 et sport officiel des J.O. depuis 1998, ce jeu se pratique sur la glace. Cet été 1842, les 45 m de long du parquet ciré de la grande galerie firent l'affaire !

Scone Palace, propriété des comtes de Mansfield, comblera les amateurs de châteaux : plus de 40 rois y furent couronnés, le Parlement écossais y tint séance, et la qualité comme la rareté des meubles et objets exposés, datant du XVIIe au XIXe s, sont inestimables. Ainsi cette collection de céramiques du monde entier, la table d'écriture dessinée par Riesener pour Marie-Antoinette et donnée par celle-ci à son ami David Murray, comte de Mansfield, qu'elle connut alors qu'il était ambassadeur à Vienne, puis en France. Ne pas manquer non plus les 70 pièces de papier mâché « vernis Martin », provenant de la collection des rois de France et utilisées pour décorer les carrosses, du mobilier signé Boulle, Topino, Nicolas Petit..., sans oublier, des copies parfaites d'épées, de sceptres et de couronnes royales écossaises.

À l'extérieur du château, près de la chapelle gothique, voir la réplique de la pierre de Scone (ou pierre du Destin) sur laquelle les rois d'Écosse et de Grande-Bretagne se font couronner depuis plus d'un millénaire. L'originale se trouvait bien à Scone depuis le IXe s quand, en 1296, Édouard Ier s'en saisit comme butin de guerre pour l'installer à l'abbaye de Westminster. Mais, pour certains, les Anglais n'emportèrent qu'une vilaine copie, l'authentique ayant été cachée dans une chambre secrète. Mystère ! En l'absence du précieux symbole l'importance du palais déclina peu à peu. Après exactement 7 siècles d'exil, la pierre fut restituée en 1996 par les Anglais, lors d'une cérémonie solennelle. On l'admire aujourd'hui au château d'Édimbourg.

Pour finir, il faut absolument s'imprégner de la magie du grand parc, abondamment fleuri d'éblouissants massifs de rhododendrons et d'azalées, fier d'un arboretum d'une majesté intimidante (dont un fameux pin Douglas, un géant, issu de la première graine envoyée d'Amérique du Nord par David Douglas, célèbre botaniste originaire de Scone), d'un labyrinthe que l'on découvre du haut d'une passerelle, et patrouillé par une cinquantaine de paons dont des blancs immaculés, faux albinos.

Elcho Castle (HES) **:** *à la sortie de Perth, direction Édimbourg, à 1 mile du supermarché* Tesco, *tourner à gauche puis fléché sur 3 miles (5 km). ☎ 639-998. Avr-sept : tlj 9h30-17h (dernière admission, 30 mn avt). Entrée : £ 5 ; réduc. Fiche en français à prendre à l'entrée. Pique-nique sur place possible.* Cadre champêtre en diable : on traverse une ferme pour rejoindre le château. Construit par la famille Wemyss, toujours propriétaire du lieu, ce château exemplaire de l'architecture à la fois défensive et résidentielle du XVIe s n'a conservé que la grande et élégante section entourant le donjon. Mais elle est bien parlante. Visite de la cuisine (avec son four à pain), les communs, la salle à manger et dans les étages, de grandes salles brutes et vides, mais presque toutes avec latrines ! Les petites niches dans les murs servaient de coffre-fort. Tout en haut, accès possible au chemin de ronde, avec vue extra sur la campagne alentour. Bien sûr, un fantôme hante les lieux, celui de la 4e femme du comte David. Sa chemise de nuit blanche a brûlé (et elle avec) au XVIIe s.

De grands vergers entourent le château, et en saison, on a le droit de ramasser les fruits tombés à terre ! Sympa.

DUNDEE ET L'ANGUS

• Carte *p. 266-267*

Région agricole tournée vers la culture de fruits rouges, l'Angus est la grande oubliée des circuits touristiques. Elle recèle pourtant de nombreux attraits. D'abord, ses vallées *(glens)* magnifiques, verdoyantes et sauvages, taillées dans les premiers contreforts du massif du Cairngorm. Puis vient la plaine, semée de témoignages de l'histoire, comme le château de Glamis, sans doute l'un des plus courus d'Écosse, et ses pierres levées dressées dans la campagne, un héritage des Pictes à découvrir en suivant le *Pictish Trail*. Un passé que les musées de Dundee, la capitale régionale, mettent parfaitement en valeur, qu'il s'agisse de l'histoire sociale récente ou de l'aventure épique des grandes expéditions polaires. Enfin, sur la côte, les plus curieux poseront le pied à Arbroath, port de pêche spécialiste du haddock fumé et siège d'une belle abbaye médiévale.

Comment circuler dans la région ?

➢ La compagnie de bus *Stagecoach* (● *stagecoachbus.com* ●) dessert toute la région. Le *Tayside Dayrider* permet de se déplacer autant que l'on veut sur une journée.

DUNDEE

150 000 hab. IND. TÉL. : 01382

• Plan *p. 268-269*

Dundee, 4e agglomération écossaise, s'étend le long de l'estuaire de la Tay River, à quelques miles de la mer. Son histoire fut suffisamment turbulente pour qu'on n'y trouve que peu de monuments anciens. Son centre-ville est tout de même doté d'une petite zone piétonne, mais qui se prête plus au shopping qu'à la flânerie. En

DES ORANGES EN DÉCONFITURE

À l'époque des colonies, les bateaux ne revenaient jamais à vide. Un jour, l'un d'eux chargea des oranges en Espagne, mais les fruits arrivèrent en état de décomposition avancée. Un petit malin eut alors l'idée d'en faire de la confiture... qui devint la célèbre marmelade.

revanche, on visite avec beaucoup de plaisir ses excellents musées et ses vieux navires qui racontent le développement de la ville autour de la chasse à la baleine, la confection de la toile de jute et la fabrication de la *marmelade.*

Arriver – Quitter

En bus

Gare routière *(plan C2)* ***:*** *Seagate, à 5 mn à pied du centre-ville. Billetterie ouv lun-ven 8h-12h, 12h30-16h ; sam 8h-10h30, 11h30-14h.*

➢ Avec *Scottish Citylink (● citylink.co.uk ●),* liaisons ttes les 45 mn à 1h, 6h-22h40 avec ***Glasgow*** (env 2h30 de trajet), et ***Perth*** (env 45 mn de trajet, liaison avec le bus n° 16 également). Liaison directe pour ***Aberdeen*** (1h30 de trajet) ttes les heures 5h20-21h45 (plus 1 bus de nuit).

➢ Pour ***Édimbourg,*** ligne n° X54 de *Stagecoach* (env 8/j., *● stagecoachbus.com ●*), ou env 14 bus/j. avec *Megabus (● uk.megabus.com ●).*

➢ Pour rejoindre ***Aberdeen,*** on peut aussi emprunter la ligne n° X7 de *Stagecoach (● stagecoachbus.com ●).* 14-16 bus/j. (4-5 le w-e). Passe par ***Arbroath*** (1h de trajet) et ***Stonehaven*** (env 1h45 de route).

➢ Avec *Stagecoach :* pour ***Kirriemuir,*** bus n° 20 (direct) ttes les 30 mn à 1h (7 le dim). Trajet : 1h. Autrement, le n° 22 (2 bus/j. en sem, 1 sam, aucun dim) passe par ***Glamis.*** Trajet : 1h. Pour ***Blairgowrie,*** bus nos 57 et 59 ttes les heures (moins le dim). Trajet : 1h.

En train

Gare ferroviaire *(plan B3)* ***:*** *en face du* Discovery Point, *à 5 mn à pied du centre-ville.*

➢ Plusieurs trains/h, 6h-minuit ***de/vers Édimbourg, Perth, Glasgow*** et ***Aberdeen.***

En voiture

Parkings partout, tous payants jusqu'à 18h, voire 20h. Compter env £ 10/j.

Adresses utiles

I Centre *(plan B2)* ***:*** *16, City Sq. ☎ 527-527. Lun-sam 9h30-17h, dim 10h-16h.*

■ ***Location de voitures*** *(plan C2,* ***1****)* ***: Arnold Clark,*** *East Dock St. ☎ 225-382. ● arnoldclarkrental.com ●* Très compétitifs sur les prix (à partir de £ 35/j. pour une petite voiture).

Où dormir ?

Bon marché (£ 10-25/pers ; 12-30 €)

Dundee Backpackers Hostel *(plan B2,* ***10****)* ***:*** *71, High St. ☎ 224-646. ● hoppo.com ● Nuitée en dortoir £ 17-20 ; doubles sans ou avec sdb £ 45-50.* La seule AJ de la ville, mais c'est une perle dans son genre. Située au cœur de la zone piétonne, à 5 mn à pied de la station de bus et de la gare des trains, elle comprend 5 bâtiments anciens désormais réunis. Dans ce labyrinthe, plusieurs salons (TV et lecteur DVD pour l'un, piano pour l'autre, et même une collection de 400 vinyles avec son tourne-disque dans un 3e !), une bibliothèque, un billard, une cuisine, et différentes options pour se loger. Épatant ! D'ailleurs, elle a été inaugurée par le prince Charles.

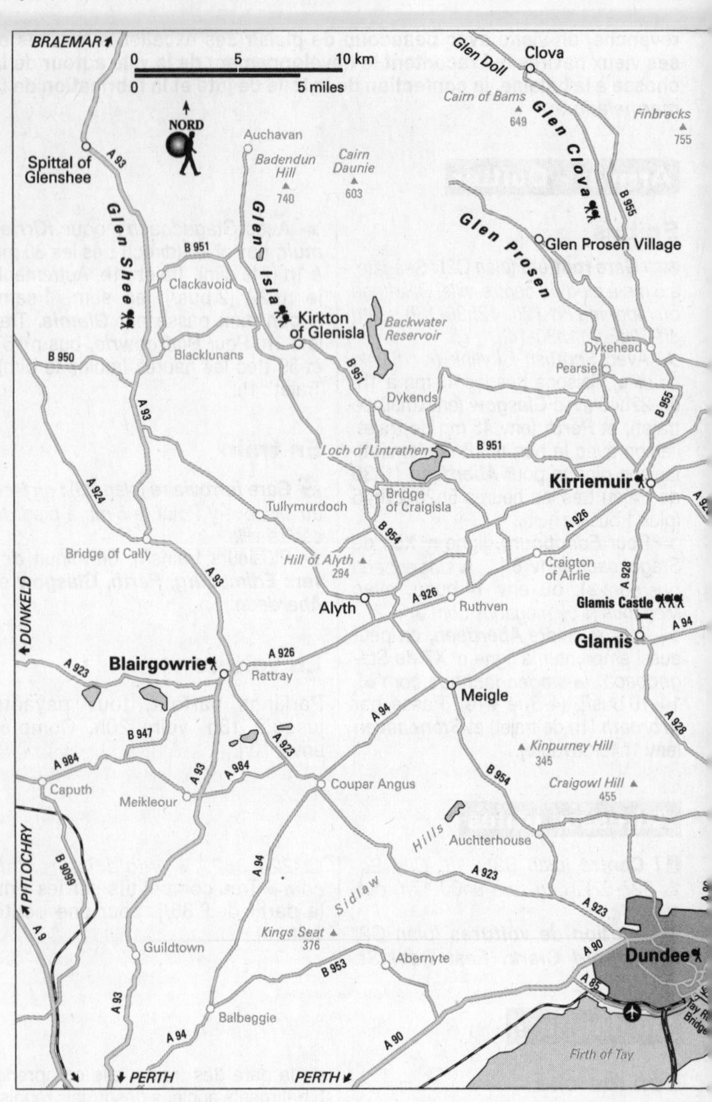

Prix moyens (£ 50-85 ; 60-102 €)

🏠 ***Cullaig Guest House*** *(plan B1, **11**) : 1, Rosemount Terrace, Upper Constitution St. ☎ 322-154.* • *cullaig.co.uk* • *Bus nº 4 ou nº 22 depuis High St. Doubles £ 60-70 sans ou avec sdb.* Maison victorienne perchée sur les hauteurs de la ville, à 15 mn à pied du centre dans un quartier résidentiel (ça grimpe fort !).

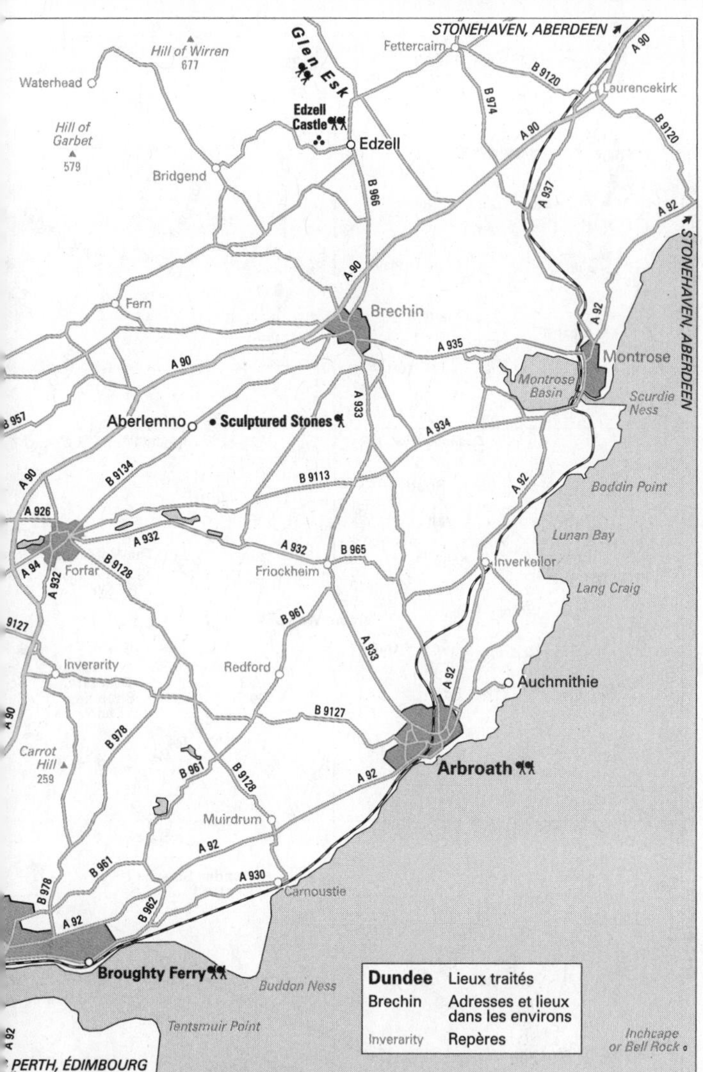

DUNDEE ET L'ANGUS

Chambres classiques, dans un style traditionnel, avec une belle vue sur le fleuve ou sur la Law Hill à l'arrière. Accueil gentil.

☗ ***Shaftesbury Lodge*** *(hors plan par A3, **12**) : 1, Hyndford St.* ☎ *669-216.* • *shaftesburylodge.co.uk* • *À env 1,5 km du centre. Doubles £ 80-90.* Dans un quartier tranquille, une grande et ancienne maison convertie en petit hôtel convivial. Salons communs cosy, et des chambres spacieuses pour la

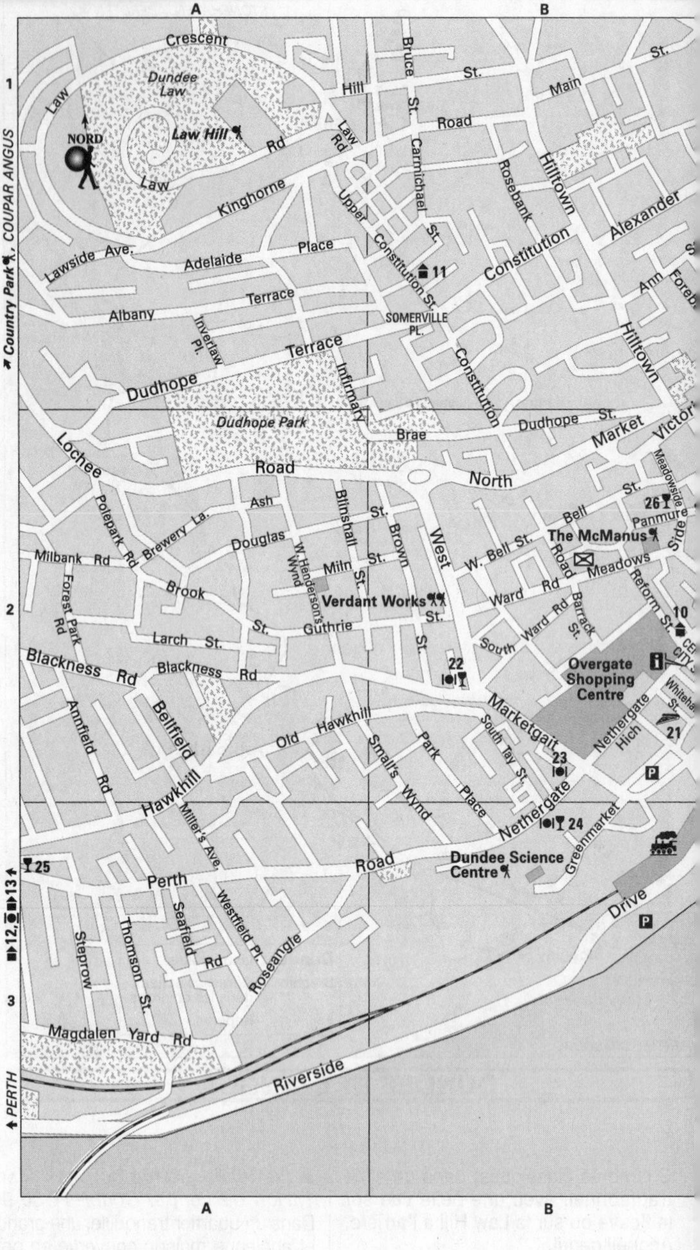

LE CENTRE

A B

1 2 3

NORD

➚ Country Park, COUPAR ANGUS

← PERTH

12, 13

Crescent
Dundee Law
Law
Law Hill
Law Rd
Kinghorne
Lawside Ave.
Adelaide Place
Albany Terrace
Inverlaw Pl.
Dudhope Terrace
Dudhope Park
Infirmary Brae
Hill St.
Bruce St.
Road
Law Rd
Upper Constitution St.
Carmichael St.
11
SOMERVILLE PL.
Constitution
Rosebank
Hilltown
Main St.
Constitution
Alexander
Ann
Foreb
Hilltown
Dudhope St.
Market
Victor
Meadowside
Lochee Road
North
Polepark Rd
Brewery La.
Ash
Blinshall St.
Brown St.
West
Bell St.
26
Panmure
The McManus
Side
Milbank Rd
Douglas St.
W. Henderson's Wynd
Miln St.
W. Bell St.
Road
Meadows
Reform St.
Forest Park Rd
Brook St.
Verdant Works
Ward Rd
Barrack St.
South Ward Rd
10
Guthrie St.
St.
Larch St.
Blackness Rd
Blackness Rd
22
Overgate Shopping Centre
CITY
Whiteha St.
Marketgait
South Tay St.
Nethergate
High
21
Annfield Rd
Bellfield
Old Hawkhill
Small's Wynd
Park Place
23
P
Hawkhill
Miller's Ave.
Nethergate
24
Greenmarket
25
Perth Road
Dundee Science Centre
Seafield Rd
Westfield Pl.
Roseangle
Steprow
Thomson St.
Drive
P
Magdalen Yard Rd
Riverside

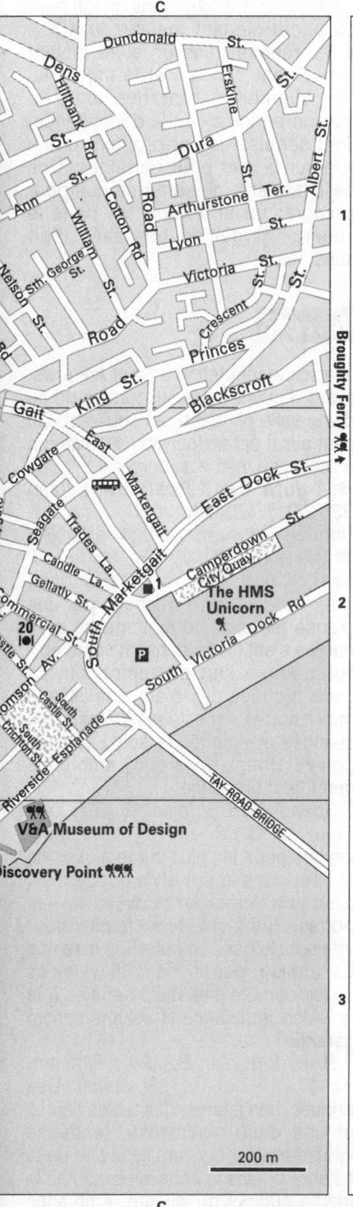

DUNDEE

■ **Adresses utiles**

- I Centre (B2)
- 1 Location de voitures (C2)

Où dormir ?

- 10 Dundee Backpackers Hostel (B2)
- 11 Cullaig Guest House (B1)
- 12 Shaftesbury Lodge (hors plan par A3)
- 13 Taypark House (hors plan par A3)

Où manger ? Où boire un verre ?

- 20 Flame Tree Café (C2)
- 21 Mozza (B2)
- 22 Duke's Corner (B2)
- 23 Tailend (B2)
- 24 Jute Bar & Restaurant (B3)
- 25 Speedwell Bar (A3)
- 26 Brewdog (B2)

plupart, confortables et claires, dans des tons doux et contemporains. Accueil sympathique.

Chic (£ 85-125 ; 102-150 €)

🏨 🍽 ***Taypark House*** *(hors plan par A3, **13**) : 484, Perth Rd. ☎ 643-777. • tayparkhouse.co.uk • À env 3 km du centre. Doubles £ 80-150, avec petit déj.* Retranché dans un joli petit parc, cet élégant manoir du XIXᵉ s a été rénové dans un style mêlant habilement l'ancien et le moderne. Les chambres, réparties entre la maison principale et la dépendance, sont séduisantes et profitent d'une vue sur la mer pour certaines. Une belle adresse, ne serait-ce que pour savourer un *afternoon tea* dans le superbe jardin en terrasses. Fait aussi resto.

Où manger ? Où boire un verre ?

De bon marché à prix moyens (plats £ 5-18 ; 6-22 €)

🍽 ***Flame Tree Café*** *(plan C2, **20**) : 20, Exchange St. Lun-sam 8h (9h sam)-17h, dim 11h-16h30. ☎ 204-200. Bon marché.* Tout en baies vitrées, ce café d'angle pimpant et moderne est impeccable pour une pause rapide à toute heure : gâteau le matin, soupe et sandwichs frais le midi, et encore gâteau pour le goûter.

🍕 ***Mozza*** *(plan B2, **21**) : 13, Whitehall St. Tlj 12h-21h30 (22h ven-sam). ☎ 200-252. Bon marché.* Ici, la pizza est napolitaine, préparée avec une pâte levée pendant 72h, cuite au feu de bois et garnie de bons ingrédients. Vraiment bien, et surtout à prix d'ami ! Un bon plan pour un repas rapide dans une grande salle à la déco industrielle.

🍽 🍸 ⛱ ***Duke's Corner*** *(plan B2, **22**) : 13, Brown St. ☎ 205-052. Tlj 12h-minuit (2h30 mer-sam).* L'extérieur est ancien, mais l'intérieur est sobre et moderne, voire branché. Derrière le long comptoir, une énorme et très pointue sélection de bières artisanales à la pression, et dans les assiettes, de la *pub food* classique mais bien faite. De quoi passer un bon moment dans une ambiance jeune et relax ! Terrasse très sympa.

🍽 ***Tailend*** *(plan B2, **23**) : 81, Nethergate. ☎ 229-990. Tlj 11h30-22h. Formules déj bon marché, plats à prix moyens.* Envie de poisson ? Direction *Tailend,* un *fish & chips* qui s'est forgé une solide réputation à Saint Andrews, avant d'ouvrir cette succursale dotée d'une salle pimpante en sous-sol. On peut aussi opter pour un *fish cake,* un poisson, ou même un burger.

🍽 🍸 ***Jute Bar & Restaurant*** *(plan B3, **24**) : 152, Nethergate ; dans le* Dundee Contemporary Arts *(DCA). ☎ 909-246. Tlj 10h-22h (minuit-1h pour le bar). Prix moyens le midi, limite chic le soir.* Prolongée par une grande terrasse, cette immense salle épurée s'est lovée dans un vaste édifice dédié à l'art contemporain. La carte propose des plats simplifiés le midi (sandwichs, salades, pâtes), plus cuisinés et soignés le soir... et sans *gravy* ! Bonne musique, ambiance gentiment branchée.

🍸 ***Speedwell Bar*** *(plan A3, **25**) : 165, Perth Rd. ☎ 667-783. Tlj 11h-minuit.* Un des pubs les plus authentiques de la ville, dans le pur style édouardien, avec jolis verres Art nouveau sur les portes. Pas facile de se faufiler pour atteindre le bar... ce qui laisse le temps de choisir parmi les 180 whiskies ou les nombreuses bières et *ales* à la pression. Ambiance et volume sonore garantis !

🍸 ***Brewdog*** *(plan B2, **26**) : Panmure St. ☎ 221-738. Tlj 12h-minuit.* Des briques, des pierres, des tables hautes et une déco minimaliste tendance industrielle : la succursale locale de la célèbre brasserie écossaise connaît le même succès qu'ailleurs. Ambiance jeune et branchée.

🍽 Voir aussi nos adresses à **Broughty Ferry** (lire plus loin « Dans les environs de Dundee »).

À voir

Discovery Point (plan C3) : *Discovery Quay ; en face de la gare. ☎ 309-060. • rrsdiscovery.com • Avr-oct : tlj 10h (11h dim)-18h ; nov-mars : tlj 10h (11h dim)-17h (dernière entrée 1h avt). Entrée : env £ 11,50 ; billet combiné avec le* Verdant Works *env £ 18,50 ; réduc. Audioguide en français (£ 3).* C'est la visite à faire en priorité. Musée très pédagogique, avec films, son et effets spéciaux retraçant la construction du navire *Discovery,* les minutieux préparatifs du voyage (équipements, vivres, dont 800 *gallons* de rhum !), puis l'expédition en Antarctique menée par le capitaine Scott de 1901 à 1904. Une aventure pleine de rebondissements ! Le parcours s'achève par la découverte du bateau lui-même, un superbe 3-mâts à voile et à vapeur, que l'on explore des cales au pont, en passant par les quartiers de l'équipage et la salle des cartes, fascinant ! Le *Discovery* remit le cap sur l'Antarctique en 1930, avant de prendre définitivement sa retraite.

V & A Museum of Design (plan C2-3) : *1, Riverside Esplanade. ☎ 411-611. • vam.ac.uk • Tlj 10h-17h. GRATUIT.* Impossible de rater cet immense vaisseau contemporain dessiné par l'architecte Kengo Kuma, dont la coque courbe et élégante amarrée au quai renferme une annexe du fameux *V & A Museum* de Londres. Ici, on s'intéresse à l'univers du design et de la mode, au gré d'expositions temporaires présentant le travail d'artistes de renom, aussi bien écossais qu'internationaux.

Verdant Works (plan A2) : *West Henderson's Wynd. ☎ 309-060. • verdantworks.com • Avr-oct : tlj 10h (11h dim)-18h ; nov-mars : mer-dim 10h30 (11h dim)-16h30. Dernière admission 1h avt. Entrée : £ 11,50 ; billet combiné avec le* Discovery Point *£ 18,50 ; réduc.* Au cœur d'un ancien quartier de manufactures, dans les vastes bâtiments d'une ancienne usine, évocation captivante de l'histoire sociale de Dundee à travers l'industrie de la toile de jute qui, il y a un peu plus de 1 siècle, employait 50 000 habitants de la ville. Rien ne manque : les origines de cette plante, son acheminement en Europe, les étapes de la fabrication de la toile et ses applications modernes, le tout présenté de façon ludique et interactive à grand renfort de reconstitutions et de machines en état de marche. Plus poignantes, mais quand même traitées par moments avec humour pour alléger le propos, les dernières sections s'intéressent aux conditions de vie misérables des ouvriers, comparées à celles des barons de la jute.

Dundee Science Centre (plan B3) : *Greenmarket. ☎ 228-800. • dundeessciencecentre.org.uk • Tlj 10h-16h (dernière admission). Entrée : £ 8,50 ; réduc ; gratuit moins de 4 ans.* Un de ces musées où l'on touche à tout, avec des dizaines d'expériences ludiques sur les 5 sens, le corps humain, les sciences... Sympa, mais cher.

The HMS Unicorn (plan C2) : *Victoria Dock. ☎ 200-900. • frigateunicorn.org • Avr-oct : tlj 10h-17h ; nov-mars (sauf fêtes de fin d'année) : jeu-dim 12h-16h. Dernière admission 30 mn avt. Entrée : £ 6,50 ; réduc.* Voici le dernier navire de guerre à voile du monde, dont seules 10 % des pièces ont été changées depuis sa construction en 1824, ce qui est rarissime. En réalité construit pendant une période d'accalmie après la guerre contre Napoléon, il n'a jamais servi à batailler sur les mers et n'a jamais été équipé de ses mâts... Au contraire, on l'a même coiffé d'un toit : un comble pour un bateau à voile ! Ce n'est qu'en se faufilant courbé entre les hamacs, l'artillerie et les cabines des vastes ponts inférieurs qu'on éprouve vraiment la sensation de visiter un navire. On croirait sinon évoluer dans un musée, un peu vieillot qui plus est. Reste que, même désarmé (il alignait à l'époque 46 canons), le navire garda longtemps sa vocation militaire. Pendant les 2 guerres mondiales, les jeunes hommes venaient y signer leur engagement dans la marine.

The McManus (plan B2) : *Albert Sq. ☎ 307-200. • mcmanus.co.uk • Lun-sam 10h-17h, dim 12h30-16h30. GRATUIT.* Construit en 1867, cet impressionnant bâtiment néogothique aux allures de cathédrale abrite un grand musée aux collections un rien fourre-tout. Au rez-de-chaussée, section sur la faune et la flore, et évocation chronologique de l'histoire de Dundee à travers une foultitude d'objets hétéroclites : pierres pictes, pirogue en chêne du Ve s, porte de l'ancienne prison, réfrigérateur, caisse enregistreuse, et même un squelette de baleine... À l'étage, galerie de tableaux de peintres écossais du XVIIIe au début du XXe s, un peu entassés les uns sur les autres. Enfin, et c'est sans doute le plus intéressant, une grande salle façon nef rassemble divers objets rapportés de leurs voyages par des explorateurs originaires de la région : statues et masques africains et océaniens, statuettes du Bouddha, sarcophages égyptiens, équipements inuits... Faut dire que, dès 1872, le voyagiste Thomas Cook organisait pour ses clients un tour du monde en 212 jours ! Assez cher, cependant, il n'y avait pas encore de charters... Expos temporaires. Cafétéria.

Law Hill (plan A1) : *du centre-ville, compter 25 mn à pied par des quartiers pas toujours folichons. En bus, prendre le n° 23 sur Commercial St (plan C2).* Site d'un ancien fort et point le plus haut de la ville (174 m). La balade vaut pour le panorama et la vue sur les 2 ponts du fleuve Tay, l'un ferroviaire datant de 1887 et l'autre routier inauguré en 1966.

Camperdown Country Park (hors plan par A1) : *à 3 miles (env 5 km) au nord-ouest par la route de Coupar Angus. Bus n° 57 de la gare routière.* Le plus beau et le plus grand parc de la ville. Promenades en barque sur l'étang et intéressant parc animalier.

LE CENTRE

DANS LES ENVIRONS DE DUNDEE

Broughty Ferry : *à 3,5 miles (6 km) à l'est du centre par l'A 92. Bus n°s 5, 73, 75 de la gare routière ou de High St. Compter env 15 mn de trajet.*
Élégante petite ville résidentielle et animée, postée face à la mer au bout de l'estuaire de la Tay river, et bordée d'une longue plage.
On peut y visiter le **Broughty Castle Museum** : *☎ 436-916. • dundeecity.gov.uk/broughtycastle • Avr-sept : tlj 10h (12h30 dim)-16h ; oct-mars : mêmes horaires, fermé lun. GRATUIT.* Un donjon du XVe s gardien de l'estuaire, dans lequel on fabriquait jadis des mines flottantes. Avec ses remparts et son structure massive, il a encore fière allure. À l'intérieur, musée de poche consacré à l'histoire locale, et notamment à la chasse à la baleine, dont la graisse éftait utilisée pour travailler les fibres de jute.

Où manger ? Où boire un verre ?

The Ship Inn : *121, Fisher St. Sur le quai, près du* Life Boat. *☎ 779-176. Plats £ 9-12 au pub, £ 13-16 au resto.* Sur le front de mer, un pub typique où les habitués discutent autour d'une bonne bière, l'œil sur le quai. À l'étage, plus tranquille, le resto tout en lambris ressemble à une cabine de bateau, avec son étroite baie vitrée ouverte sur la mer. Les plats proposés au pub sont un peu moins chers qu'au resto et pourtant délicieux. Entre autres, préparations du fameux haddock fumé d'Arbroath, une merveille.

The Fishermans Tavern : *10-16, Fort St. À 2 pas du* Life Boat. *Quiz certains soirs, live music jeu.* L'un des meilleurs pubs d'Écosse, toujours très animé, maintes fois primé pour sa sélection de *real ales* à la pression. On peut aussi y manger. Très pittoresque.

BLAIRGOWRIE

8 400 hab. IND. TÉL. : 01250

Petite bourgade animée au cœur du Strathmore, une région productrice de fruits rouges. Édifiée en bordure de la rivière Ericht, elle gouverne l'accès au Glenshee.

Arriver – Quitter

➢ Les bus n°s 57 et 59 de *Stagecoach* (ttes les heures ; moins le dim) assurent la liaison avec ***Perth*** ou ***Dundee.*** Compter un peu moins de 1h de trajet pour les 2 villes

➢ Pour se rendre à ***Spittal of Glenshee,*** bus n° 71, seulement 2 le mer et 3 le sam).

Adresses utiles

*ℹ I **Centre :** 26, Wellmeadow. ☎ 872-960. Dans le centre. En hte saison : lun-sam 9h30-17h (17h45 sam), dim 10h30-15h30 ; horaires restreints le reste de l'année.*

■ ***Supermarchés Cooperative Food** et **Tesco :** dans le centre.*

Où dormir dans les environs ?

Camping

⛺ ***Five Roads Caravan Park :** à **Alyth,** 5 miles (8 km) à l'est de Blairgowrie par l'A 926. ☎ (01828) 632-255. • 5roads.co.uk • Tte l'année. Compter env £ 20 pour 2 en été.* Camping propret, tout simple et pas trop grand, avec une petite pelouse centrale (caravanes et mobile homes autour) pour planter sa tente. Aire de jeux pour les enfants. Sanitaires et équipements classiques corrects. Lave-linge.

Prix moyens (£ 50-85 ; 60-102 €)

🏠 ***Gulabin Lodge :** à **Spittal of Glenshee,** sur la route de Braemar (à env 18 miles, soit 30 km, au nord de Blairgowrie). ☎ 885-255. • gulabinlodge.co.uk • Sortir de l'A 93 sur la gauche en venant de Blairgowrie ; la maison se trouve sur la droite avt le pont. Tte l'année. Double £ 55 ; familiales (5-6 pers) £ 80-95.* Dans un grand cottage blanc, des petites chambres simples mais agréables, certaines avec mezzanine. En commun, sanitaires (bien tenus), cuisine et 2 salons avec gros canapé, murs en pierre et cheminée, ambiance gros godillots et vrai feu de bois pour les soirées frisquettes (comprenez « souvent » !). Location de VTT en été et de skis en hiver. Le proprio, moniteur à la station de Glenshee, encadre aussi des activités (VTT, randos, escalade, canyoning...). Pour se chauffer les muscles avant de partir en excursion, miniparcours accrobranche autour du *lodge*.

🏠 ⛺ ***Ecocamp Glenshee :** à env 15 miles (24 km) au nord de Blairgowrie. Prendre l'A 93 direction Braemar, puis tourner à droite après une dizaine de miles direction Blacklunans. ☎ 882-284. • ecocampglenshee.co.uk • Compter £ 70-85 pour 2 selon type de hutte et saison. Wagon pour 5 pers env £ 110. En camping, env £ 20 pour 2 pers avec tente. Min 2 nuits demandé.* Un campement aussi rigolo qu'écolo, paumé en pleine nature, entre les vallées Glen Shee et Glen Isla. On loge dans des hébergements alternatifs (huttes, wagons) dispersés sur un promontoire dominant la campagne. Côté confort, on se partage les sanitaires (pas tout jeunes), et un adorable *bothy* où se mitonner son frichti et se réfugier autour de la cheminée. Camping possible également. Sympa et atypique, mais un peu rugueux pour le prix.

Où manger ?

|●| ***The Dome :*** *20, Leslie St ; dans une rue derrière l'office de tourisme. ☎ 874-888. Tlj sauf dim 9h-17h. Plats £ 5-15.* La salle joue les précieuses, avec colonnes et plafond en forme de dôme. On y sert des snacks classiques, des pâtisseries mais aussi 2 ou 3 plats copieux, faute d'être originaux. De quoi se sustenter sans se ruiner.

|●| ***Cargill's :*** *Lower Mill St ; proche de la rivière. ☎ 876-735. Tlj sauf lun-mar. Plats £ 6-24, menus £ 15-18.* Une grande salle de bistrot, avec parquet, éclairage bien pensé et quelques illustrations du Blairgowrie d'antan sur les murs. Des produits frais et des assiettes bien remplies (burgers, salades, risotto...). Agréable terrasse quand le soleil l'autorise...

DANS LES ENVIRONS DE BLAIRGOWRIE

★ ***Meigle Sculptured Stone Museum*** *(HES) : à* ***Meigle,*** *à 8 miles (13 km) à l'est de Blairgowrie. ☎ (01828) 640-612. Bus n° 57 depuis Blairgowrie. Avr-sept : tlj 9h30-17h30. Dernière admission 30 mn avt. Entrée : £ 5 ; réduc.* Pour les passionnés de vieilles pierres, une petite mais remarquable collection de croix et pierres tombales finement sculptées de l'époque des Pictes.

★★ ***Glen Shee :*** *rude vallée que parcourt l'A 93 pour rejoindre Braemar, située à 56 km au nord de Blairgowrie. Bus n° 71 le mer seulement jusqu'au hameau de* ***Spittal of Glenshee.*** La route franchit le Cairnwell, le col routier le plus haut de Grande-Bretagne (665 m). À partir de Spittal of Glenshee, le paysage change du tout au tout, les montagnes s'élèvent, la vallée se dépouille de ses cultures, de ses arbres, de ses maisons. À mi-chemin, possibilité de rejoindre Kirkton of Glenisla en prenant la B 951. Randos possibles.

GLAMIS

80 hab. IND. TÉL. : 01307

Prononcez « Glams ». Un village endormi et très pittoresque. On y passe le temps de visiter son château.

Arriver – Quitter

➢ Le bus n° 22 assure la liaison avec ***Kirriemuir*** ou ***Dundee*** (2 bus/j. en sem, 1 le sam).

À voir

★★★ ***Le château de Glamis :*** *☎ 840-393. ● glamis-castle.co.uk ● Avr-oct : tlj 10h-16h30 (dernière visite). Entrée : £ 12,50 pour le château et les jardins ; £ 8 pour les jardins seuls. Visite guidée seulement (1h), en anglais, mais feuillet d'explication en français.*
Au bout d'une interminable allée rectiligne se détache ce majestueux château à tourelles, un des plus visités d'Écosse. Ancienne résidence royale de chasse, il appartient depuis 1372 aux comtes de Strathmore et Kinghorne, qui habitent

toujours l'aile privée. Une famille aux racines françaises, en témoigne son nom, Lyon. D'ailleurs, hormis dans la chapelle, on peut voir des représentations de lions partout ! Shakespeare fait assassiner Duncan par Macbeth à Glamis, une belle page de littérature mais loin de la réalité historique, puisque le château n'existait pas à cette époque. En revanche, Élizabeth Bowes-Lyon, mère d'Élisabeth II y passa bien son enfance et la princesse Margaret y naquit.

De la construction du XIe s subsiste le donjon, le reste ayant été saccagé par les troupes de Cromwell, puis restauré au XVIIe s. On y découvre, entre autres, une salle à manger grandiose, et un élégant salon orné de portraits de famille, inchangé depuis le temps où la reine mère y jouait enfant, début 1900. Au-dessus de la cheminée, rose et chardon s'entrelacent, pour symboliser l'alliance de l'Angleterre et de l'Écosse. Dans un coin, une pièce discrète où les hommes allaient se repoudrer... la perruque. Plus loin, la superbe chapelle est entièrement décorée de panneaux de bois du peintre néerlandais Jacob de Wet, du XVIIe s (noter la toile représentant le Christ affublé d'un chapeau hollandais !). On la dit hantée par le fantôme de lady Janet, accusée de sorcellerie et brûlée vive par Jacques V en 1537, qui voulait faire main basse sur le château. Dans la salle de billard, très beau *Marché aux fruits* de Frans Snyders, un disciple de Rubens. Il en a peint 2 autres, identiques, dont l'un est exposé au musée de l'Ermitage à Saint-Pétersbourg. La table de billard du XIXe s porte encore les marques des cigarettes écrasées par les soldats pendant la Première Guerre mondiale ; le château servait alors d'hôpital militaire. Quant aux jardins italiens, ils contrastent singulièrement avec les murs épais et mystérieux du château.

I●I Sur place, bon resto à base de produits locaux et à prix démocratiques.

JEUX INTERDITS

Une fenêtre sur la façade, mais pas de porte à l'intérieur... Le château de Glamis dissimule une pièce secrète. Dans les temps anciens, un samedi soir, le comte jouait aux cartes avec un ami sans se soucier du dimanche qui approchait, jour de prière où jouer, c'est pécher. « Je suis le comte, s'exclamait-il, je peux jouer si je le souhaite jusqu'au Jugement dernier ! » Un étranger vint prendre part au jeu et le matin se dévoila. C'était le diable. Il exauça le « vœu » du comte, enferma les 2 hommes derrière un mur et, depuis, la partie continue. On dit que, en collant l'oreille, on peut entendre battre les cartes...

★ ***Le cimetière*** de l'église aligne de bien jolies tombes sculptées, certaines datant du XVIIIe s. En face, dans le jardin privé, pierre picte à admirer.

KIRRIEMUIR

6 000 hab. IND. TÉL. : 01575

Porte d'entrée de la superbe vallée de Glen Clova, ce petit village aux ruelles pavées vit naître le papa de Peter Pan, sir James Matthew Barrie (et non Walt Disney). Toutes les maisons et tous les bâtiments civils sont en grès rouge, d'où son surnom de « *little red town* »... Cela donne un certain charme au centre du village, avec la statue de Peter Pan sur le Square.

Arriver – Quitter

Stagecoach assure des liaisons avec :

➢ ***Dundee :*** bus no 20 ttes les 30 mn à 1h, 6h-22h (7 seulement le dim).

➢ ***Glamis :*** bus no 22 (2/j. en sem, 1 le sam).

Où manger ?

88° : *17, High St. Sur le Square, en plein centre. Mer-dim 9h30 (10h30 dim)-16h. Plats £ 5-8.* Un joli petit café sympa et accueillant, avec quelques revues à feuilleter et des douceurs à s'offrir, joliment présentées sur les étagères. Pour déjeuner, bagels, paninis, sandwichs, quiches, assiettes de fromages, ainsi que plusieurs options végétariennes. Gâteaux délicieux, chocolats fins et café parfait. À propos, pourquoi 88° ? C'est tout simplement la température idéale de l'eau pour faire un bon *espresso.* Cerise sur le pudding, l'adorable Johanna parle le français !

À voir

L'incontournable figure locale est bien sûr ***sir James Matthew Barrie,*** romancier très populaire en Grande-Bretagne (curieusement assez peu connu en France), auteur de *Peter Pan.* Sa pièce de théâtre connut un succès fulgurant et lui rapporta en 2 ans la modique somme de 500 000 livres. Selon la petite histoire, Barrie, après un mariage raté, se serait mis à ressembler à Peter Pan vers la fin de ses jours... On peut visiter la modeste maison blanche (et non rouge) dans laquelle il naquit en 1860, ***JM Barrie's Birthplace*** *(NTS).* Un peu cher tout de même *(9, Brechin Rd ; ☎ 572-646 ; Pâques-juin et sept, sam-lun 11h-16h ; juil-août, tlj sauf mar-mer 11h-16h ; £ 6,50, réduc).* On pourra enchaîner avec la ***camera obscura,*** logée dans le pavillon de cricket, sur Kirrie Hill, la colline au-dessus du village. Il s'agit d'un système ingénieux, précurseur de l'appareil photo, qui permet d'observer le paysage. Il fut offert par J. M. Barrie à la ville en 1929. Il n'en reste que 4 en Écosse de ce type. Prévoir une visite par beau temps pour y voir quelque chose *(tlj 10h-17h ; GRATUIT, donation bienvenue).* Enfin, pour boucler le pèlerinage, une minute de recueillement sur la tombe de Barrie dans le cimetière voisin.

INCH ALLAH

Fondu de cricket, J. M. Barrie monta une équipe amateur avec ses copains acteurs et écrivains – dont sir Arthur Conan Doyle, le père de Sherlock Holmes. Il la baptisa les Allahackbarries, *en référence à l'incantation musulmane Allah Akbar (« Dieu est grand »). Il pensait que cela signifiait « Avec l'aide de Dieu ». Pas fort en langues étrangères.*

Manifestation

– ***Festival of Traditional Music & Song :*** *1er w-e de sept.* Le petit festival du coin où l'on se raconte des histoires en musique, concerts dans les pubs, compétition de cornemuse...

LA VALLÉE DE GLEN CLOVA

IND. TÉL. : 01575

Après avoir traversé Kirriemuir, on aborde la large et verdoyante vallée de Glen Clova, l'une des plus délicieuses de la région, lovée au pied de hautes montagnes rondouillardes grattées par les éboulis. Sur une bonne vingtaine de kilomètres, une étroite route, ludique à souhait, chevauche les pâturages dans un paysage paisible et harmonieux. Bruyère, vertes prairies, collines

peuplées de moutons, de grives, de faisans, et des lapins partout. À Clova, fin de la B 955 et début d'une petite route (indiquée sans issue) encore plus étroite qui s'achève à Glen Doll, 6 km plus loin. Ne la négligez pas, c'est la partie la plus sauvage et la plus spectaculaire de la vallée ! De là, nombreux départs de balades.

Arriver – Quitter

➢ La dèche, pas de bus pour ***Clova*** ou ***Glen Prosen.*** Mieux vaut être véhiculé, donc.

Où dormir ? Où manger dans le coin ?

The Clova Hotel : *à* **Clova.** *☎ 550-350. • clova.com • Doubles £ 110-120. Au resto, plats £ 11-25.* Complètement isolé au cœur de la vallée, ce bel établissement chic est le seul endroit où loger (et manger) du Glen Clova. Chambres modernes et confortables, avec salles de bains contemporaines, ainsi que des *lodges* indépendants avec jacuzzi (plus chers). Côté resto, cuisine traditionnelle fraîche et variée, idéale pour se requinquer après une bonne balade dans la vallée. Quant au pub, il est resté dans son jus, bien chaleureux, ambiance trappeur.

Prosen Hostel : *dans la vallée voisine de* ***Glen Prosen.*** *En voiture, tourner à Dykehead dès l'entrée dans le Glen Clova. ☎ 540-238. • prosen hostel.co.uk • Tte l'année. Nuitée en dortoir £ 21 (4 ou 6 lits).* Dominée par une prairie et une forêt de pins, cette petite auberge de jeunesse d'une vingtaine de lits s'est postée au bout du monde, au sommet du bucolique hameau de Prosen, enfoui sous les arbres et baigné par 2 ruisseaux. Côté confort, c'est simple et chaleureux : dortoirs classiques, cuisine bien équipée et salon champêtre aux profonds canapés stratégiquement calés près du poêle à bois. Barbecue. Une étape pour promeneurs amoureux de la nature. Un sentier de 4 miles (6,5 km) mène à Clova.

Balades et randonnées

➢ La plupart démarrent du ***parking payant*** *(£ 2)* ***de la forêt du Glen Doll,*** au bout de la route. S'y trouve un petit *Visitor Centre (tlj 8h45-17h, jusqu'à 21h le w-e l'été)* tenu par les rangers, qui pourront vous donner toutes les infos nécessaires. Sinon, un panneau sur le parking détaille plusieurs circuits accessibles à tous, à parcourir en 1h à 2h30. Avec un peu de chance, on croisera des animaux sauvages (cerfs notamment).

– La balade la plus populaire, *Corrie Fee* (3,5 km), serpente dans un amphithéâtre de montagnes. En poussant une heure de plus, on atteint le *plateau du Cairngorm.* Autre option, rallier les magnifiques *cascades,* distantes de 5 km environ, qu'on aperçoit au fond de la vallée.

– Pour un itinéraire plus long, on peut s'engager sur *Jock's Road* et rejoindre *Braemar,* à 22 km. Itinéraire facile en été (sauf météo défavorable), dans un paysage de montagne évidemment fantastique, doux et sauvage à la fois. Beaucoup plus dangereux en hiver. Dans le même genre, possibilité de gagner *Ballater via Capel Mounth.* Se munir de la carte *Explorer 388* ou *Landranger 44* avant de partir. Camping sauvage autorisé sur des aires réservées (mais, feux interdits, la nuit risque d'être fraîche...).

– Enfin, autre rando, au départ de Clova cette fois, une bonne grimpette (400 m de dénivelée) jusqu'au *loch Brandy (cheers !).* Compter 4 km et environ 2h30 aller-retour.

LA VALLÉE DE GLEN ISLA

IND. TÉL. : 01575

Prononcez « Aïla ». Là encore, une vallée charmante et rieuse, qui se consomme à chaque virage. D'elle, on dit : « Ou quelqu'un vous en a déjà parlé, ou vous vous êtes perdu... » Bon, on préfère quand même celle de Clova...

Où dormir ? Où manger ?

🏠 |●| ***The Glenisla Hotel :*** *dans le hameau de* ***Kirkton of Glenisla.*** *☎ 582-223. • glenisla-hotel.com • Doubles £ 60-80, avec petit déj.* Perdue dans l'arrière-pays, une auberge du XVIIe s désormais très largement modernisée, disposant de chambres cosy et nickel rénovées dans un style *scottish* contemporain. Bar sympa et resto sur place.

ARBROATH

24 300 hab. IND. TÉL. : 01241

Ce petit port de pêche actif et populaire est célèbre pour ses fameux *smokies* (haddocks fumés). Mais Arbroath est aussi connu pour les ruines de son abbaye médiévale et la signature de la déclaration d'Arbroath en 1320, garantissant une Écosse libre et indépendante.

Arriver – Quitter

➢ Avec la ligne de bus nº X7 de *Stagecoach,* liaisons régulières (une quinzaine de bus/j.) avec ***Dundee*** (40 mn de trajet), ***Stonehaven*** (via ***Montrose,*** env 1h30 de trajet) et ***Aberdeen*** (1h30 de trajet).

➢ Trains fréquents de ***Dundee, Aberdeen*** et ***Stonehaven.***

Où dormir ? Où manger ?

🏠 ***Harbour Nights Guesthouse :*** *4, Shore ; sur le port. ☎ 434-343. • harbournights.co.uk • Doubles £ 75-85.* Facile à trouver, c'est la jolie maison bleue sur le port. Les chambres sont personnalisées, agréables et confortables. Les plus chères sont nettement plus spacieuses et profitent de la vue sur les bateaux. Bien sûr, *Arbroath smokies* au petit déj !

|●| ***The Old Brewhouse :*** *Danger Point, en bas de High St ; à l'extrémité nord du port. ☎ 879-945. Tlj. Plats £ 9-22.* Un pub typique, posé au bout du port. Quand le soleil est de la partie, tout le monde prend place autour des tables installées sur le quai. Sinon, direction les petites salles chaleureuses pour goûter les fameux *Arbroath smokies.* Fait aussi *B & B.*

|●| Nombreux ***Fish & Chips*** en ville pour un en-cas pas cher.

Où manger dans les environs ?

|●| ***The But'n'Ben :*** *à* ***Auchmithie,*** *à 2 miles (env 3 km) au nord d'Arbroath dans la direction de Montrose par la A 92. ☎ 877-223. Tlj sauf mar*

et dim soir. Résa conseillée. Plat le midi £ 10-20 ; £ 10-25 le soir. High tea *dim £ 16.* Petit cottage blanc, niché au cœur d'un village posé sur une belle falaise dominant la mer. Pas de vue cela dit depuis la salle bien typique, mais c'est LA bonne adresse du coin, réputée pour ses excellents produits de la mer, son fameux *smokie pancake,* son irrésistible chariot de pâtisseries maison et son *high tea* du dimanche après-midi. Service charmant.

À voir

L'abbaye d'Arbroath *(HES)* **:** *dans le centre-ville. ☎ 878-756. Avr-sept : tlj 9h30-17h30 ; oct-mars : tlj 10h-16h. Dernière entrée 30 mn avt. Entrée : £ 6 ; réduc.* Fondée en 1178, cette abbaye autrefois vaste et puissante est célèbre pour la déclaration d'Arbroath de 1320. Lors des conflits du XVIe s, sa toiture en plomb aurait servi à fabriquer des balles. En 1951, elle abrita quelque temps la fameuse *Stone of Destiny* (la pierre utilisée lors des couronnements) qui avait été dérobée à Westminster par des étudiants écossais avant d'être récupérée par la police. Aujourd'hui, la visite vaut le coup pour le ***musée*** moderne très bien conçu, dont les différentes sections retracent l'histoire de l'abbaye en parallèle de celle de l'Écosse. Puis on part à la découverte des vestiges superbes et fantomatiques, dressés au cœur du centre-ville. Grimper dans la tour permet de découvrir le site autrement. Le lieu a des airs de Saint Andrews ! Après un détour par la sacristie du XVe s encore debout, on ne manquera pas d'aller explorer les différentes salles de la maison de l'abbé, bien restaurée (c'est l'une des mieux préservées d'Écosse), ainsi que l'exposition sur la déclaration d'Arbroath présentée dans le bâtiment conventuel voisin.

– Le *Saint Vigean's Museum,* dépendance de l'abbaye, offre à voir de belles pierres pictes *(ouv sur résa auprès de l'abbaye).*

The Signal Tower : *musée logé dans un phare du XIXe s. ☎ 435-329. Mar-sam 10h-17h. GRATUIT.* Aménagées au rez-de-chaussée et à l'étage des bâtiments du phare, des expositions intéressantes et documentées sur la construction des phares (dont celui de Bellrock érigé sur un rocher isolé au large), sur leur fonctionnement, et comme de juste sur la pêche et les fameux *Arbroath smokies.*

Balade

➢ **Seaton's Cliffs** *(les falaises de Seaton)* **:** *départ au nord du port, au bout de Victoria Park.* Le chemin de 8 km mène à la communauté de pêcheurs d'Auchmithie (compter 2h30), le long d'une falaise en grès rouge. Superbe ! Possibilité de revenir à Arbroath avec les bus nos 35 et 140.

DANS LES ENVIRONS D'ARBROATH

Les pierres levées d'Aberlemno : *sur le bord de la route B 9134, à env 10 km de Forfar. Mai-sept (les pierres sont protégées en hiver). GRATUIT.* Seuls les passionnés feront le détour pour découvrir ces pierres sculptées au cours des VIIe et IXe s par les Pictes. La plus intéressante se trouve dans le cimetière de l'église, on y voit une scène de la bataille de Dunnichen. Les cavaliers et guerriers sont remarquablement mis en valeur. Belle croix celtique sur l'autre face. D'autres pierres similaires se situent 500 m plus loin, en bordure de route. Voir celle avec la scène de chasse.

Edzell Castle *(HES)* **:** *à 21 miles (env 34 km) au nord d'Arbroath. ☎ (01356) 648-631. D'Arbroath, passer par Brechin et l'A 933. Bus no 21A de Forfar,*

Brechin et Dundee (8/j. ; moins le w-e). Avr-sept : tlj 9h30-17h (dernière admission). Entrée : £ 6 ; réduc. Ruines d'un château en grès rouge du XVIe s, isolé dans la campagne. L'ensemble a encore fière allure : cour pavée, et quelques salles à explorer dans le donjon. Mais il est surtout intéressant pour son magnifique petit jardin créé en 1604, flanqué d'un ravissant pavillon et entouré d'un mur de pierres illustré de médaillons représentant les dieux mythologiques des planètes, les vertus cardinales et les « arts libéraux » (des études que l'on jugeait nobles). Le jardin de lord Edzell devait stimuler à la fois les sens et l'esprit.

La vallée de Glen Esk : *au nord-ouest de Montrose. De l'A 90 (Dundee-Aberdeen), sortir à Edzell, puis suivre le fléchage.*
Large vallée verdoyante encadrée de monts ventrus tapissés de bruyère, ce *glen* se veut le plus long de l'Angus. Une belle petite route s'y enfonce sur 20 km, serpentant au milieu des collines et des landes. Après 8 miles (13 km), petit ***Visitor Centre*** associé à un très intéressant ***musée folklorique*** *(The Retreat ; mai-oct seulement, tlj 10h-17h ; GRATUIT),* dont les quelques salles proposent la panoplie classique de costumes traditionnels, des éventails, des armes, et même des reconstitutions d'intérieur. Au bout de la route, départs de plusieurs balades au cours desquelles vous croiserez des faisans, peut-être un cerf ou un aigle. Il est indispensable de bien se renseigner sur la météo.
Du parking, 3 possibilités :
➢ S'engager dans la vallée sur sa droite, large et parsemée de bruyères (magnifique en septembre). Après 3,5 km, on atteint le *Queen's Well* (puits avec une belle architecture en forme de couronne), ainsi nommé suite à une visite de la reine Victoria en septembre 1861 au cours d'un séjour à Balmoral.
➢ Partir tout de suite vers la gauche en quittant le parking. En une petite heure, après être passé au pied de la tour fortifiée de l'Invermark Castle, on découvre le loch Lee. Possibilité de poursuivre sur un bon sentier dans le Glen Lee aux parois très escarpées, pour atteindre 2 cascades. Compter 17 km et 5h de marche aller-retour si vous poussez jusqu'à la seconde cascade.
➢ Partir à l'opposé, de l'autre côté du parking, pour 4 km (aller) de marche facile à travers la lande et d'anciennes terres agricoles. Jolis points de vue sur la vallée.

Où camper ? Où manger dans le coin ?

Glenesk Caravan Park : *à l'entrée de la vallée. ☎ (01356) 648-565. • gleneskcaravanpark.co.uk • Avr-oct. Compter £ 12 pour 2 avec une petite tente.* Un camping charmant, paisible, presque sauvage. Les emplacements sont dispersés dans une forêt de bouleaux au bord d'un étang. Sanitaires corrects chauffés, lave-linge et un petit café sympa. Accueil relax.

The Glenesk Retreat : *accolé au* Visitor Centre *et au musée de Glen Esk (mêmes horaires, voir ci-dessus). ☎ (01356) 648-070. Compter £ 4-8.* Coquet et chaleureux, ce café vaut le coup pour ses scones et ses gâteaux maison, de même que pour ses plats du jour, ses soupes et ses sandwichs généreux. Un bon plan. Accueil charmant.

LES GRAMPIANS

• Carte *p. 282-283*

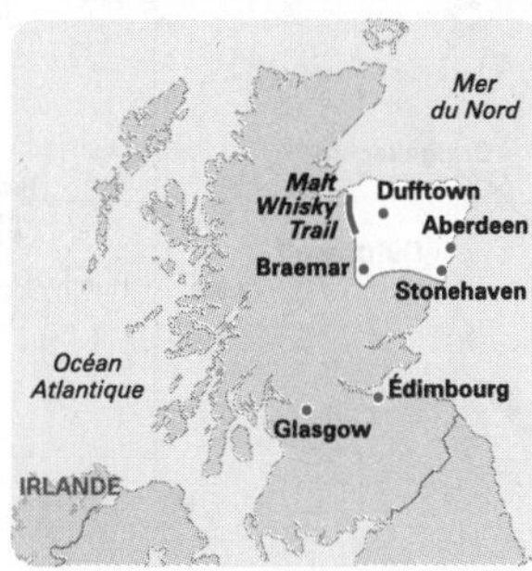

La région des Grampians correspond au nord-est de l'Écosse, un vaste triangle dont Aberdeen est la capitale. Avec près de 70 châteaux et plus de la moitié des stocks de whisky, c'est la région des distilleries et des nobles demeures par excellence. Elle offre une grande diversité de paysages, allant des inquiétantes montagnes du Cairngorm aux villages de pêcheurs balayés par le ressac, en passant par de longues vallées bucoliques où coulent la Dee et la Spey.

Transports

– Le ticket *Bluebird Explorer* permet pour £ 17 de circuler sur toutes les lignes de bus *Stagecoach* de la région pendant une journée.

ABERDEEN ET SA RÉGION

ABERDEEN

235 000 hab. IND. TÉL. : 01224

• Centre (plan I) *p. 286-287* • Old Aberdeen (plan II) *p. 289*

La découverte des gisements pétroliers en mer du Nord a transformé Aberdeen, l'austère et imposante « cité de granit », en capitale européenne du pétrole. Dans le vaste port, les impressionnants cargos d'approvisionnement des plates-formes ont remplacé les harenguiers. Fin XIXe s, à l'âge d'or de la pêche du hareng, Aberdeen engageait près de 400 bateaux !

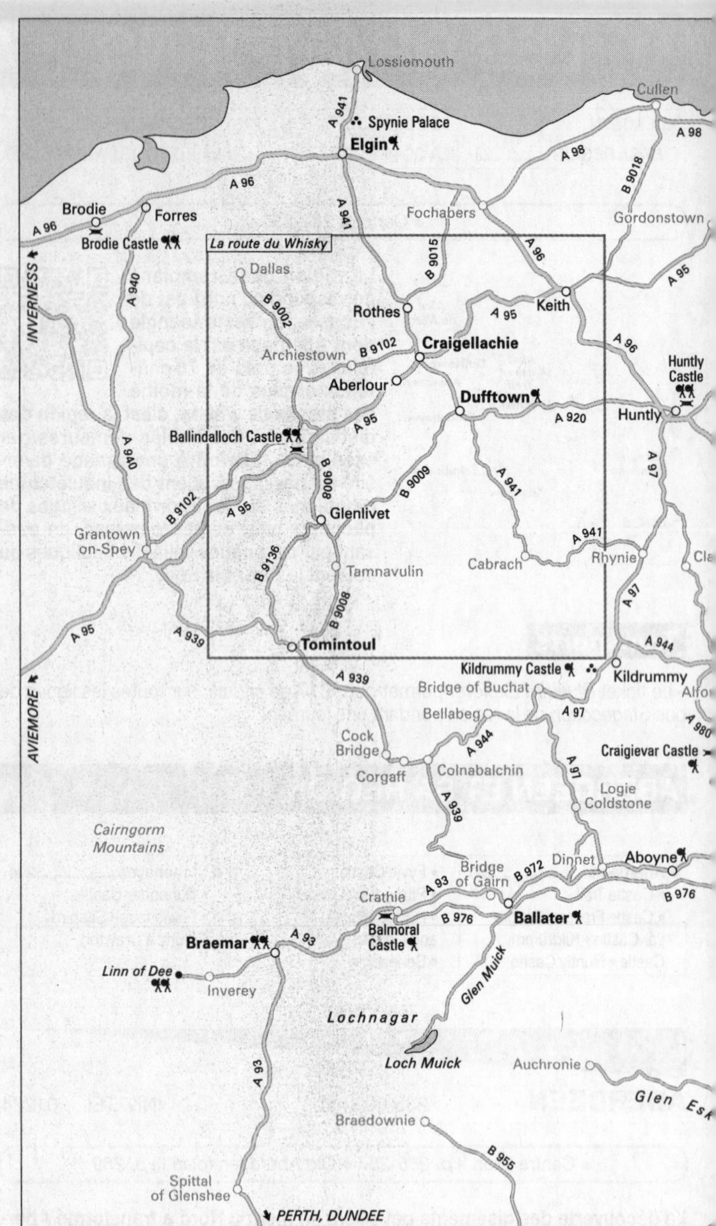

Lossiemouth
Cullen
A 98
A 941
Spynie Palace
Elgin
A 98
B 9018
A 96
Brodie
Forres
A 96
A 941
Fochabers
Gordonstown
Brodie Castle
La route du Whisky
B 9015
A 96
INVERNESS
Dallas
A 95
A 940
B 9002
Rothes
A 95
Keith
B 9102
Craigellachie
A 96
Archiestown
Huntly Castle
Aberlour
Dufftown
A 920
Huntly
A 95
Ballindalloch Castle
A 940
B 9008
B 9009
A 941
A 97
B 9102
A 95
Glenlivet
Grantown on-Spey
A 941
B 9136
Tamnavulin
Cabrach
Rhynie
A 97
B 9008
A 95
A 939
Tomintoul
A 944
Kildrummy Castle
Kildrummy
A 939
Bridge of Buchat
AVIEMORE
A 97
Bellabeg
A 980
Cock Bridge
A 944
Craigievar Castle
Corgaff
Colnabalchin
A 97
A 939
Logie Coldstone
Cairngorm Mountains
Bridge of Gairn
Dinnet
Aboyne
B 972
A 93
B 976
Crathie
B 976
Ballater
Balmoral Castle
Braemar
A 93
Linn of Dee
Inverey
Glen Muick
Lochnagar
Loch Muick
Auchronie
A 93
Glen Esk
Braedownie
B 955
Spittal of Glenshee
PERTH, DUNDEE

LES GRAMPIANS

Aujourd'hui, même si l'université a généré une petite vie culturelle et nocturne sympa, c'est surtout l'activité commerciale qui domine. On ne séjourne pas à Aberdeen, mais une courte étape peut s'envisager le temps de visiter ses musées, puis de se balader dans les rues piétonnes et au bord de la mer.

GARDE À VOUS !

Le mot « hareng » (herring *en anglais) vient de l'allemand* heer, *qui signifie « armée ». Un mot approprié faisant référence aux immenses bancs de harengs, ces poissons ne se déplaçant qu'en rangs serrés.*

Arriver – Quitter

✈ ***Aéroport :*** *à 7 miles (env 11 km) au nord-ouest du centre-ville, en direction d'Inverness. Rens : ☎ 0844-481-66-66.* Bus *JET 727* ttes les 10 mn aux heures de pointe en sem, sinon ttes les 20-30 mn (y compris le w-e).

Gare maritime *(plan I, D2) : non loin des gares routière et ferroviaire.* Infos sur les liaisons avec les îles Orkney et Shetland auprès de *Northlink : ☎ 0845-600-04-49. • northlinkferries.co.uk •*

En bus

Gare routière *(plan I, C2) : à 2 pas de la gare ferroviaire, dans un vaste* Shopping centre. Infos trafic auprès de la compagnie *Stagecoach : ☎ 597-590. • stagecoachbus.com • Guichet ouv lun-sam 8h30 (9h sam)-17h.*

➢ Avec *Scottish Citylink* et la ligne n° X7 de *Stagecoach,* liaisons régulières avec ***Stonehaven*** (40 mn de trajet), ***Dunnottar Castle*** (50 mn), ***Arbroath*** (1h30 de trajet), ***Dundee*** (1h30 de trajet) et ***Perth*** (env 2h-3h de trajet). *Scottish Citylink* poursuit jusqu'à ***Glasgow*** (env 3h30 de trajet). Pour Édimbourg, voir *Megabus* : jusqu'à 9 bus/j. *(• uk.megabus.com •).*

➢ Avec *Stagecoach,* bus n°s 201, 202 et 203 pour le ***Royal Deeside*** (vallée de la Dee) et ***Braemar,*** et n° 10 pour ***Inverness*** (ttes les heures env, trajet env 4h).

En train

Gare ferroviaire *(plan I, C2-3) : Guild St. Rens voyageurs : ☎ 0845-748-49-50.* Consigne à bagages à l'entrée de la gare, à côté des escaliers.

➢ Liaisons régulières avec ***Stonehaven*** (env 20 mn de trajet), ***Dundee*** (1h de trajet), ***Perth*** (env 1h15 de trajet), ***Stirling*** (env 1h45 de trajet), ***Édimbourg*** et ***Glasgow*** (2h de trajet). Trains presque ttes les heures. Également une dizaine de trains/j. de et pour ***Inverness*** (env 2h de trajet).

Adresses utiles

ℹ @ ***Aberdeen Visitor Information Centre*** *(plan I, D1) : 23, Union St. ☎ 269-180. • aberdeen-grampian.com • Lun-sam 9h30 (10h mer)-17h (18h30 l'été), dim 11h-16h.*

■ ***Parkings :*** ils sont hors de prix en centre-ville. Le bon plan consiste à utiliser celui de *ScotRail,* à la gare ferroviaire *(entrée sur College St, plan C3 ; compter env £ 6 pour 24h).* Attention : ne pas confondre avec le parking privé qui occupe les étages du même bâtiment, c'est 3 fois plus cher !

Où dormir ?

En semaine, il peut s'avérer difficile de trouver un hébergement en raison de la présence des employés des compagnies pétrolières. Les prix sont d'ailleurs plus doux le week-end.

LES GRAMPIANS

Camping

⛺ ***Deeside Holiday Park :** à **Maryculter,** à 6 miles (env 10 km) au sud-ouest d'Aberdeen. ☎ 878-123. • woodleisure.co.uk • Prendre l'A 90 vers Perth, puis la B 9077 sur la droite vers Maryculter. Tte l'année. Compter env £ 25 pour 2 avec tente.* Beaucoup de mobile homes et de caravanes à l'année, avec quelques *pods* à la nuitée (abris en bois rustiques) et de petits spots pour planter sa tente. Aire de jeux pour les enfants et petite épicerie de dépannage. Rien d'inoubliable mais c'est tranquille, correctement tenu, et bien situé si l'on veut se rapprocher d'Aberdeen.

Bon marché (£ 10-25/pers ; 12-30 €)

🏠 ***Youth Hostel** (hors plan I par A3, **10**) **:** 8, Queens Rd. ☎ 646-988. • hostellingscotland.org.uk • À 1,5 km à l'ouest du centre. Bus n°s 11 et X17 d'Union St. Tte l'année. Nuitée £ 15-20 selon saison en dortoirs de 4-6 lits. Doubles £ 40-50. Parking.* Grande bâtisse victorienne qui ne manque pas d'allure. Intérieur fonctionnel et confortable : 2 salons, une cuisine, et des chambres et dortoirs en partie rénovés, certains avec salles de bains. Une étape efficace, mais côté ambiance, c'est plan-plan.

Prix moyens (£ 50-85 ; 65-102 €)

🏠 ***Hannah's Guesthouse** (hors plan I par B3, **12**) **:** 193, Bon Accord St. ☎ 594-897. • hannahsguesthouse.co.uk • Doubles sans ou avec sdb £ 55-65.* C'est le bon choix de cette rue où les *B & B* abondent : la maison, tirée à 4 épingles, est mignonne comme tout, avec ses moquettes façon tartan ; les chambres sont cosy et modernes, et l'accueil est très sympa. En revanche, pas de petit déj chaud ici, mais des *boxes* à emporter avec tout le nécessaire.

🏠 ***The Coffee House Hotel** (plan I, C2, **13**) **:** 1, Gaelic Lane. ☎ 478-621. • the-coffee-house.aberdeen-hotels.com • Doubles £ 80-100.* Pour ceux qui aiment être au cœur de l'action, c'est l'idéal. Les chambres sont modernes, fonctionnelles et bien confortables, et dépendent d'un café sympa où l'on prend vite ses aises. Le tout dans une jolie rue piétonne animée (dormir sur l'arrière si l'on a le sommeil léger).

🏠 ***Brentwood Hotel** (plan I, C3, **14**) **:** 101, Crown St. ☎ 595-440. • brentwood-hotel.co.uk • Double £ 100 en sem et £ 60 le w-e.* Bien situé en plein centre, ce petit hôtel modernisé propose des chambres pas bien grandes mais plaisantes, dans un style contemporain convenu. Très convenable dans sa catégorie, surtout le week-end.

LES GRAMPIANS

Où manger ?

Bon marché (plats £ 5-10 ; 6-12 €)

🍴☕ ***The Coffee House** (plan I, C2, **13**) **:** 1, Gaelic Lane. Tlj 8h (9h dim)-18h (1-2h ven-sam).* Avec ses tables en bois, ses coussins sur les banquettes et ses bouquins sur les étagères, on se sent vite à l'aise dans ce *coffee shop* convivial tenu par une équipe jeune et sympa. En salle, ou en terrasse dans la rue piétonne, on y fait volontiers une pause pour le petit déj, un repas léger (soupes, sandwichs préparés à la commande...), ou un apéro les soirs de concert (vendredi et samedi).

Prix moyens (plats £ 8-18 ; 10-22 €)

🍴⛱ ***Sand Dollar Café** (plan II, F6, **21**) **:** 2, Beach Esplanade. ☎ 572-288. Tlj 7h30-19h (21h ven-sam).* Ça fleure bon les vacances ! Stratégiquement situé sur la promenade, ce café très populaire est le spot idéal pour un bon petit déj cuisiné, ou un déjeuner sans complication autour d'une salade et d'un sandwich. Salle pimpante, mais

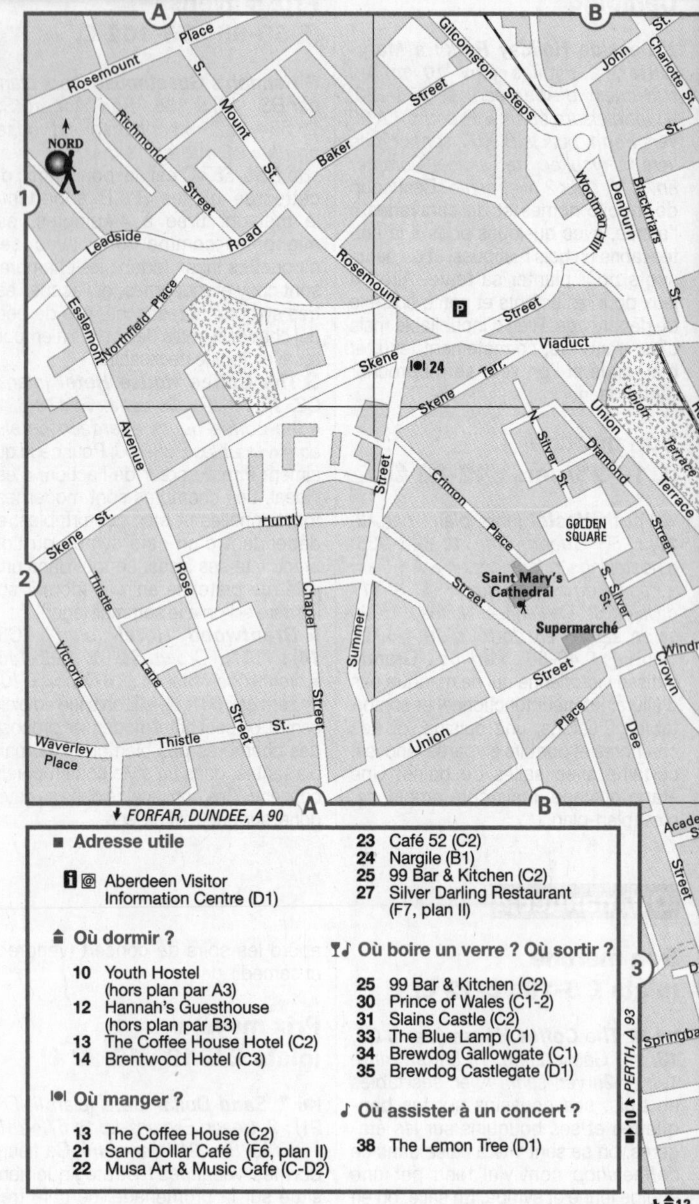

■ **Adresse utile**

- Aberdeen Visitor Information Centre (D1)

Où dormir ?

- **10** Youth Hostel (hors plan par A3)
- **12** Hannah's Guesthouse (hors plan par B3)
- **13** The Coffee House Hotel (C2)
- **14** Brentwood Hotel (C3)

Où manger ?

- **13** The Coffee House (C2)
- **21** Sand Dollar Café (F6, plan II)
- **22** Musa Art & Music Cafe (C-D2)
- **23** Café 52 (C2)
- **24** Nargile (B1)
- **25** 99 Bar & Kitchen (C2)
- **27** Silver Darling Restaurant (F7, plan II)

Où boire un verre ? Où sortir ?

- **25** 99 Bar & Kitchen (C2)
- **30** Prince of Wales (C1-2)
- **31** Slains Castle (C2)
- **33** The Blue Lamp (C1)
- **34** Brewdog Gallowgate (C1)
- **35** Brewdog Castlegate (D1)

Où assister à un concert ?

- **38** The Lemon Tree (D1)

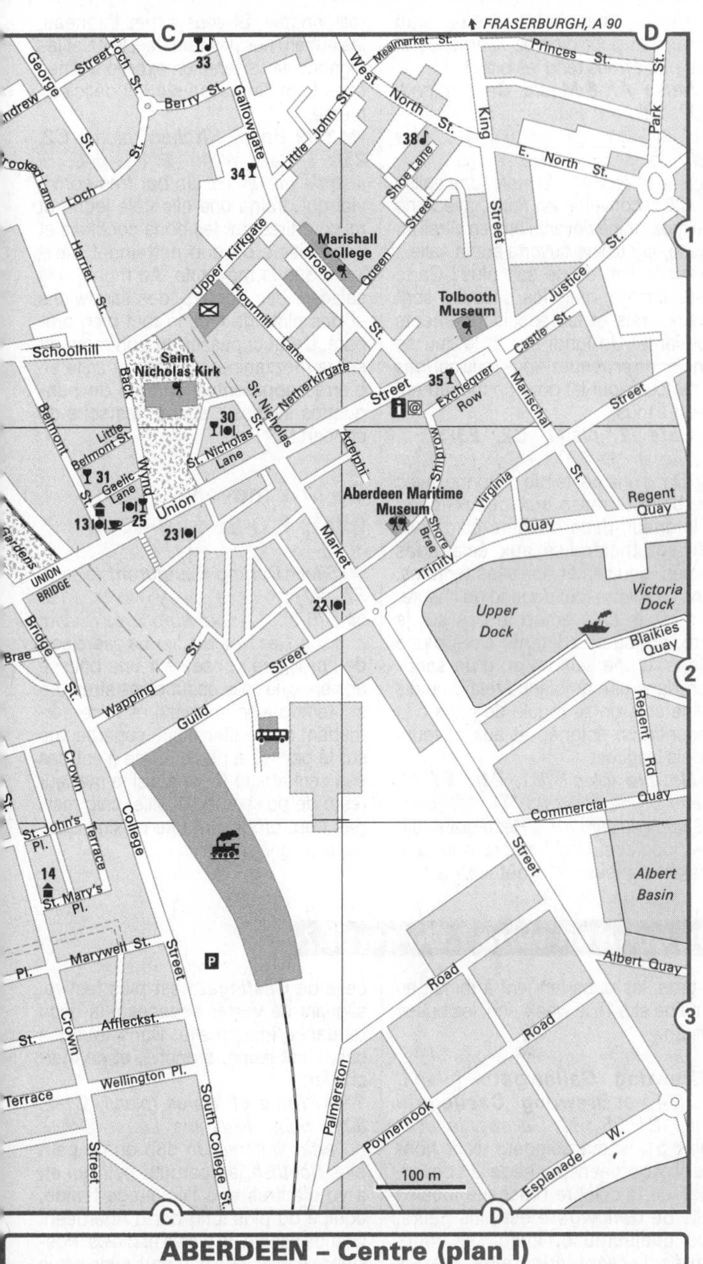

ABERDEEN – Centre (plan I)

LES GRAMPIANS

c'est évidemment la terrasse qui vaut le coup. Et pour digérer, l'immense et belle plage vous tend les bras !

|●| ***Musa Art & Music Cafe*** *(plan I, C-D2,* ***22****) : 33, Exchange St. ☎ 571-771. Lun-sam 12h jusqu'à tard, plus dim midi. Musique live ven-sam soir, plus les 1er et 3e lun du mois.* Une église du XIXe s convertie en resto, avec une jolie mezzanine devant l'ancien vitrail en rosace, et cuisine ouverte sur la salle... ou sur la nef, on ne sait plus ! Carte assez limitée, mais les produits sont locaux, frais et les assaisonnements reposants. Un lundi sur 2, le lieu se transforme en rendez-vous musical (pas de resto ce jour-là) pour un mégabœuf ouvert à tous.

|●| ***Café 52*** *(plan I, C2,* ***23****) : 52, The Green. ☎ 590-094. Tlj sauf dim soir.* Dans une petite rue piétonne, avec une belle terrasse aux beaux jours. À l'intérieur, déco bohème-chic style entrepôt théâtralisé aux éclairages étudiés, bougies et épaisses tentures. Dans l'assiette, tout dépend de l'heure. Le midi, le café prend le pas sur le resto, et l'on se contente alors d'une quiche, d'une salade, ou d'un sandwich dans une ambiance relax, tandis que le soir, on se régale de plats à la présentation soignée et aux saveurs parfois inspirées.

|●| ***Nargile*** *(plan I, B1,* ***24****) : 77-79, Skene St. ☎ 636-093. Tlj 17h-tard.* Set lunch *en sem à 9 £.* Restaurant turc très populaire. Cadre sobre pour une cuisine copieuse et goûteuse à prix raisonnable. Si vous aimez l'agneau, les aubergines, les tomates, le riz et les oignons, vous ferez un excellent dîner, sans faire l'impasse sur les délicieux *mezze*.

|●| 🍸 ***99 Bar & Kitchen*** *(plan I, C2,* ***25****) : 1, Back Wynd. ☎ 631-640. Tlj jusqu'à minuit-1h.* Un bar très convivial qui draine une clientèle jeune et relax, attirée par les bons cocktails et une cuisine de pub nettement meilleure que la moyenne. Au menu, des salades, des burgers, des sandwichs et des plats du jour, le tout bien préparé. De quoi passer un bon moment sur la mezzanine, ou dans la salle en pierres apparentes frangée de banquettes fleuries... surtout les soirs de concert !

De prix moyens à chic (plats £ 8-25 ; 10-30 €)

|●| ***Silver Darling Restaurant*** *(plan II, F7,* ***27****) : Pocra Quay North Pier. ☎ 576-229. À côté du phare. Tlj sauf dim soir. Résa impérative.* Le cadre sort de l'ordinaire : posée sur une bâtisse ancienne, la salle occupe une structure contemporaine en métal et verre permettant de profiter d'une superbe vue sur le port et la plage. Et ce n'est pas son seul atout ! C'est aussi le meilleur resto de poisson de la ville, chic mais pas trop, proposant une cuisine classique soignée.

Où boire un verre ? Où sortir ?

En gros, les pubs ferment à minuit en semaine et à 1h le week-end, les boîtes vers 3h.

🍸 ***Brewdog Gallowgate*** *(plan I, C1,* ***34****) et* ***Brewdog Castlegate*** *(plan I, D1,* ***35****) : 17, Gallowgate, et 9, Union St.* À tout seigneur, tout honneur : Aberdeen possède 2 succursales de la célèbre brasserie locale ! Celle de ***Gallowgate*** est plus petite, plus chaleureuse, avec ses murs grattés laissant apparaître pierres et briques, ses box et ses ampoules pendues à de longs fils, tandis que celle de ***Castlegate*** est plus festive, alignant de vastes espaces à la déco tendance industrielle. Dans tous les cas, c'est jeune, branché, et ça marche fort !

🍸 |●| ***Prince of Wales*** *(plan I, C1-2,* ***30****) : Saint Nicholas Lane. Scène ouverte dim soir.* Un pub on ne peut plus *Scottish,* au parquet noir qui en a vu d'autres et à l'éclairage timide, équipé du plus long bar d'Aberdeen. Grande variété de bières et d'*ales*. Possibilité d'avaler un *pub grub* sans génie mais solide.

🍸 ***Slains Castle*** *(plan I, C2,* ***31****) : 14-18,*

LES GRAMPIANS

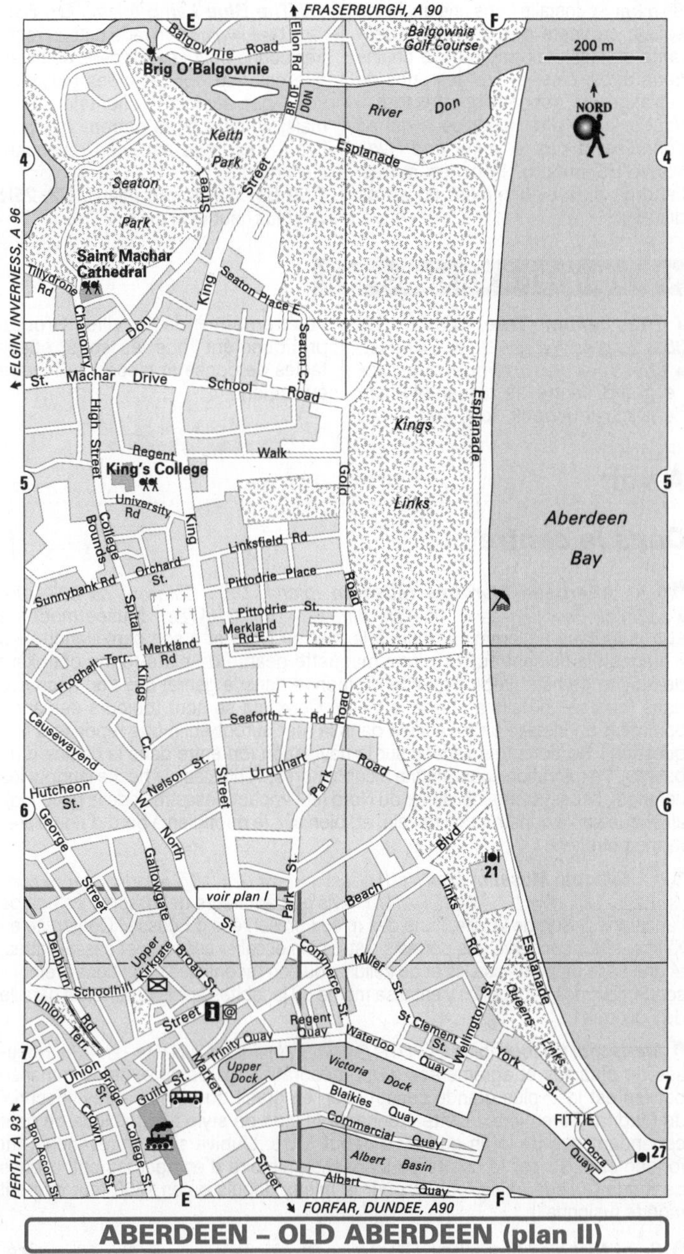

ABERDEEN – OLD ABERDEEN (plan II)

Belmont St. Installé dans une ancienne église, ce vaste pub à la déco délirante et kitsch fait partie de la chaîne *Eerie pubs,* c'est-à-dire des pubs de l'étrange qui donnent des frissons... Vaut le coup d'œil pour ceux qui ne connaissent pas le *Jekyll and Hyde Pub* d'Édimbourg. Pour les autres, l'endroit aura évidemment un air de déjà-vu...

🍸 ♩ ***The Blue Lamp*** *(plan I, C1,* ***33****) : 121, Gallowgate.* Un rade un peu roots très connu pour ses concerts de musique celtique, folk et blues plusieurs soirs par semaine. Clientèle variée mais, comme dit le patron, *young at heart.* Les jours sans, en revanche, c'est mort.

🍸 ***99 Bar & Kitchen*** *(plan I, C2,* ***25****) :* voir plus haut « Où manger ? ».

Où assister à un concert ?

♩ ***The Lemon Tree*** *(plan I, D1,* ***38****) : 5, West North St.* ☎ *641-122.* • *aberdeenperformingarts.com* • Le grand centre de rassemblement de la musique rock, folk, jazz, blues et alternative de la ville. Groupe pratiquement tous les soirs, spectacles de danse et pièces de théâtre également.

À voir

Dans le centre

Aberdeen Maritime Museum *(plan I, D2) : Shiprow.* ☎ *337-700.* • *aagm.co.uk* • *Lun-sam 10h-17h, dim 12h-15h. GRATUIT.* Musée moderne et très ludique entièrement dédié à la mer du Nord et à son exploitation. Les 3 étages s'articulent autour d'une maquette géante de plate-forme pétrolière de 8,50 m de haut (la plus grande du monde dans le genre) que l'on découvre dans tous ses détails au fil de la visite. Ceux qui se sont toujours demandé comment on installe un tel édifice dans la mer auront enfin une réponse à leur question ! Sections très variées sur la navigation (on entre dans la cabine d'un bateau), l'exploration sous-marine (scaphandres, véhicules), la pêche (surtout les harengs), l'écosystème de la mer du Nord (et l'impact désastreux de la pollution), ainsi que sur la construction navale, et, bien sûr, le quotidien à bord d'une plate-forme pétrolière.

Tolbooth Museum *(plan I, D1) : Castle St.* ☎ *621-167.* • *aagm.co.uk* • *Lun-sam 10h-17h, dim 12h-15h. GRATUIT.* Avis aux amateurs de frissons, il s'agit de l'ancienne prison de la ville, l'une des mieux préservées d'Écosse ! Construite au XVIIe s, elle a conservé des portes sinistres, un escalier assassin et casse-pattes, et une série de petites salles et de cellules où l'on raconte les conditions d'emprisonnement des captifs. On y entassa même 50 jacobites après la fameuse bataille de Culloden !

Marischal College *(plan I, C-D1) : Broad St. Mai-sept, lun-ven 12h-16h.* Hérissée de pinacles et agrémentée d'une décoration exubérante, cette immense bâtisse est la 2e plus grande construction en granit du monde après l'Escurial de Madrid. Ça en jette ! Cette étonnante façade de style néogothique ne date cependant que de la fin du XIXe s-début XXe s. L'université, en revanche, fut fondée en 1593 par le comte de Marischal, histoire d'enrager les catholiques de *Kings College* (mais tout va pour le mieux depuis qu'en 1860 tout ce petit monde fusionna !).

Saint Nicholas Kirk *(plan I, C1) : Union St. Mai-sept, lun-ven 12h-16h.* Précédée d'un ravissant cimetière à l'anglaise, cette immense église érigée dès le XIIe s a depuis été largement transformée. Suite aux destructions occasionnées par les guerres de Religion, elle fut divisée en 2 parties, la *East Kirk* et la *West Kirk*, désormais reliées par une nef. Dans la partie est d'importantes fouilles archéologiques ont mis au jour de nombreuses sépultures. On peut jeter un œil aux excavations à travers une vitre.

Saint Mary's Cathedral *(plan I, B2)* **:** *Huntly St. Tte l'année, tlj 8h-17h.* Cathédrale catholique fondée en 1860. Peu à voir à l'intérieur, hormis un chemin de croix moderne en mosaïque.

Dans Old Aberdeen (au nord du centre)

King's College *(plan II, E5)* **:** *tlj 10h-17h. GRATUIT.* La première université d'Aberdeen, fondée en 1495. La tour de la chapelle est surmontée d'une superbe couronne de pierre. Expositions temporaires dans le musée.

Saint Machar Cathedral *(plan II, E4)* **:** *Chanonry St. Tlj : avr-oct, 9h30-16h30 ; nov-mars, 10h-16h. GRATUIT.* La plus ancienne cathédrale en granit au monde. Édification commencée au XIIIe s, sur l'emplacement d'une église du VIe s. À l'intérieur, un joli plafond héraldique du XVIe s réunissant les 48 blasons des notables de la région.

Brig O'Balgownie *(plan II, E4)* **:** *sur le fleuve Don.* Le plus ancien pont médiéval d'Écosse, construit par Robert the Bruce à la fin du XIIIe s.

À voir encore. À faire

➢ **Les parcs : Duthie Park,** *à 1 mile (1,6 km) au sud du centre. Bus n° 17. Tlj 8h jusqu'à 1h avt la tombée de la nuit. GRATUIT.* Un vaste parc doté de plans d'eau et surtout d'étonnants jardins d'hiver construits en 1880 qui recèlent de nombreuses plantes exotiques, dont la plus grande collection de cactées du pays. *Seaton Park (plan II, E4),* au bord du Don, et *Hazlehead Park* (tout à l'ouest de la ville) valent également le déplacement. Nombreuses activités.

La plage : 3 km de sable entre les 2 rivières, le Don et la Dee. *Beach Esplanade* est la promenade favorite des locaux, entrecoupée de pause sur la belle plage ou en terrasse pour avaler une glace. On y trouve même un complexe de cinéma et un parc d'attractions. Ambiance balnéaire.

Fittie *(ou* **Footdee***)* **:** *entre la plage et le port, tout au bout des quais.* Dessiné par John Smith en 1808, cet adorable et pittoresque ancien village de pêcheurs témoigne d'une tranche d'histoire prolétaire inscrite dans l'urbanisme. Son unité est parfaite, un peu à la manière des anciennes courées des cités ouvrières du nord de la France. Restaurées avec soin et décorées avec amour par leurs propriétaires, les petites maisons basses encadrent 3 jolis squares, dont elles partagent les pelouses et les cordes à linge. Chacune y dispose aussi d'une coquette cabane de jardin, *so charming* ! Blotties les unes contre les autres, les maisons tournent par ailleurs le dos à la mer pour mieux se protéger de ses violentes colères. Un monde à part.

Torry Battery : *au sud du fleuve Dee, dominant la ville.* Fort de la fin du XIXe s d'où l'on a un super panorama sur le port et la ville.

Manifestations

Détails de tous les événements dans les offices de tourisme d'Aberdeen et des Grampians.

LES GRAMPIANS

– ***Highland Games :*** *généralement le 1er sam de juil. Dans un des parcs de la ville, souvent Hazlehead Park. Entrée payante.*
– ***Festival international de la jeunesse :*** *fin juil-début août (en principe).* Musique (surtout classique, mais également jazz et musique du monde), danse et théâtre non-stop.

DANS L'ABERDEENSHIRE

➢ Cet arrière-pays un peu oublié offre de jolis paysages et, surtout, de quoi rassasier les amateurs de châteaux : vous en trouverez une quinzaine sur la route du ***Castle Trail,*** qui part d'Aberdeen pour aller jusqu'à Braemar à l'ouest et Fyvie au nord. Malheureusement, mieux vaut être motorisé. Peu de châteaux sont desservis par les bus. *Rens : • stagecoachbus.com •*

Castle Fraser *(NTS)* ***:*** *à 15 miles (25 km) à l'ouest d'Aberdeen. ☎ (01330) 833-463. Fléché sur la droite après une vingtaine de km sur l'A 944, direction Alford. Avr-oct, mer-dim 10h-17h (tlj juil-août). Dernière entrée 1h avt fermeture. Jardins accessibles tte l'année. Entrée : £ 11 ; réduc. Parking £ 3. Feuillets d'explications en français.* Château en Z de style « baronial », construit entre le XVe et le XVIIe s. L'une des résidences les plus séduisantes de la région. Le *Great Hall,* splendide, occupe le premier niveau. Avec ses 3 m de large, la cheminée du XVIe s est à sa (dé)mesure. Les autres pièces sont relativement petites pour un tel château, chaleureuses et intimes, richement meublées, truffées de charmantes alcôves et habitées comme il se doit par un fantôme. Dans la *chambre aux broderies,* outre les remarquables... broderies, ne manquez pas l'accès au « *Laird's Lug* », d'où l'on écoutait discrètement les conversations qui se tenaient dans la salle du dessous. Les tables dressées (vaisselle magnifique), les innombrables objets, tableaux et souvenirs de la dynastie Fraser rendent la visite très vivante (à l'image de la jambe de bois du héros familial, blessé par les troupes napoléoniennes en 1812, pieusement conservée dans la bibliothèque). Beaux jardins dessinés au XVIIIe s, dont la vue est superbe du haut de la tour (au 6e étage quand même !). Terrains de jeux pour les enfants.

Craigievar Castle *(NTS)* ***:*** *à 26 miles (42 km) à l'ouest d'Aberdeen et 6 miles (10 km) au sud d'Alford par l'A 980. ☎ (01339) 883-635. • nts.org.uk • Avr-sept : tlj sauf mer-jeu (tlj juil-sept), 10h30-16h (dernière admission). Parc ouv tlj tte l'année (gratuit). Visite guidée obligatoire (env 45 mn) : £ 13 ; réduc. Parking £ 3.* Dominant les collines, ce petit manoir du XVIe s semble tout droit sorti d'un film de Disney, avec ses tourelles d'angle flanquant la maison forte d'origine et son crépi rose. Complété au XVIIe s, il fut remodelé au XIXe s dans le style « baronial » pour servir de résidence d'été à la famille Forbes, propriétaire des lieux pendant 350 ans. À l'intérieur, sur 7 niveaux, portraits de famille et mobilier ancien dans une série de pièces richement agrémentées de stucs. Dans le parc, jeter un œil au potager et pousser même la balade un peu plus loin à travers les bois en suivant 2 sentiers balisés (1,2 et 3,2 km). Le plus long offre de beaux points de vue sur les monts Bennachie et Lochnagar.

Kildrummy Castle *(HES)* ***:*** *à* ***Kildrummy.*** *☎ (01975) 571-331. À 40 miles (env 60 km) à l'ouest d'Aberdeen, sur l'A 97. Avr-oct : tlj 9h30-12h30, 13h30-17h (dernière admission). Entrée : £ 5 ; réduc.* Château complètement en ruine du XIIIe s, construit sur le modèle du château de Coucy, près de Laon. Ce fut le fief des comtes de Mar, d'où partit la révolte jacobite de 1715. Même s'il n'en reste plus grand-chose, les pans de murailles encore debout donnent une idée de sa puissance. Mieux vaut toutefois être amateur de vieilles pierres. À côté, beau jardin avec une réplique du Brig O'Balgownie, le pont médiéval d'Aberdeen. *Entrée indépendante par la route principale ; horaires et tarifs similaires.*

Huntly Castle *(HES)* **: à Huntly.** *☎ (01466) 793-191. À 40 miles (env 60 km) au nord-ouest d'Aberdeen, par l'A 96. Bus nº 10 d'Aberdeen ou d'Inverness, et bus nº 301 de Banff et Macduff. Accès en train également (ligne Aberdeen-Inverness). Avr-sept : tlj 9h30-17h30 ; oct : tlj 10h-16h ; nov-mars : sam-mer 9h30-16h ; dernière admission 30 mn avt. Entrée : £ 6 ; réduc.* Posté sur les bords de la rivière Deveron, encadré d'arbres centenaires, cet élégant château en ruine a de beaux restes. Il appartenait aux Gordon, l'une des familles les plus puissantes de la région. Habité dès le XIIe s, il fut plusieurs fois détruit. Rebâti une dernière fois en 1602, il fut définitivement abandonné en 1650, victime de la guerre civile. Le *Huntly Castle* retrace à lui seul l'évolution du château écossais, de la forteresse normande au palais du XVIIe s, avec une nette influence française, puisque les décorations étaient inspirées du château de Blois. Noter le frontispice au-dessus de l'entrée du vaste donjon, et, dans l'une des salles à l'étage, la cheminée encadrée par les portraits du marquis George Gordon et de sa femme, sculptés dans la pierre. Dans la cour, ne ratez pas le fournil et la brasserie où l'on produisait un gallon (4,54 l) de bière par personne et par jour. Devaient avoir les idées claires, ces gens-là... Avant de partir, n'oubliez pas d'aller fureter dans les sous-sols pour saluer Ed et Tim, qui végètent dans l'ancienne prison.

Fyvie Castle *(NTS)* **: à Fyvie.** *☎ (01651) 891-266. Sur l'A 947, à 25 miles (40 km) au nord-ouest d'Aberdeen. Avr-mai et sept-oct : tlj sauf jeu-ven 11h-17h ; juin-août : tlj 11h-17h. Dernière admission à 16h30. Jardins ouv tte l'année tlj de 9h au coucher du soleil. Entrée (visite guidée d'1h en sem, libre le w-e car il y a du personnel dans chaque salle) : £ 13 ; réduc.* À côté du ravissant petit loch Fyvie, ce château compte 5 tours, qui portent les noms des 5 familles qui se sont succédé pour construire l'une des plus belles et des plus grandes demeures de style « baronial » de la région. Restauré au début du XXe s, il possède toujours le plus large escalier circulaire d'Écosse. À l'intérieur, c'est une succession d'une vingtaine de salons et de chambres richement meublés. Belles collections de portraits, d'armes anciennes et surtout de superbes tapisseries des Flandres des XVIIe s et XVIIIe s. Mais l'originalité, ici, c'est la salle de musique dotée d'un orgue digne d'une église. On termine la visite par une salle de billard somptueuse.

Pitmedden Garden *(NTS)* **:** *à 13 miles (env 20 km) au nord d'Aberdeen et à 1 mile (1,6 km) du village de Pitmedden direction Ellon, sur l'A 920. ☎ (01651) 842-352. Bus nos 290 et 291 (jusqu'à Pitmedden puis 10 mn de marche). Mai-sept : tlj 10h30-16h30 (dernière admission 16h). Entrée : £ 7,50 ; réduc. Parking £ 3.* Magnifiques jardins du XVIIe s, dessinés par Alexander Seton, un lord déchu, grand admirateur de Le Nôtre et de Vaux-le-Vicomte. Suite à l'incendie du château en 1818, le jardin fut laissé à l'abandon, enfin pas tout à fait puisqu'on y cultiva par la suite pommiers et poiriers. En 1952, le *National Trust for Scotland* décida de raviver son prestige, et des dizaines de milliers de plantes et 180 variétés de pommiers ornent aujourd'hui les jardins. Les parcours serpentent à travers bosquets, fontaines et sous-bois. Belle vue du haut du belvédère. Également un petit *musée de la Vie rurale,* qui rassemble outils et mobilier d'une ancienne ferme. *Teashop.*

Haddo House and Garden *(NTS)* **:** *à 7,5 miles (12 km) au nord de Pitmedden. ☎ (01651) 851-440. Sur la B 999, prendre à droite à l'entrée de Tarves. Bus nos 290 et 291 jusqu'à Tarves (à 3 km du château). Visite guidée seulement : avr-oct, lun-ven à 12h et 14h, w-e ttes les heures 11h30-15h30. Fermé nov-mars. Entrée : £ 11 ; réduc. Résa conseillée. Jardins gratuits ouv tte l'année, tlj* *de 9h au coucher du soleil. Parking £ 3.* Flanquée d'une chapelle privée et d'un élégant escalier à double rampe, cette belle et immense demeure du XVIIIe s de style palladien fut construite par William Adam pour William Gordon, le 2e comte d'Aberdeen. Le domaine fut prospère jusqu'à ce que l'un de ses héritiers, surnommé « le Polisson », soit ruiné : il y entretenait 3 maîtresses, enfants et domestiques. Trop pour une seule bourse ! Le patrimoine familial périclita. Au milieu du XIXe s, un Gordon fut nommé Premier ministre, et le domaine retrouva son prestige passé. Même la reine Victoria y séjourna. La famille Gordon occupe toujours une partie de la maison. À l'intérieur, plafonds peints, mobilier d'époque et d'épais tapis qui donnent envie d'ôter ses chaussures... Outre la visite, on peut se promener dans le superbe parc flanqué d'un lac et ses canards. La *Haddo House* accueille aussi des représentations théâtrales, concerts, opéras.

***Bennachie :** point de repère dans l'Aberdeenshire, à env 22 miles (35 km) au nord-ouest d'Aberdeen. Prendre l'A 96, puis, après Inverurie, la direction Chapel of Garioch sur la gauche.* Cette petite montagne offre un large choix de randonnées familiales. Carte et guide disponibles au *Bennachie Centre.*

STONEHAVEN

9 800 hab. IND. TÉL. : 01569

Ce centre de villégiature estival bordé d'une plage débouche sur un pittoresque petit port du nord, calé au creux de belles falaises. Pour ceux qu'Aberdeen ne retiendrait pas, Stonehaven peut être une alternative plaisante pour visiter la vallée de la Dee et ses châteaux. Du village, un sentier court le long des falaises jusqu'au fantasmagorique château de Dunnottar.

Arriver – Quitter

En bus

Arrêt sur Barclay St, à 2 pas de Market Square.

➢ Le bus n° X7 (env ttes les heures, 6h-22h pour le nord, 8h-minuit pour le sud) de *Stagecoach* relie ***Aberdeen*** (40 mn) au nord, et ***Dunnottar*** (10 mn), ***Montrose*** (50 mn), ***Arbroath*** (1h10) et ***Dundee*** (1h50) au sud. On peut également rejoindre Aberdeen avec les bus n°s 7 et 7A.

➢ Pour ***Édimbourg*** et ***Glasgow,*** changement à ***Aberdeen*** ou ***Dundee.***

En train

***Gare ferroviaire :** Arduthie Rd, sur les hauteurs de la ville. Moins de fréquences le dim.* Liaisons avec :

➢ ***Aberdeen :*** ttes les 30 mn env, 6h-minuit. Trajet : 20 mn. Plus rapide que le bus, plus cher aussi.

➢ ***Arbroath :*** ttes les 30 mn, 6h-23h. Trajet : 35 mn.

➢ ***Dundee :*** ttes les 30 mn, 6h-23h. Trajet : 1h.

➢ ***Édimbourg :*** ttes les heures, 6h-21h50. Trajet : env 2h15.

➢ ***Glasgow :*** ttes les 1 à 2h env, 6h-21h. Trajet : env 2h15.

Adresses utiles

■ ***Banque** (distributeur), **supermarchés et pharmacie :** sur Market Sq.* Service postal dans le *Spar.*

Où dormir ?

Camping

⛺ ***Queen Elizabeth Caravan Park :*** *en bordure de la ville, face à la mer.* ☎ *760-088.* • *caravanclub.co.uk* • *Du centre de Stonehaven (10 mn à pied), suivre la direction d'Aberdeen. Ouv mars-déc. Compter £ 17-25 pour 2 avec tente (seulement 3 emplacements réservés aux campeurs !).* Entouré de bâtiments, un terrain nu, peu séduisant et bien chargé en été. Mais la mer est devant et la piscine à côté. Ça dépanne.

De prix moyens à chic (£ 50-125 ; 60-150 €)

🏠 **Twentyfourshorehead** *(Chez Mrs Hawkes)* **:** *24, Shorehead ; au bout du port, sur la droite.* ☎ *767-750.* • *twentyfourshorehead.co.uk* • *Doubles £ 80-90.* Anne dispose de 3 chambres : une à l'étage, les autres mansardées. Elles sont petites mais modernes, claires et gaies, avec une belle vue sur le port et la mer. Petite attention sympa, une paire de jumelles posée sur la table de nuit pour observer les oiseaux et, avec un peu de chance, quelques phoques. Une adresse un peu chère mais idéalement située.

🏠 ***Beachgate House :*** *Beachgate Lane.* ☎ *763-155.* • *beachgate.co.uk* • *Doubles £ 95-100.* Cette grosse maison moderne ne paie pas de mine. Changement de registre la porte poussée : on découvre alors un intérieur très soigné, pas de la dernière mode mais cossu et cosy. L'accueil est aux petits soins, à l'image du petit déj copieux et savoureux, et l'emplacement vraiment idéal, face à la mer le long de la promenade piétonne. Un bon point de chute.

🏠 ***Bay View B & B :*** *24, Beachgate Lane.* ☎ *224-227.* • *bayviewbandb.co.uk* • *Doubles £ 85-120.* Idéalement posé au bord de l'eau, ce *B & B* cumule les bons points. Presque toutes les chambres offrent de grandes ouvertures sur la mer et disposent d'un balcon, mini pour les moins chères, spacieux pour les autres. Partout, déco moderne et joyeuse, enrichie par les peintures de la sympathique propriétaire, sur des thèmes de voyages (Japon, Inde...). Et, pour couronner le tout, de délicieux petits déj !

LES GRAMPIANS

Où manger ? Où boire un verre ?

Bon marché (plats £ 5-10 ; 6-12 €)

🍽 ***The Bay Fish & Chips :*** *Promenade ; après le petit pont.* ☎ *762-000. Tlj 12h-22h.* Populaire en diable, ce *take away* fait le bonheur des amateurs de *fish & chips*, à avaler sur un banc en regardant la mer. Pour les autres, quelques plats de base et autres snacks, toujours accompagnés de frites !

Prix moyens (plats £ 8-18 ; 10-22 €)

🍽 🍸 ***The Ship Inn :*** *5, Shorehead ; sur le port.* ☎ *762-617. Tlj. Service en continu sam-dim.* Pub dans la grande tradition, avec ses bouteilles de *single malt* alignées au-dessus du comptoir. Tables serrées les unes contre les autres au bar, salle modernisée et plus tranquille sur le côté, et petite terrasse bien sympa, face au port. L'ambiance est conviviale, les bières bien tirées. Dans l'assiette, cuisine de pub sans prétention mais convenable, à commencer par le goûteux *Haddock Mornay,* gratin de haddock au fromage servi avec des légumes croquants.

🍽 🍸 ***The Marine :*** *9, Shorehead ; sur le port.* ☎ *762-155. Tlj.* Au rez-de-chaussée, le pub typique prolongé d'une terrasse donnant sur le quai propose un choix impressionnant de bières, *ales* et whiskies. À l'étage, la salle de resto, plus contemporaine, sert une cuisine soignée jusque dans la présentation.

Chic (plats £ 15-25 ; 18-30 €)

|●| ***The Tolbooth Restaurant :*** *Old Pier ; au bout du port, sur la gauche. ☎ 762-287. Tlj sauf lun (fermé dim soir-mar hors saison). Résa recommandée le soir. Menu déj en sem £ 20, le soir £ 40.* C'est la table chic de la ville, installée à l'étage du plus ancien bâtiment de Stonehaven. Salle bien pimpante avec sa déco claire et ses tables nappées de blanc, offrant une belle vue sur le port et les falaises. Cuisine classique tournée vers la mer, présentée avec soin.

Où dormir dans les environs ?

Camping

⛺ ***Wairds Caravan Park :*** *Beach Rd, à* ***Johnshaven.*** *☎ (01561) 362-395. • johnshaven.com • À mi-chemin de Stonehaven et Montrose sur l'A 92. Ouv avr-oct. Compter env £ 18 pour 2 avec tente.* Il faut quitter la route principale pour descendre vers ce village de pêcheurs typique, avec ses quelques bateaux amarrés dans le port, son pub et son épicerie d'appoint. Le camping est dans le même esprit, simple et sans prétention. Mais l'ambiance est familiale et tranquille, on ne s'entasse pas comme à Stonehaven, et la mer est juste en face. Équipements de base corrects.

À faire

– ***Piscine en plein air :*** *à côté du camping. ☎ 762-134. • stonehavenopenairpool.co.uk • Piscine de taille olympique ouv fin mai-début sept : lun-ven 13h (10h en été)-19h30, le w-e 10h-18h. Bain de minuit le mer en juil-août. Entrée : £ 5,50 ; réduc.* Unique en Écosse, l'eau de mer est chauffée à 29 °C. Les frileux seront ravis ! On nage avec le cri des mouettes en fond sonore.

Manifestations

– ***Stonehaven Folk Festival :*** *mi-juil.* Un événement qui prend de la graine au fil des années, suivi des *Highland Games*.

– ***Stonehaven Fireball Festival :*** *pour le Nouvel An.* À minuit, défilé dans les rues de la ville. Les participants, vêtus de kilts, font tournoyer des boules de feu pour chasser les mauvais esprits...

DANS LES ENVIRONS DE STONEHAVEN

★★★ 👪 ***Dunnottar Castle :*** *à 2 miles (3 km) au sud de Stonehaven par l'A 92. ☎ 766-320. • dunnottarcastle.co.uk • Bus nº X7 de Stonehaven et d'Aberdeen. Si les conditions météo le permettent, ouv avr-sept, tlj 9h-17h30/18h ; le reste de l'année, tlj 10h-14h30/16h30 selon le mois. Dernière admission 30 mn avt fermeture. Entrée : £ 7 ; réduc enfants. Feuillet d'explications en français.* Dunnottar est un site à voir absolument, ne serait-ce que pour le panorama. Fouettée par le vent du large, dressée sur un piton rocheux s'enfonçant de façon vertigineuse dans la mer, encadrée de hautes falaises et de criques de galets, c'est l'une des ruines les plus fabuleuses de toute l'Écosse. Son histoire est rythmée d'événements dramatiques : en 1297, William Wallace y brûla vivante toute une garnison anglaise. 4 siècles plus tard, 122 hommes et 45 femmes, tous *covenanters* (presbytériens, disciples de John Knox), furent emprisonnés et torturés dans la prison du château, le *Whig's Vault*. 25 captifs tentèrent alors de s'échapper, 2 firent une chute mortelle, 15 furent rattrapés et exécutés. Quant aux autres, ils furent déportés aux Antilles, et beaucoup moururent durant la traversée... La visite vaut le coup. Une longue volée de marches conduit au châtelet d'entrée, puis à l'esplanade qui dessert des vestiges conséquents : étables, celliers, forge, chapelle, donjon (la salle d'apparat a été reconstituée), et bien sûr les prisons de sinistre mémoire.

CIEL, MES BIJOUX !

Les joyaux de la couronne écossaise, considérés comme parmi les plus anciens d'Europe, furent transportés à Dunnottar Castle en 1651 durant la guerre civile britannique, pour empêcher le républicain Cromwell de détruire ce symbole de la monarchie. Pourtant, quand après 8 mois de siège ses troupes finirent par l'emporter, les soldats ne trouvèrent rien ! C'est la femme d'un pasteur qui les aurait exfiltrés puis enterrés dans la nef de l'église. Ils réapparurent 9 ans plus tard quand le roi remonta sur le trône et sont désormais à l'abri dans le château d'Édimbourg.

À noter qu'on peut rejoindre les ruines du château à pied depuis Stonehaven, par un sentier côtier serpentant sur les falaises. Compter 5,5 km aller-retour. On passe alors par le mémorial de la Première Guerre mondiale, un simili-temple grec que l'on aperçoit au loin, juché sur une colline.

Fowlsheugh Seabird Colony : *à* ***Crawton,*** *à env 5 miles (8 km) au sud de Stonehaven. De Dunnottar, continuer sur l'A 92 en direction de Montrose et prendre la 1re à gauche 1 km plus loin : c'est une voie sans issue permettant d'accéder à un hameau, où un court sentier longeant la mer sur la gauche conduit à la réserve.* C'est le royaume des oiseaux, qui s'y entassent de mai à août pour nicher sur la falaise (goélands, mouettes, guillemots, quelques macareux). Superbe ! Après cette période, tout ce petit monde s'envole vers d'autres cieux. Reste alors la vue sur les falaises...

LE ROYAL DEESIDE

Une vallée riche en paysages... et en histoire depuis que la reine Victoria vint s'y aérer les bronches au milieu du XIXe s. Cet itinéraire quitte Aberdeen par l'ouest et suit la route A 93 qui se termine en cul-de-sac un peu après Braemar. Dans sa partie inférieure, on peut visiter les châteaux de *Drum* et *Crathes,* avant de traverser les villages de *Kincardine O'Neil, Aboyne* et *Ballater.* Mais c'est après le château royal de *Balmoral* que la vallée dévoile tous ses atouts, quand la route rattrape la rivière Dee et que se détachent au-dessus des forêts les montagnes pelées du parc national des *Cairngorm Mountains.* Un petit paradis pour randonneurs.

➢ Parcours desservi tte l'année par les bus nos 201, 202 et 203 de *Stagecoach.* Env 1 bus/h, 5h-23h (moins de fréquences dim). • *stagecoachbus.com* •

Drum Castle *(NTS) : à 10 miles (16 km) à l'ouest d'Aberdeen. ☎ (01330) 700-334. • nts.org.uk • Arrêt de bus à env 2 km. Ouv 11h-16h*

(dernière admission) : juin-août, tlj ; avr-mai et sept-oct, tlj sauf mar-mer ; déc-mars, w-e seulement. Congés : 2 sem fin déc-début janv. Jardin ouv avr-oct 11h-16h (dernière admission). Entrée : £ 13 ; réduc. Parking £ 3. Feuillet d'explications en français. Plutôt original, ce château ravissant vaut le détour : il combine un donjon médiéval trapu datant de 1286, une résidence jacobite et une élégante extension victorienne, le tout encadrant une cour carrée. Au gré de la balade dans les salles d'apparat et les chambres, on apprend toutes sortes d'anecdotes sur la vie de la famille Irvine qui occupa les lieux pendant près de 700 ans. Richement meublé, le château donne d'ailleurs l'illusion d'être encore habité – il n'a été légué au *National Trust of Scotland* qu'en 1976. Dans la superbe bibliothèque, ne manquez pas l'improbable autoportrait d'un des descendants de la famille, rejeton excentrique et audacieux représenté en archange saint Michel pour le moins narcissique. Fallait oser ! Dans la salle à manger, un portrait d'Alexander Irvine qui a attendu 83 ans pour devenir laird (ou lord)... et qui semble effectivement très las. L'étage dédié aux expositions temporaires d'art, le salon de thé installé dans l'ancienne cuisine et la petite chapelle dans le parc méritent aussi une visite. Pour terminer, grimpette obligatoire dans les différents niveaux du vieux donjon dans lesquels nobles, soldats et domestiques vivaient collés-serrés au XIIIe s.
Enfin, promenade bucolique jusqu'au jardin clos divisé en sections thématiques, où s'épanouissent 300 variétés de roses.

***Crathes Castle** (NTS) : à 14,5 miles (23 km) d'Aberdeen, sur l'A 93. ☎ (01330) 844-525. Arrêt de bus à 1 km du château. Avr-oct : tlj 10h30-17h ; nov-mars : w-e seulement, 11h-16h (jardins ouv jeu-lun en nov-déc et fév). Dernière admission 45 mn avt fermeture. Entrée : £ 13 ; réduc. Feuillet d'explications en français (l'hiver, la visite est guidée). Parking £ 3.*
Léguée au *National Trust of Scotland* dans les années 1950, la demeure appartenait à la famille Burnett depuis le XVIe s. Le père fondateur s'appelait en réalité Burnard, mais il décida de faire changer son nom, allez savoir pourquoi... Si l'on ne succombe pas au charme extérieur du château, l'intérieur séduit immédiatement. Dans ce dédale de pièces, le temps semble s'être arrêté au XVIIIe s. Le mobilier est exceptionnel, en témoigne le superbe lit en bois sculpté dans la chambre du laird. Dans celle de sa dame, c'est un étonnant tableau de l'époque victorienne qui retient l'attention. Selon l'angle d'où on le regarde, le motif change. Un précurseur des hologrammes ! La grande salle abrite la célèbre *Horn of Leys,* un cor en ivoire sculpté serti de pierres précieuses datant de 1323 et offert par Robert the Bruce.
La visite s'effectue aussi le nez en l'air, pour découvrir les extraordinaires plafonds peints. Sur celui de la salle des 9 nobles se côtoient Charlemagne, le roi Arthur, Godefroy de Bouillon, Alexandre le Grand, Hector de Troie et Jules César, agrémentés de morceaux choisis de la Bible écrits sur les poutres. Admirer également la salle des 9 muses et la salle de la Dame verte. Il paraît que son fantôme hante toujours les murs.
Somptueux jardins encadrés de haies artistiquement taillées et divisé en 8 sections, un peu comme dans le labyrinthe d'Alice. Également d'agréables balades balisées de 1 à 6 km à faire dans le domaine forestier *(accès gratuit).* La forêt abrite aussi un ***parc accrobranches** (Go Ape),* proposant des parcours accessibles dès 10 ans. *Compter £ 25-33 selon âge (fév-oct, en principe tlj en saison ; ouv le w-e en nov. • goape.co.uk •).* Resto et cafétéria.

Kincardine O'Neil : le village le plus ancien de la vallée (V[e] s). Son importance passée est étroitement liée à son site, carrefour est-ouest et nord-sud pour les voyageurs, le bétail et les marchandises.

Aboyne : village conçu en 1676 autour d'une esplanade accueillant les *Highland Games.* Peu de raisons de s'y arrêter, sauf au moment des jeux, évidemment.

BALLATER

1 800 hab. IND. TÉL. : 013397

Cette bourgade mignonne et pimpante sortit de l'anonymat au milieu du XIXe s, lorsque la reine Victoria vint prendre possession de sa nouvelle résidence d'été, le château de Balmoral, situé à une vingtaine de kilomètres. La famille royale y vient encore en villégiature. Ballater est devenue du coup très touristique, mais demeure une agréable petite étape. Belles balades aux environs.

– ***Highland Games :*** *2e jeu d'août.*

ROYAL PROTOCOLE

Si vous êtes invité à l'anniversaire de la reine, ce sera pour le 12 juin, même si elle est née un... 21 avril ! Pourquoi ? Car le climat est moins pluvieux et plus propice aux défilés et manifestations en extérieur. Pas de panique : on s'adresse à la reine aussi bien en anglais qu'en français (ouf !). Elle est bilingue à tel point qu'elle connaît même des chansons de Tino Rossi. En revanche, on évitera « Majesté ». Elle préfère « Madame ». Il ne vous reste plus qu'à attendre le carton d'invitation.

Arriver – Quitter

➢ Ttes les heures 5h30-23h, les bus nos 201, 202 et 203 relient Ballater à ***Aberdeen*** (env 2h de trajet) et à ***Braemar*** (env 30 mn de trajet). Moins de fréquences le dim.

Adresse utile

■ ***Location de vélos : Bike Station,*** *Station Sq.* ☎ *54-004.* • *bikestationballater.co.uk* • *Ouv tte l'année : tlj en été 10h-16h30 ; horaires restreints en hiver.*

Où dormir ? Où manger ?

⛺ ***Ballater Caravan Park :*** *Brachlie Rd, à 2 pas du centre.* ☎ *55-727.* • *ballatercaravanpark.com* • *Prendre à gauche en arrivant en ville depuis Aberdeen (fléché). Ouv avr-oct. Compter £ 16 pour 2 avec tente.* Pas d'arbres ni d'intimité, on plante sa sardine dans celle du voisin entre 2 camping-cars. Mais bon, c'est très bien situé, propre et pas cher, et plutôt convivial.

🏠 ***Ballater Hostel :*** *Bridge Sq.* ☎ *537-52.* • *ballater-hostel.com* • *Nuitée £ 20-22/pers en dortoir 6-8 lits. Doubles £ 40-70.* Dans une bâtisse en vieille pierre, une AJ privée fringante qui semble s'être entièrement meublée dans un fameux magasin suédois... Dortoirs et chambres fonctionnels, avec salles d'eau propres. Au rez-de-chaussée, grande cuisine et salon confortable. Lave-linge et garage à vélos.

🏠 ***Netherley House :*** *2, Netherley Place.* ☎ *55-792.* • *netherleyguesthouseballater.co.uk* • *Doubles £ 60-80.* Un *B & B* version hôtelière aux chambres classiques, bien tenues et de bon confort. Les plus, c'est la situation très centrale, l'accueil enthousiaste, et le salon commun pour se faire des amis !

|●| ***Rocksalt & Snails :*** *2, Bridge St, en plein centre. Tlj 10h-17h (21h sam et 18h dim). Sandwichs et plats £ 5-12.* Un café tout propret, accueillant, où croquer une pâtisserie, avaler un panini, une planche de charcutaille, un petit plat simple et léger genre truite fumée, à arroser d'une bière artisanale ou d'un verre de vin. Rafraîchissant.

LES GRAMPIANS

DANS LES ENVIRONS DE BALLATER

TRADITION ROYALE

La reine Victoria était convaincue de descendre, soi-disant, de David, roi d'Israël. Voilà pourquoi ses fils ont été circoncis. Cette coutume perdura 150 ans dans la famille royale jusqu'à la princesse Lady Diana, qui refusa que ses 2 fils suivent ce rituel.

***Balmoral Castle** (le château de Balmoral) : entre Ballater et Braemar, sur l'A 93. ☎ (013397) 42-534.* • balmoralcastle.com • *Quand la cour est absente, jardins et salle de bal ouv au public avr-juil, tlj 10h-16h30 (dernière admission). Entrée : £ 11,50 ; réduc.* Construit en 1853, c'est la résidence écossaise de la famille royale. Aurait-elle été obligée de déménager si l'Écosse avait obtenu son indépendance ? À vrai dire, les jardins ne sont pas terribles, et on ne visite qu'une seule salle du château. De plus, celle-ci regorge de toutes les horreurs dont la famille royale ne saurait que faire. Comment dit-on « lèse-majesté » en anglais ?

➢ La B 976, 1 km plus loin à droite, permet de rejoindre la ***route du Whisky*** (voir plus loin). Un superbe raccourci chevauchant les immensités désolées du massif des *Cairngorm Mountains.*

➢ ***Le loch Muick :*** *sortir de Ballater par le pont sur la Dee, tourner à droite et prendre la petite route du Glen Muick. Au bout, parking £ 4.* Une dizaine de kilomètres de petite route étroite et sinueuse à travers la forêt puis les landes conduisent à une réserve naturelle, un cirque spectaculaire de montagnes rabotées par les millénaires, tapissées de bruyère et léchées par les eaux métalliques du loch Muick. Une vraie carte postale des Highlands, et l'un des lieux favoris de la reine Victoria (on la comprend). Avec un peu de chance, on aperçoit des cerfs le long de la route, surtout en automne. Départ de randonnées très populaires, comme le tour du loch Muick à pied (11 km). Compter au moins 3h. Pour d'autres randos plus soutenues (l'ascension du ***Lochnagar*** par exemple, qui culmine à 1 000 m), renseignements au point d'information des rangers, qui organisent aussi des randos guidées. Exposition sur la vie sauvage dans le même bâtiment, ainsi qu'une boutique d'appoint (boissons, accessoires de rando...). Du loch, un sentier permet aussi de rejoindre la superbe vallée de *Glen Clova* dans l'Angus (lire plus haut).

BRAEMAR

600 hab. IND. TÉL. : 013397

Lové à l'écart des grands axes au confluent des rivières Dee et Clunie, ce charmant village encadré par des reliefs tapissés de bruyère est avant tout le point de départ (ou d'arrivée) de nombreuses excursions et promenades dans les superbes environs. Une halte coquette, bucolique et touristique, où les *B & B* sont un peu plus chers qu'ailleurs, mais aussi plus séduisants.

Arriver – Quitter

➢ Les bus n°s 201, 202 et 203 de la *Stagecoach* relient env 10 fois/j., 7h40-21h40 (moins de fréquences le w-e) Braemar à ***Aberdeen.*** • *stagecoach bus.com* • Compter 2h15 de trajet.

Adresses utiles

ℹ ***I Centre :*** *Mar Rd (la rue principale).* ☎ *41-600.* ● *braemarscotland.co.uk* ● *Mai-sept, tlj 9h30-13h, 13h30-17h ; hors saison, horaires restreints.* Vente de topoguides et cartes topographiques.

■ ***Location de vélos : Braemar Moutain Sports,*** *Invercauld Rd ; à l'entrée du village.* ☎ *41-242. Tlj 9h-18h. Compter £ 20/j., £ 30 pour un vélo électrique.*

■ ***Supermarché Co-Operative Food :*** *Mar Rd, en plein centre. Tlj 7h-22h.* Pour faire le plein avant de partir en rando.

Où dormir ?

Camping

⛺ ***Braemar Caravan Park :*** *Glenshee Rd.* ☎ *41-373.* ● *braemarcaravanpark.co.uk* ● *À la sortie du village en allant vers le sud. Fermé de fin oct à mi-déc. Compter £ 18-23 pour 2 avec tente.* En partie abrité sous des bouleaux, un camping au calme et bien situé, face aux collines. Canards et lapins partagent la tendre prairie avec les campeurs. Les emplacements pour camping-cars font un peu parking, en revanche. Tables de pique-nique, sanitaires chauffés bien tenus, laverie. Superbe aire de jeux pour les enfants. Bien sympa, tout ça, à l'image de l'accueil.

Bon marché (£ 10-25/pers ; 12-30 €)

🏠 ***Youth Hostel :*** *21, Glenshee Rd.* ☎ *41-659.* ● *syha.org.uk* ● *Un peu avt le camping, à 5 mn à pied du centre. Congés : début nov-début fév. Nuitée en dortoir (6-8 lits) £ 20-24. Double env £ 50. Petit déj £ 6.* Grosse et belle maison posée sur une petite colline, au milieu des arbres. Sympa, calme et confortable, c'est le rendez-vous des randonneurs. Dortoirs simples et classiques, blocs sanitaires communs corrects, vaste salon TV, cuisine et salle à manger donnant sur la forêt. Laverie.

🏠 ***Rucksacks Braemar :*** *15, Mar Rd.* ☎ *41-517. À 2 pas de l'office de tourisme. Nuitée env £ 16 en dortoir 4-8 lits ; £ 17-18/pers en chambre double ; £ 10 avec son propre sac de couchage.* Dans le jardin de la maison où vit l'adorable propriétaire, 2 petites dépendances en bois abritent chacune une cuisine, et des dortoirs ou des doubles sans chichis façon refuge de montagne, mais d'un excellent rapport qualité-prix. Un endroit où l'on se sent accueilli comme un ami.

Prix moyens (£ 50-85 ; 60-102 €)

🏠 ***Cranford B & B :*** *15, Glenshee Rd (A 93).* ☎ *41-675.* ● *cranfordbraemar.co.uk* ● *Doubles £ 75-90.* Le petit jardin fleuri devant la maison annonce un intérieur coquet... et c'est bien le cas. Les 5 chambres ne sont pas bien grandes pour la plupart mais jolies et soignées. Certaines, les plus lumineuses, sont percées de grands bow-windows. Également une familiale. Salon et salle à manger accueillants. Excellent breakfast, avec pain maison, servi avec le sourire par la sympathique propriétaire. On se sent décidément bien chez cette petite famille très relax.

🏠 ***Ivy Cottage :*** *Cluniebank Rd.* ☎ *41-642.* ● *ivycottagebraemar.co.uk* ● *Double £ 80, dégressif à partir de 2 nuits. Derrière le* Visitor Information Centre. L'extérieur est quelconque, mais ce *B & B* de 3 chambres se révèle charmant, avec sa déco fraîche, moderne et chaleureuse. Les chambres, comme le salon douillet où est servi le petit déj, donnent sur un jardin fort mignon. Accueil discret et souriant de Jennifer, qui dispose également d'un studio et d'un cottage pour 2 si la maison affiche complet.

Chic (£ 85-125 ; 102-150 €)

🏠 🍽 ***Moorfield House Hotel :*** *Chapel Brae.* ☎ *41-244.* • *moorfieldhousehotel.com* • *Prendre la direction de Linn of Dee et tourner à gauche à la patte d'oie. Monter la rue sans issue. Doubles £ 85-95.* Petit hôtel champêtre sympa comme tout, bien au calme au fond d'une impasse. Accueil familial attentif et chaleureux, à l'image des chambres pimpantes joliment décorées façon tartan et dotées de salles de bains contemporaines. Fait aussi resto le soir (viandes de qualité notamment). Une bonne étape.

Où manger ?

De bon marché à prix moyens (plats £ 5-18 ; 6-22 €)

🍽 ***Taste :*** *à la sortie du village vers Linn of Dee.* ☎ *41-425. Tlj sauf dim 10h-17h.* Dans une petite salle moderne ouverte sur de grandes baies vitrées, quelques soupes et bons sandwichs à composer soi-même pour un *lunch* sans prétention. Gâteaux maison bien gourmands pour le *teatime,* et un vrai bon café !

🍽 ***Bothy Café :*** *Invercauld Rd ; à l'entrée du village.* ☎ *41-019. Tlj 9h-18h. Bon marché.* C'est le café de la boutique *Braemar Mountain Sports.* L'intérêt, c'est sa salle chaleureuse qu'on ne devine pas de l'extérieur, et surtout sa terrasse géniale en surplomb d'une rivière encaissée. Charmant ! Pour manger, la panoplie classique et correcte de sandwichs préparés à la commande, soupes et autres petits déj solides.

🍽 ***Gordon's Tearoom and Restaurant :*** *20, Mar Rd.* ☎ *41-611. Tlj sauf jeu 10h-17h (plus tôt en hiver). Bon marché.* Un petit café sans décorum particulier, seules quelques photos anciennes assurant la déco. Plats classiques, soupes et gâteaux. Rien de subtil, mais copieux et bon marché.

🍽 ***The Gathering Place :*** *9, Invercauld Rd.* ☎ *41-234. Tlj le soir seulement. Prix moyens.* Discrètement positionné en contrebas de la rue principale, ce bistrot moderne et chaleureux fait souvent le plein pour ses plats de brasserie et ses spécialités *scottish* bien faites, un brin revisitées pour certaines. Dans tous les cas, c'est bon et servi avec le sourire.

LES GRAMPIANS

À voir

📷 ***Le château de Braemar :*** *à 1 km sur la route d'Aberdeen (A 93).* ☎ *41-219.* • *braemarcastle.co.uk* • *Ouv avr-oct, mer-dim 10h-17h (tlj juil-août). Fermé nov-mars. Entrée : £ 8 avec audioguide en français ; réduc.* Construite en 1628 au bord de la rivière Dee, c'est une grosse maison forte flanquée d'échauguettes et défendue par un petit rempart. Plutôt agressif pour ce qui devait être à l'origine un pavillon de chasse ! Mais on était méfiant entre voisins... Incendié au moment des guerres jacobites, ce castel abrita ensuite une garnison, avant d'être remodelé au XIXᵉ s dans le style Gothic revival. L'intérieur est aujourd'hui du genre cosy : salons, chambres, bureau et salle de bains sont restés en l'état depuis le départ des derniers propriétaires dans les années 1950. Intéressant, d'autant que les anecdotes sont toujours présentes.

UNE PLUIE PROVIDENTIELLE

Il plut tellement pendant le séjour de Robert Louis Stevenson à Braemar en 1881, que l'écrivain dut inventer une histoire suffisamment captivante pour occuper son beau-fils. 7 semaines de mauvais temps qui permirent l'éclosion d'un chef-d'œuvre : L'Île au trésor !

Manifestations

– *Braemar Junior Highland Games :* *en juil.* Seuls les enfants peuvent y participer. Une bonne occasion de constater que la relève est assurée et que cette tradition a encore un bel avenir !
– ***Royal Highland Gathering*** *: le 1er sam de sept. • braemargathering.org •* Le plus célèbre rassemblement pour les traditionnels jeux écossais. Il attire près de 20 000 personnes... et la reine, qui ne manquerait ce rendez-vous annuel sous aucun prétexte ! Spectacle extraordinaire, l'identité *Scottish* dans toute sa splendeur, avec hommes en kilt qui rivalisent de puissance et d'élégance. Ambiance incroyable. Réserver le logement très longtemps à l'avance.

DANS LES ENVIRONS DE BRAEMAR

Linn of Dee *: à 6 miles (env 10 km) à l'ouest de Braemar, juste après le Invercauld Bridge, un pittoresque pont enjambant de modestes gorges. Parking £ 4. Cahute avec plans sommaires gratuits des sentiers.*
Départs de plusieurs balades tranquilles (3 circuits balisés de 30 mn à 2h) le long de la Dee et du Glen Lui, à travers une grande forêt de pins calédoniens. Avec de la chance, vous croiserez peut-être un cerf.
Pour une expédition plus costaude, on peut aussi suivre le *Lairig Ghru,* un sentier qui mène au loch Morlich, près d'Aviemore, à travers les montagnes sauvages du Cairngorm. En route, on longe le *Ben Macdhui,* 2e sommet d'Écosse. Ceux qui veulent aller jusqu'au bout (32 km, au moins 9h de marche) trouveront un refuge sommaire *(Corrour Bothy)* à 4h de marche du point de départ.

LA CÔTE NORD DES GRAMPIANS

Un bel itinéraire ponctué de rudes falaises, de dunes balayées par les vents, de ravissants petits villages de pêcheurs assaillis par le ressac.

Forvie National Nature Reserve *: juste au sud de Collieston, à 18 miles (30 km) au nord d'Aberdeen. Prendre l'A 90, puis l'A 975 à droite et, enfin, la B 9003 direction Collieston. En bus, ligne no 63. GRATUIT, mais secteurs en partie fermés avr-août pour préserver la reproduction de certaines espèces.* Cette réserve naturelle réputée pour sa vie sauvage (oiseaux, phoques) dévoile des paysages côtiers spectaculaires et encore préservés des appétits des promoteurs immobiliers : douce lande, plages et dunes de sable fin, hautes falaises, estuaires et baies aux rocs saillants chahutés par le ressac. Du *Forvie Centre (avr-oct, tlj 10h-17h, seulement le w-e nov-mars ; petite expo rudimentaire sur la faune),* départ d'une boucle de 3,4 km, que l'on peut prolonger par un détour jusqu'à Hackley Bay (ajouter 4 km aller-retour). Autre accès à la réserve, plus au sud, à Waterside, d'où part un autre sentier (boucle de 5,5 km, connexion possible avec Hackley Bay).

Les ruines de Slains Castle *: à 25 miles (40 km) au nord d'Aberdeen par la A 975. Accès à la sortie nord du village de* ***Cruden Bay,*** *au bord de la route côtière (pas de panneau, mais le château se voit de loin). Bus nos 61 et 63 de la gare routière d'Aberdeen. Accès par une bonne piste carrossable.* Attention, il y a 2 Slains

Castle. Le premier, situé à côté de Collieston, était le château d'origine et se résume depuis son abandon à un moignon de tour superbement dressé sur la falaise. Celui de Cruden Bay, en revanche, a de l'allure. Vaste, il déploie ses impressionnants vestiges comprenant un labyrinthe de salles et de tours agrippé au bord de falaises déchiquetées. C'est beau et sauvage. On comprend pourquoi Bram Stoker conçut ici l'histoire de *Dracula* ! En passant, faites donc un détour par le petit port de ***Cruden Bay,*** à la physionomie étonnante. Les maisons basses du quartier des pêcheurs se blottissent les unes contre les autres à l'écart de la mer, le long d'un estuaire étroit. Son embouchure donne naissance à une jolie plage de sable que l'on rejoint en traversant une passerelle de bois.

PAS TROP ÉCOLO

Le long cordon dunaire incluant la réserve naturelle de Forvie est l'un des plus précieux d'Écosse, et était l'un des mieux préservés... jusqu'à ce qu'on y construise un golf faisant partie de l'empire de Donald Trump. Il n'en rate aucune !

Bullers of Buchan : *au bord de la route côtière (A 975), à 2 miles (3 km) au nord de Cruden Bay.* D'abord une poignée de maisons basses, juchées en surplomb d'une échancrure taillée dans les falaises. À 50 m, en suivant le sentier de gauche (direction Boddam), un cirque aux parois vertigineuses dans lequel la mer se faufile par un tunnel naturel creusé dans la roche. Sans doute une ancienne grotte sous-marine dont le dôme se serait effondré, et où des nuées d'oiseaux marins viennent désormais nicher. On peut rejoindre Cruden Bay ou Boddam par des sentiers serpentant au sommet des falaises (environ 4 miles, soit 6,5 km).

Buchan Ness Lightouse : *à* ***Boddam,*** *sur l'A 90, à 2,5 miles (4 km) au sud du port industriel de Peterhead et à env 6 miles (9,6 km) au nord de Cruden Bay. Bus n°s 61 et 63 d'Aberdeen. ☎ (01779) 470-476. 0773-400-79-50. ● buchannesslighthouseholidays.co.uk ● Cottage pour 4 pers env £ 130 la nuit (min 2 nuits).* On dort sur un îlot accessible par une passerelle, au pied du phare rouge et blanc de Boddam, confortablement installé dans les anciens logements des gardiens. Chaque cottage est joliment aménagé et dispose d'une cuisine équipée, de 2 petites chambres, d'un salon avec poêle ou cheminée et d'une terrasse (vue sur la mer pour l'un des 2). Érigé en 1827 par l'oncle du romancier Robert Louis Stevenson, le phare fonctionne toujours mais est désormais géré à distance depuis Édimbourg.

The Museum of Scottish Lighthouses : *à* ***Fraserburgh.*** *☎ (01346) 511-022. ● lighthousemuseum.org.uk ● Bus n°s 67 et 68 d'Aberdeen. Avr-oct : tlj 10h-17h ; nov-mars, tlj sauf lun 10h-16h30. Visites guidées du phare ttes les heures 11h-16h (15h l'hiver). Entrée : env £ 9 ; réduc.* Visite guidée du 1er phare officiel d'Écosse, érigé en 1787 sur la tour du XVIe s du château de *Kinnaird Head*. Insolite ! Il fut, cependant, reconstruit en 1824, à la suite d'une série de tempêtes particulièrement dévastatrices. Intéressant si vous n'avez jamais vu un phare de l'intérieur, et encore plus si vous comprenez bien l'anglais, car la visite des différents niveaux fournit plein de détails amusants sur le fonctionnement de l'édifice et tout ce qui se rattache au métier de gardien de phare. Du haut de la tour, après avoir admiré la mécanique de précision de la lampe, superbe vue

ROUTARD AVANT L'HEURE

Plutôt que de se spécialiser, comme son grand-père et ses oncles, dans la construction de phares, l'écrivain Robert Louis Stevenson, auteur de L'Île au trésor, *préféra larguer les amarres. Ses pérégrinations le conduisirent des Cévennes à un campement abandonné de chercheurs d'or aux États-Unis, avant qu'il ne pose définitivement ses valises aux îles Samoa. Il y mourut en 1894, rebaptisé par les indigènes Tusitala, « le conteur d'histoires ».*

sur la mer du Nord. On redescend ensuite pour visiter seul les dépendances (les anciennes maisons des gardiens où sont présentées des expositions historiques et techniques), avant de retourner dans le musée consacré notamment à la famille Stevenson, à qui l'on doit les principaux progrès réalisés en matière de phares. Pour étoffer le tout, collection exceptionnelle de gigantesques lentilles de Fresnel.

Pennan et Crovie : *en continuant vers Banff par la B 9031, une superbe route panoramique. Bus nº 273 (ligne Fraserburgh-Banff) de Stagecoach (6/j. sauf dim).*
2 microvillages de pêcheurs, 2 pépites pittoresques à souhait coincées sur d'étroites bandes de terre au pied des falaises. Les maisons se serrent les unes contre les autres, comme pour mieux faire face aux paquets de mer qui sautent allègrement la grève. Autrefois, ce furent des sites privilégiés pour la contrebande de soie et liqueurs. **Pennan** a servi de lieu de tournage en 1983 pour le film *Local Hero,* un classique avec Burt Lancaster, qui attire encore aujourd'hui des fans en pèlerinage. D'ailleurs, la traditionnelle cabine téléphonique rouge est devenue un monument historique... même si ce n'est pas celle qui a servi pour le tournage !
Environ 6 km après Pennan, **Crovie,** construit sur le même modèle, dégage un aspect plus austère depuis qu'une terrible tempête a détruit une partie de ses habitations en 1953. Aujourd'hui, les maisons sont si près de la mer que seul un étroit passage les empêche d'avoir les pieds dans l'eau. La vue est magnifique du haut de la route, où il faut d'ailleurs laisser son véhicule dans un petit parking avant de descendre à pied. On peut ensuite pousser 2 km plus loin jusqu'à **Gardenstown,** bourgade dévalant la falaise jusqu'à une petite rade où s'entassent les barques de pêche. Au bord de l'eau, un quartier conçu comme les villages précédents. Du port, jolie vue sur Crovie.

Duff House *(HES)* **:** *à* **Banff.** ☎ *(01261) 818-181. À l'entrée de la ville en venant d'Aberdeen. Bus Stagecoach nº 35 d'Aberdeen (env 20/j.). Avr-oct : tlj 11h-16h30 (dernière admission) ; nov-mars : jeu-dim 11h-15h30. Entrée : £ 7,50 ; réduc.*
Dessinée par le plus célèbre architecte de son époque, William Adam, cette vaste et impressionnante demeure de style baroque reste néanmoins inachevée, faute de crédits et d'accords entre les parties à l'époque de sa construction. On n'ose imaginer la démesure de la bâtisse si le projet avait été conduit jusqu'à son terme ! Propriété des *Earls of Fife* (comtes de Fife), qui en firent don aux villages de Banff et Macduff en 1899, la maison fut ensuite transformée en hôtel et en sanatorium, avant d'héberger des prisonniers allemands, puis des troupes norvégiennes et polonaises (on voit encore leurs drapeaux peints sur les murs). Finalement, *Historic Scotland* s'est chargé de la restauration, pendant que *National Galleries* puisait dans ses stocks pour offrir à la demeure un mobilier digne de son renom. Il en résulte quelques tapisseries des Gobelins, de beaux tableaux (dont le *Saint Jérôme en pénitence* du Greco), des peintures marines, et surtout des portraits signés par des pointures, comme Reynolds, répartis entre les nombreuses salles d'apparat et les chambres. Le 3e étage, en revanche, accueille une exposition retraçant l'historique du site. On peut, enfin, se promener dans le parc et dans la forêt voisine. Grande aire de jeux pour les enfants.

Banff Link Caravan Park : *à* **Banff,** *après la ville, direction Inverness (c'est fléché).* ☎ *(01261) 812-228.* 📱 *0774-872-39-88. • banfflinkscaravanpark.co.uk • Fin mars-fin oct. Env £ 16 pour 2 avec tente.* Petit camping en longueur posé face à la mer, au bord de la plage. On plante sa tente dans l'herbe, au bout d'une allée de mobile homes. Pas un arbre, pas une fleur ; on a connu plus gai, mais c'est pas trop cher. Aire de jeux, lave-linge, petit magasin.

Plusieurs **campings** du même genre dans le coin, notamment à **Portsoy,** 5 miles (8 km) plus loin, direction Inverness *(☎ 01261-842-695).*

Seafronf Café : *33, The Shore, à* **Macduff**, *port de pêche situé juste avt Banff en arrivant de l'est.* ☎ *(01261) 831-017. Tlj sauf dim 9h-16h. Compter £ 5-8.* Petit café-salon de thé propret avec une discrète déco marine, impeccable pour une pause rapide le temps d'avaler une soupe, un sandwich, ou un *fish & chips* en regardant les bateaux. Accueil très gentil.

LA ROUTE DU WHISKY

• Carte *p. 307*

On entre dans le Speyside, patrie du célèbre *Malt Whisky Trail* (• *maltwhiskytrail.com* •), grosso modo compris entre les petites villes de Keith à l'est, Tomintoul au sud et Forres à l'ouest. Une région bucolique où ondulent forêts et prairies vallonnées, semées de minuscules patelins en pierre grise. Et au milieu coule la Spey, dont l'eau claire vient nourrir des whiskies beaucoup moins fumés qu'à Islay, mais révélant aux palais de subtiles notes de bruyère. Un parcours qui comblera les amateurs, puisqu'on y recense la moitié des distilleries écossaises ! Si quelques-unes seulement (et une tonnellerie) sont ouvertes au public, rassurez-vous, c'est largement suffisant. À moins d'être expert, vous ne noterez guère de différences entre elles, le processus de fabrication étant quasi identique de l'une à l'autre. Notre conseil donc : en visiter une ou 2 et poursuivre sa route, ou se contenter d'un arrêt pour une petite dégustation. Toutes les distilleries sont clairement fléchées sur des panneaux marron.

METAL'HIC

Si les alambics des distilleries sont en cuivre, ce n'est pas pour faire joli. Outre sa malléabilité – pratique pour façonner la tuyauterie – , le cuivre agit comme un catalyseur, éliminant les substances toxiques sécrétées au début de la distillation. Ainsi, pendant la Prohibition aux États-Unis, de nombreux buveurs impénitents s'empoisonnèrent en consommant du whisky de contrebande fabriqué dans des alambics sans cuivre. Le fameux whisky frelaté...

– *Petites précisions avant de vous lâcher :* les enfants de moins de 8 ans ne sont pas admis dans les distilleries. Certaines ferment carrément leurs portes aux mineurs (en raison des vapeurs d'alcool), mais même pour celles qui autorisent l'accès aux jeunes, quand arrive le moment de la dégustation, c'est niet ! Tâchez d'y aller en semaine, car le week-end les distilleries sont souvent à l'arrêt. Enfin, sachez que certaines cessent la production en juillet (voire jusqu'à mi-août), parce que les niveaux d'eau sont trop faibles. Cela leur donne aussi l'occasion d'effectuer un nettoyage complet des installations. On appelle cette période la *Silent Season.* Si c'est le cas, la distillerie baisse parfois le prix d'entrée de la visite.
– Pour les marcheurs, le ***Speyside Way*** offre un joli parcours ininterrompu de 90 km le long de la Spey, d'Aviemore à la mer (Spey Bay), sans difficultés particulières.

TOMINTOUL

500 hab. IND. TÉL. : 01807

Une brochette de jolies maisons en pierre grise alignées de part et d'autre de la route et une place mignonne... On se sent loin de tout à Tomintoul. Sa situation

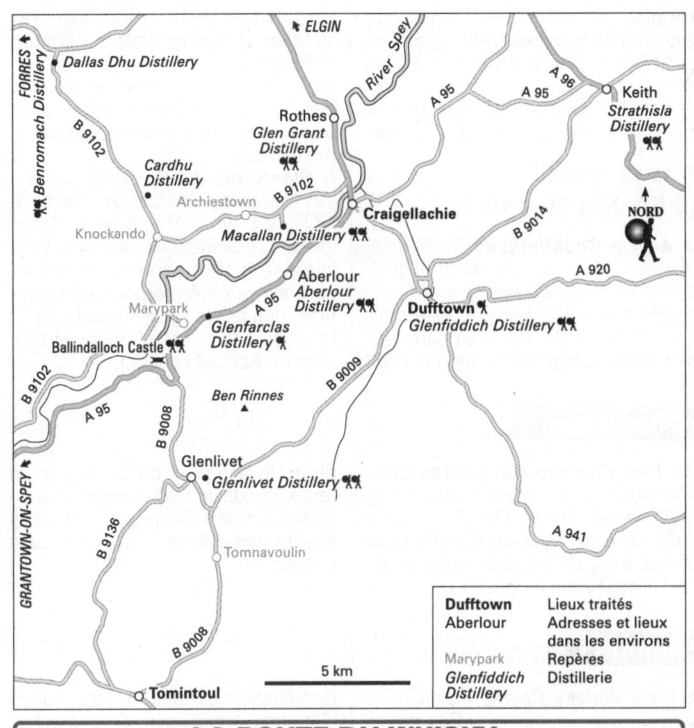

LA ROUTE DU WHISKY

à proximité du massif du Cairngorm et à mi-chemin entre Deeside et Speyside en fait néanmoins une étape possible pour découvrir cette superbe région, d'autant qu'on y trouve plusieurs hébergements et des pubs. Avec ses 345 m d'altitude, il se déclare le village le plus haut d'Écosse, mais il n'est pas le seul !

➢ En revanche, c'est isolé : 1 seul bus/sem pour *Aberlour, Craigellachie* et *Elgin* !

Adresse et infos utiles

ℹ ***I Centre :*** *au centre du village, sur la place. ☎ 580-760. Pâques-oct : tlj 10h-13h, 14h-17h.*

– ***Highland Games :*** *autour du 20 juil.*

Où dormir ?

Bon marché (£ 10-25/pers ; 12-30 €)

Smuggler's Hostel : *presque au bout de la rue principale, juste après l'église. ☎ 580-364. • thesmugglershostel.uk • De mi-avr à nov. Réception ouv 16h-19h. Nuitée env £ 17 en dortoir de 4-7 lits ; env £ 10 en camping.* Cette AJ de poche installée dans l'ancienne école communale compte 3 dortoirs simples et classiques, ainsi que 2 chambres familiales. Salle commune sympa avec cuisine ouverte, quelques tables et un coin salon. Sans chichis et convivial. On peut même planter sa tente dans le terrain attenant : pratique !

Prix moyens (£ 50-90 ; 60-110 €)

Argyle Guesthouse : *7, Main St. ☎ 580-766. • argyletomintoul.co.uk • Doubles sans ou avec sdb privée £ 50-80.* Dans une jolie maison en pierre du XIXe s au carrefour central du village (circulation limitée, rassurez-vous !), des chambres simples et sobres mais au confort suffisant. Les 2 moins chères se partagent la salle de bains. Également des familiales. Petit déj soigné, avec pain maison et bons produits locaux. Accueil très sympa.

Glentorets B & B : *Conglass Lane (rue parallèle à Main St). ☎ 580-277. • glentorets.co.uk • Doubles £ 65-90.* Planquée au fond d'une impasse, cette maison moderne donnant sur la nature propose 2 chambres, une petite et une grande. Dans tous les cas, c'est pimpant et tout confort. Accueil souriant.

Où manger ?

The Clockhouse Restaurant : *The Square. ☎ 580-378. Tlj midi et soir. Sandwichs et plats £ 5-15.* La salle est cosy, dans un style rustique cossu, mais s'il fait beau, c'est la terrasse posée sur le gazon qui fait le plein. Un bon point de chute pour un repas rapide le midi (soupes, sandwichs), à moins d'opter pour des plats traditionnels bien faits. Service efficace et sympa.

Achats

The Whisky Castle : *6, Main St. ☎ 580-213. Tlj 10h-17h.* Pas moins de 500 whiskies ici, dont de très rares introuvables ailleurs. Certains affichent 60 ans d'âge, c'est dire ! Dégustation gratuite, accompagnée d'informations au cas où vous auriez raté quelques détails lors des visites de distilleries !

DANS LES ENVIRONS DE TOMINTOUL

The Glenlivet Distillery : *à* **Glenlivet.** *☎ (01340) 821-720. • theglenlivet.com • À 10 miles (16 km) au nord de Tomintoul. À partir de 18 ans. De mi-mars à mi-nov : tlj 9h30-16h30 (dernière visite). Visite classique (audio-guide en français) ttes les 30 mn dès 10h, avec dégustation de 3 whiskies et un verre souvenir offert à la fin : £ 10. Résa conseillée, surtout l'ap-m. Durée : 1h15.* C'est l'une des plus importantes de la région. Ce qui la distingue, c'est son beau petit musée sur l'histoire de la distillerie et de son fondateur, George Smith. Celui-ci, craignant pour sa vie (et sa production !), vivait et dormait en permanence avec 2 revolvers. Créée en 1824, *Glenlivet* sut conquérir les palais les plus fins, du roi George IV à Dickens, et s'attirer par la même occasion pas mal d'inimitié et de jalousie. Désormais, la distillerie appartient au groupe Pernod-Ricard. Quant à la visite sur le site, elle est classique, bien

APRÈS LES ANGES, LE DIABLE

On parle toujours de la part des anges, cette quantité d'alcool perdue par évaporation. Mais l'alcool est aussi absorbé petit à petit par le bois, jusqu'à ce que les douelles (tonneaux) soient presque entièrement imbibées. C'est la part du diable.

menée et très complète, détaillant précisément toutes les étapes de production et les spécificités de la maison (orge produit localement, eau de la source Josie's Well...). Plus original, la dégustation commence dans le chai, directement sur fût ! Puis on enchaîne au bar avec du 15 et du 18 ans d'âge. Ici, on respecte la vieillesse.

DUFFTOWN

1 500 hab. IND. TÉL. : 01340

« Si Rome s'est construite sur sept collines, Dufftown s'est développée autour de sept distilleries. » Cette petite bourgade élégante fondée au XIXe s est ainsi devenue synonyme de *Scotch whisky.* Certains estiment même qu'en un sens, c'est la ville qui rapporte le plus de taxes par habitant en Grande-Bretagne !

Arriver – Quitter

➢ Avec *Stagecoach,* bus nº 36 pour se rendre à ***Aberlour, Craigellachie, Rothes*** et ***Elgin.*** Départ ttes les heures, 6h30-19h (pas de bus le dim).

Où dormir ?

Prix moyens (£ 50-85 ; 60-102 €)

🏠 ***Davaar B & B :*** *17, Church St.* ☎ *820-464.* ● *davaardufftown.co.uk* ● *Double £ 75.* Dans une petite maison de caractère, une poignée de chambres simples et claires, meublées à l'ancienne et dotées de tout le confort nécessaire : petites salles d'eau et TV avec lecteur DVD (vidéothèque dans le salon commun). Petit déj copieux et varié. Accueil gentil.

🏠 ***Scorrybreck B & B :*** *Balvenie St.* ☎ *820-428.* ● *scorrybreck-dufftown.co.uk* ● *À gauche en arrivant en ville, dans une impasse donnant sur l'axe principal juste après la distillerie* Glenfiddich. *Double £ 80.* Cette petite maison moderne planquée dans une impasse n'est sans doute pas la plus charmante. Mais elle est au calme, tout est accessible à pied, et côté chambres, c'est tiré à 4 épingles et confortable. Ce qui fait vraiment la différence, c'est l'accueil exemplaire de Jean, toujours aux petits soins pour ses hôtes. On se sent bien ici !

Où manger ?

De prix moyens à chic (plats £ 8-25 ; 10-30 €)

🍴 ***Seven Stills :*** *30, Fife St.* ☎ *820-880. Ouv seulement le soir, tlj sauf jeu. Plats £ 15-17.* Cette petite auberge rustique est la perle rare du coin. Au service, la chaleureuse patronne francophone sait mettre tout le monde à l'aise, et en connaît un rayon sur les whiskies (240 à la carte, rien que ça !). En cuisine, le chef français privilégie les circuits courts pour composer chaque jour un menu de plats typiquement écossais, parfois méconnus (gibier en saison, *stew, pie*...). Tout est bon, jusqu'aux desserts bien gourmands. On en redemande !

🍴 ***A Taste of Speyside :*** *10, Balvenie St ; à 2 pas de l'office de tourisme.* ☎ *820-860. Tlj sauf dim-lun, 11h-14h, 18h-21h. Congés : janv.* Une salle chaleureuse et conviviale pour découvrir

LES GRAMPIANS

les meilleures spécialités régionales et une belle sélection de whiskies. Saumon de la Spey, *Cullen skink,* cerf et autre gibier selon la chasse, *Aberdeen Angus steak,* fromages, et le savoureux *Taste of Speyside Platter* qui permet de goûter un peu de tout. Accueil très sympa.

À voir. À faire

The Glenfiddich Distillery : *à la sortie de la ville, direction Craigellachie. ☎ 820-373. • glenfiddich.com • Visite ttes les 30 mn (ttes les heures l'hiver) tlj 10h-16h (dernier départ). Fermé 2de quinzaine de déc. Visite guidée de 1h30 : £ 10, en français sur demande à l'avance. Autorisé au moins de 18 ans.* Derrière des airs pittoresques, élégants même avec ses bâtiments historiques aux toits en ardoise, ses bosquets de fleurs, son bassin et ses pagodes, se cache la plus connue et la plus grosse des distilleries, celle produisant le *single malt* le plus vendu au monde. Pas moins de 24 cuves de 50 000 l en sapin de Douglas, et 31 alambics. Impressionnant ! Glenfiddich – « vallée des cerfs » en gaélique – est dirigée par la même famille depuis 5 générations. La première goutte du précieux nectar y coula le jour de Noël 1887. La visite, très complète et adaptée au grand public, commence par un film d'introduction (écouteurs en français), puis enchaîne toutes les étapes du processus de fabrication : brassage, fermentation, double distillation, vieillissement, et même la mise en bouteilles, qu'on observe depuis une galerie en surplomb. La dégustation finale comprend 3 whiskies différents !

Bon resto sur place à prix doux.

Keith & Dufftown Railway : *départ de l'ancienne gare, à la sortie de la ville direction Craigellachie, à côté de la distillerie Glenfiddich. ☎ 821-181. • keith-dufftown-railway.co.uk • 3 départs/j. le w-e Pâques-sept ; départs supplémentaires le ven juin-sept. Aller simple £ 7, A/R £ 11 ; réduc. 1h de trajet.* Tiré par une loco diesel des sixties, un trajet de 11 miles (17,6 km) sur l'ancienne *Whisky Line,* ouverte en 1862 et fermée en 1991. Et si les voyages ça vous creuse, direction le wagon-restaurant posté à la gare de Dufftown.

➢ **Whisky Nosing and Tasting :** *ts les mer de juil à mi-sept à 20h, au* Commercial Hotel, *sur Church St. Entrée : £ 15.* On plonge son pif dans différents whiskies selon la thématique du jour. L'odorat le plus fin repart avec une bouteille, les autres avec un verre.

Randonnée

➢ **Ben Rinnes** *(840 m) :* la plus haute colline du coin, panorama superbe sur le pays du whisky. Le sentier part de la route B 9009, entre Dufftown et Glenlivet. Balade à entreprendre uniquement par beau temps.

Manifestations

– **Whisky Festivals :** *début mai* (Spirit of Speyside Whisky Festival) *et fin sept* (Autumn Speyside Whisky Festival). Un bon moyen d'en apprendre plus sur le malt. Journées portes ouvertes dans toutes les distilleries du coin, avec dégustation. Également des concerts, spectacles et autres festivités de rue. Infos sur • *spiritofspeyside.com* •

– **Highland Games :** *le dernier sam de juil.* Réputé pour son défilé de *pipers* sur High St.

DANS LES ENVIRONS DE DUFFTOWN

⚲⚲ ***Huntly Castle*** *(HES)* **:** *à 12,5 miles (20 km) à l'est de Dufftown, par l'A 920.* Voir plus haut « Dans l'Aberdeenshire ».

CRAIGELLACHIE

130 hab. IND. TÉL. : 01340

Bordé par la rivière Spey et un important axe routier, Craigellachie est un minuscule village stratégiquement posté en plein cœur de la route du Whisky.

Arriver – Quitter

➢ Avec *Stagecoach,* bus nº 36 pour ***Dufftown, Aberlour, Rothes*** et ***Elgin.*** Ttes les heures, 6h30-19h15 (pas de bus le dim).

Où dormir dans le coin ?

Camping

⛺ ***Speyside Gardens & Caravan Park :*** *sur l'A 95, entre Aberlour et Craigellachie.* ☎ *871-586.* ● *speysidegardens.com* ● *Avr-oct. Compter £ 19-21 pour 2-4 pers avec tente.* Un des rares campings du *Whisky Trail.* Largement à l'écart de la route, c'est un paisible petit terrain plat protégé par une enceinte de brique, à 500 m de la rivière. On plante sa tente au fond, dans l'herbe et sous les pins, à côté de tables de pique-nique. Sanitaires nickel. Accueil jeune et sympa.

Prix moyens (£ 50-85 ; 60-102 €)

🏠 ***Bridge View B & B :*** *Leslie Terrace, à Craigellachie.* ☎ *881-376.* ● *visitcraigellachie.com* ● *Dans la partie haute du village. Doubles £ 75-90.* Sans vis-à-vis, cette jolie petite maison dominant le village et la rivière profite d'une superbe vue dégagée. Côté chambres, c'est classique, agréable et cosy (salles de bains privées, mais sur le palier pour l'une d'elles). Le petit déj (copieux) se prend dans le salon, où se dresse fièrement la collection de malts du propriétaire. Loue également quelques chambres en *self catering.*

Chic (£ 85-125 ; 102-150 €)

🏠 ***Craigellachie Lodge :*** *à Craigellachie.* ☎ *881-900.* ● *craigellachielodge.co.uk* ● *Dans la partie haute du village, sur l'A 941, peu avt l'intersection avec l'A 95. Doubles £ 100-110.* Une allée grimpe jusqu'à une jolie demeure victorienne de 1860, entourée d'un grand et beau jardin où gambadent les lapins. Déco moderne assurée par des couleurs denses dans le salon et la salle à manger, plus douces dans les chambres bien cosy et de bonne taille. Une bonne adresse, autant pour le cadre que pour l'accueil, jeune et dynamique.

🏠 ***Conval View B & B :*** *Benrinnes Drive, une petite route à gauche peu après* ***Aberlour*** *sur l'A 95 en direction de Grantown-on-Spey.* ☎ *881-011.* ● *convalview.com* ● *Double env £ 105.* Carol (sélectionnée 2 fois aux J.O., demandez-lui !) et Jamie savent recevoir. Leurs chambres sont irréprochables, à la fois nickel, vastes et très confortables, de même que leurs copieux petits déj servis dans une belle vaisselle et préparés avec les fruits du jardin. Un point de chute idéal et reposant en pleine campagne.

Où manger ? Où boire un verre dans le coin ?

Spey Larder : *96, High St, à* ***Aberlour.*** *☎ 871-243. Tlj sauf dim 9h-17h30. Compter £ 3-5.* Hyper pratique ! Car cette séduisante épicerie fine propose chaque jour une soupe, des quiches, et des sandwichs préparés à la commande avec ses ingrédients préférés. Une aubaine pour se confectionner un excellent pique-nique à prix doux.

Mash Tun : *Elchies Rd, à* ***Aberlour,*** *dans une rue perpendiculaire à l'axe principal, à 50 m de la place centrale. ☎ 881-771. Tlj midi et soir jusqu'à 21h (service en continu sam-dim). Sandwichs et plats £ 9-25.* Pub chaleureux dans une maison en pierre à la façade en forme de poupe de navire. C'est l'un des rendez-vous préférés des locaux pour prendre un bon repas traditionnel et consistant. *Baguette* et burgers pour les petits budgets, saumon et viandes en sauce pour les autres. Et bien sûr, une énorme carte de whiskies pour les amateurs ! Sympathique balade digestive le long de la Spey qui coule juste en face.

The Copper Dog : *au centre de Craigellachie, dans l'hôtel* Craigellachie Speyside. *☎ 881-204. • craigellachiehotel.co.uk • Tlj midi et soir. Plats £ 15-20.* Le cadre d'auberge rustico-chic est vraiment très plaisant, mais ce qui fidélise les locaux, c'est la cuisine : écossaise, dans un registre de bistrot amélioré, elle se révèle aussi savoureuse qu'agréable à l'œil. L'une des rares bonnes tables du coin, qui se fait festive les soirs de concert (en principe vendredi et samedi).

The Highlander Inn : *10, Victoria St, au centre de Craigellachie. ☎ 881-446. • whiskyinn.com • Tlj 12h-23h (la cuisine ferme à 21h ; service en continu le w-e avr-oct). Plats £ 9-15.* On dévale quelques marches pour pénétrer dans cet antre à whisky, un pub tapissé de single malt, d'aquarelles et de photos des distilleries du Speyside. Côté cuisine, c'est classique et quelconque. Terrasse.

Achats

Walkers : *à* ***Aberlour.*** *☎ 871-555. Au sud de Craigellachie, sur l'A 95. Magasin d'usine ouv tte l'année et tlj 8h30-17h.* On ne peut pas voir le processus de fabrication des fameux *shortbreads,* biscuits au beurre mondialement connus, mais la boutique vend, entre autres, des paquets de rejets (refusés à la commercialisation) bien moins chers que la normale. Bonjour les kilos !

LES GRAMPIANS

À voir

Telford Bridge : pont métallique, type Eiffel, flanqué de 4 tourelles inattendues, conçu par Thomas Telford en 1812. Il enjambe la Spey sur une cinquantaine de mètres.

Speyside Cooperage : *à l'entrée de Craigellachie en venant de Dufftown. ☎ 871-108. • speysidecooperage.co.uk • Visite guidée (env 45 mn) tte l'année et ttes les 30 mn : lun-ven 9h- 15h30 (dernier tour). Entrée : £ 4 ; réduc.* Après le contenu, voici le contenant : les tonneaux. Leur rôle est central dans la coloration des whiskies,

CERCUEIL FLOTTANT

Dans les tonneaux, on ne met pas que du whisky. En 1805, c'est dans un tonneau de cognac que les marins anglais placèrent le corps de l'amiral Nelson, tué pendant la bataille de Trafalgar, pour le rapatrier en Angleterre. À l'arrivée au port, le corps était intact...

et 70 % de la saveur d'un *single malt* est apportée par le bois dans lequel il a vieilli. Les distilleries utilisent d'anciens tonneaux à bourbon ou à sherry qu'elles achètent en pièces détachées. Ici, on les restaure, on les remonte, ou on les fabrique de toutes pièces. Après un film d'introduction (écouteurs en français) détaillant tout le processus, direction l'atelier pour découvrir en direct le show bien rodé de la fabrication. Depuis une galerie, on observe une vingtaine de tonneliers chevronnés, payés à la pièce, trimant dans le vacarme assourdissant des coups de marteaux, dépiautant et reformant les tonneaux le plus vite possible. Aussi instructif que spectaculaire ! En sortant, agréable jardin aménagé pour le pique-nique.

DANS LES ENVIRONS DE CRAIGELLACHIE

Ballindalloch Castle : *à 10 miles (16 km) au sud-ouest de Craigellachie, sur l'A 95 en direction de Grantown-on-Spey. ☎ (01807) 500-205. • ballindallochcastle.co.uk • Pâques-fin sept : tlj sauf sam 10h-17h (dernière admission 16h). Entrée : £ 11,50 ; réduc ; jardins seulement £ 6. Feuillet explicatif en français.* Château privé, toujours habité par les Macpherson-Grant, descendants du baron de Ballindalloch et chefs de clan. En sortant, vous connaîtrez les moindres détails de la vie du lord et de ses rejetons, les murs étant tapissés de photos, un vrai album de famille ! Nous, on aurait bien aimé rencontrer George, l'aïeul excentrique qui mit le feu au chapeau d'une spectatrice qui lui masquait la vue au théâtre d'Aberdeen ! Les parties les plus anciennes de l'édifice datent du XVIe s. Aujourd'hui, l'architecture est plutôt de style victorien, suite aux modifications effectuées en 1850. On peut visiter l'aile destinée à recevoir les invités : salons, salle à manger dotée d'une belle cheminée aux atlantes, chambres, grande bibliothèque (2 500 volumes), quartiers des domestiques... Couloirs toujours hantés par le fantôme du général James Grant, ancien gouverneur de Floride réputé bon vivant qui se rendrait régulièrement dans la cave à vins ! Immense parc et jardins tout aussi intéressants, avec une jolie balade le long d'un ruisseau envahi de nénuphars, et même un cabanon abritant un train électrique. C'est dans la ferme de ce château que, en 1860, on commença l'élevage de l'*Aberdeen-Angus,* bœuf écossais dont la viande est aujourd'hui très recherchée.

Macallan Distillery : *à env 2 km au sud-ouest de Craigellachie, par la B 9102 en direction d'Archiestown. ☎ 872-280. • themacallan.com • Visite guidée sur résa de 1h30, tlj 9h45-16h : £ 15 (eh oui !).* Macallan met le paquet ! Cette distillerie emblématique s'est offert un site à la hauteur de ses ambitions : une immense structure moderne aux parois de verre, dont la toiture végétalisée en forme de dômes épouse les ondulations de la colline. L'intérieur est tout aussi conceptuel, avec son mur classieux de 840 bouteilles, son chai circulaire design, et son bar. Les outils de production, visibles derrière une immense baie vitrée, ne sont en revanche accessibles que dans le cadre des visites guidées. On est loin de la tradition, mais rassurez-vous, le whisky est toujours aussi bon à déguster !

Glen Grant Distillery : *à* **Rothes.** *☎ 832-118. • glengrant.com • Avr-oct : tlj 9h30 (11h dim)-16h (dernier tour) ; nov-mars : tlj sauf dim 9h30-15h30. Entrée : £ 7,50 (distillerie, jardins et dégustation) ou £ 5 pour les jardins et la dégustation, mais sans la distillerie ; gratuit moins de 18 ans (interdit moins de 8 ans). Jardins seuls : gratuit.* Créée en 1840 par les frères Grant, c'est la seule distillerie portant le nom de ses fondateurs. La maison produit un whisky doux et pâle, exporté à 75 % vers l'Italie. Après la visite du site, intéressante et vraiment accessible à tous (45 mn seulement et ponctuée d'humour), on peut se balader dans le superbe jardin victorien semé d'essences américaines et asiatiques. Il abrite le *dram pavilion,* le repaire du Major Grant qui fut le premier des Highlands à posséder une voiture, et le premier à électrifier sa distillerie.

Aberlour Distillery : *à* **Aberlour.** *☎ 881-249. • maltwhiskydistilleries.com • Visite sur résa à 10h et 14h avr-oct ; en sem seulement nov-mars. Entrée : £ 16. Compter env 2h, avec dégustation de 5* single malt, *parmi leurs meilleurs ! D'autres tours pour les spécialistes (£ 35-50 !). Résa dans tous les cas.* Vous l'avez compris, cette distillerie s'adresse aux amateurs chevronnés. Après 1h sur le site de production où l'on détaille tout le processus de fabrication, direction l'élégante salle de dégustation. On hume, on teste, et on tente de reconnaître le fût de provenance. Aberlour, la « bouche du ruisseau bavard » en gaélique, appartient désormais au groupe Pernod-Ricard.

Strathisla Distillery : *à* **Keith.** *☎ (01542) 783-044. • maltwhiskydistilleries.com • Tlj 9h30-18h du printemps à début nov. Visite guidée de 1h15 sur résa, tlj 9h30-16h30 (dernier départ) : £ 15 (pas donné, d'ailleurs le prix a doublé !). Pour les plus de 18 ans.* Pernod-Ricard a mis la main sur la plus ancienne distillerie des Highlands, un joyau datant de 1786. C'est aussi l'une des plus élégantes, avec son toit en double pagode et ses vénérables murs noircis par les vapeurs d'alcool. Aujourd'hui, Strathisla est le siège du très prestigieux *Chivas Regal.* Pas moins de 55 l d'eau de source sont nécessaires pour produire ici un litre de whisky, un record dans la région. Après la visite des installations et des différents bâtiments, dont les chais historiques, dégustation de 4 whiskies dans un espace chic, façon *lounge*. Pas mal !

Si vous n'êtes pas rassasié (ou plutôt suffisamment abreuvé !), vous pouvez encore visiter la distillerie indépendante de ***Glenfarclas,*** perdue dans la lande entre Aberlour et Ballindalloch, et propriété de la famille Grant, dont les fils s'appellent obligatoirement John ou George depuis 1864, date de la création de la distillerie *(• glenfarclas.co.uk •).* Enfin, détour possible par les distilleries de ***Cardhu*** (après Archiestown), où l'on produit le *Johnnie Walker,* et de ***Dallas Dhu*** et ***Benromach*** à Forres (lire plus loin « Dans les environs d'Elgin »).

DU KILT AU KIMONO

L'Écosse a du souci à se faire car, désormais, certains single malt *parmi les plus réputés au monde sont produits au... Japon ! Non loin de là, en 2015, c'est un taïwanais qui a été sacré meilleur whisky au monde !*

ELGIN

21 000 hab. — IND. TÉL. : 01343

Ville commerçante élégante, jadis important centre médiéval, comme en témoignent aujourd'hui les imposantes ruines de sa cathédrale. Elle commande l'accès de la route du Whisky par le nord.

Arriver – Quitter

En bus

Gare routière : *Alexandra Rd (A 96 Aberdeen-Inverness), dans le* Saint Giles Shopping Centre. *☎ 544-222. Billetterie ouv lun-ven 9h-17h.*

Avec *Stagecoach :*

➢ La ligne n° 10 relie Elgin à ***Inverness*** (1h15 de trajet) via ***Forres*** ou à ***Aberdeen*** (2h30 de trajet) via ***Huntly.*** Départ ttes les 50 mn, 5h-22h (8h-20h dim). La ligne n° 35 relie aussi Elgin à Aberdeen mais par la côte, via ***Cullen, Banff*** et ***Macduff*** (ttes les heures, 6h-23h ; moins de fréquences le dim).

➢ Le bus n° 36 est très pratique pour se rendre à ***Rothes, Craigellachie, Aberlour*** et ***Dufftown*** sur la route du Whisky. Ttes les heures, 6h-18h (pas de bus dim). Compter 1h de trajet entre Elgin et Dufftown.

En train

Gare ferroviaire : *Station Rd. Infos et résas : ☎ 08457-48-49-50.*
➢ Une quinzaine de trains/j. (seulement 5 le dim) de et vers ***Inverness*** ou ***Aberdeen,*** via ***Huntly*** et ***Forres.*** Départs 5h30 (7h pour Inverness)-22h (23h pour Inverness).

Adresse utile

@ Point d'informations : *Cooper Park, dans la* ***Public Library,*** *en retrait d'Alexandra Rd (A 96), à 300 m de la gare routière et 200 m de la cathédrale. ☎ 562-600. • moray.gov.uk • Tte l'année : lun-sam 10h-20h (16h sam).*

Où dormir ? Où manger ? Où goûter ?

Moraydale Guest House : *276, High St. ☎ 546-381. • moraydaleguesthouse.com • Doubles £ 75-85.* Dans une maison victorienne idéalement située à 2 pas du centre (mais disposant d'un parking bien pratique), des chambres nettes, agréables et bien confortables. Moquette partout, belle comme un kilt neuf, y compris dans l'accueillante petite salle où est servi le petit déj, lui aussi aux couleurs de la tradition écossaise. Accueil gentil et attentionné.

Mansion House Hotel : *the Haugh. ☎ 548-811. • mansionhousehotel.co.uk • Doubles £ 80-120.* Ce *country club* chic a revu ses prétentions et ses tarifs à la baisse. Ce qui donne l'occasion de s'offrir une belle chambre très cosy (certaines avec lit à baldaquin) dans une élégante demeure de style baronial, aux allures de château. Salle de billard, salons cossus, et tout autour, un parc verdoyant garantissant des nuits paisibles. Tout près du centre, c'est impeccable.

Scribbles : *154, High St. ☎ 542-835. Tlj 10h (12h dim)-22h. Plats £ 5-12.* Un grand café moderne et coloré, pour les adeptes du manger (un peu plus) sain. Au menu, salades, soupes, pâtes et pizzas, avec plusieurs propositions *veggie* et *gluten free.* Bonnes pâtisseries maison. Pour accompagner, *smoothies* et multiples cafés, thés et chocolats. Ça repose du *fish & chips* ! Et pour occuper les loustics, il y a même des seaux de jouets et de crayons de couleur.

Drouthy Cobbler : *48a, High St (dans une impasse donnant sur High St). ☎ 596-000. Ouv ts les soirs, plus le midi ven-dim. Plats £ 12-17.* C'est l'adresse qui marche fort à Elgin. Tout y est : un service jeune et sympa, un cadre de pub bien chaleureux (parquet, poutres, pierres apparentes...), une bonne cuisine de bistrot aux ingrédients sourcés localement (burgers, risotto, *fish & chips*...), et 150 whiskies à la carte pour faire honneur au terroir. S'il fait beau, la terrasse dans la ruelle fait le plein, sauf les soirs de concert ou de théâtre lorsqu'on fait la fête à l'intérieur !

Akash : *21, South St. ☎ 544-000. Tlj midi et soir. Plats £ 9-15.* Dans une salle nette et claire, manquant de fantaisie malgré quelques tableaux kitsch et un fond musical de Bollywood, une cuisine indienne pleine de saveurs et généreusement servie. Bonne chance pour faire votre choix, la carte est longue ! Accueil routinier.

Achats

Gordon & MacPhail : *58-60, South St, au centre d'Elgin. ☎ 545-110. • gordonandmacphail.com • Lun-sam 8h30-17h (vente d'alcool à partir de 10h !).* Dans cette vénérable boutique abreuvant ses clients depuis 1895, on ne présente pas moins de 1 000 références de *single malt* ! Également une superbe épicerie fine, où piocher au hasard des rayonnages thés, cafés, sauces, douceurs et chocolats, fromage et charcuterie à la coupe. On peut aussi se faire confectionner un sandwich.

À voir

VENGEANCE DIVINE

En 1567, après la Réforme protestante, on dépouilla de son plomb le toit de la désormais abandonnée cathédrale d'Elgin, pour le vendre en Hollande. Mais, trop lourdement chargé, le bateau coula dans le port d'Aberdeen...

⚲⚲⚲ ***La cathédrale** (HES) : à 500 m du centre, pas loin de l'office de tourisme. Avr-sept : tlj 9h30-17h30 ; oct-mars : tlj nov-mars 10h-16h. Dernière admission 30 min avt. Entrée : £ 7,50 ; avantageux billet combiné avec Spynie Palace £ 9 ; réduc.* Érigée au XIIIe s, cette cathédrale gothique surnommée la « lanterne du Nord » n'a pas été gâtée par l'Histoire. Incendiée en 1390 par le comte de Buchan (surnommé « le Loup de Badenoch ») furieux d'avoir été excommunié, elle fut rebâtie puis dévalisée et laissée à l'abandon après la Réforme en 1560, avant que la partie centrale ne s'effondre en 1711. De cet ensemble majestueux ne subsistent donc que de superbes ruines, mais quelles ruines !
La magnifique façade compte parmi les fiertés de l'architecture écossaise, portée par 2 hautes tours dont les différents niveaux accueillent désormais des collections lapidaires joliment mises en valeur. Ça vaut le coup de grimper jusqu'à la plate-forme panoramique pour profiter d'une vue géniale sur le site. Autour, arches et voûtes s'élancent dans le vide, magique. De retour sur terre, ne pas rater l'exceptionnelle salle du chapitre, de plan octogonal, dont les voûtes reposent sur un pilier central. En quittant la cathédrale, jeter un coup d'œil sur le bâtiment en face : il s'agissait de la maison des chanoines. Enfin, tout à fait de l'autre côté du site, après le cimetière, se dresse encore la porte historique de la ville au XIIIe s.

⚲ 👪 ***Elgin Museum** : 1, High St. ☎ 543-675. ● elginmuseum.org.uk ● En principe (car c'est tenu par des volontaires), ouv avr-oct lun-sam 10-17h (16h sam) ; fermé hors saison. GRATUIT (donation appréciée).* C'est l'un des plus vieux musées de Grande-Bretagne, une curiosité occupant une bâtisse construite tout spécialement en 1843. On y découvre d'ailleurs le logement reconstitué du 1er gardien dans la petite tour. Pour le reste, c'est un petit, mais réjouissant bric-à-brac d'objets provenant de tous les horizons, et de toutes les époques. Entre les bibles du XVIIe s, les pierres sculptées pictes, les costumes traditionnels, les fossiles, et même une momie, on ne s'ennuie pas !

⚲ ***Spynie Palace** (HES) : à quelques km au nord sur la route de Lossiemouth. Bus nº 33 d'Elgin. ☎ (01667) 546-348. Avr-sept : tlj 9h30-17h30. Dernière admission 30 mn avt. Entrée : £ 5 ; intéressant billet combiné avec la cathédrale £ 9 ; réduc.* En pleine campagne, dans un site bucolique à souhait, se dressent les belles ruines de l'ancienne demeure de l'évêque (jusqu'en 1689). Une bonne partie des remparts sont toujours en place, de même qu'une petite tour d'angle, ainsi que la tour de David (XVe s), un donjon désormais vide comme une coquille mais dans lequel on peut grimper. Il semblerait que ce lieu soit un des plus hantés du coin. Pas de chance, on a seulement croisé des écureuils et des petits lapins !

DANS LES ENVIRONS D'ELGIN

⚲⚲ ***Benromach Distillery** : à **Forres**, à 12 miles (env 19 km) à l'ouest d'Elgin par l'A 96. Bus nos 10 ou 35 depuis Elgin ou Inverness. ☎ (01309) 675-968. ● benromach.com ● Avr-sept : lun-sam 9h30-17h (dernier tour à 15h30), plus dim en juin-août 10h-17h ; oct-mars lun-ven 10h-15h (dernier tour). Tours £ 6-20 selon durée (1h-1h30), avec dégustations.* Toute blanche – excepté sa vieille cheminée de brique rouge –, Benromach est la plus petite distillerie du Speyside, comptant seulement 2 alambics. Fondée en 1898, elle ferma ses portes en 1983, victime d'une crise de surproduction du whisky écossais. Rachetée par Gordon & MacPhail, négociants en whisky installés à Elgin, elle a rouvert ses portes en 1998, adoubée par le prince Charles, qui dédicaça le premier fût (toujours visible dans l'entrepôt). Ici, tout est contrôlé par 3 maîtres de chai, pour une production annuelle que les plus grosses distilleries de la région atteignent en seulement quelques jours ! Mais justement, on apprécie la visite loin des sentiers battus, souvent en petit comité, ce qui permet d'apprécier pleinement les commentaires et la découverte des alambics, des cuves et du chai. Benromach se distingue par ailleurs en élaborant le seul whisky garanti bio de l'orge aux barriques, en bois non traité. Entorse à la tradition, celles-ci n'ont jamais servi auparavant et colorent donc l'alcool très vite. Le résultat, marqué par un goût fumé très prononcé, est plutôt séduisant.

Sueno's Stone : *dans une impasse du village de* ***Forres,*** *à 12 miles (env 19 km) à l'ouest d'Elgin par l'A 96. Bus nº 10 depuis Elgin ou Inverness.* Pierre levée picte la plus haute d'Écosse (plus de 6 m), gravée de figures humaines et animales. Elle est protégée par une structure de verre.

Brodie Castle *(NTS)* **:** *à* ***Brodie,*** *à 16 miles (env 26 km) à l'ouest d'Elgin, sur l'A 96. Bus nº 10 depuis Elgin ou Inverness. ☎ (01309) 641-371. Mars-oct : tlj 10h-17h (9h30-18h août-sept) ; nov-déc : tlj 11h-15h. Dernière entrée 45 mn avt fermeture. Congés : janv-fév. Tarif : £ 11 ; réduc. Jardins aménagés (avec activités) ouv mars-déc 9h30-18h (17h ou 16h hors saison) : £ 11 ; réduc. Parking £ 3.* Élégant château du XVIe s, planté dans un immense parc particulièrement majestueux au printemps, quand les pelouses se parent d'une épaisse moquette de jonquilles (passion de Ian Brodie qui en cultiva de nombreuses variétés). Sur 4 niveaux, on découvre de nombreuses pièces très richement décorées, dont certaines dévoilent de spectaculaires plafonds en plâtre sculpté de personnages (la salle à manger est vraiment exubérante dans son genre !), ou encore des choix de couleurs parfois audacieux qui tranchent avec le classicisme du mobilier. Large collection de porcelaines, de tableaux, et belle bibliothèque riche de 6 500 volumes. Agréable *teashop* à côté des anciennes cuisines.

LES HIGHLANDS

De beaux paysages rudes et sauvages, empreints de romantisme, des reliefs hostiles recouverts d'un manteau de tourbe et de lande, des lochs profonds et mystérieux, des rivages déchiquetés, les « hautes terres » n'en finissent pas d'aiguiser notre imaginaire.

De cette région, le pays a adopté le tartan, ce tissu quadrillé aux couleurs du clan, dont les accessoires (kilt et cornemuse) complétaient la panoplie du parfait Highlander pour devenir le costume d'un peuple, le symbole d'une nation. Et pourtant, jusqu'au XIXe s, tout semblait séparer les Highlanders des Lowlanders. Les premiers étaient considérés comme de vulgaires barbares par les habitants des « basses terres », plus raffinés, *of course* ! Il fallut attendre la reine Victoria pour que les Highlands deviennent à la mode et suscitent un engouement jamais démenti depuis.

On a souvent tendance à associer les « hautes terres » à l'extrême nord du pays. En fait, les Highlands naissent dans les environs de Dunkeld (au nord de Perth), montent jusqu'à Inverness, traditionnellement considérée comme la porte des Highlands du Nord, puis déroulent leurs reliefs acérés jusqu'à la pointe septentrionale pour revenir s'écraser contre les côtes occidentales et, plus au sud, contre celles de l'Argyll. Chaque territoire de ce vaste espace qui refuse l'uniformité mérite une attention particulière.

LE LOCH LOMOND

• Carte *p. 321*

Ce nom, qui rappellera des souvenirs aux tintinophiles, est d'abord celui du plus grand loch du pays, situé en plein milieu du premier parc national écossais. Ballon d'oxygène pour la ville de Glasgow, à seulement 45 mn en voiture, il attire beaucoup de citadins qui viennent s'y divertir et pratiquer de nombreux sports (nautiques, randonnée...).

– Infos touristiques sur • *visitscottishheartlands.com* • *lochlomond-trossachs.org* • Valable aussi pour l'Argyll, Stirling et les Trossachs.

HERGÉ COLLE À L'ACTUALITÉ

Après s'être appelé successivement Johnny Walker, puis Old Scotch Whisky, le breuvage préféré du capitaine Haddock s'appelle Loch Lomond dans la réédition de 1965 de L'Île Noire. *C'est en effet à cette date que l'ancienne distillerie d'Arrochar, fermée en 1817, rouvre enfin ses portes. Elle existe toujours (mais ne se visite pas).*

Arriver – Quitter

La rive ouest du loch Lomond est bien desservie par la route A 82 et la *West Highland Line.* Côté est, c'est plus compliqué. Les bus venus de Glasgow s'arrêtent à Balmaha, d'où une route à voie unique remonte jusqu'à Rowardennan, fin du goudron.

En bus

➢ ***Ligne Glasgow-Campbeltown, Glasgow-Fort William-Skye*** et ***Glasgow-Oban*** avec *Scottish Citylink.* ☎ *0871-266-33-33.* • *citylink.co.uk* • Dessert régulièrement les villages de la rive ouest, mais pas ceux de la côte est.

En train

– ***Scotrail :*** ☎ *0344-811-01-41.* • *scotrail.co.uk* •

➢ ***West Highland Line, Glasgow (Queen Street Station)-rive ouest du loch Lomond :*** 3 trains/j. dans chaque sens.

➢ ***Glasgow-Balloch :*** ttes les 30 mn env, tte la journée.

Circuler sur et au-dessus du loch Lomond

En bateau

Plusieurs trajets permettent de relier une rive à l'autre et le nord au sud. Compter en principe £ 8 l'aller, £ 12 A/R ; réduc enfants. Env 3 à 6 départs/j. en saison selon les parcours. Possibilité d'embarquer les vélos *(payant).* 2 compagnies se partagent les lignes.

■ ***Sweeney's :*** *à* ***Balloch,*** *près du* Visitor Centre. ☎ *(01389) 752-376.* • *sweeneycruises.com* •

➢ Balloch-Luss et Luss-Balmaha.

■ ***Cruise Loch Lomond :*** *à l'embarcadère de* ***Tarbet.*** ☎ *(01301) 702-356.* • *cruiselochlomond.co.uk* •

➢ Rowardennan-Luss ; Tarbet-Rowardennan ; Tarbet-Inversnaid ; Inversnaid-Inveruglas.

En hydravion

■ ***Loch Lomond Seaplanes :*** *au* Cameron House Hotel, *non loin de Balloch.* ☎ *(01436) 675-030.* • *lochlomondseaplanes.com* • *Tour de 40 mn : £ 120-150/pers.*

Infos pratiques

– Attention, jusqu'à présent, ***ni banque, ni distributeur*** autour du loch Lomond. On trouve juste une banque à Alexandria, petite ville au sud de Balloch (Thomas Cook).

BALMAHA ET DRYMEN

70 et 930 hab. IND. TÉL. : 01360

2 petits villages sur la rive est, de loin la plus paisible du loch. On aime bien ces 2 patelins encore préservés, où le passage de nombreux randonneurs, en route pour Rowardennan et Inversnaid, rythme les journées mais ne trouble en rien la sérénité de ces rives encore sauvages.

Adresses utiles

I Centre *(Visitor Information)* ***:*** *à* ***Balmaha****, à l'entrée du village sur la droite, au fond du grand parking.* ☎ *(01389) 722-100.* ● *lochlomond-trossachs.org* ● *Pâques-sept : tlj 9h30-16h (18h juil-août) ; le reste de l'année : seulement le w-e 9h30-16h30.* Infos sur les randonnées et les campings.

■ ***Location de vélos : Lomond Activities,*** *à* ***Drymen,*** *sur Main St.* ☎ *660-066. En été, tlj 9h (10h dim)-17h ; horaires restreints hors saison.*

Marina de Balmaha : point d'embarquement pour les îles du loch Lomond (lire la rubrique « À faire »).

■ ***Parking gratuit :*** *à l'entrée du village, sur la droite.*

Où dormir dans le coin ?

Campings

Cashel Caravan & Camping Site : *à 3 miles (env 5 km) au nord de Balmaha, sur le West Highland Way.* ☎ *870-234.* ● *campingintheforest.co.uk/scotland/cashel-campsite* ● *Arrêt de bus le plus proche à Balmaha. Ouv mars-oct. Barrières fermées 22h-7h. Selon saison, £ 13-28 pour 2 avec tente et voiture ; £ 8 sans voiture.* Dans un joli site au bord du loch, un beau terrain traversé par une rivière. Sanitaires propres. Aire de jeux, épicerie.

Millarochy Bay Camping and Caravaning : *à env 1 mile (1,6 km) au nord de Balmaha.* ☎ *870-236.* ● *campingandcaravaningclub.com* ● *Ouv avr-début nov. Prévoir £ 9-14/pers.* Superbes pelouses bien ombragées au bord du lac. Très agréable et bucolique. Situé sur le *West Highland Way* : les randonneurs y sont nombreux. Également 4 *ready camps* (entre la tente améliorée et le chalet), avec plaque électrique, frigo et terrasse, pour 4-6 personnes.

De bon marché à prix moyens (moins de £ 85 ; 102 €)

Rowardennan Youth Hostel : *à* ***Rowardennan,*** *à 7 miles (env 11 km) au nord de Balmaha, au bord du loch Lomond.* ☎ *870-259.* ● *hostellingscotland.org.uk* ● *De début mars à mi-oct. En dortoir 4-8 lits £ 20-24/pers ; doubles sans sdb £ 40-47 ; £ 3 en plus pour les non-membres.* Magnifique bâtisse en pierre, ancienne résidence de chasse superbement posée sur le parcours du *West Highland Way,* entre la forêt et le loch Lomond. Une situation exceptionnelle, au bout d'une route en cul-de-sac, donc parfaitement au calme. Confort simple et déco banale, mais, du grand salon garni de canapés, vue magnifique sur le lac et la nature environnante. Cuisine ultra-moderne, petite épicerie. *Pack-lunch* à commander la veille. Possibilité d'y dîner (pas cher).

Balmaha House and Bunk House : *à* ***Balmaha,*** *face au loch. L'une des*

LES HIGHLANDS

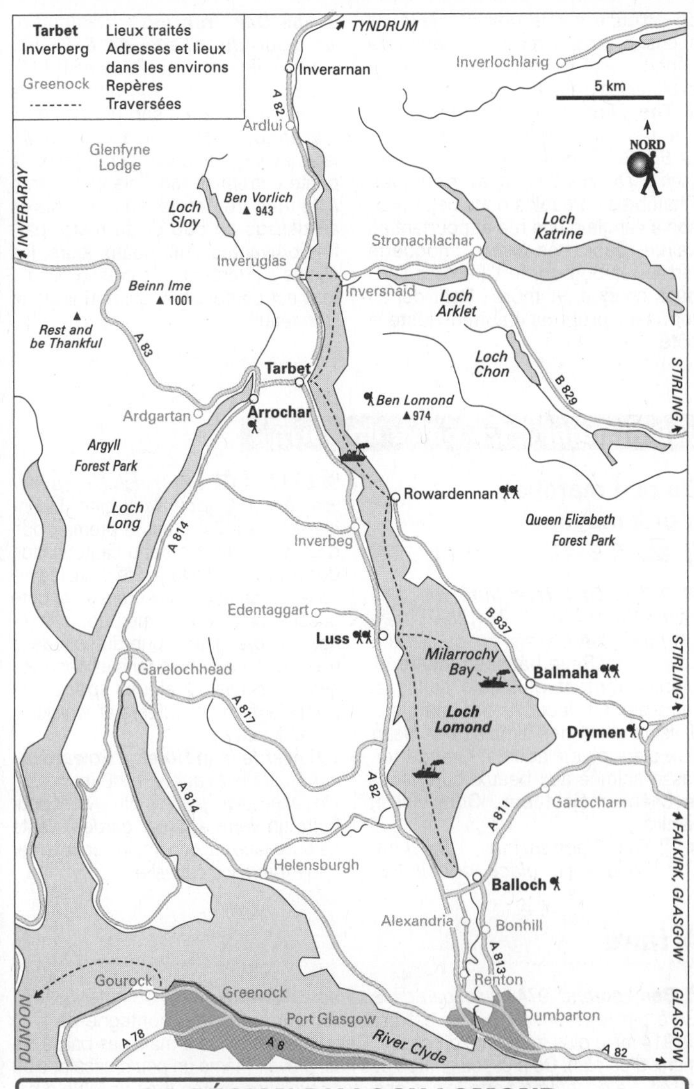

LA RÉGION DU LOCH LOMOND

dernières maisons du village en allant vers le nord. ☎ *870-218.* • *balmahahouse.co.uk* • *Résa conseillée. Dortoir £ 25/pers (serviettes en plus) ; double £ 80 ; chalet (pour 4) £ 90. Petit déj en plus.* Emplacement idéal pour cette maison simple, au gentil laisser-aller, qui offre plusieurs types d'hébergement susceptibles de convenir à tous les budgets, même un chalet pour 4 avec cuisine et une petite véranda donnant sur le lac (un bon plan). Un bout de pelouse sur le devant. Salle de séchage *(drying room)*. Location de canoës, VTT et *paddle* pour partir explorer les alentours. Bon accueil.

The Hawthorns Drymen : *The Square, au centre de* ***Drymen.*** *☎ 661-222. • howthorns-drymen.com • Double £ 90 avec petit déj.* Chambres agréables dans cette maison à l'angle d'une rue et pourtant au calme. Déco très *british* (moquette tartan) et bon confort (lecteur DVD dans chaque chambre). Petit déj au top. Les proprios habitent juste à côté.

The Oak Tree Inn : *à* ***Balmaha,*** *au cœur du village. ☎ 870-357. • oaktreeinn.co.uk • Doubles £ 110-120 et des familiales (4-5 pers).* Que ce soit dans la maison principale, à l'arrière ou dans les maisons du village (avec parfois vue sur le loch), la petite entreprise familiale voit grand. Attention toutefois aux chambres au-dessus du pub et du resto, parfois bruyantes. Aux beaux jours, les clients s'attardent en terrasse. Sinon, tout est confortable, sympathique et bien tenu.

Où manger ? Où boire un verre ?

De bon marché à prix moyens (plats £ 5-18 ; 6-22 €)

The Oak Tree Inn : *voir plus haut « Où dormir ? ». Tlj 12h-21h, en continu. Petits plats (jusqu'à 17h), puis dîner.* Belle bâtisse récente en pierre, abritant plusieurs salles et terrasses au décor rustico-maritime. Cuisine allant des simples *bar meals* aux plats plus élaborés. Grande terrasse animée aux beaux jours, sous le chêne majestueux. Convivial et familial.

The Clachan Inn : *à* ***Drymen,*** *The Square (la place principale). ☎ 660-824. Tlj 11h-minuit (1h du mat ven-sam) ; 22h pour la cuisine.* Licencié depuis 1734, c'est le premier pub d'Écosse à avoir obtenu l'autorisation de vendre du whisky. Côté droit, la partie resto, sage et chaleureuse ; et côté gauche, place à la partie pub, à l'intérieur décoré façon « pub du coin de la rue ». *Bar meals* bien faits et généreusement servis. Quelques *specials* et pizzas également. Bières et whiskies, évidemment !

Rowardennan Hotel : *à* ***Rowardennan,*** *juste avt l'auberge de jeunesse. Tte l'année sauf janv, tlj.* On y vient pour boire un verre au *beer garden,* vaste pelouse face au loch, moins pour tenter une expérience culinaire.

À faire

Ben Lomond (974 m) **:** *départ de la rando à* ***Rowardennan.*** *Compter 5h A/R.* Géré par le *National Trust,* c'est probablement le *munro* (montagne de plus de 914 m) le plus fréquenté d'Écosse. Chemin assez évident mais pas balisé, se munir d'un plan. De plus, ça grimpe pas mal, prévoir même un peu d'escalade au début. Le panorama porte loin. Consulter l'évolution météo (très variable à cet endroit) et ne pas s'y aventurer par mauvais temps.

Conic Hill (316 m) **:** *départ depuis* ***Balmaha*** *(rens au* I Centre*). Compter 2h30 A/R.* Pas trop de dénivelée pour cette balade qui offre l'une des plus belles vues sur le loch Lomond de la côte est.

– **Traversée Balmaha-Luss :** *à* ***Balmaha,*** *le quai est situé à 10 mn à pied du centre, par l'étroite route qui longe le lac. Env 4-5 liaisons/j. dans les 2 sens, mai-sept. Aller £ 8,50 ; A/R £ 12.*

BALLOCH

6 790 hab. IND. TÉL. : 01389

La ville la plus importante du loch Lomond, au sud du lac, compense son manque de charme par des activités naturellement tournées vers l'eau. Bon, on n'y séjourne pas vraiment.

Adresses utiles

🛈 ***I Centre** (Visitor Information)* **:** Old Station Building, *Balloch Rd.* ☎ *753-533. Juil-sept : tlj 9h30-17h30 ; oct-juin : tlj 10h-17h.* Doc et brochures sur toute la région. Vente de billets à moitié prix pour le *Sealife Centre.* Intéressant !

■ ***Sweeney's :*** *à 50 m de la gare en traversant Balloch Rd, à côté de l'office de tourisme.* ☎ *752-376. • sweeney cruises.com • Croisières sur le loch Lomond. Tarifs : £ 11-19 selon formule ; réduc.* Choix entre une boucle de 1h au sud-ouest du lac (départs toutes les heures 10h30-16h30, sauf celle de 12h30) ou un tour de 2h (12h30 et 15h).

Où manger ? Où boire un verre ?

|●| ***Water House Inn :*** *34, Balloch Rd.* ☎ *752-120. Cuisine 12h-15h30.* Ceux qui passent dans le secteur à l'heure du déjeuner pourront toujours faire halte dans ce pub pour grignoter un morceau.

🍸 ***Maid of the Loch :*** *au bout des quais. Pâques-fin oct, tlj 10h-17h.* L'un des derniers bateaux à vapeur construit en Grande-Bretagne et ayant navigué sur le lac. Transformé aujourd'hui en sympathique café. Agréable, avec quelques tables installées sur le pont. La salle intérieure est coquette comme un salon de thé.

À voir

Sealife Centre : *loch Lomond Shores, grand bâtiment circulaire facilement repérable sur les quais.* ☎ *721-500. • visitsealife.com.uk/loch-lomond • Mars-oct, tlj 10h-16h (dernière admission). Entrée (très chère) : £ 14 ;* ***mais billet à moitié prix si vous l'achetez au*** I Centre *(voir « Adresses utiles »).* Cet aquarium présente 9 variétés de requins. Ils évoluent dans un grand bassin qu'on observe à travers un tunnel de 5 m de long. Également raies, hippocampes, tortues, poissons-clowns, poissons-lions, etc. Sympathique mais assez vieillot.

LUSS

200 hab. IND. TÉL. : 01436

Voici le village le plus charmant de la rive occidentale du loch Lomond. Quelques petites rues bordées de maisons basses mènent à un ponton et à une plage. Évidemment touristique, même hors saison.

Adresse et infos utiles

Luss Visitor Centre : *à l'intérieur du café* Purdie's, *à l'entrée du village, sur le parking.* Écran tactile dans le petit couloir d'entrée.

– Grand **parking** à l'entrée du village *(payant).* Pompe à essence et location de vélos.

– De Luss, **liaisons en bateau** avec différentes parties du lac. Achat des billets soit dans la boutique sur le grand parking, soit directement sur le quai.

Où dormir ? Où manger ?

De bon marché à prix moyens (plats £ 5-18 ; 6-22 €)

Coach House Coffee Shop : *par la rue principale en direction du ponton, puis vers la droite avt la plage.* ☎ *860-341. Tlj 10h-17h.* Bâtisse en pierre bien restaurée et modernisée, avec une cheminée dans chaque pièce et de belles tables de bois. Soupes maison goûteuses, *haggis* et belle sélection de délicieux gâteaux. Derrière, terrasse pour les beaux jours. Convivial, ambiance retour de balade.

Luss Smoke House : *du centre, prendre face au* Loch Lomond Hotel, *puis 1re à droite.* ☎ *860-345. Tlj 9h30-17h.* Dans cet atelier où l'on fume le saumon *(ne se visite pas),* la boutique propose *bagels* et sandwichs au saumon pas cher. Idéal pour casser une petite croûte ou préparer un pique-nique.

Purdie's : *à l'entrée du village, sur le parking, côté gauche. Tlj 10h-18h (16h en hiver).* Agréable café grâce à ses larges baies vitrées donnant sur le lac. Les gourmands fondront pour les gâteaux bien crémeux et les bonnes glaces. Le café est torréfié sur place.

De prix moyens à chic (£ 50-125 ; 60-150 €)

Culag Lochside Guesthouse : *à 1 mile (1,6 km) de Luss, sur la berge du lac.* 07918-137-021. ● *culag.info* ● *Tte l'année. Selon catégorie, doubles £ 80-100.* Dans la maison principale, chambres classiques (dites « traditionnelles »), mansardées à l'étage. D'autres plus grandes et modernes (certaines avec mezzanine, convertibles en familiales) sont joliment aménagées dans les 2 pavillons en pierre avec terrasse entre les maisonnettes. La plupart ont vue sur le lac. Plage et jardin, grande véranda pour le petit déj. Efficacement tenu par l'aimable proprio, Patrick, un ancien hôtelier. Location de kayak et tours en bateau possibles.

LES HIGHLANDS

À voir

Ne pas manquer la **petite église** au-delà du *Coach House Coffee Shop* : beau plafond en coque de bateau renversée et joli **cimetière** qui la ceinture avec, notamment, une pierre tombale viking, orné d'un motif en écailles sur la partie supérieure (juste à l'entrée, sur la droite).

Manifestation

– **Luss Highland Games :** *en juil.* ● *lusshighlandgames.co.uk* ●

TARBET ET ARROCHAR

1 350 et 800 hab. IND. TÉL. : 01301

2 petits villages, l'un sur le loch Lomond, l'autre sur le loch Long. Pas de charme particulier, mais une halte agréable, et c'est de Tarbet que l'on peut tenter une petite croisière en bateau sur le lac.

Adresse utile

■ ***Cruise Loch Lomond :*** *Tarbet Pier.* ☎ *702-356.* ● *cruiselochlomond.co.uk* ● *Avr-oct : tlj 8h30-17h. Tarifs : £ 10-15 selon formule et saison ; réduc.* Infos au port auprès du *Bonnie and Ben Café* qui vend les billets. Connexions avec ***Inversnaid*** 7 fois/j., 5 avec ***Luss*** et 1 avec ***Rowerdeman.*** Également petite croisière de 1h-1h30. Si vous allez vers Rowardennan, possibilité de randonner vers Inversnaid et d'y reprendre le bateau pour revenir vers Tarbet (ou inversement).

Où dormir ?

Prix moyens (£ 50-85 ; 60-102 €)

🏠 ***Fascadail Country Guesthouse :*** *Church Rd, sur la route d'Helensburgh (A 814), juste à gauche de l'église.* ☎ *702-344.* ● *fascadail.com* ● *Pâques-fin oct. Doubles £ 60-75, et des plus grandes à env £ 100.* Anne parle un peu le français et elle accueille avec le sourire dans sa belle et grande maison toute blanche, précédée d'un remarquable jardin particulièrement fleuri. 2 des chambres donnent sur celui-ci et plus loin sur le lac. Excellent confort et calme total.

🏠 ***Innischonain House :*** *800 m après la gare de **Tarbet-Arrochar** en venant d'Arrochar, fléché sur la gauche.* ☎ *702-726.* ● *innischonainhouse.co.uk* ● *Tte l'année. Selon saison, doubles £ 60-75.* Dans une grande maison moderne avec parquets et lambris, des chambres au confort simple et douillet, dont une avec lit à baldaquin, romantique. Vue sur le jardin et les montagnes.

Où manger ? Où boire un verre ?

Prix moyens (plats £ 8-18 ; 10-22 €)

🍽 🍸 ***The Village Inn :*** *à la sortie d'**Arrochar** en direction de Helensburgh (A 814) ; faire env 500 m.* ☎ *702-279. Tlj 10h-21h (cuisine), 23h (bar). Résa conseillée le w-e. Plats £ 10-14.* Auberge blanche au bord du loch Long, mais aussi de la petite route... Belle salle de pub chaleureuse (cheminée, parquet rustique) ou *lounge* plus classique, tout aussi *cosy*. *Real ale* et large sélection de whiskies et cuisine de pub classique. *Burger night* le mercredi et *grilled night* le jeudi. À vos fourchettes ! Belle terrasse sur la pelouse, face au lac.

🍽 🍸 ***Drovers Inn :*** *à **Inverarnan** (par l'A 82) vers Fort William, dans un minuscule hameau.* ☎ *704-234. Tlj 11h-23h. À 20 km env au nord du loch Lomond. Tlj 11h30-22h pour la cuisine. Bar jusqu'à 23h30. Musique live jeu-sam. Également des chambres.* Ce pub vieux d'au moins 300 ans est l'un de nos favoris dans la région : faune endormie par un taxidermiste dans l'entrée, salle charmante noircie par des siècles de tabagie, mais aussi par le feu de la cheminée les jours pluvieux. Plein de coins et de recoins, bougies, vieux tableaux et serveurs en kilt.

Un vrai morceau d'histoire du lac, à ne pas manquer. Dans l'assiette, *pub food* bien rustique, généreusement servie qu'on dévore avec appétit. Il n'est pas rare qu'après la fermeture des portes les soirées continuent jusqu'à 3h !

À faire

The Cobbler *(ou Ben Arthur)* **:** *départ du sentier sur la rive ouest du loch Long, à l'ouest d'Arrochar. Pour les randonneurs expérimentés seulement. Partir avec une bonne carte.* Au sein du massif des Arrochar Alps, c'est le classique du coin. Vous n'y serez pas seul. Malgré les apparences, un bon sentier grimpe presque jusqu'en haut en 2h. Compter environ 4h30 dans les cailloutis jusqu'à la partie sommitale, culminant à 884 m. Pour le « vrai » sommet, c'est encore une autre histoire. On déconseille aux débutants. Vue notamment sur Gareloch, Firth of Clyde et l'île d'Arran.

Argyll Forest Park **:** une multitude d'activités sont possibles – randonnées, vélo, etc.

LES HIGHLANDS DU CENTRE

• Carte *p. 327*

Pour découvrir toute la diversité des Highlands, le chemin de l'école buissonnière passe par le centre et les charmants villages de Dunkeld et Birnam, ou encore Pitlochry aux environs si riches. Sans oublier les nombreuses randonnées, dont certaines, du côté d'Aviemore, conduisent vers des sommets presque vertigineux... pour l'Écosse !

Arriver – Quitter

Cette partie des Highlands est la mieux desservie grâce à l'axe Perth-Inverness, parcouru par l'A 9 et la quasi-totalité des trains montant vers le nord. Attention : le col *Drumochter Pass* (462 m) est parfois fermé en hiver pour cause d'enneigement.

En bus

➢ ***Ligne Perth-Inverness*** avec *Scottish Citylink.* ☎ *0871-266-33-33.* • *citylink.co.uk* • Une petite dizaine de liaisons/j., certaines via ***Birnam, Pitlochry*** et ***Aviemore.***

En train

➢ ***West Highland Line*** avec *Scotrail.* ☎ *0344-811-01-41.* • *scotrail.co.uk* • Service régulier.

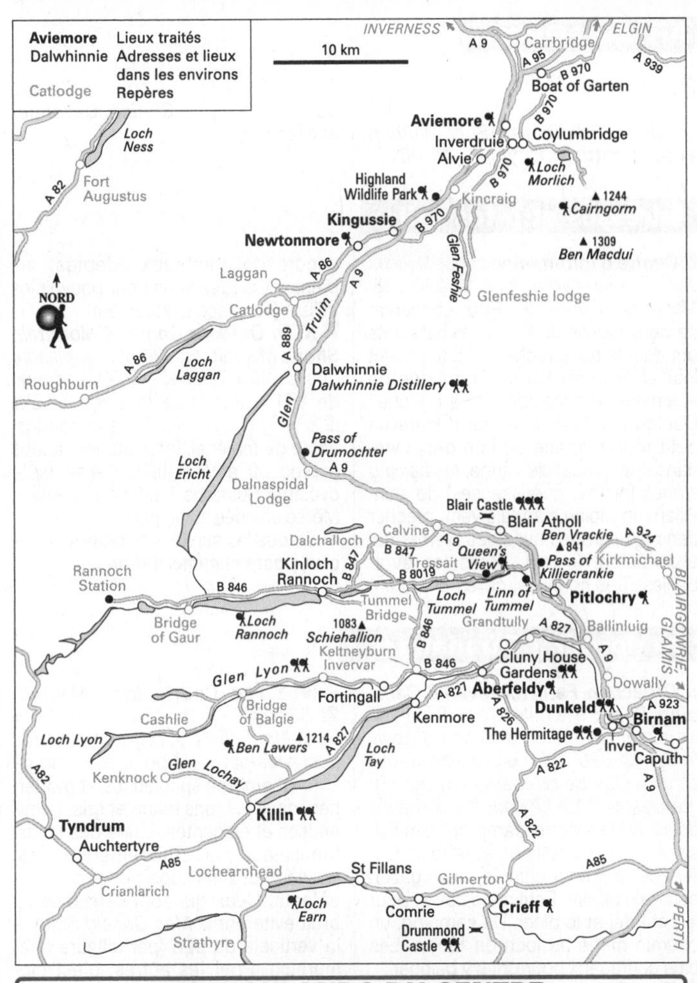

LES HIGHLANDS DU CENTRE

KILLIN

790 hab. IND. TÉL. : 01567

Village pittoresque à l'extrémité ouest du loch Tay, coupé par la rivière qui dévale en rapides sur de grandes dalles plates. Belle vue depuis le vieux pont. Un sympathique point d'ancrage pour se balader dans la région.

Arriver – Quitter

En bus

➢ ***Ligne Édimbourg-Fort William*** avec *Scottish Citylink.* ☎ *0871-266-33-33.* ● *citylink.co.uk* ● 6 bus/j. dans les 2 sens via ***Stirling, Callander*** et ***Glencoe.***

Adresses et infos utiles

🅸 ***Centre d'information :*** *dans le vieux moulin, juste avt le pont.* ☎ *820-628. Mars-oct, tlj 10h-16h.* Pour conserver ce vieux moulin du XIXe s, les habitants ont décidé de le racheter. Ils financent leur action grâce à une boutique de vêtements d'occasion, et ça marche ! Quelques infos sur le coin. Faire un petit tour à l'étage où l'on découvre, dans une minuscule vitrine, les *healing stones* (pierres guérisseuses) de saint Fillan, un moine irlandais venu prêcher dans les parages avec ses pierres qui absorbaient le mal, après les avoir bénies. Très connues, celles-ci attirent encore de nombreux adeptes, qui prennent rendez-vous pour pouvoir les utiliser (sur place uniquement).

■ ***Killin Outdoor Centre & Mountain Shop :*** *Main St.* ☎ *820-652.* ● *killinoutdoor.co.uk* ● *Tlj 8h45-17h30.* Location de VTT *(£ 25/j.),* de doubles kayaks *(£ 20-40 pour 1 à 3h).* Plans de randos. Vente de matériel. Infos sur les randos à pied ou à VTT (la fameuse piste cyclable Sustrans 7 passe par Killin). Météo affichée sur la porte.

■ Et tous les services habituels : ***banque, poste*** et ***alimentation.***

Où dormir ? Où manger ?

⛺ ***Cruachan Farm Caravan & Camping Park :*** *à 3 miles (env 5 km) de Killin, sur l'A 827 en direction d'Aberfeldy.* ☎ *820-302.* ● *cruachanfarm.co.uk* ● *Ouv de mi-mars à fin oct. En hte saison, £ 15-17 pour 2 selon taille de la tente.* Vaste camping familial, situé entre les collines et le loch Tay. Aire de jeux pour enfants, beau gazon et terrain tendre. Petit resto ouvert pour le petit déj et le dîner. Du camping, un chemin mène au loch en 10 mn. Les plus courageux pourront s'y baigner.

🏠 ***The Old Bank :*** *Manse Rd, mais façade principale sur Main St.* ☎ *829-317.* ● *theoldbankkillin.co.uk* ● *Tte l'année. Doubles £ 85 sans ou avec sdb. CB acceptées.* Inutile d'entrer par effraction dans cette belle maison cossue du XIXe s. Jennie, la sympathique proprio, vous accueillera chaleureusement à l'intérieur de cette ancienne banque, dont il reste encore quelques vestiges. Voir le coffre-fort dans la salle du petit déjeuner. Chambres spacieuses et confortables. Petit déj à base de produits bio. Un bon rapport qualité-prix. Bref, on n'est pas volé...

🏠 🍽 🍸 ***The Courie Inn :*** *Main St.* ☎ *831-000.* ● *thecourieinn.com* ● *Doubles £ 85-100. Également des familiales pour 3-4 pers. Bar jusqu'à 23h.* Chambres spacieuses et modernes, dans les tons blanc et gris. Lumineuses et élégantes. L'une des suites familiales, particulièrement vaste, possède des lits superposés pour les enfants. Ceux qui sont sensibles au bruit éviteront la *Mac Donald Suite,* à la verticale du pub (par ailleurs chaleureux). Pour les autres, c'est nickel. Fait également resto, avec de bons plats classiques : *fish & chips, burgers...*

🏠 ***Dall Lodge Country House :*** *au bord de la route, à l'entrée est de la ville.* ☎ *820-217.* ● *dalllodge.co.uk* ● *Doubles £ 70-110 selon vue et terrasse. Réception à partir de 15h.* Cette grosse maison un peu rigide et en retrait de la route abrite une poignée de chambres impeccables et confortables. Rien ne dépasse mais on s'y sent à l'aise. Vaste salon lumineux, prolongé par une sorte de jardin d'hiver aux fauteuils confortables.

The Falls of Dochart Inn : *Gray St, juste après le vieux pont. ☎ 820-270. Plats £ 8-10.* Pub local où les habitués viennent échanger les potins en se réchauffant autour de la cheminée ou en terrasse dès les beaux jours. Repas solide composé de plats typiques.

À voir. À faire

Falls of Dochart : *en plein centre du village.* La rivière passe sous le pont d'où on peut observer les *falls* avec plaisir. Reste que si on les appelle *falls* (chutes), il s'agit plutôt d'une partie tumultueuse de la rivière Dochart qui saute de pierre en pierre pour créer quelques rapides.

Cimetière du clan MacNab *(Clan MacNab burial ground)* **:** *situé sur une île, accessible à pied depuis le tout petit portail situé au beau milieu du pont. Demander la clé au centre d'information (compter £ 5 pour la clé et £ 20 pour la caution).* Un chemin à travers la petite forêt mène à l'enclos protégeant 15 tombes (d'autres à l'extérieur) appartenant aux chefs du clan. Assez insolite.

Moirlanich Longhouse (NTS) **:** *dans le Glen Lochay. ☎ 820-988. Par une petite route sur la gauche après la sortie de Killin en allant vers Aberfeldy. Mai-sept : seulement mer et dim 14h-17h. Entrée : £ 3,50 ; réduc.* Visite d'un petit cottage traditionnel du milieu du XIXe s, aux murs blanchis. Quelques meubles originaux, vêtements de travail...

Ben Lawers : *au nord-est de Killin, par l'étroite route de montagne qui relie l'A 827 au loch Lyon (voir aussi plus loin « Dans les environs de Pitlochry. Glen Lyon »). Départ de la rando depuis le grand parking, sur la gauche avt d'arriver au niveau du barrage. Prévoir 4-6h A/R.* Le Ben Lawers surplombe le loch Tay du haut de ses 1 214 m. Après environ 45 mn de marche, on tombe sur une fourche : par la droite, ça grimpe plus ; par la gauche, c'est plus long mais moins pentu. Les 2 chemins se rejoignent avant l'ascension finale, plutôt raide. Plus corsée, la *Tarmachan Ridge,* une classique de la région.

TYNDRUM

140 hab. IND. TÉL. : 01838

Tyndrum n'est pas un village. Il s'agit surtout d'un carrefour de routes pour Oban et Fort William. C'est donc essentiellement un lieu de passage, et on n'y séjourne pas vraiment. Les randonneurs empruntant le fameux *West Highland Way* trouvent ici de quoi se requinquer pile à mi-parcours entre Glasgow et Fort William. Les automobilistes, quant à eux, font le plein de victuailles, de café et d'essence avant de rejoindre d'autres horizons.

Arriver – Quitter

En bus

➢ ***Ligne Glasgow-Fort William :*** 4 bus/j. en été.

En train

Attention ! Il y a ***2 gares*** à Tyndrum où la *West Highland Line* en provenance de Glasgow se scinde en 2. ● *scotrail.co.uk* ●

➢ ***Pour Fort William :*** gare d'Upper Tyndrum. 3-4 trains/j.

➢ ***Pour Oban :*** gare de Lower Tyndrum. 3-4 trains/j.

Où dormir à Tyndrum et dans les environs ?

⛺ 🏠 ***By the Way Hostel :*** *à l'entrée de Tyndrum en venant de Killin, prendre à gauche (fléché).* ☎ *400-333.* • *tyndrumbytheway.com* • *Tente £ 8/pers ; dortoir et doubles £ 20-23/pers ; cabanes en bois (2-5 pers) £ 43-60 ;* hobbits *(petits chalets ronds) £ 45-55 pour 2-4 pers. Également des chalets en loc à la sem et des* glamping huts *(avec w-c).* En bordure de forêt, en retrait de la route, et donc au calme, plusieurs types d'hébergement qui conviendront aux randonneurs en camping ou préférant être au sec. Dortoirs un peu exigus, mais tout est impeccable. Laverie, grande cuisine à dispo et salle de séchage *(drying room).* Bon accueil et atmosphère conviviale.

⛺ ***Strathfillan Wigwams Camping :*** *à* ***Auchtertyre.*** ☎ *400-251.* • *wigwamholidays.com/strathfillan* • *À 2 miles (env 3 km) au sud de Tyndrum, sur l'A 82. Tte l'année. Env £ 16 pour 2 avec tente ;* wigwam *£ 50 pour 2 + £ 10/adulte (jusqu'à 5) ; certains avec sdb (plus cher) ; yourte £ 70 pour 2 ; draps et couverture en sus, sanitaires communs (douche payante). Également des lodges (4-8 pers) avec cuisine et sdb £ 70-80 pour les 2 premières pers.* Beaucoup de randonneurs croisant sur le *West Highland Way* font halte sur ce terrain au milieu des montagnes. Les *wigwams,* hyper simples, disposent d'une petite table et d'un plan de travail de cuisine (sans réchaud ni plaques mais avec frigo). Également une yourte pour 5. Épicerie avec produits de la ferme voisine, 2 cuisines et salon à disposition. Loc de vélos.

🏠 ***Muthu Royal Hotel :*** *sur l'A 82, à l'entrée sud de Tyndrum, sur la gauche.* ☎ *400-272.* • *muthuhotels.com* • *Doubles £ 70-80.* Un grand établissement de plus de 80 chambres, donc pas notre tasse de thé à priori. Reste que, si tout est complet dans le secteur, on pourra trouver ici des chambres d'excellente qualité (spacieuses et fonctionnelles), à prix étonnamment doux. Petit déj pas terrible.

Où manger à Tyndrum et dans les environs ?

|●| ***The Real Food Café :*** *dans le centre, à gauche quand on vient du sud. Mars-oct, tlj 7h30-21h. Repas £ 8-10.* Une sorte de cafétéria aux longues tables en bois, mais c'est bien plus que cela. Avec des produits de qualité et essentiellement locaux, le *Real Food* est en fait un excellent resto, qui prépare de superbes *fish & chips* (en 3 tailles), des soupes et de bons petits plats frais, de succulents gâteaux et des cafés goûteux. Quant aux frites, elles sont étonnantes ! Bref, une très bonne halte, véritable aubaine dans un secteur pauvre en restaurants.

|●| ***Artisan Café :*** *à 2 miles (3,2 km) au sud de Tyndrum, sur l'A 82.* ☎ *400-391. Tlj 10h-16h (fermé mar et mer en hiver). Repas £ 5-8.* Une prière ? Un thé ? Un gâteau ? Tout est possible dans cette église désaffectée opportunément transformée en salon de thé, où l'on pourra grignoter un morceau avec plaisir, dans un décor de chaises dépareillées et de sympathique bric-à-brac.

CRIEFF

6 600 hab. IND. TÉL. : 01764

À 25 km à l'ouest de Perth par l'A 85, cette agréable bourgade se situe au cœur du *Strathearn,* une région charmante. Ville d'eaux d'une certaine renommée, Crieff vécut son apogée au XIXe s, comme en témoigne encore

l'architecture victorienne de nombreuses maisons du petit centre-ville. Bonnie Prince Charlie y séjourna, en route vers Culloden.
– *Crieff Highland Gathering :* *mi-août, généralement un dim. Sur Market Park.*

Arriver – Quitter

➢ ***Crieff-Perth :*** env 15 bus réguliers avec *Stagecoach,* sur High St. ● *stagecoachbus.com* ●

Adresse utile

🛈 ***Local Information :*** *High St, dans l'ancienne église.* Un écran tactile pour trouver quelques infos.

Où dormir ? Où manger dans le coin ?

De bon marché à prix moyens

⛺ ***West Lodge Caravan Park :*** *à 6 miles (9,5 km) de Crieff sur l'A 85 en direction de Crianlarich et Oban.* ☎ *670-354.* ● *westlodgecaravanpark.co.uk* ● *Ouv avr-oct. Compter £ 15-20 pour une tente (selon taille), plus £ 1/pers. Douches chaudes gratuites.* Petit camping tout simple, en bord de route, dont le patron parle français. Également des mobile homes à louer pour 3-6 personnes. Petite épicerie. Bien tenu et bon accueil.

🏠 ⛺ |●| ***Comrie Croft Hostel and Camping :*** *à 5 miles (8 km) sur la route de Comrie.* ☎ *670-140.* ● *comriecroft.com* ● *Tte l'année. Camping : £ 8-10/pers.* Katas *(tentes nordiques) pour 4-6 pers : £ 90 la tente entière, loc aussi au w-e et à la sem (dégressif). Dortoir 3-8 lits £ 20-22/pers ; doubles sans ou avec sdb £ 54-60 ; également des familiales. Petit déj en sus.* Tea Room Garden *(tlj 8h-17h), repas £ 8-10.* Corps de ferme et grange aux intérieurs chaleureux et colorés. Encore plus original, les tentes nordiques *(katas),* sortes de tipis installés dans la forêt à 2 mn des commodités. Chambres sobres et fonctionnelles. Belle cuisine ouverte et grand salon cosy à disposition. Tout autour, très nombreux sentiers pédestres et pour VTT. Location de vélos et épicerie végétarienne sur place. Quant au *Tea Room Garden,* sa petite terrasse et son adorable salle constituent un bel écrin pour déguster *pies,* salades, *scones* frais et quelques plats à l'ardoise. Très bon accueil.

|●| ***Café Rhubarb :*** *2, High St.* 📱 *07834-467-059. Tlj 10h-17h (15h lun). Plats £ 5-8.* Derrière sa grande baie vitrée, ce salon de thé aux couleurs douces propose un *light lunch* de bon aloi. Soupe maison, *warm toasted bagels* et quelques gâteaux sur le comptoir. Pour les *french crepes,* attendez d'aller en Bretagne.

|●| ***Delivino Fish :*** *High St, au niveau de James Sq. Mer-sam 17h-21h. Plats £ 5-8.* Un bon petit *fish & chips,* parfait pour emporter sa barquette ou la déguster sur place.

|●| ***Tullybannocher Farm Food Bar :*** *à 1 mile (1,6 km) à la sortie de* **Comrie** *en direction du loch Earn, sur l'A 85.* ☎ *670-333. Avr-oct. Service tlj sauf mar jusqu'à 17h. Plats £ 4-8.* Une sorte de vaste chalet de plain-pied, posé sur une pelouse bien grasse. Self-service le midi avec des quiches, salades, gâteaux... qu'on déguste autour de grandes tables. Familial et bon enfant. Terrasse. Concerts de jazz à l'occasion.

De chic à plus chic

🏠 |●| ***Yann's at Glenearn House :*** *à l'entrée de Crieff en venant de l'est, sur la droite.* ☎ *650-111.* ● *yannsatglenearnhouse.com* ● *Resto mer-dim 18h-21h (fermé lun-mar). Fermé 1 sem en fév et* *en oct. Double env £ 100. Plats £ 14-22.* Cette vénérable demeure victorienne est tenue par un couple franco-écossais. Madame s'occupe des chambres douillettes et spacieuses, aménagées avec goût. Monsieur concrétise devant ses fourneaux une *auld alliance* qui lui est chère. En plus des raclettes, tartiflettes, fondue savoyarde et autres pierrades, Yann, d'origine savoyarde, concocte une savoureuse cuisine essentiellement écossaise. Tout est goûteux et inventif. Si on ajoute la déco rustico-chic chaleureuse de la salle et le service, voici la belle adresse du coin.

The Four Seasons Hotel : *à la sortie de* ***Saint Fillans*** *vers Lochearnhead, sur la droite. ☎ 685-333. • thefourseasonshotel.co.uk • Fermé de début janv à mi-fév. Doubles £ 105-175 ; chalets £ 110-140 pour 2.* Adresse romantique proposant une douzaine de chambres luxueuses et spacieuses, dont certaines tournées vers le lac. Les chalets, lambrissés et confortables, sont perchés sur la colline, derrière l'hôtel. Bon restaurant et bistrot, qui concocte une sympathique cuisine de pub.

À voir

The Famous Grouse Experience at Glenturret Distillery : *à la sortie de Crieff vers Comrie. ☎ 656-565. • thefamousgrouseexperience.com • Avr-oct : tlj 9h-18h (visites 10h30-16h30) ; nov-mars : tlj 10h-17h (visites 10h30-15h30, ttes les heures, en anglais). Tarif : £ 10 pour le tour de base (1h), plus d'options pour les connaisseurs.* La doyenne des distilleries écossaises encore en activité (1775) accueille inconditionnels et néophytes pour une visite couvrant toutes les étapes de fabrication du *Glenturret Whisky* : fermentation dans des cuves en pin Douglas, distillation dans un alambic au cou très fin qui assure la légèreté de ce *single malt*, et vieillissement en fût de chêne. Visite intéressante. Au bout du parcours, dégustation de 2 whiskies. On peut même se faire imprimer une étiquette à son nom !

Caithness Glass : *Muthill Rd, à 1 mile (1,6 km) de la ville. ☎ 654-014. • caithnessglass.co.uk • Boutique : tlj 9h (12h dim déc-fév)-17h (16h en janv-fév). Ateliers : lun-ven 9h-16h15. GRATUIT.* Vente d'objets décoratifs en verre soufflé. Sur l'arrière on peut voir les artisans à l'œuvre.

DANS LES ENVIRONS DE CRIEFF

Drummond Gardens : *☎ 681-433. • drummondcastlegardens.co.uk • De Crieff, prendre l'A 822 en direction de Stirling sur env 4 km. Mai-oct tlj 13h (11h juin-août)-17h (dernière entrée). Entrée des jardins : £ 6.* Une très longue allée de 2 km de hêtres conduit à l'imposant château (privé), surplombant de magnifiques jardins créés par lord Drummond en 1630. Géométrie et symétrie règnent sur les bosquets et parterres parsemés de sculptures. À l'intersection des allées formant une croix de Saint-André, un cadran solaire du XVIIe s. Reconnus comme l'un des plus beaux exemples du style classique, ces jardins furent choisis pour tourner certaines scènes du film *Rob Roy* et la série *Outlander*.

Le loch Earn : *au-delà de* ***Comrie.*** Un beau loch cerné de montagnes noyées dans la brume et de forêts épaisses. ***Saint Fillans,*** à l'extrémité est du loch, est un endroit idéal pour les sports nautiques (planche à voile, ski nautique...). À la sortie du village, devant le *Four Seasons Hotel* (voir plus haut), remarquer ***la statue d'acier*** du sculpteur Rob Mulholland, les pieds dans l'eau, qui se reflète dans le loch Earn.

DUNKELD ET BIRNAM

2 300 hab. IND. TÉL. : 01350

Accessibles depuis l'A 9 par une bretelle circulaire, les adorables petits villages jumeaux de Dunkeld et Birnam sont reliés l'un à l'autre par un élégant pont bicentenaire à 7 arches qui s'étire au-dessus de la séduisante rivière Tay. Les rues, mignonnes comme tout, sont bordées d'élégantes boutiques et de restos de qualité. Si les jacobites et les soldats de Cameron incendièrent sans discernement ses maisons et la cathédrale en 1689, Dunkeld a retrouvé en partie son aspect originel grâce aux efforts du *National Trust*.

Arriver – Quitter

En bus

➢ ***Ligne Édimbourg-Perth-Pitlochry-Inverness*** avec *Scottish Citylink. ☎ 0871-266-33-33.* • *citylink.co.uk* • Env 5 bus/j. depuis Birnam.

➢ ***Ligne Glasgow-Stirling-Perth-Pitlochry-Aviemore-Inverness*** avec *Scottish Citylink.* 1 bus/j., en soirée, depuis Birnam.

En train

➢ ***Ligne Édimbourg-Glasgow-Perth-Inverness :*** 4 trains/j. dans chaque directon. Arrêt à ***Dunkeld, Pitlochry, Kingussie*** et ***Aviemore.***

Adresses utiles

ℹ ***I Centre*** *(Visitor Information) : The Cross (la place principale de Dunkeld). ☎ 727-688.* • *visitscotland.com/perthshire* • *Mars-oct, tlj 10h30-16h30 (11h-16h dim). Horaires restreints l'hiver.* Compétent et bien documenté sur la région.

■ ***Bank of Scotland :*** *High St.*

Où dormir ?

La majorité des *B & B* se trouvent à Birnam.

Camping

⛺ ***Invermill Farm Caravan Park :*** *à* ***Inver,*** *à env 1 mile (1,6 km) de Dunkeld-Birnam. ☎ 727-477.* • *invermillfarm.com* • *Ouv fin mars-fin oct. Compter £ 17-19 pour 2 avec tente. Pas de résa pour les tentes.* Un camping familial au bord de la rivière Braan, affluent de la Tay (baignade possible). Belle pelouse entourée de forêts. Ensemble bien équipé. Atmosphère conviviale. Un joli chemin pédestre relie le camping à Dunkeld en 20 mn.

De bon marché à chic

🏠 ***Jessie Mac's Hostel and B & B :*** *à* ***Birnam,*** *Perth Rd (la rue principale). ☎ 727-324.* • *jessiemacs.co.uk* • *♿ Tte l'année. En dortoir 2-4 lits (superposés) £ 22/pers ; double £ 60 et familiale £ 75, petit déj en plus.* Cet ancien presbytère est l'un des meilleurs plans du coin. Confortablement équipée pour recevoir aussi bien les voyageurs seuls qu'en couple ou en famille, cette auberge est à cheval entre l'AJ et le *B & B*. De fait, elle est un peu les 2. Sinon, belle cuisine équipée. Beaucoup de clarté dans les charmantes chambres à l'étage, mansardées. *Drying room* et abri à vélos. Bon accueil.

🏠 ***The Bridge B & B :*** *10, Bridge St (rue principale), à* ***Dunkeld,*** *à 50 m du pont. 📱 07515-006-682. Double £ 60, petit déj compris.* Kate, charmante infirmière, soigne son *B & B* comme ses hôtes. Les chambres (à l'étage) sont simples, et pas bien grandes, mais l'atmosphère est toute britannique et les tarifs sont démocratiques.

🏠 ***Atholl Arms Hotel :*** *à* ***Dunkeld,*** *en face du pont. ☎ 727-219.* *• athollarmshotel.com • Tte l'année (sauf janv). Doubles £ 90-130, petit déj compris.* La reine Victoria séjourna en 1844 dans cet ancien relais de poste du XIXe s. Un édifice massif, tout blanc et un peu de guingois, aux chambres toutes différentes, spacieuses et correctement équipées. Elles supporteraient toutefois un petit rafraîchissement. Mobilier *cheap.*

Où manger ? Où boire un verre ? Où écouter de la musique ?

De bon marché à prix moyens (plats £ 5-18 ; 6-22 €)

🍽 ***Scottish Deli*** *(Robert Menzies) : à* ***Dunkeld,*** *à l'angle d'Atholl St (rue principale) et High St. ☎ 728-028. Lun-sam 9h30-18h, dim 10h-17h, puis le soir mer-dim 18h30-22h30.* Cette crémerie-épicerie existe depuis 1807 ! Elle combine des produits de qualité, certains bio et la plupart locaux (hormis quelques fromages français et italiens) pour composer sandwichs et salades. Sélection de bons gâteaux et autres délices (des glaces, entre autres). Excellent *espresso.* Le soir, *wine bar* accompagné de beaux tapas. À consommer sur place (petite salle tapissée de bouteilles) ou à emporter pour un pique-nique dans le parc de la cathédrale, par exemple.

🍽 ***Aran Bakery :*** *2, Atholl St (rue centrale), à* ***Dunkeld.*** *☎ 727-029. Tlj 9h-17h (vers 14h sam-dim).* Minuscule échoppe d'où s'échappent de délicieuses senteurs d'*almond croissant, banana* ou *coconut cake, rosemary scones* et autres plaisirs de bouche. Quelques tabourets sur place ou à emporter (pas les tabourets !).

🍽 🍸 ***The Taybank :*** *Tay Terrace, à* ***Dunkeld.*** *À 2 pas du pont, le long de la rivière. ☎ 727-340. Tlj 11h-23h (sauf 15h-17h), cuisine jusqu'à 20h30. Souvent de la musique le soir.* Dans cette ancienne taverne à la déco assez neutre, on profitera surtout de la terrasse dès les premiers rayons du soleil, ou mieux, du *beer garden* au bord de l'eau. Bonne cuisine de pub *(cullen skink* et *pan seared cod),* servie généreusement.

🍽 🍸 ***Spill the Beans :*** *6, Cathedral St, à* ***Dunkeld.*** *Tlj en été, 9h-17h.* Littéralement « Vendre la mèche ». Nous la vendons avec plaisir au profit des amateurs de café et de succulents gâteaux sans gluten. Quelques tables dehors, à l'arrière.

🍽 🍸 ***Palmerston's :*** *20, Atholl St, à* ***Dunkeld.*** *☎ 727-231. Tlj 10h-16h15.* Salon de thé à l'ancienne, qui propose d'excellents thés et rooibos (plante d'Afrique du Sud réputée pour ses vertus antioxydantes), *scones, buns* et confitures maison. *Baked potatoes* et *homemade soup.*

À voir. À faire

👁👁 ***La cathédrale de Dunkeld*** *(HES) : au bout de High St (qui devient Cathedral St). Avr-sept : tlj 9h30-17h30 ; oct-mars : tlj 10h-16h. GRATUIT.*
Située dans un charmant parc arboré en bord de rivière, elle fut édifiée de 1260 à 1501 et détruite en 2 temps : suite aux bons conseils de John Knox au milieu du XVIe s et durant la bataille opposant jacobites et caméroniens en 1689. Le chœur, transformé en église, est la seule partie restaurée. Les restes de saint

Columban, grand propagandiste de la foi et bâtisseur de monastères au haut Moyen Âge, y seraient enterrés. Noter la petite niche à gauche de la chaire : ce serait non pas un « judas » pour que les lépreux n'entrent pas en contact avec les fidèles, comme on l'a longtemps pensé, mais un œilleton permettant à l'enfant de chœur qui assistait le prêtre de suivre la messe et d'intervenir au bon moment. Il est aujourd'hui muré. Dans la petite ***salle du chapitre,*** embryon d'expo sur l'histoire de la ville, et quelques vestiges du monastère primitif, dont une pierre picte sculptée du IXe s (à l'entrée sur la droite).

ATTENTION AU LOUP !

On ne badinait pas avec l'adultère au XIVe s. Alexander Stewart, fils du roi Robert II, en sait quelque chose : pour avoir batifolé et délaissé son épouse, il fut excommunié. Sauf que le fiston le prit mal, mais alors très mal. Par vengeance, il brûla les villes de Forres et d'Elgin, avant de mourir exécuté sur la place publique... Sa cruauté lui valut le surnom de « loup de Badenoch » (du nom du district qu'il gouvernait). On peut voir son gisant en armure dans le sanctuaire de la cathédrale.

Sur l'arrière de l'église, jetez un œil aux ruines de la nef : hauts murs percés de 3 rangées d'arcades béantes, tour gothique...

Le parc Stanley Hill : *accès depuis The Cross (place principale de Dunkeld), sur la droite du* I Centre. Superbe panorama et belles collines.

The Hermitage : *à 1 mile (1,6 km) de Dunkeld par l'A 9 vers le nord. Parking : £ 2.* Bois enchanteur aménagé au XVIIIe s pour l'agrément du duc d'Atholl et d'artistes comme Turner et Mendelssohn. Depuis le parking, le sentier principal, *The Ermitage* (compter 1h de marche environ) longe la rivière Braan, rejoint un intimidant bosquet de pins Douglas avec vue sur une vigoureuse cascade.

Randonnées pédestres

Carte sur les balades de la région en vente au *I Centre.* Se procurer la brochure *Explore the Dunkeld Path Network,* qui détaille une dizaine de balades dans les environs.

Birnam Hill *(404 m) :* *compter env 4 miles (6,5 km) et 2h30 de marche. Départ de la gare de Birnam.* On conseille d'emprunter le *Birnam Hill and Inchewan path* qui traverse un sous-bois avant d'atteindre le sommet. Plus agréable et plus court que l'autre sentier avec sa volée de marches raides. Cette superbe balade grimpe pas mal, mais, une fois là-haut, les efforts sont récompensés. Moins sympa, le passage des trains en bruit de fond.

On peut aussi se promener sur les bords de la Tay, sur la rive 2 deux derniers chênes survivants de la forêt royale rendue célèbre par Shakespeare dans *Macbeth.*

Manifestation

– ***Birnam Games :*** *dernier sam d'août. • birnamhighlandgames.com •* Célèbre fête folklorique, parmi les plus anciennes du pays.

DANS LES ENVIRONS DE DUNKELD ET DE BIRNAM

Loch of the Lowes Wildlife Reserve : *à 2 miles (3 km) à l'est de Dunkeld par la route de Blairgowrie (A 923). ☎ 727-337. Mars-oct : tlj 10h-17h ; nov-fév :*

seulement ven-dim 10h30-16h. Entrée : £ 4 ; £ 3,50 en hiver. Ce modeste site est consacré à l'observation et à la protection de l'*osprey* (balbuzard), un rapace pêcheur dont la taille se situe entre celle de l'aigle et celle du faucon. 240 couples vivent en Écosse et 1 est visible ici. Il est filmé en *live* 24h/24. Les images sont retransmises dans le centre. Mis à part cela, pas grand-chose à voir. 2 cabanes permettent d'observer les oiseaux à la longue-vue.

Cluny House Gardens : *à 18,5 miles (30 km) au nord-ouest de Dunkeld. ☎ (01887) 820-795.* • *clunyhousegardens.com* • *Tlj 10h-18h. Entrée : £ 5 à déposer dans un box ; réduc moins de 16 ans. Meilleures périodes : avr-juin et sept-oct pour les couleurs automnales. Compter 30 mn à 1h pour explorer le sentier.* Dans un bout de forêt aménagée, on verra une collection exceptionnelle de plantes, en majorité himalayennes et nord-américaines. Le jardin est aussi réputé pour ses séquoias, dont l'un serait le plus imposant de Grande-Bretagne (11 m de circonférence). Vieux de 150 ans, il pourrait atteindre le millénaire ! Suivre la numérotation de 1 à 33 pour découvrir et s'éblouir de variétés et coloris souvent rarissimes de lys géants, pivoines, digitales, orchidées, pavots bleus, etc. Pas beaucoup d'infos. Seule une fiche indique les best-of du mois. Un peu dommage pour les néophytes. Enfin, signalons qu'aucun pesticide n'a jamais franchi les portes de ce jardin !

QUAND LE FEU DONNE LA VIE

Les feux de forêt ont au moins une utilité : ils dispersent les graines des pommes de pin du séquoia. Sans eux, elles peuvent rester accrochées à leurs branches pendant plus de 20 ans. Le tronc, lui, résiste naturellement aux flammes, grâce à son épaisse couche d'écorce molle (30 cm !).

ABERFELDY

IND. TÉL. : 01887

Gentille petite bourgade le long de la rivière Tay, au cœur d'une région de vallées paisibles et collines riantes, soignées comme un dimanche. Un golf est même installé au centre du village ! C'est là que furent créés les régiments des *Black Watch* (voir plus haut, à Perth, le musée qui leur est dédié). Un mémorial est érigé en leur honneur au bord de la rivière, près du pont Wade. Ville agréable le temps d'une halte.

Où manger ? Où prendre un thé ?

Habitat Café : *The Square (petite place principale). ☎ 822-944. Tlj (sauf mer-jeu hors saison) 10h30-16h.* Adorable *coffee shop* aux tables de bois brut, qu'on sort en terrasse aux beaux jours. Soupes, sandwichs et bons gâteaux, comme d'hab. Excellents cafés, et ça, c'est plus rare.

The Watermill : *Mill St. ☎ 822-896. Tlj 10h (11h dim)-17h30 (17h en hiver).* Cette librairie, salon de thé (au bas de l'escalier) et galerie d'art, occupe l'ancien moulin de la ville. Murs et contenus intéressants, donc. Pour la pause : terrasse ou coin canapé, bons gâteaux et café.

À voir. À faire dans le coin

Wade's Bridge : *à la sortie nord d'Aberfeldy.* Construit en 1733, ce pont fait partie d'un important réseau d'infrastructures militaires. C'est longtemps resté le seul ouvrage permettant d'enjamber la Tay, la plus longue rivière d'Écosse.

➢ Plusieurs **balades** possibles, notamment le circuit *The Birks of Aberfeldy* (les bouleaux d'Aberfeldy), titre d'un poème du célèbre barde écossais Robert Burns à la fin du XVIIIe s, apportant ainsi à la ville une certaine notoriété. Compter environ 1h30 pour une marche en boucle avec comme point d'orgue une cascade. Attention, ça grimpe.

Crannog Centre : *à* ***Kenmore,*** *au bord du loch Tay. À env 6,5 miles (10,5 km) à l'ouest d'Aberfeldy. Juste à côté de la marina. ☎ (01887) 830-583. • crannog.co.uk • Visites guidées seulement, avr-oct : tlj 10h-17h30 dernière entrée à 16h15. Entrée : £ 10 ; réduc. Compter env 1h. Crannog ?* C'est un type d'habitat lacustre apparu en Écosse à la fin de l'âge de bronze-début de l'âge du fer (IXe-VIIe s av. J.-C.) et utilisé jusqu'au IIIe s apr. J.-C. Édifiés par les familles les plus riches, certains ont servi jusqu'au XVIIe s. Le ***petit musée*** montre les recherches archéologiques menées par des plongeurs dans le loch Tay. 18 *crannogs* ont été identifiés, dont 13 au fond du lac. Les indices découverts ont permis de reconstituer un superbe ***crannog*** de l'âge du fer, que l'on peut visiter. C'est une sorte de grande cabane-tente circulaire sur pilotis, toute « meublée » et reliée à la rive par un ponton de rondins. On y découvre le coin cuisine, la zone de travail, l'enclos aux animaux et au-dessus, pour profiter de la chaleur, la chambre « à coucher ».

De retour sur la terre ferme, des animateurs vous initient aux techniques employées il y a plus de 2 000 ans pour tourner le bois, piler le grain, cuisiner, tisser la laine ou allumer un feu. On s'y croirait !

QUAND L'HÉLICO RACONTE L'HISTOIRE

C'est en 1979 que l'on utilisa pour la 1re fois l'hélicoptère pour des fouilles archéologiques. Bizarre ? Pas tant que ça ! Plutôt que rester collé le nez au sol, on s'aperçut qu'en prenant de la hauteur, on en voyait bien plus. On découvrit ainsi, au fond du lac, 13 crannogs (îles artificielles) immergés sur les 18 connus, ce qui permit de mettre en œuvre les premières fouilles sous l'eau de la région.

LES HIGHLANDS

PITLOCHRY

2 900 hab. IND. TÉL. : 01796

• Plan *p. 339*

La visite de la reine Victoria en 1842 explique le style architectural et la popularité de cet important centre de villégiature. Pas désagréable mais finalement sans cachet particulier et très touristique en saison. Dans la rue principale, le trottoir est en partie protégé par une longue marquise. Pitlochry est surtout une bonne base pour rayonner vers les nombreux sites des alentours, notamment l'étonnant Blair Castle.

Arriver – Quitter

En bus

➢ ***Ligne M91 Perth-Inverness*** avec *Scottish Citylink. ☎ 0871-266-33-33. • citylink.co.uk •* Env 4 bus/j. S'arrête dans le centre, devant le *Fisher Hotel*.

En train

Gare ferroviaire *(plan A2).*

➢ ***Ligne Perth-Inverness :*** env 10 trains/j. passent par Pitlochry, avec arrêts à ***Dunkeld, Kingussie*** et ***Aviemore.***

Adresses utiles

ℹ ***I Centre** (Visitor Information ; plan B2)* **:** *22, Atholl Rd (rue principale). ☎ 472-215. • visitscotland.com • Juil-août : lun-sam 9h-18h, dim 9h30-17h30. Le reste de l'année : lun-sam 9h30-17h30, dim 10h-16h.* Cartes très bien faites sur les randonnées de la région *(£ 1).*

■ ***Banques** (plan A2)* **:** *plusieurs sur Atholl Rd.*

■ ***Location de vélos** (plan B2, **1**)* **:** ***Escape Route,** 3, Atholl Rd. ☎ 473-859. • escape-route.co.uk • Lun-sam 9h-17h30, plus dim en été. Résa conseillée. À partir de £ 24 les 24h.* Boutique bien approvisionnée, sorte de caverne d'Ali Baba pour cyclistes et randonneurs.

***Robertsons of Pitlochry** (plan A2, **3**)* **:** *46, Atholl Rd. ☎ 472-011. Lun-sam 8h30-18h (17h30 sam), dim 10h-16h.* Large choix de whiskies, un poil moins prohibitif que la moyenne. Intéressant surtout pour dénicher la perle rare.

***Pitlochry Co-op** (plan A2, **4**)* **:** *West Moulin Rd. Tlj 6h-23h.* Supermarché bien fourni, aux horaires étendus.

Où dormir ?

Campings

***Faskally Caravan Park** (hors plan par A2)* **:** *à 2 miles (3 km) au nord de Pitlochry, sur la B 8019, direction Killiecrankie et Kinloch. ☎ 472-007. • faskally.co.uk • Mars-oct. Prévoir £ 21-23 pour 2 avec tente. CB acceptées.* Vaste camping bien situé en bordure d'un parc forestier, avec vue sur les collines, mais généralement bondé. La partie réservée aux campeurs se trouve après le champ de mobile homes bien serrés les uns contre les autres. Resto, pub, supérette et petite piscine couverte *(payante),* avec sauna et jacuzzi. Bon, pas vraiment glamour. Également des chalets et mobile homes à louer.

Blair Castle Caravan Park **:** *à 7 miles (11 km) au nord de Pitlochry, dans le parc de Blair Castle. ☎ 481-263. • blaircastlecaravanpark.co.uk • Ouv de début mars à mi-nov. Compter £ 15-23 pour 2 avec tente, avec ou sans voiture (min 2 nuits en juil-août).* Cabin pods *(huttes de bois) £ 35-45 pour 2 (et £ 5/pers en plus).* Immense pelouse aménagée dans la propriété des ducs d'Atholl, rien que ça ! Sanitaires impeccables. Laverie. Randos à poney dans les Highlands *(• blaircastletrekking.co.uk •).*

Bon marché (£ 10-25/pers ; 12-30 €)

***Pitlochry Backpackers Hotel** (plan A2, **11**)* **:** *134, Atholl Rd. ☎ 470-044. • scotlandstophostels.com • Avr-nov. Dortoir (4-8 lits) £ 20-23/pers ; doubles avec sdb £ 50-53.* En pierre, flanqué d'une tourelle, ce bâtiment cache un intérieur coloré et bien routard. Dortoirs sympas, avec salle de bains privée. Double et *family room* agréables. Grand salon coloré. Résa d'activités de toutes sortes (rafting, canyoning, rando, pêche, location de vélos). Salle avec billard.

***Hostel International Pitlochry** (plan B2, **12**)* **:** *Knockard Rd. ☎ 472-308. • hostellingscotland.org.uk • À 15 mn à pied de la gare. Ça grimpe ! Mars-oct. Nuitée en dortoir de 4-6 lits, avec petite sdb, £ 18-20 selon saison (+ £ 3 pour les non-membres). Twin £ 45 ; £ 86-106 pour les familiales (4-6 pers).* Sur les hauteurs de la ville, une grosse maison de pierre, au calme. Chambres avec salle de bains et larges fenêtres. Grande salle à manger en bois clair et salon de bric et de broc, plutôt sympa. De la terrasse, jolie vue sur la ville et les collines.

De prix moyens à chic (£ 50-125 ; 60-150 €)

***The Poplars Guesthouse** (plan B2, **13**)* **:** *27, Lower Oakfield. ☎ 472-129. • poplars-pitlochry.com • Doubles £ 82-98 ; quadruple également.* Nathalie, franco-anglaise d'origine (elle parle un peu le français), accueille avec sourire et enthousiasme ses hôtes

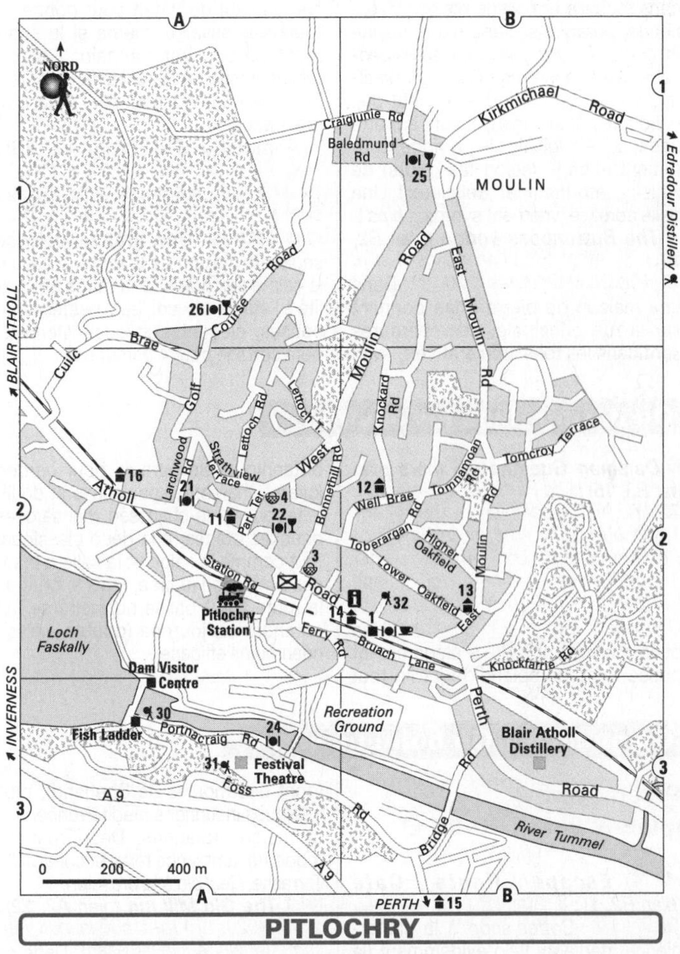

PITLOCHRY

■ **Adresses utiles**

- I Centre – Visitor Information (B2)
- **1** Location de vélos (B2)
- **3** Robertsons of Pitlochry (A2)
- **4** Pitlochry Co-op (A2)

Où dormir ?

- **11** Pitlochry Backpackers Hotel (A2)
- **12** Hostel International Pitlochry (B2)
- **13** The Poplars Guesthouse (B2)
- **14** The Buttonboss Lodge (B2)
- **15** Dalshian Guesthouse (hors plan par B3)
- **16** Annslea B & B (A2)

Où manger ? Où boire un verre ?

- **1** Escape Route Café (B2)
- **21** Auld Smiddy Inn (A2)
- **22** The Old Mill Inn (A2)
- **24** Port-Na-Craig Inn (A3)
- **25** Moulin Inn and Brewery (B1)
- **26** Cargill's Clubhouse Restaurant Pitlochry Golf (A1)

À voir

- **30** Barrage, « échelle à saumon » et Dam Visitor Centre (A3)
- **31** Explorers Garden (A3)
- **32** Fabrique Heathergems (B2)

dans sa belle et cossue maison victorienne, perchée sur une petite colline et précédée par une pelouse impeccable. Les chambres offrent un excellent niveau de confort et le petit déj, concocté par son mari, Jason, apporte une touche originale : le *porridge* légèrement allongé (selon les goûts) de whisky, étonnant et délicieux ! Une belle adresse, vraiment sympa... *hips* !

The Buttonboss Lodge *(plan B2,* ***14****) : 25, Atholl St, à l'entrée de la ville. ☎ 472-065. Doubles £ 70-76.* Dans une maison de pierre grise donnant sur la rue principale. Les chambres sont dans les tons crème et vert, avec ce qu'il faut de tartan pour donner la touche écossaise, même si le charmant proprio est roumain. Confortables, impeccables et tarifs modérés. En choisir une donnant sur l'arrière de préférence.

Annslea B & B *(plan A2,* ***16****) : 164, Atholl St, à la sortie de la ville. ☎ 472-430. • pitlochryguesthouse.com • À 5 mn à pied du centre. Doubles £ 80-90.* Une grande pelouse sépare la maison de la route et assure le calme aux hôtes. Chambres de qualité à l'étage, aux couleurs pastel, lumineuses, élégantes et cosy. Derrière, petit cottage pour 4 personnes.

Où dormir dans les environs ?

Dalshian Guesthouse *(hors plan par B3,* ***15****) : Old Perth Rd, à* ***Dalshian****. ☎ 472-173. • dalshian.co.uk • À env 1,5 mile (2,5 km) au sud de Pitlochry. Prendre la route de Perth et tourner à gauche vers Dalshian. La maison se situe à env 500 m, sur la droite. Doubles £ 75-85 si résa en direct.* Une belle maison du XVIIIe s élégamment posée dans un splendide jardin tout britannique, un paradis pour *garden lovers.* Chambres spacieuses et douillettes au rez-de-chaussée, mansardées dans les étages, à la déco classique, tout comme le salon et la salle à manger. Ambiance feutrée, mais le bruit de la route (l'A 9 passe non loin) se fait entendre en journée (double vitrage néanmoins efficace).

Où manger ? Où boire un verre ?

Prix moyens (plats £ 8-18 ; 10-22 €)

Escape Route Café *(plan B2,* ***1****) : 3, Atholl Rd. ☎ 470-243. Tlj 9h-17h.* *Coffee shop* à la californienne, dédié au vélo évidemment (la boutique de location est en face). *Scones* frais comme tout, gâteaux maison de qualité et excellents cafés. Le *full breakfast* est indéniablement le point fort de la maison. Et pour ceux qui passeront à l'heure du déjeuner, *pies* goûteuses. Quelques tables en terrasse.

Auld Smiddy Inn *(plan A2,* ***21****) : 154, Atholl Rd. ☎ 472-356. Tlj 11h-23h. Restauration 11h-14h30, 17h-20h45 (dernière commande).* Une ancienne forge reconvertie en classique restaurant, fréquenté autant par des habitués que par des touristes. Cuisine de pub plutôt soignée (dont des moules de Shetland), plus quelques incursions méditerranéennes et même indiennes. Déco rustico-moderne, ambiance relax et conviviale. Terrasse. *Real ale* à la pression.

The Old Mill Inn *(plan A2,* ***22****) : ☎ 474-020. Tlj 11h-21h30 (minuit ven-sam). Musique live ven-sam.* Dans ce grand pub, en retrait de la route principale, on s'installe en terrasse devant la roue du moulin, dans le coin canapés près du bar, à une table ou un box dans les 2 autres parties. Cuisine sans surprise, mais l'ambiance est décontract' surtout les soirs de concert (en fin de semaine), le service efficace, et les prix sont raisonnables.

Cargill's Clubhouse Restaurant Pitlochry Golf *(plan A1,* ***26****) : Golf Course Rd. ☎ 472-334. Tte l'année, tlj 9h-21h (18h l'hiver). Sert tte la journée.* On y vient d'abord pour la situation, forcément bucolique devant le terrain

LES HIGHLANDS

de golf, puis pour les prix, vraiment raisonnables, enfin pour la cuisine, simple mais de qualité. Le mercredi, c'est *pie night*, et *fish night* le vendredi ! Quant au dimanche, la formule rôtisserie *(carvery)* rencontre un franc succès. L'idéal est de s'installer devant les larges baies vitrées ou sur la généreuse terrasse si le temps le permet, pour boire un verre et admirer le superbe *green*, un *swing* de qualité ou parfois les cerfs (qui tentent d'éviter les balles). On conseille vivement.

I●I ***Port-Na-Craig Inn** (plan A3, **24**) : en contrebas du* Pitlochry Festival Theatre. *☎ 472-777. Résa conseillée. Formule* soup & sandwich. Pittoresque maison en pierre au bord de la rivière où l'on savoure une cuisine de marché *(fish & chips, pasta, vegetarian burger...)*, joliment présentée et travaillée de belle manière. Glaces maison. En salle, atmosphère intime dans un décor contemporain tamisé ou superbe terrasse au bord de l'eau.

I●I 🍸 ***Moulin Inn and Brewery** (plan B1, **25**) : à 1 mile (1,6 km) de Pitlochry par West Moulin Rd, sur la route de la distillerie* Edradour. *☎ 472-196. Cuisine jusqu'à 21h30 et bar 23h (plus tard le w-e). Résa conseillée le soir.* Dans les anciennes étables d'une superbe demeure du XVIIe s, un pub qui brasse 4 types de bières délicieuses dans sa microbrasserie *(visite lun-ven 10h-16h)*. On s'installe dans ce cadre rustique, puis on va commander au bar des plats traditionnels de pub, qui nourrissent avant tout, mais le font bien. À avaler au coin de la cheminée ou vers le bar, entouré d'habitués toujours ravis de voir de nouvelles têtes.

À voir. À faire

***Le barrage et l'« échelle à saumon » (Fish Ladder**; plan A3, **30**) : à 5 mn à pied du* Pitlochry Festival Theatre, *juste à gauche du barrage. Ouv avr-oct, accessible 24h/24. GRATUIT.* Les saumons quittent l'Atlantique pour se reproduire dans leurs rivières natales. Au printemps suivant, leurs œufs écloront. Au barrage de Pitlochry, un ingénieux système a été mis en place pour permettre à plusieurs milliers d'entre eux de rejoindre les eaux claires en amont. « L'échelle » consiste en une série de bassins en escaliers que les saumons franchissent par des petits tunnels, sous l'eau. Une petite salle équipée de hublots *(fish ladder observation chamber)* permet aux chanceux d'observer un saumon pénétrer dans le tunnel pour remonter le courant. Un compteur relève le nombre de passages, soit env 5 400 bestiaux par an sur ce site.

En empruntant la passerelle piétonne au sommet du barrage, on rejoint sur l'autre rive le très moderne édifice du ***Pitlochry Dam Visitor Centre*** *(tlj 9h-17h)*. Expo interactive sur le barrage et l'énergie produite, ainsi qu'une jolie cafétéria qui s'ouvre sur une immense baie vitrée. Parfait à l'heure du thé.

***Explorers Garden** (plan A3, **31**) : de l'autre côté de la rivière, près du* Pitlochry Festival Theatre. *☎ 484-600. ● explorersgarden.com ● Avr-oct : tlj 10h-16h15 (dernière entrée). Tarif : £ 4 ; réduc.* Jardin de 2,6 ha essentiellement consacré aux arbres (et un peu aux plantes). Il permet de comprendre comment l'exotisme envahit à ce point les jardins écossais, grâce à ces aventuriers botanistes qui ont parcouru le monde à partir du XVIIIe s en quête d'espèces et d'essences rares. Ainsi, David Douglas, qui rapporta d'Amérique le célèbre pin du même nom. Voir les *blue poppies*, pavots bleus originaires de l'Himalaya qui s'acclimatent très bien à la région et fleurissent (en toute légalité) fin mai, début juin. Également quelques espèces japonaises, australiennes et sud-américaines.

***Fabrique Heathergems** (plan B2, **32**) : 22, Atholl Rd. ☎ 474-391. ● heathergems.com ● Derrière l'office de tourisme. Tlj 9h-17h (17h30 l'été). GRATUIT.* Fabrique unique en son genre, qui produit, à partir de tiges de bruyère, des petits objets et bijoux originaux vendus dans toute l'Écosse. Les tiges sont mélangées à de la résine d'époxyde colorée, séchées et compressées. À l'entrée, vidéo en anglais présentant cet étonnant procédé, panneaux explicatifs en français, aperçu de l'atelier, et boutique bien sûr, où sont vendus les bijoux.

Manifestations

– ***Pitlochry Festival Theatre :*** *● pitlochry.org.uk ●* Programmation de pièces et concerts toute l'année, particulièrement dense en été.
– ***Highland Night :*** *juin-sept, ts les lun à partir de 19h30, sur le Recreation Ground. Parking : £ 2,50.* Soirée de danse et musique traditionnelles écossaises.
– ***Highland Games :*** *2e sam de sept, sur le Recreation Ground.*
– ***Amber Festival :*** *en oct, dans tte la région.* Musique et artisanat.

DANS LES ENVIRONS DE PITLOCHRY

Blair Castle : *à 7 miles (env 11 km) au nord de Pitlochry sur la route d'Inverness, à la sortie de Blair Atholl. ☎ (01796) 481-207. ● blair-castle.co.uk ● Avr-oct : tlj 9h30-16h30 (dernière admission). Entrée : £ 13 ; jardins seulement près de £ 8 ; réduc. Dans chaque pièce, un document en français permet de suivre la visite. Ttes les heures (11h-15h), un joueur de cornemuse en costume vous en met plein les oreilles.*

L'UNIQUE ARMÉE PRIVÉE D'EUROPE !

Saviez-vous que le duc d'Atholl dispose depuis 1778 d'une garde personnelle ? En 1843, enthousiasmée par son séjour au château, la reine Victoria accorda même aux 80 Highlanders qui la composaient le droit de porter les armes. Mais pas de s'en servir ! Survivance clanique purement honorifique, la garde défile avec panache, chaque année, au mois de mai. L'occasion pour le 12e duc, qui vit en Afrique du Sud, de revenir sur la terre de ses ancêtres !

D'une blancheur immaculée sublimée par la nature qui l'entoure, ce château, qui a des allures de gros jouet pour enfant, est la propriété des comtes et ducs d'Atholl depuis le XIIIe s. La tour de Comyn est l'unique vestige médiéval. L'édifice fut agrandi au XVIe s, époque à laquelle Marie Stuart y organisa une chasse tristement célèbre où 3 domestiques subirent le même sort que 350 cerfs et 5 loups... Un siècle plus tard, Cromwell installa ses troupes dans ce repaire royaliste. En 1745, le château passa aux mains des jacobites soutenus par les propres frères du duc d'Atholl. Bonnie Prince Charlie y fit même halte sur la route de Culloden. Une fois le calme revenu, le château fut transformé en un luxueux manoir. Cependant, les créneaux et tourelles extérieures furent rétablis au XIXe s.

Depuis 1936, 30 salles sur 3 niveaux sont ouvertes au public, pour le plus grand plaisir de tous. Elles sont superbement meublées et décorées d'objets de grande valeur. Voici un incontournable panorama de l'histoire écossaise. Après l'époustouflante collection d'armes ornant le hall d'accès, le magnifique escalier des peintures mène à une enfilade de salles de tailles et fonctions diverses. Quelques moments forts : le couloir orné de centaines de trophées, la profusion des stucs rococo de la salle à manger, la chambre bleue avec sa salle de bains, la *dressing room* avec ses gravures d'une étonnante délicatesse, l'incroyable lit orné de plumes d'autruche et encadré de tapisseries très bien conservées, réalisées pour Charles Ier, et l'austérité inattendue de la chambre des jacobites. Et partout une abondance de tableaux, porcelaines, œuvres d'ébénistes renommés et, détail amusant, de nombreuses factures d'époque des pièces exposées. Un espace est consacré aux Atholl Highlanders. Pour finir, balade dans le bosquet de Diane, le jardin clos d'Hercule et aux abords du parc aux cerfs rouges.

Edradour Distillery *(hors plan par B1) : sur les hauteurs, à 2,5 miles (4 km) à l'est de Pitlochry par l'A 924. ☎ 472-095. • edradour.com • Avr-oct : tlj sauf dim 10h-16h (dernier tour) ; nov-mars : lun-ven 10h-15h (dernier tour). Entrée : £ 10 (dram de whisky offert). Durée : 1h. Feuillet explicatif en français.* Lovée dans un joli site, voici la distillerie la plus petite et l'une des plus artisanales du pays, fondée en 1825 ! Film de 8 mn (en anglais) et visite.

Queen's View : *à 6 miles (env 9,5 km) de Pitlochry, en direction de Kinloch Rannoch.* Visitor Centre : *☎ (01796) 473-123. Tlj 10h-17h tte l'année. Parking : £ 2.* Conduite à ce point de vue sur le loch Tummel en 1866, la reine Victoria ne put retenir un cri d'admiration devant la beauté du paysage. De là-haut, perspective « royale ». De l'autre côté du loch, paysages sauvages qui défilent le long d'une petite départementale.

Loch Rannoch : *accès par le village de* ***Kinloch Rannoch,*** *à 12 miles (env 19 km) à l'ouest de Queen's View.* La B 846 file sur 23 km le long de la rive nord du loch, à l'extrémité duquel prend forme un paysage austère et majestueux, parsemé de roches granitiques. Terminus à *Rannoch Station,* une gare ferroviaire perdue sur la ligne des West Highlands. Miracle, un réconfortant ***salon de thé*** à l'intérieur *(*Rannoch Station Tearoom, *ouv mars-oct, tlj sauf ven 8h30-16h30 ; 07557-271-880)* ! À des dizaines de miles alentour, dominées par les monts Glencoe, rien d'autre que des landes, parmi les plus fascinantes du pays !

Glen Lyon : *depuis Kinloch Rannoch, suivre la direction de South Loch Rannoch puis d'Aberfeldy sur la B 846 ; à Keltneyburn, prendre à droite la route à une voie. Prévoir env 1h30 de route d'Aberfeldy jusqu'au bout de la vallée.* S'étendant d'est en ouest sur 35 miles (environ 50 km), Glen Lyon est l'une des plus longues et des plus belles vallées d'Écosse. À gauche de la petite route bordée de grands hêtres, la rivière Lyon d'abord tumultueuse s'apaise peu à peu en traversant un paysage pastoral parsemé de rares cottages. Halte agréable à ***Fortingall,*** un hameau qui se targue de posséder le plus vieil arbre du monde (ou plutôt ce qu'il en reste), un if 3 fois millénaire niché dans l'enclos bordant la petite église. Si seulement il pouvait parler...

À EN PERDRE SON LATIN

Le lieu de naissance de Ponce Pilate est généralement situé à Lyon, capitale des Gaules. Or on raconte également qu'à Glen Lyon naquit celui qui condamna Jésus, fruit des amours d'une jeune villageoise et d'un émissaire romain perdu dans le coin.

Plus loin, la route se divise au lieu-dit ***Bridge of Balgie.*** Bon salon de thé, *Glenlyon Tearoom (☎ (01887) 866-221 ; avr-oct, tlj 10h-17h ; nov-mars, tlj sauf mar-jeu, 11h-15h).* Une bien jolie étape surplombant le lac pour un verre, un thé, une soupe ou un gâteau. Achat de permis de pêche possible. Un peu plus loin, 2 solutions : tout droit, la route conduit à *loch Lyon,* un cul-de-sac situé 10 miles (16 km) plus loin. À gauche, elle franchit le pont, se fait plus étroite et grimpe magnifiquement à travers des landes désertiques jusqu'au pied du Ben Lawers, après le barrage de *Lochan Na Lairige.* On récupère ensuite l'A 827 reliant Killin et Aberfeldy sur la rive nord du loch Tay, où s'achève ce superbe itinéraire de traverse.

– Voir aussi plus haut les ***Cluny House Gardens*** (« Dans les environs de Dunkeld »), ***Aberfeldy*** et ***Crannog Centre.*** À 5,5 miles (9 km) au sud de Pitlochry, bifurquer à droite en direction de Killin.

Randonnées

Voici quelques courtes et plaisantes balades à réaliser dans les environs. Se procurer la carte *Pitlochry Path Network (£ 1)* dans les *I Centre,* qui décrit plusieurs balades de 1h30 à 6h, de niveaux variés.

Edradour Walk : *départ du parking du* I Centre *d'Atholl Rd. Compter 1h30.* Une balade facile de 5 km qui conduit aux distilleries de Blair Athol et d'Edradour, puis chemine dans la forêt de *Black Spout* où l'on découvre une cascade dévalant 60 m dans une végétation luxuriante. Quelques beaux points de vue sur la rivière Tummel et les collines environnantes.

Killiecrankie : *à 3 miles (5 km) au nord de Pitlochry sur l'A 9. Killiecrankie* la « forêt du pivert » en gaélique. En 1689, le site fut le théâtre d'une fameuse bataille contre les Anglais. Dans cet étroit défilé, ces derniers infligèrent une sévère défaite à leurs envahisseurs.
Un sentier mène en 10 mn au *Soldier's Leap,* où un soldat anglais sauta entre 2 rochers distants de 18 pieds et 6 pouces (5,50 m), par-dessus la rivière Garry, pour échapper aux Highlanders. Après cette dérouillée, les Anglais décidèrent de construire les *Military Roads,* plus rapides et moins dangereuses pour leurs troupes.
Avant le *Soldier's Leap,* un sentier part sur la gauche vers Garry Bridge, Coronation Bridge et Linn of Tummel. Ceux qui ont le temps pourront pousser jusqu'à Pitlochry et même retourner vers Killiecrankie par l'autre rive (18,5 km en tout). Également un départ de sentier pour Ben Vrackie (voir plus loin).

Ben Vrackie *(841 m) : départ proche de* Moulin Inn *(voir « Où manger ? Où boire un verre ? »). Compter 4h l'A/R sur un bon sentier.* On ne pouvait oublier la montagne de Pitlochry par excellence. Environ 5 km jusqu'au sommet, 700 m de dénivelée. Une balade superbe mais assez physique, surtout quand le vent souffle... ce qui n'est pas rare !

Schiehallion *(1 083 m) : départ du parking de la* Forestry Commission, *sur la route reliant Kinloch Rannoch à Aberfeldy. Compter 4-6h A/R.* Un vrai point de repère, au sommet coiffé de quartzite d'où l'on jouit d'une magnifique vue panoramique sur la région, dont le loch Rannoch. Depuis ce dernier, la vue sur la silhouette conique du Schiehallion est également impressionnante... Randonnée plus sérieuse que les précédentes. Impossible de se perdre, le chemin est clairement tracé.

BON PIED, BON ŒIL

C'est du haut du Schiehallion, culminant à un peu plus de 1 000 m d'altitude, que l'astronome royal Neil Maskelyne estima le poids de la Terre en 1774. Travaux confirmés par la science moderne ! Il développa également la cartographie des reliefs grâce aux courbes de niveau, que vous continuez, chers randonneurs, à lire aujourd'hui...

KINGUSSIE ET NEWTONMORE

1 400 et 2 500 hab. IND. TÉL. : 01540

2 bourgades endormies, à 4 km l'une de l'autre. Pas beaucoup d'ambiance donc, on s'y arrête surtout pour visiter le super musée de Newtonmore.

➢ Liaisons en bus avec *Scottish Citylink.* Prendre le nº M91, qui assure la ligne ***Perth-Inverness.***

Où dormir ? Où manger dans la région ?

⛺ ***Invernahavon Holiday Park :*** *à 3,2 miles (env 5 km) de Newtonmore sur l'A 9 en direction de Perth.* ☎ *673-534.* • *invernahavon.com* • *Ouv de début avr à mi-oct. Compter £ 17-19 pour 2.* À bonne distance de la route, au calme, un grand camping sur un beau terrain dégagé, avec superbe panorama sur les montagnes. Propre et accueil familial très sympa.

🍽 ***The Wild Flour :*** *à* ***Newtonmore,*** *dans la rue principale.* ☎ *670-975. Tlj sauf mer 9h30-16h30. Env £ 10.* Familles et marcheurs s'installent dans la partie salon bien douillette ou, 3 marches plus haut, dans une petite salle ouverte sur un jardinet où l'on dresse quelques tables lorsqu'il fait beau. Plat et soupe du jour, sandwichs, burgers et gâteaux. Tout est fait maison, pas très cher et plutôt bon.

À voir

👣👣 👨‍👧 ***Highland Folk Museum de Newtonmore :*** ☎ *672-230.* • *highlandfolk.com* • *Avr-août : tlj 10h30-17h30 ; sept-oct : tlj 11h-16h30. GRATUIT (donation appréciée). Cafétéria pour déjeuner.* Un vrai voyage dans le passé qui retrace l'histoire de l'habitat des Highlands, de 1700 à 1960, à travers une trentaine de constructions soigneusement reconstituées et meublées comme à l'époque. Parmi elles, un village de chaumières du début du XVIIIᵉ s, une ferme des années 1930 avec sa basse-cour et ses animaux, une scierie de la période victorienne, une école de 1925 (avec une vraie leçon d'écriture à la plume !), une boutique vintage de (vrais !) bonbons, et on en passe. Compter 2h pour tout voir.

DANS LES ENVIRONS DE KINGUSSIE ET DE NEWTONMORE

👣 👨‍👧 ***Highland Wildlife Park :*** *à 4,5 miles (env 7 km) de Kingussie vers Kincraig, sur la B 9152.* ☎ *651-270.* • *highlandwildlifepark.org.uk* • *Avr-oct : tlj 10h-17h (18h juil-août) ; nov-mars : tlj 10h-16h. Dernière admission 1h avt. Entrée : £ 17 ; réduc.* Dans un parc naturel de 100 ha, chevaux sauvages, cerfs, singes des neiges, pandas rouges, tigres, bisons et ours polaires (les stars du parc !), à découvrir au volant de sa voiture.

👣👣 ***La distillerie Dalwhinnie :*** *à* ***Dalwhinnie.*** ☎ *672-219.* • *dalwhinniedistillery.com* • *Sur l'A 889, à 10 miles (16 km) au sud de Newtonmore, par l'A 9. Tlj 9h30-17h (17h30 en juin et sept, et 18h juil-août). Visites guidées ttes 30 mn (ttes les heures en basse saison). Dernière visite 1h avt fermeture. Visite classique (45 mn) : £ 12 (2 dégustations et un verre souvenir offerts). Résa conseillée.* Grande bâtisse blanche au toit noir isolée dans un bel environnement. Construite en 1897, *Dalwhinnie*, qui signifie « lieu de rendez-vous » en gaélique, est la plus haute distillerie d'Écosse avec celle de Braeval, et la plus froide (température moyenne : 6° C !). La visite, très classique, permet de suivre pas à pas l'élaboration des whiskies, qui se distinguent par une bouche onctueuse. La dégustation dans le chai (avec du chocolat !) vous permettra de vous en rendre compte !

AVIEMORE

2 600 hab. IND. TÉL. : 01479

Porte d'entrée du Cairngorm Mountains National Park, Aviemore est une petite station touristique fonctionnelle et sans grand charme, composée essentiellement de boutiques et de restaurants qui se succèdent le long de sa rue principale. On y séjourne pour aller skier en hiver, randonner, faire du VTT ou de l'escalade en été et, très vite, on retrouve l'immensité des grandes solitudes, des interminables forêts de pins percées de lochs, des montagnes pelées couvertes de bruyère, des panoramas sans ligne d'horizon...

Arriver – Quitter

En bus

➢ La ligne nº M90 de *Scottish Citylink* assure la liaison ***Perth*** (env 2h de trajet)-***Inverness*** (50 mn de trajet). 6-8 bus/j.

➢ ***Glasgow :*** le bus nº G10 assure le trajet en 3h, 7 fois/j. (1 seul bus dim). Sinon, 7 bus/j. avec changement à Perth (trajet : 3h40).

➢ ***Cairngorm*** (station de ski), via le loch Morlich : bus nº 31, env ttes les heures, 7h-17h (1er bus à 8h dim). Trajet : 20 mn.

En train

➢ Une dizaine de trains/j. entre ***Perth*** (env 1h30 de trajet) et ***Inverness*** (env 40 mn de trajet). Arrêts à ***Dunkeld, Pitlochry*** et ***Kingussie.***

Adresses utiles

🛈 ***I Centre :*** *Unit 7, The Parade, Grampian Rd (route principale) ; presque en face de* Tesco. ☎ *810-930. En été : tlj 9h (10h mer)-18h30 (18h dim) ; horaires restreints en hiver.*

✉ ***Poste :*** *Grampian Rd, à 5 mn à pied au nord de l'office de tourisme. Lun-sam 9h-17h30 (12h30 sam).* Change.

■ ***Royal Bank of Scotland :*** *Grampian Rd, en plein centre.* Distributeur.

■ ***Location de vélos : Mikes Bikes,*** *5a,* Myrtlefield Shopping Centre, *derrière la poste.* ☎ *810-478.* • *aviemorebikes.co.uk* • *L'été, ouv tlj 9h30 (11h dim)-17h30 (18h30 mar et jeu, 16h dim) ; hors saison, tlj mais horaires restreints. Compter £ 15 la ½ j. et £ 20/j. ; tarifs dégressifs pour plusieurs j.* Large gamme de bécanes (même des tandems) et tout l'équipement qui va avec. Vélos pour enfants.

■ ***Laverie :*** *derrière la poste. Lun-sam 9h-17h.*

■ ***Supermarché Tesco :*** *Grampian Rd ; en plein centre. Lun-sam 7h-22h, dim 8h-20h.* Pour faire le plein avant de partir en rando.

Où dormir à Aviemore et dans les environs ?

Campings

⛺ ***Rothiemurchus Camp :*** à ***Coylumbridge.*** ☎ *812-800.* • *rothiemurchus.net* • *Sur la route du loch Morlich, à env 2 miles (3 km) d'Aviemore. Fermé nov. Compter £ 20-24 pour 2.* Bien tenu, un vaste et beau terrain, partiellement installé dans la forêt et bordé par un ruisseau. On plante sa tente au fond du camping, sous les pins. Nombreuses activités de plein air aux alentours. Accueil très sympa.

⛺ ***Glenmore Camping Park :*** *au bord du* ***loch Morlich,*** *à 5,5 miles*

LES HIGHLANDS

(9 km) à l'est d'Aviemore. ☎ *861-271.* • *campingintheforest.co.uk* • *Bus nº 31 d'Aviemore. Tte l'année. Compter £ 15-30 pour 2.* Dans un superbe site, un immense terrain entouré de forêts. C'est le plus proche du Cairngorm, on peut partir en rando depuis sa tente ! Évidemment, l'été, c'est pris d'assaut. Un défaut cependant, l'humidité... Sanitaires impeccables. En surplomb du camping, au bord de la route, café-supérette de dépannage *(tlj 8h30-20h)* et loueur de skis et VTT.

Dalraddy Holiday Park : *à* ***Alvie,*** *à 3 miles (5 km) au sud d'Aviemore direction Kingussie par la B 9152.* ☎ *810-330.* • *alvie-estate.co.uk* • *Tte l'année. Prévoir £ 14-24 pour 2 avec tente.* Ce beau camping s'est installé au milieu d'une forêt de bouleaux, à 2 pas de la rivière et d'un joli loch. Les emplacements pour les tentes sont dispersés dans un coin tranquille, bien séparés les uns des autres par les sapinettes. Sanitaires pas tout jeunes mais impeccables. Épicerie de dépannage. Grande aire de jeux. Laverie. Excellent accueil.

Bon marché (£ 10-25/pers ; 12-30 €)

Youth Hostel : *25, Grampian Rd, à Aviemore.* ☎ *810-345.* • *hostelling scotland.org.uk* • *À gauche juste à l'entrée de la ville en venant de Kingussie et à 10 mn à pied de la gare et du centre. Résa conseillée en été. Nuitée £ 18-24/pers en dortoir de 6 lits. Chambres doubles £ 45-65. Petit déj en sus (£ 5,50).* À l'écart de la route, au creux d'un bois, une grande AJ moderne, impeccable et fonctionnelle à défaut d'avoir du charme. Dortoirs classiques, immense cuisine et salle TV dotée d'un billard. C'est le QG de tous les groupes de randonneurs. Équipe sympa et disponible, connaissant bien la région.

Aviemore Bunk House : *Dalfaber Rd, à Aviemore.* ☎ *811-181.* • *aviemore-bunkhouse.com* • *Dans la rue parallèle à l'axe principal. Nuitée en dortoir 6 lits £ 23/pers ; double et familiale £ 55-75.* Déco inexistante, beaucoup de monde en saison, mais tout est fonctionnel, propre, et c'est bien situé (proche de la rivière, de la gare et du centre). Cuisine à disposition. Pas mal, mais un peu surévalué.

Cairngorm Lodge Youth Hostel : *au* ***loch Morlich*** *(9 km à l'est d'Aviemore), quasi en face du* Glenmore Camping Park. ☎ *861-238.* • *hostellingscotland.org.uk* • *Bus nº 31 d'Aviemore ttes les heures. Résa conseillée. Compter £ 18-25/pers en dortoir 4-8 lits, doubles £ 45-65, petit déj en sus. Dîner à partir de £ 8. Panier pique-nique.* Grosse maison surplombant le lac, face aux montagnes. Évidemment plus proche de la nature que l'AJ d'Aviemore, plus conviviale aussi. Côté confort, c'est vieillot mais convenable, avec des dortoirs et sanitaires d'une propreté irréprochable. Immense cuisine, salon TV avec jeux, billard, coin lecture et même une véranda... bref, de quoi se détendre entre 2 randos ! Location de vélos, canoës et windsurfs juste en face.

Fraoch Lodge : *à* ***Boat of Garten.*** ☎ *831-331.* • *scotmountainholidays.com* • *Paisible village à env 10 km au nord d'Aviemore par l'A 95. Bus nºs 34 et 34X pour Aviemore. Doubles sans ou avec sdb (min 2 nuits) £ 50-60, avec petit déj. Dîner sur résa.* On ôte ses chaussures pour pénétrer dans cette mignonne maison en pierre à l'ambiance chaleureuse. Petites chambres avec lavabo ou salle de bains. Cuisine et salon à disposition. Les proprios sont bien placés pour vous donner des tuyaux sur les balades à faire dans le coin, ils possèdent une agence organisant des randos à pied et à VTT. Une adresse très simple et conviviale, style refuge de montagne.

De prix moyens à chic (£ 50-125 ; 60-150 €)

Ardlogie Guesthouse : *Dalfaber Rd, rue parallèle à la rue principale, de l'autre côté de la voie ferrée (en voiture, prendre la route du Cairngorm puis la 1re à gauche).* ☎ *810-747.* • *ardlogie.co.uk* • *Doubles £ 80-100.* Une grande maison postée à l'écart et pourtant à seulement 5 mn à pied du centre. Chambres claires et confortables, avec TV et lecteur DVD, dont 1 familiale et 2 donnant sur les montagnes et la rivière Spey, qui coule en contrebas du beau jardin. Également un bungalow pour 2 en *self-catering,* avec kitchenette *(compter £ 100-120, 2-3 nuits min).* Bon petit déj, frais et très complet. Cerise sur le *cupcake* : le jacuzzi pour se remettre de l'ascension du Cairngorm !

Ravenscraig Guesthouse : *141, Grampian Rd, à 500 m au nord du centre d'Aviemore. ☎ 810-278. • ravenscraighouse.co.uk • Doubles £ 75-120.* Une jolie maison victorienne, dont la façade rivalise d'élégance avec celle de la villa voisine. L'intérieur a en revanche été largement modernisé par les sympathiques propriétaires. Parties communes lumineuses, chambres pimpantes et confortables. Certaines d'entre elles occupent une rangée de chalets sobres et cosy à l'arrière. Avis aux sportifs : il y a même un garage à vélos et un atelier de réparation !

The Lazy Duck : *à* ***Nethy Bridge*** *(à env 20 km au nord-est d'Aviemore), à la sortie du village direction Tomintoul. Bus n°s 34 et 34X pour Aviemore. ☎ 821-092. • lazyduck.co.uk • Tte l'année (camping ouv mai-oct seulement). Doubles £ 105-125 ; camping env £ 20 pour 2 (max 3 pers/tente).* Au bord d'un ruisseau, au cœur de 24 ha de forêts, un lieu atypique et bucolique à souhait, un brin bohème et franchement écolo. On loge dans de pittoresques cabanes en bois, façon trappeur chic : la *Woodman's Hut,* isolée au milieu des pins, le *Duck's Nest,* doté d'une terrasse donnant sur une jolie mare où s'ébattent des canards, et le *Lambing Bothy* à côté des moutons. Cuisine, poêle, toilettes sèches dans un cabanon et douche à la citerne dans chaque cas. Également un grand gîte pour les familles, et quelques emplacements où planter sa tente. Pour se détendre : hamacs, sauna, et même une salle de massage. Enfin, pour faire son frichti, légumes du jardin en libre-service et des œufs du poulailler (ou supérette au village). Une ambiance très nature : idéal pour se ressourcer !

Où manger ? Où boire un verre ?

LES HIGHLANDS

Prix moyens (plats £ 8-18 ; 10-22 €)

Mountain Café : *111, Grampian Rd (la rue principale) ; en face du poste de police, au 1er étage d'un magasin de sport. ☎ 812-473. Tlj 8h-17h (17h30 w-e).* Grande cafét' chaleureuse, un mélange de style scandinave et de chalet d'altitude, avec une jolie vue sur les montagnes depuis le balcon. En fonction de l'heure, on y prend un solide petit déj (bon café), un snack sur le pouce, un déjeuner goûteux ou un thé gourmand. Tout est frais et (bien) fait maison. Choix de pâtisseries à faire frémir un diététicien ! Notre adresse préférée, hélas fermée le soir.

Cafe Mambo : *dans la rue principale ; à côté du I Centre. ☎ 811-910. Resto jusqu'à 20h, puis bar. DJs le sam.* Grande salle moderne où se la jouer jeune et branché. Snacks, hamburgers... Pas de folies gastronomiques en vue, mais ça dépanne, surtout en famille. Quelques tables sur le trottoir.

The Old Bridge Inn : *sur Dalfaber Rd, rue parallèle à la rue principale, de l'autre côté de la voie ferrée. ☎ 811-137. Tlj midi-minuit (1h ven-sam). Plats £ 7-10 au déj, £ 12-20 le soir. (résa impérative le w-e).* Un vrai pub des Highlands, populaire comme il se doit, avec son ambiance fraternelle, ses *live* – DJ ou scène ouverte certains soirs. On peut aussi y manger (jusqu'à 21h) une cuisine pas toujours très copieuse mais plus élaborée que la moyenne, une des meilleures de la ville. Terrasse agréable.

Cairngorm Hotel : *en face de la gare, dans la rue principale. ☎ 810-233. Tlj jusqu'à 21h.* Au rez-de-chaussée d'un hôtel cossu, le premier édifice construit à Aviemore au XIXe s. La grande salle ne manque pas d'allure, avec ses lustres en bois de cerf, ses tableaux et ses boiseries. Sans être inoubliable, la cuisine y est traditionnelle, bonne et généreuse, l'endroit animé et le service amical. Possède aussi un pub attenant, à l'ambiance festive et chaleureuse.

Où manger dans les environs ?

Andersons Restaurant : *à* ***Boat of Garten,*** *dans la rue principale. ☎ 831-466. Tlj midi et soir. Plats £ 12-25.* La pimpante façade invite à entrer, la salle gaie et chaleureuse à s'installer. À la carte, classiques écossais, rajeunis ici avec talent et préparés avec des ingrédients locaux de saison. Glaces maison aussi créatives que délicieuses. Une très bonne adresse, en dehors de l'agitation touristique d'Aviemore.

À faire

Strathspey Steam Railway : *une balade sympa sur l'ancienne ligne du train à vapeur mise en service en 1865. Rens : ☎ 810-725. • strathspeyrailway.co.uk • Opérationnel de mi-mars à fin oct. 3 voyages/j. (fermé certains j. en demi-saison). 1er départ à 10h30. Ticket A/R : £ 15 ; réduc.* De la charmante gare d'Aviemore à Broomhill (18 miles aller-retour, soit 29 km), on regarde doucement défiler le superbe paysage, tiré par une vieille locomotive à vapeur. Il y a même un wagon-restaurant.

Cairngorm Reindeer Herd : *au* ***loch Morlich,*** *à côté du Visitor Centre. ☎ 861-228. • cairngormreindeer.co.uk • Tlj 10h-17h (17h30 juil-août). Tour tlj à 11h (2e tour à 14h30 mai-sept et dernier tour à 15h30 juil-août, lun-ven). Congés : de fin déc à mi-fév. Compter £ 3,50 pour la visite du paddock et de l'expo (avr-déc), £ 15 pour le tour ; réduc. Prévoir des bottes.* Ici broutent les seuls rennes sauvages de Grande-Bretagne, réintroduits en 1952 par un Lapon suédois. On peut se contenter de les caresser dans un enclos accessible toute la journée (le paddock, qui comprend également une expo sur l'histoire du site et des animaux), ou aller leur rendre visite avec un guide sur leur territoire, une colline où ils gambadent en semi-liberté. Au programme, 5 mn de voiture, 20 mn de marche, puis 1h30 sur place pour faire connaissance. Alors, pas trop lourd à tirer, le traîneau ?

Randonnées dans les environs

La région offre de nombreuses possibilités de randonnées et excursions diverses. Se munir de la carte *Ordnance Survey, Explorer 403* (couverture orange) au 1/25 000 ou de la *Landranger 36* (couverture rose). Très bien faites, elles signalent à la fois les refuges et les sentiers.

Le loch Morlich et ses environs : *entre Aviemore et le Cairngorm. Bus n° 31. Parkings payants partout (env £ 2). Ttes les infos sur les activités au* Visitor Centre *du loch Morlich, en face du camping (☎ 861-220 ; tlj 9h30-17h). Vente de cartes topographiques. Consulter également • rothiemurchus.net •* Plein de balades et d'activités possibles. Profitez-en pour découvrir la nature intacte de la ***forêt de Rothiemurchus,*** avec ses pins calédoniens, une espèce endémique. Les lapins sont généralement de la partie et, parfois, même les daims et les cerfs. Plusieurs circuits plus ou moins longs permettent aussi d'arpenter la ***forêt voisine de Glenmore,*** à pied comme à VTT. Possibilité également de pratiquer divers sports nautiques non motorisés sur le loch Morlich, depuis la base nautique installée juste avant le camping : planche à voile, paddle, petit voilier, kayak, canoë... *(compter £ 9-25/h et £ 30-55/j. selon embarcation ; possibilité de s'inscrire à des cours ; • lochmorlich.com •).*

Le loch an Eilein : *à quelques km d'Aviemore en direction du Cairngorm, puis sur la droite à* ***Inverdruie*** *(fléché). Parking : £ 2.* Un chemin fait le tour du loch, plutôt paisible. Une belle balade accessible à tous, d'environ 1h15, entre pins, bruyère et champignons, écureuils et faisans. Isolé sur un îlot au milieu du lac, un petit château en ruine ploie sous les assauts de la végétation.

L'ascension du Cairngorm *(1 244 m)* **:** le grand classique du coin. N'y allez que par beau temps, pour profiter de la vue. Bus nº 31 de la gare d'Aviemore jusqu'au *Cairngorm Ski Centre (☎ 861-261 ; • cairngormmountain.org •).* De là, chemins bien balisés à travers la lande jusqu'au sommet. Compter 3h pour l'atteindre (ne pas oublier sa petite laine). En route, peut-être rencontrerez-vous les seuls rennes d'Écosse (lire plus haut « À faire. Cairngorm Reindeer Herd »). Les moins courageux emprunteront le ***funiculaire*** du *Cairngorm Ski Centre : départs en fonction de l'affluence 10h-16h – dernière montée –, 16h30 pour la dernière descente. Prix A/R : env £ 14 ; réduc et ticket familial.* Au sommet, restaurant panoramique *(tlj le midi seulement).* Mais ***attention*** : s'il est possible de monter à pied et de redescendre par le funiculaire, l'inverse n'est pas autorisé en saison estivale, on ne peut même pas sortir du bâtiment ! Une restriction destinée à éviter qu'un trop grand nombre de randonneurs ne piétinent la flore du Cairngorm (typique d'un climat subarctique). Seule option pour se balader au sommet, se faire accompagner d'un guide de la station *(compter alors env £ 22/pers, funiculaire compris).* Sinon, il faudra redescendre comme on est monté, avec le funiculaire. Frustrant ! Reste à revenir en hiver et à redescendre à skis... Une consolation : le panorama. Il ne se décrit pas, il se déguste. Et puisque vous êtes en haut, profitez-en pour aller rendre visite au ***Ben Macdui*** *(1 309 m),* le 2ᵉ sommet d'Écosse (à condition de ne pas être monté par le funiculaire, bien sûr). Là non plus, pas de difficultés majeures, à part les conditions météorologiques. Ne continuez pas si le temps se gâte, on insiste, vous pouvez vous faire prendre par un brouillard à couper au couteau en quelques instants. Comptez environ 2h pour l'atteindre.

***Lairig Ghru* :** *sentier d'env 30 km reliant Aviemore à Inverey (près de Braemar dans les Grampians).* Il s'agit d'une randonnée à travers les paysages sauvages du Cairngorm. Mieux vaut l'effectuer sur 2 jours (refuge sommaire à *Corrour Bothy*). Nécessité d'être bien équipé : vêtements chauds et de pluie adéquats, bonnes chaussures de marche, nourriture, petite pharmacie et boussole car le sentier n'est quasi pas balisé ! Mais le plus gros problème reste la météo. Un grand ciel bleu n'implique pas forcément le feu vert pour se mettre en route. Ne partir qu'avec l'avis d'un professionnel. Ce ne sont pas tant les difficultés de terrain que les brusques changements climatiques qui sont à craindre : froid, brouillard et neige (même en été).

Auberge de jeunesse à Braemar à la fin du parcours (lire plus haut le chapitre consacré aux « Grampians »).

INVERNESS ET LE LOCH NESS

INVERNESS

65 000 hab. IND. TÉL. : 01463

• Plan *p. 353*

Du gaélique *Inbhir Nis,* signifiant « embouchure de la Ness », la capitale des Highlands a grandi sur le flanc de la rivière, alimentée par le fameux loch du même nom, juste en amont du lieu où elle se jette dans la profonde baie de Beauly Firth. Ne vous laissez pas emporter par votre imagination : cette ville-étape, bien que compacte et calme, n'a rien d'exceptionnel – si ce n'est son incroyable nombre d'églises. On en fait rapidement le tour et on y fait quelques courses avant de poursuivre vers le cœur des Highlands.

Arriver – Quitter

En avion

✈ ***Aéroport*** *(hors plan par B1) : à env 9 miles (15 km) au nord-est. ☎ (01667) 464-000. • invernessairport.co.uk • Bus n°s 11 ou 11A jusqu'à la gare routière, dans le centre, ttes les 30 mn en journée (1h en début et fin de service), 5h50-19h15, puis un dernier à 22h50 ; dans l'autre sens, 6h20-23h30. En taxi, compter £ 18-25 selon l'heure et le jour (plus cher dim et j. fériés).* Sur place : loueurs de voitures (*Avis, Budget* et *Europcar*) et distributeur automatique, mais pas de change.

➢ Inverness est reliée à ***Londres*** *(Gatwick* et *Luton* par *EasyJet, Heathrow* par *British Airways),* ***Stornoway*** sur l'île de Lewis *(FlyBe),* ***Kirkwall*** aux Orcades *(Loganair),* ***Sumburgh*** aux Shetland *(FlyBe),* ainsi qu'à ***Belfast, Birmingham, Manchester*** et ***Dublin*** *(FlyBe),* ainsi que ***Bristol*** *(EasyJet).* Pas de vol direct pour la France.

En train

🚂 ***Gare ferroviaire*** *(plan B1) : Academy St.* Scotrail *: ☎ 0344-811-01-41. • scotrail.co.uk •* Consigne à bagages, distributeur.

➢ ***Aberdeen :*** directs ttes les 1h-3h, 4h53-21h33 (seulement 5 trains le dim). Durée : 2h10-2h25.

➢ ***Édimbourg :*** ttes les 1h-2h, 4h50-20h15 (9h40-18h50 dim), la plupart directs. Trajet : 3h20-4h35. Comme pour Glasgow (voir ci-dessous), arrêts à ***Aviemore, Kingussie, Pitlochry, Dunkeld*** et ***Perth.***

➢ ***Glasgow :*** ttes les 1h-2h, 5h35-20h15 (9h40-18h50 le dim). Seuls 4 sont directs (3 le dim). Trajet : env 3h15-3h30.

➢ ***Kyle of Lochalsh*** *(pont vers l'île de Skye) :* env 4 trains/j., 8h55-17h54 (seulement 2 le dim). Durée : env 2h40. Le train traverse des paysages grandioses et sauvages de toute beauté. C'est l'Écosse, avec ses lochs, ses montagnes, ses landes.

➢ La *Far North Line* dessert notamment ***Tain, Lairg, Dunrobin Castle Station, Thurso*** et ***Wick*** : 4 trains/j., 7h-18h28 (1 seul le dim). Durée : 3h45-4h jusqu'à Thurso, 4h15-4h30 pour Wick.

En bus

🚌 ***Gare routière*** *(plan B1) : Farraline Park (Academy St), face à la bibliothèque. Tlj 7h45 (9h dim)-18h15.* Cafétéria. Sur les grandes lignes, les bus sont bien moins chers que le train.

■ ***Megabus :*** *• megabus.com •* Les bus pour Glasgow et Édimbourg de *Citylink* y sont fortement discountés (dès 1 £ !).

■ ***National Express :*** *☎ 0871-781-8181. • nationalexpress.com •*

■ ***Scottish Citylink :*** *☎ 0141-352-4444 (infos) ou 0871-266-33-33 (résas). • citylink.co.uk •*

■ ***Stagecoach :*** ☎ *233-371.* ● *stagecoachbus.com* ●
■ ***The Orkney Bus :*** *avec* John O'Groats Ferries. ☎ *(01955) 611-353.* ● *jogferry.co.uk/Express-Bus.aspx* ●

➢ ***Aberdeen :*** env ttes les heures avec *Stagecoach* (bus n° 10), 7h25 (10h25 dim)-19h25. Durée : env 3h45.

➢ ***Édimbourg :*** 13 bus/j. avec *Citylink,* la plupart directs, ttes les 40 mn à 2h30. Trajet : 3h40-5h10, selon les arrêts (notamment ***Aviemore, Kingussie, Pitlochry*** et ***Perth***).

➢ ***Fort William*** *(par Invermoriston et Fort Augustus) :* 5 bus/j., ttes les 2h-3h, avec *Citylink* (n° 919). Durée : 2h jusqu'à Fort William.

➢ ***Glasgow*** *(Buchanan Station) :* 11-13 bus/j., ttes les 1h-2h, 6h40-19h15 (19h50) avec *Citylink,* dont 5 directs. Trajet : env 3h20-4h.

➢ ***Loch Ness :*** les bus n°s 917 (ligne de Skye) et 919 (ligne de Fort William) de *Citylink* desservent Drumnadrochit et le château d'Urquhart (30 mn). Autre option : les bus *Stagecoach* n°s 17 et 19. Compter en tout 1 départ ttes les 30-90 mn, 9h-20h05.

➢ ***Portree (île de Skye) :*** 1-3 bus/j. (n° 917 de *Citylink*). Dessert Dornie, le château d'Eilean Donan, Kyle of Lochalsh, etc. Correspondance possible vers Uig (ferry vers Harris). Trajet : 3h20.

➢ ***Ullapool :*** 2 bus/j. lun-sam (n° 961 de *Citylink*), 1-2 bus le dim, horaires variables selon jour et période, en correspondance avec le ferry pour Stornoway (île de Lewis). Durée : 1h20.

➢ ***Wick et Thurso :*** 2-4 bus/j. selon saison avec *Stagecoach (n° X99),* via ***Tain, Dornoch, Golspie, Brora,*** etc.

➢ ***Kirkwall*** *(îles Orcades) :* par l'*Orkney Bus* de *John O'Groats Ferries,* via le petit port de John O'Groats, au bout du bout des Highlands. Juin-août : 2 bus/j. Durée : 4h25-5h10. Tarif : env £ 25. Attention, les vélos ne sont pas admis. Propose aussi une excursion à la journée.

➢ ***Londres :*** 1 bus/j., tlj vers 18h, avec *National Express* pour *Victoria Station.* Trajet : env 12h50.

En voiture

Il est assez difficile de se garer au cœur d'Inverness. Mieux vaut laisser sa

---

■ Adresses utiles

- @ I Centre (B2)
- **1** Location de vélos (B1)
- **2** Bureau de change, Marks & Spencer (B1)
- **3** Recharges de camping-gaz (hors plan par B1)
- @ **4** Laverie (A2)

Où dormir ?

- **9** Bught Caravan Park & Campsite (hors plan par A2)
- **10** Bazpackers Hostel (B2)
- **11** Inverness Student Hotel (B2)
- **12** City Hostel (B1-2)
- **13** Inverness Youth Hostel (hors plan par B1)
- **14** Highland Backpackers Inverness (B1)
- **15** Carbisdale Guesthouse (B2)
- **16** Craigside Lodge (B2)
- **17** Amulree B & B (hors plan par A1)
- **18** St Ann's House (hors plan par A1)
- **19** Sunnyholm Guesthouse (plan B2)
- **20** Ballifeary Guest House (hors plan par A2)
- **21** Eildon Guesthouse (B2)

Où manger ? Où prendre le thé ou un petit déjeuner ?

- **1** The Rendez-vous Café (B1)
- **30** Lettuce Eat (B1-2)
- **31** Blend Tea & Coffee Merchants (B1)
- **32** Nourish (A1)
- **33** The Mustard Seed (A1)
- **34** The Kitchen Brasserie (A2)
- **35** Zizzi's (B2)
- **36** Rocpool Restaurant (A2)
- **37** The Castle Tavern (B2)
- **38** Number 27 Bar & Restaurant (B2)
- **39** Café One (B2)
- **40** River House Restaurant (A1)

Où boire un verre ? Où écouter de la musique ?

- **50** Mac Callum's (B1)
- **51** Hootananny (A-B1)
- **52** Gellions (B2)
- **53** The Malt Room (B1)

■ Où jouer au billard ?

- **56** Pockets (B2)

Où sortir ? Où danser ?

- **57** Johnny Foxes & The Den (B2)
- **59** Baron Taylor's Street, Tropicana et Vogue (B1)

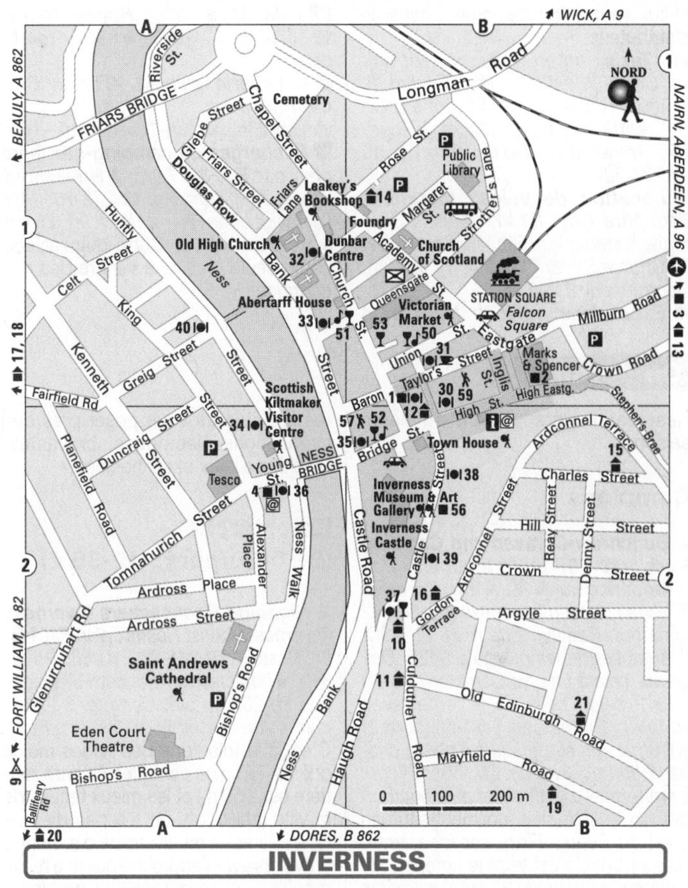

voiture au parking. Celui à étages situé à côté de la station des bus et de la *Public Library (plan B1),* en plein centre, est grand et pas trop cher. Plus petit et meilleur marché encore : le parking de la cathédrale St Andrews *(plan B2).* Et puis il y a le stationnement du supermarché *Tesco,* théoriquement réservé aux clients, dans la limite de 2h *(plan A2)* !

Adresses utiles

@ *I Centre* *(plan B2)* **:** *36 High St.* ☎ *252-401.* ● *venture-north.co.uk* ● *Tlj 9h (10h mar et dim)-17h (18h lun-sam en été, 15h ou 16h dim en basse saison).* Vous y trouverez tous les dépliants possibles, des cartes détaillées et des petits guides de rando. Service de réservation payant (hébergements et ferries). Excellent accueil et bonnes infos.

■ ***Bureau de change*** *(plan B1,* ***2****)* **:** *au 1er étage du magasin* ***Marks & Spencer,*** *dans High St. Lun-sam 8h30-17h45 (19h45 jeu), dim 11h-16h45.*

Mieux vaut retirer de l'argent dans un distributeur.

🚕 ***Taxis :*** *on en trouve jour et nuit sur Castle Wynd (plan B2), au pied de la* Town House, *et sur Eastgate (plan B1), entre la gare et* Marks & Spencer. ***Inverness Taxis,*** *24h/24 au ☎ 222-222.*

■ ***Location de vélos : Inverness Bike Hire*** *(plan B1,* ***1****), dans la boutique* Caledonian Gifts & Souvenirs, *12 Church St. ☎ 710-664. Tlj 9h-22h. Compter env £ 20/j.*

■ ***Excursions au loch Ness et à l'île de Skye :*** *avec* ***Happy Tours,*** *☎ (07828) 154-683. • happy-tours.biz •*

■ @ ***Laverie*** *(plan A2,* ***4****)* ***: New City Launderette,*** *17, Young St. Lun-ven 8h-20h, sam 8h-18h, dim 10h-16h.*

■ ***Recharges de camping-gaz*** *(hors plan par B1,* ***3****)* ***: Farm & Household Store,*** *7, Millburn Rd. ☎ 222-765. Avt l'échangeur de l'A 9 et de l'A 96, à 5 mn à pied du centre.* Cette quincaillerie est la seule en ville à vendre des *gas cartridges* !

Où dormir ?

Réserver impérativement en haute saison !

Campings

⛺ ***Bunchrew Caravan and Camping Park :*** *☎ 237-802. • bunchrewcaravanpark.co.uk • ♿ À env 3,5 miles (6 km) à l'ouest d'Inverness, par l'A 862 (direction Beauly). Bus n° 28 ou 28D, ttes les heures env jusqu'à 0h25. Ouv de mi-mars à fin nov. Compter £ 15-20 pour 2 selon taille de la tente (avec voiture). Bungalows £ 60-65 pour 2, + £ 8/pers en sus (jusqu'à 6 pers) ; chalets £ 85 (min 3 nuits). En saison, vente à emporter au petit déj et au dîner (bon rapport qualité-prix).* Joliment situé au bord du *Beauly Firth,* sur 8 ha, entre baie et bois, c'est le plus agréable du coin, avec quelque 125 emplacements et des sanitaires très corrects. En prime : terrain de jeux, laverie, petite épicerie, location de vélos.

⛺ ***Bught Caravan Park & Campsite*** *(hors plan par A2,* ***9****)* ***:*** *Bught Lane. ☎ 236-920. • invernesscaravanpark.com • À 1,2 mile (2 km) du centre, au sud-ouest d'Inverness, sur l'A 82 (direction Fort William) ; à env 25 mn à pied du centre en longeant la rivière Ness. De Pâques à fin sept. Env £ 18 pour 2-4 pers avec tente.* Ce n'est pas le plus charmant, mais le plus proche du centre, situé juste à côté d'installations sportives (piscine, patinoire, terrain de foot et de rugby). Pas d'emplacements délimités, des sanitaires un peu datés et beaucoup de monde en été... Évitez de vous poser près des installations électriques, bruyantes. Machine à laver et sèche-linge.

Bon marché (£ 10-30/pers ; 12-36 €)

🏠 ***Highland Backpackers Inverness*** *(Inverness Tourist Hostel ; plan B1,* ***14****)* ***:*** *24, Rose St. ☎ 241-962. 📱 08081-689-610. • hostelsinverness.com • Réception 8h-23h en été. Compter £ 10-17/pers selon dortoir (4-10 lits) et saison.* C'est à la fois l'une des AJ les moins chères, les plus centrales (la gare routière est à 50 m) et les mieux tenues de la ville (attention, on n'a pas dit parfaite !). Il vous faudra toutefois, pour y arriver, braver l'approche par une ruelle moche cachée derrière un parking... À dispo, cuisine et salon TV.

🏠 ***Bazpackers Hostel*** *(plan B2,* ***10****)* ***:*** *4, Culduthel Rd. ☎ 717-663. • bazpackershostel.co.uk • Réception tlj 7h30-23h. En dortoir (4-6 lits) £ 15-26/pers. Doubles £ 35-65. Appart pour 4 (2 lits superposés) £ 60-140.* Cette auberge à taille humaine (34 lits) occupe 2 bâtiments – le principal, agréable, datant de 1820, avec une jolie vue sur la Ness et le château. On y trouve 2 dortoirs mixtes (avec casiers), un plus petit pour les filles et 5 chambres vraiment riquiqui, avec sanitaires communs pour tous. L'accueil est sympa et le *lounge,* avec fauteuils et cheminée, accueillant. Kitchenette à disposition dans chacun des 2 bâtiments, mais pas de salon dans l'annexe. L'une de nos AJ préférées.

🏠 ***Inverness Student Hotel*** *(plan B2,* ***11****) : 8, Culduthel Rd. ☎ 236-556. • invernessstudenthotel.com • Réception fermée la nuit 2h30-7h. En dortoir (6-10 lits) £ 16-20/pers. Copieux petit déj non inclus (env £ 2). Loc de serviettes. CB acceptées.* La façade est décrépie, l'intérieur usé et le tout est situé à un carrefour un peu passant (pas de double vitrage !)... On vient ici davantage pour l'ambiance, jeune et volontiers festive. Pour le reste : des dortoirs, rien que dortoirs (évitez ceux côté rue), souvent bordéliques, une cuisine, un salon et un service de laverie.

🏠 ***Inverness Youth Hostel*** *(hors plan par B1,* ***13****) : Victoria Dr. ☎ 231-771. • hostellingscotland.org.uk • ♿ Rue perpendiculaire à Millburn Rd. À 10-15 mn à pied du centre. Réception tlj 7h-10h, 15h-22h30. Selon période, dortoir £ 16-24/pers, doubles £ 40-65 et chambre 4-5 pers £ 64-110, + £ 3/pers pour les non-membres. Repas £ 7-12.* Cette énorme AJ institutionnelle est propre et bien équipée, mais avant tout fonctionnelle, et un poil excentrée. Les dortoirs, distribués de part et d'autre de longs couloirs, alignent 4 ou 6 lits (avec couettes). Machine à laver et sèche-linge, casiers individuels, cuisine, salle TV et salons communs.

🏠 Si tout est complet, reste éventuellement le ***City Hostel*** *(plan B1-2,* ***12****) : 23 A, High St (dans le passage couvert). ☎ 221-225. • highlanderhostel.com • Ouv 24h/24. Dortoir £ 12-30/pers selon dispo. CB acceptées.* Au programme : bâtiment ultra-central mais vieillot, mal insonorisé et sans aucun charme, avec des casiers payants ! Mais le billard est gratuit...

Prix moyens (£ 50-85 ; 60-102 €)

🏠 ***St Ann's House*** *(hors plan par A1,* ***18****) : 37, Harrowden Rd. ☎ 236-157. • stannshouse.com • Min 2 nuits. Congés : 15 j. en nov. Doubles £ 55-85.* À une dizaine de minutes à pied du centre (en longeant la Ness), cette demeure de grès rouge de la fin du XIXe s, greffée de 3 frontons triangulaires, abrite une douzaine de chambres de très bon confort (dont plusieurs familiales). Toutes avec salle de bains privée, elles présentent un intéressant rapport qualité-prix. Richard, le proprio, est serviable et plein de bons conseils, et le (petit) jardin est joliment fleuri !

🏠 ***Ballifeary Guest House*** *(hors plan par A2,* ***20****) : 10, Ballifeary Rd. ☎ 235-572. • ballifearyguesthouse.co.uk • Doubles £ 72-85 selon confort et saison.* C'est une jolie demeure en pierre, sur une rue très calme, à 10 mn du centre par les berges de la rivière. Les hôtes sont chaleureux, de bon conseil et très pro, les lits douillets et les chambres cosy (avec moquette épaisse), quoique de taille variable. Petit déj costaud de rigueur et déco 100 % british garantie. Seul bémol : pas d'enfants de moins de 15 ans.

🏠 ***Eildon Guesthouse*** *(plan B2,* ***21****) : 29, Old Edinburgh Rd. ☎ 231-969. • eildonguesthouse.co.uk • Congés : 2 sem en nov. Doubles £ 60-80 selon confort et saison.* Dans une élégante maison en pierre, ce *B & B* plutôt classieux abrite 5 chambres de bon confort (certaines un peu étroites), aux tonalités actuelles. Toutes ont salle de bains, écran plat et petit frigo. En revanche, pas de salon commun ni de jardin, dommage ! Bon accueil de la charmante Jacqueline... et petit déj de compétition !

🏠 ***Craigside Lodge*** *(plan B2,* ***16****) : 4, Gordon Terrace. ☎ 231-576. 📱 07779-004-191 • craigsideguesthouse.co.uk • Congés : 2 sem autour de Noël. Doubles £ 75-80. CB acceptées (+ £ 2).* Tenu par un couple très sympa, Mandy et Paul, ce *B & B* occupe une jolie maison cossue à la façade fleurie, derrière laquelle se cachent 5 chambres plutôt spacieuses et de bon confort – avec dessus-de-lit façon tartan. Essayez d'obtenir la n° 1 ou la n° 4 qui ont toutes 2 une vue sur le château et la rivière.

🏠 ***Carbisdale Guesthouse*** *(plan B2,* ***15****) : 43, Charles St. ☎ 225-689. • carbisdale-inverness.co.uk • Congés : 2 sem autour de Noël. Doubles £ 64-70 sans ou avec sdb.* Dans cette rue calme assez proche du centre (par des escaliers), cette *guesthouse* propose 4 chambres pas immenses, mais confortables ; 2 d'entre elles, avec lavabo, se partagent une salle de bains, en principe pour une famille. Les produits du petit déj viennent en grande partie de la ferme bio des enfants, le pain et la confiture sont faits maison. Petit jardin où il fait bon se poser le soir. Un bon rapport qualité-prix-accueil.

Sunnyholm Guesthouse *(plan B2,* ***19****) : 12, Mayfield Rd. ☎ 231-336. • invernessguesthouse.com • Doubles avec sdb env £ 75-80 ; cottages £ 65-70 (min 3 nuits). Parking privé.* Agnès, la souriante et chaleureuse propriétaire, reçoit dans sa grande véranda donnant sur un bien agréable jardin. Elle propose des chambres très correctes et, pour ceux qui resteraient un peu plus longtemps, un cottage au calme à l'arrière de la maison (mais pas bien joli) pour 2-3 personnes (1 seule chambre).

Amulree B & B *(hors plan par A1,* ***17****) : 40, Fairfield Rd. ☎ 224-822. • amulree@btinternet.com • Fermé en déc-janv. Doubles £ 70-80.* Dans leur petite maison de style victorien, les gentils Scott et Marianne proposent juste 2 chambres claires et fraîches à l'étage, dotées de moquette épaisse, belles salles de bains et TV. La triple est plus spacieuse. Le *Scottish breakfast* est de bonne tenue (petit déj végétarien sur commande).

Où dormir dans les environs ?

Old Drynie House : *à* ***Kilmuir,*** *près de North Kessock, à env 7 miles (11 km) au nord d'Inverness (15 mn en voiture). 07989-387-676. • drynie.com • Voir itinéraire sur le site ou se faire expliquer par tél. Ouv seulement en juil-août. Compter env £ 90-100 pour 2 ; suite familiale de 2 chambres (pour 4-5 pers) £ 180-190 ; réduc de 10 % à partir de 3 nuits.* Ce *B & B,* c'est avant tout une situation au bord de l'estuaire, une vue dont on profite depuis le grand et beau jardin et depuis plusieurs des 5 chambres et suites. Celles-ci bénéficient de tout le confort et notamment de belles salles de bains (une avec baignoire balnéo), tandis que la suite du bas (rouge !) s'ouvre par de larges baies vitrées sur l'immense pelouse. L'adresse profite d'un calme absolu, mais attention de bien respecter les consignes d'Alasdair – il peut être un peu directif... Le petit déj est préparé principalement à base de produits bio.

Où manger ?

Où prendre le thé ou un petit déjeuner ?

Bon marché (£ 5-10 ; 6-12 €)

Lettuce Eat *(plan B1-2,* ***30****) : 7, Lombard St. ☎ 715-064. Tlj 7h30 (8h dim)-15h.* La providence des petits budgets ! Ce *take-away* planqué dans une ruelle débite des sandwichs à la pelle à des prix vraiment canons (choisissez vos ingrédients dans les bacs). Le plus cher, ici, c'est la *baked potato* avec tous ses *trimmings* à £ 3,50 ! Clodos, employés de bureau, tout le monde y court.

The Rendez-vous Café *(plan B1,* ***1****) : 14A, Church St. ☎ 718-444. Tlj 8h (9h dim)-16h (17h en été).* Ce café d'angle, bien lumineux, prend des airs de petit *diner* ricain avec ses banquettes et ses tables turquoise. On s'y presse au petit déj pour un *big breakfast* ou un porridge, sous l'œil des stars de cinéma plaquées aux murs. *Believe it or not,* les Beatles ont joué ici en 1960 !

Blend Tea & Coffee Merchants *(plan B1,* ***31****) : 9, Drummond St. ☎ 243-394. Lun-ven 8h-18h, le w-e 9h-17h ; en été jusqu'à 21h lun-jeu.* Petit déj, bagels et *wraps* au déj, soupe du jour maison, plats végétariens, smoothies et milk-shakes pour se rafraîchir (ah bon ?), *tea time (of course),* c'est vraiment l'arrêt à tout faire. Côté déco : un petit café de filles, avec son coin canapé, ses jeux à dispo et sa fresque des plantations de thé himalayennes.

|●| ***Nourish*** *(plan A1,* ***32****) : 105, Church St.* ☎ *250-589. Tlj 8h30 (9h30 sam, 10h dim)-16h30 (17h ven-sam, 15h dim) ; cuisine fermée 30 mn avt.* Ceux qui se soucient de la qualité de leur alimentation (végétarienne) viendront ici. La maison ne fait que dans les produits locaux bio ou équitables, avec options sans gluten, sans produits laitiers et sans sucre ! Au menu : petit déj, soupes, sandwichs, *pitas, wraps* et autres petits plats.

Prix moyens (£ 8-18 ; 10-22 €)

Pour toutes ces adresses, ne pas oublier les formules déjeuner et début de soirée *(early bird)*, souvent très intéressantes. Une façon de bien manger sans trop se ruiner. ***En saison, il est conseillé de réserver le midi ; c'est indispensable le soir.***

|●| 🍸 ***The Castle Tavern*** *(plan B2,* ***37****) : 1, View Pl ; à l'angle de Castle St et Culduthel Rd.* ☎ *718-178. Restauration 11h (12h dim)-21h45, mais bar jusqu'à 1h en sem, 0h30 sam, minuit dim.* C'est avant tout un pub, décontracté mais au décor sophistiqué de fer forgé et de bois, précédé par une petite terrasse triangulaire pour boire un verre (ou pour manger si l'intérieur est plein et... si le temps le permet). La salle de l'étage offre une jolie vue sur le château. Côté papilles, une honnête cuisine de pub, avec quelques plats végétariens et snacks.

|●| ***Zizzi's*** *(plan B2,* ***35****) : 20, Bridge St ; à l'angle de Bank St.* ☎ *237-735. Tlj 11h30-23h (23h30 jeu-sam, 22h l'hiver).* L'énorme salle, très lumineuse grâce à ses grandes baies vitrées, donne sur la rivière. Le lieu est très populaire, bruyant même, attirant aussi bien amis que familles, touristes que locaux, mange-tôt que dîne-tard. La reine, ici, c'est la pizza, qui dore dans le four à bois de la cuisine ouverte, sous les yeux des clients. Si les *rustica* sont particulièrement goûteuses et craquantes, les salades et *pasta* se défendent aussi.

|●| ***Number 27 Bar & Restaurant*** *(plan B2,* ***38****) : 27, Castle St.* ☎ *241-999. Tlj 12h (11h ven-sam, 12h30 dim)-14h45 et à partir de 17h ; service en continu le w-e.* On préfère le côté bar (sur rue) au resto du fond (plus sombre), mais le menu et la déco sont les mêmes : pub dans l'air du temps, avec banquettes et chaises grises capitonnées. On y picore un assortiment de « tapas écossaises » et plats de pub bien exécutés et joliment présentés, puisant à l'occasion dans le vivier des produits locaux.

|●| ***The Mustard Seed*** *(plan A1,* ***33****) : 16, Fraser St (et Bank).* ☎ *220-220. Tlj 12h-15h, 17h30-22h.* Installé dans une ancienne église, ce bistrot branché décline salle et mezzanine avec vue sur la rivière (précisez à la résa) ou plongée sur le bar et son mur de bouteilles de vin. Les cuisines sont juste derrière. Ici, les produits sont frais et superbement travaillés. N'oubliez pas de jeter un œil aux *specials*. De plus, l'accueil est vraiment au poil. Certains pourraient en prendre de la graine (de moutarde).

|●| ***The Kitchen Brasserie*** *(plan A2,* ***34****) : 15, Huntly St.* ☎ *259-119. Tlj 12h-15h, 17h-22h. Mêmes proprios que le* Mustard Seed. La bâtisse s'élance sur 3 niveaux face à la rivière, dont on profite grâce à de larges baies vitrées. Inutile de dire qu'on se dispute les places du dernier étage, qui offre même quelques tables à l'extérieur. La cuisine, de bon aloi, fait largement appel aux produits locaux, travaillés sur des notes éparses de fusion. Carte assez courte, mais ça tourne. Service adorable. Un bon plan le midi.

De prix moyens à chic (£ 12-30 ; 14,40-36 €)

|●| ***River House Restaurant*** *(plan A1,* ***40****) : 1 Greig St.* ☎ *222-033. Tlj sauf dim 15h-21h45 (avec menu de petits plats 15h-17h30). Chic.* L'adresse, avec vue sur la Ness, figure en bonne place sur la *wish list* des gastronomes locaux. Dans un décor cosy, presque théâtral, de boiseries et d'alcôves nichées contre les baies vitrées, on déguste une cuisine de saison, fort bien réalisée, faisant honneur aux produits locaux. La carte est courte et change régulièrement. L'après-midi, le boss propose de petits plats

à partager, très mer ou d'inspiration italienne, déclinaison des *cicchetti* vénitiens.

Rocpool Restaurant *(plan A2, **36**) : 1, Ness Walk.* ☎ *717-274. Tlj sauf dim 12h-14h30, 17h45-22h.* C'est un peu la table de référence d'Inverness – évidemment pas donnée. On y réserve pour une occasion. Donnant sur la rue, la salle, en longueur, comporte une partie sur estrade. Dans l'assiette : une cuisine raffinée, pleine de saveurs et joliment présentée. L'accueil est cordial sans être guindé.

Café One *(plan B2, **39**) : 75, Castle St.* ☎ *226-200. Lun-ven 12h-14h30, 17h-21h30 ; sam 13h-15h30, 18h-21h30.* Derrière l'étroite façade blanche s'épanche un bistrot dans l'air du temps aux 2 grandes salles jouant habilement du design et des éclairages. Le lieu, un peu sombre, est plus agréable le soir. On y sert une cuisine écossaise moderne, à base de produits locaux ou provenant de la production familiale – à laquelle on pourrait peut-être reprocher une certaine tendance à accumuler les goûts. C'est aussi un *wine-bar* (belle carte des vins).

Où boire un verre ? Où écouter de la musique ?

Gellions *(plan B2, **52**) : 12, Bridge St. Tlj 11h (12h dim)-1h. Musique live ts les soirs.* Ceilidh *le sam.* Ce pub ultra-populaire, datant de 1841, est le plus ancien de la ville. Sans artifice, souvent bondé, surchauffé, il hisse haut les couleurs de l'Écosse, avec notamment son *ceilidh* du samedi. À l'arrière-plan, *Monty's Snug* attire les amateurs de matchs sur grand écran et de fléchettes.

Mac Callum's *(plan B1, **50**) : 40, Union St. Tlj 11h-1h (minuit dim) ; musique live mer-jeu à partir de 20h, ven 18h, le w-e 16h.* Voilà l'un des pubs les plus authentiques de la ville, avec comptoir en bois et murs ornés de photos anciennes. Le soir, on y croise des habitués, gentiment éméchés, qui n'hésitent pas à danser sur le plancher en bois usé parfois avec le premier (la première) venu(e), au son d'une vieille gloire locale qui fait chauffer l'accordéon ou la guitare. Le samedi soir, c'est un DJ qui débarque.

Hootananny *(plan A-B1, **51**) : 67, Church St.* ☎ *233-651. Lun-sam 12h-1h (3h ven-sam), dim 18h-minuit.* L'endroit est certes touristique mais, du dimanche au mercredi (à 21h30), on est sûr d'y retrouver le meilleur de la musique folk locale autour de la grande table ronde. Ajoutez à cela le *ceilidh* du samedi (14h30-16h30), incontournable depuis 1995, et quelques autres concerts épisodiques. À l'étage trône un bar à cocktails rentré dans le XXIe s avec son *glow bar* et sa *party* du samedi.

The Malt Room *(plan B1, **53**) : Market Lane (une impasse au niveau du 34, Church St, signalée par un panneau « Victorian Market »). Tlj 12h-1h.* Bien dans son époque, fréquenté par une clientèle plutôt jeune, ce bar à whisky aligne pas moins de 140 breuvages écossais, plus quelques invités irlandais, japonais et même américains (histoire de comparer ?). Des trios de dégustation sont proposés pour les novices comme pour les *connoisseurs,* comme on dit ici *(jusqu'à £ 120 le* Top Shelf *!).* Idéal pour apprendre à distinguer un flacon d'un autre et humer la tourbe.

Où jouer au billard ?

Pockets *(plan B2, **56**) : 55-67, Castle St.* ☎ *229-780. À l'étage du* So Bar. *Tlj 12h-1h du mat (minuit dim). Compter env £ 8/h.* Une grande salle pour jouer au billard anglais, au billard américain ou au *snooker* pour ceux qui ont le bras long et le goût des grands espaces. Possibilité de se restaurer.

Où sortir ? Où danser ?

Johnny Foxes & The Den *(plan B2, **57**) : 26, Bank St.* ☎ *236-577. Tlj 11h-3h.* Ce pourrait être le nom d'un groupe de rock... Mais il s'agit d'un

LES HIGHLANDS

complexe regroupant café, resto, bar à vins, pub irlandais avec musique live quotidienne et boîte branchée – devant laquelle on fait la queue le samedi soir, quitte à risquer la pneumonie... Habillez-vous un peu smart (les tennis sont interdites) et attendez-vous à croiser des videurs un rien snobinards.

Baron Taylor's Street, Tropicana et Vogue *(plan B1,* ***59****)* **:** *Baron Taylor St.* ☎ *250-990.* • *tropicanavogueinverness.com* • *Ven-sam seulement 22h-3h. Entrée libre jusqu'à minuit.* Cet autre complexe regroupe 2 boîtes et 4 bars. Au *Tropicana,* c'est plutôt années 1980, au *Vogue* années 1990 et, au *Baron Taylor's,* c'est boit-sans-soif.

À voir

Vous aurez assez vite fait le tour de la ville. Un coup d'œil extérieur au château XIXe, aux quelques bâtisses remarquables du centre datant de la même époque, un tour au musée, au *Victorian Market,* une balade sur les berges de la Ness (sur Douglas Row, bordé d'une jolie enfilade de vieilles maisons), voire une embardée sur la vieille passerelle métallique qui la franchit et, hop, il sera temps de partir rayonner dans le secteur, plus intéressant.

Inverness Castle *(plan B2)* **:** il ne reste rien du château où Macbeth, dans la pièce de Shakespeare, assassine Duncan Ier d'Écosse. À sa place, trônant sur sa butte dominant la rivière Ness, un pastiche rebâti au XIXe s en grès rouge – l'édifice d'origine ayant été détruit par Bonnie Prince Charlie en 1746. De sa terrasse, on découvre un point de vue sur le centre-ville. Pour mieux voir, on peut grimper au ***Castle Viewpoint,*** dans la tour nord *(avr, mai, sept et oct tlj 11h-18h, juin-août 10h-19h, nov-mars ven-lun 11h30-16h ; entrée : £ 5, réduc),* mais ça fait cher le panorama, même avec les expos sur les légendes locales...

Inverness Museum and Art Gallery *(plan B2)* **:** *Castle Wynd.* ☎ *237-114. Avr-oct, tlj sauf dim-lun 10h-17h ; nov-mars, jeu-sam 10h-17h. Donation suggérée.* Juste au pied du château, ce sympathique musée explore l'histoire et la géologie d'Inverness et des Highlands au gré d'une plaisante muséographie. Certes, nombre d'objets exposés sont des copies, mais on y croise aussi quelques pièces remarquables, comme cet énorme torque en bronze des Ier-IIe s, plusieurs pierres pictes gravées et... un puma naturalisé capturé en Écosse. En cours de visite, divers ateliers proposent, par exemple, de dessiner des symboles pictes ou de jouer au *hnefatafl* (un jeu viking). Ajoutons, à l'étage, une large section consacrée aux jacobites et à la bataille de Culloden, puis toutes sortes d'objets du XIXe s (instruments de musique, armes, argenterie, camion de pompiers, reconstitution d'une cuisine de 1925...).

FELICITY *THE PUMA*

Dans la section d'histoire naturelle du musée d'Inverness, entre oiseaux et loutre, une bestiole intrigue : un puma empaillé. Connue sous le nom de Felicity, cette femelle a été capturée en 1980 près de Cannich (!), puis a terminé ses jours dans un parc animalier. Elle aurait été relâchée par un propriétaire privé.

Victorian Market *(plan B1)* **:** *il occupe tt le quadrilatère formé par Academy, Queensgate, Church et Union Streets (entrées de chaque côté). Tlj 8h-17h30.* Ce marché couvert de 1890 conserve un petit charme, mais il est surtout occupé, aujourd'hui, par un bric-à-brac de boutiques plus ou moins farfelues, façon réparateur de cornemuses *(Cabar Fèidh),* magasin de farces, attrapes et autres colifichets (qui envahit littéralement le passage) et même un *holistic hairdresser...* Plus sûr : *Annya's Café,* ouvert dès 7h30.

Les monuments et les maisons caractéristiques :
– **Town House** *(plan B2)* : *Bridge St. Visites guidées en juin-sept, jeu à 14h et 15h30 (pourrait changer ; se renseigner auprès de l'Inverness Museum) : £ 7 ; réduc.* Il s'y tint en 1921 le premier Conseil des ministres de l'histoire en dehors de Londres, avec à l'ordre du jour la question irlandaise. Beaux vitraux.
– En face, à l'angle de Bridge et Church Streets, le ***Tolbooth Steeple*** (1791) est le dernier vestige de l'ancien palais de justice et de la prison du XVIIIe s. En remontant Church St, on découvre d'abord la modeste ***Abertarff House,*** la plus ancienne maison d'Inverness (1593), aujourd'hui siège régional du *National Trust for Scotland,* puis l'***Old High Church,*** du XVIIIe s, précédée d'un mausolée familial orné d'une frise de crânes et os. En face, le ***Dunbar Centre,*** vieil hôpital de 1688, est enchâssé d'élégants chiens-assis. Quelques pas encore et, à l'angle de Friars Lane, on atteint ***Leakey's Bookshop,*** une superbe librairie d'occasion installée dans une ancienne église, l'*Old Gaelic Church* (1792). Un vrai monument !
– Sur ***Academy Street,*** au n° 96, la vieille ***Foundry*** (fonderie), fermée en 1988, est en sale état ; elle conserve néanmoins de jolies mosaïques sous les pignons rappelant son activité. Plus bas sur la rue, la ***Church of Scotland*** se distingue par ses portes d'un violet pétant et sa tour tout droit sortie d'un dessin animé...

The Scottish Kiltmaker Visitor Centre *(plan A2)* : *4-9, Huntly St. ☎ 222-781. Janv-Pâques, tlj sauf dim 9h-17h30 ; de mi-mai à mi-oct : tlj 9h-22h ; le reste de l'année : tlj 9h-18h.* C'est avant tout un magasin *(Highland House of Fraser)* d'écharpes, kilts et accessoires, avec une section souvenirs. À l'étage, une modeste ***petite expo*** *(entrée : £ 2,50 ; réduc)* présente les tartans écossais, après une introduction vidéo (disponible en français) plus rigolote qu'instructive. On passe devant l'atelier où les couturières, à peine distraites par les visiteurs, confectionnent des kilts pour l'Écosse et le monde entier (venir en semaine de 9h à 17h pour les voir à l'œuvre).

Saint Andrews Scottish Episcopal Cathedral *(plan A2)* : *Ardross St.* Les sanctuaires abondent à Inverness. La cathédrale anglicane, néogothique (XIXe) mérite un coup d'œil pour ses stalles, séparées de la nef par un jubé en bois finement ciselé.
De là, une promenade le long des berges de la Ness vous mènera en 15 mn jusqu'au vaste parc public des ***Ness Islands*** ; encore 800 m et vous rejoindrez le joli ***Caledonian Canal,*** qui relie les côtes est et ouest par les lochs Ness, Oich, Lochy et Linnhe.

Manifestations

– ***Inverness Music Festival :*** *fin fév-début mars.* ● *invernessmusicfestival.org* ● Festival de musique traditionnelle.
– ***Highland Games :*** *fin juil, dans le Bught Park, proche du* Sports Centre. ● *invernesshighlandgames.com* ● Un des rassemblements les plus importants des Highlands ! Les billets s'achètent sur place, le jour même.
– ***Belladrum Tartan Heart Festival :*** *1ers jeu-sam d'août, à env 11 miles (18 km) à l'ouest d'Inverness.* ● *tartanheartfestival.co.uk* ● Musique folk et rock, avec quelques têtes d'affiche (généralement britanniques).

DANS LES ENVIRONS D'INVERNESS

Culloden Battlefield *(NTS)* : *à* ***Culloden Moor.*** *☎ 796-090.* ● *nts.org.uk/culloden* ● *♿ À env 6 miles (10 km) à l'est, sur la B 9006. Bus n° 5 ttes les heures d'Inverness (Queensgate), tlj sauf dim ; dernier retour vers 18h30. Mars-oct : tlj 9h-18h (19h juin-août) ; nov-fév tlj 10h-16h ; dernière entrée 30 mn avt. Prévoir*

45 mn-1h de visite. Entrée : £ 11 ; réduc. Audioguides en français ou visite guidée 2-4 fois/j. (inclus). Parking : £ 2, mais gratuit au 1er petit parking, 300-400 m avt d'arriver. Accès au champ de bataille libre et gratuit. La bataille de Culloden, livrée le 16 avril 1746, marqua l'échec de la dernière tentative pour réinstaller la lignée des Stuarts (exilée en France depuis 1688) sur le trône d'Écosse. La rébellion fut une sanglante défaite pour Charles Edward Stuart (Bonnie Prince Charlie) et ses *clansmen,* vaincus en... 1h par le duc de Cumberland, à la tête des troupes anglaises. Les jacobites y perdirent 1 500 hommes, contre 300 Britanniques. Un musée du souvenir in situ commémore cet affrontement historique dans une scénographie bien ficelée et plutôt vivante pour un champ de bataille, en retraçant les enjeux de manière efficace. Visez, à l'entrée de l'exposition, la lettre de Bonnie Prince Charlie à « Monsieur son frère et cousin » Louis XV, dans un excellent français... Sur le *battlefield* (champ de bataille), quelques simples roches marquent les tombes de *clansmen.* On y trouve également un mémorial français, l'armée jacobite, (pas assez) soutenue par la France, ayant compté quelques soldats de l'Hexagone. Se reporter également à la rubrique « Histoire » en fin de guide.
Restaurant, café et boutique.

À environ 1,5 mile (fléché depuis la B 9006), le site archéologique de ***Clava Cairns*** *(accès libre)* regroupe 3 sites funéraires imposants de l'âge du bronze (1000-2000 av. J.-C.).

Cawdor Castle : *☎ (01667) 404-674. ● cawdorcastle.com ● À env 14 miles (22,5 km) au nord-est d'Inverness sur l'A 96 (vers Nairn), puis la B 9090. De fin avr ou début mai à fin sept ou début oct : tlj 10h-17h30 (dernière admission à 17h). Entrée : £ 11,50 ; jardins seuls : £ 6,70 ; réduc. Sacs à dos interdits, photos sans flash seulement. Dans chaque pièce des explications en français sont disponibles.*
Quelle bâtisse ! Noyé dans la verdure, précédé de grands tilleuls plantés en 1720, ce petit château s'organise autour d'un donjon central du milieu du XIVe s, auquel se sont élégamment adjointes des ailes aux XVIIe et XVIIIe s. Dans sa tragédie, Shakespeare fait Macbeth duc de Cawdor... On raconte à ce propos que le 5e comte de Cawdor, sans doute importuné par les visiteurs, aurait lâché un jour : « J'aurais préféré que le Barde (surnom de Shakespeare) n'ait jamais écrit cette satanée pièce ! »

L'OMBRE D'UN DOUTE

On raconte qu'au XIVe s, à la suite d'une vision, le comte de Cawdor aurait rempli un coffre d'or et l'aurait chargé sur un âne. Un château devait être construit là où l'animal se reposerait pour la nuit ! Comme l'âne se coucha sous un arbre, celui-ci aurait été intégré dans l'édifice. La Thorn Tree Room *en abrite toujours le tronc ! Grâce au carbone 14, les scientifiques ont permis de déterminer que l'arbre serait mort vers 1372... car privé de lumière.*

Encore habité hors saison, le château révèle une série de salons et de chambres certes fort élégants, mais plus coquets que dans la plupart des bâtisses de son espèce. Et si les tapisseries, portraits d'ancêtres, lits à baldaquin ou en acajou ne manquent pas, il faut parfois courber la tête pour passer d'une pièce à une autre ! Parmi les plus belles, la salle à manger conserve des tapisseries anglaises de la fin du XVIIe s sur le thème de Don Quichotte et une cheminée du XVIe s aux jolis motifs naïfs de chevaliers, sirènes et animaux. À remarquer aussi : le siège de gondole de la *Tower Room,* la vieille cuisine, et bien sûr la *Thorn Tree Room* (voir encadré). Vous y croiserez peut-être le fantôme d'une femme sans mains, qui erre dans les couloirs depuis le XIXe s. Selon la légende, son père les lui aurait coupées pour l'empêcher d'étreindre son amoureux...
Ne manquez pas, ensuite, de vous balader dans le parc et les superbes jardins. Nos 2 favoris, de part et d'autre de l'entrée, sont clos, l'un avec labyrinthe, l'autre très joliment fleuri.

Café-restaurant sur place. Les golfeurs s'offriront en plus un parcours pour seulement £ 14 *(mai-sept, tlj 10h-17h)* ! L'occasion de tâter du green écossais pour pas cher.

Fort George (HES) **:** *sur une pointe du Moray Firth, à 13 miles (20,5 km) au nord-est d'Inverness. ☎ (01667) 460-232. Bus nº 11A (depuis Falcon Sq) jusqu'à Ardersier... puis 1 mile à pied. Avr-sept, tlj 9h30-17h30 ; oct-mars 10h-16h ; dernière admission 45 mn avt. Entrée : £ 9 ; réduc. Audioguide en français et visite guidée (2-4 fois/j.) inclus.*
Bâti en 1748 dans le sillage de la bataille de Culloden, histoire d'assurer la mainmise anglaise sur l'Écosse, ce vaste fort défendait avec fougue la baie d'Inverness. Ses 6 bastions angulaires, encore enchâssés de canons, permettaient de surveiller chaque pan des murailles. Les lieux sont toujours occupés par un régiment des fameux *Queen's Own Highlanders,* rebaptisés en 1994 *4th Battalion The Royal Regiment of Scotland,* qui doivent désormais cohabiter avec un régiment de touristes... Outre la poudrière et les austères casemates (qui ne valent guère mieux que la prison), on découvre le musée qui leur est consacré, débordant d'armes, uniformes, décorations, peintures, gravures et autres instruments de musique...
Il y a même de drôles de souvenirs, comme cette tête de mouton ornementale trônant dans le (très smart) mess des officiers et une boîte à messages secrets récupérée dans le bunker d'Hitler ! De courtes animations quotidiennes en costumes du XVIIIe s sont organisées du mardi au jeudi (4 fois par jour), de début juin à début septembre.

CHIENNE DE GUERRE

Au Fort George, une visite guidée spéciale, très populaire auprès des Britanniques, permet de voir de près le... cimetière de chiens du régiment. Y repose une grosse vingtaine de toutous, mascottes de la formation et chiens-chiens des officiers... So British !

Chanonry Point : *à env 15 miles (24 km) au nord d'Inverness par l'A 9 jusqu'à Tore, puis l'A 832 vers Montrose. Accès libre.* Renseignez-vous sur l'heure de la marée montante, priez pour qu'il fasse beau et pas trop venteux. C'est dans ces conditions, surtout en été, que vous aurez le plus de chance de voir certains des quelque 200 dauphins résidents du secteur venir cabrioler tout près de cette longue pointe venteuse occupée par un golf. Ils poursuivent alors les saumons remontant dans le Moray Firth. Juste en face se découpent les murailles du Fort George.

LE LOCH NESS

• Carte *p. 365*

Curieux accident géologique que ce Great Glen coupant les Highlands en 2, entre Inverness au nord-est et Fort William au sud-ouest, sur une centaine de kilomètres. La faille est semée de lochs fins et étirés : le plus long est le loch Ness (35 km pour 2 km de large au plus), prolongé par les lochs Oich, Lochy et Linnhe. Construit de 1803 à 1822, le canal Calédonien, long de 35,4 km et ponctué de 29 écluses, relie les plans d'eau aux 2 mers. Sa réalisation fut décidée pour éviter aux navires marchands le dangereux contournement de la pointe nord-ouest de la Grande-Bretagne. Mais, à son achèvement, les

voiliers avaient été remplacés par des vapeurs pour lesquels les voyages en mer ne présentaient pas les mêmes périls. De plus, leur tonnage était souvent supérieur au gabarit du canal...

LA NAISSANCE DE NESSIE

Le loch Ness se révèle plus profond que la mer du Nord et maints secteurs côtiers de l'océan Atlantique (jusqu'à 230 m face au château d'Urquhart). Nul mystère donc à ce que les légendes aient fait vivre dans ses eaux troubles et sombres le fameux Nessie. Tout remonte au VIe s : saint Columban, moine évangélisateur irlandais, chasse un monstre émergeant de la rivière Ness d'un simple signe de croix. Une peccadille pour les saints de cette époque ! Notez bien, d'ailleurs, que l'on parle ici de la rivière Ness, et non du loch (lac). Quelques témoignages refont surface 1 000 ans plus tard, mais il faut attendre les années 1930 pour que la *Nessie frenzy* s'empare des lieux. En 1933, une route bordant le loch est construite, facilitant l'accès à celui-ci. Un premier témoignage paraît dans les journaux. Puis, l'année suivante, le *Daily Mail* publie une photo du monstre prise par un certain Mr Wilson. La publicité faite autour de l'événement attire les foules, désireuses elles aussi d'apercevoir la queue de *Nessie.* Comme par hasard, les témoignages se multiplient. En 1962, le *Loch Ness Investigation Bureau* est fondé. Le temps passant, on en vient à utiliser le matériel le plus sophistiqué (sonar, sous-marin de poche, etc.) pour tenter de débusquer la bête. On sait maintenant que la photo du *Daily Mail* était une supercherie montée par 5 plaisantins, dont le dernier a révélé l'astuce en mourant. Le « monstre » saisi par la photo était en fait un petit sous-marin mécanique doté d'une tête de serpent en plastique d'une quinzaine de centimètres ! Cela n'a néanmoins pas diminué le pouvoir d'attraction du lac et de son monstre.

SCIENCE ET LÉGENDE

Ces dernières décennies, avec les différentes recherches menées sur et à l'intérieur du lac, les tentatives d'explication scientifique du phénomène se sont naturellement multipliées, comme celle de l'ingénieur britannique Robert P. Craig. Selon lui, les 3 lacs « habités par des monstres » en Écosse, les lochs Ness, Morar et Tay, ont en commun d'être très profonds et bordés de vieilles forêts de *Pinus sylvestris.* Il pense que les troncs de pins, tombant dans les lacs, finissent par couler au fond, où règne une très forte pression : 25 kg/cm^2. Lors de leur décomposition, du gaz apparaîtrait à l'intérieur des troncs, jusqu'à provoquer des bulles qui les remettent à flot – leur remontée s'accompagnant de « fuites de gaz » qui peuvent prendre l'apparence d'une soudaine apparition du « monstre ». Une fois vidés de leurs gaz, les troncs, à nouveau plus lourds que l'eau, replongent. Et maintenant, vous y croyez toujours ? Tout aussi technique, une autre thèse s'appuie sur la différence de température entre les masses d'air du lac et de l'eau, ce qui provoquerait une distorsion des objets

LA SURVIE D'UN MYTHE ERRANT

Et si, pour compléter toutes les thèses scientifiques tentant d'expliquer les soudaines « apparitions monstrueuses » dans le loch Ness, on faisait simplement appel à notre bon sens ? En effet, l'environnement même du loch s'avère hostile à la survie de tout reptile ou autre grand animal. D'abord, parce que l'eau y est trop froide pour un reptile, ensuite parce qu'il n'y a pas de nourriture suffisante pour subvenir aux besoins d'un hypothétique animal. Les mythes ont la vie dure, et il faut bien plus que ces raisonnements pour dénoncer les bobards qui favorisent la promotion touristique.

en surface. À moins que ce ne soit tout simplement la vitalité d'un banc d'ombles qui crée des bulles à la surface du lac... Et enfin, grosse question : depuis le temps qu'on nous en parle, y a-t-il plusieurs générations de Nessie ? Et donc plus d'un monstre dans le lac... ?

Par quel bout prendre le monstre ?

➢ ***En bus***

– La rive nord-ouest du loch est desservie env 8 fois/j. par le bus n° 919 de la *Scottish Citylink.* ☎ *0871-266-33-33.* ● *citylink.co.uk* ● Arrêts à Drumnadrochit, Urquhart Castle, Loch Ness *(Youth Hostel),* Invermoriston, Fort Augustus et Fort William. Et 7 fois/j. (fréquence réduite le w-e) par les lignes n°s 17 et 19 de la compagnie *Stagecoach (☎ (01463) 233-371 ; ● stagecoachbus.com ●).*

– La rive sud-est, vers Foyers, est desservie (sauf dim) par la compagnie *Stagecoach,* à raison d'env 3 bus/j. en sem et 2 le sam.

➢ ***En bateau et bus :*** vers le loch Ness et le canal Calédonien.

– *Jacobite Experience Loch Ness :* ☎ *(01463) 233-999.* ● *jacobite.co.uk* ● *Départs à 1,5 mile au sud d'Inverness, sur l'A 82 en direction de Drumnadrochit ou du ponton du* Clansman Hotel *(avt Drumnadrochit). Résa conseillée. Plusieurs circuits de 1h à 6h30, env £ 13-40.* Les plus longs combinent bateau et bus, et certains incluent une visite d'*Urquhart Castle* et du *Loch Ness 2000 Exhibition Centre* à Drumnadrochit.

➢ ***À cheval : Borlum Farm,*** *à la sortie de Drumnadrochit, en direction de Fort William.* ☎ *(01456) 450-220.* ● *borlum.co.uk* ● *Balades de 1h à 3h, à partir de £ 24. CB acceptées.* Ils ont des poneys pour les enfants. Louent également des cottages à la semaine.

➢ ***À vélo :*** le meilleur moyen de découvrir la région à son rythme, mais prévoir une centaine de kilomètres pour faire le tour du loch Ness. Au début, suivre la *Great Glen Cycle Route,* sur pistes à travers la forêt. Nous vous déconseillons la route A 82, sujette à un trafic intense en plein été. Arrivé à Fort Augustus, vous avez le choix entre poursuivre jusqu'à Fort William ou bien revenir par l'autre rive. La B 852, assez vallonnée, qui folâtre au milieu d'une nature superbement préservée, livre de beaux panoramas sur le loch.

D'INVERNESS À FORT AUGUSTUS PAR LA RIVE EST

On peut évidemment suivre la rive ouest pour rejoindre Fort Augustus, mais elle est très fréquentée et surtout beaucoup moins belle, même si la vue sur le loch Ness est plus immédiate. Voici donc un petit itinéraire superbe...
Pour quitter la ville, suivre la direction de Dores (la B 862). À Dores, prendre de la hauteur et continuer la B 862 vers Torness plutôt que de longer le lac. Entre Dores et Torness, possibilité de faire un crochet supplémentaire par la jolie petite route à gauche, entre les lochs Duntelchaig et Ruthven, jusqu'à Croachy, avant de reprendre à droite jusqu'à Errogie et la route principale. Paysage doux et serein, peu de touristes. La région devient même très attachante. La route épouse le relief et serpente dans une nature de landes tapissées de bruyère. Attention aux moutons, il y en a vraiment beaucoup !

➢ ***Dores,*** à 8 miles (environ 13 km) au sud d'Inverness, est le premier village rencontré en bordure du lac. De la plage de galets, belle perspective sur la longueur du loch et son encaissement. Vous y croiserez sans doute Steve Feltham, installé dans sa caravane au bout du parking depuis... 1991. Cet ancien graphiste anglais a tout abandonné pour se consacrer entièrement à son rêve d'enfant : chercher le monstre. Il est d'ailleurs inscrit dans le *Livre des records* pour la longévité de

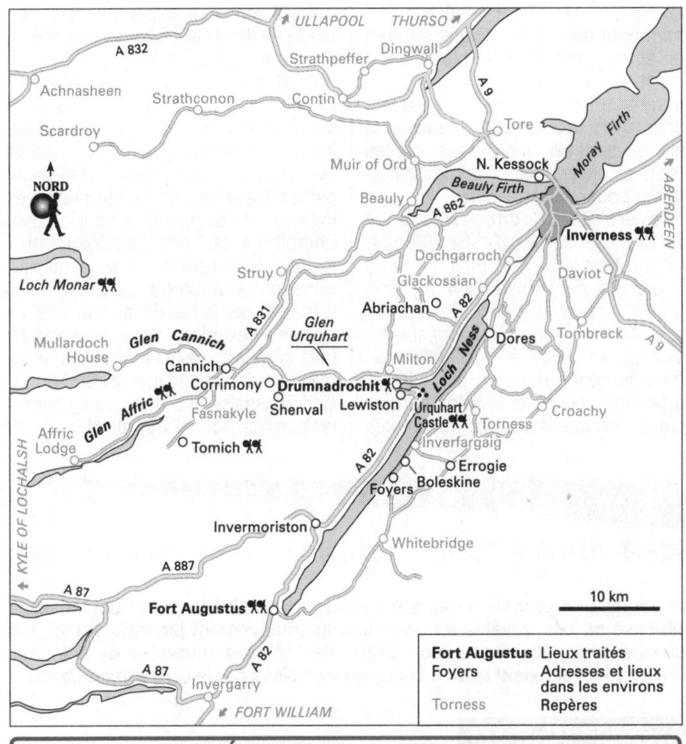

LA RÉGION DU LOCH NESS

sa quête ! Pour subvenir à ses besoins, il vend des petites figurines en argile d'un Nessie dans tous ses états. Drôle et original. Plus d'infos sur son site • *nessie hunter.com* •

➢ À ***Errogie,*** ne pas hésiter à prendre à droite vers *Inverfarigaig.* Balade délicieuse, en suivant un ru, dans une gorge profonde à la végétation touffue et moussue. Au loch, tourner à gauche.

➢ Ne pas rater, juste avant Foyers, le croquignolet ***cimetière de Boleskine,*** avec ses très vieilles tombes sculptées et sa vue sur le loch.

➢ ***Foyers*** est un gentil petit bourg, offrant une superbe promenade dans une gorge encaissée. Parcours totalement aménagé d'escaliers très pentus avec garde-fou (facile en descente, c'est au retour qu'on s'essouffle !). Au bout de vos efforts, une belle cascade qui inspira un poème à Robert Burns.

Où dormir ? Où manger ?

B & B Intake House : *chez Mrs Grant. ☎ (01456) 486-258. • intakehouse.co.uk • À la sortie de* ***Foyers,*** *en direction de Fort Augustus, prendre la petite route à droite ; c'est la dernière maison sur la gauche. Mars-oct.*

Double £ 70. Un *B & B* tenu par une charmante mamie qui soigne sa maison et ses hôtes avec la plus grande attention. 2 chambres à la déco coquette et un rien chargée. Jolie vue sur la rivière depuis les chambres et la salle de petit déj. À proximité, chutes d'eau et réserve accessible gratuitement pour pêcher la truite.

Foyers Bay Country House : *à* ***Lower Foyers.*** *☎ (01456) 486-624. • foyersbay.co.uk • 1 mile (1,6 km) avt d'entrer dans Foyers (en direction de Fort Augustus), prendre une petite route sur la droite. Résa conseillée. Doubles avec sdb £ 90-110.* Jolie maison victorienne dans un parc. Si les parties communes et le salon conservent un charme désuet, les 7 chambres ont été rénovées dans un style plus moderne (bois clair, couette blanche...). Cascades à proximité.

Dores Inn : *dans le village de* ***Dores,*** *à l'extrémité nord du lac. ☎ (01463) 751-203. Résa conseillée en saison. Resto tlj 12h-21h (à partir de 10h pour le café). Plats £ 10-15.* Les pieds dans le loch, on est aux premières loges en cas d'apparition monstrueuse. Endroit d'autant plus stratégique qu'il incite à la patience. On se sent bien dans cette auberge, tout en bois, réchauffé par le feu de la cheminée ou installé à l'extérieur dès les beaux jours (pas côté lac, malheureusement, mais bien agréable quand même). Bonne cuisine écossaise et... thaïe pour réveiller les papilles. Accueil très aimable.

FORT AUGUSTUS

500 hab. IND. TÉL. : 01320

Ce bourg, très touristique en été, devint fort au XVIIIe s pour compenser la faiblesse du site, révélée à l'occasion du soulèvement jacobite. À voir, sur 300 m environ, une succession de 5 belles écluses entourées de pelouses bien vertes, qui relient le loch Lochy au loch Ness par le *Caledonian Canal.*

LES HIGHLANDS

Arriver – Quitter

➢ Fort Augustus se trouve sur la ligne ***Inverness-Fort William*** assurée par le bus n° 919 de la *Scottish Citylink.* *☎ 0871-266-33-33. • citylink.co.uk •*

Adresses utiles

Visitor Information Centre : *devait déménager le long du canal. ☎ 345-156. Juil-août : tlj 9h-18h ; le reste de l'année, tlj sauf jeu-ven 10h-16h.* Peut fournir une brochure avec les hébergements et restos de la ville, ainsi qu'un feuillet sur les balades et randonnées à faire dans le coin.

■ ***Parking :*** *derrière l'office de tourisme. Payant en hte saison (assez bon marché).*

■ ***Station-service et distributeur :*** *à côté de l'office de tourisme. Carte* Visa *seulement.*

Où dormir à Fort Augustus et dans les environs ?

Camping

Stravaigers Lodge & Cumberlands Campsite : *sur la petite route B 862, direction Whitebridge. ☎ 366-257. • highlandbunkhouse.co.uk • Réception 8h-12h, 16h-20h. Pâques-sept. Camping env £ 10/pers. En chambre, compter £ 46 pour 2 dans le lodge. Familiale £ 80.* Cet ancien foyer de jeunes travailleurs propose 2 grandes pelouses pour les campeurs, avec des sanitaires à proximité. Également des chambres dans les baraques en bois (toit en tôle), simples et pas bien grandes. Sanitaires collectifs. Grande cuisine et salle à manger à dispo.

Bon marché (£ 10-25/pers ; 12-30 €)

■ ***Morag's Lodge :*** *quartier de Bunoich Brae.* ☎ *366-289.* • *moragslodge.com* • ♿ *À 5 mn à pied du centre. Prendre la 1re à gauche après l'office de tourisme, direction Inverness par la rive ouest (A 82). Nuitée £ 24/pers en dortoir avec sdb ; double avec sdb env £ 60 ; petit déj en sus. Également des familiales. Dîner sur résa (avt 16h) £ 8 ; le menu change.* Dans un joli coin verdoyant et tranquille, un hôtel reconverti en *bunkhouse* proposant des chambres de 2 à 7 lits. Salle commune lumineuse ouverte sur le jardin, à laquelle parquet et meubles de bois clair donnent un petit air scandinave. Cuisine commune, bar, laverie, location de vélos, activités au bar tous les soirs et résa de sorties type canoë possible directement à l'*hostel*. Ambiance jeune et internationale. Une très bonne étape.

De prix moyens à chic (£ 50-125 ; 60-150 €)

■ ***Craik Na Dav :*** *à* ***Invermoriston,*** *au nord de Fort Augustus par l'A 82. De l'A 82 en venant du sud, tourner à gauche dans l'A 887 et 50 m plus loin grimper sur la droite.* ☎ *351-277.* • *craik-na-dav.co.uk* • *Doubles avec sdb £ 80-85 (réduc via leur site).* Adorable petite demeure fleurie dans un cadre verdoyant, tenue par 2 sœurs d'origine anglaise vraiment chaleureuses. Chambres confortables et salon accueillant, le tout sous la garde des 3 western terriers de la maison. Une bonne adresse.

■ ***Lorien House :*** *au début de Station Rd.* ☎ *366-576.* • *orien-house.co.uk* • *Doubles avec sdb (dont une à l'extérieur) £ 65-75.* Tenue par un couple anglo-écossais. La plupart des chambres se trouvent sous la mansarde, avec une moquette au style certes un brin vieillot, mais la couette est bien moelleuse et l'accueil souriant et attentionné. Bons gâteaux maison au petit déj.

■ ***Sonas B & B :*** *sur la route principale.* ☎ *366-291.* • *fortaugustus-sonas.com* • *À 10 mn à pied du* Visitor Information Centre, *en direction d'Inverness. Double avec sdb £ 70.* 3 chambres à la déco fleurie (un peu chargée), correctes pour une nuit. Notez que, en principe, on n'entend pas le bruit de la route le soir. Petit jardin. Accueil courtois.

■ ***King's Inn B & B :*** *1, Station Rd ; dans le centre.* ☎ *366-406.* • *kingsinnlochness.co.uk* • *En venant d'Inverness par l'A 82, prendre la 2e à droite après le canal. Double avec sdb env £ 75.* Seulement 2 petites chambres au rez-de-chaussée (donnant sur rue) d'une maison sans prétention, sobres mais confortables, avec TV et quelques bouquins sur les étagères. Simple et bon rapport qualité-prix.

■ ***Old Pier House :*** *chez Mrs J. MacKenzie.* ☎ *366-418.* • *oldpierhouse.com* • *À la sortie nord du village, sur la droite. Pâques-oct. Double env £ 85. Cabanes* (log cabins) *£ 350-850/sem selon taille (2-5 pers) et saison (min 2 nuits selon dispo, sinon à la sem).* Le site est magnifique : une vaste ferme en bord de loch, au calme, comme retirée du monde tout en étant à 2 mn du village... Mrs MacKenzie, qui parle le français, travaille avec son petit-fils, à qui elle transmet peu à peu les rênes de la propriété. Ils louent des chambres dans la maison et quelques *log cabins* en bois à proximité. Location de canots et de petites chaloupes pour les enfants.

Où manger ?

Tout le long du canal, des commerces (épiceries, boucheries, snacks, *fish & chips*) et même des restos permettent d'acheter des sandwichs ou d'emporter des plats, à manger ensuite sur les tables au bord de l'eau. En été, les rives du canal sont littéralement prises d'assaut. De même, par mauvais temps, la petite salle du ***Lock Inn*** *(Canalside ; ☎ 366-302)* est bien agréable et chaleureuse avec sa table en bois massif. On peut aussi se contenter d'y écluser (c'est le cas de le dire) une bière, tout comme au bar du ***Bothy,*** un peu plus bas.

I●I ***The Boathouse :*** *accès à pied, avt le pont quand on vient du sud, chemin sur la droite. ☎ 366-682. Résa conseillée.* Chalet posé au bord du lac avec une poignée de tables dehors et une grande salle où se pressent habitués comme touristes de passage, séduits par la situation, les prix très raisonnables, la cuisine généreuse et un peu plus originale qu'ailleurs. À côté des inévitables classiques, quelques bons plats turcs s'invitent à table du fait de l'origine du proprio. Service efficace. Avant de repartir, ne pas manquer d'aller jeter un œil au bout de la jetée, un télescope stratégiquement posé à l'extrémité du loch Ness vous permettra peut-être de surprendre un monstre...

À voir. À faire

Caledonian Canal Visitor Centre : *Canalside, un peu plus haut que la supérette Macveans. Avr-oct : tlj 9h-17h. GRATUIT.* Petite expo sur l'histoire du canal, creusé entre 1803 et 1822. En reliant les 2 côtes, il permettait aux bateaux naviguant sur la mer Baltique d'éviter les dangereuses côtes écossaises en cas de tempêtes. Grâce aux 4 lochs qui s'étirent dans le prolongement les uns des autres (les lochs Ness, Oich, Lochy et Linnhe), « seuls » 35 km de canal furent nécessaires pour les relier entre eux... mais ils furent percés à la main. Et, malgré la faible distance, 29 écluses durent être installées. Les bateaux à aubes firent rapidement leur apparition, permettant ainsi aux touristes de découvrir la région, à l'instar de la reine Victoria qui entreprit le voyage en 1873 pour rejoindre son château de Balmoral.

➢ ***Cruise Loch Ness :*** *au bord du canal. ☎ 366-277. • cruiselochness.com • Avr-oct : tlj, départs ttes les heures 10h-16h (résa conseillée l'ap-m), plus 17h en juil-août et même 20h mai-août (sauf le ven) ; nov-déc : 3 départs/j., 11h-13h. Durée : 50 mn-1h. Prix : env £ 15 ; réduc. Parfois des promos en ligne. D'autres balades plus chères.* Attention, beaucoup de monde à bord en été. Équipement sonar prévu en cas de rencontre monstrueuse ! Sorties également en *power boats* (bateaux gonflables rapides) jusqu'au château d'Urquhart pour les amateurs de sensations fortes.

DRUMNADROCHIT

810 hab. IND. TÉL. : 01456

Le village, établi sur la rive nord-ouest du loch Ness, dans un petit renfoncement et gardé, à quelques encablures, par le château d'Urquhart, est le cœur touristique de la région. Incontournable, car c'est aussi la porte d'accès au Glen Affric.

– ***The Glenurquhart Highland Games :*** *le 4e sam d'août.*

Arriver – Quitter

➢ ***De/vers Inverness :*** 8 bus/j. (8h45-17h45 d'Inverness) avec *Citylink* et 7 bus/sem (un peu moins le w-e) avec *Stagecoach.*

➢ ***De/vers Fort William :*** 5 bus/j. avec *Citylink* (8h45-16h45 de Fort William) et 2 bus/j. avec *Stagecoach.* Ils desservent au passage le château d'Urquhart.

➢ ***De/vers Portree*** *(Skye)* **:** 3 bus/j. avec *Citylink,* répartis dans la journée. Correspondance pour Uig.

Adresse utile

🅸 ***Visitor Information Centre :*** *dans le centre.* ☎ *459-086.* ● *visitdrumnadrochit.com* ● *Juil-août : lun-sam 9h-18h, dim 10h-16h ; sept-juin : mar-sam 10h-15h.* Personnel accueillant. On y trouve des brochures et cartes sur le coin.

Où dormir ?

Camping

Borlum Farmhouse : *à* ***Lewiston.*** ☎ *450-220.* ● *borlum.co.uk* ● *À 0,6 mile (1 km) de Drumnadrochit, direction Fort Augustus. Env £ 16 pour 2 avec tente ; douche payante. Loue également des cottages à la sem.* Un camping à la ferme, d'où l'on voit un petit bout du lac. En haut, terrain légèrement en pente et plus frais. Dans le pré, plus bas, les emplacements sont plats mais près de la route. À vous de choisir ! Possibilité de faire du cheval.

Bon marché (£ 10-25/pers ; 12-30 €)

Loch Ness Backpackers Lodge : *Coiltie Farm House,* ***East Lewiston.*** ☎ *450-807.* 📱 *0798-598-80-15.* ● *lochness-backpackers.com* ● *À la sortie de Drumnadrochit en direction de Fort Augustus, juste avt le pont, prendre à gauche. Arrêt de bus à la pompe* Esso, *à 200 m. Résa conseillée en été. Env £ 18/pers en dortoirs 6-7 lits ; £ 20/pers en chambre double ou familiale (4-5 pers).* AJ indépendante, accueillante et très bien située (à 20-25 mn à pied du château d'Urquhart). Chambres ou petits dortoirs, soit à l'étage de la maison principale (sanitaires communs au rez-de-chaussée), soit de plain-pied dans le second bâtiment. Insonorisation pas terrible. Cuisines, barbecue, supérette à 5 mn. Pas mal d'employés francophones viennent y travailler pour la saison. Bonne ambiance routarde. Wendy, la proprio, est très impliquée dans son affaire.

De prix moyens à chic (£ 50-125 ; 60-150 €)

Glenkirk B & B : *à la sortie de Drumnadrochit en allant vers Cannich (route A 831), sur la droite.* ☎ *450-802.* ● *lochnessbandb.com* ● *Fermé déc-fév. Doubles £ 85-95.* Dans une ancienne petite église en pierre (qui a fêté ses 100 ans en 2010), joliment rénovée. À l'intérieur, c'est clair, spacieux et très bien tenu, avec une jolie baie vitrée en demi-lune dans le salon pour les hôtes. Belles chambres (dont 1 triple) à l'étage, avec salle de bains, dans des tons beige et bois. Pas de TV privée, mais on peut la regarder dans la salle commune ou papoter... Accueil charmant de Mr Urquhart, toujours prêt à prodiguer de bons conseils.

Drumbuie Farm : *à l'entrée du village sur la droite en venant d'Inverness, env 500 m avt le* Loch Ness Centre. ☎ *450-634.* ● *loch-ness-farm.co.uk* ● *Double env £ 80, petit déj inclus.* Encore une Mrs Urquhart ! Tout aussi accueillante, celle-ci propose 3 jolies chambres avec douche, dont l'une donne sur le loch et les prés où paissent des vaches des Highlands et autres limousines. Salon pour les hôtes très cosy. Et bon petit déj, servi dans une salle où l'on retrouve la belle vue sur le loch.

Où manger ?

Loch Ness Inn : *à* ***Lewiston,*** *pas loin de l'AJ.* ☎ *450-991. À la sortie de Drumnadrochit, en direction de Fort Augustus, juste avt le pont, prendre à droite. Plats £ 10-20 le soir, moins de £ 10 le midi. Résa conseillée.* Installé dans un bâtiment de plus de 160 ans. Les produits de la région servent une cuisine généreuse, avec même quelques plats végétariens ou sans gluten.

Poêles pour réchauffer les soirées frisquettes. Excellent accueil et cadre agréable.

Benleva Hotel : *à la sortie de Drumnadrochit (direction Fort Augustus), prendre à gauche, c'est 500 m plus loin sur la gauche. ☎ 450-080. Tlj. Plats £ 9-12.* Cadre verdoyant pour cette adresse rustique avec sa salle de resto en bois et sa cuisine roborative. Plats classiques à base de produits locaux : *steak pie, haggis,* saucisse-purée. Que du costaud, le tout arrosé d'une bonne *ale,* puisqu'ils brassent leur propre bière. Bref, on en ressort repu. Quelques tables à l'extérieur.

Où dormir ? Où manger dans le coin ?

Bearnock Country Centre : *à 7 miles (11 km) à l'ouest de Drumnadrochit sur l'A 831 en direction de Cannich. 0778-060-30-45. • bccloch nesshostel.co.uk • Compter £ 15-20/pers en chambres et £ 12-15/pers dans les* hobbits *selon la taille.* Ce « centre d'hébergement », un peu aseptisé mais très bien tenu, dispose de chambres carrelées au mobilier en bois clair pour 1 à 8 personnes, avec sanitaires privés. Attention, elles ne fonctionnent pas comme des dortoirs, le proprio n'y loge que des gens qui voyagent ensemble. Cuisine à dispo. Sur le terrain d'en face, quelques *hobbits* pour 3-6 personnes, juste au bord de la rivière. Bucolique.

Shenval Organic B & B : *à* **Shenval.** *☎ 476-363. • shenval-welcome.co.uk • À 7,5 miles (12 km) de Drumnadrochit en direction de Cannich, chemin sur la gauche (indiqué). Bus n° 17 (3/j. sauf dim) ou demandez aux proprios de venir vous chercher à Drumnadrochit. Doubles £ 64-76, petit déj bio inclus. Repas à base de produits bio, sur résa, env £ 26.* Tenu par un couple de Français, Écossais d'adoption, écolos et très sympas. 3 chambres douillettes, une avec douche, les autres avec salle de bains à partager, à prix très corrects. Variété de pains biologiques faits maison au petit déj, tisane du soir et conseils en tout genre, en particulier pour les randonneurs et l'observation des tétras-lyres dans la réserve de Corrimony voisine (on en parle plus loin). Une adresse attachante.

À voir. À faire

Urquhart Castle *(HES) : à 2 miles (3 km) de Drumnadrochit, sur l'A 82 en direction de Fort William. ☎ 450-551. Le bus n° 19 d'Inverness s'y arrête. Tlj 9h30-18h (17h en oct et 16h30 en nov-mars). Dernière admission 45 mn avt. Entrée : £ 9 ; réduc.* Construit vers le XIIIe s et agrandi au XVIe s, il fut l'une des nombreuses victimes des guerres jacobites, puis de l'appétit des promoteurs au XXe s ! Plusieurs millions de livres ont servi à sa restauration au début des années 2000, mais également à l'aménagement de ce qui l'entoure : on ne peut plus le visiter sans passer par la boutique... qui occupe plus de place que le petit musée sur l'histoire du site (et heureusement qu'une vidéo de 10 mn complète l'ensemble) ! Soyons justes, cependant : grâce aux travaux, on peut désormais visiter les ruines (souvent égayées par un joueur de cornemuse), monter sur les terrasses pour admirer la vue sur le loch... et, croyez-nous, les enfants s'en donnent à cœur joie !

Loch Ness Exhibition Centre : *☎ 450-573. • lochness.com • C'est le 1er gros bâtiment à l'entrée de Drumnadrochit quand on arrive d'Inverness par l'A 82. Pâques-juin et sept-oct : tlj 9h30-17h ; juil-août : tlj 9h30-18h ; nov-Pâques : tlj 10h-15h30. Dernière admission 45 mn avt fermeture. Entrée : £ 8 ; réduc. En juil-août, on peut faire mettre en début ou en fin de journée la version française de l'expo ; sinon demander.* Pour les fans du monstre (ou ceux que le sujet titille !), projections audiovisuelles à travers 7 salles... relatant les origines du mythe et faisant état des recherches scientifiques qui ont été conduites pour tenter de démêler le vrai du faux. La dernière salle est consacrée aux témoins qui ont aperçu... une forme, quelque chose... Assez complet sur la question, mais prix d'entrée un peu gonflé. Compter 30 mn de visite. Si l'anglais vous pose problème, feuille explicative disponible en français à l'entrée. Seul problème, il fait noir quasi tout le temps, difficile de lire, donc. À la sortie, on tombe, comme d'hab, dans la boutique... particulièrement bien fournie en peluches de Nessie.

Glen Urquhart : une belle balade dans une jolie vallée, relayée par celle du Glen Affric. Elle se fait sur une piste forestière balisée (discrètement) aux intersections. Mieux vaut, avant de s'embarquer, se munir de la carte *Ordnance Survey Landranger n° 26* (au 1/50 000), en vente à l'office de tourisme. Le Glen Urquhart fait partie d'un sentier de grande randonnée, ***l'Affric-Kintail Way*** (● *affrickintailway.com* ●) qui relie les rives du loch Ness à la côte ouest (il aboutit au loch *Duich,* pas très loin d'Eilean Donan Castle), en passant par le ***cercle de pierres (cairn) de Corrimony*** (accessible aussi en voiture par l'A 831). Dégagé dans les années 1950, ce dernier daterait de 2 000 ans av. J.-C. environ. Les fouilles avaient montré que la tombe ne contenait qu'un corps, probablement celui d'une femme. On rejoint ensuite le pittoresque village de Tomich, les Plodda Falls et le Glen Affric.

Corrimony RSPB Nature Reserve : *entre Cannich et le Glen Urquhart (stationnement au Corrimony Cairns Car Park). ☎ (01463) 715-000. ● rspb.org.uk ●* Cette réserve a pour espèce emblématique le tétras-lyre, dont la spectaculaire parade nuptiale peut être observée en avril, à l'aube, en compagnie du garde naturaliste des lieux (3-4 matins par semaine). On peut aussi espérer le voir en été, à condition de se lever dès potron-minet et de se planquer (dans une tente, par exemple). Pierre-Marie et Christiane, du *Shenval Organic B & B* (voir plus haut « Où dormir ? Où manger dans le coin ? »), vous en diront plus si vous êtes intéressé.

Abriachan Forest Trust : *à env 7 miles (11 km) au nord de Drumnadrochit, en retrait de l'A 82. Balades de 1h à 3h30.* Dans le but de valoriser le milieu naturel local, les habitants d'Abriachan ont aménagé un réseau de sentiers au cœur de la forêt et de la lande de bruyère, qui permet de découvrir une reconstitution d'une hutte de l'âge du bronze, un buron de berger-vacher du XIXe s, un poste d'observation ornithologique, une distillerie « clandestine » et des points de vue superbes sur le loch Ness et les montagnes du Glen Affric.

LE GLEN AFFRIC

IND. TÉL. : 01456

Véritable paradis pour les randonneurs et amoureux de la nature, promu réserve naturelle nationale en 2002. Beaucoup de monde en été, c'est inévitable, mais il y a de la place pour tous. Pour se repérer, la ville de *Cannich,* qui est au carrefour de 4 *glens* : Strathglass, Cannich, Urquhart et Affric. Si vous manquez de temps, privilégiez le Glen Affric. Le *Glen Cannich,* plus isolé, plus rude, s'adresse plutôt aux marcheurs vraiment confirmés.

Arriver – Quitter

➢ La compagnie *Stagecoach* relie 6 fois/j. en sem (4 fois le sam) ***Drumnadrochit*** et ***Cannich*** (certains bus vont jusqu'à ***Tomich***).

➢ *Ross's Minibus* complète l'offre de *Stagecoach* depuis Cannich, Beauly ou Drumnadrochit en direction du Glen Affric. Minibus et taxi ***sur résa seulement*** : ☎ *(01463) 761-250.*

Adresse et info utiles

■ ***Infos :*** ● *glenaffric.org* ● Tout sur les balades et les activités, la culture, les transports locaux, l'hébergement, etc.

■ ***Argent :*** pas de distributeur dans le coin, mais à ***Cannich,*** l'épicerie-poste *(lun-sam 8h-19h, dim 9h-17h)* peut fournir du liquide sur présentation d'une carte de paiement (sauf *American Express*).

Où dormir ?

Camping

⩓ ***Cannich Caravan & Camping Park :*** *à* ***Cannich.*** ☎ *415-364.* ● *highlandcamping.co.uk* ● *Tte l'année. Env £ 16 pour 2 avec tente. Loue également des huttes en bois (camping pods) £ 22-40 pour 1-3 pers.* Site très agréable, paisible, aux beaux espaces environnés d'arbres. Sanitaires (un seul bloc à l'entrée) et bac à vaisselle basiques. Machines à laver et café-snack au toit herbeux. Patrons chaleureux et de bon conseil sur les balades à faire dans la région. Vélos à louer.

Bon marché (£ 10-25/pers ; 12-30 €)

⌂ ***Glen Affric Youth Hostel : Allt Beithe,*** *dans le Glen Affric.* ☎ *0845-293-73-73.* ● *hostellingscotland.org.uk* ● *Suivre la route du Glen Affric jusqu'au bout (avec le* Ross's Minibus*), puis emprunter le sentier pour 3h30 de marche env. Ne pas prendre le pont en contrebas ni traverser la rivière. De Pâques à mi-sept. Résa nécessaire en juil-août. Nuitée £ 23/pers. Double (lits superposés) £ 47.* Plutôt qu'une AJ, c'est une sorte de refuge d'une vingtaine de lits sur le sentier de la côte ouest. Rien alentour, il faut donc apporter ses provisions et son sac de couchage. Vous y trouverez néanmoins une douche (chaude !) et une gazinière. Si vous souhaitez crapahuter dans le coin, demandez conseil au gardien de l'auberge qui vous renseignera sur les périodes de chasse (particulièrement après le 12 août). Et n'oubliez pas d'emporter vos ordures.

De prix moyens à chic (£ 50-125/pers ; 60-150 €)

⌂ ***Kerrow House :*** *un peu avt Cannich en venant de Drumnadrochit, prendre un chemin sur la gauche en direction de Tomich ; c'est env 2 km plus loin (bien indiqué).* ☎ *415-243.* ● *kerrowhouse.co.uk* ● *Doubles £ 80-90.* Très joli manoir dans un grand parc. Les vastes chambres, au charme suranné, ne sont pas dénuées de classe, surtout la plus chère avec son lit à baldaquin. Salles de bains attenantes ou dans le couloir mais toutes privées. Bon petit déj.

Où manger ?

I●I ***The Tomich Hotel :*** *au cœur du village de* ***Tomich*** *(à 4 miles, soit 6,5 km, de Cannich), face à la poste.* ☎ *415-399. Plats £ 10-14.* Les chambres de cet hôtel sont un peu hors de prix, mais on peut manger au *Black Pennell Bar* ou encore, s'il fait beau, sur les grosses tables en bois façon pique-nique. Pas de grandes envolées culinaires (spécialité de *venison pie*), mais le cadre est assez plaisant et il faut bien avouer que les adresses sont rares dans le coin. À part ça, le village de Tomich est charmant avec sa grosse dizaine de maisons en pierre joliment retapées, cernées par une campagne paisible.

LES HIGHLANDS

À voir. À faire à Glen Affric et dans les environs

Le charme du ***Glen Affric*** réside dans la douceur, la variété de ses paysages et les tonalités de vert. Encore plus beau en mai, quand il est en fleurs, ou en automne, lorsque la lande s'enflamme du violet de la bruyère.

➢ L'office de tourisme de Drumnadrochit donne *The Forest Walks of Glen Affric,* un dépliant très bien fait sur le Glen, avec une description détaillée, plans à l'appui, de 6 petites promenades allant de 15 mn à 1h30, accessibles chacune depuis une aire de parking. Parmi celles-ci, on peut citer la balade jusqu'aux *Dog Falls* (une boucle de 3,2 km), un sentier qui vous conduit de part et d'autre de la route, près de la rivière, sous les arbres, jusqu'à la jolie cascade (qu'on devine loin en bas plus qu'on ne la voit), ou encore un chemin qui mène jusqu'à un point de vue. La route qui longe le loch Beinn a' Mheadoin s'arrête au bout de 8,5 miles (environ 14 km) sur une aire de pique-nique. C'est de là, entre autres, qu'on rejoint la *Glen Affric Youth Hostel* (voir plus haut « Où dormir ? »), en 3h30 de marche par un chemin de grande randonnée, avec pour objectif la côte ouest. Magnifique. Les fameuses *Falls of Glomach* sont à une dizaine de kilomètres au-delà de l'AJ.

De Cannich, une route mène à ***Tomich,*** un village croquignolet à la lisière d'une belle forêt de pins, puis une mauvaise piste se dirige jusqu'aux abords des ***Plodda Falls*** (gare aux crevaisons !), une jolie cascade (à 10,5 km) surplombée par une passerelle. Vertigineux !

Si vous avez plus de temps, poussez jusqu'au ***loch Monar,*** au nord de Cannich. Balade de 45 km bien agréable à vélo dans des paysages uniques, en passant par les glens Strathglass et Strathfarrar. Les voitures ne sont pas autorisées au-delà de Struy.

LE NORD DES HIGHLANDS

• Carte *p. 376-377*

Voilà qu'ici l'imaginaire rejoint la réalité d'un pays sauvage, tout de lochs, de landes nues et de rares vallons boisés, qu'un habitat dispersé trouble à peine. Des routes à voie unique *(single track roads)* sillonnent ce pays volontiers austère, débouchant moins sur des châteaux (comparé au reste du pays) que sur de petits et grands ports ou des plages de sable blanc alanguies dans un paysage du bout du monde.
Assidument promu par *Visit Scotland,* le tour de la péninsule par la NC 500 (North Coast 500) permet d'en découvrir tous les recoins ou presque (avec quelques jolis détours). On vous conseille de passer un peu rapidement d'Inverness à Thurso, secteur moins riant, aux villes passablement

sinistrées, pour vous attarder sur la portion comprise entre Tongue et Torridon, qui multiplie les paysages époustouflants.
• *venture-north.co.uk* •

Se déplacer

Le train n'y fait que de timides incursions et les liaisons en bus sont très réduites. Conclusion : il est difficile de visiter le nord des Highlands en transports en commun – tout particulièrement le long de la côte entre Durness et Thurso.

STRATHPEFFER

1 470 hab. IND. TÉL. : 01997

Cette petite station thermale, baignant dans la nostalgie des gloires passées, a conservé une architecture victorienne qui lui donne un certain charme. L'eau de Strathpeffer, sulfureuse, au goût très particulier, était supposée soulager les tuberculeux mais, hélas, on ne peut plus y goûter.

Arriver – Quitter

➢ ***Inverness :*** bus *Stagecoach* nº 27 (• *stagecoachbus.com* •), lun-sam env ttes les heures, 7h20-19h10 (7h10-19h05 sam) depuis Inverness, 8h20-20h20 (8h10-20h10 sam) depuis Strathpeffer ; le dim, ttes les 2h, 12h15-20h15 d'Inverness, 13h20-21h20 au retour. Trajet : 40-60 mn.

Adresses utiles

ℹ ***Tourism Office :*** *Main Rd, dans la* Pump Room, *juste à côté du* Spa Pavilion. ☎ *421-415.* • *strathpeffer.org* • *Fermé janv. Horaires variables ; en été, à titre indicatif : lun et ven 13h-17h, mar-jeu et sam 10h-17h.* Tenu par des bénévoles (d'où les horaires fluctuants), ce petit office de tourisme se double d'un pittoresque petit musée consacré aux eaux thermales à l'époque victorienne. L'installation qui délivrait l'eau sulfurée aux curistes est toujours en place et le « bain de boue de Mrs Mitchell en 1905 » a été reconstitué, ainsi que le bureau du directeur de la station.

■ ***Square Wheels Cycles :*** *The Square.* ☎ *421-000.* 📱 *07538-011-662. Mar-sam 10h-18h.* La providence des cyclistes : vente et loc de VTT, réparations, accessoires et pièces détachées, vêtements de pluie, conseils divers. Super pro et équipé !

Où dormir dans le coin ?

Camping

⛺ ***Riverside Chalets, Caravan and Camping :*** *à* ***Contin.*** ☎ *(01463) 513-599.* • *lochness-chalets.co.uk* • *Compter £ 14-16 pour 2 selon taille de la tente, chalets £ 50-65. Camping ouv avr-oct, loc de bungalows tte l'année (min 3 j.).* En contrebas de la route, mais à côté de la rivière Blackwater, ce petit camping est très simple. On peut y louer l'un des 3 « chalets » (3-4 personnes). Machine à laver et séchoir, petite épicerie à l'entrée.

Prix moyens
(£ 50-85 ; 60-102 €)

🏠 ***Holly Lodge & Cottage :*** *Golf Course Rd.* ☎ *423-313.* • *hollylodge* *andcottage.com* • *Doubles £ 60-72.* Perchée sur la colline, juste au-dessus du petit centre, cette belle villa victorienne abrite 3 chambres doubles cosy, presque luxueuses pour le prix (dont une avec salle de bains privée mais sur le palier). Ajoutons à cela une 4e chambre toute petite mais rigolote, en haut de la « tour », pour une personne seule, très lumineuse avec ses baies vitrées dominant le vaste jardin, façon vigie ! Salon avec poêle à bois, vélos, raquettes de tennis ou badminton et clubs de golf en prêt.

De chic à très chic (£ 85-200 ; 102-240 €)

■ ***Craigvar B & B :*** *The Square.* ☎ *421-622.* 📱 *0773-283-71-50.* • *craigvar.com* • *Double avec sdb £ 100. CB acceptées. Parking privé.* Dans une charmante maison de 1839 de style georgien, entourée d'un jardin fleuri, Margaret a amoureusement aménagé 3 chambres de très bon confort. La bleue cumule baignoire à l'ancienne et douche ! Au petit déj, beaucoup de choix et souvent du haddock ou du maquereau. Thé, café, sherry, fruits et gâteaux sont servis toute la journée. Le mari de Margaret parle le français. Une adresse chère mais excellente.

■ |●| ***Kiltearn House :*** *à **Evanton.*** ☎ *830-617.* • *kiltearn.co.uk* • *Depuis l'A 9, prendre la sortie Evanton puis, à env 500 m, la petite route à droite au panneau « Kiltearn/Burial Ground ». Doubles £ 100-200 selon confort et saison.* Voilà une très belle adresse chic perdue en pleine campagne. Au bout d'une petite route, à côté d'une église et d'un vieux cimetière, l'ancien presbytère de 1894, en pierre de taille, est devenu une maison cossue au bord du Cromaty Firth (où la pêche est autorisée). On admire la vue d'un banc posé sur la très belle pelouse. À l'intérieur, 5 belles chambres spacieuses et lumineuses, impeccablement tenues, certaines avec bow-windows, tournées tantôt vers l'eau, tantôt vers la campagne et les moutons qui gambadent. Accueil fort aimable.

Où manger ?

|●| ***Museum Coffee-Shop :*** *Old Victoria Station.* 📱 *0775-969-04-59. À l'ancienne gare ferroviaire. Tlj 10h-17h en saison ; hors saison, variable. Max £ 8. CB refusées.* Ce charmant petit café n'est pas installé dans le musée de l'Enfance, mais à côté, dans les bâtiments de la gare victorienne en bois de Strathpeffer, où plusieurs boutiques partagent le vieux quai noyé dans la végétation. C'est mignon et les enfants peuvent batifoler sans risque tout autour. Côté carte, c'est très classique : soupes, sandwichs, snacks, paninis, gâteaux, glaces ou *ploughman's lunch*.

|●| ***Red Poppy :*** *Main St, en face de la* Pump House. ☎ *423-332. Mar-sam 11h30-21h, dim 12h30-16h.* Lunch menu £ *12,* Scottish high tea *(mar-ven 17h-18h) £ 13. Plats £ 12-24.* Installés sur des chaises rouge *poppy* (coquelicot), vous dégusterez une honnête cuisine régionale puisant dans le vivier des produits locaux – agneau, saumon, *seabass...* Bons sandwichs aussi le midi, ainsi que des paninis et *jacket potatoes* pour ne pas se ruiner.

LES HIGHLANDS

À faire

Rogie Falls : *à env 4 miles (6,5 km) au sud-ouest, sur l'A 835, en direction d'Ullapool, 2 miles (3,2 km) après Contin.* Un sentier de 700 m dévale à travers les bois jusqu'à cette jolie chute sur la rivière Black Water. De juillet à septembre, on peut espérer y apercevoir des saumons remontant vers leurs frayères. Un sentier plus long (1,3 km) longe le cours d'eau avant de revenir par les bois.

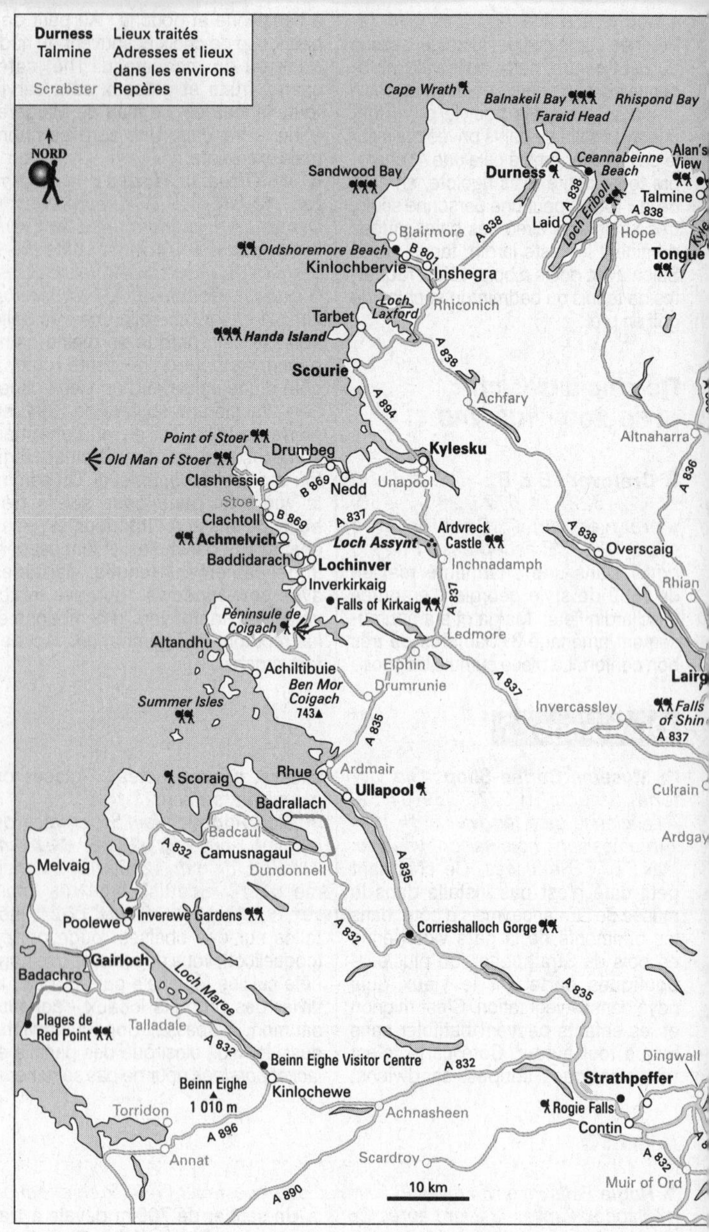
Durness Lieux traités
Talmine Adresses et lieux dans les environs
Scrabster Repères
NORD
Cape Wrath
Balnakeil Bay
Rhispond Bay
Faraid Head
Sandwood Bay
Durness
Ceannabeinne Beach
Alan's View
Talmine
Laid
Loch Eriboll
Hope
Tongue
Blairmore
Oldshoremore Beach
Kinlochbervie
Inshegra
Loch Laxford
Rhiconich
Tarbet
Handa Island
Scourie
Achfary
Point of Stoer
Old Man of Stoer
Drumbeg
Kylesku
Clashnessie
Nedd
Unapool
Altnaharra
Stoer
Clachtoll
Achmelvich
Loch Assynt
Ardvreck Castle
Baddidarach
Lochinver
Inchnadamph
Overscaig
Inverkirkaig
Falls of Kirkaig
Rhian
Péninsule de Coigach
Ledmore
Altandhu
Elphin
Achiltibuie
Ben Mor Coigach 743
Drumrunie
Summer Isles
Invercassley
Falls of Shin
Scoraig
Rhue
Ardmair
Ullapool
Badrallach
Culrain
Badcaul
Camusnagaul
Ardgay
Dundonnell
Melvaig
Inverewe Gardens
Poolewe
Corrieshalloch Gorge
Gairloch
Loch Maree
Badachro
Plages de Red Point
Talladale
Beinn Eighe Visitor Centre
Beinn Eighe 1 010 m
Kinlochewe
Dingwall
Strathpeffer
Rogie Falls
Contin
Torridon
Achnasheen
Annat
Scardroy
Muir of Ord
10 km
A 838
B 801
A 894
B 869
A 837
A 836
A 835
A 832
A 896
A 890
LES HIGHLANDS

Orkney Islands (Îles Orcades)
Dunnet Head
Castle of Mey
Duncansby Head
Gills
Mey
John O'Groats
Scrabster
Dunnet
A 836
Canisbay
Forss
Freswick
Thurso
Castletown
A 836
Strathy
Reay
A 99
Bettyhill
A 836
Roadside
B 876
Keiss-Beach
Halkirk
A 836
A 882
Sinclair Castle
A 897
Reiss
B 871
Mybster
Bilbster
Wick
Strathnaver
A 9
Forsinard
Grey Cairns of Camster
Ulbster
B 873
B 871
A 99
A 897
Lybster
Latheron
Dunbeath
A 9
Kildonan Lodge
Berriedale
A 897
Badbea
Helmsdale
A 9
A 839
Brora
Rogart Station
Càrn Liath
Golspie
Dunrobin Castle
MER DU NORD
A 9
Bonar Bridge
Clashmore
Dornoch
A 949
Dornoch Firth
Fearn Lodge
Portmahomack
A 836
Tain
B 9165
B 9176
Hill of Fearn
A 9
Moray Firth
Alness
Evanton
Cromarty
Elgin
A 832
Black Isle
Rosemarkie
A 96
Chanonry Point
A 96
Fort George
Nairn
Forres
A 9
A 832
Fortrose
A 941
Keith
A 940
A 9
A 96
Cawdor Castle
A 95
Culloden Battlefield
A 839
Craigellachie
Inverness
Clava Cairns
LE NORD DES HIGHLANDS

TAIN

3 970 hab. IND. TÉL. : 01862

Plus ancien bourg royal d'Écosse (1066), patrie d'un saint très vénéré (Duthac), Tain a longtemps été un haut lieu de pèlerinage, fréquenté par les nobles et les rois. James IV y vint 18 fois en 20 ans ! Le village, qui souffrit énormément de Cromwell, conserve néanmoins quelques vénérables demeures de pierre, à l'image du *Tolbooth* de 1631, aux airs de châtelet. La *Mercat Cross,* devant, était le site des annonces publiques et elle servait accessoirement de pilori... On vient cependant aujourd'hui surtout visiter la distillerie *Glenmorangie.*

Arriver – Quitter

En bus

➢ ***Inverness :*** lun-sam, ttes les 1h-2h env avec les bus n°s 25X ou X98 de la compagnie *Stagecoach* (● *stagecoachbus.com* ●), 7h-19h (20h sam) ; dim 5 bus seulement, 9h27-19h27. Trajet : 1h-1h10.

➢ ***Dornoch :*** lun-ven 7 bus/j. (X98 ou X99), 6h30-19h35 ; sam 5 bus (11h-19h35), dim 2 seulement (ap-m).

➢ ***Wick-Thurso :*** 3 bus/j. (X99), dans l'ap-m, lun-sam, 2 le dim jusqu'à Wick. Un seul continue jusqu'à Thurso lun-sam, les 2 le dim.

➢ ***Lairg :*** changement obligatoire à Golspie.

En train

➢ ***Ligne Inverness-Tain-Lairg-Dunrobin Castle-Thurso-Wick :*** 4 trains/j., 8h17-19h45 (1 seul le dim). ● *scotrail.co.uk* ●

Où dormir ?

🏠 ***Golf View House B & B :*** *13, Knockbreck Rd.* ☎ *892-856.* ● *bedandbreakfasttain.co.uk* ● *Venant du sud, dans la rue principale, c'est à droite (fléché). Doubles avec sdb £ 75-90.* Cette maison victorienne entourée d'un beau jardin fleuri abrite 5 chambres avec lits *king size* ou *twin,* vue sur la mer et/ou le golf. Rénovées, elles sont spacieuses et claires, dans des tonalités blanc et gris (ou bleu lavande). En fin d'après-midi, profitez du beau *lounge,* avec sa lunette qui vous expédie au cœur du golf ou en pleine mer. Le matin, superbe salle du petit déj, avec parquet, tables en bois... et toujours la vue !

🏠 ***Shandwick House :*** *Chapel St.* ☎ *894-024.* ● *shandwickhouse.com* ● *Double £ 75.* En plein centre, mais dans une petite rue bien au calme, ce *B & B* occupant une jolie maison ancienne dispose de 6 chambres assez simples mais de bon confort. Les doubles sont plutôt spacieuses et toutes ont une salle de bains privée (sauf pour l'une d'elles, sur le palier). Préférez les chambres tournées vers la mer et... le supermarché *Tesco* en contrebas (la n° 1 est très lumineuse). Petit plus : un grand parking adjacent. Accueil discret.

Où manger ?

🍽 ***Sunflower Café :*** *18, High St.* ☎ *892-458. Dans la rue principale, sur la droite, à 100 m du* Royal Hotel. *Succursale à 2 pas sur King St. Tlj 9h30 (10h30 dim)-15h (16h ven, 14h30 dim). Plats £ 3-9. CB refusées.* Dans une petite salle toute jaune patinée, on sert toute la journée des petits déj et des plats simples : haddock, quiches, burgers et même un *haggis veg'*...

🍽 🍸 ***Platform 1864 :*** *Station Rd, à la gare.* ☎ *894-181. Depuis Main St,* *descendre par Castle Brae St.* Lunch menu *£ 14-19 ; plats £ 15-25.* C'est l'adresse à ne pas manquer à Tain ! Installé dans la gare du village, toujours en activité, ce bar-resto répond à toutes les envies : un sandwich ou un burger au comptoir, une bonne mousse, une cuisine de marché un peu chère mais goûteuse (bon steak sauce whisky-moutarde avec *haggis*), un cocktail ou une partie de fléchettes le soir. Il y a même de la musique *live* le samedi. Résultat : tout le monde y vient, couples, copines, familles... La carte est resserrée et le cadre joliment mis en scène.

À voir

Glenmorangie Distillery : *à 0,5 mile au nord de Tain, sur la route de Wick. ☎ 892-477. • glenmorangie.com • Visites guidées sur résa seulement, conseillée plusieurs j. avt (durée : 30-40 mn). Juin-août : ttes les 30 mn, 10h-16h ; avr-mai et sept-oct : ttes les heures, 10h-15h ; hors saison : lun-ven 10h et 14h. Résa conseillée en été. Entrée : £ 7,50 ; réduc.* La maison a été fondée en 1843. La visite fait découvrir l'élaboration d'un des *single malt* favoris des Écossais. La salle des alambics (avec le plus haut d'Écosse), tout en cuivre, semble tout droit sortie d'un roman de Jules Verne ! Petit musée gratuit exposant des alambics et de vieilles machines. Film sur la distillerie et dégustation à la fin.

PORTMAHOMACK

100 hab. IND. TÉL. : 01862

À 10 miles (16 km) à l'est de Tain, près de l'extrémité de la péninsule de Tarbat, ce tout petit port de pêche s'étire face à une jolie plage de sable fin. Une sorte de bout du monde, qui fut pourtant jadis un centre religieux : c'est ici que s'éleva le premier monastère picte d'Écosse, vers l'an 550.

Où dormir ? Où manger ?

Bistro & Rooms By the Sea – Caledonian House : *sur le front de mer (Main St). ☎ 870-169. • caledonianhouse.co.uk • Resto ouv avr-sept, ven-dim seulement, 12h-15h. Hôtel fermé en janv. Doubles avec sdb £ 70-90.* La déco toute simple de la salle, aux tables en bois clair et chaises peintes en blanc ou bleu, est reposante. Un poêle ronronne en hiver et la mer chante en été. La carte, courte, fait appel aux produits locaux du moment et n'oublie pas les desserts – glace maison poire-gingembre ou *cheesecake* aux myrtilles, ça vous dit ? La boss, Carol, parle pas mal le français. Elle loue 3 chambres au-dessus, récentes et bien équipées, aux tonalités marines.

Oystercatcher : *sur le front de mer (Main St). ☎ 871-560. • the-oystercatcher.co.uk • Soir seulement, sur résa. Double £ 115. Pas de carte ; menus £ 33-40 ; réduc de £ 7,50 pour les résidents, hors juil-août.* L'adresse fait référence pour les poissons et fruits de mer (et plus encore pour le homard) dans toute la région. Et c'est vrai que la cuisine est de qualité, avec des produits frais préparés selon des recettes originales ouvertes aux influences françaises. La carte des vins et whiskies est remarquable, mais le tout n'est pas donné ! Côté déco, on navigue entre rigolo et ringard : la mer est partout, depuis les bourriches au plafond jusqu'aux guirlandes de coquilles d'huîtres, en passant par la musique mâtinée de bruit des vagues ! Au-dessus du resto, 3 chambres sympas avec vue sur le soleil couchant – toutes avec salle de bains (mais une seule *en-suite*).

À voir. À faire

☛☛ ***Tarbat Discovery Centre :*** *☎ 871-351. ● tarbat-discovery.co.uk ● Juin-oct, tlj 10h (14h dim)-17h ; Pâques-fin mai, tlj sauf dim 14h-17h ; dernier ticket 45 mn avt. Fermé nov-mars. Entrée : £ 3,50 ; réduc.* Logé dans une petite église blanche, au milieu d'un cimetière, ce centre d'interprétation archéologique se trouve à l'emplacement même du premier monastère picte d'Écosse, fondé vers l'an 550 et détruit par le feu vers 800. S'il se consacre aussi à l'histoire locale, on vient avant tout y admirer plusieurs très belles pierres pictes du VIIIe s. Certaines sont des copies, mais d'autres sont d'origine comme *The Boarstone* (la pierre au Sanglier) ou celle du *Dragon,* dont le revers représenterait 3 (½) des 12 apôtres... Une autre pierre peut être vue in situ dans la crypte. Il semble qu'un atelier de sculpture se trouvait dans le monastère même. Si le sujet vous intéresse, demandez la brochure du *Pictish Trail* qui vous aidera à localiser d'autres belles *pictish stones* dans la péninsule.

☛☛ ***Balade :*** au bout de la pointe de Tarbat Ness, vous pourrez apercevoir (de loin, on ne le visite pas) le 3e phare de l'Écosse par sa taille. De là part une très chouette promenade de 2-3h vers le hameau de Rockfield, par un sentier longeant la falaise. Avec un peu de chance, vous verrez des dauphins.

LAIRG

800 hab. IND. TÉL. : 01549

Quittant l'A 9, la route A 836 longe le flanc sud du Dornoch Firth, avant de s'enfoncer pour de bon dans les terres. En remontant la rivière Shin – comme les saumons ! –, on atteint la grosse bourgade de Lairg, amarrée sur les rives d'un lac né de la construction d'un barrage en 1960. Le plus grand marché aux moutons d'Europe y a lieu 3 fois par an (agneaux en août, brebis en septembre, béliers en octobre).

POISSONS PAS NÉS

Depuis la construction de la centrale hydroélectrique de Lairg, le nombre de saumons a beaucoup chuté. Pour compenser cette forte diminution, les œufs sont aujourd'hui prélevés sur site et incubés dans un alevinier. Mais sur les 500 000 alevins relâchés au mois d'avril, seulement 1 % d'entre eux deviendront adultes. Les survivants reviendront 1 à 3 ans plus tard, bataillant ferme contre le courant pour rejoindre leur lieu de naissance et boucler ce cycle infernal.

Arriver – Quitter

Lairg constitue un point de jonction pour relier le nord-est de l'Écosse au Nord-Ouest en transport en commun, mais attention, les bus sont (très) peu fréquents et, d'une année sur l'autre, les liaisons sont susceptibles de changements importants.

En bus

➢ ***Lairg-Golspie :*** 3 bus/j. lun-ven (nº 66 ou 166), 9h-15h, avec *Stagecoach (● stagecoachbus.com ●).* Trajet : env 30 mn. De là, changement pour ***Tain*** ou *Helmsdale.*

➢ ***Tongue :*** tte l'année, mer seulement, vers 12h20, avec *Transport for Tongue (● transportfortongue.co.uk ●).* Trajet : env 1h.

➢ ***Durness :*** avec *The Far North Bus (● thedurnessbus.com ●),* 1 bus/j. tte l'année lun-jeu, 2 le ven, via ***Scourie*** et ***Kinlochbervie.*** Également une ligne début juil à mi-août seulement, lun-sam, via ***Ullapool, Lochinver, Kylesku,*** *Scourie* et *Kinlochbervie.* Ces bus sont en connexion avec le train Inverness-Lairg (et inversement).

En train

Gare ferroviaire : *à 1 mile (1,6 km) au sud de la ville.*

➢ ***Ligne Inverness-Wick :*** 4 trains/j. lun-sam, 1 seul le dim. Prévoir un bon 2h30 de trajet entre Lairg et Wick.

Où dormir dans le coin ?

Campings

Dunroamin Caravan Park : *en sortant du village sur la route de Golspie. ☎ 402-447. • lairgcaravanpark.co.uk • Avr-oct. Réception tlj 9h-20h (pause 12h30-14h dim). Prévoir £ 16-18 pour 2 selon taille de la tente. Douche chaude payante. Loc de mobile homes.* Dans le village, le lieu est plus pratique que séduisant, mais dispose d'un espace herbeux au calme dédié aux tentes. Les sanitaires sont datés et peu nombreux, mais généralement propres. Attention aux *midges* en saison. Un resto jouxte le camping.

Woodend Caravan Site : *Achnairn, Lairg. ☎ 402-248. • woodendcampsite.wordpress.com • À 5 miles (8 km) au nord-ouest de Lairg, par l'A 836, puis A 838 direction Overscaig (fléché à droite). Avr-oct. Env £ 15 pour 2. Douche chaude payante.* Occupant un vaste pré en pente dominant le loch Shin (joli panorama), à côté d'une ferme, ce camping peu fréquenté, ouvert aux 4 vents, séduira les amateurs de coins retirés. Les sanitaires sont datés mais propres et la « cuisine » réduite à sa plus simple expression. Salle pour se restaurer et échapper aux *midges.*

De bon marché à prix moyens (£ 10-40/pers ; 12-48 €)

Sleeperzzz : Rogart Station. *☎ (01408) 641-343. 📱 07833-641-226. • sleeperzzz.com • Sur l'A 839, à 10,5 miles (17 km) à l'est de Lairg. Sur la ligne de bus Lairg-Golspie opérée par* Stagecoach. *Mars-sept ; studio tte l'année. Nuitée £ 20-27/pers, studio £ 80 pour 2 (tarif dégressif).* Original en diable : tout contre la petite gare de Rogart, loin de tout, Franck (ancien prof de français) et Kate, fans de trains, ont transformé et restauré d'anciens wagons 1re classe des années 1960 en hébergement bon marché ! D'ici à ce que vous lisiez ces lignes, la plupart devraient avoir été redistribués en compartiments pour 2, 4 ou 6 personnes, la majorité avec leurs propres douche, salon et coin repas. Le *Showman's wagon,* un camion de cirque, continuera de partager ses sanitaires avec le *railway carriage.* Mentionnons aussi le studio aménagé dans l'ancien *ticket office* et rebaptisé *Waiting room,* tout contre les voies (mais les trains passent surtout de 8h30 à 20h30...). Les boss, fous de randonnée cycliste, vous donneront un tas de tuyaux sur les alentours et vous prêteront même un vélo ! Magasin et pub se trouvent à proximité. L'une de nos adresses les plus insolites et chaleureuses.

De prix moyens à chic (£ 50-100 ; 60-120 €)

Kincora B & B : *Lochside, juste avt la sortie de Lairg, direction Tongue. ☎ 402-062. • kincorahouse.com • Fermé 2 sem autour de Noël. Doubles £ 60-70.* Kate et son mari proposent 2 chambres coquettes mansardées à l'étage de leur petite maison, posée en bord de route. Bien propres, elles partagent une salle de bains mais, en général, ils ne louent qu'une chambre à la fois (familles ou amis exceptés).

Invershin Hotel : *à* ***Invershin,*** *à env 8 miles (env 12,5 km) au sud de Lairg, sur l'A 836, et 2,8 miles (4,5 km) au nord de Bonar Bridge, presque au pied du pont du chemin de fer. ☎ 421-202. • invershin.com •* Bunk bed £ 20/ *pers (petit déj en sus). Doubles avec sdb £ 90-100, petit déj inclus.* Un jeune

LES HIGHLANDS

couple a rénové cet hôtel paumé, en redonnant un peu de lustre rétro à sa grande véranda d'entrée, dotée de profonds fauteuils, canapés en cuir et malles anciennes. Les 7 chambres sont agréables et assez spacieuses (demandez-en une sur l'arrière), mais quand même un peu chères. Pour les petits budgets, une annexe abrite quelques chambres pour 2-3 personnes, riquiqui et simplissimes mais elles aussi bien tenues, avec ou sans *bunk beds* (sanitaires communs, draps fournis mais pas les serviettes). Pour se restaurer : quelques plats de pub typiques.

Où dormir en allant vers la côte ouest ?

The Oak Lodge Bed & Breakfast : *à* **Overscaig,** *à 16 miles (env 26 km) à l'ouest de Lairg, sur la A 838 en direction de Scourie et Durness. ☎ 431-255. 07866-040-689. • oaklodgebandb.co.uk • Double £ 90.* Amateurs de solitude ? Ce *B & B* s'implante loin de tout, dans le hameau d'Overscaig (4 maisons !), sur les pentes herbeuses dominant le loch Shin. Les sympathiques Lee et Leslie y ont aménagé 3 chambres confortables avec salle de bains privée – une tournée vers le loch, les 2 autres vers la montagne. Avec un peu de chance, vous verrez des cerfs se balader dans le jardin ! Panneaux solaires, chaudière à pellets, recyclage, les proprios sont très investis dans le développement durable.

Où manger ?

The Pier Café : *Lochside. ☎ 402-971. Tlj 10h-16h (18h dim), plus 17h30-21h ven-sam. Plats £ 9-11.* En bord de lac, dans un chouette environnement bucolique, avec des tables quasi les pieds dans l'eau, le *Pier Café* joue la carte du bois clair, dans une salle lumineuse bien agréable. Service jeune et souriant pour une petite cuisine simple, mais pleine de fraîcheur : bons produits, frites coupées main, goûteux burgers, *fish & chips, ploughman's lunch,* salades copieuses, sandwichs, gâteaux maison... On trouve même un petit choix de vins au verre et de bières locales.

DANS LES ENVIRONS DE LAIRG

Falls of Shin : *Achany Glen, sur la B 864, à 5 miles (8 km) au sud de Lairg.* Cette petite chute est surtout réputée pour le spectacle qu'elle procure : même si le nombre de saumons qui remontent la rivière a largement diminué, on peut encore parfois, de début mai à mi-novembre, les observer lorsqu'ils tentent de venir à bout des tonnes d'eau qui dévalent avec fracas. Pour avoir plus de chance de les voir, mieux vaut venir après une période un peu sèche (le débit est alors moins fort). Aux alentours, plusieurs promenades balisées, pas mal fréquentées. Le *Visitor Centre* abrite un joli café.

UNE HISTOIRE EN QUEUE DE POISSON

Au XIXe s, on pêchait quelque 200 000 saumons par an dans la rivière Shin et le Dornoch Firth. Et encore 50 000 au début des années 1990. Aujourd'hui, la pêche est uniquement sportive et limitée à 700 prises par an. Voilà qui en dit long sur la réduction drastique du nombre de saumons de l'Atlantique.

DORNOCH

1 500 hab. IND. TÉL. : 01862

Cette station de villégiature grandie à l'embouchure du Dornoch Firth offre l'une des plus agréables escales de la région. Parfois appelée la « Saint Andrews du Nord », elle déroule plusieurs kilomètres de sable et de petites dunes, et possède l'un des plus vieux golfs au monde, très apprécié des amateurs. Les *B & B* n'y manquent pas et, au centre, sur une charmante placette, trônent la cathédrale et une ancienne demeure épiscopale du XVIe s reconvertie en hôtel de luxe. Son annexe servit jadis de prison.

Arriver – Quitter

➢ ***Inverness :*** 2 bus directs/j. (nº X98 ou X99) avec *Stagecoach (● stagecoachbus.com ●)*, 4 le sam. Trajet : env 1h-1h30. Autres options avec changement à Tain.

➢ ***Lairg :*** changement obligatoire à Golspie.

➢ ***Tain :*** 9 bus/j. (nº X98 ou X99) lun-ven, 7h50-20h35 ; 6 le sam (10h15-20h35), 2 seulement le dim (en milieu de journée).

➢ ***Wick et Thurso :*** 3 bus/j. (nº X99), dans l'ap-m (2 le dim) jusqu'à Wick ; un continue jusqu'à Thurso (2 le dim). Trajet : env 1h45 pour Wick et 2h15 pour Thurso.

Adresse utile

ℹ ***Information Centre :*** Carnegie Courthouse, *à gauche du* Dornoch Castle Hotel, *en face de la cathédrale.* ☎ *810-594.* ● *visitdornoch.com* ● *Lun-ven 12h30-16h30, le w-e 11h-15h. Hors saison (sous réserve) : lun-ven 13h30-15h30.* On y vend une brochure des visites en français (£ 2).

Où dormir dans le coin ?

L'hébergement est assez cher à Dornoch.

Camping

⛺ ***Dornoch Caravan & Camp Park :*** *The Links, à 400 m du centre.* ☎ *810-423.* ● *dornochcaravans.co.uk* ● *Avr-oct. Compter £ 14-17 pour 2 avec tente et voiture.* Entre plage et golf, à 5 mn du centre-ville, la situation est plaisante, mais le terrain est venteux et occupé surtout par mobile homes et caravanes. Les tentes, elles, sont regroupées sur un petit triangle herbeux à l'entrée... Douches gratuites (mais sanitaires un peu vieillots), machine à laver, sèche-linge, épicerie en dépannage, salle de jeux.

Prix moyens (£ 50-85 ; 60-102 €)

🏠 ***Tordarroch B & B :*** *Castle St.* ☎ *810-855.* ● *rosematheson@btinternet.com* ● *À côté du* Dornoch Castle Hotel. *Pâques-oct. Double env £ 70. Pas de wifi.* Au cœur du village, cette belle maison en pierre se cache dans un adorable jardin fleuri. Ses 3 chambres sont très simples et un peu datées, mais elles sont propres, avec salle de bains privée (sur le palier pour celle de l'étage) et pas chères pour le secteur. *All guests must be approved by the cat*, dit le panneau ! Salon pour les hôtes. Bon accueil.

🏠 ***Highcroft Hilton B & B :*** *chez Sheila et Hugh Anderson, 312,* ***Hilton of Embo.*** ☎ *810-259.* 📱 *07974-932-939.*

• highcrofthilton.com • Du Square, à Dornoch, prendre la direction d'Embo sur env 1 mile. Doubles avec sdb £ 70-80. C'est une *croft house* rénovée et toute blanche, dans un hameau dominant de loin le Dornoch Firth – que l'on découvre à travers les bow-windows. La chambre du rez-de-chaussée (avec baignoire), notre préférée, plus cosy, a vue côté mer ; celle de l'étage (avec douche), donne sur le jardin. Accueil souriant de Sheila. Si vous voulez faire une balade sympa, continuez la route côtière vers l'A 839.

Chic (£ 85-125 ; 102-150 €)

2 Quail Guest House : *12, Castle St. ☎ 811-811. • 2quail.com • Doubles £ 85-135. Dîner £ 25. CB acceptées.* Derrière la discrète façade de pierre de cette petite maison donnant sur la rue principale se cachent 3 chambres cosy aux tonalités traditionnelles (lourds rideaux, mobilier rétro). L'accueil est sympathique, les lits sont confortables et les petits déj de Michael excellents. Son whisky n'est pas mal non plus...

The Bank House : *Castle St. ☎ 811-717. • dornochbankhouse.com • Avr-oct. Doubles £ 90-110. CB acceptées. Parking.* Dans la rue principale, cette maison en pierre de la fin du XIXe s abrita une banque jusqu'en 2006. Paul et Irene l'ont transformée en *B & B* cossu de 4 chambres, dont 3 vraiment spacieuses avec baignoire-jacuzzi et petit frigo. La déco, très vieille Écosse, décline papiers peints rétro, mobilier ancien et plafond mouluré ! Grande table pour le petit déj. Accueil décontracté.

Où manger ? Où boire un excellent whisky ?

The Carnegie Tearoom & Deli : *Castle St. ☎ 811-632. Mars-oct, tlj 9h-17h ; le reste de l'année 10h-16h. Plats £ 6-10.* Ce sympathique resto s'est installé dans l'ancienne cour de justice de Dornoch – comme le rappellent les hauts plafonds à clefs de voûte blasonnées et la fresque au mur, sur laquelle sont représentés de nombreux... golfeurs qui se sont illustrés sur le terrain local. On y prend le petit déj ou un bon petit *lunch* à prix canon. Au menu : sandwichs, *wraps,* quiches, *penne* et petits plats chauds de bonne tenue. L'après-midi, thé et gâteaux sont à l'honneur.

Sutherland House : *Argyle St, à l'angle du Square. ☎ 811-023. Mars-oct, tlj à partir de 18h. Résa conseillée. Plats £ 14-24.* Dans une bâtisse avec tourelle d'angle, la salle, toute de pierre, bois foncé et papier peint vert, est assez sombre et un rien compassée. Les golfeurs logeant au château y dégustent avec application médaillons de daim *(venison)* sauce porto-canneberges, filets de porc au calvados et « célèbres » steaks flambés au whisky ou servis avec du *haggis*. C'est plutôt bon, mais bien cher quand même. Également des plats plus abordables façon *pub grub,* mais là vous risqueriez de mécontenter la patronne... un comble !

Castle Whisky Bar : *Castle St. ☎ 810-216.* Élu *Whisky Bar of the Year* en 2014 et 2016, le bar du *Dornoch Castle Hotel* distille plus de 270 références d'alcools. Pas snob du tout, il adopte une ambiance de taverne chaleureuse, mais ses serveurs, très pro, connaissent leurs whiskies sur le bout des papilles. N'hésitez pas à leur demander conseil.

À voir

La cathédrale : *tlj 10h-16h (19h dim d'été). GRATUIT.* Datant du XIIIe s mais quasi détruite en 1570 lors d'une querelle (de clocher ?) entre 2 clans rivaux, elle a été largement restaurée au XIXe s. Ses dimensions sont modestes. On y admire surtout les nombreuses gargouilles et les vitraux, tout en se souvenant que Madonna y fit baptiser son fils Rocco en l'an 2000 ! De mai à septembre, le samedi à 20h, une démonstration gratuite de danse et de cornemuse a lieu devant, pendant environ 1h.

History Links Museum : *The Meadows.* ☎ *811-275. Derrière le* Dornoch Castle Hotel. *Avr-oct, tlj 10h-16h ; fermé nov-mars. Entrée : £ 4 ; réduc.* Ce petit musée explore l'histoire locale en détail en s'attachant à quelques personnages emblématiques. Parmi eux, la « sorcière » Janet Horne et l'industriel et philanthrope Andrew Carnegie, fils d'un tisserand écossais devenu immensément riche outre-Atlantique – qui acheta le proche château de Skibo pour sa toute jeune fille Margaret. Vous y apprendrez aussi que le *Royal Dornoch Golf Club* a été fondé en 1877 et que, jadis, on enfermait des chats dans les fondations pour porter chance – preuve momifiée à l'appui...

PROCÈS EN SORCELLERIE

Du square, prenez Church St, qui devient River St en allant vers le golf, et arrêtez-vous à l'angle de la dernière maison à gauche. Derrière le muret, dans le jardin, une pierre marquée (à tort) 1722 rappelle l'histoire de Janet Horne. C'est en fait en 1727 que cette ancienne servante, devenue sénile, fut accusée par ses voisins d'avoir transformé sa fille, dont certains membres étaient malformés, en « poney du diable »... Elle fut enduite de goudron, enfermée dans un tonneau et brûlée vive. 9 ans plus tard, la loi contre la sorcellerie sera abrogée.

DE DORNOCH À WICK

Le secteur n'est pas franchement inoubliable. On vous conseille de passer un peu vite, en vous offrant juste quelques escales incontournables : château de Dunrobin, cairns de Camster.

Arriver – Quitter

En bus

➢ ***Dornoch-Wick :*** 3 bus/j. (nº X99) dans l'ap-m (2 seulement le dim), avec la compagnie *Stagecoach* (● *stagecoachbus.com* ●), avec arrêt possible à ***Golspie, Helmsdale*** et ***Berriedale.***

En train

➢ ***Inverness-Thurso-Wick :*** 4 trains/j., avec arrêt sur demande au *Dunrobin Castle* (de début avr à mi-oct). La gare la plus proche de Dornoch est celle de Golspie, à 11,5 miles (18 km) au nord. ● *scotrail.co.uk* ●

Où dormir en chemin ?

Prix moyens (£ 50-85 ; 60-102 €)

Customs House : *Shore St, sur le port de* ***Helmsdale.*** ☎ *(01431) 821-648. Double env £ 50. Pas de wifi.* Cette petite maison de 1818, précédée d'un parterre de roses, est tenue par une mamie sympathique, dont la famille fait *B & B* de génération en génération. Elle propose 4 chambres, qui partagent toutes les mêmes sanitaires. Bon petit déj avec confitures maison.

Kindale Guest House : *5, Lilleshall St, à* ***Helmsdale.*** ☎ *(01431) 821-415.* 📱 *07810-440-909* ● *kindalehouse.co.uk* ● *Dans la rue à l'angle du resto* Mirage. *Doubles £ 50-60. Dîner sur résa £ 15.* Dans une maison en pierres, 2 chambres à l'étage avec bains et une autre pour 3-4 personnes au rez-de-chaussée. Elles sont vastes, bien décorées et tenues.

Shangri-La B & B : *Lilleshall St,*

à ***Helmsdale.*** ☎ *(01431) 821-359.* ● *shangri-la-bnb.com* ● *Double avec sdb env £ 80.* La maison cultive son look décalé. L'une de ses 2 chambres a été décorée sur le thème d'Hollywood, avec Marilyn en *guest star,* l'autre sur celui de l'Union Jack, qui nappe aussi bien le dessus-de-lit que les taies d'oreiller – avec lampes coiffées d'une couronne et petits *bobbies* sur le bureau ! À l'arrière, un jardin foisonnant d'où émergent des flamants roses en plastique et une cabine téléphonique rouge occupée par... une famille de zèbres. Excentrique, *for sure.*

Où manger en chemin ?

I●I ***La Mirage :*** *7-9, Dunrobin St, à* ***Helmsdale.*** ☎ *(01431) 821-615. Tlj 11h (12h dim)-20h45. Plats £ 10-20.* Cette adresse singulière tient sa réputation du décor tout fou que son ancienne proprio, passionnée par Barbara Cartland, lui avait donné... Le thème maritime prédomine désormais, mais le faux arbre et l'entraîneuse-lampadaire demeurent... Côté cuisine, le *fish and tea* règne en maître – des beignets de haddock XXL accompagnés d'une tasse de thé et de petits pois. Il y a d'autres choix, mais rien de très fin. Une curiosité plutôt qu'une adresse gastronomique.

I●I Juste à côté, un ***fish & chips,*** l'un des 6 meilleurs d'Écosse d'après des publications régionales... Même maison !

I●I ***Thyme and Plaice :*** *10, Dunrobin St, à* ***Helmsdale.*** ☎ *(01431) 821-598. Tlj sauf lun 9h (10h dim)-17h (20h30 jeu-sam). Plats £ 7-19.* Est-ce le « bon endroit au bon moment », ou le « thym » et le « carrelet » ? Ce petit bistrot sans chichis propose un choix restreint de sandwichs et petits plats, préparés à base de produits frais (notamment le poisson). Accueil familial.

I●I ☕ ***The River Bothy :*** *à* ***Berriedale.*** ☎ *(01593) 751-569. Tlj 10h-16h. Sandwichs et petits plats £ 4-8. The proof of the pudding is in the eating,* dit la formule (il faut juger sur pièce). On s'y applique volontiers ici. Loin de tout, mais à quelques pas de la jolie plage de galets de Berriedale, ce café mignon comme tout propose chaque jour son lot de bons gâteaux, tartes et pancakes aux myrtilles. Le choix de petit déj est aussi superbe. On apprécie le poêle et la carafe sur chacune des grosses tables. Accueil gentil.

À voir. À faire

Big Burn Walk : *départ du pont à la sortie nord de* ***Golspie.*** *Env 15-20 mn aller (1,2 km).* Cette balade très prisée mène le long d'une petite rivière, que le chemin traverse par une série de passerelles, pour aboutir à des chutes d'eau noyées dans la forêt. Accès plus court fléché sur l'A 9, env 650 m au nord.

Dunrobin Castle : *env 1 km au nord de* ***Golspie.*** ☎ *633-177.* ● *dunrobincastle.co.uk* ● *Avr-oct, tlj 10h30-16h30 (10h-17h juin-sept). Dernière entrée 30 mn avt fermeture. Musée : tlj 11h-16h. Entrée : £ 11,50 ; réduc. Photos interdites à l'intérieur. Explications en français dans les salles. Démonstration de dressage de faucons, avr-sept, tlj à 11h30 et 14h. Salon de thé au rdc, plats £ 6-8.* Demeure des comtes et ducs de Sutherland depuis le XIIIe s, le puissant château de Dunrobin doit l'essentiel de son allure actuelle aux agrandissements de la fin du XVIIIe s, mais il conserve son donjon d'origine encastré dans l'édifice. La visite révèle des intérieurs fastueux, sans véritable chef-d'œuvre, mais comprenant mobilier Louis XV, tableaux de grands portraitistes anglais, toiles d'après Canaletto et autres tapisseries. La belle bibliothèque abrite quelque 10 000 ouvrages. Plusieurs pièces sont décorées de peaux de lions et tigres mais, pour véritablement prendre la mesure de la passion de la chasse des Sutherland, il faut descendre vers les jardins et visiter le ***musée de curiosités,*** où l'on est accueilli par une authentique girafe (coupée au bas du cou...). Elle est entourée par une sacrée panoplie de massacres africains et souvenirs de voyage. Dans la partie du fond sont exposées toutes sortes de curiosités, dont de superbes pierres pictes sculptées trouvées sur le domaine. Les beaux jardins, réalisés en 1850, sont inspirés par ceux de Versailles. De gigantesques *gunnera* y prospèrent.

Càrn Liath : *en direction de Brora, après le Dunrobin Castle (parking à gauche, cairn à droite). GRATUIT.* Ruines d'un *broch* (fortification) celte parmi les mieux conservés d'Écosse. Un escalier permet de grimper au niveau supérieur.

Le village fantôme de Badbea : *sur l'A 9, à 6 miles (10 km) au nord de Helmsdale (bien indiqué).* Ce hameau, dont il ne subsiste que de maigres ruines, fut construit par des paysans victimes des sinistres *clearances* au début du XIXe s. Chassés par les *landlords* qui ne voulaient faire que du mouton de façon extensive, ils s'établirent sur cette côte extrêmement inhospitalière, où ils tentèrent de survivre en devenant pêcheurs. Leurs possessions ? Une vache peut-être, quelques poules qu'il fallait attacher par jour de grand vent (les enfants aussi, d'ailleurs, sous peine de les retrouver en bas de la falaise), quelques carrés de patates... et c'est tout. Des 61 personnes qui vivaient ici en 1841, il n'en restait plus aucune en 1903. Au moins une des 12 familles émigra en Nouvelle-Zélande. C'est leur fils, de retour au pays, qui fit ériger en 1911 le monument en l'honneur de ces héroïques villageois.

Berriedale : *à env 9 miles au nord de Helmsdale.* Ce minuscule village en bord de mer se serre en retrait d'une jolie plage de galets battue par la houle. On y accède par une passerelle suspendue – un trampoline, devrions-nous dire ! En vis-à-vis se découpent de courtes falaises peuplées de goélands et de macareux. Rive droite, un sentier se hisse jusqu'aux ruines d'un château.

Laidhay Croft Museum : *à 1 mile au nord de* ***Dunbeath,*** *sur l'A 9. • laidhay.co.uk • Avr-sept, tlj 9h-17h. Entrée : £ 3 ; réduc.* Le long de la route, cette fermette de 1802 au toit de chaume, basse et allongée, a été conservée comme dans les années 1950. On y visite rapidement la chambre avec lit clos, l'atelier, la cuisine, où s'empilent des tas de vieux objets et bibelots d'époque. S'il n'y a personne, on paie au *tearoom* voisin (mêmes horaires).

Grey Cairns of Camster : *au nord de Dunbeath, env 0,5 mile après Lybster, prendre à gauche (fléché) et poursuivre sur env 5 miles (8 km).* Ces grands cairns, datant du néolithique, ont plus de 5 000 ans. Aujourd'hui plantés dans une lande où paissent les moutons (le climat était alors plus doux et les sols plus fertiles), ils figurent parmi les mieux conservés et restaurés du Royaume-Uni. Celui de gauche est rond : il mesure 18 m de diamètre pour 3,50 m de haut. Un passage très étroit mène à la chambre principale éclairée par une ouverture au sommet. Plus complexe, le grand cairn incorpore 2 anciens cairns et 2 cours intérieures. On peut également y pénétrer, mais mieux vaut avoir une lampe.

WICK

6 900 hab. IND. TÉL. : 01955

• Plan *p. 389*

Wick n'a longtemps vécu que pour le hareng. Au temps de sa splendeur, plus de 1 000 bateaux s'adonnaient à cette pêche. Le seul 23 août 1864, jour

de tous les records, ils ramenèrent 24 millions de poissons, vidés, fumés, salés et conditionnés en tonneaux dans la foulée par une main-d'œuvre nombreuse, constituée majoritairement de femmes. Le magnifique *Wick Heritage Museum* retrace très bien cette épopée. Vu les chiffres, on ne s'étonnera pas que la ressource ait disparu... Aujourd'hui, Wick subsiste difficilement grâce au pétrole et la ville, morose, se vide peu à peu de ses habitants.

Arriver – Quitter

En bus

➢ ***Inverness :*** 4 bus/j. (nº X99) lun-sam avec *Stagecoach* (● *stagecoachbus.com* ●), 8h20-18h45 ; 2 le dim (mat). Ils passent notamment par ***Dornoch*** et ***Tain.*** Départ de la poste.

➢ ***John O'Groats :*** 5 bus/j. (nº 77) lun-sam avec *Stagecoach,* 9h40-18h30 (1h plus tôt en été) ; pas de bus le dim. La plupart desservent aussi le ferry de Gills Bay pour les Orcades.

➢ ***Thurso :*** bus *Stagecoach* nº 82, ttes les 1h30-3h, 6h55-22h05.

En train

➢ ***Thurso-Inverness :*** 3-4 trains/j., 6h20-16h (1 seul le dim). ● *scotrail.co.uk* ●

Adresses utiles

🛈 ***Point information*** *(plan A1) : 66, High St.* ☎ *602-547. Au 1er étage de la boutique* Mac Allans. *Lun-sam 9h-17h30.* Pas vraiment un office de tourisme, mais un coin avec des brochures à disposition à l'étage d'un magasin de vêtements !

■ ***Wick Laundry*** *(laverie ; plan A1,* ***1****) : The Shore (face au port).* ☎ *604-242. Lun-jeu 10h-16h, ven 10h-22h, le w-e 10h-17h (dernière machine 2h avt).*

Où dormir ?

Camping

⅄ ***Wick Caravan & Camping Site*** *(hors plan par A1-2,* ***10****) : Riverside Dr.* ☎ *605-420.* ● *wickcaravansite.co.uk* ● *Prendre l'A 882 en direction de Thurso, c'est à env 800 m, sur la droite. Attention, les camping-cars doivent faire le tour par le nord de la rivière en raison d'un pont de chemin de fer étroit à franchir (plan d'accès à l'entrée). Ouv de mi-avr à fin sept. Emplacements £ 11-16 selon saison. CB refusées.* Ce camping familial en bord de rivière déroule un superbe terrain à la pelouse moelleuse plantée d'arbres – que vous devrez partager avec quelques lapins ! C'est l'un des mieux qu'on ait vus dans les Highlands. Le bloc sanitaire est assez daté, mais les emplacements sont spacieux et les patrons accueillants. Un chemin mène au centre-ville en 10 mn en longeant la Wick River.

Prix moyens (£ 50-85 ; 60-102 €)

⌂ ***Seaview Guesthouse*** *(plan B1,* ***12****) : 14, Scalesburn.* ☎ *602-735.* ● *wickbandb.co.uk* ● *Doubles £ 70-80.* Drôle d'endroit pour un *B & B...* Isolée au pied d'un quartier résidentiel, la maison s'implante directement sur les quais du port, au milieu de terrains un peu vagues... Par fort vent, on s'y prend les embruns en pleine poire ! La chaleureuse June, qui a quitté Newcastle pour le Nord sur un coup de tête, tient ses 3 chambres avec beaucoup de sérieux. Il y en a 3, dont une familiale avec sa propre salle de bains (les 2 autres en partagent une). Une vraie bonbonnière kitschounette, aux

LES HIGHLANDS

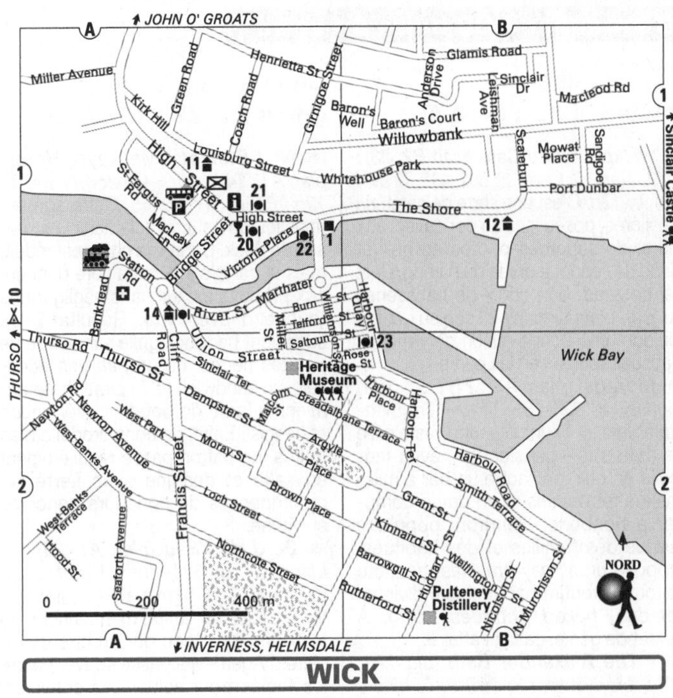

Adresses utiles	
Point information (A1)	
1 Wick Laundry (A1)	
Où dormir ?	
10 Wick Caravan & Camping Site (hors plan par A1-2)	
11 Nethercliffe Hotel (A1)	
12 Seaview Guesthouse (B1)	
14 Mackays Hotel (A1)	
Où manger ? Où boire un verre ?	
14 Nº 1 Bistrot (A1)	
20 The Alexander Bain (A1)	
21 Morags (A1)	
22 Bord de l'Eau (A1)	
23 Wickers World Café (B2)	

couleurs pimpantes, bien équipée et bien chauffée.

Nethercliffe Hotel *(plan A1, **11**) : Louisburgh St. ☎ 602-044. • nethercliffehotel.co.uk • À pied, accès par la ruelle à droite de la poste, sur High St ; en voiture, par Louisburgh St (parking devant l'hôtel). Double £ 90.* Ce petit hôtel très central, au jardinet fleuri, n'a que 6 chambres, petites, simples mais bien entretenues et équipées. Un peu bizarre, quand même, de passer devant le salon et la salle de bains des proprios pour accéder aux chambres... Accueil sympa.

Plus chic (plus de £ 125 ; 150 €)

Mackays Hotel *(plan A1, **14**) : 1, Ebenez Pl. ☎ 602-323. • mackayshotel.co.uk • Double £ 135.* Assez tristoune vu de l'extérieur, l'édifice en pierre, en plein centre-ville, abrite des chambres plaisantes et d'un très bon niveau de confort. Le boss gère avec attention son hôtel, où l'on trouve en outre la meilleure table de la ville (voir « Où manger ? Où boire un verre ? »).

Où manger ? Où boire un verre ?

Bon marché (plats £ 5-10 ; 6-12 €)

|●| ***Wickers World Café*** *(plan B2,* ***23****) : 21-23 Harbour Quay. ☎ 602-433. Tlj sauf dim 9h-17h.* C'est une sorte de cafétéria améliorée, posée face au port, avec, aux murs, de superbes photos en noir et blanc de l'époque dorée du hareng. Petit déj costaud, bon choix de pâtisseries du jour, plats simples et copieux, il y a toujours une bonne raison de venir ici. L'accueil souriant en fait partie.

|●| ***Morags*** *(plan A1,* ***21****) : 94-102, High St. ☎ 605-161. Tlj 9h-17h (théoriquement...).* D'un côté, une vaste salle de café à la « parisienne », avec fauteuils en cuir, de l'autre un bar à milk-shakes rétro *fifties* et un grand comptoir à bonbons. L'endroit, populaire auprès des familles et des habitués, propose un *all day breakfast* honnête et tout le toutim habituel (sandwichs, salades, *baked potatoes, rolls*). À défaut de génie, ça fait l'affaire.

|●| 🍸 ***The Alexander Bain*** *(plan A1,* ***20****) : Market Pl. ☎ 609-920. Dans la rue piétonne. Tlj 8h (9h dim)-23h (minuit jeu, 1h ven-sam).* Ses principaux arguments ? Son grand choix, ses prix bas et ses horaires étendus. Pour le reste, cet immense pub-resto de la chaîne *Wetherspoon,* situé dans une belle maison en pierre, ne détonne pas par la qualité de ses plats. Il n'en reste pas moins très populaire auprès des locaux.

De prix moyens à chic (plats £ 8-22 ; 10-26 €)

|●| ***N° 1 Bistrot*** *(Mackays Hotel ; plan A1,* ***14****) : voir « Où dormir ? ». Tlj 12h-16h30, 17h-20h45.* Cette adresse tient lieu de petit miracle dans la morosité de Wick. Certes, le choix est réduit, mais la carte s'ingénie à faire honneur aux produits locaux sans négliger une touche d'inventivité. Résultat ? Un succulent haddock grillé sur salade de patates tièdes, ou un *ban mih* écossais, un sandwich (d'inspiration vietnamienne) lardé de boudin grillé, bacon et *haggis* ! Enfin, de bons produits bien traités. Le patron passe régulièrement en salle et désigne avec fierté les récompenses de concours agricoles en vitrine.

|●| ***Bord de l'Eau*** *(plan A1,* ***22****) : 2, Market St. ☎ 604-400. Tlj sauf lun et dim midi, 12h-14h et à partir de 18h.* Vu le choix fort limité, mentionnons ce resto français tenu par un chef originaire d'Agen – qui passe souvent entre les tables pour saluer ses convives. Il offre aux *Scottish* tout ce qui fait l'image de la cuisine française : cuisses de grenouilles, escargots, gratin dauphinois... plus des poissons et fruits de mer du secteur. C'est correct, voire bon, mais quand même bien cher. La salle est sombre, mais la véranda tournée vers le port apporte une note plus lumineuse.

À voir. À faire

★★★ ***Wick Heritage Museum*** *(plan A2) : 18-27, Bank Row. ☎ 605-393. • wickheritage.org • Pâques-dernier sam d'oct : lun-sam 10h-17h (dernière entrée à 15h45). Entrée : £ 4 ; réduc. Compter 1h de visite. Livret en français en prêt.* Ce très beau musée d'histoire locale se consacre largement à la pêche aux *silver darlings* (le hareng), qui fit la fortune de Wick au XIXe s, mais aussi à la vie quotidienne à l'époque. On y découvre une foule d'objets intéressants et de scènes reconstituées : barques de pêche avec filets et cordages, fumoir à harengs, vieille lentille de phare, maquettes, cuisines, et, au sous-sol, une fabrique de tonneaux encore imprégnée de l'odeur du goudron. De superbes photos anciennes de la famille Johnston (3 générations de photographes !), dont le musée conserve 50 000 négatifs sur films ou plaques de verre, plongent parallèlement dans l'ambiance de ces décennies fastes. Leur studio a d'ailleurs été reconstitué. Mentionnons aussi une salle de classe et une surprenante collection de robes de juges !

Malgré son état de délabrement, le vieux quartier du port, qui entoure le musée, conserve une certaine homogénéité architecturale.

Pulteney Distillery *(plan B2) :* *Huddard St.* ☎ *602-371.* • *oldpulteney.com* • *Mai-sept, tlj sauf dim 10h-17h (16h sam) ; oct-avr, lun-ven 10h-16h. Fermé 2 sem autour de Noël. Visites guidées à 11h et 14h seulement : £ 10-25 (dont £ 2,50 remboursables à la boutique) selon le nombre de whiskies dégustés (1-3). Durée : 1h-1h30. Résa conseillée.* À l'époque de sa construction (1826), la distillerie de Pulteney n'était accessible qu'en bateau ! La visite guidée permet de découvrir une vieille machine *Porteus* à tirer le malt, l'« ascenseur à malt » *(malt elevator)*, les belles cuves à distiller en cuivre, le *spirit safe* qui sert à redistiller la « tête », et enfin le stockage des fûts de bourbon américain. Dégustation en fin de visite.

DANS LES ENVIRONS DE WICK

Sinclair Castle : *à 15 mn de Wick. Du centre, prendre Willowbank en direction de Papigoe ; à Staxigoe, tourner à gauche vers Noss Head ; le château est sur la gauche, un peu avt le phare.* De loin, les ruines ne paient pas de mine, mais il serait bien dommage de ne pas s'en approcher. Le château, remontant au moins au XVe s, a été bâti au bord de la falaise qui lui sert de fondations, dans un coin totalement sauvage (attention aux enfants !). Ses murs patinés se confondent presque avec le paysage. S'il fait beau et que l'on est tout seul (à 2, quoi !), c'est un enchantement.

Keiss Beach : *dans la Sinclair's Bay, à 7 miles (11 km) au nord de Wick en direction de John O'Groats.* Cette belle plage de sable clair, totalement sauvage, est bordée de grandes dunes. Un chemin la longe, invitant à une belle balade.

Manifestations

– **Pipe Band Week :** *début juil, plus ts les mer et sam en juil-août.* • *wickpipeband.org* • Concerts de cornemuse et danses traditionnelles gratuits le samedi vers 19h30 sur Market Square, et *Variety Show* chaque mercredi vers 20h (payant).

JOHN O'GROATS

260 hab. IND. TÉL. : 01955

John O'Groats aime bien se présenter comme le bout de l'Écosse et la fin de la route. Le village tient son nom du Hollandais Jan de Groot, 1er passeur régulier à la fin du XVe s pour les îles Orcades – dont on dit qu'il demandait comme numérotation 1 *groat* (l'ancienne monnaie écossaise) pour prix de la traversée. 6 siècles plus tard, on vient toujours ici pour prendre le ferry (passager) qui, à la belle saison, dessert l'archipel – dont les premières îles louvoient à l'horizon. On en profite, pour aller faire un tour aux falaises de Duncansby Head et, peut-être, apercevoir quelques phoques.

Arriver – Quitter

En bus

➢ ***Inverness :*** juin-août seulement, avec *John O'Groats Ferries (● jogferry.co.uk ●)*, 2 bus/j.

➢ ***Thurso :*** bus nº 80, 80D ou 280 avec *Stagecoach (● stagecoachbus.com ●)*, ttes les 1-2h lun-ven, 7h45-19h50 ; 5 bus/j. sam (11h05-19h50), aucun le dim.

➢ ***Wick :*** bus *Stagecoach* nº 77, env 4 bus/j. lun-sam, 10h25-19h40 (15h50 sam), aucun service le dim.

En bateau

➢ ***Burwick (îles Orcades) :*** avec *John O'Groats Ferries (☎ 611-353 ; ● jogferry.co.uk ●)*, mai-sept seulement, 2 traversées/j. ; juin-août, 3 ferries/j. Ce bateau ne prend que les piétons ; pour traverser en voiture, se rendre à Gills Bay (4 miles, soit 6,5 km à l'ouest, voir ci-dessous) ou à Scrabster (Thurso). De John O'Groats, la compagnie propose aussi des excursions à la journée aux Orcades et un *wildlife cruise* de 1h30 (fin juin-fin août).

➢ ***Gills Bay – St Margaret's Hope (îles Orcades) :*** avec *Pentland Ferries (☎ 0800-688-8998 ; ● pentlandferries.co.uk ●)*, 3-4 ferries/j. tte l'année. Traversée : env 1h.

Adresse utile

🛈 ***Tourist Information :*** *County Rd ; sur le parking, dans un magasin de souvenirs. ☎ 611-373. ● visitjohnogroats.com ● Mai-sept : tlj 9h-18h ; oct-avr : lun-ven 10h-16h, plus parfois le w-e.* Accueil compétent entre 2 clients à encaisser.

Où dormir ? Où manger ?

Camping

⛺ ***John O'Groats Caravan & Camping Site :*** *face au débarcadère. ☎ 611-329 ou 744. ● davidbody.co.uk/JohnoGroatsCampsite ● Avr-sept. Compter £ 17 pour 2-4 pers avec tente.* Établie en bordure de mer, avec l'archipel des Orcades à l'horizon, « *The first and last campsite* » dispose de 90 emplacements un peu serrés, vent debout. Plus utile que charmant, ses infrastructures sont moyennes. Machine à laver et sèche-linge. Accueil pas franchement chaleureux.

Prix moyens (£ 50-85 ; 60-102 €)

🏠 ***John O'Groats Guest House :*** *The Broo, à l'entrée sud du village en venant de Wick, en bord de route. ☎ 611-251. ● johnogroatsguesthouse.com ● Doubles £ 65-80, familiales £ 100. CB acceptées (+ 2 %).* Sous ses airs de motel, la bâtisse offre 5 chambres cosy et d'excellent confort (dont 2 familiales), avec salle de bains nickel. Elle est tenue par un couple très sympathique qui reçoit chaleureusement. Copieux breakfast.

🍽 ***Stacks Coffee House & Bistro :*** *face au parking du débarcadère. ☎ 611-582. Tlj 10h-17h.* S'il ne paie pas de mine de l'extérieur, ce *coffee-shop* à l'âme plutôt urbaine se révèle lumineux, chaleureux et joliment décoré, entre mobilier cérusé, magazines à disposition et musique du moment. L'accueil est sympa, le *latte* bon et un peu costaud (pour une fois) et il y a aussi de très bons *scones*, des soupes et plats du jour (façon *Cajun chicken*) et de bonnes bières et gins artisanaux des Orcades.

De chic à très chic (plus de £ 100 ; 120 €)

🏠 ***Natural Retreats :*** *☎ 800-490. ● naturalretreats.com ● Compter £ 102-280 pour 2-8 pers.* Membre d'une chaîne de luxe américaine, ce complexe

LES HIGHLANDS

se compose de plusieurs petites villas épurées, très lumineuses (et confortables), et d'appartements situés dans le grand bâtiment voisin (1-4 chambres). Demandez de préférence les n°s 21, 22 ou 23, pour la plus belle vue sur mer. Les prix ne sont pas tendres, mais on peut y résider à la nuitée et les lieux sont vraiment impeccables. On est même surpris de trouver un endroit si confortable dans un endroit comme John O'Groats ! En revanche, pensez bien à faire vos courses avant de venir...

Où dormir ? Où manger à Mey ?

Ces adresses intéresseront ceux qui veulent visiter le château de la reine mère, situé à l'orée du microvillage de Mey, à 7 miles (11 km) à l'ouest de John O'Groats sur la route de Thurso.

The Hawthorns B & B : *le long de la route A 836. ☎ (01847) 851-444. • meybandb.co.uk • ♿ Double avec sdb £ 90, plus des triples.* La maison est moderne, mais les 5 chambres (dont 2 triples) sont de très bon confort, très propres, bien équipées et plutôt spacieuses. Quelques touches de déco discrète rappellent les Highlands – un *longhorn cattle* par ci, un motif de cerf par là.

Castle Arms Hotel : *le long de la route A 836. ☎ (01847) 851-244. • castlearmshotel.co.uk • Congés : de mi-déc à mi-janv. Resto ouv avr-sept à partir de 18h. Doubles £ 90-135. Lunch env £ 10. Au dîner, plats £ 10-22.* Ce vieux relais de poste du XIXe s a été bien rénové. Il propose 9 chambres confortables, 4 dans le bâtiment principal et 5 dans les anciennes écuries, donnant sur une courette à l'arrière. De nombreuses photos de *Queen Mother* rappellent la proximité du château. Côté resto, une cuisine élaborée à base de bons produits, type haddock, crabe, coquilles Saint-Jacques, viande de bœuf locale et jambon fumé. Service souriant et diligent.

Cafétéria du Castle of Mey : *☎ (01847) 851-473. Mêmes horaires que le château (voir ci-après). Plats £ 5-10.* Vous nous croirez ou pas, mais le self-service du château d'été de la reine mère est vraiment excellent. À l'entrée, il affiche même la liste des producteurs locaux auprès desquels il se fournit. On vous recommande, s'il y en a ce jour-là, le *seafood platter* ou la *seafood salad,* décorés comme les chapeaux de *Queen Mother* ! Également des soupes, des sandwichs, un délicieux *crumble* aux fruits rouges, des scones et des gâteaux pour le *tea-time.* Un maximum de fruits et légumes proviennent du potager du château.

À voir

Duncansby Head : *à 1,8 mile (2,9 km) à l'est de John O'Groats.* De mi-avril à mi-juillet, les falaises de grès rose et leurs tapis d'herbe sont occupés par fulmars, cormorans, guillemots et macareux (les fameux *puffins*) nicheurs. On les observe notamment en prenant, depuis le parking du phare, le sentier partant vers l'est : après 15-20 mn, il surplombe les impressionnants *Stacks of Duncansby,* des aiguilles rocheuses de plus de 60 m.

DANS LES ENVIRONS DE JOHN O'GROATS

Castle of Mey : *à* **Mey.** *☎ (01847) 851-473. • castleofmey.org.uk • À 7 miles (11 km) à l'ouest de John O'Groats, en direction de Thurso. Le bus n° 80 s'arrête à env 1 km (sauf dim) ; si vous téléphonez à l'avance et qu'il n'y a pas trop de monde, on pourra peut-être venir vous chercher à l'arrêt. Mai-sept : tlj 10h20-16h (dernière admission) ; jardins et animal farm 10h-17h. Attention, fermeture*

2 sem fin juil-début août, car le prince Charles est là en vacances. La visite du château est généralement guidée (ttes les 20 mn, durée env 50 mn), mais elle est parfois libre lors des fortes affluences ; explications en français en prêt à l'accueil. Entrée : £ 12 ; jardins seulement £ 6,50 ; réduc. Photos interdites à l'intérieur.

Ce château, le plus septentrional du pays, a été acquis en ruine en 1952 par la reine mère après la mort de son mari : elle rêvait d'un pied-à-terre bien à elle loin du tralala de la cour. Elle entreprit sa restauration complète pour en faire une résidence de villégiature, où elle résidait immanquablement 6 semaines par an, en août et en octobre. Elle y vint jusqu'en 2001, à l'âge de 101 ans. À sa mort, le domaine a été confié à un *trust*, mais le prince Charles a pris le relais : il y vient 2 semaines en été (et paie une location !).

Le site est splendide et le château, construit en 1561-1572 pour le 4e comte de Caithness (un Sinclair), ressemble à un bouquet de tourelles et d'échauguettes face aux Orcades. L'intérieur n'a pas bougé d'un poil : les bottes et le ciré de la reine mère sont toujours rangés dans l'entrée, à côté des coquillages qu'elle aimait ramasser sur la plage... Les guides s'ingénient à exposer sa personnalité au gré de multiples anecdotes savoureuses. Au-delà, on découvre 18 pièces d'une relative modestie, aux chambres petites, pour la plupart dépourvues de salle de bains (sauf celle de *Queen Mum*).

Avant ou après la visite, allez faire un tour dans le beau potager clos, qui alimente en partie la cafétéria du château ; il mêle joliment légumes, fruits et fleurs. Enfin, emmenez vos enfants visiter l'*animal farm,* où sont présentés moutons et poules rares.

Manifestation

– ***Mey Highland and Cultural Games :*** *début août.* Danses, musique traditionnelle, jeux, concours, *dog show*... Dans les pas de la reine mère, le prince Charles vient généralement s'y balader.

THURSO

7 930 hab. IND. TÉL. : 01847

• Plan *p. 395*

Plus proche du cercle polaire que de Londres, cette petite ville a pour intérêt principal d'être toute proche de *Scrabster,* l'un des principaux ports d'embarquement pour les îles Orcades, à 2,5 miles (4 km) à l'ouest. Pour le reste, l'ambiance est plutôt à la sinistrose : la région est en crise et, franchement, ça se voit. Pour vous divertir, allez faire une balade derrière le phare (belles falaises peuplées d'oiseaux), en prenant garde aux enfants, ou offrez-vous une session de surf dans la baie...

Arriver – Quitter

En bus

➢ ***Bettyhill-Tongue-Durness*** *(le long de la côte nord) :* mar, jeu et sam 1 fois/j. avec *Far North (● thedurnessbus.com ●)* ; le bus du sam continue jusqu'à Durness. Trajet : env 1h30 jusqu'à Tongue.

➢ ***Inverness :*** 2 directs/j. lun-sam avec *Stagecoach (● stagecoachbus.com ●)* et 2 autres avec changement à Dunbeath (plus rapides malgré cela). Trajet : 3h-3h30.

LES HIGHLANDS

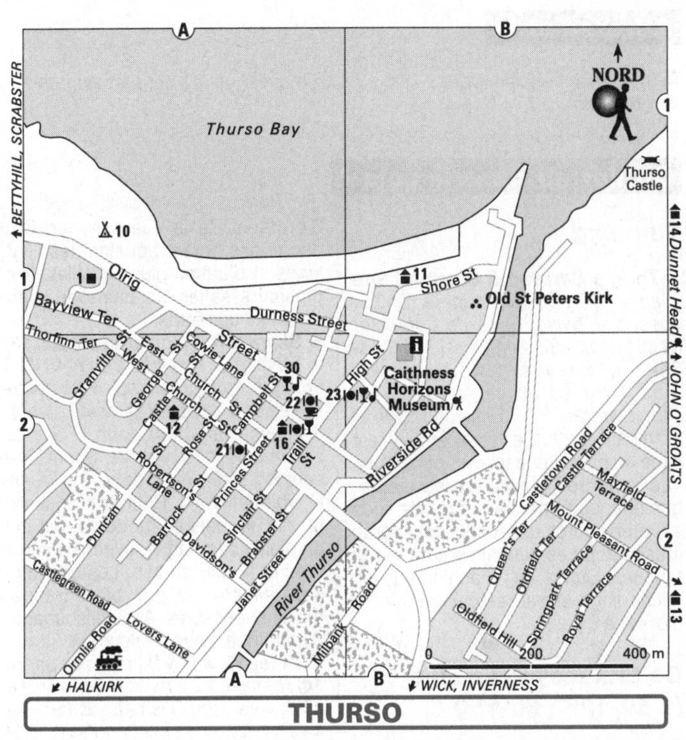

THURSO

- ■ **Adresse utile**
  - **1** Supermarché Lidl (A1)
- **Où dormir ?**
  - **10** Thurso Caravan & Camping Site (A1)
  - **11** The Marine (B1)
  - **12** B & B Claradene (A2)
  - **13** Skara B & B (hors plan par B2)
  - **14** Valley View B & B (hors plan par B2)
  - **16** The Holborn (A2)
- **Où manger ? Où boire un verre ?**
  - **16** The Red Pepper (A2)
  - **21** Resto du Pentland Hotel (A2)
  - **22** Caffe Cardosi (A2)
  - **23** Y-Not Bar & Grill (A-B2)
- **Où sortir ?**
  - **23** Y-Not Bar & Grill (A-B2)
  - **30** Commercial Bar (A2)

➢ ***Wick :*** bus *Stagecoach* fréquents lun-sam (nº 81, 82, 282 ou X99), ttes les 15-90 mn env, 6h15-22h55 ; le dim, 7 bus, 7h50-18h10.

En train

➢ ***Inverness-Wick :*** 4 trains/j. lun-sam, 1 seul le dim. Trajet : 3h45-4h pour Inverness, 30 mn pour Wick. • *scotrail.co.uk* •

En bateau

➢ ***Stromness (îles Orcades) :*** 2-3 ferries/j. selon saison, avec *NorthLink Ferries* (• *northlinkferries.co.uk* •), au départ de Scrabster, à 2,5 miles (4 km) à l'ouest de Thurso. Trajet : 1h30. L'occasion de voir du bord l'aiguille de l'Old Man of Hoy ! Une formule *B & B* permet de monter sur le bateau le soir et d'y dormir en attendant le départ le lendemain matin !

Adresse utile

■ Supermarché (plan A1, 1) : *Lidl, à l'entrée ouest de la ville. Lun-sam 8h-20h, dim 10h-18h.*

Où dormir dans le coin ?

Camping

⛺ ***Thurso Caravan & Camping Site*** *(plan A1,* ***10****)* **:** *Smith Terrace, à l'entrée ouest de la ville, route de Scrabster (A 882). ☎ 892-244. 📱 07775-728-342. • thursobaycamping.co.uk • À 5 mn à pied du centre-ville. Avr-sept. Compter £ 16-18 selon saison et taille de la tente.* Ce vaste camping est situé en haut d'une falaise, offrant une vue superbe : privilégiez les emplacements côté mer (au risque de vous envoler) plutôt que ceux côté route (passante). Les sanitaires sont assez fatigués. Sur place : machine à laver, sèche-linge et bar-resto *(jeu-dim)* ; le *Lidl* est à 2 pas.

De prix moyens à chic (£ 50-125 ; 60-150 €)

🏠 ***B & B Claradene*** *(plan A2,* ***12****)* **:** *11, Duncan St. ☎ 892-356. Congés : Noël et 1er janv. Double env £ 56 ; réduc enfants.* Michael et Kay vous accueillent chaleureusement dans leur maison de 1870, tout en pierre et bois, agrémentée de quelques vitraux. Leurs 3 chambres sont simples, mais claires et accueillantes ; 2 ont un lavabo et toutes partagent 2 salles de bains communes. Bon petit déj. En saison, on a souvent droit à des framboises du jardin... Un lieu pour ceux qui privilégient la qualité d'accueil.

🏠 ***The Marine*** *(plan B1,* ***11****)* **:** *38, Shore St. ☎ 890-676. • themarinethurso.co.uk • Doubles £ 65-90 ; min 2 nuits.* La maison s'implante au bout de la plage de Thurso, dans un secteur à la fois central et calme. 3 des 5 chambres sont dans l'édifice principal, 2 dans l'annexe attenante (idéal pour les familles ou amis voyageant ensemble). Toutes sont bien confortables, avec leur propre douche, et 3 profitent de la vue sur mer. Côté déco : des notes rappelant les Highlands et d'autres plus actuelles, avec plusieurs salles de bains en pierre dans l'air du temps.

🏠 ***Skara B & B*** *(hors plan par B2,* ***13****)* **:** *à 1,2 mile (2 km) du centre. ☎ 890-062. • skarathurso.co.uk • Du centre, traverser le pont sur la rivière ; au feu, à gauche direction John O'Groats ; 200 m plus loin, prendre Mount Pleasant Rd à droite, c'est à 1 mile env. Double env £ 70.* Pourtant proche de la ville, la maison, moderne, est déjà en pleine campagne, avec vue sur les prés et la mer au loin. Les chambres sont simples et pas bien grandes, mais impeccables. Accueil souriant et dynamique, voire chaleureux.

🏠 ***Valley View B & B*** *(hors plan par B2,* ***14****)* **:** *Murkle, à 2,5 miles (4 km) à l'est en allant vers John O'Groats. ☎ 895-546. • valleyviews.co.uk • Doubles £ 70-80.* Un peu paumée en bord de route, cette maison en crépi révèle un intérieur vaste, chaleureux et très confortable. L'accueillante Antoinette loue 4 chambres spacieuses (une plus petite) aux tonalités brun-orange et notes de tweed très *scottish*. On profite du grand salon cosy, du jardin avec vue sur les vaches, et d'un garage à vélos.

🏠 ***The Holborn*** *(plan A2,* ***16****)* **:** *16, Princes St. ☎ 892-771. • holbornhotel.co.uk • Doubles £ 80-100.* Le bâtiment n'a pas l'air de première jeunesse, mais ne vous formalisez pas : l'intérieur, refait, est au goût du jour et les chambres, aux tonalités rouges, d'un excellent confort. Évitez juste les *twins,* bien plus petites que les doubles à grand lit. Il y a aussi de grandes familiales dans l'annexe et... un espace jeux pour les enfants ! Le resto maison, *The Red Pepper* (voir plus loin) est top et le *Bar 16,* servant un bon *pub grub,* est agréable. Un bon rapport qualité-prix-modernité.

Où dormir ? Où manger sur la route de Tongue ?

Forss House : *à* ***Forss,*** *à 5,5 miles (9 km) à l'ouest de Thurso sur la route de Tongue (A 836). ☎ (01847) 861-201. • forsshousehotel.co.uk • Doubles £ 135-185 avec petit déj, ½ pens possible.* C'est à peine un hameau : quelques fermes sur la lande et une belle propriété bourgeoise nichée dans son parc boisé, en bord de rivière, devenue l'hôtel de référence de la région. Beaucoup de pêcheurs aisés y descendent. Les 14 chambres, récemment restaurées, exsudent un charme à l'ancienne mâtiné d'un confort bien actuel. Le lounge cosy au canapé rouge, cheminée crépitante et tartan au sol, joue la carte lodge, et le resto s'affiche en tête du palmarès des meilleures tables régionales.

Strathy Inn : *à* ***Strathy,*** *à 21 miles (34 km) à l'ouest de Thurso par l'A 836. ☎ (01641) 541-205. • strathyinn.com • Resto ts les soirs sauf lun (et mar oct-mars). Congés : Noël. Doubles £ 65-85. Plats £ 10-13.* En léger retrait de la route (peu passante), Heather et Craig, un couple d'Anglais sympathiques, vous accueillent avec chaleur et sérieux dans 3 chambres coquettes, dont une familiale – 2 *en-suite*, la 3e avec salle de bains privée mais sur le palier. Dans leur *public bar,* avec salon attenant, ils servent de bons petits plats (dont un choix *vegan*) mitonnés à partir de produits surtout locaux, à arroser de bonnes bières et whiskies 100 % du cru. Les confitures du petit déj sont faites maison. Une étape agréable sur la route.

Où manger ? Où boire un verre ?

Bon marché (plats £ 5-10 ; 6-12 €)

Caffe Cardosi *(plan A2,* ***22****) :* *1, Traill St. ☎ 896-212. Tlj 9h-17h.* Besoin d'un bon café pour entamer la journée ? Vous voilà servi(e). La salle n'est pas super chaleureuse, mais elle est lumineuse. Le midi, vous vous calerez avec des sandwichs, paninis ou pâtes, accompagnés d'une petite salade et de chips.

De prix moyens à chic (plats £ 8-25 ; 10-30 €)

Y-Not Bar & Grill *(plan A-B2,* ***23****) :* *Meadow Lane. ☎ 892-272. Tlj 9h-22h.* Quand Thurso s'endort, le *Y-Not* vit encore. Ce vaste pub-brasserie moderne avec mezzanine, éclairé par des boules-pissenlits, sert le classique *pub grub,* des viandes locales et quelques *specials* du jour affichés à l'ardoise – on passe commande au bar. Les serveuses sont sympathiques. À côté, un second bar, plus traditionnel, avec billard et musique *live* 1 fois par mois en moyenne.

The Red Pepper *(plan A2,* ***16****) :* *resto de l'hôtel* Holborn *(voir « Où dormir ? »). En saison, tlj 17h30 (20h30 sam)-22h.* Le poisson est fourni par les pêcheurs de Scrabster, la viande est locale, les œufs aussi et les patates viennent de John O'Groats. On ne vous dira pas que c'est de la grande cuisine, mais les plats sont bons et joliment présentés, que ce soit au bar (avec billard) ou dans la salle au décor contemporain boisé. La carte, concise, recèle quelques très bons desserts. Service impeccable.

Resto du Pentland Hotel *(plan A2,* ***21****) :* *Princes St. ☎ 893-202. Ouv le midi, le soir sur résa seulement.* Souvent assez animé, le resto ne vous laissera pas des souvenirs inoubliables, mais vous nourrira efficacement. Les locaux y apprécient les grands classiques aux tarifs très modérés (avec incursions indiennes) et les touristes, le grand choix de salades proposées en 2 tailles. Seuls les steaks sont plus chers. La salle adopte des notes cossues à l'ancienne.

Où sortir ?

🍸 ♪ ***Commercial Bar*** *(plan A2,* ***30****) : 1, Princes St. Tlj 11h-1h. Ceilidh le mer à 21h.* « The Comm » est le pub le plus animé de la ville, notamment les soirs de *ceilidh*. Tous les âges s'y côtoient autour de l'un des 2 bars, d'une bière, d'un match ou pour une partie de billard. Le cadre ? Pétri par le temps, déclinant lambris, vieilles photos noir et blanc et roue de charrue...

🍸 ♪ Pensez aussi au ***Y-Not*** *(plan A-B2,* ***23*** *; voir « Où manger ? »).*

À voir

Caithness Horizons *(plan B2) : Old Town Hall, High St.* ☎ *896-508. Avr-oct : lun-ven 10h-18h, sam 10h-17h, dim 12h-17h (mai-août seulement). En hiver, tlj sauf dim 10h-17h. Entrée : £ 4 ; réduc.* On y admire 2 belles pierres pictes gravées (*Skinnet Stone* et *Ulbster Stone*) du VIIIe s, avant de traverser la section sur le (proche) centre de recherches nucléaire de Dounreay et de grimper vers les expos d'histoire naturelle et civilisations. Pas beaucoup d'objets à admirer, mais la muséologie est plutôt vivante. Film de 20 mn sur la région.

DANS LES ENVIRONS DE THURSO

Dunnet Head : marquant le nord géographique du *mainland,* la pointe est veillée par un phare construit en 1831 par Robert Stevenson (grand-père de l'écrivain Robert Louis Stevenson). Le *Pentland Firth* (détroit des Orcades), le bras de mer reliant l'Atlantique à la mer du Nord, 91 m plus bas, est l'un des passages les plus agités du monde, avec des courants puissants (30 km/h) créant des tourbillons et des vagues pouvant dépasser 8 m de haut. Phoques, dauphins, orques, baleines et requins-pèlerins hantent ces eaux : emportez vos jumelles ou embarquez pour une minicroisière avec *Caithness Wildlife Tours (☎ (07899) 783-279 ; • caithnesswildlifetours.co.uk • ; 1h30-4h, £ 25-50).* Dans les falaises nichent guillemots, fulmars et macareux.

Manifestations

– ***Scottish National Surfing Championships :*** *vers Pâques.* Compétition écossaise de surf.
– ***Halkirk Highland Games :*** *le dernier sam de juil, à* ***Halkirk*** *(au sud de Thurso par la B 874). • halkirkgames.co.uk •* Parmi les plus fameux *Highland Games,* avec des athlètes venus de tout le pays. Compétitions à Thurso et John O'Groats.

DE THURSO À TONGUE

BETTYHILL

À 31 miles (50 km) à l'ouest de Thurso sur la A 836, ce hameau est desservi 3 fois par semaine par le *Far North Bus* (en principe, les mardi, jeudi et samedi). Doté d'une jolie plage, il abrite un musée émouvant consacré aux *clearances.* On dit que Bettyhill tirerait son nom d'Elizabeth, l'épouse du terrible duc de Sutherland...

Strathnaver Museum : *dans l'ancienne église, derrière le café-office de tourisme.* ☎ *(01641) 521-418. • strathnavermuseum.org.uk • Avr-oct, tlj sauf dim 10h-17h. Entrée : £ 3, réduc.* Ce petit musée évoque, à travers un bric-à-brac d'objets et de documents, la sombre période des *clearances*. Entre 1806 et 1821, le duc de Sutherland, son épouse et leurs tristes commis s'illustrèrent en expulsant et en déportant 15 000 Highlanders vers les côtes, dans le but de faire de la place *(to clear)* à quelque 200 000 moutons, dont la laine atteignait des prix élevés... La chaire massive, d'où furent lus, en 1819, les avis d'expulsion des paysans locaux, témoigne encore de ce triste épisode (lire aussi la rubrique « Histoire » du chapitre « Hommes, culture, environnement », en fin de guide). À voir encore : une barque traditionnelle, de curieux flotteurs de pêche en peau de chien (réputée imputrescible), des pierres tombales et, à l'étage, une salle consacrée au célèbre clan *Mackay,* omniprésent dans la région (surnommée *Mackay Country !).*

– Dans le ***cimetière,*** derrière l'église, la *pierre de Farr,* une belle croix picte du VIIIe s, évoque l'implantation du christianisme dans la région.

LE SEIGNEUR DES AGNEAUX

Grâce aux évictions de population (les tristement célèbres clearances), le duc de Sutherland possédait environ 800 000 ha de terres aux alentours de 1820, soit un territoire privé jamais égalé dans tout l'Empire britannique. Tout cela dans le seul but d'élever des moutons... On dit que sa demeure, Stafford House, était si époustouflante que la reine Victoria elle-même lui déclara : « J'ai quitté ma maison pour venir voir votre palais. »

➢ Le musée et l'office de tourisme distribuent gratuitement une brochure sur le ***Strathnaver Trail,*** invitant à découvrir cairns, églises et ruines sur 21 miles le long de la B 873, vers Altnaharra, au sud.

🏠 🍴 ***Farr Bay Inn :*** *près du musée. ☎ (01641) 521-230. • farrbayinn.co.uk • Congés : début nov-début mars. Double avec sdb £ 90. Resto le soir seulement.* Occupant une bâtisse georgienne de 1819, ancienne résidence du curé de l'église Saint-Columba, cette auberge, surnommée FBI par les locaux, est idéalement située dans une nature sauvage, à 400 m d'une superbe plage accessible à travers les dunes. Les chambres, spacieuses, ont été récemment rénovées. L'accueil est sympathique, le petit déj et le resto de qualité.

TONGUE

560 hab. IND. TÉL. : 01847

À 43 miles (69 km) à l'ouest de Thurso et 38 miles (61 km) au nord de Lairg par d'étroites *single track roads,* cette bourgade est joliment établie sur le flanc du Kyle of Tongue, une baie profonde aux airs de fjord. Succédant à des paysages de landes mornes, Tongue peint un charmant tableau avec les ruines de son vieux château se découpant avantageusement au coucher du soleil, sa vue imprenable sur le loch et le très altier mont Ben Loyal en toile de fond. Une belle étape, avant d'attaquer la superbe route des Highlands de l'Ouest.

Arriver – Quitter

Attention, les liaisons en bus sont peu nombreuses et fluctuantes ! Les liaisons avec ***Durness, Bettyhill, Thurso, Lairg et Inverness*** n'ont lieu, généralement, qu'une fois par semaine avec *Transport for Tongue (• transportfortongue.co.uk •)* ou *Far North Bus (• thedurnessbus.com •).*

Adresses utiles

On trouve à Tongue une banque avec distributeur, une poste et 2 épiceries.

■ ***Station-service :*** *à la supérette* Spar, *mais attention, parfois en rupture de stock. Lun-ven 8h-17h15, sam 10h-14h, dim 11h30-12h30.* Prochaine station-service à Durness, à plus de 50 km !

Où dormir ? Où manger à Tongue et dans le coin ?

Bon marché (£ 10-25/pers ; 12-30 €)

■ ***Kyle of Tongue Hostel :*** *à 1,5 mile (2,4 km) de Tongue, sur la droite avt la digue. ☎ 611-789. • tonguehostelandholidaypark.co.uk • Lit en dortoir (2-6 pers) env £ 20 ; doubles à partir de £ 52, familiales £ 70 ; petit déj en sus. On peut aussi camper : £ 9-12/pers, douche incluse, sans ou avec accès à la cuisine et au* lounge. Construit en 1891 comme relais de chasse par la famille Sutherland, c'est aujourd'hui une belle auberge privée idéalement située face au Kyle of Tongue. Chambres et dortoirs (non mixtes) bien propres. Certaines chambres, pour familles, sont très spacieuses et lumineuses, comme la n° 4. Laverie, sèche-linge et cuisine équipée à dispo, petite épicerie en dépannage, garage à vélos, grande salle à manger ouverte sur le paysage et aussi un beau salon avec cheminée, plein de prestance. Top !

■ ***The Poor House :*** *à* ***Strathtongue,*** *à env 4 miles (6,5 km) à l'est de Tongue vers Thurso (A 836). ☎ 611-798. • thepoorhouse.co.uk • Avr-sept. Lit en dortoir £ 20 ; l'ensemble de la maison £ 85.* Nichée dans un joli coin de nature, entre hautes collines et bois, cette petite auberge en pierre de 6 lits est posée juste en contrebas de la maison des proprios. On y trouve un unique dortoir de 3 lits superposés, pas bien grand mais cosy, une cuisine équipée avec machine à laver, un salon avec poêle et une salle de bains. Un excellent plan, aussi, pour les familles et petits groupes.

Prix moyens (£ 50-85 ; 60-102 €)

■ ***The Bothy :*** *18, Varich Pl, Tongue. ☎ 611-293. • thebothytongue.co.uk • Doubles £ 70-80.* Dans le village même, ce *B & B* occupe une jolie maison en bois moderne posée en terrasse face au Kyle of Tongue et aux ruines du château. Ses 2 chambres, avec salle de bains privée, ne sont pas très grandes mais cosy, avec un papier peint fleuri au mur. Le petit déj, riche en poissons du coin (mais pas uniquement !) est servi dans le salon, à l'ambiance très chalet (avec cheminée). Excellent accueil.

■ ***Cloisters :*** *à* ***Talmine.*** *☎ 601-286. • cloistertal.demon.co.uk • À 4,7 miles (7,5 km) au nord-ouest de Tongue. Prendre l'A 838 direction Durness, puis à droite après la digue sur le Kyle of Tongue. ♿ Fermé à Noël. Double avec sdb £ 70.* Si les proprios, de retour d'Australie, ont transformé l'église de 1888 en résidence principale, d'une grande originalité, les 3 chambres d'hôtes, elles, se trouvent dans une annexe en pierre. Elles sont spacieuses et joliment décorées. Une seule dispose de la vue sur la mer, mais il suffit de sortir de sa chambre pour embrasser le somptueux paysage. Dieu merci, le petit déj se prend dans la maison familiale, l'occasion de jeter un œil au magnifique salon ! Accueil adorable d'Audrey (super cuisinière) et de Bob, musicien à ses heures.

■ ***Craggan Hotel :*** *à* ***Melness,*** *à env 4 miles (7 km) au nord-ouest de Tongue (mêmes indications que pour Cloisters). ☎ 601-278. • thecraggan.co.uk • Double £ 85. Plats de poisson £ 12-24.* Le bâtiment, datant de 1865, s'est vu adjoindre une longue véranda occupée par le resto, où l'on déjeune avec vue sur l'océan. Les fruits de mer y sont logiquement à l'honneur, sauf les dimanches d'hiver, lorsque débarque le *Sunday roast*... Au-dessus, 4 chambres petites mais coquettes et très claires, avec TV et lavabo (salle de bains commune) ; 3 ont une vue sur la mer. Attention au bruit, car l'hôtel fait

LES HIGHLANDS

aussi pub. Poisson au petit déj. La patronne, adorable, est une Mackay, l'incontournable clan régional !

De chic à plus chic (£ 85-140 ; 102-168 €)

🏨 🍽 ***Ben Loyal Hotel :*** *Main St, à Tongue.* ☎ *611-216.* • *benloyal.co.uk* • *Doubles £ 90-110 selon taille, vue et saison. Plats £ 10-19.* Il s'agit ici de bien choisir. Si elles sont un peu plus chères, les chambres 1 à 6, avec vue sur le Kyle, sont à privilégier : assez spacieuses, claires, récemment refaites, elles sont fort agréables. Les 6 autres, côté route, sont à la fois plus petites, plus sombres et moins calmes, car situées au-dessus du bar. Côté resto, on vous fait d'abord asseoir dans le *lounge* pour passer votre commande. Quand c'est prêt, on vous conduit à votre table. La classe, non ? La carte, assez courte, se concentre sur les grands classiques locaux. En prime : la vue d'un romantisme échevelé au coucher du soleil sur les ruines du château qui domine le Kyle of Tongue...

🏨 🍽 ***Tongue Hotel :*** *à l'entrée de Tongue.* ☎ *611-206.* • *tonguehotel.co.uk* • *Fermé janv-fév. Resto tlj 8h-17h, 18h-21h. Doubles env £ 120-140 avec petit déj. Snacks à partir de £ 7 le midi, plats £ 16-25.* Ce relais de chasse des années 1850, ex-propriété du duc de Sutherland, en impose avec ses massacres aux murs, ses sols motif tartan et son saumon naturalisé de 16,5 kg dans l'entrée... Les chambres, cossues, déclinent mobilier à l'ancienne et, dans certaines, cheminées victoriennes (comme dans la nº 8) et lavabos d'autrefois en marbre. Préférez les nºs 5, 6, 18, 19. Au resto, c'est une cuisine classique de belle facture qui est servie ; les propositions du jour composent jusqu'à 50 % de la carte ! Pour changer d'ambiance, le pub sert la même chose.

À voir. À faire à Tongue et dans les environs

⚲⚲⚲ ***Varrich Castle*** *(Caisteal Bharraich)* **:** *le chemin fléché part à côté de la Royal Bank of Scotland. Compter 45 mn-1h A/R.* Ces maigres ruines d'un château du XIe s dominent superbement le Kyle of Tongue avec, à l'horizon, la silhouette du Ben Hope. Un escalier métallique a été installé pour pouvoir profiter d'un panorama à 360°. Protection anti-*midges* plus que recommandée le soir !

⚲⚲⚲ ***Skinnet Beach and Ard :*** *à 4,5 miles (7,2 km) au nord-ouest de Tongue. Prendre la route de Durness (A 838) et, juste après le pont, à droite vers Talmine (petit panneau à droite).* Un chemin descend en 10 mn vers le plus beau banc de sable du *kyle,* toujours découvert. À marée haute comme à marée basse, un très beau site.

⚲⚲ ***Alan's View :*** *passé Skinnet Beach and Ard, suivre le fléchage « Camping » et aller jusqu'au petit port au bout de la route, à 5,5 miles (9 km) au nord-ouest de Tongue.* Un sentier (souvent spongieux) longeant la côte mène en 20-30 mn à une éminence au sommet de laquelle un banc a été installé en souvenir d'un notable du pays qui venait y admirer le paysage marin. On le comprend !

DE TONGUE À DURNESS

⚲⚲⚲ ***Kyle of Tongue :*** le vaste bras de mer sur lequel est implanté Tongue offre, si la lumière est au rendez-vous, des vues à couper le souffle. Et si vous êtes d'humeur folâtre, nous vous conseillons vivement, pour rallier Durness, de passer par l'ancienne route qui contourne le Kyle par le sud, plutôt que par la digue qui le traverse « simplement » en son centre. Ça rallonge d'une quinzaine de kilomètres, mais quel enchantement !

Après une dizaine de miles, la route débouche de haut sur le ***loch Eriboll,*** découvrant un panorama splendide sur une presqu'île reliée à la côte par un court isthme sablonneux. Jolie photo ! On le contourne entièrement avant de retrouver l'océan proprement dit face à ***Ceannabeinne Beach,*** une superbe plage au sable blond baignée, les rares jours de beau temps, par des eaux turquoise. Au large flottent quelques îlots verdoyants.

VOUS AVEZ DIT « HORRIBLE » ?

En allant de Tongue à Durness, la route contourne le loch Eriboll. La plus grande île de ce bras de mer, qui, par sa taille et sa forme, ressemble à un navire de guerre, servit de terrain d'entraînement aux bombardiers de la RAF. Durant la Seconde Guerre mondiale, les marins qui stationnaient ici avaient surnommé le loch Eriboll « horrible » en raison du climat rigoureux qui y sévissait en hiver.

DURNESS

350 hab. IND. TÉL. : 01971

À 31 miles (50 km) à l'ouest de Tongue, dans une belle région à la faible densité de population, ce village s'éparpille dans des paysages d'herbe rase et de falaises battues par les vents du nord. Habitées par des colonies d'oiseaux marins, elles s'entrouvrent sur quelques jolies plages de sable blanc – comme celle s'étalant au pied de l'office de tourisme, « *award-winning* » (primée), s'il vous plaît, comme le rappelle le panneau ! Au-delà, il n'y a plus que les îles Féroé et l'Islande...

Arriver – Quitter

À l'exception de la liaison vers Tongue ● *transportfartongue.co.uk* ●, toutes les routes sont desservies par *Far North Bus* (● *thedurnessbus.com* ●). *Attention, les fréquences sont très réduites et changent souvent.*

➢ ***Inverness :*** direct le sam mat par *Kinlochbervie* et *Scourie.* Sinon, prendre le bus de Lairg, puis finir en train.

➢ ***Lairg*** *(par* ***Kinlochbervie*** *et* ***Scourie*** *) :* 1 bus/j. le mat, lun-ven, et un 2e le ven en fin d'ap-m (direct). De début juil à mi-août, un autre bus dessert Lairg tlj sauf dim, en passant par ***Kylesku, Lochinver*** et ***Ullapool.***

➢ ***Thurso :*** le sam mat seulement (par ***Tongue*** et ***Bettyhill***).

Adresses et infos utiles

Information Centre : *à* ***Sangomore.*** ☎ *511-368.* ● *durness.org* ● *Avr-oct : lun-sam 9h30-17h30, dim 10h-16h ; nov-mars : mar et jeu 10h-12h30 seulement.* Résas d'hébergements (payantes), vente d'une brochure détaillant de nombreuses promenades. Le mieux peut être de suivre le *ranger* (dans le même bâtiment), qui propose 3 à 6 randonnées par semaine de juin à septembre.

■ ***Distributeur :*** *devant l'épicerie* Spar.

■ ***Station-service :*** *face au* Spar *qui fait aussi poste. Automate accessible 24h/24 avec CB.* La seule avant Tongue (à 50 km) !

Où dormir ?

Camping

⛺ ***Sango Sands Oasis :*** *📱 07838-381-065. • sangosands.com • Avr-oct. Si la réception est fermée, on s'installe et on revient s'enregistrer à l'heure indiquée sur la porte. Nuit env £ 18 pour 2, douches comprises. Hors période d'ouverture : £ 4, mais les sanitaires sont fermés. CB refusées.* Vaste et très bien situé sur la falaise, le terrain, assez venteux, offre une vue magnifique sur la mer depuis une plate-forme d'observation. Bien équipé, il dispose de cuisine, machine à laver, sèche-linge, aire de jeux et pub-resto à 100 m. Au pied de la falaise : 2 belles criques de sable blanc.

Bon marché (£ 10-25/pers ; 12-30 €)

🏠 ***The Lazy Crofter Bunkhouse :*** *☎ 511-202. • visitdurness.com/bunkhouse • Check-in au* Mackays Hotel. *Résa conseillée en hte saison. Lit env £ 20.* Sur une butte herbeuse dominant le « centre », la jolie baraque en bois, prolongée par une véranda agréable (vue sur mer), révèle un intérieur super briqué, clair et calme. Les 2 dortoirs de 8 lits (superposés) sont impeccables et il y a aussi 2 (minuscules) chambres doubles, offrant juste la place d'un *bunk bed*. À dispo : cuisine super bien équipée, salon, TV, terrasse, machine à laver, jardin avec fil pour faire mouiller son linge... L'une de nos plus belles AJ en Écosse !

🏠 ***Youth Hostel :*** *à* ***Smoo,*** *1,3 mile (env 2 km) à l'est de Durness « centre » sur la route de Tongue, juste avt la Smoo Cave. ☎ 511-264 • hostellingscotland.org.uk • De mi-avr à fin sept. Résa conseillée de mi-juil à mi-août. Réception 8h-10h, 17h-22h. Nuit en dortoir env £ 20-21/pers. Également des chambres 2-5 pers. Ajouter £ 3/pers pour les non-membres.* Posées entre la route et la mer, les 2 baraques rustiques en bois bleu et rouge ont été bâties en 1940 pour les ingénieurs expérimentant les radars utilisés par les bombardiers anglais. L'une accueille les dortoirs, l'autre les pièces à vivre (très grande cuisine, salle à manger, salon aux fauteuils moelleux). Les dortoirs, très simples (de 11 et 12 lits) partagent juste 2 douches. L'ensemble n'est pas moderne, mais agréable, avec mer, jardin et moutons sous les yeux. Un bémol pour les non-motorisés : la distance du « centre ». Service de laverie. Accueil sympa.

Prix moyens (£ 50-85 ; 60-102 €)

🏠 ***Aiden House :*** *Durine, route de Balnakeil. 📱 07719-694-838. • aidenhouse.co.uk • Check-in 16h-18h. Doubles £ 70-90. CB refusées.* En retrait de la route, à demi cachée derrière une maison lambda, cette demeure en bois récente abrite 4 chambres très actuelles, confortables, lumineuses et offrant une belle vue. Privilégiez les 3 de l'étage à celle du rez-de-chaussée. Une belle adresse.

🏠 ***Morven B & B :*** *à env 1,5 mile (2,4 km) à l'est du « centre » de Durness, passé Smoo Cave, sur la gauche (route de Tongue). ☎ 511-252. • morven69@hotmail.com • Double env £ 70.* La petite maison blanche se trouve aux marges de la ville. On y trouve 3 chambres sans prétention pour 2 à 4 personnes, avec salle de bains commune au rez-de-chaussée ; les n°s 1 et 2 sont tournées vers la mer, la n° 3 vers la campagne (et les caravanes !). C'est propre et coquet, avec TV. *Lounge* avec TV et véranda. Bon accueil.

Plus chic (plus de £ 125 ; 150 €)

🏠 ***Mackays :*** *face au* Spar. *☎ 511-202. • visitdurness.com • Mai-sept. Doubles £ 130-150, plus des familiales. CB acceptées (+ 2 %).* Bienvenue chez les Mackay (les Dupont du nord des Highlands), un couple très dynamique qui a entièrement rénové cette maison en pierre dans un style contemporain très réussi : sisal partout, fauteuils moelleux et 7 chambres de luxe parfaitement réalisées, avec gros lits bien confortables, parquet dans la plupart (ça change de la moquette !) et grande TV à écran plat. La nº 4 a vue sur la mer. Également un cottage moderne et lumineux à louer à côté.

Où dormir dans les environs ?

Glenaladale B & B : *loch Eriboll, à* ***Laid.*** *☎ 511-329. ● glenaladale.org ● À 8 miles (13 km) à l'est de Durness sur la route de Tongue (A 838). Double avec sdb env £ 60.* Isolé sur le flanc du loch Eriboll, dans un hameau grand comme 2 pommes, ce *B & B* vous donnera l'impression de tutoyer le Grand Nord. La maison, moderne, propose 3 chambres simples et sans extravagance en rez-de-chaussée, lumineuses côté loch. L'hiver, la cheminée du salon crépite. Accueil courtois mais réservé.

Où manger ? Où boire un verre ?

Bon marché (plats £ 5-10 ; 6-12 €)

The Whale Tale : *17c Balnakeil Craft Village. ☎ 511-473. En saison, tlj sauf lun 12h-15h, 18h-20h30.* À environ 1 km à l'ouest du « centre » de Durness, le « village artisanal » de Balnakeil occupe d'anciens baraquements militaires reconvertis. Bien cachée, la « queue de la baleine » y sert d'excellents bagels, sandwichs, *cullen skink* et autre mousse de maquereau sur du pain maison, à des prix canons. Pas de friture ici et plein de produits locaux ! L'accueil est gentil et la déco fraîche : comptoir en planches recyclées, appliques en boots, flotteurs de verre, bouquins sur les étagères... Le soir, *BYOB* (apportez votre propre bouteille) !

Pub du Smoo Cave Hotel : *☎ 511-227. Après la Smoo Cave, sur la gauche, en direction de Tongue (fléché).* Cuisine de pub un peu améliorée, billard, piano et cheminée. Bon accueil.

Sango Sands Oasis : *à côté du camping du même nom (voir « Où dormir ? »). 07832-288-225. En saison, tlj 12h-14h30, 18h-20h30 (bar jusqu'à 23h-23h30). En hiver, ouv seulement le soir ven-dim.* Le choix étant limité, vous pourriez aussi vous retrouver ici. Au programme : cuisine de pub juste correcte, billard, *darts* (fléchettes) et concerts épisodiques (plutôt en été).

Où boire un chocolat chaud ?

Cocoa Mountain : *au Balnakeil Craft Village, à l'ouest du village. ☎ 511-233. Mars-oct, tlj 9h-18h, nov-fév tlj 11h-15h. Congés : autour de Noël et du 1er janv.* L'adresse est incontournable dans le secteur. On y sert à la chaîne un chocolat chaud très épais et dégoulinant sur la tasse, que certains trouvent excellent et d'autres écœurant. On peut l'accompagner de chocolats à croquer pour un prix encore plus élevé *(plus de £ 6 avec, £ 4 sans)* !

À voir. À faire

Smoo Cave : *à env 1,3 mile (2 km) à l'est du « centre » de Durness. GRATUIT.* Cette grande grotte résonnant en saison des criaillements des oiseaux marins a été occupée par les hommes dès la préhistoire. Elle se partage entre une vaste cavité naturelle d'origine marine et un réseau secondaire façonné par l'érosion de la roche calcaire due à l'écoulement des eaux. La première se découvre d'un coup d'œil, avec une plateforme permettant de voir une cascade semi-souterraine, par moments assez impressionnante. Pour le reste, on suit le spéléologue Colin Coventry dans son bateau, puis à pied *(☎ 511-704 ; avr-sept selon conditions météo ; env £ 5, réduc),* jusqu'à l'entrée d'un siphon à l'eau opaque qu'il vous racontera (dans un français précaire) avoir exploré, dans le noir, avec des anguilles qui lui glissaient entre les doigts, sans réussir à parvenir jusqu'au bout... Cette courte excursion est annulée s'il a trop plu, car les inondations peuvent se révéler très dangereuses.

Balnakeil Beach : *à 2 km à l'ouest de Durness.* Un cimetière et sa chapelle en ruine marquent le bout de la route. Là, sous vos yeux ébahis, se déroule une plage à la courbe sublime, baignée par des eaux peu profondes prenant par beau temps une teinte turquoise. Les plus hardis s'y tremperont (13-14 °C en été !). Les marcheurs, eux, entreprendront la balade par-delà la baie jusque vers ***Faraid Head*** *(env 5 miles, ou 8 km, soit 2h A/R).* Si la pointe est encore occupée par un centre radar de l'armée, on peut s'en approcher par une piste en traversant un champ de grandes dunes, puis des prés, où paissent des vaches. En chemin, côté ouest, on surplombe une seconde plage plus belle encore, vers laquelle on peut dévaler... À marée basse, plusieurs anses secrètes se cachent entre les falaises.
Sinon, arrivé au campement militaire, on vous conseille de revenir en longeant la côte orientale de la péninsule, bardée de hautes falaises où nichent entre mai et fin juillet de nombreux oiseaux marins – dont les jolis macareux. Quand le sentier semble disparaître, repiquez vers les dunes puis vers la piste.

THERE ARE PLACES I'LL REMEMBER...

John Lennon passa plusieurs étés de son enfance à Durness, dans la maison de l'une de ses tantes. Fut-il touché par la beauté sauvage des lieux ? Il semblerait que oui, puisque sa chanson « In My Life » évoque ce village des Highlands. Durness lui a rendu la pareille en organisant en 2007 le John Lennon Northern Lights Festival, puis en érigeant un monument à la gloire de l'ex-Beatle.

Manifestation

– **Highland Gathering :** *le dernier ven de juil.* • *durnesshighlandgathering.co.uk* •

DANS LES ENVIRONS DE DURNESS

Cape Wrath : dardé vers le large, à l'extrémité Nord-ouest de l'Écosse, cape Wrath en appelle à l'imagination. Ses falaises, les *Clo Mor Cliffs,* les plus hautes de Grande-Bretagne, atteignent 281 m de haut ! Les voir n'est pourtant pas simple : il faut pour cela emprunter un ferry, le minibus biquotidien offrant en été une excursion jusqu'au phare, descendre en cours de route, marcher 4 km A/R dans les tourbières, puis attendre le bus retour, en ayant réservé sa place pour être sûr de ne pas rester en plan ! Ceux qui se contentent de l'excursion ont droit à 50 mn au phare et à l'*Ozone Café* voisin. Pas sûr que cela vaille le prix, d'autant que le trajet se fait à travers une zone militaire dévastée par des tirs d'obus... D'ailleurs, des manœuvres ont encore régulièrement lieu.
La route menant au cape Wrath n'est accessible que par un petit ferry pour piétons partant de Keoldale, à 2 miles (3,2 km) au sud de Durness. Mai, tlj à 11h et 13h30 ; juin-sept départs plus fréquents, en fonction de l'affluence et des marées, à partir

de 9h30. ☎ 511-284. 📱 07719-678-729. Compter env £ 8/pers l'A/R, près de £ 9 pour un vélo. Une fois traversé le superbe Kyle of Durness, reste 11 miles (env 17 km) jusqu'au phare. On peut les parcourir à pied, à vélo ou avec le minibus qui conduit au cap en 1h (2-6 départs/j. selon la saison, à consulter au quai). ☎ 511-284. 📱 07742-670-196. ● visitcapewrath.com ● A/R £ 13 ; réduc (CB refusées). L'excursion complète dure 3h30. Les randonneurs devront réserver leur passage à l'avance en précisant l'endroit où ils souhaitent se faire déposer ou reprendre le bus.

Du cape Wrath, les marcheurs les plus expérimentés peuvent gagner ***Sandwood Bay*** et sa fabuleuse plage de sable blanc (voir plus loin). Compter 12,5 km de sentiers pas toujours commodes, et même 18 km pour rejoindre le premier hameau (Blairmore). Équipez-vous en conséquence. Arrivé à Blairmore, il faut rejoindre Kinlochbervie (à 3 km) pour reprendre le bus *Far North* (en soirée, tlj sauf dim) qui, de début juillet à mi-août, permet de regagner Durness. Il y en a un autre en semaine en début d'après-midi, toute l'année.

LOCH INCHARD

IND. TÉL. : 01971

Après avoir traversé des paysages âpres et dénudés, la route A 838 venant de Durness dévale vers ce profond et large bras de mer encadré de montagnes élancées, aux airs de fjord. Une petite route musarde sur son flanc nord, conduisant à la splendide plage sauvage d'Oldshoremore, en passant par le port de pêche moderne de *Kinlochbervie*. Au-delà débute le sentier de la sublime Sandwood Bay.

Arriver – Quitter

➢ ***Durness-Kinlochbervie :*** 1-2 bus/j., sauf dim, avec *Far North* (● *thedurnessbus.com* ●).

➢ ***Lairg :*** de Kinlochbervie, tte l'année (tlj sauf dim), par ***Scourie.*** Début juil à mi-août, tlj sauf dim, bus supplémentaire via ***Scourie, Kylesku, Lochinver*** et ***Ullapool.*** De Lairg, train pour ***Inverness.***

Où dormir ? Où manger dans le coin ?

Old School Restaurant and Rooms : *à* ***Inshegra.*** *☎ 521-383. ● oldschoolhotel.co.uk ● Sur la B 801, 2,5 miles (env 4 km) après Rhiconich. Congés : Noël-janv. Doubles £ 65-95 selon taille, sans ou avec sdb. Plats £ 11-20.* En bord de route, dominant le loch, cette très jolie maison en pierre et en ardoise abrita jadis une école. On y trouve aujourd'hui un restaurant, adresse de référence du secteur, où l'on déguste une cuisine écossaise bien travaillée sublimant les produits locaux. Que diriez-vous d'un ramequin de *haggis* à la purée crémeuse, avec sauce whisky-*oatcakes* ? En dessert, on apprécie la glace maison à la framboise. La salle n'est pas désagréable, mais les fenêtres, haut perchées, ne permettent pas de voir à l'extérieur. Les proprios louent 6 chambres, 1 dans une petite annexe, les autres dans un bâtiment sans caractère à l'arrière, donnant sur un torrent. Elles sont douillettes et de bon goût, mais quand même bien chères. Toutes sauf 2 (nettement plus abordables) sont *en-suite*.

À voir. À faire dans la région

⚘⚘ ***Oldshoremore Beach :*** *à 6 miles (env 10 km) de Rhiconich.* Plus accessible que Sandwood Bay et presque aussi belle, la plage d'Oldshoremore déroule son large tapis de sable blanc sur fond de courtes falaises, de dunes herbeuses et d'eaux turquoise. Sauvage en diable, vous l'aurez peut-être même pour vous seul...

⚘⚘⚘ ***Sandwood Bay :*** *à* ***Sheigra,*** *à 7,6 miles (12 km) de Rhiconich.* Du parking, une balade facile et un peu ennuyeuse de 6,5 km (aller) mène à cette merveilleuse plage, séparée de Sandwood Loch par un cordon de dunes. Elle ne se dévoile qu'au tout dernier moment. Confirmerez-vous les dires de nombreux routards qui avancent que, avec sa forme parfaite, ses 2 km de sable rosé, ses lumières d'anthologie et son spectaculaire piton rocheux *(Am Buachaille),* c'est la plus belle de tout le Royaume-Uni ?

SCOURIE

140 hab. IND. TÉL. : 01971

Plus hameau que village, ce petit port constitue une étape agréable sur la route de Durness à Ullapool. La route est fort belle et traverse une région sauvage au relief chaotique.

Arriver – Quitter

➢ ***Kinlochbervie*** et ***Durness :*** tte l'année, 1-2 bus/j. selon saison (sur résa le sam, rien le dim).

➢ ***Lairg :*** 1-2 bus/j. selon saison (sur résa le sam, rien le dim) via ***Kylesku, Lochinver*** et ***Ullapool.*** De Lairg, train pour ***Inverness.***

➢ ***Inverness :*** direct le sam le mat (sur résa) au départ de Scourie avec *Far North (● thedurnessbus.com ●)* ; à prendre devant la poste.

Infos utiles

Dans le centre du village, on trouve une ***poste,*** une ***supérette*** (qui n'accepte pas les cartes bancaires étrangères) et une ***station-service*** accessible 24h/24 par carte de paiement.

Où dormir ?

Camping

⛺ ***Scourie Camping and Caravan Site :*** *face à la mer.* ☎ *502-060.* *● scouriecampsitesutherland.com ● De mi-avr à fin sept. Ne prend pas de résa. Compter £ 16 pour 2 avec tente.* Idéalement situé face à la mer, ce camping dispose de différentes terrasses, dont certaines herbeuses réservées aux tentes. Il est bien équipé et tenu : sanitaires impeccables, laverie, mini-épicerie (une autre à 150 m) et café-resto *Anchorage* à l'entrée. Bon accueil.

Prix moyens (£ 50-85 ; 60-102 €)

⌂ ***Stonechats Croft :*** *à* ***Upper Badcall,*** *à 1 mile (1,6 km) au sud de Scourie.* ☎ *502-429. ● stonechatscroft.co.uk ● Congés : de fin sept à fin*

LES HIGHLANDS

mars. Double env £ 80 ; mobile home 4 pers £ 85 selon dispo (normalement loué à la sem, £ 390). CB refusées. Après 1 mile, la petite route goudronnée débouche sur un bout du monde, offrant un superbe point de vue sur la côte découpée et ses îles. Ron, le pittoresque proprio, possède le terrain et l'île juste en bas ! Chasseur et ex-motard passé au cyclisme, cet Anglais originaire du Kent est aussi savoureux et attachant que buté – et tactile (trop ?). Ne lui demandez pas s'il y a le wifi : il ne vous parlera plus du séjour. Comme il aime à le dire : « Ma femme n'a pas de portable, elle a une carabine et une canne à pêche ! » Le couple propose 2 chambres sous les toits. Au petit déj, pas mal de produits maison grâce aux poules, agneaux et cochons qu'ils élèvent. D'ailleurs, vous devriez rencontrer la chienne Bess, très présente, et Teely, le *pet sheep*...

Scourie Guesthouse : *accès par la rue partant face au* Scourie Hotel. *☎ 502-001. • scourieguesthouse.co.uk • Congés : de Noël à mi-janv. Double £ 85.* Ce *B & B* (dans une maison lambda), tenu par Pete et Liz, dispose de 3 chambres petites mais cosy et bien équipées – salle de bains privée, lits confortables, petit frigo et TV. Celles de l'étage sont lambrissées et mansardées. Petit déj dans la véranda, un peu à l'étroit.

Chic (£ 85-125 ; 102-150 €)

Scourie Lodge : *à côté du port. ☎ 502-248. • scourielodge.co.uk • Prendre la rue au niveau du café-resto* Anchorage *(camping). Avr-oct. Double avec sdb £ 110. CB acceptées.* Au bout de la petite rue, au-dessus d'une plage de galets, la belle demeure, toute blanche, a été construite en 1835 sur ordre du duc de Sutherland pour sa jeune femme... qui détesta l'endroit ! Tenu par un très sympathique couple anglo-danois, il abrite aujourd'hui 3 chambres spacieuses et douillettes, disposées autour d'un salon central, à l'étage – plus la *coachhouse*. Le jardin clos est tout bonnement splendide. Une vigne centenaire pousse dans la serre et, tout autour, prospèrent agapanthes, fruitiers, fruits rouges et étonnants *cabbage trees* (ou cordylines), une sorte de palmier dont les graines furent envoyées de Nouvelle-Zélande en 1851. L'une de nos plus belles adresses.

Où manger ? Où boire un verre ?

Le coin est pauvre en restos... Et, de novembre à mars, tout ferme. Pour un repas bon marché, il n'y a guère que l'***Anchorage,*** à l'entrée du camping, plutôt graillonneux *(tlj 10h ou 11h le w-e-19h50).* Sinon, 2 adresses plus chic. *The Shorehouse* est à 15 mn de route...

Eagle Bar : *au* Scourie Hotel. *☎ 502-396. Tlj 12h-23h ; repas 12h-14h, 18h-20h30. Plats £ 11-19.* Si le resto de l'hôtel est réservé aux résidents, le bar, lui, est ouvert à tous. Animé, souvent plein comme un œuf en saison, il se résume à 3 tables face au comptoir et à une minisalle agréable avec vue sur la mer et les montagnes. Côté assiette, une cuisine naviguant entre les classiques de pub et les produits locaux frais. C'est bon, mais pas très copieux.

The Shorehouse : *Tigh-na-Mara,* ***Tarbet.*** *☎ 502-251. Tlj sauf dim 12h-20h (parfois dès 19h si le stock est épuisé !). Plats £ 10-20 ;* seafood platter *£ 30.* À 5,3 miles (8,5 km) au nord de Scourie par une route étroite et tortueuse dévalant entre les chaos rocheux et les petits lacs, ce charmant café-resto est tout seul au bord d'un joli port de poche. Dans la journée, on y vient pour les sandwichs et les gâteaux maison. Le soir, pour les fruits de mer.

DANS LES ENVIRONS DE SCOURIE

Handa Island : *accessible en Zodiac depuis le microport de Tarbet, à 5,3 miles (8,5 km) au nord de Scourie, avec* ***Handa Ferry.*** *📱 07780-967-800.*

• *handa-ferry.com* • *Avr-sept,* ***selon météo,*** *tlj 9h-14h, sauf dim ; dernier retour à 17h. Tarif : £ 15 ; réduc. Prévoir min 2h-3h de balade (plus si vous observez les oiseaux) pour parcourir le sentier long de 6 km. Apporter vêtements de pluie et chaussures imperméables (le temps change très vite).* L'île est une propriété privée, mais elle est gérée par le *Scottish Wildlife Trust* (• *swt.org.uk* •). Les adeptes du *birdwatching* pourront y observer plus de 150 000 oiseaux marins, dont la plus grosse colonie britannique de guillemots et quelque 200 couples de macareux. On traverse d'abord la lande, survolée par les grands labbes, avant de rejoindre les spectaculaires falaises de la côte ouest, où ils nichent (ah ! l'empilement du *Great Stack* !). Le retour par la côte offre d'autres points de vue remarquables. En cas de pluie, attendez le bateau dans l'abri où se fait le briefing initial.

UNE REINE SUR HANDA

Au XIXe s, une soixantaine d'habitants vivaient sur l'île de Handa, quasi en autarcie, sous l'autorité d'une « reine » choisie parmi les veuves les plus âgées. Un « parlement » se réunissait chaque matin pour discuter des affaires courantes. Malheureusement, la famine mit un terme à cette république du bout du monde : les sujets de Sa Majesté émigrèrent au Canada. Restent les ruines de leurs habitations.

KYLESKU

110 hab. IND. TÉL. : 01971

À 10 miles (16 km) au sud de Scourie sur la route d'Ullapool, Kylesku n'est qu'un hameau dispersé, amarré au confluent de 2 lochs (Glendhu et Glencoul), dont les eaux rejoignent l'océan à travers le bras de mer de Chàirn Bhàin. L'endroit invite à une agréable escale et une balade en bateau. Les randonneurs chevronnés pourront tenter de s'approcher des *Eas-a'Chual Iluin,* les plus hautes chutes de Grande-Bretagne.

Arriver – Quitter

➢ ***Durness*** *(par* ***Scourie*** *et* ***Kinlochbervie*****) :** de début juil à mi-août seulement, 1 bus/j. en soirée, tlj sauf dim, avec *Far North* (• *thedurnessbus.com* •).

➢ ***Lairg*** *(par* ***Lochinver*** *et* ***Ullapool*****) :** de début juil à mi-août, 1 bus/j., tlj sauf dim.

Où dormir ? Où manger ?

De prix moyens à chic (£ 50-125 ; 60-150 €)

🏠 ***Maryck B & B :*** *371 Unapool, Kylesku.* ☎ *502-009.* • *maryck.co.uk* • *Sur l'A 894, 800 m au sud du Kylesku Bridge. Double avec sdb £ 70.* Ce *B & B* est tenu par l'adorable dame qui anima longtemps le défunt musée des Poupées. Elle a conservé les pièces auxquelles elle était le plus attachée, exposées dans l'escalier qui monte aux 2 chambres – à côté d'une horloge qui a le mauvais goût de sonner aussi la nuit... Cosy, assez spacieuses, elles offrent chacune une vue imprenable sur le loch. Possibilité de *packed lunch* et de dîner en décembre-janvier, quand tous les restos sont fermés (sur résa).

🏠 🍽 ***Kylesku Hotel :*** *lieu-dit Kylestrome.* ☎ *502-231.* • *kyleskuhotel.co.uk* • *Au pied du grand pont, côté sud. Resto mai-sept, non stop 12h-21h ; fév-mai et oct-nov, tlj 12h-14h30, 18h-21h. Congés : fin nov-fin janv. Doubles £ 110-170 ; familiales £ 155-210. Plats £ 13-25 ;* seafood platter *env £ 50.* Cet hôtel de charme, tenu par un couple franco-anglais très pro, s'amarre sur le loch Glendhu, là où abordait jadis le ferry. Les 11 chambres sont invariablement confortables, quoique pas immenses pour les tarifs pratiqués. Un bémol aussi pour les 2 *Attic rooms,* assez compactes, situées sous les toits (avec salle de bains partagée). Nos préférées : les 4 plus récentes de l'annexe *Willie's Hoose,* contemporaines et plus spacieuses (les n°s 10 et 11 ont un balcon), à privilégier si vous en avez les moyens. Le resto, renommé, met à l'honneur les poissons et les fruits de mer pêchés localement et le gibier provenant des collines alentour... Beau choix de vins au verre, mais aussi de bières et alcools écossais.

À voir. À faire

Les chutes d'Eas-a'Chual Aluinn : assez impressionnantes avec plus de 200 m ! L'accès est difficile et mal indiqué, à travers des tourbières inondées, puis sur un sentier escarpé. Il mène vers le sommet des chutes, qu'on ne peut voir qu'en partie. Bref, n'emmenez pas les enfants ! Emportez la carte *OS Explorer* n° 442 et reportez-vous à la description de • *walkhighlands.co.uk/ullapool/eas-a-chual-aluinn.shtml* • Compter 6 miles (env 10 km) et env 5h de marche A/R pour 521 m de dénivelée positive.

Sorties en mer : l'hôtel *Kylesku* organise des sorties vers les chutes (on reste assez loin), avec colonies de phoques au passage et parfois des aigles. *Avr-sept, 2 fois/j. ; annulé s'il pleut. Durée : env 1h30. Tarif : £ 25.* **North Coast Sea Tours :** *07949-960-500.* • *northcoastseatours.co.uk* • Pour les amoureux de la mer et de la faune marine, la compagnie propose plusieurs circuits, de la balade de 3h jusqu'à l'Old Man of Stoer et Handa Island à des explorations de plusieurs jours vers des îles inhabitées avec 1 à 2 nuits de camping sur place. Prix à la hauteur des prestations.

DE KYLESKU À LOCHINVER PAR LA CÔTE

IND. TÉL. : 01571

Parmi les plus belles régions du Nord, l'Assynt, qui s'étire entre Kylesku et Ullapool, avec Lochinver comme « chef-lieu », déroule des côtes sauvages qui ne demandent qu'à être explorées au gré d'une multitude de détours. Regardez sur la carte cette petite route insignifiante (la B 869) qui passe par Drumbeg et Clashnessie. C'est l'une des plus romantiques des Highlands, sinueuse à souhait, presque plus étroite que la largeur du véhicule, livrant au regard une succession de panoramas tantôt grandioses tantôt intimes. Les cyclistes miseront sur le vélo électrique et les camping-cars éviteront le secteur... et, pourtant, on en croise (du moins, on essaie !).

Arriver – Quitter

➢ ***Ligne Durness-Kinlochbervie-Scourie-Kylesku-Lochinver-Ullapool-Lairg :*** 1 bus/j., tlj sauf dim, de début juil à mi-août seulement, avec *Far North Bus* (• *thedurnessbus.com*). • Passe par ***Inchnadamph.***

➢ ***Ullapool-Lochinver-Achmelvich-Drumbeg :*** 1-2 bus/j. avec *George Rapson* (• *georgerapsontravel.com* •) ; pas de bus pour Drumbeg le dim.

Adresses utiles

✉ ***Essence :*** *une seule pompe à Lochinver !*

■ ***Drumbeg Stores :*** *à* ***Drumbeg.*** ☎ *833-235. Avr-oct, lun-ven*

LES HIGHLANDS

10h-17h30, sam 10h-16h, dim 12h-16h ; en hiver, lun, mar, jeu et ven ap-m seulement. On vous indique cette épicerie pour vous faire un bon casse-croûte le midi car les options sont très limitées dans le secteur. La proprio vend de bons produits et fournit couteau et planche à découper si nécessaire ! Très sympa : une super petite terrasse encadrée de fleurs pour pique-niquer avec vue sur un petit loch.

■ ***Flossie's Beach Store :*** *à* ***Clachtoll.*** *☎ 855-763. En saison, lun-sam 8h30-17h30, dim 10h-15h.* Cette mini-épicerie installée dans un baraquement bleu roi de la taille d'un conteneur sert aussi boissons chaudes, *scones, hot rolls* et glaces. Quelques grosses tables permettent de s'installer avant d'aller se promener sur la superbe plage de Clachtoll.

Où dormir ? Où manger dans le coin ?

Campings

⛺ ***Clachtoll Beach Campsite :*** *à* ***Clachtoll,*** *un peu après Stoer, sur la droite en venant du nord ; à 6 miles (9,6 km) de Lochinver. ☎ 855-377. • clachtollbeachcampsite.co.uk • Avr-sept. Résa conseillée en saison (par e-mail si possible). Prévoir £ 17-22 pour 2 selon taille de la tente (£ 14-20 en basse saison).* Le terrain est situé à 200 m d'une magnifique plage de sable blanc (accès direct) aux eaux turquoise mais bien fraîches – d'où l'on aperçoit parfois des dauphins... Le coin peut être très venteux, ce qui présente l'avantage d'éloigner les *midges* ! Côté services, sanitaires propres, machine à laver et sèche-linge, et une petite boutique à 200 m. D'ici à ce que vous veniez, il y aura peut-être des tentes canadiennes en location.

⛺ ***Shore Caravan Site :*** *à* ***Achmelvich.*** *☎ 844-393. • shorecaravansite.yola.com • Au bout de la route. Ouv d'avr à mi-sept. Compter £ 12-16 pour 2 selon taille de la tente. Wifi payant.* Sa situation est tout aussi enviable, contre une plage de sable blanc splendide, avec gazon bien coupé et moutons qui bêlent alentour. Tâchez juste d'éviter l'*overflow zone,* plus loin du rivage. Le bloc sanitaire n'est pas tout jeune, mais il est raisonnablement bien tenu. Bon accueil. Laverie et, en été, boutique de dépannage et *fish & chips* à emporter *(juil-août, mer-dim soir).* La colline qui jouxte le terrain offre une vue superbe sur la baie au coucher du soleil.

Bon marché (£ 10-25/pers ; 12-30 €)

🏠 ***Achmelvich Beach Youth Hostel :*** *à* ***Achmelvich.*** *☎ 844-480. • hostellingscotland.org.uk • Début avr-sept. Réception 8h-10h, 17h-22h. Nuitée en dortoir env £ 20/pers, doubles à partir de £ 45.* Cette AJ plutôt rustique, mais bien tenue, occupe une ancienne école retapée et une maisonnette attenante. Ses 22 lits se répartissent en dortoirs, doubles et familiale, partageant des douches communes (dont une assez rudimentaire). Cuisine à dispo et grande salle à manger. Un atout : sa superbe situation, à 200 m de l'une des plus belles plages de cette région qui n'en manque pourtant pas.

🍽 ☕ ***Secret Tea Garden :*** *à l'entrée est de* ***Drumbeg.*** *☎ 833-263. Avr-sept (parfois oct), tlj sauf lun 10h30-16h30.* Côté face, c'est une boutique de bougies parfumées. Côté pile, un adorable petit salon de thé aux tables en bois nichées sous des parasols-parapluies, au milieu d'une profusion de plantes et fleurs. On y avale un sandwich, un gâteau ou un *scone* (rustique) avec une *clotted cream* très riche, sous le regard intéressé d'un chat gourmand.

Chic (£ 85-125 ; 102-150 €)

🏠 🍽 ***B & B Philosophy :*** *203* ***Clashmore.*** *☎ 855-261. • bnbphilosophy.com • En direction du phare de la Point of Stoer. Doubles avec sdb £ 100-110 selon saison. Dîner sur résa £ 20, sept-mars seulement. CB refusées.* Philippe et Sophie ont plaqué leur Belgique pour venir respirer le grand air dans ce coin paumé d'Écosse, un tantinet austère mais abreuvé d'air marin. Ils se sont installés dans une bicoque blanche dominant l'océan et ont aménagé sa dépendance en 2 super chambres avec parquet, à la déco épurée. Les poules fournissent les œufs du petit déj, complété de nombreux produits locaux. Ils ne font les dîners que hors saison, lorsque tout est fermé à Lochinver ; le reste du temps, il vous faudra aller à Lochinver (environ 30 mn par trajet sur des routes à voie unique).

À voir. À faire

Nedd et Drumbeg : entre ces 2 villages, le route B 869 sinue au cœur d'une nature inhabituellement boisée, offrant une succession de points de vue superbes sur la côte rocheuse, ses replis, ses îlots et de rares petits ports.

Clashnessie Bay : cette plage de sable rose souligne le fond d'une petite baie.

Point of Stoer : la zone que l'on traverse pour s'y rendre est austère mais, de l'arrière du phare, un vaste panorama se dégage sur le littoral cerné de falaises. De là, une belle balade dans le vent mène jusqu'à la pointe de la péninsule de Stoer, à 45 mn-1h de marche – attention, le chemin est assez difficile par endroits et comporte plusieurs branches. Après 2 km, on découvre l'***Old Man of Stoer,*** une aiguille rocheuse de près de 70 m, fichée comme un minaret au milieu des vagues de l'Atlantique. Emportez des jumelles : le secteur est habité par des dauphins et, dans les falaises nichent de nombreux oiseaux marins.

PEUPLE SOUVERAIN

En 1992, une transaction peu banale a eu lieu : dans la région d'Assynt, les descendants des Highlanders dépossédés par le duc de Sutherland au moment des clearances (explusions), au XIXe s, ont racheté 8 500 ha à leur actuel propriétaire (une banque !). Pour mener à bien l'opération, une première dans l'histoire des Highlands, les £ 300 000 nécessaires ont été réunies grâce à des dons du monde entier. Depuis, le modèle a fait école dans tout le pays.

Sachez que le phare de Stoer peut être loué à la semaine : il abrite 2 apparts (● *stoerlighthouse.co.uk* ●) ! Sinon, de Pâques à fin septembre, un *food truck* un peu pompeusement baptisé *Living the dream* s'installe face au parking, proposant boissons chaudes et snacks à base de bons produits locaux *(tlj sauf sam 9h30-16h30 – 16h ven ; sauf jours de pluie).*

Achmelvich : ce hameau perdu au bout d'une route sans issue, isolé et battu par les vents, vaut le déplacement pour sa splendide petite plage blanche léchée par des eaux turquoise. On peut y camper (voir « Où dormir ? ») et faire du *snorkelling.*

LOCHINVER

600 hab. IND. TÉL. : 01571

Ce petit port bien protégé se niche au débouché de la rivière Inver dans le loch... Inver (logique !). Le lieu n'est pas désagréable, surtout lorsque les cerfs décident de venir brouter sur le terrain de foot et les phoques de sortir leur périscope de l'eau entre les étraves des bateaux.

Arriver – Quitter

➢ ***Achmelvich et Drumbeg :*** 1-2 bus/j. avec *George Rapson ;* 1 bus continue jusqu'à Drumbeg, tlj sauf dim. • *georgerapsontravel.com* •

➢ ***Durness*** *(par **Kylesku, Scourie** et **Kinlochbervie**)* **:** de début juil à mi-août, tlj sauf dim en soirée, avec *Far North Bus* (• *thedurnessbus.com* •).

➢ ***Lairg :*** de début juil à mi-août, tlj sauf dim, en milieu de journée avec *The Far North Bus*. Passe par ***Ullapool*** et ***Inchnadamph.***

➢ ***Ullapool :*** outre le bus *Far North* estival, 1 bus/j. tte l'année avec *George Rapson*, et un autre le mat les jours d'école.

Adresses utiles

■ ***Royal Bank of Scotland :*** *planqué au carrefour du port et de la route d'Inverkirkaig. Difficile à apercevoir (repérer le logo en étoile).* Distributeur de billets (rare dans les parages).

■ ***Station-service :*** *Main St. Lun-sam 8h-18h30, dim 9h-17h30.*

Où dormir à Lochinver et dans le coin ?

Bon marché (£ 10-25/pers ; 12-30 €)

🏠 |●| ***An Cala Café & Bunkhouse :*** *Culag Park, au bout de Main St, au fond du port de Lochinver. ☎ 844-598. • ancalacafeandbunkhouse.co.uk • Compter £ 23/pers ; env £ 115 la chambre familiale (5 pers).* Séparé de la route par une immense pelouse où viennent parfois brouter les cerfs, le bâtiment, moderne, se partage entre un sympathique café (voir « Où manger ? ») et une auberge parfaitement tenue. On y trouve 3 minidortoirs (4, 5 et 6 personnes) impeccables, dotés d'une excellente literie et de salles de bains nickel. En prime : une cuisine et même des toasts et céréales en libre-service.

De prix moyens à chic (£ 50-125 ; 60-150 €)

🏠 ***Davar B & B :*** *à l'entrée nord de Lochinver, tourner à droite au vieux pont de pierre (fléché). ☎ 844-501. • davar-lochinver.co.uk • Congés : 2 sem autour de Noël. Double £ 80.* Dans un quartier résidentiel au calme, cette agréable maison moderne offre 4 chambres coquettes, dont 3 avec vue sur la baie. Parfois, le lit est orienté pour qu'on l'admire douillettement ! Copieux petit déj et accueil dynamique, tendance jovial, de Caren et Dave.

🏠 ***Kirkaig Lodge B & B :*** *Croft 3, à **Inverkirkaig,** à env 3 miles (5 km) au sud de Lochinver ☎ 844-768. • kirkaiglodge.com • Doubles avec sdb £ 80-95.* Retiré du monde, avec vue dominante sur la baie d'Inverkirkaig, ce *B & B* attenant à une ferme dispose de 3 chambres spacieuses et douillettes, toutes avec lit *king size* (géant, quoi !). La n° 1, la plus chère (aménageable en familiale), offre une vue superbe. Cerise sur le gâteau : un sauna ! Excellent accueil de Steeve et Jacqueline.

Où manger ? Où boire un verre ?

De bon marché à prix moyens (plats £ 5-18 ; 6-22 €)

|●| ***An Cala Café :*** *Culag Park, au bout de Main St, au fond du port. ☎ 844-598. Tlj sauf dim 9h-19h30 ; fermé aussi lun-mar oct-avr.* La grande salle lumineuse, au mobilier de bois clair et sol en pierre, est agréable, et la cuisine sans prétention. On déjeune ici d'un bon haddock ou *monkfish & chips,*

d'un burger, de linguine, d'une *steak & ale pie* et autre tandoori. Grosses tables en bois à l'extérieur.

|●| 🍸 ***Caberfeidh Dining Pub :*** *Main St, à côté du* Lochinver's Larder. ☎ *844-321. Bar tlj 12h (17h lun, 12h30 dim)-23h (minuit jeu et sam, 1h ven, 22h dim). Resto 12h-14h30, 18h-21h.* Appartenant aux proprios de l'*Albannach,* le seul resto étoilé du secteur (trop cher), le *Caberfeidh* joue la carte du gastropub, dans un intérieur chaleureux en lambris et pierres apparentes. La carte est inspirée par les produits de la mer (langoustines) et le gibier local, mais le choix (à l'ardoise) est souvent fort réduit et les stocks fondent vite ! Beaucoup d'habitués commandent un assortiment de petits plats.

|●| ***Lochinver's Larder :*** *Main St.* ☎ *844-356. Tlj sauf dim 10h-20h en saison (10h-16h hors saison). Prix moyens.* Ce resto familial sans chichis est célèbre pour ses *pies* (sorte de tourtes), qui sont envoyées aux 4 coins du pays par la poste ! Il en existe 16 variétés salées à base de produits régionaux (poulet, saumon, agneau, *haggies* et navets...), mais, on les a trouvées assez chères et pas forcément inoubliables. Celles aux fruits sont préparées avec des conserves !

De prix moyens à chic (plats £ 8-25 ; 10-30 €)

|●| ***Peet's :*** *Harbourside, Culog Rd.* ☎ *844-085. Tlj 12h-14h30 (dim 11h30-15h), 17h30-20h30. Prix moyens le midi, chic le soir.* C'est d'abord un lieu agréable, confortable, lumineux... Poisson et fruits de mer, proposés selon les arrivages, y sont d'une fraîcheur absolue et finement préparés. Goûtez par exemple au gratin de saint-jacques ou, pour faire contraste, aux *haggis bonbons* avec marmelade de whisky ! Le rapport qualité-prix est bon, le service attentionné.

DANS LES ENVIRONS DE LOCHINVER

🚶🚶 ***Falls of Kirkaig :*** *départ du parking à env 3,5 miles (5,6 km) au sud de Lochinver, passé le village d'Inverkirkaig.* La promenade, assez facile (7,2 km aller-retour), le long de la rivière Kirkaig puis à travers la lande, mène jusqu'à ces chutes hautes de 20 m. Attention, la descente finale est dangereuse, surtout par temps humide. 1 km plus loin, on arrive au *loch Fionn,* dominé par le *mont Suilven* en forme de pain de sucre, objectif très prisé des randonneurs.

– À l'office de tourisme, vente de la brochure *Assynt Walking Network* décrivant d'autres balades d'intérêt très divers.

🍸 ***Achins Bookshop & Coffee Shop :*** *au niveau du parking du sentier des Falls of Kirkaig, à* ***Inverkirkaig.*** ☎ *844-262. Avr-oct, tlj 10h-18h ; en basse saison, lun-sam 10h-17h.* Cette librairie-salon de thé-magasin d'artisanat (et souvenirs) se niche en pleine nature. L'occasion d'une pause avant ou après la balade.

AUTOUR DU LOCH ASSYNT

Alimentant la rivière Inver, le loch Assynt s'étire dans des paysages de landes et de monts à la végétation pelée. Là, au bord de l'eau, se dressent les photogéniques ruines de l'*Ardvreck Castle.* Un arrêt incontournable.

Où dormir ?

Inchnadamph Lodge : *à 12,5 miles (20 km) à l'est de Lochinver par l'A 837 et 9 miles (14,5 km) au sud de Kylesku. ☎ (01571) 822-218. • inch-lodge.co.uk • Congés : de fin oct à mi- ou fin mars, sauf cottages. De mi-mai à début juil, de nombreux étudiants en géologie squattent les lieux. Lit en dortoir £ 20-22/pers ; double £ 65 ; familiales £ 75-95, petit déj compris. Cottage 6 pers £ 150 (min 3 nuits, moins si dispo). Draps fournis (sauf dortoirs), mais pas les serviettes.* En pleine nature, entre le loch Assynt et des montagnes austères, cette grande maison blanche de 1821 a été réinventée en auberge, avec 6 chambres privées (dotées d'un lavabo) bien tenues, dont des familiales, et des dortoirs tout en bois de 4 ou 8 lits (superposés). Toilettes et douches sur le palier pour tous. 2 cuisines collectives très bien équipées, une salle commune avec jeux, machine à laver, séchoir et épicerie. Les 2 cottages ont 3 chambres chacun. On aperçoit parfois des biches aux abords...

Où dormir ? Où manger loin de tout ?

The Altnacealgach (Alt) Motel : *à 1 mile (1,6 km) à l'est de* **Ledmore,** *sur l'A 837 vers Inverness. ☎ (01854) 666-220. • thealtmotel.com • Avr-oct. Double env £ 70, petit déj £ 7,50.* Bunkhouse *£ 20/pers. CB refusées.* Situé face au loch Borralan, dans un paysage totalement dépeuplé mais beau, ce motel dispose de 5 chambres-studios récentes avec cuisine, mais sans TV – dont l'une louée sous forme de *bunkhouse*. L'endroit est surtout fréquenté par les pêcheurs, qui viennent y taquiner la truite et l'omble chevalier. D'ailleurs, on peut y acheter son permis ! On se nourrit au pub attenant de solides classiques (2-3 choix), entre une pinte et une partie de billard ou de fléchettes. Pensez à réserver et prévoyez un anti-*midges*. Accueil aimable.

À voir. À faire dans le coin

Ardvreck Castle : *à 8 miles (env 13 km) au sud de Kylesku et 10 miles (16 km) à l'est de Lochinver.* Quelle belle carte postale ! S'il n'en reste pas grand-chose, les ruines de ce château bâti au XVIe s par les MacLeod sur une étroite presqu'île du loch Assynt sont fort évocatrices. L'édifice n'a pas été victime des guerres de clans, mais de... la foudre. 2 fantômes hanteraient les lieux : celui de la fille d'un chef MacLeod qui se noya dans le lac après son mariage avec le diable, contracté pour sauver le château de son père. Et celui d'un grand homme habillé de gris, qui pourrait être le fantôme de Montrose, un royaliste pro-Charles Ier qui, mis en déroute, se serait réfugié chez MacLeod avant d'être livré à ses ennemis par l'épouse de ce dernier... Il aurait été pendu et démembré selon le sort réservé aux traîtres à cette époque.

Knockan Crag National Nature Reserve : *à 1,7 mile (2,7 km) au sud d'Elphin et 13 miles (21 km) au nord d'Ullapool. • nnr-scotland.org.uk •* Le site est célèbre auprès des spécialistes pour avoir permis de prouver, au XIXe s, l'existence

BORN IN THE USA

Peut-on imaginer qu'il y a plus de 200 millions d'années, le nord-ouest des Highlands était relié à... l'Amérique du Nord ? Les Highlands et les Appalaches constituaient alors une seule et même chaîne montagneuse. Ainsi, on peut dire que la géologie en Écosse a plus de points communs avec certaines régions des États-Unis qu'avec l'Angleterre.

des chevauchements géologiques. En d'autres termes, les roches plus récentes découvertes ici sous les roches plus anciennes ont démontré l'ampleur des mouvements tectoniques de la planète, qui peuvent retourner (doucement !) les montagnes comme des crêpes. Des panneaux explicatifs mettent en scène la querelle scientifique qui en résulta et des sentiers invitent à parcourir le site – point névralgique du vaste North West Highlands Geopark, créé en 2004 avec le soutien de l'Unesco.

LA PÉNINSULE DE COIGACH

IND. TÉL. : 01854

La jolie péninsule de Coigach s'avance en mer entre Lochinver et Ullapool. Des monts, verts en été, rouille à l'automne, y glissent tantôt vers une plage de sable blanc (à Achnahaird), tantôt vers une côte dont une multitude de rochers se sont détachés pour saupoudrer la mer *(Summer Isles)*. Si le beau temps est de la partie, les panoramas s'enchaînent. Que l'on vienne de Lochinver ou d'Ullapool par la route qui longe les lochs Lurgainn et Bad a' Ghaill, le plaisir est identique.

– Infos sur ● *coigach.com* ●

Arriver – Quitter

➢ ***Achiltibuie-Altandhu-Ullapool :*** 2 bus/j. avec *KSM Motors* en sem, 1 seul sam, aucun dim. Durée : env 1h. ☎ *(01571) 844-236.*

Adresse utile

■ ***Épicerie : Achiltibuie Stores,*** *à* ***Achiltibuie.*** ☎ *622-496. Tlj sauf dim 9h-18h (17h30 oct-avr).* On y trouve la seule pompe à essence à 40 km à la ronde !

Où dormir ?

Bon marché (£ 10-25/pers ; 12-30 €)

⛺ ***Port a Bhaigh Campsite :*** *à* ***Altandhu,*** *à 4 miles (6,4 km) env à l'ouest d'Achiltibuie.* ☎ *622-339.* ● *porta bhaigh.co.uk* ● *Tte l'année. Compter £ 15-20 selon taille de la tente.* Face à la mer, dans un environnement extra, ce camping dispose d'une cinquantaine d'emplacements. Les sanitaires sont impeccables. Machines à laver et séchoir. Chaleureux pub au-dessus (même proprio).

🏠 ***Acheninver Hostel :*** *à 1,8 mile (env 3 km) au sud du* Summer Isles Hotel *(centre d'****Achiltibuie****).* ☎ *622-283.* 📱 *07748-860-245.* ● *acheninverhostel.com* ● *Du petit parking, un sentier fendant les fougères mène jusqu'à l'auberge (500 m) ; une brouette est à disposition pour transporter les sacs ! Mars-oct.* Check-in *16h-21h. En dortoir £ env 20/pers ; double £ 50.* Cette gentille maison blanche (ancien *croft*) et sa dépendance, posées face à la mer, plairont aux routards aimant les beaux paysages sauvages, la solitude et le vent. Intimes, propres, pourvues en chauffage, elles abritent 2 chambres privées et 2 dortoirs proprets de 8 lits, l'un au rez-de-chaussée (pour garçons), l'autre en soupente (pour les filles). Cuisine et douche dans chacun des 2 bâtiments. Épicerie la plus proche à 4 km. Un délice pour les Robinson...

Prix moyens (£ 50-85 ; 60-102 €)

Tigh Uisdean B & B : *133, Polglass, passé l'hôtel* Summer Isles, *à* **Achiltibuie.** *☎ 622-401. 07814-348-553. • achiltibuiebedandbreakfast.co.uk • Congés : fin oct-Pâques. Résa vivement conseillée. Doubles £ 70-80.* Idéalement situé face à la mer et aux îles, voici un *B & B* à même de remettre sur pied le plus déprimé des humains. Récente, la maison, blanche au toit d'ardoises, dispose à l'étage de 2 chambres *en-suite,* cosy et lumineuses, et d'un gentil cottage *(self-catering)* avec mezzanine, machine à laver et cuisine (le petit déj vous y attend dans le frigo). Les proprios sont charmants et le télescope à disposition vous permettra d'observer le grand large, les bateaux, les oiseaux... Petit déjeuner généreux à base de bons produits locaux.

Port Beag Chalets : *à* **Altandhu.** *☎ 622-372. • portbeag.co.uk • Compter £ 370-600/sem (3-6 pers) selon saison. Hors juin-août, à partir de 2 nuits, £ 120-195, selon saison et nombre de pers.* Ces 5 jolis chalets en bois s'implantent sur un vaste terrain gazonné, en bord de mer. Confortables, lumineux, cosy, ils ont tous une terrasse, une belle cuisine, des sanitaires nickel et 2 ou 3 chambres.

Où manger ? Où boire un verre ?

Summer Isles Hotel : *à* **Achiltibuie.** *☎ 622-282. • summerisleshotel.co.uk • Avr-fin oct. Tlj 12h-14h30, 15h-17h (thé), 18h-20h30. Sandwichs £ 7-10, plats £ 13-20,* seafood platter *à partir de £ 32.* Ce petit hôtel chic, parmi les plus belles adresses de la région, affiche des tarifs qui risquent de vous faire frissonner. Reste, pour le commun des mortels, la bonne escale au bar, avec ses prolongements en terrasse et dans le jardinet aux tables en bois, face océan. Au tableau noir, les plats du jour – souvent du saumon fumé et des fruits de mer. Le resto ne devrait pas vous décevoir, mais les prix y sont élevés et le service un poil guindé.

Fuaran Bar : *à* **Altandhu,** *à 4 miles (6,4 km) env à l'ouest d'Achiltibuie. ☎ 622-339. Tte l'année ; en hte saison tlj 12h30-14h30, 18h-20h30. Plats £ 10-25.* Entre repaire de marins et taverne de touristes échoués, ce pub à la déco chaleureuse mêle pierre et bois, cheminées et poêle, gobelets en étain suspendus et lampe tempête, faisan empaillé et autres photos noir et blanc... Au menu : une bonne cuisine de pub et du poisson frais, très frais – scampi et *prawns,* saumon, etc. Billard. Belle terrasse avec vue sur les îles Summer, même si ce n'est pas tous les jours l'été...

Achiltibuie Piping School Café : *Old Village Hall. ☎ 622-777. Avr-oct. Tlj 9h-18h30. Petits plats £ 4-7.* Occupant une salle d'un ancien bâtiment communautaire, ce café aux airs de salle de classe (avec jeux pour enfants) se tourne vers la mer et les oiseaux attirés par une mangeoire. Vous, vous picorerez soupe, panini, *hot roll* ou, mieux, pâté de maquereau maison, à prix fort modérés. Et des gâteaux pour finir... Malheureusement, l'école de cornemuse ne fonctionne plus.

Salt Seafood Kitchen : *à* **Achiltibuie,** *après l'hôtel* Summer Isles. *☎ 622-380. Pâques-oct, lun-sam 17h-21h15. Plats £ 5-13. CB refusées. BYOB.* C'est la fille des proprios du *B & B Tigh Uisdean,* situé juste en contrebas, qui a ouvert ce petit resto servant des produits locaux récoltés ou élevés de manière durable, préparés sur des notes actuelles. Le choix est en conséquence limité (voire très limité), mais la fraîcheur est plus que garantie. Que diriez-vous d'un chili au crabe ou de tacos de fruits de mer ? Le cadre est très simple, avec du mobilier de récup' et une jolie vue.

À faire

➢ **Excursion en bateau : Summer Isles (Isabella) Sea Tours,** à **Achiltibuie.** *☎ 07927-920-592. • summerisles-seatours.co.uk • Mai-sept, 3 excursions/j., tlj* *sauf dim (mat, ap-m et soir). Compter env £ 30 ; réduc.* On cingle vers les Summer Isles et l'on débarque sur Tanera Mor, la seule île habitée de l'archipel, connue pour sa poste émettant ses propres timbres ! En chemin, on aperçoit une belle colonie de phoques et de nombreuses espèces d'oiseaux marins. Les plus chanceux croiseront des dauphins ou des requins-baleines.

ULLAPOOL

1 300 hab. IND. TÉL. : 01854

• Plan *p. 419*

Sur les rives du loch Broom, à 30 miles (48 km) au sud de Lochinver, ce dynamique petit port de pêche aux maisons blanches est devenu une importante étape touristique, en même temps qu'un centre de transit pour les voyageurs à destination de l'île de Lewis et Harris. L'étape est agréable et, certains jours, on aperçoit des phoques.

Arriver – Quitter

En bus

Tous les horaires sont affichés à l'office de tourisme.

➢ ***Achiltibuie :*** 2 bus/j. avec *KSM Motors* en sem, 1 seul sam (mat), aucun dim. Durée : env 1h10. ☎ *(01571) 844-236.*

➢ ***Durness** (par **Lochinver, Kylesku, Scourie** et **Kinlochbervie**) :* 1bus/j. sauf dim, de début juil à mi-août seulement, avec *The Far North Bus* *(☎ (01971) 511-223 ; • thedurnessbus.com •).* Dans le sens inverse, dessert ***Lairg.***

➢ ***Gairloch :*** vraiment peu pratique, 1 minibus direct/sem ou prendre direction Inverness, avec une longue correspondance à Garve.

➢ ***Inverness :*** avec *Scottish Citylink (• citylink.co.uk •),* 2 bus/j., en correspondance avec le ferry de Stornoway (Lewis). Oct-mars : pas de bus le dim, sauf les 3 premières sem d'oct. Également 2 bus/j. (1 seul le w-e) avec *D & E Coaches (☎ (01463) 222-444 ; • decoaches.co.uk •).* Durée : env 1h20-2h (plus long avec *D & E*). À Inverness, correspondance pour Glasgow et Édimbourg.

➢ ***Lochinver** (par Inchnadamph) :* 2-3 bus/j. avec *George Rapson (• georgerapsontravel.com •),* jusqu'à l'AJ d'***Achmelvich.*** En période scolaire, 1 bus poursuit jusqu'à ***Drumbeg*** (2 le ven).

En bateau

➢ ***Ligne Ullapool-Stornoway (sur l'île de Lewis) :*** *avec* **Caledonian MacBrayne** *(guichet sur Shore St ; plan B2). ☎ (01475) 650-397 ou 0800-066-5000 (résas). • calmac.co.uk •* Tte l'année, lun-sam, 2 traversées/j. ; 1 seule le dim en basse saison mais jusqu'à 3 en été. Trajet : 2h30. En voiture, arriver 45 mn avt ; piéton 30 mn. Compter env £ 19/pers l'A/R, plus £ 99 l'A/R pour une voiture (!) ; moins cher si on revient par l'île de Skye. On peut laisser sa voiture à Ullapool et en louer une à Stornoway, mais ça ne vaut le coup que si on reste un maximum de 2-3 j. Les vélos sont gratuits mais limités en nombre. Si vous envisagez de visiter plusieurs des îles Hébrides, pensez au billet circulaire *(Hopscotch ticket).*

Adresses utiles

ℹ @ ***I Centre** (plan B2) : 6, Argyle St. ☎ 612-486. • ullapool@visitscotland.com • Ouv avr-oct, lun-sam 9h30-16h30 (17h mai et début sept), dim*

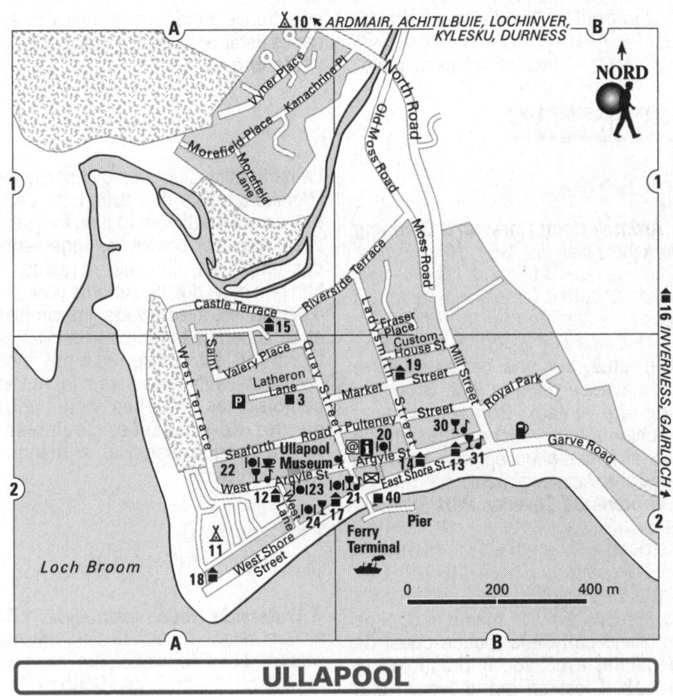

ULLAPOOL

Adresses utiles	Où manger ? Où prendre le thé ?
@ I Centre (B2)	20 West Coast Delicatessen (B2)
3 Supermarché Tesco (A2)	21 Seaforth et Deli-Ca-Sea (B2)
22 Librairie The Ceilidh Place (A2)	22 The Ceilidh Place (A2)
Où dormir ?	23 The Seafood Shack (A2)
10 Ardmair Point Caravan & Camping Park (hors plan par A-B1)	24 The Arch Inn (A2)
11 Broomfield Caravan Park (A2)	**Où boire un verre ? Où écouter de la musique ?**
12 Clubhouse de The Ceilidh Place (A2)	30 Argyll Hotel (B2)
13 Youth Hostel (B2)	31 Ferry Boat Inn (B2)
14 Tenterden B & B (B2)	**À voir. À faire**
15 Riverview B & B (A1)	40 Kiosques de Shearwater Cruises, Seascape Expeditions et NorWest Sea Kayaking (B2)
16 Dromnan Guesthouse (hors plan par B2)	
17 Waterside House (A-B2)	
18 Point Cottage B & B (A2)	
19 Eilean Donan Guesthouse (B2)	

10h-15h (16h mai et début sept) ; juil-août : lun-sam 9h-18h30, dim 10h-16h. Fermé nov-mars. On y parle français (demandez Kathleen, qui a étudié à Grenoble). Horaires de bus affichés à l'intérieur. Vend des brochures détaillant les sentiers balisés aux alentours.

■ ***Supermarché Tesco*** *(plan A2,* ***3****) : Latheron Lane. Lun-sam 8h-22h, dim 9h-20h.* Faites des provisions si vous allez vers le nord !

■ ***Librairie The Ceilidh Place*** *(plan A2, **22**) : 14, West Argyle St.* ☎ *612-103. Tlj 7h-23h30 !* À l'intérieur même du resto ; on y trouve (notamment) beaux livres, cartes détaillées et guides de rando.

■ ***Marché :*** *le sam, 9h-17h.*

Où dormir ?

Campings

⩓ ***Ardmair Point Caravan & Camping Park*** *(hors plan par A-B1, **10**) : à 3 miles (5 km) au nord d'Ullapool.* ☎ *612-054.* • *ardmair.com* • *Dans le virage, face à la baie. Réception 8h-11h, 16h-19h30. Avr-sept. Env £ 19 pour 2 avec tente.* Bien situé, sur une bande de terre qui s'avance dans le loch Broom, il peut être venteux. Bon équipement : machine à laver, sèche-linge, aire de jeux et *coffee-shop*-épicerie-boutique de pêche. Accueil aimable.

⩓ ***Broomfield Caravan Park*** *(plan A2, **11**) : accès par West Lane.* ☎ *612-020.* • *broomfieldhp.com* • *Ouv Pâques-fin sept. Réception 7h-10h30, 15h-17h. Compter £ 16-20 pour 2 selon taille de la tente.* En ville même, il occupe un grand pan de la façade ouest de la pointe, avec vue imprenable sur le loch. C'est un grand terrain plat gazonné (parfois un peu boueux), avec de l'espace pour les tentes. Machine à laver et sèche-linge, sanitaires nickel...

Bon marché (£ 10-25/pers ; 12-30 €)

⌂ ***Youth Hostel*** *(plan B2, **13**) : 22, Shore St.* ☎ *612-254.* • *hostellingscotland.org.uk* • *Pâques-oct. Résa conseillée de juin à mi-août. Lit en dortoir £ 22/pers, double £ 50 ; ajouter £ 3/pers pour les non-membres.* Au centre, en front de mer, cette AJ très bien tenue se fait accueillante avec sa grande cuisine prolongée par un salon, ses bons gros matelas et ses dortoirs (2-6 lits) et chambres propres (étroites mais agréables). Les 2 tiers ont une vue sur la mer et les ferries. Le *dorm* de 4 personnes a même sa propre salle de bains. Machine à laver et sèche-linge.

⌂ ***Clubhouse de The Ceilidh Place*** *(plan A2, **12**) : 14, West Argyle St.* ☎ *612-103.* • *theceilidhplace.com* • *Congés : 2 sem en janv. Env £ 24/pers.* La partie dite *Clubhouse,* l'annexe de l'hôtel, se trouve de l'autre côté de la rue, dans un bâtiment tout en longueur avec arcades, contre les logements des employés. On peut y résider à bon prix dans des *bunkrooms* pour 1 à 4 personnes, avec lavabo, lits simples et/ou superposés (draps et serviettes fournis). C'est propre mais pas bien joyeux et les matelas sont fins. Autres bémols : les douches communes au rez-de-chaussée seulement (w-c à chaque étage) et le manque d'insonorisation.

Prix moyens (£ 50-85 ; 60-102 €)

⌂ ***Waterside House*** *(plan A-B2, **17**) : 6, West Shore St.* ☎ *612-140.* • *waterside.uk.net* • *Pâques-oct, lun-ven seulement. Min 2 j. mai-sept. Doubles £ 80 avec petit déj continental, £ 90 avec petit déj chaud.* Dans une petite maison au bord du quai, vous trouverez ici 3 chambres adorables au style cabine de bateau, avec lambris peints en blanc, salle de bains privée très actuelle et vue sur l'eau. Que demander de plus ? Un bon petit déj ? Un accueil charmant ? Adjugé.

⌂ ***Tenterden B & B*** *(plan B2, **14**) : 13, East Shore St.* ☎ *613-265.* 📱 *07756-816-595.* • *whorganics@gmail.com* • *Séjour 2 nuits max juin-sept. Doubles £ 75-80.* Située dans la rue au bord de l'eau, cette maison tout en bois possède un potager en hauteur et un jardin en pente où gambadent des canards. L'ensemble est un peu brouillon, mais charmant. À l'intérieur : 2 petites chambres en rez-de-chaussée (et une *single* étroite à l'étage), un peu chargées, partageant une salle de bains. L'une est assez classique, l'autre avec une sorte de lit à baldaquin qui remonte jusqu'au plafond (bas). Le salon étant au-dessus, on entend les gens s'y déplacer. Le matin, l'accueillante Eileen, qui a son caractère, vous préparera un petit déjeuner extra, avec les œufs de ses poules et les bons produits du jardin. Il est servi en commun avec les autres clients.

■ ***Point Cottage B & B*** *(plan A2,* ***18****) : 22, West Shore St.* ☎ *613-015.* ● *pointcottagebandb.co.uk* ● *Avr-début oct. Doubles £ 70-80, sans petit déj.* Aligné face à la baie, à 200 m du ferry, ce *B* sans *B* abrite 3 chambres récentes et cosy aux airs de nids douillets. Super propres, lumineuses, elles déclinent moquette beige, murs jaunes et couettes moelleuses. Le petit déj n'est pas proposé, mais on peut manger dans la chambre, où on trouve un petit frigo et l'incontournable *tea tray*. Bon accueil de Cathy, qui parle français, mais n'est pas forcément toujours très présente.

■ ***Riverview B & B*** *(plan A1,* ***15****) : 2, Castle Terrace.* ☎ *612-019.* ● *riverviewullapool.co.uk* ● *Fév-oct. Doubles avec sdb £ 75 selon saison. 10 % de réduc à partir de 3 nuits. CB refusées.* La maison n'est pas bien belle, mais elle est située dans une rue tranquille, à 5 mn du centre, avec 3 chambres pas trop grandes mais confortables. Copieux petit déj et accueil cordial de Nadine.

■ ***Eilean Donan Guest House*** *(plan B2,* ***19****) : 14, Market St.* ☎ *612-524.* ● *ullapoolholidays.com* ● *Double £ 85.* L'adresse conviendra à ceux qui privilégient le confort au contact. Non que le boss soit désagréable, mais l'ambiance est plus ici au petit hôtel, avec 5 chambres impeccables dans une grande demeure blanche posée à l'angle d'une rue tranquille arborée, à côté du centre. Toutes ont été superbement rénovées, avec de jolis papiers peints (ah ! les colibris au rez-de-chaussée...) et de grandes douches vitrées. Les nos 1 et 3 sont plus petites, la 4 plus grande avec un lit *king size*. Cheminée qui crépite aux premiers frimas.

■ ***Dromnan Guesthouse*** *(hors plan par B2,* ***16****) : Garve Rd.* ☎ *612-333.* ● *dromnan.com* ● *Dernière rue sur la droite à la sortie du village en allant vers le sud. Avr-oct. Min 2 nuits en été. Doubles avec sdb £ 80-85.* Cette *guesthouse* a elle aussi quelque chose de l'hôtel, avec ses 7 chambres (dont 2 familiales). Si elles ne sont ni forcément très grandes ni très à la page, la maison profite d'une situation enviable au bord du loch Broom – que l'on découvre depuis la moitié des chambres et, surtout, de la grande véranda où est servi le buffet du petit déj.

Où dormir dans les environs ?

■ ***Suilven B & B*** *(hors plan par A-B1) : à* ***Rhue.*** ☎ *612-955.* ● *bvegb.co.uk* ● *À 3 miles (5 km) au nord d'Ullapool, direction Rhue, puis 0,8 mile (1,3 km). Double £ 70.* Irene et Barry, qui parlent un peu le français, ont édifié eux-mêmes cette maison en bois *eco-friendly,* qui projette sa belle pièce à vivre face au loch Broom. Ils disposent de 3 chambres : l'une à l'étage avec sa propre salle de bains, les 2 autres (souvent louées ensemble aux familles), au rez-de-chaussée, en partageant une autre – grande. La maison est habitée aussi par des chats, des chiens et des poules, fournisseuses officielles des œufs du petit déj végétarien ! Jolie balade à faire sur la plage caillouteuse et jusqu'au phare.

Où manger ? Où prendre le thé ?

Bon marché (plats £ 5-10 ; 6-12 €)

|●| ***West Coast Delicatessen*** *(plan B2,* ***20****) : 5, Argyle St (à côté de l'office du tourisme).* ☎ *613-450. Tlj sauf dim 8h30-17h. En été, lun-sam 9h-17h, dim 10h-15h.* Envie de vous composer un pique-nique à partir de beaux produits ? La maison propose un joli choix de fine charcuterie et de fromages

fermiers (le boss a une passion pour le brie de Meaux !), mais aussi une quiche du jour (servie avec salade), sandwichs et gâteaux maison, viennoiseries, cafés et thés équitables... Quelques tables sur le trottoir.

The Seafood Shack *(plan A2,* ***23****) : West Argyle St. 07876-142-623. Caché derrière le* Coffee-Shop *(face au musée). Tlj sauf lun 12h-18h (15h dim).* C'est un *food truck,* garé sur un parking gravillonné où les 2 gérantes ont installé 5 tables (des tourets de câble) et leurs bancs. On a même une petite vue sur la mer pour grignoter soupe ou salade de poisson, *crab cakes, wrap* au haddock, coquilles Saint-Jacques et autres produits de la mer, selon arrivage. Il y a même des huîtres à prix très raisonnables. Et, pour une fois, la friture n'est pas de tous les plats.

Deli-Ca-Sea *(plan B2,* ***21****) : West Shore St, presque en face de la gare maritime. ☎ 612-141. Tlj 12h-21h (22h ven-sam).* *Ullapoolisious,* dit la pub ! Ici, on remet les friteuses à l'honneur pour des *fish & chips* déclinés au gré de la marée : *haddock & chips, plaice* (carrelet) *& chips, monkfish* (lotte) *& chips, cod* (cabillaud) *& chips, scampi* (langoustines) *& chips...* Service en *take-away,* plus une table sur le trottoir.

De prix moyens à chic (plats £ 8-25 ; 10-30 €)

The Arch Inn *(plan A2,* ***24****) : 10, West Shore St. ☎ 612-454. Tlj 12h (12h30 dim)-14h30, 17h-21h.* Voilà la meilleure adresse en ville. L'ambiance tient du pub, mais le contenu de l'assiette est très amélioré par rapport à l'ordinaire. La carte, courte, se concentre sur les produits locaux (haddock, saumon, etc.) avec un bon choix de *specials of the day*. Le lieu est envahi chaque soir et, comme la maison ne prend pas de résas, il faut faire le pied de grue en attendant une table – au mieux, on vous donnera une heure indicative à laquelle revenir en inscrivant votre nom sur une *waiting list*. Beaucoup en profitent pour descendre quelques bières entre bar et fléchettes. On peut aussi s'installer sur les quelques grosses tables en bois posées sur le quai, face aux bateaux (commandez à l'intérieur).

Seaforth *(plan B2,* ***21****) : Quay St. ☎ 612-122. Tlj 9h-21h30 (bar jusqu'à 1h, minuit dim).* Ceilidh *le jeu soir, musique live ven-sam vers 22h.* On vous dira que le *Seaforth* n'est plus ce qu'il était. La cuisine du pub est, c'est vrai, assez chère pour une qualité juste moyenne. Restent plusieurs avantages : une situation ultracentrale sur le front de mer, une grande terrasse protégée, un service à toute heure (en kilt, s'il vous plaît !), des plats roboratifs. Tout à côté, le *Chippy Fish & Chips* (même maison) avec de grosses tables dehors.

The Ceilidh Place *(prononcer « kaïli » ; plan A2,* ***22****) : 14, West Argyle St. ☎ 612-103. Dîner jusqu'à 21h. Congés : 2ᵉ et 3ᵉ sem de janv. Pâques-oct, concerts jusqu'à 2-3 fois/sem en plein été (musique traditionnelle, jazz et blues ; entrée : £ 8-12).* À la fois hôtel, resto, bar et librairie, c'est un lieu alternatif agréable, qui centralise aussi de nombreux événements culturels. Côté resto, on vous conseille plutôt d'y prendre le petit déj, un scone, une soupe ou le thé – la cuisine étant assez irrégulière. Service jeune. Un lieu incontournable à Ullapool.

LES HIGHLANDS

Où boire un verre ? Où écouter de la musique ?

🍸 ♩ Outre les adresses mentionnées dans « Où manger ? De prix moyens à chic », vous pourrez profiter des nombreux concerts organisés alternativement par le **_Ferry Boat Inn_** *(plan B2,* ***31****)*, alias *FBI* sur Shore St, et l'**_Argyll Hotel_** *(plan B2,* ***30****)*, sur... Argyle St, qui sont situés dos à dos et fonctionnent en tandem. Ça se passe d'avril à mi-octobre, avec *folk jam* le lundi, *quiz night* le mardi, soul le jeudi, mais aussi musique traditionnelle écossaise, chanteurs à texte, blues, etc.

À voir. À faire

Ullapool Museum (plan A2) : *7-8, West Argyle St.* ☎ *612-987.* • *ullapoolmuseum.co.uk* • ♿ *Ouv Pâques-oct, tlj sauf dim 11h-16h. Entrée : £ 4 ; gratuit moins de 16 ans. Petit livret en français.* Ce musée occupe une ancienne église presbytérienne (1829), dont subsiste la chaire. Il se consacre à l'histoire d'Ullapool depuis sa fondation en 1788 par la *British Fisheries Society* comme port de pêche au hareng. Il évoque notamment l'émigration outre-Atlantique, la vie des *crofters* et l'ouverture de la ligne de ferry vers Stornoway qui, dans les années 1970, sauva le village du déclin. Ajoutons la collection de 200 broderies réalisées pour célébrer le bicentenaire de la ville (la dernière commencée par feu la reine mère et achevée par la princesse Anne), la reconstitution d'une salle de classe des années 1960 et de belles maquettes de bateaux. Un documentaire retrace le peuplement de la région, du lendemain de la période glaciaire jusqu'à nos jours (casque audio en français).

➢ **_Excursions en bateau/kayak : Shearwater Cruises,_** *kiosque sur le port (plan B2,* ***40****).* ☎ *612-472.* • *summerqueen.co.uk* • *Si le temps le permet, Pâques-oct, départ lun-sam à 10h et à 13h30. Durée 2h15. Compter £ 35 ; réduc. CB refusées.* L'occasion de naviguer dans les Summer Isles et même d'y aborder (à Tanera Mhor), en observant au passage phoques, grottes marines et parfois des dauphins. Autre style de navigation avec **_Seascape Expeditions_** : *kiosque sur le port (plan B2,* ***40****).* ☎ *633-708.* 📱 *07511-290-081.* • *sea-scape.co.uk* • *Tlj selon météo, en été seulement. Résa conseillée. Prévoir £ 25-30 pour les excursions de 1h15-2h jusqu'à Seal Island et £ 15 l'A/R jusqu'à l'île Martin (avec 2h sur place) ; réduc.* L'île Martin, la plus proche des Summer Isles, est un sanctuaire ornithologique. Dernière option plus « aventureuse » avec **_NorWest Sea Kayaking_** : *kiosque à côté des autres sur le port (plan B2,* ***40****).* ☎ *844-281.* • *norwestseakayaking.com* • Sorties à la journée ou demi-journée en fonction des capacités de chacun *(£ 55-85 ; réduc).* Départs aussi possibles d'Achiltibuie et Lochinver. Dans tous les cas, emportez des jumelles et des vêtements bien chauds.

Festivals

– **_Cider Celebration :_** *fin juil.* Concerts à l'*Argyll Hotel*.
– **_Cider & Blues Festival :_** *2de quinzaine de sept.* Et de 2 ! Là encore, concerts à l'*Argyll Hotel*.
– **_Beer Festival :_** *2de quinzaine d'oct, sur 3 j., au Morefield Motel.* • *ullapoolbeerfestival.co.uk* • Cette fois, on lève le coude pour la bière ! Musique live.

SUR LA ROUTE DE GAIRLOCH

La route d'Ullapool à Gairloch (90 km environ) offre une succession de panoramas sur des lochs et des baies enluminés de cascades dès que les pluies

s'accentuent : le *loch Broom,* boisé et abrité, les chutes de *Corrieshalloch Gorge,* le *Little loch Broom,* la vaste *Gruinard Bay* et enfin le joli *loch Ewe* qui jouit d'un microclimat – site des très jolis jardins d'Inverewe. Autant d'escales qui invitent à musarder.

Où dormir ?

Campings

Badrallach Bothy & Campsite : *Croft 9,* **Badrallach.** *☎ (01854) 613-240. • badrallach.com • Un peu avt Dundonnell, prendre une petite route sur la droite (en venant d'Ullapool) sur 6,5 miles (10,5 km). Pas de transports en commun. Avr-oct. Env £ 15 pour 2 avec tente, £ 8/pers au* bothy. La route qui y mène, très étroite (euphémisme), passe un vieux pont, traverse une petite forêt aux gros arbres noueux, puis un *glen* alternant bois et pâturages. Le camping apparaît enfin sur la berge du Little loch Broom, loin de tout : quelques emplacements sur un bout de pré parfois détrempé. Les biches ne sont jamais bien loin. Un refuge chauffé au feu de tourbe peut abriter les routards sans tente (prévoir son couchage). Petite cuisine (avec frigo et plaques), douche et w-c attenants. Les accueillants proprios habitent la maison d'à côté ; ils passent chaque jour entre 8h30-9h30 et 18h-19h. En attendant, installez-vous. Ils louent aussi un cottage. Premier prix du camping le plus reculé !

Inverewe Gardens Camping & Caravanning Club : *à* **Poolewe.** *☎ (01445) 781-249. • campingand caravanningclub.co.uk • À l'entrée du village, sur la gauche en venant du nord. Avr-oct. Compter £ 13-22 pour 2 avec tente selon saison, ajouter £ 5-8 pour les non-membres.* La route passe contre, mais les pelouses, semées de quelques arbres (emplacements assez petits), donnent sur le loch Ewe, à moins de 10 mn à pied des *Inverewe Gardens.* Sanitaires bien entretenus, machine à laver et sèche-linge. Seul vrai bémol : les tarifs qui changent constamment en fonction du taux de remplissage... Pour faire ses courses, *corner shop* à environ 500 m *(lun-sam 9h-18h)* ou marché le mardi.

Bon marché (£ 10-25/pers ; 12-30 €)

Sàil Mhór Croft Hostel : *à* **Camusnagaul.** *☎ (01854) 633-224. • sailm hor.co.uk • Après Dundonnell, à gauche de l'A 832 en allant vers Gairloch (panneau). Fermé de mi-déc à mi-fév. Compter £ 18/pers, petit déj en sus. CB acceptées (+ 2,5 %).* Le long de la route, cette petite maison blanche a été repeinte, à l'intérieur, en blanc et violet jusque dans les dortoirs (2 de 4 lits superposés, 1 de 8 lits) ! Elle dispose d'écrans anti-*midges* aux fenêtres, d'une cuisine bien équipée et d'une *drying room* (indispensable par ici !), mais pas de machine à laver. Accueil aimable.

Prix moyens (£ 50-85 ; 60-102 €)

Easter Badbea B & B : *à* **Badbea,** *sur l'A 832. ☎ (01854) 633-704. • easter-badbea.co.uk • 3,5 miles (5,6 km) après le* Dundonnell Hotel *en venant d'Ullapool. Double avec sdb env £ 75. Dîner sur résa env £ 20. CB refusées.* Les proprios, très pros, ont spécifiquement choisi cet emplacement au bord du Little loch Broom pour bâtir leur *B & B*. Les 3 chambres sont confortables et parfaitement tenues. Préférez la nº 1 avec baignoire et vue sur le loch, au même prix que les autres. Le salon, aux baies vitrées, profite du même panorama ; des jumelles sont là, à disposition. *Drying room* pour les randonneurs.

De chic à plus chic (£ 85-150 ; 102-180 €)

Braemore Square Country House : *à env 11 miles (18 km) au sud d'Ullapool*

LES HIGHLANDS

en direction d'Inverness (A 835), avt le carrefour vers Gairloch. ☎ (01854) 655-378. • braemoresquare.com • Double env £ 110 avec petit déj ; apparts en self-catering, 2-4 pers (à la journée seulement en basse saison) £ 95-120. Les boss ont laissé derrière eux une Afrique du Sud en proie à l'insécurité pour cette belle gentilhommière en pierre de 1840 et son (très) vaste carré de verdure. Ils l'ont retapée méticuleusement et proposent 3 chambres d'un confort achevé – dont une avec entrée privée (et même une salle de sport en option !). Également 4 apparts bien équipés. *Lounge* avec poêle.

Où déguster thé et pâtisseries ?

Bridge Cottage Café and Gallery : *Main St, à* ***Poolewe.*** *07466-286-197. Tlj sauf mer 9h30-17h ; seulement w-e en hiver.* Tenu par un jeune couple galicien, ce *coffee shop,* étroit mais chaleureux, constitue une excellente escale en route vers Gairloch, avant ou après la visite des jardins d'Inverewe. Les sandwichs sont un peu chers mais copieux et servis avec une petite salade. On apprécie aussi la *tortilla* (omelette) à l'espagnole, les œufs brouillés au saumon fumé localement et les bons gâteaux. La *torta de Santiago,* à l'amande, est très bonne. Fond jazzy de bon aloi.

À voir. À faire

Corrieshalloch Gorge *(Falls of Measach) : à env 12 miles (19 km) au sud d'Ullapool, au début de la route de Gairloch (A 832).* Du parking, un chemin plus long part sur la gauche. L'autre descend directement (5 mn) jusqu'à cet « affreux trou » (son nom gaélique) où s'écoule la rivière Droma, formé à l'époque glaciaire. Un pont suspendu le franchit, menant, par un sentier forestier qui surplombe le cours d'eau, jusqu'à la plateforme du View Point, d'où on profite, en faisant abstraction du vide sous les pieds (!), d'une vue grandiose sur la chute qui dévale de 40 m de haut...

Scoraig : *à l'extrémité de la péninsule séparant le loch Broom du Little loch Broom.* Les habitants de ce village vivent en retrait du monde : aucune route ne permet d'y accéder ! Une sorte de communauté alternative s'y est développée, parallèlement à la production d'électricité grâce à des éoliennes. Plusieurs résidences font office de *B & B* à l'occasion *(• scoraig.com •),* et d'autres accueillent parfois wwoofeurs et couchsurfers.

Si vous tenez à vous y rendre, prenez la petite route sinueuse jusqu'à Badrallach et continuez à pied le long de la côte (2h). Un « ferry » effectue la liaison à la demande depuis Badluarach, sur le flanc sud du Little loch Broom *(appeler Jonah au ☎ 07730-422-718).* Sinon, le *post boat* passe les lundi, mercredi et vendredi, dans la matinée *(rens auprès de Lisa Burstall au ☎ 07720-862-001).*

Inverewe Gardens *(NTS ; prononcer « Ineverriou ») : à la sortie nord de* ***Poolewe,*** *à 7,5 miles (12 km) de Gairloch. ☎ (01445) 781-229. • nts.org.uk/Visit/Inverewe • Visitor Centre, tlj à partir de 9h30 : avr et sept, jusqu'à 17h ; mai, 17h30 ; juin-août, 18h ; oct 16h. Les jardins ouvrent aux mêmes horaires, plus l'hiver*

L'ÎLE MAUDITE

En 1942, les Britanniques, craignant une attaque bactériologique nazie, firent exploser une bombe à l'anthrax sur l'île de Gruinard, dans la baie du même nom, pour tester les dégâts. Tous les moutons furent tués en 3 jours. L'île fut interdite pendant près d'un demi-siècle avant d'être décontaminée efficacement.

10h (9h30 oct et mars)-16h (17h en mars) ; gratuit à cette période, donation bienvenue. Visite guidée gratuite avec un jardinier de mi-avr à mi-sept, lun-ven à 13h30. Entrée : £ 11 ; réduc. Parking : £ 2 !

L'entrée est chère, oui, mais les jardins sont bien jolis en saison, notamment en mai-juin, quand les (innombrables) rhododendrons arbustifs sont en fleur. Étendu sur 22 ha, cet élégant parc botanique a été créé dans les années 1860. Au centre du domaine, la maison d'origine, joliment restaurée, est devenue musée *(entrée incluse)*. À l'origine, il n'y avait ici qu'une pointe battue par les vents. Aujourd'hui, on y recense quelque 2 500 espèces de plantes, dont diverses espèces de pins qui ont constitué une vraie forêt. Merci au Gulf Stream ! Mais le plus beau se trouve dès le début : un charmant jardin clos, où voisinent harmonieusement fleurs, fruits et légumes. Vous aurez déjà un bon aperçu en 45 mn de balade.

Si vous avez plus de temps (disons 1h30), poussez jusqu'à la pointe pour le panorama sur le loch Ewe ; un banc vous invitera à y boire le paysage à petites gorgées. Pensez à emporter un produit anti-*midges*. De nombreuses animations sont proposées, notamment pour les enfants.

➢ ***Loch Kernsary :*** *départ du parking de* **Poolewe**, *à la hauteur du pont (côté nord). Balade en boucle de 9,5 km (3h min), essentiellement en basse altitude. Prévoir de bonnes chaussures. Cartes* OS Landranger *nº 19 ou* OS Explorer *nº 434 indispensables.* Au début, on longe la rivière Ewe, peuplée de saumons et de truites de mer les premiers mois de l'été. Ensuite, on traverse une forêt de bouleaux et de chênes. Ne pas manquer la bifurcation à gauche indiquée *Kernsary Estate*. Le paysage se révèle d'une exceptionnelle beauté. La fin de l'itinéraire suit le loch Kernsary pour rejoindre la route entre les jardins d'Inverewe et le village.

GAIRLOCH

2 300 hab. IND. TÉL. : 01445

• Plan *p. 429*

À 56 miles (90 km) au sud-ouest d'Ullapool, cette grosse bourgade s'étire sur plusieurs kilomètres sur les berges du très large loch Gairloch, aux airs de baie. Il se compose de 3 quartiers principaux : *Strath* (le village proprement dit), *Auchtercain* (où se trouve l'office de tourisme) et *Charleston* (autour du port). L'ensemble n'a pas un charme évident, mais on y trouve une belle plage de sable fin au niveau du golf et une autre, superbe, sur la route de Melvaig. Celles qui soulignent le rivage de Strath sont nettement plus caillouteuses.

– ***Highland Gathering :*** *1er sam de juil (parfois fin juin).* Danses, *pipe bands*, épreuves de force, etc.

Arriver – Quitter

En bus

➢ ***Inverness :*** tlj sauf dim, vers 8h20, avec *Westerbus*. ☎ *712-255*. Départ de la poste ou du *Gerloch Old Inn*. Compter env 2h de trajet.

➢ ***Ullapool :*** pas le plus simple, 1 minibus direct/sem ou prendre direction Inverness, avec une très longue correspondance à Garve.

Adresses utiles

🅸 ***The Gale Centre (Tourist Information*** *; plan B1-2)* **:** ☎ *712-071. En saison, lun-sam 9h30-18h (sept : 10h-17h30), dim 10h30-17h30 ; hors saison (sauf Noël et 1er janv), tlj 10h-17h.* Cet office de tourisme, au statut d'ONG dans le but de promouvoir la région, ne diffuse d'informations que sur ses partenaires commerciaux...

– Petit ***marché*** le lundi 10h-14h30 (produits locaux).

Où dormir ?

Campings

⛺ ***Sands Caravan & Camping*** *(hors plan par A1,* ***10****)* **:** *sur la route de Melvaig.* ☎ *712-152. • sandscaravanandcamping.co.uk • À env 2,5 miles (4 km) au nord de Gairloch, peu après l'AJ. Avr-oct. Réception 9h-18h. Compter £ 17-19 selon saison pour 2 avec tente ; huttes en bois* (wigwams) *3-5 couchages £ 41-50 pour 2 pers, selon taille et saison.* Le site, immense, est exceptionnel, avec ses grandes étendues d'herbe tapies derrière les dunes d'une plage sauvage. On ne s'installe pas à moins de 7 m de la tente voisine ! Tables de pique-nique, coin cuisine (payant), laverie, salle de jeux, location de vélos et kayaks. Également un petit supermarché bien approvisionné et un petit resto *(The Barn Cafe)*, très agréable, réputé pour ses bons petits déj.

⛺ ***Gairloch Holiday Park*** *(plan A1,* ***11****)* **:** *au centre de Gairloch, derrière l'hôtel* Millcroft. ☎ *712-373. • gairlochcaravanpark.com • Ouv fin mars-fin oct. Env £ 16 pour 2 avec tente. Également 1 dortoir (4 lits) £ 18/pers.* L'environnement n'est certes pas aussi beau, mais l'endroit bénéficie de grandes pelouses avec vue sur la mer et les montagnes... et les *midges* y sont moins nombreux qu'au *Sands*. Les tentes s'installent au fond, plus loin du vent mais sans vue, tandis que les camping-cars sont aux premières loges. Machine à laver, sèche-linge. La *bunkhouse,* à laquelle est intégré l'accueil, est comme un studio, avec cuisine, 2 lits superposés et canapés dépliant ; les sanitaires sont partagés avec les campeurs.

Bon marché (£ 10-25/pers ; 12-30 €)

🏠 ***Gairloch Sands Youth Hostel*** *(hors plan par A1,* ***12****)* **:** *sur la route de Melvaig (B 8021), à env 2 miles (3 km) de Gairloch.* ☎ *712-219. • hostellingscotland.org.uk • Pâques-fin sept. Dortoir (6-8 lits) env £ 22/pers, + £ 3 pour les non-membres. Doubles £ 50-55.* En bord de route (peu passante), cette jolie maison isolée en granit, datant de 1880, domine joliment la mer... que l'on retrouve depuis le bien agréable *lounge* rétro avec cheminée. Sortez les jumelles pour observer les fous de Bassan et dauphins ! Les dortoirs, non mixtes, sont lambrissés, spacieux, un peu sombres. Cuisine bien équipée, machine à laver et séchoir. Jolie plage *(Big Sands Beach)* à 5 mn de marche et plein de balades à faire dans le coin.

Prix moyens (£ 50-85 ; 60-102 €)

🏠 ***Solas B & B*** *(hors plan par A1,* ***13****)* **:** *1, Big Sand, en direction de Melvaig (B 8021), puis à gauche après avoir dépassé le* Sands Camping. ☎ *712-753.* 📱 *07917-088-819. • solasbandb.co.uk • À 10 mn en voiture du centre. Double env £ 80.* Merveilleusement situé dans un coin sauvage, face à la mer et pas loin de la plage, ce séduisant *B & B* mérite bien son titre d'« *ecohouse* ». Construit en bois blanc suivant des normes écologiques, il propose des espaces lumineux totalement ouverts sur l'horizon avec ses grandes baies, une déco chaleureuse et 3 chambres de charme très confortables – l'une avec salle de bains extérieure à la chambre. Beau petit déj et accueil au diapason de Mrs Isabell Steel et de son mari Graeme – qui exercent à l'occasion leur français. Une belle adresse.

Easan Beag *(hors plan par A1, **14**) : 4, Fasaich, Strath, en direction de Melvaig (par la B 8021). ☎ 712-296. 07584-812-800. • easanbeag.com • Dans un quartier résidentiel excentré, sur la droite. Pâques-sept. Doubles sans ou avec sdb £ 60.* Trônant sur une butte avec vue sur l'océan, cette maison familiale dispose de 3 chambres un peu étroites, dont 1 double (à privilégier) et 1 *twin*. Environnement serein et accueil gentil de Mrs Louise McKenzie.

Mountain Coffee Company *(plan A1, **15**) : Village Sq, Strath, au centre. ☎ 712-316. • themountainlodge@gmail.com • Doubles avec sdb £ 55-70, petit déj en sus.* Les patrons du salon de thé éponyme louent 3 chambres (1 *twin* moins chère et 2 doubles), sans luxe, mais plutôt pas mal pour le prix (1 avec vue).

Muldoanich B & B *(hors plan par A1, **16**) : 27 Strath, en direction de Melvaig (par la B 8021), sur la droite, dans un quartier résidentiel. ☎ 712-810. • muldoanichbandb.co.uk • Doubles £ 80-90.* Sur la colline, cette grande maison moderne précédée d'un large parking prend des airs de petit hôtel. Ceux qui privilégient le confort en seront enchantés : les 2 chambres, au rez-de-chaussée, sont vraiment spacieuses et douillettes, avec beaux parquets, lits *king size* ou *twin*, et salles de bains très modernes. Salle du petit déj avec vue panoramique sur la mer, au loin.

Où dormir dans les environs ?

De chic à plus chic (plus de £ 100 ; 120 €)

Rua Reidh Lighthouse Guesthouse *(hors plan par A1) : à 12 miles (19 km) de Gairloch (30 mn) et 3 miles (env 5 km) au nord de **Melvaig.** ☎ 771-263. • stayatalighthouse.co.uk • Pâques-fin oct. Résa indispensable longtemps à l'avance. Pas d'enfants de moins de 6 ans, pour des raisons de sécurité. Dîner sur résa. Doubles £ 100-140. Appart £ 425-625/sem selon saison.* Au bout d'une des plus belles mais aussi des plus étroites routes (privées) des Highlands (éviter absolument les arrivées de nuit !), ce phare du bout du monde, battu par les vents, date de 1910. Il est aujourd'hui automatisé. Ses dépendances abritent une originale *guesthouse* de 5 chambres doubles ou *twins* (dont 2 peuvent faire une familiale). Agréables et de bon confort, elles sont colorées et portent des noms d'animaux de la région. Également un appartement de 3 chambres (5 personnes) avec cuisine. Emportez un bon bouquin : ici le temps est capricieux, il n'y a ni TV, ni portable, ni Internet !

Où manger ? Où boire un verre ? Où écouter de la musique ?

De bon marché à prix moyens (plats £ 5-15 ; 6-18 €)

Crumbs *(plan A1, **34**) : Main St, juste après le Village Sq, Strath. 07858-686-137. Lun-ven 8h-16h, sam 9h-15h.* Ce *take-away* (avec juste 2 bancs devant) intéressera ceux qui campent à côté au *Gairloch Holiday Park.* Petits déj, *hot* et *cold pies*, soupes, salades et sandwichs y affichent des tout petits prix.

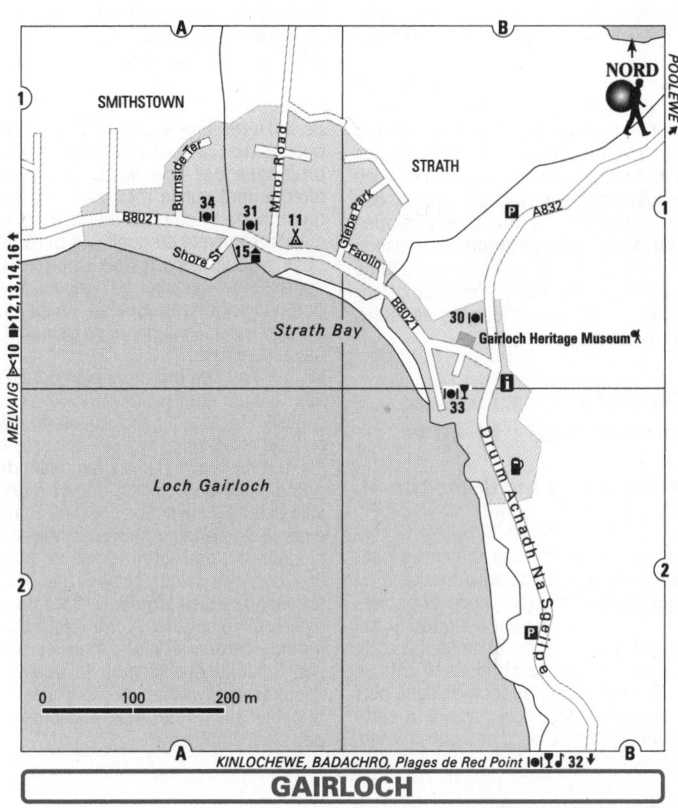

GAIRLOCH

Adresse utile

- The Gale Centre (Tourist Information ; B1-2)

Où dormir ?

- **10** Sands Caravan & Camping (hors plan par A1)
- **11** Gairloch Holiday Park (A1)
- **12** Gairloch Sands Youth Hostel (hors plan par A1)
- **13** Solas B & B (hors plan par A1)
- **14** Easan Beag (hors plan par A1)
- **15** Mountain Coffee Company (A1)
- **16** Muldoanich B & B (hors plan par A1)

Où manger ?
Où boire un verre ?
Où écouter de la musique ?

- **30** The Steading (B1)
- **31** Spiral Café and Bistro (A1)
- **32** The Old Inn (hors plan par B2)
- **33** The Myrtle (B1-2)
- **34** Crumbs (A1)

|●| ***The Steading*** *(plan B1,* ***30****) : Achtercairn (juste à côté du* Gairloch Heritage Museum*).* ☎ *712-382. Tlj sauf jeu 9h-17h (dernière commande à 16h).* Dans une vieille bâtisse aux murs chaulés, ce petit resto coloré aux airs de *coffee shop* propose des *fish & chips,* des *baked potatoes,* des moules, des sandwichs et *wraps,* des burgers, des salades, plus quelques plateaux à partager (fromages, poisson et fruits de mer...). Le saumon est fumé à 2 pas, au loch Ewe. Petits box tranquilles avec canapé et grosses tables dans la cour pavée.

De prix moyens à chic (plats £ 8-25 ; 10-30 €)

|●| ***Spiral Café and Bistro*** *(plan A1,* ***31****) : Village Sq, Strath.* ☎ *712-397. Tlj sauf lun 12h-14h, 17h30-21h. Prix moyens.* C'est une des références locales. Dans une petite salle moderne au look affirmé (mobilier violet et papiers peints quasi psychédéliques !), on déguste une cuisine cherchant à sortir un peu des recettes battues. À côté de la *fish pie* et du haddock de ligne plus classiques, on trouve ainsi à la carte curry de lotte au coco et *Cajun chicken.* En dessert : *sticky toffee pudding.* Service jeune et souriant.

|●| 🍸 ***The Myrtle*** *(plan B1-2,* ***33****) : Low Rd.* ☎ *712-004. Tlj midi et soir jusqu'à 21h.* C'est le resto du *Myrtle Bank Hotel.* On le choisit avant tout pour la vue : la salle aux baies vitrées, prolongée par une terrasse, donne directement sur la mer. Bien sûr, on paie un peu l'emplacement, mais la cuisine se révèle de qualité, à base de bons produits locaux frais – poissons, fruits de mer et gibier à l'honneur. Les portions sont copieuses, à l'image du *Sunday roast*. Pour un repas plus *light*, bar accueillant.

|●| 🍸 ♪ ***The Old Inn*** *(hors plan par B2,* ***32****) : à Flowerdale.* ☎ *712-006. À la hauteur du port, au sud du village. Tlj en saison. Musique live ven soir en été (fin juin-fin sept).* Cet ancien relais de poste, situé au point de départ d'une jolie balade *(Flowerdale Falls)* de 5 km, exsude un certain charme. L'intérieur, chaleureux, se répartit entre un pub, un resto, des salons cosy et une belle terrasse sous les arbres, au bord de la rivière. Côté cuisine, le choix est vaste (grande carte + ardoise), mais les prix sont un peu élevés pour la qualité ; mieux vaut privilégier les classiques de pub. Fait aussi hôtel, mais là encore un peu cher, à notre avis.

LES HIGHLANDS

Où manger ?
Où boire un verre dans les environs ?

|●| 🍸 ***Badachro Inn :*** *à env 5,5 miles (9 km) au sud-ouest de Gairloch, de l'autre côté de la baie, à* ***Badachro.*** ☎ *741-255. En été : tlj 12h-minuit ; le reste de l'année : tlj 18h-20h30. Résa conseillée. Plats £ 11-16.* L'une de nos adresses préférées dans le coin. Un chouette pub-resto au bord de l'eau dans un tout petit village, avec une jolie terrasse en bois, de grosses tables et un environnement idyllique aux beaux jours (*midges* exceptés !). La véranda est pleine à craquer le week-end ! Excellente atmosphère et bonne cuisine, avec un menu qui change quasi tous les jours. Un régal. Pour les budgets serrés, sandwichs, burgers et *hot potatoes.*

À voir. À faire

🚶 👪 ***Gairloch Heritage Museum*** *(plan B1) : à l'intersection de l'A 832 et de la route qui conduit au « centre » du village.* ☎ *712-287.* ● *gairlochheritage-museum.org* ● *Avr-oct : tlj sauf dim 10h-17h (sam 11h-15h). Entrée : £ 4 ; réduc.*

Sur le modèle habituel, ce petit musée explore la grande et les petites histoires locales, depuis la préhistoire jusqu'à la vie des *crofters* en passant par la faune empaillée. Quelques petites reconstitutions : intérieur paysan, salle de classe, comptoir d'épicerie, etc. Parmi les objets les plus insolites, mentionnons les flotteurs de pêche en peau de chien, l'antique brouette à tourbe, l'alambic clandestin...

■ 🚶 ***Gairloch Marine Life Centre & Cruises :*** *☎ 712-636. • porpoise-gairloch.co.uk •* Visitor Centre, *Pier Rd, au port. Ouv Pâques-début nov. Tlj en saison 10h (11h le w-e)-15h. Du port, 3 départs/j. en hte saison, sur demande le reste du temps. Sorties en mer d'une durée de 2h. Traduction en français assurée. Résa indispensable. Compter £ 20 ; réduc.* Le centre permet d'observer la faune locale à l'aide de caméras sous-marines et terrestres ! Mais le mieux est encore d'embarquer en quête des petits rorquals, rares orques, marsouins, phoques, loutres de mer et oiseaux marins qui hantent ces eaux. Il est parfois même possible, au printemps et en été, d'observer des requins-pèlerins *(basking sharks),* le 2e plus grand poisson au monde après le requin-baleine, avec 12 m de long pour 5 t. Il vient ici se nourrir en surface. Que les (éventuels) baigneurs se rassurent, il consomme exclusivement du plancton !

DANS LES ENVIRONS DE GAIRLOCH

👁👁 ***Les plages de Red Point :*** *après le port, suivre la direction de Shieldaig et la route côtière jusqu'au bout ; c'est à 8,5 miles (13,6 km) de l'intersection avec l'A 832.* Épousant le littoral, la petite route offre de belles vues sur les côtes de l'île de Skye. Au bout, un parking. De là, on descend aisément jusqu'à une fantastique plage de sable rougeâtre adossée à une haute dune. Les marcheurs pourront s'offrir une balade en boucle en longeant le littoral rocheux jusqu'à une seconde plage plus petite (sentier mal marqué) ; retour par les prés (humides...). Compter 5 km et 1h30-2h30 de marche.

■ 🚶 ***Gairloch Trekking Centre :*** *Croft 3,* ***Red Point.*** *☎ 741-743. • gairlochtrekkingcentre.co.uk • Mars-oct : tlj sauf jeu, 9h30-17h30. Résa indispensable. Prévoir £ 23/h. CB refusées.* Une vingtaine de poneys et de chevaux. Au programme : balades sur la plage de sable rouge, trekking, activités enfants.

👁👁 ***Le loch Maree :*** il personnifie à lui seul la beauté des Highlands, faite de rudesse et de majesté. Apprécié par la reine Victoria qui séjourna sur ses berges et à qui l'on fit la grâce de donner son nom à de modestes chutes, le loch Maree s'étend sur 20 km. Ainsi nommé en référence à un moine du VIIe s qui christianisa la région, il fut l'objet d'un pèlerinage : les malades venaient boire son eau. Ses environs pullulent de cerfs, de *midges...* et de touristes l'été.

👁 🚶 ***Beinn Eighe Visitor Centre :*** *le long du loch Maree, entre Talladale et Kinlochewe. En hte saison : tlj 10h-17h.* Ce centre d'information bien fait présente l'écologie du loch Maree et la *Beinn Eighe National Nature Reserve,* étendue sur 48 km^2. C'est la plus ancienne du Royaume-Uni, fondée en 1951. Petits sentiers familiaux et pédagogiques tout autour, tables pour pique-niquer. Vous trouverez le long du loch Maree (à env 4 km au nord de Kinlochewe) les parkings d'où partent les sentiers de randonnée menant sur les pentes du ***Beinn Eighe*** *(1 010 m).* Le *Mountain Trail,* dessinant une boucle de 6,5 km (pour 550 m de dénivelée positive) se parcourt en 3-4h ; il traverse bois et landes pour rejoindre le sommet.

LA CÔTE OUEST

• Carte p. 433

TORRIDON

90 hab. IND. TÉL. : 01445

La route qui part de Kinlochewe vers Torridon est fantastique. Large vallée pour randonneurs, encaissée entre de hauts massifs granitiques semés d'une lande austère. C'est tellement beau que, pour mieux assurer la protection du site, on en a fait un parc naturel.

Infos utiles

– ***Infos touristiques :*** *• visittorridon.co.uk •*

– En l'absence de transports en commun, ***voiture indispensable.***

– ***Attention,*** les stations-service les plus proches se trouvent à Kinlochewe et Lochcarron !

– ***Ravitaillement :*** épicerie bien fournie à Shieldaig *(à 7 miles, soit 11 km, de Torridon).*

Où dormir ?

Camping

⛺ ***Terrain de camping municipal :*** *juste avt l'AJ et en face du* Countryside Centre. *Tentes seulement. GRATUIT.* Un coin de champ souvent boueux avec un bloc sanitaires à l'extérieur (douches chaudes). Un coin à *midges.*

Bon marché (£ 10-25/pers ; 12-30 €)

🏠 ***Torridon Youth Hostel :*** *à l'entrée est du village. ☎ 791-284 ou 0870-004-11-54. • hostellingscotland.org.uk • Ouv mars-oct. Compter £ 20-23/pers, twin £ 46. Petit déj et dîner possibles. Résa longtemps à l'avance en saison.* Auberge très bien tenue et agréable à vivre. C'est spacieux, donc on ne se marche pas dessus, et bien équipé. Mention spéciale pour la grande cuisine et le séchoir à vêtements, bienvenu pour les randonneurs dans ces contrées à la météo capricieuse. Personnel accueillant.

Chic (£ 85-125 ; 102-150 €)

🏠 ***Torridon Inn :*** *à* ***Annat,*** *à 1,5 mile (2,5 km) de Torridon en direction de Lochcarron. ☎ 700-300 et 791-242. • thetorridon.com • En fév-mars et nov, ouv seulement jeu-sam. Fermé*

LES HIGHLANDS

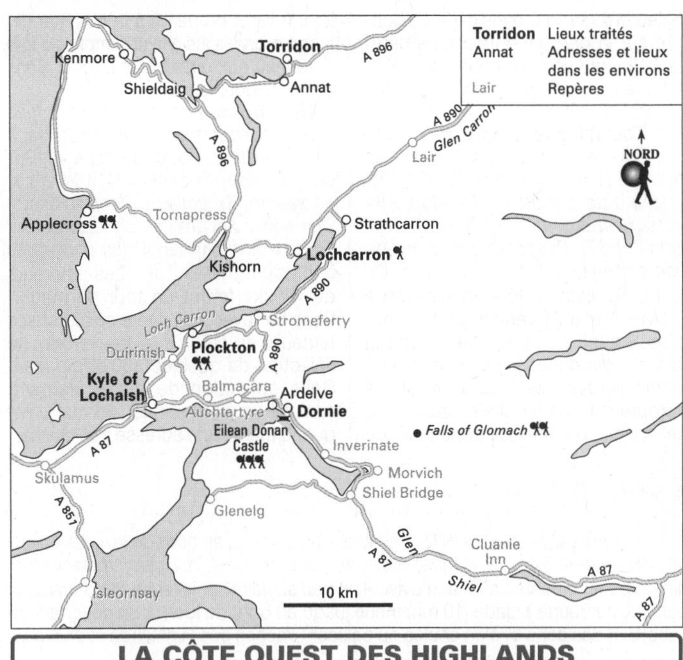

LA CÔTE OUEST DES HIGHLANDS

déc-janv. Double env £ 110, petit déj inclus ; dégressif à partir de 3 nuits. Également des familiales (jusqu'à 3-6 pers avec lits superposés). Établie dans les communs du relais de chasse, derrière le *Torridon Inn Restaurant,* l'auberge compte une douzaine de chambres avec salle de bains, épurées mais confortables (excellente literie).

Coup de folie !

🏠 ***The Torridon :*** *à **Annat,** à 1,5 mile (2,5 km) de Torridon en direction de Lochcarron.* ☎ *700-300 et 791-242.* • *thetorridon.com* • *De mi-mars à oct. Doubles classiques £ 200-235 selon saison, petit déj inclus ; promos et forfaits sur Internet. D'autres chambres plus chères.* Planté face au loch, ce *lodge* de chasse aux allures de château a été bâti dans les années 1880 pour le comte de Lovelace. L'établissement abrite des chambres ultra-confortables classiques ou contemporaines et aux associations de couleurs et de motifs parfois... osées. Également un bar doté de quelques beaux flacons (voir ci-dessous « Où manger ? Où boire un verre dans le coin ? »).

Où manger ? Où boire un verre dans le coin ?

I●I 🍸 ***Torridon Inn Restaurant :*** *à **Annat.*** ☎ *791-242. Tlj. Plats £ 11-17 le soir ; attention seulement* fish & chips, *sandwichs et soupes le midi.* La carte fait honneur aux produits locaux ; d'ailleurs, rien ne vient de plus de 100 km à la ronde ! Les fruits et légumes sont cultivés sur place, dans le grand jardin clos qui s'étire derrière l'hôtel (une balade sympa). Cadre chaleureux, surtout dans la partie donnant sur le parc et le loch en arrière-plan. Vins au verre et bonne sélection de bières. Le côté pub s'anime chaque soir près du billard.

The Whistle Stop Café : *Hickman Park, à **Kinlochewe,** à 10 miles (16 km) à l'est de Torridon. ☎ 760-423. Au début de la route de Torridon. Avr-oct seulement, tlj sauf dim 8h-18h. Plats £ 9-17. Pas d'alcool, mais on peut apporter sa propre bouteille.* Ce petit café-resto en tôle ondulée verte s'ouvre sur un intérieur plutôt chaleureux avec parquet, vieux poêle à bois et coin canapé. La proprio, une femme de caractère (l'accueil n'est pas à proprement parler chaleureux), a du métier : elle propose de bons plats du jour, frais et préparés à la commande, façon morue rôtie à la coriandre ou foie d'agneau aux oignons et bacon. Bons desserts pour le *teatime*.

The Torridon : *dans l'hôtel de luxe (voir coordonnées plus haut dans « Où dormir ? Coup de folie »). Bar ouv aux non-résidents 11h-18h, mais, en saison, ils doivent dîner au resto. Demandez les prix, en principe autour de £ 10 le* single shot, *les plus rares dépassent même £ 30 !* Les amateurs de whisky feront un tour au magnifique bar avec son cadre cossu et ses fauteuils en cuir, où ils trouveront une sélection de quelque 350 *single malt.* Belle collection de gin également. Accueil un peu guindé, normal c'est quand même une adresse très classe.

À voir. À faire

Countryside Centre *(NTS)* **:** *en face du camping, au bord de la route principale. ☎ 0844-493-22-29. Pâques-sept : tlj sauf sam 10h-17h. Donation bienvenue.* Mini-expo agrémentée d'un audiovisuel un peu scolaire sur la faune et la flore de la région. Une courte balade (10 mn) mène jusqu'au bord du loch, à un *deer park* où s'ébattent des cerfs et à un enclos où paissent vaches des Highlands et chevaux.

➢ Nombreuses autres ***balades*** possibles : roches style canyon, montagnes pelées, torrents. Possibilité de promenade pour une journée avec ranger en juillet-août. S'adresser au *Countryside Centre* ci-avant.

DANS LES ENVIRONS DE TORRIDON

La route Torridon-Shieldaig-Applecross, qui longe la côte puis s'élève dramatiquement, est superbe. Stop difficile, mais paix garantie. En voiture, compter 2h30, voire plus selon la fréquentation en été : il faut alors attendre son tour aux *passing places.*

SHIELDAIG (IND. TÉL. : 01520)

Adorable village de pêcheurs, avec une île au milieu d'une jolie baie et des moutons qui déambulent dans les rues ! Le site est un véritable paradis pour les amoureux de la nature ; on aperçoit de temps en temps des marsouins s'ébattre dans les eaux. On peut photographier des phoques, pêcher le saumon en eau douce et la morue en eau salée. Bouquins, topos et cartes à l'***épicerie*** : *lun-sam 9h-13h, 14h (13h30 sam)-19h ; dim 10h-13h, 13h30-17h30.*

Où dormir ? Où manger ? Où boire un verre ? Où écouter de la musique à Shieldaig et dans les environs ?

Possibilité de ***camper*** sur une terrasse dominant le village et le loch Shieldaig. Eau potable, mais toilettes publiques en bas de la côte, au début de Main St. Terrain non payant, on compte sur votre bon cœur.

Guesthouse Rivendell : *chez Mr et Mrs Taylor, Main St ; juste après l'hôtel. ☎ 755-250. • stevecarter.com/ansh/rivendell.htm • Tte l'année. Double avec sdb £ 70.* Longue maison couleur crème au bord du loch, qui propose 6 chambres, quasi toutes avec vue sur le loch Torridon. La plus grande, au-dessus du resto, possède beaucoup de charme, un salon et une vue privilégiée (et même prix). Au menu du resto (ouvert à tous) : langoustines, saumon fumé, plateau de fruits de mer et viandes locales. Accueil délicieux et aristocratique de Tom et Marylin Taylor.

Hillcroft B & B *(chez Carolyn McCulloch) :* *sur la route principale, une des premières maisons sur la gauche en venant de Torridon, repérer une maison blanche avec véranda. ☎ 755-313. 07595-433-921. • stevecarter.com/JS/hillcroft.htm • Tte l'année. Double £ 70. CB refusées.* Bien situé, à 10 m de la route, accroché à la montagne. Carolyn, l'adorable propriétaire, propose 2 chambres pimpantes plus ou moins spacieuses avec salle de bains (l'une attenante, l'autre privée à l'extérieur) et à la déco moderne. Elles possèdent une vue sur le loch au loin. Agréable véranda où est servi le petit déj pour un réveil en douceur, les yeux tournés vers le large, et terrasse sur *deck* pour l'apéro au coucher du soleil.

Tigh an Eilean Hotel : *Main St. ☎ 755-251. Pâques-fin oct. Tlj en été 12h-14h30, 18h-20h30. Au bar, sandwichs et snacks £ 5-8 ; également de délicieux plats chauds £ 9-15.* Maison blanche abritant un bar à prix doux et un resto un poil plus cher servant une cuisine locale. Plats du jour au tableau noir. Musique live, en principe le samedi soir en saison, et billard : enfin un peu d'animation à Shieldaig !

Plus à l'ouest

B & B Chracaich, MacIver Shellfish *(Tigh a' Chracaich) : à env 8,5 miles (13,6 km) à l'ouest de Shieldaig, 500 m avt* ***Kenmore,*** *sur la droite (repérer le panneau « Shellfish »). ☎ 755-367. • lochtorridon.net • Avr-oct. Résa conseillée : dans cette région, les B & B ne courent pas les routes. Double env £ 60. Pas de dîner. Cottages £ 500-750/sem selon saison.* Maison familiale où l'on vous accueille à bras ouverts. Environnement extra, vaste pelouse devant, et l'un des plus beaux panoramas du coin. Seulement 2 petites chambres avec salle de bains (l'une de l'autre côté du couloir). Du salon, on aperçoit le bateau de pêche du chef de famille. Bien sûr, saumon fumé maison et haddock au petit déjeuner. La famille a également construit un cottage abritant 2 chambres, salle de bains et salon avec vue privilégiée sur la mer. Infos sur • *lochtorridon.co.uk* •

APPLECROSS *(IND. TÉL. : 01520)*

À 25 miles (40 km) au sud-ouest de Shieldaig. Posé au bord de la mer, Applecross s'intègre dans un beau coin de nature. 2 plages de sable, l'une à 8 km avant le village en venant du nord, l'autre à l'entrée, offrent une belle halte pour observer les oiseaux ou tout simplement pour pique-niquer si le temps est de la partie (épicerie dans le village). À moins d'opter pour l'un des bons restos du coin.

– Infos sur le site • *applecross.uk.com* •

Adresse et info utiles

Visitor Centre : *à l'entrée du village, dans la rue principale, sur la gauche. Juil-août : lun-sam 10h-17h30, dim 10h30-17h ; horaires plus restreints avr-juin et sept-oct. Fermé nov-mars.*

Station-essence : *face au* Visitor Centre. Paiement par carte.

Où dormir ? Où manger ?

⛺ ***Applecross Campsite :*** *à la sortie du village en direction de Lochcarron. ☎ 744-268. • applecross.uk.com/campsite • Ouv avr-oct. Réception 9h-12h, 15h-20h. Selon saison, £ 15-20 pour 2 avec tente ; cabins £ 45 pour 1-2 pers selon jour de la sem (plus cher le w-e).* Belle pelouse où planter sa tente. Les cerfs viennent s'y promener certains matins. Atmosphère relax (pas de réseau pour les portables !). En revanche, les amateurs de silence éviteront le dernier w-e de juillet *because of* les *Applecross Games* (les autres adoreront !). Les *cabins* en bois ne sont rien d'autre qu'une « tente en dur », comme dit le proprio : matelas, table et chauffage. *Tearoom (tlj 9h-22h mai-sept)* sous une grande serre fleurie (parfait quand il pleut...). Plats à emporter, et même des croissants au petit déj !

🏠 ***Hartfield House :*** *à 2 miles (env 3 km) d'Applecross. Accessible par une route sur la gauche avt l'entrée du village quand on vient du nord (attention, route un poil* rough *et quelques nids-de-poule). ☎ 744-333. • hostellingscotland.org.uk • ♿ Ouv de Pâques à mi-oct. Réception 8h-10h, 16h-21h. Dortoirs ou chambres £ 22-30/pers selon nombre de lits (1-4). Petit déj en sus.* AJ installée dans une vaste résidence en crépi blanc et huisseries bleues (ancien relais de chasse), en pleine campagne de rêve, au pied de la montagne. Les hébergements sont répartis entre la maison principale et le cottage. Bonne literie, cuisine, salon TV. Tout est impeccable. Et même les cerfs qui s'invitent dans le décor en fin de journée. Accueil très avenant.

🏠 🍽 ***The Applecross Inn :*** *en bordure de mer. ☎ 744-262. • applecross.uk.com/inn • Double £ 130 ; réduc à partir de 2 nuits ; ttes les chambres ont vue sur mer. Plats £ 10-23.* LE pub du coin, simple, avec quelques bancs et tabourets en bois, mais réputé pour sa table, le chef ayant fait ses armes dans quelques grandes maisons londoniennes (collectionne les *awards*). 7 belles chambres également. L'adresse est fréquentée autant par les touristes que par les locaux (en haute saison, parfois des embouteillages devant !). Difficile parfois de se frayer un chemin et attente dans ce cas (très) longue, mais une fois les plats arrivés, c'est un festival : *haggis* flambé, langoustines, huîtres et autres magnifiques fruits de mer pêchés dans le coin. Légumes du jardin. Pas donné mais vraiment bon et extra-frais. Par beau temps, on s'attable au bord de l'eau, avec une vue magnifique sur Skye et Raasay. Souvent, le soir, le pub est super animé, et des concerts de musique écossaise réchauffent encore plus l'atmosphère (info indispensable pour les sommeils légers).

🍽 ***The Potting Shed Café*** *(Walled Garden) : avt le village en venant du nord, fléché sur la gauche. ☎ 744-440. Ouv avr-sept, tlj 8h30-20h30 (à partir de mi-sept, petit déj à 10h),* Café Menu *12h-20h30. Plats £ 11-15 midi, £ 17-20 soir.* Le projet a débuté par la restauration d'un vieux potager clos de hauts murs, façon jardin de curé. Superbement fleuri, planté d'arbres fruitiers et de légumes, il approvisionne aujourd'hui directement le restaurant : difficile de faire plus frais et le circuit plus court ! Les poissons et fruits de mer ne viennent pas de beaucoup plus loin. Et les desserts sont maison. Tables à l'intérieur pour les jours de pluie ou grosses tables en bois à l'extérieur. Musique live certains soirs en saison. Une halte sympa, pleine de sérénité. Possibilité de louer aussi un joli cottage à 3 km, avec 2 chambres, cuisine équipée et tout le confort espéré *(£ 120 la nuit).*

À faire

■ ***Mountain and Sea Guides :*** *kiosque à l'entrée d'Applecross, sur la droite. ☎ 744-394. • applecross.uk.com/msg • Avr-oct.* Location de kayaks de mer simples ou doubles, de VTT, sorties escalade, randos en montagne... des activités de plein air pour profiter au maximum d'une nature généreuse.

👁👁 ***La route Applecross-Lochcarron :*** magnifique panorama sur les îles de l'ouest (Rona, Raasay et Skye) au col de *Bealach-na-bo,* entre Applecross et Kishorn, à condition qu'il fasse beau, bien sûr. C'est l'une des routes les plus élevées d'Écosse, à plus de 600 m d'altitude. Route spectaculaire, très étroite, tout en lacet, émotions garanties... Du coup, en hiver, la section entre Applecross et Lochcarron est souvent fermée.

LOCHCARRON

900 hab. IND. TÉL. : 01520

Petite bourgade charmante de la région du Wester Ross, nichée au bord du loch du même nom. Tout un éventail de belles balades autour. Golf en bordure du cimetière et des soirées très (trop ?) tranquilles.

Infos utiles

– Vous trouverez la ***poste,*** la ***supérette,*** la ***Bank of Scotland,*** la ***station-service,*** ainsi que la plupart des ***B & B*** sur Main Street.

Où dormir ? Où manger ?

Prix moyens (£ 50-85 ; 60-102 €)

🏠 ***The Old Manse Guest House :*** *Church St.* ☎ *722-208.* • *theoldmanselochcarron.com* • *À West End, à 500 m env de la route principale, sur la gauche, direction Slum Bay. Doubles avec sdb £ 65-75. Repas (sur résa) à base de produits frais, £ 12-15.* Une *manse* désigne un ancien presbytère. Idéalement située face au loch et avec devant un jardin au gazon fraîchement tondu, la maison, aux pierres apparentes, abrite 5 chambres. Les 2 plus chères, nettement plus spacieuses, bénéficient de la plus belle vue ; l'une d'elles dispose même d'une baignoire à pieds. Accueil stylé.

🏠 ***Pathend B & B :*** *Main St.* ☎ *722-109.* • *pathend-lochcarron.co.uk* • *Tte l'année. Double £ 80. Possibilité de dîner et packed lunch.* Dans une maison jumelée, à l'architecture victorienne typique, face au loch Carron. Atmosphère très XIXe s, avec son vénérable mobilier ancien, la cheminée en bois sculpté, les murs tendus de velours rouge... 2 chambres assez spacieuses et douillettes, avec salle de bains privée à l'extérieur ou attenante. L'une peut accueillir 3 personnes. Au petit déj, pain et confitures maison pour changer du *full Scottish breakfast.* Accueil charmant du jeune couple Helen et Adrian.

🍽 ***Waterside Café :*** *Main St.* ☎ *722-303. Lun-sam 9h-20h, dim 10h-16h. Sandwich env £ 5, plat env £ 9. CB refusées.* Resto populaire et animé, au décor banal. Au petit déj, les affamés opteront pour le méga *Scottish breakfast.* Le midi, misez sur les sandwichs, *baked potatoes* et autres burgers (grand choix) ; à 4 heures, sur les pâtisseries ; le soir, sur les petits plats maison. Tout est fait à la commande, alors soyez un peu patient. Terrasse en bord de loch sympa.

Où dormir ? Où manger dans les environs ?

🏠 ***Gerry's Achnashellach Hostel :*** **Craig Achnashellach,** *à env 10 miles (16 km) de Lochcarron, sur l'A 890 en direction d'Inverness.* ☎ *766-232.* • *gerryshostel-achnashellach.co.uk* • *Bien signalé sur la route.*

Tte l'année, mais oct-avr sur résa seulement. Env £ 17/pers avec son propre duvet (sinon, ajouter £ 1) ; double env £ 20/pers. Également des familiales (5 pers). AJ privée, genre gîte, où la salle commune sent bon le feu de bois. Fauteuils pour accueillir cyclistes et randonneurs harassés. Gerry, qui a ouvert ce havre de paix il y a déjà un bail, est très sympa. Certes, confort très rudimentaire, mais on retrouve ici le véritable état d'esprit *roots* de la randonnée et de la route. Petite épicerie de dépannage installée sur 2 rayons de bibliothèque ! Attention aux *midges* l'été.

I●I ***Kishorn Seafood Bar : Kishorn,*** *à 4 miles (6,5 km) à l'ouest de Lochcarron. ☎ 733-240. Avr-oct : tlj 10h-21h (17h dim). Pas de résa possible en journée, seulement pour le soir.* Petite baraque en bois bleu ciel, posée au bord de la route et spécialisée dans le poisson et les fruits de mer. Goûter au *Blasan Bradan* (4 façons d'accommoder le bon saumon local). Une vraie cure d'iode ! Une poignée de tables à l'intérieur ou une agréable petite terrasse avec vue sur le loch Carron.

DANS LES ENVIRONS DE LOCHCARRON

Attadale Gardens : *à Strathcarron,* *à env 7 miles (11 km) de Lochcarron vers Kyle of Lochalsh. ☎ 722-603. ● attadalegardens.com ● Tlj sauf dim avr-oct 10h-17h30. Entrée : £ 8 ; réduc.* Commencés à la fin du XIXe s. Pour les fans de jolis jardins, dans un environnement idéal, une sympathique halte pour admirer des arbres du monde entier, des rhododendrons centenaires, un jardin japonais, de nombreuses variétés de plantes subtropicales et aquatiques, etc. Mon tout enrichi de sculptures diverses et d'un immense cadran solaire.

PLOCKTON

380 hab. IND. TÉL. : 01599

Plockton est un joli petit port, arrimé à l'un des plus beaux paysages d'Écosse (d'où la fréquentation très touristique des lieux). Une baie nichée à l'intérieur du vaste loch Carron, tournant le dos aux vents d'ouest. Le site est protégé par des collines boisées d'où émergent les tours crénelées d'un château. Le site de Plockton jouit d'un microclimat et d'une certaine douceur que l'on ne retrouve pas près des autres lochs. L'unique rue de ce coquet village est bordée d'une poignée de maisons aux jardinets verts et fleuris où poussent même des palmiers – maisons d'un côté de la rue, jardinets de l'autre, contre le loch. 2 petites îles somnolent dans la baie. L'une est accessible à pied à marée basse.

Arriver – Quitter

La gare est située à env 1 km du centre, et les bus s'arrêtent non loin, face au lycée. Après, on finit à pied (10 mn).

➢ ***En bus : Plockton-Kyle of Lochalsh,*** pour Plockton, il faut déjà rejoindre Kyle depuis Inverness ou Fort William (avec *Citylink*), puis 3 bus/j. avec *Stagecoach,* 8h30-15h20 ; sens retour 8h45-15h45. *☎ 0871-200-22-33. ● stagecoachbus.com ●* De Kyle, on peut aussi prendre le petit train jusqu'à ***Plockton*** (voir ci-après).

➢ ***En train : Plockton-Inverness,*** 3-4 trains/j. lun-sam selon saison, 2 le dim. La *Kyle Line* est réputée comme étant l'une des plus belles du Royaume-Uni. Superbes paysages. Billet moitié moins cher en réservant à l'avance. *● scotrail.co.uk ●*

Où dormir ?

Bon marché (£ 10-25/pers ; 12-30 €)

🏠 ***Station Bunkhouse :*** *Nessum Dorma, face à la gare. ☎ 544-235. • plockton.com • mickcoe@btinternet.com • Tte l'année. Compter £ 15/pers.* Pile poil face à la gare (de l'autre côté de la voie ferrée), cette AJ privée (une petite maison), à l'intérieur vieillot, abrite des dortoirs de 4 ou 6 lits (à chacun sa salle de bains), une cuisine et un salon donnant sur les rails. Possibilité de laver son linge et *drying room.* Rassurez-vous, le dernier train passe vers 20h ! La proprio fait également *B & B* dans la maison d'à côté.

Prix moyens (£ 50-85 ; 60-102 €)

🏠 ***B & B an Caladh :*** *25, Harbour St. ☎ 544-356. • plockton.com • Compter £ 65-80 pour 2.* Face au loch, dans une maison blanche aux fenêtres vertes. Madame parle le gaélique et monsieur... un peu le français. 3 chambres mansardées aux meubles anciens en pin, fort agréables. 2 d'entre elles regardent la mer. Également un joli jardin face à la mer, avec une table et des chaises pour rêver et/ou boire l'apéro à son aise.

🏠 ***Tomacs :*** *chez Mrs Jones, Frithard Rd. ☎ 544-321. • plockton.com • Double £ 60 avec sdb (extérieure ou attenante).* En grimpant vers ce paisible quartier pavillonnaire (dans le prolongement de Harbour St), on perd la vue sur le port, mais pas celle de la mer (au loin), depuis l'une des 2 chambres. Petites, elles sont toutefois très bien tenues. Un bon rapport qualité-prix et un accueil chaleureux.

🏠 ***B & B Sheiling :*** *à* ***Rhu,*** *The Sheiling. ☎ 544-282. • lochalsh.net/shieling • De Harbour St, prendre sur la droite Cooper St, puis encore à droite en passant devant la poste, jusqu'au bout de la pointe de terre. Pâques-oct. Double £ 65 avec sdb (extérieure ou attenante). CB refusées.* Maison fort bien située et entourée d'un jardinet fleuri. À l'intérieur, 2 chambres colorées, avec moquette et TV. Pas de problème de choix : les 2 ont vue sur l'eau (du moins à marée haute), même si ce n'est pas du même côté ! Juste à côté, beau cottage au toit de chaume, le dernier dans le coin.

Où manger ? Où boire un verre ?

Prix moyens (plats £ 8-18 ; 10-22 €)

🍽 ***Plockton Shores :*** *30, Harbour St ; contre l'épicerie du même nom. ☎ 544-263. En saison : tlj sauf dim-lun, midi et soir ; mars-nov : mer-sam.* L'un des bons restos du village. On y sert aussi bien de la viande que des poissons et fruits de mer, ainsi que des options végétariennes. Accueil agréable, service efficace et cadre un poil design avec parquet, banquettes noires et chaises couvertes de suédine, mon tout égayé de quelques tableaux. Parfait pour un bon dîner en amoureux, mais aussi pour un *scone* et un cappuccino dans la journée.

🍽 🍸 ***Plockton Inn :*** *Innes St ; à l'entrée du village, dans la rue menant au port. ☎ 544-222. Musique live mar (à partir de Pâques) et jeu (tte l'année), au bar, à 21h.* Hôtel-resto sympa avec une petite salle à manger chaleureuse, où l'on se presse autour de grosses assiettes de fruits de mer. Si c'est complet, on peut manger dans la salle du bar (très animée certains soirs !) avec le même menu. On a bien apprécié les langoustines du loch et le *haggis* (disponible en version végétarienne). De plus, ils possèdent leur propre fumoir.

🍽 🍸 ***Plockton Hotel :*** *41, Harbour St. ☎ 544-274. Tlj. Musique traditionnelle le mer à 21h en été.* Encore un hôtel qui possède un pub bien vivant, notre endroit préféré du village, en fait, pour boire un coup, d'autant qu'on peut aussi s'installer dans le petit jardin de l'autre côté de la route, face au loch. Également une partie resto bien sûr, correcte, avec au menu plateau de fruits de mer et steak au whisky !

À faire

■ ***Calum's Plockton Sealtrips :*** *32, Harbour St. ☎ 544-306. 📱 07761-263-828. • calums-sealtrips.com • Adulte : £ 12 ; réduc. Avr-oct, tlj, 4 départs/j.* Balade en mer de 1h sur le *MV Sula Mhor* pour observer les phoques. On vous rembourse si vous n'en voyez pas.

KYLE OF LOCHALSH

740 hab. IND. TÉL. : 01599

Petit bourg sans intérêt particulier, au centre d'une région renommée pour la beauté de son littoral particulièrement montagneux et entrecoupé de lochs très semblables aux fjords norvégiens. Kyle of Lochalsh est surtout connu comme point de passage vers l'île de Skye grâce à son pont. Si vous arrivez par le train, un bus vous conduira pour une somme modique de l'autre côté du détroit. Vous pouvez aussi le faire à pied (compter alors un peu moins de 10 km).

Arriver – Quitter

🚂 ***Pour Inverness :*** par ***Plockton, Strathcarron, Achnasheen.*** En principe 4 trains/j. (2 le dim). Env 2h30 de trajet.

Adresse utile

ℹ ***Kyle Tourist Info Centre :*** *en plein centre du bourg, sur une placette piétonne un peu en retrait de la route principale (côté gauche en venant de l'est par l'A 87). Pâques-oct, tlj 10h-17h.* Infos sur la région et achat des tickets pour le *Seaprobe Atlantis* (voir « À faire »).

Où manger ?

🍽 ***The Seafood Restaurant :*** *dans la gare de Kyle, quai nº 1 ; au bord du loch. ☎ 534-813. Ouv seulement le soir, tlj sauf dim. Résa obligatoire. Plats £ 16-20.* Spécialités de la mer avec pêche du jour au menu (affiché à l'ardoise), dans une petite salle accueillante et coquette. Le tout bien présenté, la table en devient trop petite ! Petit bémol, le service parfois un peu long ! En attendant l'ouverture, vous pourrez jeter un coup d'œil au musée du Train, à côté...

🍽 ***Hector's Bothy :*** *Station Rd, face à l'office de tourisme. ☎ 534-248. En saison : tlj 9h-21h ; en hiver : tlj, mais horaires plus restreints. Plats £ 10-13. Intéressant* early bird steak *17h-19h pour seulement £ 10.* Cafétéria au décor banal mais idéale pour une pause-café ou un plat chaud classique, à base de produits locaux. D'autant plus que l'accueil est familial et sympathique, la cuisine sérieuse et de qualité : portions de moules généreuses et parfumées (mais seulement le soir), bonnes pizzas.

🍽 ***The Waverley :*** *Main St (en face du Kyle Hotel). ☎ 534-337. Tlj sauf mer-jeu 17h30-21h30. Plats £ 13-21.* Porte discrète, salle du resto à l'étage. Un cadre intime, familier, un poil romantique pour une très belle cuisine réalisée essentiellement à partir de beaux produits. Cuisine simple, respectant les saveurs, avec de réjouissantes pointes d'inspiration. Jolie présentation des mets. Goûter aux saint-jacques copeaux de bacon croustillant et au haddock fumé farci aux crevettes. Probablement, le meilleur resto du coin (toujours plein, est-ce un hasard ? Penser à réserver).

À faire

■ ***Seaprobe Atlantis :*** ☎ *0800-980-48-46.* 📱 *07765-435-424.* ● *seaprobeatlantis.com* ● *Plusieurs départs/j. ; les horaires, qui dépendent des marées, varient (voir le site internet). Billets en vente au* Kyle Tourist Info Centre *(voir plus haut « Adresse utile ») : £ 14-26 pour 1h-2h ; réduc.* Un « semi-submersible », comme ils l'appellent. En fait, un bateau équipé d'un fond vitré permettant d'observer, pendant 1h, la faune sous-marine du coin, essentiellement poissons, méduses et phoques, parfois aussi des dauphins (40 % de chance d'en voir !). Le plus long itinéraire rend visite à une épave de navire coulé lors de la Seconde Guerre mondiale. Le bateau fait aussi escale sur un îlot qui abrite pas mal d'espèces d'oiseaux.

DORNIE

360 hab. IND. TÉL. : 01599

À 8 miles (13 km) à l'est du pont de Kyle of Lochalsh, sur l'A 87 en direction de Fort William. Escale recommandée pour le très romantique château en pierre grise d'Eilean Donan, entouré de montagnes et dont la silhouette austère se reflète dans les eaux du loch Alsh. L'un des plus photographiés de toute l'Écosse. Paysage magnifique, des *B & B* presque dans toutes les maisons... bienvenue dans l'Écosse touristique !

Où dormir ? Où manger ?

Prix moyens (£ 50-85 ; 60-102 €)

🏠 ***Glennan House :*** *à* ***Bundalloch,*** *à 1,5 mile (env 2 km) de Dornie en remontant le long du loch (passer devant l'hôtel* Dornie *à main droite et suivre la route jusqu'au bout).* ☎ *555-318.* ● *glennanhouse@btinternet.com* ● *Résa impérative en été. Doubles £ 55-60.* Bel environnement pour cette grande maison moderne qui abrite 3 belles chambres impeccables et spacieuses, aux tons clairs, avec grosse moquette et mobilier en bois. Chacune a sa propre salle de bains et TV satellite. Également un salon très cosy, pourvu d'un télescope, et une salle à manger bien chaleureuse. Un excellent rapport qualité-prix.

🏠 🍽 ***Dornie Hotel :*** *au centre du village.* ☎ *555-429.* ● *dornie-hotel.co.uk* ● *Resto ouv tlj 12h-14h30, 18h-21h. Doubles £ 65-75 sans ou avec sdb et selon saison, petit déj inclus.* Le *Dornie Hotel* est un peu le centre névralgique du bourg. On y dort, on y mange, et le château n'est qu'à 5 mn à pied. Chambres sans prétention, pas désagréables avec leurs meubles en pin (toutes avec TV).

Où dormir dans le coin ?

Campings

⛺ ***Camping Ardelve :*** *sur l'A 87 vers Kyle, bifurquer à gauche après le pont vers le village d'****Ardelve.*** ☎ *555-231.* ● *ardelvecaravanandcampingpark.co.uk* ● *Ouv Pâques-oct. Le proprio passe le soir pour récolter son dû.*

Compter £ 10-12 pour 2 selon taille de la tente ; douche payante. Petit camping au bord de l'eau, à moins de 1 km du château d'Eilean Donan (vue distante). Le terrain est assez sommaire, en pente, qui plus est, avec w-c et douches installés dans de petits bâtiments vétustes en tôle ondulée...

Morvich Caravan Club : *à 7 miles (11 km) au sud-est de Dornie par l'A 87 direction Fort William. ☎ 511-354. Ouv mars-nov, selon météo. £ 17-20 pour 2 selon taille de la tente.* Bien situé (environné de montagnes !), bien équipé (mini-épicerie, laverie, billard), bien tenu... et même bien fléché ! Un côté est réservé aux camping-cars, l'autre, plus petit mais au superbe gazon, aux tentes. Bonne base pour une balade aux Falls of Glomach (voir plus loin).

Bon marché (£ 10-25/pers ; 12-30 €)

Ratagan Youth Hostel : *à 10 miles (16 km) de Dornie par l'A 87 direction Fort William ; sur le bord du loch Duich. Prendre à droite à Shiel Bridge et poursuivre sur 1,5 mile. ☎ 511-543. • hostellingscotland.org.uk • Desservi 1 fois/j. en sem par les minibus* MacRae Kintail *depuis Kyle of Lochalsh, via Dornie. Infos : ☎ (01599) 511-384. • aliceandfin@btinternet.com • Réception fermée 10h30-17h. Compter £ 17/pers en dortoir ; env £ 45 la double.* Voici une AJ superbement située, sur la berge d'un loch aux airs de fjord dominé par de hauts sommets. Marsouins et phoques fréquentent régulièrement les lieux. Dortoirs de 4-10 lits et quelques doubles. Salon, grande cuisine et machines à laver. Une bonne base, en somme.

À voir

Eilean Donan Castle : *☎ 555-202. • eileandonancastle.com • Tlj 10h (9h en juil-août, 9h30 en sept)-17h (dernière admission), jusqu'à 15h nov-mars. Fermé en janv. Entrée : env £ 8 ; réduc.* Ce château, érigé au XIIIe s pour interdire l'accès du loch aux pirates scandinaves, occupe un site exceptionnel, sur un îlot accessible seulement par un pont de pierre. En 1539, 3 hommes réussirent à le défendre contre une flotte de 50 galères, c'est dire sa position stratégique ! Rasé en 1719, il fut reconstruit en 1932 d'après les plans originaux conservés à Édimbourg. Siège du clan MacRae, il abrite de nombreux souvenirs de famille, dispersés au fil des pièces. Les plus belles : la salle des banquets et les cuisines meublées comme dans les années 1930. Le château servit de cadre au film *Highlander,* dans lequel Christophe Lambert tient le rôle principal, et abrita, quelques années plus tard, le QG du film *Le monde ne suffit pas,* un *James Bond* sorti en 1999. En fin de journée, les photographes traverseront le pont pour un superbe point de vue depuis la rive opposée.

Falls of Glomach : *chemin d'accès derrière le* Morvich Caravan Club *(voir « Où dormir ? ») ; on se gare un peu avt le pont de bois. • walkhighlands.co.uk •* 17,5 km de randonnée, qui vous prendra 6h (aller-retour) car elle est éprouvante ! Pour marcheurs avertis uniquement (prévoir une bonne carte et... de grandes bottes !). En revanche, le paysage est magnifique (le sentier longe un ravin où coule le torrent en contrebas).

SPEAN BRIDGE

560 hab. IND. TÉL. : 01397

Au nord de Fort William, carrefour des routes vers Fort Augustus et le loch Ness au nord, et vers Aviemore à l'est. Peu d'intérêt si ce n'est une belle perspective sur le massif du Ben Nevis et un point de chute au calme pour rayonner dans les alentours.

Arriver – Quitter

En bus

➢ ***Inverness :*** 8 bus/j. avec *Scottish Citylink* et *Stagecoach Highland.* Durée : env 1h45.

➢ ***Fort William :*** env 8 bus/j. Mêmes compagnies que pour Inverness. Durée : 15 mn.

En train

➢ ***Fort William et Glasgow :*** env 5 trains/j. (moins le dim). Durée : 10 mn pour Fort William, env 3h30 pour Glasgow.

Où dormir à Spean Bridge et dans les environs ?

Camping

⛺ ***Bunroy Park :*** *à* ***Roy Bridge,*** *à env 3 miles (5 km) à l'est de Spean Bridge.* ☎ *712-332.* • *bunroycamping.co.uk* • *Pour les piétons, gare de Roy Bridge à 500 m. En voiture, prendre à droite au niveau du* Stronlossit Inn. *Avr-oct. £ 15 pour 2 avec tente. En* pod, *compter £ 35-40 pour 2-4 pers.* Grand et beau terrain verdoyant, bien tenu et paisible, au bord de la rivière Roy. Également une poignée de *pods,* des cabanons qui disposent d'une plaque électrique et d'un micro-ondes. Sanitaires absolument impeccables. Livres et jeux de société à la réception. Accueil très agréable.

Bon marché (£ 10-25/pers ; 12-30 €)

🏠 ***Aite Cruinnichidh : Achluachrach,*** *Roy Bridge.* ☎ *712-315.* • *highland-hostel.co.uk* • *À 2 miles (env 3 km) après* Roy Bridge *en direction d'Aviemore, pancarte sur la droite (en face du* Glen Spean Lodge Hotel) *; attention, c'est indiqué au dernier moment et la sortie est un peu raide. Nuit £ 16/pers en chambre 4-6 lits ; également des doubles sans ou avec sdb £ 38-46.* Dans un beau coin protégé et isolé, une auberge indépendante tout en bois et lambris (avec sauna). Les chambres se révèlent simples mais très bien tenues et la cuisine est parfaitement équipée. Pas de télé, pour privilégier les rencontres. Y a plus qu'à taper dans le ballon sur la grande pelouse ou emprunter un jeu de société. En contrebas, pont suspendu au-dessus des gorges de Monessie. On peut aussi bifurquer vers l'adorable chapelle à 10 mn de là. Sur demande, on vient vous chercher à la station de bus ou à la gare de Roy Bridge. Atmosphère conviviale et accueil a-do-ra-ble de Gavin et Nicola.

🏠 ***Station Lodge : Tulloch,*** *Roy Bridge.* ☎ *732-333.* • *stationlodge.co.uk* • *Sur la route vers Aviemore, à 5 miles (8 km) de Roy Bridge, route à droite de la cabine téléphonique. Env £ 18/pers en dortoir (6-8 lits) et £ 19 en twin. Petit déj env £ 6.* Plutôt originale comme AJ, puisqu'il s'agit d'une charmante gare construite en 1894 et toujours en activité (peu de trains par jour, donc pas de quoi perturber votre tranquillité). Chambres très propres, dotées de lits superposés au matelas épais. Notez que la *twin,* en fait 2 lits superposés, est surnommée la *cupboard* (l'armoire), ça donne une idée de la taille de la pièce ! Attention, il peut faire frisquet. Cuisine bien équipée. Accueil qui devient vite familier.

De prix moyens à chic (£ 50-125 ; 60-150 €)

🏠 ***Faegour House :*** *à* ***Tirindrish.*** ☎ *712-903.* • *faegour.co.uk* • *Sur l'A 86, en direction de Newtonmore, juste à la sortie de Spean Bridge (sur la gauche). Fermé nov-janv. Doubles £ 70-85.* Dans une grande maison moderne, face aux champs et aux monts boisés au loin. 2 chambres romantiques et très confortables : la bleue et la rose immense avec un *king size bed,* dont les larges baies vitrées donnent sur les montagnes. Accueil particulièrement chaleureux de Sadie et Roberto, un adorable couple italo-écossais, qui collectionnent les bibelots rapportés de leurs nombreux voyages. Une excellente adresse, kitsch à souhait.

■ ***Spean Lodge Country House :*** *dans le centre de Spean Bridge, fléché. ☎ 712-004. • speanlodge.co.uk • Doubles avec sdb £ 90-99. Loue également 1 appart de 2 chambres dans la maison d'à côté.* De cette maison victorienne du XIXe s, Glen et Suzanne essaient de conserver le caractère, l'histoire et l'atmosphère. D'ailleurs, le salon des *guests,* où crépite le feu en hiver, regorge d'objets et de photos ayant appartenu aux anciens propriétaires. De cette pièce, belle vue sur le grand jardin de la propriété. 2 chambres mansardées avec grandes salles de bains et 1 familiale, spacieuse (salle de douche petite, en revanche), à peine plus chère. On aime beaucoup le beau mobilier ancien et les rideaux à fleurs et oiseaux. Très bon petit déj. Beaucoup de charme et accueil particulièrement avenant.

Où manger ?

De prix moyens à chic (£ 10-25 ; 12-30 €)

IOI ***Old Pines :*** *sur la B 8004. De Spean Bridge, suivre la direction d'Inverness et tourner à gauche au niveau du* Commando Memorial ; *c'est un peu plus loin sur la droite. ☎ 712-324. Tlj midi et soir, salon de thé en continu. Snacks le midi £ 6-10, plats £ 15-22.* Entouré de pins avec les montagnes en toile de fond, le lieu bénéficie d'un environnement privilégié dont on profite depuis les tables joliment dressées derrière les larges fenêtres. Intérieur chaleureux, couleur miel et bonne cuisine écossaise. Formule snack au déjeuner ; dîner plus élaboré avec de belles pièces de viande ou une version végétarienne. Accueil attentionné pour cette adresse à l'excellente réputation.

IOI ***The Old Station Restaurant :*** *Station Rd. ☎ 712-535. En été : ts les soirs sauf mar ; jours d'ouverture restreints le reste de l'année. Plats £ 11-18.* La petite gare de Spean Bridge s'est transformée en resto. Salle tout en longueur, quelques vieilles malles pour faire joli et de belles cheminées. Cuisine classique correcte autour des produits locaux. Vue sur les voies et, éventuellement, un train qui passe...

IOI ***Russell's Restaurant*** *(Smiddy House)* **:** *dans le centre, après le pont en direction d'Inverness, tt de suite à droite. ☎ 712-335. Avr-oct : mar-dim pour l'*afternoon tea *et le soir ; en hiver, seulement le soir mer-sam et dim pour l'*afternoon tea. *Résa très conseillée. Plats £ 17-23 et vins chers. Menu 2-3 plats £ 30-35.* Ambiance vieille Écosse pour LE resto chic du village. Tables bien mises, cuisine raffinée et goûteuse à base de produits locaux, avec de temps à autre une incursion vers des saveurs d'outre-Manche. Accueil gentiment guindé.

LES HIGHLANDS

Où manger ? Où boire un verre dans les environs ?

IOI Y ***The Eagle Barge Inn – Floating Boat :*** *à* **Laggan,** *à 12 miles (env 19 km) au nord de Spean Bridge, sur l'A 82 en direction d'Invergarry et de Fort Augustus. Tourner à gauche en arrivant à South Laggan, au panneau Laggan Locks. 📱 07789-858-567. Avr-oct : tlj 11h (12h30 dim)-23h. Tél avt 15h pour réserver. Plats £ 4-8 le midi, £ 12-25 au dîner. Musique live parfois. CB refusées.* Cette ancienne barge, construite en 1926, termine sa carrière transformée en resto fixe sur le canal Calédonien. À l'intérieur, coin salon avec fauteuils en cuir et maquette de navire, mais, si le temps le permet, installez-vous plutôt sur le pont, moins pour les embruns que pour profiter du soleil. Le midi, on y mange des plats simples, type lasagnes, saucisses-purée, sandwichs (rien de mémorable) ; des fruits de mer et autres mets plus élaborés le soir. Bien aussi pour une pause goûter dans l'après-midi ou un p'tit godet en soirée. Bonne ambiance, surtout quand les musiciens viennent faire le show.

DANS LES ENVIRONS DE SPEAN BRIDGE

Clan Cameron Museum : *à* **Achnacarry.** *☎ 712-090. 07900-217-975. • clancameronmuseum.co.uk • À env 5 miles (8 km) du carrefour de la B 8004 et de l'A 86. Au* Commando Memorial, *prendre la B 8004, puis à droite après le pont sur le Caledonian Canal. Début avr-début oct : tlj 11h-16h30. Sur demande le reste de l'année. Entrée : env £ 4 ; réduc.* Joli musée installé dans un cottage du XVIIe s et relatant l'histoire du puissant clan Cameron, originaire des environs et dont les membres sont éparpillés dans le monde entier. À l'entrée, des gommettes sur un planisphère permettent de visualiser cette diaspora : de Sydney à Los Angeles en passant par la Tanzanie. On y découvre notamment le rôle joué par les Cameron dans la révolte des jacobites et pendant la bataille de Waterloo, ainsi que durant la Seconde Guerre mondiale. En France, en 1940, les *Cameron Highlanders* formèrent le dernier régiment à combattre en kilt ! Plus anecdotique mais ça en amusera certains : le musée compte quelques pièces de vaisselle (copies) utilisées dans le film *Titanic* de James Cameron, avec un mot sympathique de la maison de production américaine, ainsi que la robe d'une des demoiselles d'honneur (encore une petite Cameron !) de Lady Diana à son mariage. Dans une jolie boîte est aussi exposée une part du gâteau de mariage de Kate et William, envoyé à Donald Cameron of Lochiel, 27e chef du clan Cameron, invité au *royal wedding*.

Chia-Aig Falls : *depuis le* Clan Cameron Museum, *continuer sur la B 8005 en direction du* **loch Arkaig** *; après Clunes, tourner à gauche, c'est env à 2 km.* Cascade qui servit de lieu de tournage pour une scène du film *Rob Roy*. Un endroit qui donne envie de se baigner. Un chemin monte le long du cours d'eau et 2 tables de pique-nique invitent à casser la croûte au soleil (si soleil il y a).

Commando Memorial : *sur l'A 82 vers Inverness, à env 2 km de Spean Bridge, sur la gauche.* Imposante statue en bronze commémorant les soldats entraînés pendant la Seconde Guerre mondiale dans la petite localité d'Achnacarry (quelques miles plus loin). Le site offre une belle vue sur le massif du Ben Nevis.

FORT WILLIAM

10 500 hab. IND. TÉL. : 01397

• Plan *p. 447* • Carte La région de Fort William *p. 452-453*

S'étalant au débouché du Great Glen et au pied du Ben Nevis, le point culminant de Grande-Bretagne (1 344 m), Fort William est une ancienne ville de garnison. Son nom gaélique, *An Gearasdan,* signifie précisément ça. Pas follement attrayante, en saison, elle fait pourtant le plein de touristes en été, venus s'attaquer à l'ascension de ce (petit sommet). En juillet et août, l'hébergement est pris d'assaut, venir de préférence en dehors du rush d'été, sinon réserver longtemps à l'avance... Par ailleurs, on dit que Fort William est la ville la plus arrosée d'Écosse, avec 300 jours de pluie par an pour 2 000 mm de précipitations... On a eu la chance de la visiter sous un grand soleil alors croisez les doigts ou... sortez votre imperméable.

Arriver – Quitter

En train

Billetterie dans la gare. *Lun-ven 7h-20h, sam 7h-17h45 et dim 10h30-20h ou sur* • scotrail.co.uk •

➢ ***Mallaig :*** 2 possibilités, en train classique ou à vapeur (pour ce dernier, voir plus loin la rubrique « À voir. À faire »). En train classique, env 4 départs/j. lun-sam et 3 le dim. Trajet en 1h20 env.

➢ ***Glasgow :*** c'est la même ligne que le train de Mallaig. 3 départs/j. lun-sam et 2 le dim. Compter env 3h45 de trajet.

En bus

Billetterie à côté de l'entrée de la gare ferrovière. *Lun-ven 8h15-13h, 14h-17h ; sam 9h13h, 14h-17h.* L'été, mieux vaut acheter son billet la veille car certains bus sont vite complets.

➢ ***Glasgow :*** 8 liaisons/j. avec *Scottish Citylink,* 7h-19h. Les bus passent par ***Glen Coe.*** Durée du trajet jusqu'à Glasgow : un peu plus de 3h. Nombreuses correspondances pour Édimbourg.

➢ ***L'île de Skye :*** même ligne que celle de Glasgow. Env 3 bus/j. vers *Portree* dont 2 continuent vers *Uig.* Les bus passent par ***Dornie (Eilean Donan Castle).***

➢ ***Inverness-Fort William-Oban :*** 5 bus/j. 8h45-16h45 d'Inverness. Compter 2h de trajet jusqu'à Fort William. Correspondance pour Oban avec certains bus, compter 1h30 en plus.

➢ ***Fort William-Kilchoan (péninsule d'Ardnamurchan) :*** 1 bus tlj en début d'ap-m sauf dim depuis Fort William (au supermarché *Morrisons*), avec *Shiel Buses.* Retour le mat. ☎ *(01397) 700-700 ou (01967) 431-272.* • shielbuses.co.uk •

➢ Même fréquence et compagnie à destination de ***Lochaline*** (ferry pour Mull).

➢ ***Mallaig :*** 3 bus/j. (sam seulement en été, 1 fois/j.) avec *Shiel Buses,* 8h55-17h40 depuis Fort William, 7h10-15h40 dans le sens inverse. Attention, pas de bus le dim. En s'asseyant côté droit du bus en direction de Mallaig, on peut apercevoir le viaduc de Glenfinnan.

Adresses utiles

ℹ @ ***I Centre*** *(plan A2) : 15, High St.* ☎ *701-801.* • visitfortwilliam.co.uk • *De début juil à mi-sept : lun-sam 9h-18h30, dim 9h30-18h ; mai-juin : tlj 9h-18h (17h dim) ; de mi-sept à fin avr : lun-sam 9h-17h, dim 10h-16h.* Très bien documenté et efficace. Horaires des bus et des trains affichés, nombreux guides de rando... Ordis à dispo gratuitement et possibilité d'imprimer un billet d'avion, par exemple.

■ ***Glen Nevis Visitor Centre*** *(hors plan par B1) : prendre l'A 82 vers Inverness, puis vers Glen Nevis au rond-point ; c'est env 1,5 mile (2,5 km) plus loin, sur la gauche.* ☎ *705-922.* • glen.nevis@highland.gov.uk • *Juin-août : tlj 8h30-18h ; nov-Pâques : tlj 9h-15h ; le reste de l'année : tlj 9h-17h.* Excellent accueil et plein d'infos pratiques : météo du jour affichée, itinéraires et conseils sur les sentiers de randonnée. On peut y acheter cartes, boussole, équipement de marche et même des snacks. Pour consulter la météo en ligne avant d'entreprendre une randonnée : • mwis.org.uk/wh.php •

■ ***Morrisons Supermarket*** *(plan B1, 1) : à côté de la gare routière. Lun-sam 7h-22h, dim 8h-20h.*

Où dormir ?

Plusieurs dizaines de *B & B* à la sortie vers Glencoe, sur Achintore Road (A 82), beaucoup installés dans de belles maisons victoriennes. Cette route jouit d'une jolie vue sur le loch, mais elle est aussi très passante en journée.

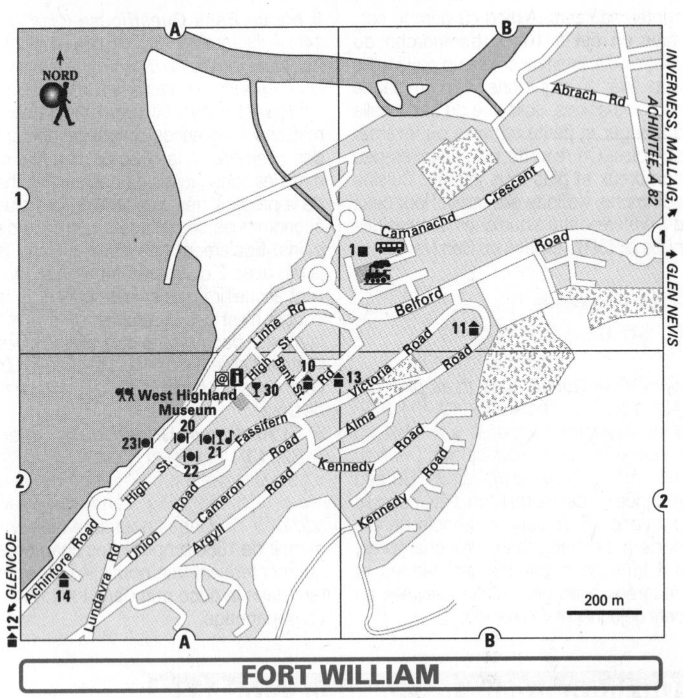

Adresses utiles	
@ I Centre (A2)	
1 Morrisons Supermarket (B1)	
Où dormir ?	
10 Bank Street Lodge (A2)	
11 Fort William Backpackers (B1)	
12 Hillview Guesthouse (hors plan par A2)	
13 St Andrews Guesthouse (A-B2)	
14 Myrtle Bank Guesthouse (A2)	
Où manger ?	
20 Hot Roast Company (A2)	
21 The Grog & Gruel (A2)	
22 The Great Glen (A2)	
23 Crannog Seafood (A2)	
Où boire un verre ?	
21 The Grog & Gruel (A2)	
30 Maryburgh Inn (A2)	

Bon marché (£ 10-25/pers ; 12-30 €)

Bank Street Lodge *(plan A2, **10**) : Bank St. ☎ 700-070. • bankstreetlodge.co.uk • Lit en dortoir (3-7 pers) env £ 17, double avec sdb £ 62. Également des familiales avec sdb (3-6 pers) £ 75-135. Parking.* Petit *hostel* économique très central et bien équipé (cuisine, laverie). Les dortoirs de 3, 4 ou 7 lits sont propres et clairs mais plutôt petits, avec sanitaires collectifs. Les chambres privées disposent de leur propre salle de bains mais manquent de charme. Une adresse basique et sans éclat, qui conviendra aux budgets serrés.

Fort William Backpackers *(plan B1, **11**) : Alma Rd. ☎ 700-711. • fortwilliambackpackers.com • Accès en sens unique ; arriver par Belford Rd, la grande rue qui mène au centre-ville depuis le nord. Prévoir £ 17-19/pers en dortoir ;* twin *£ 45-50.* AJ privée située dans une charmante vieille baraque sur les hauteurs. À pied ça grimpe sec, mais on est à 10 mn de marche du centre-ville. Intérieur coloré un peu fouillis et patiné, où règne une vraie ambiance de *backpackers.* Jolie vue du salon-salle à manger et petite terrasse où lézarder au soleil. On regrette les sanitaires peu nombreux et plus tous jeunes. Cuisine commune, vieillotte elle aussi. Pour ceux qui préfèrent être à quelques minutes des pubs plutôt qu'en face du Ben Nevis.

Prix moyens (£ 50-85 ; 60-102 €)

🏠 ***Hillview Guesthouse*** *(hors plan par A2,* ***12****) :* *Achintore Rd. ☎ 704-349. • hillview-fortwilliam.com • À 2 km du centre-ville. Fermé hors saison. Doubles avec sdb £ 65-90, selon saison.* Un peu éloignée du centre mais on a été conquis par l'accueil de Jane et le soin qu'elle porte à sa maisonnée. Les chambres, aux tons clairs, parfaitement tenues, et décorées avec goût. Jolie vaisselle au petit déjeuner et vue sur le loch.

🏠 ***Myrtle Bank Guesthouse*** *(plan A2,* ***14****) :* *Achintore Rd. ☎ 702-034. • myrtlebankguesthouse.co.uk • Fermé en janv. Doubles sans ou avec sdb £ 50-90 selon confort et saison, petit déj inclus.* 3 belles maisons victoriennes contiguës, abritant des chambres à la déco un peu XIXᵉ s, dans les tons jaunes (la couleur fétiche de la proprio), très bien tenues. Les plus économiques se partagent une salle de bains. Également une annexe dans le jardin avec 2 chambres familiales pouvant accueillir jusqu'à 4 personnes. Si le budget n'est pas un problème, réservez la *master bedroom,* la plus classe ! Dès l'entrée, l'allée de rosiers et le beau jardin fleuri nous ont conquis. Excellent accueil de Dora.

🏠 ***St Andrews Guesthouse*** *(plan A-B2,* ***13****) :* *Fassifern Rd. ☎ 703-038. • fortwilliam-accommodation.co.uk • Mars-oct. Doubles sans ou avec sdb £ 65-75.* Cette imposante maison-manoir de 1880 propose des chambres qui mériteraient une nouvelle jeunesse tant dans la déco que dans l'entretien. En dépannage.

Où dormir dans les environs proches ?

Campings

⛺ ***Glen Nevis Caravan & Camping Park*** *(hors plan par B1) : prendre l'A 82 vers Inverness, puis vers Glen Nevis au rond-point ; c'est à env 2 miles (3 km). ☎ 702-191. • glen-nevis.co.uk • Ouv de mi-mars à début nov. Compter £ 20 pour 2 avec tente et voiture. Logement en dur à partir de 3 nuits min.* En plein dans le Glen Nevis, dominé par les montagnes, immense camping très bien équipé, au superbe environnement arboré, animé par les familles qui plébiscitent le lieu. Beaux espaces gazonnés réservés aux tentes, certains en légère pente. Laverie, aire de jeux et épicerie. Également un bar et un resto pas très cher à 400 m de là. Sinon, un *food truck* officie sur place en pleine saison, pour les paresseux. Gare au *midges* !

⛺ ***Lochy Holiday Park*** *(hors plan par B1) : à* ***Lochy.*** *☎ 703-446. • lochy-holiday-park.co.uk • À env 2 miles (3,2 km) au nord-ouest de Fort William par l'A 830 vers Mallaig ; prendre à droite 400 m après le rond-point, direction Camaghael et Cam Dhail. Loc de chalets tte l'année ; camping fermé oct-mars. Arriver avt 22h. Compter env £ 17 pour 2 avec tente.* Très grand et bien équipé (laverie, épicerie, jeux pour enfants, *drying room,* etc.). Beaucoup de caravanes, bungalows et autres mobile homes, mais l'immense espace herbeux réservé aux tentes, avec les montagnes et la rivière en toile de fond, est agréable. Sanitaires nickel et accueil attentionné.

De bon marché à chic (moins de £ 100 ; 120 €)

🏠 ***Glen Nevis Youth Hostel*** *(hors plan par B1) : prendre l'A 82 vers Inverness, puis vers Glen Nevis au rond-point ; c'est à moins de 2 miles (3 km) sur la droite, après le Glen Nevis Visitor Centre. ☎ 702-336. • hostellingscotland.org.uk • De la gare, le bus nº 41*

LES HIGHLANDS

passe ici 1 fois/j. Faut pas le louper ! Résa impérative en été, notamment pour les familiales (3-6 pers). Env £ 25/ pers en hte saison ; double avec sdb env £ 56. Compter £ 3 en sus pour les non-membres. Face à la montagne et au bord d'une rivière traversée par une passerelle. De là, les marcheurs peuvent prendre le très beau sentier qui mène, entre cailloux et moutons, au sommet du Ben Nevis. Grande cuisine bien équipée, belle salle commune, machines à laver, appentis pour les vélos, possibilité de petit déj et *packaged lunch*. Un *hostel* plus tout jeune, qui aurait besoin d'un coup de frais, mais à la situation idéale.

☗ ***Achintee Farm Hostel*** *(hors plan par B1)* **:** *au pied du* ***Ben Nevis,*** *à env 2 miles (3 km) de Fort William.* ☎ *702-240.* • *achinteefarm.com* • *En voiture, suivre l'A 82 vers Inverness ; avt le feu, tourner à droite ; plus loin, prendre à droite au niveau du Spar, c'est tt au bout. En bus (nº 41), demander au chauffeur de s'arrêter au* Glen Nevis Visitor Centre ; *du parking, prendre le pont suspendu, puis longer le chemin de droite sur 300 m et grimper le sentier à gauche. Résa indispensable. Lit env £ 25/pers ; doubles £ 90-100.* Autour d'une maison posée dans un cadre magnifique, 3 unités d'hébergement avec chacune leurs sanitaires et cuisine, qui abritent une douzaine de lits répartis en chambres de 2 à 5 personnes. Plutôt pour les familles ou les petits groupes que pour les individuels. Propose aussi des chambres doubles en *B & B.* Un peu cher, mais elles sont bien aménagées, soignées et confortables. Accueil charmant.

☗ ***Ben Nevis Inn*** *(hors plan par B1)* **:** *au pied du* ***Ben Nevis,*** *à 50 m de l'*Achintee Farm Hostel *(voir ci-avt).* ☎ *701-227.* • *ben-nevis-inn.co.uk* • *Résa conseillée. Fermé nov. Lit env £ 16.* AJ rustique, type refuge de montagne. Il s'agit d'une ancienne grange retapée, dont le rez-de-chaussée a été divisé en 3 dortoirs de 8 lits superposés séparés par de fines cloisons (pas de porte). Sanitaires rudimentaires mais propres. Cuisine et cadre extérieur magnifique. À l'étage, un superbe pub (voir « Où manger dans les environs ? »).

☗ ***Chase the Wild Goose Hostel :*** *à* ***Banavie,*** *à 3 miles (env 5 km) au nord de Fort William, sur l'A 830, juste à côté des écluses de* Neptune's Staircase. ☎ *748-044.* • *great-glen-hostel.com* • *Indiqué depuis le parking de Banavie. Réception fermée 10h-17h. Compter £ 17-21/pers selon la taille du dortoir. Petit déj £ 2.* Pas de toute première fraîcheur, cette AJ propose des dortoirs de 4 à 8 lits sans grand éclat, mais propres. Chaque dortoir dispose d'un évier sinon c'est salle de bains partagée (et rénovée) pour tous. Espaces communs classiques et basiques mais cuisine bien équipée. Une adresse pour les routards qui ne chipotent pas.

☗ ***The Smiddy Bunkhouse et Blacksmith's Backpackers Lodge :*** *à 4,5 miles (env 7 km) du centre de Fort William, presque collé à la gare de* ***Corpach*** *(sur la ligne Fort William-Mallaig).* ☎ *772-467.* • *accommodation-fortwilliam.co.uk* • *Suivre l'A 82 vers Inverness, puis l'A 830 vers Mallaig. Compter £ 15-20/pers selon saison. Également 3 apparts pour 4 (min 2 nuits).* Bâtiment divisé en 2 unités abritant des chambres de 4 à 8 lits. Attention, celles-ci ne fonctionnent pas comme des dortoirs : ne les occupent que des gens qui voyagent ensemble. Chaque unité dispose d'une cuisine et de sanitaires à partager. Machine à laver et sèche-linge. Le proprio (guide de montagne) possède une agence et propose de nombreuses activités de plein air, été comme hiver. Aucun charme mais ça peut dépanner.

Où manger ?

De bon marché à prix moyens (plats £ 5-18 ; 6-22 €)

🍴 ***The Grog & Gruel*** *(plan A2,* ***21****)* **:** *66, High St.* ☎ *705-078. Cuisine non stop côté pub 12h-21h ; seulement le soir côté resto.* À la fois pub (voir « Où boire un verre ? ») et resto plutôt bon marché, où l'on peut s'enfiler un burger de sanglier, un *poached salmon,* un *fish & chips* ou un plat tex-mex. Côté saveur, on n'en ressort pas avec un souvenir impérissable. Préférez le pub plutôt que le resto à l'étage, moins gai.

I●I ***Hot Roast Company*** *(plan A2, **20**) : 127, High St. Lun-sam 9h-16h, dim 11h-15h. Formule déj env £ 6.* Petit café, style cafét', qui prépare également, le midi, des *hot rolls,* sandwichs ronds garnis de tranches de dinde, bœuf ou porc rôtis découpées devant vous. Pour un en-cas vite fait.

I●I ***The Great Glen*** *(plan A2, **22**) : 98-104, High St. ☎ 709-910. Tlj 7h-minuit ; cuisine non stop jusqu'à 23h.* Mi-pub, avec son bar tout en longueur, mi-cafét', immense, à la déco post-industrielle et aérée. On s'installe, on choisit ses plats et on commande au comptoir. Pâtes, grillades, chili con carne, rien d'exceptionnel mais il y en a pour tous les goûts, et les prix sont très compétitifs. De plus, ça ferme tard. Résultat : c'est souvent plein et l'attente peut être un peu longue.

Chic (plats £ 15-25 ; 18-30 €)

I●I ***Crannog Seafood*** *(plan A2, **23**) : sur le Waterfront. ☎ 705-589. Tlj 12h-14h30, 18h-21h30. Résa conseillée. Formule* Lunch special *2 ou 3 plats £ 15-19 ou carte.* Blanc et rouge, posé sur un ponton au-dessus du loch, il a été créé à la base par une coopérative de pêcheurs ayant décidé de servir directement le poisson frais dans les assiettes. Le seul resto à jouir d'une aussi belle vue sur l'eau, on en profite même depuis les toilettes ! Spécialités de la mer, donc, mais un peu cher tout de même.

Où manger ? Où boire un verre dans les environs ?

I●I 🍸 ***Ben Nevis Inn*** *(hors plan par B1) : au pied du **Ben Nevis** (pour l'accès, voir « Où dormir dans les environs proches ? »). ☎ 701-227. Tlj midi et soir ; fermés certains j. hors saison. Plats £ 10-13. Concerts 1 ou 2 fois/sem.* Sur les grandes tables en bois de cette salle rustique, on se régale d'une cuisine simple (hamburgers, moules, steaks, poisson frais, etc.) mais bonne, fraîche, généreuse et même pas chère ! Ambiance chaleureuse, accueil et service adorables. Si vous avez la chance d'occuper la table juste devant la baie vitrée, vous aurez droit à une vue magnifique sur la vallée. Terrasse extérieure dans un cadre 100 % nature. Concerts en été.

I●I ☕ ***Lochaber Farm Shop*** *(hors plan par B1) : à 6 miles (9,6 km) au nord-est de Fort William. Prendre l'A 82 et bifurquer à droite vers le* Ben Nevis Range. *☎ 708-686. Mar-sam 10h-17h, dim 12h-16h. Fermé en janv.* Ce café haut perché, propose à la carte des petits plats à base des produits bio et/ou locaux (les mêmes que l'on retrouve à la boutique voisine). Sandwichs, soupes mais aussi délicieux *scones* et gâteaux maison, on s'en lèche encore les babines. Terrasse ensoleillée, mais attention, ça souffle là-haut !

LES HIGHLANDS

Où boire un verre ?

🍸 ♩ ***The Grog & Gruel*** *(plan A2, **21**) : 66, High St. ☎ 705-078. Bar ouv jusqu'à minuit.* On en parle dans « Où manger ? », mais n'hésitez pas à venir y écluser une bonne *cask ale,* ils ont un large choix ! Concerts certains soirs, le pub est bondé et on y danse facilement.

🍸 ***Maryburgh Inn*** *(plan A2, **30**) : 34, High St. Tlj 11h-1h (minuit dim).* Un escalier descend dans une ruelle étroite qui aboutit à ce pub très animé. Table de billard et musique rock, en général assez forte. Les *Spice Girls* côtoient Jim Morrison. Concerts certains soirs. Avant de partir, n'oubliez pas de jeter une pièce au pauvre bougre jeté au fond du puits.

À voir. À faire

👥 ***West Highland Museum*** *(plan A2) : Cameron Sq. ☎ 702-169. ● westhighlandmuseum.org.uk ● Tlj sauf dim 10h-17h (16h janv-mars et nov-déc). GRATUIT.*

Établi dans le plus vieux bâtiment de la ville, une ancienne banque, le musée regroupe sur 2 étages des collections un peu fourre-tout mais pas inintéressantes. Plusieurs petites salles, chacune tournant autour d'un thème : histoire naturelle, archéologie, Inverlochy et Fort William, les jacobites et le soulèvement de 1745... Dans une vitrine, quelques objets provenant d'un galion espagnol de l'Invicible Armada, coulé dans la baie de Tobermory (île de Mull) en novembre 1588. Des bizarreries aussi, comme ce *travelling cellar,* une « cave portable » contenant 6 bouteilles, dont la petite histoire dit qu'elle a connu le champ de bataille de Waterloo.

THE SECRET PORTRAIT

Cette peinture anamorphose (déformation de l'image) représente Bonnie Prince Charlie. Visible seulement grâce au reflet du cylindre central, le portrait du prétendant au trône n'apparaît que sous un certain angle. Ses fidèles portaient des toasts devant ce Secret Portrait, *mais en cas d'irruption on ne pouvait démasquer leur loyauté. De Vinci utilisait aussi cette technique de peinture, riche en mystères et secrets.*

➢ ***Le train à vapeur de Fort William à Mallaig :*** *• westcoastrailways.co.uk • Pâques-fin oct : lun-ven (plus w-e de mai-sept), 1 départ/j., le mat, de Fort William ; retour de Mallaig dans l'ap-m ; un départ supplémentaire l'ap-m de mi-mai à mi-sept, lun-ven (plus w-e de mi-juin à fin août). Résa indispensable en été par tél ou sur Internet, le plus longtemps à l'avance possible (la vente des sièges est close la veille à 15h). Sinon, vous pouvez toujours tenter votre chance en vous rendant directement à la gare au moins 1h30 avt le départ du train, le guard conserve une trentaine de places. Coût du billet : £ 32 l'aller simple, £ 38 l'A/R ; réduc (et résa possible en 1ère classe, beaucoup plus cher bien sûr !). Compter 6h en tout : 2h pour arriver à Mallaig, 2h passées sur place et 2h pour revenir.* Surnommé *The Jacobite,* il effectue entre les 2 villes un trajet aux paysages grandioses, qui ont d'ailleurs servi de décors (avec les loco !) à quelques scènes des films *Harry Potter.* Si le steamer ne manque pas de charme et si la lenteur permet d'apprécier les paysages, le voyage peut sembler un peu longuet et c'est 2 fois plus cher que le train normal qui traverse les mêmes paysages !

Manifestations

- ***Moutain Festival :*** *1 sem en fév. • moutainfestival.co.uk •* Conférences, films, activités, expositions, pièces de théâtre et concerts sur le thème de la montagne.
- ***UCI Moutain Bike World Cup :*** *1er w-e de juin. • fortwilliamworldcup.co.uk •* La station de ski Nevis Range accueille une étape de la coupe du monde de VTT.
- ***Ben Nevis Race :*** *1er sam de sept. • bennevisrace.co.uk •* Entre 400 et 500 coureurs s'élancent chaque année à l'assaut du Ben Nevis (1 344 m). Départ de Fort William pour 14 miles (22 km) de folle course. Records : 1h25 chez les hommes, 1h43 pour les femmes (rappel : 7h en marchant). À vos marques !

DANS LES ENVIRONS DE FORT WILLIAM

Nevis Range : *à 7 miles (11,2 km) au nord de Fort William, par l'A 82. ☎ 705-825. • nevisrange.co.uk • Tlj 10h-17h (18h juil-août) ; en saison de ski tlj 9h30 (8h30 ou 9h le w-e selon la fréquentation)-coucher de soleil.* Ceilidh night *jeudi soir et un soir fin juil-août (danse et concerts). Prix du téléphérique : £ 9 A/R (pas d'aller simple) ; réduc. 4-5 bus/j. de Fort William (2 le dim). Infos auprès de Stagecoach : • stagecoachbus.com •*

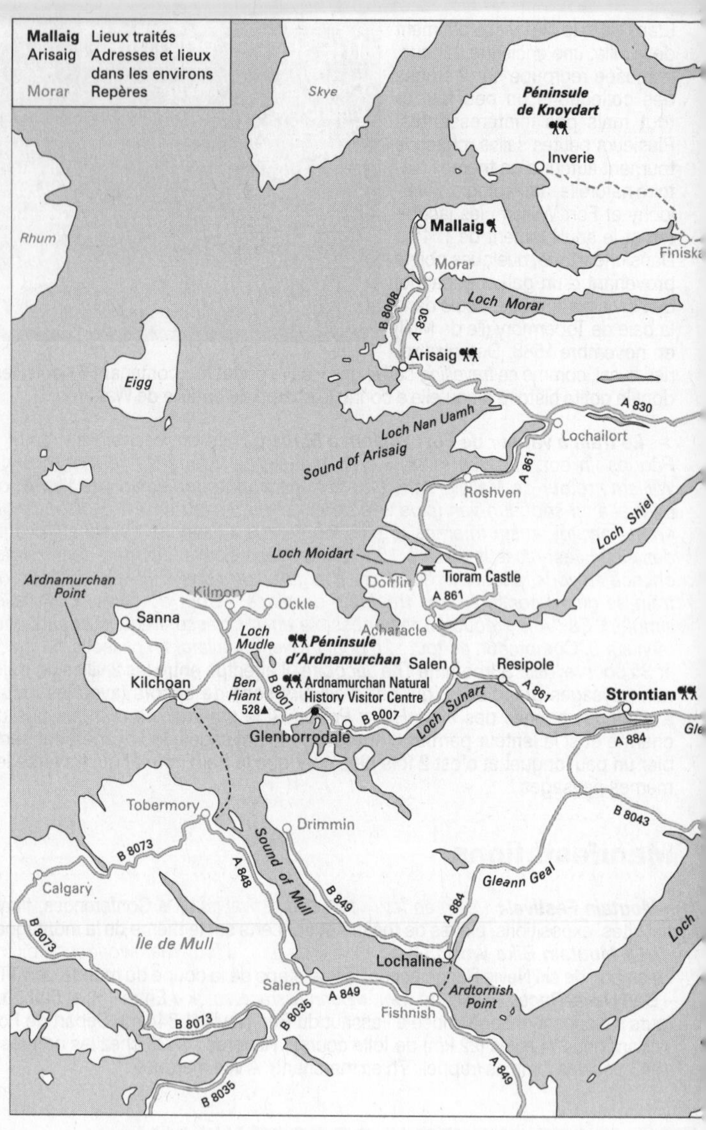

Il s'agit d'une station de ski dont la principale attraction, en été, est de prendre le téléphérique jusqu'à la station supérieure, à 650 m d'altitude. De là-haut, où se trouve une cafétéria, panorama assez fantastique sur la région et départ de 2 sentiers de randonnée d'environ 40 mn chacun.

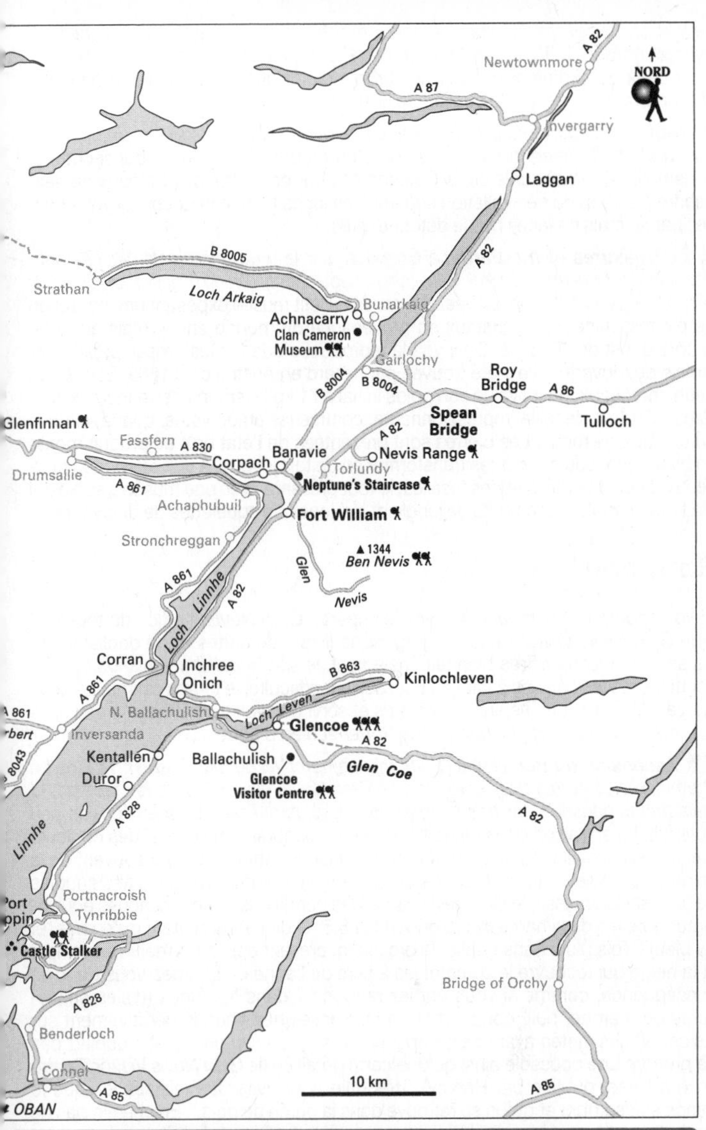

LA RÉGION DE FORT WILLIAM

Nevis Range est également réputé pour sa piste de descente de VTT prestigieuse (elle accueille d'ailleurs les championnats du monde). Elle est ouverte de juin à septembre. Les pros parcourent ses 3 km en 4 mn ! Pour les moins chevronnés, il y a aussi une piste moins difficile mais plus longue (5 km). *Loc*

de VTT en bas et forfaits spéciaux pour monter avec en téléphérique : env £ 20 le trajet unique, £ 35 en illimité pour tte la journée.
Pour ceux qui préfèrent grimper aux arbres plutôt que sur un vélo, un parcours d'accrobranches se faufile au pied de la station.

Neptune's Staircase *(les Escaliers de Neptune)* **:** *à 3 miles (5 km) de Fort William par l'A 830 (bien indiqué).* Il s'agit d'un groupe de 8 écluses consécutives, construites en 1822 sur le canal Calédonien pour permettre aux bateaux de descendre les 19 m de dénivellation séparant les lochs Linnhe et Lochy. Si vous passez par là, mais ne faites pas le détour exprès.

Treasures of the Earth **:** *à* ***Corpach,*** *sur la route principale.* ☎ *772-283.* • *treasuresoftheearth.co.uk* • *Mars-juin et sept-oct, tlj 10h-17h ; juil-août, tlj 9h30-18h ; nov-fév, tlj 10h-16h. Entrée : £ 5 ; réduc.* Petit musée exposant une collection de pierres, minerais et cristaux en provenance du monde entier, mais aussi de la côte ouest de l'Écosse. On y voit la reproduction de la plus grosse pépite d'or jamais découverte. Elle a été trouvée par hasard en Australie en 1869. Éclatée en petits morceaux, on a évalué son poids initial à 71 kg ! Certains des minéraux sont rares, d'autres de taille impressionnante, comme les améthystes, quartz, citrines ou cristaux de roche. Les pierres sont présentées de l'état brut au produit monté en bijou, quel boulot pour les transformer en de tels joyaux. À voir aussi, des morceaux de bois pétrifiés et des fossiles, le tout présenté avec une muséographie qui plaît aux enfants, avec bruits de jungle et répliques de squelettes de dinosaures.

Randonnées

Si vous comptez vous baladez dans le superbe ***Glen Nevis,*** l'office de tourisme et le *Glen Nevis Visitor Centre* regorgent de livres, de cartes et de dépliants sur les sentiers alentour. Très bien fait également, le site • *walkinghighlands.co.uk* • décrit toutes les balades à faire en Écosse, leur difficulté, le temps estimé... À vous les paysages qui ont inspiré des artistes et servi de lieux de tournage à des films comme *Braveheart, Highlander, Harry Potter* et bien d'autres...

Ascension du Ben Nevis *(1 344 m)* **:** *compter 7h de marche A/R (16 km). Le chemin, balisé et très fréquenté, part du* Glen Nevis Visitor Centre *(ou face à l'AJ mais moins conseillé car très raide et parking plus difficile).* L'ascension, un peu dure à la fin en raison de la pierraille, révèle un panorama unique et des couleurs irréelles si le soleil batifole un peu avec les nuages. Attention, il y a souvent de la neige au sommet mais surtout beaucoup de vent. En effet, sous ses airs anodins de gros caillou massif, le Ben Nevis cache des conditions atmosphériques équivalentes à celles de la haute montagne : il fait 8,5 °C de moins en haut qu'en bas, et il y pleut 2 fois plus. Sans oublier le brouillard, présent plus de la moitié du temps, et la neige qui recouvre le sommet les 2 tiers de l'année... Équipez-vous donc en conséquence, comme si vous partiez randonner dans les Alpes (vraies chaussures de marche, pull, coupe-vent, etc.). Renseignez-vous impérativement sur les conditions météo avant de grimper *(• mwis.org.uk/wh.php •)* et n'oubliez pas de prendre une boussole ainsi qu'une carte détaillée (le *Glen Nevis Visitor Centre* en vend une, publiée par Harvey). Très utile pour éviter les falaises lorsque le temps s'assombrit et qu'on se retrouve dans la purée de pois... En chemin pas de poubelles, prévoyez de quoi remporter vos déchets. Et pas de toilettes non plus.

LA ROUTE DES ÎLES

Itinéraire obligé au départ de Fort William pour rejoindre Mallaig et le ferry pour Skye. Route très encombrée en été. C'est aussi une étape immanquable

pour les fans d'*Harry Potter,* qui découvriront sur cette route plusieurs lieux de tournage du film. Le plus magique (c'est le cas de le dire !) c'est d'apercevoir le train à vapeur cracher sa fumée sur le splendide viaduc. Le *Poudlard Express* défile sous vos yeux.

GLENFINNAN

Où dormir ? Où manger ?

■ ***Glenfinnan Sleeping Car :*** *derrière le musée.* ☎ *(01397) 722-295. Env £ 15/pers (draps non compris ; £ 5 en sus) ; réduc enfants. S'adresser au gardien du musée ou tél si le musée est fermé.* Accro du *Crime de l'Orient-Express* ? Voilà qui vous donnera un avant-goût, stewards en livrée en moins... Une dizaine de couchettes, une cuisine et une douche se répartissent dans un wagon datant de 1958. Au choix, compartiments de 2 lits superposés et un familial pour 4. Spartiate mais amusant.

|●| ***Glenfinnan Dining Car :*** ☎ *(01397) 722-300. Mai-oct : tlj 9h-16h30. Compter £ 6-8. Tearoom* installé dans un wagon des années 1950, voisin du *Sleeping Car.* Bonne petite restauration à base de produits locaux : sandwichs, soupes, salades, assiettes composées... le tout servi avec un grand sourire !

|●| ***Glenfinnan House Hotel :*** *après le* Glenfinnan Monument. ☎ *(01397) 722-235. De mi-mars à fin oct. Bar ouv tlj 12h-21h, resto seulement le soir. Résa recommandée. Plats £ 7-17, steaks £ 18-30.* Un hôtel cossu du XVIIIe s au bord du loch Shiel et, surtout, un pub avec pas mal de cachet et d'atmosphère (bow-window et trophées de chasse). On s'attend à voir surgir Hercule Poirot ! Cuisine fine et copieuse : snacks et sandwichs le midi, plus élaboré le soir. Au dîner, même carte au pub et au resto, mais on a préféré la décontraction côté bar.

À voir. À faire

LES HIGHLANDS

👁👁 ***Glenfinnan (Gleann Fhionnainn) Monument*** *(NTS) : sur l'A 830, à 18 miles (une trentaine de km) à l'ouest de Fort William. Visite guidée obligatoire pour monter dans la tour. Ticket : £ 5 (à acheter au* Visitor Centre*). Avr-oct : tlj 9h (9h30 sept-oct)-18h (19h en juil-août) ; nov-fév : 10h-16h ; visite ttes les 30 mn. Compter env 30 mn.* Une tranche de l'histoire mouvementée de l'Écosse. Sur ce rivage, par un beau matin d'août 1745, débarqua Bonnie Prince Charlie en provenance de Brest pour tenter de restaurer les Stuarts sur le trône d'Angleterre et d'Écosse. En ralliant les clans, il rassembla près de 1 300 Highlanders, puis entreprit sa marche sur Londres. Tout se corsa passé la frontière de l'Angleterre. Bientôt la campagne de reconquête se mua en retraite, et elle s'acheva par la tragique déroute de la bataille de Culloden après 14 mois d'errance. Bonnie Prince Charlie rembarqua près d'ici, définitivement évincé. Une colonne fut érigée en 1815 au bord du loch en souvenir des vaillants Highlanders qui accompagnèrent « *the Young Pretender* » dans son épopée. Bonnie Prince Charlie a marqué les esprits écossais, et les visiteurs viennent en masse en août commémorer le soulèvement. Ce n'est pas la tour qui mérite le déplacement, mais le paysage. On peut grimper à l'intérieur de la colonne (par groupe de 6 personnes maximum) pour embrasser la vue magnifique sur le loch Shiel. Pour les accros, il s'agit du lac de Poudlard, dans lequel le célèbre sorcier plonge pour une épreuve de la *Coupe de feu.* La production a planté l'imposante école de sorcellerie sur ces collines... en image de synthèse seulement (snif !).

👁 ***Glenfinnan Visitor Centre*** *(NTS) :* ☎ *(01397) 722-250. Mêmes horaires que le monument. Expo gratuite mais parking payant : £ 3,50.*

Pour les amateurs d'histoire, toute la saga du malheureux prétendant jacobite au trône, dont la légende continue d'alimenter la nostalgie des partisans du nationalisme écossais. Commentaires sonores en français qui résument en 7 mn toute son épopée, très bien fait pour ceux qui se mélangent un peu les pinceaux.

➢ Du centre, un sentier grimpe en 5 mn vers le viaduc où passe le train à vapeur, en principe vers 10h45 et aussi l'été en semaine vers 15h. Le petit promontoire est alors pris d'assaut par les cars de touristes, ce n'est pas le meilleur spot. On le voit aussi du parking mais d'en dessous, donc pas sensationnel pour la prise de vue. Sinon, autre point de vue accessible en 30-40 mn de marche à partir du *Glenfinnan Station Museum* (voir plus loin). Poste d'observation privilégié pour apercevoir le train, beaucoup moins fréquenté.

Un peu plus loin, sur la gauche, ne manquez pas la ***Glenfinnan Church.*** Adorable église catholique à la pointe du loch Shiel, avec sa cloche caractéristique, à l'ombre d'un sapin...

Glenfinnan Station Museum : *un peu en retrait de l'A 830 (indiqué), après le* Glenfinnan House Hotel. ☎ *(01397) 722-295.* • *glenfinnanstationmuseum.co.uk* • *Mai-oct : tlj 9h-17h. Entrée sur donation et 10 % de réduc au* Dining Car *(voir plus haut).* Pour les amoureux des vieux tchou-tchous, un tout petit musée dans la gare restaurée, où s'arrête le train à vapeur de la *West Highland Line,* inaugurée en 1901. Histoire du viaduc, vieilles machines et ancien guichet de la station. Le viaduc, non loin de là, ainsi que certaines parties de cette voie ferrée et plusieurs locomotives furent utilisés pour le tournage de quelques *Harry Potter.* Le train vapeur s'arrête ici en été à 11h et 15h15 (pour ceux qui l'auraient raté sur le viaduc !).

➢ Possibilité de rejoindre un ***point de vue*** qui surplombe le viaduc en 30-40 mn de marche. Départ entre le *Sleeping Car* et le *Dining Car*. Prévoyez de bonnes chaussures.

ARISAIG

Tapi dans la petite baie de loch Nan Ceall, c'est le point de départ des excursions vers les îles d'Eigg, Rum et Muck. Rencontre peu probable, mais possible, de grands cétacés en chemin. Charmant et bien moins touristique que Mallaig ; on avoue un petit coup de cœur.

Où dormir à Arisaig et dans les environs ?

Pour les campings autour d'Arisaig, se reporter à Mallaig.

Old Library Lodge : *à* ***Arisaig.*** ☎ *(01687) 450-651.* • *oldlibrary.co.uk* • *Fermé en janv. Double £ 120.* Paisible, dans la petite rue qui fait face à la mer, ce *B & B* abrite 6 chambres, dont 2 côté mer. Spacieuses, impeccables et décorées dans un style des plus classique, certaines profitent même d'une baignoire. Cher, mais les prestations sont à la hauteur.

Glebe Barn Hostel : ***île d'Eigg.*** ☎ *(01687) 315-099.* • *glebebarn.co.uk* • *Avr-oct. Compter £ 20/pers en dortoir ; doubles ou triples £ 45-60.* Une vieille grange du XIXe s reconvertie en AJ qui abrite à la fois des dortoirs et des chambres doubles ou triples. La cuisine est bien équipée et la cheminée dans le salon sympa. Bref, une bonne base pour partir à la découverte de l'île. Appelez tout de même avant de prendre le ferry pour être sûr qu'il y ait de la place ! Vous pourrez en profiter pour passer votre commande à l'épicerie et demander qu'on vienne vous chercher avec vos bagages.

À voir. À faire à Arisaig et dans les environs

Land-Sea and Islands Centre : *à Arisaig, à l'entrée du village, sur la gauche.* ☎ *(01687) 450-771. Mars-oct : lun-sam 10h-18h, dim 12h-17h. Ouv seulement le w-e en hiver.* Pas mal d'infos sur la côte et les îles (Rum, Eigg et Muck ; consulter également ● *road-to-the-isles.org.uk* ●), ainsi qu'une exposition sur l'histoire naturelle, sociale et militaire de la région. On y apprend ainsi que le coin a été choisi pendant la Seconde Guerre mondiale comme l'un des camps d'entraînement des forces alliées à partir de juillet 1940. Les agents britanniques, mais aussi français, norvégiens et tchèques, se préparaient aux missions clandestines (en particulier la destruction des moyens de communication), ainsi qu'aux techniques de survie et de combat. La zone, enclavée, permettait de s'entraîner dans le plus grand secret. De grandes baies vitrées et des jumelles permettent d'observer la faune, on a même vu un phoque ! Accueil adorable des bénévoles et ventes de produits locaux, notamment de délicieuses confitures maison.

ON N'EST PLUS BROUILLÉ À EIGG

La répartition et l'organisation des terres en Grande-Bretagne répondent encore souvent à un système foncier quasi féodal. Ainsi, l'île d'Eigg fut la propriété jusqu'en 1996 d'une seule personne, peu soucieuse du développement de l'île et de la vie de sa soixantaine d'habitants. Ces derniers, suite à de nombreux conflits avec leur propriétaire et en partenariat avec le Highland Council *et le* Scottish Wildlife Trust, *décidèrent, en 1997, de racheter leur île, qu'ils gèrent désormais en coopérative.*

■ ***Arisaig Marine :*** ☎ *(01687) 450-224.* ● *arisaig.co.uk* ● *Fin avr-fin sept : 1 départ/j. vers Eigg ; 5 départs/sem vers Muck et 2 départs/sem vers Rum. Départ à 11h. Prévoir £ 18-25/pers selon destination. Traversées 1h-2h, pour 2h-5h passées dans les îles. Les billets s'achètent au café du port (lun-sam 9h-16h).* Cette compagnie assure des traversées vers les petites îles au large d'Arisaig. Seulement pour les piétons.

Le loch Morar et ses *silver sands* immaculés se trouvent entre Arisaig et Mallaig, à l'embouchure de l'une des plus petites rivières britanniques, la *Morar River*. Le loch Morar abriterait *Morag*, une petite cousine de *Nessie*, du loch Ness (pour les Écossais, les monstres sont en effet des « monstresses »... pas misogynes, avec ça !). Avec plus de 305 m de profondeur, le loch le plus profond d'Europe a de quoi aiguiser l'imagination.

MALLAIG (MALAIG)

800 hab. IND. TÉL. : 01687

À 47 miles (75 km) à l'ouest de Fort William, cette petite ville portuaire est un cul-de-sac et le terminus de la ligne de chemin de fer de Glasgow. Quand le train à vapeur y fait escale pour 2 heures, restos et boutiques se remplissent, puis les rues retrouvent leur calme (trop calme ?). C'est aussi un port de pêche actif et le départ du ferry pour l'île de Skye et les petites Hébrides. Très belles plages de sable blanc dans les environs.

Arriver – Quitter

En bus

➢ ***Fort William :*** 3 bus/j., lun-ven (7h10-15h40 de Mallaig), sam seulement en été, 1 fois/j. avec *Shiel Buses* via ***Arisaig*** et ***Glenfinnan.*** Attention, pas de bus le dim. Trajet en moins de 1h30.

En train

Gare ferroviaire : *en plein centre.* Consigne.

➢ ***Fort William et Glasgow :*** 3 trains/j. lun-sam, 2 le dim. À vous de voir si vous préférez le train normal ou le tortillard à vapeur (qui fait 2h d'escale à Mallaig avant de repartir vers Fort William), plus pittoresque mais 2 fois plus cher.

En bateau

➢ ***Eigg, Rum et Muck :*** *avec* ***Caledonian MacBrayne.*** *☎ 0800-066-5000.* • *calmac.co.uk* • 5 liaisons/sem pour Eigg ; 4 pour Rum et 4 pour Muck. Durée : 1h15 pour Eigg ; 1h30 pour Rum et env 2h pour Muck. Piétons seulement. A/R env £ 8-9 selon destination.

➢ ***Armadale (île de Skye) :*** même compagnie. En saison (fin mars-fin oct), 9 traversées/j. lun-sam ; 6 dim. Embarque les véhicules. Durée de la traversée : 30 mn. Prévoir env £ 3 par passager ; env £ 10 pour une voiture l'aller simple.

➢ ***Vers la péninsule de Knoydart :*** au nord de Mallaig, accessible seulement par bateau. *Western Isles Cruises,* sur le port. *☎ 462-233.* • *westernislescruises.co.uk* • Mai-oct : 5-6 traversées/j. en sem ; 3-4 fois/j. le w-e. Durée : 30 mn. Tarif : £ 18-20 A/R.

Infos utiles

Station-service à l'entrée de la ville, supermarché *(tlj 7h-22h)* et banque avec distributeur dans la rue principale.

Où dormir ?

Campings

On trouve une densité de campings surprenante entre Mallaig et Arisaig par la route côtière B 8008 (en partie parallèle à l'A 830). Et pour cause, elle offre de bien jolies plages de sable blanc aux eaux claires. Voici l'un de nos préférés :

⛺ ***Camusdarach :*** *env 4,5 miles (7 km) au sud de Mallaig par la route côtière. Le plus au nord. ☎ (01687) 450-221.* • *camusdarach.co.uk* • *Ouv de mi-mars à début oct. Résa très conseillée en été. Env £ 20 pour 2 avec petite tente.* La réception se trouve dans la jolie maison fleurie au bout du chemin en contrebas. Terrain dans un adorable coin de verdure entre mer et campagne, avec accès à la plage où furent tournées des séquences des films *Local Hero* et *Highlander.* Un côté réservé aux tentes, un autre aux camping-cars et caravanes. Laverie et petite épicerie. Fait aussi vente de pizzas en été. Très bon accueil.

De bon marché à prix moyens (moins de £ 85 ; 102 €)

🏠 ***Mallaig Backpackers Lodge :*** *face au port, à l'étage du* Tea Garden. *☎ 462-764.* • *mallaigbackpackers.co.uk* • *Pâques-oct. £ 18/pers.* AJ indépendante à l'étage d'une maison très mignonne, avec juste 2 chambres de 6 lits. Le tout assez compact mais sympa. Cuisine bien équipée, petit salon TV. Au rez-de-chaussée, *tearoom* avec une jolie terrasse noyée de fleurs (voir plus loin « Où manger ? Où faire une pause sucrée ? »). Une belle adresse conviviale.

🏠 ***Seaview B & B :*** *Main St. ☎ 462-059.* • *seaviewguesthousemallaig.com* • *Depuis le port, sur la droite en longeant la baie. Fermé de mi-nov à fin fév. Doubles £ 75-80.* Fiona accueille les visiteurs avec le sourire dans sa maison centenaire en pierre grise posée face au port. 3 des 5 chambres ont une salle de bains, les 2 dernières (une avec lavabo), un peu moins chères, en partagent une autre. Mais toutes sont bien, cossues et agréablement arrangées avec une jolie déco. Adresse charmante, assez unique en son genre. Bon petit déj.

🏠 ***Western Isles Guest House :*** *Main St. À l'autre bout de la baie. ☎ 462-320. À 10 mn à pied du centre. Double avec sdb £ 80.* Maison moderne sans cachet particulier aux 5 chambres plutôt grandes, confortables et soignées. L'ensemble manque d'un brin de modernité mais s'avère parfaitement tenu. Un peu cher tout de même, mais accueil très serviable de Jeanette, une dynamique mamie.

Où manger ? Où boire un verre ? Où faire une pause sucrée ?

De prix moyens à chic (plats £ 8-25 ; 10-30 €)

The Cabin : *face au port, dans la rue qui monte vers le* West Highland Hotel. *☎ 462-207. Ouv de Pâques à mi-oct, tlj sauf sam midi et dim. Venir tôt, le resto ne prend pas de résa. CB refusées.* On y sert des produits de la mer, ainsi que des plats de viande et de pâtes, le tout à prix très étudiés. Petite salle, donc pas toujours facile de trouver une place.

The Cornerstone Restaurant : *Main St. ☎ 462-306. Tlj midi et soir. Fermé nov-fév.* Installé à l'étage, dans une salle élégante, on profite d'une vue sur le port d'où proviennent la plupart des produits servis à table. Fraîcheur indéniable, dommage que certaines assiettes plus « cuisinées » manquent de saveur. Mieux vaut opter pour les fruits de mer, au moins on n'est pas déçu. Bon service.

Steam Inn : *dans la rue qui monte vers le* West Highland Hotel. *☎ 462-002. Tlj.* Ce pub fait souvent le plein, au comptoir ou sur de grandes tablées. On y sert de généreux plats de brasserie, aux notes souvent iodées : pâtes aux fruits de mer, moules, poisson frais. Également des burgers et autres steaks-frites pour les viandards. Dommage que le service soit parfois si long. Agréable *beer garden* pour siroter une mousse au grand air.

Chlachain Inn : *dans la rue qui monte face au port, vers le* West Highland Hotel. *☎ 460-289. Tlj.* Si le bar occupe une bonne place, tout comme le petit coin salon où crépite le feu de cheminée, il serait dommage de se contenter d'une *ale*. Cette brasserie propose une carte variée de plats de pub : *fish & chips,* burgers, mais aussi des fruits de mer et du poisson extra-frais. Une belle adresse.

The Tea Garden : *face au port. ☎ 462-764. Tlj 9h-18h.* Ce resto-salon de thé profite d'une agréable terrasse donnant sur le port. On a été conquis par leurs gâteaux maison. Succulent *carrot cake* et croquant crumble. Déception en revanche côté resto. On le réserve pour une pause goûter.

Où dormir ? Où manger ? Où boire un verre sur la péninsule de Knoydart ?

Au nord de Mallaig, une péninsule sauvage et inaccessible par la route (voir plus haut « Arriver – Quitter »). Pour les amateurs de « hors piste » !

Knoydart Campground : *à* **Long Beach,** *à 10 mn à pied d'Inverie. ☎ 462-242. Compter £ 7 pour 2 avec tente, à payer le mat au ranger ou au siège de la* Knoydart Foundation. Basique : eau et toilettes chimiques. S'il n'y a pas trop de monde à l'AJ voisine, aussi gérée par la fondation, le gardien vous laissera peut-être profiter des douches – demandez toujours.

Torrie Sheiling Hostel : *à* **Inverie.** *☎ 462-669. • torriecottage@gmail.com • Env £ 27/pers.* AJ indépendante. 3 chambres de 4 lits chacune, dont une avec sa propre salle de bains. Sanitaires communs pour les 2 autres. On vient vous chercher au bateau si vous prévenez – ce qui est préférable pour ne pas vous casser le nez. Tranquillité garantie. Pas de petit déj mais cuisine commune.

Knoydart Foundation Bunkhouse : *à* **Inverie,** *à env 1 km au sud du village, près du camping. ☎ 462-242. • knoydart-foundation.com • Env £ 17/*

pers. Cette petite AJ, gérée par l'association des résidents et propriétaires de la péninsule, compte 3 dortoirs de 7, 8 et 10 lits. Bien équipée : cuisine, salon avec poêle à bois, machines à laver.

À voir. À faire

Mallaig Heritage Centre : *Station Rd. ☎ 462-085. • mallaigheritage.org.uk • À côté de la gare. Avr-oct : tlj 11h-16h. Entrée : £ 2,50 ; réduc.* Histoire et traditions des environs connus sous le nom de « Rough Bounds », l'épopée de la construction du chemin de fer et l'activité portuaire. Nombreuses photos anciennes, notamment celles d'une photographe écossaise qui, dans les années 1900, parcourut le pays à pied en traînant tout son matériel dans un petit chariot. Amusantes photos des classes locales de 1906 à 1982 ! Pour compléter la visite, jetez un coup d'œil au *Steam Train* lorsqu'il entre en gare (vers 12h30 et 16h30 en été).

Les plages : entre Arisaig et Mallaig, la route côtière borde une succession de plages de sable blanc entrecoupées de rochers. Celle de *Camusdarach,* au nord, est la plus longue. Magnifique, elle est protégée par des dunes, mais l'écosystème y est fragile. Les plus courageux peuvent tenter de piquer une tête...

LA PÉNINSULE D'ARDNAMURCHAN

Prononcer « Arnamourrran ». Paradis des amateurs de nature, cette péninsule avec ses grands espaces glissant doucement vers la mer donne envie de s'y poser. Ce point géographique le plus à l'ouest de la Grande-Bretagne (îles mises à part) était presque inaccessible à la fin du XIXe s, jusqu'à ce qu'on y construise un phare. Aujourd'hui, on roule patiemment jusqu'à ce promontoire sauvage, et prudemment, car les routes sont à une voie. En chemin se livrent au regard paysages côtiers éthérés, bois de grands chênes tapissés de mousses ou de fougères, petits cottages épars et moutons qui gambadent sur le ruban de goudron, avec de fréquents arcs-en-ciel en toile de fond. Un peu d'Écosse éternelle.

Arriver – Quitter

➢ Depuis ***Fort William,*** en voiture, faire 9 miles (env 14,5 km) vers le sud jusqu'à ***Inchree,*** avant Onich. Traverser en 5 mn le goulet du loch Linnhe en ferry jusqu'à Ardgour. Départs ttes les 20-30 mn, 6h30-21h30 ; dim ttes les 30 mn, 8h45-21h30. Gratuit pour les piétons et leurs vélos ; env £ 8 pour une voiture et ses occupants (prévoir l'appoint). On peut aussi aborder la péninsule en prenant l'A 830 en direction de Mallaig ; tourner alors à Lochailort pour longer le sound of Arisaig. C'est plus long, mais sans ferry et la route est encore plus belle face à l'océan.

➢ De ***Lochaline,*** de Pâques à mi-oct, un ferry rejoint ***Fishnish*** (île de Mull) ttes les 45 mn-1h, 7h-18h35 (dim, ttes les 1h-2h, 8h45-17h45) ; env £ 7 l'aller en voiture et £ 3 par passager. *☎ 0800-066-5000. • calmac.co.uk •* Tandis qu'un bus quotidien (en été) relie Lochaline à ***Fort William.***

STRONTIAN (SRON an T-SITHEIN)

C'est à Strontian que fut découvert en 1791 le *strontium* (un métal rare utilisé en pyrotechnie et en médecine). En dehors de cette particularité géologique, c'est sa situation en bordure du magnifique ***loch Sunart*** qui mérite une escale.

Adresse utile

🛈 ***Visitor Information Centre :*** *• info@ardnamurchan.com • Pâques-oct, tlj 10h-16h.* Vend des cartes détaillées de la région. Distributeur dans l'épicerie voisine et *cashback* (en contrepartie d'un achat par CB, vous obtenez quelques livres en dépannage). Également un *tearoom* à côté.

Où dormir ? Où manger dans le coin ?

⛺ ***Resipole Farm Caravan & Camping Park : loch Sunart,*** *à* ***Resipole****; à 7,8 miles (12,5 km) à l'ouest de Strontian et à 2,5 miles (4 km) à l'est de Salen. ☎ (01967) 431-235. • resipole.co.uk • Site fermé aux tentes nov-Pâques. Compter £ 20 pour 2 avec tente ; loc de jolis chalets £ 360-540/sem.* Au bord de la route peu passante et tout près du loch, avec une vue magnifique. Très bien aménagé et équipé (laverie, boutique, plage de galets) et bel accueil. Un emplacement rêvé pour observer la faune du coin.

🏠 |●| ***Ariundle Centre :*** *à* ***Strontian.*** *☎ (01967) 402-279. • ariundlecentre.co.uk • Prendre la route de Bellsgrove et Polloch sur 1 mile (1,6 km), puis à droite vers Aryundle, c'est tt de suite après. Tte l'année. Lit £ 20/pers (£ 28 avec petit déj). Salon de thé et resto ouv tlj. Plats £ 11-13.* Cette AJ fort bien tenue s'organise derrière un *tearoom,* en pleine campagne. On y trouve de belles chambres pour 2 à 8 personnes, avec lits superposés, chacune avec sa propre salle de bains. Certains dortoirs sont vraiment immenses. Cuisine et machine à laver à disposition. Le *tearoom,* tout en bois, est lumineux, avec de grandes baies vitrées et un coin salon. Le rouet n'est pas là que pour la déco : Kate, la proprio, carde et file la laine pour faire des pulls ! Vraiment un bel endroit.

🏠 ***An Sean Tigh « The Old House » :*** *Anaheilt, à* ***Strontian.*** *☎ (01967) 402-253. • craigrowancroft.co.uk • Prendre la route de Bellsgrove et Polloch ; peu après le carrefour, sur votre gauche. Loc à la sem : £ 295-525, selon la saison.* Plongée dans le vert, cette fermette restaurée abrite 2 chambres, une double et une *twin.* Cuisine parfaitement équipée, salon et salle à manger. Un bon point de chute pour écumer le coin. Les *French froggies* y seront en très bonne compagnie ! Accueil agréable.

|●| ***Whitehouse Restaurant :*** *à* ***Lochaline*** *(loch Alainn), dans la région du Morvern, au sud d'Ardnamurchan, à quelque 20 miles (29 km) de Strontian. ☎ (01967) 421-777. Tlj sauf dim-lun. Congés : janv-Pâques. Résa indispensable. Plats £ 16-20.* Ne vous fiez pas à la façade neutre et fermée de cette maison effectivement blanche. Non seulement l'intérieur aux lignes douces et pures se révèle coquet, mais la réputation du lieu dépasse les frontières d'Ardnamurchan ! Au menu : une excellente cuisine de terroir à base de produits locaux, souvent bio, tant *surf* (côté mer) que *turf* (côté terres).

À voir. À faire dans les environs

👥 De Strontian, on peut bifurquer vers le sud par l'A 884 et traverser le ***Gleann Geal,*** désert de toute présence humaine depuis les *clearances,* jusqu'à ***Lochaline*** *(Loch Alainn),* où les ruines du château d'Ardtornish agrémentent les berges du Sound of Mull.

👥 Depuis ***Salen*** *(An Sailean),* prendre l'A 861 vers le nord, direction le ***loch Moidart*** et l'extraordinaire baie du Sound of Arisaig. Peu après Acharacle, faites un crochet par le ***Tioram Castle*** (direction Doirlin), rien que pour la photo ! Adorable petite route s'insinuant entre les murets de pierre moussus et les grands arbres (pas très reposante pour le conducteur). Magnifiquement situé sur un îlot rocheux, le château (du XIIIe s) contrôlait l'accès au loch Moidart. Désormais en ruine, on y accède seulement à marée basse. Au ***Sound of Arisaig,*** paysage remarquable : le rivage parsemé de petites criques et d'îlots rocheux abrite nombre de hérons, de phoques et de cerfs.

KILCHOAN *(CILLE CHÒMHGHAIN ; IND. TÉL. : 01972)*

Depuis ***Salen*** *(An Sailean),* une superbe petite route, tortueuse à souhait, mène à travers les forêts de vieux chênes jusqu'au village endormi de ***Kilchoan.***

Arriver – Quitter

En bus

➢ ***Fort William :*** 1 bus/j., le mat, de Kilchoan ; retour en début d'ap-m avec la compagnie *Shiel Buses.* ☎ *(01967) 431-272.* ● *shielbuses.co.uk* ● À Kilchoan, le bus se prend devant le *Ferry Stores.* Trajet : 2h20.

En bateau

⛴ ***Ferry Terminal :*** *compagnie* ***Caledonian MacBrayne.*** ☎ *0800-066-5000.* ● *calmac.co.uk* ● *Pas de résa possible, arrivez au moins 30 mn avt le départ si vous êtes en voiture.*

➢ ***Tobermory :*** de Pâques à mi-oct, 7 traversées de 35 mn lun-sam 7h20-18h depuis Tobermory, 8h-18h40 depuis Kilchoan ; 5 le dim mai-août seulement. Le reste de l'année, 3-4 traversées/j. ; aucune le dim. Prix pour un aller simple : env £ 8,50/voiture et £ 3/pers.

Adresses utiles

ℹ ***Tourist Information :*** *au* Kilchoan Community Centre. ☎ *510-711 en été seulement. Avr-oct : lun-sam 9h (9h30 sam)-17h ; nov-mars : lun-ven 10h-16h (15h sam).* Pas vraiment un office de tourisme, plutôt un espace communal où l'on trouve de bonnes infos sur le coin.

■ ***The Ferry Stores :*** *épicerie, bureau de poste et station-service. Lun-sam 9h-13h, 14h-17h30 (16h30 le sam hors saison) ; dim 11h30-14h.* Pas une seule banque à la ronde ! Mais on pourra vous dépanner ici par *cashback* (en contrepartie d'un achat par carte de paiement, vous obtenez quelques livres en dépannage).

LES HIGHLANDS

Où dormir ? Où manger ?

⛺ ***Ardnamurchan Camp Site :*** *prendre la route qui longe le* Ferry Stores, *c'est à 0,7 mile (1 km) sur la gauche.* ☎ *510-766.* ● *ardnamurchanstudy centre.co.uk* ● *Pâques-sept. Compter £ 18 pour 2.* Petit camping au bord de l'eau, avec du gazon bien vert et une vue superbe, mais pas mal en pente. Sanitaires corrects dans une cabane de fortune, machine à laver et petit frigo à disposition. Si Trevor n'est pas là, installez-vous. Si vous ne l'avez toujours pas vu au moment de repartir, glissez les sous dans la boîte aux lettres...

🏠 🍴 ***Kilchoan House Hotel :*** *à l'entrée du village, sur la gauche.* ☎ *510-200.* ● *kilchoanhousehotel.co.uk* ● *Tte l'année. Resto ouv tlj midi et soir en été, seulement le soir en hiver. Double env £ 100 ; également de belles familiales. Plats £ 11-15.* Passé le bar à l'entrée se cache à l'arrière une agréable petite salle de resto qui donne sur le jardin et la baie. Côté cuisine, c'est simple : *fish & chips,* poisson des environs... Pas de quoi vous laisser un souvenir impérissable, mais c'est correct. Quant aux chambres, elles sont assez charmantes avec leur déco à l'ancienne et la vue verte et paisible dont jouissent la plupart. De certaines, on aperçoit même la mer. Les prix n'en restent pas moins un poil élevés et la plomberie un rien vieillissante dans certaines d'entre elles.

Où dormir ? Où manger dans les environs ?

The Ardnamurchan Bunkhouse : *à* **Glenborrodale ;** *à 12,4 miles (env 20 km) à l'est de Kilchoan. ☎ (01972) 500-742. • theardnamurchanbunkhouse.co.uk • En arrivant de Kilchoan, passer le* Glenborrodale Castle *et prendre à droite le sentier rocailleux qui grimpe sec vers la gauche. Tte l'année. Chambres 2-4 pers £ 50-80.* Isolée en pleine nature, cette auberge ravira les amoureux de nature, qui seront aux premières loges pour observer la faune locale. Les chambres affichent une grande simplicité niveau déco, mais le confort est bien là. On se partage la cuisine (super équipée) et le salon, sinon chacun a sa propre salle de bains. Accueil parfait des proprios qui organisent aussi des excursions nature *(• wildhighlandtours.co.uk •)*. Achetez des provisions avant de venir, il n'y a rien à des miles à la ronde. Et en cas de pluie : billard, table de ping-pong et babyfoot devraient occuper les plus énergiques.

Sonachan Farmhouse B & B : *à 2,7 miles (4 km) de Kilchoan, sur la route du phare. ☎ (01972) 510-211. • sonachan.com • Dortoir de 2 lits superposés £ 15/pers (£ 20-25 avec le petit déj continental ou écossais). Doubles avec sdb £ 50-70 ; familiales 3-4 pers £ 80-100. Au resto, snacks à partir de £ 7 ; plats £ 11-15.* Dans un décor majestueux de collines austères, avec la mer en toile de fond. Chambres simples mais plutôt claires, spacieuses et bien tenues, situées dans une maison récente au-dessus du pub ; certaines jouissent d'une jolie vue. Côté resto *(tlj 10h30-18h, le soir sur résa)*, le cadre est cosy avec de grosses tables en bois, des fauteuils club et de larges fenêtres sur la nature. Billard pour ceux qui s'ennuient le soir. Carte pas trop longue, mais qui couvre un large spectre : du local à l'Inde avec un détour par le Mexique. Correct.

À voir. À faire

Ardnamurchan Natural History Visitor Centre : *à* **Glenmore,** *à env 10 miles (16 km) à l'est de Kilchoan. ☎ (01972) 500-209. • ardnamurchannaturalhistorycentre.com • Avr-oct : tlj 8h30-17h (16h dim) ; fermé hors saison. Entrée sur donation.* Exposition sur la vie sauvage et l'environnement de la péninsule dans une maison au toit de mousse, conçue pour attirer au plus près les animaux, que l'on observe à sa guise. À l'entrée, un panneau référence les derniers spécimens aperçus dans le coin. L'écosystème d'une mare (avec anguilles et grenouilles) est recréé et visible derrière une vitre, un coin est consacré aux aigles dans la région, plus loin, projection d'un film d'environ 15 mn sur la péninsule et sa faune. L'ensemble est vivant et très bien conçu. Un endroit qui plaît aux petits comme aux grands. Belle boutique où l'on peut acheter des graines pour les oiseaux, entre autres.

Bon petit *café-resto* où l'on déguste du fait-maison. Snacks, plats chauds et délicieux gâteaux, tout est fait à base de produits frais. À déguster si possible dehors devant le loch et les moutons ou derrière les grandes baies vitrées en cas de pluie.

Ardnamurchan Point Visitor Centre : *à env 6 miles (10 km) à l'ouest de Kilchoan. ☎ 510-210. • ardnamurchanlighthouse.com • Avr-oct, visite guidée du phare ttes les heures ou 30 mn, tlj 11h-16h. Entrée : £ 7,50 pour la visite du phare ; réduc. Résa conseillée en hte saison. Expo gratuite. Coffee shop sympa à l'accueil, dans un vieux bâtiment en pierre (tlj 10h-17h en saison).* Vous voici à l'extrême ouest de la péninsule, dans un paysage désolé, à proximité de plages de sable fin. Ce Finistère de la Grande-Bretagne, coiffé d'un phare, offre une belle vue sur les petites îles de Coll, d'Eigg et de Rum, ainsi que sur celle de Skye en arrière-plan. Attention, ça souffle ! Expo consacrée aux phares, aux familles qui ont habité celui-ci mais aussi aux cétacés, qu'on peut venir scruter chaque hiver depuis ce poste d'observation idéal.

***Sanna Bay :** à 5 miles (8 km) au nord-ouest de Kilchoan.* Plage de sable blanc plantée dans un bel environnement sculpté par d'anciens volcans. Au milieu des dunes, des moutons, quelques cottages et la mer d'un bleu profond.

***Randonnée :** à quelques miles à l'est de Kilchoan, la route file vers la montagne et le **Ben Hiant** (528 m).* Une marche de 2h30 (aller-retour) jusqu'au sommet permet de profiter des plus beaux panoramas. Départ depuis la route entre l'entrée du *loch Mudle* et la barrière à bétail. Pour plus de détails ou d'autres itinéraires de randos, se renseigner auprès du *Visitor Information Centre.*

GLENCOE

2 800 hab. IND. TÉL. : 01855

À 16,5 miles (26,5 km) au sud de Fort William, sur la rive sud du loch Leven, dominé par d'imposants sommets verdoyants, Glencoe est une surprise que l'on découvre au débouché du Glen Coe (logique !). Un de nos coins préférés (davantage que le Ben Nevis). Par le nombre et la beauté sauvage de ses montagnes, la région est considérée comme le haut lieu et le rendez-vous favori des alpinistes en Écosse. Après l'agitation de Fort William, voilà un village d'une simplicité enfantine : une rue bordée de maisons mignonnes et fleuries, autour d'une église aux pierres sombres. Le village est tristement célèbre pour le massacre de Glencoe (voir la rubrique « Histoire »). Un mémorial a été dressé à la sortie du village. On y dépose des fleurs chaque 13 février.

Arriver – Quitter

➢ ***En bus :*** Glencoe se trouve sur la ligne de *Scottish Citylink* ***Glasgow-Fort William-île de Skye,*** env 8 liaisons/j. 7h-18h de Glasgow. Compter un peu plus de 2h30 de trajet depuis Glasgow.

Adresses utiles

***Visitor Centre :** à **Ballachulish** (Baile a'Chaolais), à 1 mile (1,6 km) du village de Glencoe, sur la route de Fort William.* ☎ *811-866.* • *glencoetourism.co.uk* • *Tlj 9h (10h dim en hiver)-17h.* Infos et docs sur le coin, notamment sur les balades à faire. C'est aussi un agréable café.

■ ***Distributeurs automatiques :*** *à la* Cooperative Food, *devant le* Visitor Centre *et à l'intérieur de la station-essence de Glencoe.*

■ ***NISA Village Store :** dans la rue principale de Glencoe. Tlj 8h-19h (20h jeu-sam).* Petit supermarché, point de ravitaillement le plus proche des *hostels* et campings du village.

■ ***Location de VTT : Rank It Up,** petite cabane dans la rue principale de Glencoe.* ☎ *811-694.* • *crankitupgear.com* •

Où dormir à Glencoe et dans les environs ?

Campings

***Invercoe Caravan & Camping Park :** à la sortie de Glencoe en allant vers Kinlochleven.* ☎ *811-210.* • *invercoe.co.uk* • *Tte l'année. Env £ 22 pour 2 avec tente.* Cher mais très agréablement situé au milieu des montagnes et au bord de l'eau, face au soleil couchant, il est aussi à 5 mn à pied de la rue principale du village. Les campeurs y trouveront un petit espace abrité, bien pratique quand il pleut. Bien équipé aussi (épicerie, machines à laver). Aire de jeux pour enfants. En revanche, pas mal de caravanes et emplacements petits.

⛺ ***Red Squirrel Campsite :*** ☎ *811-256.* ● *redsquirrelcampsite.co.uk* ● *À 1,8 mile (3 km) après la sortie de Glencoe en venant de Fort William, peu après l'AJ, par un chemin – parallèle à l'A 82 – qui s'enfonce dans les bois. À pied, compter 30 mn de marche depuis l'arrêt de bus. Tte l'année. Env £ 22 pour 2 avec tente.* Éparpillé au milieu de 9 ha de bois, le long de la rivière, ce camping sans chichis offre un cadre naturel très plaisant. Espaces herbeux sous les arbres, jolis panoramas et... *midges* à gogo (quoique pas plus que dans les autres campings). Les sanitaires sont installés dans des petits préfabriqués. Les familles ont leur espace à elles, pour éviter aux enfants de traverser l'allée de l'entrée.

⛺ ***Caolasnacon Caravan & Camping Park :*** *sur la rive sud du* ***loch Leven,*** *à mi-chemin de Glencoe et Kinlochleven.* ☎ *831-279.* ● *kinlochlevencaravans.com* ● *Pâques-oct. Emplacements £ 11-22 selon taille de la tente.* Réception dans la maison blanche sur la droite en arrivant. Belle situation en bordure de loch, en contrebas d'une ancienne ferme, les tentes ont presque les sardines dans l'eau. Sorte de camping sauvage amélioré de quelques équipements, voilà le concept revendiqué par la proprio. Le lieu conserve un aspect aussi naturel que possible (dommage pour la vue des mobile homes, pas très esthétique quand même). Sanitaires pas hyper nickel. Machine à laver et sèche-linge. Accueil très gentil.

Bon marché (£ 10-25/pers ; 12-30 €)

🏠 ***Glencoe Independent Hostel :*** ☎ *811-906.* ● *glencoehostel.co.uk* ● *À 1,5 mile (2,4 km) après la sortie du village, avt le camping* Red Squirrel. *À pied, compter 30 mn de marche depuis l'arrêt de bus.* Hostel *et* bunkhouse *fermés nov-déc (+ janv pour les caravanes),* log cabin *ouv tte l'année. Sdb partagées pour tous. Prévoir £ 13-18/pers selon confort, saison et jour de la sem (plus cher le w-e).* Log cabin *3 pers £ 50-80 et caravanes 4 pers £ 55 ; min 2 nuits.* Au milieu des montagnes, dans un vallon où coule une petite rivière, on a le choix entre un *hostel* bien tenu (dortoirs de 6 lits et salon-cheminée), l'*Alpine bunkhouse* assez rustique (dortoirs de 4 et 8 lits autour d'une salle avec cuisine), une charmante *log cabin* (petit chalet) pour 2-3 personnes (avec douche, cuisine et TV), et des caravanes ; bref, de quoi contenter tout le monde ! Chouette adresse dont les randonneurs nous ont dit le plus grand bien.

🏠 ***Glencoe Youth Hostel :*** *juste après le* Glencoe Independent Hostel. *À pied, compter 30 mn de marche depuis l'arrêt de bus.* ☎ *811-219.* ● *hostellingscotland.org.uk* ● *Réception ouv 15h-23h. Compter £ 22-25/pers selon saison. Également 1* twin *et 2 familiales.* AJ officielle un peu rustique et sombre, surtout fréquentée par des marcheurs, aux dortoirs bien tenus de 3 à 7 lits. Cuisine bien équipée, salon avec jeux. Si l'ambiance fait défaut, il y a un pub à 15 mn de marche. Plus cher et moins sympa que l'*Independent Hostel* mais tout à fait correct aussi.

🏠 ***Corran Bunkhouse :*** *à* ***Corran,*** *à côté du quai du ferry, côté Glencoe, à 7 miles (11 km) au nord de Glencoe et à moins de 1 km après l'*Inchree Centre. ☎ *821-000.* ● *corranbunkhouse.co.uk* ● *Résa conseillée. Compter £ 20/pers en chambre avec sdb de 2 à 5 lits.* Stratégiquement située à mi-chemin entre Glencoe et Fort William, cette petite structure, qui abrite des chambres nickel équipées de bons lits, est scindée en 2, chaque côté ayant ses propres cuisine parfaitement équipée, machine à laver, lave-vaisselle (grand luxe !) et espace commun. Vraiment une bonne affaire à l'accueil parfait.

Prix moyens (£ 50-85 ; 60-102 €)

🏠 ***Heatherlea B & B :*** *à Glencoe, en retrait de la rue principale.* ☎ *811-519.*

• heatherleaglencoe.com • Double avec sdb £ 75 ; chambre avec lits superposés et sdb partagée £ 60. Au centre du village, cette adresse nous a conquis pour l'accueil chaleureux de Jo, la souriante proprio. Maison moderne et nickel, comme les chambres, qui sont aussi lumineuses que confortables. Agréable salon avec vue sur le jardin.

🏠 ***Camus House :*** *sur l'A 82 direction Fort William, à la sortie d'**Onich** en venant de Glencoe, juste après l'église sur la droite ; bien signalé.* ☎ *821-200. • camushouse.co.uk • Ouv de début fév à mi-oct. Double avec sdb £ 75.* Grande maison victorienne, cossue et un peu en hauteur pour que les 3 grandes chambres doubles puissent mieux admirer le loch. La *twin* et la familiale (pour 4) ont, quant à elles, vue sur l'agréable jardin. On a aimé le salon où l'on se réchauffe au coin du feu durant les fraîches soirées. Un bon rapport qualité-prix et un accueil chaleureux de Louise et Alistair.

🏠 ***Inchree Centre :*** *à **Inchree,** entre Glencoe et Fort William. De l'A 82 en venant de Glencoe, bifurquer à droite au panneau « Inchree ».* ☎ *821-287. • inchree.co.uk • Compter £ 50-90 pour 2, jusqu'à £ 110 pour les chalets individuels (6 pers). Petit déj en sus.* Dans un chalet tout en longueur, des chambres doubles ou familiales (avec lits superposés), propres et confortables (salle de bains privée et TV), au bon rapport qualité-prix. Également 2 cuisines à dispo. Loue aussi des chalets bien équipés pour 4 ou 6 personnes, chacun possédant cuisine, salon et salle de bains. Resto-pub (possibilité de petit déj) sur le site.

Où manger ? Où boire un verre à Glencoe et dans les environs ?

De bon marché à prix moyens (plats moins de £ 18 ; 22 €)

🍽 ***Craft and Things :*** *avt l'entrée de Glencoe, en arrivant d'Oban.* ☎ *811-325. Tlj 9h30-17h30.* Adorable café, au style campagnard mais clair et spacieux. On y sert une cuisine simple à base de bons produits : sandwichs, patates garnies, soupes... ainsi que d'excellents *scones* et gâteaux maison. Fait aussi boutique d'artisanat.

🍽 ***Glencoe Café :*** *dans la rue principale de Glencoe.* ☎ *811-168. Tlj 10h-17h ; horaires variables hors saison.* Un petit café idéal pour la pause-déj : soupes, sandwichs, pommes de terre au four ou l'une ou l'autre suggestion, mais prix un peu musclés pour ce qui est servi... Bons cafés, que l'on peut accompagner d'une part de gâteau. Microterrasse pour les jours ensoleillés.

🍽 🍸 ***The Clachaig Inn :*** *auberge à 2,5 miles (4 km) de Glencoe par la même petite route forestière qui conduit au* Youth Hostel *et au* Glencoe Hostel. ☎ *811-252. Tlj 11h-21h (23h pour le pub). Plats £ 10-15 (plus pour les steaks).* En pleine nature, cadre grandiose. C'est le rendez-vous des amateurs de montagne. Bonne cuisine à commander au comptoir : *haggis* végétarien (ou non), poulet pané à l'avoine sauce moutarde, et, pour conclure (s'il reste de la place), bons et copieux desserts maison (on a adoré le crumble). À l'arrière du resto, le bar avec son vieux poêle et son billard. Quelque 350 whiskies et un vaste éventail de bières en provenance de microbrasseries de la région. Concerts le samedi en saison.

Chic (plats £ 15-25 ; 18-30 €)

🍽 ***Lochleven Seafood Café :*** *sur la rive nord du **loch Leven.*** ☎ *821-048. En venant de Glencoe sur l'A 82, prendre à droite après le pont, direction Kinlochleven, puis faire 4,5 miles (7,2 km). Ouv de mi-mars à mi-oct : tlj 12h-15h, 18h-21h, résa conseillée ; fermé le reste de l'année. Compter £ 15-20 le midi et £ 30-40 le soir pour un repas complet. Plateau de fruits de mer env £ 40.* Avis aux amoureux de fruits de mer : ce café, à la déco design et épurée, égaré dans la nature, face au loch Leven, offre tout ce qu'il y a de plus frais en la matière. La pêche du jour est livrée dans le bâtiment attenant où l'on peut jeter un œil. Dans l'assiette, moules, huîtres, langoustines et autres plats délicieux. Les plus fortunés s'offriront un plateau de fruits de mer – non, pardon, on devrait plutôt dire une montagne de fruits de mer. Jolie terrasse avec vue sur le loch mais gare aux *midges*.

The Holly Tree : *à* **Kentallen.** *☎ 740-345. À env 6,5 miles (10 km) au sud de Glencoe en allant vers Oban. Tte l'année, tlj 18h-21h30. Plats £ 12-18 au pub. Un peu plus cher au resto.* Au bord du loch Linnhe, les 2 salles se suivent et déclinent leur style, ambiance pub contemporain pour l'un, chic et moderne pour l'autre. Les 2 s'ouvrent par de larges baies vitrées sur le loch et le pub jouit d'une chouette terrasse. Une vue qui inspire visiblement le chef, qui concocte ses plats en majorité à base des produits de la mer. Dans tous les cas, cuisine réussie et présentation soignée. Une des bonnes tables du coin. Une formule *swimming lunch* donne accès à la piscine couverte de l'hôtel en plus du déjeuner.

À voir. À faire à Glencoe et dans les environs

Glencoe Visitor Centre *(NTS)* **:** *sur la droite de l'A 82, à 1,5 mile (2,4 km) de Glencoe en allant vers Glasgow. ☎ 811-307. • nts.org.uk • Mars-oct : tlj 9h30-17h30 ; nov-fév : tlj 10h-16h. Dernière entrée 45 mn avt. Entrée : £ 6,50 ; réduc. Quiz pour les enfants à demander à la caisse.*
Le bâtiment, de conception écolo, héberge une expo interactive sur les phénomènes géologiques du coin, l'histoire de l'alpinisme écossais et de la région avec, bien sûr, le célèbre massacre de Glencoe de 1692 (voir la rubrique « Histoire. Vers la réunification » dans « Hommes, culture, environnement » en fin de guide). Version audio disponible en français en différents endroits de l'expo. On poursuit par la faune, les espèces en danger, l'équilibre de l'écosystème et le changement climatique avec des écrans interactifs. Ne pas hésiter à consulter le site internet pour connaître le programme estival (balades thématiques, ateliers pour enfants...). Également un café et une boutique.
– *Bureau des Rangers* à l'accueil. Infos sur les randonnées dans le coin. Ils en organisent également.

Glencoe and North Lorn Folk Museum : *dans la rue principale du village. ☎ 811-664. • glencoemuseum.com • De Pâques à fin oct, tlj sauf dim 10h-16h30 (plus tôt s'il n'y a personne). Parfois fermé faute de personnel bénévole. Entrée : £ 3 ; réduc ; gratuit moins de 16 ans.* La vie du village, évoquée à travers une collection d'objets du quotidien : vaisselle, outils agricoles, armes, vieux albums photos, le tout dans une *croft house* traditionnelle des années 1700 (et ses « dépendances »). Une partie de l'expo est consacrée au massacre de Glencoe, mais la bande-son en anglais n'est pas compréhensible par tous.

Castle Stalker : *à* **Port Appin,** *25 km au sud de Glencoe, sur la route d'Oban. ☎ (01631) 730-354. • castlestalker.com • Visite sur résa ; compter £ 20 (réduc) pour 2h.* Flottant sur le loch Linnhe, c'est l'un des châteaux les plus photographiés d'Écosse ! La bâtisse d'origine (un petit fort) aurait été construite par le clan MacDougall vers 1320. Depuis, le château est apparu dans le film *Monty Python : Sacré Graal !,* dans *Highlander* et sur des milliers de photos de touristes.

➢ **Sorties en bateau : Sea Explorer** *au* Isles of Glencoe Hotel, *à* **Ballachulish.** *☎ 413-203. • seaxplorer.co.uk • Pas de sorties en hiver. Compter £ 29-42 selon durée ; réduc.* Balades de 1h ou 2h en bateau rapide pour aller observer marsouins, dauphins, phoques et oiseaux de mer.

➢ ***Ice Factor :*** *Leven Rd, à* ***Kinlochleven.*** *☎ 831-100. • ice-factor.co.uk • Tlj 9h-18h (22h mar et jeu en été). Résa conseillée. Cours d'escalade (1h) ou initiation sur le mur de glace : env £ 30/pers. Enfants à partir de 5 ans.* Sous la conduite de moniteurs, on peut s'initier à l'escalade et à l'alpinisme, soit sur des parois artificielles, soit sur un haut mur de glace, dans une chambre froide. On y trouve aussi un parcours en l'air (style accrobranche, mais sans les arbres), une cafétéria et des jeux pour ceux qui ne trouveraient pas leur bonheur haut perché...

Randonnées dans le Glen Coe

Le Glen Coe est le berceau de l'alpinisme en Écosse. La première ascension répertoriée remonte à 1868, et le sport se développa rapidement dans les années 1900. Les possibilités de randonnées y sont nombreuses, et, bien qu'elles ne soient pas aussi ardues que dans les Alpes, il ne faut pas les sous-estimer. Le climat, en particulier, est très capricieux. Ne vous aventurez donc que si vous êtes sûr de votre coup. Sinon, vous pouvez vous joindre à des excursions avec guides. Se renseigner au *Glencoe Visitor Centre* (bureau des *Rangers*). On y trouve aussi toutes les cartes des sentiers détaillés. Faire aussi un tour sur *• walkhighlands.co.uk •*

Lochan Trails : *parking à la sortie du village (en direction des AJ), prendre à gauche après le petit pont.* 3 boucles forestières d'environ 2 km chacune, que l'on peut combiner. Ce sont les balades les plus faciles, à faire sans problème avec des enfants. On y croise des espèces d'arbres importées au XIXe s d'Amérique du Nord par lord Strathcona. L'homme d'affaires voulait que le coin ressemble au Canada pour sa femme indienne, qui avait le mal du pays. On peut également faire le tour d'un petit loch en 30 mn. Une belle balade, qui devient magique lorsque le soleil brille et que les arbres se reflètent dans l'eau.

Pap of Glencoe *(742 m)* ***:*** *départ à 1 mile (1,6 km) du village, en direction de l'AJ. Aucune pancarte ne l'indique. Compter 3h30 à 4h A/R. Ne pas s'y aventurer quand il pleut ou s'il risque de pleuvoir. Bonnes chaussures de randonnée indispensables.* Faute de s'engager sur les arêtes de Glencoe, cette rando assez ardue – la plus ardue des 4 – offre un panorama mémorable. Vue sur le loch Leven et l'ouest (génial au coucher du soleil).

Signal Rock : *départ à 2,5 miles (4 km) de Glencoe sur l'A 82, 1 mile (1,6 km) après le* Glencoe Visitor Centre. *Prévoir env 45 mn A/R.* C'est ici, affirme la légende, que fut allumé le feu signalant le début du massacre de Glencoe. Vues sur la vallée et le village, un peu cachées par les arbres. Avant tout une marche forestière, où l'on peut emmener les enfants.

The Lost Valley : *départ d'un parking à 5-6 miles (9 km) du village de Glencoe (par l'A 82). Env 2-3h A/R.* Dans le Coire Gabnail, une vallée formée il y a 10 000 ans par un éboulement de pierres. Une bonne intro au massif de Glencoe. C'est ici que les MacDonald cachaient leur bétail volé. Chemin caillouteux par endroits, se chausser en conséquence.

Où dormir ? Où manger sur la route de Glencoe à Oban ?

Achindarroch Touring Park : *à* ***Duror.*** *À env 9 miles (14,5 km) au sud de Glencoe. ☎ (01631) 740-329. • achindarrochtp.co.uk • Tte l'année. Compter env £ 20 pour 2 avec tente.* Camping pod *2 pers £ 40.* Petit terrain tranquille et à la vue dégagée. Plein de gazon pour s'installer. Également des *pods* (sorte de petits cabanons) au confort basique : 2 lits de camp avec matelas gonflables et plaques électriques à l'extérieur. Sanitaires très bien tenus, laverie et cuisine.

Pineapple House : *à* ***Duror,*** *côté droit de la route en venant de Glencoe. ☎ (01631) 740-350. • pineapplehouse.*

co.uk • *Ouv de mi-avr à fin oct. Doubles £ 80-95 selon confort. Également 1 familiale (pour 4 ; 2 pièces).* Chambres douillettes à la moquette épaisse dans les tons beiges, reposant. Elles sont toutes différentes, les supérieures bénéficiant de plus d'espace. Mais toutes invitent au cocooning. Bon accueil de Jan et Jimmy.

I●I ***Pierhouse Hotel :*** *à* ***Port Appin.*** ☎ *(01631) 730-302. Face à l'embarcadère des bateaux vers Lismore (île dans le loch Linnhe). Tlj midi et soir jusqu'à 21h30 (21h pour le bar). Plats £ 10-15 au bar ; bien plus cher au resto.* Adorable pub aux larges baies vitrées et petites tables bistrot proposant une cuisine fraîche et bien présentée, à moindres frais. Sandwichs, *fish & chips,* moules et poisson frais, l'assiette nous régale et le cadre repose. De l'autre côté, excellent resto de poisson, plusieurs fois primé. Évidemment cher *(£ 95 le plateau de fruits de mer pour 2 pers),* mais quel cadre et quel service ! On peut aussi faire une escale pour un *tea & cake* dans l'après-midi. Jetez un œil aux petits salons, on y passerait des heures.

L'ARGYLL

• Carte Le sud-ouest des Highlands *p. 471*

Cette région transitoire entre les Lowlands et les Highlands présente un paysage de petite montagne. Si la majorité des visiteurs parcourt les rives du loch Lomond, l'Argyll, plus à l'ouest, permet de sortir des sentiers battus.

OBAN

8 600 hab. IND. TÉL. : 01631

• Plan *p. 472*

Mise à la mode par la reine Victoria qui trouvait le climat propice au soin de ses rhumatismes, Oban a su conserver son charme balnéaire et la beauté intrinsèque de sa petite baie (*oban* en gaélique), encerclée de collines l'orientant vers les silhouettes des îles de Kerrera et de Mull. D'ailleurs, si son dynamisme lui vaut une collection de surnoms comme *West Highland capital* ou *Seafood capital,* c'est bien *Gate to the Isles* (« porte vers les îles ») qui lui convient le mieux. On le comprend en s'y promenant, irrésistiblement attiré par le petit port coloré qui précède le quai des ferries desservant les Hébrides.

– À votre arrivée, pensez à consulter l'*Oban Times* et le gratuit *Holiday West Highland.*

Arriver – Quitter

En train

➢ ***West Highland Line Glasgow (Queen Street Station)-Oban :*** env 5 trains/j. selon la direction et les jours (moins le dim). Arrêts, entre autres, à ***Tyndrum*** et ***Taynuilt.*** Trajet : env 3h. *Scotrail : ☎ 0344-811-01-41. ● scotrail.co.uk ●*

En bus

Pas de gare routière, les tickets de bus des 2 compagnies s'achètent à l'agence *West Coast Motors (Queen's Park Pl ; lun-ven 9h-17h)* ou à l'agence *West Coast Tours* voisine quand la 1re est fermée.

■ Avec **Scottish Citylink.** *☎ 0871-266-33-33. ● citylink.co.uk ●*
➢ ***Ligne Glasgow-Oban :*** arrêts à ***Tyndrum*** ou ***Inveraray.*** Env 5 bus/j. Trajet : env 3h.
➢ ***Ligne Glasgow-campbeltown :*** env 6 bus/j. Arrêts à ***Inveraray, Lochgilphead*** et ***Kennacraig.***
➢ ***Ligne Oban-Fort William :*** 3 bus/j. Correspondance pour Inverness.

■ Avec **West Coast Motors.** *☎ (01586) 552-319. ● westcoastmotors.co.uk ●*
➢ Bus locaux pour le ferry de ***Kerrera,*** le ***Scottish Sea Life Sanctuary*** au nord d'Oban et ***Clachan-Seil*** sur l'île de Seil.

En bateau

Si vous êtes véhiculé, réserver obligatoirement votre traversée au moins 1 semaine avant. Pour les piétons, il suffit d'arriver 30 mn avant le départ. *Infos et résas au rdc du terminal des ferries (plan A3).*
■ Avec **Caledonian MacBrayne.** *☎ 0800-066-5000. ● calmac.co.uk ●*
➢ ***Craignure*** *(île de Mull)* **:** 10 liaisons/j. en été, 3-4 en hiver. Compter 50 mn de traversée.

Adresses et infos utiles

ℹ ***Visitor Information Centre*** *(plan B2)* **:** *3, North Pier. ☎ 563-122. ● info@oban.visitscotland.com ● Avr-juin : lun-sam 9h-17h (18h juin), dim 10h-17h ; juin-août : lun-sam 9h-19h, dim 10h-17h ; sept-oct : lun-sam 9h-18h, dim 10h-17h ; nov-mars : lun-sam 10h-17h, dim 11h-16h.* Très bien fourni en cartes et nombreuses infos, notamment sur les îles. Vend des billets de bus et de ferry, et peut réserver des hébergements (avec une commission).
– Consulter *● oban.org.uk ●* Site conçu par une association touristique d'Oban.
■ ***Tesco Supermarket*** *(plan A-B3,* ***1****)* **:** *Lochavullin Dr. Lun-sam 6h-minuit, dim 8h-20h.* Un grand supermarché à 5 mn à pied du centre-ville.
■ ***Lorn Medical Centre*** *(plan B3,* ***2****)* **:** *Soroba Rd. ☎ 563-175. Lun-ven 8h30-18h, sam 9h-13h ; fermé dim.*
■ ***Oban Cycles*** *(plan B2,* ***3****)* **:** *87, George St. ☎ 566-033. Mar-sam 10h-17h. Compter env £ 25/j. Loue également des vélos enfants £ 15/j.*
■ ***Waterstone's*** *(plan B2,* ***4****)* **:** *12, George St. Tte l'année lun-sam 9h-17h30 (19h juil-août), dim 11h-17h.* Librairie bien fournie en cartes de randos et guides régionaux.

Où dormir ?

Une profusion de *B & B* ont essaimé sur Corran Esplanade, Breádalbane Street et Dunollie Road (nord de la ville).

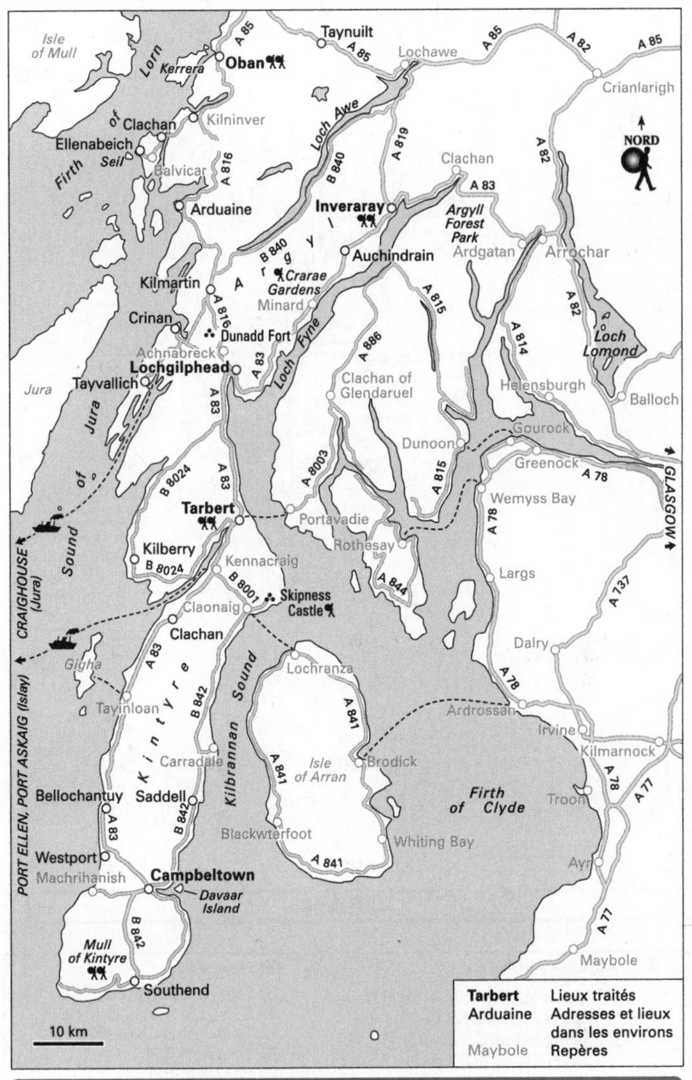

LE SUD-OUEST DES HIGHLANDS (L'ARGYLL-KINTYRE)

Camping

⛺ ***Oban Caravan & Camping Park :*** *Gallanachmore Farm, Gallanach Rd.* ☎ *562-425.* • *obancaravanpark.com* • *À 3 miles (5 km) d'Oban, au bout de la route qui dessert le port de Gallanachmore. 2-4 bus/j. sauf dim. Ouv de début avr à mi-oct. Compter £ 16 pour 2 avec tente.* Juste en face de

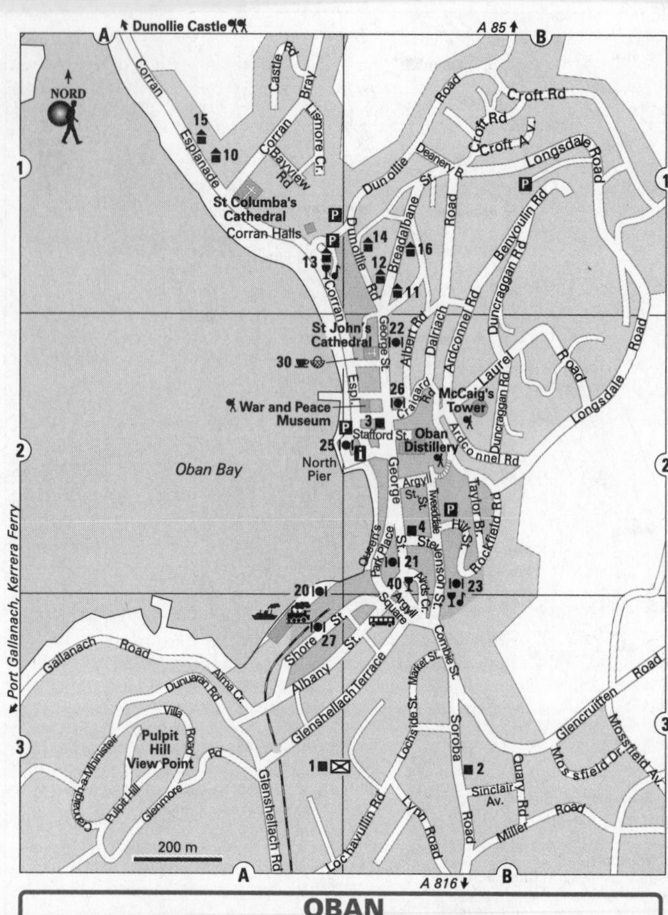

Adresses utiles

- Visitor Information Centre (B2)
- 1 Tesco Supermarket (A-B3)
- 2 Lorn Medical Centre (B3)
- 3 Oban Cycles (B2)
- 4 Waterstone's (B2)

Où dormir ?

- 10 Oban Youth Hostel (A1)
- 11 Oban Backpackers (B1)
- 12 Backpackers Plus (B1)
- 13 Corran House (A1)
- 14 B & B Dana Villa (B1)
- 15 Kilchrenan House et Glenrigh (A1)
- 16 Sandvilla Guesthouse (B1)

Où manger ?

- 20 Local Shellfish (A2-3)
- 21 George St. Fish & Chips (B2)
- 22 Oban Fish & Chips (B2)
- 23 The Lorne (B2)
- 25 Ee-Usk (A-B2)
- 26 Coast (B2)
- 27 Waterfront Fishouse Restaurant (A3)

Où boire un bon chocolat chaud ou un café ?

- 30 Oban Chocolate Company (B2)

Où boire un verre ? Où sortir ?

- 13 Markie Dans (A1)
- 23 The Lorne (B2)
- 40 Aulay's Bar (B2)

l'île de Kerrera (le ferry n'est pas loin), au milieu des collines. Fabuleux pour l'emplacement mais cuisine inexistante et sanitaires un peu cracra. Épicerie et laverie. Parfois bondé en été.

De bon marché à prix moyens (moins de £ 85 ; 102 €)

☗ ***Oban Youth Hostel*** *(plan A1, **10**) : Corran Esplanade. ☎ 562-025. • hostellingscotland.org.uk • Tte l'année. Résa très conseillée. Selon saison : dortoir (4-6 lits) £ 24/pers ; doubles avec sdb £ 54-60 ; chambres 3-4 pers dans le* lodge *£ 80-110 + £ 3 pour les non-membres.* AJ bien installée dans l'une des généreuses villas victoriennes du bord de mer. Bonne tenue générale mais on regrette le manque de charme. Dortoirs et chambres privées sont séparés dans 2 bâtiments différents, tous disposent de leur propre salle de bains. Vue sur la mer et les îles depuis la salle à manger et le salon. 2 cuisines à dispo, machines à laver, hangar à vélos.

☗ ***Backpackers Plus*** *(plan B1, **12**) : Breadalbane St. En face d'*Oban Backpackers. *☎ 567-189. • backpackersplus.com • Env £ 17-20/pers en dortoir (3-12 lits), £ 52-58 en chambre double sans ou avec sdb.* Les routards doivent venir à l'église pour trouver un peu de repos, du moins dans ses ex-murs. L'ambiance, elle, n'a rien de monastique. Billard dans la belle salle commune où les rencontres se font facilement. Dortoirs assez grands pour la plupart, mais qui manquent de clarté. 2 autres bâtiments dans les rues adjacentes proposent des chambres doubles, style *B & B.* Le petit déj est compris pour tous. Également des réductions dans certains restos de la ville pour les hôtes. Cuisine dans chaque unité et une laverie dans la principale. Un bon choix quel que soit le type d'hébergement. Comme tous ceux qui passent, laissez un message sur les murs de l'escalier. On a signé, qui saura nous trouver ?

☗ ***Oban Backpackers*** *(plan B1, **11**) : Breadalbane St. ☎ 562-107. • obanbackpackers.com • Fermé de début nov à mi-mars. Dortoir (6-12 lits) £ 18-20/pers selon saison.* On a bien aimé la salle commune accueillante avec ses canapés zébrés de toutes les couleurs et le billard dans le fond. Laverie, sanitaires irréprochables et cuisine bien équipée. Seul bémol, les lits aux matelas de mousse pas bien épais. À part ça, accueil chaleureux. Mais on préfère quand même le *Backpackers Plus,* en face.

☗ ***Corran House*** *(plan A1, **13**) : Victoria Crescent. ☎ 566-040. • corranhouseoban.co.uk • Dortoir sans ou avec sdb (4-6 lits) £ 18-20, doubles £ 50-70 selon confort, vue et saison, familiales (3-5 pers) £ 80-105. Serviettes fournies.* Le proprio du pub juste en bas loue des chambres pour tous budgets dans une belle maison victorienne devant la mer (pas mal de trafic toutefois dans le secteur). Assez inégales, certaines chambres profitent de la vue sur mer, de moulures et de salle de bains rénovées, d'autres sont plus vieillottes, moquette et peintures font grise mine. Évitez les n°s 14 et 15 juste au-dessus du pub. Agréable salle commune, cuisine à dispo et TV dans toutes les chambres.

De prix moyens à chic (£ 50-125 ; 60-150 €)

☗ ***Sandvilla Guesthouse*** *(plan B1, **16**) : Breadalbane St. ☎ 564-483. • holidayoban.co.uk • Fermé de fin oct à mi-mars. Doubles avec sdb £ 70-75.* Josephine et Robert proposent 5 chambres, claires et impeccables, à la moquette à l'imprimé tartan. La *twin* et les 2 au toit incliné sont plus petites, mais tout aussi confortables que les *king,* spacieuses et un brin plus chic. Le tout reste très abordable par rapport aux voisins. Excellent accueil en prime.

☗ ***B & B Dana Villa*** *(plan B1, **14**) : Dunollie Rd. ☎ 564-063. • danavilla.co.uk • Tte l'année. Doubles avec sdb £ 60-85 selon saison.* 6 chambres toutes différentes au style classique ou moderne et bien équipées. Joli jardin fleuri à l'arrière. Accueil souriant et service efficace. Une bonne adresse dans la rue la plus dense en *B & B.*

☗ ***Kilchrenan House*** *(plan A1, **15**) :*

Corran Esplanade. ☎ *562-663.* ● *kilchrenanhouse.co.uk* ● *Fermé de fin oct à mi-mars. Prévoir £ 70-120 selon saison, confort et vue. Parking.* Belle demeure victorienne plantée sur le littoral. Si la bâtisse en impose, l'intérieur séduit. Les 14 chambres possèdent chacune un caractère, un charme particulier. Originales (voir la n° 5, immense, vue splendide sur la mer, et sa salle de bains avec une baignoire noire à pieds) ou romantiques (les pièces mansardées du haut), quasi toutes regardent la mer sauf les n°s 2, 3 et 7. Accueil d'une rare gentillesse et un excellent rapport qualité-prix.

Glenrigh *(plan A1,* ***15****) : Corran Esplanade.* ☎ *562-991.* ● *glenright.co.uk* ● *Avr-oct. Selon type et saison, doubles £ 90-120. Également 2 familiales.* Sur 2 étages d'une demi-villa victorienne, une quinzaine de chambres bien tenues et confortables, de taille et de décoration différentes mais avec vue sur la mer pour la plupart. Si c'est complet, le proprio possède 2 autres maisons un peu plus loin.

Où manger ?

Bon marché (plats £ 5-10 ; 6-12 €)

Local Shellfish *(plan A2-3,* ***20****) : sur le quai, entre les ferries et le* complexe Waterfront. *Fév-oct : tlj 9h-18h.* Cette cabane en bois est un célèbre *take-away* tenu par un ancien pêcheur qui a pour seul credo la fraîcheur des produits. Excellents sandwichs (crabe, saumon, crevettes), large palette de fruits de mer en portion dégustation ou véritables assiettes, parfois chaudes, accompagnées de beurre à l'ail. Spécialités : le *dressed crab,* assaisonné et servi dans sa carapace ; le saumon fumé chaud et le *sweet herring* (hareng sucré). Par beau temps, faites comme les habitués : pique-niquez « urbain » sur les tables juste à côté ou sur le muret en face !

George St. Fish & Chips *(plan B2,* ***21****) : George St.* ☎ *566-664. Tlj 11h-23h à emporter, midi et soir au resto.* Il se dispute le prix du meilleur *fish & chips* de la ville avec l'*Oban Fish & Chips* (voir plus bas). Pour les départager : poulet, saucisses, boudins, tous les classiques de la cuisine écossaise. Plats plus élaborés côté resto, juste à côté, où l'on décline les spécialités de la mer. Lumières tamisées, décor marin et musique douce, à vous de choisir votre ambiance.

Oban Fish & Chips *(plan B2,* ***22****) : George St. Tlj 11h30-21h (resto) ou 23h (à emporter).* Comme son concurrent, une salle permet de déguster son poisson frit à l'abri de la bruine. Mais ici, la déco est moins léchée et le service plus familier. Lui aussi étend sa carte aux poulet, *pies* et autres burgers. Bien pour caler un creux à tout moment de la journée.

The Lorne *(plan B2,* ***23****) : Stevenson St.* ☎ *570-020. Tlj, cuisine ouv jusqu'à 21h et bar jusqu'à 1h (2h le w-e). Plats £ 5-15.* Cuisine de pub classique, tout comme la salle aménagée autour d'un gros comptoir carré à l'ancienne. Entre 12h et 17h, piochez parmi les plats à £ 5, copieux et délicieux, au prix imbattable. Très bonne ambiance, surtout lors des concerts du samedi soir.

De prix moyens à chic (plats £ 8-25 ; 10-30 €)

Ee-Usk *(plan A-B2,* ***25****) : North Pier.* ☎ *565-666. Tlj midi et soir. Résa conseillée. Menu déj 2-3 plats £ 15-18 ; menu* early dinner *(avt 18h45) 2 plats : £ 15.* Excellente cuisine de la mer s'alliant bien à l'architecture et à l'atmosphère moderne, sobre et élégante de ce pavillon aux larges baies donnant sur le port. Service (trop) efficace, du coup on ne s'éternise pas.

Coast *(plan B2,* ***26****) : 104, George St.* ☎ *569-900. Tlj midi et soir. Résa conseillée. Menus 2-3 plats £ 15-18 ou carte.* Dans un cadre chic et sobre, aux lumières tamisées, on savoure une cuisine *scottish* traditionnelle et travaillée. Pêche du jour, agneau de l'Argyll et légumes frais (c'est rare !) composent des assiettes colorées et savoureuses. De la gastronomie, à prix d'ami, à condition de piocher dans les menus. Desserts tout aussi alléchants.

Waterfront Fishouse Restaurant *(plan A3, **27**) : 1, Railway Pier. ☎ 563-110. Tlj midi et soir. Résa conseillée. Lunch et early evening menus 2 plats £ 14 ou carte.* Dans l'ancienne *Fishermen's Mission,* le resto à l'étage sert une cuisine de la mer soignée, délicieuse et copieuse, dans un cadre moderne baigné par la vue sur l'océan.

Où boire un bon chocolat chaud ou un café ?

Oban Chocolate Company *(plan B2, **30**) : Corran Esplanade. ☎ 566-099. Dim-jeu 9h30-17h30, ven-sam 9h30-21h.* Les larges baies vitrées face à la mer permettent de siroter un chocolat chaud noir (ou blanc !) à l'abri des embruns. Les *chocolate addicts* ne sauront plus où donner de la tête (et du porte-monnaie) entre les desserts et la boutique alléchante. Thés et bon *espresso* également, à accompagner de gâteaux maison. Une adresse spéciale « goules sucrées ».

Où manger sur l'île de Seil ?

Tigh-an-Truish Inn : à Clachan. *☎ (01852) 300-242. Au débouché du « pont sur l'Atlantique ». D'avr à mi-oct : tlj 12h-14h, 17h-20h ; seulement le midi ven-dim en hiver. Bar tlj en continu. Plats £ 9-15.* Célèbre auberge datant du XVIIIe s, servant d'excellents déjeuners, du poisson frais, de la bière locale et des gâteaux. En gaélique, son nom signifie « la maison des pantalons ». On raconte que, suite à l'interdiction de porter le kilt dans les Highlands en 1746 (après la défaite des jacobites à Culloden), les insulaires se changeaient dans cette auberge avant de traverser le pont sur l'Atlantique. On peut aussi se contenter d'emporter sa bière dehors et de la siroter face à l'étroit bras de mer.

Oyster Brewery Restaurant : à Ellenabeich, *à 2 miles (3 km) du pont, bifurquer à droite à la fourche, c'est encore 2 miles plus loin. ☎ (01852) 300-121. Avr-oct : tlj 12h-14h, 18h-20h ; bar 11h-22h. Resto fermé hors saison et bar seulement ouv ven-dim 17h-22h. Fruits de mer £ 10-20.* Une salle de pub bien îlienne avec, en été, une terrasse à l'arrière donnant sur la mer et une plage d'ardoise. *Real ale* maison, cuisine de pub (*baked potatoes* et burgers), fruits de mer et *scones* sortis du four.

Où boire un verre ? Où sortir ?

The Lorne *(plan B2, **23**) : voir « Où manger ? ». Ferme vers 1h (2h le w-e).* Pub populaire, souvent plein et carrément bondé quand les autres bars ferment, surtout le dimanche soir. Tout le monde se retrouve alors ici pour écluser une dernière bière et écouter la musique. Concerts en principe le samedi soir.

Markie Dans *(plan A1, **13**) : Victoria Crescent. Tlj 11h-1h. Concerts ven soir et sam soir.* Pub traditionnel avec billard et écran géant pour visionner les matchs. Petite terrasse devant la mer et le coucher du soleil. Box, photos anciennes, tonneaux, billard et lampes de bateaux plantent un décor chaleureux.

Aulay's Bar *(plan B2, **40**) : 8, Airds Pl. Tlj jusqu'à 1h env.* Pub à la façade débordant de fleurs, avec d'innombrables photos de bateaux aux murs. 2 salles contiguës, l'une recevant le trop-plein de clients de l'autre...

À voir. À faire

Dunollie Museum, Castle and Grounds *(hors plan par A1) : au nord de Corran Esplanade, à 2 mn en voiture du centre ou 20 mn à pied. ☎ 570-550. ● dunollie.org ● Avr-oct, tlj 10h (12h dim)-17h. Entrée : £ 6 ; réduc.* De l'imposant

LES HIGHLANDS

château du clan MacDougall, il ne reste que des ruines, mais on visite ici la maison des domestiques, datant de 1745. Cuisine, laverie, chambre à coucher, le mobilier et les ustensiles d'époque nous plongent dans le passé de ce puissant clan de la région. Dans une autre salle, vêtements, chaussures et photos collectionnés par l'une des filles MacDougall garnissent l'expo « Miroir d'histoire ». Allez aussi jeter un œil au métier à tisser du XIXᵉ s, un modèle miniature permet d'ajouter son propre fil, une chouette idée ! Enfin, baladez-vous sur le domaine et grimpez jusqu'aux ruines pour admirer le panorama.

McCaig's Tower *(plan B2) : à pied, emprunter Craigard Rd, perpendiculaire à George St. Sinon, monter les escaliers Jacob's Ladder au bout d'Argyll St (144 marches tout de même) ; en voiture, remonter Hill St.* Pour donner du travail aux chômeurs à la fin du XIXᵉ s et ériger un mémorial pour sa famille, le banquier McCaig fit construire cette réplique inachevée du Colisée de Rome en surplomb de la ville ! Les travaux se sont arrêtés en 1902, à la mort du banquier. Malgré son diamètre de 30 m, la tour est plus petite que son modèle, ronde (au lieu d'ovale) et pas très esthétique... mais pleine de fleurs, de couples d'amoureux et de touristes en quête de l'ultime photo de la baie. De là-haut, superbe point de vue au coucher de soleil.

Oban Distillery *(plan B2) : Stafford St. ☎ 572-004. • malts.com • Mai-sept : tlj 9h30-19h30 ; mars-avr et oct-nov : tlj 9h30-17h ; déc-fév : tlj 12h-16h30. Dernière entrée 1h15 avt. Résa conseillée. Visite guidée de 45 mn, ttes les 15 mn en été. Tarif : £ 10 ; réduc.* On y produit le fameux breuvage depuis 1794. La distillerie appartient aujourd'hui à *Diageo,* du puissant groupe *Guinness.* Peu d'ouvriers y travaillent. La visite guidée, intéressante et dynamique, suit les différentes étapes de fabrication du whisky, sauf le maltage et l'embouteillage, effectués ailleurs. Dégustation. Supports d'explications en français.

War and Peace Museum *(plan B2) : Corran Esplanade. Mai-oct : tlj 10h-18h (16h dim) ; mars-avr et nov : tlj 10h-16h. Fermé déc-fév. GRATUIT (donation appréciée).* Pendant la Seconde Guerre mondiale, Oban abritait une base pour les navires marchands qui traversaient l'Atlantique, escortés par les avions de la RAF. Le modeste musée expose des maquettes d'avion et de bateaux, mais s'intéresse aussi à l'histoire de la ville depuis la fin du XIXᵉ s à travers de vieilles photos (voir à quoi ressemblait George St dans les années 1870 ou encore les impressionnantes photos de l'inondation de 1968), et l'arrivée du chemin de fer en 1880. Petit film touristique de 15 mn sur les attraits de la région. Accueil adorable des bénévoles, qui répondront avec joie à vos questions.

➢ **Balades :** depuis *Corran Esplanade (plan A1),* on peut rejoindre **Dunollie Castle** (XIIIᵉ s) en 20 mn environ, en passant par la cathédrale *Saint Columba* (années 1930), en granit bleu et rose. Pour les amateurs de points de vue, grimper jusqu'à ***Pulpit Hill*** *(plan A3).*

➢ **Balades en mer :** quelques petits bateaux sur North Pier *(plan A-B2),* juste en face de l'office de tourisme et avant le terminal des ferries *(plan B2),* proposent d'aller observer une colonie de phoques, ainsi qu'une ferme d'élevage de saumons. Même circuit, même prix *(compter env £ 15/pers pour 1h d'excursion).*

➢ **Puffin Dive Centre** *(hors plan par A3)* **: Port Gallanach,** *à 2,5 miles (4 km) au sud d'Oban. ☎ 566-088. • puffin.org.uk • Tte l'année, tlj 8h-17h. Baptême £ 90 et plongée £ 85.* Grand centre de plongée organisant des sorties de tout niveau dans le Sound of Mull et la réserve de Gallanach.

Manifestations

– ***Highlands and Islands Music and Dance Festival :*** *fin avr-début mai. Tarif par spectacle : £ 3-6 ; réduc. • obanfestival.org •* Consacré aux arts traditionnels.

– **Oban Games :** *dernier jeu d'août. Tarif : env £ 12 ; réduc.* • *obangames.com* • Compétition sportive où la discipline la plus populaire est le *caber toss,* qui consiste à lancer, en un demi-tour parfait, un tronc d'arbre ou une poutre de plus de 4 m ! La veille de ces festivités, un concours de cornemuse est organisé.

DANS LES ENVIRONS D'OBAN

★ **L'île de Kerrera :** *accès par ferry, à 2 miles (3 km) au sud d'Oban sur la route de Gallanach. Rotations du ferry Pâques-oct : à 8h45, puis ttes les 30 mn 10h30-12h30, 14h-17h, et à 18h. Tarif : env £ 5 A/R ; réduc. Traversée : 5 mn.* Longue d'une dizaine de kilomètres, c'est l'île la plus proche d'Oban. Elle se visite idéalement à vélo. On n'y dénombre qu'une trentaine d'habitants. Pas de boutiques, pas de voitures, mais des chemins de randonnée, une ruine, le *Gylen Castle,* datant du XVIe s et un romantique salon de thé *(Pâques-sept, tlj 10h30-16h30)* qui fait aussi *hostel.*

★★★ **Les îles de Seil et d'Easdale :** *à 12 miles (19 km) au sud d'Oban, par l'A 816 jusqu'à Kilninver, puis la B 844.*

Ces 2 îles appartiennent au groupe des *Slate Islands* (îles de l'Ardoise). L'exploitation de cette roche connut son âge d'or aux XVIIIe-XIXe s. Aujourd'hui, c'est l'occasion d'une excursion pittoresque et recommandée (voir aussi plus haut « Où manger sur l'île de Seil ? »).

C'EST AUSSI UN SPORT !

Chaque année fin septembre, Easdale organise le Championnat du monde de ricochet (World Stone Kimming Championship). *Quel meilleur lieu que cet endroit presque entièrement constitué d'ardoise, où les munitions ne manquent pas ? N'empêche que le comité organisateur les sélectionne rigoureusement. Fastoche ? Pas si sûr !*

– **L'île de Seil :** assez cocasse, on y accède en franchissant le « seul pont de l'Atlantique ». Datant de 1792, sa jolie courbure au-dessus d'un bras de mer de 10 m de large (d'où son surnom !) en fait l'un des plus photographiés d'Écosse. Tout de suite face au pont, le village de **Clachan-Seil.** 2 miles (3 km) au-delà, prendre à droite à *Balvicar* pour rejoindre le pittoresque hameau d'**Ellenabeich.** Attention, celui-ci est également appelé *Easdale,* du nom de l'îlot voisin. Ici, c'est « total ardoise », des murs des maisons aux digues, même si c'est la blancheur du crépi des cottages alignés à l'ombre d'une colline grignotée par une ancienne carrière qui lui donne son adorable cachet !

– **L'île d'Easdale :** *séparée d'Ellenabeich par un détroit d'à peine 100 m franchi par un bac. Rotations régulières tte l'année, tlj. Infos et résas : ☎ (01852) 300-559.* • *easdale.org/hall/gettingthere.htm* • *Compter 2 mn de traversée et env £ 2 A/R.* Pour parfaire l'excursion... 2 klaxons servent à héler le bateau desservant la plus petite île habitée des Hébrides intérieures. Cottages du XIXe s tout aussi blancs qu'à Seil, *tearoom,* petit musée sur la vie locale *(de début avr à mi-oct, tlj 11h-16h).* On est conquis par le charme de ce coin isolé et paisible. Belle collection de brouettes multicolores à l'embarcadère, faut bien charrier ses vivres jusqu'ici !

★ **Arduaine Garden** *(NTS)* **:** *à 12,5 miles (20 km) au sud d'Oban. ☎ (01852) 200-366.* • *nts.org.uk* • *Réception ouv de début mai à début sept tlj 10h-16h. Jardins ouv mars-déc, tlj de 9h30 au coucher du soleil. Tarif : £ 7,50 ; réduc. En dehors des horaires, contribution à déposer dans une boîte.* Superbes jardins de 8 ha où, par la magie d'un microclimat, les plantes se développent à des tailles inhabituelles. La baie en contrebas abrite une mignonne marina de maisons colorées : **Craobh Haven.**

★ **Bonawe Historic Iron Furnace** *(HES)* **:** *à* **Taynuilt,** *à 12 miles (19 km) à l'est d'Oban sur l'A 85. ☎ (01866) 822-432. Avr-sept : tlj 9h30-17h (dernière entrée).*

Entrée : £ 5 ; réduc. Des ruines, pas d'un château, pour changer, mais d'une aciérie. Le site date de 1753. À son apogée, l'usine employait près de 600 ouvriers. On y fabriquait notamment des boulets de canon pour les guerres napoléoniennes. Des panneaux explicatifs relatent les 120 ans d'activité du lieu et le processus de fabrication. Si vous passez dans le coin.

Cruachan Power Station : *au nord du* ***loch Awe,*** *à 5,5 miles (9 km) à l'est de Taynuilt. ☎ (0141) 614-91-05. • visitcruachan.co.uk • Avr-oct, lun-ven 9h30-16h45 ; nov-mars, lun-ven 9h30-15h45. Fermé pour les fêtes de fin d'année et en janv. Visite guidée (30 mn) : £ 7,50 ; réduc. Expo gratuite.* Mais à quoi servent les barrages ? La réponse ici grâce à une expo ludique pour que petits (et grands !) comprennent comment est créée l'électricité. Visite à compléter si on le souhaite par un tour guidé de 30 mn où l'on s'enfonce sous terre à la découverte d'une salle des machines, planquée sous le mont Ben Cruachan.

Saint Conan's Kirk : *à la pointe nord du* ***loch Awe,*** *à 10 km de Taynuilt. À l'entrée de Lochawe en venant d'Oban. GRATUIT.* Conçue comme une synthèse de l'architecture religieuse des siècles passés, cette église, construite entre 1881 et 1886, fut consacrée en 1930. Nef couverte d'une savante charpente, délicat gisant de Robert the Bruce au visage d'albâtre et surprenant cloître miniature. Sans oublier le magnifique déambulatoire dont les vitraux donnent sur le loch. Pour profiter de cette jolie vue, offrez-vous un bon gâteau maison à l'adorable *tearoom (tlj 11h-17h en saison).*

Kilchurn Castle : *à l'extrémité nord du* ***loch Awe.*** *Parking non indiqué à droite de l'A 85, après Lochawe en venant d'Oban, juste après le 1er pont. GRATUIT. Le château est à 10 mn de marche du parking.* Composé d'une haute tour de garde et d'une cour fortifiée, ce château du XVe s, transformé plus tard en caserne, s'élevait à l'origine sur un îlot à peine plus grand que lui. Désormais rattachées à la terre ferme, ses ruines entre lac et pâturages ont une allure bien romantique. On peut y pénétrer et grimper dans la tour.

Excursions en mer

L'île Staffa : pour plus d'informations, se reporter plus loin à la partie consacrée aux îles Staffa et Treshuish depuis l'île de Mull.

Faune marine, tourbillon du golfe de Corryvreckan et Iona : non loin d'Oban, une colonie de phoques fait l'objet de petites sorties en mer. D'autres vont à la chasse (pacifique) aux baleines ou poussent jusqu'au tourbillon de Corryvreckan. Ceux qui n'ont pas le temps de se rendre sur Mull (dommage !) peuvent visiter ***Iona*** directement depuis Oban.

UN TOURBILLON D'ENFER !

Entre les îles de Jura et Scarba, la marée montante qui s'engouffre dans le détroit de Corryvreckan crée de forts courants qui, en heurtant un pic sous-marin, génèrent de puissants tourbillons. Ils peuvent atteindre 8 m et le vacarme s'entend parfois jusqu'à 5 km à la ronde.

Agences

Elles opèrent de Pâques à octobre. 2 points de vente principaux à Oban pour les excursions :

– ***Agence West Coast Tours :*** *Queen's Park Place. Mar-sam 6h45-17h30, dim-lun 8h30-17h30.*

– ***Tourshop :*** *terminal des ferries. Lun-sam 7h15-17h, dim 8h30-17h.*

■ ***Staffatours et West Coast Tours :***

LES HIGHLANDS

agence West Coast Tours *ou guichet au terminal des ferries. Contacts respectifs : 📱 07831-885-985, • staffatours.com • ; et ☎ 566-809, • westcoasttours.co.uk • Compter £ 50-70 (réduc) selon excursion. Repas non compris.* Ces 2 agences travaillent ensemble et organisent des excursions journalières « ferry + bus + bateau » vers Mull, Staffa, Iona et les Treshnish Isles. Également faisable depuis l'île de Mull pour ces 3 destinations (moins cher).

■ ***Turus Mara :*** *guichet au terminal des ferries.* ☎ *0800-858-786, • turusmara.com • Compter £ 35-75 (réduc) selon excursion.* Mêmes types d'excursions vers Staffa et les Treshnish Isles.

■ ***Seafari Adventures :*** *à* ***Ellenabeich*** *(île de Seil).* ☎ *(01852) 300-003. • seafari.co.uk/oban • Avr-oct en principe, sur résa le reste de l'année. Tarifs : £ 45-90 selon option.* Excursion « baleine » (fin mai-début septembre ; durée : 2h30), *Corryvreckan Wildlife* pour observer phoques, aigles ou dauphins (2h) et Iona et Staffa (6h).

AUTOUR DE LOCHGILPHEAD

Sur un bras du loch Fyne, la ville de Lochgilphead ne possède pas d'attrait particulier, si ce n'est sa situation au bout d'un repli du loch Fyne et sa proximité avec le *Kilmartin Glen,* le charmant petit port de Crinan et son canal. Sites à ne pas manquer si vous traversez la région.

Où dormir ? Où manger ? Où boire un verre ?

⛺ ***Leachive Caravan Park :*** *à* ***Tayvallich.*** ☎ *(01546) 870-206. • leachive.co.uk • À la sortie de Lochgilphead, prendre la direction Oban, puis Cairnbaan le long du canal. Avr-oct. Prévoir £ 16 pour 2 avec tente et voiture ; huttes pour 4, env £ 40.* Bien situé dans une anse du loch Sween, ce camping – sur lequel seuls les mobile homes bénéficient de la vue – intéressera surtout les routards pour une étape avant l'île de Jura *(liaison ferry pour passagers seulement, tlj sauf mar).* Les tentes sont reléguées au fond, sur un carré de pelouse cerné de collines. Resto à l'entrée et *coffee-shop* plus loin, dans le village.

🏠 ***The Corran :*** *Poltalloch St, à* ***Lochgilphead.*** ☎ *(01546) 603-866. • lamonthoy.co.uk • Au rond-point à l'entrée de la ville, sur la droite en venant de Tarbert. Double avec sdb £ 80.* De la plupart des pièces de cette agréable maison, la vue file sur le grand jardin, puis le loch Fyne. Les 5 chambres (dont 1 familiale) sont toutes différentes, confortables et coquettes. Demandez les nos 2 ou 3, à l'étage, pour leur vue imprenable !

🏠 ***Empire Travel Lodge :*** *Union St, à* ***Lochgilphead.*** ☎ *602-381. • empirelodge.co.uk • Rue parallèle au front de mer. Double avec sdb £ 75.* Maison impersonnelle mais bien tenue et chambres au confort simple, dont certaines peuvent accueillir les familles. Peut dépanner car le choix est mince dans le coin...

I●I ***The Smiddy :*** *Smithy Lane, à* ***Lochgilphead.*** ☎ *603-606. Impasse parallèle à la rue principale Argyll St, sur la gauche. Tlj 10h-16h, plus ven-sam (mars-sept) 17h45-20h45. Plats £ 8-16.* Maison en pierre et poutres qui attire beaucoup d'habitués venus avaler une viande grillée, un burger classique ou végétarien, un sandwich ou une salade. Également un choix alléchant de gâteaux !

I●I 🍸 ***The Seafood Bar de l'hôtel Crinan :*** *à* ***Crinan.*** ☎ *830-261. Tlj 12h-14h30, 18h-20h30. Fermé déc-mars. Plats £ 12-21.* Cuisine gastro côté resto chic, sympathique pour les papilles, beaucoup moins pour le porte-monnaie. Rassurez-vous, on peut largement se contenter de la carte du bar, dans un décor boisé et chaleureux, avec vue sur l'écluse du port. Service en terrasse également. Plats raffinés à la présentation soignée, à base de produits extra-frais.

|●| *Coffee Shop de l'hôtel Crinan :* *en contrebas de l'hôtel, après l'écluse du port de* ***Crinan.*** *Pâques-oct : tlj 9h-18h.* Idéal pour déguster des snacks légers ou d'excellents gâteaux, en salle ou sur le quai devant les bateaux.

À voir. À faire

Kilmartin Glen : une vallée aux paysages doux et vastes, berceau de l'Écosse. Les premiers Scots (venus d'Irlande) débarquèrent dans cette région, en terre picte, et donnèrent plus tard le nom de *Scotland.* La densité des sites historiques est surprenante, de part et d'autre de la route A 816 reliant Lochgilphead à Oban. Toute une série de cairns, pierres levées et châteaux. Parmi ces sites, ***Dunadd Fort*** *(GRATUIT),* capitale et carrefour commercial du royaume écossais de Dalriada, occupé du VIe au VIIe s. Au sommet d'un éperon rocheux, il profitait d'une excellente défense naturelle. Vue magnifique. Il n'en reste rien, si ce n'est l'empreinte de pied d'un roi, marque symbolique de son autorité sur le royaume.

Achnabrek : *à 3 km de Lochgilphead en direction de Kilmartin.* Pétroglyphes âgés de 5 000 ans. 3 sites accessibles après environ 500 m de marche dans la forêt. On peut distinguer ces gravures étonnantes (cercles concentriques) depuis des barrières qui les protègent de trop de curiosité.

Kilmartin Museum : *dans le village de* ***Kilmartin.*** *☎ (01546) 510-278. ● kilmartin.org ● Mars-oct : tlj 10h-17h30 ; nov-23 déc : tlj 11h-16h ; fermé Noël-fév. Entrée : £ 7 ; réduc. En été, visite guidée (gratuite) de 2h30, en principe le mer à 13h30.* Centre d'interprétation retraçant 5 000 ans d'histoire dans la vallée de Kilmartin. Pour tout comprendre sur le paysage, l'occupation préhistorique, les sites archéologiques... Visite pédagogique intéressante avec de belles pièces en vitrine. Carte en relief des sites à visiter. Ne pas manquer, dans le ***cimetière de Kilmartin*** à côté, une remarquable série de 22 pierres funéraires ornées de motifs celtiques et datant pour la plupart des XIVe et XVe s.

|●| *Coffee shop et resto :* *ouv jusqu'à 17h (15h pour le déj). Plats £ 6-10.* Dans une ancienne grange ou sur une charmante terrasse-jardin. Sandwichs, soupe du jour, *baked potatoes* et quelques plats chauds à prix raisonnables. Simple, frais et bon. Impeccable pour une pause-déjeuner.

Crinan : adorable petit port paisible, dont la baie abrite des dizaines de voiliers en saison. Ne pas manquer le sentier sur les berges du canal, autrefois chemin de halage.

TARBERT

1 300 hab. IND. TÉL. : 01880

À ne pas confondre avec son homonyme sur l'île de Lewis et Harris, ni avec Tarbet, village situé en face d'Arrochar ! Tarbert se déploie avec grâce autour d'une anse du loch Fyne, fermée par un îlot et adossée à la pointe de l'échancrure du loch Tarbert. Le cirque presque complet du port, surmonté des ruines d'un château, ne manque ni de charme ni d'originalité avec le clocher de son église aux allures de fusée.

Arriver – Quitter

On précise ici comment accéder à la région du Kintyre et comment la quitter pour les îles.

En bus

➢ *Scottish Citylink* relie quotidiennement ***Glasgow*** à ***Tarbert, Kennacraig, Clachan*** et ***Campbeltown*** (6 bus/j.). Pour Oban, changement à Lochgilphead. À Tarbert, l'arrêt se trouve sur Campeltown Rd, dans le parking en face de l'église. *Infos et résas : ☎ 0871-266-33-33 ; • citylink.co.uk •*

➢ Pour rejoindre ***Claonaig*** et ***Skipness*** depuis Tarbert, 3 bus/j., 7h40-15h45 en sem, 3 le sam et pdt les vac scol (aucun le dim). Avec *West Coast Motors. ☎ (01586) 552-319. • westcoastmotors.co.uk •*

En bateau

– Avec *Caledonian MacBrayne. ☎ 0800-066-5000. Bureau de Kennacraig : ☎ (01880) 730-253. • calmac.co.uk •*

➢ ***Kennacraig (loch Tarbert)-île d'Islay :*** 3-5 ferries/j. Tlj 7h (9h45 dim)-18h en été, pour ***Port Ellen*** (sud de l'île) ou ***Port Askaig*** (est de l'île, correspondance pour Jura et Colonsay). Trajet : respectivement 2h et 2h20.

➢ ***Claonaig-île d'Arran :*** bac-ferry pour ***Lochranza.*** Env 7-9 traversées/j., 8h50-17h40 (19h en été).

Adresses utiles

■ ***Bank of Scotland :*** *Harbour St, au niveau du carrefour.* Distributeur.

■ ***The Co-op :*** *face au port, au carrefour. Tlj 7h-22h.* Épicerie bien fournie.

Où dormir à Tarbert et dans les environs ?

Camping

⛺ ***Port Bàn Holiday Park :*** *à* ***Kilberry*** *(15 miles, soit 24 km et 40 mn env de route, de Tarbert), sur la côte ouest du Kintyre. ☎ 770-224. • portban.com • Quitter Tarbert par l'A 83 ; après 2 km, prendre la B 8024 sur la droite ; le camping se situe à 1,6 km après Kilberry. Avr-oct. Compter £ 21-23 pour 2.* Camping en bord de mer, fréquenté par de nombreux mobile homes comme c'est désormais le cas un peu partout. Mais bonne nouvelle, les campeurs sont installés tout au fond, près de l'eau et face à l'île de Jura. Superbe ! Sanitaires nickel avec frigo et micro-ondes. Comme c'est loin de tout, on trouve sur place : location de vélos, épicerie, snack, *sailing club* sur la petite plage, *pitch & putt,* tennis, terrain de foot, jeux pour enfants, activités et *ceilidh* le soir en été... L'un de nos campings préférés dans la région.

Prix moyens (£ 50-85 ; 60-102 €)

🏠 ***The Old Smithy :*** *à* ***Clachan.*** *☎ 740-635. • refreshingscotland.co.uk • Charmant village à 10,5 miles (17 km) de Tarbert sur l'A 83 direction Campbeltown. Double £ 60.* Un côté bonbonnière pour ces petites chambres, dont 2 communiquent ; pratique en famille. Une adresse qui conviendra plus aux routards en quête d'une atmosphère authentique qu'aux maniaques du ménage... Loue également un cottage pour 3 jours minimum, juste à côté.

🏠 ***Dunivaig B & B :*** *East Pier Rd, à Tarbert. ☎ 820-896. • dunivaig.co.uk • Passer à droite du port et continuer sur 1 mile (1,6 km) en longeant la côte. Doubles sans ou avec sdb £ 70-85.* Cette jolie maison édouardienne abrite 3 chambres coquettes, dont 1 familiale. Si elles jouissent toutes d'une belle vue sur le loch, celle de forme octogonale bénéficie de plus de clarté grâce à ses nombreuses fenêtres. Accueil courtois de Louise.

Knap Guest House : *à Tarbert, au carrefour à l'entrée du port, en face de la Co-op. ☎ 820-015. • knapguesthouse.co.uk • Doubles avec sdb £ 80-100, plus une suite.* En plein centre, une maison victorienne du XIXe s dont subsistent quelques beaux éléments, comme les vitraux et quelques carrelages. Dans les 4 chambres et les parties communes, une déco simple mélangeant tartans, meubles en pin et... souvenirs glanés en Thaïlande. Bon confort, jolie vue sur le port et accueil chaleureux et enthousiaste d'Alistair, qui concocte d'excellents petits déj.

Struan House B & B : *à Tarbert, sur le côté droit du port. ☎ 820-190. • struan.biz • Doubles sans ou avec sdb £ 75-85.* Dans une ancienne maison de pêcheur, 6 chambres rénovées dans un style contemporain, plus un appartement juste à côté. Salle commune aux allures de petit resto pour le petit déj. Vue sympa sur les bateaux. Accueil un peu indifférent en revanche.

Barr Na Criche : *à 8 miles (13 km) de Tarbert sur la route de Kilberry. ☎ 820-833. • barrnacriche.com • Double £ 80.* Dans une maison isolée en pleine nature, l'aimable propriétaire propose une chambre très confortable (entrée indépendante) prolongée d'une vaste terrasse offrant une vue magnifique sur la mer. Barbecue possible (le resto le plus proche est à Kilberry, à 5 miles). Pour une robinsonnade, loin de tout !

Plus chic (plus de £ 125 ; 150 €)

Stonefield Castle Hotel : loch Fyne. *☎ 820-836. • celticcastles.com/castles/stonefield • À 3 km env au nord de Tarbert, sur l'A 83 (direction Glasgow), fléché sur la droite. Doubles £ 100-200 selon saison et vue.* Un charmant château de style baronial, construit au XIXe s, serti d'un vaste parc boisé qui glisse en pente douce jusqu'au loch Fyne. Les chambres, plutôt confortables pour les moins chères, sont vraiment surévaluées quand on monte en gamme. Mais l'ensemble a fière allure et, de la salle du restaurant où est servi le petit déj, la vue sur le loch est absolument grandiose (voir ci-après « Où manger ? »).

Où manger ?

De prix moyens à chic (plats £ 8-25 ; 10-30 €)

Café Ca'dora : *Harbour St. Tlj 8h-20h30.* Bien pour le petit déj, un repas vite fait, style pizzas, burgers, snacks, *fish pie* ou sandwichs. Bon café (*espresso,* cappuccino).

The Starfish : *Castle St (rue perpendiculaire à Harbour St). ☎ 820-733. Mars-oct. Tlj 18h-21h, plus ven-sam 12h-14h, brunch dim 11h-15h.* La déco marine modernisée, fraîche et épurée, laisse augurer une cuisine à son image, et c'est le cas ! Les assiettes arrivent joliment dressées, le *starfish stew* est délicieux et les coquillages (*scallops queenies* et *kings*) sont cuisinés avec talent. Une très bonne adresse, menée par une équipe aussi joyeuse qu'efficace.

Sea Food Cabin : *à* **Skipness,** *au sud de Tarbert, au pied du château. ☎ 760-207. Mai-sept, tlj sauf sam 11h-19h.* Avant tout, croiser les doigts pour que la météo soit clémente ! Car l'intérêt du lieu, c'est de s'installer dehors, dans un écrin champêtre qui a tout de la carte postale : vue sur les ruines du château, les moutons, les chevaux, la mer et l'île d'Arran au loin. Comme son nom l'annonce, cette *cabin* propose exclusivement des produits de la mer, des *rolls* aux plateaux, en passant par quelques poissons et crustacés simplement cuisinés. Sans chichis et très sympa.

Stonefield Castle Hotel : loch Fyne. *Voir « Où dormir ? ». Résa conseillée pour le resto panoramique. Plats £ 17-22, moins cher dans la partie bar.* Un cadre exceptionnel pour une cuisine soignée, présentée avec

LES HIGHLANDS

élégance. Quant à la vue sur le parc et le loch... difficile de trouver plus beau ! Côté bar, une cuisine de pub honnête, sans plus. Plaisante terrasse aux beaux jours.

Où acheter un bon whisky ?

Whisky West Coast : *Harbour St. Tlj 10h-18h.* Pour ceux qui n'ont pas pu visiter les distilleries d'Islay, Jura, Arran ou Campbeltown, cette boutique propose une sélection de leurs meilleurs whiskies, un peu plus cher. Bien aussi pour une dégustation *(payante).*

À faire

Tarbert Castle : *longer le quai sur le côté droit du port puis prendre l'escalier (fléché).* On rejoint rapidement mais abruptement les ruines du château, d'où la vue s'ouvre sur Tarbert et son port. Construit au XIIIe s et agrandi par Robert the Bruce, seul son donjon érigé par James IV au XVe s perce à jour parmi la végétation. Plusieurs jolies balades aux abords du château.

Randonnées : pour les plus courageux, il existe plusieurs parcours balisés pour s'aventurer dans les collines au sud de Tarbert. L'un d'eux part du château et vous mène jusqu'à *Skipness Point* en 3h, soit près de 15 km. Retour possible avec le bus n° 448, sauf dimanche (voir le dépliant détaillé à l'office de tourisme).
Pour une rando de plusieurs jours, le ***Kintyre Way*** offre un parcours magnifique à travers la péninsule sur environ 100 miles (160 km) depuis Tarbert. On peut bien sûr n'en faire qu'une partie. Renseignements et brochures à l'office de tourisme de Tarbert ou sur le site • *kintyreway.com* •

Manifestations

- ***Scottish Series Yacht Races :*** *le dernier w-e de mai. Les courses ont lieu sur le loch Fyne et autour de l'île d'Arran.* Cette course de voiliers est l'événement le plus important du calendrier. Attire environ 200 voiliers et de nombreux visiteurs.
- ***Tarbert Seafood Festival :*** *1er w-e de juil.* Poissons, coquillages et crustacés sont à l'honneur... au son des cornemuses, évidemment.
- ***Tarbert Music Festival :*** *mi-sept pdt 3 j.* La ville résonne alors au son des *pipe bands* et autres musiques pop et folk.

DANS LES ENVIRONS DE TARBERT

Skipness Castle *(HES)* **:** *à* ***Skipness,*** *au sud de Tarbert. Direction Campbeltown, puis Claonaig (ferry pour Arran). Le château se dresse 2 miles (3 km) après l'embarcadère. GRATUIT.* Ce château, dont les plus vieux éléments datent de la première moitié du XIIIe s, n'offre guère plus que ses ruines aux visiteurs. Observez la porte principale et ses blocs de grès rose érodés. Le donjon, du XVIe s, est la partie la mieux conservée. Les 2 étages abritaient les appartements du lord. Du toit, vue grandiose sur ce beau coin et les reliefs de l'île d'Arran.
- Au sud-est du château, l'ancienne *chapelle de Saint Brendan* (XIIIe s), privée de sa toiture, participe aussi au charme fou de l'endroit. Quelques sentiers balisés permettent, si besoin, de combler l'attente avant la traversée vers l'île voisine.

Bon et sympathique resto ***Sea Food Cabin*** sur place (voir plus haut « Où manger ? »).

AUTOUR DE CAMPBELTOWN

Campbeltown, ville grise et morne, possède peu d'atouts pour retenir les touristes. Quelques édifices témoignent de la prospérité passée de cette agglomération au bout de l'Argyll, où le revenu par tête d'habitant fut un temps le plus élevé de Grande-Bretagne. À son apogée, au XIXe s, la ville comptait pas moins de 34 distilleries. On raconte que les marins pouvaient rentrer au port grâce à l'odeur du whisky ! Aujourd'hui, il n'en reste que 3 et la reconversion est difficile, les habitants attendant toujours une hypothétique liaison par ferry vers l'Irlande.

Où dormir ? Où manger ?

Campbeltown Backpackers Bunkhouse : *Big Kiln St, à* **Campbeltown.** ☎ *(01586) 551-188.* • *campbeltownbackpackers.co.uk* • *Du port, remonter Main St puis prendre à droite, c'est le bâtiment en pierre grise face à l'*Heritage Centre. *Compter £ 18-20/pers.* Installés dans une ancienne école prolongée d'une extension moderne, 2 grands dortoirs hauts de plafond, pour 6 et 10 personnes. Tout est nickel, des salles de bains à la cuisine équipée en passant par la petite salle commune. Un bon plan pour les randonneurs.

Argyll Hotel : *à* **_Bellochantuy._** *À 10 miles (16 km) au nord de Campbeltown, sur la côte ouest.* ☎ *(01583) 421-212.* • *argyllhotelkintyre.co.uk* • *Resto fermé le midi lun-mer (sauf pour les résidents). Double £ 80. Menus £ 19-23. Pas de carte.* Entre Tarbert et Campbeltown, voici LE resto où il faut s'arrêter ! D'abord parce qu'il n'y a quasi rien d'autre sur cette route... Ensuite pour le plaisir de s'attabler (voire s'attarder !) au bord d'une plage de sable, dans un coin sauvage, à l'abri des grandes baies vitrées ou en terrasse au bord de l'eau. Enfin, pour la cuisine goûteuse qui se passe volontiers de sauces cache-misère ! Juste de bons produits, travaillés dans la simplicité. Enfin, comme le coin est fort joli, on peut prolonger l'étape dans l'une des 8 chambres confortables à l'étage.

À voir

Springbank Distillery : *Well Close, à* **Campbeltown.** ☎ *(01586) 551-710, ext 1.* • *springbank.scot* • *Visites (sur résa) tte l'année, lun-ven à 10h, 11h30, 13h30 et 15h, sam à 10h et 14h. Tarif : £ 7 (£ 12 avec la visite combinée de la distillerie* Mitchell's Glengyle*).* La plus importante des 3 dernières distilleries encore en activité à Campbeltown. On voit tout le procédé, excepté la mise en bouteilles. Et pour les passionnés, en plus de la distillerie *Mitchell's Glengyle,* celle de *Glen Scotia* propose aussi une visite avec dégustation *(12, High St ; ☎ 01586-552-288 ; • glenscotia.com • ; lun-sam à 11h30 et 15h ; £ 5-20).*

Mull of Kintyre : la chanson de Paul McCartney, vous vous souvenez ? Pour mieux comprendre ses paroles et l'émotion de son auteur, on vous propose une boucle d'une trentaine de kilomètres, au départ de Campbeltown. Pour rejoindre Southend, emprunter la route qui suit la côte plutôt que la B 842, directe et sans intérêt. Cette route passe près de *Davaar Island,* que l'on peut gagner à pied à marée basse pour admirer les peintures rupestres au fond de ses caves (demander les horaires de marée à l'office de tourisme). C'est dans cette partie de la péninsule que l'on trouve les paysages les plus surprenants, souvent considérés comme la quintessence du Kintyre : un petit bout du monde. En s'approchant de Southend,

l'extrémité nord-est de l'Irlande devient visible. Au terminus de la route, le *Mull of Kintyre* est coiffé d'un phare, construit en 1788, distant d'à peine 20 km de la côte irlandaise ! Vous devrez faire une bonne trotte à pied si vous voulez l'approcher au plus près.
Pour la petite histoire, une statue a été érigée dans un petit jardin public à Campbeltown en mémoire de Linda McCartney...

Muneroy Tearoom & Stores : *à* ***Southend.*** *☎ (01586) 830-221. Tlj 10h-17h30 (17h dim). Plats £ 8-10.* Un *tearoom* au charme désuet-kitsch, attenant à l'épicerie du village. Dépanne bien pour une pause déjeuner ou le *teatime,* car on est un peu au bout du monde.

– ***Mull of Kintyre Music Festival :*** *sur 5 j. mi-août. • mokfest.com •* Le meilleur de la musique traditionnelle écossaise, mais aussi parfois irlandaise (du fait de sa proximité). Ne pas manquer la *survivors night,* la dernière soirée, le dimanche, dans le Victoria Hall (entrée payante).

Sur la côte est du Kintyre, à environ 9 miles (15 km) au nord de Campbeltown, le village de ***Saddell*** vaut le détour. Non seulement Paul McCartney a tourné son clip *Mull of Kintyre* sur cette plage, mais les ruines de l'*abbaye* méritent aussi une visite *(entrée libre).* Fondée en 1148 par des moines cisterciens, elle abrita la *Kintyre School,* une école de sculpture célèbre au XVe s pour ses gravures de pierres. 12 sont ainsi exposées, dont 3 grandes stèles sculptées à Iona, qui représentent des Highlanders. À l'origine, il est probable qu'elles étaient peintes.

Sur la côte ouest du Kintyre, quelques grandes plages comme celle de ***Westport,*** située à 5 miles (8 km) au nord de Campbeltown et 1 mile après Kilkenzie (fléché, sur la gauche).

INVERARAY

580 hab. IND. TÉL. : 01499

À 40 km au nord-est de Lochgilphead et 52 km au sud-est d'Oban, Inveraray, ancien bourg royal et capitale des ducs d'Argyll depuis le XVe s, se situe en bordure du loch Fyne. Mais le village n'occupe sa situation actuelle que depuis le milieu du XVIIe s. À l'origine, la bourgade avait été établie sur l'autre rive. De l'ancienne cité ne subsiste que la croix sculptée, rapportée sur le port. C'est en 1744 que le duc d'Argyll, chef du clan Campbell, décide de construire un nouveau château de ce côté-ci. Le village a suivi, blotti autour de sa rue principale qui n'a guère changé depuis. Encadré d'un côté par le loch, de l'autre par un temple protestant de style néoclassique, il forme le cœur de cette petite cité très touristique, mais encore pleine de charme.

– ***Highland Games :*** *une journée, en principe un mar mi-juil. • inveraray-games.co.uk • Pipes & Drums,* concours, bien sûr, et activités pour enfants.

Arriver – Quitter

Attention, le ***stationnement est payant*** dans le centre, mais il existe un ***parking gratuit*** à côté de la supérette *Co-op*, 200 m avant l'entrée du village, en venant de Campbeltown.

En bus

➢ Inveraray est desservi env 4 fois/j. par la ligne ***Glasgow-campbeltown,*** et 3 fois/j. par la ligne ***Glasgow-Oban.*** Compter 1h50 de trajet pour Glasgow, 1h10 pour Oban. *Scottish Citylink : ☎ 0871-266-33-33. • citylink.co.uk •*

Adresses utiles

Visitor Information Centre : *Front St. ☎ 302-063. Avr-mai et sept-oct : tlj 10h-17h ; juin-août : tlj 9h-18h ; nov-mars : tlj sauf j. fériés 10h-16h.*

■ **Royal Bank of Scotland :** *Church Sq.* Distributeur.

■ **Co-op :** *avt l'entrée du village en venant de Campbeltown. Tlj 7h-22h.* Supérette bien approvisionnée.

Où dormir à Inveraray et dans les environs ?

Bon marché (£ 10-25/pers ; 12-30 €)

Inveraray Hostel : *Dalmally Rd. ☎ 302-454. • inverarayhostel.co.uk • À la sortie de la ville vers Glasgow, passer l'arche à gauche avt le château, après la station-service* Gulf. *Mars-oct. Réception 8h-10h, 15h30-21h30. En dortoir (2-4 lits), env £ 17/pers, double £ 38. Parking gratuit.* Construction en bois mal insonorisée, chambres en enfilade, sanitaires un peu vieillots mais propres. Petite cuisine à disposition bien équipée. Tables dans le jardin. Simple, tranquille et bon esprit malgré tout.

De prix moyens à chic (£ 50-125 ; 60-150 €)

Killean Farmhouse : *sur la route de Lochgilphead, à env 4 miles (6,5 km) d'Inveraray, sur la droite. ☎ 302-474. • killean-farmhouse.co.uk • Avr-oct. Doubles avec sdb £ 60-65.* Belle maison datant du XVIIIe s, au milieu d'un vaste et beau jardin, dans un cadre reposant. Dans les 5 chambres spacieuses (dont 1 familiale), meubles anciens et confort douillet. Salle plaisante pour le petit déj, face au jardin. Une charmante adresse à l'accueil agréable, d'un excellent rapport qualité-prix.

The George Hotel : *en haut de Main St. ☎ 302-111. • thegeorgehotel.co.uk • Résa conseillée. Doubles avec sdb £ 90-120, d'autres encore plus luxueuses et plus chères.* Vénérable demeure du XVIIIe s, qui abrite des chambres à la déco parfois extravagante, archi-cossues et spacieuses, meublées d'antiquités, avec baignoire trônant parfois dans la chambre. Un endroit unique, au charme fou !

The First House : *juste derrière le* George Hotel. *☎ 302-170. • thefirsthouseinveraray.co.uk • Même prix qu'au* George Hotel, *dont elle est une annexe.* Voici le plus vieux bâtiment du village, de style georgien, idéalement situé en bordure du loch. Les chambres, plus sobres et bien plus petites qu'au *George,* révèlent une déco raffinée.

Newton Hall Guest House : *à l'entrée de la ville en venant de Lochgilphead. ☎ 302-484. • newtonhallguesthouse.co.uk • Doubles avec sdb £ 70-90, plus 2 suites.* De l'extérieur, aucun doute, il s'agit bien d'une église. En revanche, peu d'indices à l'intérieur, hormis quelques fenêtres de style gothique dont profitent certaines chambres et l'agréable salle pour le petit déj. Les chambres (certaines avec vue sur le loch) sont toutes très différentes, mais ont en commun un bon confort et une salle de bains spacieuse. Accueil doux et attentionné.

Thistle House Guest House : *à* **Saint Catherines.** *☎ 302-209. • thistlehouseguesthouse.com • Sur la rive opposée du loch Fyne, en face d'Inveraray. Prendre direction Glasgow, puis tourner à droite vers Dunoon ; compter 20 mn en voiture pour contourner la pointe nord du loch (env 16 miles, soit 25 km). Doubles avec sdb £ 90-100.* Maison à la haute façade en pierre, face au loch, avec un grand jardin. S'y abritent de jolies chambres très confortables (super literie !), déclinant une déco assez moderne. Salon cosy où crépite un bon feu. Accueil aux petits oignons de Jennifer, qui soigne ses hôtes avec un petit déj écossais à caler son touriste jusqu'au soir. Environnement tranquille propice à l'observation de la faune.

Où manger ? Où boire un verre ?

Pub The George Hotel : *voir « Où dormir ? ». Plats £ 8-24. Service en continu 12h-21h.* Le *George,* comment l'oublier ! Pièces qui se succèdent avec poutres au plafond, cheminées, mobilier d'époque, vieilles horloges, ambiance tamisée, terrasses couvertes ou non... Ce vieux pub est une véritable institution depuis le XIXe s. Et, malgré la concurrence qui pointe son nez avec une cuisine plus contemporaine, il reste la table dont on se souvient !

Samphire : *Main St South. ☎ 302-321. Tlj 12h-14h30, plus 17h-20h45 mer-dim. Fermé mar sauf en août. Plats £ 10-14 le midi, £ 12-20 le soir.* La table raffinée de la ville. Cadre moderne pour une cuisine contemporaine réjouissante, dressée avec panache. Principalement du poisson et des fruits de mer d'une grande fraîcheur, mais aussi un *Aberbeen Angus* en ragoût et quelques burgers gourmets. Un peu cher mais la qualité est là.

Mr Pia's et Royal Burgh Café : *3, Main St. ☎ 302-323. Tlj 10h-20h30. Plats £ 10-14.* *Mr Pia's* est populaire pour ses *fish & chips* à emporter, mais on les retrouve au menu du *Royal Burgh Café* mitoyen, où l'on mange aussi sandwichs, burgers, pizzas et quelques autres plats... pas léger léger, mais ça nourrit !

Où acheter un bon whisky ?

Loch Fyne Whiskies : *Main St West. ☎ 302-219. Tlj 10h-17h30.* Un choix impressionnant de breuvages, pour toutes les bourses. Certaines bouteilles exposées sont datées de 1937 ! Mais elles ne sont pas à vendre.

À voir. À faire

Le château d'Inveraray : *au nord du village. ☎ 302-203. • inveraray-castle.com • Avr-oct : tlj 10h-17h (dernière entrée). Fermé nov-mars. Entrée : env £ 12 (parking inclus) ; réduc. 20 % de réduc sur présentation du billet de la prison (Inveraray Jail). Fiche en français dans chaque pièce.* Ce château, à l'étrange couleur qui hésite entre le gris et le vert, n'est autre que la résidence familiale du 13e duc et de la duchesse d'Argyll, 27e chef de la branche aînée du clan Campbell. Les Campbell s'établirent à Inveraray en 1474. Ils étendirent leur influence sur l'Argyll, luttant contre les clans rivaux des îles (MacLeod, MacLean, MacDonald), et se rangèrent finalement du côté des intérêts de la couronne d'Angleterre en Écosse. Le bâtiment actuel, sans utilité défensive, fut construit de 1746 à 1786 pour remplacer un donjon fortifié plus primitif, marquant le début d'une période d'accalmie dans le pays. Intérieur riche et intéressant : collection de 1 300 pièces dans la salle d'armes, nombreux portraits de famille (certains réalisés par Gainsborough), tapisseries de Beauvais magnifiques et moult souvenirs historiques. Dans la salle à manger, aux plafonds peints, des galions en argent plaqué or, d'origine allemande. Dans le salon, la charte accordée en 1648 par Charles Ier, faisant d'Inveraray un bourg royal. La « salle du Clan », avec tartans de la famille et arbre généalogique vertigineux. Au sous-sol, ne manquez pas les superbes cuisines, utilisées jusqu'en 1953.

Snack et *tearoom* en contrebas du jardin.

Inveraray Jail : *dans le centre. ☎ 302-381. • inverarayjail.co.uk • Avr-oct, tlj 9h30-18h ; nov-mars, tlj 10h-17h ; fermeture des caisses 1h avt. Entrée : £ 12 ; réduc. Petite ristourne sur leur site, voir aussi auprès de l'office qui délivre parfois un flyer de réduction. Visite audioguidée d'env 1h (et en français !).* Une « belle » prison du XIXe s, aux remparts baignant dans le loch, est venue effacer les conditions de vie déplorables de l'ancienne prison utilisée jusqu'en 1857, que l'on visite aussi. On se retrouve ainsi dans les conditions d'incarcération propres aux 2 prisons. La visite audioguidée est passionnante, avec des textes érudits et vivants, ponctués d'interprétations de comédiens, sans effets pseudodramatiques. Des faits, des anecdotes, des dialogues et des mises en situation signent l'authenticité du lieu. Même les châtiments infligés aux détenus jusqu'à la fin du XVIIIe s (comme la *treadwheel,* que les prisonniers faisaient inlassablement tourner) sont présentés avec retenue et de façon distanciée. À ne pas manquer !

Bell Tower : *The Avenue, dans le centre. • inveraraybelltower.co.uk • Fermé pour rénovation, réouverture prévue à l'été 2019 : lun-ven 10h30-16h30. Fermé en principe oct-avr. Entrée : £ 5 ; réduc.* Beffroi de 38 m de haut, tout en granit, construit de 1925 à 1931 sur ordre du 8e duc d'Argyll, pour sa seconde épouse Amelia. Abrite un mécanisme de 10 cloches de près de 8 t, actionné occasionnellement par des sonneurs professionnels (voir programmation sur le site internet). Un escalier en colimaçon (176 marches, on attrape vite le tournis !) permet l'accès à une terrasse panoramique.

➢ ***Argyll Adventure :*** *Dalchenna Farm. ☎ 302-611. • argylladventure.com • 2 miles (3 km) avt Inveraray en venant de Lochgilphead. Pâques-oct.* Balades à cheval sur les bords du loch Fyne *(compter £ 25-40 pour 1-2h).*

DANS LES ENVIRONS D'INVERARAY

Auchindrain Township : *à 5,5 miles (9 km) d'Inveraray, sur l'A 83 en direction de Campbeltown. ☎ 500-235. • auchindrain.org.uk • De mi-avr à fin oct : tlj 10h-17h (dernière admission à 16h) ; de nov à mi-avr, ouv en principe lun-ven 10h-16h Entrée : £ 8 ; réduc.* Pour ce musée de plein air, un hameau des Highlands a été entièrement restauré. C'est l'un des rares à avoir traversé les siècles en gardant son plan d'origine : on le voit tel qu'il fut avant l'époque des *clearances* et la planification d'Inveraray. Cottages aux toits rouges, d'autres en chaume. La plupart réunissent mobilier d'époque, outillage agricole, charrue...
Snack sympa sur place (bons *scones* tout chauds).

***Crarae Gardens** (NTS) : à 10 miles (16 km) en suivant l'A 83 en direction de Campbeltown, avt le village de Minard. ☎ 0844-493-22-10. Tte l'année, tlj de 9h30 au coucher du soleil. Visitor Centre ouv avr-sept : tlj (sauf mar-mer sept), 10h-16h. Entrée : £ 7,50 ; réduc.* Honesty box *le reste de l'année.* Considéré comme l'un des jardins les plus séduisants de l'ouest. À visiter à partir du printemps et en automne. Collection unique de rhododendrons, d'azalées et d'eucalyptus dans un parc de 50 ha. Promenades balisées de 20 mn à 1h.

LES ÎLES

Nous traitons les îles, du sud au nord, en longeant la côte ouest, en commençant par l'île d'Arran et en remontant par les Hébrides intérieures (Gigha, Islay, Jura, Mull et Skye), puis extérieures (l'île de Lewis et Harris), pour finir avec les archipels au nord de l'Écosse : les Orcades et les Shetland. À chaque île, son caractère et son histoire.

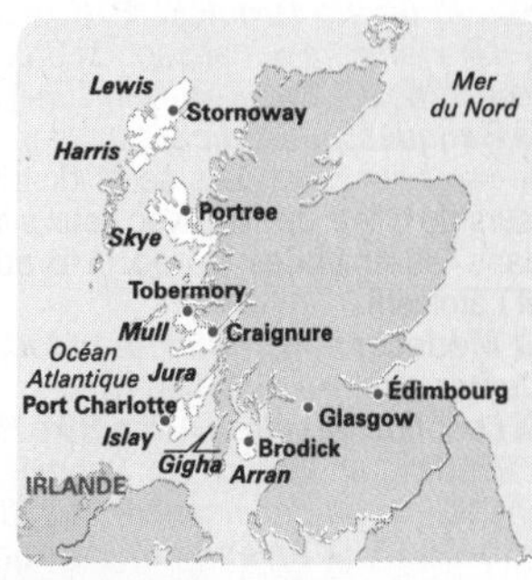

L'ÎLE D'ARRAN

5 000 hab. IND. TÉL. : 01770

• Carte *p. 491*

Coincée entre l'Ayrshire et l'Argyll, Arran offre une grande variété de paysages, avec son relief escarpé, ses landes sauvages et ses plages parfois protégées de falaises. Sa géologie s'explique par une faille, la *Boundary Fault,* qui traverse l'île en son milieu. Quant à sa végétation riche en essences subtropicales, elle la doit à la douceur du Gulf Stream. Ajouter à cela quelques sites datant du nauéolithique, un beau château, une distillerie et une brasserie... et vous aurez un aperçu de l'Écosse en modèle réduit !

Arriver – Quitter

***Ferry Terminal :** à **Brodick.** Caledonian MacBrayne : ☎ 302-166 (Brodick). Résas au ☎ 0800-066-5000. • calmac.co.uk •*

➢ ***Ardrossan-Brodick :*** liaison la plus empruntée, 6-10 allers-retours/j. en été. Fréquences et horaires très variables selon jours et saisons, bien se renseigner. Tarifs aller : £ 4/pers, env £ 15 pour une voiture. Résa recommandée en été. Compter 1h de trajet.

➢ ***Claonaig (péninsule de Kintyre)-Lochranza :*** env 7-9 traversées/j. en été. Dernier départ autour de 17h40 de Claonaig, 17h05 de Lochranza (respectivement 19h et 18h25 en été). Tarifs : £ 3/pers, env £ 10 pour une voiture. Compter 30 mn de trajet. Attention, le ferry ne dispose que d'une vingtaine de places pour les véhicules, venir au moins 30 mn avant le départ. Vente du billet à bord.

Comment circuler ?

En bus

***Stagecoast Buses Arran :** à **Brodick,** ferry terminal. ☎ 302-000. • spt.co.uk • Horaires affichés aux arrêts et livret détaillé au* Visitor Information Centre.

➢ 3 lignes, par l'intérieur pour **Blackwaterfoot,** le sud via **Lamlash-Whiting Bay** ou le nord via **Lochranza.** On peut donc effectuer une boucle à sa guise. L'*Arran Day Rider* permet la libre circulation à la journée, l'*Arran Mega Rider* à la semaine. On les achète directement au chauffeur. Intéressant.

Adresses et infos utiles

Visitor Information Centre : *à l'arrivée du ferry à* **Brodick.** *☎ 303-774. • visitarran.com • Mai-sept, tlj 9h (10h dim)-17h ; oct-avr, tlj sauf lun 10h-17h.*

Banques : *à* **Brodick,** *sur Shore Rd (la rue principale).* Les seuls distributeurs de billets de l'île, avec ceux situés dans les épiceries *Co-op* (à Brodick et Lamlash).

Médecin : *à* **Brodick,** *au* **Medical Centre,** *Shore Rd. ☎ 600-516.*

Location de vélos : Arran Bike Hire, *à* **Brodick,** *un kiosque sur Shore Rd, à env 300 m du débarcadère. 📱 07825-160-668. • arranbikehire.com • Pâques-oct : tlj mais à horaires variables (téléphoner s'il n'y a personne).* **Arran Adventure Centre,** *à* **Brodick,** *dans le complexe hôtelier d'*Auchrannie. *Accès au nord de la ville, sur la gauche du golf (fléché). ☎ 302-234. • arranadventure.com • Tte l'année, tlj 9h-18h.* Également escalade, canyoning, kayak, etc.

Arran Taxi : *☎ 700-345. 📱 07967-587-481.*

The Co-op : *Shore Rd, à* **Brodick.** *Tlj 7h-22h.* Plusieurs épiceries dans l'île (notamment à Lamlash), mais celle-ci est la plus importante. Distributeur de billets.

Où dormir ?

Campings

Lochranza Golf Caravan & Camping Site : *à* **Lochranza.** *☎ 830-273. • arran-campsite.com • Avt la distillerie, sur la gauche à la sortie du village en allant vers le sud. Ouv de mi-mars à fin oct. £ 18-20 pour 2 selon taille de la tente, pods £ 30-40 pour 2-4 pers.* Ce camping est l'un des plus séduisants de l'île, posé dans une jolie petite vallée encerclée de montagnes, à proximité de la mer. Vous y verrez probablement quelques cerfs et hérons, sans oublier les fameux *midges* ! Laverie et *basecamp* avec frigo et micro-ondes. Propose également des *pods* (huttes). *Pitch & putt* à l'entrée.

Seal Shore Camping & Touring Site : *à* **Kildonan,** *dans le sud de l'île. ☎ 820-320. • campingarran.com • Avr-oct. £ 16 pour 2 avec tente,* pods *et roulotte £ 35 pour 2 pers.* Une quarantaine d'emplacements pour ce camping tout simple et tranquille, au bord de la mer, face à l'îlot de Pladda et son phare. Laverie, frigo, micro-ondes, bouilloire à disposition dans le *basecamp,* et petite épicerie d'appoint. Très bon accueil.

Middleton Caravan & Camping Park : *à* **Lamlash,** *à la sortie sud du village. ☎ 600-251. • middletonscamping.com • Mars-oct. £ 15-18 pour 2 selon taille de la tente.* Camping familial sans charme mais à 5 mn de la plage et des commerces. Emplacements sur une grande pelouse au pied d'une colline arborée mais bordés aussi d'une forêt de bungalows. Petit déj possible, préparé par la proprio.

Glen Rosa Campsite : *à 2 miles (env 3 km) de* **Brodick,** *prendre la direction Glen Rosa après le croisement pour Blackwaterfoot. • glenrosacamping@hotmail.com • 📱 07985-566-004. Signaler sa présence à la ferme située juste avt le terrain. Tarif unique : £ 5/pers.* Site reposant, en bordure d'un ruisseau et encerclé de collines, mais camping spartiate : un champ avec un bloc sanitaire, sans douche, sans eau chaude ni électricité. On le recommande aux campeurs à pied ou à vélo, car il n'y a quasiment pas de places de parking.

Bon marché (£ 10-25/pers ; 12-30 €)

Lochranza Youth Hostel : *à...* **Lochranza.** *À 10 mn à pied du débarcadère, sur la droite à la sortie du*

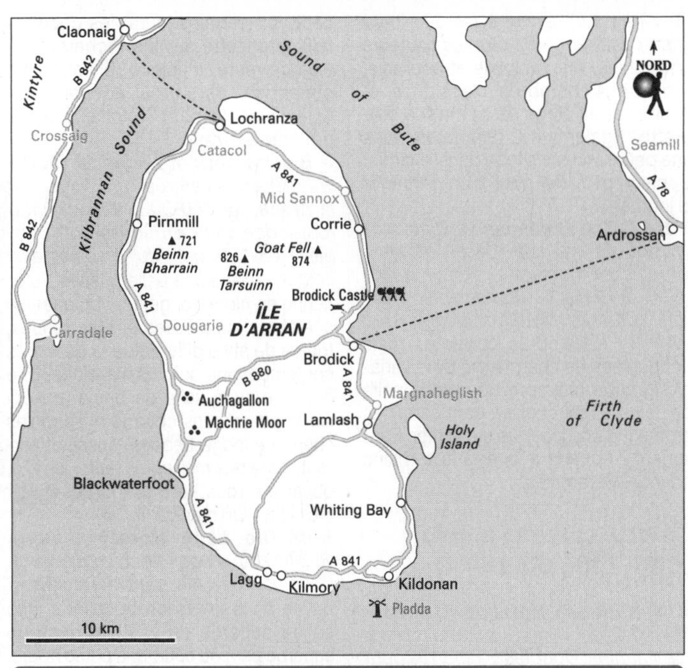

L'ÎLE D'ARRAN

village en allant vers le sud. ☎ *830-631.* ● *hostellingscotland.org.uk* ● *Ouv de mi-mars à fin oct. Réception fermée 10h-17h. Dortoirs (4-8 lits) £ 18-25/pers. Doubles avec sdb £ 52-65. Également des familiales.* Posée dans une nature superbe, cette belle maison abrite des dortoirs et des chambres impeccables, certaines avec vue sur la mer. Grand salon avec de gros canapés, vaste cuisine et laverie. La meilleure adresse de l'île dans cette catégorie.

☗ ***The Brodick Bunkhouse :*** *à...* ***Brodick,*** *Alma Rd, dans un petit bâtiment récent, derrière l'*hôtel Douglas. ☎ *302-897.* ● *brodickbunkhouse.co.uk* ● *À env 300 m du débarcadère, à droite avt la* Co-op. *Résa en ligne ou à l'*hôtel Douglas. *Compter £ 25/pers.* 4 dortoirs aux couleurs clinquantes, pour 6 personnes en lits superposés. C'est nickel, les matelas sont bons et il y a une petite salle commune avec frigo et micro-ondes. Peu d'espace, mais à ce prix on ne se plaindra pas.

☗ ***Kilmory Haven Bunkhouse :*** *à...* ***Kilmory,*** *dans le bâtiment de la poste. À env 5 miles (8 km) de Blackwaterfoot et de Kildonan.* ☎ *870-345.* ● *kilmoryhall.com* ● *Compter £ 21/pers.* Un peu loin de tout, sans charme, juste fonctionnels et propres, les 4 dortoirs accueillent 3, 4 ou 8 personnes. Salle à manger commune équipée d'une grande cuisine. Le café-snack au rez-de-chaussée fait de bons scones pour le petit déj !

Prix moyens (£ 50-85 ; 60-102 €)

☗ ***Allandale House :*** *Corriegills Rd, à* ***Brodick.*** ☎ *302-278.* ● *allandalehouse.co.uk* ● *De l'embarcadère, monter en direction de Lamlash, puis 2e rue à gauche ; c'est la 1re maison à gauche.*

Mars-nov. Double avec sdb £ 80 ; 1 nuit offerte à partir de 5 j. Sur les hauteurs de Brodick, Ann, volubile et adorable, propose 4 chambres classiques et douillettes à l'étage de sa maison proprette. Également 2 chambres dans une petite annexe située dans le jardin. Copieux petit déj pour bien démarrer la journée !

B & B The Greannan : à **Blackwaterfoot.** ☎ *860-200 (Susan et Janis Murchie). • thegreannan.co.uk • À la sortie du village, sur les hauteurs, direction Lochranza. Mars-oct. Double avec sdb £ 70.* Chambres correctes mais dépourvues de charme, de taille variable (grande chambre ou grande salle de bains, il faut choisir), dont certaines profitent d'une jolie vue sur la mer. Également 2 apparts à louer à la semaine pour 5-6 personnes.

De prix moyens à chic (£ 50-125 ; 60-150 €)

Kildonan Hotel : à **Kildonan.** ☎ *820-207. • kildonanhotel.com • Tte l'année. Doubles £ 80-110, petit déj compris, plus des suites.* Très bel hôtel face à l'îlot de Pladda, avec des chambres confortables et spacieuses, de style contemporain. Toutes (sauf une) offrent une vue sur la mer, avec terrasse ou balcon pour les suites. Agréable salon-bar-resto, tout en baie vitrée, d'où l'on peut voir certains jours des phoques faire bronzette sur les rochers. Cuisine correcte, musique folklorique le dimanche, personnel accueillant... Que rêver de plus ? Notre adresse préférée à Arran.

Blackwaterfoot Lodge : à **Blackwaterfoot.** *À l'entrée du village, sur la droite.* ☎ *860-202. • blackwaterfoot-lodge.co.uk • Pâques-oct. Doubles £ 85-100, petit déj (très copieux) compris.* Dans une belle bâtisse victorienne en pierre rouge, une poignée de chambres spacieuses et bien tenues, toutes de style différent, à la déco très contemporaine ou plus classique. Une dernière avec salle de bains (privée) sur le palier, sans charme mais moins chère. Le *lodge* héberge aussi, et surtout, l'une des meilleures tables de l'île, ouverte à tous, le *Black Grouse* (voir plus loin « Où manger ?... »).

The Lagg Hotel : à **Lagg.** ☎ *870-255. • lagghotel.com • Avr-oct. Doubles £ 80-140, petit déj compris.* Lovée dans un vallon bucolique, une solide auberge du XVIIIe s, dans un superbe parc où court une petite rivière. L'intérieur est cossu avec ses salons et son bar à la déco *old style* un brin chargé. Les chambres, de bon confort moderne, sont plus sobres et classiques. Une adresse de caractère. Resto très correct et accueillant *vélo café* sur rue pour les randonneurs et cyclistes de passage. Personnel très pro.

Où manger ? Où boire un verre ? Où écouter de la musique ?

Sur le pouce

Little Rock : à **Brodick,** *à env 400 m du débarcadère, sur Shore Rd.* ☎ *303-886. Tlj 9h (10h le dim)-17h.* Pour un repas rapide en débarquant du bateau (ou avant d'embarquer), un snack populaire très agréable avec une grande salle lumineuse et une terrasse face à la mer. Vaste choix de plats simples à petits prix (genre *fish & chips*, burgers, nachos, paninis, salades...). Plusieurs formules de petits déj et bons milk-shakes.

The Coffee Pot : à **Whiting Bay,** *au sud du village.* ☎ *700-393. Tlj sauf dim 10h-16h (dernière commande).* Petite salle ou terrasse devant la mer pour manger sur le pouce (soupe, sandwich, burger ou salade). Scones au fromage et bons desserts pour conclure avec un *espresso.* Personnel très aimable.

The Old Pier Tearoom : à **Lamlash,** *à l'angle de la rue principale et de la ruelle de l'embarcadère pour Holy Island.* ☎ *600-249. Tlj 10h-17h.* Petite adresse chaleureuse pour combler un petit creux à toute heure de la journée avec un *pie* au saumon, un sandwich de produits frais et locaux ou un bon gâteau maison (grand choix en la matière !).

De prix moyens à chic (plats £ 8-25 ; 10-30 €)

Black Grouse : à **Blackwaterfoot.** ☎ *660-202. Tlj sauf lun 12h-14h, 17h-20h30. Résa indispensable le soir.* C'est le resto du *Blackwaterfoot Lodge,* une grande table où un chef talentueux et inspiré concocte une cuisine raffinée à base de produits locaux de grande qualité. L'agneau est une pure merveille ! On s'installe dans une agréable véranda, dans une salle élégante à la déco très *scottish,* ou dans le petit salon décoré de bois du bar (qui propose aussi une carte économique). Service efficace et attentif. Une très bonne adresse.

The Lighthouse : à **Pirnmill.** ☎ *850-240. Tlj sauf lun 10h-16h, 17h-21h. Résa demandée pour le soir. Pas de licence d'alcool, mais on peut apporter sa propre bouteille (BYOB).* Cuisine qui affiche au tableau un choix alléchant de petits plats concoctés avec soin, tous à base de produits locaux de qualité (tempura de crevettes, nuggets de *haggis* au whisky, agneau cuit à basse température...). Cadre sobre mais plaisant, et quelques tables dehors devant la mer.

The Wineport : *à la sortie de* **Brodick,** *au nord, un peu avt le château.* ☎ *302-101. Tlj 10h-18h.* Les plats, principalement à base de produits de l'île, sont inscrits à l'ardoise. Simples mais plutôt bons. Agréable aux beaux jours, installé autour des tables de pique-nique en terrasse.

Coast : à **Whiting Bay,** *à l'entrée du village en venant de Brodick.* ☎ *700-308. Tlj 12h-21h.* Sympathique petit resto à la façade bleue avec une véranda et une terrasse face à la mer. Carte pas compliquée avec un bon *wrap doner kebab* d'agneau le midi et du poisson frit ou de la viande grillée pour le soir. Tout est frais, fait maison, et de bons concerts sont organisés en fin de semaine.

Fiddlers' : à **Brodick,** *au bout de Shore Rd en venant du débarcadère.* ☎ *302-579. Tlj 12h-21h (service).* Dans l'esprit de *Coast* à Whiting Bay (même proprio). Une cuisine simple, fraîche et copieuse, à prix justes (plus cher le soir). Un lieu particulièrement recommandé en fin de semaine pour ses excellents concerts acoustiques (réserver ces soirs-là !).

Brodick Bar & Brasserie : à **Brodick,** *en face de la poste.* ☎ *302-169. Tlj sauf dim 12h-14h30, 17h30-21h.* Resto sans caractère particulier, qui propose une cuisine traditionnelle, honnête et généreusement servie. Service efficace et souriant.

LES ÎLES

Achats

Arran Cheese Shop : *à la sortie de* **Brodick** *vers le nord, avt le château.* ☎ *302-788. Tlj 9h (10h le dim)-17h.* Si le lait est importé du « continent », la fabrication du fromage se fait bien sur l'île. Produit marketing par excellence, mais leur cheddar, aromatisé à la moutarde, au whisky, aux oignons caramélisés, au gingembre ou encore aux framboises, est plutôt bon !

Arran Aromatics : *à côté de l'*Arran Cheese Shop. ☎ *302-595. Tlj 9h30-18h. Visite gratuite du laboratoire de fabrication en été, ven à 11h, 13h et 15h.* Bougies, savons, parfums et autres lotions pour le corps, autant de produits (quelques-uns bio) fabriqués sur place. Les enfants peuvent fabriquer leur propre savon dans l'atelier.

À voir

Brodick Castle *(NTS) : sur la route de Corrie, à 3 km du centre de* **Brodick.** ☎ *302-202. Pâques-oct : tlj 11h-16h30 (15h30 avr et sept-oct) pour* *le château ; dernière entrée 30 mn avt fermeture. Parc accessible avr-oct 10h-17h (16h avr, sept-oct), gratuit avt 10h. Entrée : £ 13 ; £ 7,50 pour les jardins seulement ; réduc.*

Le château de Brodick, en grès rouge, s'aperçoit dès l'arrivée du ferry, avec la masse du *Goat Fell* (860 m) en arrière-plan. Propriété des Hamilton depuis le XVIe s, la forteresse a connu pas mal de transformations. La dernière en date (au XIXe s) lui confère cette allure de style « baronial ».

En entrant, un escalier monumental, où sont accrochées les têtes de dizaines de cerfs chassés par les proprios. Les appartements exposent une ribambelle de portraits de famille, un mobilier élégant et de la porcelaine délicate. Dans la *dining room* et la bibliothèque, des peintures sur le thème du sport et des courses. Au rayon toiles de maîtres, une *Tentation de saint Antoine* de David Teniers, des paysages de Gainsborough, un portrait du duc d'Alençon par Clouet et petits Watteau. Rutilante quincaillerie de cuivre dans les cuisines. Enfin, la *Bruce Room,* un cachot d'où montent des bruits inquiétants et qui renferme un prisonnier-mannequin.

À la sortie, une adorable maison de poupée. Très beaux jardins, plantés de rhododendrons, fuchsias, hortensias, arbres pluricentenaires et essences subtropicales. Voir aussi la maison d'été, de style autrichien, construite au XIXe s par le 11e duc de Hamilton pour sa femme, la princesse Marie de Baden, par ailleurs petite-fille de Bonaparte et arrière-arrière-grand-mère de l'actuel prince de Monaco.

|●| ***Brodick Castle Tea Room :*** salades, snacks et grand choix de pâtisseries délicieuses. Vue superbe depuis la terrasse.

✱✱ ***Arran Heritage Museum :*** *au nord de* ***Brodick,*** *sur la droite après le golf, avt le château. ☎ 302-636. • arranmuseum.co.uk • Avr-oct : tlj 10h30-16h (dernière entrée). Entrée : £ 4 ; réduc.* Musée constitué d'un hameau datant de la fin du XIXe s, dont les petits cottages sont aménagés tels qu'ils étaient à l'époque (salle de classe, habitat traditionnel meublé, ateliers de métiers d'antan...). D'autres rassemblent des témoignages historiques et géologiques, comme le *Dalradian shist* (la pierre la plus vieille de l'île, 542 millions d'années !), les travaux de James Hutton (géologue du XVIIIe s) et des objets retrouvés au site préhistorique de *Machrie Moor* (voir « À faire. Le tour de l'île », plus loin).

|●| ☕ Petit ***resto et salon de thé*** sympa, avec quelques tables dans le jardin face aux anciennes machines agricoles.

✱ ***Isle of Arran Brewery :*** *un peu avt le château de* ***Brodick,*** *derrière le resto The Wineport. ☎ 302-353. • arranbrewery.co.uk • Tlj 10h (12h30 dim)-17h. Horaires restreints en hiver. Visite guidée à 11h et 14h (env 45 mn ; £ 7).* Il s'agit de la seule brasserie de l'île. Elle produit 11 bières différentes, que vous pourrez goûter à l'issue de la visite.

✱ ***Isle of Arran Distillery :*** *un peu avt le village de* ***Lochranza,*** *sur la gauche en venant de Brodick. ☎ 830-264. • arranwhisky.com • Tlj 10h-17h15 (16h nov-fév). Visite guidée de 45 mn tte les heures jusqu'à 15h : £ 8 (£ 15 avec 4 dégustations, £ 4 pour une visite rapide de 20 mn).* Au XVIIIe s, Arran comptait une cinquantaine de distilleries, bien cachées dans les collines pour échapper aux collecteurs d'impôts. Plus tard, quelques-unes, légales, virent le jour, mais la dernière ferma au XIXe s face à la rude concurrence du reste de l'Écosse. Après 150 ans sans production sur l'île, celle-ci fut créée en 1995. On suit tout le processus de fabrication pendant la visite, qui se termine évidemment par une dégustation.

|●| 🍸 ***Café Casks*** à l'étage pour quelques en-cas simples ou pour continuer la dégustation (hips !).

✱ ***Torrylinn Creamery :*** *à* ***Kilmory,*** *au sud de l'île. ☎ 870-240. Tte l'année. Meilleurs moments pour visiter : lun-ven 11h-14h.* On peut alors voir les ouvriers à l'ouvrage derrière les baies vitrées. C'est la seule crémerie qui utilise le lait de vache de l'île pour un cheddar 100 % *made in Arran.* Vente à la boutique.

À faire

➢ ***Le tour de l'île :*** *env 90 km, à vélo pour les plus sportifs.*
En partant de Brodick vers le sud, on longe les baies et les plages agréables de ***Lamlash*** et ***Whiting Bay,*** d'où l'on aperçoit ***Holy Island,*** connue depuis le VIIe s pour héberger des communautés religieuses. Service régulier de ferries au départ de Lamlash *(mai-sept seulement ; traversée ttes les heures 10h-16h, plus 16h45, retour 15 mn après ; compter £ 12/pers A/R ; réduc. Attention, ne fonctionne pas les jours de grand vent. Contacter Jim : ☎ 700-463).* Pas de voitures sur l'île, des animaux endémiques en liberté, et un centre bouddhiste qui accueille des visiteurs. Informations *(• holyisle.org •).*
Retour sur Arran et la route en corniche du sud de l'île jusqu'à *Drumadoon Bay.* Au passage, vue sur le phare de Pladda et l'impressionnante silhouette d'Ailsa Craig, l'île aux oiseaux. Dans la partie ouest, plusieurs sites préhistoriques et alignements de pierres sont accessibles. *Machrie Moor* (âge du bronze) et *Auchagallon* en sont les plus impressionnants (au nord de ***Blackwaterfoot***). Un sentier au départ du golf de Blackwaterfoot vous mène à *Machrie* via *Kings Cave.*
En remontant vers le nord, on longe le *Kilbrannan Sound* qui sépare Arran de la péninsule de Kintyre (repérer les phoques bruns paressant sur les rochers), jusqu'à ***Lochranza.*** Les ruines du château, aménagé du XIIIe au XVIIIe s, se visitent librement.
La route qui revient vers Brodick traverse le *Glen Chalmadale,* lande austère au pied des montagnes. Après ***Sannox*** et sa jolie plage, on atteint ***Corrie,*** notre village préféré, avec ses cottages peints à la chaux.

➢ ***Pony Trekking :*** *entre Lochranza et Sannox, fléché sur la gauche en venant du nord. ☎ 810-222. • northsannoxponytrekking.co.uk • Tlj sauf dim. Compter £ 28-50 pour 1h ou 2h. CB refusées.* Propose des balades à cheval pour découvrir les majestueux paysages de cette magnifique vallée de Glen Sannox.

Randonnées

En matière de randos, l'île d'Arran, bien dotée en sentiers balisés, comblera tous les marcheurs. Le massif du Goat Fell offre une multitude d'itinéraires, et Lochranza est un point privilégié pour s'aventurer dans les *glens* comme celui de Catacol. Se procurer la carte *Superwalker* de l'éditeur Harvey, échelle 1/25 000, sinon quelques cartes gratuites à l'office de tourisme ou sur *• walkhighlands.co.uk/arran •*

Quelques itinéraires, parmi les meilleurs (par ordre croissant de difficulté) :

➢ ***Giants' Grave et Glenashdale Falls :*** à ***Whiting Bay,*** une rando populaire sur l'île d'Arran. Balade de 5 km. Le sentier grimpe une colline pour atteindre *Giants' Grave.* Marche éprouvante : 265 marches sur 1 km, courage ! En récompense, vue sur *Whiting Bay* et *Holy Island.* S'enfoncer en forêt pour gagner la cascade de Glenashdale.

➢ ***Beinn Bharrain :*** dans la partie ouest de l'île (721 m). Départ à côté de la poste de ***Pirnmill.*** Une randonnée moins impressionnante que celle du massif du Goat Fell et plus accessible. Compter 3h pour atteindre le sommet. Panorama jusqu'aux îles de Islay et Jura.

➢ ***Goat Fell*** *(NTS) :* point culminant de l'île (874 m), dans la partie nord. Une expérience unique, et l'une des excursions les plus prisées de toute l'Écosse. La marche débute à ***Cladach,*** peu avant le château de Brodick. Le sommet se trouve à 5,5 km, soit une moyenne de 5h pour l'aller-retour. D'en haut, la vue s'étend de l'Irlande à l'île de Mull, en fonction de la météo.

➢ ***Beinn Tarsuinn :*** un pic voisin du Goat Fell (826 m), sur l'arête centrale du massif. Départ du ***Glen Rosa.*** Sommet bien moins fréquenté mais tout aussi intéressant. Compter un minimum de 7h l'aller-retour. Possibilité d'effectuer une traversée en direction du nord, vers le *Glen Sannox.* Réservé aux plus expérimentés.

Manifestation

– ***Arran Folk Festival :*** *3 j. début juin (dates variables). Rens :* ☎ *302-668.* • *arranevents.com* • L'événement le plus animé de l'année. Musique traditionnelle à travers toute l'île.

LES HÉBRIDES INTÉRIEURES

Sous cette appellation sont regroupées les îles de l'ouest allant de Gigha à Skye. Plus au nord s'étirent les Hébrides extérieures.

L'ÎLE DE GIGHA

110 hab. IND. TÉL. : 01583

Prononcez « Gui-ya ». Petite île à l'est d'Islay, au large du Kintyre. *Gigha* signifierait « *God's Island* » (l'« île de Dieu »). Jusqu'en 2002, l'île était à vendre. Grâce à une forte mobilisation et à l'aide financière de 2 organismes publics œuvrant pour la mise en valeur de l'Écosse, les îliens ont pu racheter leur bout de terre. Aujourd'hui, les habitants sont donc tous copropriétaires de l'île.
On y vient pour visiter les jardins d'Achamore, ou tout simplement pour apprécier sa tranquillité. Longue de 11 km et dotée d'une unique route du

nord au sud, elle se visite facilement à pied ou, mieux, à vélo. Quelques belles plages de sable blanc où l'on peut apercevoir des phoques et des loutres.
– N'hésitez pas à consulter le site ● *gigha.org.uk* ● assez bien fait.

Arriver – Quitter

➢ Petit ferry quotidien ttes les heures 8h-18h (10h-17h dim) entre ***Tayinloan*** (dans le Kintyre) et ***Ardminish*** (20 mn de traversée). *Rens et résas à* ***Kennacraig,*** *auprès de* ***Caledonian MacBrayne*** *: ☎ 0800-066-5000. ● calmac.co.uk ●*

Adresses utiles

■ ***Location de vélos : Gigha Boats & Bikes Activity Centre,*** *non loin du débarcadère, sur la gauche. ☎ 505-390. Avr-sept, 10h-17h (18h en été).* Loue également kayaks de mer et combinaisons. Géré par *le* ***Heritage Trust Centre,*** *dont les bureaux sont à côté du* Gigha Hotel.

Épicerie : *au petit carrefour en venant du débarcadère. Lun-sam 9h-18h30 ; dim 12h-16h.* Loue également des vélos. Distributeur et service postal sur place.

Où dormir ? Où manger ?

Camping

⛺ Possibilité de planter sa tente au-dessus du resto ***Boathouse*** *(voir plus loin ; rens au resto : ☎ 505-123),* à quelques enjambées de la mer et sa microplage. Terrain herbeux, un peu en pente. Très bon marché *(£ 5/pers ; douches payantes).*

De prix moyens à chic

Gigha Hotel : *à 10 mn à pied du débarcadère, prendre à gauche au carrefour. ☎ 505-254. ● gighahotel.com ● Tte l'année. Double avec sdb £ 90, des familiales également. Plats £ 10-23.* Cet hôtel, égaré sur une lande sauvage, abrite des chambres simplement décorées mais confortables et plaisantes. Quasi toutes offrent une superbe vue sur la baie d'Ardminish. C'est aussi le seul resto de l'île ouvert toute l'année, bonne cuisine à base de produits locaux. Accueil chaleureux.

The Boathouse : *à 300 m du débarcadère, sur la gauche. ☎ 505-123. Mars-oct : tlj 10h-22h ; dernières commandes à 15h et 21h. Résa indispensable le soir. Plats £ 10-24.* Quelques tables devant la petite plage de sable blanc, ou dans une minuscule salle. Autant que faire se peut, les produits sont locaux et les plats faits maison. Cuisine naturellement tournée vers la mer, avec un original *mac & cheese* au homard ! Service efficace.

À voir

Achamore Gardens : *en haut de la route du débarcadère, à gauche après le* Gigha Hotel. *Compter 15-20 mn de marche depuis le ferry. Tte l'année, du lever au coucher du soleil. Entrée : £ 6,50 ; réduc. Il n'y a personne au guichet : on vous fait confiance pour laisser la monnaie dans la* honesty box *!* 2 parcours fléchés de 1h à 2h permettent de visiter ces jardins à la végétation subtropicale luxuriante. Particulièrement beau au printemps quand rhododendrons, azalées et camélias croulent sous les fleurs ! Vélos interdits.

L'ÎLE D'ISLAY

3 500 hab. IND. TÉL. : 01496

• Carte *p. 499*

Prononcer « Aïe-la », c'est l'île la plus méridionale des Hébrides intérieures. On l'appelle parfois *Queen of the Hebrides* (la reine des Hébrides), en référence à ses célèbres whiskies au goût de tourbe si caractéristique. On dénombre encore 9 distilleries en activité sur l'île, toutes très réputées. La richesse ornithologique de la réserve naturelle du *loch Gruinart,* la beauté de ses plages et l'accueil chaleureux de la population sont autant d'invitations à s'y rendre !

Arriver – Quitter

En bateau

Ferry Terminal : Caledonian MacBrayne, ☎ *302-209 (Port Ellen). Résas :* ☎ *0800-066-5000.* • *calmac.co.uk* •

➢ Env 3-5 ferries/j. (selon jours et saison) depuis ***Kennacraig*** (sur Kintyre) vers ***Port Ellen*** (sud de l'île) ou ***Port Askaig*** (nord-est de l'île, bac pour Jura). Trajet : respectivement 2h et 2h20. Attention, passage de la voiture pas donné.

En avion

✈ ***Islay Airport :*** *à 3 miles (5 km) au nord de Port Ellen. Infos auprès de Loganair :* ☎ *0344-800-2855 ;* • *loganair.co.uk* •

➢ ***Glasgow :*** 2-3 vols/j. (1 sam). Compter 40 mn.

Comment circuler ?

En bus

■ ***Islay Coaches :*** ☎ *840-273.*

➢ 2 lignes : ***Ardbeg, Port Ellen, Bowmore, Portnahaven*** et ***Ardbeg, Port Ellen, Bowmore, Port Askaig.*** Env 8 bus/j. au départ de Port Ellen, 8h15-17h45, pour rejoindre Portnahaven ou Port Askaig ; 4 bus/j. (sauf dim) depuis Port Askaig, 8h15-15h20. Changement parfois à Bowmore.

En taxi

■ ***Carol's Cabs :*** ☎ *302-155.* 📱 *0777-578-2155. Propose aussi des* Whisky *tours.*

BOWMORE (870 hab.)

« Capitale de l'île », elle a donné son nom à l'une des distilleries les plus célèbres d'Écosse. La culture du coin s'est indéniablement forgée autour du whisky ; même l'école arbore un toit en forme de pagode ! L'église mérite également un détour, blanche et arrondie pour empêcher le diable de se cacher dans un coin... On trouve ici le seul office de tourisme de l'île, ainsi que tous les commerces de base.

Adresses utiles

ℹ ***Visitor Information Centre :*** *The Square.* ☎ *305-165. Juil-août : lun-sam 9h30-17h30, dim 12h-15h ; avr-juin et sept-oct : lun-sam 10h-17h, dim*

LES ÎLES

LES ÎLES D'ISLAY ET DE JURA

12h-15h (avr-juin seulement) ; nov-mars : lun-ven 10h-15h. Demander le livret Distilleries Tour Times *pour les horaires détaillés des visites des 9 distilleries.*

■ ***Banques :*** *The Square (Morrison Court).* Distributeurs.

■ ***Co-op :*** *sur Shore St. Tlj 7h (10h dim)-22h. Bien approvisionné.*

■ ***Islay Hospital :*** *☎ 301-000.*

■ ***Islay Pharmacy :*** *The Square. ☎ 301-591. Lun-sam 9h-18h (13h mar et sam).*

Où manger chic ?

I●I ***The Harbour Inn :*** *The Square, au centre-ville. ☎ 810-330. Tlj 12h-14h30, 18h-21h30. Résa conseillée. Plats £ 8-15 (le midi), £ 16-24 (le soir).* Le must sur Islay. Salle à la déco marine, simple et avenante, toute vitrée pour profiter de la jolie vue. Produits locaux, dont gibier et poisson du jour. Présentation soignée pour une cuisine raffinée. Sélection de malts impressionnante.

À voir

Bowmore Distillery : *School St. ☎ 810-441. ● bowmore.com ● Visite guidée £ 10 (env 1h avec dégustation). Avr-oct : lun-sam 4 fois/j., dim 2 fois ; nov-mars : lun-sam 2 fois/j.* Fondée en 1779, la distillerie produit la moitié de son malt. Visite particulièrement intéressante, où l'on nous décrit les méthodes traditionnelles de maltage. La maturation du whisky se fait dans des caves situées au niveau de la mer. Cela expliquerait l'un des secrets de son goût équilibré, ni trop fumé ni trop tourbé. À l'entrée de l'établissement, un ancien entrepôt abrite aujourd'hui la piscine communale, chauffée par le surplus d'énergie émis par la distillerie. Astucieux, non ?

Manifestation

– **Islay Festival :** *une sem fin mai. Infos : ☎ 302-413.* Festival autour du whisky au programme chargé : visite de distilleries, concerts, *ceilidh,* démonstration du découpage de la tourbe, dîners...

BRIDGEND (760 hab.)

Au cœur de l'île, village à la jonction des routes pour Port Ellen au sud et Portnahaven à l'ouest. On y trouve toutes les commodités.

Où dormir ? Où manger ?

Loch Gruinart House B & B : *à env 6 miles (env 10 km) de Bridgend sur la route du loch Gruinart. ☎ 850-212. ● lochgruinart.co.uk ● Doubles £ 60-70.* Dans une belle maison isolée dans la lande, 3 chambres confortables et bien tenues. Catherine reçoit avec gaieté et enthousiasme. Un très bon rapport qualité-prix-tranquillité.

Sornbank B & B : *à l'angle avec la route pour Portnahaven. ☎ 810-544. ● sornbank.co.uk ● Mars-oct. Doubles avec sdb £ 85-110.* Au cœur de l'île et du village, seulement 2 chambres, plutôt spacieuses, claires et cosy. Celle avec un grand lit donne sur la rivière, tandis que la *twin* est côté route.

Bridgend Hotel : *à l'intersection avec Portnahaven. ☎ 810-212. ● bridgend-hotel.com ● Fermé fév. Resto tlj 12h-14h, 18h-21h. Doubles £ 145-180. Plats £ 13-23.* La jolie maison du XVIIIe s, flanquée d'un charmant jardin sur l'arrière, abrite une dizaine de chambres modernes et délicieusement douillettes. Les moins chères sont vraiment exiguës pour le prix, mais les parties communes, claires et accueillantes, dégagent une atmosphère vraiment plaisante. Côté resto ou dans le *Katie' bar* (un peu moins cher), une cuisine goûteuse à base de produits locaux de qualité.

LES ÎLES

À voir dans les environs

Islay Woollen Mill : *à env 1 mile (1,6 km) de Bridgend, sur la route de Ballygrant. Chemin sur la droite, fléché. ☎ 810-563. ● islaywoollenmill.co.uk ● Lun-sam 10h-17h.* Il s'agit d'un des ateliers de tissage à vapeur les plus anciens de Grande-Bretagne. Tenu par la famille Covell depuis 1883. Sa réputation a pris des galons avec le choix de ses tartans pour habiller Mel Gibson dans *Braveheart.* Vaste et superbe choix de vêtements et accessoires dans la boutique.

Finlaggan : *entre Bridgend et Port Askaig, 2 miles (3 km) après Ballygrant (fléché sur la gauche), sur l'**îlot d'Eilean Mor.** ☎ 840-644.* • *finlaggan.org* • Visitor Centre *ouv Pâques-oct, lun-sam 10h30-16h15. Entrée : £ 4 ;* honesty box *lorsque le* Visitor Centre *est fermé.* On y accède par une passerelle. Il s'agit du site historique le plus important de l'île, siège des *lords of Isles,* seigneurs qui gouvernaient l'Argyll et les îles Hébrides. *Eilean Mor,* l'« Île large », abritait déjà une vingtaine de bâtiments au Moyen Âge. Aujourd'hui, il ne reste pas grand-chose, seules subsistent quelques maigres ruines, celles de la chapelle et du *Great Hall* étant les plus reconnaissables. Des pierres tombales sculptées reposent toujours au sein de la chapelle. Petite expo sur les lords dans le *Visitor Centre.*

ESPION ? UN DUR MÉTIER

D'Eilean Mor, on aperçoit la seconde île où se tenait l'assemblée des lords. Toutes les précautions étaient prises pour garder ces réunions secrètes. Un passage immergé reliait les 2 îles. Mais ne l'empruntait pas qui voulait : en effet, une pierre, mal positionnée à escient, basculait dès qu'un étranger marchait dessus. L'imprudent finissait dans le lac, et l'alerte était ainsi donnée.

Loch Gruinart Nature Reserve : *à env 5 miles (8 km) au nord-ouest de Bridgend. ☎ 850-505.* • *rspb.org.uk/lochgruinart* • Visitor Centre *ouv tlj 10h-17h. Mai-oct : visite guidée ts les jeu à 10h (£ 5). Durée : 2h.* Composée de marais salants et de landes de bruyère, cette réserve de 1 700 ha est le refuge de nombreux échassiers et oiseaux de proie. À l'automne, oies venues du Groenland et bernaches s'y installent pour passer l'hiver au chaud (!). Plate-forme d'observation à proximité du *Visitor Centre.*

Kilnave Chapel : *au* Visitor Centre *du loch Gruinart, prendre à droite direction Ardnave sur 4 miles.* Ruines d'une chapelle et petit cimetière au bord du loch Gruinart. Une majestueuse croix, datant de 750 av. J.-C., est plantée à l'entrée. Panorama somptueux.

PORT CHARLOTTE

Village le plus mignon de l'île, avec ses façades blanchies qui lui donnent un air bien singulier. Il abrite une petite communauté de pêcheurs et de fermiers.

Adresse utile

■ **Location de vélos :** *chez un particulier, la maison blanc et bleu en face du* Port Charlotte Hotel. *☎ 850-488. Compter £ 15/j.*

Où dormir ? Où manger ? Où boire un verre ?

Port Mòr Campsite : *à la sortie sud de Port Charlotte. ☎ 850-441.* • *islandofislay.co.uk* • *Mars-nov. Env £ 9/pers avec tente et voiture. Bistrot ouv à ts, 8h-22h ; plats £ 9-13. CB refusées.* Vaste pelouse devant la mer, presque aussi nette qu'un *green* de golf, avec jeux pour les enfants et terrain de foot. Bien amarrer les tentes, car le coin est plutôt venteux, et pas un arbre à l'horizon pour se protéger ! Noter l'écobâtiment conçu pour être quasi autosuffisant. L'électricité provient de l'énergie renouvelable (éolienne, solaire et géothermique). Agréable bar-bistrot-snack, tout en baies vitrées, pour petit déj, *fish & chips, cajun burger* et plats du jour (aussi à emporter).

Youth Hostel : *après le pont, 1er bâtiment à gauche ; dans un ancien entrepôt de whisky. ☎ 850-385 ou*

0845-293-73-73 (central de résas). • *hostellingscotland.org.uk* • *Pâques-oct. Env £ 20/pers, double env £ 50 ; plus £ 3 pour les non-membres.* 30 lits en dortoirs non mixtes de 3 à 6 lits, très propres et confortables. Également 2 *twins.* Salle commune plaisante avec vue sur la mer. À disposition, cuisine bien équipée, machine à laver et abri pour les vélos. En prime, accueil très aimable des *wardens.*

Lochindaal Hotel : *au cœur du village, après le pont.* ☎ *850-202.* • *lochindaalhotel.co.uk* • *Doubles sans ou avec sdb £ 60-100. Resto ouv le soir seulement. Plat £ 11.* Un petit hôtel simple à l'accueil très amical. À l'étage du resto-pub, de petites chambres pas chères avec sanitaires communs, ou plus confortables et spacieuses sur l'arrière, avec salle de bains.

Port Charlotte Hotel : *dans le village, après le pont.* ☎ *850-360. Résa conseillée le soir en été. Plats £ 17-31 au resto, £ 10-23 au pub. Musique folk au pub, mer et dim à 20h30.* On a le choix de s'installer soit côté pub cosy, soit dans une salle plutôt élégante, ou encore en bas, sous l'agréable véranda. Bonne cuisine contemporaine, travaillée et dressée avec soin. Une adresse appréciée des locaux.

The Yan's Kitchen : *à l'entrée de Port Charlotte (face au musée).* ☎ *850-230. Tlj 10h-14h, 17h-20h45. Plats £ 7-14 le midi, £ 15-26 le soir.* Une grande salle très simplement équipée de meubles en pin, avec quelques photos du coin comme unique déco. La cuisine emboîte le pas au lieu, sans prétention. Des poissons et *scallops,* bien sûr, mais aussi quelques propositions carnées à base de mouton ou de canard. Quelques tables dehors, face à la mer.

Où dormir ? Où manger ? Où boire un verre dans les environs ?

Octofad Farm B & B : *à env 3 miles (5 km) au sud de Port Charlotte, après* Nerabus. ☎ *850-594.* • *octofadfarm.com* • *Double avec sdb £ 90.* Dans un cadre de carte postale, dominant une superbe baie, cette maison récente abrite 3 chambres cosy, fraîchement refaites. Pour ceux qui rêvent de moutons pour voisins !

Ocean View : *à env 3 miles (5 km) au sud de Port Charlotte. Au niveau de* Nerabus, *grimper sur la droite par un chemin privé.* ☎ *850-650.* • *oceanviewislay.co.uk* • *Mai-sept. Double avec sdb £ 130.* Dans une vaste maison surplombant la mer, une poignée de grandes chambres archi-douillettes, aux couleurs chaudes et à la moquette épaisse, toutes avec une vue dégagée sublime. Une adresse de charme au confort cossu.

An Tigh Seinnse : *à* **Portnahaven,** *à gauche du port.* ☎ *860-224. Ven-mar 12h-20h, mer-jeu 12h-16h ; jusqu'à 23h pour le bar. Plats £ 6-13.* Habitués et touristes de passage se réfugient dans les 2 minuscules salles de l'unique pub du village, décorées de vieilles photos. Le choix à l'ardoise change tous les jours, mais on trouvera toujours une soupe, une assiette de viande froide ou des pizzas maison, et quelquefois du poisson ou des crustacés rapportés par les pêcheurs. Bon accueil.

À voir

Museum of Islay Life : *dans une ancienne église, à droite en arrivant à Port Charlotte.* ☎ *850-358.* • *islaymuseum.org* • *Avr-oct : lun-sam 10h30 (dim)-16h30 (fermé sam en oct). Entrée : £ 3,50 ; réduc.* Musée un peu brouillon mais très documenté sur l'histoire naturelle et sociale de l'île. On y trouve la reconstitution d'une cuisine et d'une chambre de style victorien, toutes sortes d'outils agricoles des campagnes d'autrefois. Toutes les pièces proviennent de prêts ou de dons des habitants. Ce musée est leur mémoire collective. Pièces archéologiques et pierres tombales gravées du XVIe s dans le fond, ainsi qu'une bibliothèque en libre accès.

Islay Natural History – Nature Centre : *en dessous de l'AJ de Port Charlotte. ☎ 850-288. Mai-sept : lun-ven 10h30-16h30. Entrée : £ 3,50 (valable 1 sem) ; réduc.* Un petit centre modeste mais bien conçu, pour les amateurs de vie sauvage et de géologie. En été, nombreuses activités et randonnées accompagnées pour faire découvrir le rivage aux enfants.

À voir dans les environs

Bruichladdich Distillery : *au nord de Port Charlotte, sur la route principale de Bridgend. ☎ 850-190. • bruichladdich.com • Lun-ven 9h-18h, sam 9h-17h, dim 10h-16h. Tours quasi ttes les heures, 10h-16h (15h sam, 14h dim), réduits en hiver. Visite : £ 5 avec dégustation.* C'est ici qu'on distille le whisky le plus fortement tourbé au monde. Mais les fûts en recueillent aussi du beaucoup moins fort et même un bio.

Portnahaven : un village de pêcheurs tout mignon, à l'extrémité ouest de l'île, avec sa rangée de cottages à touche-touche qui encerclent un petit port. La communauté de Portnahaven et sa jumelle *Port Wemyss* (en face de la baie) partagent la même église, avec 2 portes séparées, une pour chaque village, pour le moins insolite. En fait, l'église fut construite bien avant la création de Port Wemyss.

Entre Portnahaven et ***Kilchiaran,*** l'une des plus belles routes de l'île, riche de verts pâturages et de quelques fermes perdues. En chemin, des aigles, des lièvres... et des moutons ! Au nord de Kilchiaran se déploie la majestueuse ***Machir Bay.***

Kilchoman Distillery : *au nord-ouest de Port Charlotte, entre le loch Gorm et Machir Bay. ☎ 850-011. • kilchomandistillery.com • Tlj 9h-18h, sam 9h45-17h. Tours à 10h, 14h et 15h. Visite : £ 7 avec dégustation. Moins de 18 ans acceptés sur résa (en fonction de la dispo).* Créée en 2005, c'est la première distillerie construite dans l'île 124 ans après son aînée, c'est aussi l'une des plus petites d'Écosse. Son whisky n'en est pas moins remarquable, tout comme sa situation dans un cadre sauvage superbe.

Café-snack pour déjeuner sur place.

PORT ELLEN *(870 hab.)*

Le port le plus actif de la partie sud de l'île. Les bateaux acheminent aussi bien des visiteurs que de l'orge destinée aux distilleries. Le village en lui-même, austère, présente peu d'intérêt. On y passe surtout pour visiter les distilleries alentour.

Adresses utiles

■ ***Location de vélos :*** *Islay Cycle, 2, Corrsgeir Pl ; chez un particulier, de l'autre côté de la baie. 07760-196-592. • islaycycles.co.uk • Compter £ 20-25/j. selon modèle.*

■ ***Co-op :*** *sur Frederick Cres. Tlj 7h (10h dim)-22h. Distributeur.*

Où dormir ? Où manger ? Où boire un verre ?

Kintra Farm Campsite : *à* ***Kintra,*** *à env 3 miles (5 km) à l'ouest de Port Ellen. ☎ 302-051. • kintrafarm.co.uk • Mai-sept. Env £ 16 pour 2 avec tente et voiture.* Dans un coin isolé superbe, un camping très nature avec des emplacements libres dans les dunes herbeuses, au bord de la plage. Petite salle à dispo pour se réfugier en cas de pluie, avec lave-linge et frigo. Tranquillité assurée !

The Grange B & B : *c'est la grande maison jaune qui domine le port, en haut de la rue à gauche de la Co-op. ☎ 302-035. • islaygrange.com • Double £ 80.* Cette grande bâtisse datée de 1855, superbement restaurée, recèle 3 chambres confortables, à la déco sobre. 2 d'entre elles partagent une grande salle de bains. Accueil chaleureux de Margaret et Harold. On pourra s'essayer au golf dans le vaste jardin sur l'arrière.

40 Pier Road : *1re maison à gauche en sortant du ferry. ☎ 300-502. • 40pierroad.co.uk • Doubles avec sdb £ 80-100 ; réduc à partir de 3 nuits.* Si la façade revêt un aspect plutôt sévère, l'intérieur est arrangé avec beaucoup de goût. Seulement 2 chambres, mais spacieuses et lumineuses avec coin salon et canapé-lit. En prime, cuisine à disposition (rare dans les *B & B*). Accueil charmant et (un peu) en français.

The Trout-Fly Guesthouse : *8, Charlotte St. ☎ 302-608. • troutfly-islay.co.uk • Double avec sdb £ 80.* Dans une maison de ville à la façade jaune, 4 chambres sobres et agréables, refaites au goût du jour. Coin salon à dispo et petit déj continental en libre-service. Bon accueil de Linda.

The Islay Hotel : *18, Charlotte St. ☎ 300-109. Au carrefour des 2 rues principales, en venant du débarcadère. Résa indispensable pour le resto. Tlj 12h-14h30, 18h30-21h30. Plats £ 12-25. Live music jeu et sam soir.* L'une des meilleures tables de l'île, à prix encore abordables au vu de la qualité. Des plats savoureux, concoctés par un chef inspiré, avec une mention spéciale pour l'agneau cuit à basse température, fondant en bouche. Bon *ceviche* de saint-jacques également. Si c'est complet, on peut s'attabler au pub ou dans le jardin sur l'arrière (la carte est la même). Service efficace et cadre agréable. On adore !

À voir

À l'est de Port Ellen, une jolie petite route mène à ces célèbres distilleries, entre des pâturages vallonnés et la côte, parsemée d'îlots rocheux.

Laphroaig Distillery : *la 1re d'entre elles. ☎ 302-418. • laphroaig.com • Sur résa seulement, 3-4 visites/j. 10h30-15h30 (15h en hiver). Fermé le w-e janv-mars. Visite suivie d'une dégustation : £ 10.* On raconte que ce serait la marque préférée du prince Charles... En tout cas, c'est l'une des rares distilleries (avec celle de Bowmore) à exécuter leur propre maltage. Pendant l'époque de la prohibition aux États-Unis, ce malt très tourbé continuait d'être importé légalement pour ses « vertus médicinales ».

Lagavulin Distillery : *☎ 302-749. • malts.com/en-row/distilleries/lagavulin • 3 visites/j., en sem seulement et sur rdv. Visite guidée suivie d'une dégustation : £ 6.* Site incomparable. Distillerie établie en 1816, célèbre pour son *single malt* de 16 ans d'âge, très tourbé, et pour son *blend, White Horse*. De la distillerie, on aperçoit le ***Dunyveig Castle,*** une ruine érigée sur un éperon rocheux.

Ardbeg Distillery : *la dernière de la série. ☎ 302-244. • ardbeg.com • Avr-oct, tlj 9h30-17h ; nov-mars, lun-ven. Résa conseillée. 2 visites/j., suivies d'une dégustation : £ 6.* Distillerie réputée là encore, rachetée en 1997 par le groupe Glenmorangie après une longue période d'interruptions répétées.

Pour une pause, l'*Old Kiln Café* sert snacks et plats simples *(12h-15h45).*

Kildalton Cross (HES) **:** *à 7 miles (12 km env) à l'est de Port Ellen. GRATUIT.* Elle se dresse dans un cimetière dont les tombes datent du Moyen Âge. La chapelle du XIIIe s, quant à elle, a perdu sa toiture. Il s'agit de la croix celtique la mieux conservée de toute l'Écosse, gravée à la fin du VIIIe s par un sculpteur d'Iona. Sur la face ouest de la croix sont représentés 4 lions, tandis qu'à l'est apparaît la Nativité.

The Mull of Oa : *prononcez « o ». Au sud-ouest de Port Ellen.* Une route étroite traverse un paysage quasi désertique, peuplé de craves à bec rouge et

LES ÎLES

d'aigles royaux y chassant les lièvres. La *RSPB* (ligue de protection des oiseaux) organise des visites guidées dans la réserve d'Oa. *Ts les mar en été à 10h ; sur résa seulement en hiver. Rens : ☎ 850-505. • rspb.org.uk/datewithnature • Tarif : £ 5. Durée : 2h.*

Au sud-ouest du Mull, un monument américain érigé en mémoire des 266 soldats morts en 1918 à bord d'un bâtiment torpillé par un sous-marin allemand. Balades possibles aux abords des falaises, à condition d'être prudent.

PORT ASKAIG

Au nord-est de l'île, dans une petite crique, rien de plus qu'une pincée de maisons, un hôtel-resto et une épicerie. Minuscule, donc, mais absolument charmant, et une vue superbe sur l'île de Jura, juste en face. C'est ici que l'on prend le bac pour s'y rendre.

Où dormir dans les environs ?

Kilmeny Country House : *à env 4 miles (6 km) de Port Askaig et 0,8 mile (1,3 km) de Ballygrant, en direction de Bridgend (bien indiqué). ☎ 840-668. • kilmeny.co.uk • Fermé nov-fév. Double avec sdb £ 130, plus 1 suite.* Isolée au sommet d'une colline, voici l'une des adresses les plus authentiques et les plus séduisantes de l'île. Margaret, la pétillante propriétaire, a non seulement aménagé ses 4 chambres et sa grande suite avec un goût certain (meubles anciens, ciels de lit, tableaux, moquettes d'une épaisseur XXL), mais son sens du confort semble quasi obsessionnel ! Ravissant jardin où est servi le thé à 17h. Un petit goût de luxe dans un cadre de bout du monde.

À voir dans les environs

Caol Ila Distillery : *à env 2 miles (3 km) au nord de Port Askaig. ☎ 302-769. • malts.com/en-row/distilleries/caol-ila/ • Visites (3/j. en sem, 2 le sam, 1 seulement dim) suivies d'une dégustation : £ 6.* Site très pittoresque, au pied d'une côte escarpée, avec ses quais juste en face de l'île de Jura. Cette distillerie – la plus grande de l'île – produit 7 millions de litres par an ! Les amateurs de *single malt* vous parleront de son caractère tourbé avec gourmandise...

Bunnahabhain Distillery : *à env 5 miles (8 km) au nord de Port Askaig. ☎ 840-557. • bunnahabhain.com • Visites guidées (seulement sur résa, 5 fois/j.) : £ 7.* *Bunnahabhain* signifie « l'embouchure de la rivière » en gaélique. En 1883, les frères Greenlees décident en effet de construire leur distillerie à l'embouchure de la rivière Margadale. D'allure un brin austère, elle surplombe une jolie petite plage face à l'île de Jura.

L'ÎLE DE JURA

180 hab. IND. TÉL. : 01496

• Carte *p. 499*

Pourtant toute proche de sa voisine Islay, Jura se révèle très différente et beaucoup plus sauvage. Son nom viendrait d'un mot norrois signifiant *Deer Island*, ce qui paraît pertinent puisque l'île abrite 6 000 cerfs ! Une unique

route parcourt 45 km le long de la côte est, dominée par ces *Paps* (mamelons) si caractéristiques. Le paysage n'est que montagnes et plaines tourbeuses, se reflétant au nord dans le loch Tarbert. Un paradis pour randonneurs endurcis ! Jura retiendra aussi les voyageurs en quête de solitude ou d'inspiration, à l'instar de George Orwell, qui rédigea ici, dans le cottage isolé de Barnhill dans le nord de l'île, son célèbre *1984*.
Selon le dicton, on trouve son cheval sur Mull, sa vache sur Islay et sa femme sur Jura. Bonne chance tout de même... elles sont peu nombreuses !

Arriver – Quitter

➢ ***Port Askaig** (île d'Islay)-**Feolin** (Jura) :* liaisons tte l'année par un bac quotidien qui embarque une petite dizaine de voitures. Ttes les 30 mn-1h env (moitié moins le dim), 7h30-18h30. Compter 5 mn de traversée. Ticket à bord.

➢ ***Tayvallich** (à l'ouest de Lochgilphead)-**Craighouse** (Jura) :* 2 liaisons/j. (1 le dim et aucune le mar). ▮ *07768-450-000.* Résa conseillée, car seulement 12 places. Compter £ 20/pers et 1h de trajet. Ne prend pas de voitures. Gratuit pour les vélos. Service de bus entre Lochgilphead et Tayvallich. *Anderson Coaches :* ☎ *(01546) 870-354.*

Comment circuler ?

➢ ***En bus :*** env 6-7 bus/j. relient ***Feolin*** à ***Craighouse*** (8 miles, soit 13 km), 4 seulement continuent jusqu'à ***Inverlussa.*** Attention, pas de bus à certaines arrivées de ferry et aucun le dimanche.

Adresses et infos utiles

■ ***Jura Service Point :*** *près de l'école de **Craighouse,** à l'autre bout du village.* ☎ *820-161. Lun-ven 9h30-12h30.* Infos sur les randonnées. Se renseigner ici avant d'entreprendre une balade en période de chasse (en principe, de juillet à février).

✉ ■ Une ***poste,*** une ***station-service*** et quelques ***commerces*** à Craighouse.

■ ***Jura Bike Hire :*** *à **Craighouse,** au débarcadère du bateau de Tayvallich. Avr-oct.* ▮ *07768-450-000 (Nicol).*

Où dormir ? Où manger ?

⛺ ⌂ |●| ***Jura Hotel :*** *à **Craighouse.*** ☎ *820-243.* ● *jurahotel.co.uk* ● *Camping £ 5/tente. Doubles avec sdb £ 100-125. Au resto, plats £ 6-11 le midi, £ 11-23 le soir.* Derrière la façade austère se cache un délicieux hôtel, à la déco fraîche, moderne et joyeuse. Les 17 chambres, bien douillettes, offrent presque toutes une superbe vue sur la mer et les îlots. Les campeurs peuvent planter leur toile dans le petit terrain attenant (sanitaires dans l'hôtel). Resto de qualité proposant des produits locaux, poisson évidemment et gibier en saison. Accueil en français de la sympathique propriétaire.

⌂ ***Corran House B & B :*** *à 4 miles (6,5 km) au nord de Craighouse, à la patte d'oie prendre à droite vers Knockchrome puis 1er chemin à droite (fléché).* ☎ *820-374.* ● *corranhousejura.co.uk* ● *Double avec sdb £ 90.* Un des rares *B & B* de l'île, idéalement situé au bout d'une longue plage, dans un coin isolé et superbe. Dans une maison récente, 2 chambres de très bon confort, à la déco contemporaine. Agréable véranda pour le petit déj. Une belle adresse pour les contemplatifs !

|●| ***The Antlers :*** *à **Craighouse,** côté gauche, face à la supérette.* ☎ *820-123. Tlj 10h-16h.* Agréable salle et

quelques tables en terrasse pour une cuisine sans prétention, genre soupes et burgers, qui cale son bonhomme ! Sur place, vente de produits et d'artisanat de l'île. Également des plats à emporter.

À voir. À faire

Jura Distillery : à **Craighouse.** ☎ *820-385.* • *kurawhisky.com* • *Avr-oct, lun-sam 10h-16h30 ; nov-mars, lun-ven 10h-16h. Visites guidées (45 mn avec dégustation) 2 fois/j. : £ 6. Résa demandée.* Après moult péripéties tout au long de ses 2 siècles d'histoire, cette distillerie a finalement rouvert ses portes dans les années 1950, pour enrayer le chômage sur l'île. La taille de ses alambics (parmi les plus grands d'Écosse) donne un whisky léger et moins tourbé que ceux produits à Islay.

➢ ***Randonnées :*** un guide de randonnée est en vente à l'office de tourisme de *Bowmore* (sur Islay). Sinon, au *Jura Service Point,* plusieurs fiches en libre-service. On vous conseille notamment la randonnée près du ***loch Tarbert,*** un loch de près de 10 km de long, situé au centre de l'île, et qui la couperait presque en 2. Compter 3h de marche aller-retour pour découvrir ses plages, ses grottes et atteindre la colline de *Cruib,* avant de revenir vers la route et le hameau de *Tarbert.*
Les plus motivés peuvent rejoindre à pied le cottage de George Orwell, ***Barnhill.*** Compter 4,4 miles (7 km) de marche depuis le parking situé à 1,2 mile (2 km) après *Lealt,* dernier village accessible par la route. Encore plus fort : aller jusqu'au tourbillon de ***Corryvreckan,*** 3 miles (5 km) après Barnhill, surtout spectaculaire par grand vent. Avec 15 miles (24 km) aller-retour, cette balade est réservée aux plus sportifs. De plus, le retour peut s'avérer épuisant en cas de vent contraire. En fait, la sortie jusqu'à Corryvreckan s'effectue le plus souvent par la mer. Nicol McKinnon, sympa et dévoué, organise des virées (*07768-450-000*).
Les randonneurs peuvent aussi passer la nuit dans quelques *bothies* (des refuges) implantés à plusieurs endroits de l'île. Se renseigner au *Service Point* de Jura ou à l'office de tourisme de Bowmore sur Islay.

L'ÎLE DE MULL

2 700 hab.

• Carte *p. 509*

2e plus grande île des Hébrides intérieures (après Skye) avec ses 40 km du nord au sud et près de 42 km d'est en ouest. Les Écossais la considèrent comme la plus variée et, accessoirement, la plus arrosée. Il est vrai que les criques et hameaux perdus de la côte ouest et du *Ross of Mull,* propices aux randonnées, offrent un parfait contrepoint aux légitimes vedettes touristiques que sont l'abbaye d'Iona ou le port de Tobermory. N'y passez pas moins de 2 jours pleins, sous peine de revenir frustré. Ou fatigué : les distances sont trompeuses sur les pittoresques routes *single track* de Mull.

Arriver – Quitter

Ferry Terminal : Caledonian MacBrayne. *À* **Tobermory,** ☎ *302-017 ; à* **Craignure,** ☎ *812-343. Résas :* ☎ *08000-66-5000.* • *calmac.co.uk* • En sem, traversées de tôt le mat jusqu'au début de soirée ; amplitude moindre le w-e.

➢ ***Oban-Craignure :*** avr-oct, env 9 liaisons/j. ; nov-mars, 2-4 liaisons/j. Durée : 45 mn. Résa obligatoire avec un véhicule.

➢ ***Lochaline-Fishnish :*** avr-oct, env 1 bac ttes les heures ; nov-mars, moins fréquents et pas de bac le dim.

➢ ***Kilchoan-Tobermory :*** avr-oct, 5-7 traversées/j. ; nov-mars, 3-4 départs/j. sauf dim. Durée : 35 mn.

Comment circuler ?

En bus

■ ***Compagnie Bowmans :*** ☎ *(01546) 604-360.* ● *bowmanstours.co.uk* ●

➢ ***Craignure-Tobermory*** *via* ***Fishnish*** *et* ***Salen*** (ligne n° 495) ***:*** avr-oct, 4-7 bus/j. ; nov-mars, 2-3 bus/j. sauf dim.

➢ ***Craignure-Fionnphort*** *via* ***Bunessan*** (ligne n° 496) ***:*** avr-oct, 3-4 bus/j., 1 le dim ; nov-mars, 2-3 bus/j., dim seulement 1 bus Fionnphort-Craignure.

➢ ***Calgary-Tobermory*** *via* ***Dervaig*** (ligne n° 494) ***:*** 2-4 bus/j. sauf dim.

TOBERMORY (880 hab. ; IND. TÉL. : 01688)

Ce petit port à l'extrémité nord de l'île est considéré comme le plus beau de la côte écossaise occidentale. Maisons pastel se reflétant dans l'eau sous la frange haute du village et horloge égrenant son tic-tac sur Main Street depuis 1905 lui confèrent une touche unique. Difficile d'y manquer une photo, même l'église du port transformée en épicerie ne parvient pas à gâcher le tableau !

– Consulter le gratuit *Round & About* pour les événements à ne pas manquer.

Adresses utiles

ℹ ***Information Point :*** *au bout du port, au terminal des ferries, Main St.* ☎ *302-017. Tte l'année, lun-ven 9h-17h30 (plus sam mai-sept). Autre* **Point Infos** *(privé), au bout de la baie. Avr-oct : tlj 9h-19h (17h avr et oct). Vend aussi (surtout) les excursions en mer des différentes compagnies, des brochures et des cartes.*

■ ***Clydesdale Bank :*** *Main St. Lun-ven 9h15-16h45. La seule banque de l'île.* Distributeur.

✚ ***Centre médical : Tobermory Surgery,*** *Rockfield Rd.* ☎ *302-013. Sur les hauteurs de la ville.*

■ ***Location de vélos : Brown's Shop,*** *21, Main St.* ☎ *302-020. Tlj 8h-17h30.*

■ ***Supérette :*** *Main St. Tlj 7h (12h30 dim)-22h.*

Où dormir ?

Bon marché (£ 10-25/pers ; 12-30 €)

⌂ ***Tobermory Youth Hostel :*** *Main St.* ☎ *302-481.* ● *hostellingscotland.org.uk* ● *De mi-mars à mi-oct. Dortoir (4-6 lits) env £ 15-18/pers. Également des familiales (2-4 pers).* Idéalement située sur le front de mer, cette grande maison saumon est la seule adresse bon marché de Tobermory. Ensemble bien tenu et équipé (laverie, cuisine). Accueil amical.

De prix moyens à chic (£ 50-125 ; 60-150 €)

⌂ ***Copeland House :*** *Viewmont Dr.* ☎ *302-049.* ● *copelandhouse.com* ● *Partie haute du village, par une petite perpendiculaire grimpant non loin de l'Arts Centre. Doubles £ 60-70.* 3 chambres confortables et assez spacieuses. La n° 3 profite d'une superbe vue sur le Sound of Mull, tout comme la salle à manger.

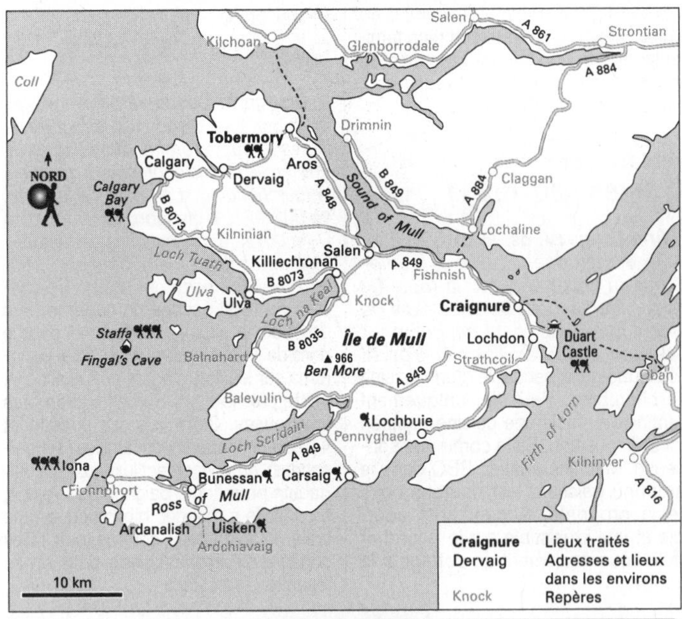

L'ÎLE DE MULL

Harbour Guesthouse : *59, Main St. ☎ 302-209. • harbourguesthouse-tobermory.com • Avr-oct. Doubles env £ 110-120, familiales £ 160 (4 pers). Minimum 2 nuits.* Dans une maison vert amande située sur le port, 10 chambres nettes et confortables avec vue sur la mer ou le jardin à l'arrière. L'originalité de cette *guesthouse* tient à sa *bird table* dans la salle de petit déj, dont la baie vitrée donne sur la paroi rocheuse, permettant d'assister à un véritable ballet d'oiseaux venus picorer les graines laissées à leur intention. Autant être prévenu, les habitués se lèvent tôt pour être aux premières loges. Accueil attentionné.

Carnaburg : *55, Main St. ☎ 302-479. • carnaburg-guesthouse.co.uk • Doubles sans ou avec sdb £ 90-100, plus des familiales.* Une petite dizaine de chambres sans charme particulier, de taille différente, dont plus de la moitié bénéficie d'une vue sur la mer. Salles de bains assez petites.

Sonas House : *sur les hauteurs de Tobermory. ☎ 302-304. • sonashouse.co.uk • Double £ 130.* 3 chambres, dont 1 studio familial et moderne, au-dessus du garage. Les 2 autres, situées dans la maison, sont claires et possèdent un *king size bed* et une terrasse avec vue sur la mer (préférer la chambre du haut). Mais le gros atout qui justifie son prix est la piscine intérieure chauffée. Un vrai luxe ! Accueil discret.

LES ÎLES

Où dormir dans les environs ?

Camping

Tobermory Campsite : *sur la route de Dervaig, à 2 km. ☎ 302-525. • tobermory-campsite.co.uk • Mars-oct. Réception ouv 8h45-10h,*

13h30-19h30. Prévoir £ 20 pour 2 avec tente. CB refusées. Petit camping familial installé sur un site très reposant et arboré. Une seule cabane de sanitaires. Simple et propre. Bon accueil.

Prix moyens (£ 50-85 ; 60-102 €)

Arle Lodge : Aros. *☎ (01680) 300-299. • arlelodge.co.uk • À 5 miles (8 km) de Tobermory sur la route de Salen. Tte l'année. Doubles sans ou avec sdb £ 65-75, petit déj compris ; réduc en hiver ; familiales (3-6 pers).* Éco-auberge impeccable d'une dizaine de chambres. Petit déj uniquement continental, mais une cuisine équipée est à disposition. Salle commune spacieuse. Machine à laver. BBQ dans le jardin où paissent les moutons noirs de la propriété. Accueil très courtois et vue irrésistible sur le Sound of Mull. Loue également un cottage à la semaine.

Plus chic (plus de £ 125 ; 150 €)

Glengorm Castle : *à 5 miles (8 km) de Tobermory, d'abord en direction de Dervaig, puis à droite vers Glengorm. Env 1 mile plus loin, prendre à gauche à la fourche, c'est tt au bout de la route. ☎ 302-321. • glengormcastle.co.uk • De mi-mars à mi-nov (gîtes tte l'année). Selon standing et vue, doubles £ 160-200 ; réduc à partir de 2 nuits.* Ce château de 1860 occupe un superbe parc de 2 500 ha, situé en bord de mer dans le nord de Mull. Nombreux sentiers, panorama sur les îles, élégant *coffee shop* et petite galerie d'art. Sur les 5 chambres spacieuses, 3 ont vue sur l'océan et 4 peuvent accueillir des familles (3-4 personnes). Aménagement luxueux (lit à baldaquin pour l'une, baignoire sur pieds, etc.), salle à manger, bibliothèque, une vraie vie de château, somme toute ! Des cottages disséminés dans la propriété se louent en *self-catering.*

Où manger ? Où boire un verre ?

Bon marché (moins de £ 8 ; 10 €)

Fisherman's Pier : *camion sur la jetée. Tlj midi et soir en saison.* On fait souvent la queue pour acheter ses *fish & chips,* coquilles Saint-Jacques ou, pour les carnivores, des saucisses et du poulet. Bon et pas cher. Impeccable pour avaler un morceau face à la mer (quand il fait beau).

De prix moyens à chic (plats £ 8-25 ; 10-30 €)

Cafe Fish : *au bout du port, au-dessus de l'office du tourisme. ☎ 301-253. De mi-mars à fin oct, tlj midi et soir. Résa indispensable en saison.* L'institution de la ville pour ses produits de la mer, ultra-frais, d'où leur slogan « *the only thing frozen is our fishermen* » (« seuls nos pêcheurs sont congelés »). La petite salle blanc et bleu ornée de marines et la terrasse bercée par les flots mettent tout de suite dans l'ambiance.

Galleon Grill : *dans une ruelle perpendiculaire à Main St, juste à côté de la poste. ☎ 301-117. Ouv seulement le soir, plus sam midi et dim midi.* Hautes banquettes créant des box, tables classiques ou surélevées, le tout dans des tons noir et rouge. Cuisine appliquée, même le *fish & chips* s'en sort avec les honneurs et les moules marinière sont copieuses. Pas de terrasse.

The Mishnish Hotel : *au bout du port (côté ferry). ☎ 302-009. Cuisine jusqu'à 20h30.* Maison de famille depuis 1869. Ambiance très chaleureuse dans la salle du pub. Petite terrasse à l'arrière. Salle de resto plus classique, à l'image de la cuisine.

MacGochans : *dans une grande bâtisse au bout du port (côté distillerie). ☎ 302-350. Tlj 11h-1h (2h sam quand concerts ; ferme plus tôt en hiver) ; cuisine ouv jusqu'à 22h.* La salle principale du « complexe » *MacGochans* joue bien son rôle de grand pub où tout le monde est bienvenu.

LES ÎLES

Rations copieuses de haddock, *steak and Guinness pie,* médaillon de chevreuil *(venison)* et steaks, dont le redoutable *Tobermory Bay.* Grande terrasse. Groupes le samedi soir. Service décontracté.

|●| 🍸 ***The Gallery :*** *Main St. Tlj 9h30 (10h dim)-18h30.* Une ancienne église transformée en café-boutique pour une pause thé-gâteaux. Ça finance les travaux de restauration de ce bâtiment de la fin du XIXe s, abandonné pendant 3 ans, assez pour que le vent occasionne quelques dommages sur le toit et les structures. Avant, l'édifice accueillait un atelier de tissage et, encore avant, un supermarché. Réhabilité, il a retrouvé sa belle rosace et ses pierres apparentes. Quelques tables dehors.

À voir. À faire

🍸 ***An Tobar :*** *Argyll Terrace, partie haute de Tobermory.* ☎ *302-211.* ● *antobar.co.uk* ● *Mars-avr et oct-déc : mar-sam 10h-16h ; mai-sept : lun-sam 10h-17h, plus dim juil-août 13h-16h.* Cette école longtemps désaffectée est devenue une source (*tobar* en gaélique) de découvertes artistiques grâce aux expositions et concerts qui y sont régulièrement organisés. Également un café avec une belle vue sur la baie.

Marine Visitor Centre : *tt au bout du port (côté distillerie), près du* Point Infos *privé. Tlj 9h-17h. Donation bienvenue.* Panneaux sur la vie marine dans la baie, aquarium avec quiz (en français) pour les enfants et écrans interactifs, ainsi qu'une partie sur l'éducation à l'environnement.

Croisières : *rens et résas centralisés au* ***Sea Life Visitor Centre*** *dans* Harbour Building, *grand bâtiment blanc au sud du port.* ☎ *302-916. Tlj 9h-17h.* 2 compagnies proposent de découvrir la riche faune marine du Sound (détroit) of Mull où vivent dauphins, rorquals, requins, orques et phoques, ainsi qu'une foule d'oiseaux.

■ ***Sea Life Surveys :*** ☎ *302-916.* ● *sealifesurveys.com* ● *Avr-oct, tlj. Plusieurs types de sorties, durée 30 mn-7h. Tarifs : £ 20-90 ; réduc.*

Tobermory Distillery : *à l'extrémité sud du port.* ☎ *302-647.* ● *tobermorydistillery.com* ● *Tlj 10h-16h ; visites guidées ttes les heures. Pas de production pendant l'été, mais les visites continuent. Interdit aux enfants de moins de 9 ans. Résa conseillée. Entrée : £ 8-20 selon la formule.* Fondée en 1823, l'unique distillerie de Mull est joliment située dans la baie de Tobermory. Elle produit notamment un whisky *unpeated* (non filtré à la tourbe), d'où sa couleur claire, ses tonalités fruitées et un nez moins fumé que les autres whiskies des îles. Dégustation.

Mull Museum : *sur Main St. De Pâques à mi-oct : lun-ven 10h-16h, la plupart des sam et certains dim (tenu par des bénévoles). GRATUIT.* Cette ancienne boulangerie abrite une collection d'objets, maquettes et photos relatant l'histoire locale et la vie de ses grands personnages.

Manifestations sur l'île

- ***Mull Music Festival :*** *fin avr-début mai.* Festival de musique folk dans les pubs et autres lieux publics.
- ***Rencontres internationales de Rugby à 7 :*** *en mai. Entre Salen et Craignure.* Équipes en provenance des îles britanniques, mais aussi du Canada ou d'Hawaï. Le soir, BBQ et camping sur le terrain. Super ambiance.
- ***Highland Games :*** *le 3e jeu de juil.* Jeux écossais traditionnels.
- ***Tour of Mull Rally :*** *un w-e mi-oct.* Rallye auto extrêmement populaire. Attention, certaines routes sont alors fermées.

DE TOBERMORY AU ROSS OF MULL PAR LA CÔTE OUEST

Enchaînant la route B 8073 puis la B 8035 sur environ 80 km au total, voici un itinéraire vraiment panoramique. Jugez-en plutôt : passé Dervaig, coin le plus champêtre de l'île, la voie unique *(single track)* retrouve la mer (et comment !) à Calgary, se fraie un passage à flanc de falaise, musarde dans les forêts de chênes le long du loch Tuath, dépasse Ulva Ferry, se retrouve à seulement 2 miles de Salen (côte est) au niveau de Killiechronan-Gruline, souligne des plages de galets noirs et moussus striés d'orange, s'insère sous des corniches spectaculaires, s'élève sur les flancs du Ben More, puis redescend jusqu'à l'A 849 qui pénètre le Ross of Mull.

Où dormir ?

Camping

⛺ On peut camper de manière rustique à ***Calgary*** *(seulement les tentes, gratuit).* Également à ***Killiechronan :*** *☎ (01680) 300-403. Mars-oct. Très peu cher.* Blocs sanitaires rudimentaires.

Où manger ?

🍴 ***Cafe@Calgary Arts :*** *à* ***Calgary,*** *devant la* Carthouse Gallery. *☎ (01688) 400-256. Tlj 10h30-16h45, petits plats £ 3-5.* Salades, sandwichs, *rolls* et gâteaux maison. Terrasse.

🍴 ***Am Birlinn :*** *à 2 miles (3 km) après Dervaig, sur la gauche. ☎ 400-619. Tlj sauf lun-mar, midi et soir. Résa conseillée le soir en saison. Plats £ 13-20.* Architecture moderne et écolo aux façades en verre. Ici, on table sur les produits de la mer, locaux. Très bonnes préparations. Une excellente adresse de l'île, doublée d'un service aimable.

À voir. À faire

Décrit dans le sens Tobermory-Ross of Mull.

★ 👪 ***Cheese Farm :*** *☎ (01688) 302-627.* • *isleofmullcheese.co.uk* • *À la sortie de Tobermory, d'abord direction Dervaig, puis à droite vers Glengorm et enfin suivre un petit chemin sur la gauche (fléché). Prix : £ 3. Visites guidées en saison 3 fois/j. 10h15, 11h30 et 14h. Durée : 30 mn.*
Fondée en 1979, il s'agit de la seule fromagerie de l'île. Elle fabrique essentiellement 2 types de fromage de vache, le *Blue Cheese* et le *Isle of Mull Cheese* (à pâte dure). Visite de la crèmerie avec démonstration de fabrication de beurre et de fromage, observation du travail des employés avant de se rendre dans les caves où les meules de 25 kg vieillissent au moins 1 an et demi.
🍷 Café et atelier pour enfants dans la serre tapissée de vignes et chauffée par un poêle à bois.

★ ***Dervaig :*** *à 8 miles (env 13 km) de Tobermory.* Bled le plus campagnard de l'île, son église arbore un curieux clocher rond. Une rivière noyée dans les roseaux se déverse dans un mignon petit loch.

★★ ***Calgary Bay :*** *à 12 miles (env 19 km) de Tobermory.* La plus belle plage de Mull, immaculée, est nichée dans une magnifique baie tournée vers un horizon embelli par les îles de Coll et Tiree.

★★ ***Art in Nature :*** *à* ***Calgary.*** *Début du sentier au fond de la cour de la* Carthouse Gallery *(voir plus haut « Où manger ? »). Durée : 30 mn.* Nature et culture ne font plus qu'un dans ce joli bois à flanc de colline où les sculptures se mêlent aux multiples essences d'arbres tout au long d'un parcours enchanteur. Surprises et beaux points de vue ponctuent la balade que l'on peut prolonger jusqu'à la plage.

De Calgary à Ulva Ferry : passage d'un petit col, puis route à flanc de falaise et bosquets de chênes noueux. À 11 miles (7 km) environ de Calgary, peu avant l'embranchement pour Ulva Ferry, une cascade pittoresque se trouve à la hauteur d'un petit parking juste après un pont.

De Killiechronan au Ross of Mull : spectaculaire incursion dans la péninsule d'Ardmeanach. Falaises d'un côté, mer de l'autre.

➢ ***Pony trekking :*** *à* ***Killiechronan.*** *0774-880-74-47. • mullponytrekking.webs.com • Prévoir env £ 30 pour 1h.* Balade en forêt ou le long du loch Na Keal. Débutants acceptés.

Ben More : haut de 966 m, cet ancien volcan est le seul *munro* (montagne de plus de 914 m) des Hébrides au sud de Skye. La rando part de *Dhiseig,* sur la B 8035. Prévoir au moins 5h de marche (13 km, 950 m de dénivelée). Vue magnifique par beau temps.

CRAIGNURE *(IND. TÉL. : 01680)*

Le plus gros ferry desservant l'île accoste dans ce village, en provenance d'Oban. Pas grand-chose à faire ni à voir, à part le seul office de tourisme ouvert à l'année.

Adresses utiles

Visitor Information Centre : *en face de l'embarcadère. ☎ 812-377. • mull@visitscotland.com • Juil-août : tlj 8h30 (9h lun, 10h dim)-19h ; sept-juin : jusqu'à 17h.*

■ ***Location de vélos :*** au Visitor Information Centre *ou au camping* ***Shieling Holidays.***

Où dormir ?

Camping

Camping Shieling Holidays : *à gauche en sortant du ferry, puis 1re rue à gauche avt l'église. ☎ 812-496. • shielingholidays.co.uk • Pâques-fin oct. Env £ 22 en été pour 2 avec tente ; réduc à partir de 2 nuits. Tente fixe « shieling » (capacité 2-6 pers) avec coin cuisine et sdb (ou pas) £ 60-65, min 2 nuits. Pour une seule nuit, « chambre » dans un shieling avec possibilité de cuisiner dans la pièce commune, £ 15/pers (draps en loc). Cottage £ 70-95 pour 2, min 3 nuits.* Beau terrain entre mer et forêt. Laverie, location de vélos. Équipement, entretien et accueil irréprochables.

Où manger ? Où boire un verre à Craignure et dans les environs ?

Craignure Inn : *sur la route principale, quasi en face du débarcadère du ferry. ☎ 812-305. Tte l'année.* Bar *meals £ 8-15.* Intérieur chaleureux et rustique, comme ce poêle typique dans la cheminée. Attachante cuisine maison : burgers, *haggis,* produits de la mer et spécialités du jour. Nombreuses bières dont celle de l'île. Ambiance musicale.

LES ÎLES

🍽 ***Mediterranea :*** *à* ***Salen,*** *entre Tobermory et Craignure. ☎ 300-200. Ouv seulement en saison et le soir, 17h-20h30. Sinon, plats £ 15-20.* Les proprios italiens passent l'été en Écosse avant de retourner dans leur Italie natale dès la saison terminée. Un pont allègrement jeté entre 2 cultures culinaires : *seabass* en croûte, coquilles Saint-Jacques à la *pancetta,* poulet farci au mascarpone et aux tomates séchées. Des produits locaux associés au savoir-faire transalpin pour un mariage nord-sud parfaitement réussi.

À voir. À faire dans les environs

👁👁 🚸 ***Duart Castle :*** *☎ 812-309. ● duartcastle.com ● Embranchement à 2 miles (env 3 km) au sud de Craignure, puis 2 miles encore sur une route étroite. Service de bus depuis Craignure. Avr : dim-jeu 11h-16h ; de début mai à mi-oct : tlj 10h30-17h. Venir de préférence 1h avt fermeture. Durée : 45 mn. Entrée : £ 7 ; réduc. Dans chaque salle, quelques explications en français avec petit quiz pour les enfants.* Au bout d'une langue de terre à l'extrémité orientale de l'île, ce donjon occupe depuis 1350 une position stratégique au-dessus des flots. Place forte du clan MacLean, l'un des plus anciens d'Écosse, il fut attaqué par la flotte de Cromwell en 1653, puis déserté, avant d'être restauré en 1911. On y visite la cuisine, les geôles, la salle des banquets ornée de portraits de famille, d'une belle collection d'armes et d'argenterie, des chambres et même une salle de bains datant de 1911 avec toilettes et chasse d'eau ! L'histoire du château, des MacLean et du scoutisme (passion du 27e chef du clan !) est retracée au dernier étage. Au-dessus, un vivifiant chemin de ronde !

AUCUN SCRUPULE

Au XVIe s, l'un des chefs du clan avait attaché sa première femme, Élisabeth, au rocher (qu'on aperçoit de la pièce située après la cuisine), en espérant qu'elle se noierait. La bougresse ne lui avait pas donné d'héritier ! Sauf que la rebelle n'a pas voulu mourir en silence : ses cris ont alerté les pêcheurs, qui l'ont secourue. Croyant sa femme morte, le criminel adressa ses condoléances à sa belle-famille, et accompagna même le cercueil (vide) chez le frère de la « défunte » ! Il se remaria 2 fois, mais mourut assassiné par l'un de ses ex-beaux-frères.

LE ROSS OF MULL

Le Ross (« cap » en gaélique écossais) of Mull forme une longue péninsule traversée par la route menant à l'île et l'abbaye d'Iona, véritables aimants pour les visiteurs. En chemin, il serait dommage de ne pas prendre le temps de profiter des paysages très variés et d'explorer la côte méridionale, très sauvage. On y parvient par de sinueuses routes à voie unique, desservant des hameaux et criques reliés entre eux par des sentiers. Autant de belles opportunités d'évasion.

Où dormir ?

Campings

⛺ ***Fidden Farm Campsite :*** *à 2 km au sud de Fionnphort. ☎ (01681) 700-427. Compter £ 13 pour 2 avec tente.* Vaste terrain découvert donnant sur une jolie petite plage avec vue sur Iona. Bloc sanitaires impeccable.

⛺ ***Uisken Croft :*** *côte sud, à 3 miles (5 km env) au sud de Bunessan. Demander la permission, petit droit à payer.*

⛺ ***Lochbuie :*** camping sauvage autorisé.

LES ÎLES

Bon marché (£ 10-25 ; 12-30 €)

■ ***Iona Hostel :*** *dans le nord de l'**île d'Iona,** env 1 km après l'abbaye. ☎ (01681) 700-781. • ionahostel.co.uk • Tte l'année. £ 20/pers.* Coquette AJ de plain-pied dans les champs, avec vue sur le large. Cuisine à disposition.

Où manger ? Où boire un verre ?

|●| 𝐓 ***Argyll Arms Hotel :*** *à **Bunessan.** ☎ (1681) 700-240. Tlj 12h-23h. Restauration 12h-14h30, 18h-21h ; petite carte sinon. Plats £ 8-18.* La grande salle de cet hôtel-resto-pub réunit locaux et touristes autour d'un verre, d'un petit plat, d'une table de billard ou devant une cible de fléchettes. Cuisine de pub honorable, gâteaux et thés.

À voir. À faire

D'est en ouest

★ ***Lochbuie :*** *à 8 miles (13 km) de l'A 849 par une petite route.* Paysage ravissant en route quand la météo est de la partie, notamment en mai-juin, période de floraison des rhododendrons ! Ruines de château, plage.

★ ***Carsaig :*** *à 4 miles (6,5 km) de Pennyghael par une bifurcation.* Une route raide et délicate descend à travers des bois magnifiques jusqu'à cette photogénique petite baie, seulement habitée par les ruines d'un port construit par des prisonniers des guerres napoléoniennes. Au large, les îles de Jura et d'Islay. Point de départ d'une rando (passages techniques) vers les arches où se réfugièrent les nonnes d'Iona pendant la Réforme.

★ ***Bunessan, Uisken :*** *15 miles (env 19 km) avt Fionnphort.* Plus gros bourg du Ross of Mull, Bunessan se niche à l'intérieur d'une profonde baie. Pub-resto parfait pour la pause et bifurcation vers la côte sud (Ardanalish, Uisken).

★ ***Ardalanish Organic Farm :*** *non loin de Bunessan, panneau sur la route d'Uisken. ☎ (01681) 700-265. • ardalanish.com • Tlj.* En approchant, vous entendrez peut-être le battement des vieux métiers industriels sauvés de la casse. Car pour redynamiser un peu la région, l'accueillant Mr Mackay a relancé la production de lainages dans une optique 100 % bio. Stylistes et grandes marques s'arrachent les étoffes, dont un large choix de tweeds. Des teintures 100 % végétales sont utilisées quand la diversité des coloris naturels des toisons n'est pas suffisante. Petite sélection d'articles sur place. La qualité a un prix mais aussi une récompense, comme cette présence au National Museum of Scotland d'Édimbourg. Les belles écharpes restent abordables (environ £ 25).

★★★ ***L'île d'Iona :*** *accessible en ferry depuis Fionnphort (piétons seulement). ☎ 700-559. Mars-oct, liaisons très régulières ; nov-fév, fréquence moindre. Tarif A/R : env £ 5.*

En 563, l'Irlandais saint Colomba débarque sur l'île avec 12 compagnons (tiens, tiens !). Il y fonde un monastère d'où il organise l'évangélisation de l'Écosse. Iona devient alors un grand centre religieux et le lieu de sépulture des rois : la légende veut que Macbeth y repose. Affaiblie par les raids vikings, la communauté reprend vie au XIIIe s avec la construction de l'abbaye bénédictine et de la nonnerie augustinienne, hauts lieux de pèlerinage jusqu'à la Réforme. Aujourd'hui, on ne voit de la nonnerie que de belles ruines, tandis que l'abbaye a été entièrement restaurée au XXe s.

– ***L'abbaye*** *(HES)* **:** *à env 15 mn de marche du port, au-delà de la nonnerie. Avr-sept : tlj 9h30-17h30 ; oct-mars : tlj 10h-16h. Dernière admission 30 mn avt. Entrée : £ 7,50.* On y apprécie de très beaux détails d'architecture dans l'église et, derrière le prieuré aux élégantes colonnes couplées, un remarquable musée de stèles et de croix de pierre sculptées, illustrant le savoir-faire des artisans de l'île au Moyen Âge.

– Sur les plages nord et ouest de l'île, une curiosité : la roche d'Iona, sorte de galet marbré dont on fait des bijoux.

LES ÎLES STAFFA ET TRESHNISH

Comment y aller depuis l'île de Mull ?

■ ***Turus Mara :*** *départ tlj d'Ulva Ferry sur l'île de Mull.* ☎ *08000-858-786 ou (01688) 400-242.* • *turusmara.com* • *Avr-oct. Résa obligatoire. Tarifs : £ 35-75 selon formule ; réduc.* Diverses sorties combinant les îles Staffa, Treshnish et Iona.

■ ***Gordon Grant Tours :*** *départ de Fionnphort.* ☎ *(01681) 700-338.* • *staffatours.com* • *Pâques-oct. Tarifs : £ 35-65 selon formule ; réduc.* Sorties vers Staffa ou les îles Treshnish.

■ ***Staffa Trips :*** *départs 2 fois/j. d'Iona et de Fionnphort.* ☎ *(01681) 700-358.* • *staffatrips.co.uk* • *Avr-oct, 2 fois/j.* Sorties vers Staffa, les grottes de Fingal et Iona.

À voir. À faire

L'île Staffa : îlot désertique, propriété du *National Trust for Scotland* depuis 1986. C'est seulement en l'abordant à marée basse qu'on peut distinguer la ***Grande Chaussée,*** composée de blocs de basalte prismatique. Ceux-ci forment les parois de l'immense ***grotte de Fingal*** *(Fingal's Cave),* immortalisée par Mendelssohn. Comme à la Chaussée des Géants en Irlande du Nord, ces blocs résultent d'un brusque refroidissement de coulées de laves basaltiques au contact de l'eau. Phoques et macareux peuplent ce formidable décor.

Les îles Treshnish : *à 4 miles (6,5 km) env au nord-ouest de Staffa.* Elles servent de refuge à une importante population d'oiseaux de mer.

L'ÎLE DE SKYE

9 300 hab.

• Carte *p. 517*

Proche du continent et très facilement accessible par un pont entre Kyle of Lochalsh et sa pointe sud-est à Kyleakin, Skye est non seulement la plus grande île des Hébrides intérieures, mais aussi la plus visitée. Il faut dire que celle que l'on surnomme l'« île des brumes » déploie des paysages grandioses, faits d'une alternance de landes et de tourbières, de falaises et de côtes basses, au relief tantôt vertigineux, tantôt à la courbe caressante.

Occupée jusqu'au XIIIe s par les Norvégiens, l'île fut ensuite peuplée par des petits fermiers qui cultivaient la terre, élevaient du bétail et pêchaient pour survivre.

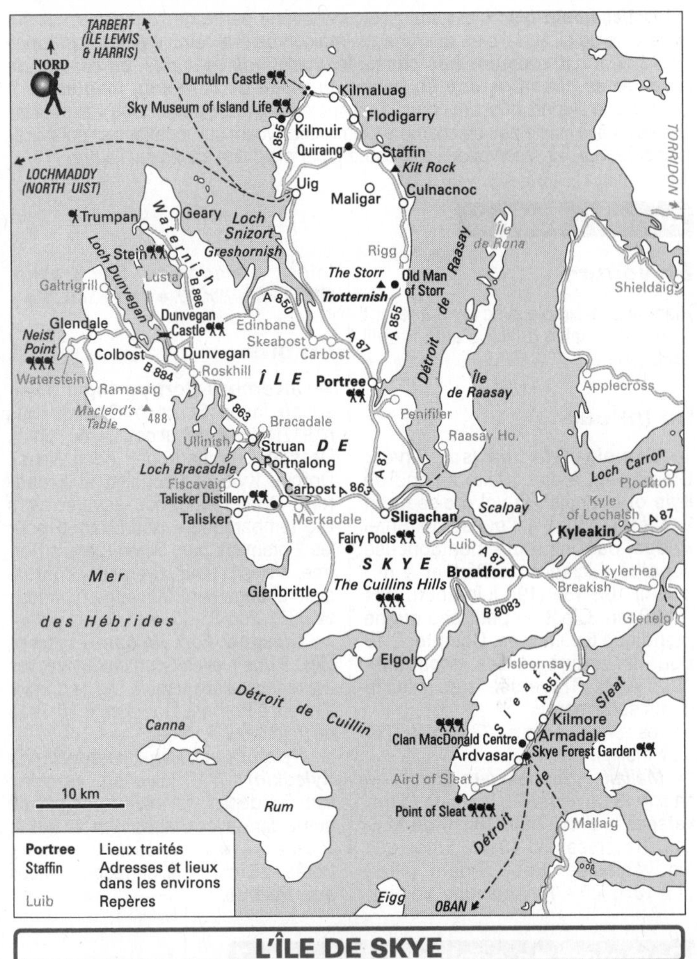

L'ÎLE DE SKYE

Après l'échec de la rébellion jacobite, les habitants aidèrent Bonnie Prince Charlie dans sa fuite. Du coup, Skye, au même titre que les Highlands, a beaucoup souffert des représailles anglaises. On y a introduit des moutons et chassé les paysans pour développer l'élevage. Beaucoup ont émigré dans le sud de l'Écosse et en Australie.

Aujourd'hui, Skye se repeuple et arbore fièrement son identité gaélique. On y enseigne toujours la langue celte, et les panneaux lui font une place au côté de l'anglais – parfois même prioritairement. Un exotisme de plus, qui ne fait qu'ajouter à son charme.

– ***Avertissement :*** de juin à septembre (et surtout en août) sévissent les *midges*. Pour avoir une idée de ce qui vous attend, reportez-vous à la rubrique « Dangers et enquiquinements » dans « Écosse utile », en début de guide.

– ***Avertissement bis :*** c'est vrai pour une bonne partie de l'Écosse, mais sur Skye plus qu'ailleurs ; bien que chaque maison de l'île semble être transformée en *B & B*, ***il est vraiment très conseillé, voire indispensable, en saison, de réserver sa chambre, son lit, même sa place de camping, longtemps à l'avance,*** la plupart affichant complet tout l'été. Cela est d'autant plus vrai pour les familles, car il existe peu de chambres familiales. Quant aux locations saisonnières *(self catering),* les réservations s'effectuent parfois d'une année sur l'autre.

Arriver – Quitter

En voiture

Rien de plus simple avec le pont reliant Kyle of Lochalsh à l'île, d'autant qu'il est gratuit.

En bateau

➢ ***Glenelg-Kylerhea (sur Skye) :*** Glenelg est à env 10 km au sud de Kyle of Lochalsh (à vol d'oiseau) et 9 miles (15 km) à l'ouest de Shiel Bridge, par une route montagneuse superbe. Liaisons de Pâques à mi-oct, tlj 10h-18h (19h juin-août), ttes les 20 mn. C'est un petit bac qui ne prend que 6 véhicules. Compter £ 15 pour la voiture et ses occupants (£ 25 A/R). Traversée très courte (5 mn seulement).
– Infos : ***Skye Ferry,*** ☎ *07881-634-726.* • *skyeferry.co.uk* •

➢ ***Mallaig-Armadale (sur Skye) :*** en saison, 9 traversées/j. lun-sam (5 traversées le dim), 7h40-18h10 de Mallaig. Traversée : 30-40 mn. Embarque les véhicules. Env £ 3/pers (aller) et £ 10 (£ 20 A/R) pour une voiture. Infos : ***Caledonian MacBrayne,*** ☎ *08000-66-5000.* • *calmac.co.uk* •

En bus

➢ ***Inverness-Portree-Uig :*** 3 liaisons/j. avec *Scottish Citylink* (bus n° 917) fin mai-début oct. Durée : 3h15. Dessert Drumnadrochit (loch Ness), Dornie, Kyle of Lochalsh et Broadford. Correspondance assurée vers Uig (embarcadère pour Harris) pour les 2 premiers bus. Sinon, depuis Portree, 4 bus/j. pour Inverness, dont un avec changement à Invergarry. Infos : ☎ *0871-266-33-33.* • *citylink.co.uk* •

➢ ***Glasgow-Fort William-Portree-Uig :*** 3 bus/j. avec *Scottish Citylink,* les 2 premiers allant jusqu'à Uig (le dernier s'arrête à Portree). Compter 6h30-7h15 de trajet pour Portree.

➢ ***Kyle of Lochalsh-Broadford (via Kyleakin) :*** 7-10 liaisons/j. lun-ven ; sam 5-6 départs fin mai-fin oct (pas de bus le dim), avec *Stagecoach (☎ 0871-200-22-33.* • *stagecoachbus.com* •*).* Durée : 25 mn. De là, correspondances pour ***Portree.***

Comment se déplacer dans l'île ?

➢ ***En bus :*** avec les bus *Stagecoach.* Le réseau est plutôt bon (même si les bus ne passent pas ttes les 30 mn) et couvre une grande partie de l'île. Les horaires sont disponibles dans les offices de tourisme (ou sur Internet : • *stagecoachbus.com* •). Il existe également des *passes* à la journée *(dayrider)* ou à la semaine *(megarider),* permettant d'utiliser tous les bus *Stagecoach.*

➢ ***En stop :*** malgré le nombre assez important de voitures qui passent sur les axes principaux en été, on peut rester en rade quelque temps...

KYLEAKIN (IND. TÉL. : 01599)

Port de débarquement du ferry qui effectuait jadis la liaison avec Kyle of Lochalsh, son *pier,* aux bateaux de pêche colorés, ne sert plus aujourd'hui que pour les balades en mer. Certes dominé par les ruines d'un château viking, c'est avant tout une ville-étape. On y trouve quelques *hostels*.

Adresse et info utiles

Information Centre : The Harbour. ☎ *530-040. Pâques-fin sept : lun-ven 10h-16h.* Tenu par des bénévoles. Petite expo (*Bright Water Centre,* donation bienvenue) sur la faune et la flore des environs. Organise aussi des visites guidées de l'îlot d'Eilean Ban *(sous le pont ; lun-ven 14h)* pour visiter le musée consacré à Gavin Maxwell, naturaliste et écrivain, qui consacra une partie de sa vie à l'étude des loutres d'eau douce. Elles sont encore nombreuses autour de l'île.

Où dormir ? Où manger ? Où boire un verre ?

Bon marché

Skye Backpackers : *sur la grande place du village, à droite en venant du pont.* ☎ *534-510.* • *skyebackpackers.com* • *Réception 7h-12h, 17h-22h. Compter £ 16-20/pers en dortoir ; £ 11-14 en caravane ; doubles avec lavabo £ 40-52.* Chambres mignonnes de 2 à 8 lits dans une maison de style traditionnel, sympa, à taille très humaine. Possibilité de dormir dans l'une des 2 caravanes installées dans l'agréable jardin, en version AJ « rustique ». Salon cosy avec feu dans l'âtre. Belle cuisine équipée. Accueil et ambiance jeunes et toniques. Intéressants *Day Tours.*

Saucy Mary's Lodge : *sur la grande place du village, à droite en venant du pont.* ☎ *534-845.* • *saucymarys.com* • *Tte l'année. Nuit en dortoir (4, 6 ou 8 lits) £ 21 ; doubles sans ou avec sdb £ 60-65 et des familiales, petit déj en sus. Pas de serviettes.* Les 2 maisons abritent des chambres toutes simples, propres et très correctes. En outre, compte tenu de la capacité, on a une chance d'y trouver de la place. Une quinzaine avec vue, notamment quelques doubles. Cuisine à disposition, lounge où on peut s'attabler et le jardin pour les beaux jours. Pub et resto sur place également. Les proprios possèdent 2 autres *guesthouses* aux chambres plus spacieuses, toutes équipées d'une salle de bains (serviettes fournies) et petit déj inclus.

Café Harry's : *devant la jetée. Tlj sauf lun 10h-17h (18h ven). Fermé janv-fév. Plats £ 4-14.* Burgers, *fish & chips* ou *all-day-breakfast* sans chichis, à s'envoyer aux 2-3 tables en terrasse ou dans une petite salle aux murs à colombages ornés de quelques photos anciennes. On y croise les gens du coin. Pas beaucoup d'autres options à Kyleakin.

King Haakon Pub : *sur la place. Cuisine ouv 12h30-14h30, 18h-20h30 (dernière commande), pub aux horaires habituels.* On sirote une *pinte* sur la grande terrasse face au pont dans l'une des originales chaises en bois en forme de main : le pied, en somme... surtout par beau temps ! Sinon, cuisine classique qui peut dépanner car pas grand-chose d'ouvert le soir dans le coin.

Prix moyens

White Heather Hotel : *à 2 pas de la jetée.* ☎ *534-577.* • *whiteheatherhotel.co.uk* • *Mars-oct. Doubles avec sdb £ 80-110, également des triples et familiales, petit déj compris.* On aime bien ce petit hôtel qui abrite des chambres, certaines pas bien grandes, mais toutes impeccables dans les tons bruns, avec moquette et mobilier en bois. De plus, kitchenette commune et machines à laver (gratuites !). Le petit déj se prend dans une salle avec vue sur les bateaux et les ruines du château. Et comme si tout ça ne suffisait pas, l'accueil est des plus chaleureux !

Où dormir dans les environs ?

⛺ ***Ashaig Campsite :*** *8, Ashaig. ☎ (01471) 822-771. • ashaig-campsite-skye.co.uk • Au bord de l'A 850, entre Kyleakin et Broadford, sur la gauche peu après la route pour Kylerhea. Seulement pour les membres du* Camping and Caravanning Club. *Env £ 8/pers (réduc à partir de 2 nuits) ; douche payante.* C'est vraiment le camping familial tel qu'on les aime, sans chichis, basique mais bien tenu. Ne conviendra pas à ceux qui font la fête ou possèdent des critères de confort trop stricts ! Accueil très sympathique de Tom, le souriant patron. Pour les campeurs, 2 vastes champs qui ondulent ; on y plante sa tente dans de grands espaces bien tondus. Dans l'un le silence est demandé à partir de 23h, et dans l'autre (notre préféré) à partir de 22h. Terrain moins sympa pour les camping-cars. Même si le camping ne le laisse pas forcément présager de la route (que l'on entend en journée), il est planté dans un très beau décor... où le vent s'en donne à cœur joie !

BROADFORD *(IND. TÉL. : 01471)*

La première ville après Kyleakin, dont le principal mérite est de posséder un (petit) office de tourisme, une station-service ouverte 24h/24, un grand supermarché et une laverie attenante.

Où dormir ? Où manger ?

Bon marché

🏠 ***Broadford Youth Hostel :*** *à la sortie de la ville en direction de Portree, prendre une petite route à droite (bien indiqué). ☎ 822-442. • hostelling scotland.org.uk • Réception 7h30-10h, 17h-22h30. Fermé nov-fév. Compter £ 22-27/pers. Double (lits superposés) env £ 55. Réduc pour les membres.* Dortoirs de 4 à 6 lits. C'est une maison bien grise mais située en surplomb d'un joli jardin, environnement extra, belle vue sur la baie. Calme et propre. Cuisine équipée, laverie (payante). Excellent accueil.

🏠 ***The Broadford Backpackers Hostel :*** *High Rd. ☎ 820-333. • broadford backpackers.blogspot.com • À la sortie de la ville en direction de Portree, par une petite route sur la droite (fléché), juste après celle pour la* Broadford Youth Hostel. *Tte l'année. Dortoirs 3-7 lits £ 19-20/pers, double près de £ 60 en hte saison.* Après le parking, l'entrée se trouve derrière le bâtiment. Coin très calme pour cette bâtisse en bois, déjà un peu à la campagne, à défaut d'être vraiment charmant. L'intérieur se révèle bien tenu et plutôt agréable, notamment la belle salle commune toute vitrée à l'étage et les chambres doubles colorées (avec *lockers* et des lits moelleux). Laverie et cuisine à disposition. Réception accueillante et efficace.

🍽 ***Creelers :*** *Lower Harrapool. ☎ 822-281. Venant du sud, c'est à gauche à l'entrée de ville, à 30 m de la route. Mar-sam 12h-20h30. Plats £ 9 le midi, £ 15-20 le soir. Résa conseillée.* Maison blanche avec tuiles rouges toute simple, mais cuisine renommée, pleine de saveurs, à partir de superbes produits locaux. Quelques recettes françaises rapportées par le chef, qui a souvent séjourné dans l'Hexagone, et des plats d'autres contrées qu'on vous laisse découvrir.

De prix moyens à chic

🏠 ***Tigh an Dochais :*** *13, Harrapool. ☎ 820-022. • skyebedbreakfast.co.uk • À l'entrée de Broadford en venant de Kyle, côté droit. Mars-nov. Double £ 105, petit déj inclus. Résa conseillée longtemps avt.*

Superbement posée face à la baie de Broadford, cette maison d'architecte détonne par ses lignes résolument contemporaines ouvrant grand le bâtiment aux éléments marins. Ses 3 chambres sont de haut standing et possèdent toutes une vue superbe grâce à leurs larges baies vitrées. À l'étage (par lequel on entre), le salon-bibliothèque, très clair, n'est pas en reste avec son poêle et ses moelleux canapés. Petit déj très complet.

Carrick B & B : *4, Black Park. ☎ 822-794. • lochalsh.net/carrick • En venant du sud, tourner à gauche au panneau du restaurant* Creelers, *puis à droite et à nouveau à gauche dans la petite rue qui monte ; c'est la 2ᵈᵉ maison à gauche. Doubles avec sdb £ 65-80.* Perchée sur les hauteurs de Broadford dans un coin résidentiel et bucolique, la belle maison semble admirer la mer au loin, comme les hôtes venus se faire cocooner dans ce cadre à la fois doux et paisible. Les chambres impeccablement tenues s'ouvrent sur un jardin joliment paysagé, presque zen, qui descend vers la rivière. On comprend les proprios hollandais conquis par le lieu.

SLIGACHAN (IND. TÉL. : 01478)

Village carrefour des routes nord et ouest, essentiellement une étape. Cependant, point de départ d'intéressantes et faciles balades. Voir aussi le vieux pont de pierre et le bar de l'hôtel alignant pas moins de... 350 grands whiskies !

Où dormir ? Où manger ?

Sligachan Campsite : *sur la route de Broadford. ☎ 650-204 (à l'hôtel). De Pâques à mi-oct (selon météo). Compter £ 15 pour 2 avec tente, douche comprise.* Non loin de la route principale (on l'entend), dans un site montagneux et venteux, avec parfois des moutons au milieu des tentes. Très couru en été et assez bruyant. Sanitaires plutôt bien équipés. Laverie. Accueil rustique. Possibilité de manger au bar du *Sligachan Hotel* voisin (même maison). Cependant, pour une balade dans les Cuillins, préférer le camping de Glenbrittle.

Sligachan Bunkhouse : *sur une butte au-dessus du vieux pont. ☎ 0750-837-186. • sligachanselfcatering.com • Réception 16h-21h. Compter £ 18-22/pers, 80-90 pour une double dans le lodge sans ou avec sdb (min 2 nuits), cottages 8 pers £ 200-300/nuit (3 nuits min).* Belle maison en bois offrant 4 dortoirs (4-6 lits). Chambres et sanitaires impeccables. *Lounge* sympa avec feu dans l'âtre. Cuisine équipée. Machine à laver. Possibilité également de louer une chambre dans un lodge et 2 cottages bordant la rivière.

Sligachan Hotel : *Altdarach, au centre du village. ☎ 650-204. • sligachan.co.uk • Doubles £ 100-160. Mars-oct ; bar tlj 11h-21h. Plats £ 9-15.* Gros hôtel traditionnel dans un environnement arboré, plutôt d'architecture plaisante. Chambres de bon confort (normal, vu le prix). Au bar, cuisine correcte avec un bon choix de burgers et même de la tartiflette, servie dans une vaste et non moins chaleureuse salle à manger. Pour faire glisser, il y a les bières issues de leur propre brasserie et surtout une incroyable sélection des 430 meilleurs whiskies du monde, digne du *Record Guinness Book.* Le bar a d'ailleurs été élu meilleur bar à whiskies en 2016 !

PORTREE (IND. TÉL. : 01478)

C'est la « capitale » de l'île. Si ses abords n'ont rien de palpitant, son petit port est mignon, avec ses maisons aux tons pastel, ainsi peintes pour que les pêcheurs retrouvent facilement leur *home sweet home* dans le brouillard. De plus, il occupe un bien beau site, en bordure d'un loch qui s'enfonce à l'intérieur des terres. Pour une vue d'ensemble, grimper jusqu'à l'église sur la colline. Portree se révèle, au final, une excellente base pour découvrir l'île, d'autant que les possibilités d'y loger et de s'y restaurer ne manquent pas.

Arriver – Quitter

En bus

➢ ***La péninsule de Trotternish :*** les bus *Stagecoach* font le tour de la péninsule dans les 2 sens, en passant d'abord par ***Uig*** (n° 57C), le port des ferries pour l'île de Harris et Lewis ou par ***Staffin*** (n° 57A). 5-6 bus/j. à chaque fois (4-5 sam, 1-2 dim en été).

– Enfin, 2 bus/j. de *Citylink* assurent aussi la liaison entre Portree et Uig.

➢ ***Dunvegan :*** 3 bus/j. (10h15-15h25), aucun le dim. Ils vont jusqu'au château.

➢ ***Broadford :*** en été, 7 bus/j. (7h10-18h30 de Portree). De là, env 10 bus/j. (6 sam, rien dim) pour ***Kyle of Lochalsh*** et 5 bus/j. (4 dim) pour ***Armadale*** (ferries pour Mallaig).

Adresses utiles

🅸 ***Tourist Information Centre :*** *entre la place principale et le port.* ☎ *612-137.* ● *portree@visitscotland.com* ● *De juin à mi-sept, lun-sam 9h-18h, dim 10h-16h ; fin sept-fin mai, lun-sam 9h-17h.* Bien organisé et plein de doc, avec une grande carte de l'île affichée. Vente de billets des bus *Citylink* et de bateaux, plus résa d'hébergement.

■ ***Location de vélos : Island Cycles,*** *The Green, près de l'*Independent Hostel. ☎ *613-121. Tlj sauf dim, 9h-17h. Compter £ 9 la ½ journée et £ 18/j.* Vend aussi de l'équipement de pêche.

■ ***Distributeur de billets : Clyside Bank,*** *place principale, à côté du resto* Granary.

■ ***Laundrette*** *(laverie automatique) : juste en dessous de l'*Independent Hostel. *Tlj 11h-20h.*

Où dormir ?

Bon marché (£ 10-25/pers ; 12-30 €)

⌂ ***Portree Independent Hostel :*** *en plein centre, face à la place principale.* ☎ *613-737.* ● *hostelskye.co.uk* ● ♿ *Tte l'année. Compter £ 19-22/pers en dortoir 4-12 lits ; également une* twin. *Ainsi que 2 familiales (4-5 pers).* Dans une grande demeure traditionnelle. Intérieur peint de couleurs vives et plutôt propre. Immense cuisine bien équipée, avec longues tables et vue sur mer, plutôt sympathique et conviviale, comme l'accueil. Salle de séchage et location de vélos juste à côté.

⌂ ***Youth Hostel :*** *Lisigarry Court, dans le centre, en contrebas de l'*Independent Hostel. ☎ *612-231.* ● *hostelling scotland.org.uk* ● *Tte l'année. Résa impérative en saison. Env £ 17-25/pers, petit déj continental possible.* Au bord du loch, dans une maison rouge au toit noir. Petite AJ très bien tenue et tranquille. Dortoirs (4-8 lits) avec *lockers* dans la plupart (apporter son cadenas) et salle de bains dans tous. Grande cuisine moderne bien équipée, laverie et très jolie vue sur l'eau depuis la baie vitrée de la salle commune.

Prix moyens (£ 50-85 ; 60-102 €)

⌂ ***B & B Auch-an-Doune :*** *Viewfield Rd.* ☎ *611-734.* ● *joanneskyelady@aol.com* ● *À l'entrée de Portree en venant du sud, côté droit. À 10 mn à pied du village. Pâques-fin sept. Double avec sdb £ 80.* À peine 2 chambres, pas très grandes mais impeccables, avec salle de bains étincelante et des matelas qui épousent la forme du corps, de quoi faire des nuits bien douces !

Le petit déj, composé de poisson, œufs, etc., se prend dans une petite véranda avec vue sur le loch Portree. Excellents conseils pour les balades dans l'île. Tenu par Joanne à l'humour pince-sans-rire et son mari, tous 2 très sympas.

Marine House B & B : *2, Beaumont Crescent. Sur le port. ☎ 611-557. Tte l'année. Double £ 76. Parking privé.* Fiona, la proprio, est charmante et loue 2 chambres très agréables, l'une *ensuite* et l'autre avec salle de bains sur le palier. Dans chacune, un fauteuil tourné vers la grande fenêtre donnant sur les bateaux.

Duirinish Guesthouse : *Viewfield Rd ; à l'entrée de Portree en venant du sud, côté gauche, quasi en face du B & B Auch-an-Doune. ☎ 613-728. • duirinish-bandb-skye.com • Pâques-fin sept. Double avec sdb £ 80.* Cette belle maison au toit rouge abrite des chambres élégantes avec double vitrage côté rue (même si le soir les passages diminuent). Sinon, en choisir une sur l'arrière. Accueil à la fois pro et aimable.

Tor-nan-Gillean : *Viewfield Rd ; à l'entrée de Portree en venant du sud, compter 10 mn à pied du village. ☎ 612-206. • christinamacdougall@btinternet.com • Pâques-fin sept. Doubles avec sdb privée (dans ou à l'extérieur de la chambre) £ 70-75.* Au bord de l'eau et en retrait de la route, au calme donc, voilà son meilleur atout (et pas des moindres). Mais le confort et l'accueil sont aussi au rendez-vous. Ce qui permet d'occulter (mais est-ce possible ?) la déco, qui n'a pas changé depuis quelques décennies...

Coolin View Guesthouse : *2, Bosville Terrace. ☎ 611-280. • coolinview.co.uk • Tte l'année. Doubles £ 70-110 (en hte saison, min 2 nuits).* Une gentille *guesthouse* offrant des chambres aux murs blanc immaculé, la plupart avec vue, lumineuses, insonorisées et cosy. Bon accueil.

The Pink Guesthouse : *1, Quay St, sur le port. ☎ 612-263. • pinkguesthouse.co.uk • Mars-oct. Double avec sdb £ 85, familiale £ 140, petit déj inclus.* Si vous ratez sa façade, rose comme son nom l'indique, il est temps de prendre rendez-vous chez l'ophtalmo. Rassurez-vous, l'intérieur n'a rien de la maison de Barbie ! Les parties communes, sobres, sont plutôt dans des tons neutres. Quant aux chambres, une douzaine au total, elles sont simples, plaisantes et douillettes, dont la majorité avec vue sur le port. Une affaire qui tourne !

Où dormir dans les environs ?

Camping

Torvaig Campsite : *en dehors de la ville. À 1,3 mile (2 km) du centre de Portree sur la route de Staffin (A 855). ☎ 611-849. • portreecampsite.co.uk • De début avr à mi-oct. Env £ 16 pour 2 avec tente.* Vaste terrain herbeux en pente, bien tenu, et très fréquenté en haute saison. D'ailleurs, en plein été, mieux vaut arriver avant 18h, sous peine de devoir aller camper ailleurs (le camping ne prend pas de résas). Patron accueillant et serviable.

Prix moyens (£ 50-85 ; 60-102 €)

Ballintoy B & B : *Staffin Rd. ☎ 611-719. • ballintoyskye.com • Sortir de Portree vers le nord par la Staffin Rd (A 855), et prendre à gauche après env 1 mile (1,6 km), c'est fléché ; la maison est au bout. Double avec sdb env £ 70, plus 1 chambre pour 4. Petit déj continental seulement.* Non loin de Portree et déjà à la campagne. Cette maison moderne, de plain-pied, est particulièrement accueillante avec ses chambres claires, spacieuses et cosy. Les familles y trouveront leur compte grâce à la chambre familiale, l'aire de jeux aménagée dans le jardin et l'accueil charmant de Gillian, la jeune proprio.

Dunalasdair : *à* **Sluggans,** *à moins de 1 mile au nord-ouest de Portree ; sur la route de Dunvegan, au 1er rond-point, tourner dans la 1re rue à gauche (panneau B & B). ☎ 612-893. • christina@dunalasdair-skye.com • Juin-début sept. Double avec sdb env £ 76.*

Sur les hauteurs de Portree. Intérieur impeccablement tenu par Christina, qui a arrangé ses 4 chambres avec soin, chacune sa couleur (papier assorti aux tissus), toutes bénéficiant d'une tonalité moderne. Bon accueil.

Avonlea : *à* **Sluggans,** *à côté de Dunalasdair.* ☎ *612-238.* ● *avonlea-skye.co.uk* ● *Juin-début sept. Double avec sdb env £ 70.* En bordure d'un vaste jardin perché sur une butte, on apprécie là encore les chambres soignées et la belle salle de bains de la *twin*. Donna, la proprio, est très avenante.

Où manger ? Où boire un verre ?

En haute saison, il est fortement conseillé de réserver pour le dîner, surtout dans les adresses un peu plus chic.

Bon marché (plats £ 5-10 ; 6-12 €)

Cafe Arriba : *Quay Brae.* ☎ *611-830. Tt en haut de la rue qui descend vers le port, au 1er étage de la maison blanche aux fenêtres bleues. Tlj 7h-17h en continu (fermé dim et lun en basse saison).* Agréable petit café tout coloré proposant chaque jour une dizaine d'« assiettes composées » : du hamburger végétarien à la tarte accompagnée de salade, voire un plat de viande. Les influences sont multiples : mozzarella, sauces tandoori, houmous, couscous, chili et haricots rouges se côtoient sans complexe. Plats du jour au tableau noir. C'est frais, varié, et ça change un peu. Également de bons cafés et des gâteaux pour une pause en journée. Et si vous êtes chanceux, peut-être aurez-vous droit à l'une des 2 tables jouissant d'une belle vue sur le port.

LES ÎLES

Prix moyens (plats £ 8-18 ; 10-22 €)

The Granary : *Somerled Sq (sur la place principale).* ☎ *612-873. Mars-oct, tlj 9h-16h30, 17h30-21h.* Une adresse prisée aussi bien par les touristes que par les habitués : sandwichs, burgers et autres petits plats un peu plus élaborés sont bons et abordables (arrosés à la bonne bière de Skye). Propose aussi des petits déj et de bons cafés. Agréable terrasse prise d'assaut. À côté, la ***MacKenzie's Bakery*** fait des sandwichs, chaussons salés et pâtisseries traditionnelles à emporter.

Caledonian Café : *Wentworth St.* ☎ *612-553. Tlj midi et soir jusqu'à 22h30. Petit déj servi jusqu'à midi. Ne prend pas de résa.* Cali pour les intimes est l'un des restos les plus abordables de la ville. Clientèle familiale, atmosphère ronronnante. Rien que de l'éprouvé, du classique, mais c'est très correct pour le prix !

Nº 1 Bosville Terrace Restaurant : *l'adresse est dans le nom ! Même proprio que la* Coolin View Guesthouse *(voir plus haut).* ☎ *613-717. Pas de résa. Ouv le soir seulement (dernière commande à 20h30), mais ouverture le midi en projet.* Juché à l'étage mansardé d'une maison qui fait face au port, on s'attable devant des plats assez classiques mais très corrects. Boissons en revanche un peu chères.

Sea Breeze : *sur le port.* ☎ *612-016. Presque au bout de la jetée. Tlj midi et soir (dernière commande à 21h30 en saison).* Une petite salle, dense, qui affiche une carte, pas très grande elle non plus, faisant la part belle au poisson. Au final, une cuisine à base de bons produits, relativement fine mais sans fioritures. Même topo pour l'ambiance : c'est beaucoup plus soigné qu'un pub mais beaucoup moins coincé qu'un resto chic ! Accueil agréable.

The Isles : *sur la place.* ☎ *612-129. Tlj 10h-1h.* Vieille *croft house* où crépite le feu dans la cheminée en hiver. Style vieux pub un peu modernisé. L'ambiance est au rendez-vous en été, avec parfois de la musique live. Mais en saison, on ne vous laisse pas trop traîner à table et la grignote ne laisse pas un souvenir impérissable, mais comme la cuisine ferme à 22h en saison, ça peut dépanner.

Chic (plats £ 15-25 ; 18-30 €)

The Cuillin Hills Hotel : *en périphérie de Portree, suivre la direction de Staffin (A 855), puis le fléchage sur la droite. ☎ 612-003. Tlj 12h-14h, 18h-21h.* Grosse bâtisse cossue, recommandée à la fois pour sa cuisine fraîche et goûteuse et sa situation. On y profite d'une vue superbe sur l'eau, le port et ses maisons colorées. S'il fait beau, on s'installe à l'extérieur, sur la pelouse. Service agréable dans un cadre chic. C'est aussi un sympathique bar à whisky. En revanche, les chambres sont hors de prix.

Manifestation

– **Highland Games :** *le 1er mer d'août.* Si vous y allez, entraînez-vous d'abord à dormir sur la plage.

LA PÉNINSULE DE TROTTERNISH (IND. TÉL. : 01470)

L'un des plus beaux coins de l'île. Du château de Duntulm à l'Old Man of Storr en passant par le Quiraing et Kilt Rock, on découvre un paysage sauvage et grandiose, théâtre d'une histoire dominée par les MacDonald.

La route A 855, qui longe la côte est et aboutit à Uig (Ùige), point d'embarquement pour l'île de Lewis et Harris et celle de North Uist, permet de découvrir des chaumières traditionnelles et aussi de très beaux points de vue sur le littoral, parfois très échancré ou plongeant abruptement dans la mer, ainsi que sur le relief du centre de la péninsule.

Arriver – Quitter

En bus

➢ **De Portree :** un bus *Stagecoach* circule autour de la péninsule (via Uig et Staffin) et un bus *Citylink* relie Portree à Uig. Voir plus haut, à Portree.

En bateau

➢ ***Entre Uig et l'île de Lewis et Harris** (Tarbert) :* 1-2 ferries/j. Si vous êtes motorisé, réservez à l'avance en été. Billet aller : env £ 6/pers et £ 30 pour la voiture. Traversée : 1h40. Infos : **Caledonian MacBrayne,** *☎ 0800-066-5000 ou (01470) 542-219 (à Uig).* • *calmac.co.uk* •

Où dormir ?

Camping

Staffin Caravan & Camping Site : *à 26 km au nord de Portree, 200 m à gauche avt la petite église blanche de **Staffin** en venant du sud. ☎ 562-213. • staffincampsite.co.uk • Bus depuis Portree lun-sam (s'arrête à la jonction du camping). Pâques-sept. Env £ 15 pour 2 avec tente et voiture, douche comprise (réduc pour randonneurs et cyclistes).* Une partie du terrain est bien en pente, mais on arrive toujours à trouver un peu de plat. Sanitaires nickel. Bien équipé. Pas mal de vent, en revanche. De là, belles excursions dans la baie et les montagnes du Quiraing (demander conseil au proprio). Loue également à la semaine une *croft house* de 3 chambres. Location de vélos. Proprio de bon conseil.

LES ÎLES

Bon marché (£ 10-25/pers ; 12-30 €)

Dun Flodigarry Hostel : *à* ***Flodigarry.*** *☎ 552-212. • flodigarry-hostel.scot • À env 3 miles (5 km) au nord du village de Staffin, en contrebas de l'A 855. Bus nº 57. Fermé nov-avr. Env £ 19/pers en dortoir ; £ 45-50 la double (ou twin) ; min 2 nuits. Randonneurs et cyclistes peuvent planter leur tente : £ 10/pers avec usage de l'AJ. CB acceptées (£ 1 de commission).* Dans une grande maison surplombant la baie de Staffin (super vue sur celle-ci !), une AJ toute colorée avec des dortoirs de 4-6 lits. Vaste et agréable cuisine communiquant avec une salle à manger toute couverte de cartes de la région. Les campeurs s'installent sur un beau terrain entouré de sapins. Pour tous, machine à laver et *drying room,* petite épicerie de dépannage. Accueil très sympa des proprios, très engagés sur le plan écolo (éolienne produisant l'électricité, station de recharge pour les voitures électriques). De plus, ils pourront vous filer plein d'infos sur les randonnées dans le Quiraing et sur le *Skye Trail,* qui passe juste devant.

Cowshed : *à* ***Uig,*** *sur la route de Portree. 07917-536-820. • skyecowshed.co.uk • À 1,5 mile (2,4 km) au sud d'Uig. Demandez au chauffeur du bus de vous arrêter pas trop loin. Tte l'année. Réception 7h30-10h30, 17h-23h30. Compter £ 16-20/pers en dortoir (4-6 lits).* Wigwams *pour 4 (dont 2 enfants) avec sdb et kitchenette £ 60-70 (chauffés en hiver).* Une des AJ les plus modernes de Skye aussi bien dans sa déco contemporaine que dans ses installations. Chaque lit (superposé) est fermé par un rideau (écossais, of course !), équipé d'un éclairage et d'une étagère. On profite aussi de la cuisine très pratique et de la salle commune vintage, lumineuse grâce aux larges baies vitrées face à la mer au loin. Petite épicerie, machine à laver, *drying room.* Également des *wigwams* à l'arrière, en hauteur, qui bénéficient d'une vue grandiose sur la baie. Ils ont même pensé à la niche pour le chien. Excellent accueil. Une vraie boutique *bunkhouse,* en somme.

Prix moyens (£ 50-85 ; 60-102 €)

B & B an Cnoc : *à* ***Maligar,*** *à moins de 2 miles (3 km) de Staffin, dans l'intérieur des terres. ☎ 562-258. • ancnocskye.com • Du centre de Staffin sur l'A 855, prendre une route qui part sur la gauche en venant du sud, juste après Columba 400 (c'est indiqué). Fermé nov-fév. Double env £ 70. CB refusées.* Situation très romantique, entre mer et montagnes, pour ce *B & B* qui plaira, c'est sûr, à ceux qui cherchent la tranquillité et l'évasion ! Il propose 3 chambres, coquettes et parfaitement tenues, avec salle de bains, bonne literie et TV. Petit déj complet et bon accueil de Dianne. Vraiment une bonne base pour explorer la péninsule !

Hallaig Guest House : *7, Marishadder,* ***Staffin.*** *☎ 562-250. 07916-646-682. • hallaig.com • Même embranchement que le* B & B an Cnoc *et poursuivre sur 2 miles (3 km). Tte l'année. Doubles £ 72-80. Dîner sur résa. CB acceptées.* En pleine campagne, en marge d'un minuscule hameau avec une ferme, encore une adresse pour Robinson. Maison moderne sur une petite butte livrant un ample panorama. 4 chambres de bon confort, et bon accueil. Beau petit déjeuner avec omelette au saumon fumé et *shortbreads* maison.

De chic à très chic (plus de £ 85 ; 102 €)

Glenview : *à* ***Culnacnoc.*** *☎ 562-248. • glenviewskye.co.uk • À 12 miles (19,2 km) au nord de Portree, sur l'A 855. Tlj sauf dim. Fermé déc-fév. Min 2 nuits en hte saison. Doubles avec sdb £ 85-95, petit déj inclus.* Cette auberge nichée dans une *croft house* des années 1900 abrite 3 chambres très cosy, avec radio et réveil anciens et coiffeuse à miroir. Voir aussi le *Skye Pie Café* cité plus loin.

Ferry Inn : *à* ***Uig.*** *À 1 mile de l'embarcadère, sur la route de Portree. ☎ 542-300. Env £ 135 la double avec petit déj.* Déco très coquette pour cette auberge rénovée : chambres élégantes aux tons clairs, plus grandes côté forêt (ou « jungle » comme l'appelle le proprio) que côté mer, vaste salle de bains moderne avec carrelage en damier. Une belle adresse, pas donnée tout de même. Pub en dessous (voir plus loin).

🏨 🍽 ***Flodigarry Country House Hotel :** à **Flodigarry.*** ☎ *552-203.* ● *hotelintheskye.co.uk* ● *À env 4 miles (6,5 km) au nord de Staffin, un peu avt le* Dun Flodigarry Hostel. *Doubles standard £ 215-280, petit déj compris. Plats £ 12-22 le midi, £ 22-30 le soir.* Pour ceux qui en auraient les moyens, 2 bâtisses en pierre idéalement situées face à la mer, avec de belles chambres cossues meublées à l'ancienne, certaines avec lit à baldaquin... On peut aussi opter pour les chambres de style « bateau », dans l'annexe, en fait un long cottage où vécut Flora MacDonald pendant 7 ans après sa libération d'Angleterre ! Boire un verre au *lounge* au charme suranné (cheminée en bois et céramique, profonds fauteuils et canapés, escalier à balustre). *The Skye Bar* le midi et le *High Tide* le soir assurent une très bonne cuisine basée sur des produits presque exclusivement locaux (une spécialité : le filet de bœuf vieilli 35 jours), à des prix toutefois peu démocratiques.

Où manger ? Où boire un thé ? Où boire un verre ?

🍽 ***Skye Pie Café :** à **Culnacnoc.** Resto* Glenview *(voir plus haut « Où dormir ? De chic à très chic »).* ☎ *562-248. Lun-ven 11h-17h. Fermé janv-fév.* Pour sûr, il faut aimer les *pies* (tourtes) en version salée (poisson et moules, bœuf, végétarienne...) ou sucrée, mais toutes excellentes. Et puis il y a la déco, qui recrée « une petite maison dans la prairie » avec un plafond tendu de faux gazon et de marguerites brodées, des tasses suspendues dans la véranda. *Charming !* Avant de partir, faites un tour à la *Art Gallery* exposant des textiles et des objets réalisés en matériaux naturels par des artistes locaux ou par la proprio *herself*. Très bon accueil.

🍽 🍦 🍸 ***Columba 1400 :** dans le village de **Staffin.*** ☎ *(01478) 611-400. Tlj sauf dim 10h-19h45 (dernière commande). Plats £ 9-10.* Ce grand bâtiment en forme de rotonde appartient à la fondation *Columba 1400.* Son but est d'offrir des stages de réinsertion sociale à des jeunes en difficulté. Intérieur en bois clair, spacieux et lumineux. Petits plats honnêtes genre burgers, *baked potatoes,* salades, *haggis* ou haddock pané. Excellentes glaces. Un lieu épatant à soutenir !

🍽 🍰 ***Ella's Café (The Sheiling) :** derrière l'embarcadère, en montant la petite rue, côté gauche.* ☎ *542-797. Mar-sam 10h-17h.* Un lieu vintage extra avec d'un côté un dépôt-vente de bouquins, de vêtements et d'objets divers réalisés par les gens du coin, de l'autre un salon de thé où tout est préparé par Ella : que ce soit le pain, les très bonnes soupes ou les excellents gâteaux... à faire glisser grâce à une belle sélection de thés. Pas étonnant que les tables soient occupées autant par les touristes que par les voisins venus aussi écouter les curiosités musicales dégotées par le proprio. Sur sa *music machine,* plus de 2 000 titres, surtout des années 1940 à 1960, mais le plus vieil enregistrement date de 1903... étonnant !

🍽 🍰 ***Single Track :** à **Kilmaluag,** au nord de Flodigarry, côté droit de la route. Pâques-oct dim-jeu 10h30-17h.* Facilement repérable à sa curieuse construction en bois surmontée d'un toit végétalisé. Un bon *coffee-shop* qui tombe à pic dans ce coin de la péninsule désertique sur le plan culinaire. Fait aussi galerie d'art. Baies vitrées pour profiter du panorama face à la mer et même quelques tables dehors.

🍸 🍽 ***Ferry Inn :** voir plus haut « Où dormir ? De chic à très chic », à **Uig.*** Petit bar chaleureux avec son poêle à bois, sans l'âme des vieux pubs toutefois, mais proprio très accueillant, qui a aussi ouvert un bon resto *(fermé dim-lun en basse saison).*

À voir

En suivant l'A 855 vers le nord depuis Portree, on passe d'abord, au bout de 6-7 miles (10 km), devant l'***Old Man of Storr*** (voir plus loin « Randonnées »), un caillou d'une cinquantaine de mètres de haut, planté comme un menhir et entouré d'un chaos rocheux, bien visible de la route (côté gauche). Une petite dizaine de miles (15 km) plus loin, ne pas rater non plus la cascade de ***Kilt Rock,*** qui se jette directement dans la mer du haut d'une falaise. Assez impressionnant ! Puis on arrive à la ***baie de Staffin,*** magnifique. Peu après le village, une petite route *(single track)* va vers Uig en traversant la spectaculaire chaîne de ***Quiraing*** (lire plus loin « Randonnées »).

Toujours plus au nord par l'A 855, après avoir garé sa voiture sur le bord de la route, on peut se promener jusqu'aux ruines du vieux **château de Duntulm** (le site lui-même n'est pas accessible au public), fief du clan MacDonald, qui fait face à la mer. On y rendait autrefois justice en enfermant l'accusé dans un tonneau bardé de clous, que l'on faisait rouler du haut de la colline. S'il en sortait vivant, il était innocent ! On dit aussi que le château est hanté par le fantôme d'un enfant qu'une nurse maladroite (!) aurait laissé tomber de la fenêtre. Là-haut, par grand vent, on pourrait presque s'envoler !

Skye Museum of Island Life : *à* ***Kilmuir,*** *peu après le château de Duntulm. ☎ 552-206. • skyemuseum.co.uk • Pâques-fin sept : tlj sauf dim 9h30-17h (dernière admission 16h30). Entrée : £ 3 ; réduc.* Groupe de maisons typiques en chaume, des XIXe et XXe s. 2 d'entre elles, originellement sur ce site, furent habitées jusque dans les années 1950 ; les autres furent transportées vers d'autres endroits de l'île. Intéressant, on est plongé dans l'atmosphère de l'Écosse rurale d'il y a un siècle, grâce aux intérieurs reconstitués, de la vieille forge à la chambre à coucher en passant par la remise à outils, ainsi que la maison du tisserand. Pittoresque cuisine de la *croft house* où le feu de tourbe ronronnait nuit et jour, toute l'année, pour cuire les mets. L'*Old Ceilidh House* relate notamment l'histoire de Flora MacDonald, illustrée par des objets lui ayant appartenu.

– ***La tombe de Flora MacDonald :*** dans le cimetière au-dessus du musée. Héroïne locale qui permit à Bonnie Prince Charlie de s'enfuir après la défaite de Culloden. 5 mois durant, il erre de cachette en cachette, aidé par ses partisans. Parmi eux, Flora MacDonald ne trouve rien de mieux que de le déguiser en... bonne irlandaise ! Convaincant, sans nul doute, puisque le prince parvient à quitter finalement l'Écosse le 20 septembre 1746. Il mourra à Rome, sa patrie d'adoption, en 1788.

Dans la partie récente du cimetière (celle entourée d'un grillage et non d'un muret de pierre), sans même la chercher, le regard est attiré par une grande stèle qui se démarque par sa forme et son style (très sobre sans être modeste) : c'est celle d'Alexander McQueen, le célèbre couturier qui s'est donné la mort en 2010. Suivant sa volonté, sa famille a dispersé ses cendres sur Skye en souvenir des merveilleux moments qu'il avait passés sur l'île.

Le port d'Uig *(Ùige)* **:** on y trouve l'embarcadère pour les bateaux à destination de l'île de Lewis et Harris et de celle de North Uist (Hébrides extérieures), une cafétéria qui vend quelques souvenirs, une station-service, un pub-restaurant, un *coffee shop* (le *Ella's Café,* voir plus haut) et la boutique de l'***Isle of Skye Brewery,*** la seule brasserie de l'île *(lun-sam 10h-18h, dim 12h30-16h30),* où l'on trouve une dizaine de bières, dont certaines ont la particularité d'être faites avec des myrtilles et même de l'avoine !

Randonnées

Si vous comptez vous balader un peu dans l'île (c'est vivement conseillé !), procurez-vous le petit livret *Walks Isle of Skye, 31 Walks,* de Paul Williams, disponible dans les offices de tourisme. Il est bien fait, pas cher *(£ 3)* et décrit les balades les plus intéressantes, avec petit plan et indications sur la longueur et le niveau de difficulté du parcours. Les 2 itinéraires ci-dessous sont parmi les plus beaux de l'île. À ne pas manquer, d'autant qu'ils ne sont pas trop difficiles.

Old Man of Storr : *départ d'un parking à env 6,5 miles (10 km) au nord de Portree, sur la gauche. Compter env 1h pour y aller et 30-45 mn pour revenir. Prévoir un vêtement imperméable et de bonnes chaussures.* Étrange menhir de 49 m de haut, appelé *Old Man* et faisant partie du massif de Storr, qui culmine à 719 m. On l'atteint après un parcours autrefois forestier, dont il ne reste malheureusement plus rien (le chemin devient donc vite glissant, prudence). Attention, ça grimpe dur par endroits. Puis on en fait le tour à pied, pour de superbes points de vue sur la péninsule. Pour ceux qui n'ont pas le temps de s'y rendre, possibilité de l'apercevoir depuis l'*Apothecary Tower* (accessible par le chemin derrière l'hôpital).

Quiraing : *moins fréquenté que le Storr. Compter env 2h30 A/R. Départ du parking situé à env 2 miles (3 km) de l'A 855, au sommet de la petite route qui relie Staffin à Uig.* De là, suivre le sentier pour arriver au pied d'escarpements rocheux, avant d'atteindre le cœur des Quiraing. Ensuite, à vous de faire votre itinéraire. Les plus expérimentés pourront, par exemple, grimper jusqu'à *The Table,* une terrasse gazonnée, parfaite. Attention toutefois à la météo : le mauvais temps arrive vite et on peut tourner un bon moment dans le brouillard avant de se repérer.

LA PÉNINSULE DE WATERNISH (IND. TÉL. : 01470)

C'est une jolie péninsule de 12 km un peu ignorée, fief du clan McLeod (d'ailleurs, jadis, théâtre de belles batailles de clans). L'une des victimes aussi des infâmes *clearances,* elle ne retrouva jamais sa population d'antan. Quelques hameaux de-ci, de-là, et des images d'un monde oublié. On y trouve le pub le plus ancien de l'île (1790). Sympa d'aller jusqu'à ***Geary,*** au bout du bout de la péninsule : pittoresque village tout en longueur. Des fermes rustiques, des élevages d'oies, de vénérables chaumières et quelques *crofts* encore habités.

Où dormir ? Où manger ?

Redwood House : *au bout de la péninsule de Greshornish, petite excroissance de celle de Waternish. ☎ 582-203. Depuis l'A 850, prendre à droite sur env 2,5 miles (4 km), c'est fléché. Pour 2 £ 75-160 selon vue, min 2 nuits ; 1 nuit possible selon dispo.* Pour ceux qui recherchent le calme et la sérénité, cette belle maison posée au bord du loch abrite des chambres de plain-pied ou à l'étage distribuées autour d'une cour agrémentée d'une petite fontaine. Grand confort avec vue sur l'eau pour certaines.

Stein Inn : *à* ***Stein.*** *☎ 592-362. • stein-inn.co.uk • À 8 miles (13 km) au nord de Dunvegan par l'A 850, puis à gauche la B 886. Cuisine tlj 12h-16h, 18h-21h30. Doubles £ 80-115. Appart £ 290-475/sem (basse saison, possibilité 2 j. £ 75/j.) ou £ 325-550 pour 4. Prix moyens au resto ou au bar (pas de résa au bar).* Cette ancienne auberge rurale date de 1790 et offre 5 chambres assez petites mais bien tenues. Elle abrite aussi un charmant vieux pub, patiné par le temps, plus chaleureux que la partie resto. On y mange un plat écossais bien dans la tradition. Rien d'extravagant, mais tout est correct. Quelques tables dehors face aux bateaux pour siroter par exemple un *single malt* parmi une sélection de 125 bouteilles. Service affairé en saison et malheureusement accueil inégal.

Loch Bay Restaurant : *à* ***Stein.*** *☎ 592-235. Presque à côté du Stein Inn. Menus £ 28-55. Mer-ven 12h15-13h45, 18h15-20h45 (plus le mar et sam soir et le dim midi) ; nov-déc et mars mer-sam soir seulement. Fermé* *janv-fév et 1 sem en août. Résa obligatoire (peu de couverts).* Le chef écossais, connu pour avoir brillé au resto *The Three Chimneys,* concocte ici une cuisine locale d'inspiration française à base de produits régionaux. L'occasion de se faire plaisir pour ceux qui en ont les moyens. Service en français de Madame.

À voir. À faire

Stein : *à 10 miles (16 km) à l'ouest d'Edinbane par l'A 850, puis à droite par la B 886 sur env 3 miles (5 km).* Dans la péninsule de Waternish, au bord du loch Bay, minuscule village de pêcheurs aux maisons blanches, remontant à la fin du XVIIIe s. En contrebas d'une falaise, avec quelques bateaux colorés et des voiliers ancrés dans une magnifique baie. Superbe au coucher du soleil.

Trumpan : *à 4 miles (6,5 km) au nord de Stein.* Les ruines d'une église témoignent d'un des épisodes les plus sanglants de Skye, mettant en scène les 2 clans ennemis de l'époque, les MacLeod et les MacDonald. Le paysage y est aussi tourmenté que l'histoire avec ses hautes falaises d'un côté, un littoral très découpé de l'autre, où chacun peut imaginer la forme qu'il veut (une baleine ?). Balade possible le long d'un sentier.

UNE GUERRE QUI FIT LONG FEU

La rivalité entre les 2 clans remonte à la fin du XVe s et les raids contre le groupe adverse étaient fréquents. Ainsi, en 1577, les MacLeod enfumaient l'entrée de la grotte où s'étaient réfugiés les MacDonald sur l'île d'Eigg, causant la mort de 395 personnes. Quelques mois plus tard, les MacDonald mettaient le feu au toit de chaume de l'église de Trumpan, asphyxiant les MacLeod à l'intérieur. Seule une petite fille parvint à s'échapper et rejoindre le château de Dunvegan, d'où l'alerte fut lancée. Les MacLeod massacrèrent leurs ennemis. La vendetta ne prit fin qu'en 1601.

L'OUEST DE L'ÎLE (IND. TÉL. : 01470)

Cette région est belle, sauvage et relativement peu fréquentée en dehors des abords de Dunvegan, connu pour son grand château (retapé au ciment...), et de Neist Point, le point le plus à l'ouest de l'île, matérialisé par une spectaculaire pointe de terre terminée par un phare. Les côtes, très découpées, sont soulignées tantôt par des falaises impressionnantes, tantôt par des plages de galets et des pâturages.

Arriver – Quitter

➢ De Portree, 3 bus/j. (aucun le dim) vers ***Dunvegan*** (village et château).

Où dormir ?

Campings

Skye Camping & Caravanning Club Site : *à* ***Loch Greshornish,*** *à env 12 miles (20 km) de Portree. ☎ 582-230. • campingandcaravaningclub.co.uk/skye • Sur la droite de l'A 850 en allant vers Dunvegan, avt Edinbane. Début avr-début oct. Compter £ 20-29 pour 2 avec tente (moins cher pour les membres). Résa très recommandée en saison.* Camping à la ferme bien situé au bord du loch Greshornish, avec de vastes espaces gazonnés. En contrepartie, vous aurez les *midges.* Bien

LES ÎLES

tenu (sanitaires étincelants !), avec machines à laver et quelques produits alimentaires à la réception, dont œufs de poules et de cannes, ainsi que du lait frais (pas de magasin dans les environs proches). Accueil charmant. Dommage qu'il soit assez cher.

Kinloch Campsite : *à la sortie de* **Dunvegan** *en allant vers Glendale. ☎ 521-531. • kinloch-campsite.co.uk • Avr-oct. Réception jusqu'à 21h. Env £ 16 pour 2 avec tente, douche comprise.* Un de nos campings préférés, pour sa situation, au bord d'un loch d'un côté et face aux montagnes de l'autre. De plus, on y est particulièrement bien accueilli et on s'installe où on veut ; le lieu est vaste et on trouve facilement un emplacement à son goût. Sanitaires nickel, eau chaude partout. Machine à laver et séchoir.

De prix moyens à chic (£ 50-125 ; 60-150 €)

Roskhill House : *à 3 miles (env 5 km) de Dunvegan sur l'A 863 vers Sligachan. ☎ 521-317. • roskhillhouse.co.uk • Mars-oct. Doubles £ 90-100, petit déj inclus.* Beau *B & B* installé dans une ancienne *croft house,* aux chambres élégantes. Le salon pour les hôtes occupe l'ancienne poste du hameau ! Accueil pro. Plein d'infos sur les balades à faire dans le coin, avec prêt de cartes et de guides de randos. Option végétarienne au petit déj.

Foxwood on Skye : *Ullinish,* **Struan.** *☎ 572-248. • foxwoodonskye.co.uk • À env 7 miles (11 km) au sud-est de Dunvegan par l'A 863, prendre à droite au panneau indiquant Ullinish et Eabost, et suivre le fléchage sur la gauche à l'entrée d'Ullinish,* B & B *au bout du chemin. Doubles £ 80-90. Également des triples.* La maison de Catherine et David est à l'image de ces jeunes proprios, vraiment accueillante. Un vrai nid où l'on se sent tout de suite bien... ah, le chaleureux salon avec vue sur les Cuillin Hills ! La mer n'est pas loin non plus. Reste à poser ses valises dans les chambres spacieuses, agréables et tout confort. Et profiter de ce cocon avant ou au retour de balades.

Où manger ? Où boire un verre ? Où prendre un café ?

Bon marché (plats £ 5-10 ; 6-12 €)

Jann's Cakes : *à* **Dunvegan,** *près du carrefour central. ☎ 521-730. Mars-oct. Lun-sam 10h-17h (16h dim en saison).* Sandwichs, salades et quelques « *hot organic meals* ». Cappuccinos servis dans de grandes tasses, à siroter par exemple avec un onctueux petit chocolat et les bons gâteaux maison. Mon tout à petits prix.

Dunvegan Bakery : *Main St. ☎ 521-326. Tlj sauf dim 12h-16h.* Décorées d'une grosse maquette de bateau, véranda et petite terrasse pour des *fishcakes, fish & chips,* sandwichs et *toasties* divers... Plus de 150 ans d'expérience !

Prix moyens (plats £ 8-18 ; 10-22 €)

The Old School Restaurant : *à la sortie de* **Dunvegan** *en allant vers le sud. ☎ 521-421. Tlj 12h-15h, 18h-22h (une rareté !). Fermé nov-mars. Résa très conseillée. Prix fourchette hte.* Dans une ancienne école, d'où le nom. C'est l'un des restos les plus appréciés de l'île. La carte change périodiquement et affiche le meilleur des produits locaux. Portions copieuses et suggestions au tableau noir, notamment des fruits de mer (plus chers). Atmosphère rugissante, dans une grande salle sous plafond en pente. Bon accueil. Vraiment bien pour le dîner !

Dunvegan Castle : *☎ 521-206. • dunvegancastle.com • De Pâques à mi-oct, tlj 10h-17h (dernière admission, 17h45 pour les jardins). Entrée : château et jardins £ 14 ; jardins seulement £ 12 ; réduc.* Haute bâtisse en bordure du loch Dunvegan, résidence du célèbre clan MacLeod depuis le XIIIe s. Le château en

LES ÎLES

lui-même n'a pas beaucoup de charme vu de l'extérieur : ses murs ont été entièrement cimentés, mais les jardins sont agréables et les intérieurs intéressants, quoique pauvres en explications. Dans le grand salon est exposé le *Fairy Flag,* pièce de soie originaire de Syrie ou de Rhodes, qui daterait du IVe au VIIe s (les experts ne sont pas plus précis). Ce morceau d'étendard en mauvais état aurait été rapporté au temps des croisades. Réputé pour sa force mystique, il aurait servi de porte-bonheur au clan MacLeod dans des situations périlleuses, lui permettant de gagner de grandes batailles. La légende affirme qu'il fut donné à la famille par une fée – d'où son nom ! Ne pas manquer non plus, dans la North Room, juste à côté, la coupe de Dunvegan (de 1493), offerte aux MacLeod par un clan irlandais en remerciement de leur soutien lors d'une rébellion, et la corne de Dunvegan *(Rory Mor's Horn),* datant du XIVe s, que Malcolm MacLeod sectionna au taureau qui l'avait attaqué.

CHEERS !

Considérée comme l'un des plus grands trésors du clan MacLeod, la corne de Dunvegan est à l'origine d'une drôle de tradition : pour prouver sa virilité, chaque héritier mâle doit vider d'un trait la corne remplie de... bordeaux. Mine de rien, sa contenance atteint presque un demi-gallon (2,27 l) ! Le dernier héritier du clan, John MacLeod, s'est acquitté de cette tâche en 1956 en... 1 mn et 57 s, without setting down or falling down *(« sans fléchir ni tomber »), comme l'exige la tradition... qui a parfois bon dos !*

➢ ***Balade en bateau :*** *l'embarcadère se trouve derrière le château (accès à pied par les jardins). De début avr à mi-oct : départs 10h-16h30. Venir tôt, car beaucoup de monde en été. Billet : env £ 8 ; réduc. Durée : 25 mn.* Balade autour des petites îles du loch Dunvegan, pour observer les phoques qui y vivent.

🏃 ***Folk Museum :*** *à* ***Colbost.*** *Avr-oct : tlj 10h-18h. S'il n'y a pas de gardien, un message demande gentiment de payer l'entrée (£ 1,50).* Juste une chaumière, remeublée comme autrefois, avec un feu de tourbe qui enfume la pièce ! On y a même reconstitué une distillerie clandestine. Articles de journaux racontant les luttes des petits paysans pour la terre. Ce sont les seuls qui résistèrent aux expulsions et les seuls qui... gagnèrent.

🏃🏃🏃 ***Neist Point :*** *à 11 miles (17,6 km) de Dunvegan en passant par Colbost (très belle route, surtout sur la fin). On laisse sa voiture à 1 km.* Neist Point est un cap tout vert, dominé par un vertigineux promontoire rocheux, et qui a servi de lieu de tournage au film *Breaking the Waves,* de Lars von Trier. C'est aussi le point le plus à l'ouest de Skye. Site inoubliable, qu'on découvre par un chemin qui conduit jusqu'à un phare (entouré de barbelés), tout au bout de la pointe. Superbe, surtout si le soleil et les nuages s'entendent pour créer de beaux effets de lumière.

Où dormir ? Où manger vers Neist Point ?

Paisibles paysages vallonnés, routes sereines, croquignolettes petites adresses à prix modérés.

🏠 ***Maggie B & B :*** *Fern Park, sur les hauteurs de* ***Glendale.*** *☎ (01470) 511-342. • m_macphee@btinternet.com • Tte l'année. Double avec sdb commune au rdc £ 70.* Dans un environnement extra, une maison toute simple, genre *croft* (avec un petit charme rustique), offrant 3 chambres tenues méticuleusement (dont une *single*). Jardin (et 3 gros chiens heureusement enfermés à l'extérieur). Accueil tout à fait charmant de Maggie.

🍴 ***Red Roof : Holmisdale*** *(plus haut que* Maggie B & B, *coin encore plus sauvage). ☎ 511-766. De Pâques à mi-oct : tlj sauf ven-sam 11h-17h. Bon marché.* Dans une vieille demeure de 250 ans (une dame y vivait encore dans les années 1950, avec une vache et quelques poules) joliment rénovée et, bien sûr, avec un toit rouge. Petite salle intime pour une fraîche et légère cuisine concoctée strictement à partir de produits locaux naturels : soupes maison, bons fromages et belles salades, savoureux *scones* géants sucrés ou salés, petits plats (mais peu de choix), gâteaux divers. Douce musique folk en fond. Enfants bienvenus.

I●I ***Cafe Lephin :*** *à* ***Glendale.*** *☎ 511-465. Tlj sauf lun 10h30-17h.* Maison tout en longueur, pour une nourriture classique de *coffee shop*. Quelques produits locaux en vente. Bon accueil.

LE SUD-OUEST DE L'ÎLE (IND. TÉL. : 01478)

Merveilleuse route de Merkadale à Glenbrittle. Étroite, bien sûr, traversant d'amples vallées et une nature qui fait toute la richesse de Skye : les Cuillins Hills, bien sûr, mais aussi les Fairy Pools, de populaires chutes d'eau et la plage de Glenbrittle. L'occasion d'entreprendre de magnifiques randonnées dans la région.

Arriver – Quitter

➢ Env 4 bus/j. lun-ven (2 le sam) entre ***Broadford*** et ***Elgol,*** et 4-5 bus/j. entre ***Broadford*** et ***Armadale*** (départ de ***Portree*** en juil-août) lun-sam (2 bus le dim en très hte saison).

Où dormir ?

Camping

⛺ ***Campsite :*** *à* ***Glenbrittle.*** *☎ 640-404. ● glenbrittle@dunvegancastle.com ● En venant de Portree par l'A 863, tourner à gauche env 1 mile (1,6 km) avt d'arriver à Carbost et poursuivre sur 8 miles (13 km), c'est tt au bout de la route. Avr-sept. Compter £ 10/pers en tente (sans électricité).* Situé en bord de mer et au pied des départs de rando vers les Cuillins, le site occupe un cadre magnifique, avec de vastes espaces herbeux, parfaits pour planter la tente (ne pas craindre le vent, cependant !). Sanitaires propres mais excentrés (ça peut faire une trotte selon l'emplacement), épicerie très bien fournie à l'accueil (8h-18h) avec du pain frais tous les jours et même des croissants, du matériel de trek et de camping... L'un des sites les plus séduisants d'Écosse, c'est dit !

Bon marché (£ 10-25/pers ; 12-30 €)

🏠 ***Waterfront Bunkhouse :*** *The Old Inn, à* ***Carbost.*** *☎ 640-205. ● theoldinnskye.co.uk ● À droite juste avt la distillerie* Talisker. *Compter £ 20-22/pers sans ou avec sdb.* Maison bien conçue, comme un bateau, au bord du loch. On y entre par l'étage et un agréable salon-cuisine, bien aménagé, qui profite d'une vue sur le loch. Petits dortoirs de 4 à 6 lits colorés et nickel, avec vue, et une chambre quadruple avec salle de bains un peu plus chère. Attention toutefois à l'insonorisation, pas optimum. Terrasse donnant, telle la proue d'un esquif, sur l'eau, et pub à côté (même proprio).

🏠 ***Glenbrittle Youth Hostel :*** *à* ***Glenbrittle.*** *☎ 640-278. ● glenbrittle@hostellingscotland.org.uk ● Pâques-fin sept. Réception 8h-10h, 17h-22h. Compter £ 22-23/pers (réduc pour les membres). Double env £ 60 en saison, plus des familiales.* AJ couverte de bardeaux, dans un environnement idéal, au pied des monts Cuillins. C'est le grand rendez-vous des marcheurs. Bon accueil. Dortoirs de 3 à 10 lits *(lockers)*, cuisine, agréable salle à manger et salon avec jeux. Salle de séchage. Possibilité de laver son linge. Également une petite épicerie à la réception, pratique étant donné la situation. Garage à vélos.

Skyewalker Independent Hostel : *Fiscavaig Rd, à* **Portnalong.** *☎ 640-250. • skyewalkerhostel.com • À Portnalong, prendre à gauche la route qui va vers Fiscavaig. Pâques-fin sept. Prévoir £ 17-20/pers.* Twin room *avec sdb ou* Jedi Huts *pour 2 dans le jardin et sans sdb à £ 60.* Dans un bâtiment en tôle ondulée vert sombre, une ancienne école reconvertie en AJ dédiée à *Star Wars,* même si le nom de *Skyewalker* n'avait, à l'origine, rien à voir avec la célèbre saga. Les fans apprécieront. D'une façon générale, la déco est assez marrante. On aime bien aussi les chalets de Jedi, plutôt style Walt Disney, d'ailleurs. Le reste est à l'avenant : dortoirs de 4 à 10 lits, très corrects, quelques (petites) *twins,* sanitaires impeccables (voire cosy). Grand jardin et même un solarium. Les proprios organisent régulièrement des soirées de musique celte en été. Pour ceux que ça tente, des guitares sont à dispo (atmosphère exceptionnelle !). Accueil chaleureux. Une belle adresse, d'où son succès en saison, réserver.

The Croft Bunkhouse, Bothies & Wigwams : *7,* **Portnalong.** *0771-923-13-02. • skyehostels.com • À Portnalong, continuer tt droit sur la route, c'est un peu plus loin, sur la gauche. Congés : 3 sem en nov. Compter £ 16/pers en dortoir, £ 40 pour 2 en cabin avec w-c (douche dans la* bunkhouse*), £ 40-60 en* wigwams *pour 2-4 pers (sdb dans la* bunkhouse*) et £ 70 pour 4 en chalet tt équipé* (Bothy Beag). *Possibilité de camper aussi : £ 10/pers. Intéressant pour les familles : 3* bothies *(avec sdb) à louer pour 5-6 pers £ 85-95.* Ancienne grange transformée en AJ indépendante, rénovée dans des couleurs pimpantes. Elle offre différentes formules d'hébergement dans plusieurs bâtiments contigus alignant de 2 à 12 lits (plutôt serrés pour le dortoir de 12, avec la fenêtre donnant sur le salon). Ils sont équipés d'une cuisine privée ou d'une salle de bains. Theresa peut dépanner de quelques livres (moyennant une petite participation). Environnement agréable et plein de conseils à glaner pour se balader dans la région.

Chic (£ 85-125 ; 102-150 €)

The Old Inn : *à* **Carbost.** *☎ 640-205. • theoldinnskye.co.uk • À côté du* Waterfront Bunkhouse *; au-dessus du pub. Mars-oct. Double £ 90, petit déj inclus.* Les chambres, qu'elles se trouvent dans la partie *B & B* ou dans le lodge, sont agréables et plutôt coquettes. Toutes possèdent la vue sur le loch. Le petit déj se prend au pub ou sur la délicieuse terrasse au bord de l'eau.

Où manger ? Où boire un verre ?

The Old Inn : *voir « Où dormir ? ». Plats « Prix moyens ».* Pub assez populaire dans le coin (il y a foule en été), à l'intérieur chaleureux, avec musique écossaise plusieurs soirs par semaine en saison ou, quand le temps le permet, une agréable terrasse. Propose aussi une cuisine traditionnelle convenable.

The Oyster Shed : *à* **Carbost.** *☎ 640-383. À 1 petit km tt en côte de la* Talisker Distillery *(bien fléché). Mars-oct, tlj 11h-18h ; en hiver lun-ven 12h-16h.* C'est en fait un ostréiculteur qui ouvre son atelier aux visiteurs. On consomme les huîtres (vendues à l'unité) que l'on *shuck* (ouvre) pour vous, puis on s'installe sur une longue table abritée. Évidemment, l'été n'est pas la meilleure saison puisque les huîtres sont laiteuses ; n'empêche, les amateurs apprécieront ! Vous pouvez aussi vous y approvisionner en moules, saumon fumé, homard et autres produits de la mer provenant de Skye, ainsi qu'en fromages et terrines diverses. Possibilité de visiter le parc à huîtres sur résa (longtemps à l'avance).

À voir. À faire

The Cuillins Hills : *au sud-ouest de l'île.* Les monts Cuillins (ou *Black Cuillins,* à cause de leur couleur sombre) constituent l'un des plus beaux paysages de

Skye. Le massif montagneux, aux cimes hérissées et dentelées (point culminant à 992 m), dévale vers la mer, décrivant un paysage austère et majestueux qui inspira de nombreux artistes, comme Sir Walter Scott et Turner.
En l'an 2000, pour réparer la toiture de son château de Dunvegan, John MacLeod, le chef du clan MacLeod, mit en vente « ses » montagnes pour 10 millions de livres, avançant des titres de propriété remontant au XVIe s. Il ne trouva pas d'acquéreur, le *National Trust* jugeant le prix demandé exorbitant, et provoqua, en prime, l'indignation des habitants de Skye, attachés à leurs montagnes comme à des bijoux de famille. Aujourd'hui, un projet est à l'étude pour que les Cuillins soient incluses dans un parc naturel.
La mer, la montagne, les moutons et la lande font en effet de cet endroit un lieu exceptionnel, qui attire de nombreux randonneurs. Si l'expérience vous tente, le livret *Walks Isle of Skye,* de Paul Williams (voir plus haut « Randonnées » dans « La péninsule de Trotternish »), décrit plusieurs balades dans le coin. Partir avec une carte détaillée, une boussole, quelques vivres et, surtout, des vêtements de pluie. Pour une vue d'ensemble des monts, on peut tout simplement prendre les petites routes qui mènent à Elgol ou à Glenbrittle. Autre possibilité : le bateau au départ d'Elgol jusqu'au loch Coruisk (voir plus loin).

🔭🔭 ***Fairy Pools :*** *entre Merkadale et Glenbrittle. Petit parking insuffisant compte tenu de la popularité du site, si bien que les voitures se garent le long de la route sur des centaines de mètres. Prévoir 15 mn pour atteindre les premières chutes, env 45 mn-1h de marche si vous voulez ttes les voir. Pas d'indication, suivre le flot de marcheurs. Et plus on monte, moins il y a de monde, évidemment.* Au pied des Cuillins Hills, dans un cadre idyllique, un torrent dévale en une succession de chutes, eaux fraîches et limpides dans des tonalités presque hawaïennes... Rien ne vient rompre l'harmonie de cette nature exceptionnelle. Sous le soleil, sérénité totale ; ne pas oublier son pique-nique. Les courageux ne craignant pas l'eau froide s'y baignent avec délice.

🔭🔭 ***Plage de Glenbrittle :*** superbe plage où là encore les plus téméraires piqueront une tête et ils auront raison, car l'eau y est en principe plus chaude qu'aux Fairy Pools (c'est dire !). Lors de notre passage, on y a compté au moins 15 personnes se baignant, un record !

🔭🔭 ***Randonnée d'Elgol à Camasunary :*** départ d'Elgol (sentier en haut de la colline, juste à l'entrée du village ; garer sa voiture sur les parkings plus bas, près des cafés). Environ 12 km aller-retour ; dénivelée : 90 m. Magnifique balade sur un sentier côtier avec vue sur les Cuillins. Facile car assez plat, mais un peu éprouvant pour les sujets au vertige et **déconseillé avec les petits** : le sentier, très étroit, tombe à pic dans l'eau. À Camasunary, les marcheurs peuvent passer la nuit dans un refuge.
– Grande fête début juillet, lors de la *Glamaig Hill Race* ; le record (ascension et descente), établi en 1997, est de 45 mn... Tout cela en souvenir de l'ascension d'un *Gurkha* (soldat népalais) qui, si l'on en croit la tradition, au début du XXe s, aurait fait le même trajet en moins de 1h... pieds nus, à la suite d'un pari du chef du clan MacLeod !

🔭🔭 ***Excursions en bateau*** vers le ***loch Coruisk*** au cœur des *Cuillins Hills.* Compter 1h30 de traversée aller-retour et 1h30 (ou plus si vous le désirez) sur place, pour faire une petite randonnée autour du loch. Au départ d'Elgol, 2 compagnies : ***Misty Isle*** *(☎ 866-288 ; ● mistyisleboattrips.co.uk ● Pâques-oct, tlj sauf dim plusieurs départs/j. en fonction des marées)* et ***Bella Jane Boat Trips*** *(☎ 866-244 ; ● bellajane.co.uk ● Avr-oct. Là encore plusieurs départs/j.).*

🔭🔭 ***Talisker Distillery :*** *à* ***Carbost.*** *☎ 614-308. Pâques-oct : lun-sam 9h30-17h (17h30 juil-août), plus dim en juin-sept 11h-17h ; nov-Pâques : tlj 10h-16h30. Dernière visite à 16h (15h30 en hiver) ; pas de tours de début fév à début mars. Résa conseillée en juil-août jusqu'à 2 j. avt, faute de quoi l'attente peut être longue, voire* *impossible. Entrée : £ 10-40, selon le tour et le nombre de dégustation (durée : 45 mn-2h, résa obligatoire pour ce dernier) ; réduc ; avec le ticket de la visite, £ 5 de réduc pour l'achat d'une bouteille de 70 cl. Les enfants de moins de 8 ans ne sont pas admis en raison des vapeurs d'alcool. Possibilité de déguster sans faire la visite.* Fondée en 1830, c'est la seule distillerie de l'île. Au XIXe s, l'orge et les provisions étaient apportées par un petit bateau à vapeur qui repartait ensuite avec les fûts. Ce n'est qu'au siècle suivant que le laird accepta l'idée de la construction d'une jetée, qu'on peut encore voir aujourd'hui. Le *Talisker,* élaboré à partir d'un *single malt* fumé à la tourbe (qui lui donne une odeur particulière), est classé parmi les plus grands whiskies d'Écosse. Dans un poème intitulé *The Scotsman's Return from Abroad,* Robert Louis Stevenson (l'auteur de *L'Île au trésor*) ne mentionne-t-il pas le whisky *Talisker* comme le « roi des breuvages » ? Vous en aurez vite le cœur net : la visite retrace la totalité du processus de fabrication dudit breuvage. La visite se termine à la boutique et par une dégustation. Certes, les bouteilles sont chères, mais on trouve ici des bouteilles peu ou pas vendues en France.

Talisker Bay : se rendre au bout de la route de Talisker. De là, une piste accessible à pied mène en 20 mn environ à cette magnifique baie flanquée de falaises et à une plage de galets. Un endroit de rêve.

À LA POINTE SUD DE L'ÎLE *(IND. TÉL. : 01471)*

Correspond à la **péninsule de Sleat** (prononcer « Slète »). Souvent nommée « le jardin de Skye » pour sa richesse florale. Bien protégé des vents dominants, c'est le seul côté de l'île qui soit boisé.

Où dormir ? Où manger ? Où faire ses provisions ?

Flora MacDonald Hostel : *The Glebe, à* **Kilmore.** *☎ 844-272 et 844-440. • skye-hostel.co.uk • Env 2 miles (3 km) avt Ardvasar, tourner à droite au niveau de l'église (fléché ; arrêt du bus Broadford-Armadale à 300 m). Mars-oct. En dortoir (8-10 pers) avec sdb, env £ 18/pers, double £ 40, plus des triples et quadruples. CB refusées.* L'ancienne grange reconvertie propose des dortoirs et des chambres privées à lits superposés. Sanitaires communs partout. Cuisine équipée. Machine à laver, salle de séchage. Le *lounge,* tout en longueur, regarde un pré où broutent les chevaux, avec la mer et les montagnes en arrière-plan. Y a pire comme situation !

Rubha Phoil : *face à l'embarcadère d'Armadale. 07393-830-403. • earth-ways.co.uk • Réception ouv 8h-9h, 16h-20h. Cabine en bois (type wigwam) jusqu'à 5 pers ; prévoir £ 40-45 pour 1 pers + £ 10/pers supplémentaire (gratuit pour les enfants de moins de 8 ans). Apporter son sac de couchage. Compter env £ 10/campeur (tarif dégressif à partir de la 2e pers) ; réduc de 7 % pour les marcheurs.* Ce lieu étonnant, dédié à la permaculture (chacun agit et interagit au mieux avec les écosystèmes environnants), est né de la volonté d'une femme. Pendant 3 décennies, elle a façonné avec l'aide de bénévoles ce terrain en bord de mer, tracé des sentiers jalonnés de panneaux sur les usages médicinaux des herbes, mis en place un élevage de poules et de... vers de terre pour contribuer au compostage des déchets. Résultat : un « finistère » en quasi-autonomie. Le lieu continue d'évoluer puisqu'il a été repris récemment. À chacun d'y trouver sa place pour une nuit, plus, ou juste pour s'y balader (voir plus loin).

Cafe 1925 : à **Ardvasar.** *Lun-mer et ven 9h30-16h, le w-e 10h-15h30. Fermé jeu. Env £ 20 le repas complet.* Cette petite maison bleue abrite un café charmant et inespéré dans ce coin perdu. On se régale de délicieuses

LES ÎLES

assiettes composées : salades colorées, saumon fumé, tartines de guacamole... tout est fait maison, à base de produits frais. À arroser d'un *smoothie* vitaminé au gingembre et finir en douceur avec un *carrot cake* moelleux. Si le soleil brille, les tables dans le jardin compléteront ce tableau parfait.

À voir. À faire

★★★ ***Clan MacDonald Centre et Museum of the Isles :*** *à* ***Armadale,*** *à env 17 miles (27 km) au sud de Broadford par l'A 851.* ☎ *(01471) 844-305. • clandonald.com • Avr-oct : tlj 9h30-17h (15h mars et nov ; dernière admission). Entrée : £ 8,50 ; réduc. Déc-fév, les jardins et les ruines du château sont ouverts au public librement du lever au coucher du soleil. Audioguide en français inclus dans le prix. Compter 45 mn de visite. Cours de tir à l'arc sur résa.* Dans un parc splendide où il ne reste plus qu'un manoir (à l'entrée) et, surtout, l'impressionnante ossature (ni toit ni fenêtres) du château d'Armadale. Un bâtiment récent y abrite un musée bien conçu contant 1 500 ans d'histoire des Highlands, et celle du clan MacDonald of Sleat, propriétaire des lieux, l'une des familles les plus puissantes de Skye. C'est très bien fait, complet, clair. L'endroit constitue un bon récapitulatif de l'histoire régionale et mérite vraiment le détour. De plus, les jardins sont très beaux. Se renseigner sur les dates du concours de tir à l'arc du clan, très prisé sur l'île.

★★ ***Rubha Phoil :*** *à* ***Armadale,*** *face à l'embarcadère. Coordonnées plus haut. Ouv à tous.* Très vite, on a un peu l'impression d'arpenter la forêt de Brocéliande version permaculture. Un brin de poésie, une belle nature et la surprise au bout de chaque chemin : un point de vue, un observatoire pour attendre patiemment l'apparition d'une loutre ou l'accès à un littoral rocheux et découpé, impeccable pour un pique-nique.

★★★ ***Point of Sleat*** *(Rubha Shlèite) : à l'extrémité sud de Skye.* Départ de la balade au bout de la route, à *Aird of Sleat,* à 4 miles (6,5 km) d'Ardvasar. Garer la voiture sur le petit parking et continuer le chemin à pied. Compter 1h10 (environ 2 miles, soit 3,2 km) de marche pour arriver à une plage magique. Sous le soleil, on s'est cru aux Maldives (avec quelques degrés de moins !). En chemin, les moutons vous tiendront compagnie et vous aurez des points de vue magnifiques sur les Cuillins.

LES HÉBRIDES EXTÉRIEURES

L'ÎLE DE LEWIS ET HARRIS

21 000 hab.

• Carte *p. 539* • Plan de Stornoway *p. 543*

2 îles en une : bizarre comme les Écossais ont pris l'habitude de désigner sous 2 noms différents 2 parties de la même île, comme si elles étaient séparées par la mer. Au nord, Lewis occupe de loin le plus vaste territoire. Au sud, Harris déborde de la grosse péninsule à laquelle elle aurait pu

logiquement donner son nom. Mais, bien étrangement, la « frontière » est située à quelques kilomètres plus au nord, en pleine montagne... Ensemble, donc, Lewis et Harris forment l'île britannique la plus grande en dehors de la Grande-Bretagne et de l'Irlande : 2 180 km² d'espaces sauvages à explorer.

Au physique comme au caractère, l'île se distingue du reste de l'Écosse par ses vastes paysages marins, balayés par les vents d'ouest, et sa culture gaélique encore très forte. En arrivant de la mer, cette île ne montre pourtant pas son plus beau visage. Entre un littoral oriental rocailleux et pauvre, avec quelques criques protégées, et l'intérieur de Lewis, plat et dénudé, avec ses étendues de landes tourbeuses et de marécages couleur rouille, ce paysage dépeuplé peut provoquer un sentiment de tristesse chez le voyageur, par temps gris. Une averse, un rayon de lumière, et tout change, tout est coloré, jusqu'à la lande qui s'empourpre à l'approche de l'automne. Le plus beau des Hébrides extérieures se trouve toutefois à l'ouest, et surtout à l'ouest de South Harris (notre secteur préféré). Là se cachent les plus belles plages des Hébrides, au sable fin et aux eaux turquoise, une vision quasi méditerranéenne sur une terre de nuages et de pluie !

UN PEU D'HISTOIRE

« Les îles aux limites de la mer »

Kirkibost, Garrabost, Benbecula, Borve ! Cette ribambelle de noms étranges rappelle peu les consonances celtiques. D'où viennent alors ces mots bizarres ? Tout droit du norvégien, ou plutôt de la langue parlée autrefois par les Vikings, quand ceux-ci furent les maîtres des îles de l'Ouest. Le nom même de l'archipel – Hébrides – est d'origine scandinave et signifierait « les îles aux limites de la mer ».

Les tout premiers habitants de l'archipel sont probablement des chasseurs nomades du mésolithique, venus du sud de l'Europe (il y a 6 000 ans). Comme à Carnac, ces peuples aiment planter de grosses pierres dans la terre et les contempler en pensant à l'au-delà. Ce sont eux qui semblent avoir dressé les alignements de pierres de Callanish (côte ouest de Lewis). Les choses commencent à devenir sérieuses vers le VIIIe s, quand les îles reçoivent la visite de rudes gaillards aux cheveux blonds venus de Scandinavie. Au IXe s, la présence viking est si forte qu'elles s'appellent *Innsigal,* c'est-à-dire « les îles des étrangers ».

Do not trespass

2 branches d'un même clan, les MacLeod de Lewis et les MacLeod de Harris et de Skye (ou MacLeod de MacLeod) ont traditionnellement régné sur l'île. Descendants probables des Vikings ou d'un roi de l'île de Man, leur nom signifierait peu ou prou « fils de l'affreux » ! Ennemis jurés des MacDonald, ils les ont maintes fois combattus au fil des siècles pour tenter d'imposer leur suprématie sur les îles de l'Ouest. Mais les innombrables querelles familiales ont fini par porter atteinte à la branche principale, qui s'est éteinte vers 1600...

Au XIXe s, Lewis est encore propriété privée : elle est achetée dans son intégralité par sir James Matheson, qui fait édifier le château de Lews, à Stornoway. L'île et la bâtisse sont revendues en 1918 à Lord Leverhulme, le fondateur d'*Unilever* (les lessives), qui décide d'y installer des poissonneries modernes qui doivent révolutionner le modèle économique de l'île. Mais le projet échoue, principalement en raison de la peur du changement des insulaires et des autorités écossaises. En 1923, lord Leverhulme propose finalement de faire don de ses propriétés aux différents districts. Croyez-le ou non, tous refusent, sauf celui de Stornoway !

L'ÎLE DE LEWIS ET HARRIS

Harris Tweed

Comme la Guinness en Irlande, le *Harris Tweed* fait partie des produits de réputation mondiale. Des tissus en laine auraient déjà été fabriqués sur l'île il y a 2 500 ans ! C'est en 1842 que tout commença véritablement, lorsque la comtesse de Dunmore décida de promouvoir cet artisanat. Son mari, fort de son titre, entretenait sa propre armée privée, qu'il venait de faire habiller en kilt par un tisserand local... Après quelques années, la notoriété de la production en fit une véritable industrie. Sur toute l'île, les femmes cardaient et filaient – étapes les plus laborieuses –, et les hommes tissaient. Sur un métier manuel, il était possible de produire environ 6 m de tweed par semaine. Aujourd'hui, bien que le produit soit mondialement connu pour son extraordinaire qualité, l'activité générée par sa production reste fragile et n'emploie qu'environ 250 personnes sur l'île.

PLUMEZ-MOI CE MOUTON !

Traditionnellement, à Lewis et Harris, les moutons n'étaient pas tondus, mais leur laine arrachée comme on plumerait un oiseau avant de le manger... Cruel ? Pas tant que ça. Si l'on attend la bonne période, elle se détache toute seule.

Précisons enfin que le fameux tweed est le seul tissu au monde à être régi par une loi du Parlement, le *Harris Tweed Act,* qui précise que le *Harris Tweed* doit être constitué à 100 % de pure laine vierge teinte, filée dans les îles Hébrides extérieures, et tissée à la main, à la maison, par les habitants des îles de Lewis et Harris, Uist et Barra. C'est le *Harris Tweed Authority* qui est chargé de certifier les produits finis par l'apposition d'un timbre Certification Mark ou bien ORB Mark.
Bien que le *Harris Tweed* soit originaire de Harris, c'est sur Lewis que se trouvent les 3 filatures encore existantes : *Harris Tweed Scotland* est à Stornoway, *Harris Tweed Hebrides* à Shawbost, et *Carloway Mill,* sur la côte ouest. Quant aux tisserands, ils sont répartis sur les 2 parties de l'île.
Pour tout connaître du *Harris Tweed,* son histoire et sa production : • *harristweed.org* •

UN RÉSERVOIR DE CULTURE GAÉLIQUE

Plus que les Hébrides intérieures, les Hébrides extérieures constituent une enclave pour la culture gaélique. Environ 60 % de la population est bilingue (69 % à Harris). Vous le sentirez dès votre descente du ferry. Tous les panneaux sont écrits en gaélique avec, pour la plupart mais pas toujours, un sous-titrage en anglais. Nous vous indiquons les 2 noms, sachant tout de même que l'anglais est plus facile à prononcer ! Radio BBC Gael, sur 104.3 FM, diffuse des informations et une très bonne musique gaélique.

LE DIMANCHE, UN JOUR PRESQUE TOUJOURS CHÔMÉ

Autre caractéristique importante de cette île de l'Ouest, la conviction religieuse de ses habitants. On ne compte plus le nombre d'églises et de temples calvinistes. Il y aurait 43 congrégations presbytériennes, dont une dizaine rien qu'à Stornoway. Du coup, le dimanche, presque tout s'arrête : les bus ne circulent pas, les stations-service, les cafés, les musées, les magasins gardent portes closes. Toutefois, avec l'arrivée récente de voyageurs par le ferry, certains restaurants (surtout d'hôtels) ont ouvert, au grand dam des presbytériens les plus fervents. Mais, comme les adresses sont encore peu nombreuses, mieux vaut réserver ou... faire vos courses la veille ! Car malgré cette « révolution », le rythme évolue lentement et il faudra sans doute encore quelques années pour que le dimanche permette de s'adonner à des loisirs ou de commercer comme les autres jours.

UN DIMANCHE MORTEL

Jusqu'en 2009, aucune activité n'était tolérée sur l'île le dimanche. Même les aires de jeux étaient fermées, au cas où les enfants aient l'idée saugrenue de s'en servir ! Encore aujourd'hui, on ne tond pas son gazon, on n'étend pas son linge et on ne joue même pas au golf ce jour-là ! Les habitants vont au temple, voilà tout. Imaginez la consternation lorsque Caledonian MacBrayne *décida d'accoster à Stornoway TOUS les jours. Si certains se sont montrés plutôt favorables à cette évolution, les plus religieux s'y sont fermement opposés, en vain.*

Arriver – Quitter

En bateau

La compagnie *Caledonian MacBrayne* assure ttes les liaisons maritimes. ☎ *0800-066-5000.* ● *calmac.co.uk* ● En saison, si vous êtes motorisé, mieux vaut réserver quelques jours à l'avance, surtout si le trajet retour a lieu un dimanche.

➢ ***Ullapool-Stornoway*** (sur Lewis) **:** 2 ferries/j. (1 le dim) tte l'année. Traversée : 2h30. Prix aller : env £ 10/pers et £ 50/voiture. ☎ *(01854) 612-358 à Ullapool ;* ☎ *(01851) 702-361 à Stornoway.*

➢ ***Skye :*** 1-2 ferries/j. entre ***Uig*** (nord-est de Skye) et ***Tarbert*** (sur Harris), tte l'année. Traversée : 1h40. Prix aller : env £ 7/pers et £ 30/voiture. ☎ *(01470) 542-219 à Uig.* ☎ *(01859) 502-444 à Tarbert.*

En avion

Stornoway est relié à ***Édimbourg, Inverness, Glasgow,*** l'île de ***Benbecula,*** avec *Flybe.* ● *flybe.com* ● Ainsi qu'à ***Aberdeen*** avec *Eastern Airways.* ● *easternairways.com* ●

➢ De l'aéroport, bus pour ***Stornoway.***

Quelques infos pratiques et conseils pour garder un bon souvenir de votre séjour sur l'île

– N'attendez pas le dernier moment pour prendre de l'essence, sachant que sur Harris vous ne trouverez des pompes qu'à Tarbert, Ardhasaig et Leverburgh ; elles sont un peu plus nombreuses sur Lewis et un peu mieux réparties, mais restez prudent. Par ailleurs, les horaires d'ouverture sont limités : elles n'ouvrent que vers 9h-10h, ferment dès 17h-18h, et toutes sont fermées le dimanche. Seule exception, l'***Engebrets Filling Station*** à Stornoway *(tlj 10h-16h),* qui dispose d'une pompe 24h/24, ainsi que d'une petite boutique pour vous dépanner pendant les horaires d'ouverture.

– En saison, il est indispensable de réserver votre hébergement avant votre arrivée sur l'île (sauf si vous campez), car les logements affichent très vite complet.

– En saison toujours, le dîner se transforme souvent en galère : peu d'endroits pour se restaurer et tout est réservé à l'avance. 2 options : faire les courses suffisamment tôt ou réserver vous aussi...

LEWIS (IND. TÉL. : 01851)

Correspond à la partie nord de l'île, dont Stornoway est la principale ville. Paysage de landes et de marécages, sous lesquels dorment depuis 10 000 ans des couches de tourbe noire. Une fois découpée en mottes (nombreuses tranchées), celle-ci est empilée et mise à sécher à l'air ou sous des bâches pour servir de combustible. D'usage quasi exclusif autrefois, elle l'est moins aujourd'hui, car son exploitation est désormais réglementée et son rendement relativement faible. Sans oublier un inconvénient de taille : la lourde fumée qui se dégage de sa combustion... Celle-ci a d'ailleurs donné son nom à l'habitat traditionnel : les charmantes *black houses* avaient leurs murs de pierre noircis par la fumée au fil du temps ! Cette belle architecture a cédé le pas à une cohorte de pavillons modernes grisâtres, dressés à travers toute l'île.

La partie la plus intéressante de Lewis est la côte ouest, où se trouvent le principal site archéologique et des plages sauvages. Les cinéphiles, quant à eux, pourront découvrir la côte est, dont les paysages arides et rocailleux ont inspiré Stanley Kubrick pour une scène de son film *2001 : l'Odyssée de l'espace.* Dans le scénario, l'action se passe sur la planète Jupiter !

Stornoway (Steornabhagh ; 9 000 hab.)

Capitale administrative des Hébrides extérieures, la ville de Stornoway est un petit port pas désagréable qui a l'avantage de concentrer tous les services au même endroit. Vous y trouverez notamment des supermarchés (ravitaillement problématique sur le reste de l'île !). C'est aussi là qu'arrivent les ferries venant d'Ullapool.

Arriver – Quitter

➢ ***De/vers Tarbert*** *(plan A-B2)* **:** 5-6 bus/j., sauf dim, avec *Hebridean Transport. Infos : ☎ 705-050.* Également des liaisons avec ***Port of Ness, Uig*** et ***Bernera.***

Adresses utiles

🅘 @ ***Visitor Information Centre*** *(plan A2)* **:** *26, Cromwell St. ☎ 703-088. • visithebrides.com • Pâques-fin oct, tlj sauf dim 9h-16h45 (17h45 juin-août) ; hors saison, fermé aussi le sam.* Service de résas d'hébergements (payant).

■ ***Bank of Scotland*** *(plan A2,* ***1****)* **:** *Cromwell St. Lun-ven 9h15 (9h30 mer)-16h45.* Distributeur à l'extérieur.

■ ***Location de voitures : Lewis Car Rentals*** *(plan A2,* ***2****), Bayhead St. ☎ 703-760. • lewis-car-rental.com • Lun-sam 8h-17h. Env £ 45/j. pour une petite voiture (catégorie A), assurance incluse ; tarif dégressif à partir de 4 j. Frais d'abandon non négligeables pour laisser le véhicule à Tarbert (mieux vaut donc le rendre ici et prendre le bus).*

■ ***Location de vélos : Alex Dan's Cycle Centre*** *(plan A2,* ***3****), 67, Kenneth St. ☎ 704-025. Lun-sam 9h30 (10h mer)-17h30 (16h mer).*

Où dormir ?

Camping

⛺🏠 ***Laxdale Holiday Park & Bunkhouse*** *(hors plan par A-B1,* ***10****)* **:** *6, Laxdale Lane. ☎ 706-966. • laxdaleholidaypark.com • À 1 km au nord de la ville, direction Barvas. Mars-oct. Env £ 9 pour 2 avec tente ; £ 18/pers en dortoir (ouv tte l'année), wigwams £ 36-45 (3-5 pers).* Sans grand charme ni intimité, ce camping est loin d'être notre préféré mais il est plutôt bien équipé. Le terrain est herbeux mais un peu en pente et le parking plus étendu que le gazon... Les 4 dortoirs comptent chacun 2 fois 2 lits superposés séparés par des rideaux. Ceux qui y dorment ont accès à une

---

■ **Adresses utiles**

- 🅘 @ Visitor Information Centre (A2)
- **1** Bank of Scotland (A2)
- **2** Lewis Car Rentals (location de voitures ; A2)
- **3** Alex Dan's Cycle Centre (location de vélos ; A2)

⛺🏠 **Où dormir ?**

- **10** Laxdale Holiday Park & Bunkhouse (hors plan par A-B1)
- **11** Heb Hostel (A2)
- **13** The Rowans (B1)
- **14** 27 B & B (B2)

🍴 **Où manger ? Où prendre le thé ?**

- **20** Artizan (A2)
- **21** Delights et Digby Chick Restaurant (A2)
- **22** An Lanntair Arts Centre (A2)
- **23** Harbour View Restaurant (Crown Inn ; A2)
- **24** Thaï Café (A2)
- **25** HS-1 (A2)

🍷 **Où boire un verre ?**

- **23** Crown Inn (A2)
- **30** MacNeills (A2)
- **31** Lewis Bar (A2)

🧺 **Achats**

- **40** Lewis Loom Centre (A2)

LES ÎLES

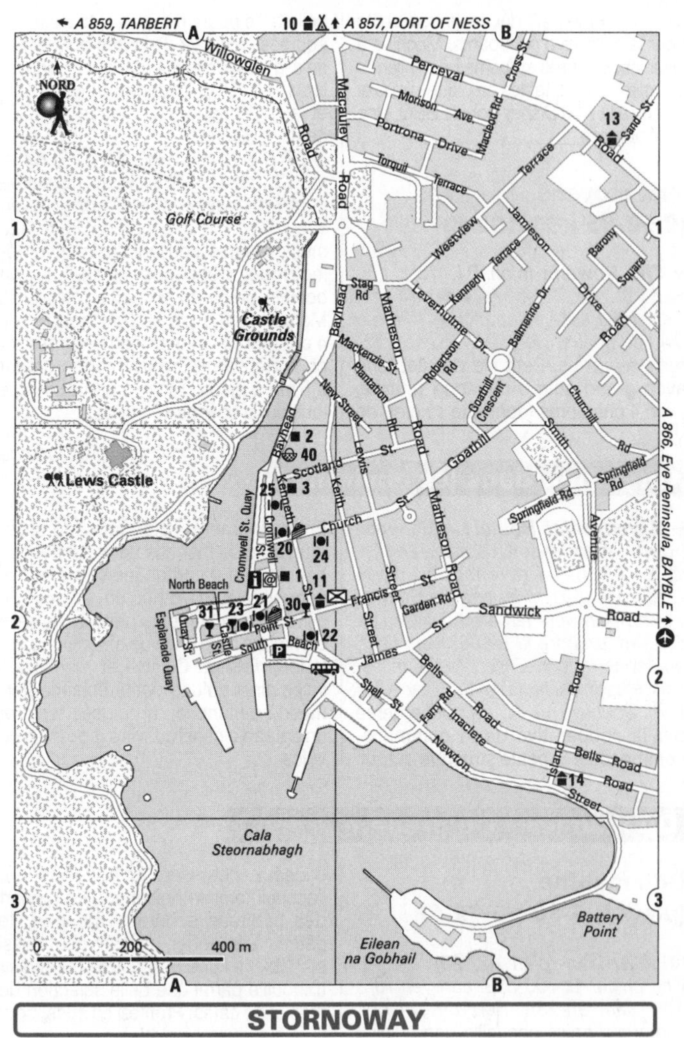

STORNOWAY

cuisine et un salon commun. Les *wigwams* sont chauffés et équipés d'une kitchenette. Laverie et *drying room* à disposition de tous.

Bon marché (£ 10-25/pers ; 12-30 €)

Heb Hostel *(plan A2, **11**) : 25, Kenneth St.* ☎ *709-889.* • *hebhostel.com* • *En hiver, sur résa seulement. Lit £ 19, petit déj léger inclus.* AJ privée centrale et très bien tenue, avec 3 dortoirs de 7-9 lits chacun (hommes, femmes et mixte) et une quadruple. Le dortoir des filles dispose de sa propre salle de bains, digne d'un hôtel de luxe avec son parquet et sa grande baignoire à pieds ! Salon TV avec cheminée (feu de tourbe) et cuisine équipée d'un vieux poêle en fonte, où l'on se sert pour le petit déj, mais trop petite pour le nombre d'occupants. Machine à laver, abris à vélos et même un minijardin à l'arrière, avec 2 tables de pique-nique et un abri à la *Walt Disney* pour le BBQ. Une belle adresse.

Prix moyens (£ 50-85 ; 60-102 €)

The Rowans *(plan B1, **13**) : 1 B, Sand St. ☎ 704-607. • anne@amaclean100.freeserve.co.uk • À 15 mn à pied du centre. Double avec sdb £ 75, petit déj inclus.* Petit nid douillet tenu avec grand soin. Ambiance feutrée, avec 4 chambres (dont une *single*), de belle taille pour certaines et toutes bien équipées (cela va de la très bonne literie à la salle de bains pratique, jusqu'au lecteur DVD qui accompagne la télé et la DVDthèque bien fournie). Accueil gentil et discret.

27 B & B *(plan B2, **14**) : 27, Newton St. ☎ 701-782. • stornowaybedandbreakfast.com • Doubles avec sdb £ 70-80. CB acceptées.* Face à la mer, mais aussi devant l'usine hydroélectrique. Petit inconvénient qu'on occulte grâce à l'accueil adorable de Margaret. Vue sur le port depuis les 4 chambres joliment aménagées et confortables. Autre avantage : on est à 5 mn à pied du ferry... pratique ! Elle loue aussi une maison pour 2.

Où dormir dans les environs ?

Ravenspoint Hostel *: à* **Ravenspoint, Kershader,** *South Lochs. ☎ 880-236. • ravenspoint.net • À 20 miles (32 km) au sud de Stornoway en allant vers Tarbert. Au niveau de Balallan, prendre la B 8060 vers l'est, qui longe le loch Erisort (sur 6 miles, soit 9,6 km). Tte l'année. Env £ 20/pers. Double £ 45.* AJ de poche gérée par la coopérative de la commune, comme toute la petite structure autour. Environnement splendide, au bord d'un bras de mer aux eaux calmes. Le bâtiment, qui abritait jadis une école, accueille aujourd'hui un dortoir de 5 lits et des chambres privées. La salle commune offre une vue magnifique sur le loch Erisort. Cuisine et machine à laver, ainsi qu'une petite épicerie (fermée le dimanche), un musée local et un agréable café tout vitré. Location de vélos.

Où manger ? Où prendre le thé ?

Bon marché (plats £ 5-10 ; 6-12 €)

Artizan *(plan A2, **20**) : 12-14, Church St. ☎ 706-538. Lun-ven 10h-18h, sam 9h-23h. Sert de l'alcool.* L'intérieur boisé accueille une cuisine autant écossaise que méditerranéenne. Et, pour varier les plaisirs, si une assiette de tapas ne vous convient pas, on peut mixer les ingrédients et prendre le meilleur de chaque. On finit bien sûr par des gâteaux ou des scones et on revient pour le thé. Belle boutique de bijoux et souvenirs à l'étage.

Delights *(plan A2, **21**) : 18, North Beach. ☎ 701-472. Tlj sauf dim 10h-17h (18h pour la boutique). Pas d'alcool.* Épicerie fine et boutique de cadeaux, doublée d'un *coffee shop* à l'accueil féminin prévenant. La plupart des habitués achètent une part de gâteau à emporter, mais on peut aussi s'attabler à l'une des 2 tables et choisir tranquille parmi une belle sélection de thés et de cafés. Profitez-en aussi pour faire quelques emplettes.

Prix moyens (plats £ 8-18 ; 10-22 €)

An Lanntair Arts Centre *(plan A2, **22**) : South Beach. ☎ 703-307. Tlj sauf dim 10h-20h.* Le 1er étage, au-dessus des salles d'expo, abrite un café aux fauteuils club sympa et un resto ouvert sur le port par de grandes baies vitrées. Au menu : sandwichs, soupes, pâtes et petits plats. Rien d'extraordinaire dans l'assiette, mais le cadre est plaisant.

Harbour View Restaurant *(Crown Inn ; plan A2,* ***23****) : Castle St.* ☎ *703-734. Tlj sauf dim, midi et soir.* Cadre plus classique que le menu, qui se permet quelques originalités, comme ce burger à l'oie ou les spaghettis à l'encre de sèche et huile de truffe, ou encore ce risotto aux patates douces et butternut. Quelques salades aussi. Le tout bien exécuté et à prix raisonnables.

Thaï Café *(plan A2,* ***24****) : 27, Church St.* ☎ *701-811. Tlj sauf dim 12h-14h30, 17h-23h. Pas d'alcool servi, mais possibilité de* BYOB. On va au *MacDonald* ? Non, mais chez Mme MacDonald, épouse authentiquement thaïe d'un authentique Mac local ! Carte variée proposant de bons plats thaïs, même s'ils sont débarrassés de l'essentiel de leurs épices pour satisfaire les palais locaux. La salle est un peu défraîchie mais pas désagréable avec sa déco ramenant au pays des éléphants. Bon accueil.

Chic (plats £ 15-25 ; 18-30 €)

Digby Chick Restaurant *(plan A2,* ***21****) : 5, Bank St.* ☎ *700-026. Tlj sauf dim. Intéressants menus le midi et* early bird *(17h30-18h30).* Petit intérieur élégant à l'ambiance chaleureuse. La simple lecture du menu aiguise la curiosité. Dans l'assiette, une délicieuse cuisine aux saveurs subtiles. Les plats de résistance ont beau être copieux, garder une place pour le dessert : c'est le bouquet final !

HS-1 *(plan A2,* ***25****) :* Royal Hotel, *Cromwell St.* ☎ *702-109. Tlj 12h-16h, 17h-21h. Formule déj à prix moyens.* Grand choix de plats copieux pour toutes les bourses, traditionnels ou plus exotiques. Ce n'est pas extrêmement fin, mais copieux et varié. Le cadre est agréable, aussi branché qu'il est possible de l'être à Stornoway, avec un mur en brique apparente semé de toiles colorées, et un fond de musique pop pas trop envahissant.

Où boire un verre ?

Voici l'exception qui confirme la règle : une bonne moitié des pubs de Stornoway ouvrent le dimanche... Ben, normal, faut bien trouver quelque chose à faire ! Ils ferment en général vers 23h en semaine et minuit ou 1h le week-end.

MacNeills *(plan A2,* ***30****) : 11, Cromwell St.* Vieux pub à la façade décrépie mais à l'ambiance chaleureuse, surtout le jeudi soir (*open mike* à 21h30, pour ceux qui ont envie de pousser la chansonnette) et les samedis d'été (musique live). Salle chauffée au feu de bois. Pour les soirs de grande pluie.

Crown Inn *(plan A2,* ***23****) : Castle St.* Pub cosy-chic, doté de fauteuils club et d'un billard face à un long comptoir. Personnel sympathique. Pour les soirs de grand vent.

Lewis Bar *(plan A2,* ***31****) : 7, North Beach St.* Un classique de chez classique, fondé en 1829, aux banquettes rouges et aux tabourets en bois alignés face au bar. Et là encore, un billard. Pour les soirs de brume.

Achats

Lewis Loom Centre *(plan A2,* ***40****) : Old Grainstore, 3, Bayhead.* ☎ *704-500. Avr-sept : lun-sam 9h30-17h30.* Le patron de cette boutique bric-à-brac est un amoureux du fameux *Harris Tweed,* réputé dans le monde entier. Il vous en dira long sur sa fabrication et ses secrets. La boutique croule sous les coupons, les pièces et les vêtements, les bibelots et les vieux trucs façon vide-greniers.

À voir

Lews Castle *(plan A2) :* ☎ *822-746.* • *lews-castle.co.uk* • *Avr-sept : 10h-17h ; oct-mars : 13h-16h. Fermé jeu et dim. GRATUIT.* Cet ancien hôpital militaire,

LES ÎLES

puis collège jusque dans les années 1980, a été restauré pour accueillir le musée de l'île. Quelques salles au rez-de-chaussée du château se visitent également. Le musée, fort bien conçu et particulièrement vivant, est consacré à la culture gaélique et insulaire. Nombreux témoignages audio comme ce touchant kaléidoscope de portraits d'hommes, de femmes et d'enfants, natifs de l'île depuis des générations ou immigrés récents : un véritable hymne au vivre ensemble sur ce bout de terre âpre. D'autres volets sont consacrés à l'économie et aux liens commerciaux avec la Scandinavie, l'Irlande et l'Angleterre, à la production ainsi qu'à la religion.

NI OUI NI NON

L'alphabet gaélique ne compte que 18 lettres et la langue n'a aucun mot pour dire « oui » ou « non ». Résultat, on doit enrichir son vocabulaire. On rétorque ainsi par des expressions du genre : That's smashing, *qui d'ailleurs vient du gaélique* Is math sin *et signifie « C'est bon » ou « C'est bien ». Au jeu du « Ni oui ni non », ils gagneraient à tous les coups...*

Le temps fort du musée reste (on l'espère pour longtemps) l'exposition exceptionnelle de 6 pièces d'échec issues de jeux norvégiens datant du XIIe s et découvertes 7 siècles plus tard sur la plage d'Uig (lire plus loin l'encadré « Souvenir viking »). La taille de ces célèbres « Lewis Chessmen » étonne, petite et replète, mais la finesse des détails suscite l'admiration. Notez les symboles celtiques au dos des sculptures. On disait des échecs que c'était un jeu de roi, car si le souverain se révélait talentueux, alors il était perçu comme fin stratège, fort dans la bataille et solide sur son trône !

Enfin, les enfants (et les grands) pourront porter les vêtements caractéristiques des métiers de l'île. En revanche, la magnifique robe de mariée en tweed, fabriquée à Lewis, ne s'admire que du regard.

– Du château, on visite, entre autres, la bibliothèque aux murs jaunes et la salle à manger, tout au bout, derrière la grande porte. L'étage abrite désormais de luxueux appartements.

I●I *Coffee shop* sur place.

Castle Grounds (ou *Lady Lever Park ; plan A1*) **:** *accessible par un pont réservé aux piétons à la hauteur de New St.* Grande variété d'arbres plantés par James Matheson (qui a également mis au jour le site de *Callanish Stones* en découpant de la tourbe) au milieu du XIXe s. Jolie vue sur Stornoway et son port.

An Lanntair Arts Centre (*plan A2*, **22**) **:** *South Beach. ☎ 703-307. Tlj sauf dim 10h-21h (minuit jeu-sam).* Ce centre culturel accueille un théâtre, un cinéma, des concerts de temps à autre, des soirées *ceilidhs* au bar et des expos temporaires de qualité (gratuites).

Stornoway Churches : autour de la principale rue piétonne s'étend une série d'édifices témoignant de l'emprise de l'Église protestante. Celui de la *Free Church,* apparue au XIXe s d'une scission de la *Church of Scotland* évangélique, regroupe plus de 1 500 personnes à l'office du dimanche, le plus important de Grande-Bretagne !

Manifestations

– **Hebridean Celtic Festival :** *pendant 4 j. mi-juil. Infos : ● hebceltfest.com ●* Festival de musique celte se déroulant essentiellement dans les jardins du Lews Castle. Stornoway est littéralement envahie de groupes de musique se produisant partout à travers la ville et même dans les pubs. Un événement majeur dans le calendrier celtique européen.

– ***Hebridean Maritime Festival :*** *pdt 1 sem mi-juil.* ● *sailhebrides.info* ● Un festival dédié à la voile.

Le nord de Lewis

Comment circuler ?

➢ ***En bus :*** 6-8 bus/j. (sauf dim) dans les 2 sens avec la ligne nº W1 assurée par *Galson Motors.* ☎ *840-269.* ● *cnesiar.gov.uk/travel/* ● Ils desservent tous les villages jusqu'à ***Port of Ness*** (via Barvas) et les abords du Butt of Lewis. Dernier retour vers 20h20 lun-jeu, 21h20 ven et sam.

Où dormir ?

Galson Farm Bunkhouse & Guest House : *à* ***South Galson.*** ☎ *850-492.* ● *galsonfarm.co.uk* ● *À 20 miles (32 km) au nord de Stornoway, sur la route menant au Butt of Lewis, extrémité nord de l'île ; au village de Galson, un panneau l'indique sur la gauche. Tte l'année. Nuitée en dortoir (3-8 lits) £ 20/pers. Doubles £ 95-110 selon type de chambre. Dîner sur résa.* Cette ferme tricentenaire avec vue sur l'Atlantique abrite des chambres joliment aménagées (mais chères), ainsi qu'un sympathique dortoir de 4 lits superposés, avec coin cuisine bien équipé. Idéal pour les familles ou un groupe d'amis. Accueil sympa du proprio anglais, origine que l'on devine notamment à la déco (voir les *lounges*). Fait aussi resto mais uniquement pour les hôtes. À noter que la maison abrite un tout petit bureau de poste.

À voir

Juste au nord de ***Tolsta,*** vers la fin de la route B 895, ***plage*** la plus longue de Lewis.

➢ Et, tout au bout de la route, départ de randonnée vers *Port of Ness.* L'***Heritage Trail*** (10 miles, soit 16 km) passe à proximité d'anciennes habitations et d'une chapelle. Compter au moins 4h de marche. Chemin très tourbeux.

Butt of Lewis : phare marquant l'extrême pointe nord de l'île de Lewis et Harris. À environ 3 miles (4,8 km) du petit Port of Ness, on se croirait au bout du monde... En fait, on y est pour de bon ! Continuez tout droit vers le nord et vous arriverez aux îles Féroé et en Islande. Les collines d'herbe rase, la côte rocheuse et découpée bardée de falaises, le vent qui rugit, les nuages qui vont à toute vitesse, l'écume des vagues au loin, quelque chose de troublant rappelle la Bretagne, en plus violent, en plus sauvage. Oubliez vos antidépresseurs et respirez du *Butt of Lewis* : c'est le meilleur décapant naturel des Hébrides. Sachez que les oiseaux nichés dans les falaises apprécient aussi le site. Attention à ne pas s'approcher du rebord lorsque le vent se lève : il souffle très fort. Même en été, la mer peut être mauvaise.

Saint Moluag's Church *(Teampall Mholuaidh) :* *à* ***Eoropie*** *(Eoropaidh), sur la gauche en allant vers Port of Ness.* Chapelle très bien restaurée, toujours en activité. Si elle est fermée, jetez un coup d'œil par la chapelle latérale : bel intérieur en pierres apparentes.

Port of Ness : *petite crique abritée à 2 miles (3,2 km) au sud-est de Butt of Lewis.* Là vit une communauté de pêcheurs ; à côté du port, belle plage vous invitant à faire une petite marche.

L'ouest de Lewis

Comment circuler ?

➢ ***Ligne circulaire*** (nº W2) au départ de ***Stornoway*** desservant ***Barvas, Shawbost, Carloway, Callanish.*** Lun-sam 2-4 bus/j. dans chaque sens. Départs plus fréquents de Barvas. Avec entre autres *Galston Motors,* ☎ *(01851) 840-269,* ou *Maclennan Coaches,* ☎ *(01851) 702-114.*

– Également des lignes vers Bernera (W3) et Uig (W4). Plus d'infos sur : ● *cne-siar.gov.uk/travel/busservice/* ●

Où dormir ?

Campings

⛺ ***Kneep Campsite*** *(ou Reef Beach Campsite)* **:** *à* ***Reef.*** ☎ *672-332.* 📱 *07951-188-712. Près de Valtos ; accès par la Circular Scenic Route au départ de Miavaig (Miabhaig), avt Uig (voir plus loin dans « À voir »). Ouv mai-oct. Compter £ 10-15/ tente (selon taille), occupants inclus ; douche payante.* Un cadre idyllique : les collines verdoyantes, la roche, une superbe plage... et, régulièrement, un vent à décorner les bœufs. Le site a beau être vaste, on ne s'installe pas où on veut, le nombre d'emplacements étant limité. Petit bloc sanitaire. Bref, le grand luxe selon les standards de l'île !

⛺ ***Ardoil Caravan Site*** (ou *Uig Sands Campsite*) **:** *à* ***Ardoil Beach.*** ☎ *672-255. Mars-oct. Compter £ 2/pers. Paiement à la maison nº 6, située face au chemin d'accès.* On peut difficilement parler de camping, plutôt d'une vaste étendue de *machair* (prairie littorale à l'herbe épaisse) pour planter la tente ou garer le camping-car... Point d'eau et w-c. À part cette rusticité, le lieu est tout simplement enchanteur : sous vos yeux se déroule un immense tapis de sable blanc.

⛺ ***Eilean Fraoich Campsite :*** *77,* ***North Shawbost.*** ☎ *710-504.* ● *eileanfraoich.co.uk* ● *De Stornoway, prendre l'A 857 vers Barvas (Bharabhas), puis à gauche sur l'A 858 au niveau de l'école ; continuer sur 6 miles (9,6 km). Mai-sept. Env £ 14 pour 2 avec tente ; douche payante.* Petit camping familial simple, version carrée de gazon autour de la maison des proprios, mais qui a la particularité d'avoir une salle commune pour manger (avec cuisine) à l'abri du vent et de la pluie. Machine à laver.

Bon marché (£ 10-25/pers ; 12-30 €)

🏠 ***Gearrannan Hostel :*** *dans le* Garenin Blackhouse Village *(voir plus loin dans « À voir. À faire »).* ☎ *643-416.* ● *gearrannan.com/hostel* ● *Tte l'année. Compter £ 20/pers et £ 65 pour la triple.* Une auberge dans un des lieux les plus originaux qui soient, puisqu'on dort dans une *blackhouse,* qui fait aujourd'hui partie d'un village touristique, face à la mer. Impeccablement restaurée, elle abrite 2 dortoirs (4-6 lits, attention, celui pour 4 est vraiment exigu) et 1 chambre familiale pour 3. Cuisine bien équipée, mais pensez à faire vos provisions avant. D'autres maisons sont aussi à louer dans le village, à des prix toutefois sans commune... masure (!).

🏠 ***Otter Bunkhouse :*** *à* ***Carishader,*** *avt la Scenic Road.* 📱 *07942-349-755.* ● *otterbunkhouse.com* ● *Tte l'année. Env £ 20/pers. Pas facile à repérer. Essayez d'apercevoir côté droit (en venant de Stornoway) le discret panneau au niveau du sol (pratique !). La maison en bois se trouve en contrebas de la route (peu visible, donc), mais face au loch, on va donc arrêter de râler !* Bien intégrée dans le paysage, on l'aura compris, la *bunkhouse* possède un intérieur dépouillé composé d'une seule chambre de 8 lits superposés (avec lumière individuelle) et d'une cuisine-salon. La situation, dont on profite de la terrasse, reste exceptionnelle.

Chic (£ 85-125 ; 102-150 €)

🏠 🍽 ***Baile-Na-Cille :*** *Timsgary (Timsgearraidh), à* ***Uig.*** *☎ 672-242. • baile nacille.co.uk • Mai-sept. Doubles avec sdb intérieure ou extérieure £ 110-130. Dîner (4 plats) sur résa £ 30 ; selon dispo pour les non-résidents.* La grande maison blanche, perchée sur un terre-plein dominant la superbe plage d'Uig, abrite des chambres confortables, appréciées des amoureux des paysages marins. Les lieux ont vécu, c'est ce qui fait tout son charme. On ne feuillette pas un magazine de déco. D'ailleurs, tout est fait pour que vous vous sentiez comme chez vous, à tel point qu'on a vite l'impression de faire partie de la famille. Pas de chichis, donc, ni de TV (si ce n'est dans 2 chambres seulement et dans la salle commune prévue à cet effet) : on ne vient pas ici pour passer son temps sous la couette, mais pour affronter les grands vents et les kilomètres de sable immaculé qui se déroulent sous nos yeux, éventuellement pour jouer au tennis... sur gazon, *of course* (et se prendre pour Andy Murray). Le dîner, pas donné, est excellent, ultra-copieux et pris en commun dans la salle panoramique, face au court de tennis et à la mer. Le menu est fixe mais peut être adapté sur demande préalable.

Où manger ?

🍽 ***Doune Braes Hotel :*** *juste après le Carloway Broch en venant du nord, au bord d'un petit lac, le long de la route. ☎ 643-252. Tte l'année. Tlj 12h-14h30, 18h-20h30 (dernière commande, jusqu'à 19h dim). Fish & chips, pâtes £ 8-13 ; compter £ 13-20 au déj ou au dîner.* Une adresse pour se restaurer au cours d'une balade dans l'Ouest. Au menu, plats simples ou plus élaborés : *seafood,* burgers, etc. Accueil très gentil.

À voir. À faire

★★ ***Arnol Blackhouse*** *(HES)* ***:*** *à* ***Arnol*** *(Arnoil). ☎ 710-395. Avr-sept : tlj sauf dim 9h30-17h (dernière admission) ; oct-mars : tlj sauf mer et dim 10h-15h30. Entrée : £ 5 ; réduc.* Plusieurs habitations permettent de réaliser l'évolution des conditions de vie des insulaires. L'habitation au toit de chaume traditionnel fut construite en 1880. Entièrement meublée, elle reflète la vie quotidienne d'autrefois. D'un côté, la chambre avec des lits clos ; de l'autre, l'écurie ; au centre, le « salon » avec son feu de tourbe dont l'odeur imprègne l'atmosphère. La famille y a vécu jusqu'en 1966. De l'autre côté de la route, on déambule entre les ruines d'une maison encore plus ancienne. Enfin, une 3e habitation, *whitehouse,* bien plus moderne a été laissée en l'état depuis le départ de ses occupants dans les années 1970.

★★ ***Garenin (Gearrannan) Blackhouse Village :*** *à env 1,5 mile (2,4 km) au nord du village de Carloway (Carlabhagh). ☎ 643-416. • gearrannan.com • Avr-sept : tlj sauf dim 9h30-17h30. Entrée : £ 3,50.*

Habitées jusqu'en 1974, les vieilles *black houses* de Garenin ont été restaurées, composant le dernier ensemble de ce type encore visible sur l'île. On y trouve désormais une maison à l'intérieur typique du début du XXe s, avec un film sur la fabrication du tweed, une salle d'exposition, un *coffee shop* et des appartements en location. Le lieu est donc très touristique.

L'architecture des *black houses* de Lewis et Harris rappelle étrangement les *long-houses* vikings. Une unique porte basse permet d'accéder à ces longs bâtiments aveugles destinés à conserver la chaleur et à se protéger des ennemis. Souvent, la pièce centrale était dévolue au bétail, qui jouait le rôle de chauffage central. Par manque de forêts, les charpentes étaient faites en bois flotté, parfois même en os de baleines, recouverts de mottes d'herbe, puis de chaume, lui-même arrimé à l'aide de grosses cordes pour éviter qu'il ne s'envole !

👁👁 ***Dun Carloway Broch*** (HES) **:** *peu après Carloway (Carlabagh), à env 6 miles (9,6 km) au nord de Callanish. GRATUIT.* Ruine d'une tour défensive de l'âge du fer *(broch),* où vivaient également des gens. Entouré de 2 cercles de pierres concentriques, l'ensemble est étonnamment bien conservé vu son grand âge et assez impressionnant, certains des murs atteignant encore 8 m de hauteur.
– Dun Broch Centre : à l'entrée du site. Mai-sept : lun-sam 10h-17h. GRATUIT (heureusement !).

👁👁👁 **Callanish (Calanais) Standing Stones** (HES) **:** *à* **Callanish** *(Calanais). GRATUIT.* Cercle de pierres impressionnant, prolongé par 2 alignements en forme de croix celtique. À ne pas manquer, surtout au crépuscule. Des études datent le site entre 2900 et 2600 av. J.-C. On sait que les pierres ont été déplacées à l'aide de rondins et de structures en bois pour former un cercle légèrement « écrasé » sur son flanc oriental. Il ne reste rien de la chambre funéraire placée à l'intérieur vers 2600 av. J.-C., disparue lorsque les fermiers se sont installés dans le coin pour cultiver la terre entre les XVe et Xe s av. J.-C. Aujourd'hui, le site attire les adeptes du New Age, en particulier au moment du solstice d'été ! Une balade de 2 miles (environ 3 km) permet de voir d'autres lieux similaires.
– Callanish (Calanais) Visitor Centre : à l'entrée du site. ☎ 621-422. Avr-oct : tlj sauf dim, 10h-18h (20h juin-août) ; nov-mars : mar-sam 10h-16h. Entrée : env £ 3. Petite exposition (avec livret en français) évoquant l'histoire de l'occupation du site à travers la géologie, l'habitat et l'astronomie. Beaucoup de lecture pour parfaire votre anglais. Agréable *coffee shop* sur place avec vue sur le loch.

👁👁 ***Great Bernera Island*** **:** *accès depuis la route d'Uig (B 8011) par la B 8059.* L'île, entourée de toutes parts par les lochs mais reliée à Lewis par un pont, mérite le détour pour sa jolie plage de sable blanc, à Bosta (Bosthad). Au détour de la crique, on peut voir la *Bosta Beach Iron Age House,* une reconstitution très réussie d'une maison de l'âge du fer (800-400 av. J.-C.). *☎ 612-331. Ouv de mi-mai à mi-sept. Visite : lun-ven 12h-16h ; entrée : env £ 3.* C'est une tempête hivernale qui, dans les années 1990, mit au jour les vestiges de 5 habitations en ce lieu, qu'il fut malheureusement impossible de conserver à cause des intempéries et du terrain sablonneux, d'où cette reconstitution.

➢ ***Circular Scenic Route*** **:** *juste après Carishader et avt Uig, à Miavaig (Miabhaig).* Bien étroite, cette jolie route vous promène entre collines verdoyantes, plages superbes et ports de pêche croquignolets, en passant par les hameaux de Cliff (Cliobh), Valtos (Bhaltos), Kneep (Cnip) et Reef (Riof).

👁👁👁 ***Uig Beach*** **:** *à* **Uig.** Certains affirment qu'il s'agit de la plus belle plage du Royaume-Uni. Cernée de collines basses couvertes de *machair* et de dunes plantureuses, tapissée d'un sable fin d'un blanc éclatant, elle se découvre à marée basse sur plusieurs kilomètres, s'immisçant dans tous les recoins de la baie. Même les mers du Sud n'en ont pas d'aussi belles ! En toile de fond se détache la vallée oasis d'Uig, une grosse tache de verdure ponctuant une côte autrement austère, où gambadent les moutons et les goélands.

SOUVENIR VIKING

En arrivant près de la plage d'Uig, au bord de la route, se dresse une étrange pièce d'échecs géante. C'est en effet dans une anfractuosité rocheuse de cette plage que l'on a découvert, en 1831, 93 pièces en ivoire de morse et dents de baleine, provenant de 4 jeux d'échecs norvégiens du XIIe s. Souvenir d'un temps où l'île était sous domination viking. 6 d'entre elles se trouvent actuellement au musée Lews Castle, *à Stornoway.*

HARRIS *(IND. TÉL. : 01859)*

Contrairement à sa voisine Lewis, plate et marécageuse à l'intérieur, Harris est assez accidentée. Monts escarpés, collines arrondies, lochs encaissés alternent sans discontinuer. Dans la partie nord de Harris *(North Harris),* le mont *Clisham* culmine à 799 m. La partie sud de Harris *(South Harris)* cache plusieurs plages immenses, parmi les plus belles d'Écosse. Une occasion unique pour effectuer quelques randonnées, face à l'océan.

Tarbert (an Tairbeart)

Le plus grand village de Harris, sans charme particulier, s'amarre sur un isthme marquant la frontière entre North Harris et South Harris. La rue principale est bordée de maisons surplombant le port, d'où partent les ferries vers l'île de Skye. Vous y trouverez de quoi vous ravitailler : une épicerie, une pompe à essence et un distributeur automatique de billets, des « denrées » plutôt rares dans la région.

Terminal Ferry Caledonian MacBrayne : *☎ 502-444.*

Où dormir ?

De bon marché à prix moyens (jusqu'à £ 85 ; 102 €)

The Backpackersstop : *Main St. ☎ 502-163. 07708-746-745. • thebackpackersstop.yolasite.com • Prévoir £ 20/pers.* Cette maison jaune canari propose des dortoirs de 6-8 lits, confortables et correctement équipés. Cuisine à dispo, laverie.

Tigh Na Mara, chez Mrs Flora Morrison : *à 500 m du port, en suivant la route de Scalpay (Scalpaidh), bifurquer à droite dans une ruelle, env 200 m après l'église. ☎ 502-270. Tte l'année. Doubles sans ou avec sdb £ 60-70.* Cette maison propose 3 chambres coquettes et confortables avec une belle vue sur le loch Tarbert. Très bon accueil.

Où manger ?

De bon marché à prix moyens (plats £ 5-18 ; 6-22 €)

AD'S Takeaway : *Main St. ☎ 502-700. Tte l'année, tlj sauf dim 12h-14h, 17h-19h. Dans la rue principale.* Toute petite échoppe pas vraiment inspirante mais proposant de bons *fish & chips.*

Firstfruits Tearoom : *derrière l'office de tourisme, sur la place principale. ☎ 502-439. Avr-sept ; horaires un brin compliqués : en gros, lun-ven 10h-16h jusqu'à 15h ts les sam, ainsi que les mar et jeu en avr, mai et sept. CB refusées.* Mignonne petite maison blanche, avec quelques tables aménagées sur des pieds en fonte d'anciennes machines à coudre. Quiches, sandwichs, gâteaux, soupe du jour, bons cafés, thés et smoothies. Bref, l'endroit parfait pour une petite pause, avec un fond de musique gaélique pour faire glisser le tout.

Hotel Hebrides : *Pier Rd. ☎ 502-364. Tlj.* Bar menu *(servi jusqu'à 15h), plats £ 10-13 et formules 2 ou 3 plats £ 14-16 ; à la carte le soir, £ 15-25.* On s'étonne presque de trouver un endroit aussi animé sur Harris ! Bar, café, resto (et hôtel, mais cher) à la déco chic et contemporaine, dans les tons boisés. On s'y restaure sans dépenser une fortune et c'est ouvert tous les jours ! À la carte : indétrônables *fish & chips* et burgers, mais aussi du poisson frais.

À voir

Isle of Harris Distillery : *sur le port. ☎ 502-212. ● harrisdistillery.com ● Résa à l'avance très conseillée. Durée : 1h15. Tlj sauf dim 10h-17h. Pas de visite guidée en hiver. Tours £ 10 ; enfants admis.* Le bâtiment ressemble un peu à une église, sauf qu'on y prêche une autre religion, celle du whisky. Mais la patience reste mère de toutes les vertus et il vous en faudra pour pouvoir déguster le premier dram de malt. Cette structure récente ne le tirera pas avant... 2020. En attendant, on déguste le *newmake spirit,* ce qui sort de l'alambic. En revanche, la production de gin fonctionne déjà... ouf !

|●| *Canteen* sur place pour avaler soupes et gâteaux.

Manifestation

– **Harris Mountain Festival :** *1 sem début sept.* Les sports de plein air sont à l'honneur : randos guidées, kayak ou sorties en bateau.

Le nord de Harris

Comment circuler ?

➢ Service de bus très limité. En période scolaire, avec la ligne nº W12, 3 allers-retours/j. (sauf dim) de Tarbert à Hushinish ; pdt vac scol : seulement mar et ven. Avec *Hebridean Transport,* ☎ *705-050.*

Où dormir ? Où manger ?

Bon marché (£ 10-25/pers ; 12-30 €)

Rhenigidale Youth Hostel : *à* **Rhenigidale** *(Reinigeadal), tt au bout de la route. ☎ 0345-293-73-73. ● hostellingscotland.org.uk ● ou ● gatliff.org.uk ● À 13 miles (21 km) au nord de Tarbert, par l'A 859, direction Stornoway ; après 7,5 miles (12 km env), prendre sur la droite une petite route qui longe le loch Seaforth et permet d'atteindre ce havre de paix. Les randonneurs expérimentés peuvent également rejoindre l'auberge depuis Tarbert par un sentier de 3,5 miles (5,6 km). Ne pas s'aventurer sur le chemin à la nuit tombée. Tte l'année. Ne prend pas de résa et n'accepte pas les enfants de moins de 5 ans. Env £ 14/pers. Loc de draps possible. Camping £ 9/pers.* Au pied des montagnes, sur la côte est de l'île, rien dans les environs (la première épicerie est à une dizaine de kilomètres !). Installée dans une ancienne *croft house* blanche, elle ressemble encore aujourd'hui davantage à un refuge rustique qu'à une véritable AJ. Petite salle commune avec fauteuils autour du poêle, cuisine au rez-de-chaussée et 2 dortoirs à l'étage (capacité de 11 lits en tout), mais un seul w-c et une seule douche.

|●| **Hebscape :** *à* **Ardhasaig** *(Aird Asaig), env 3 miles (4,8 km) au nord-ouest de Tarbert, direction Stornoway, côté droit. ☎ 502-363. Avr-oct, tlj sauf dim et lun 10h30-16h30 (12h-14h30 pour les snacks) ; nov-déc, sam seulement 11h-16h. Bon marché.* Même si la maison en bois posée seule au bord de la route a du caractère, on lui préfère l'intérieur chaleureux et douillet avec ses canapés confortables, sa galerie de photos, sa musique douce et son atmosphère feutrée qui contraste avec l'environnement ; la vue sur la mer et la côte est à couper le souffle. On y grignote un morceau (rillettes de saumon, scones au fromage, gâteaux) en sirotant un thé *fairtrade,* au chaud,

dans ce refuge, au milieu d'une nature qu'on imagine aisément déchaînée.

I●I ***North Harbour Bistro and Tea-room :*** *sur l'île de* ***Scalpay,*** *accessible par un pont, à 6,5 miles (env 10 km) à l'est de Tarbert. ☎ 540-218. Entrée par l'épicerie. Résa conseillée le soir. Tlj sauf mer et dim 10h-21h. Plats £ 10-12 le midi, £ 16-25 au dîner. Pas d'alcool, mais on peut apporter sa bouteille.* On ne débarque pas sur cette île par hasard, mais la réputation de ce *bistro* mérite bien le chemin parcouru. Ambiance iodée et chaleureuse dans cette petite salle où se pressent les habitués. Si le midi les plats restent traditionnels (saucisse-purée, lasagne, *fish & chips*), le soir, l'inspiration du chef s'envole. Plats savoureux, aux belles associations... De la bonne cuisine écossaise qui sait se réinventer.

À voir

Amhuinnsuidhe (Abhainn Suidhe) Castle : *sur la route conduisant à Hushinish. Ne se visite pas.* Château de style « baronial » construit en 1868 par le comte de Dunmore (qui avait acheté Harris en 1834). La route passe à l'intérieur même du domaine, sous les fenêtres du château !

Hushinish Bay *(Huisinis) :* magnifique plage au bout de la route B 887. De l'autre côté de la colline, vue sur l'île de *Scarp,* habitée jusqu'en 1971.

SERVICE EXPRESS

En juillet 1934, l'île de Scarp, au large de North Harris, fut le théâtre d'une expérience postale originale : on y envoya le courrier par fusée ! Sans suite, car elle explosa avant d'atterrir... Aujourd'hui, les échantillons de ces rocket post covers *valent quelques centaines de* pounds *auprès des collectionneurs.*

Randonnées

L'office de tourisme de Tarbert vend des petits topoguides. On peut aussi s'y procurer le *Harris Guided Walks,* une brochure indiquant toutes les infos pratiques (jour, itinéraire, lieu de rendez-vous, durée) sur les randos guidées organisées plusieurs fois par semaine d'avril à septembre. De 3 à 8 miles et de difficultés variables, elles vous permettent de découvrir Harris sous un nouvel angle, avec des gens du coin comme guides. Elles sont en principe gratuites, sauf l'Eagle Walk.

L'ascension du Clisham *(An Cliseam) : rens à l'office de tourisme. Départ du sentier depuis un parking situé sur l'A 859.* Point culminant de Harris, à 799 m. Compter environ 8h de marche aller-retour pour 9 miles (14,4 km). Ne pas oublier que le temps change très vite.

Le ***Harris Walkway*** relie les anciens sentiers de l'île, de Clisham à Seilebost via Tarbert pour un total de 20 miles (32 km), qu'il est possible de faire en 2 fois. La 2e partie

À TOMBEAU OUVERT

On ne peut pas installer un cimetière n'importe où. Tout dépend de la nature du terrain. Sur Harris, pas moyen d'enterrer les morts sur la côte est, le sol étant trop rocailleux. On transportait donc les corps à travers l'île, jusque sur la côte ouest, près de Losgaintir (Luskentyre), où la terre était plus meuble. Le chemin était alors connu sous le nom de Coffin Road *(« La route du cercueil »). C'est aujourd'hui un sentier de randonnée qui n'a rien de mortel, tant les paysages traversés restent saisissants.*

se déroule dans le sud de Harris et comprend la *Coffin Road,* qui peut aussi être arpentée seule (compter alors 14,5 km). Plus d'infos sur : ● *walkhighlands.co.uk* ●

Le sud de Harris

Comment circuler ?

➢ Service de bus avec *Hebridean Transport.* ☎ *(01851) 705-050.* La ligne n° W13 part de Tarbert, suit la *Golden Road* (côte est), pour terminer à Leverburgh. 5 bus/j. max en période scolaire (2 le sam et pdt les vac scol et toujours aucun le dim). La n° W10 relie Stornoway à Rodel en passant par la côte ouest (Northton et Leverburgh). Env 7 bus/j. (4 le sam, aucun le dim). De quoi faire une boucle.

Où dormir ?

Camping

⛺ ***Traigh Horgabost Campsite :*** *à* ***Horgabost,*** *au sud de Luskentyre. ☎ 550-386. 📱 0739-342-41-71. Env £ 9 pour 2 avec tente et voiture ; douche payante. On dépose l'argent dans la boîte.* On a rarement vu moins cher et situation plus belle... On s'installe où l'on veut au milieu des collines de *machair* avant d'aller traîner sur une splendide plage de sable blanc. Douches, w-c, eau chaude et évier, petite épicerie et même des tables de pique-nique (amarrez bien vos provisions !). Bref, il ne manque rien à l'essentiel, et vraiment, quel cadre !

Bon marché (£ 10-25/pers ; 12-30 €)

🏠 ***N°5 :*** *5,* ***Drinishader*** *(Drinisiader). ☎ 511-255.* ● *number5.biz* ● *Sur la Golden Rd. Le bus s'arrête à 100 m de là. Avr-nov. À l'hostel, £ 21/pers en dortoir de 4 lits, £ 45 la* twin *; dans la* guesthouse, *studio £ 90. Propose un service de plats à emporter, ainsi que le petit déj.* Dominant la mer, d'un côté, l'*hostel,* dans une *croft house* croquignolette qui, à défaut d'espace, ne manque pas de caractère, avec un dortoir de 4 lits au rez-de-chaussée (avec salle de bains) et, à l'étage, 2 *twins.* Juste à côté, une maison plus récente, avec moins de caractère mais plus de confort. Quand elle n'est pas prise en tant que gîte complet (16 personnes max), les proprios louent les 4 chambres séparément (elles accueillent 2-4 personnes). 2 d'entre elles (avec lit double) jouissent d'une très belle vue. Là encore, une grande cuisine et un salon lumineux à disposition, mais une seule salle de bains pour 3 chambres (2 toilettes, en revanche !). Seule la familiale profite de ses propres sanitaires. Également un studio pour 2 avec salle de bains et kitchenette. Laverie sur place, épicerie la plus proche et 1er pub à Tarbert (6 km).

⛺ 🏠 ***Am Bothan Bunkhouse :*** *Brae House, Ferry Rd,* ***Leverburgh.*** *📱 077-665-200-07.* ● *ambothan.com* ● *♿ Village situé à 20 miles (33 km) au sud de Tarbert, sur la route pour accéder au débarcadère. Env £ 23/pers et £ 15/pers pour camper (dissuasif !). Familiales 4-6 pers. Laverie.* Dans un grand chalet moderne rouge, intérieur agréable et convivial : poêle chauffé à la tourbe, barque suspendue au plafond, dortoir à l'étage dans une cabine de bateau, cuisine bien équipée... Cher mais vraiment confortable, original et agréable. Organise aussi des sorties en bateau. Épicerie la plus proche à 800 m.

Prix moyens (£ 50-85 ; 60-102 €)

🏠 ***Sorrel Cottage :*** *à 1 mile du supermarché (1,6 km) au nord-ouest de*

Leverburgh, *en direction de Scarista. C'est la dernière maison du village.* ☎ *520-319.* • *sorrelcottage.co.uk* • *Mars-oct. Double avec sdb £ 85. Une triple possible.* Paula Williams a donné un coup de jeune à la vieille *croft house,* revue et corrigée façon magazine de déco. Couleur, matières naturelles, touches modernes et sympas font des 3 chambres de petits havres de paix accueillants. Jardinet tout fleuri pour égayer encore un peu plus le tout. Location de vélos.

Taylor Hill B & B : *à 0,5 mile du supermarché (800 m env) au nord-ouest de* ***Leverburgh,*** *en direction de Scarista.* ☎ *520-266.* • *taylorhill.co* • *Tte l'année. Double avec sdb env £ 70.* Les chambres (2 seulement), les salles de bains, la salle commune, tout est mini dans ce *B & B* ! Mais c'est mignon, le lit douillet à souhait et, surtout, les propriétaires savent recevoir. Leur accueil est fait de délicates attentions, comme les gâteaux maison pour accompagner le thé offert dans l'après-midi. Sans parler du petit déj préparé avec grand soin. Une belle adresse pour qui ne rêve pas de grands espaces.

Sandview House B & B : *6, Scaristavore, à* ***Scarista*** *(Sgarasta).* ☎ *550-212.* • *sandview-house@fsmail.net* • *À 25 km au sud de Tarbert, sur la gauche de la route, 500 m avt l'église et le cimetière de Scarista. Double avec sdb env £ 80. Plus 1 familiale.* Certes, la déco des 3 chambres date un peu (quand fanfreluches et autres motifs fleuris envahissaient sols, murs et literie...), mais la maison, confortable et bien équipée, jouit d'une vue superbe sur les montagnes et, au loin, la grande baie de Sgarasta.

Où manger ?

Skoon Art Café : *à* ***Geocrab,*** *sur la Golden Rd.* ☎ *530-268. Avr-sept, mar-sam 10h-16h30 ; oct-mars, jeu 11h-16h ; fermé de début déc à mi-janv. Env £ 8.* Une superbe halte à mi-chemin de Tarbert et de Rodel pour grignoter un plateau de fromages et de bonnes pâtisseries maison dans une *croft house* mignonnette, aux murs tapissés des toiles colorées du proprio. Musique gaélique douce et ambiance étonnante au fin fond de Harris. Et quand il fait beau, on s'installe dehors, au bout du monde. Pour ne rien gâcher, l'accueil est charmant.

The Anchorage : *The Pier, à* ***Leverburgh.*** ☎ *520-225. À côté de l'embarcadère des ferries pour Uist. Tlj sauf dim. Plats £ 11-19. Résa conseillée le soir.* Une salle lumineuse, en pin, avec des fenêtres offrant une jolie vue sur le port, la mer... et, accessoirement, les moutons qui passent juste devant ! Au menu, des assiettes généreusement garnies des produits pêchés aux alentours : *fish & chips,* coquilles Saint-Jacques bien préparées ou carrément le homard. Également quelques plats de viande... Ce n'est pas d'une grande finesse, mais c'est copieux et le lieu est agréable.

The Temple Café : *à* ***Northton.*** *07876-340-416. Pâques-sept, tlj sauf lun 10h30-17h.* Dans une construction qui se fond dans le paysage, entre la *Blackhouse* et l'observatoire à oiseaux, avec une grande baie arrondie offrant une vue sublime. Si la vue ne suffit pas à vous régaler, les cafés, petits plats et gâteaux maison, eux, devraient y parvenir.

Achats

Bays of Chocolate : *à* ***Finsbay,*** *à l'intersection avec la petite route qui rejoint Leverburgh.* ☎ *530-354.* • *baysofchocolate.co.uk* • *De mi-fév à mi-déc, lun-sam 10h-18h.* Voilà bien un endroit qu'on ne s'attend pas à trouver ici. D'une passion, Nellie Morrison a fait son métier, si bien qu'elle fait tout désormais chez elle, du conchage à l'empaquetage. Ses chocolats sont aussi vendus dans certaines boutiques de Stornoway.

À voir. À faire

Saint Clement's Church : *à* **Rodel** *(Roghadal), pointe sud de Harris. GRATUIT en été, ou bien demander les clés au* Rodel Hotel Bar. Église du début du XVIe s, particulièrement charmante, sur une petite butte gazonnée, construite à l'origine pour abriter le caveau des MacLeod. Elle tomba en ruine au moment de la Réforme protestante en 1560, fut reconstruite 2 siècles plus tard, incendiée, puis à nouveau restaurée... elle revient de loin ! À l'intérieur se trouve le cénotaphe en pierre d'Alexander MacLeod, ancêtre de la lignée MacLeod de Harris, qu'il avait conçu lui-même en 1528, 19 ans avant sa mort ! Ce charmant personnage était surnommé le « Bossu » en raison d'une blessure d'épée reçue dans le dos lors d'un combat avec les MacDonald de Skye... Son gisant, avec armure et épée, est glissé dans une niche ornée de superbes hauts-reliefs mêlant éléments religieux et symboles du pouvoir du clan (château, galère, cerfs, etc.). Magnifique. À 2 pas se trouvent les tombeaux de ses fils et petit-fils. Remarquez le plafond en coque de bateau renversée, avant de grimper dans la tour. Petit cimetière autour de la chapelle, avec un bon paquet de MacLeod !

Golden Road : route à une voie, tortueuse à souhait, qui longe la côte est de Harris. Paysage très rocheux, voire lunaire, parsemé de petits lochs. Son nom vient du coût de sa construction pour desservir quelques petites communautés de pêcheurs !

À **Finsbay,** ne manquez pas la longue-vue bleue qui fixe... un îlot peuplé de phoques ! Pas si éloignés du bord, on voit aussi bien ces gros paresseux à l'œil nu ou avec un zoom d'appareil photo. Sinon, munissez-vous d'une pièce de £ 1 pour utiliser (pour un temps minime) la longue-vue.

– **Outdoor Harris :** *à Leverburgh, face au port. ☎ 520-486. 📱 07788-425-175. Sur Facebook. Avr-sept, tlj 9h30-19h. Loc de vélos (£ 15/j.), kayak (£ 50/pers pour env 2h30-3h). Résa à l'avance conseillée.* Tenu par un Néerlandais, qui organise des sorties en kayak, des cours de tir à l'arc à l'intérieur (par mauvais temps) ou à l'extérieur, du *speedsailing* à Luskentyre et des balades en bateau.

Seallam ! Visitor Centre : *à* **Northton** *(Taobh Tuath). ☎ 520-258. • hebridespeople.com • Tte l'année : lun-sam 10h-17h. Entrée expo : £ 3.* Ce centre culturel se consacre d'une part aux recherches généalogiques des multiples descendants expatriés d'habitants de Harris et Lewis, d'autre part à l'histoire et à la culture locales – ce qui, au fond, revient un peu au même. À sa tête, Bill Lawson, la mémoire vivante de l'île. L'exposition permanente, intéressante, passe en revue tous les aspects de la vie en ces lieux, ainsi que sur l'île isolée de Saint Kilda, abandonnée dans les années 1930.

➢ **Randonnée de Rubh' an Teampaill** (Temple de Northton) : *début de la rando au bout de la route de Northton après le Temple Cafe. Se garer le long de la chaussée, avt l'espace réservé aux camions qui font demi-tour, et débuter à la barrière. Compter 3,5 miles (5,5 km) A/R et env 2h de marche.*

Chemin de terre, dunes, herbe épaisse, le sentier convient à toutes les conditions physiques et ne présente pas de difficulté. Au début de la rando, la magique plage de Scarista plante un décor de carte postale. Bifurquer ensuite vers la gauche (pas de sentier dessiné, on passe où l'on veut) pour rejoindre le côté ouest de cette petite péninsule et marcher vers la chapelle qui se dessine au loin. Impossible de se perdre, il suffit de longer la côte. Et quelle côte ! Succession de plages splendides bordant une mer aux palettes de bleus incroyables. Après environ 1h de marche, on arrive aux ruines d'une chapelle du XVe s, mais certains éléments architecturaux laissent penser qu'un cimetière viking se trouvait là, il y a bien longtemps. Retour par le même chemin.

La côte ouest : *par l'A 859.* Itinéraire longeant l'une des plus belles successions de plages de sable blanc d'Écosse. Grandes baies avec, en toile de fond, les montagnes abruptes du nord de Harris, panorama inoubliable par beau temps.

La baie de Luskentyre *(Losgaintir) : à 8 miles (12,8 km) au sud de Tarbert, une petite route à une voie se détache sur la droite de la route principale A 859 et conduit en un peu moins de 3 miles (4,8 km) à la baie de Luskentyre.* Celle-ci s'avance de plusieurs kilomètres à l'intérieur des terres, grande échancrure dans un paysage de monts arrondis et de collines caillouteuses. Elle est réputée pour sa splendeur naturelle. Si réputée qu'un timbre-poste du Royaume-Uni la représente vue d'avion : c'est la fierté de ses rares habitants. De longues plages de sable fin et blanc, soulignées par endroits de dunes, épousent la forme du littoral. À marée basse, la baie entière devient une immense plage. Mirage ou miracle ? La mer n'est pas grise ou noire mais d'un bleu turquoise avec de subtils dégradés vert émeraude. L'effet est d'autant plus surprenant que la baie donne à l'ouest, donc au vent. Hormis la température de l'eau et de l'air (impossible de se baigner), rien n'indique à première vue que l'on se trouve en Écosse. On dirait presque un morceau de Méditerranée, la Corse par exemple ou un coin de la côte dalmate, en Croatie (sans les pins et les oliviers). Derrière les plages, il y a le vert pâle du *marram grass,* l'herbe qui fixe le sable ; puis la bande de terre fertile appelée le *machair,* où s'étendent des prés et des pâturages parsemés de toutes sortes de plantes et de fleurs (pâquerettes, boutons d'or, primevères). Les moutons y paissent en liberté.

– Parking pour les voitures (et toilettes pour ses occupants !) au bout de la route, près d'un cimetière. Puis sentier qui conduit à la plage (5 mn de marche).

À faire dans les environs

L'archipel de Saint Kilda : Kilda Cruises *organise des excursions quotidiennes (sauf dim) à la belle saison sur des bateaux de 12 places. Bureau à Tarbent, ouv en saison (avr-sept) lun-sam 10h-16h. Infos : ☎ 502-060. 07760-281-804. • kildacruises.co.uk • Départ de Leverburgh vers 8h, arrivée sur place vers 11h en fonction des conditions météo ; départ de Saint Kilda vers 17h, arrivée à Leverburgh vers 19h30 (soit 6h sur place). Tarif : £ 225/pers ; réduc. Hors de prix mais exceptionnel. Également avec* ***Sea Harris*** *(☎ 502-007 ; • seaharris.co.uk • Avr-sept ; 3 fois par sem). 12 passagers seulement. £ 205/pers ; réduc enfants moins de 16 ans. Accès à l'île : £ 5. Prévoir son pique-nique. En raison de la traversée, l'excursion est déconseillée aux enfants de moins de 10-12 ans.*

Quelle que soit la période à laquelle vous vous y rendez, couvrez-vous bien : la température peut chuter de 20 °C dans la journée. Sachez aussi qu'on a enregistré à Saint Kilda la rafale de vent la plus forte de l'histoire des mesures britanniques : 320 km/h ! Inutile de préciser que la traversée peut secouer...

Avez-vous jamais entendu parler de cet archipel austère et solitaire, semé en plein Atlantique, à plus de 60 km des côtes de l'Écosse ? Depuis des temps immémoriaux, les hommes ont bravé les mers démontées, les vents violents, l'isolement extrême, le manque de vivres, l'inconfort quotidien, s'agrippant au principal de ses cailloux, baptisé Hirta (6,4 km²). Il semble que la population, de langue exclusivement gaélique, n'ait jamais dépassé 180 habitants, vivant chichement d'élevage. Elle chuta encore au XIXe s avec le départ de nombreux insulaires vers l'Australie, à la recherche d'une vie meilleure, et à cause de plusieurs épidémies. En 1930, après un terrible hiver, les 36 derniers habitants demandèrent à être évacués.

Classé au Patrimoine mondial de l'Unesco, l'archipel de Saint Kilda appartient désormais au *National Trust.* Son originalité culturelle se double d'une splendeur naturelle rarement égalée. Les falaises, peuplées d'un demi-million d'oiseaux marins, dressent de véritables herses tombant en mer sur plus de 300 m ! De loin en loin sont semés des centaines de *cleits,* des sortes de garde-manger en pierre, où les habitants entreposaient jadis paille, œufs et oiseaux marins – leur pain quotidien, uniquement enrichi de viande de mouton et de lait de brebis.

On visite le village en ruine, avec l'église et l'école restaurées. Les seuls habitants de l'archipel sont désormais quelques militaires et les volontaires qui, en été, viennent participer aux campagnes de restauration (un bon plan pour séjourner sur place).

LES ARCHIPELS DU NORD

LES ÎLES ORCADES (ORKNEY ISLANDS)

• Carte *p. 559*

20 000 HAB.

Les Orcades forment un archipel de 70 îles, dont une vingtaine sont inhabitées. D'ailleurs, la définition d'une île selon les Orcadiens serait « un morceau de terre sur lequel on peut laisser paître un mouton une année entière ; sinon, c'est un rocher ». Les terres sont donc surtout vouées à l'élevage (vaches, poneys, moutons), même si certains champs sont cultivés, ce qui donne un paysage assez différent des Highlands. Avec ses quelque 300 espèces d'oiseaux migrateurs qui font escale dans les îles de mai à août, les Orcades représentent un vrai paradis pour les ornithologues. La Société royale de protection des oiseaux a ainsi créé 13 réserves sur l'archipel.
C'est d'ailleurs la faune locale *(Orkney* viendrait d'un mot islandais signifiant « île aux phoques ») tout autant que la flore et la nature (magnifiques paysages de falaises) et des sites archéologiques en nombre qui attirent chaque année de plus en plus de touristes.

Infos utiles

– Avant de partir, on peut trouver plein d'infos sur le site internet des Orcades : ● *visitorkney.com* ●

– La carte *Orkney Explorer Pass (HES)* permet de visiter les monuments des Orcades. Coût : £ 18 ; réduc. En vente

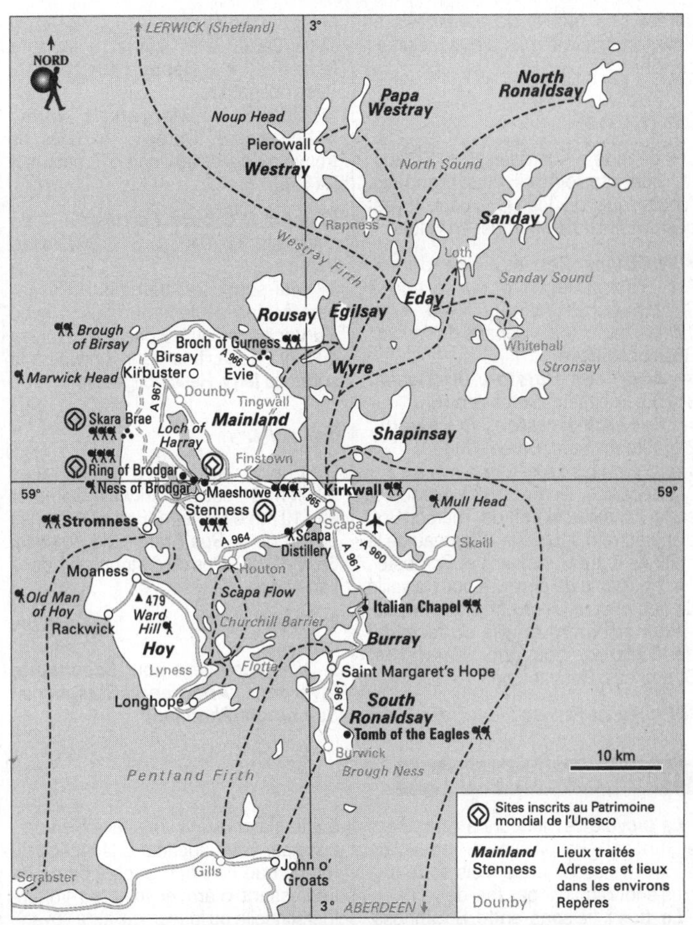

dans les propriétés *Historic Environment Scotland* et dans les offices de tourisme.
– Sur l'archipel, peu de campings. Mais d'une manière générale le camping sauvage est bien accepté tant que l'on demande la permission au propriétaire (plus d'infos sur ● *outdooraccess-scotland.com* ●).
– Se procurer également la brochure *The Islands of Orkney,* un guide gratuit pour visiter toutes les petites îles des Orcades, avec les horaires des ferries.

Arriver – Quitter

En bus

■ ***John O'Groats Ferries :*** ☎ *(01955) 611-353.* ● *jogferry.co.uk* ● *Départ de la gare routière d'Inverness, arrivée à Kirkwall.* Vente des billets directement dans le bus.
➢ Juin-août : la compagnie de ferry

affrète des bus entre ***Inverness*** et ***Kirkwall*** (via le ferry) : 2 bus/j. Durée : env 5h.

En bateau

Les départs d'Aberdeen et de Scrabster sont de loin les plus pratiques. À noter que, de John O'Groats, il n'est pas possible d'embarquer en voiture.

■ ***Northlink Ferries :*** *Kiln Corner, Ayre Rd à Kirkwall, et sur le port à Stromness. ☎ 0845-6000-449. • northlinkferries.co.uk •* Départs tte l'année. Résa obligatoire.
➢ ***Aberdeen-Hatston (Kirkwall) :*** 3-4 bateaux/sem. Durée : env 6h.
➢ ***Lerwick-Hatston (Kirkwall) :*** 2-3 bateaux/sem. Durée : 5h30.
➢ ***Scrabster-Stromness :*** 2-3 départs/j. Durée : 1h30. Scrabster est à 2,5 miles (4 km) de Thurso. Bon plan : au retour, pour le 1er bateau de la matinée entre Stromness et Scrabster, il est possible de dormir à bord la veille du départ pour un prix très raisonnable.
– ***Pour rejoindre la ville du terminal de Hatston,*** bus pour Kirkwall et Stromness. Bon marché.

■ ***Pentland Ferries :*** *Pier Rd, à Saint Margaret's Hope. ☎ (01856) 831-226 et 0800-688-89-98 (résas). • pentlandferries.co.uk •* Départs tte l'année. Résa obligatoire.
➢ ***Gills-Saint Margaret's Hope :*** 3-4 bateaux/j. Durée : 1h. Gills se trouve à l'ouest de John o'Groats, sur l'A 836.

■ ***John O'Groats Ferries :*** *à John O'Groats. ☎ (01955) 611-353. • jogferry.co.uk •*
➢ Mai-sept : 2-3 bateaux/j. Passagers à pied seulement. Liaison avec ***Burwick*** sur South Ronaldsay (durée : 40 mn) ; de là, bus pour Kirkwall à la sortie du ferry. Résa obligatoire.

En avion

L'aéroport se trouve à 3,5 miles (5,5 km) à l'est de Kirkwall. Compter env 10 mn en voiture. Bus nº 4 ttes les 30 mn de la *Bus Station* de Kirkwall, 6h15-19h30. Pas de distributeurs dans l'aéroport.

■ ***Flybe :*** *☎ 0371-700-2000. • flybe.com •*
➢ Vols quotidiens pour ***Édimbourg, Inverness, Aberdeen, Glasgow*** et ***Sumburgh (Shetland).***

Transports intérieurs

LES ÎLES

– ***La bicyclette :*** loueurs à Stromness et Kirkwall. Le plus beau moyen de découvrir les Orcades mais surtout le plus endurant, car pas mal de vent.
– ***Le bus :*** liaisons entre Stromness, Kirkwall et Saint Margaret's Hope avec la compagnie *Stagecoach Orkney. • stagecoachbus.com •* Forfait *Dayrider* env £ 9/j. ; *Orkney Megarider* env £ 19 pour 7 j. Kirkwall est relié à tous les départs de ferries interîles (Houton Ferry, Tingwall Ferry et Burwick Ferry via Saint Margaret's Hope). Pour le reste, service irrégulier, voire pas du tout les dimanche et jours fériés ; renseignements aux offices de tourisme. En rase campagne, n'hésitez pas à faire signe au bus, même sans être à un arrêt : la consigne veut que le conducteur s'arrête.
– ***La voiture :*** certains véhicules loués sur les îles Orcades ne peuvent pas quitter l'archipel. À vous faire bien préciser par votre agence. En fonction du temps que l'on passe ici, il peut être intéressant d'arriver avec sa voiture (personnelle ou louée), qui aura voyagé en ferry.

■ ***Orkney Car Hire*** *(plan Kirkwall B1, **1**) : Junction Rd, à **Kirkwall.** ☎ (01856) 872-866. • orkneycarhire.co.uk •*
■ ***Stromness Car Hire :*** *North End Rd, à **Stromness.** ☎ (01856) 850-850. • stromnesscarhire.co.uk •*
■ ***Tullock*** *(plan Kirkwall B1, **5**) : Castle St, à **Kirkwall.** ☎ (01856) 875-500. • orkneycarrental.co.uk •*

🚕 ***Taxis :*** *2 compagnies sur Junction Rd, à **Kirkwall** : **Orkney Taxis** ☎ (01856) 875-511 ; • orkneytaxis.co.uk •) et **Craigies Taxis** ☎ (01856) 878-787 ; • craigiestaxis.co.uk •)*

*À **Stromness, Brass's Taxis** :* ☎ *(01856) 850-750.*

– ***Le ferry*** **:** un réseau bien développé de ferries permet de visiter bon nombre d'îles. En voiture, on vous recommande de réserver systématiquement les traversées, au minimum un jour à l'avance.

■ ***Orkney Ferries Ltd*** *(plan Kirkwall B1, **3**) : Shore St, **Kirkwall.*** ☎ *(01856) 872-044.* ● *orkneyferries.co.uk* ● *Lun-ven 7h-17h ; sam 7h-12h, 13h-15h. Fermé dim.* Les départs pour les îles de l'archipel s'effectuent en principe depuis Kirkwall. Quelques exceptions : pour Hoy, départ de Stromness et Houton. Pour Rousay : départ de Tingwall. Le *Island Explorer Pass* s'adresse aux cyclistes et aux piétons et est valable 10 jours.

– ***L'avion*** **:** les Orcades vues de haut, un vrai bonheur par beau temps.

■ ***Loganair*** **:** *rens à l'aéroport de **Kirkwall** au* ☎ *(01856) 886-210.* ● *loganair.co.uk* ● De Kirkwall, liaisons régulières avec ***Westray, Papa Westray, North Ronaldsay.*** Pour ***Eday*** : seulement 1/sem.

MAINLAND

STROMNESS

3 000 hab. IND. TÉL. : 01856

Au sud de Mainland, Stromness est une ville paisible, bien loin de l'animation d'autrefois, quand son port était le plus bouillonnant d'activités des Orcades. Le havre naturel d'Hamnavoe a accueilli moult bateaux de pêche, des baleiniers, les navires de commerce de la mythique *Hudson Bay Company.* C'est également de Stromness que le capitaine Cook a hissé les voiles pour son ultime voyage... De cette époque, la ville, construite en terrasse, a conservé un certain charme, notamment le long de sa sinueuse rue principale, laquelle a la particularité de changer de nom au fur et à mesure que l'on s'y promène.

Adresses utiles

ℹ ***Visitor Information Centre*** **:** *sur le port.* ☎ *850-716.* ● *stromness@visitorkney.com* ● *Juin-août, tlj 9h-17h ; sept-mai, tlj sauf dim 10h-16h (15h sam).* On peut s'y procurer un plan de Mainland (gratuit).

■ ***Location de vélos*** **:** ***Orkney Cycle Hire,*** *54, Dundas St.* ☎ *850-255. Dans la rue principale, près du musée.* Prêt de casques et de cartes.

Où dormir ?

Camping

⛺ ***Point of Ness Caravan & Camping*** **:** *à 10 mn de marche vers le sud, au bout de la rue principale, après le chantier naval.* ☎ *873-535 (ext 2430). Avr-sept. Dernière arrivée à 20h. Compter env £ 8 pour 2 avec tente. Douche payante (peu cher).* Situation magnifique entre le golf et la mer, mais très exposé au vent. *Lounge* pour prendre ses repas. Laverie, micro-ondes et douches.

Bon marché (£ 10-25/pers ; 12-30 €)

🏠 ***Hamnavoe Hostel*** **:** *10 A, North End Rd.* ☎ *851-202.* 📱 *0771-774-53-60.* ● *hamnavoehostel.co.uk* ● *En sortant du port, à droite, presque au bout de la rue principale. Résa quasi* *obligatoire (pas d'accueil sur place). Compter £ 22-23/pers selon le type de chambres (1 à 4 lits) sans ou avec sdb.* La façade côté rue ne donne pas vraiment envie de pousser la porte. Mais c'est de l'autre côté que ça se passe. Chambres et dortoirs propres et nets, largement ouverts sur le port. Une seule chambre avec salle de bains, et lits superposés pour quasi tout le monde. Cuisine équipée et laverie.

🏠 ***Brown's Hostel :*** *45-47, Victoria St. ☎ 850-661. ● brownsorkney.co.uk ● En sortant du port, à 100 m à gauche dans la rue principale. Résa conseillée. Compter £ 18-25/pers.* Style AJ mais privée, bien placée au centre-ville, qui occupe 2 bâtisses. Ambiance très familiale. Cuisine équipée pour préparer ses repas. Les chambres sont petites, un peu sombres au rez-de-chaussée du bâtiment principal, plus claires dans la maison familiale. La proprio loue également 2 maisons au bord de l'eau (donc assez humides) composées respectivement de 2 et 4 chambres, plus une cuisine. Possibilité de louer juste une chambre (avec salle de bains) dans la 2e maison. Laverie à dispo. Un bon rapport qualité-prix.

De prix moyens à chic (£ 50-125 ; 60-150 €)

🏠 ***Orca Guesthouse :*** *76, Victoria St. ☎ 850-447. ● orcahotel.moonfruit.com ● Dans la rue piétonne, non loin du débarcadère. Résa conseillée. Doubles avec sdb £ 60-70 ; également des familiales.* Chambres toutes simples, et petit déj délicieux à base de pain maison et de l'excellent miel produit par les ruches de Doris, la proprio autrichienne. Ambiance cool. Machine à laver et sèche-linge à disposition.

🏠 ***Ferry Inn :*** *réception dans le pub-resto, face au terminal des ferries. ☎ 850-280. ● ferryinn.com ● Doubles avec sdb £ 90-95.* Le pub loue des chambres dans plusieurs maisons de la ville, d'un certain cachet. Elles se trouvent non loin du débarcadère. Le confort se vaut, toutefois, préférer les annexes à celles au-dessus du bar, forcément plus bruyantes.

Où manger ? Où boire un verre ? Où écouter de la musique ?

De bon marché à prix moyens (plats £ 5-18 ; 6-22 €)

🍽 🍸 ♪ ***Ferry Inn :*** *face au terminal des ferries. Formule déj intéressante.* Salle de resto ou de pub et quelques tables en terrasse où les habitués commandent leur plateau de fruits de mer. Sinon, quelques plats simples et bons, type quiche et *steack & ale pie.* Bons gâteaux aussi, mais un peu chers. Le soir, le bar-pub est souvent plein à craquer. Organise des concerts, soirées karaoké...

🍽 ☕ ***Julia's :*** *20, Ferry Rd. ☎ 850-904. Sur le port. Tlj en saison 9h (10h dim)-17h.* Maisonnette prolongée par une véranda et une terrasse où sont dressées quelques tables. *Fish cake, rolls* et sandwichs. Fait également *tearoom* avec breakfast, thé, café et gâteaux.

🍽 ***Stromness Hotel :*** *Victoria St. ☎ 850-298. En face du port, au 1er étage. Tlj midi et soir.* Cuisine très classique, servie dans une ambiance pub.

🍸 ***The Flattie :*** *pub du Stromness Hotel. Tlj 12h-minuit ou 1h du mat.* Déco chaleureuse avec parquet et cheminée. Un *flattie* est une barque à fond plat utilisée autrefois pour atteindre les bateaux de pêche, embarcation typique de la région. Vous en trouverez une relique suspendue au plafond.

Chic (plats £ 15-25 ; 18-30 €)

🍽 ***Hamnavoe Restaurant :*** *35, Graham Pl. ☎ 850-606. Accès par Victoria St, puis à droite (c'est fléché). Ouv* *mar-dim, le soir seulement. Résa indispensable.* Petite salle chaleureuse où brûle un feu de bois. La déco date un peu mais la cuisine, plutôt inventive, est bien d'aujourd'hui. Jolis produits, à commencer par ceux de la mer. Mais les prix ont un peu tendance à s'affoler...

À voir. À faire

Stromness Museum : *52, Alfred St ; dans l'ancien hôtel de ville. ☎ 850-025. Avr-oct : tlj 10h-17h ; nov-mars : lun-sam 11h-15h. Entrée : £ 5 ; réduc.* Construites en 1837, les galeries ont ouvert au public en... 1862. Pas tout jeune, donc, mais lors de sa récente rénovation le caractère original a été préservé, c'est donc volontairement que le musée conserve une présentation « à l'ancienne » : vieilles affiches de la *Hudson Bay Company* et vêtements traditionnels des Indiens Cree, photos des fouilles sur le site de Ness of Brodgar (lire plus loin), bateau pneumatique de l'explorateur arctique John Rae et maquettes de bateaux anciens... À l'étage, section d'histoire naturelle, l'occasion de voir de près ces oiseaux qu'on se contente souvent d'observer de loin.

The Pier Arts Centre : *Victoria St. ☎ 850-209. • pierartscentre.com • À 2 pas du port, au début de la rue principale. De mi-juin à fin août : lun-sam 10h30-17h ; le reste de l'année, fermé en plus le lun. GRATUIT.* Petit musée d'Art contemporain à la carrure internationale, installé dans un ancien entrepôt habilement restauré. Les œuvres sont présentées de manière très claire. La collection est celle de Margaret Gardiner, qui aura toute sa vie soutenu bon nombre d'artistes reconnus mondialement aujourd'hui. Notamment le sculpteur britannique Barbara Hepworth, son mari, Ben Nicholson, un des maîtres britanniques de l'abstraction, et encore Keith Vaughan, Alfred Willis, Terry Frost... Jolies expos temporaires.

➢ **Balade côtière :** au-delà du camping, un chemin se dessine le long de la côte. Au bout de 2 miles (3,2 km), on aboutit à la plage de Warebeth. Belle vue sur Hoy.

– **Plongée :** *avec* **Scapa Scuba,** *Dundas St. ☎ 851-218. • scapascuba.co.uk • Au milieu de la rue principale. Club affilié PADI.* Une spécialité locale : la plongée sous-marine dans la baie de Scapa Flow, au milieu d'épaves des guerres mondiales. S'adresse à tous, du débutant au plongeur confirmé.

Manifestation

– **Orkney Folk Festival :** *fin mai, pdt 4-5 j. Rens sur • orkneyfolkfestival.com •* Festival de musique folk qui draine les meilleurs groupes de l'archipel (sinon d'ailleurs...). Grosse affluence et une occasion de faire la fête.

L'OUEST DE MAINLAND

IND. TÉL. : 01856

Région largement cultivée, longée par une côte ici ou là plutôt spectaculaire, percée de 2 lochs, Steness et Harray. L'ouest de Mainland est surtout connu pour abriter les sites archéologiques les plus impressionnants des Orcades. Autant dire que vous n'y serez pas seul, surtout en été...

Où dormir ?

De bon marché à prix moyens (moins de £ 85 ; 102 €)

Birsay Outdoor Centre : *sur la B 9056. ☎ 873-535 (ext 2416) ou 721-470 (warden). • hostelsorkney.co.uk • Env £ 15/pers. Prévoir env £ 9 l'emplacement.* Cette grosse maison isolée dans la campagne n'a pas un charme fou, mais ses dortoirs de 4 lits superposés avec lavabo et cabine de douche sont plutôt confortables. Une grande pelouse où planter sa tente. Bloc sanitaires très basique.

Hyval Farm : *à* **Qoyloo,** *légèrement au nord de Skara Brae. ☎ 841-522. • hyval.co.uk • Double avec tte petite sdb £ 65.* Dans une ferme isolée et un peu en hauteur, non loin du site archéologique, 3 chambres confortables, dont une avec vue magnifique sur la mer. Les autres en profiteront depuis le salon ou la véranda, où est servi le petit déjeuner.

Où manger ? Où boire un verre ?

De bon marché à prix moyens (plats £ 5-18 ; 6-22 €)

Snack Van : *régulièrement garé sur le parking d'accès au* **Brough of Birsay,** *présent en principe le w-e.* Une toute petite camionnette verte qui propose sandwichs, *rolls,* hot dogs, gâteaux maison et fromages locaux à aller grignoter face au *brough.* Tout simple mais très bon.

Birsay Bay Tearoom : *The Palace, à* **Birsay.** *Au bout du village (c'est fléché). ☎ 721-399. Mai-sept, tlj sauf mar, mer 11h-18h ; avr, tlj sauf lun-mar 11h-16h ; le reste de l'année ven-dim 11h-16h. Fermé en janv. Résa conseillée en saison.* Salle avec une jolie vue sur la baie et le *brough* de Birsay. Jeune équipe accueillante et petits trucs frais et sympas pour un repas rapide : soupes, sandwichs, gâteaux maison.

Merkister Hotel : Harray. *☎ 771-366. Bien fléché depuis l'A 986. Tlj 18h30-20h30 (dernière commande) pour le resto, 18h-21h pour les bar meals. Résa conseillée. Plat £ 13,20.* Juste au-dessus du loch of Harray dont les eaux miroitent derrière les fenêtres. Les pêcheurs sont d'ailleurs nombreux à faire un sort aux *bar meals,* aussi soignés que l'accueil et la déco. Beaux ingrédients provenant de producteurs locaux. Le resto est un peu plus cher, mais de très bonne tenue également. Bien aussi pour boire un verre en journée, soit au pub, soit dans la véranda idéalement orientée vers le loch.

LES ÎLES

À voir. À faire

Skara Brae *(HES) : dans la baie de Skaill. ☎ 841-815. Au nord de Stromness (bus nos 7 et 8). Avr-sept : tlj 9h30-17h30 ; oct-mars : tlj 10h-16h ; fermeture des caisses 45 mn avt. Prix : £ 7,50 avec la visite de* Skaill House ; *réduc. Compter 1h de visite (2h avec* Skaill House*).*

Construit en 4000 av. J.-C., Skara Brae n'est rien moins qu'un des plus vieux villages néolithiques de la façade atlantique ! En tout cas, l'un des mieux conservés. Et pour cause, il est resté enfoui dans les dunes, jusqu'à ce qu'une tempête révèle son existence pendant l'hiver 1850. La visite débute dans un espace muséographique résolument contemporain : évocation du site, film et produits des fouilles (superbes pierres taillées, probablement utilisées dans le cadre de rites religieux). On pénètre ensuite dans une reconstitution de la maison la mieux préservée. Le mobilier (buffets, lits clos...) est fait de lourdes dalles de pierres : surprenant ! Les habitants disposaient même, à priori, de latrines avec un système d'égouts (le luxe, quoi !).

Par un sentier, on gagne enfin le village, posé au bord de la mer. Des passages couverts pour se protéger des intempéries relient les habitations, on découvre un atelier, une petite place...

Skaill House : *à 200 m de Skara Brae. ☎ 841-501. • skaillhouse.co.uk • Visite (avr-sept seulement) avec le même billet.* Changement d'atmosphère avec cette immense maison bourgeoise construite en 1620 et propriété de la famille Graham, dont un des membres a découvert Skara Brae. Au hasard des vastes pièces, nombreux souvenirs de famille, donc : d'un service en porcelaine qui a appartenu au capitaine Cook à des peaux de tigre rapportées des Indes.

Marwick Head : *à côté de Birsay. Bus nº 7D jusqu'à Birsay, puis 30 mn de marche.* Réserve naturelle où grouillent les oiseaux de mer. Falaises vertigineuses où se dresse un mémorial. Spectacle saisissant (l'odeur aussi, parfois !).

Earl's Palace : *à* ***Birsay,*** *au centre du village (immanquable !). GRATUIT.* Construit au milieu du XVIe s par Robert Stewart (enfin, il a surtout utilisé la main-d'œuvre – gratuite – des habitants du coin), pour son plaisir personnel. Même s'il n'en reste que d'imposantes ruines, il n'est pas très difficile (quelques dessins à l'appui) d'imaginer la somptuosité de cet édifice qui porte bien son nom de palace.

Brough of Birsay (HES) **:** *sur un îlot à la pointe nord-ouest de Mainland. ☎ 841-815. Bus nº 7 depuis Stromness ou Kirkwall. De mi-juin à fin sept : tlj 9h30-17h ; mais, de fait, il n'est accessible à pied qu'à marée basse (horaires à l'office de tourisme de Kirkwall). Entrée : £ 5, réduc ; payable au* Visitor Centre *de l'autre côté du pont. Du coup, hors saison ou si la marée basse tombe en dehors des horaires d'ouverture, l'accès est libre (et en été, il fait nuit tard !).* Site occupé de longue date, probablement dès le Ve s, par des missionnaires chrétiens. On est sûr, ensuite, de la présence aux VIe et VIIIe s d'une forteresse picte, peuple de l'Écosse ancienne, grâce aux nombreux bijoux et autres pierres gravées retrouvés sur le site. On pourra notamment voir sur place une réplique de la « pierre de Birsay » ornée de guerriers armés. Les Norses y ont laissé un ensemble fort complet de maisons traditionnelles. Vestiges également d'une église romane du XIIe s. Petit musée des fouilles dans le *Visitor Centre.*

Barony Mills : *à quelques km de Birsay, en direction de Dounby, à l'intersection avec Kirbuster. ☎ 771-276. Mai-sept : tlj 10h-13h, 14h-17h. GRATUIT.* Moulin à eau du XIXe s, remis en état en 1997 par le *trust* du village. Le clou de la visite : la mise en route de ce vieux mécanisme en bois d'époque, qui fait vibrer le sol ! D'ailleurs, on y fabrique encore de la farine pendant les longs mois d'hiver...

Corrigal Farm Museum : *sur la route de Dounby. ☎ 771-411. Mars-oct : lun-sam 10h30-13h, 14h-17h ; dim 12h-17h. GRATUIT.* Ferme du XVIe-XVIIIe s, restaurée et transformée en musée : cuisine aux murs de chaux avec feu dans la cheminée, poissons en train de sécher. Chambres avec lits clos, vieux métier à tisser, armoire remplie de vêtements. La nette impression d'avoir remonté le temps et que les propriétaires vont arriver d'une minute à l'autre !

Kirbuster Farm : *dans le hameau de* ***Kirbuster.*** *☎ 771-268. Près de Birsay. Bus nº 7D. Mars-oct : tlj sauf dim mat 10h30-13h, 14h-17h. GRATUIT.* Ferme habitée depuis la fin du XIXe s, unique en son genre. Beaucoup d'objets d'époque ; noter les petites chaises aux longs dossiers, un artisanat typique des Orcades. À ne pas manquer, le *firehoose,* resté intact. Le feu de tourbe y brûle encore. Là encore, l'impression que ses habitants ne vont pas tarder à venir vous tenir compagnie...

Broch of Gurness (HES) **:** *vers Evie, village à env 20 miles (32 km) de Stromness. ☎ 751-414. Bus nº 6 ; demandez au chauffeur de vous arrêter au plus près, puis 20 mn de marche. Avr-sept : tlj 9h30-17h. Ticket : £ 6 ; réduc.* Découvert par hasard, en 1929, par un habitant qui, assis paisiblement à contempler le paysage, perdit un pied de son tabouret sous terre ! Et hop, un village de l'âge de fer ! Les

LES ÎLES

ruines du *broch*, construit entre 200 et 100 av. J.-C. (peut-être même avant selon les dernières interprétations), matérialisent le centre d'un ancien village agricole, plutôt important et peu commun pour les îles du Nord. Les remparts et fossés tendraient à prouver que la construction originale suivait un but défensif, mais la fonction a évolué au cours des siècles, car faute d'ennemis les protections étaient plutôt entretenues pour les signes de richesse et de pouvoir qu'elles représentaient face à la tribu voisine. Aujourd'hui, le travail de l'érosion de la mer a bien empiété sur le site. Le coin est charmant, face à l'île de Rousay, mais on en a vite fait le tour...

Maeshowe Chambered Cairn *(HES) : sur l'A 965. ☎ 761-606. À 7 miles (11,3 km) à l'est de Stromness (bus n° X1). Visite guidée seulement, ttes les heures 10h-16h (15h oct-mars ; en anglais, quelques panneaux explicatifs en français) ; très prisée en été. Résa obligatoire tte l'année, arriver 15 mn avt le début de la visite. En été, 3 tours supplémentaires certains soirs de la sem 18h-20h, sur résa là encore. Entrée : £ 6 ; réduc.* Tombe mégalithique construite vers 2750 av. J.-C. (néolithique), au ras du sol. Le seul moyen d'y accéder, c'est plié en 2 le long d'un étroit passage. L'orientation de ce couloir a été choisie selon l'axe d'ensoleillement du solstice d'hiver. Et en effet, tous les ans à cette date, au moment du coucher du soleil, les rayons pénètrent au cœur de la tombe. Un endroit assurément magique. On sait que les Norses ont découvert cette chambre funéraire puisque quelques dalles de mur sur le côté sont recouvertes d'inscriptions en alphabet runique datant du XIIe s. Cette concentration de runes se retrouve rarement en dehors de Scandinavie. Noter également, de part et d'autre de l'entrée interne, 2 menhirs du cercle de pierres de Stenness qui ont été récupérés et repositionnés ici en guise d'apparat.

Stones of Stenness *(les pierres levées de Stenness) : à 6 miles (9,5 km) au nord-est de Stromness. Non loin du Maeshowe. Bus n°s 1 et 8A.* Ces pierres dressées datant du néolithique (autour de 3000-2900 avant notre ère) faisaient partie d'un cercle de 12 menhirs et entouraient un foyer, peut-être allumé à l'occasion de cérémonies particulières, mais la fonction de ce cercle n'est pas encore tout à fait avérée. On aurait pu ne jamais en entendre parler car, en 1814, un paysan du coin, dérangé par les visiteurs de plus en plus nombreux, avait commencé à faire sauter les pierres à la dynamite ! Les pierres sauvées ont été redressées en 1906 par des archéologues passionnés. Le site reste néanmoins splendide, surtout quand des moutons broutent au pied des pierres millénaires.

Ness of Brodgar *: à 6,5 miles (env 10,5 km) au nord-est de Stromness, entre les* Stones of Stenness *et le* Ring of Brodgar. *Bus n°s 1 et 8A. Ouv seulement pdt les fouilles de mi-juil à fin août. Rens au* Visitor Centre *pour les visites organisées (en principe le dim).* Ce village néolithique datant de 3300 à 2200 av. J.-C. se trouve dans un état de conservation remarquable, ce qui est plutôt rare sur la façade atlantique, car la plupart des habitations de cette période étaient construites en bois. Ici, elles l'ont été en pierre. Ce qui a aussi permis aux archéologues de dégager un système de drainage, des outils utilisés quotidiennement par ces premiers agriculteurs sédentaires, de la vaisselle en céramique, étonnante par la grande variété de formes et par les techniques de façonnage jusqu'alors inconnues, et même des éléments organiques, tels que des os ou encore des résidus alimentaires dans des poteries. Des découvertes qui révolutionnent la perception du mode de vie au quotidien à cette époque. Par ailleurs, des vestiges plus anciens remontant à 4000 av. J.-C. ont été révélés sous le village, ce qui tendrait à prouver que le site a fait l'objet d'une occupation ininterrompue pendant plusieurs milliers d'années. Étonnant !

Ring of Brodgar *(le cercle de Brodgar) : à 7 miles (11,3 km) au nord-est de Stromness. Juste après les* Standing Stones of Stenness. *Bus n°s 1 et 8A.* À l'origine, 60 mégalithes répartis sur la circonférence d'un cercle de 103 m de diamètre, une dimension jusqu'alors inégalée. Aujourd'hui, il ne reste que la moitié des pierres levées. Construit en 2600-2500 av. J.-C., cet ensemble témoigne d'une forte activité sociale et culturelle à l'âge du bronze. Très agréable les soirs de beau temps, à l'heure où le soleil se couche.

KIRKWALL

9 000 hab. IND. TÉL. : 01856

• Plan *p. 569*

Ville principale de l'archipel, fondée au début du XIe s. Son nom en norvégien signifie l'« église de la baie ». D'ailleurs, on peut y visiter la cathédrale Saint Magnus, dont les fondations datent de cette époque. Tout autour se croisent des ruelles étroites, bordées de maisons de pierre grise. Kirkwall peut s'avérer la base idéale pour partir à la découverte des îles du Nord.

Adresses utiles

i *Visitor Information Centre* *(plan B1)* **:** Travel Centre, *West Castle St ; au croisement de Junction Rd. ☎ 872-856. Juin-août : tlj 9h-18h (dim 17h à la mi-saison) ; en hiver : tlj sauf dim 9h-17h.* Accueil efficace et souriant.

Bus Station *(plan B1)* **:** Travel Centre, *West Castle St ; au croisement de Junction Rd. Service plus irrégulier le dim.*

■ ***Location de vélos*** *(plan A-B1,* ***2****)* **: *Cycle Orkney,*** *Tankerness Lane. ☎ 875-777. Tlj sauf dim 9h-17h30.*

■ ***Laverie*** *(plan B1,* ***4****)* **:** *47, Albert St. ☎ 872-982. Tlj sauf dim 9h-17h30 (17h sam).*

Où dormir ?

Camping

The Pickaquoy Centre Caravan Park *(plan A1,* ***10****)* **:** *sur* Pickaquoy Rd. *☎ 879-900. • pickaquoy.co.uk • À la sortie de la ville. Avr-oct. Emplacements £ 14-20 pour 2.* Wigwam *£ 40 pour 2 (max 5 pers). CB acceptées.* Face au centre sportif, idéal donc en famille. Belle pelouse pour les tentes. Salle pour manger à l'abri. Laverie. Loue également des *wigwams* pour être plus au sec.

Bon marché (£ 10-25/pers ; 12-30 €)

Peedie Hostel *(plan A1,* ***11****)* **:** *Ayre Rd. ☎ 875-477. • kirkwallpeedie hostel.com • Maison grise à la pancarte très discrète, à l'entrée de la ville, sur la droite en venant du port. Tte l'année. Compter £ 15/pers. Bungalows à louer pour min 3 nuits £ 45-75/nuit selon capacité (2-4 pers).* Dans d'anciennes maisons de pêcheurs. Chambres *single* ou doubles (lits superposés) et dortoirs de 4 lits, équipés de tables, lavabos et TV ; douche et w-c sur le palier. Petit et un peu bruyant mais très clean.

Youth Hostel *(plan A2,* ***12****)* **:** *Old Scapa Rd, à 1 mile (1,6 km) du centre. ☎ 872-243. • hostellingscotland. org.uk • À la sortie sud de la ville, sur l'A 964 ; bifurquer à droite en direction d'Orphir, bien fléché. Avr-sept. Réception 17h-23h30. Compter £ 17-18/ pers.* Chambres familiales bien tenues. Cuisine à disposition, laverie. Une AJ un peu excentrée où la convivialité l'emporte sur le charme. Très bon accueil.

Orcades Hostel *(plan A1,* ***17****)* **:** *Muddisdale Rd, derrière le Pickaquoy Centre. ☎ 873-745. • orcadeshostel. com • En dortoir, £ 20/pers ; double avec sdb £ 50.* AJ indépendante bien aménagée et au vert. Dortoirs de 4 et 6 lits, cuisine équipée et salon cosy.

De prix moyens à chic (£ 50-125 ; 60-150 €)

🏠 ***Lerona B & B*** *(plan B1, **13**) : Cromwell Crescent ; bien indiqué. ☎ 874-538. Tte l'année. Résa conseillée. Doubles sans ou avec sdb env £ 70.* Dans un quartier résidentiel où vous ne pouvez pas louper le jardin, un monument du kitsch avec ses nains et autres copies de statues antiques. L'intérieur est un peu dans le même « goût », mais les chambres situées à l'étage sont plutôt grandes, lumineuses et parfaitement tenues (elles offrent même une petite vue sur le port). Petit déj servi sous une véranda. Et accueil chaleureux de l'adorable proprio.

🏠 ***B & B*** *(chez Mrs Ruth Muir ; plan B2, **14**) : 2, Dundas Crescent (pas d'enseigne). ☎ 874-805. • twodundas.co.uk • Double £ 75.* Juste derrière la cathédrale et le château, une maison victorienne, amusante avec ses 2 façades jumelles. Grandes chambres avec meubles anciens et salles de bains aux normes d'aujourd'hui. Bel accueil.

🏠 ***St Ola Hotel*** *(plan B1, **15**) : Harbour St. ☎ 875-090. • stolahotel.co.uk • Résa conseillée. Doubles £ 70-80 selon confort.* Si la réception et les parties communes datent un peu, les chambres ont été récemment rajeunies, toutes avec (petite !) salle de bains. Vue sur le port, côté... port. Personnel bien accueillant. Bon rapport qualité-prix, au final. Attention, en fin de semaine on profite de la chaude ambiance du bar du rez-de-chaussée.

🏠 |●| ***Foveran Hotel*** *(hors plan par A2, **16**) : à env 3 miles (5 km) du centre-ville par l'A 964, sur la route d'Orphir, après la distillerie. ☎ 872-389. • thefoveran.com • Résa conseillée. Doubles £ 110-120, petit déj compris.* Niché sur les bords de Scapa Flow, sur un vallon constellé de moutons et de vaches. Les chambres sont agréables mais sans vue. Le bon point de cette adresse est sa situation au vert. Petit déj devant la baie. Accueil courtois (Voir aussi « Où manger ? De chic à plus chic »).

Où manger ?

Bon marché (plats £ 5-10 ; 6-12 €)

|●| ☕ ***Trenabies Bistro*** *(plan B1, **20**) : 16, Albert St. ☎ 874-336. Lun-sam 8h30 (9h sam)-17h30, dim 12h-16h.* Une des adresses incontournables de la ville. Café à l'esprit victorien, idéal pour un *lunch* ou un goûter en famille. Cuisine fraîche, vrai café et gâteaux appétissants. Toujours bondé.

|●| ♪ ***The Reel (The Wrigley Sisters*** *; plan B1, **21**) : Castle St. ☎ 871-000. Tlj 9h-18h. Concerts régulièrement organisés, en principe mer-sam soir (programme sur • wrigleyandthereel.com •).* Au rez-de-chaussée de ce qui est avant tout une école de musique, on grignote d'originaux sandwichs dans une atmosphère forcément très cool. Si vous avez une mélodie au bout des doigts, un piano vous tend ses touches.

Prix moyens (plats £ 8-18 ; 10-22 €)

|●| ***The Kirkwall Hotel*** *(plan B1, **23**) : Harbour St. ☎ 872-232. Résa conseillée.* Une institution locale ouverte depuis 1890. Belle cuisine dans la tradition locale avec un ton d'aujourd'hui. Le *lounge bar* (ou le *Skipper's Bar*, voir « Où boire un verre ? ») affiche des plats plus simples, corrects, mais aussi moins chers.

|●| ***Helgi's*** *(plan B1, **24**) : 14, Harbour St. ☎ 879-293. Tlj. Puisqu'il s'agit officiellement d'un bar et non d'un resto, les mineurs ne sont pas admis. Résa conseillée.* Sur 2 étages, un pub contemporain (avec cheminée) pour une cuisine dans la tradition mais pleine de bonnes petites idées.

|●| ***Judith Glue*** *(plan B1, **22**) : 25, Broad St. ☎ 874-225. Tlj, tte l'année, horaires étendus juin-août : lun-sam 9h-22h (dernière commande à 20h45),*

LES ÎLES

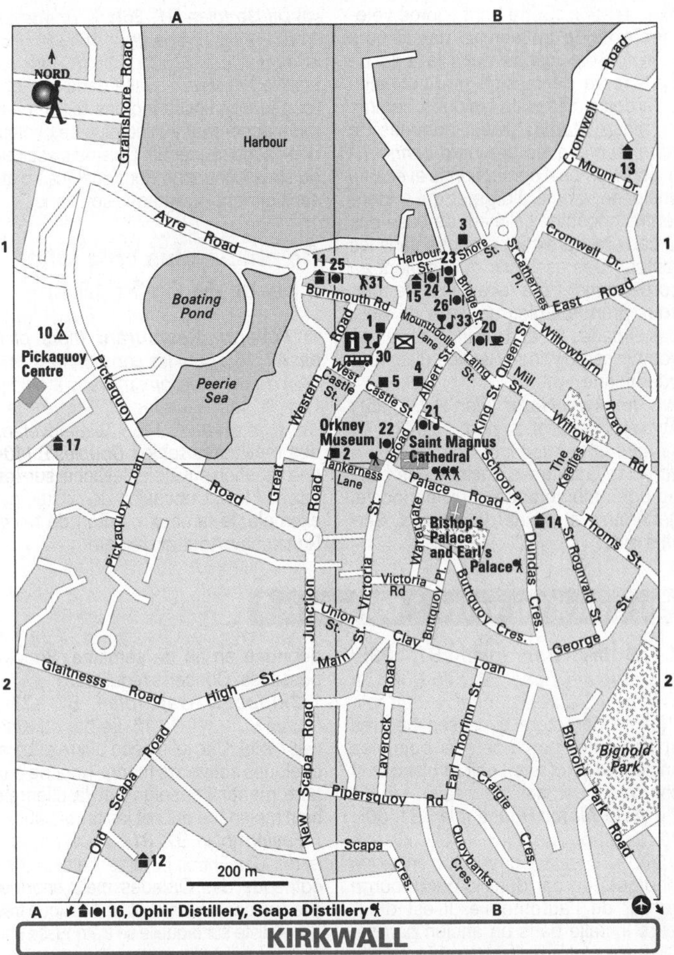

KIRKWALL

Adresses utiles

- Visitor Information Centre (B1)
- **1** Orkney Car Hire (B1)
- **2** Location de vélos (Cycle Orkney ; A-B1)
- **3** Orkney Ferries Ltd (B1)
- **4** Laverie (B1)
- **5** Tullock (B1)

Où dormir ?

- **10** The Pickaquoy Centre Caravan Park (A1)
- **11** Peedie Hostel (A1)
- **12** Youth Hostel (A2)
- **13** Lerona B & B (B1)
- **14** B & B (Chez Mrs Ruth Muir ; B2)
- **15** St Ola Hotel (B1)
- **16** Foveran Hotel (hors plan par A2)
- **17** Orcades Hostel (A1)

Où manger ?

- **16** Foveran Restaurant (hors plan par A2)
- **20** Trenabies Bistro (B1)
- **21** The Reel (The Wrigley Sisters ; B1)
- **22** Judith Glue (B1)
- **23** The Kirkwall Hotel (B1)
- **24** Helgi's (B1)
- **25** The Ayre Hotel (A-B1)
- **26** Dil Se (B1)

Où boire un verre ?

Où sortir ?

- **23** Skipper's Bar (B1)
- **30** Auld Motor House (B1)
- **31** Fusion (B1)
- **33** Bothy Bar (B1)

dim 10h-20h. Cette boutique de vêtements et de souvenirs, par ailleurs bien fournie, cache dans le fond un petit resto de cuisine traditionnelle. À l'ardoise, des plats typiques, comme le *mince & tatties* (bœuf-pommes de terre) servis avec des *bere bannocks* maison, un pain confectionné avec une ancienne variété d'orge et qui a longtemps constitué l'aliment de base des Orcadiens (rarement proposé dans les restos). Des assiettes qui tiennent au corps, donc. Pour faire glisser le tout, vous prendrez bien un verre de vin... des Orcades ? Sans raisin, bien sûr, on vous laisse deviner. Service discret et attentionné.

The Ayre Hotel *(plan A-B1,* ***25****) : Ayre Rd ; au bout du port. ☎ 873-001. Tlj midi et soir (dernière commande à 20h45).* Vaste mais chaleureuse salle ou agréable véranda. Cuisine locale, généreuse et pleine de saveurs. Service rodé.

Dil Se *(plan B1,* ***26****) : 7, Bridge St. ☎ 875-242. Tlj à partir de 16h (dernière commande à 21h30, 22h30 pour les plats à emporter).* Salle dans les tons rouges aux tissus indiens tendus aux murs accordant au lieu plus de chaleur que l'accueil (inégal). Cuisine classique du sous-continent, dont quelques plats sans piment. Avantage : sert tard.

De chic à plus chic (plats à partir de £ 15 ; 18 €)

Foveran Restaurant *(hors plan par A2,* ***16****) : pour les coordonnées, voir « Où dormir ? De prix moyens à chic ». Ouv le soir seulement. Fermé janv. Résa impérative. Plats £ 23-30.* Une des meilleures tables de l'archipel et une situation enviable devant la baie de Scapa Flow. L'occasion de goûter, par exemple, le fameux mouton de North Ronaldsay. Addition replète.

Où boire un verre ? Où sortir ?

Bothy Bar *(plan B1,* ***33****) : Mounthoolie Lane. ☎ 876-000. Tlj 11h-minuit. Concert parfois le dim soir.* Pub de caractère avec ses poutres apparentes, son poêle à bois, les anciennes photos en noir et blanc et la cheminée. Sert des *bar meals*.

Auld Motor House *(plan B1,* ***30****) : 26, Junction Rd. ☎ 871-422. Tlj 11h (12h dim)-minuit.* Comme son enseigne l'indique, un bar dont la déco tourne autour de l'automobile. Il est d'ailleurs installé dans un ancien garage. Clientèle plutôt jeune et ambiance vite débridée en fin de semaine. Snacks possibles. Concerts réguliers.

Skipper's Bar *(plan B1,* ***23****) : Bridge St. ☎ 872-232.* Le bar du *Kirkwall Hotel.* Une jolie déco pierre et bois, quelques souvenirs marins pour ne pas faire mentir l'enseigne et la clientèle bien mélangée qui fait les bons pubs.

Fusion *(plan B1,* ***31****) : Ayre Rd. Sam jusqu'à 2h. Entrée payante.* La seule discothèque des Orcades mais énorme, avec un bar carré au milieu. Musique très généraliste sur laquelle se trémousse une clientèle frôlant la vingtaine.

À voir. À faire

Saint Magnus Cathedral *(plan B1-2) : avr-sept : tlj 9h (13h dim)-18h ; hors saison : tlj sauf dim 9h-13h, 14h-17h. GRATUIT. Visites guidées les jeu et sam sur résa (☎ 874-894), £ 8,50. En anglais (accent orcadien !) seulement. Plan et petit guide (en français) à l'entrée.* Remarquable monument de style roman et gothique primitif, auquel la pierre rose confère un charme particulier. C'est une vraie cathédrale, d'une ampleur surprenante pour une aussi petite ville. Elle possède aussi une particularité : la nef et le chœur sont symétriques (voir de l'extérieur, de profil). Nombreuses pierres tombales du XVIIe s posées contre les murs de la nef, aux gravures très symboliques. Visite possible (sur résa) des « coulisses » de la cathédrale et notamment des étages supérieurs. On termine par le mécanisme de l'horlogerie et la montée au clocher avec un panorama à 360°.

Bishop's Palace and Earl's Palace (HES ; plan B2) **:** *☎ 871-918. Avr-sept : tlj 9h30-17h (dernière admission). Entrée : £ 5 ; réduc. Ticket valable pour les 2 sites.* *Bishop's Palace,* ancien palais épiscopal, se résume presque à une tour. On peut y grimper pour avoir une jolie vue sur la cathédrale et la ville. *Earl's Palace* (XVIIe s), construit, comme son homologue de Birsay, par le tyranneau local, Earl Patrick Stewart, est nettement mieux conservé. Cela dit, on ne vous en voudra pas si vous vous contentez de découvrir ces ruines depuis le jardin (accès libre).

Orkney Museum (Tankerness House ; plan B1-2) **:** *en face de la cathédrale. ☎ 873-191. Lun-sam 10h30-17h. Fermé dim. GRATUIT.* La plus vieille maison de la ville (1574) abrite un musée racontant 5 000 ans d'histoire. Nombreuses pièces archéologiques évidemment, des poteries de l'âge du fer à un étonnant peigne viking en os de baleine. Reconstitution de pièces à vivre du début du XIXe s. Vidéo sur *The Ba'*. Sympathique jardin où flâner les journées ensoleillées.

LA GRANDE BA'STON

C'est à Noël et au Jour de l'an que la ville s'enflamme pour des parties de Ba'. Un jeu de balle extrêmement violent, sans règle ni temps limité, qui oppose ville haute et ville basse. Comme pour la soule pratiquée en France, le but consiste à porter une balle de cuir dans le camp adverse par tous les moyens. Un seul point marqué et c'est la victoire. Certains cachent le ballon, d'autres passent par les toits. Tout est permis !

The Pickaquoy Centre (plan A1) **:** *Muddisdale Rd. ☎ 879-900. • pickaquoy.co.uk • Lun-ven 7h-22h, le w-e 9h-20h.* Ce vaste centre regroupe des activités aussi variées que l'escalade (sur résa), une piscine avec sauna et jacuzzi, un cinéma, une aire de jeux pour enfants... Voilà de quoi occuper petits et grands par temps de pluie (ce qui arrive rarement, on sait bien !).

Manifestations

- **Saint Magnus Festival :** *mi-juin, pdt les journées les plus longues de l'année. • stmagnusfestival.com •* Festival de musique et d'art, plus classique que le Folk Festival de Stromness.
- **Orkney International Science Festival :** *début sept. • oisf.org •* Animations vivantes mettant en lumière les applications de la science sur toutes les facettes de la vie quotidienne, dans l'art, la musique, l'histoire ou encore la philosophie.
- **Rock Festival :** *1re sem de sept.* Concerts dans les pubs de Kirkwall et Stromness.
- **Orkney Blues Festival :** *fin sept. • orkneybluesfestival.co.uk •* Comme son nom l'indique, un festival de blues qui égrène ses notes à travers tout l'archipel.

DANS LES ENVIRONS DE KIRKWALL

La baie de Scapa Flow servit longtemps de mouillage à la *Royal Navy,* dès l'époque napoléonienne, et surtout pendant les 2 guerres mondiales.
Sur les 52 navires sabordés par les Allemands, 8 épaves se trouvent toujours au fond de la baie, celle-ci devenant aujourd'hui un site privilégié pour la plongée

SABORDAGE !

Après l'armistice, en 1918, la flotte allemande fut entreposée à Scapa Flow. Furieux que ces navires puissent être utilisés par les vainqueurs, le vice-amiral von Reuter réussit à faire couler 52 des 74 navires le 21 juin 1919. C'est aujourd'hui un paradis pour la plongée sous-marine.

et la pêche aux crabes. Les autres bateaux ont été renfloués, pour la plupart entre le milieu des années 1920 et la Seconde Guerre mondiale (le reste dans les années 1970), et la ferraille a été revendue... à l'industrie allemande ! Un site permet de voir les épaves gisant au fond de la mer : • *scapaflowwrecks.com* •

Scapa Distillery : *sur la route d'Orphir, à 2 miles (env 3 km) de Kirkwall, entre l'auberge de jeunesse et le* Foveran Hotel. ☎ *873-269.* • *scapamalt.com* • *Visites guidées avr-sept, tlj 10h (sauf dim), puis 13h et 16h (cela peut changer, mieux vaut vérifier sur leur site). Également ouv de fin sept à mi-nov lun-ven et sur rdv le reste du temps. Interdit aux moins de 18 ans. Résa conseillée car pas plus de 10 pers. Tarif : £ 12-20 selon formule.* Cette distillerie fondée en 1885 a depuis été rachetée par le groupe Pernod-Ricard. Le *single malt* qui sort des fûts est un breuvage doux, non tourbé, avec un goût de miel et de fougères en bouche. Ne vous précipitez pas pour l'acheter ici, il sera bien moins cher dans une grande surface française ; c'est comme ça !

Highland Park Distillery : *à la sortie sud de la ville en allant vers Burwick.* ☎ *874-619.* • *highlandpark.co.uk* • *Visites guidées ttes les heures. Avr-oct, tlj 10h-16h ; nov-mars, lun-ven ; fermé pdt les fêtes. Dernier tour 1h avt fermeture. De début juil à mi-août, la production est suspendue pour raison climatique, mais la visite est ouverte. Prix : £ 10 ; d'autres formules plus chères pour les connaisseurs. Enfants autorisés à partir de 14 ans.* Petite distillerie qui utilise les moyens de fabrication traditionnels. Les procédés n'ont pas beaucoup changé depuis 2 bons siècles. Ils vendent surtout du vieux whisky (12 ans d'âge minimum). 2 cheminées superbes en forme de pagode.

Mull Head : *à 13 miles (env 21 km) de Kirkwall. Prendre l'A 960 en direction de l'aéroport ; c'est après Deerness. Circuit en boucle de 3,5 miles (5,6 km) dans une réserve naturelle.* Première étape : « *the Gloup* », un phénomène naturel assez spectaculaire. La mer a profité d'une faille dans la falaise pour s'engouffrer sur une longueur de 50 m à l'intérieur des terres en laissant une arche intacte. Un peu plus loin (attention en vous promenant le long du précipice où nichent des pétrels, c'est très dangereux) se dévoilent les ruines du *Brough of Deerness,* vestiges d'un village norse (peuple scandinave). De la pointe de Mull Head, jolie vue sur l'île déserte de Copinsay. Splendides ensembles rocheux battus par les vagues.

LES ÎLES DU SUD

SOUTH RONALDSAY ET BURRAY

IND. TÉL. : 01856

L'île de South Ronaldsay est reliée à Mainland par les *Churchill Barriers* (des digues). On peut aussi débarquer directement à Saint Margaret's Hope (principal village de l'île) en ferry depuis Gills, à l'ouest de John O'Groats (voir plus haut « Arriver – Quitter » au début du chapitre sur les Orcades). Logé au fond d'une baie, où quelques maisons s'alignent à flanc d'océan, Saint Margaret's Hope est assurément l'un des plus jolis ports des Orcades. Au

LE « REMPART CHURCHILL »

En 1939, un navire de guerre britannique, le Royal Oak, *est torpillé par un sous-marin allemand dans la baie de Scapa Flow. Pas moins de 833 marins périssent dans l'attaque. Pour empêcher de nouvelles invasions ennemies dans la baie, Churchill décide alors de construire des digues (appelées* Churchill Barriers*). Bonne reconversion : elles servent aujourd'hui de ponts pour relier les îles entre elles.*

programme : tranquillité et bon air marin ! On indique également quelques adresses à Burray, petite île coincée entre Mainland et South Ronaldsay. Ne pas manquer non plus l'*Italian Chapel,* un endroit tout à fait étonnant.

Où dormir ? Où manger ?

Camping

Wheems : à **Eastside,** sur **South Ronaldsay.** ☎ 831-556. • wheemsorganic.co.uk • *Accès fléché (à gauche) depuis l'A 961 à la sortie de Saint Margaret's Hope, direction Burwick. Ouv tte l'année pour les tentes, avr-oct pour les cottages. Emplacement pour 2 avec tente et voiture £ 14 ; cottages (min 2 nuits) £ 55/nuit ;* bothies *jusqu'à 4 pers £ 35 (mieux pour 2).* Une ferme bio, perdue en pleine nature, sur la côte est. Petit camping bien équipé, avec une vue superbe (bien exposé au vent), qui propose une large gamme d'hébergements, dont 1 yourte pour 6 personnes. Sanitaires mixtes. Cuisine ouverte et tables à l'abri (salle toutefois humide), petite épicerie et galerie de peintures. Pratique le *woofing.*

Prix moyens

Bankburnhouse B & B : *à la sortie de* ***Saint Margaret's Hope,*** *sur* ***South Ronaldsay*** *sur la route de Burwick, côté gauche.* ☎ *831-310.* • *bankburnhouse.co.uk* • *Doubles £ 65-80 selon confort ; réduc à partir de 2 nuits.* Une belle petite maison du XIXe s avec un gazon à faire pâlir le green du golf voisin ! Chambres confortables ; on préfère les moins chères avec les salles de bains à l'extérieur. Accueil aimable.

Sands Hotel : *sur le port, sur l'île de* ***Burray.*** ☎ *731-298. Plats £ 9-12. Bar meals* ordinaires mais copieux. Établissement logé dans un ancien entrepôt à harengs du XIXe s (il faut le savoir). Très animé le week-end.

À voir

Italian Chapel : *en venant de Mainland, juste après avoir franchi la 1re digue qui traverse la mer. Bus n° 10 depuis Kirkwall.* ☎ *781-580. Mai-sept tlj 9h-18h30 (17h mai, sept) ; oct-avr, tlj 10h-13h (15h avr, oct). Entrée : £ 3 ; réduc ; gratuit moins de 12 ans.* Pendant la Seconde Guerre mondiale, entre 1942 et 1945, l'armée de Sa Gracieuse Majesté avait installé ici un camp de prisonniers italiens. Complètement isolés, ceux-ci tentaient de retrouver un peu de leur pays et ont construit cette chapelle avec des matériaux de récupération : tôles, papier goudronné, bois d'épaves... De l'extérieur, on voit une façade blanche telle une « vraie » chapelle, sauf que le reste du bâtiment est en fait constitué de 2 hangars mis bout à bout. La porte franchie, c'est le miracle ! Toutes les décorations, l'autel, les bat-côtés, les pierres, même, sont en trompe l'œil. En mai 1945, alors que les prisonniers sont déplacés en Angleterre avant d'être libérés, le prêtre à l'initiative du projet est resté pour terminer le travail.

Tomb of the Eagles : à **Isbister,** *au sud de South Ronaldsay (le fléchage est immanquable).* ☎ *831-339.* • *tomboftheeagles.co.uk* • *Mars, tlj 10h-12h ; avr-sept, 9h30-17h30 ; oct, 9h30-12h30. Dernier tour 1h avt fermeture. Entrée : env £ 8 ; réduc. Compter env 1h30 de visite.*

Une chambre funéraire du néolithique, datant de 3150 av. J.-C., a été découverte par hasard en 1958 par un paysan du coin. La famille, toujours propriétaire du site, a développé un gentil petit business tout autour. La visite guidée commence par le musée qui expose les objets découverts dans la tombe et qui permet d'en apprendre un peu plus sur la vie des premiers agriculteurs. On peut même – et c'est exceptionnel – toucher quelques objets (crâne, pierres polies) découverts dans la sépulture.

Puis on se rend à la tombe, à 1 km de là (prêt de bottes et de ponchos possible) : 15 mn de marche dans un superbe décor de prairies et de falaises, jusqu'au sommet d'une colline. Quelque 16 000 os humains y ont été découverts, ce qui témoigne d'une longue utilisation de la nécropole (800 ans). Plus surprenant, cette tombe abritait également les squelettes d'une vingtaine d'aigles, déposés là un bon millénaire après la création de la sépulture pour une raison que les archéologues ignorent encore...

HOY

IND. TÉL. : 01856

***Hoy* serait dérivé du norrois et signifierait la « haute île ». C'est la 2e de l'archipel par sa taille. Le nord et l'ouest, très vallonnés, ressemblent aux Highlands, tandis que le reste de l'île présente un paysage bien typique des Orcades. Ne pas manquer les falaises de la côte ouest, parmi les plus impressionnantes d'Écosse. Sentiers bien signalés, qui permettent la découverte de l'île à pied. Tout à côté de Hoy, dans la baie de Scapa Flow, l'île de Flotta abrite un terminal pétrolier. Une flamme gazeuse y brûle en permanence.**

➢ Hoy est relié en ferry à ***Houton*** (sur Mainland) ou ***Stromness*** (pour les piétons).

Où dormir ? Où manger ?

À Hoy, il y a 2 AJ gérées par *Orkney Islands Council* à Kirkwall *(résas : ☎ 873-535. ● hostellingscotland.org.uk ●).*

⌂ ***Hoy Centre :*** *au-dessus de **Moaness,** près de l'église. ☎ 791-315 ou 📱 07778-177-929 (warden). Tte l'année. Env £ 20/pers.* Dans une ancienne école primaire, bien rénovée. Dortoirs de 4 lits qui disposent tous d'une douche. Cuisine équipée, laverie. Impeccable.

⌂ ***Rackwick Hostel :*** *à... **Rackwick,** sur les hauteurs du hameau, au début de la balade pour l'Old Man of Hoy. 📱 07858-208-120. De début mai à mi-sept. Env £ 13/pers.* Petits dortoirs de 4 lits et coin cuisine.

⛺ ***Burnside Bothy :*** *sur la plage de **Rackwick.** ☎ 791-316. GRATUIT !* Dans un coin superbe, une petite maison ouverte à tous, avec quelques emplacements de camping dans le jardin. Aucun confort, on dort à même la pierre, souvent humide, avec pour seule consolation le paysage aussi rude que sublime (attention, les *midges* semblent également trouver le coin à leur goût).

– Pour manger, prévoir des victuailles, car il n'y a sur Hoy qu'une seule épicerie (à ***Longhope***) et quelques restos au sud de l'île. Pour ceux qui arrivent de Moaness par le ferry, un café :

|●| ***Beneth'ill Cafe :*** *à **Moaness.** Avr-sept, tlj 10h-18h (18h30 le w-e).* Propose sandwichs, paninis et gâteaux, arrosés d'un bon thé bien chaud.

Randonnées

Aux piétons arrivant à ***Moaness*** (depuis Stromness), il existe un bus pour relier ***Rackwick*** et sa superbe baie. Les plus sportifs opteront pour une marche à travers les collines. Compter env 2h30 pour parcourir 4,5 miles (7,2 km).

Scapa Flow Visitor Centre : *en face du débarcadère de Lyness. ☎ 791-300. Avr-oct, lun-ven 10h-16h30, plus le w-e mai-sept. GRATUIT.* Évocation, à travers de nombreuses pièces et documents (vieilles photos, armes...), du rôle joué par la base de Scapa Flow, essentiellement pendant la Première et Seconde Guerre mondiale. Lyness abritait un dépôt de pétrole et une cale pour réparer navires, tankers et torpilles. Jusqu'à 12 000 personnes ont travaillé sur ce site. Dans l'ancien réservoir à essence, un film d'environ 30 mn retrace l'histoire de cette base, la plus importante de Grande-Bretagne et la plus stratégique à partir de 1939.

Ward Hill *(479 m)* **:** colline la plus haute des Orcades. Sa voisine Cuilags culmine presque à la même altitude. Vue sur tout l'archipel des Orcades.

Old Man of Hoy : *départ de* ***Rackwick.*** *Compter 3h A/R en marchant tranquillement.* Piton rocheux qui surplombe la mer, très connu parce que franchement spectaculaire. Les alpinistes ne l'ont vaincu qu'en 1966 (et l'exploit était télévisé). Mérite le déplacement, comme on dit.
Sur le chemin, juste avant de quitter Rackwick, après l'*hostel,* de typiques petites maisons en pierre aux toits gazonnés abritent le *Crow's Nest Museum (GRATUIT).* L'intérieur, qui n'a pas bougé depuis le début du XVIIIe s, est tout mignon (articles et photos).

Saint John's Head : en prolongeant le chemin de l'Old Man of Hoy. Balade fantastique le long des falaises. Sentier vertigineux et parfois dangereux. ***Ne pas y emmener les enfants et éviter les journées ventées.***

LES ÎLES DU NORD

Chaque île possède son charme propre et sa petite histoire. Prenez le temps d'en visiter une ou 2, vous ne le regretterez pas !
– Peu d'hébergement toutefois : s'adresser directement auprès des fermes pour camper. Et prévoir des provisions, car les épiceries sont rares et l'alimentation est très chère.

Arriver – Quitter

La plupart du temps, il est possible de faire l'aller-retour dans la journée. Pour Westray, Papa Westray et Rousay, on vous conseille vivement de passer une nuit sur place pour profiter pleinement du lieu.

■ ***Orkney Ferries*** *(plan Kirkwall B1, 3)* **:** • *orkneyferries.co.uk* • Forfait intéressant, voir plus haut la rubrique « Transports intérieurs » au début du chapitre « Les îles Orcades ». Départs quasi quotidiens pour ttes les îles. En voiture, résa indispensable.

➢ ***Kirkwall :*** pour Westray, Papa Westray, Sanday, Eday, Shapinsay et North Ronaldsay.

➢ ***Tingwall :*** pour Rousay.

■ ***Loganair :*** ☎ *(01856) 872-494.* • *loganair.co.uk* • Avions réguliers au départ de Kirkwall pour Westray, Papa Westray, North Ronaldsay. Pour Eday : seulement 1 vol/sem.

WESTRAY ET PAPA WESTRAY

IND. TÉL. : 01857

Elles font partie des îles les plus septentrionales justifiant une visite. Vous serez là-bas vraiment au bout du monde. Très belle réserve ornithologique, avec la plus grande colonie au monde de sternes arctiques. Au nord de Westray, la balade jusqu'au phare est grandiose, aussi bien pour sa colonie de macareux que pour la découpe de ses falaises. Impressionnant !

UN VOL ÉCLAIR

Avis aux amateurs de records, la ligne Westray-Papa Westray est la ligne commerciale la plus courte du monde : le vol dure moins de... 2 minutes ! À peine le temps d'attacher et de détacher sa ceinture.

Papa Westray doit son nom aux nombreux religieux, ou « pères », qui y vivaient en solitaires au Moyen Âge. On y a découvert 2 maisons préhistoriques, vieilles d'environ 5 000 ans.

Arriver – Quitter

Un ferry, pour passagers seulement, relie Westray à Papa Westray (plusieurs fois/j. mai-sept, en hiver cargo 2 fois/sem). Sur Westray, un bus relie en été le terminal des ferries de Rapness à Pierowall (env 10 miles, soit 16 km).
– Voir le site des 2 îles : • *westraypapawestray.co.uk* •

Où dormir ? Où manger ?

Bon marché

Papa Westray Youth Hostel : *Beltane House, sur* ***Papa Westray.*** *☎ 644-321. Tte l'année. Env £ 13/pers en dortoir et £ 25 en chambre double. ½ pens possible.* Possibilité de camper.

The Barn : *à l'entrée de* ***Pierowall,*** *sur Westray. ☎ 677-214.* • *thebarnwestray.co.uk* • *Tte l'année. Résa conseillée. Prévoir £ 20/pers ; double £ 40, quadruple £ 60 ; £ 10-15 pour 2 selon taille de la tente.* À la ferme, grange d'une centaine d'années, rénovée en logement style AJ. Dortoirs avec lits superposés. Salon très chaleureux et cuisine bien équipée. L'ensemble est confortable et face à la mer.

Wheeling Steen Gallery and Tearoom : *sur Westray, à la sortie de* ***Pierowall,*** *lorsque la baie forme un arc de cercle vers la droite, monter la rue en face, c'est en haut d'une colline, sur la droite. ☎ 677-292. Tlj sauf dim 11h-17h. Fermé janv-fév.* C'est un bel endroit, qui fait à la fois office de galerie photos (prises par le père et sa fille), boutique et salon de thé (beaux choix de gâteaux). Au bout trône une vraie cabine de pont provenant d'une épave du XIXe s, transformée plus tard en masure, comme ça se faisait autrefois. Ambiance zen.

Haff Yock : *sur Westray, 2, Quarry Rd, à la sortie de* ***Pierowall,*** *face au cimetière, sur la gauche. Ouv de début mai à mi-sept, 9h (12h30 dim)-16h (dernière commande).* Pour un repas léger à base de soupe (maison et bonne), sandwichs et gâteaux (comme d'hab'). Ça a le mérite d'exister.

De prix moyens à chic

Pierowall Hotel : *en plein centre de* ***Pierowall,*** *sur Westray. ☎ 677-472.* • *pierowallhotel.co.uk* • *Doubles sans ou avec sdb (petite) £ 85-100. Au resto, £ 10-18.* Adresse familiale (on a même droit aux photos de famille sur les meubles de la salle à manger) aux chambres bien arrangées à prix correct pour le coin. Certaines possèdent même une vue sur la mer. La cuisine est tout aussi familiale, les poissons sont d'une belle fraîcheur, et les prix des plats savent rester aussi gentils que l'accueil. Loue des vélos.

À voir

Westray Heritage Centre : *au centre de* ***Pierowall.*** *☎ 677-414.* • *westrayheritage.co.uk* • *Mai-sept : lun 11h30-17h ; mar-sam 10h-12h, 14h-17h ; dim 13h30-17h30. Entrée : £ 3 ; réduc.* Ce petit musée d'intérêt à priori uniquement local expose une pièce qui trouverait sa place dans de bien plus prestigieux endroits : la *Westray Wife,* une Vénus du néolithique, mesurant... 4 cm de haut, dénichée en 2009 dans les dunes et qui est, mine de rien, la plus ancienne représentation humaine découverte en Écosse ! Autre pièce d'exception : la pierre de Westray, ornée d'élégantes spirales et vieille de 5 000 ans, provenant d'une tombe.

Notland Castle : *non loin de Pierowall, sur la route de Noup Head. Tlj 8h-20h. GRATUIT.* Ces imposantes ruines du XVIe s font davantage penser à une forteresse qu'à une demeure seigneuriale. Il faut dire que sir Balfour s'était distingué dans plusieurs affaires, notamment le meurtre de lord Darnley, second époux de la reine Marie Stuart. Il partit se réfugier en Suède, où il tenta ni plus ni moins d'assassiner le roi de Suède. Une vraie manie ! Ce qui lui valut d'être finalement exécuté en 1576. Voir au rez-de-chaussée l'immense cuisine et la cheminée monumentale. S'y préparait-il des festins acheminés vers la salle de réception à l'étage ? En tout cas, l'ensemble (extérieur et intérieur) paraît bien spartiate, même pour l'époque.

Noup Head : une réserve naturelle, encore une, qui abrite une foule d'oiseaux. Très jolie balade en boucle (4 miles, soit 6,4 km ; compter un peu plus de 1h). On longe, à l'aller, d'impressionnantes falaises (prudence...) avant de grimper, au milieu des prairies à moutons, jusqu'au phare, posé sur une pointe rocheuse (prudence, là encore). Le retour se fait par une route carrossable moins agréable (mais rien ne vous empêche de reprendre le même chemin qu'à l'aller).

LES AUTRES ÎLES

SHAPINSAY

Une île sans intérêt majeur hormis quelques vestiges très orcadiens : un *broch,* des pierres dressées. On y exilait autrefois, paraît-il, voleurs et sorcières. Aujourd'hui, Shapinsay, largement cultivée, est d'une vraie tranquillité.

EDAY

Île désertique au centre de l'archipel – un habitant au kilomètre carré – mais tellement bonne pour la méditation. Plages où l'on peut voir des phoques.

Où dormir ?

Eday Youth Hostel : London Bay. *07447-460-169. • hostel@eca.islands.scot • À 5 miles (8 km) du ferry ; faire du stop ou prendre un taxi. Téléphoner pour prévenir de son arrivée car le gérant peut s'absenter. Sinon, s'annoncer au magasin à 2 km de l'AJ. Tte l'année. Env £ 18/pers.* Un simple baraquement en bois au centre de l'île. Confort de base. Attention, à l'épicerie, denrées à des prix prohibitifs.

ROUSAY, EGILSAY ET WYRE

Rousay est parfois appelée l'« Égypte du Nord » pour sa densité de sites archéologiques. Un petit musée (gratuit) en présente l'essentiel dans la salle d'attente du ferry. On vous conseille de faire le *Westness Walk,* décrit comme « le mile historique le plus important d'Écosse ». Le sentier démarre à *Western Farm,* 4 miles à l'ouest de l'arrivée du ferry. On découvre, chemin faisant, Traversoe Tuick, Blackhammar Cairn, Knowe of Harso, Midhowe Cairn et enfin le Midhowe Broch, d'où l'on a une gentille vue sur l'île d'Eyhnallow et les vestiges de son monastère bénédictin.
Les petites îles voisines d'Egilsay et Wyre sont plus discrètes, avec quelques vestiges médiévaux : la *Saint Magnus Chapel* sur Egilsay, ou le *Cubbie Roo's Castle* sur Wyre, 2 édifices du XIIe s. • *visitrousay.co.uk* • Location de vélos à la *Trumland Farm.*

Où dormir ? Où manger ?

Trumland Farm : *sur l'île de Rousay. ☎ (01856) 821-252. • trumland@btopenworld.com • À 10 mn à pied du débarcadère. Tte l'année. Env £ 14/pers en dortoir (draps en sus) ; £ 6/pers pour camper. Logements £ 30-70 selon le nombre de pers.* Une toute petite auberge privée à la ferme : 2 dortoirs (4-6 lits) et 1 minuscule chambre *single*. Hommes et femmes séparés. Laverie. Cuisine bien équipée. Également des logements très modernes et lumineux aménagés dans les anciennes granges, dont les baies vitrées s'ouvrent sur la mer. Très bien équipés, ils accueillent entre 1 et 5 personnes, ce qui en fait un excellent rapport qualité-prix. C'est l'occasion d'apprécier la vie rurale des Orcades, loin de tout...

Pier Restaurant : *devant le débarcadère. ☎ (01856) 821-359. Tlj 11h (12h30 dim)-1h (20h pour la cuisine). En hiver, tlj sauf mer à partir de 16h30. Repas env £ 10.* Ambiance pub avec son billard. Snacks et plats simples qui dépannent.

À voir

Trumland House Gardens : *suivre la route à la sortie du débarcadère jusqu'à la route principale, l'entrée est pile en face. Mai-oct : tlj 10h-17h. Entrée : £ 2 (honesty box).* Remonter l'allée centrale vers la maison (en travaux, ne se visite pas), la contourner pour rejoindre un sous-bois (carrément !) et le jardin en lui-même. Balade agréable.

SANDAY ET NORTH RONALDSAY

Comme son nom l'évoque, Sanday regorge de plages de sable blanc. C'est aussi la plus grande île du nord de l'archipel. Endroit reposant, qui nécessite un peu de temps pour en apprécier le charme. Quant à North Ronaldsay, c'est la plus isolée de toutes et la plus septentrionale. Le phare se visite. C'est de là que proviennent les moutons au label si réputé. Certains restaurants des Orcades en proposent.

RÉGIME IODÉ

North Ronaldsay abrite une variété de mouton unique, élevée dans des conditions qui ne le sont pas moins : des murets le long du littoral cantonnent les ovins au bord de l'eau pour les empêcher de paître l'herbe tendre de l'intérieur de l'île. Ainsi, ils ne peuvent se nourrir que d'algues. D'où le goût si particulier de leur viande. La raison est simple : pour remédier au manque d'espace qui ne permettait pas d'utiliser les terres à la fois pour le pâturage et le maraîchage, les animaux ont été relégués sur la côte. Pas bête !

Arriver – Quitter

Depuis **Kirkwall,** un ferry rejoint Sanday 1 à 2 fois/j. et North Ronaldsay 2 fois/sem en été (1 fois le reste du temps).

Où dormir ? Où manger ?

The Observatory Hostel : *à North Ronaldsay. ☎ (01857) 633-200. • nrbo.co.uk • Tte l'année. Compter £ 20 en dortoir ; £ 80-105 pour 2* *dans la* guesthouse. *Petit déj en sus. ½ pens possible. Tente £ 5.* À côté d'une ancienne ferme convertie en station d'observation ornithologique fonctionnant à l'énergie solaire et éolienne, une maison moderne qui accueille 3 dortoirs et une *guesthouse.* On peut y dîner et parfois goûter au mouton de North Ronaldsay.

LES ÎLES SHETLAND

• Carte *p. 581*

23 000 HAB.

À la même latitude que Bergen en Norvège, c'est un archipel d'une centaine d'îles, dont à peine une quinzaine sont habitées. Battues par les vents de l'Atlantique qui peuvent atteindre parfois les 250 km/h, ces îles ne voient pas beaucoup d'arbres pousser. Mais cette déforestation serait plutôt le fait d'anciens habitants de l'île, il y a plus de 2 000 ans. À moins que l'appétit des moutons – qui ne laissent aucune chance à la moindre pousse – n'en soit la cause. En tout cas, ces robustes ovins à laine fine vous offriront l'occasion d'acquérir un de ces inestimables et si réputés lainages.
Le climat, même en été, peut parfois s'avérer rude : du vent, de la pluie... Mais le soleil est aussi souvent de la partie, révélant alors de flamboyants paysages. Un dicton local dit : « Si le temps ne te plaît pas, attends 5 minutes ! », ce qui se vérifie : il peut faire beau plusieurs fois par jour ! Surtout si les jours sont longs, comme c'est le cas autour du 21 juin, lorsqu'on enregistre jusqu'à 19h de soleil (euh ! disons de clarté) dans la journée. Le soleil se lève alors vers 4h et se couche vers 23h.
Les Shetland, c'est un voyage grandeur nature. Les fanas d'ornithologie *(birdwatchers)* et de sites préhistoriques seront aux anges. Tandis que les sympathiques et courageux petits poneys attendriront les enfants.
Pas de panique si, au hasard d'une rencontre au bord d'un *voe* (fjord) ou au comptoir d'un pub, vous ne comprenez pas votre interlocuteur. La population parle volontiers un dialecte qui emprunte autant à l'anglais qu'au scot et au norn (du norvégien ancien). Une conséquence directe de l'histoire des Shetlandais, qui assument un caractère scandinave fortement ancré, depuis le VIIIe s et l'arrivée des guerriers vikings sur les îles.
L'archipel entre dans le giron écossais au XVe s, alors que le roi du Danemark offre les îles Orcades et Shetland pour compléter la dot de sa fille, qui doit épouser Jacques III, futur roi d'Écosse. D'ailleurs, le drapeau non officiel des Shetland fait allusion à l'héritage de ces 2 cultures : une croix nordique blanche sur les couleurs écossaises (bleu). On le voit flotter devant certaines maisons.

Infos utiles

– On peut préparer son voyage en consultant le ***site officiel :*** ● *shetland.org* ●

– ***Hébergement bon marché :*** *les **böds.** Rens et résas auprès de* Shetland Amenity Trust. ☎ *(01595) 694-688.* ● *camping-bods.co.uk* ● *Avr-sept. Résa préférable, au risque de trouver porte close. Compter £ 10-12/pers.* Les *böds* sont de petites maisons utilisées autrefois comme refuges par les pêcheurs au cours de leurs campagnes. Ils sont situés le long des côtes. Chacun possède sa propre atmosphère et sa petite histoire. Confort de base, pas toujours chauffés, prévoir nourriture et couchage. Ambiance conviviale, c'est le rendez-vous des archéologues, ornithologues et des routards.

– Sur l'archipel (sauf sur Noss et Fair Isle), on peut ***camper*** librement, à condition de demander la permission au propriétaire du terrain. Mais franchement, le vent pourrait poser quelques problèmes d'arrimage. Parmi nos sites préférés : Sumburgh Head et Scousburgh Sands. On aime bien aussi les pelouses d'Eshaness vers le nord.

– Pour faciliter le voyage, on vous conseille de faire le plein d'argent et de carburant à Lerwick. En dépannage, quelques pompes à essence disséminées sur l'île et *cashback* possible auprès de certaines boutiques.

Quand y aller ?

Sans aucun doute dès le mois de mai, lorsque les oiseaux marins viennent nicher dans les falaises. Juin et juillet permettront de profiter d'une clarté maximale. Mais prévoir une bonne laine et un coupe-vent, les Shetland sont à la même latitude que la pointe sud du Groenland.

Arriver – Quitter

En bateau

■ ***Northlink Ferries :*** ☎ *0845-6000-449.* ● *northlinkferries.co.uk* ● *Résa obligatoire (large gamme de tarifs).* Restauration sur le bateau, à prix abordables. Consigne gratuite à l'embarcadère pour déposer ses bagages dès le matin. Liaisons avec :

➢ ***Aberdeen :*** tlj. Départ le soir. Durée : env 12h si direct (4-5 fois/sem), 13h30 si le ferry fait escale à Kirkwall.

➢ ***Kirkwall :*** 2-3 bateaux/sem. Durée : env 5h30.

En avion

✈ ***Aéroport de Sumburgh :*** *situé à la pointe sud de la péninsule, à 25 miles (40,2 km) de Lerwick.* ☎ *(01950) 460-905. Office de tourisme ouv en fonction des vols.* Accueil très compétent. Bonnes cartes routières et de randos. Distributeur d'argent en dépannage (taxe supplémentaire, en plus de la com' habituelle). Bus pour Lerwick. Location de voitures.

Petite curiosité : la piste est traversée par l'A 970, ce qui occasionne la fermeture de la route avec un passage à niveau pour avion ! Il n'en existe qu'un autre dans le monde, à Gibraltar.

➢ Liaisons avec ***Aberdeen, Édimbourg, Glasgow, Inverness*** et ***Kirkwall (les Orcades).*** Les vols sont opérés par :

■ ***Loganair/Flybe :*** ☎ *0371-700-20-00 (seulement depuis le Royaume-Uni).* ● *loganair.co.uk* ● *flybe.com* ●

Transports intérieurs

Tous les horaires des bus, ferries et vols sur ● *zettrans.org.uk* ●

– ***Les bus :*** services réguliers sur les grands axes desservant la plupart

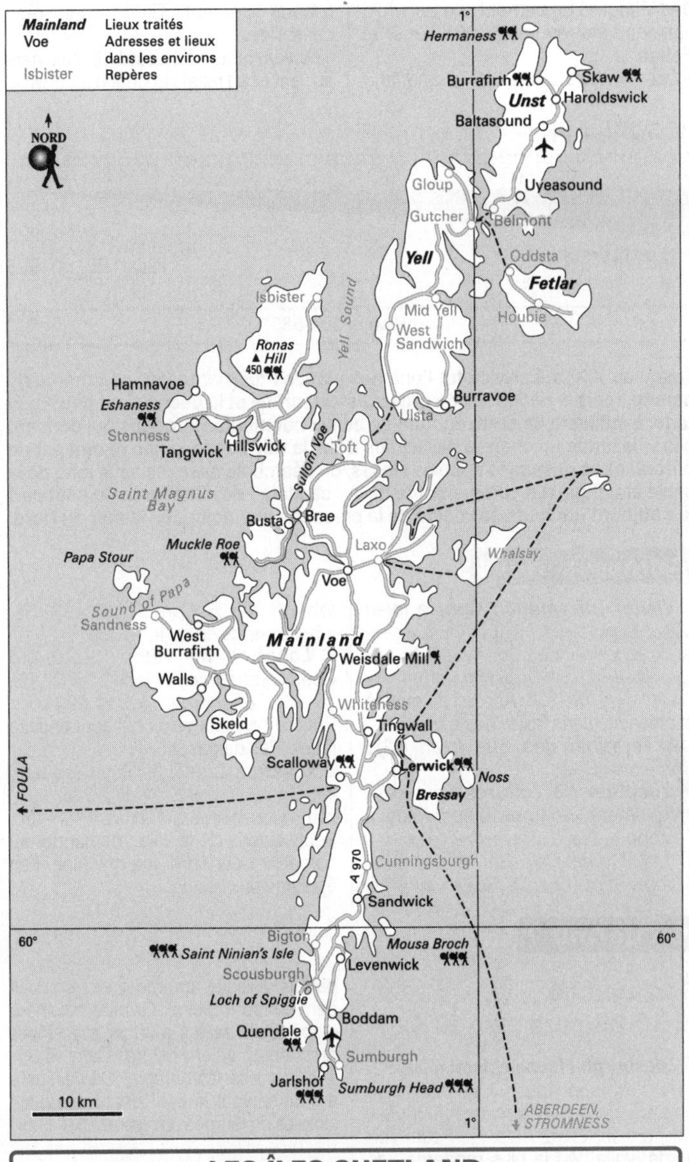
Mainland Lieux traités
Voe Adresses et lieux dans les environs
Isbister Repères
NORD
Hermaness
Burrafirth
Skaw
Unst
Haroldswick
Baltasound
Uyeasound
Gloup
Gutcher
Belmont
Yell
Oddsta
Fetlar
Houbie
Isbister
Yell Sound
Mid Yell
West Sandwich
Ronas Hill
450
Hamnavoe
Eshaness
Stenness
Tangwick
Hillswick
Burravoe
Ulsta
Toft
Sullom Voe
Saint Magnus Bay
Busta
Brae
Muckle Roe
Laxo
Whalsay
Papa Stour
Voe
Sound of Papa
Sandness
West Burrafirth
Mainland
Weisdale Mill
Walls
Whiteness
Skeld
Tingwall
Scalloway
Lerwick
Noss
Bressay
FOULA
A 970
Cunningsburgh
Sandwick
60°
Bigton
Saint Ninian's Isle
Mousa Broch
Levenwick
Scousburgh
Loch of Spiggie
Boddam
Quendale
Sumburgh
Jarlshof
Sumburgh Head
10 km
1°
ABERDEEN, STROMNESS

LES ÎLES SHETLAND

des villages. Également, de Lerwick, liaisons vers les îles de Yell, Unst et Fetlar.
– ***Les ferries :*** gérés par le *Shetland Islands Council*. En voiture, résa conseillée.
– ***Le vélo :*** toujours possible, mais gare au vent et au relief ! Location à Lerwick.

MAINLAND

LERWICK

IND. TÉL. : 01595

• Plan *p. 584-585*

Jusqu'au XIXe s, Lerwick fut l'une des plaques tournantes du commerce du hareng, mais le petit poisson argenté s'est raréfié et la pêche s'est peu à peu tarie. Il subsiste de cette époque de beaux bâtiments victoriens qui donnent à la ville haute un charme particulier. Dans la ville basse, qu'on rejoint par de pittoresques passages appelés *closes*, on déambule avec plaisir le long de la seule et unique rue commerçante de la « capitale » des Shetland. Ce petit port tire aujourd'hui toute sa vitalité de la présence d'or noir dans la mer du Nord.

Adresses utiles

i *Visitor Information Centre* *(plan C2)* **:** *Market Cross.* ☎ *693-434.* • *shetland.org* • *Près du port. Avr-sept : lun-sam 9h-17h, dim 10h-16h ; en hiver : tlj sauf dim 10h-16h.* Accueil de qualité et efficacité sans faille. Très belle doc.
Terminal des bus *(plan C2)* **:** *Commercial Rd.*
■ ***Location de voitures :*** sur résa uniquement, voitures disponibles à l'aéroport. ***Star Rent-a-Car*** *(plan C1,* ***1****) : 22, Commercial Rd.* ☎ *692-075.* • *starrentacar.co.uk* • ***Bolts Car Hire*** *(plan B1,* ***2****) : 26, North Rd.* ☎ *693-636.* • *boltscarhire.co.uk* •
■ ***Location de vélos : Shetland Community Bike Project*** *(plan C2,* ***5****) : 16-18, Commercial Rd.* ☎ *690-077.* Répare de vieux vélos qui sont ensuite loués. Pas de gaspi !
■ ***Laverie*** *(plan A3,* ***6****)* **: *Dry Cleaners,*** *43, Kantersted Rd.* ☎ *695-335. Lun-ven 8h (9h mer-ven)-17h, sam 10h-13h.* Seule laverie de la ville ; demander au comptoir pour faire une machine. Fait également pressing.

LES ÎLES

Où dormir ?

Bon marché (£ 10-25/pers ; 12-30 €)

Islesburgh House Hostel *(plan B2,* ***11****)* **:** *Islesburgh House, King Harald St.* ☎ *745-100.* • *islesburgh.org.uk* • *Tte l'année. Env £ 21/pers.* Petits veinards, voilà l'AJ la plus moderne des îles britanniques, élue meilleur *hostel* au monde il n'y a pas si longtemps ! Confort quasi hôtelier dans une grosse maison victorienne impeccablement tenue. Dortoirs 12 lits (non mixtes) ou chambres privées (2-6 personnes), parfois utilisées comme dortoirs si ces derniers sont pleins. Grande cuisine à dispo, belle salle à manger avec frises moulurées, salon, billard. Café *(8h30-19h)* dans le *Community Center* juste à côté servant le petit déj et des plats simples en journée. Le grand luxe, quoi !

De prix moyens à chic (£ 50-125 ; 60-150 €)

Fort Charlotte Guest House *(plan C2,* ***12****)* **:** *1, Charlotte St.* ☎ *692-140.* • *fortcharlotte.co.uk* • *Double £ 75.*

Joliment située, juste au-dessus de la rue principale, sous les remparts du fort. Chambres mignonnettes et lumineuses. Jardin en terrasses. Accueil amical et plein de bons conseils pour visiter les îles.

▲ ***Rockvilla Guest House*** *(plan B2,* ***13****) : 88, Saint Olaf St. ☎ 695-804.* • *rockvillaguesthouse.com* • *Double avec sdb £ 80.* Avec un *B & B* dans une maison victorienne, on est au moins sûr de trouver du cachet et de l'espace. Anona, la souriante maîtresse des lieux, apporte en plus une excellente tenue et une touche de modernité qui fait de sa demeure un très bon point de chute, bien situé dans la capitale.

▲ ***The Aurora Guest House*** *(plan B2,* ***14****) : 89, King Harald St. ☎ 690-105.* • *aurora-guest-house.co.uk* • *Doubles avec sdb £ 70-90 ou £ 35/pers en chambre familiale.* Chambres spacieuses, à la déco contemporaine et bien équipées. Pratique, l'espace familial abrite 2 chambres et 1 salle de bains.

▲ ***Breiview Guesthouse*** *(plan A3,* ***15****) : 43, Kantersted Rd. ☎ 695-956.* • *breiviewguesthouse.co.uk* • *Dans un quartier résidentiel du sud de la ville, à 1,2 mile (2 km) du centre. Tte l'année. Double avec sdb £ 80.* Les chambres sont réparties dans 2 maisons récentes. L'ensemble est propre et sobrement décoré. Du salon, vue sur l'eau. Accueil souriant de Christine et Dieter, qui parle le français. Prix un peu surévalué tout de même.

▲ ***Westhall B & B*** *(hors plan par A3,* ***16****) : Sea Rd. ☎ 694-247.* • *bedandbreakfastlerwick.co.uk* • *Doubles £ 100-110. Dîner £ 25-30.* L'extérieur en impose déjà : ancienne maison du shérif construite en 1839, face à une belle pelouse et surtout face à la mer ; l'intérieur séduit encore plus : il y a certes les grandes chambres très cosy, toutes différentes, la plupart regardant l'océan et l'une possédant un petit balcon (utilisable... 3 jours dans l'année ?), mais il y a surtout le sourire de Julie, pleine d'attention et de gentillesse. Pour chacun des hôtes étrangers flotte le drapeau de son pays. Elle fleurit avec soin sa maison pour en faire un « jardin intérieur », le vent ne favorisant pas la passion du jardinage dans cette contrée. Une très belle adresse.

Où manger ?

Bon marché (moins de £ 10 ; 12 €)

|●| ***Peerie Stop Cafe*** *(plan C2,* ***20****) : Esplanade. ☎ 692-816. Tlj sauf dim 9h-18h.* Une petite adresse moderne sinon design, sur 2 niveaux d'un ancien *lodberrie* (habitation de pêcheurs). Le cappuccino a ses accros, les petits plats malins et les gâteaux maison font toujours le plein à midi : normal, c'est simple, pas cher et bon. Quelques tables en terrasse.

|●| ***Coffee & Keetchin*** *(plan C2,* ***21****) : 2, Harrison Sq. ☎ 690-606. Tlj sauf dim 9h (10h sam)-17h (dernière commande à 16h). Sur place ou à emporter.* Salle grande comme un mouchoir de poche où les habitués attrapent un journal et avalent un sandwich (garnitures choisies en vitrine) puis un gâteau frais. Sympa et sans façon.

|●| ***Fort Cafe*** *(plan C2,* ***22****) : 2, Commercial St. ☎ 693-125. Tlj sauf dim midi, 11h-22h30 (19h sam).* Un *fish & chips* plutôt bon. Quelques tables à l'intérieur si le temps ne vous incite pas à aller vous léchouiller les doigts sur le port.

|●| ***Havly Café*** *(plan C2,* ***23****) : 9, Charlotte St. ☎ 692-100. Tlj sauf dim 9h-17h.* Une adresse dédiée aux familles, avec coin pour enfants pendant que les parents commandent un sandwich, et surtout de bons gâteaux bien alléchants posés sur le comptoir. Atmosphère pleine de vie.

Prix moyens (plats £ 8-18 ; 10-22 €)

|●| ***Hay's Dock*** *(plan B1,* ***24****) : Shetland Museum, Hay's Dock. ☎ 741-569. Tlj 10h30 (12h dim)-16h30 ; mar-sam 17h-21h (early bird menu jusqu'à 18h30). Prix chic pour la carte du soir.* Au 1er étage du musée, salle tout en longueur d'un design discret (scandinave,

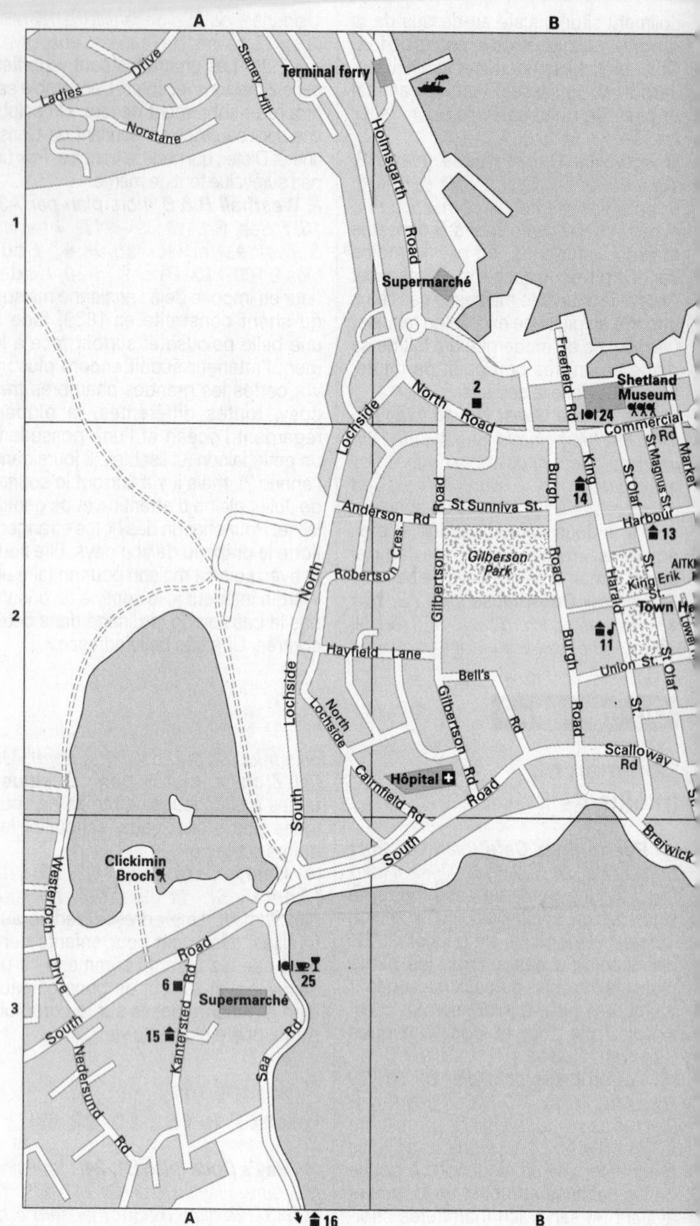
A
B
1
2
3
Terminal ferry
Ladies Drive
Norstane
Staney Hill
Holmsgarth Road
Supermarché
Freefield Rd
Shetland Museum
24
2
North Road
Commercial Rd
Lochside
King
St Magnus St.
Market
St Olaf
Burgh Road
14
Anderson Rd
Gilbertson Road
St Sunniva St.
Harbour
13
Robertson Cres.
Gilbertson Park
Harald St.
King Erik St.
Town H
North
11
Hayfield Lane
Bell's Rd
Union St.
St Olaf St.
Lochside
North Lochside
Gilbertson Rd
Burgh Road
Scalloway Rd
Hôpital
Cairnfield Rd
Road
South
Breiwick
South
Westerloch Drive
Clickimin Broch
Road
25
6
Kanterstad Rd
Supermarché
South
15
Nedersund Rd
Sea Rd
16

LES ÎLES

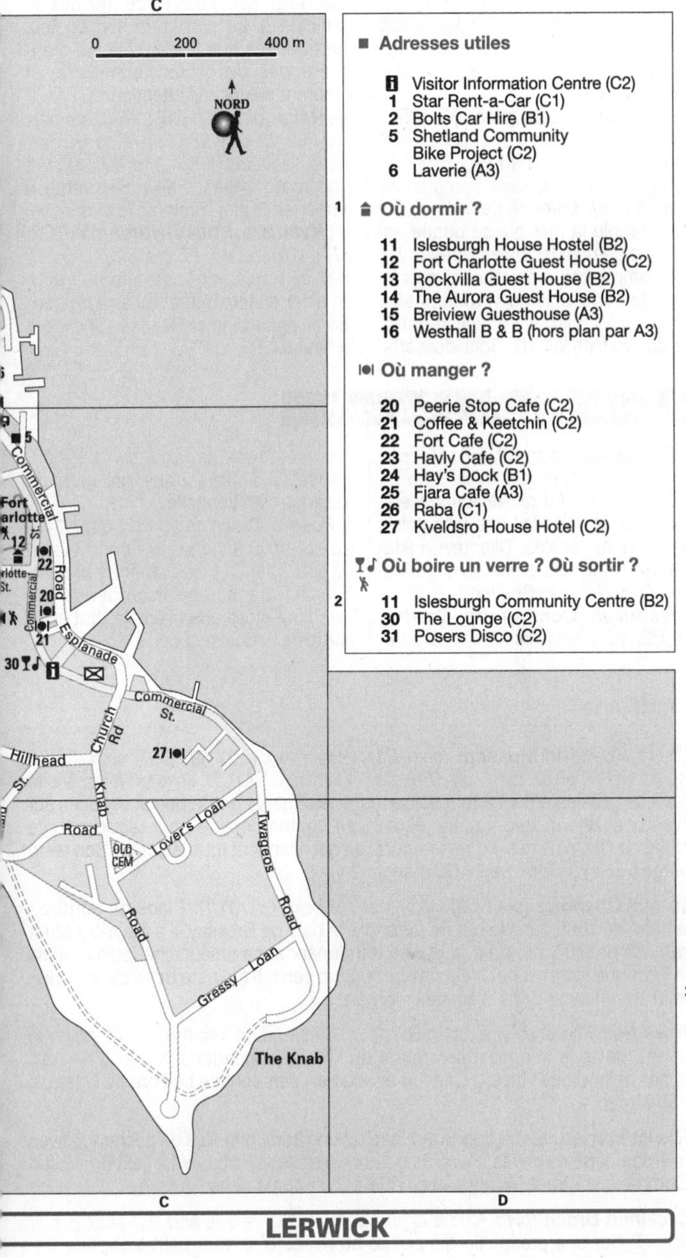
C
0
200
400 m
NORD
Adresses utiles
Visitor Information Centre (C2)
1 Star Rent-a-Car (C1)
2 Bolts Car Hire (B1)
5 Shetland Community Bike Project (C2)
6 Laverie (A3)
Où dormir ?
11 Islesburgh House Hostel (B2)
12 Fort Charlotte Guest House (C2)
13 Rockvilla Guest House (B2)
14 The Aurora Guest House (B2)
15 Breiview Guesthouse (A3)
16 Westhall B & B (hors plan par A3)
Où manger ?
20 Peerie Stop Cafe (C2)
21 Coffee & Keetchin (C2)
22 Fort Cafe (C2)
23 Havly Cafe (C2)
24 Hay's Dock (B1)
25 Fjara Cafe (A3)
26 Raba (C1)
27 Kveldsro House Hotel (C2)
Où boire un verre ? Où sortir ?
11 Islesburgh Community Centre (B2)
30 The Lounge (C2)
31 Posers Disco (C2)
1
2
3
Commercial St.
Road
Commercial
Esplanade
Commercial St.
Church Rd
Hillhead
St.
Knab
Road
OLD CEM
Lover's Loan
Twageos
Road
Road
Gressy Loan
The Knab
C
D
LERWICK

quoi). D'un côté, les comptoirs ; de l'autre, de larges baies vitrées ouvertes sur le port. Au centre, des tables où l'on s'installe pour une cuisine locale fraîche et sincère.

Fjara Cafe (plan A3, **25**) : *Sea Rd, en face de Tesco, à l'entrée de Lerwick en venant du sud. ☎ 697-388. Tlj 8h-22h (dernière commande cuisine à 20h).* Enfoncé dans un sofa, on contemple la mer qui se donne en spectacle derrière les baies vitrées : il y a pire comme cadre pour boire un café ou goûter une cuisine traditionnelle réalisée avec soin, essentiellement à base de produits locaux. Bons desserts maison et même des glaces (en cas de canicule ?). Le proprio et son équipe, aussi jeunes que la clientèle, ne manquent pas de professionnalisme et assurent un accueil attentionné.

Raba (plan C1, **26**) : *26, Commercial Rd. ☎ 695-585. En face du terminal des bus. Tlj 12h-14h, 17h-minuit.* Bon resto indien. Fait aussi vente à emporter. Buffet à volonté le dimanche.

Kveldsro House Hotel (plan C2, **27**) : *Greenfield Pl. ☎ 692-195. Tlj midi et soir.* Cadre assez formel pour un dîner en tête à tête. Cuisine de qualité et plats bien présentés. Service à la hauteur.

Où boire un verre ? Où sortir ?

The Lounge (plan C2, **30**) : *Mounthooly St. Salle à l'étage. Musique mer et ven à 21h30.* Au rez-de-chaussée, un pub pur et dur avec une jolie galerie de trognes locales. Clientèle mixte à l'étage (touristes et locaux) venue écouter le violon des Shetland.

Islesburgh Community Centre (plan B2, **11**) : *King Harald St., à côté de l'AJ. Ts les lun (mai-sept) 19h30. Entrée : £ 6.* Très bons groupes de musique traditionnelle.

Posers Disco (plan C2, **31**) : *149, Commercial St, dans le* Grand Hotel. *☎ 692-826. Ouv seulement ven-sam, 22h-3h.* La seule discothèque de l'archipel attire une clientèle tout juste sortie de l'adolescence.

À voir

Shetland Museum (plan B1) : *Hay's Dock. ☎ 695-057. • shetland-museum.org.uk • Lun-sam 10h-16h, dim 12h-17h. GRATUIT. Livret enfants.* Visite obligatoire préalablement à tout séjour dans les Shetland ! De beaux espaces sur 2 niveaux et une muséographie résolument contemporaine pour retracer toute l'histoire de l'île, plus des expos temporaires qui changent tous les mois. Bon resto à l'étage (le *Hay's Dock,* voir « Où manger ? »).

Le fort Charlotte (plan C2) : *dominant le port. GRATUIT.* Place de garnison construite en 1665 dans le but de défendre la baie de Bressay. Il a été reconstruit entre 1781 et 1787, pendant la guerre d'Indépendance américaine, puis modifié sous l'époque victorienne. Il n'a pas beaucoup servi. Il en reste donc de jolis vestiges, à commencer par ses solides remparts.

Town Hall (l'hôtel de ville ; plan B2) : *sur Hillhead. Lun-ven 9h-17h.* Magnifique bâtiment, de style néogothique, datant du XIXe s. Demander à voir le *Main Hall,* avec ses splendides vitraux. Chacun évoque un personnage célèbre de l'histoire des Shetland.

The lodberries : terme donné aux habitations traditionnelles de pêcheurs, avec leurs embarcadères privés. Les plus beaux exemples se trouvent à l'extrémité sud de Commercial Street. Voir la balade du Knab ci-après dans « À faire ».

Clickimin Broch (plan A3) : *à la sortie de la ville vers le sud. Tjs accessible. GRATUIT.* Sur une presqu'île qui pointe au milieu d'un tout petit loch, une fortification de l'âge du bronze, bien conservée (mais un peu cernée par la ville moderne).

LES ÎLES

À faire

➢ ***Noss :*** îlot rocheux face à l'île de Bressay, en face de Lerwick. Réserve naturelle classée, avec 2 km de falaises de grès où se *nichent* quelque 100 000 oiseaux. On dit même que « visiter les Shetland sans voir la réserve naturelle de Noss, c'est comme aller en Égypte sans visiter les pyramides ».
- Pour y aller : ferry *(mai-août, tlj sauf lun et jeu, si la météo le permet)* de Lerwick à Bressay, île qu'on traverse pour prendre un gros bateau gonflable pour Noss qui se visite ensuite à pied. *Rens : ☎ 0800-107-78-18.*

➢ ***The Knab** (plan C3) :* *départ au-delà du* Queens Hotel, *à l'extrémité sud de Commercial St. Compter largement 15 mn aller.* Le sentier longe la mer, passe à côté d'un cimetière marin du XIXe s, avant de déboucher sur cette toute petite pointe rocheuse, posée au milieu de la baie, face à l'îlot rocheux de Holeycraig. Joli site que les phoques donnent l'impression d'apprécier.

Manifestations

*- **Up Helly Aa :** le « Festival du feu » ; le dernier mar de janv.* Cérémonie qui se prépare pendant des mois. Cortège de torches à travers la ville et mise à feu du drakkar. À défaut de vous rendre aux Shetland en janvier, vous pouvez toujours passer au musée dédié à cette cérémonie :

■ ***Up Helly Aa Exhibition :*** *Saint Sunniva St (plan B2). De mi-mai à mi-sept : mar 14h-16h, 19h-21h ; ven 19h-21h ; sam 14h-16h. Entrée : £ 3 ; réduc.*

*- **Folk Festival :** fin avr-début mai. Rens au ☎ 694-757.* ● *shetlandfolkfestival.com* ● Démarre un jeudi et dure une semaine, à travers tout l'archipel. Musique traditionnelle. Accueille des artistes de tous les continents. À ne pas manquer.
*- **Shetland Wool Week :** fin sept-début oct.* ● *shetlandwoolweek.com* ● Pendant 2 semaines, tout sur les lainages de Shetland. Expos, ateliers dans tout l'archipel.
*- **Shetland Accordion and Fiddle Festival :** 2e sem d'oct.* Festival célébrant les instruments traditionnels de la vie des Shetland : le violon et l'accordéon. Musique entraînante.

LE SUD DE MAINLAND

IND. TÉL. : 01950

Une longue et étroite bande de terre qui chute dans la mer avec les falaises de Sumburgh Head et Fitful Head. Superbe nature, donc, et quelques sites archéologiques d'importance.
➢ La majeure partie des adresses sont accessibles par le bus n° 6.

Où dormir ?

Camping

⛺ ***Levenwick Campsite :*** *sur l'A 970, à la sortie de **Levenwick** vers Sumburgh. ☎ 422-320.* ● *levenwick.shetland.co.uk* ● *Mai-sept. Emplacement tente env £ 10. Le gardien passe collecter son dû entre 19h et 20h.* Emplacements en terrasses avec la mer à perte de vue. Machine à laver, sèche-linge, coin cuisine et laverie, le tout un peu vieillot. Les jours de grand vent, difficile de ne pas transformer sa tente en cerf-volant, et, par temps de pluie, le tapis de sol en éponge (terrain bien imbibé) ! Bloc sanitaire acceptable.

De prix moyens à chic (£ 50-125 ; 60-150 €)

B & B chez Janette Stove : *à* ***Sandwick,*** *sur les hauteurs ; pas d'enseigne, mais la maison s'appelle « Solebrekke ». ☎ 431-410. • janette.stove@btintnet.com • Double env £ 60.* Dans sa maison à la déco un rien chargée, Janette propose, avec gentillesse, 2 chambres toutes simples, dont l'une avec vue sur l'île de Mousa.

Setterbrae : *sur les rives du* ***loch of Spiggie,*** *à l'opposé du* Spiggie Hotel. *☎ 460-468. • setterbrae.co.uk • Double £ 90 avec sdb ; réduc à partir de 2 nuits.* Isolée au cœur d'un jardin fleuri au-dessus du loch, une adresse aussi jolie qu'accueillante. Chambres confortables, mignonnes avec leurs meubles de bois blond et la vue sur le loch. Véranda réservée aux invités. Idéal pour observer les oiseaux de la réserve du loch of Spiggie.

Sumburgh Lighthouse : *voir accès au Sumburgh Head, plus loin, dans « À voir. À faire ». ☎ (01595) 694-688. • shetlandlighthouse.org • Compter £ 75-100/nuit, min 3 nuits, + £ 20 pour un séjour de moins de 7 nuits.* La maison du gardien a été rénovée de façon cosy, tout en conservant son caractère original. Elle accueille jusqu'à 5 personnes (3 chambres). L'occasion de vivre des levers de soleil d'anthologie ou des tempêtes mémorables dans un lieu unique.

Où manger ? Où boire un verre ?

Spiggie Hotel : *au cœur du village de* ***Spiggie.*** *☎ 460-409. Prix moyens.* Cuisine avec de l'idée, parfois voyageuse, dans une salle de resto avec vue sur le loch of Spiggie ou dans le chaleureux petit pub avec bière locale à la pression. Ambiance très décontractée des 2 côtés.

Sumburgh Hotel : *devant le site archéologique de Jarlshof. ☎ 460-201. Tlj midi et soir au* Lounge Bar *(moins cher que le resto). Prix moyens.* Cet imposant manoir du XIXe s, un rien austère, mériterait à coup sûr un petit rafraîchissement intérieur. Mais ça n'a pas l'air de perturber le chef, qui s'en sort plutôt bien avec des plats classiques, parfois plus originaux, tous présentés avec soin et franchement pas mauvais du tout. Snacks également le midi pour une addition plus *light.* Une halte stratégique avant (ou mieux, après) une visite de Jarlshof, histoire de se revigorer.

LES ÎLES

À voir. À faire

Mousa Broch : *île sur la côte est. Départ de* ***Sandwick.*** *Bus n° 6 et 10 mn de marche. 079-01-87-23-39. • mousa.co.uk • Avr-sept : 1 départ/j., sauf sam. Env 3h sur place. Prix : £ 16 ; réduc. De fin mai à mi-juil : lun, mer et sam départ à 22h30 (retour à 0h30) pour profiter des dernières lueurs du soleil (£ 25). Résa impérative pour les excursions en soirée.*

Arriver un peu avant le départ pour visiter la ***petite expo*** dans le hangar, où trône un vieux rafiot qui effectuait autrefois la liaison avec l'île. Nombreux panneaux sur les *brochs* de Mousa et de Burland, l'activité minière et l'histoire incroyable de Betty Mouat.

L'ÉTOFFE DES HÉROS

À la fin du XIXe s, Betty Mouat, alors âgée de 59 ans, monta dans une petite embarcation pour rejoindre Lerwick et y vendre ses tricots. À la suite d'une tempête, elle se retrouva seule à bord (le capitaine était tombé à l'eau et les 2 autres membres d'équipage purent rejoindre le canot de sauvetage). Elle dériva pendant 8 jours avant d'échouer en Norvège. Elle finit par rentrer saine et sauve aux Shetland où elle fut accueillie en véritable héroïne. Elle vécut encore 30 ans !

On effectue 15 mn de traversée sur un petit bateau avant de découvrir le *broch*, haut de 13 m, le plus bel exemple de tour défensive de l'âge du fer et le mieux conservé au monde. Il fut construit en 100 av. J.-C. dans un but défensif, mais on pense qu'il servait aussi d'entrepôt. Autour, colonie nombreuse de phoques en prime, parfois des loutres et des dauphins.

*** ***Saint Ninian's Isle :*** une superbe île qui n'appartient plus qu'aux moutons depuis 1775. Saint Ninian est reliée au continent par un tombolo (qui n'est pas le masculin de tombola ! Il s'agit d'un pont de sable reliant des îles entre elles) d'une élégance remarquable. L'île abrite également de presque exotiques petites plages de sable blanc. On y a découvert un trésor du VIIe s, exposé au *Shetland Museum* de Lerwick.

*** ***Jarlshof*** *(HES)* **:** *à la pointe sud de Mainland. ☎ 460-112. Avr-sept : tlj 9h30-17h (derniers tickets) ; en hiver, horaires restreints, ☎ (01856) 841-815. Entrée : £ 6 ; réduc. Audioguide (en anglais).*

Site archéologique de première importance puisqu'il a été occupé à 5 époques successives : néolithique, âge du bronze, âge du fer, période norse (des colons du nord-ouest de l'Europe – Danois, Norvégiens, Suédois du sud – installés dans les Shetland entre le VIIIe et le XIIIe s) et Moyen Âge. Au *Visitor Centre*, une maquette et une vidéo bien faite (en anglais) permettent de se rendre compte des différentes occupations du lieu. Il fallut attendre la fin du XIXe s pour qu'une violente tempête fasse apparaître les premières ruines. Durant 3 ans, les bourrasques successives finirent par révéler une grande partie des vestiges visibles aujourd'hui, pour certains extrêmement bien conservés (on peut même pénétrer dans quelques maisons).

Au milieu des buttes herbeuses, percées ici et là de trous, un chemin suit la chronologie des occupations, du néolithique jusqu'au XVIIe s. Il est jalonné de panneaux très didactiques expliquant les particularités de certaines maisons, comme la « *round house* ». Ne manquez pas non plus la « *wheel house* », construite en rayon autour d'un âtre central : il s'agit de l'exemple le mieux préservé d'Europe. Quant au bâtiment en ruine qui domine l'ensemble, il servait de centre d'impôts au comte Robert Stewart, demi-frère de Marie. Son « sommet » (si l'on peut dire) constitue le point le plus haut et offre une belle vue d'ensemble sur le site.

*** ***Sumburgh Head (Lighthouse, Visitor Centre and Nature Reserve) :*** *à l'extrémité sud de l'île. ☎ 461-966. • sumburghhead.com • Avr-sept : tlj 11h-17h30. Visite : £ 6 ; réduc. Compter 5-10 mn de grimpette depuis le parking.*

Point de rencontre des eaux de l'Atlantique et de la mer du Nord, c'est un lieu de passage pour de nombreuses espèces. Et, en été, la falaise abrite un véritable paradis pour les oiseaux : fulmars, macareux, guillemots et autres mouettes crient à tout va. Mieux vaut donc y aller par temps clair pour profiter pleinement du spectacle, à défaut, on aura le bruit, éventuellement l'odeur et surtout pas mal de frustration. Et si le temps est vraiment dégagé, on apercevra aussi peut-être baleines, orques et dauphins au large (prévoir des jumelles, quand même !).

Comme la plupart des phares écossais, celui-ci fut édifié par un membre de la famille Stevenson, en l'occurrence le grand-père du célèbre auteur. C'est le 1er à avoir été construit aux Shetland, en 1821. Le site est divisé en 3 parties : l'histoire du phare (visite de l'ancienne salle des machines) et la vie de gardien

SAUVÉS PAR LES ONDES

La nuit du 8 avril 1940, les bombardiers allemands se dirigeaient vers Scapa Flow, une baie sensible des Orcades où la flotte britannique avait jeté l'ancre. Là, un radar, une toute nouvelle technologie, détecta les avions et alerta la batterie antiaérienne. Une revanche sur le drame survenu quelques mois plus tôt dans la baie, alors qu'un sous-marin allemand avait torpillé un navire, causant la mort de 833 passagers...

d'une part, le *Marine Life Centre* d'autre part, qui évoque l'écosystème de la faune marine, la protection des oiseaux de mer, les gros mammifères marins (avec écrans tactiles). Enfin, une dernière partie est consacrée au rôle joué par les radars pendant la Seconde Guerre mondiale. La reconstitution de postes de surveillance à l'intérieur des bâtiments d'origine remet dans l'ambiance. On se croirait ici un certain 8 avril 1940...
Ne pas manquer de contempler la vue jusqu'à Fair Isle depuis la véranda circulaire au bout du site. Café sur place.

Quendale Water Mill : *à* **Quendale.** *☎ 460-969. • quendalemill.co.uk • Non loin du loch of Spiggie. De mi-avr à mi-oct, tlj 10h-17h. Visite : £ 4 ; réduc.* Moulin datant de 1867. Aujourd'hui complètement restauré, il se visite en compagnie du gardien, qui se fera un plaisir de vous expliquer tout le processus de fabrication de la farine. Pancartes très pédagogiques.

Shetland Crofthouse Museum : *à* **Boddam,** *sur la route de Sumburgh. Mai-sept : tlj 10h-13h, 14h-17h. GRATUIT (donations bienvenues).* Une chaumière du XIXe s comme on les aime, murs blanchis à l'intérieur, outils agricoles et beau mobilier d'époque (berceau, lits clos...) fabriqué avec le bois trouvé sur la plage, apporté par la mer... car, comme vous l'aurez remarqué, les arbres poussent peu dans la région ! Les animaux étaient installés dans les pièces d'à côté. On peut demander au gardien la clé d'un moulin qui se visite, en contrebas.

LE CENTRE ET L'OUEST DE MAINLAND

IND. TÉL. : 01595

Le centre de Mainland n'est pas la destination première d'un voyage dans les Shetland, mais il n'est qu'à quelques kilomètres de Lerwick. L'Ouest est plus séduisant, plus spectaculaire aussi, avec une côte échancrée de plusieurs *voes* (fjords).

➢ La majeure partie des adresses sont accessibles par le bus n° 9, sauf Scalloway, bus n° 4.

Où dormir ?

Camping

Camping : *sur le port, à* **Skeld.** *☎ 860-287. Prévoir £ 12 pour 2 avec une tente (douche payante).* Simple et reposant. La pelouse est tendre et le cadre tranquille. Machine à laver. La gérante habite sur les hauteurs et passe collecter son dû matin et soir.

Bon marché (£ 10-25/pers ; 12-30 €)

Böd of Skeld : *à* **Skeld.** *☎ (01595) 694-688* (Shetland Amenity Trust). *• camping-bods.co.uk • Mars-oct.* Petite maison blanche très coquette, juste au-dessus du camping. Confort basique (pas de chauffage).

Voe House Böd : *à* **Walls.** *☎ (01595) 694-688* (Shetland Amenity Trust). *• camping-bods.co.uk • Avr-sept. Dans une maison au-dessus du village, repérer le portail bleu. Prévoir de la monnaie pour l'électricité, compteur à pièces dans l'escalier.* Intérieur sympa, joliment rénové, avec parquet et poutres apparentes. Plusieurs dortoirs.

Chic (£ 85-125 ; 102-150 €)

Burrastow House : *à env 3 miles (5 km) de Walls. ☎ 809-307. • burrastowhouse.co.uk • Avr-oct. Doubles £ 100-120. Dîner sur résa pour non-résidents £ 35. CB acceptées (avec com').* Imposante maison, dont les origines remontent au XVIIIe s, idéalement posée au bord de l'eau, face à la petite île de Vaila. Chambres toutes différentes : romantiques (avec d'inévitables baldaquins) pour certaines, résolument contemporaines pour d'autres. Le proprio, qui s'appelle Pierre Dupont, parle donc le français (même s'il est belge) ! Et comme c'est un fondu de cuisine, on vous conseille de rester dîner : produits locaux et vins bio.

Où manger ? Où boire un verre ?

Walls Shop : *à* **Walls.** ☎ *809-281. Dans le centre du bourg, au-dessus de l'épicerie. Lun-sam 7h-18h, dim 14h-16h.* Cashback *possible.* Cette épicerie-poste-station-service... sert aussi de point de vente à la boulangerie du village. Pain et tourtes à réchauffer éventuellement au micro-ondes, machine à café (et à thé). De quoi se faire un bon en-cas, devant le loch par temps clair.

Mill Café : *au nord de Whiteness, dans le* Weisdale Mill *(lire plus loin « À voir »). Dernière commande à 16h. Env £ 6.* Sous une véranda qui donne sur la rivière, pour une pause sandwichs, quiches et gâteaux.

Herrislea House Hotel : *à* ***Tingwall.*** ☎ *840-208. En allant vers Lerwick, bifurquer dans la 1re à droite après l'aéroport de Tingwall. Plats £ 16-18.* Petite salle à manger à la déco éclectique. Une adresse simple et bonne. Service décontracté.

Scalloway Hotel : *à* ***Scalloway,*** *sur Main St.* ☎ *880-444. Déj au bar, dîner au restaurant. Plat env £ 20.* La salle, tout en longueur et bien mise avec ses nappes blanches, accueille les hôtes pour déguster une des bonnes cuisines de la région. Produits de qualité, souvent nobles, présentation soignée, service pro et attentif ; la table bénéficie d'une belle réputation justifiée dans l'île. Mais tout de même pas donné.

À voir

Scalloway : *à 6 miles (env 10 km) à l'ouest de Lerwick.* Capitale des Shetland jusqu'au XVIIIe s, c'est à présent un village paisible face à la mer, qui mérite une halte au moins pour 2 raisons : son musée et son château.

– ***Scalloway Museum :*** *Castle St, face au château.* ☎ *880-734.* • *scallowaymuseum.org* • ♿ *De mi-avr à début oct, tlj 11h (14h dim)-16h. Entrée : £ 3.*

Un musée aménagé dans une ancienne usine de tricots, monté et géré par des bénévoles. À ne pas manquer : riche et dense, il passe en revue l'histoire de la région, sa culture, ses inventeurs (un fermier construisit un avion en 1940, qui n'a jamais décollé : aujourd'hui, juste revanche, il survole l'expo). Y sont évoqués aussi les premiers occupants, les Norses, ainsi que les sorcières, dont la dernière fut brûlée en... 1700. L'activité économique occupe une bonne place. Grâce à la pêche, Scalloway connut une longue période de prospérité jusqu'à la Première Guerre mondiale. Mais c'est surtout l'évocation du ***Shetland Bus*** qui constitue le principal intérêt du musée. Après l'invasion de la Norvège par les nazis en 1940, la résistance norvégienne monta une opération avec les Shetlandais qui dura tout au long de la guerre. Les bateaux transportaient armes et munitions vers la Norvège et retournaient vers l'archipel avec des réfugiés.

Les premiers débarquements eurent lieu à Lunna, au nord-est de Mainland, avant de s'effectuer à Scalloway, qui possédait une cale pour réparer les rafiots. Malgré la relative proximité des Shetland, la traversée durait tout de même 2 à 3 jours sur des bateaux de pêche, dans des conditions, on l'imagine, particulièrement périlleuses. Jusqu'en 1942, de nombreuses embarcations firent naufrage, jusqu'à ce que les États-Unis fournissent des bateaux plus performants *(sub-chasers).* Aujourd'hui encore, cette histoire reste très vivace chez les Shetlandais et les Norvégiens, les Scandinaves venant même souvent en pèlerinage à Scalloway pour commémorer cette coopération.

– ***Scalloway Castle :*** *Castle St. Mêmes horaires que le musée où l'on récupère les clés.*
Le château fut construit en 1600 par Patrick Stewart, comte des Orcades et Shetland, à un emplacement qui lui permettait de contrôler le trafic portuaire. Son architecture devait impressionner en tant que résidence et tribunal. Il y rendait justice, donc, et en matière de justice, l'homme, aussi lugubre que sa demeure, s'y connaissait ! Pour la construction, il exigea de chaque paroisse qu'elle lui envoie des hommes, qui, bien sûr, ne furent jamais payés. Ceux qui refusaient étaient tout bonnement emprisonnés. Ses jugements orientés vers ses propres intérêts et son comportement brutal lui valurent l'opprobre de ses concitoyens, qui portèrent plainte contre lui. Il fut à son tour enfermé à plusieurs reprises avant d'être décapité peu après son fils (du même acabit) en 1615.
Les ruines en bon état laissent deviner une habitation plutôt confortable, avec une grande pièce au 1er étage percée de 9 fenêtres et, au 2e étage, 2 chambres avec, chacune, ses propres cheminée et toilettes. Quelques panneaux explicatifs tentent de donner une idée de l'ensemble.

Weisdale Mill : *au nord de Whiteness. De la route principale, au bout du voe, suivre la direction Kergord, passer devant l'église ; c'est un peu après sur la gauche. ☎ 745-750. Mai-oct : tlj 10h30 (11h30 dim)-17h30 (19h30 jeu) ; nov-avr : tlj sauf lun-mar 11h-15h (16h le w-e). GRATUIT.* Moulin du XIXe s, dont l'étage est occupé par la *Bohonga Gallery* qui expose des artistes contemporains locaux : peinture, sculpture, photo... Sympathiques *Mill Café* (voir « Où manger ? ») et boutique aux articles originaux.

Papa Stour : *île située à l'ouest de Mainland. Accès par ferry au départ de* ***West Burrafirth,*** *4 fois/sem (en principe, mer, ven-dim). ☎ 745-805. Résa obligatoire.* On y trouve comme partout ici, ou presque, des vestiges archéologiques et des oiseaux en pagaille, mais aussi et surtout des grottes à moitié submergées, accessibles en bateau par temps calme seulement.

LE NORD DE MAINLAND

IND. TÉL. : 01806

C'est au-delà de Voe, dans cette région également appelée Northmavine, que s'ouvrent des paysages d'une beauté inouïe, les plus caractéristiques des Shetland.

Où dormir ?

Camping

Braewick Caravan Park : *sur la route du phare d'Eshaness. ☎ 503-345. • eshaness.moonfruit.com • Mars-sept. Emplacement tente £ 8 pour 2. Wigwams 3-6 pers £ 40-45.* Terrain sans prétention, mais vue sublime. Si vous avez peur du vent, louez un *wigwam* (toute petite hutte en bois). Sanitaires nickel. Accueil souriant. Resto sur place (voir « Où manger ?).

Bon marché (£ 10-25/pers ; 12-30 €)

Sail Loft Böd : *à* ***Voe,*** *dans le quartier de Lower Voe. ☎ (01595) 694-688* (Shetland Amenity Trust). *• campingbods.com • Avr-sept. Bus no 23. Il est possible de tenter sa chance et de venir à l'improviste ; demander au pub qui contactera Clive,* le warden, *très arrangeant.* Maison rouge et blanc de style scandinave sur un plus que pittoresque petit port de pêche. 2 dortoirs (dont un immense) avec fenêtres au bord de l'eau, prisés des cyclistes qui peuvent rentrer leurs vélos. Pub et *bar meals* au *Pierhead,* à 2 pas. Boulangerie en face (et depuis 1915), c'est royal (ouvert quand il y a de la lumière, en principe fermé le dimanche) !

Johnie Notions' Böd : *à* ***Hamnavoe.*** *☎ (01595) 694-688* (Shetland Amenity Trust). • *camping-bods.com* • Située dans un hameau déserté par la majorité de ses habitants, la maison natale d'une gloire locale accueille aujourd'hui le plus rudimentaire de tous les *böds* et le plus isolé. Un évier en guise de salle de bains et de cuisine, ni douche ni électricité (mais des toilettes). Intérieur en bois et poêle à la tourbe.

De prix moyens à chic (£ 50-125 ; 60-150 €)

Eshaness Lighthouse : *à* ***Eshaness.*** *☎ 694-688* (Shetland Amenity Trust). • *shetlandlighthouse.com* • *L'appart du gardien se loue min 3 j. ou à la sem. Il peut accueillir 6 pers. Env £ 280 les 3 j. en hte saison ; £ 600 la sem.* Comme la plupart des phares d'Écosse, il a été conçu au début du XXe s par un Stevenson, de la famille du célèbre écrivain. Forcément original et forcément dans un cadre naturel grandiose. Celui-ci surplombe la falaise au milieu d'un paysage battu par les vents. Il abrite 2 chambres doubles, plus une avec lits superposés, dans une déco chaleureuse qui contraste avec l'extérieur. Bien équipé. Pas d'inquiétude, on ne vous demandera pas de veiller la lumière, la lanterne est informatisée. Une adresse fabuleuse.

Vadsdal B & B : *sur* ***Muckle Roe.*** *☎ 522-480.* • *vadsdalbedandbreakfast.shetland.co.uk* • *À env 3 miles (5 km) de Brae. Suivre la route de Muckle Roe et tourner à droite après le petit pont (fléché). La maison moderne est sur la droite après un* cattle grid *(pas d'enseigne). Doubles sans ou avec sdb £ 70-80.* C'est le jardin fleuri face à un bras de mer qui fait la fierté de la proprio. Sans cela, l'environnement apparaîtrait encore plus désolé. Elle propose 3 chambres mansardées et bien tenues, dont une plus petite. Accueil réservé au premier abord. Très belles balades à faire sur cette petite île.

Busta House Hotel : *à* ***Busta,*** *village au bord de la mer près de Brae. ☎ 522-506.* • *bustahouse.com* • *Doubles £ 120-140.* La maison déjà, dont les origines remontent au XVIIe s, est séduisante. Le grand et luxuriant (pour les Shetland) jardin, tout autant. Jolies chambres, dont une avec baldaquin, chères, certes, mais finalement pas tant que ça pour le secteur. Excellent resto (voir « Où manger ? »).

LES ÎLES

Où manger ? Où boire un verre ?

Bon marché (plats £ 5-10 ; 6-12 €)

Frankie's : *à* ***Brae.*** *☎ 522-700. Tlj 9h30 (12h dim)-19h30 (dernière commande). Pas d'alcool. Sur place ou à emporter. Attention au rush de 18h. Résa conseillée.* Le resto remporte régulièrement le prix du meilleur *fish & chips* du Royaume-Uni (excusez du peu !). Rançon du succès : les clients font la queue dès le début de la soirée pour déguster du haddock d'une belle fraîcheur (issu de pêche responsable de surcroît), à la panure (ou friture) impeccable. Belles coquilles Saint-Jacques également. Salle toute simple et sympathique terrasse devant la mer.

Mid Brae Inn : *à* ***Brae.*** *☎ 522-634. Bus n° 23. Tlj midi et soir.* Cuisine familiale et roborative, au rapport qualité-prix très correct. On mange dans une salle tout en longueur, plutôt chaleureuse, avec sa charpente apparente. L'endroit est fréquenté par les locaux. Pub dans la pièce d'à côté.

Braewick Café : *resto du* Braewick Caravan Park *(voir « Où dormir ? »). ☎ 503-345. Ouv mars-sept 10h-17h, tlj juin-août, fermé mar et mer en moyenne saison.* Certes, c'est une des rares adresses où se restaurer dans le coin, mais on a d'autres bonnes raisons de se poser ici : la salle est éclairée par de larges baies qui s'ouvrent sur les *drongs* très photogéniques, pour la cuisine locale – le bœuf et le porc proviennent même de la ferme des proprios. Et enfin pour l'accueil, parfois en français, lorsque Aurore, une compatriote, officie avec gentillesse, efficacité et discrétion.

Saint Magnus Bay Hotel : *à* **Hillswick.** *Tlj midi et soir.* Étonnante destinée que cette maison en bois du début du XXe, construite en Norvège, remontée à Édimbourg pour être finalement transportée ici. Après ces allées-venues et un ravalement moutarde, elle semble avoir trouvé sa place, tout comme les visiteurs qui apprécient de siroter une bière ou un thé face à la baie. On peut aussi y manger (*bar meals,* plus resto le soir) et y dormir, mais les chambres, meublées à l'ancienne, ponctionnent sacrément le portefeuille *(env £ 135 pour 2).*

Chic (plats £ 15-25 ; 18-30 €)

Busta House Hotel : *à* **Busta,** *village au bord de la mer près de Brae. ☎ 522-506. Plats au bar env £ 10-13 ; resto le soir £ 35.* Excellente cuisine, servie avec distinction dans une salle à manger dotée d'un charme suranné. Une des belles tables de la région.

À voir

➢ Les bus n°s 21 et 23 sont les plus pratiques pour visiter les lieux suivants.

Tangwick Haa Museum : *à* **Tangwick,** *près de Hillswick. • tangwickhaa.org.uk • De mi-avr à fin sept : tlj 11h-17h. GRATUIT.* Sorte de petit musée participatif auquel les habitants prêtent des objets pour illustrer l'exposition annuelle. D'autres, derniers détenteurs d'un savoir-faire particulier, en fabriquent spécialement pour l'occasion. On peut vous montrer les vieilles photos de classe, les recensements depuis 1841 ou les interviews des anciens, bref toute la mémoire de l'île. Et on se laisse prendre par ce lieu, certes modeste, mais profondément humain et touchant. Vente d'artisanat local également.

La côte de Hillswick à Eshaness : *au nord-ouest.* Portion de côte splendide jusqu'au phare d'*Eshaness,* avec au passage une vue grandiose sur des plages magnifiques, les *drongs* (intraduisible ; gros rochers, type dolmens jetés à la mer), très photogéniques, et enfin sur les falaises déchiquetées recouvertes de tourbières herbeuses. La mer est parfois tellement forte que l'on retrouve des coquillages dans l'herbe 200 m au-dessus des vagues. Eshaness est dominé par un phare (où l'on peut loger, lire plus haut « Où dormir ? ») et abrite une réserve d'oiseaux.

Ronas Hill *(450 m)* **:** *à l'extrémité nord-ouest de Mainland.* Le plus haut sommet des îles Shetland. Au solstice d'été, on peut apercevoir au loin le soleil de minuit. Un panorama inoubliable. Pas de vrai chemin pour y accéder.

Sullom Voe : localement, un *voe* désigne un fjord, bras de mer pénétrant dans les terres. Celui-ci abrite un terminal pétrolier, énorme (c'est même le plus gros d'Europe) mais pas si impressionnant que ça, vu de loin.

LES AUTRES ÎLES DU NORD

Bienvenue au bout de la terre d'Écosse. Pour rejoindre Unst, la plus septentrionale, il faut emprunter 2 ferries et traverser l'île de Yell. *Fetlar,* accessible également depuis Yell, est surnommée le jardin des Shetland. Elle abrite une réserve d'oiseaux avec quelques espèces des plus rares.

➢ Ferries réguliers en été (6h45-22h) pour Yell, Unst et Fetlar. Peu de bus : nº 24 jusqu'au nord de Mainland, puis nºs 24 et 30 pour Yell, nº 28 sur Unst. La traversée entre Yell (port de Gutcher) et Unst (Belmont) est gratuite si le trajet Mainland-Yell est effectué le même jour. En voiture, réservation recommandée au ☎ *(01595) 745-804.*

CADEAUX DE NOËL EN SOLDE

En 1752, l'ensemble du Royaume-Uni décida d'adopter le calendrier grégorien. Les habitants de Foula, l'île la plus isolée de l'archipel, firent de la résistance et restèrent fidèles au calendrier romain dit « julien ». Aujourd'hui, à Foula, comme dans les monastères du mont Athos en Grèce, on fête Noël le 7 janvier et la Saint-Sylvestre le... 13 janvier.

YELL

IND. TÉL. : 01957

Yell est une île à l'atmosphère sauvage et solitaire, la 2e plus grande des Shetland. On se contente en principe de la traverser pour atteindre Unst... en faisant bien attention aux moutons qui sont ici chez eux, jusqu'au milieu de la route ! Mais pourquoi ne pas en profiter pour faire quelques haltes en chemin, ou mieux, s'y poser ?

Où dormir ?

⛺ ***Burravoe Caravan & Campsite :*** *à* ***Burravoe,*** *au sud-est de l'île. Une* honesty box *recueille l'argent des campeurs : £ 4/tente.* Petit terrain à l'herbe tendre en bord de mer. Le bâtiment, dont le toit est une coque de bateau renversée (un recyclage fréquent par ici) abrite des sanitaires impeccables, un coin cuisine avec micro-ondes et même une machine à laver. Pas mal pour un camping à priori très modeste et imbattable côté tarif.

🏠 ***Quam B & B :*** *au niveau de Westsandwick, en contrebas de la route principale, côté gauche en allant vers le nord (fléché).* ☎ *766-256.* • *quambandbyellshetland.co.uk* • *Double env £ 80. Dîner £ 15 (intéressant, car pas grand-chose autour).* Cette grande maison en bois traditionnelle domine la plage de Westsandwick, un des plus beaux coins de l'île, accessible en 15 mn à pied. Les chambres sont confortables, la plupart possèdent une salle de bains et certaines ont une vue sur la mer. Bon accueil d'Anne.

À voir

🚶 ***Old Haa Museum :*** *à* ***Burravoe,*** *au sud-est de l'île.* ☎ *722-259. Fin avr-fin sept : mar-sam 10h-16h, dim 12h-17h ; fermé lun, ven. GRATUIT.* Installé dans une belle maison du XVIIe s, bien restaurée (voir notamment la grande cheminée d'époque découverte derrière les lambris au moment de la rénovation), le musée retrace l'histoire locale : l'industrie baleinière, la pêche, les épaves datant de la Seconde Guerre mondiale, mais aussi la faune et la flore. Pas mal d'infos à glaner de-ci, de-là pour qui s'intéresse à la région.
Sur place, *tearoom* et boutique d'artisanat. Et s'il fait beau, pourquoi ne pas pique-niquer dans le très beau jardin, toujours accessible ?

🚶 ***Shetland Gallery :*** *au nord de l'île, à la sortie de* ***Sellafirth*** *en allant vers Gutcher.* ☎ *744-386 ou 259. Ouv tte l'année, mais mieux vaut appeler avt. En été, ouv en principe tlj sauf lun 11h-16h. GRATUIT.* 2 bâtiments : l'un accueille des expos de peinture d'artistes essentiellement locaux, présentées par le sympathique Allan ; le second abrite un atelier de tissage piloté par Andy, qui a développé ce projet pour faire revivre le savoir-faire des Shetland, un temps disparu. Il explique comment la contribution d'artistes en résidence pendant 4 mois permet chaque année de renouveler les designs et de garder vivante la spécificité de l'île.

UNST

IND. TÉL. : 01957

L'île la plus au nord des Shetland. C'est d'ailleurs la première motivation des visiteurs de passage ! Les autres préfèrent prendre le temps de se promener et d'observer la faune et la flore locales, abondantes dans les réserves naturelles.

➢ À 2h30 de voiture de Lerwick. Bus nº 24.

Où dormir ? Où manger ?

Bon marché

Gardiesfauld Youth Hostel : *à* ***Uyeasound.*** *☎ 755-279. • gardiesfauld.shetland.co.uk • Avr-sept. En dortoir, £ 15/pers ; camping £ 12 pour 2 avec tente. Douche payante (prévoir des pièces de 20 p).* AJ confortable et bien équipée. Dortoirs de 2-11 lits et possibilité de camper à côté. À vos maillets, le terrain est venteux. La gardienne ne fait qu'une apparition par jour.

Saxa-Vord : *à* ***Haroldswick.*** *☎ 711-711. • saxavord.com • Ouv mai-sept. Env £ 21/pers, sans petit déj. Également des maisons à louer à la sem (ou moins selon dispo).* Ancienne base militaire de la RAF, très active pendant la guerre froide. Si d'extérieur cet ensemble de bâtiments n'incite pas à sauter de joie, l'intérieur est beaucoup plus riant. L'ancien mess accueille des chambres à 1 ou 2 lits, propres et nettes (avec sanitaires communs), TV dans la plupart. Cuisine à dispo, snooker, bar et resto ouvert aux non-résidents. Accueil adorable.

Skibhoul Store : *dans le centre de* ***Baltasound,*** *près de la poste. ☎ 711-304. Demander, tout le monde connaît. Lun-sam 9h-17h30 (18h jeu, 17h sam).* Une épicerie-boulangerie-station-service où l'on peut consommer ses achats sur place (*rolls* et pizzas, entre autres). Micro-ondes et tables dans l'arrière-boutique ; en prime, vue sur la baie.

Victoria's Vintage Tea Rooms : *à* ***Haroldswick,*** *en bord de mer. ☎ 711-885. Mar-sam 11h-16h.* Vous en rêviez ? Ça y est, vous avez atteint le salon de thé le plus au nord du Royaume-Uni (du moins, tant qu'il n'est pas détrôné). Ça tombe bien, les adresses ne sont pas légion dans le coin et l'endroit possède un charme suranné qu'on aime bien, surtout une fois au chaud derrière les baies vitrées face à la mer. Large sélection de thés, sandwichs (au saumon notamment) et bons gâteaux. Service attentionné.

Baltasound Hotel : *à la sortie de* ***Baltasound,*** *sur la droite en allant vers le nord. ☎ 711-334. • baltasoundhotel.co.uk •* Plus que l'hôtel, c'est le resto que nous conseillons : intérieur en bois, produits locaux bien présentés et goûteux. Une adresse très correcte, et heureusement, car le soir, sur Unst, c'est un peu la misère. Côté hébergement, l'ensemble de petits bungalows en bois est distribué autour d'une pelouse, certains accueillent des familles, mais la literie est moyenne.

À voir

Muness Castle (HES) **:** *à env 3 miles (5 km) à l'est de* ***Uyeasound.*** *Ouv en saison ; sinon, demander les clés au sympathique propriétaire de la maison blanche.*

LES ÎLES

Lampes électriques à l'entrée. GRATUIT (participation bienvenue). Partez à la découverte du château le plus au nord de l'Écosse. Une bonne occasion pour passer le costume de lord ou lady MacRoutard et jouer au châtelain... du château en ruine, certes, mais du XVIe s tout de même ! De quoi égayer l'atmosphère assez lugubre qui y règne, surtout par temps de pluie. Faut dire que l'ancien proprio n'était pas un tendre. De là-haut, belle vue sur les environs, néanmoins.

Revenir ensuite vers Uyesound et, à mi-chemin (environ 1,5 mile, soit 2,4 km), bifurquer à droite vers Sandwick (fléché) ; la petite route se termine au niveau d'une barrière, qu'on enjambe pour suivre le chemin côtier. Il mène à la magnifique ***plage de Sandwick,*** complètement déserte.

Bus shelter : *à la sortie de* ***Baltasound,*** *sur la droite en direction de Keen of Hamar.* Un arrêt de bus des plus insolite puisqu'il est meublé ! Tous les ans, le thème et la couleur changent. De quoi attendre le bus dans les meilleures conditions du monde... Ne pas oublier de laisser un mot dans le livre d'or.

Keen of Hamar : *réserve à l'est de Baltasound, facilement accessible à pied depuis le parking. Compter 30 mn de marche jusqu'au sommet.* Paysage lunaire et désolé, abritant quelques plantes parmi les plus rares de Grande-Bretagne. Un endroit ordinaire pour le simple visiteur, mais un paradis pour le botaniste.

Sur la route de Haroldswick : juste avant Haroldswick, en venant de Baltasound (immanquable), héritage viking oblige, les ***répliques d'un bateau*** du Xe s ***et d'une habitation*** de la même époque sont exposées au bord de la route.

Unst Boat Haven : *à* ***Haroldswick.*** *☎ 711-809. Mai-sept : tlj 11h (14h dim)-16h. Ticket : £ 3 ; £ 5 combiné avec le* Unst Heritage Centre *; réduc.* Une collection unique de bateaux de pêche des Shetland et panneaux sur l'industrie du hareng, qui fit la prospérité de la région. Baltasound était alors le port d'Europe le plus important pour la pêche aux harengs.

Unst Heritage Centre : *derrière le* Boat Haven. *☎ 711-528. Mêmes horaires, billet combiné.* Dans l'ancienne école du village, le musée retrace l'histoire de la communauté locale ; ça va de la collection d'œufs d'oiseaux marins au matériel de l'ancien bureau de poste de 1920 en passant par une collection de pièces en dentelle *(lace knitting),* dont Unst s'est fait une spécialité.

Valhalla Brewery : *à* ***Haroldswick.*** *☎ 711-398. • valhallabrewery.co.uk • Visite sur rdv, mais pour un achat seul on peut toujours tenter sa chance... aou tél avt.* Tout comme la distillerie de gin juste à côté, la brasserie occupe les anciens bâtiments de la RAF, utilisés jusqu'en 2006. Excellentes, pour tous les goûts, ces bières sont vendues partout dans les Shetland. Très bon accueil.

Skaw Beach : *à l'extrême nord-est de l'île.* La plage la plus au nord du Royaume-Uni, bordée par la maison – devinez quoi ? – la plus au nord, *of course !* Endroit sauvage où l'ocre du sable se détache du littoral verdoyant, où la rivière rejoint la mer. Mérite le détour en particulier si un rayon de soleil illumine la côte.

Burrafirth Beach : le long fjord de Burrafirth se termine par une belle plage de sable blond. Magnifique perspective. Un peu plus loin, en surplomb, par la route qui conduit à Hermaness, le phare abrite un ***Visitor Centre*** avec une petite expo pas mal faite sur la faune et la flore locales, les dernières observations recensées, etc. Pédagogique et ludique.

Hermaness : *réserve naturelle à l'extrémité nord de l'île. Du parking, compter 3 miles (5 km) pour rejoindre les falaises par un sentier peu clair, mais balisé.* Observation d'oiseaux dans des paysages époustouflants.

HOMMES, CULTURE, ENVIRONNEMENT

BOISSONS

– ***Thé et café :*** nombreux *tearooms* et *coffee shops.* Si vous désirez un café noir *(black coffee)*, précisez-le, sinon on vous le servira au lait. De plus en plus de cafés servent du vrai *espresso.*

Notez qu'une loi interdit la vente d'alcool avant 10h et après 22h, où que ce soit.

– ***Bières :*** avec le whisky, la boisson emblématique de l'Écosse. On vous fait un petit topo plus loin. Pour un demi, commander *half a pint* (prononcer « haffe-païnte ») et non juste *half* qui désigne une mesure de whisky ; *a pint* (0,57 l) revient moins cher mais demande un entraînement à la course aux toilettes. *A lager shandy* est un panaché (moitié-moitié), tandis qu'avec un *lager top* on vous sert 3 quarts de bière et 1 quart de limonade. *A snakebite* est un mélange cidre-bière. Quant au ***cidre*** lui-même, il est parfois servi à la pression.

– ***Whiskies :*** le breuvage national ! On vous en parle longuement plus loin. Quant à savoir s'il est intéressant de s'en procurer sur place, lire plus haut la rubrique « Achats » dans « Écosse utile ».

– ***Vins :*** les amateurs de vin se réjouiront de trouver de plus en plus de *wine bars,* très tendance depuis quelques années, mais chers. Et, si surprenant que cela puisse paraître, les Britanniques consomment plus de vin que de bière depuis le milieu des années 1990 ! C'est l'occasion de découvrir les vins du Nouveau Monde (États-Unis, Argentine, Chili, Afrique du Sud, Australie...). On peut parfois apporter sa bouteille dans certains restos ou à la table d'hôtes de son *B & B,* une disposition abrégée ***BYOB*** en vitrine *(Bring Your Own Bottle).*

LE PRIX DE LA BEUVERIE !

En 2018, l'Écosse a pris la décision de fixer un tarif minimum pour l'alcool. Cela met la bouteille de whisky à au moins £ 14 et la bouteille de vin à £ 4,69 minimum. Avec l'objectif de combattre les dégâts liés à l'alcoolisme. À consommer avec modération donc, aussi bien pour votre santé que pour votre porte-monnaie !

– ***Vins doux :*** il y a le porto *(port)* et le xérès d'Espagne *(a glass of medium sherry, please !),* délicieux, pas très cher et très apprécié des vieilles dames.

– ***Le gin :*** de plus en plus de distilleries de gin ouvrent dans toute l'Écosse, des Borders (dans le Sud) à l'île de Harris (dans les Hébrides extérieures). Boisson très florale, la base est le genévrier, additionnée de fleurs et de plantes, dans le meilleur des cas locales. Que les producteurs de whiskies se rassurent, la production de gin, encore très modeste, est loin de concurrencer le plus populaire des nectars écossais.

– ***Liqueurs douces :*** si vous aimez, goûtez le *Drambuie* ou l'*Irish cream,* au café. Si vous préférez les mélanges, essayez un *dry martini* (pas du tout ce à quoi vous vous attendiez) ou une *vodka and lime* (prononcer « laïme »). *Lime* signifie à la fois une rondelle de citron vert et du sirop de citron. Pour une rondelle de citron jaune, préciser *lemon.*

– ***Boissons non alcoolisées :*** que ceux qui n'aiment pas l'alcool (ou qui conduisent !) demandent un *babycham* (sorte de mousseux) dans les pubs, ou un jus de fruits (souvent plus cher que l'alcool). La très répandue ***ginger ale*** (genre de *Canada Dry*) est un excellent rafraîchissement. Essayez aussi la boisson écossaise rivale du Coca, le *Irn-Bru.* Sa couleur orange a les faveurs des teenagers. Depuis 1901, sa formule est restée secrète (ben, tiens !). On peut juste vous dire que c'est bien sucré.

Conseils du même tonneau (de bière)

Tout d'abord, dans un pub, on ne demande pas simplement *a beer.* Le mot est trop vague. Ce serait un peu comme commander « du vin rouge » en France dans un bon resto. Bref, sachez qu'il y a plusieurs types de bière :
La ***lager,*** bière à basse fermentation, souvent blonde, bien pétillante et servie fraîche. On la trouve en bouteille ou à la pression *(on tap).* La plus répandue est la *Tennent's lager,* brassée à Glasgow, légère.
La ***ale,*** qui désignait autrefois une bière sans houblon. Aujourd'hui, c'est le mot utilisé pour toute bière à haute fermentation, moins gazeuse *(just fizzy)* que la *lager.* Demandez par exemple la *70* (ou *80*) *Shillings* ou la *Tartan Special Heavy* (plus forte), ou essayez la *ale* du coin (les serveurs vous feront volontiers goûter un fond de verre avant de choisir). À signaler aussi : la délicieuse ***real ale*** (ou ***craft beer***), servie à la pompe (c'est-à-dire à la force du bras) plutôt qu'à la pression, sans ajout de gaz, et, en principe, à température ambiante.
La ***IPA*** *(India Pale Ale)* tire son origine du XVIIIe s, quand les Britanniques cherchèrent un procédé permettant à la bière de supporter le voyage jusqu'en Inde. La solution fut trouvée par l'ajout de houblon et un taux d'alcool plus élevé. Délaissée ensuite au profit de la *lager* à la fin XIXe s, la *IPA* refit son apparition dans les années 1970 aux États-Unis. Elle est de nouveau largement consommée en Grande-Bretagne sous une multitude de marques. Avec son goût de houblon bien prononcé, la *IPA* est en principe plus amère que les autres.
La ***stout,*** ou bière noire, comme la *Guinness.* La plupart sont irlandaises, mais il en existe des écossaises, comme la *Belhaven,* la *Sweetheart Stout,* l'*Isle of Arran Dark Premium* ou la *Orkney Dark Island* (extra !).
Pour la petite histoire, sachez que les Écossais, en évoquant la mousse des bières anglaises, parlent de liquide vaisselle tant, pour eux, elle manque d'épaisseur. Et tac !

Le whisky : le bien et le malt

Le whisky, c'est un peu comme le cognac, ce n'est pas une boisson de soif. On le consomme dans un verre tulipe, au col resserré, pour libérer les arômes, éventuellement allongé d'un peu d'eau plate.
L'étranger se trahit quand il commande « *a whisky* » dans un pub, même si le garçon le comprend, le terme habituel étant *a dram* ou *a half,* une mesure de whisky ordinaire.
Distillé au moins à partir du XVe s par les moines, le nom même du breuvage vient de *uisgebeatha,* signifiant « eau-de-vie » en gaélique. Par glissement linguistique, *uisgebeatha* serait devenu *uisce* puis *fuisce,* et enfin *whisky.*
La première distillerie fut fondée en 1775, alors que l'on estime les premières productions dans les Highlands à plus de 500 ans. La distillation de ce breuvage, pratiquée depuis longtemps de manière clandestine, fut réglementée dès le XVIIIe s. Enfin, le *Scotch whisky,* comme son nom l'indique, ne peut être produit qu'en Écosse.

Les différentes catégories de whisky

– ***Malt whisky :*** l'élite des whiskies, fabriqués pour la plupart dans les Highlands. Au mieux, ils sont *single malt* (100 % d'orge maltée, une seule distillerie), voire issus d'un seul tonneau *(single-cask)* ; sinon, ils peuvent être *pure malt* (100 %

d'orge maltée) mais résultant d'un assemblage de plusieurs *single malts* provenant de différentes distilleries (on l'appelle aussi *vatted malt*). Dans le cas de mélange, l'année inscrite sur la bouteille correspond toujours au whisky le plus jeune. Le suivi du vieillissement par le maître de chai est donc primordial, le breuvage perdant avec les années une partie de son taux d'alcool. Or, pour porter le nom de whisky, il faut titrer au minimum 40°. Un tonneau trop vieux qui serait descendu sous la barre fatidique des 40° devra donc être mélangé avec un whisky plus jeune pour le remonter en alcool. Et il perdra au passage le bénéfice commercial d'afficher sur l'étiquette un âge canonique. Une fois mis en bouteille, un whisky ne vieillit plus. Inutile donc de le remiser 15 ans de plus dans la cave...
Le malt est le nom donné à l'orge germée, généralement séchée à la tourbe *(peat)* en raison de l'humidité... ce qui lui ajoute du caractère et ce fameux goût de fumé si typique des whiskies écossais. Seule une poignée de malteurs fournissent toutes les distilleries d'Écosse, proposant un malt adapté à chaque marque. Le moût qui résulte de son mélange, une fois broyé, avec de l'eau, est fermenté et refroidi. Devenu *wash,* il est distillé 2 fois (l'Auchentoshan est distillé 3 fois, comme les whiskeys irlandais). Seul le cœur *(heart)* du breuvage est mis en fût. La tête *(head),* trop forte, et la queue *(tail),* trop faible, sont de nouveau distillées.
Par ailleurs, plus les *alambics* sont hauts, plus l'alcool aura de contact avec le cuivre et plus le goût sera doux (et inversement, comme de bien entendu !). Si un *Scotch whisky* peut être légalement vendu après 3 ans, le *malt whisky* vieillit parfois dans des barriques en chêne pendant plusieurs dizaines d'années, en général des anciens tonneaux de sherry ou de bourbon (le « whisky » ricain), parfois de vin. Et ce sont ces tonneaux – mais aussi l'eau et les alambics, donc – qui donnent à un whisky tout son caractère. L'élaboration du whisky n'a ainsi rien à voir avec celle du vin. C'est surtout la technique qui fait le breuvage, plus que la plante. Enfin, il faut savoir qu'au bout de 15 ans de vieillissement un quart du tonneau s'est évaporé, c'est ce qu'on appelle l'*angel share* (la part des anges). Un phénomène qui explique, en partie, le prix élevé des whiskies les plus âgés. L'occasion ici de rappeler l'excellent film de Ken Loach, *La Part des anges*.

TROUBLANT...

Comble de l'ironie, le secret d'un whisky est lié, en partie, à la nature de l'eau ! En s'infiltrant à travers les sols tourbeux des montagnes écossaises, l'eau se charge en particules qui lui donnent goût et couleur. Elle a d'ailleurs parfois un aspect jaunâtre au sortir du robinet. La tourbe est noire au nord de l'Écosse, brune et iodée sur les îles de Skye et d'Islay, cette dernière produisant les whiskies les plus tourbés au monde !

– ***Grain whisky :*** les vrais amateurs ne reconnaissent pas à ce breuvage bon marché, peu goûteux et destiné aux mélanges de *blended,* le droit de porter le nom de « whisky ». Généralement, il est fabriqué avec 10 à 20 % d'orge ainsi qu'avec d'autres céréales telles que le maïs ou le blé.
– ***Blended whisky :*** de tous les whiskies écossais consommés dans le monde (1 milliard de bouteilles par an), 90 % sont des *blended,* composés de 60 à 80 % de *grain whisky* et 20 à 40 % de *malt whisky.* Plus de 2 500 marques sont enregistrées en Grande-Bretagne. On ne s'étonnera pas, bien sûr, que ces dernières années on mette dans le *blended* de plus en plus de *grain whisky* et de moins en moins de *malt.* Peu à peu, les différences de goût s'estompent afin de satisfaire un maximum de gens. Certaines marques vont jusqu'à modifier le mélange en fonction du pays acheteur (le *Ben Nevis* aurait été adapté au goût nippon depuis qu'une société japonaise a racheté la distillerie !).

Infos pratiques
– Les distilleries n'acceptent pas les enfants en dessous de 8 ans (à cause des vapeurs d'alcool), certaines refusent les mineurs, au moins, c'est clair. Quoi qu'il en soit, en dessous de 18 ans, pas de dégustation !

– Il existe 2 cartes à thème sur le whisky : *Collins* et *Bartholomew.* Un petit guide très bien fait, *Whisky,* de Carol P. Shaw, dans la collection Collins Gem, répertorie les distilleries qu'on peut visiter et vous aidera à choisir entre les nombreuses marques.
– Pour en savoir plus : *ABCdaire du whisky* (Flammarion, 1999), à lire avant toute initiation. Carte bien faite avec localisation des distilleries. Autres références dans le domaine, la revue *Whisky Magazine* (● whiskymag.fr ●) et la *Maison du whisky* (● whisky.fr ●).
– On peut goûter gratuitement bon nombre de whiskies au duty-free de l'aéroport d'Édimbourg. Sympa pour écluser un dernier gorgeon avant de monter dans l'avion et pour faire son choix si on n'est pas encore décidé.

La route des distilleries écossaises (notre* best of*)

Voir également « La route du Whisky » dans le chapitre sur « Les Grampians ». Bonne route ! Et n'oubliez pas que si vous conduisez, certaines distilleries qui offrent des dégustations, proposent des petites fioles à emporter, plutôt que de les boire juste avant de reprendre le volant. Bonne idée !
– *La distillerie Edradour à Pitlochry (Perthshire) :* une des plus petites d'Écosse. Propriété d'un indépendant qui travaille de façon artisanale, elle produit en un an ce que des grandes marques comme *Glenfiddich* produisent en une semaine.
– *La distillerie Glenturret à Crieff (Perthshire) :* ce serait la plus vieille distillerie officielle d'Écosse, datant de 1775. Très mignonne. Les 3 quarts des whiskies produits sont vendus sur place.
– *La distillerie Glenfarclas à Ballindalloch (Speyside) :* visite sérieuse et très pointue. Une distillerie indépendante et sympathique, perdue dans la lande.
– *La distillerie Glenlivet à Glenlivet (Speyside) :* fondée en 1824, c'est l'une des distilleries les plus importantes de la *Speyside.* À présent, elle appartient au groupe *Pernod-Ricard* (comme *Strathisla* et *Aberlour*). Très moderne, avec un ascenseur pour handicapés. Visite gratuite.
– *La distillerie Strathisla à Keith (Speyside) :* la plus élégante, avec ses toitures en forme de pagode.
– *La distillerie Glen Grant à Rothes (Moray, Speyside) :* la plus exotique avec son jardin aux essences américaines et asiatiques. Un ancien propriétaire avait adopté un jeune Kenyan qui devint lord et distillateur !
– *La distillerie Aberlour à Aberlour (Speyside) :* la plus pédagogique. Les amateurs peuvent tester leurs connaissances lors de dégustations très pointues.
– *La distillerie Benromach à Forres (Speyside) :* la plus petite de la région, et une des rares à proposer un whisky bio !
– *Les distilleries de l'île d'Islay (Argyll) :* toutes renommées, connues pour leurs whiskies très tourbés.

CHÂTEAUX ET FANTÔMES

Carte postale de l'Écosse, le château en ruine au bord d'un loch a toujours stimulé l'imagination des âmes romantiques. Les Écossais, en gens avisés, ont bien exploité le filon. Ils ont préservé chaque pierre, restauré les châteaux les moins délabrés et les ont ouverts à un public plein d'admiration pour les vieilles reliques de l'aristocratie et leurs occupants... fussent-ils fantomatiques.

Les châteaux

Tous les châteaux ne ressemblent pas à des donjons lugubres survolés par des corbeaux croassant. Un petit descriptif des différents styles peut vous aider : vous en trouverez dans les dépliants du *National Trust of Scotland (NTS)* ou de *Historic Environment Scotland (HES),* 2 organismes qui en gèrent chacun plusieurs dizaines.

Déjà à l'âge du fer, les anciens habitants de l'Écosse ont élevé de mystérieuses tours rondes et creuses, maçonnées de pierres, les « brochs ». On peut en voir aux Shetland, dans les Orcades et aux Hébrides.
Il fallut attendre la Renaissance pour voir les seigneurs écossais se préoccuper de décoration et de raffinement. La couronne d'Écosse, bien stable sur ses assises, se permit quelques fantaisies inspirées de l'Angleterre voisine, comme à Stirling, Linlithgow et Falkland. Après la Réforme, où les terres de l'Église furent distribuées, on assista à une prolifération de petits châteaux, toujours inspirés du donjon : les ***tower houses*** au plan en forme de L ou de Z. La technique de l'encorbellement arrondit alors les formes carrées, et les constructions se dotèrent d'une multitude de détails purement décoratifs : tourelles, pignons, clochetons, plafonds peints et cheminées monumentales. Tous ces éléments contribuèrent à donner aux châteaux écossais ce style pittoresque et inimitable, le ***« baronial »***, qui s'étendit bientôt à toute la Grande-Bretagne, et qui perdura jusqu'au XIXe s, avec le « Gothic revival ».
Les demeures de prestige se parèrent de plus en plus d'intérieurs influencés par le classicisme et le style palladien. Une lignée d'architectes de haute volée, la famille Adam, rassembla toutes ces tendances dans un style propre qu'on qualifie aussi de ***géorgien,*** en référence aux longs règnes de George II et George III (1727-1820). On leur doit Hopetoun House, Haddo House, Mellerstain et Culzean. Inspirées de ses voyages en Italie, ***les réalisations de Robert Adam*** allient rigueur classique et raffinement des décorations.
Sans parvenir à retrouver la veine du « baronial » du XVIIe s, les palais de Scone, Abbotsford, Dalmeny House et Balmoral sous Victoria furent les porte-drapeaux d'un style authentiquement britannique face aux influences continentales.

Les fantômes

Les fantômes, quant à eux, naissent au XIXe s de la fièvre spéculative et du romantisme ambiant. Les maisons hantées se vendent plus cher. Conduite à tenir en cas de rencontre fortuite avec un de ces fantômes : selon les spécialistes, il convient, une fois l'effet de surprise dissipé, d'engager la conversation d'une manière courtoise et respectueuse. Puis d'écouter avec intérêt leur histoire : ils adorent raconter leur triste destinée. Puis de les saluer et de continuer tranquillement sa route.

HANTE QUI PEUT

Le château de Glamis détient un drôle de record ! En plus du monstre de Glamis, sorte de Quasimodo enfermé dans un cachot, de pièces secrètes et d'une chambre des tortures, il héberge quelques fantômes réguliers : Jack the Runner arpente le domaine en courant, et Beardie, joueur invétéré, erre à la recherche d'un partenaire de jeu à plumer. Serez-vous le prochain pigeon de Beardie ?

CINÉMA ET ÉCOSSE

➢ ***Les décors naturels,*** depuis plusieurs décennies les producteurs se sont pris de passion pour les époustouflants paysages du pays :
– Le Glen Nevis en 1968 pour quelques scènes de ***2001 : l'Odyssée de l'espace,*** de Stanley Kubrick.
– La nature vierge des Highlands pour évoquer les débuts de l'humanité dans ***La Guerre du feu,*** de Jean-Jacques Annaud en 1981 (souvenez-vous : « Graoumpff aargh... »... dialogues inoubliables !).
– Le Glen Coe et le Glen Uig pour le premier des ***Highlander*** avec Christophe Lambert en 1986, où Conor McLeod traverse les Highlands et les siècles sans une égratignure et finit par tomber sur plus immortel que lui !

– Le Ben Nevis et les Mamore Mountains pour ***Braveheart,*** de et avec Mel Gibson, qui, en 1995, met en scène le héros médiéval William Wallace qui flanqua la raclée aux Anglais au pont de Stirling à la fin du XIIIe s.
– Le Glen Nevis encore, le loch Etive et Tioram Castle ainsi que les jardins de Drummond Castle pour ***Rob Roy*** où, toujours en 1995, Liam Neeson incarne le légendaire Robin des Bois écossais.
– La côte ouest et l'île de Skye, toujours la même année, dont la beauté sauvage et tourmentée fait écho à la folie des sentiments dans ***Breaking the Waves,*** de Lars von Trier.
– Les environs de Fort William pour les 3 premiers ***Harry Potter*** de 2001 à 2005 (à Glenfinnan, on reconnaît l'aqueduc filmé dans *La Chambre des secrets*).
– Les châteaux de Balmoral et de Fraser dans ***The Queen,*** de Stephen Frears, sorti en 2006. Et la reine, en fichu, qui balade ses chiens sur ses terres écossaises. Même type de scènes dans la série ***The Crown*** en 2016.
– Les inusables lochs pour ***Le Dragon des mers*** en 2008, conte fantastique qui explique l'origine de Nessie !
– Les montagnes de Glencoe dans l'une des dernières scènes de ***Skyfall*** : James Bond, grave, désespéré mais déterminé, y fait exploser la demeure familiale.

➢ ***Les sites historiques,*** un autre filon habilement exploité :
– Le champ de bataille de Culloden en 1964, pour ***La Bataille de Culloden,*** « reconstitution documentaire » d'après son réalisateur Peter Watkins, avec des acteurs amateurs tous descendants d'hommes morts au cours de ce combat.
– Le « Royal Mile » d'Édimbourg en 1996 pour ***Mary Reilly*** (héroïne qui devient servante du *Dr Jekyll*), de Stephen Frears, avec Julia Roberts et John Malkovich.
– *Rosslyn Chapel* près d'Édimbourg en 2006, pour ***Da Vinci Code,*** best-seller de Dan Brown adapté par Ron Howard.

➢ D'autres ***sites remarquables,*** que les routards cinéphiles reconnaîtront au gré de leurs pérégrinations :
– Les poutrelles d'acier du pont sur le Firth of Forth avec, dès 1935, le grand « Hitch » y filmant une fuite éperdue pour ***Les 39 Marches.***
– Le canal de Crinan pour le James Bond de ***Bons baisers de Russie*** en 1964 (avec Sean Connery, le plus célèbre des Écossais).
– Le château de Doune (dans les environs de Stirling), lieu culte pour les fervents de ***Monthy Python Sacré Graal*** (1975) et les plus récents amateurs de la série ***Outlander*** (2014). Il a également servi de décor au film (Netflix) sur Robert the Bruce, ***Outlaw King*** (2018). Le metteur en scène, David Mckenzie, a également posé ses caméras au château de Craigmillar, près d'Edimbourg.
– Glasgow où, en 1980, Bertrand Tavernier situe une œuvre de science-fiction, ***La Mort en direct,*** avec Romy Schneider et Harvey Keitel.
– La voie ferrée Dumfries-Annan pour une scène de poursuite haletante du thriller ***Mission impossible*** de Brian De Palma, en 1996.
– La ville d'Édimbourg pour ***Jude*** (avec Kate Winslet), de l'Anglais Michael Winterbottom.
– La ville de Glasgow pour ***Carla's Song*** (1996), ***My Name is Joe*** (1998), ***Sweet Sixteen*** (2002), ***Just a Kiss*** (2004) et enfin ***La Part des anges*** (2012), de Ken Loach. Pour l'anecdote, à Cannes, où *La Part des anges* a reçu le prix du Jury en 2012, le film a dû être sous-titré en anglais pour que les publics anglais et américain puissent le comprendre !
– Édimbourg toujours, Glasgow encore et le Rannoch Moor en 1997 pour ***Trainspotting,*** de Danny Boyle, film culte qui lança Ewan McGregor et Robert Carlyle.
– Les rapides du village de Killin pour de nouveaux exploits de James Bond dans ***Casino Royale*** en 2006.

➢ Pour terminer, signalons 3 ***films engagés*** (en plus des opus de Ken Loach, bien sûr) :

– ***Local Hero*** (1983, de Bill Forsyth, avec Burt Lancaster), fable écologique dans laquelle un village de pêcheurs est convoité par une multinationale de la pétrochimie.

– ***The Magdalene Sisters,*** de Peter Mullan, tourné en 2002 autour de Dumfries et Galloway. Ce film a fait s'insurger le Vatican, qui n'a pas du tout apprécié la vision donnée de ces « couvents-prisons ». Résultat : Lion d'or à Venise.

– ***Le Dernier Roi d'Écosse,*** de Kevin Macdonald, sorti en 2007, inspiré d'un fait réel : un jeune toubib écossais part en Ouganda où il devient le médecin personnel d'Idi Amin Dada. Il assiste à la démence du tyran. Forest Whitaker, remarquable, reçut un oscar bien mérité.

LES KILTS OUGANDAIS

Idi Amin Dada, dictateur sanguinaire d'Ouganda et ancien gardien de chèvres, se fit proclamer roi d'Écosse pour provoquer ses ennemis anglais. Même s'il avait du mal à situer l'Écosse sur une carte, il équipa pourtant un de ses régiments de kilts et de cornemuses !

CLANS ET TARTANS

Les clans

L'organisation sociale des Écossais est héritée de la société celte, le clan en première ligne. Le mot gaélique *clann* signifie « enfants », « descendance ». Le clan, ce fut d'abord une famille avec le père pour chef. Son fils lui succédait ; de là vinrent les noms de famille commençant par *Mac,* qui signifie « fils ». Puis le terme s'étendit à tous les membres de la famille reconnaissant l'autorité du chef. La topographie de l'Écosse celte a sans doute favorisé cette organisation sociale des clans érigée en système tribal. Entre eux, les guerres étaient fréquentes. Leur puissance gênait parfois les rois qui, à maintes reprises, ont tenté de réduire leur influence. La répression atteignit son paroxysme après la défaite jacobite à la bataille de Culloden, en 1746 : nombre de clans furent accusés, souvent à raison, parfois à tort, d'avoir soutenu Bonnie Prince Charlie. La Couronne confisqua alors les terres des clans. Le port du tartan et les signes d'appartenance à un clan furent interdits pendant presque 1 siècle.

– Chaque clan revendiquait sa ***devise*** en gaélique, en anglais ou parfois en français. Les clans aux devises françaises étaient les plus proches de la reine Marie Stuart.

Les tartans

Le particularisme des clans s'est manifesté dans le port du tartan, un tissu écossais dont les motifs et les couleurs varient de l'un à l'autre. L'obligation de porter le tartan du clan est une invention de la fin du XVIIIe s. À l'origine, les tissus arboraient un dessin très simple à 2 ou 3 couleurs. Les teintures étaient obtenues à partir des éléments naturels : plantes, racines, mousses, escargots ; chaque vallée avait les siens, et les gens d'une même région portaient souvent des étoffes semblables. À chaque clan sa plante emblématique, que l'on accrochait à son chapeau. Avec l'apparition des couleurs chimiques, les dessins sont devenus plus élaborés et plus variés. Aujourd'hui, on en répertorie très officiellement près de 12 000 (!) et l'industrie du tartan génère plus de 500 millions d'euros de chiffre d'affaires par an.

Notez qu'il existe, aux éditions Collins, un petit guide (en anglais) très bien fait, *Clans & Tartans,* qui explique à travers les tartans l'histoire d'une centaine de clans.

CORNEMUSES

One, two, three ! Lorsque des centaines de cornemuses attaquent à l'unisson les premières mesures de *Scotland the Brave* aux championnats mondiaux de cornemuse à Glasgow, c'est le cœur de l'Écosse qui se gonfle de fierté nationale. Cet instrument à la sonorité puissante fut pourtant longtemps mis au ban des réprouvés. Le « Highland bagpipe », assimilé par les Anglais à la révolte jacobite, fut en effet interdit, jusqu'à ce que l'état-major britannique en reconnaisse les vertus entraînantes et guerrières, et l'impose dans tous les régiments écossais.
La cornemuse standard, à ne pas confondre avec le biniou breton et la *uiellan pipe* irlandaise, plus douce, se compose d'un sac en peau de chèvre *(bag),* de flûtes *(pipes)* et du *chanter,* tuyau sur lequel se joue la mélodie. Les 3 tuyaux percés *(drones)* produisent l'accompagnement et le *blow pipe* permet de souffler dans le sac pour le gonfler à pression constante.
Art écossais par excellence, la cornemuse est jouée sur 2 registres traditionnels : le *ceol mor,* grande musique écrite pour elle, et le *ceol beag,* musique légère inspirée des marches, gigues et autres danses populaires ou événements festifs. Des concours se déroulent durant les *Northern Meeting Piping Competitions* à Inverness en septembre, et à Oban pour les *Argyll Gatherings.*

CUISINE

En Écosse, on mange plus tôt qu'en France. ***Pas évident de trouver un resto servant après 21h, voire 20h*** dans les campagnes. Il est également conseillé de prendre son déjeuner avant 14h. Mais heureusement, ***certains pubs servent en continu.*** Les grandes villes comme Édimbourg ou Glasgow, où l'on peut s'attabler jusqu'à 22h, voire un peu plus tard en fin de semaine, échappent évidemment à la règle.
Le ***breakfast,*** servi en général de 8h à 9h, commence le plus souvent par des *cereals* ou du porridge (bouillie d'avoine au lait, bien meilleure avec un peu de crème et du sucre roux, et plus rare, un soupçon de whisky, à tester si on vous le propose) et un jus de fruits. Vient ensuite le *cooked breakfast* avec des œufs – au plat (*mirror* ou *sunnyside up*), brouillés *(scrambled)* ou pochés *(soft poached)* –, du bacon et des saucisses. On pourra aussi vous proposer des tomates poêlées, champignons, *baked beans* (haricots en sauce sur toast, mais en boîte), du *black pudding* (boudin noir poêlé) et dans les meilleurs endroits du haddock, kippers (harengs), saumon (parfois fumé). Le tout accompagné de toasts avec beurre et marmelade. Et, pour arroser l'ensemble, thé ou café (généralement pas terribles !). Avec un tel bombardement au lever, on peut oublier le déjeuner ! Ce *full scottish breakfast* est servi dans tous les *B & B* et hôtels.

Où manger ?

Pour déjeuner léger, les Écossais optent souvent pour les ***coffee shops*** ou les ***tearooms.*** Ils proposent une soupe du jour *(soup of the day)* accompagnée de pain, des sandwichs toastés ou non, des *baked potatoes,* des salades et des pâtisseries et ce, jusqu'à 18h environ (parfois 16h). La formule est intéressante et bon marché, surtout après le petit déj (voir plus haut).
Pour un repas plus consistant, on a le choix entre le ***pub,*** moins cher, et le ***restaurant*** proprement dit. Les 2 affichent généralement une carte différente pour le midi et le soir. Le prix du *lunch* est plus doux... Le soir, il faut prévoir plus, mais on a droit à une assiette plus travaillée, notamment dans les restos qui s'attachent à faire découvrir une nouvelle cuisine, écossaise et fusion, à base de produits locaux. Parfois, on est (très) agréablement surpris. Le pub offre la plupart du temps des horaires plus étendus que le restaurant, voire il sert en continu.

À mi-chemin entre la chaleur du pub et la cuisine de resto, les ***gastropubs*** proposent une cuisine plus créative. À ne pas négliger !
Attention, si vous voyagez avec **des enfants, ils sont interdits le soir au bar dans les pubs, et parfois même dans la partie restaurant** (lire plus loin la rubrique « Pubs », « les clients mineurs »).
Signalons aussi les ***restaurants chinois et surtout indiens,*** souvent à prix modérés, qui servent une cuisine authentique et se distinguent par des horaires d'ouverture plus souples. Certains proposent des buffets à volonté *(all you can eat)* abordables.
Enfin, si vous fréquentez les campings ou les AJ, il est presque toujours possible de cuisiner. Dans les supermarchés, outre les boîtes de conserve, on peut y trouver des sandwichs, *pies* (tourtes) et quiches.

LES PREMIERS FAST-FOODS DU MONDE

Dès le XVIIe s, les fish & chips *envahirent les quartiers populaires. Le poisson frit fut importé par les juifs séfarades du Portugal. La morue était pêchée au large de l'Islande. Cette nourriture bon marché, assaisonnée d'un peu de vinaigre et emballée dans du papier journal, empêcha bien des famines. Mais l'encre d'imprimerie n'est pas géniale pour la santé. En 1980, le papier journal fut interdit au profit des petites barquettes. Depuis, la presse va mal !*

Le repas classique

Difficile à définir... Pour commencer, impossible de faire l'impasse sur le ***fish & chips,*** dont les bonnes adresses proposent plusieurs choix de panure. En général, il s'agit d'églefin (haddock) servi ***beer-battered,*** le plus typique, c'est-à-dire frit, ou ***breaded*** (pané), parfois accompagné de *mushy peas* (purée de petits pois) en plus des frites *(chips)*.
Voici également une petite liste des **poissons et fruits de mer** les plus couramment proposés au menu, soit ***pan-seared*** (saisi à la poêle), soit frit (encore !) :
- *Cod :* cabillaud
- *Seabass :* bar
- *Plaice :* carrelet
- *Monkfisk :* lotte
- *Trout :* truite
- *King scallops :* Saint-Jacques
- *Queenie scallops :* pétoncles
- *Seafood :* fruits de mer
- *Shellfish :* crustacés, coquillages
- *Prawns :* crevettes
- *Scampi :* langoustines

Côté viande, on retrouvera quelques plats roboratifs, tels que ***sausage and mash*** (saucisse-purée, appelé aussi *bangers and mash*) et leur *gravy sauce* (mais non, c'est pas lourd !), et le ***steak'n'ale pie*** (bœuf dans une sauce à la bière, délicieux). Tandis que le ***macaroni and cheese*** réjouit à coup sûr petits (et grands), mais peut lasser... Attention, on sert rarement du ***pain*** (sauf avec la soupe), ou alors facturé en supplément.
En famille (dans un *B & B,* par exemple), le repas se compose traditionnellement d'une viande ou d'un poisson accompagné de pommes de terre et de 2 légumes, ***two veg,*** bouillis, avec une prédilection pour les haricots verts et les petits pois phosphorescents (prévoir des lunettes de soleil), la plupart du temps cuits *al dente*.
Parfois, on sert aussi un hors-d'œuvre (*pie* ou soupe), puis un dessert cuisiné, type ***trifle.*** Plus alléchants, l'***apple pie,*** le ***sticky toffee pudding,*** le ***banoffee pie*** (banane et caramel, pas léger, mais délicieux), les glaces, le ***cheese cake***

(base de biscuit et mousse au fromage blanc) et autre ***carrot cake.*** À signaler encore, en famille ou dans certains salons de thé, le ***high tea,*** c'est-à-dire le thé qui remplace le dîner, car il s'accompagne de sandwichs, ***crumpets, pancakes, buns*** et ***scones,*** puis de gâteaux crémeux.

LE DESSERT DES FÊTARDS

Dessert typique, le trifle *contient de la génoise, des fruits, de la crème et, bien sûr, de la gelée. Les Écossais ont souvent tendance à y ajouter du whisky et l'appellent alors* tipsy laird, *soit... « propriétaire éméché ».*

Le fromage (généralement à pâte cuite, type cheddar) existe bien, mais on vous le servira... après le dessert, avec des *oatcakes* (biscuits à l'avoine) et non du pain. Essayez le ***stilton,*** en sirotant (mais oui !) un verre de porto. Avec de la chance, on vous offrira peut-être un ***night cap*** : une goutte de whisky, signe de l'hospitalité écossaise. Avec ça, si vous ne faites pas de beaux rêves...

Les spécialités écossaises

L'Écosse possède quelques délicieuses spécialités. D'abord le fameux ***haggis.*** Il s'agit d'une panse de mouton farcie avec la fressure de l'animal, sel, poivre, oignons, avoine, longuement cuite et en général accompagnée de purée de navets et de pommes de terre. Il existe aussi une version végétarienne : la viande est remplacée par un mélange de haricots noirs, lentilles, champignons, carottes et autres épices, et le tour est joué. Même forme, même couleur, et à chacun sa saveur. Rassurez-vous : on ne vous servira pas la panse entière dans votre assiette, juste une portion ! D'ailleurs, le *haggis* est souvent proposé comme entrée. Autre précision : c'est un plat et uniquement un plat... On le dit, car les Écossais adorent faire croire aux touristes que c'est un animal et vous invitent à venir le chasser, comme le dahu de chez nous ! Pour la viande, goûtez le bœuf ***Aberdeen-Angus*** (une des meilleures viandes au monde, chère, évidemment), le mouton et l'agneau, bien sûr, la *grouse* (le coq de bruyère d'Écosse), le *pheasant* (faisan) et le délicieux *venison* (cerf), qu'on peut aussi trouver en ragoût (goûteux), en tourte (très bon) ou en burger (moins intéressant). Essayez également les ***stovies*** (sorte de hachis Parmentier), le ***lorne sausage,*** un genre de steak haché carré et aromatisé. Le ***Scotch broth*** et le ***cok a leekie*** sont des bouillons de mouton ou de bœuf pour le premier, de poulet pour le second. Le ***Scotch egg*** est une boulette de farce de porc et d'œuf dur enrobée de chapelure et qu'on fait frire.

N'oubliez pas les produits de la mer : le ***cullen skink*** (soupe crémeuse à base de haddock et de pommes de terre), souvent proposé dans les pubs le midi. On adore.

Notons aussi, un dessert typiquement écossais, l'excellent ***cranachan,*** mêlant crème, flocons d'avoine, whisky et framboises. On s'en lèche encore les doigts ! Enfin, pensez à goûter la délicieuse marmelade de Dundee, dont la renommée remonte au XVIIIe s !

CURIEUX, NON ?

– On ne serre pas la main d'un Écossais, sauf quand on le voit pour la première fois. On lui claque encore moins la bise, surtout si on ne le connaît pas, *shocking* !
– Faire la queue est une institution sacrée, à respecter absolument. On ne resquille pas dans une file d'attente... ce qui peut paraître curieux à certains tempéraments plus latins !
– Les prises électriques sont munies d'interrupteurs. Pensez à presser sur « *on* » avant d'aller vous plaindre à la réception !
– Les femmes sont dingues du bingo, surtout les vieilles dames. Ce jeu qui ressemble au loto est typique du Royaume-Uni. Chaque ville a le sien. L'animateur

énonce les nombres tirés au sort. Si jamais vous gagnez grâce à « *two fat ladies* », pas de méprise, c'est que vous aviez le numéro 88.

– Les Français sont les premiers consommateurs de whisky au monde (devant l'Uruguay et les États-Unis) ! Mais, attention, en Écosse, on ajoute éventuellement quelques gouttes d'eau de source (non gazeuse !) pour révéler les arômes mais certainement pas de Coca, faute de goût impardonnable !

– Le sport en Grande-Bretagne est invariablement associé aux paris. Les Écossais sont prêts à parier n'importe quoi sur tout. Les *bookmakers* prennent même des paris sur le temps qu'il fera le lendemain (là, les optimistes ont une mauvaise cote !).

– Tradition oblige, la présence d'un fantôme dans une demeure est une plus-value. Les agents immobiliers chargés de la vente d'une habitation hantée sont tenus d'informer l'acheteur des habitudes et petites manies du spectre !

– L'île de Barra, à l'ouest de Skye, dispose d'un aéroport. Mais l'île est si petite (50 km²) que l'avion est obligé d'atterrir sur la plage, à marée basse, parfois éclairée par les phares des habitants.

ILS EN SONT TOUS JALOO !

Les toilettes (« loo » en anglais) publiques sont une institution datant de l'époque victorienne qui provoque la jalousie du reste du monde civilisé. Elles sont gratuites, bien entretenues, parfois parfumées, et on en trouve partout. Alors, vous n'avez aucune excuse pour uriner contre un mur, d'autant que cette attitude choquera les Écossais. Au contraire, vous aurez une petite pensée émue pour la louable BTA *(*British Toilet Association, • btaloos.co.uk •*), qui lutte pour la survie et l'adaptabilité à tous de ces lieux d'aisance.*

STAY POSITIVE MY FRIEND !

La bienveillance et l'optimisme harmonisent les rapports sociaux de tous les jours : on égaie souvent une conservation d'un « wonderfull »*,* « amazing» « awesome » *et autre* « fabulous »*, autant de termes positifs pour qualifier une situation qui n'en méritait peut-être pas tant. On a même été surpris par un* « ...such a lovely day, isn't ? »*, alors qu'un vilain crachin transperçait nos vêtements !*

ÉCONOMIE

Comparable à celui du Portugal, le PIB écossais s'appuie sur la mise en valeur des ***ressources naturelles.*** D'un côté, une agriculture fondée sur l'élevage et ses débouchés, associée à l'exploitation des richesses de la mer ; de l'autre, l'exploitation pétrolière, qui a pris le relais de l'activité minière, moteur de la grande révolution industrielle écossaise. Mais c'est, de loin, le secteur des ***services*** qui rapporte le plus, incluant le ***tourisme,*** à l'impact économique toujours significatif (environ 5 % du PIB). Côté emploi, l'Écosse comptabilisait environ 4,3 % de chômeurs en 2018, un chiffre conforme au niveau national. Les économistes tablent sur une croissance de 1,4 % en 2018 et 1,6 % en 2019 (hors secteur pétrolier). ***Mais tout dépendra bien sûr aussi des discussions en cours sur le Brexit (les Écossais, eux, sont pro-Européens).***

Témoin de cette relative bonne santé du marché de l'emploi, le nombre de demandes de main-d'œuvre affichées sur les vitrines des magasins et restos. Pas étonnant non plus de croiser des serveuses et serveurs venant des pays de l'Est, qui trouvent du boulot du jour au lendemain, compensant à peine le manque de main-d'œuvre locale.

Une dépendance au pétrole

Face au déclin de l'industrie lourde, la découverte des ***gisements de pétrole de la mer du Nord,*** considérés comme les plus importants d'Europe, a relancé le secteur industriel, avec 40 milliards de barils extraits depuis les années 1970. Et les retombées économiques du boom pétrolier ont été nombreuses (construction de plates-formes de forage et raffineries, mais aussi transports, commerce...) jusqu'à ce que ***l'effondrement des cours du brut*** vienne perturber la donne, le baril perdant plus de la moitié de sa valeur entre 2014 et 2016. Conséquence immédiate, 10 000 emplois détruits dans la région d'Aberdeen.

Parmi les autres secteurs industriels importants, mentionnons ***l'électronique et les nouvelles technologies*** de la communication (on parle même de Silicon Glen, entre Glasgow et Édimbourg). Quant à ***l'industrie financière,*** jadis florissante, elle a été balayée par la crise de 2008, et pour cause, elle en était à l'origine ! Principale banque écossaise, la *Royal Bank of Scotland,* croulait sous les actifs toxiques.

Laine, saumon et whisky

Du côté de l'agriculture, la relative pauvreté des terres a toujours constitué une entrave, que seul combat un drainage fastidieux des sols tourbeux. L'***élevage d'ovins*** a donc naturellement constitué la source de revenus la plus attractive pour les propriétaires terriens, qui n'ont pas hésité au XVIIIe s à chasser les fermiers pour les remplacer par des troupeaux de moutons. C'est le tragique épisode des ***clearances*** qui ont désertifié les Highlands et contraint nombre d'habitants à s'exiler vers le Nouveau Monde. La laine de ces millions de moutons a permis à l'armée britannique d'équiper ses soldats lors des conquêtes de l'Empire, et les filatures des vallées de la Clyde et de la Tweed ont constitué, dès le début du XIXe s, le creuset de l'industrialisation écossaise. Aujourd'hui, le textile, concurrencé par les coûts bas du reste du monde, n'est plus que l'ombre de lui-même. On ne produit désormais plus guère que les tartans (à échelle industrielle), les lainages artisanaux des Shetland, et le célèbre ***tweed.***

Activité traditionnelle de l'Écosse, la ***pêche*** à bord de petits chalutiers subit la concurrence des navires-usines des autres nations européennes. Pourtant, des villes entières ont prospéré, dans le Nord, voilà un siècle, grâce à la manne des *silver darlings,* les harengs que l'on fumait et conditionnait en tonneaux. Aujourd'hui, le secteur est surtout porté par l'élevage industriel du ***saumon,*** de la truite et des crustacés dans les fjords, lochs et rivières. Soutenues par les subventions européennes, les « fermes marines » fleurissent et exportent avec succès leurs produits frais ou fumés. Mais aujourd'hui, le saumon d'Écosse n'est plus une référence de qualité systématique. Il y a à boire et à manger. Lire aussi la rubrique « Environnement » plus loin.

Le ***whisky,*** source importante de taxes pour le gouvernement, représente près de 4 milliards de livres d'exportations par an !

ENVIRONNEMENT

Un patrimoine naturel mis à mal

L'écologie est devenue une préoccupation importante pour les Écossais. Et il était temps, car les activités humaines ont fait perdre à l'Écosse la quasi-totalité de sa forêt primitive. La population de cerfs (grands amateurs de jeunes pousses) a augmenté et la culture de conifères à but commercial entraîne une acidification des sols. Même la couverture de bruyère des Highlands est en régression.

Pêche et chasse attirent encore les amateurs fortunés, qui n'hésitent pas à débourser des sommes faramineuses pour avoir le droit de tirer sur la fameuse *grouse* (coq de bruyère d'Écosse) ou sur l'un des 40 000 *red deers* (cerfs) abattus chaque année.

Bien plus destructrices sur le long terme, les ***fermes d'élevage*** de saumons (mais aussi de truites, flétans et autre aiglefin) causent de graves dommages à l'environnement, les rejets des poissons, regroupés en (trop) grand nombre en un seul lieu, provoquant une eutrophisation (perte d'oxygène) des eaux. Le pou du saumon, jadis rare, s'est multiplié et détruit désormais des milliers de tonnes de poisson chaque année. Pour le combattre, la majorité des 250 élevages écossais investissent des sommes faramineuses en pesticides et antibiotiques qui, naturellement, se retrouvent dans l'environnement. Le gouvernement écossais considère 45 lochs comme gravement pollués. Malgré cela, on parle d'inaugurer une ferme XXL qui permettrait d'élever 2 millions de poissons en même temps... Désastre assuré.

Un plan pour le tourisme vert

Une politique de conservation est pourtant en train de se mettre en place. Elle met notamment l'accent sur la création de parcs nationaux et régionaux. Ceux du loch Lomond, les Trossachs et le massif du Cairngorm ont vu le jour en 2002. Les réserves naturelles se sont aussi multipliées ; gérées par le ***Scottish Natural Heritage,*** elles sont ouvertes au public et parcourues par des chemins balisés. Le ***National Trust for Scotland*** et le ***Scottish Wildlife Trust*** en administrent plusieurs autres. La ***Royal Society for the Protection of Birds*** s'occupe des réserves ornithologiques et des sites où nichent les oiseaux marins. Par ailleurs, le Parlement écossais a voté l'interdiction des OGM sur l'ensemble du territoire en 2015.

Pas loin de 16 millions de touristes visitent chaque année l'Écosse, soit 4 fois sa population résidente. Le « Green Tourism Business Scheme », un plan d'action environnemental à l'échelle du Royaume-Uni, permet de mobiliser hôteliers, campings, sites touristiques, restaurants... Les bons points vont à ceux qui proposent des aménagements pour les personnes handicapées et aux voyageurs circulant à pied ou à vélo. Liste des membres écossais, classés par comtés, sur le site ● *green-business.co.uk* ●

Le pari des énergies renouvelables

Les besoins en électricité de la Grande-Bretagne sont si importants que le réseau actuel n'arrive pas à y subvenir convenablement. Pour pallier le problème, le gouvernement britannique a choisi de (re)développer le nucléaire. Le gouvernement écossais mise, lui, sur les ***énergies renouvelables*** et entend même devenir une région de référence en la matière, à l'échelle européenne. Quelque 60 % de l'énergie consommée en Écosse répond déjà à ce critère. Les installations éoliennes produisent aujourd'hui davantage d'électricité que les besoins du pays ! L'objectif : se débarrasser totalement, à terme, du pétrole et du nucléaire, et couvrir 100 % des besoins grâce aux énergies renouvelables.

Si les financements posent question, pour y parvenir, l'Écosse s'appuie sur un éventail de technologies :

- ***La biomasse :*** il s'agit de matières organiques dont la décomposition produit de l'énergie. Près de Lockerbie (sud de l'Écosse), la plus grande centrale britannique alimentée à la biomasse est opérationnelle depuis 2007.
- ***Les éoliennes :*** il est question d'installer la plupart d'entre elles sur la côte ouest de l'Écosse. Les investissements nécessaires pour le seul secteur éolien sont estimés à 80 milliards de livres sterling.

LE WHISKY QUI RÉCHAUFFE

À Rothes, dans les Grampians, une centrale produit de l'électricité en mélangeant les résidus de la fabrication du whisky (l'orge) à des copeaux de bois ! Elle permet à 8 000 foyers de se chauffer. Certains déchets de la distillation servent aussi de compléments alimentaires pour les animaux. Par ailleurs, un projet d'agrocarburant, toujours à base de whisky, est à l'étude... Un dernier verre pour la route ?

– ***L'hydrolienne :*** pionniers dans ce secteur, les Britanniques ont installé au nord de l'Écosse ce qui sera le plus grand parc d'hydroliennes d'Europe. Des ***centrales houlomotrices et marémotrices*** sont en prévision, mais encore au stade expérimental.

FAUNE ET FLORE

Malgré un climat peu amène, le faible peuplement, le relief accusé, l'omniprésence de la mer et le caractère déchiqueté de ses rivages font de l'Écosse un paradis pour la vie animale et végétale.

Landes et pâturages

Parmi les différents milieux, le plus important est constitué par les ***landes*** et ***pâturages,*** qui occupent à eux seuls les 2 tiers du territoire. Passé Inverness, le nord des Highlands livre ainsi au regard d'immenses étendues dénudées où les arbres ont presque disparu – exceptions faites de quelques vallées et vallons protégés des assauts du vent. Outre l'incontournable mouton, on y rencontre l'un des animaux emblématiques du pays : la ***Highland cattle*** (ou *kyloe*), vache hirsute des Highlands, très photogénique avec sa tignasse lui couvrant les yeux et ses 2longues et superbes cornes pointues ! Les landes de bruyère voient aussi s'ébattre des troupeaux de ***cerfs*** et de ***daims,*** et le non moins emblématique ***lagopède d'Écosse.*** Plus on monte vers le nord, plus elles se gorgent d'humidité et laissent place à des ***tourbières.***

CHEVAL À TOUT FAIRE

Le petit poney Shetland, qui mesure entre 76 cm et 107 cm au garrot, fait preuve d'une puissance incroyable compte tenu de sa taille. Longtemps utilisé comme animal de trait, notamment pour le transport de la tourbe ou pour la traction des wagonnets de charbon dans les galeries de mines, on le forme aujourd'hui pour devenir poney guide... d'aveugle !

La forêt

La ***forêt,*** qui couvre environ 1/6 de l'Écosse, se concentre dans les régions centre et sud. L'ancienne forêt boréale à feuilles caduques a peu à peu laissé la place à de vastes étendues de pins d'Écosse, qui ont subsisté après l'exploitation intensive du bois. Seules les vallées à l'ouest du loch Ness, les rives de la Dee et le Speyside ont vraiment conservé leur forêt d'origine, où cohabitent pins sylvestres, bouleaux, chênes et sorbiers. On y rencontre le ***chat sauvage d'Écosse*** (mâtiné de chat domestique), le coq de bruyère, la martre et l'écureuil roux – concurrencé par l'invasif écureuil gris (que l'on mange en Grande-Bretagne !).

En montagne

Si on la considère rarement comme telle, l'Écosse est bel et bien un pays de montagnes, aux reliefs par endroits escarpés, accrochant chaque hiver leurs tapis de neige fraîche. On répertorie ainsi officiellement 284 *munros,* des sommets de plus de 3 000 pieds (914 m), tous situés dans les Highlands. Plus on y monte en altitude, plus on rencontre une faune et une flore spécifiques, de type arctique-alpin, proche de la toundra. ***Aigles royaux*** et faucons pèlerins sont ici chez eux.

Les côtes

Dans les îles et sur la côte ouest, on observe épisodiquement des ***phoques*** gris se prélassant au soleil, et parfois, au large de Mull ou dans l'estuaire du Moray

Firth, des ***dauphins*** en train de chasser le saumon. Apercevoir des orques, de petits rorquals *(minke whales)* ou des requins-pèlerins *(basking sharks)* tient plus du coup de chance. Tous les excursionnistes qui proposent des balades en mer adhèrent à un code de bonne conduite pour ne pas stresser les animaux. Pour plus d'infos : ● *wdcs.org* ● Plus fréquemment observée sur les côtes que dans les terres, la ***loutre,*** qui a bien failli disparaître, est aujourd'hui de retour. En revanche, les ***saumons sauvages,*** qui remontaient jadis les rivières écossaises par millions, se font de plus en plus rares chaque année, victimes de la surpêche, du réchauffement climatique et des barrages dressés sur les cours d'eau. C'est en été qu'on a le plus de chance de pouvoir les observer lorsqu'ils reviennent frayer.

MÉDAILLE D'OR

Au vu de leur incroyable migration, les saumons figurent au nombre des athlètes les plus performants du monde animal. En fait, leurs muscles absorbent 50 fois plus d'oxygène que ceux de l'homme. D'où des prouesses exceptionnelles et sans dopage.

Les oiseaux marins

Le littoral, cependant, est avant tout le domaine des ***oiseaux marins.*** Si leur nombre a largement chuté ces dernières décennies (notamment en raison de la surpêche et du réchauffement climatique, qui a poussé leurs proies à migrer vers le nord), ils restent nombreux à coloniser les falaises à la belle saison.

Entre mai et juillet, vous pourrez observer, squattant la moindre petite corniche, les guillemots de Troïl *(guillemots),* petits pingouins *(razorbills),* mouettes tridactyles, goélands et autres pétrels graciles *(fulmars).* Sur les rochers plats on trouve les cormorans, le grand *(cormorant)* et le huppé *(shag).* Les attachants macareux *(puffins)* au gros bec orange et costume de pingouin, occupent, eux, des terriers creusés sur la lèvre herbeuse des falaises.

Un aristocrate de la mer ne fréquente que rarement cette plèbe : le majestueux fou de Bassan *(gannet),* qui pullule sur l'îlot de Bass Rock (voir « North Berwick » dans « L'East Lothian »).

Cas à part, les sternes arctiques *(arctic terns)* nichent en colonies teigneuses dans des espaces ouverts où elles accueillent le visiteur à coups de bec sur le haut du crâne ! Les labbes *(skuas),* prédateurs des autres oiseaux, nichent eux aussi en terrain ouvert, en général dans des tourbières peu accessibles (sauf sur Handa), et accueillent le visiteur avec le même zèle !

En Écosse, l'observation d'une colonie d'oiseaux de mer est un spectacle étonnant, pour la vue, l'ouïe... et l'odorat ! Imaginez le vacarme et la quantité de guano que peuvent produire jusqu'à 50 000 oiseaux nicheurs sur une même falaise ! On les approche soit par bateau (aux îles Shiant, May, Staffa, Treshnish..., mais le temps d'observation est limité et la distance aléatoire), soit par la terre, dans des conditions d'observation alors exceptionnelles (comme sur l'île de Handa et dans les archipels des Orcades et des Shetland).

Si vous êtes féru d'observation d'oiseaux (on parle ici de *birdwatching*), procurez-vous le *Guide ornitho. Les 848 espèces d'Europe en 4 000 dessins,* aux éditions Delachaux et Nieslé – à compléter éventuellement par un guide terrain tel *Where to Watch Birds in Scotland,* de Mike Madders.

PINGOUINS OU MANCHOTS ?

Les pingouins habitent l'hémisphère Nord et peuvent voler. Les manchots, eux, ne vivent que dans l'hémisphère Sud et ne volent pas (ce sont de vrais manchots). Les anglophones, eux, ne font pas cette distinction et appellent aussi tous les manchots « penguins ». Nos voisins sont de drôles d'oiseaux !

GÉOGRAPHIE

La superficie de l'Écosse avoisine les 79 000 km^2, soit 7 fois moins que la France. Située aux marges de l'Europe, elle est séparée de l'Angleterre par les monts Cheviot, bordée par la mer du Nord sur sa façade est, et par l'Atlantique à l'ouest.

Pour simplifier, l'Écosse est formée de massifs anciens relevés au tertiaire, où l'empreinte des anciens glaciers forme de profondes vallées en auge, appelées *straths* ou *glens.* La proximité de la mer ne fait qu'accentuer le relief en s'insérant profondément dans les terres, formant ainsi une multitude d'estuaires (appelés *firths* dans le Sud, *kyles* dans le Nord) et de fjords *(lochs).* De ce fait, le littoral représente près de 10 000 km et plusieurs centaines d'îles ou îlots.

À l'intérieur des terres, on distingue 4 grands ensembles :

- ***Les Southern Uplands*** au sud, « hautes terres du Sud », dont l'altitude varie de 300 à 843 m au Merrick, dans le Sud-Ouest. Malgré leur faible altitude et leur forme arrondie, elles présentent déjà certaines caractéristiques des Highlands.
- ***Les Central Lowlands,*** « basses terres du Centre », constituent une plaine d'effondrement au sol fertile. Elles sont bordées par les failles du *Southern Upland Fault* au sud et du *Highland Boundary Fault* au nord, traversant l'Écosse en diagonale. C'est aussi dans cette zone que coulent les plus longs fleuves d'Écosse, la Clyde et en partie la Tay.
- ***Les Highlands,*** « hautes terres », couvrent plus de la moitié du pays. C'est ici que l'on trouve les plus grands lacs d'Écosse : le loch Lomond (le plus grand), le loch Ness (le plus connu), mais aussi le loch Tay et le loch Katrine, très impressionnants. Cette zone est divisée en 2 par le Great Glen, une ligne de faille suivant un axe sud-ouest/nord-est, c'est-à-dire de Fort William à Inverness, dans laquelle se niche le loch Ness. C'est au nord de cet axe que s'étendent à l'infini les vastes paysages de landes dénudées emblématiques de la solitude écossaise.
- ***Le massif des Grampians :*** à l'est de la faille du loch Ness, le massif des Grampians court de Fort William à Stonehaven. Constitué dans sa partie orientale de hauts plateaux culminant au Ben MacDui (1 309 m), il se fait de plus en plus accidenté à mesure que l'on progresse vers l'ouest, atteignant 1 343 m au Ben Nevis, le point culminant de la Grande-Bretagne. Le réseau hydrographique se limite à quelques rivières comme la Spey, la Dee ou le Don.
- Pour compléter l'ensemble, ajoutons les ***îles,*** près de 790 en tout, dont une centaine sont habitées. Au sud, dans l'estuaire de la Clyde, se trouve l'île d'Arran, facile d'accès. Les îles de l'Ouest, ***Western Isles,*** se divisent en ***Hébrides,*** dites intérieures (de Gigha à Skye) et extérieures (de Barra à Lewis et Harris). Enfin, au nord se situent 2 importants archipels, les ***Orcades*** et les ***Shetland.*** Chacun, de par son isolement, conserve fièrement son identité.

HIGHLAND GAMES

Ces manifestations estivales, version moderne des 12 travaux d'Hercule, se déroulent exclusivement dans les Highlands. La plus prestigieuse a lieu en septembre à Braemar en présence de la reine ! Les concurrents sont professionnels ou amateurs, mais ces derniers, soumis aux lois de l'olympisme, prennent les jeux très au sérieux. Les participants portent tous l'indispensable kilt et se livrent à des épreuves à la mesure de leur virilité : le lancer de tronc *(tossing the caber),* le tir à la corde, le jet de pierre, les épreuves d'athlétisme, la lutte, le lancer de poids ou de marteau (introduits aux J.O. par Pierre de Coubertin après qu'il eut assisté à des *Highland Games* à l'Exposition universelle de Paris en 1889 !). L'épreuve de *Highland dancing,* danse traditionnelle écossaise, avec son style comparativement aérien, fait contraste... Il n'est pas encore prévu de l'intégrer aux J.O.

Mais n'allez pas croire que tout est affaire de biscotos : le lancer de tronc exige un savoir-faire indéniable. Jugez plutôt : un tronc de sapin long de 6 m, pesant pas moins de 60 kg, est placé à la verticale dans les mains du lanceur. Celui-ci court chargé du lourd fardeau, s'arrête et le projette le plus haut possible. Le tronc doit toucher le sol de son extrémité supérieure... et retomber de l'autre côté. Quand on vous disait que c'était tout un art...

UNE BONNE FARCE !

À l'origine, un humoriste écossais suggéra, par provocation, l'idée saugrenue d'un lancer de panse de brebis farcie. Shocking ? Que nenni ! Des championnats s'organisèrent rapidement. Le haggis de compétition pèse 500 g et le record est de 66 m. Et que fait-on de ladite panse une fois lancée ? Un festin, bien sûr ! Le règlement stipule même qu'elle doit atterrir en état comestible. Bon appétit !

Petite précision : pour pouvoir assister à des *Highland Games,* il faut réserver son hébergement très longtemps à l'avance. Les jeux sont très populaires et l'on vient de partout pour y assister et prendre un bain d'ambiance joyeuse, rythmée par le son des cornemuses. Le choix est cependant vaste : les Highlands accueillent quelque 80 compétitions entre mai et septembre.
Un site indispensable pour connaître la date des *Highland Games* : ● *scotlandwelcomesyou.com/scottish-highland-games* ●

HISTOIRE

La préhistoire et les Romains

Les premiers Indo-Européens à s'établir en Grande-Bretagne sont vraisemblablement les Pictes. Du VIe au IIIe s av. J.-C., d'autres tribus celtes débarquent. Ayant refoulé les Pictes au nord, dans les hautes terres d'Écosse, les nouveaux venus se répandent dans l'île et prennent le nom de ***Bretons. L'île, peu peuplée, représente alors une proie réputée facile pour le grand César,*** vainqueur des Gaulois. Soucieux d'acquérir du prestige à bon compte, l'empereur lance 2 expéditions – en 55 et 54 av. J.-C. – vers cette terre inconnue (on doutait même de son existence). La véritable invasion a lieu sous Claudius, un siècle plus tard. Rome se heurte aux Gallois, retranchés dans leurs collines. Du coup, elle abandonne l'Écosse aux Pictes, qui sont assez évolués pour apprécier les richesses de l'Empire : ils pillent sans relâche les riches plaines du nord de l'Angleterre. Après sa visite en l'an 122, l'empereur Hadrien, exaspéré, tente de les contenir en construisant le fameux mur qui porte son nom. Ce vaste ouvrage, hérissé de fortins à intervalles réguliers et de tours de défense, s'étend sur 116 km d'une côte à l'autre, de Wallsend (« Fin du mur », près de Newcastle-upon-Tyne) à Bownes-on-Solway. ***En 407 apr. J.-C., les derniers Romains quittent l'Angleterre,*** chassés par des révoltes de plus en plus fréquentes.

La naissance de l'Écosse

Les Scots avaient déjà débarqué sur la côte ouest, chassant les Pictes « invincibles » dans le nord et le nord-est des Highlands. Maintenant, les Bretons, fuyant les Germains, se pressent dans les Lowlands du Sud : un grand royaume germanique, la Northumbrie, s'édifie à leur porte... Durant 6 siècles, ils vont tous se disputer l'Écosse.
Il faut attendre le IXe s pour que Kenneth MacAlpine, un Picte, réunisse sous une même bannière les différents royaumes. Il devient le premier roi d'Écosse et érige Dunkeld au rang de capitale. Mais ***les Vikings mènent la vie dure aux Écossais.*** Et la victoire (grâce au chardon, lire l'encadré) ne représente qu'un

simple répit : les Norvégiens conquièrent peu à peu de vastes pans du territoire (tout en s'y intégrant complètement).

En 1040, ***Macbeth*** (rendu célèbre par Shakespeare) ***assassine le roi scot Duncan Ier pour lui rafler le trône.*** À la mort de Macbeth, son successeur et beau-fils Lulach règne à peine 1 an avant de succomber à son tour aux ambitions de ***Malcolm,*** le fils aîné de Duncan. Celui-ci ***est « enfin » couronné en 1058.***

S'ensuit une période de stabilité qui durera jusqu'au règne de son arrière-petit-fils, William Ier. Fait prisonnier par une patrouille anglaise, celui-ci est retenu à Falaise en Normandie. Henri II le relâche en échange d'un traité par lequel William se place sous l'autorité du roi d'Angleterre (1174). Coup de bol néanmoins, Richard Cœur de Lion, contraint par une trésorerie défaillante, revend à l'Écosse son indépendance (1189).

LE CHARDON, UN EMBLÈME HISTORIQUE

Depuis le VIIIe s, les Vikings menaient leurs raids sur l'Europe. Or, selon la légende, une nuit, en voulant attaquer un camp écossais, ils se retrouvèrent dans un champ de chardons... Aïe ! Dommage pour l'effet de surprise ! Leurs cris de douleur réveillèrent les Écossais, qui infligèrent une sévère défaite aux assaillants. Le chardon devint alors l'emblème du pays (on lui devait bien ça !).

À la fin du XIIIe s, ***la lignée des Canmore*** s'éteint. Robert the Bruce, un cousin, est alors désigné comme héritier, ce que lui conteste un autre cousin, John Baillol. Les partisans de ce dernier demandent l'arbitrage d'Édouard Ier d'Angleterre, qui, en échange, exige la reconnaissance de sa suzeraineté en Écosse. John Baillol devient l'homme de paille d'Édouard. Mais le faible roi écossais finit par se révolter. Son échec déclenche ***l'invasion de l'Écosse par les troupes anglaises.*** C'est alors (en 1295) qu'est signée ***l'Auld Alliance entre la France et l'Écosse.*** La plus vieille alliance européenne se justifie par l'identification d'un ennemi commun : l'Angleterre (elle deviendra caduque lorsque Jacques VI réunit les 2 couronnes anglaise et écossaise en 1603). Face à l'envahisseur, ***William Wallace prend la tête de la rébellion*** et écrase en 1297 l'armée rivale à Stirling. La revanche ne tarde pas. Lâché par les nobles, Wallace s'enfuit, mais il est fait prisonnier. Jugé traître à l'Angleterre, il est pendu, écartelé et décapité, « écossé » en quelque sorte... Les différentes parties de son corps sont ensuite dispersées dans autant de grandes villes, pour l'exemple !

Robert the Bruce suit le chemin tracé par Wallace. Il se fait couronner à Scone et, ***en 1314, boute les Anglais hors du territoire, lors de la célèbre bataille de Bannockburn.*** En 1320, les barons de Robert the Bruce établissent la déclaration d'Arbroath, dans laquelle ils prêtent allégeance au roi, spécifiant « que jamais en aucune manière » ils ne consentiront à se « soumettre au gouvernement des Anglais ». ***L'indépendance de l'Écosse n'est reconnue qu'en 1328*** par le traité de Northampton. La mort de Robert the Bruce est suivie d'une période de troubles, d'insécurité. Devant l'incompétence de la royauté, les clans des Highlands se renforcent, et les pillages se multiplient. Au moment où les Stuarts (du clan Stewart) arrivent au pouvoir, l'Écosse est ruinée.

Les Stuarts

Il y a des prénoms difficiles à porter... Les 4 Jacques qui se succèdent connaissent tous une mort violente. Quant au 5e, il meurt de chagrin d'avoir engendré une fille, Marie, qui n'aura pas une fin plus heureuse. Après avoir épousé, puis enterré François II, elle regagne l'Écosse en 1560. Son retour coïncide avec la victoire des réformateurs, enlevée de haute lutte par ***John Knox. Le disciple de Calvin prêche un retour à la parole divine, sans idolâtrie et surtout sans roi.*** Tournés contre la royauté et s'opposant à la réunification des 2 Églises anglaise et écossaise, les partisans de John Knox (on les appelait « presbytériens » – peut-être à cause de leur courte vue !) signent le « Convenant de Dieu », une promesse faite à Dieu « d'établir Sa Très Bénie Parole ». Après quelques émeutes, notamment à Perth où la plupart des monastères sont détruits en 2 jours, la nouvelle Église est enregistrée au Parlement sans sourciller. John Knox, qui avait dénoncé le « monstrueux régime des femmes » (!), met tout en œuvre pour déstabiliser Marie Stuart.

Pour la reine, ce n'est qu'un affrontement parmi tous ceux qui conduiront à sa chute. Elle épouse tout d'abord son cousin lord Darnley. Jaloux comme pas 2, celui-ci fait assassiner le secrétaire préféré de sa « bien-aimée », Rizzio, de 56 coups de poignard ! Mais le tendre époux succombe à son tour. La reine convole avec l'assassin de son mari, le comte de Bothwell. Ses ennemis s'acharnent, et John Knox en tête, enrage contre cette catholique au pouvoir. ***Les barons se révoltent, le comte s'enfuit et la reine abdique.***

Après un bref emprisonnement, ***elle s'évade pour se réfugier en Angleterre auprès de sa cousine (et rivale de toujours) la reine Élisabeth Ire.*** Celle-ci trouve la réfugiée gênante. Elle-même est sans descendance et craint pour son trône, d'autant que Marie a toujours des partisans en Écosse. Elle refuse de se débarrasser de Marie, et du coup, la maintient en captivité pendant 18 ans. Elle finira par la faire exécuter en 1587, condamnée pour complot.

L'impensable se produit alors : l'Écosse conquiert l'Angleterre. Plus exactement ***Jacques VI, le fils de Marie Stuart, alors roi d'Écosse, accède au trône d'Angleterre à la mort d'Élisabeth en 1603.*** Il prend le nom de Jacques Ier d'Angleterre. Les 2 couronnes reposent dorénavant sur la même tête. Promettant de revenir en Écosse, Jacques Ier s'installe pourtant dans le confort londonien et n'en bougera pas. L'Écosse capitule, abandonnée par son roi.

La guerre civile et Oliver Cromwell

Avec l'avènement de Charles Ier (1625-1649), l'Angleterre connaît une guerre civile, puis ***une quasi-dictature militaire dirigée par Oliver Cromwell.*** Charles est un roi assoiffé de pouvoir et il essaie de gouverner en passant outre le Parlement. Le conflit politique dégénère en ***guerre civile*** avec, d'un côté, l'armée du Parlement menée par Cromwell, et, de l'autre, celle de Charles Ier, soutenue par l'Écosse. De 1642 à 1651, les combats font rage et se soldent par l'exécution de Charles Ier le 30 janvier 1649. L'Angleterre devient ainsi le premier État européen moderne à décapiter son roi et à proclamer la suprématie des droits parlementaires sur un pouvoir de droit divin. Cromwell prend alors le titre de Lord Protector ! Terminator aurait mieux convenu.

Les Écossais, partisans de l'héritier de Charles Ier, Charles II, donnent du fil à retordre à Cromwell en 1650 et 1651. En 1653, celui-ci fait publier l'*Instrument of Government,* la première Constitution écrite de l'Angleterre. 5 ans plus tard, à la mort de Cromwell, son fils le remplace brièvement avant ***la restauration de la monarchie, en 1660,*** marquée par le retour du roi Charles II. Une justice post-mortem est rendue et les corps de Cromwell et de 2 de ses compagnons sont exhumés puis pendus comme traîtres dans Hyde Park, à Londres.

Le successeur de Charles II, Jacques II, tente une nouvelle fois de remettre en question l'autorité du Parlement en 1685. Nouvelle rébellion, et 3 ans plus tard, le souverain est déposé. Le Parlement choisit alors d'appeler William III, qui est à la fois neveu et gendre de Jacques Ier, et roi de Hollande !

William III, docile, signe le ***Bill of Rights en 1689,*** un acte qui limite officiellement les prérogatives du roi. À partir de cette date, la monarchie britannique ne remettra plus jamais en question l'autorité du Parlement, et son pouvoir déclinera pour se retrouver dans les mains des ministres.

Vers la réunification

Si l'union des 2 couronnes s'est effectuée sans trop de heurts, la lune de miel entre l'Angleterre et l'Écosse est houleuse. D'abord parce que ***les Highlands,***

fidèles aux Stuarts, rechignent à reconnaître le nouveau roi. La rébellion est vite matée et un pardon promis à condition de prêter allégeance. Un des chefs du clan MacDonald de Glencoe, moins empressé que les autres (mais surtout bloqué par les intempéries), s'exécute avec une semaine de retard. La réaction anglaise est, elle, immédiate. Voulant faire un exemple, le roi charge les Campbell (ennemis jurés des MacDonald) d'exécuter pour insubordination la plupart des MacDonald, le 3 février 1692 (carnage connu sous le nom de « massacre de Glencoe »).
Économiquement, l'Écosse n'est pas dans un meilleur état. L'Angleterre réduit les importations écossaises et ferme aux *Scots* les portes de ses colonies. Au bord de la ruine, ***l'Écosse signe l'Acte d'union en 1707.*** Le Parlement écossais est aboli, la Province conservant toutefois une certaine indépendance en matière religieuse, judiciaire et scolaire. La capitulation horrifie les jacobites (partisans des Stuarts car fidèles à Jacques II, dont le prénom en latin est *Jacobus*). ***Un 1er soulèvement échoue en 1715. Une 2e tentative a lieu en 1745 sous la bannière de Bonnie Prince Charlie*** (descendant des Stuarts, prétendant à la Couronne, dont la famille est exilée en France depuis 1688). Soutenu par les Highlanders et la France, il franchit la frontière, atteint Derby et menace Londres. Mais les dissensions internes, l'épuisement, le manque de ressources et l'absence d'un réel engagement français conduisent les jacobites à se retirer jusqu'à ***Culloden,*** près d'Inverness. ***La bataille d'avril 1746 est une débandade :*** les jacobites sont écrasés par l'armée gouvernementale du duc de Cumberland, alias *the Butcher,* et Bonnie Prince Charlie est contraint à la fuite. La Couronne fait alors payer aux Highlanders leur rébellion, démantèle les clans et interdit kilt et cornemuse. Nombre d'entre eux furent envoyés dans les bagnes. D'autres intégrèrent l'armée britannique qui se dota de régiments écossais (le seul endroit d'ailleurs où le tartan était autorisé !).

Les *clearances,* l'histoire sociale des Highlands

Grâce à la période de paix qui s'ensuit, l'Écosse entre dans une période de prospérité économique, tandis que ***les Highlands se vident de leurs habitants.*** En 1792, la population gaélique du nord des Highlands, qui a presque doublé, est chassée de ses terres vers les côtes pour laisser la place à... des moutons. Les grands propriétaires terriens expulsent les fermiers à tour de bras. Les habitants « déplacés » sont censés devenir pêcheurs du jour au lendemain, sans bateau ni équipement. Ou alors *crofters,* c'est-à-dire de petits fermiers au service des grands propriétaires. Cette année noire est appelée « l'année des moutons », et ce drame humain et social gravé dans les mémoires locales, « *clearances* ». Le terme *clearances* vient du verbe *to clear* signifiant « dégager » ou « éclaircir ».
Une seconde vague d'évictions encore plus dure, consécutive à la chute des prix du *kelp* (varech), du poisson et du bétail, et faisant du mouton le seul produit rentable, a lieu au XIXe s, aggravant la famine et poussant ***nombre de Highlanders à émigrer*** aux Amériques (notamment au Canada), en Australie ou en Nouvelle-Zélande. Aujourd'hui, il y a plus de Highlanders à l'étranger que dans les Highlands... Certains éleveurs à la solde du duc et de la duchesse de Sutherland faisaient brûler les maisons afin que leurs habitants ne reviennent pas. On dit que pour la seule période de 1807 à 1821, ***15 000 personnes furent déportées pour faire place à 200 000 moutons.***
Finalement, le *Crofter's Party,* créé à la suite d'une nouvelle chute des cours, en 1880, et s'inspirant de l'exemple irlandais, obtint petit à petit l'arrêt des expulsions et de nouvelles garanties à travers *The Crofters Act.* Mais, depuis cette époque, il naît toujours plus de moutons que d'hommes dans cette région. Les beaux paysages désolés des Highlands s'expliquent aussi par leur histoire sociale.
Parallèlement, Glasgow connaît l'une des situations les plus désastreuses d'Europe : conditions de travail précaires, insalubrité et chômage. Tandis que l'intégration progressive de la province à la Grande-Bretagne se fait, un mouvement nationaliste se développe dès la fin du XIXe s. ***En 1934, le Parti nationaliste écossais (SNP) est créé.***

Un fort désir d'autonomie

Les mauvaises langues prétendent qu'entre Anglais et Écossais les rapports sont un peu... tendus.

Tout en faisant partie intégrante de la Grande-Bretagne, ***l'Écosse n'en conserve pas moins des particularismes forts,*** qui font d'elle une nation à part entière. Elle a ses propres systèmes juridique et éducatif, son Église (l'Église presbytérienne), sans oublier bien sûr son équipe nationale de football et celle de rugby, qui restent 2 symboles marquants d'une forme d'indépendance d'esprit.

PETITE BLAGUE SUR LES RAPPORTS ANGLO-ÉCOSSAIS

Dieu était en train de créer la Terre. Il dit à son assistant : « Maintenant, nous allons créer l'Écosse. Mettons-y des paysages de rêve, des montagnes majestueuses, des lacs magnifiques, une nature enchanteresse... » Son assistant lui répondit : « Dieu, n'êtes-vous pas un peu trop généreux avec ces Écossais ? » Et Dieu lui répliqua : « Attends un peu de voir les voisins que je vais leur donner. »

Sur le plan politique, ce fort sentiment national est représenté par ***le parti national écossais*** (le SNP), soutenu, entre autres, par l'acteur Sean Connery. En 1979 est organisé un 1er référendum sur l'autonomie qui se solde par un refus. Mais ce n'est que partie remise. Mécontents de ne pas profiter davantage des revenus du pétrole de la mer du Nord, et globalement plus pro-européens que les Anglais, les Écossais réclament plus de décentralisation. Au-delà d'une question culturelle, il s'agit surtout pour les Écossais de pouvoir gérer les questions socioéconomiques à leur manière. Devant tant d'aspirations à l'autonomie et, conformément à ses promesses électorales, Tony Blair (né à Édimbourg) présente devant la Chambre des communes, en juillet 1997, son projet de *devolution* pour l'Écosse. En septembre de la même année, ***les Écossais se prononcent par référendum, approuvant à 74 % la création d'un Parlement autonome siégeant à Édimbourg.*** Celui-ci est élu en 1999 et inauguré par la reine. ***La nouvelle assemblée est dotée de tous les pouvoirs*** à l'exception de la monnaie, du recouvrement des impôts, des relations extérieures, de la politique énergétique, de la défense et des questions de mœurs (avortement).

Ironie de l'Histoire : les Écossais ont voté pour avoir leur propre assemblée 700 ans, jour pour jour, après la bataille de Stirling, où William Wallace avait vaincu les Anglais...

Non à l'indépendance, mais...

Destinée à atténuer le sentiment nationaliste, la *devolution* sert en fait de tremplin au SNP, le parti national écossais, qui gouverne depuis 2007. Reconduit en 2011 avec la majorité absolue, ***le Premier ministre indépendantiste, Alex Salmond,*** applique aussitôt sa promesse électorale et obtient ***la tenue d'un nouveau référendum en septembre 2014.***

Londres ***multiplie les promesses d'un surcroît d'autonomie*** en cas de victoire du non : gestion de la fiscalité, de la sécurité sociale... Le tout assorti de diverses cajoleries et déclarations d'amour poignantes envers l'Écosse. Un grand marchandage de dernière minute qui s'avérera payant.

Le ***18 septembre 2014,*** les bureaux de vote enregistrent un ***taux de participation record de 84,6 %*** ! Toutes les personnes de plus de 16 ans résidant en Écosse, y compris les ressortissants d'autres pays de l'UE et ceux du Commonwealth, ont le droit de voter, mais pas les Écossais résidant dans le reste du Royaume-Uni ou à l'étranger (Sean Connery, par exemple, pourtant fervent défenseur de l'indépendance, n'a pas pu voter).

Le résultat mine les espoirs indépendantistes. Une vraie douche écossaise, pour le coup : ***55,3 % pour le non. L'Écosse reste britannique.*** Le Royaume-Uni est sauf, mais la marge est bien plus serrée que prévu ; avec 44,7 % de « oui », les concessions promises devront être accordées. L'Écosse sort donc plutôt gagnante du scrutin, puisqu'elle peut espérer une autonomie au cadre très élargi. ***Alex Salmond démissionne.***
Nouvellement leader du SNP, ***Nicola Sturgeon*** prend sa suite, remportant à nouveau les élections en mai 2016.

L'Écosse face au Brexit

Mais c'est un autre vote qui remet déjà la question de l'indépendance sur la table. En juin 2016, alors que le Royaume-Uni dans son ensemble se prononce pour le ***Brexit*** (sortie du pays de l'Union européenne), ***62 % des suffrages écossais s'expriment à l'inverse pour le maintien dans l'Union,*** le camp du *in* l'emportant dans toutes les circonscriptions. Arguant que l'Écosse ne peut pas quitter l'UE contre sa volonté, et que le Royaume-Uni dont les Écossais n'ont pas voulu se séparer en 2014 n'est plus celui de 2016, Nicola Sturgeon réclame un ***nouveau référendum sur l'indépendance.*** Option rejetée par la nouvelle Première ministre britannique, Theresa May, dès son entrée en fonction début juillet. Reste que, devant cette situation inédite, toutes les perspectives restent ouvertes...

MAYBE YES, MAYBE NO

Déjà en 1975, le Royaume-Uni organisait un référendum sur sa sortie ou non de l'Europe. Le Premier ministre travailliste s'appelait Harold Wilson. David Cameron avait 8 ans. Comme en 2016, le Premier ministre était pour le maintien et s'évertua à convaincre les plus eurosceptiques de son parti. Résultat : 67,2 % des Britanniques choisirent de rester dans la CEE qui comptait alors 9 membres.

2018 : la guerre de tranchée

Tant que les négociations pour le Brexit sont en cours, difficile d'affûter ses arguments. Le 2e référendum réclamé ne pourra en effet se tenir qu'après la sortie du Royaume-Uni de l'Union européenne. Pourtant, en coulisse, l'année 2018 est une guerre de tranchées où l'on affûte les couteaux. Les Écossais savent que le diable se cache dans les détails. Ainsi les politiques tentent de peser de tout leur poids sur les négociations à Bruxelles afin de freiner les ardeurs anglaises : rester dans le marché unique est-il possible ? Quelle union douanière ? Quel statut pour les expatriés et les jeunes Européens qui viennent étudier en Écosse ? Autant de questions cruciales, autant de zones de flou, autant d'espaces de discussions.

Principales dates historiques

- ***55 av. J.-C. :*** Jules César débarque en Grande-Bretagne. Colonisation romaine.
- ***450 :*** début des invasions anglo-saxonnes.
- ***843 :*** Kenneth MacAlpine devient le premier roi des Scots et des Pictes.
- ***Fin du IXe s :*** raids des Vikings.
- ***1295 :*** signature de l'*Àuld Alliance* entre la France et l'Écosse.
- ***1297 :*** William Wallace se révolte contre l'occupant anglais et remporte la bataille de Stirling.
- ***1314 :*** victoire de Robert the Bruce à Bannockburn. Les Anglais sont en fuite.
- ***1320 :*** déclaration d'Arbroath, récusant toute éventualité de soumission à l'Angleterre.
- ***1328 :*** l'indépendance de l'Écosse est reconnue.

– ***1587 :*** exécution de Marie Stuart, héritière du trône d'Angleterre, accusée de complot contre la reine Élisabeth Ire.
– ***1603 :*** union des couronnes d'Angleterre et d'Écosse avec Jacques VI d'Écosse, fils de Marie Stuart, devenu Jacques Ier d'Angleterre.
– ***1650-1651 :*** l'Écosse est rattachée au nouveau régime du Commonwealth, suite à la guerre victorieuse menée par Cromwell.
– ***1707 :*** Acte d'union. Les 2 royaumes d'Angleterre et d'Écosse sont définitivement réunis.
– ***1715 :*** révolte des jacobites qui refusent l'Acte d'union.
– ***1745 :*** Charles Édouard Stuart, surnommé Bonnie Prince Charlie, mène la seconde révolte jacobite.
– ***1746 :*** les jacobites sont écrasés à Culloden.
– ***Début XIXe s :*** révoltes populaires durement réprimées.
– ***1837 :*** avènement de la reine Victoria. Naissance du mouvement chartiste, qui demande le droit de vote pour tous.
– ***1884 :*** réforme électorale. Le droit de vote est accordé à toutes les classes du pays.
– ***1914 :*** le gouvernement britannique se range aux côtés de la France contre l'Empire germanique.
– ***1934 :*** création du parti national écossais (Scottish National Party – SNP).
– ***Septembre 1939 :*** la France et la Grande-Bretagne déclarent conjointement la guerre à Hitler.
– ***1945-1951 :*** gouvernement travailliste d'Attlee, marqué par des nationalisations et des mesures sociales.
– ***1952 :*** avènement de la reine Élisabeth II.
– ***1964 :*** découverte de pétrole en mer du Nord.
– ***1973 :*** adhésion de la Grande-Bretagne à la Communauté économique européenne.
– ***1974-1979 :*** gouvernement travailliste.
– ***1979 :*** gouvernement conservateur de Margaret Thatcher. Premier référendum sur la *devolution* (décentralisation). Le non l'emporte.
– ***1987 :*** pour la 3e fois, le parti conservateur, sous la houlette de Mrs Thatcher, remporte les élections législatives.
– ***1990 :*** Margaret Thatcher démissionne, après 11 années d'exercice du pouvoir. John Major, chancelier de l'Échiquier du précédent gouvernement, la remplace.
– ***1991 :*** John Major et le parti conservateur remportent la Chambre des communes. Un an plus tard, la Grande-Bretagne, avec quelques dérogations, signe le traité européen de Maastricht.
– ***1997 :*** élection de Tony Blair, leader du parti travailliste (natif d'Édimbourg). Les Écossais plébiscitent à 74 % la création d'un Parlement autonome.
– ***1999 :*** le gouvernement britannique octroie une autonomie limitée à l'Écosse. Un Parlement est élu en mai.
– ***2002 :*** incendie dans le centre historique d'Édimbourg, classé au Patrimoine mondial de l'Unesco. Décès de la reine mère.
– ***2003 :*** Tony Blair engage la Grande-Bretagne dans le conflit irakien aux côtés des États-Unis, malgré l'opposition du peuple britannique et la démission de membres de son gouvernement.
– ***2004 :*** le nouveau Parlement écossais est inauguré en octobre, sur le site de Holyrood.

UNE MINUTE 2 FOIS PLUS LONGUE

Au lendemain de la Première Guerre mondiale, la tradition de la minute de silence fut instituée. Mais en Grande-Bretagne et dans la plupart des pays du Commonwealth, ce n'est pas une, mais 2 minutes de silence qui sont respectées : une pour les défunts et une pour les survivants en deuil.

– ***2007 :*** le SNP arrive en tête aux élections parlementaires. Alex Salmond devient le premier Premier ministre nationaliste d'Écosse. En juin, Gordon Brown, un autre Écossais, devient Premier ministre de Grande-Bretagne.
– ***2009 :*** comme partout, la crise frappe durement la population... et les banques. En moins de 1 an, l'action de la *Royal Bank of Scotland* a perdu plus de 80 % de sa valeur ! Résultat : 9 000 emplois supprimés, mais une rente annuelle de £ 700 000 pour sir Fred Goodwin, son P-DG démissionnaire.
– ***2010 :*** le conservateur David Cameron gagne les élections parlementaires. Alliance avec le libéral-démocrate Nick Clegg. C'est le premier gouvernement britannique de coalition depuis 1945.
– ***2011 :*** le SNP remporte la majorité absolue au Parlement d'Édimbourg. Alex Salmond a l'intention d'organiser un référendum sur l'indépendance avant la fin de son mandat.
– ***2014 :*** la campagne référendaire passionne les Écossais et inquiète les Britanniques. Le 18 septembre, 55,3 % des votants s'expriment pour le non : l'Écosse reste dans le Royaume-Uni. Londres promet une autonomie accrue et des négociations s'engagent pour en définir les contours. Alex Salmond démissionne. Nicola Sturgeon lui succède... Elle est la première femme à occuper ces fonctions en Écosse.
– ***2015-2016 :*** législatives britanniques gagnées par David Cameron, qui prépare un référendum sur une éventuelle sortie de l'Union européenne. En 2016, le *Brexit* l'emporte, sauf en Écosse, qui se prononce pour le maintien dans l'UE. Nicola Sturgeon entend proposer un nouveau référendum d'indépendance.
– ***2017-2018 :*** les élections législatives déstabilisent le parti conservateur et Theresa May doit composer avec le PUD nord-irlandais, parti unioniste démocrate. Le SNP, bien qu'amoindri, conserve la majorité et Nicola Sturgeon la tête de l'exécutif écossais. Au cours de l'année 2018, ***les députés européens écossais négociant le Brexit font pression sur les pourparlers de Bruxelles pour garder la plus grande proximité avec l'Europe.***
En décembre 2018, le gouvernement écossais refuse l'accord de sortie conclu entre Theresa May et l'UE, qui, à aucun moment, n'évoque l'Écosse.

KILT ET TRADITION DU COSTUME

« Il est remarquable de constater que le kilt, qui était à l'origine le costume traditionnel highlandais, est désormais associé à toute l'Écosse. En fait, les Gaëls portèrent d'abord un *plaid* ceinturé à la taille, une grande pièce de tartan qui leur servait de couverture la nuit et de manteau le jour. La tenue s'élabora : le plaid était enroulé autour de la taille, une première forme de kilt, et rejeté sur l'épaule gauche. Le kilt doit sa renommée aux régiments highlandais qui l'ont porté dès leur insertion dans l'armée. Il est fait d'une pièce de tartan plissée, de 8 yards (7,30 m) de long (aux 27 plis), et descend jusqu'aux genoux. Le kilt n'est porté que par les hommes, et c'est un art. Ils attachent en effet une importance particulière aux accessoires. La bourse, portée sur le devant du kilt, le *sporran,* est de cuir. Les écussons, les *crest badges,* aux armoiries du clan, sont arborés avec fierté ; mal les utiliser serait les dévaloriser, et chacun a souci de faire respecter la règle. Enfin, le couteau *(Skean Dhu),* glissé dans la chaussette, complète la tenue. »

SLIP OU CALEÇON ?

À la question « Que portez-vous sous votre kilt ? », les Écossais aiment répondre : « Des chaussures et des chaussettes ! » Mais une enquête parue dans Evening Standard *révèle que 69 % des Écossais ne portent rien, 14 % un caleçon, 10 % un slip et 7 %... « autre chose » !*

Ce paragraphe est extrait d'un ancien *Guide évasion Écosse* (Hachette), écrit par Aude Bracquemond. Ce qu'elle ne dit pas, c'est que, sous le kilt, les Écossais ne portent généralement pas de culotte. D'ailleurs, au XIXe s, les cadets écossais de l'armée des Indes devaient marcher sur un miroir pour prouver qu'ils ne portaient rien sous le kilt ! Les vieilles légendes affirment qu'ils ont ainsi effrayé plus d'un ennemi en soulevant leur vêtement... La tradition a inspiré la communauté gay de Glasgow... Là, il se porte mini, paré d'accessoires qu'un respect pour les ancêtres highlanders interdit d'évoquer, le tout rehaussé de l'indispensable marcel ! Plus largement, de nombreux jeunes Écossais se voient encore offrir un kilt sur mesure pour leurs 18 ou 21 ans. Pour les touristes, c'est un souvenir typique... mais le porterez-vous comme il se doit, messieurs ? Un kilt coûte très cher (plusieurs centaines de livres). Mais on en trouve parfois de très beaux dans les *Charity Shops* et autres boutiques de seconde main pour quelques dizaines de livres.

MÉDIAS

Votre TV en français : TV5MONDE, la première chaîne culturelle francophone mondiale

Avec ses 11 chaînes et ses 14 langues de sous-titrage, TV5MONDE s'adresse à 360 millions de foyers dans plus de 190 pays du monde par câble, satellite et sur IPTV. Vous y retrouverez de l'information, du cinéma, du divertissement, du sport, des documentaires...

Grâce aux services pratiques de son site voyage ● *voyage.tv5monde.com* ●, vous pouvez préparer votre séjour et une fois sur place rester connecté avec les applications et le site ● *tv5monde.com* ● Demandez à votre hôtel le canal de diffusion de TV5MONDE et contactez ● *tv5monde.com/contact* ● pour toutes remarques.

Presse

Les Britanniques sont très fiers de leur presse écrite, et pour rien au monde ils ne se passeraient de leurs quotidiens favoris. On en trouve une multitude, région par région, qui pourrait se diviser en 2 catégories : d'une part, les journaux écossais d'information, *broadsheets,* comme *The Scotsman* d'Édimbourg, *The Herald* de Glasgow, *The Press & Journal* d'Aberdeen (le plus vendu dans les Highlands sous ses différentes éditions). Et, d'autre part, la presse à scandale, plus communément appelée *tabloïds* (comme *The Daily Record*), qui se distinguent par le colportage de ragots people et par leur petit format. Certains des journaux d'information impriment également une édition du dimanche, dite *Sunday Paper,* très populaire, et comportent de nombreux suppléments sur des thèmes variés comme le spectacle, la vie artistique, la politique, le voyage... Autrement, il est toujours possible d'acheter des quotidiens nationaux, *The Times, The Daily Telegraph, The Guardian,* exactement comme à Londres. Dans les grandes villes et les principales gares, vous vous procurerez aisément des journaux étrangers.

Radio

Sur les ondes, nous vous recommandons les programmes de *BBC Radio Scotland.* Une actualité interprétée à l'écossaise, relayée par de nombreuses plages de musique traditionnelle. Propose aussi des informations en gaélique. Il existe également de nombreuses radios locales, toutes plus ou moins intéressantes. Évidemment, vous trouverez toutes les autres radios de BBC, Radio 1 branchée pop music, Radio 2 avec une sélection musicale pour les plus âgés, Radio 3 pour du classique, Radio 4 avec beaucoup d'actualités et Radio 5 pour le sport. Cela dit, capter une station de radio dans les Highlands peut devenir un véritable cauchemar !

Télévision

BBC diffuse des programmes télévisés pour tous les goûts, d'une réalisation remarquable. Ceux qui veulent savoir à quoi ressemble le gaélique écossais peuvent se caler sur BBC Alba. Quant à ITV, elle propose des émissions régionales, formant ainsi un réseau à l'échelle écossaise. Par satellite, ce n'est pas le choix qui manque.

PERSONNAGES CÉLÈBRES

– ***John Logie Baird :*** le père de la télévision naît en 1888 à Helensburgh. Cet ingénieur commence par reproduire des formes géométriques, puis un visage. En 1926, il invente la première image télévisée, puis la transmission d'images animées par ligne téléphonique entre Londres et Glasgow. Dans la foulée, il ose la diffusion transatlantique par ondes courtes. Quand la BBC lance sa première chaîne en 1936, elle préfère le système de Marconi au sien. Il meurt en 1946 alors qu'il travaillait sur un procédé de télévision en relief... ce que nous appelons aujourd'hui la 3D !

– ***Iain Banks :*** cet auteur, né en 1954 dans le Fife et décédé en 2013, a bousculé la littérature écossaise avec un premier roman aussi délirant que génial, *The Wasp Factory* (« Le Seigneur des guêpes »). Le style percutant, décalé, ironique et souvent drôle lui apporte un succès immédiat. Iain Banks est aussi connu pour ses ouvrages de science-fiction comme *Entrefer* qui nous embarque dans le monde halluciné d'un personnage plongé dans le coma. Homme engagé, il a envoyé son passeport déchiré au 10 Downing Street pour protester contre les positions de Tony Blair en Irak. Il était aussi l'un des signataires de la *Déclaration de Calton Hill* appelant à l'indépendance de l'Écosse.

– ***J. M. Barrie :*** cet auteur, né en 1860 à Kirriemuir, est moins connu que le personnage de son œuvre la plus célèbre, *Peter Pan, l'enfant qui ne voulait pas grandir.* Apparue pour la première fois en 1902 dans un roman, jouée au théâtre à Londres en 1904 puis réécrite sous forme de conte, l'histoire s'adresse aux enfants comme aux parents : pour vivre heureux, n'oubliez pas votre aptitude à l'émerveillement et à l'insouciance. Une recommandation qui nous plaît bien !

– ***Tony Blair :*** l'ex-Premier ministre britannique est né à Édimbourg en 1953. Avocat de formation, il prend la tête du parti travailliste en 1994 et lui fait prendre un tournant libéral, avant de diriger le gouvernement de 1997 à 2007. C'est lui qui, en 1999, instaure la *devolution* en Écosse (un parlement autonome) puis engage, en 2003, le Royaume-Uni dans la guerre en Irak alors que des manifestations monstres s'y opposent. Un choix lourd de conséquences, et dénoncé par une commission d'enquête en 2016, après 7 ans de travaux... Pas de quoi empêcher le meilleur allié de George W. Bush d'être nommé en 2007 émissaire du quartet pour le Moyen-Orient, chargé de relancer les négociations de paix entre Israéliens et Palestiniens. Un poste qu'il abandonne en 2015, sans avoir obtenu aucun résultat. Il continue en revanche à faire fortune en donnant des conférences.

BROUILLAGE SUR LA LIGNE

Graham Bell, Écossais d'origine, n'est plus considéré comme le père du téléphone. Il a tout simplement repris le prototype d'Antonio Meucci, un inventeur italien de génie, qui, dès 1834, avait mis au point un premier système, baptisé Il Telettrofono. *Bell a présenté « sa » découverte révolutionnaire lors de l'Exposition universelle de Philadelphie en 1876. Il fallut attendre 2002 pour que la Chambre des représentants des États-Unis reconnaisse officiellement Meucci comme l'inventeur du téléphone.*

– ***Robert the Bruce :*** le père de l'indépendance écossaise. Il prête tout d'abord allégeance au roi d'Angleterre avant de se retourner contre lui et de raviver le mouvement nationaliste écossais. Noble cause ? Non, intéressée : bon moyen d'accéder au trône, pense-t-il. Son éclatante victoire à Bannockburn en 1314 face aux Anglais le propulse au pouvoir. Après de nombreuses batailles, l'indépendance de l'Écosse est finalement reconnue en 1328. Par la suite, Robert Ier the Bruce s'affirme comme un roi plein de sagesse, ramenant le calme dans son pays et accordant des droits au petit peuple. On l'appelait le Bon roi Robert (à ne pas confondre avec la culotte de l'autre). Il meurt en 1329, emporté par la lèpre.
– ***Robert Burns :*** ce poète du XVIIIe s, né près d'Ayr, trempait sa plume dans de l'acide, exprimant toute son opposition face à la suprématie anglaise. Il écrivait ses poèmes en écossais, réveillant par là même l'identité culturelle de l'Écosse. Aujourd'hui, on fête toujours l'anniversaire de Robert Burns le 25 janvier, occasion de déclamer ses poèmes.
– ***Sean Connery :*** de son vrai prénom Thomas, il est né à Édimbourg en 1930. Avant d'endosser le célèbre costard de 007, il accumule les petits boulots : polisseur de cercueils, maçon et crémier ! En 1962, il est retenu pour le rôle de James Bond dans *Dr No,* notamment en raison du faible salaire réclamé par l'acteur alors inconnu ! On le retrouve dans *Pas de printemps pour Marnie, L'homme qui voulut être roi, Le Nom de la rose, Indiana Jones et la dernière croisade* ou *À la rencontre de Forrester...* Le succès ne lui est pas monté à la tête, à en croire un cinéaste : « À l'exception de Lassie, c'est la seule personne que je connaisse qui n'a pas été pourrie par le succès. » C'est en tout cas un champion du nationalisme écossais.
– ***Arthur Conan Doyle :*** né à Édimbourg en 1859, médecin et surtout auteur des célèbres *Sherlock Holmes.* Il tua son héros en 1893, mais dut le faire ressusciter 10 ans plus tard, suite aux pressions de ses lecteurs orphelins. L'écrivain contribua lui-même à résoudre plusieurs affaires, dont celle de George Edalji, victime de racisme, et celle d'Oscar Slater, accusé à tort de meurtre : ce dernier fut relâché après 19 ans de détention. Ces 2 célèbres erreurs judiciaires furent en grande partie à l'origine de la création de la cour d'appel en 1907.
– ***Elsie Inglis :*** née en Inde en 1864. À la suite de sa consœur, Sophia Louisa Jex-Blake, qui fonda l'*Edinburgh School of Medecine for Women,* la 1re faculté de médecine pour femmes en Grande-Bretagne, elle opte pour une médecine au service des femmes défavorisées, puis des soldats lorsque éclate la Première Guerre mondiale. Elle monte plusieurs expéditions médicales sur le front en France et en Serbie (la Grande-Bretagne ayant refusé ses services). Féministe, elle s'engage pour le droit de vote des femmes. Elle meurt en 1917, atteinte d'un cancer. Une femme extraordinaire de courage et de ténacité, qui marqua son époque.
– ***Macbeth :*** tellement de choses ont été écrites sur son compte qu'on ne sait plus s'il s'agit d'un personnage réel ou de fiction. Se fondant sur des chroniques des XVe et XVIe s déjà pas mal romancées, Shakespeare apporte une dimension encore plus dramatique au personnage, pour en faire une pièce vivante, susceptible de distraire son roi. D'ascendance royale, Macbeth a vécu au début du XIe s. Il épouse Gruoch (un nom pareil, ça ne s'invente pas !), petite-fille du roi Kenneth III, dont le premier mari et le père sont tués par le roi Duncan Ier. Décidé à venger sa femme avec l'arrière-pensée de monter sur le trône, Macbeth défie Duncan Ier sur un champ de bataille (vous suivez toujours ?) ; ce dernier meurt à la suite de ses blessures au château d'Elgin. Donc rien à voir avec le château de Glamis, dans lequel Shakespeare a situé son action. Macbeth est alors couronné grand roi des Écossais à Scone Palace. Il meurt en 1057 et est enterré à l'île d'Iona.
– ***Rob Roy MacGregor :*** il commence une carrière tardive de hors-la-loi, après s'être fait exproprier de ses terres par le duc de Montrose. Juste retour des choses : il vole les troupeaux et attaque les hommes du duc. Le Robin des Bois jacobite redistribue ce qu'il dérobe jusqu'au jour où il est capturé et relâché presque aussitôt. Il passe le reste de sa vie sur ses terres de Balquhidder, près de Stirling, où il est enterré. Son histoire est immortalisée en 1817 par le roman de Walter Scott, *Rob Roy,* et en 1995 par Hollywood.

– ***Charles Rennie Mackintosh :*** à Glasgow, impossible de l'ignorer ! Cet architecte et décorateur d'avant-garde, né en 1868, est l'un des plus grands interprètes de l'Art nouveau. Son œuvre est influencée par la pureté des lignes japonaises et par sa femme, Margaret, qui va adoucir son style plutôt rectiligne avec des motifs floraux. À 28 ans, il signe la Glasgow School of Art, l'une de ses réalisations majeures. Sa réputation s'étend alors dans toute l'Europe, en particulier en Autriche, où son talent rencontre un plus grand succès que dans son propre pays. Glasgow lui confie néanmoins plusieurs réalisations importantes, mais non sans heurts et nombreux projets refusés. En 1914, il quitte l'Écosse, découragé par le manque de reconnaissance. Il s'exile en France, puis à Londres, où il meurt en 1928, quasiment ruiné. Aujourd'hui, des musées lui sont consacrés, et certaines de ses chaises font figure d'icônes dans le milieu du design !

– ***Joanne Kathleen Rowling :*** écrivain rendue célèbre par le phénomène Harry Potter, dont l'idée lui est venue au milieu d'un train bondé quittant Londres. Née à Bristol, elle s'installe en 1994 à Édimbourg. Elle achève d'écrire *Harry Potter à l'école des sorciers* dans les cafés d'Édimbourg. En 10 ans, elle écrit 7 tomes sur le petit magicien et y met un point final en 2007. Traduits dans près de 70 langues, les livres se sont vendus à environ 450 millions d'exemplaires. Écossaise d'adoption, elle figure désormais parmi les femmes les plus fortunées de Grande-Bretagne.

J. K. QUI ?

*Après la fin d'*Harry Potter*, J. K. Rowling s'est attaquée aux romans pour adultes.* Une place à prendre, *publié en 2012, est moyennement reçu par la critique (mais n° 1 des ventes). Pour évacuer toute la pression et le battage médiatique qui entourent la sortie de chacun de ses livres, elle publie en 2013* L'Appel du coucou *sous le pseudonyme de Robert Galbraith. Mais le* Sunday Times *révèle l'imposture. Résultat : après la révélation, cette enquête policière caracole en tête des ventes, libérant l'écrivain de l'emprise de son (trop) célèbre sorcier.*

– ***Walter Scott :*** écrivain, poète romantique et historien, né à Édimbourg en 1771, il est à l'origine d'un tout nouveau style littéraire, le roman historique. Se destinant comme son père à la magistrature, il devient shérif du Selkirkshire, puis chancelier à la cour d'Édimbourg. Son premier roman, paru sans nom d'auteur, *Waverley* (1814), connaît un succès immédiat. Reconnu au-delà des frontières de l'Écosse, son style exerce une influence considérable sur Victor Hugo et Balzac. Parmi ses œuvres majeures, on lui doit *Ivanhoé* (1819), *Rob Roy* (1817) et une série de poèmes, dont le plus connu demeure « La Dame du lac ».

– ***Robert Louis Stevenson :*** né en 1850 à Édimbourg. Issu d'une famille d'ingénieurs (on doit à son grand-père et à ses oncles la construction d'une trentaine de phares sur les côtes écossaises), le petit Robert Louis, d'une santé très fragile, laisse tomber une carrière scientifique prometteuse pour se consacrer aux voyages et à la littérature. Routard avant l'heure, il rapporte de France le beau récit *Voyages avec un âne dans les Cévennes. L'Île au trésor,* écrit en 1883, à Braemar, pour distraire son beau-fils, lui procure la célébrité. Mais c'est avec la publication du *Strange Case of Doctor Jekyll and Mister Hyde* (1886) qu'il connaît son plus grand succès. Inspiré de la vie de Deacon Brodie (artisan respecté et homme public le jour, il se transformait en joueur et voleur la nuit), le livre reflète en réalité son propre malaise. Après avoir vécu aux États-Unis, Stevenson termine ses jours dans les îles Samoa, emporté par une congestion cérébrale à l'âge de 44 ans.

– ***Prince Charles Edward Stuart,*** dit ***Bonnie Prince Charlie :*** symbole de la résistance face à l'envahisseur, son succès est aussi fulgurant que son échec. Prétendant au trône, il tente de reconquérir le pouvoir au nom des Stuarts. En 1745, il lève une armée dans les Highlands et marche sur Édimbourg, qui capitule. Londres commence à paniquer. Mais les chefs highlanders refusent de continuer plus au sud, et les renforts Français n'arrivant pas, il se résout à la retraite. En 1746, le duc de Cumberland rattrape l'armée à Culloden, près d'Inverness. Il s'ensuit un véritable carnage. Le prince Charles s'exile en France, notamment grâce à l'aide de Flora MacDonald, devenue une véritable héroïne nationale. Il passe le reste de sa vie en France et en Italie, sombrant dans l'alcoolisme.

– ***Marie Stuart :*** veuve de François II, roi de France au règne éphémère (1559-1560), Marie monte sur le trône d'Écosse. À la mort de son mari lord Darnley (on l'y a un peu aidé, mais l'implication de la reine n'est pas prouvée), elle épouse le comte de Bothwell (et de 3 !). Mais ses opposants infligent à son armée de sérieuses défaites. Marie abdique en faveur de son fils et s'enfuit en Angleterre. Idée funeste puisque, dès son arrivée sur le sol anglais, elle est jugée pour le meurtre de Darnley. Pour s'assurer de sa chute, on lui tend un piège en l'impliquant dans un complot fomenté contre sa cousine, la reine Élisabeth Ire. Reconnue coupable de tentative d'assassinat, elle est exécutée en 1587.

– ***Nicola Sturgeon :*** cette militante du SNP (parti indépendantiste) depuis son plus jeune âge (elle est née en 1970) a su faire évoluer le parti indépendantiste et engranger des points face à Londres. Social-démocrate et pro-européenne convaincue, elle gagne ses galons auprès d'Alex Salmond, alors leader du SNP, se fait conseiller par Sean Connery sur sa communication et prend la tête du parti lorsque son mentor démissionne au lendemain de la victoire du « non » pour l'indépendance en 2014. La même année, elle devient la première femme à accéder au poste de Premier ministre en Écosse. Elle y est reconduite après les législatives de 2017, alors que le SNP, bien que toujours majoritaire, a perdu du terrain. Son objectif : la tenue d'un second référendum.

– ***William Wallace :*** connu comme le plus grand patriote écossais, « Bill » combattit les Anglais avec ferveur. Après une écrasante victoire au pont de Stirling en 1297, il devint « Gardien de l'Écosse ». Titre qu'il abandonna l'année suivante, après sa défaite face au roi Édouard Ier d'Angleterre. Il partit en France pour gagner le soutien du roi et du pape. À son retour, en 1303, le nombre de ses compagnons avait sévèrement diminué. Trahi par l'un des siens, il est jugé comme traître, pendu, décapité, éventré puis écartelé (pour être bien sûr !). Ses membres furent ensuite dispersés en signe d'avertissement.

– ***James Watt :*** né à Greenock en 1736, il est le père de la révolution industrielle grâce à ses améliorations déterminantes de la machine à vapeur. Utilisée dans les usines textiles et les manufactures, celle-ci propulsa la Grande-Bretagne, puis l'Europe dans une ère nouvelle. L'unité de puissance, le watt, vient de son nom.

– Sans oublier : ***MacAdam,*** inventeur du revêtement en goudron ; ***Peter Thomson,*** inventeur du pneumatique ; ***Alexander Fleming,*** qui découvre les vertus de la pénicilline ; l'explorateur ***David Livingstone*** ; ***Alexander Garden,*** botaniste qui donna son nom au gardénia ; ***Charles Macintosh,*** qui met au point le vêtement imperméable ; les acteurs ***David Niven, Deborah Kerr, Ewan McGregor, Gerald Butler*** et ***Robert Carlyle*** ; le réalisateur ***Kevin MacDonald ;*** l'économiste ***Adam Smith*** ; en musique, ***Rod Stewart, Mark Knopfler*** de *Dire Straits,* ***Donovan, Simple Minds, Annie Lennox*** (ex du groupe *The Eurythmics*), ***Sharleen Spiteri,*** la chanteuse de *Texas,* ***Cocteau Twins, Amy MacDonald, AC/DC*** (du moins les frères Young), ***Travis, Belle and Sebastian,*** les très celtiques ***Capercaillie*** et ***Franz Ferdinand, Susan Boyle,*** victorieuse médiatisée de l'émission *Britain's Got Talent* (« Incroyable Talent » en français), en 2009 ; le tennisman ***Andy Murray ;*** le pilote automobile ***David Coulthard...***

POPULATION

Règle de base : ne pas dire d'un Écossais qu'il est anglais. Misère ! *British* passe encore, *English* non... Parmi les 5,4 millions d'habitants de l'Écosse, un peu moins de 500 000 sont anglais, gallois ou irlandais du Nord. À cela s'ajoute une population immigrée – principalement originaire d'Inde, du Pakistan, d'Irlande du Sud, d'Europe de l'Est (de plus en plus) et dans une moindre mesure d'Italie –, surtout installée dans les villes, formant un joyeux creuset de cultures.

Les 2 tiers de la population de l'Écosse se concentrent entre Glasgow et Édimbourg, ainsi que sur la frange est remontant vers Aberdeen. Les Highlands et les Uplands voient, elles, leur densité tomber à environ 9 hab./km² (7 fois moins !). Ce vide humain s'explique par la rigueur du climat, le médiocre rendement des terres, mais aussi par l'histoire. La région subit toujours les conséquences des *clearances* (expulsions) de la fin du XVIIIe s et du début du XIXe s, époque à laquelle les petits fermiers furent chassés des Highlands par les grands propriétaires terriens au profit de l'élevage de moutons. Beaucoup d'Écossais émigrèrent à cette époque, de sorte qu'aujourd'hui quelque 10 millions d'Écossais vivent en Amérique du Nord... soit 2 fois plus que sur leur terre d'origine ! Ils seraient en outre environ 800 000 en Angleterre.

Enfin, signalons que l'Écosse est une des régions d'Europe les plus *gay-friendly.*

UNE RÉPUTATION COLLANTE

Pourquoi dit-on ruban Scotch ? La marque fut déposée par la société (américaine) 3M en 1925. Ce ruban adhésif était d'abord utilisé par les carrossiers pour délimiter les zones à peindre. À l'époque, la colle n'était apposée que sur les rebords du ruban, pour des raisons pratiques. On surnomma alors ce ruban Scotch en référence à la réputation de radinerie des Écossais.

PUBS

Le pub (abréviation de *public house*) est le lieu de rencontre par excellence. On y vient entre copains, entre copines, entre collègues après le boulot ou en famille pour y passer un joyeux moment de détente et de discussion. Pas question, dans un pub, de rester isolé. Les clients vous intègrent facilement à leur conversation, on parle de tout et de rien. Vous ressentirez cette extraordinaire atmosphère de fusion des âges et des classes ; l'origine sociale est laissée au vestiaire. Beaucoup proposent régulièrement concerts et scènes ouvertes. Rappelons que les pubs ferment à 23h ou minuit (parfois 0h30 le w-e) et qu'il est interdit de fumer dans tous les lieux publics, pubs compris, sauf en terrasse.

Un peu d'histoire

Cercles paroissiaux durant le Moyen Âge, plus opportunément situés sur les routes des pèlerinages, enfin lieux de réunion des ouvriers qui, au XIXe s, commencent à se syndiquer, les pubs ont souvent conservé leur vitrine en verre dépoli, de vieilles boiseries noircies et patinées, des lumières faiblardes comme au temps de la bougie. Les amateurs perspicaces remarqueront que certains noms de pubs reviennent souvent. Parmi ceux-ci, *King's Head,* en souvenir de Charles Ier que Cromwell fit décapiter, *Red Lion,* qui rappelle les guerres coloniales, *Royal Oak,* qui commémore la victoire de Cromwell sur Charles II, qui se réfugia sur un chêne (!). Fin de l'intermède culturel.

Jusqu'à la Première Guerre mondiale, les pubs étaient ouverts l'après-midi. Les ouvriers, qui n'avaient jusque-là connu que la pauvreté la plus abjecte, pour la première fois de leur vie gagnèrent un peu d'argent, grâce à la fabrication en masse d'armes. Ils allèrent le dépenser au seul endroit procurant du plaisir à cette époque : le pub. Puis ils prirent l'habitude d'y rester la plus grande partie du week-end et d'être complètement « raides » le lundi matin. Le gouvernement légiféra alors en nationalisant tous les pubs (jusqu'aux années 1970) et imposa des heures réglementaires. Ce n'est qu'en 2005 que la vente d'alcool fut autorisée 24h/24. Terminé le fameux *last call* de 23h annonçant à la cloche la dernière commande, qui a fait des Britanniques les champions du monde en matière de quantité de bière ingurgitée en un temps record !

Pubs et coutumes

Les Britanniques pratiquent beaucoup le *pub crawl.* Lorsqu'ils sortent à plusieurs, le 1er paie une tournée dans un 1er pub, le 2e en paie une autre dans un pub différent, et ainsi de suite. Le but est de se rapprocher de chez soi pour être sûr de pouvoir rentrer, surtout si l'on est 15 !

Règle nº 1 : on commande et on paie tout de suite au comptoir. Pas de contestation de fin de beuverie sur le nombre de tournées à payer : sitôt reçu, sitôt payé ! Par tradition, et sûrement par goût, les hommes commandent toujours une *pint* (environ un demi-litre) et les femmes *half a pint,* parce que « *it's more socially acceptable* ». De plus en plus, elles prennent plutôt un verre de vin blanc... ou une *pint*. C'est ça aussi l'égalité des sexes !

– ***Les clients mineurs :*** de 16 à 18 ans, admission à la discrétion du patron mais interdiction de consommer de l'alcool. En dessous, ça dépend : si le pub fait resto et que le patron a souscrit une *children licence,* les enfants sont acceptés s'ils mangent et jusqu'à une certaine heure (en général 20-21h ; dans tous les cas, avant les concerts). Certains poussent le zèle jusqu'à les placer loin du comptoir ou à leur interdire de le toucher (pour éviter de les dépraver, sans doute !), même en pleine journée. Bref, en famille, c'est vraiment au cas par cas.

Les fléchettes

Si plus personne ne crache dans la sciure comme autrefois, en revanche on joue toujours aux fléchettes dans les pubs.

Voici les grandes lignes.

– On peut jouer individuellement ou par équipes.

– Le but est de partir d'un chiffre donné (301 à 2 joueurs, 501 à 2 équipes) et d'arriver le 1er à zéro, en déduisant à chaque fois les points obtenus.

– Chaque joueur dispose de 3 fléchettes et tente de les placer dans une cible posée à 1,73 m du sol et située à 2,74 m d'une ligne appelée *hockey line.* Cette cible ressemble à une grosse tarte coupée en 20 secteurs. Elle était autrefois en bois d'orme, et pour la conserver on la plongeait chaque soir dans un tonneau de bière. On utilise aujourd'hui le sisal, une fibre végétale compressée et cerclée de fer.

– Chaque fléchette marque les points correspondant au point d'impact. Le cercle extérieur double les points. Celui du milieu les triple, le centre *(bullseye)* vaut 50 points et le petit cercle autour 25 points. Les fléchettes qui se plantent mais finissent par tomber ne comptent pas.

– La fin de la partie est souvent héroïque ! Il ne faut pas dépasser le zéro et finir par un double, toujours très difficile à atteindre... Ça rallonge la partie d'autant.

Et si vous ne vous y retrouvez pas parmi les nombreuses variantes propres à chaque pub, ne soyez pas mauvais joueur : de toute façon, cela se termine toujours par une pinte de bière.

EN PLEIN DANS LE MILLE !

Le jeu de fléchettes remonterait à la guerre de Cent Ans. La légende veut que, un jour où il faisait un temps de chien, des archers anglais, abrités sous une grange, s'amusèrent à lancer des flèches à la main sur la tranche d'un billot de bois. Ils raccourcirent vite leurs projectiles jusqu'à obtenir des darts *(le mot est d'ailleurs apparenté au français « dard »). La cible s'inspire des veines du bois. Ainsi naquit ce jeu qui divertit les clients de tout pub respectable.*

Les « Quiz »

Sorte de *Scottish Trivial Pursuit* : un crieur pose une quarantaine de questions de culture générale. On y répond par écrit en équipe autour d'une table. Les vainqueurs ont généralement droit à des consommations gratuites. Pour un étranger, le jeu consiste déjà à comprendre la question !

RELIGIONS ET CROYANCES

Le christianisme s'est établi en Écosse dès le Ve s par l'entremise de moines missionnaires irlandais. S'il reste très implanté au Nord-Ouest et dans les îles (où la conviction religieuse est tellement forte que tous les services sont suspendus le dimanche !), ***une grosse moitié des Écossais se déclarent désormais sans religion.*** C'est davantage qu'en Angleterre. Les autres appartiennent majoritairement (25 %) à la ***Church of Scotland*** *(« The Kirk »),* l'Église nationale d'Écosse (mais pas « d'État »), presbytérienne (protestante de doctrine calviniste). Elle a été fondée par John Knox lors de la Réforme écossaise de 1560, qui marqua la fin de l'influence papale et française en terre d'Écosse et un rapprochement avec l'Angleterre. Son originalité réside dans le fait que les pasteurs sont élus par les membres de l'Église. Les ***catholiques*** (16 % de la population), souvent descendants d'Irlandais, se regroupent plus vers le centre-ouest du pays et dans les Highlands. D'ailleurs, Glasgow possède 2 équipes de football rivales, l'une protestante, les *Rangers,* et l'autre catholique, le *Celtic.* Avec tous les problèmes qui s'ensuivent... La 3e église la plus importante est la ***Scottish Episcopal Church,*** proche de l'église anglicane, mais indépendante de celle-ci.

SITES INSCRITS AU PATRIMOINE MONDIAL DE L'UNESCO

Pour figurer sur la liste du Patrimoine mondial, les sites doivent avoir une valeur universelle exceptionnelle et satisfaire à au moins un des 10 critères de sélection. La protection, la gestion, l'authenticité et l'intégrité des biens sont également des considérations importantes.

Le patrimoine est l'héritage du passé dont nous profitons aujourd'hui et que nous transmettons aux générations à venir. Nos patrimoines culturel et naturel sont 2 sources irremplaçables de vie et d'inspiration. Ces sites appartiennent à tous les peuples du monde, sans tenir compte du territoire sur lequel ils sont situés.

Pour plus d'informations : • *whc.unesco.org* •

En Écosse sont inscrits l'***île de Saint Kilda*** (1986) au large de Lewis et Harris, la vieille ville et la nouvelle ville d'***Édimbourg*** (1995), le cœur néolithique des ***Orcades*** (1999), la cité ouvrière de ***New Lanark*** (2001), le ***mur d'Hadrien*** (2008), bâti par l'empereur du même nom pour tenir les Barbares en respect – un classement à l'échelle du continent dans le cadre des « frontières de l'Empire romain » –, et le ***pont du Forth*** (2015), près d'Édimbourg, à l'architecture unique au monde.

SPORTS ET LOISIRS

Parce que l'Écosse se prête à merveille à la découverte via une activité sportive, *VisitScotland* valorise particulièrement le tourisme actif. Pour encore plus d'infos, voir leur site • *visitscotland.com/fr-fr* •

Randonnées

Des promenades familiales aux longues marches de chevronnés, les Highlands font le bonheur de tous les randonneurs. Les chemins sont praticables d'avril à octobre, avec parfois encore de la neige en début de saison. Les *Munros,* baptisés du nom de leur compilateur (à la fin du XIXe s), désignent quelque 282 sommets d'une altitude supérieure à 3 000 pieds (soit 914 m), que tout montagnard écossais se fait un devoir de gravir au cours de son existence. Celui qui s'attaque à ces montagnes pratique donc le *munro bagging* !

TU TIRES OU TU POINTES ?

Dans presque tous les villages d'Écosse, on joue aussi à la pétanque, mais sur un green. Le lawn bowls *(boulingrin en français, déformation de* bowling green*) consiste à jeter de grosses boules sur une pelouse le plus près possible d'une cible.*

– Éplucher aussi ***le site*** • *walkhighlands.co.uk* • Très bien fait, c'est une référence pour de nombreux offices de tourisme et randonneurs. Une carte interactive permet de choisir une région, de sélectionner une rando selon sa difficulté, sa durée... Signalons quelques itinéraires bien balisés (comme les GR chez nous) :

➢ ***West Highland Way,*** *96 miles (154 km) :* accessible d'avril à octobre. Prévoir une semaine. Balisé par le chardon, de Glasgow à Fort William à l'ombre du Ben Nevis, le plus haut sommet de Grande-Bretagne (1 344 m). Facile à suivre à ses débuts, sur la rive du loch Lomond, l'itinéraire monte progressivement à l'approche de Crianlarich, puis suit une route militaire avec des tronçons plus corsés, comme de Glencoe à Kinlochleven en passant par le Devil's Staircase. Nombreuses possibilités d'hébergement sur le parcours (campings, *B & B*) ; penser à réserver en haute saison. • *west-highland-way.co.uk* •

– *Convoyage de sac d'une étape à l'autre : Travel-Lite,* une compagnie basée à Milngavie. Certains penseront que c'est de la triche, mais à chacun son plaisir ! *Infos : ☎ (0141) 956-78-90. • travel-lite-uk.com • Prévoir £ 45 pour ce service sur tte la balade.*

➢ ***Affric-Kintail Way,*** *44 miles (77 km) :* chemine de Drumnadrochit, sur les rives du Loch Ness, à Morvich, sur la côte ouest, en passant par le Glen Urquhart et le Glen Affric. Pour randonneurs aguerris. Et pour ceux qui n'en auraient pas assez, combinaison possible avec le Great Glen Way. • *affrickintailway.com* •

➢ ***Great Glen Way,*** *73 miles (117 km) :* suit le canal Calédonien, de Fort William à Inverness. Prévoir de 5 à 6 jours. Les plus costauds peuvent donc prolonger l'itinéraire précédent. Certains tronçons empruntent d'anciens chemins de halage, d'autres sinuent en pleine forêt. Nombreuses écluses en route.

➢ ***Southern Upland Way,*** *212 miles (341 km) :* le plus long d'Écosse. D'ouest en est, il va de Portpatrick, près de Stranraer, à Cockburnspath dans les Borders. Vallées, forêts et collines sans trop de difficultés jalonnent l'itinéraire qui nécessite pourtant une préparation soignée sur les tronçons dépourvus d'hébergement. Compter 12 à 16 jours au total. • *southernuplandway.gov.uk* •

➢ ***Speyside Way,*** *65 miles (env 105 km) :* au cœur des Grampians, part de Spey Bay sur la côte du Moray Firth et remonte le cours de la Spey jusqu'à Aviemore. Variante vers Tomintoul. Pas de difficulté particulière. Sentiers campagnards (cyclables sur certains tronçons) en bordure du massif du Cairngorm, avec arrêt possible dans les distilleries avant de repartir d'un pas allègre. • *speysideway.org* •

➢ ***Kintyre Way,*** *100 miles (161 km) :* dans le comté d'Argyll, de Tarbert à Machrihanish, tout le long de la péninsule de Kintyre. Prévoir 7 à 10 jours. • *kintyreway.com* •

Quelques conseils

– Le *Scottish Outdoor Access Code* permet à chacun de fréquenter la quasi-totalité du territoire écossais à condition de respecter le milieu naturel, les activités

agricoles, forestières, la pêche et la chasse. Grosso modo, les seules zones d'exclusion sont la proximité immédiate des maisons, jardins et territoires du ministère de la Défense (MOD), les carrières et réservoirs d'eau potable. Plus d'infos sur ● *outdooraccess-scotland.scot* ●
– Attention à la ***période de chasse,*** du 1er juillet au 20 octobre pour les cerfs. Le mieux est de se renseigner sur le site ● *outdooraccess-scotland.scot/hftsh* ● qui répertorie les dates et les zones de chasse. Dans le doute, se cantonner aux sentiers et chemins, aux crêtes et arêtes, et suivre les cours d'eau les plus importants en descendant les versants découverts.
– Les randonnées dans les Highlands nécessitent des ***aptitudes sportives.*** Gardez à l'esprit que la latitude n'est pas la même qu'en France et que les changements de temps y sont très brusques : une journée commencée sous un soleil radieux peut s'achever sous une pluie torrentielle ! Consultez les bulletins météo avant de partir. En multipliant les altitudes écossaises par 2 ou même 2,5, vous aurez une idée de la sévérité du terrain et des conditions météo que vous trouveriez en France à une altitude équivalente. Évidemment, boussole, bonnes chaussures, vêtements chauds et de pluie sont indispensables. Un bon randonneur en Écosse est un randonneur mouillé ! Voilà pourquoi la plupart des AJ, campings et *B & B* situés le long des chemins disposent d'une *drying room* pour tout sécher avant le lendemain matin !
– Côté ***cartographie,*** il existe un bon découpage au 1/50 000 dans la série *Landranger* (couverture rose) de la compagnie nationale *Ordnance Survey* (● *ordnancesurvey.co.uk* ●). Du même éditeur, les cartes de la série *Explorer* au 1/25 000 sont plus détaillées mais moins lisibles. Signalons également les cartes *Harveys* (● *harveymaps.co.uk* ●), un éditeur spécialisé dans les activités de plein air (vélo, escalade, rando). Quant aux topos, difficile de faire un choix, les ouvrages étant nombreux (en vente dans les offices de tourisme).

Cyclotourisme, VTT

Pour ceux qui préfèrent rouler, *Sustrans* est un organisme chargé, entre autres, de baliser les pistes cyclables. Plus d'infos sur les parcours (par thèmes, difficultés, etc.) : ● *sustrans.org.uk* ● Sinon, le site ● *visitscotland.com/fr-fr* ● présente une foultitude de circuits de tous niveaux.

Quelques itinéraires, parmi les classiques

➢ ***Great Glen Cycle Route :*** 80 miles (128 km) ; entre Fort William et Inverness, dans le Great Glen. C'est la balade rêvée, avec pistes forestières et chemins de halage le long du canal.
➢ ***Barra*** à ***Butt of Lewis :*** dans les Hébrides extérieures. Bien choisir sa saison, car le vent est redoutable ! C'est un classique, sur près de 130 miles (209 km !). Il existe des *passes* pour se rendre d'une île à l'autre (voir *Caledonian MacBrayne* dans « Transports intérieurs »).
➢ ***North Sea Cycle Route :*** sur sa section écossaise, l'itinéraire emprunte la piste n° 1 du *National Cycle Network,* d'Aberdeen à John O'Groats. Pour les plus entraînés, il se poursuit en boucle, sur près de 3 850 miles (env 6 200 km), joignant les sept pays de la mer du Nord et les îles Féroé. Ça en fait des tours de roue !
➢ ***Sustrans 7 :*** l'une des plus réputées et des plus longues (601 miles soit 967 km !). Elle relie Sunderland (côte nord-est de l'Angleterre) à Inverness, via Gretna, Dumfries, Glasgow, les Trossachs, Pitlochry et Aviemore. ● *sustrans.org.uk/ncn/map/route/route-7* ●

Golf

Marie Stuart était une fana de golf et scandalisa les Écossais puritains en s'adonnant à son jeu favori peu de temps après la mort de son mari. Un édit de la même époque l'interdit momentanément parce qu'il distrayait les Écossais de l'entraînement militaire. Les prestigieux *golf clubs* d'Édimbourg et de Saint Andrews ont été fondés dès le milieu du XVIIIe s par des gentlemen qui se côtoyaient assidûment dans les loges maçonniques. En 1868, enfin, les dames furent autorisées à arpenter les greens.

DES PÂTURAGES AU GREEN...

Les Écossais affirment que le golf fut inventé par un berger du pays. Au lieu de compter ses moutons, il tuait le temps en visant des terriers de lapin avec des cailloux et des crottes de mouton séchées qu'il propulsait à l'aide de son bâton. Un sport était né !

L'Écosse compte près de 580 parcours de golf et, contrairement à ce que l'on pense, ce n'est nullement un sport élitiste. Les greens les plus anciens et les plus sélects exigent un parrainage, mais vous trouverez des terrains municipaux accessibles quelques livres (certains sont même gratuits).

Rugby

L'origine de ce sport remonte au XIXe s, lorsqu'un lycéen (futur pasteur) prit la balle dans ses bras au cours d'un match de balle au pied dans la ville anglaise de... Rugby ! L'Écosse participe au tournoi des Six-Nations. Les matchs à domicile de l'équipe du Chardon se jouent au stade de Murrayfield, à Édimbourg. Pour les amateurs, reportez-vous à « Édimbourg », rubrique « Comment assister à un match de rugby ? ».

Football

Après le ballon ovale, le ballon rond et son derby électrique à Glasgow, les Celtic contre les Rangers (lire aussi l'introduction de Glasgow), qui se partagent la quasi-totalité des titres de champion. Une rivalité historique, rarement prise en défaut, mais toujours avec un légendaire *fair-play*.

AU BOUE DU COMPTE

On savait les Écossais grands amateurs de foot, mais voilà une catégorie qui gagne du terrain : le foot dans la boue (swamp soccer), *un sport à part entière. Ils parviennent même à organiser une Coupe du monde depuis 2013 ! Parmi les meilleures équipes, citons l'Unathletico Mudrid, Mudchesthair United ou Ar-mud-Geddon* (mud = « boue »). *Les règles sont un peu différentes, puisque l'équipe, mixte, est composée de 5 joueurs et que tous les coups sont permis. Qualités requises : endurance, dextérité et... une bonne machine à laver ?*

Ski

Oui, il est possible de skier en hiver en Écosse, dans 5 stations... même si le relief ne garantit pas de grands émois aux plus experts ! Mais c'est bien cher. Infos (dont enneigement) : • *visitscotland.com/see-do/active/skiing-snowsports/* •

Cairngorm (près d'Aviemore) **:** très fréquenté, avec même un funiculaire ! ***Glencoe*** fut la station pionnière d'Écosse, avec les pistes les plus raides. ***Glenshee*** est la plus grande, avec un centre de ski de fond à proximité. ***The Lecht,*** dans le Nord-Est, est une petite station plutôt pour les débutants. ***Nevis Range,*** face au Ben Nevis, est dotée d'un équipement ultramoderne. Enfin, on peut s'initier au ski indoor au ***Snow Factor,*** complexe installé dans la *Braehead Arena*, à Glasgow. Pas très écolo.

les ROUTARDS sur la FRANCE 2019-2020

(dates de parution sur • *routard.com* •)

Découpage de la FRANCE par le ROUTARD

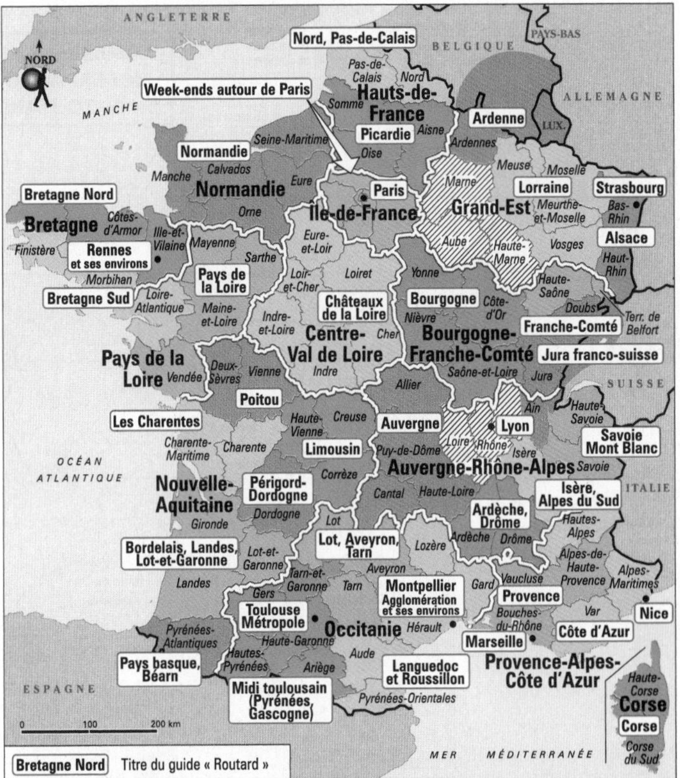

Autres guides sur la France

- Hébergements insolites en France
- Canal des 2 mers à vélo
- La Bourgogne du Sud à vélo (mai 2019)
- La Loire à Vélo
- Paris Île-de-France à vélo
- La Vélodyssée (Roscoff-Hendaye)
- Nos meilleurs campings en France
- Nos meilleures chambres d'hôtes en France
- Nos meilleurs restos en France
- Les visites d'entreprises en France

Autres guides sur Paris

- Paris
- Paris balades
- Paris exotique
- Restos et bistrots de Paris
- Le Routard des amoureux à Paris
- Week-ends autour de Paris

les ROUTARDS sur l'ÉTRANGER 2019-2020

(dates de parution sur • *routard.com* •)

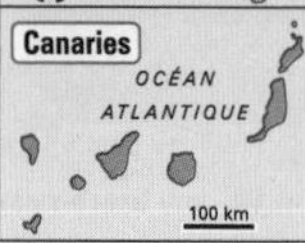

Découpage de l'ESPAGNE par le ROUTARD

Découpage de l'ITALIE par le ROUTARD

Autres pays européens

- Allemagne
- Angleterre, Pays de Galles
- Autriche
- Belgique
- Bulgarie
- Crète
- Croatie
- Danemark, Suède
- Écosse
- Finlande
- Grèce continentale
- Hongrie
- Îles grecques et Athènes
- Irlande
- Islande
- Madère
- Malte
- Norvège
- Pays baltes : Tallinn, Riga, Vilnius
- Pologne
- Portugal
- République tchèque, Slovaquie
- Roumanie
- Suisse

Villes européennes

- Amsterdam et ses environs
- Berlin
- Bruxelles
- Budapest
- Copenhague
- Dublin
- Lisbonne
- Londres
- Moscou
- Naples
- Porto
- Prague
- Saint-Pétersbourg
- Stockholm
- Vienne

les ROUTARDS sur l'ÉTRANGER 2019-2020

(dates de parution sur • *routard.com* •)

Découpage des ÉTATS-UNIS par le ROUTARD

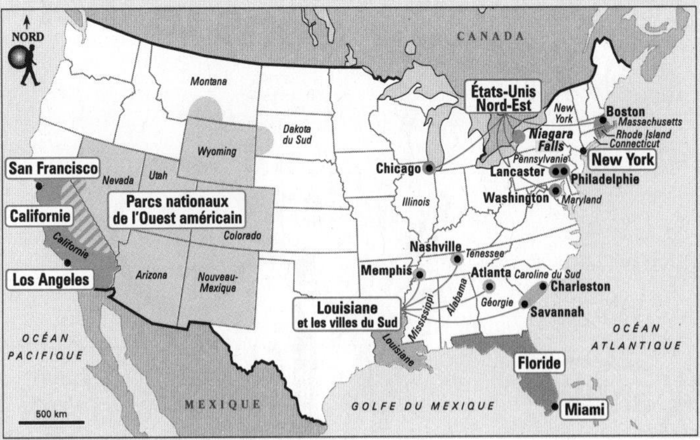

Autres pays d'Amérique

- Argentine
- Brésil
- Canada Ouest
- Chili et île de Pâques
- Colombie
- Costa Rica
- Équateur et les îles Galápagos
- Guatemala, Belize
- Mexique
- Montréal
- Pérou, Bolivie
- Québec et Ontario

Asie et Océanie

- Australie côte est + Red Centre
- Bali, Lombok
- Bangkok
- Birmanie (Myanmar)
- Cambodge, Laos
- Chine
- Hong-Kong, Macao, Canton
- Inde du Nord
- Inde du Sud
- Israël et Palestine
- Istanbul
- Jordanie
- Malaisie, Singapour
- Népal
- Shanghai
- Sri Lanka (Ceylan)
- Thaïlande
- Tokyo, Kyoto et environs
- Turquie
- Vietnam

Afrique

- Afrique du Sud
- Égypte
- Kenya, Tanzanie et Zanzibar
- Maroc
- Marrakech
- Sénégal
- Tunisie

Îles Caraïbes et océan Indien

- Cuba
- Guadeloupe, Saint-Martin, Saint-Barth
- Île Maurice, Rodrigues
- Madagascar
- Martinique
- République dominicaine (Saint-Domingue)
- Réunion

Guides de conversation

- Allemand
- Anglais
- Arabe du Maghreb
- Arabe du Proche-Orient
- Chinois
- Croate
- Espagnol
- Grec
- Italien
- Japonais
- Portugais
- Russe
- G'palémo (conversation par l'image)

Livres-photos Livres-cadeaux

- L'éphéméride du Routard (nouveauté)
- Voyages
- Voyages : Italie (nouveauté)
- Road Trips (40 itinéraires sur les plus belles routes du monde ; nouveauté)
- Nos 120 coins secrets en Europe
- Les 50 voyages à faire dans sa vie
- 1 200 coups de cœur dans le monde
- 1 200 coups de cœur en France
- Nos 52 week-ends dans les plus belles villes d'Europe
- Nos 52 week-ends coups de cœur en France (nouveauté)
- Cahier de vacances du Routard (nouveauté)

Nous tenons à remercier tout particulièrement Loup-Maëlle Besançon, Thierry Bessou, Gérard Bouchu, François Chauvin, Grégory Dalex, Fabrice Doumergue, Cédric Fischer, Carole Fouque, Guillaume Garnier, Nicolas George, Michelle Georget, David Giason, Claude Hervé-Bazin, Emmanuel Juste, Dimitri Lefèvre, Fabrice de Lestang, Romain Meynier, Éric Milet, Pierre Mitrano, Jean-Sébastien Petitdemange et Thomas Rivallain pour leur collaboration régulière.

Jean-Jacques Bordier-Chêne
Laura Charlier
Agnès Debiage
Coralie Delvigne
Jérôme Denoix
Tovi et Ahmet Diler
Clélie Dudon
Sophie Duval
Alain Fisch
Bérénice Glanger
Adrien et Clément Gloaguen
Bernard Hilaire et Pepy Frenchy Kupang
Sébastien Jauffret
Alexia Kaffès
Jacques Lemoine
Caroline Ollion
Martine Partrat
Odile Paugam et Didier Jehanno
Céline Ruaux
Prakit Saiporn
Jean-Luc et Antigone Schilling
Jean Tiffon
Caroline Vallano

Direction : Nathalie Bloch-Pujo
Direction éditoriale : Élise Ernest
Édition : Matthieu Devaux, Olga Krokhina, Gia-Quy Tran, Julie Dupré, Emmanuelle Michon, Pauline Janssens, Amélie Ramond, Margaux Lefebvre, Laura Belli-Riz, Amélie Gattepaille, Aurore Grandière, Camille Lenglet et Lisa Pujol
Ont également collaboré : Dorica Lucaci, Élisabeth Bernard et Aurélie Joiris-Blanchard
Cartographie : Frédéric Clémençon et Aurélie Huot
Contrôle de gestion : Jérôme Boulingre et Adeline Cazabat Barrere
Secrétariat : Catherine Maîtrepierre
Fabrication : Nathalie Lautout et Audrey Detournay
Relations presse : COM'PROD, Fred Papet. ☎ 01-70-69-04-69.
● *info@comprod.fr* ●, Martine Levens (Belgique) et Maureen Browne (Suisse)
Direction marketing : Adrien de Bizemont, Clémence de Boisfleury et Charlotte Brou
Informatique éditoriale : Lionel Barth
Couverture : Clément Gloaguen et Seenk
Maquette intérieure : le-bureau-des-affaires-graphiques.com, Thibault Reumaux et npeg.fr
Direction partenariats : Jérôme Denoix
Contact Partenariats et régie publicitaire : Florence Brunel-Jars
● *fbrunel@hachette-livre.fr* ●

INDEX GÉNÉRAL

INDEX GÉNÉRAL

LISTE DES CARTES ET PLANS

☎ *112 :* c'est le numéro d'urgence commun à la France et à tous les pays de l'UE, à composer en cas d'accident, d'agression ou de détresse. Il permet de se faire localiser et aider en français, tout en améliorant les délais d'intervention des services de secours. Mais cela pourrait changer avec le processus de sortie de l'UE. Se renseigner.

IMPORTANT : DERNIÈRE MINUTE

Sauf rare exception, le *Routard* bénéficie d'une parution annuelle à date fixe. Entre deux dates, des événements fortuits (formalités, taux de change, catastrophes naturelles, conditions d'accès aux sites, fermetures inopinées, etc.) peuvent intervenir et modifier vos projets de voyage. Pour éviter les déconvenues, nous vous recommandons de consulter la rubrique « Guide » par pays de notre site ● ***routard.com*** ● et plus particulièrement les dernières ***Actus voyageurs.***

Remarque importante aux hôteliers et restaurateurs

Les enquêteurs du Routard travaillent dans le plus strict anonymat. Aucune réduction, aucun avantage quelconque, aucune rétribution n'est jamais demandé en contrepartie. Face aux aigrefins, la loi autorise les hôteliers et restaurateurs à porter plainte.

Avis aux lecteurs

Le Routard, ce n'est pas comme le bon vin, il vieillit mal. On ne veut pas pousser à la consommation, mais évitez de partir avec une édition ancienne. Les modifications sont souvent importantes.
Les réductions accordées à nos lecteurs ne sont jamais demandées par nos rédacteurs afin de préserver leur indépendance. Les hôteliers et restaurateurs sont sollicités par une société de mailing, totalement indépendante de la rédaction, qui reste donc libre de ses choix. De même pour les autocollants et plaques émaillées.

Avec routard.com, choisissez, organisez, réservez et partagez vos voyages !

✓ Rejoignez la plus grande communauté francophone de voyageurs : **plusieurs millions d'internautes.**
✓ Échangez avec les routarnautes : forums, photos, avis d'hôtels.
✓ Retrouvez aussi toutes les informations actualisées pour choisir et préparer vos voyages : plus de 300 guides destinations, une centaine de dossiers pratiques et un magazine en ligne pour découvrir tous les secrets de votre destination.
✓ Enfin, comparez les offres pour organiser et réserver votre voyage au meilleur prix.

Les **Routards** *parlent aux* **Routards**

Faites-nous part de vos expériences, de vos découvertes, de vos tuyaux et de vos coups de coeur. Aidez-nous à remettre l'ouvrage à jour. Indiquez-nous les renseignements périmés. Faites profiter les autres de vos adresses nouvelles, combines géniales... On adresse un exemplaire gratuit de la prochaine édition à ceux qui nous envoient les meilleurs courriers, pour la qualité et la pertinence des informations.
Quelques conseils cependant :
– Envoyez-nous votre courrier le plus tôt possible afin que l'on puisse insérer vos tuyaux sur la prochaine édition.
– N'oubliez pas de préciser l'ouvrage que vous désirez recevoir, ainsi que votre adresse postale.
– Vérifiez que vos remarques concernent l'édition en cours et notez les pages du guide concernées par vos observations.
– Quand vous indiquez des hôtels ou des restaurants, pensez à signaler leur adresse précise et, pour les grandes villes, les moyens de transport pour y aller. Si vous le pouvez, joignez la carte de visite de l'hôtel ou du resto décrit.
En tout état de cause, merci pour vos nombreux mails.

122, rue du Moulin-des-Prés, 75013 Paris

• *guide@routard.com* • *routard.com* •

Routard Assurance *2019*

Enrichie année après année par les retours des lecteurs, *Routard Assurance* est devenue une assurance voyage incontournable. Tout est compris : frais médicaux, assistance rapatriement, bagages, responsabilité civile... Vous avez besoin d'un médecin, d'un conseil médical ou d'une prise en charge dans un hôpital ? Appelez simplement le plateau *AVI Assistance* disponible 24h/24, leur réseau est l'un des plus complets actuellement. Vous avez eu des frais de santé en voyage ? Envoyez les factures à votre retour, *AVI* vous rembourse sous une semaine. Avant votre départ, n'hésitez pas à les appeler pour des conseils personnalisés. Et téléchargez l'appli mobile pour garder le contact avec l'assistance 24h/24 et disposer de l'un des meilleurs réseaux médicaux à travers le monde. *40, rue Washington, 75008 Paris. ☎ 01-44-63-51-00. • avi-international.com • Ⓜ George-V.*

Édité par Hachette Livre (58, rue Jean-Bleuzen, CS 70007, 92178 Vanves Cedex, France)
Photocomposé par Jouve (rue de Monbary, 45140 Ormes, France)
Imprimé par Lego SPA Plant Lavis (via Galileo Galilei, 11, 38015 Lavis, Italie)
Achevé d'imprimer le 8 mars 2019
Collection n° 13 - Édition n° 01
27/5043/2
I.S.B.N. 978-2-01-706726-9
Dépôt légal : mars 2019

PAPIER À BASE DE FIBRES CERTIFIÉES